企业会计准则
详解与实务
条文解读 + 实务应用 + 案例讲解

（2021年版）

企业会计准则编审委员会　编著

人民邮电出版社

北京

图书在版编目（CIP）数据

企业会计准则详解与实务：条文解读+实务应用+案例讲解：2021年版 / 企业会计准则编审委员会编著. --北京：人民邮电出版社，2021.2（2021.9重印）
ISBN 978-7-115-55820-6

Ⅰ. ①企… Ⅱ. ①企… Ⅲ. ①企业－会计准则－中国 Ⅳ. ①F279.23

中国版本图书馆CIP数据核字(2020)第261663号

内 容 提 要

企业会计准则是企业会计人员进行会计确认、会计计量、会计报告的基本依据，会计从业人员学好企业会计准则，是做好企业会计工作的根本条件。为了帮助广大会计从业人员学好、用好企业会计准则，本书集众多专家、学者与会计实务界人士的学识、经验与智慧编写而成。

本书以企业会计准则为依据，对1项基本准则、41项具体准则进行了全面、深入、详尽的解读。本书以逻辑结构图的形式阐述了具体准则的逻辑节点与逻辑流程，以案例解析的形式将笼统、抽象的文字规定转化为清晰、具体的实务操作指导，从而全面提升读者的会计实务操作水平。

本书是一本全景式讲解我国企业会计准则体系的专业图书，是广大会计从业人员学准则、用准则的案头工具书。本书既可以帮助会计从业人员解决日常实务工作中的各种疑难与困惑，也可作为会计理论工作者、会计及相关专业学生掌握我国现行企业会计准则体系具体规定的参考用书。

◆ 编　著　企业会计准则编审委员会
　　责任编辑　李士振
　　责任印制　周昇亮

◆ 人民邮电出版社出版发行　北京市丰台区成寿寺路 11 号
　　邮编　100164　电子邮件　315@ptpress.com.cn
　　网址　https://www.ptpress.com.cn
　　涿州市京南印刷厂印刷

◆ 开本：787×1092　1/16
　　印张：49.5　　　　　　　　2021 年 2 月第 1 版
　　字数：1 204 千字　　　　　2021 年 9 月河北第 5 次印刷

定价：148.00 元

读者服务热线：(010)81055296　印装质量热线：(010)81055316
反盗版热线：(010)81055315
广告经营许可证：京东市监广登字 20170147 号

PREFACE 前言

《企业会计准则》(以下简称《准则》)的实施,对于推进我国的企业改革、促进资本市场的发展、提高企业的对外开放水平发挥了巨大的推动作用。

《准则》的实施,是一个长期的系统工作。《准则》在我国的经济发展中能否发挥预期的作用与效果,主要取决于相关的会计人员能否学好、用好《准则》。

编写本书的主要目的在于帮助大家高效学习《准则》。关于如何学好《准则》,仁者见仁,智者见智,但总体来说,需要重点把握好以下3点。

(1)**把握精髓,不忘初衷**。会计的使命在于通过财务报告的形式提供合法、真实、准确、及时、完整的财务信息。这也是《准则》的核心要求,读者在学《准则》、用《准则》的过程中应时刻注意不要偏离这一核心要求。本书在编写过程中,无论是法规解释还是案例分析,均以此为出发点,确保读者能深入领悟《准则》的精髓,准确理解《准则》的重点。

(2)**全面把握,切忌片面**。企业会计准则体系是一个严密的体系,包括《准则》基本准则、具体准则和《企业会计准则应用指南》,以及《企业会计准则解释》等。对于《准则》的理解,读者一定要把握整体性,切忌割裂理解。本书在编写过程中,对于特定问题的论述,以及《企业会计准则》《企业会计准则解释》《企业会计准则应用指南》的要求与规范,均给予了全景式的展示,确保读者对特定问题的理解与认识,不出现偏差和失误。

(3)**联系实际,与时俱进**。企业会计准则体系是一个活的体系,随着社会经济的发展,需要修订一些不符合实际情况的旧准则,颁布一些新的准则与解释。这就需要我们不断地了解新事物,学习新规定。在编写本书过程中,编者重点强调案例的引入,确保以实例为载体,把《准则》讲清、讲透。同时,本书所选案例都是日常会计工作中出现的具有代表性的事件,以确保我们的知识更新与实践保持同步。

本书自2017年上市以来,因其规范权威、讲解深入、案例翔实等优点,深受会计行业人员的认同和喜爱。有众多读者对本书提出了宝贵的建议和意见。同时,我国的企业会计准则体系也进行了一定的修订。为了帮助大家更好地学习新准则、应用新准则,我们对本书进行了一次深入的、系统的修订，主要体现在以下几个方面。

（1）2019年以来，财政部对以下具体会计准则及相关应用指南进行了修订。

①《企业会计准则第7号——非货币性资产交换》。

②《企业会计准则第12号——债务重组》。

③《企业会计准则第21号——租赁》。

④《<企业会计准则第21号——租赁>应用指南》。

⑤《<企业会计准则第7号——非货币性资产交换>应用指南》。

⑥《<企业会计准则第12号——债务重组>应用指南》。

我们对以上具体会计准则、应用指南的相关内容进行了全新编写。

（2）依据2019年4月1日起开始执行的增值税新税率，对相关内容进行了修订与重新计算。

（3）对60余个实务案例进行了优化与改写。

由于水平有限，书中难免存在疏漏之处，恳请广大读者批评指正。

编者

CONTENTS 目录

第1章 企业会计准则——基本准则

- 1.1 总则 ········· 1
  - 1.1.1 财务会计报告的目标 ········· 1
  - 1.1.2 财务会计报告使用者 ········· 1
  - 1.1.3 会计基本假设 ········· 1
  - 1.1.4 会计基础 ········· 3
  - 1.1.5 会计要素 ········· 4
  - 1.1.6 记账方法 ········· 4
- 1.2 会计信息质量要求 ········· 4
  - 1.2.1 可靠性 ········· 4
  - 1.2.2 相关性 ········· 5
  - 1.2.3 可理解性 ········· 5
  - 1.2.4 可比性 ········· 5
  - 1.2.5 实质重于形式 ········· 6
  - 1.2.6 重要性 ········· 6
  - 1.2.7 谨慎性 ········· 6
  - 1.2.8 及时性 ········· 6
- 1.3 资产 ········· 6
  - 1.3.1 资产的定义 ········· 6
  - 1.3.2 资产的确认条件 ········· 7
  - 1.3.3 资产的列报 ········· 7
- 1.4 负债 ········· 7
  - 1.4.1 负债的定义 ········· 7
  - 1.4.2 负债的确认条件 ········· 7
  - 1.4.3 负债的列报 ········· 8
- 1.5 所有者权益 ········· 8
  - 1.5.1 所有者权益的定义 ········· 8
  - 1.5.2 所有者权益的构成 ········· 8
  - 1.5.3 所有者权益的确认条件 ········· 9
  - 1.5.4 所有者权益的列报 ········· 9
- 1.6 收入 ········· 9
  - 1.6.1 收入的定义 ········· 9
  - 1.6.2 收入的确认条件 ········· 9
  - 1.6.3 收入的列报 ········· 10
- 1.7 费用 ········· 10
  - 1.7.1 费用的定义 ········· 10
  - 1.7.2 费用的确认条件 ········· 10
  - 1.7.3 费用的列报 ········· 10
- 1.8 利润 ········· 10
  - 1.8.1 利润的定义 ········· 10
  - 1.8.2 利润的确认条件 ········· 11
  - 1.8.3 利润的构成与列报 ········· 11
- 1.9 会计计量 ········· 11
  - 1.9.1 会计计量属性 ········· 11
  - 1.9.2 计量属性的运用原则 ········· 12
- 1.10 财务会计报告 ········· 12
  - 1.10.1 财务会计报告的定义 ········· 12
  - 1.10.2 财务会计报告的构成 ········· 12

第2章 存 货

- 2.1 存货的确认 ········· 15
  - 2.1.1 存货的定义 ········· 15
  - 2.1.2 存货的范围 ········· 15
  - 2.1.3 存货的确认条件 ········· 15
- 2.2 取得存货时的计量 ········· 15
  - 2.2.1 存货的计量原则 ········· 15
  - 2.2.2 存货的采购成本 ········· 16

- 2.2.3 加工取得的存货的成本 ………… 16
- 2.2.4 其他方式取得的存货的成本 ……… 17
- 2.2.5 不计入存货成本的相关费用 ……… 18
- 2.3 发出存货的计量 ……………………… 18
  - 2.3.1 确定发出存货成本的方法 ………… 18
  - 2.3.2 已售存货成本的结转 ……………… 19
  - 2.3.3 周转材料的处理 …………………… 19
- 2.4 期末存货的计量 ……………………… 20
  - 2.4.1 可变现净值的定义及特征 ………… 20
  - 2.4.2 确定存货的可变现净值时应考虑的因素 … 21
  - 2.4.3 通常表明存货的可变现净值低于成本的情形 ………………………… 22
  - 2.4.4 存货跌价准备的计提 ……………… 22
  - 2.4.5 存货跌价准备的转回 ……………… 23
  - 2.4.6 存货盘亏或毁损的会计处理 ……… 24
- 2.5 披露 …………………………………… 24

第3章 长期股权投资

- 3.1 长期股权投资概述 …………………… 25
- 3.2 长期股权投资的计量 ………………… 26
  - 3.2.1 企业合并形成的长期股权投资 …… 26
  - 3.2.2 企业合并以外其他方式取得的长期股权投资 …………………………… 29
  - 3.2.3 特殊情况的会计处理 ……………… 30
- 3.3 后续计量之成本法 …………………… 32
  - 3.3.1 成本法的适用范围 ………………… 33
  - 3.3.2 成本法核算下长期股权投资账面价值的调整及投资损益的确认 ……… 34
- 3.4 后续计量之权益法 …………………… 34
  - 3.4.1 权益法的适用范围 ………………… 34
  - 3.4.2 权益法的核算 ……………………… 36
- 3.5 长期股权投资核算方法的转换及处置 … 43
  - 3.5.1 长期股权投资核算方法的转换 …… 43
  - 3.5.2 长期股权投资的处置 ……………… 48
- 3.6 披露 …………………………………… 48
  - 3.6.1 准则规定 …………………………… 48
  - 3.6.2 准则解释 …………………………… 49

第4章 投资性房地产

- 4.1 投资性房地产的确认 ………………… 50
  - 4.1.1 投资性房地产的定义及范围 ……… 50
  - 4.1.2 确认投资性房地产的条件 ………… 52
- 4.2 投资性房地产的计量 ………………… 52
  - 4.2.1 初始计量 …………………………… 52
  - 4.2.2 后续支出计量 ……………………… 53
  - 4.2.3 后续计量 …………………………… 55
- 4.3 投资性房地产的转换 ………………… 58
  - 4.3.1 投资性房地产转换的解释 ………… 58
  - 4.3.2 投资性房地产转换的基本准则 …… 58
  - 4.3.3 投资性房地产转换的具体应用 …… 59
- 4.4 投资性房地产的处置 ………………… 63
  - 4.4.1 处置投资性房地产时遵循的基本准则 … 63
  - 4.4.2 投资性房地产处置的应用 ………… 63
- 4.5 披露 …………………………………… 64

第5章 固定资产

- 5.1 固定资产概述 ………………………… 66
  - 5.1.1 固定资产的定义 …………………… 66
  - 5.1.2 固定资产的确认条件 ……………… 67
  - 5.1.3 单项固定资产 ……………………… 67
- 5.2 固定资产的初始计量 ………………… 67
  - 5.2.1 外购固定资产 ……………………… 67
  - 5.2.2 自行建造固定资产 ………………… 69
  - 5.2.3 投资者投入固定资产 ……………… 69
  - 5.2.4 存在弃置义务的固定资产 ………… 69
- 5.3 固定资产的后续计量 ………………… 70
  - 5.3.1 固定资产折旧 ……………………… 70
  - 5.3.2 固定资产的后续支出 ……………… 73
- 5.4 固定资产的处置 ……………………… 74
  - 5.4.1 固定资产终止确认的条件 ………… 74
  - 5.4.2 固定资产处置的账务处理 ………… 75
- 5.5 披露 …………………………………… 75

第6章 生物资产

- 6.1 生物资产概述 ………………………… 76
  - 6.1.1 生物资产概念 ……………………… 76

6.1.2 生物资产的特征 ······················· 77
6.1.3 关于非生物资产的特殊规定 ······ 78
6.2 **生物资产的确认和初始计量**············· 78
6.2.1 确认的基本原则 ······················· 78
6.2.2 初始计量原则 ·························· 79
6.2.3 生物资产相关的后续支出 ········ 84
6.3 **后续计量**····································· 85
6.3.1 折旧 ······································ 85
6.3.2 计提减值 ································ 86
6.4 **收获与处置**·································· 88
6.4.1 基本原则 ································ 88
6.4.2 具体运用 ································ 88
6.5 **披露** ·· 95

第7章 无形资产

7.1 **无形资产概述**······························· 96
7.1.1 无形资产的定义 ······················· 96
7.1.2 无形资产的确认 ······················· 97
7.1.3 无形资产的特征 ······················· 97
7.2 **无形资产的初始计量**······················ 98
7.2.1 无形资产的分类 ······················· 98
7.2.2 无形资产的初始计量 ················ 99
7.3 **无形资产的后续计量**····················106
7.3.1 无形资产的使用寿命 ··············107
7.3.2 无形资产摊销的会计处理········108
7.4 **无形资产的处置** ·························110
7.4.1 出售 ····································110
7.4.2 对外出租 ······························110
7.4.3 对外捐赠 ······························111
7.4.4 报废 ····································113
7.5 **披露**··113

第8章 非货币性资产交换

8.1 **非货币性资产交换概述**················114
8.2 **非货币性资产交换的确认和计量** ·····115
8.2.1 确认和计量原则 ·····················115
8.2.2 商业实质 ······························120
8.2.3 涉及多项非货币性资产交换的处理···121
8.3 **披露**··126

第9章 资产减值

9.1 **资产减值基础**·····························127
9.2 **可能发生减值资产的认定**·············128
9.2.1 资产减值情形的判定 ··············128
9.2.2 可收回金额的确定 ·················128
9.3 **资产预计未来现金流量**················130
9.3.1 基本原则及方法 ·····················130
9.3.2 预计未来现金流量时应考虑的因素···130
9.4 **资产减值损失的确认及会计处理**···134
9.4.1 资产减值损失的确认原则········134
9.4.2 确认资产减值损失时的会计处理···134
9.5 **资产组的认定及减值处理**·············135
9.5.1 资产组的概念 ·······················135
9.5.2 资产组的认定 ·······················135
9.5.3 资产组减值的会计处理 ···········137
9.6 **商誉减值的会计处理**····················142
9.6.1 资产减值测试 ·······················142
9.6.2 商誉减值测试的方法与会计处理···142
9.7 **披露**··144

第10章 职工薪酬

10.1 **职工薪酬的概念及分类**················146
10.1.1 职工薪酬的概念 ··················146
10.1.2 职工薪酬的分类 ··················147
10.1.3 其他相关会计准则 ···············149
10.2 **短期薪酬的确认与计量**················149
10.2.1 货币性短期薪酬 ··················149
10.2.2 带薪缺勤 ····························152
10.2.3 短期利润分享计划 ···············154
10.3 **离职后福利的确认与计量**·············155
10.3.1 设定提存计划 ·····················156
10.3.2 设定受益计划的相关规定与对应解读···157
10.4 **辞退福利的确认与计量**················159
10.4.1 辞退福利的规定与解读 ········159
10.4.2 辞退福利的应用举例 ···········161
10.5 **其他长期职工福利的确认与计量**···162
10.5.1 其他长期职工福利中设定提存计划···163
10.5.2 其他长期职工福利中设定受益计划···164

| 10.6 | 披露 | 165 |
| 10.7 | 衔接规定 | 166 |

第 11 章 企业年金基金

11.1	企业年金基金概述	167
11.1.1	企业年金与企业年金基金	167
11.1.2	企业年金基金管理各方当事人	168
11.1.3	企业年金基金会计准则及其应用指南	169
11.2	企业年金基金缴费	170
11.2.1	企业年金基金缴费及其流程	170
11.2.2	企业年金基金收到缴费时的账务处理	171
11.3	企业年金基金投资运营	172
11.3.1	企业年金基金投资运营的原则和范围	172
11.3.2	企业年金基金投资运营的账务处理	173
11.4	企业年金基金收入	176
11.4.1	企业年金基金收入的构成	176
11.4.2	企业年金基金收入的账务处理	176
11.5	企业年金基金费用	177
11.5.1	企业年金基金费用的构成	177
11.5.2	企业年金基金费用的账务处理	178
11.6	企业年金待遇给付及企业年金基金净资产	180
11.6.1	企业年金待遇给付及其账务处理	180
11.6.2	企业年金基金净资产、净收益及其账务处理	181

第 12 章 股份支付

12.1	股份支付的适用范围及相关概念	183
12.1.1	股份支付的适用范围	183
12.1.2	相关概念	184
12.2	可行权条件	184
12.2.1	可行权条件的概念及分类	184
12.2.2	可行权条件的修改	185
12.3	股份支付的确认和计量原则	186
12.3.1	以权益结算的股份支付的确认和计量原则	186
12.3.2	以现金结算的股份支付的确认和计量原则	187
12.3.3	权益工具公允价值的确认原则	187

12.4	股份支付的会计处理	188
12.5	披露	193

第 13 章 债务重组

13.1	债务重组基础	194
13.1.1	债务重组概念	194
13.1.2	关于债权和债务的范围	195
13.1.3	关于债务重组的范围	195
13.1.4	债务重组的方式	195
13.1.5	用以清偿债务的非现金资产公允价值的计量	196
13.2	债务重组的会计处理与案例分析	196
13.2.1	债务人的会计处理	196
13.2.2	债权人的会计处理	198
13.2.3	债务重组的案例分析	200
13.3	披露	205

第 14 章 或有事项

14.1	或有事项概述	206
14.1.1	或有事项的定义	206
14.1.2	或有事项的基本特征	206
14.2	确认和计量	207
14.2.1	或有事项的确认	207
14.2.2	预计负债的计量	208
14.2.3	对预计负债账面价值的复核	210
14.2.4	或有负债和或有资产	211
14.3	披露	211

第 15 章 收 入

15.1	收入的定义及核算范围	212
15.1.1	收入的定义	212
15.1.2	收入的核算范围	212
15.1.3	收入的确认标准与流程	213
15.2	收入的确认	214
15.2.1	识别与客户订立的合同	214
15.2.2	识别合同中的单项履约义务	218
15.2.3	确定交易价格	220
15.2.4	将交易价格分摊至各单项履约义务	227
15.2.5	履行每一单项履约义务时确认收入	230
15.3	合同成本	233

- 15.3.1 合同履约成本 ········· 233
- 15.3.2 合同取得成本 ········· 234
- 15.3.3 与合同成本有关的资产的摊销 ······ 234
- 15.3.4 与合同成本有关的资产的减值 ······ 235
- 15.4 关于特定交易的会计处理 ········· 235
  - 15.4.1 附有销售退回条款的销售 ··· 235
  - 15.4.2 附有质量保证条款的销售 ··· 237
  - 15.4.3 主要责任人和代理人 ····· 238
  - 15.4.4 附有客户额外购买选择权的销售 ··· 239
  - 15.4.5 授予知识产权许可 ······ 241
  - 15.4.6 售后回购 ············· 244
  - 15.4.7 客户未行使的权利 ······ 245
  - 15.4.8 无需退回的初始费 ······ 246

第16章 政府补助

- 16.1 政府补助概述 ············ 247
  - 16.1.1 政府补助的定义 ········ 247
  - 16.1.2 政府补助的特征 ········ 247
  - 16.1.3 政府补助的分类 ········ 248
- 16.2 政府补助的确认和计量 ······ 248
  - 16.2.1 与资产相关的政府补助 ··· 249
  - 16.2.2 与收益相关的政府补助 ··· 251
  - 16.2.3 政府补助的退回 ········ 253
  - 16.2.4 特定业务的会计处理 ···· 255
- 16.3 政府补助的列报 ············ 259
  - 16.3.1 列报项目 ············· 259
  - 16.3.2 披露信息 ············· 259

第17章 借款费用

- 17.1 借款费用的定义及范畴 ······ 260
  - 17.1.1 定义 ················· 260
  - 17.1.2 范畴 ················· 260
- 17.2 借款费用的确认和计量 ······ 261
  - 17.2.1 借款费用确认的基本原则 ··· 261
  - 17.2.2 借款费用资本化的计量 ··· 263
  - 17.2.3 借款费用资本化的停止 ··· 272
- 17.3 披露 ······················ 273

第18章 所得税会计

- 18.1 资产、负债的计税基础 ······ 274
  - 18.1.1 资产的计税基础 ········ 274
  - 18.1.2 负债的计税基础 ········ 279
  - 18.1.3 特殊交易或事项中产生的资产、负债的计税基础的确定 ···· 281
- 18.2 暂时性差异 ················ 282
  - 18.2.1 暂时性差异 ············ 282
  - 18.2.2 应纳税暂时性差异和可抵扣暂时性差异 ············· 282
- 18.3 递延所得税负债及递延所得税资产 ··· 283
  - 18.3.1 递延所得税负债的确认和计量 ··· 283
  - 18.3.2 递延所得税资产的确认和计量 ··· 284
- 18.4 所得税费用 ················ 284
- 18.5 合并财务报表中因抵销未实现内部销售损益产生的递延所得税 ······· 286
- 18.6 所得税的列报 ·············· 287

第19章 外币折算

- 19.1 记账本位币 ················ 288
  - 19.1.1 外币交易的定义 ········ 288
  - 19.1.2 记账本位币的定义 ······ 288
  - 19.1.3 记账本位币的确定 ······ 289
  - 19.1.4 境外经营记账本位币的确定 ··· 289
  - 19.1.5 记账本位币的变更 ······ 290
- 19.2 外币交易的会计处理 ········ 290
  - 19.2.1 即期汇率和即期汇率近似汇率 ···· 290
  - 19.2.2 汇兑差额的会计处理 ···· 290
  - 19.2.3 分账制记账方法 ········ 292
- 19.3 外币财务报表的折算 ········ 292
  - 19.3.1 境外经营财务报表的折算原则 ···· 292
  - 19.3.2 恶性通货膨胀下境外经营报表折算 ··· 293
  - 19.3.3 处置境外经营时外币报表折算差额核算 ················· 293
- 19.4 披露 ······················ 293

第20章 企业合并

- 20.1 企业合并概述 ·············· 294
  - 20.1.1 企业合并的界定 ········ 294
  - 20.1.2 企业合并的方式 ········ 294
  - 20.1.3 企业合并类型的划分 ···· 295

20.1.4 合并日或购买日的确定 …………… 295
20.2 同一控制下的企业合并 …………… 296
　20.2.1 同一控制下企业合并的定义 ……… 296
　20.2.2 同一控制下企业合并的处理原则 … 296
20.3 非同一控制下的企业合并 ………… 298
　20.3.1 非同一控制下企业合并的定义 …… 298
　20.3.2 非同一控制下企业合并的处理原则 … 298
20.4 不同合并方式下的会计处理 ……… 301
　20.4.1 控股合并的会计处理 …………… 301
　20.4.2 吸收合并和新设合并的会计处理 … 303
20.5 披露 ………………………………… 303
　20.5.1 同一控制下企业合并的披露 …… 303
　20.5.2 非同一控制下企业合并的披露 … 303
20.6 业务合并 …………………………… 304

第21章 租 赁

21.1 租赁基础 …………………………… 305
21.2 租赁的分类 ………………………… 308
　21.2.1 分类 ……………………………… 308
　21.2.2 经营租赁和融资租赁的区别 …… 309
21.3 承租人的会计处理 ………………… 311
　21.3.1 确认和初始计量 ………………… 311
　21.3.2 后续计量 ………………………… 314
　21.3.3 短期租赁和低价值资产租赁的会计
　　　　 处理 ……………………………… 316
　21.3.4 租赁变更的会计处理 …………… 317
　21.3.5 其他有关事项的会计处理 ……… 318
　21.3.6 租赁期届满时的会计处理 ……… 319
21.4 出租人的会计处理 ………………… 319
　21.4.1 出租人对融资租赁的会计处理 … 319
　21.4.2 出租人对经营租赁的会计处理 … 323
21.5 售后租回交易的会计处理 ………… 325
21.6 租赁的列报和披露 ………………… 328
　21.6.1 承租人的列报和披露 …………… 328
　21.6.2 出租人的列报和披露 …………… 329

第22章 金融工具确认和计量

22.1 金融工具概述 ……………………… 331
22.2 金融工具的确认与终止确认 ……… 333
　22.2.1 金融资产和金融负债的确认条件 … 333

22.2.2 金融资产的终止确认 …………… 334
22.2.3 金融负债的终止确认 …………… 335
22.3 金融工具的分类 …………………… 336
　22.3.1 金融资产的分类 ………………… 336
　22.3.2 金融负债的分类 ………………… 343
22.4 嵌入衍生工具 ……………………… 344
　22.4.1 嵌入衍生工具的定义 …………… 344
　22.4.2 混合合同 ………………………… 345
22.5 金融工具的重分类 ………………… 346
　22.5.1 金融工具重分类的定义 ………… 346
　22.5.2 金融资产重分类的会计处理 …… 347
22.6 金融工具的计量 …………………… 348
　22.6.1 初始计量 ………………………… 348
　22.6.2 后续计量 ………………………… 349
　22.6.3 合同变化 ………………………… 367
　22.6.4 与权益投资相关的合同 ………… 367
22.7 金融工具减值 ……………………… 367
　22.7.1 计提金融工具减值准备 ………… 368
　22.7.2 金融资产信用减值的客观信息 … 368
　22.7.3 预期信用损失 …………………… 376
　22.7.4 信用损失 ………………………… 387
　22.7.5 损失准备确认方法 ……………… 387
　22.7.6 判断事项 ………………………… 389
　22.7.7 其他规定 ………………………… 390
22.8 利得和损失 ………………………… 390
　22.8.1 以公允价值计量的金融工具 …… 390
　22.8.2 以摊余成本计量的金融工具 …… 390
　22.8.3 其他规定 ………………………… 391
　22.8.4 股利收入 ………………………… 391

第23章 金融资产转移

23.1 金融资产的终止确认 ……………… 393
　23.1.1 金融资产终止确认的定义 ……… 393
　23.1.2 金融资产终止确认的条件 ……… 393
23.2 金融资产终止确认的判断流程 …… 393
23.3 金融资产转移的确认和计量 ……… 404
　23.3.1 满足终止确认条件的金融资产转移 … 404
　23.3.2 继续确认被转移金融资产 ……… 408
　23.3.3 继续涉入被转移金融资产 ……… 409

23.3.4 向转入方提供非现金担保物………416

第24章 套期会计

24.1 套期会计概述……………418
24.1.1 套期的定义……………418
24.1.2 套期的分类……………418
24.1.3 套期会计方法…………419
24.2 套期工具……………419
24.2.1 套期工具的定义与范围………419
24.2.2 指定套期工具…………420
24.3 被套期项目……………421
24.3.1 符合条件的被套期项目………421
24.3.2 确定被套期项目的注意事项………422
24.3.3 项目组成部分作为被套期项目的规定和要求……………422
24.3.4 汇总风险敞口作为被套期项目的规定和要求……………424
24.3.5 项目组成部分与项目总现金流量之间的关系……………424
24.3.6 被套期项目的组合……………425
24.4 套期关系评估与套期会计…………426
24.4.1 运用套期会计的条件…………426
24.4.2 套期有效性的定义与要求…………426
24.4.3 套期有效性的评价方法…………426
24.4.4 套期关系再平衡…………427
24.4.5 套期关系的终止…………428
24.5 套期保值的确认与计量……………429
24.5.1 公允价值套期……………429
24.5.2 现金流量套期……………430
24.5.3 境外经营净投资的套期…………432
24.5.4 套期关系再平衡…………434
24.5.5 组项目套期…………435
24.5.6 期权时间价值的会计处理………437
24.6 关于信用风险敞口的公允价值选择权……………441
24.6.1 指定为公允价值计量的条件………441
24.6.2 相关会计处理………441

第25章 原保险合同

25.1 原保险合同概述……………443
25.1.1 保险合同的定义……………443
25.1.2 原保险合同的定义…………444
25.1.3 不适用原保险合同的情形………445
25.1.4 原保险合同的分类…………445
25.2 原保险合同收入……………445
25.2.1 原保险合同收入的确认条件………445
25.2.2 原保险合同收入的计量………446
25.2.3 原保险合同提前解除………448
25.3 原保险合同准备金…………449
25.3.1 原保险合同准备金的内容………449
25.3.2 保险责任准备金充足性测试………451
25.4 原保险合同成本……………452
25.4.1 原保险合同成本的定义………452
25.4.2 计入当期损益的情形………452
25.4.3 损余物资………452
25.4.4 代位追偿款………452
25.5 列报……………453
25.5.1 资产负债表列示项目………453
25.5.2 利润表列示项目………453
25.5.3 附注中披露项目………453

第26章 再保险合同

26.1 再保险合同概述……………454
26.2 分出业务的会计处理………455
26.2.1 基本规定………455
26.2.2 应收分保准备金………455
26.2.3 分出保费及摊回款项………456
26.2.4 赔付成本………456
26.2.5 存入分保保证金………457
26.2.6 纯益手续费………457
26.3 分入业务的会计处理………457
26.3.1 分保费收入的确认………457
26.3.2 分保费用………458
26.3.3 分保赔付成本………460
26.3.4 存出分保保证金………460
26.4 列报……………460

- 26.4.1 在财务报表中列报事项 ············· 460
- 26.4.2 在附注中披露事项 ··················· 461

第 27 章 石油天然气开采

- 27.1 石油天然气开采概述 ··················· 462
  - 27.1.1 核算范围 ···························· 462
  - 27.1.2 油气资产概述 ······················ 463
- 27.2 矿区权益的会计处理 ··················· 463
  - 27.2.1 初始计量 ···························· 463
  - 27.2.2 矿区权益的折耗 ··················· 464
  - 27.2.3 矿区权益的减值 ··················· 464
  - 27.2.4 矿区权益的处置 ··················· 464
- 27.3 油气勘探的会计处理 ··················· 468
  - 27.3.1 基本原则 ···························· 468
  - 27.3.2 会计处理 ···························· 468
- 27.4 油气开发的会计处理 ··················· 470
- 27.5 油气生产的会计处理 ··················· 470
  - 27.5.1 定义及核算范围 ··················· 470
  - 27.5.2 井及相关设备的折耗计提 ······ 470
  - 27.5.3 其他经济事项的会计处理适用准则 ··· 471
- 27.6 油气资产的确认及计量 ··············· 471
  - 27.6.1 油气资产的相关定义 ············ 471
  - 27.6.2 油气资产的折耗方法 ············ 471
  - 27.6.3 油气资产减值处理 ··············· 472
- 27.7 弃置义务 ··································· 472
- 27.8 披露 ··· 473

第 28 章 会计政策、会计估计变更和差错更正

- 28.1 会计政策及其变更 ······················ 474
  - 28.1.1 会计政策概述 ······················ 474
  - 28.1.2 会计政策变更 ······················ 475
  - 28.1.3 会计政策变更的会计处理 ······ 476
  - 28.1.4 会计政策变更的披露 ············ 480
- 28.2 会计估计及其变更 ······················ 480
  - 28.2.1 会计估计与会计估计变更 ······ 480
  - 28.2.2 会计政策变更与会计估计变更的划分 ··· 481
  - 28.2.3 会计估计变更的会计处理 ······ 482
  - 28.2.4 会计估计变更的披露 ············ 483
- 28.3 前期差错及其更正 ······················ 483
  - 28.3.1 前期差错概述 ······················ 483
  - 28.3.2 前期差错更正的会计处理 ······ 484
  - 28.3.3 前期差错更正的披露 ············ 486

第 29 章 资产负债表日后事项

- 29.1 资产负债表日后事项概述 ············ 488
  - 29.1.1 资产负债表日后事项的定义 ··· 488
  - 29.1.2 资产负债表日后事项涵盖的期间 ··· 489
  - 29.1.3 资产负债表日后事项的分类 ··· 489
- 29.2 资产负债表日后调整事项 ············ 490
  - 29.2.1 基本处理原则 ······················ 490
  - 29.2.2 具体会计处理 ······················ 491
- 29.3 资产负债表日后非调整事项 ········ 497
- 29.4 披露 ··· 498

第 30 章 财务报表列报

- 30.1 财务报表概览 ···························· 499
  - 30.1.1 财务报表的定义及分类 ········· 499
  - 30.1.2 财务报表的分类 ··················· 499
  - 30.1.3 适用范围 ···························· 500
- 30.2 财务报表列报的基本要求 ············ 500
  - 30.2.1 遵循企业会计准则 ··············· 500
  - 30.2.2 以持续经营为列报基础 ········· 500
  - 30.2.3 以权责发生制为编制基础 ······ 501
  - 30.2.4 遵循重要性原则 ··················· 501
  - 30.2.5 保证列报的一致性 ··············· 502
  - 30.2.6 保证披露金额准确 ··············· 502
  - 30.2.7 遵循可比性原则 ··················· 502
  - 30.2.8 财务报表表首的列报要求 ······ 503
  - 30.2.9 报告期间 ···························· 503
- 30.3 资产负债表列报 ························· 503
  - 30.3.1 资产负债表的定义及内容 ······ 503
  - 30.3.2 资产负债表项目列报分类 ······ 504
  - 30.3.3 资产负债表列报格式 ············ 506
- 30.4 利润表列报 ································ 514
  - 30.4.1 利润表的定义及项目列报原则和具体适用 ··· 514
  - 30.4.2 利润表列报总要求 ··············· 517

30.4.3 利润表项目列报 …………… 517
30.5 所有者权益变动表列报 ………… 522
　30.5.1 所有者权益变动表定义 ……… 522
　30.5.2 所有者权益表列报的基本原则 … 522
　30.5.3 所有者权益变动表列报格式及说明 … 523
30.6 附注 …………………………… 525
　30.6.1 财务报表附注的定义 ………… 525
　30.6.2 附注应当披露的内容及顺序 … 525
　30.6.3 一般企业财务报表附注格式 … 527

第31章　现金流量表

31.1 现金流量表概述 ……………… 548
　31.1.1 现金流量表的概念 …………… 548
　31.1.2 现金流量表的内容与结构 …… 548
　31.1.3 现金流量表的编制方法及程序 … 551
31.2 现金流量表编制 ……………… 553
31.3 披露 …………………………… 561

第32章　中期财务报告

32.1 中期财务报告概述 …………… 562
　32.1.1 中期财务报告的定义 ………… 562
　32.1.2 中期财务报告的内容 ………… 562
32.2 确认和计量 …………………… 562
　32.2.1 会计政策 ……………………… 562
　32.2.2 会计估计 ……………………… 563
　32.2.3 重要性 ………………………… 563
　32.2.4 会计计量 ……………………… 564
　32.2.5 季节性、周期性或者偶然性收入的确认和计量 … 565
　32.2.6 会计年度中不均匀发生的费用的确认和计量 … 566
32.3 合并财务报表 ………………… 567
32.4 比较财务报表 ………………… 568
32.5 附注 …………………………… 568

第33章　合并财务报表

33.1 合并财务报表基础 …………… 571
　33.1.1 合并财务报表的定义及解释 … 571
　33.1.2 合并范围的确定 ……………… 572
　33.1.3 合并财务报表的编制原则 …… 579
　33.1.4 编制合并财务报表前的准备工作 … 580
　33.1.5 合并财务报表的编制程序 …… 581
　33.1.6 报告期内增减子公司的处理 … 582
33.2 合并日财务报表的编制 ……… 583
　33.2.1 对子公司的个别财务报表进行调整 … 583
　33.2.2 合并日资产负债表的编制 …… 583
33.3 购买日后合并财务报表的编制 … 590
　33.3.1 合并资产负债表 ……………… 590
　33.3.2 合并利润表 …………………… 598
　33.3.3 合并现金流量表 ……………… 602
　33.3.4 合并所有者权益变动表 ……… 605
　33.3.5 案例分析 ……………………… 606
33.4 特殊交易的会计处理 ………… 626
　33.4.1 追加投资的会计处理 ………… 626
　33.4.2 处置对子公司投资的会计处理 … 627
　33.4.3 因子公司的少数股东增资而稀释母公司拥有的股权比例 … 628
　33.4.4 其他特殊交易 ………………… 629

第34章　每股收益

34.1 基本每股收益 ………………… 631
　34.1.1 分子的确定 …………………… 631
　34.1.2 分母的确定 …………………… 631
34.2 稀释每股收益 ………………… 632
　34.2.1 基本计算原则 ………………… 632
　34.2.2 可转换公司债券 ……………… 633
　34.2.3 认股权证、股份期权 ………… 634
　34.2.4 企业承诺将回购其股份的合同 … 635
　34.2.5 多项潜在普通股 ……………… 636
　34.2.6 子公司、合营企业或联营企业发行的潜在普通股 … 638
34.3 每股收益的列报 ……………… 639
　34.3.1 重新计算 ……………………… 639
　34.3.2 列报 …………………………… 640

第35章　分部报告

35.1 分部报告概述 ………………… 642
　35.1.1 分部报告的定义 ……………… 642

- 35.1.2 编制分部报告的意义 …………… 642
- 35.2 报告分部的确定 ………………… 643
  - 35.2.1 业务分部 ……………………… 643
  - 35.2.2 地区分部 ……………………… 644
  - 35.2.3 分部合并的条件 ……………… 646
  - 35.2.4 报告分部的确定 ……………… 647
- 35.3 分部信息的披露 ………………… 649
  - 35.3.1 分部信息披露的主要报告形式和次要报告形式 …………………… 649
  - 35.3.2 主要报告形式下分部信息的披露 … 650
  - 35.3.3 分部信息与企业合并财务报表或企业财务报表总额信息的衔接 ……… 651
  - 35.3.4 次要报告形式下分部信息的披露 … 652
  - 35.3.5 其他披露要求 ………………… 652

第36章 关联方披露

- 36.1 关联方披露的基本规定 ………… 654
  - 36.1.1 关联方的认定 ………………… 654
  - 36.1.2 相关概念 ……………………… 655
- 36.2 关联方关系的认定 ……………… 655
  - 36.2.1 关联方关系认定的一般原则 … 655
  - 36.2.2 关联方关系界定的例外情况 … 658
- 36.3 关联方交易 ……………………… 659
  - 36.3.1 关联方交易的定义 …………… 659
  - 36.3.2 关联方交易的类型 …………… 659
- 36.4 关联方及其交易的披露 ………… 660

第37章 金融工具列报

- 37.1 金融工具列报概述 ……………… 662
  - 37.1.1 金融工具列报的含义 ………… 662
  - 37.1.2 金融工具列报的目的 ………… 662
  - 37.1.3 金融工具列报准则的适用范围 …… 662
- 37.2 金融负债和权益工具 …………… 665
  - 37.2.1 金融工具的分类 ……………… 665
  - 37.2.2 金融负债和权益工具的区分 … 665
  - 37.2.3 金融工具的列示 ……………… 677
- 37.3 特殊金融工具 …………………… 678
  - 37.3.1 可回售工具 …………………… 678
  - 37.3.2 发行方仅在清算时才有义务向另一方按比例交付其净资产的金融工具 … 679
  - 37.3.3 特殊金融工具分类为权益工具的其他条件 ……………………………… 679
  - 37.3.4 特殊金融工具在母公司合并财务报表中的处理 ………………………… 680
- 37.4 金融负债和权益工具之间的重分类 … 680
- 37.5 收益和库存股 …………………… 681
  - 37.5.1 发行方对利息、股利、利得或损失的处理 ………………………… 681
  - 37.5.2 库存股 ………………………… 681
  - 37.5.3 对每股收益计算的影响 ……… 682
- 37.6 金融资产与金融负债的抵销列示 … 682
  - 37.6.1 金融资产与金融负债抵销列示的条件 … 682
  - 37.6.2 金融资产与金融负债不得抵销的情形 … 683
  - 37.6.3 总互抵协议 …………………… 683
- 37.7 金融工具对财务状况和经营成果影响的列报 ……………………………… 683
  - 37.7.1 一般性规定 …………………… 683
  - 37.7.2 资产负债表中的列示及相关披露 … 685
  - 37.7.3 利润表中的列示及相关披露 … 688
  - 37.7.4 套期会计相关披露 …………… 689
  - 37.7.5 公允价值披露 ………………… 692
- 37.8 与金融工具相关的风险披露 …… 693
  - 37.8.1 定性和定量信息 ……………… 693
  - 37.8.2 信用风险披露 ………………… 697
  - 37.8.3 流动性风险披露 ……………… 715
  - 37.8.4 市场风险披露 ………………… 717
- 37.9 金融资产转移的披露 …………… 719
  - 37.9.1 金融资产转移信息披露的一般要求 … 720
  - 37.9.2 已转移但未整体终止确认的金融资产的信息披露 ………………… 721
  - 37.9.3 已整体终止确认但转出方继续涉入已转移金融资产的信息披露 ……… 722

第38章 首次执行企业会计准则

- 38.1 首次执行会计准则概述 ………… 724
- 38.2 首次执行会计的确认与计量 …… 724

- 38.2.1 首次执行日的新旧会计科目余额对照表和期初资产负债表……724
- 38.2.2 首次执行日采用追溯调整法处理有关项目……725
- 38.2.3 首次执行日采用未来适用法处理有关项目……728
- 38.3 首次执行日会计列报……729
  - 38.3.1 首份中期财务报告和首份年度财务报表……730
  - 38.3.2 首份中期财务报告和首份年度财务报表附注……730

第39章 公允价值计量
- 39.1 公允价值计量概述……731
- 39.2 资产或负债……731
  - 39.2.1 资产或负债的特征……731
  - 39.2.2 资产或负债的计量单元……731
- 39.3 有序交易和市场……732
  - 39.3.1 有序交易……732
  - 39.3.2 主要市场和最有利市场……732
- 39.4 市场参与者……733
  - 39.4.1 公允价值计量条件……733
  - 39.4.2 市场参与者定义……733
- 39.5 公允价值初始计量……734
  - 39.5.1 初始计量……734
  - 39.5.2 公允价值通常与其交易价格不相等的情况……734
  - 39.5.3 相关资产或负债且交易价格与公允价值不相等时的利得损失处理……735
- 39.6 估值技术……735
  - 39.6.1 估值技术……735
  - 39.6.2 估值技术方法……735
  - 39.6.3 变更估值技术的情况……736
- 39.7 公允价值层次……736
- 39.8 非金融资产的公允价值计量……736
  - 39.8.1 非金融资产的计量……736
  - 39.8.2 非金融资产最佳用途的影响因素……736
  - 39.8.3 估值前提的确定……737
- 39.9 负债和企业自身权益工具的公允价值计量……737
- 39.10 市场风险或信用风险可抵销的金融资产和金融负债的公允价值计量……738
- 39.11 公允价值披露……738
  - 39.11.1 公允价值披露要求……738
  - 39.11.2 持续以公允价值计量的每组资产和负债的附注披露要求……739
  - 39.11.3 非持续以公允价值计量的每组资产和负债的附注披露要求……739

第40章 合营安排
- 40.1 合营安排的概述……741
  - 40.1.1 合营安排的定义……741
  - 40.1.2 合营安排参与方……741
- 40.2 合营安排的认定和分类……741
  - 40.2.1 合营安排的认定……741
  - 40.2.2 合营安排的分类……742
- 40.3 共同经营参与方的会计处理……743
  - 40.3.1 共同经营合营方利益份额的确定……743
  - 40.3.2 共同经营投出或出售资产损益的确认……743
  - 40.3.3 共同经营购买资产损益中归属于共同经营其他参与方的部分确认……743
  - 40.3.4 对共同经营不享有共同控制的参与方损益的确认……743
- 40.4 合营企业参与方的会计处理……743

第41章 在其他主体中权益的披露
- 41.1 在其他主体中权益的披露概述……744
- 41.2 重大判断和假设的披露……744
- 41.3 在子公司中权益的披露……745
  - 41.3.1 在合并财务报表附注中的披露一般要求……745
  - 41.3.2 使用企业集团资产和清偿企业集团债务存在重大限制的企业的附注披露要求……745
  - 41.3.3 存在纳入合并财务报表范围的结构化主体的企业的附注披露要求……746

41.3.4 对子公司所有者权益所拥有份额发生变化时企业的附注披露要求··········746
41.3.5 作为投资性主体的企业对未纳入合并报表的投资企业的一般披露要求···746
41.3.6 作为投资性主体的企业对未纳入合并报表的投资企业的风险披露要求···746

41.4 在合营安排或联营企业中权益的披露 ··········747
41.4.1 存在重要的合营安排或联营企业的企业应当披露的信息 ··················747
41.4.2 重要的合营企业或联营企业补充信息披露 ··········747
41.4.3 企业在单个合营企业或联营企业中的权益不重要时的信息披露 ··········747
41.4.4 限制性信息披露 ··········747
41.4.5 超额亏损的份额确认 ··········748
41.4.6 未确认承诺及或有负债的披露 ······748

41.5 在未纳入合并财务报表范围的结构化主体中权益的披露 ··········748
41.5.1 对于未纳入合并财务报表范围的结构化主体的信息的披露 ··········748
41.5.2 披露对未纳入合并财务报表范围的结构化主体提供财务支持或其他支持的意图 ··········748
41.5.3 企业是投资性主体的,对受其控制但未纳入合并财务报表范围的结构化主体的处理 ··········748

第42章 持有待售的非流动资产、处置组和终止经营

42.1 概述 ··········749
42.2 持有待售的非流动资产或处置组的定义与分类 ··········750
42.2.1 持有待售类别的定义 ··········750
42.2.2 持有待售类别的划分条件 ··········751

42.3 持有待售的非流动资产或处置组的计量 ··········756
42.3.1 取得日的计量 ··········756
42.3.2 持有待售类别的初始计量和后续计量···757
42.3.3 减值准备的转回 ··········766
42.3.4 不再满足划分条件时的处理 ·········767

42.4 终止经营 ··········767
42.5 列报 ··········770
42.5.1 资产负债表列报 ··········770
42.5.2 利润表列报 ··········772
42.5.3 报表附注中的披露 ··········774

第1章
企业会计准则——基本准则

《企业会计准则——基本准则》于 2006 年 2 月 15 日由财政部令第 33 号公布,自 2007 年 1 月 1 日起施行。2014 年 7 月 23 日,《企业会计准则——基本准则》根据《财政部关于修改〈企业会计准则——基本准则〉的决定》进行了相关修改。

1.1 总则

为了规范企业会计确认、计量和报告行为,保证会计信息质量,财政部根据《中华人民共和国会计法》和其他有关法律、行政法规,制定了企业会计准则。该准则适用于在中华人民共和国境内设立的企业(包括公司,下同)。

企业会计准则包括基本准则和具体准则,具体准则应当遵循基本准则而制定。

1.1.1 财务会计报告的目标

企业应当编制财务会计报告(又称财务报告,下同)。财务会计报告的目标是向财务会计报告使用者提供与企业财务状况、经营成果和现金流量等有关的会计信息,反映企业管理层受托责任履行情况,从而帮助财务会计报告使用者作出经济决策。

1.1.2 财务会计报告使用者

财务会计报告使用者包括投资者、债权人、企业管理者、政府及其有关部门和社会公众等,如图 1-1 所示。

1.1.3 会计基本假设

会计基本假设是企业会计确认、计量和报告的前提,是会计核算所处时间、空间环境等的合理假定。会计基本假设包括会计主体、持续经营、会计分期和货币计量,具体如表 1-1 所示。

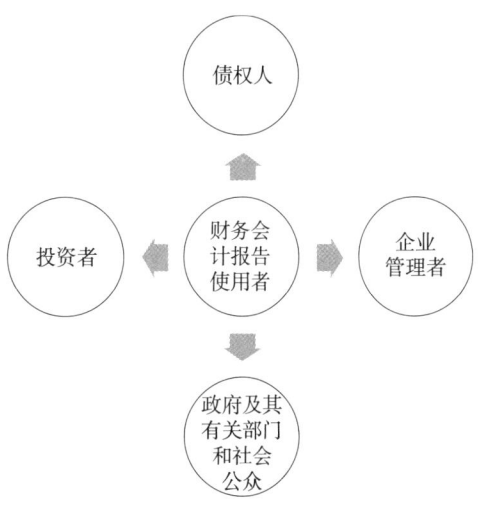

图 1-1 财务会计报告使用者

表 1-1　会计基本假设

会计基本假设	准则规定
会计主体	企业应当对其本身发生的交易或者事项进行会计确认、计量和报告
持续经营	企业会计确认、计量和报告应当以持续经营为前提
会计分期	企业应当划分会计期间，分期结算账目和编制财务会计报告；会计期间分为年度和中期。中期是指短于一个完整的会计年度的报告期间
货币计量	企业会计应当以货币计量

1. 会计主体

会计主体是指会计工作服务的特定对象，是企业会计确认、计量和报告的空间范围。为了向财务报告使用者反映企业财务状况、经营成果和现金流量，提供与其决策有用的信息，会计核算和财务报告的编制应当集中于反映特定对象的活动，并将其与其他经济实体区别开来。在会计主体假设下，企业应当对其本身发生的交易或事项进行会计确认、计量和报告，反映企业本身所从事的各项生产经营活动和其他相关活动。明确界定会计主体是开展会计确认、计量和报告工作的重要前提。

明确会计主体，才能划定会计所要处理的各项交易或事项的范围。在会计工作中，只有那些影响企业本身经济利益的各项交易或事项才能加以确认、计量和报告。

会计主体不同于法律主体，一般来说，法律主体必然是一个会计主体，但是，会计主体不一定是法律主体。例如，虽然母、子公司是不同的法律主体，但是子公司不对外提供报表，由母公司编制合并报表，这时企业集团作为一个会计主体。

2. 持续经营

持续经营是指在可以预见的将来，企业将会按当前的规模和状态继续经营下去，不会停业，也不会大规模削减业务的情况。在持续经营前提下，会计确认、计量和报告应当以企业持续、正常的生产经营活动为前提。

企业会计准则体系是以企业持续经营为前提加以制定和规范的，涵盖了企业从成立到清算（包括破产）的整个期间的交易或者事项的会计处理。不过，如果一家企业在不能持续经营时还假定企业能够持续经营，并仍按持续经营基本假设选择会计确认、计量和报告原则与方法，就不能客观地反映出企业的财务状况、经营成果和现金流量，以至于会误导会计信息使用者的经济决策。

3. 会计分期

会计分期是指将一家企业持续经营的生产经营活动划分为一个个连续的、长短相同的期间的情况。会计分期的目的在于通过会计期间的划分，将持续经营的生产经营活动划分成连续、相等的期间，据以结算盈亏、按期编报财务报告，从而及时向财务报告使用者提供有关企业财务状况、经营成果和现金流量的信息。

根据持续经营假设，一家企业将按当前的规模和状态持续经营下去。但是，无论是企业的生产经营决策，还是投资者、债权人等的决策，都需要及时的信息，都需要将企业持续的生产经营活动划分为一个个连续的、长短相同的期间，分期确认、计量和报告企业的财务状况、经营成果和现金流量。明确会计分期假设意义重大，由于会计分期，才产生了当期与以前期间、以后期间的差别，才使不同类型的会计主体有了记账的基准，进而出现了折旧、摊销等会计处理方法。

在会计分期假设下，企业应当划分会计期间，分期结算账目和编制财务报告。会计期间通常分为年度和中期。中期是指短于一个完整的会计年度的报告期间。

4. 货币计量

货币计量是指会计主体在会计确认、计量和报告时以货币计量，反映会计主体的生产经营活动。

在会计的确认、计量和报告过程中选择货币为基础进行计量，是由货币的本身属性决定的。货币是商品的一般等价物，是衡量一般商品价值的共同尺度，具有价值尺度、流通手段、贮藏手段和支付手段等特点。其他计量单位，如重量、长度等，只能从一个侧面反映企业的生产经营情况，无法在量上进行汇总和比较，不便于会计计量和经营管理。只有选择货币尺度进行计量，才能充分反映企业的生产经营情况。所以，《企业会计准则——基本准则》（简称"基本准则"）规定，企业会计应当以货币计量。

1.1.4 会计基础

企业应当以权责发生制为基础进行会计确认、计量和报告。

权责发生制基础要求，凡是当期已经实现的收入和已经发生或应当负担的费用，无论款项是否收付，都应当作为当期的收入和费用，计入利润表；凡是不属于当期的收入和费用，即使款项已在当期收付，也不应当作为当期的收入和费用。

在实务中，企业交易或者事项的发生时间与相关货币收支时间有时并不完全一致。例如，款项已经收到，但销售并未实现；或者款项已经支付，但并不是为本期生产经营活动而发生的等。收付实现制是与权责发生制相对应的一种会计基础，其是以收到或支付的现金及其时点作为确认收入和费用等的依据。为了更加真实、公允地反映特定会计期间的财务状况和经营成果，基本准则明确规定，企业应当以权责发生制为基础进行会计确认、计量和报告。

权责发生制与收付实现制的主要区别如表1-2所示。

表 1-2　权责发生制与收付实现制的主要区别

会计基础	内涵	举例
权责发生制	权责发生制也称为应计制或应收应付制（关键点），其从时间上规定会计确认的基础，核心是根据权利和责任的实际发生时间来确认企业的收入和费用。在权责发生制下，收入归属期是创造收入的会计期间，费用的归属期应是费用所服务的会计期间	①对于企业本期已向客户发货而尚未收到货款的交易，应作为本期的收入，不应作为收到货款期间的收入 ②对于本期已经发生的费用，虽然本期没有支付款项，但仍然作为本期的费用处理，而不能作为支付款项期间的费用处理
收付实现制	收付实现制也称为现金制或现收现付制，是以款项的实际收付为标准来确认本期收入和费用的一种方法	①对于企业本期已向客户发货而尚未收到货款的交易，不应作为本期的收入，应作为收到货款期间的收入 ②对于本期已经发生的费用，如果本期没有支付款项，则不能作为本期的费用处理，而应作为支付款项期间的费用处理

权责发生制与收付实现制确认收入和费用的时点不同。权责发生制以收入和费用的权利和义务发生的时点进行确认，收付实现制以现金实际收入和支付作为收入和费用的确认时点。

目前，我国的行政单位会计核算采用收付实现制，事业单位部分经济业务或者事项的核算采用权责发生制，除此之外的业务核算采用收付实现制。

1.1.5　会计要素

企业应当按照交易或者事项的经济特征确定会计要素。会计要素包括资产、负债、所有者权益、收入、费用和利润。

1.1.6　记账方法

企业应当采用借贷记账法记账。

1.2　会计信息质量要求

会计信息质量要求是对企业财务报告中所提供的会计信息质量的基本要求，是使财务报告中所提供的会计信息对投资者等使用者决策有用应具备的基本特征。会计信息质量要求包括可靠性、相关性、可理解性、可比性、实质重于形式、重要性、谨慎性和及时性。可靠性、相关性、可理解性和可比性是会计信息的首要质量要求，是企业财务报告中所提供会计信息应具备的基本质量特征；实质重于形式、重要性、谨慎性和及时性是会计信息的次级质量要求，是对可靠性、相关性、可理解性和可比性等首要质量要求的补充和完善，尤其是在对某些特殊交易或者事项进行处理时，需要根据这些质量要求来把握其会计处理原则。另外，及时性还是会计信息相关性和可靠性的制约因素。企业需要在相关性和可靠性之间寻求一种平衡，以确定信息及时披露的时间。

1.2.1　可靠性

企业应当以实际发生的交易或者事项为依据进行会计确认、计量和报告，如实反映符合确认和计量要求的各项会计要素及其他相关信息，保证会计信息真实可靠、内容完整。

会计信息要有用，必须以可靠为基础。如果财务报告所提供的会计信息是不可靠的，就会对投资者等使用者的决策产生误导甚至为其带来损失。为了贯彻可靠性要求，企业应当做到以下几点。

（1）以实际发生的交易或者事项为依据进行确认、计量，将符合会计要素定义及其确认条件的资产、负债、所有者权益、收入、费用和利润等如实反映在财务报表中。

（2）在符合重要性和成本效益原则的前提下，保证会计信息的完整性，其中包括编报的报表及其附注内容等应当保持完整，不能随意遗漏或者减少应予披露的信息。

（3）包括在财务报告中的会计信息应当是中立的、无偏的。如果企业在财务报告中为了达到事先设定的结果或效果，通过选择或列示有关会计信息，以影响决策和判断，则这样的财务报告信息就不是中立的。

1.2.2 相关性

企业提供的会计信息应当与财务会计报告使用者的经济决策需要相关，从而帮助财务会计报告使用者对企业过去、现在或者未来的情况做出评价或者预测。

会计信息是否有用、是否具有价值，关键是看其与使用者的决策需要是否相关、是否有助于决策或者提高决策水平。相关的会计信息应当能够帮助使用者评价企业过去的决策，证实或者修正过去的有关预测，因而具有反馈价值。相关的会计信息还应当具有预测价值，帮助使用者根据财务报告所提供的会计信息预测企业未来的财务状况、经营成果和现金流量。

会计信息质量的相关性要求，需要企业在确认、计量和报告会计信息的过程中，充分考虑使用者的决策模式和信息需要。但是，相关性是以可靠性为基础的，两者之间并不矛盾，不应将二者对立起来。也就是说，会计信息在可靠性的前提下，尽可能地做到相关性，以满足投资者等财务报告使用者的决策需要。

1.2.3 可理解性

企业提供的会计信息应当清晰明了，便于财务会计报告使用者理解和使用。

企业编制财务报告、提供会计信息的目的在于使用，而要让使用者有效使用会计信息，应当能让其了解会计信息的内涵，弄懂会计信息的内容。这就要求财务报告所提供的会计信息应当清晰明了，易于理解。只有这样，才能提高会计信息的有用性，实现财务报告的目标，满足向投资者等财务报告使用者提供决策有用信息的要求。

会计信息毕竟是一种专业性较强的信息产品，因此，在强调会计信息的可理解性要求的同时，还应假定使用者具有一定的有关企业经营活动和会计方面的知识，并且愿意付出努力去研究这些信息。对于某些复杂的信息，如交易本身较为复杂或者会计处理较为复杂等，但其对使用者的经济决策相关的，企业就应当在财务报告中予以充分披露。

1.2.4 可比性

企业提供的会计信息应当具有可比性。可比性包括纵向可比与横向可比，如表1-3所示。

表 1-3　会计信息的可比性

可比的类型	含义
纵向可比	同一企业不同时期发生的相同或者相似的交易或者事项，应当采用一致的会计政策，不得随意变更。确需变更的，应当在附注中说明
横向可比	不同企业发生的相同或者相似的交易或者事项，应当采用规定的会计政策，确保会计信息口径一致、相互可比

1.2.5　实质重于形式

企业应当按照交易或者事项的经济实质进行会计确认、计量和报告，不应仅以交易或者事项的法律形式为依据。

大多数的业务交易，其法律形式反映了经济实质；但是，在有些情况下，法律形式没有反映经济实质。这就要求会计人员做出职业判断，按照业务的经济实质进行账务处理。

1.2.6　重要性

企业提供的会计信息应当反映与企业财务状况、经营成果和现金流量等有关的所有重要交易或者事项。

如果财务报告中提供的会计信息的省略或者错报会影响投资者等使用者据此做出决策，则该信息就具有重要性。重要性的应用需要依赖职业判断，企业应当根据其所处环境和实际情况，从项目的性质和金额两方面加以判断。例如，企业发生的某些支出，金额较小的，从支出受益期来看，可能需要在若干会计期间进行分摊，但根据重要性要求，可以一次计入当期损益。

重要性的判断取决于性质和金额两个方面。需要注意的是，相同的金额对于规模不同的企业，可能存在不同的重要性理解。

1.2.7　谨慎性

企业对交易或者事项进行会计确认、计量和报告应当保持应有的谨慎，不应高估资产或者收益、低估负债或者费用。

但是，谨慎性的应用并不允许企业设置秘密准备。

1.2.8　及时性

企业对于已经发生的交易或者事项，应当及时进行会计确认、计量和报告，不得提前或者延后。

及时性要求体现在会计信息收集、加工、披露、报告等各个环节。

及时性对相关性和可靠性起着制约作用。

1.3　资产

1.3.1　资产的定义

资产是指企业过去的交易或者事项形成的、由企业拥有或者控制的、预期会给企业带来经济利益的资源。

企业过去的交易或者事项包括购买、生产、建造行为或其他交易或者事项。预期在未来发生的交易或者事项不形成资产。

由企业拥有或者控制，是指企业享有某项资源的所有权，或者虽然不享有某项资源的所有权，但该资源能被企业控制。

预期会给企业带来经济利益，是指直接或者间接导致现金和现金等价物流入企业的潜力。

1.3.2 资产的确认条件

符合上述资产定义的资源，在同时满足以下条件时，确认为资产。

（1）与该资源有关的经济利益很可能流入企业。

（2）该资源的成本或者价值能够可靠计量。

1.3.3 资产的列报

符合资产定义和资产确认条件的项目，应当列入资产负债表；符合资产定义但不符合资产确认条件的项目，不应当列入资产负债表。

1.4 负债

1.4.1 负债的定义

负债是指企业过去的交易或者事项形成的、预期会导致经济利益流出企业的现时义务。

现时义务是指企业在现行条件下已承担的义务。未来发生的交易或者事项形成的义务，不属于现时义务，不应当确认为负债。

负债具有以下几个方面的特征。

1. 负债是企业承担的现时义务

负债必须是企业承担的现时义务。这里的现时义务是指企业在现行条件下已承担的义务。未来发生的交易或者事项形成的义务，不属于现时义务，不应当确认为负债。

这里所指的义务可以是法定义务，也可以是推定义务。其中，法定义务是指具有约束力的合同或者法律、法规规定的义务，通常在法律意义上需要强制执行。

2. 负债的清偿预期会导致经济利益流出企业

预期会导致经济利益流出企业也是负债的一个本质特征。只有在履行义务时会导致经济利益流出企业的义务，才符合负债的定义。

3. 负债是由企业过去的交易或者事项所形成

负债应当由企业过去的交易或者事项所形成。换句话说，只有过去的交易或者事项才形成负债，企业将在未来发生的承诺、签订的合同等交易或者事项不形成负债。

1.4.2 负债的确认条件

符合上述负债定义的义务，在同时满足以下条件时，确认为负债。

1. 与该义务有关的经济利益很可能流出企业

从负债的定义可以看到,预期会导致经济利益流出企业是负债的一个本质特征。在实务中,履行义务所需流出的经济利益带有不确定性,尤其是与推定义务相关的经济利益通常需要依赖于大量的估计。

2. 未来流出的经济利益的金额能够可靠计量

负债的确认在考虑经济利益流出企业的同时,对于未来流出的经济利益的金额应当能够可靠计量。

1.4.3 负债的列报

符合负债定义和负债确认条件的项目,应当列入资产负债表;符合负债定义但不符合负债确认条件的项目,不应当列入资产负债表。

1.5 所有者权益

1.5.1 所有者权益的定义

所有者权益是指企业资产扣除负债后由所有者享有的剩余权益。企业的所有者权益又称为股东权益。

所有者权益是所有者对企业资产的剩余索取权。它是企业的资产扣除债权人权益后应由所有者享有的部分,既可反映所有者投入资本的保值增值情况,又可体现保护债权人权益的理念。

1.5.2 所有者权益的构成

所有者权益由所有者投入的资本、直接计入所有者权益的利得和损失、留存收益等组成,如图1-2所示。

所有者投入的资本是指所有者投入企业的资本部分。它既包括构成企业注册资本或者股本部分的金额,也包括投入资本超过注册资本或者股本部分的金额,即资本溢价或者股本溢价。

直接计入所有者权益的利得和损失是指不应计入当期损益、会导致所有者权益发生增减变动的、与所有者投入资本或者向所有者分配利润无关的利得或者损失。利得是指由企业非日常活动所形成的、会导致

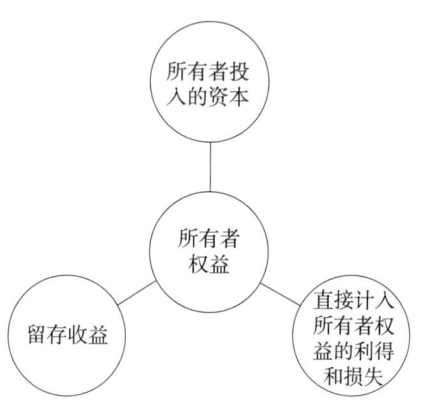

图1-2 所有者权益的构成

所有者权益增加的、与所有者投入资本无关的经济利益的流入。损失是指由企业非日常活动所发生的、会导致所有者权益减少的、与向所有者分配利润无关的经济利益的流出。

留存收益是企业历年实现的净利润留存于企业的部分,主要包括计提的盈余公积和未分配利润。

1.5.3 所有者权益的确认条件

由于所有者权益体现的是所有者在企业中的剩余权益,所以,所有者权益的确认主要依赖于其他会计要素,尤其是资产和负债的确认;所有者权益金额取决于资产和负债的计量。

1.5.4 所有者权益的列报

所有者权益项目应当列入资产负债表。

1.6 收入

1.6.1 收入的定义

收入是指企业在日常活动中形成的、会导致所有者权益增加的、与所有者投入资本无关的经济利益的总流入。

根据收入的定义,收入的基本特征如表1-4所示。

表1-4 收入的基本特征

收入的特征	含义
收入是企业在日常活动中形成的	日常活动是指企业为完成其经营目标所从事的经常性活动以及与之相关的活动
收入是与所有者投入资本无关的经济利益的总流入	收入应当会导致经济利益的流入,从而导致资产的增加。例如,企业销售商品,应当收到现金或者有权在未来收到现金,才表明该交易符合收入的定义。但是在实务中,经济利益的流入有时是所有者投入资本的增加所导致的,所有者投入资本的增加不应当确认为收入,而应当将其直接确认为所有者权益
收入会导致所有者权益的增加	与收入相关的经济利益的流入应当会导致所有者权益的增加,不会导致所有者权益增加的经济利益的流入不符合收入的定义,不应确认为收入

1.6.2 收入的确认条件

企业应当在履行了合同中的履约义务,即在客户取得相关商品控制权时确认收入。取得相关商品控制权,是指能够主导该商品的使用并从中获得几乎全部的经济利益。

当企业与客户之间的合同同时满足下列条件时,企业应当在客户取得相关商品控制权时确认收入:

(一)合同各方已批准该合同并承诺将履行各自义务;

(二)该合同明确了合同各方与所转让商品或提供劳务(以下简称"转让商品")相关的权利和义务;

(三)该合同有明确的与所转让商品相关的支付条款;

(四)该合同具有商业实质,即履行该合同将改变企业未来现金流量的风险、时间分布或金额;

(五)企业因向客户转让商品而有权取得的对价很可能收回。在合同开始日即满足前款条件的合同,企业在后续期间无需对其进行重新评估,除非有迹象表明相关事实和情况发生重大变化。合同开始日通常是指合同生效日。

1.6.3 收入的列报

符合收入定义和收入确认条件的项目,应当列入利润表。

1.7 费用

1.7.1 费用的定义

费用是指企业在日常活动中发生的、会导致所有者权益减少的、与向所有者分配利润无关的经济利益的总流出。

费用具有以下特征。

(1)费用是企业在日常活动中发生的流出。

(2)费用会导致所有者权益减少。

(3)费用是与向所有者分配利润无关的经济利益的总流出。

1.7.2 费用的确认条件

费用只有在经济利益很可能流出从而导致企业资产减少或者负债增加且经济利益的流出额能够可靠计量时才能予以确认。

企业为生产产品、提供劳务等发生的可归属于产品成本、劳务成本等的费用,应当在确认产品销售收入、劳务收入等时,计入当期损益。

企业发生的支出不产生经济利益的,或者即使能够产生经济利益但不符合或者不再符合资产确认条件的,应当在发生时确认为费用,计入当期损益。

企业发生的交易或者事项导致其承担了一项负债而又不确认为一项资产的,应当在发生时确认为费用,计入当期损益。

【提示】费用与成本的区别

区别主要表现在:期间费用是资产的耗费,它与一定的会计期间相联系,而与生产哪一种产品无关;生产成本与一定种类和数量的产品相联系,而不论发生在哪一个会计期间。

企业的产品在售出后,其生产成本就转化为销售当期的费用,称为产品销售成本或主营业务成本。

1.7.3 费用的列报

符合费用定义和费用确认条件的项目,应当列入利润表。

1.8 利润

1.8.1 利润的定义

利润是指企业在一定会计期间的经营成果。

通常情况下,如果企业实现了利润,则表明企业的所有者权益将增加,业绩得到了提升;反之,如果企业发生了亏损(即利润为负数),则表明企业的所有者权益将减少,业绩下降。

利润是评价企业管理层业绩的指标之一,也是投资者等财务会计报告使用者在进行决策时的重要参考依据。

1.8.2 利润的确认条件

利润包括收入减去费用后的净额、直接计入当期利润的利得和损失等。

直接计入当期利润的利得和损失，是指应当计入当期损益、会导致所有者权益发生增减变动的、与所有者投入资本或者向所有者分配利润无关的利得或者损失。

利润金额取决于收入和费用、直接计入当期利润的利得和损失金额的计量。

1.8.3 利润的构成与列报

利润按其构成的不同可以分为营业利润、利润总额和净利润，具体计算公式分别如下。

营业利润＝营业收入－营业成本－税金及附加－销售费用－管理费用－财务费用－资产减值损失－公允价值变动损失（＋公允价值变动收益）－投资损失（＋投资收益）

利润总额＝营业利润＋营业外收入－营业外支出

净利润＝利润总额－所得税费用

利润项目应当列入利润表，上述几项利润构成项目都体现在我国企业的利润表中。

1.9 会计计量

企业在将符合确认条件的会计要素登记入账并列报于会计报表及其附注（又称财务报表，下同）时，应当按照规定的会计计量属性进行计量，确定其金额。

1.9.1 会计计量属性

会计要素的计量是为了将符合确认条件的会计要素登记入账并列报于财务报表而确定其金额的过程。会计计量属性主要包括以下 5 个方面。

1. 历史成本

在历史成本计量下，资产按照购置时支付的现金或者现金等价物的金额，或者按照购置资产时所付出的对价的公允价值计量；负债按照因承担现时义务而实际收到的款项或者资产的金额，或者承担现时义务的合同金额，或者按照日常活动中为偿还负债预期需要支付的现金或者现金等价物的金额计量。

2. 重置成本

在重置成本计量下，资产按照现在购买相同或者相似资产所需支付的现金或者现金等价物的金额计量；负债按照现在偿付该项债务所需支付的现金或者现金等价物的金额计量。

3. 可变现净值

在可变现净值计量下，资产按照其正常对外销售所能收到的现金或者现金等价物的金额扣减该资产至完工时估计将要发生的成本、估计的销售费用以及相关税费后的金额计量。

4. 现值

在现值计量下，资产按照预计从其持续使用和最终处置中所产生的未来净现金流入量的折现金额计量；负债按照预计期限内需要偿还的未来净现金流出量的折现金额计量。

5. 公允价值

在公允价值计量下，资产和负债按照市场参与者在计量日发生的有序交易中，出售资产所能收到或者转移负债所需支付的价格计量。

公允价值计量是市场经济条件下维护产权秩序的必要手段，也是提高会计信息质量的重要途径。它代表了会计计量体系变革的总体趋势。

1.9.2 计量属性的运用原则

企业在对会计要素进行计量时，一般应当采用历史成本，采用重置成本、可变现净值、现值、公允价值计量的，应当保证所确定的会计要素金额能够取得并可靠计量。

1.10 财务会计报告

1.10.1 财务会计报告的定义

财务会计报告是指企业对外提供的反映企业某一特定日期的财务状况和某一会计期间的经营成果、现金流量等会计信息的文件。

1.10.2 财务会计报告的构成

财务会计报告包括会计报表及其附注，以及其他应当在财务会计报告中披露的相关信息和资料。会计报表至少应当包括资产负债表、利润表、现金流量表等报表，小企业编制的会计报表可以不包括现金流量表，如图 1-3 所示。

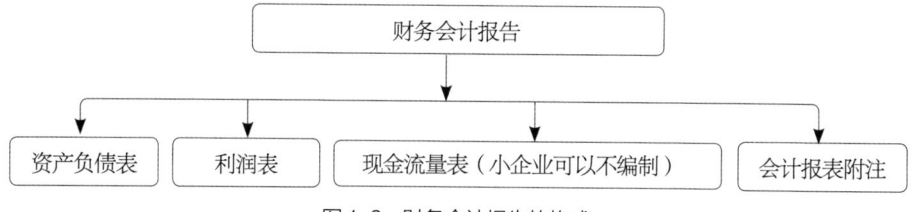

图 1-3　财务会计报告的构成

1. 资产负债表

资产负债表是指反映企业在某一特定日期的财务状况的会计报表。

企业编制资产负债表的目的是通过如实反映企业的资产、负债和所有者权益等金额及其结构情况，帮助财务报告使用者评价企业资产的质量以及短期偿债能力、长期偿债能力、利润分配能力等。

2. 利润表

利润表是指反映企业在一定会计期间的经营成果的会计报表。

企业编制利润表的目的是通过如实反映企业实现的收入、发生的费用以及应当计入当期利润的利得和损失等金额及其结构情况，帮助财务报告使用者分析评价企业的盈利能力及其构成与质量。

3. 现金流量表

现金流量表是指反映企业在一定会计期间的现金和现金等价物流入和流出的会计报表。

企业编制现金流量表的目的是通过如实反映企业各项活动的现金流入、流出情况，帮助财务报告使用者评价企业的现金流和资金周转情况。

4. 会计报表附注

会计报表附注是指对在会计报表中列示项目所做的进一步说明，以及对未能在这些报表中列示项目的说明等。

企业编制附注的目的是通过对财务报表本身进行补充说明，以更加全面、系统地反映企业财务状况、经营成果和现金流量的全貌，从而有助于向使用者提供更为有用的决策信息，帮助其做出更加科学合理的决策。

第2章 存 货

存货的会计处理流程如图2-1所示。

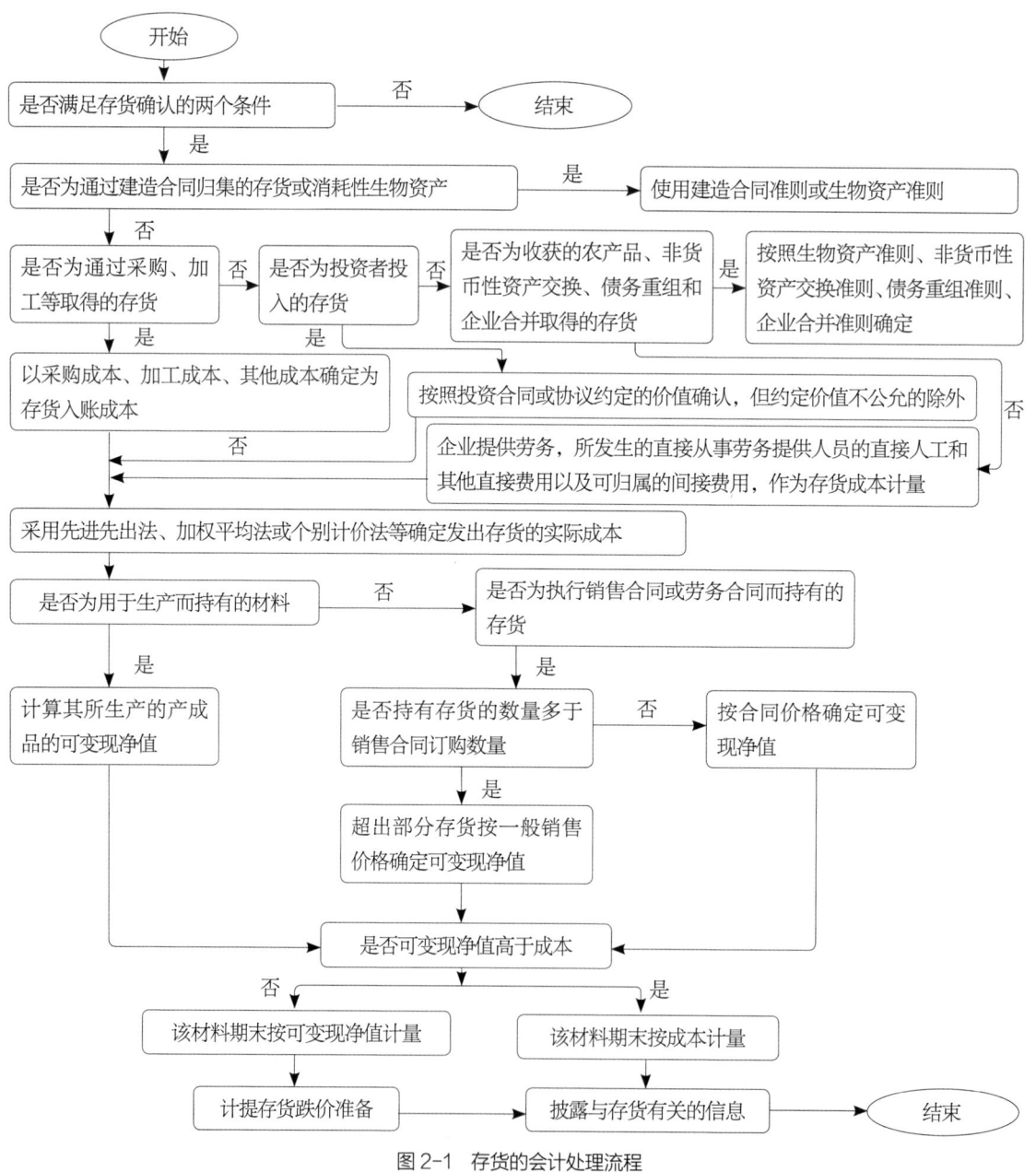

图2-1 存货的会计处理流程

2.1 存货的确认

2.1.1 存货的定义

根据《企业会计准则第 1 号——存货》，存货是指企业在日常活动中持有的以备出售的产成品或商品、处在生产过程中的在产品、在生产过程或提供劳务过程中耗用的材料和物料等。

2.1.2 存货的范围

《企业会计准则讲解》对存货的范围做了详细阐释，具体如下。

（1）原材料。原材料指企业在生产过程中经加工改变其形态或性质并构成产品主要实体的各种原料及主要材料、辅助材料、外购半成品（外购件）、修理用备件（备品备件）、包装材料、燃料等。为建造固定资产等各项工程而储备的各种材料，虽然同属于材料，但是由于其用于建造固定资产等各项工程，不符合存货的定义，所以不能作为企业存货进行核算。

（2）在产品。在产品指企业正在制造但尚未完工的产品，包括正在各个生产工序加工的产品和已加工完毕但尚未检验或已检验但尚未办理入库手续的产品。

（3）半成品。半成品指经过一定生产过程并已检验合格交付半成品仓库保管，但尚未制造完工成为产成品，仍需进一步加工的中间产品。

（4）产成品。产成品指工业企业已经完成全部生产过程并验收入库，可以按照合同规定的条件送交订货单位，或者可以作为商品对外销售的产品。企业接受外来原材料加工制造的代制品和为外单位加工修理的代修品，在制造和修理完成验收入库后，应视同企业的产成品。

（5）商品。商品指商品流通企业外购或委托加工完成验收入库用于销售的各种商品。

（6）周转材料。周转材料指企业能够多次使用、逐渐转移其价值但仍保持原有形态不确认为固定资产的材料，如包装物和低值易耗品等。包装物是指为了包装本企业商品而储备的各种包装容器，如桶、箱、瓶、坛、袋等，其主要作用是盛装、装潢产品或商品。低值易耗品是指不符合固定资产确认条件的各种用具物品，如工具、管理用具、玻璃器皿、劳动保护用品，以及在经营过程中周转使用的容器等。

2.1.3 存货的确认条件

《企业会计准则第 1 号——存货》规定了存货的确认条件。存货同时满足下列条件的，才能予以确认。

（1）与该存货有关的经济利益很可能流入企业。

（2）该存货的成本能够可靠计量。

2.2 取得存货时的计量

2.2.1 存货的计量原则

《企业会计准则第 1 号——存货》规定，存货应当按照成本进行初始计量。存货成本包括采购成本、加工成本和其他成本。

2.2.2 存货的采购成本

《企业会计准则第1号——存货》规定，存货的采购成本包括购买价款、相关税费、运输费、装卸费、保险费以及其他可归属于存货采购成本的费用。

《企业会计准则讲解》对上述规定做了说明，具体如下。

（1）存货的购买价款。这是指企业购入的材料或商品的发票账单上列明的价款，但不包括按规定可以抵扣的增值税税额。

（2）存货的相关税费。这是指企业购买、自制或委托加工存货发生的进口关税、消费税、资源税和不能抵扣的增值税进项税额等应计入存货采购成本的税费。

（3）其他可归属于存货采购成本的费用。这是指采购成本中除上述各项以外的可归属于存货采购成本的费用，如在存货采购过程中发生的仓储费、包装费、运输途中的合理损耗、入库前的挑选整理费用等。这些费用能分清负担对象的，应直接计入存货的采购成本；不能分清负担对象的，应选择合理的分配方法，分配计入有关存货的采购成本。分配方法通常包括按所购存货的数量或采购价格比例进行分配。

对于采购过程中发生的物资毁损、短缺等，除合理的途耗应当作为存货的其他可归属于存货采购成本的费用计入采购成本外，应区别以下两种情况进行会计处理。

（1）从供货单位、外部运输机构等收回的物资短缺或其他赔款，应冲减所购物资的采购成本。

（2）因遭受意外灾害发生的损失和尚待查明原因的途中损耗，暂作为待处理财产损溢进行核算，查明原因后再处理。

《〈企业会计准则第1号——存货〉应用指南》对存货的采购成本进行了补充说明：企业（商品流通）在采购商品过程中发生的运输费、装卸费、保险费以及其他可归属于存货采购成本的费用等进货费用，应当计入存货采购成本，也可以先进行归集，期末根据所购商品的存销情况进行分摊。对于已售商品的进货费用，计入当期损益；对于未售商品的进货费用，计入期末存货成本。企业采购商品的进货费用金额较小的，可以在发生时直接计入当期损益。

2.2.3 加工取得的存货的成本

《企业会计准则讲解》对企业通过进一步加工取得的存货进行了解释：企业通过进一步加工取得的存货主要包括产成品、在产品、半成品、委托加工物资等，其成本由采购成本、加工成本构成。某些存货还包括使存货达到目前场所和状态所发生的其他成本，如可直接认定的产品设计费用等。通过进一步加工取得的存货的成本中，采购成本是由所使用或消耗的原材料采购成本转移而来的，因此，企业计量通过加工取得的存货的成本时，重点是要确定存货的加工成本。

存货的加工成本由直接人工和制造费用构成，其实质是企业在进一步加工存货的过程中追加发生的生产成本，因此，不包括直接由材料存货转移来的价值。直接人工是指企业在生产产品过程中直接从事产品生产的工人的职工薪酬。直接人工和间接人工的划分依据通常是生产工人是否与所生产的产品直接相关（即可否直接确定其服务的产品对象）。制造费用是指企业为生产产品和提供劳务而发生的各项间接费用。制造费用是一种间接生产成本,包括企业生产部门(如生产车间)管理人员的职工薪酬、折旧费、办公费、水电费、机物料消耗、劳动保护费、季节性和修理期间的停工损失等。

(一)存货的加工成本的确定原则

企业在加工存货过程中发生的直接人工和制造费用,如果能够直接计入有关的成本核算对象,则应直接计入该成本核算对象;否则,应按照合理方法分配计入有关成本核算对象。分配方法一经确定,不得随意变更。存货加工成本在在产品和完工产品之间的分配应通过成本核算方法进行计算确定。

(二)直接人工的分配

如果企业生产车间同时生产几种产品,则其发生的直接人工应采用合理方法分配后再分别计入各产品成本中。由于工资形成的方式不同,直接人工的分配方法也不同。例如,按计时工资或者按计件工资分配直接人工等。

(三)制造费用的分配

由于企业各个生产车间或部门的生产任务、技术装备程度、管理水平和费用水准各不相同,所以制造费用的分配一般应按生产车间或部门进行。

企业应当根据制造费用的性质,合理选择分配方法。也就是说,企业所选择的制造费用分配方法,必须与制造费用的发生具有较密切的相关性,并且使分配到每种产品上的制造费用科学、合理,同时还应当适当考虑计算手续的简便。在各种产品之间分配制造费用的方法,通常有按生产工人工资、按生产工人工时、按机器工时、按耗用原材料的数量或成本、按直接成本(原材料、燃料、动力、生产工人工资等职工薪酬之和)及按产成品产量分配等。这些分配方法通常是对各月生产车间或部门的制造费用的实际发生额进行分配的。

2.2.4 其他方式取得的存货的成本

企业取得存货的其他方式主要包括接受投资者投资、非货币性资产交换、债务重组、企业合并以及存货盘盈等。

(一)投资者投入存货的成本

《企业会计准则第1号——存货》规定,投资者投入存货的成本应当按照投资合同或协议约定的价值确定,但合同或协议约定价值不公允的除外。在投资合同或协议约定价值不公允的情况下,按照该项存货的公允价值作为其入账价值。

(二)通过非货币性资产交换、债务重组、企业合并等方式取得的存货的成本

《企业会计准则第1号——存货》规定,收获时农产品的成本、非货币性资产交换、债务重组和企业合并取得的存货的成本,应当分别按照《企业会计准则第5号——生物资产》《企业会计准则第7号——非货币性资产交换》《企业会计准则第12号——债务重组》《企业会计准则第20号——企业合并》确定。但是,该项存货的后续计量和披露应当执行《企业会计准则第1号——存货》的规定。

(三)盘盈存货的成本

盘盈的存货应按其重置成本作为入账价值,并通过"待处理财产损溢"科目进行会计处理,按管理权限报经批准后,冲减当期管理费用。

2.2.5 不计入存货成本的相关费用

《企业会计准则第1号——存货》规定,下列费用应当在发生时确认为当期损益,不计入存货成本。

(1)非正常消耗的直接材料、直接人工和制造费用。

《企业会计准则讲解》举例如下:企业超定额的废品损失以及由自然灾害而发生的直接材料、直接人工及制造费用等的发生无助于使该存货达到目前场所和状态,因此,不应计入存货成本,而应计入当期损益。

(2)仓储费用(不包括在生产过程中为达到下一个生产阶段所必需的费用)。

《企业会计准则讲解》举例如下:某种酒类产品生产企业为使生产的酒达到规定的产品质量标准,而必须发生的仓储费用,就应计入酒的成本,而不应计入当期损益。

(3)不能归属于使存货达到目前场所和状态的其他支出。

2.3 发出存货的计量

2.3.1 确定发出存货成本的方法

《企业会计准则第1号——存货》规定,企业应当采用先进先出法、加权平均法或者个别计价法确定发出存货的实际成本。对于性质和用途相似的存货,企业应当采用相同的成本计算方法确定发出存货的成本。对于不能替代使用的存货、为特定项目专门购入或制造的存货以及提供的劳务,企业通常采用个别计价法确定发出存货的成本。

《企业会计准则讲解》对存货发出计价方法做了详细解释,具体如下。

(一)先进先出法

先进先出法是以先购入的存货应先发出(销售或耗用)这样一种存货实物流动假设为前提,对发出存货进行计价。采用这种方法,先购入的存货成本在后购入存货成本之前转出,并据此确定发出存货和期末存货的成本。

(二)移动加权平均法

移动加权平均法是指以每次进货的成本与原有库存存货的成本之和,除以每次进货数量与原有库存存货的数量之和,据以计算加权平均单位成本,作为在下次进货前计算各次发出存货成本的依据。

(三)月末一次加权平均法

月末一次加权平均法是指以当月全部进货数量加上月初存货数量作为权数,去除当月全部进货成本加上月初存货成本,计算出存货的加权平均单位成本,并以此为基础计算当月发出存货的成本和期末存货的成本的一种方法。

（四）个别计价法

个别计价法亦称个别认定法、具体辨认法或分批实际法，其特征是注重所发出存货具体项目的实物流转与成本流转之间的联系，逐一辨认各批发出存货和期末存货所属的购进批别或生产批别，分别按其购入或生产时所确定的单位成本计算各批发出存货和期末存货的成本。该方法把每一种存货的实际成本作为计算发出存货成本和期末存货成本的基础。对于不能替代使用的存货、为特定项目专门购入或制造的存货以及提供的劳务，企业通常采用个别计价法确定发出存货的成本。在实际工作中，越来越多的企业采用计算机信息系统进行会计处理。这样，个别计价法可以广泛应用于发出存货的计价，并且个别计价法确定的存货成本最为准确。

2.3.2 已售存货成本的结转

《企业会计准则第1号——存货》规定，对于已售存货，企业应当将其成本结转为当期损益，相应的存货跌价准备也应当予以结转。

《企业会计准则讲解》对上述规定做了补充说明，具体如下。

（1）存货为商品、产成品的，企业应采用先进先出法、移动加权平均法、月末一次加权平均法或个别计价法确定已销售商品的实际成本。

（2）存货为非商品存货的，如材料等，企业应将已出售材料的实际成本予以结转，计入当期其他业务成本。这里所讲的材料销售不构成企业的主营业务。如果材料销售构成了企业的主营业务，则该材料为企业的商品存货，而不是非商品存货。

（3）对已售存货计提了存货跌价准备的，还应结转已计提的存货跌价准备，冲减当期主营业务成本或其他业务成本。这实际上是按已售产成品或商品的账面价值结转主营业务成本或其他业务成本。企业按存货类别计提存货跌价准备的，也应按比例结转相应的存货跌价准备。

2.3.3 周转材料的处理

《〈企业会计准则第1号——存货〉应用指南》中给出了周转材料的定义：周转材料是指企业能够多次使用、逐渐转移其价值但仍保持原有形态不确认为固定资产的材料，如包装物和低值易耗品，应当采用一次转销法或者五五摊销法进行摊销；企业（建造承包商）的钢模板、木模板、脚手架和其他周转材料等，可以采用一次转销法、五五摊销法或者分次摊销法进行摊销。

《企业会计准则讲解》指出，企业应当采用一次转销法或者五五摊销法对包装物和低值易耗品进行摊销，并计入相关资产的成本或者当期损益。如果企业对相关包装物或低值易耗品计提了存货跌价准备，则还应结转已计提的存货跌价准备，冲减相关资产的成本或当期损益。

生产领用的包装物，应将其成本计入制造费用；随同商品出售但不单独计价的包装物，应将其成本计入当期销售费用；随同商品出售并单独计价的包装物，应将其成本计入当期其他业务成本。

出租或出借的包装物因不能使用而报废时回收的残料，应作为当月包装物摊销额的减少，冲减有关资产成本或当期损益。

（一）一次转销法

一次转销法是指低值易耗品或包装物在领用时就将其全部账面价值计入相关资产成本或当期损益的方法。一次转销法通常适用于价值较低或极易损坏的管理用具和小型工具、卡具，以及在单件小批生产方式下为制造某批订货所用的专用工具等低值易耗品、生产领用的包装物和随同商品出售的包装物；数量不多、金额较小且业务不频繁的出租或出借包装物，也可以采用一次转销法结转包装物的成本，但在以后收回使用过的出租和出借包装物时，应加强实物管理，并在备查簿上进行登记。

低值易耗品报废时回收的残料、出租或出借的包装物不能使用而进行报废处理后所取得的残料，应作为当月低值易耗品或包装物摊销额的减少，冲减有关资产成本或当期损益。

（二）五五摊销法

五五摊销法是指低值易耗品在领用时或出租、出借包装物时先摊销其成本的一半，在报废时再摊销其成本的另一半，即低值易耗品或包装物分两次各按50%进行摊销的方法。

（三）分次摊销法

分次摊销法是指周转材料的成本应当按照使用次数分次摊入相关资产成本或当期损益的方法。

2.4 期末存货的计量

《企业会计准则第1号——存货》规定，资产负债表日，存货应当按照成本与可变现净值孰低计量。存货成本高于存货可变现净值的，应当计提存货跌价准备，计入当期损益。

《〈企业会计准则第1号——存货〉解释》对上述规定做了补充说明：存货的成本低于其可变现净值的，按其成本计量，不计提存货跌价准备，但原已计提存货跌价准备的，应按已计提存货跌价准备金额的范围内转回。

2.4.1 可变现净值的定义及特征

《企业会计准则第1号——存货》指出，可变现净值是指在日常活动中，存货的估计售价减去至完工时估计将要发生的成本、估计的销售费用以及相关税费后的金额。

根据《企业会计准则讲解》的解释，存货的可变现净值由存货的估计售价、至完工时将要发生的成本、估计的销售费用和估计的相关税费等内容构成。可变现净值具有以下基本特征。

（1）确定存货可变现净值的前提是企业在进行日常活动，即企业在进行正常的生产经营活动。如果企业不是在进行正常的生产经营活动，如企业处于清算过程等，则不能按照《企业会计准则第1号——存货》的规定确定存货的可变现净值。

（2）可变现净值特征表现为存货的预计未来净现金流量，而不是存货的售价或合同价。企业预计的销售存货现金流量，并不完全等于存货的可变现净值。存货在销售过程中可能发生的销售费用和相关税费，以及为达到预定可销售状态还可能发生的加工成本等相关支出，构成现金流入的抵减项目。企业预计的销售存货现金流量，扣除这些抵减项目后，才能确定存货的可变现净值。

（3）不同存货的可变现净值的构成不同，具体如下。

① 产成品、商品和材料等直接用于出售的商品存货，在正常生产经营过程中，应当以该存货的估计售价减去估计的销售费用和相关税费后的金额确定其可变现净值。

② 需要经过加工的材料存货，在正常生产经营过程中，应当以所生产的产成品的估计售价减去至完工时估计将要发生的成本、估计的销售费用和相关税费后的金额确定其可变现净值。

③《企业会计准则第1号——存货》规定，为执行销售合同或者劳务合同而持有的存货，其可变现净值应当以合同价格为基础计算。企业持有存货的数量多于销售合同订购数量的，超出部分的存货的可变现净值应当以一般销售价格为基础计算。

《〈企业会计准则第1号——存货〉应用指南》提出，资产负债表日，同一项存货中一部分有合同价格约定、其他部分不存在合同价格的，应当分别确定其可变现净值，并与其相对应的成本进行比较，分别确定存货跌价准备的计提或转回的金额。

2.4.2 确定存货的可变现净值时应考虑的因素

《企业会计准则第1号——存货》规定，企业确定存货的可变现净值，应当以取得的确凿证据为基础，并且考虑持有存货的目的、资产负债表日后事项的影响等因素。为生产而持有的材料等，当用其生产的产成品的可变现净值高于成本时，该材料仍然应当按照成本计量；当材料价格的下降导致用其生产的产成品的可变现净值低于成本时，该材料应当按照可变现净值计量。

（一）确定存货的可变现净值时应当以取得确凿证据为基础

确定存货的可变现净值必须建立在取得的确凿证据的基础上。这里所讲的"确凿证据"是指对确定存货的可变现净值和成本有直接影响的客观证明。

1. 存货成本的确凿证据

存货的采购成本、加工成本和其他成本及以其他方式取得的存货的成本，应当以取得外来原始凭证、生产成本账簿记录等作为确凿证据。

2. 存货可变现净值的确凿证据

存货可变现净值的确凿证据是指对确定存货的可变现净值有直接影响的确凿证明，如产成品或商品的市场销售价格、与产成品或商品相同或类似商品的市场销售价格、销货方提供的有关资料和生产成本资料等。

（二）确定存货的可变现净值时应当考虑持有存货的目的

由于企业持有存货的目的不同，所以确定存货可变现净值的计算方法也不同。例如，用于出售的存货和用于继续加工的存货，其可变现净值的计算就不相同。因此，企业在确定存货的可变现净值时，应考虑持有存货的目的。企业持有存货的目的通常可以分为如下几种。

（1）持有以备出售，如商品、产成品等。这类存货又分为有合同约定的存货和没有合同约定的存货。

（2）将在生产过程或提供劳务过程中耗用的存货，如材料等。

(三) 确定存货的可变现净值时应当考虑资产负债表日后事项等的影响

资产负债表日后事项应当能够确定资产负债表日存货的存在状况，即在确定资产负债表日存货的可变现净值时，不仅要考虑资产负债表日与该存货相关的价格与成本波动，而且还应考虑未来的相关事项。也就是说，确定存货的可变现净值时，企业不仅要考虑财务报告批准报出日之前发生的相关价格与成本波动，还应考虑以后期间发生的相关事项。

2.4.3 通常表明存货的可变现净值低于成本的情形

（1）存货存在下列情形之一的，表明存货的可变现净值低于成本。

① 该存货的市场价格持续下跌，并且在可预见的未来无回升的希望。

② 企业使用该项原材料生产的产品的成本大于产品的销售价格。

③ 企业因产品更新换代，原有库存原材料已不适应新产品的需要，而该原材料的市场价格又低于其账面成本。

④ 因企业所提供的商品或劳务过时或消费者偏好改变而使市场的需求发生变化，导致市场价格逐渐下跌。

⑤ 其他足以证明该项存货实质上已经发生减值的情形。

（2）存货存在下列情形之一的，表明存货的可变现净值为零。

① 已霉烂变质的存货。

② 已过期且无转让价值的存货。

③ 生产中已不再需要，并且已无使用价值和转让价值的存货。

④ 其他足以证明已无使用价值和转让价值的存货。

【例2-1】假定A公司20×5年12月31日库存W型机器12台，成本（不含增值税）为360万元，单位成本为30万元。该批W型机器全部销售给B公司。A公司与B公司签订的销售合同约定，20×6年1月20日，A公司应按每台30万元的价格（不含增值税）向B公司提供W型机器12台。A公司销售部门提供的资料表明，向长期客户B公司销售的W型机器的平均运杂费等销售费用为0.12万元/台；向其他客户销售W型机器的平均运杂费等销售费用为0.1万元/台。20×5年12月31日，W型机器的市场销售价格为32万元/台。

在本例中，能够证明W型机器的可变现净值的确凿证据是A公司与B公司签订的有关W型机器的销售合同、市场销售价格资料和A公司销售部门提供的有关销售费用的资料等。根据该销售合同规定，库存的12台W型机器的销售价格全部由销售合同约定。

在这种情况下，W型机器的可变现净值应以销售合同约定的价格30万元/台为基础确定。据此，W型机器的可变现净值为358.56（30×12-0.12×12=360-1.44）万元低于W型机器的成本（360万元），应按其差额1.44万元计提存货跌价准备（假定以前未对W型机器计提存货跌价准备）。如果W型机器的成本为350万元，则无须计提存货跌价准备。

2.4.4 存货跌价准备的计提

《企业会计准则第1号——存货》对存货跌价准备的计提做出如下规定。

（1）企业通常应当按照单个存货项目计提存货跌价准备。

《企业会计准则讲解》对上述规定的解释如下。在企业采用计算机信息系统进行会计处理的情况下，完全有可能做到按单个存货项目计提存货跌价准备。在这种方式下，企业应当将每个存货项目的成本与其可变现净值逐一进行比较，按较低者计量存货，并且按成本高于可变现净值的差额计提存货跌价准备。这就要求企业应当根据管理要求和存货的特点，明确规定存货项目的确定标准。例如，将某一型号和规格的材料作为一个存货项目、将某一品牌和规格的商品作为一个存货项目等。

（2）对于数量繁多、单价较低的存货，企业可以按照存货类别计提存货跌价准备。如果某一类存货的数量繁多并且单价较低，则企业可以按存货类别计量成本与可变现净值，即将存货类别的成本的总额与可变现净值的总额进行比较，按每个存货类别均取较低者确定存货期末价值。

（3）与在同一地区生产和销售的产品系列相关、具有相同或类似最终用途或目的，且难以与其他项目分开计量的存货，可以合并计提存货跌价准备。存货具有相同或类似最终用途或目的，并在同一地区生产和销售，意味着存货所处的经济环境、法律环境、市场环境等相同，具有相同的风险和报酬。因此，在这种情况下，企业可以对该存货进行合并计提存货跌价准备。

2.4.5 存货跌价准备的转回

《企业会计准则第1号——存货》规定，资产负债表日，企业应当确定存货的可变现净值。以前减记存货价值的影响因素已经消失的，减记的金额应当予以恢复，并在原已计提的存货跌价准备金额内转回，转回的金额计入当期损益。

【例2-2】20×7年12月31日，甲公司W7型机器的账面成本为500万元，但由于W7型机器的市场价格下跌，预计可变现净值为400万元，由此计提存货跌价准备100万元。

在此做如下假定。

（1）20×8年6月30日，W7型机器的账面成本仍为500万元，但由于W7型机器市场价格有所上升，使得W7型机器的预计可变现净值变为475万元。

（2）20×8年12月31日，W7型机器的账面成本仍为500万元，由于W7型机器的市场价格进一步上升，预计W7型机器的可变现净值为555万元。

甲公司根据相关凭证，做如下会计处理。

（1）20×8年6月30日，由于W7型机器市场价格上升，W7型机器的可变现净值有所恢复，应计提的存货跌价准备为25（500-475）万元，则当期应冲减已计提的存货跌价准备75（100-25）万元，且小于已计提的存货跌价准备（100万元），因此，应转回的存货跌价准备为75万元。

会计分录如下（单位：元）。

借：存货跌价准备　　　　　　　　　　　　　　　　　　　　750 000
　　贷：资产减值损失——存货减值损失　　　　　　　　　　　　　　750 000

（2）20×8年12月31日，W7型机器的可变现净值又有所恢复，应冲减存货跌价准备为55（500-555）万元，但是对W7型机器已计提的存货跌价准备的余额为25万元，因此，当期应转回的存货跌价准备为25万元而不是55万元（即以将对W7型机器已计提的"存货跌价准备"余额冲减至零为限)。

会计分录如下(单位：元)。

借：存货跌价准备　　　　　　　　　　　　　　　　　　250 000
　　贷：资产减值损失——存货减值损失　　　　　　　　　　　250 000

2.4.6 存货盘亏或毁损的会计处理

《企业会计准则第1号——存货》规定，企业发生的存货毁损，应当将处置收入扣除账面价值和相关税费后的金额计入当期损益。存货的账面价值是存货成本扣减累计跌价准备后的金额。存货盘亏造成的损失，应当计入当期损益。

按《企业会计准则讲解》的上述规定做了相应的补充说明：存货发生的盘亏或毁损，应作为待处理财产损溢进行核算。按管理权限报经批准后，根据造成存货盘亏或毁损的原因，分别针对以下情况进行处理。

（1）属于计量收发差错和管理不善等原因造成的存货短缺，应先扣除残料价值、可以收回的保险赔偿和过失人赔偿，将净损失计入管理费用。

（2）属于自然灾害等非常原因造成的存货毁损，应先扣除处置收入（如残料价值）、可以收回的保险赔偿和过失人赔偿，将净损失计入营业外支出。

2.5 披露

《企业会计准则第1号——存货》规定，企业应当在附注中披露与存货有关的下列信息。

（1）各类存货的期初和期末账面价值。

（2）确定发出存货成本所采用的方法。

（3）存货可变现净值的确定依据，存货跌价准备的计提方法，当期计提的存货跌价准备的金额，当期转回的存货跌价准备的金额，以及计提和转回的有关情况。

（4）用于担保的存货账面价值。

第3章
长期股权投资

长期股权投资的会计处理流程如图 3-1 所示。

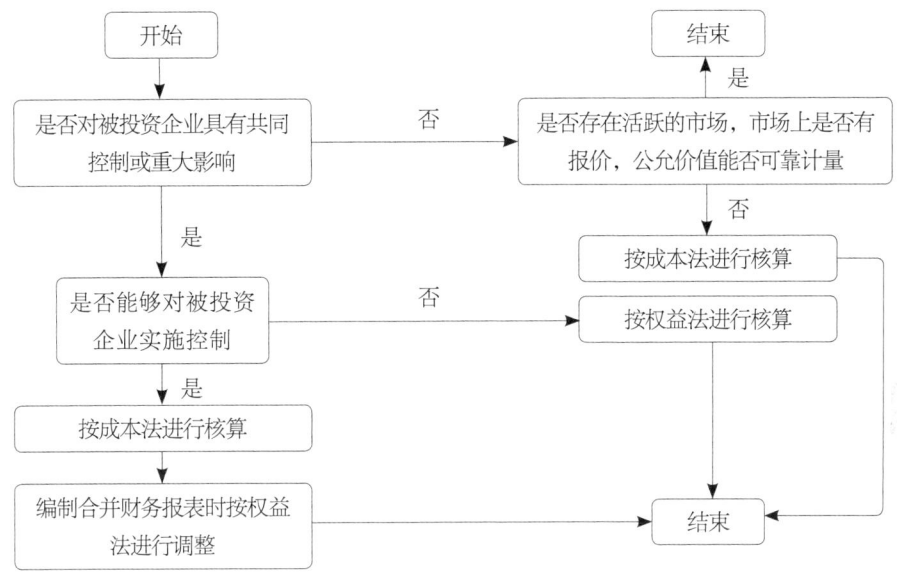

图 3-1 长期股权投资的会计处理流程

3.1 长期股权投资概述

《企业会计准则第 2 号——长期股权投资》对长期股权投资的内容、确认、计量进行了规范。《企业会计准则第 2 号——长期股权投资》第二条指出，长期股权投资是指投资方对被投资单位实施控制、重大影响的权益性投资，以及对其合营企业的权益性投资。

该准则所指的长期股权投资包括以下内容。

（1）投资方能够对被投资单位实施控制的权益性投资，即对子公司投资。

（2）投资方对被投资单位具有重大影响的权益性投资，即对联营企业投资。

（3）投资企业与其他合营方一同对被投资单位实施共同控制的权益性投资，即对合营企业投资。

除上述情况以外，企业持有的其他权益性投资，应当按照《企业会计准则第 22 号——金融工具确认和计量》的规定处理。

《企业会计准则第 2 号——长期股权投资》对以上 3 类权益性投资的判断进行了进一步的解释。

（1）在确定能否对被投资单位实施控制时，投资方应当按照《企业会计准则第 33 号——合并财务报表》的有关规定进行判断（详见 3.3 中的内容）。投资方能够对被投资单位实施控制的，被投资单位为其子公司（适用成本法）。投资方属于《企业会计准则第 33 号——合并财务报表》规定的投资性主体且子公司不纳入合并财务报表的情况除外。

（2）在确定被投资单位是否为合营企业时，投资方应当按照《企业会计准则第 40 号——合营安排》的有关规定进行判断。合营安排是指一项由两个或两个以上的参与方共同控制的安排；合营企业是指合营方仅对该安排的净资产享有权利的合营安排。合营安排的特征为：各参与方均受到该安排的约束；两个或两个以上的参与方对该安排实施共同控制。任何一个参与方都不能够单独控制该安排，对该安排具有共同控制的任何一个参与方均能够阻止其他参与方或参与方组合单独控制该安排。共同控制是指按照相关约定对某项安排所共有的控制，并且该安排的相关活动必须经过分享控制权的参与方一致同意后才能决策。

共同控制的实质是通过合同约定建立起来的、合营各方对合营企业共有的控制。实务中，在确定是否构成共同控制时，企业一般可以将以下情况作为确定基础。

① 任何一个合营方均不能单独控制合营企业的生产经营活动。

② 涉及合营企业基本经营活动的决策需要各合营方一致同意。

③ 各合营方可能通过合同或协议的形式任命其中的一个合营方对合营企业的日常活动进行管理，但其必须在各合营方已经一致同意的财务和经营政策范围内行使管理权。

（3）在对联营企业的投资进行判断时，重大影响是指投资方对被投资单位的财务和经营政策有参与决策的权力，但并不能够控制或者与其他方一起共同控制这些政策的制定。在确定能否对被投资单位施加重大影响时，应当考虑投资方和其他方持有的被投资单位当期可转换公司债券、当期可执行认股权证等潜在表决权因素。投资方能够对被投资单位施加重大影响的，被投资单位为其联营企业。实务中，较为常见的重大影响体现为：在被投资单位的董事会或类似权力机构中派有代表，通过在被投资单位生产经营决策制定过程中的发言权实施重大影响。投资企业直接或通过子公司间接拥有被投资单位 20% 以上但低于 50% 的表决权股份时，一般认为投资企业对被投资单位具有重大影响。若有明确的证据表明该种情况下不能参与被投资单位的生产经营决策，则投资企业对被投资企业不形成重大影响。具体判断情形将在 3.3 中进行讲解。

企业持有的长期股权投资，涉及的主要核算问题包括初始投资成本的确定、持有期间的后续计量及处置损益的结转等。

3.2　长期股权投资的计量

3.2.1　企业合并形成的长期股权投资

根据《企业会计准则第 2 号——长期股权投资》规定，对于控股合并形成的长期股权投资，企业应分别针对形成同一控制下控股合并与非同一控制下控股合并两种情况确定长期股权投资的初始投资成本。

（一）同一控制下的企业合并

1. 准则规定

《企业会计准则第 2 号——长期股权投资》第五条规定，同一控制下的企业合并时，合并方以支付现金、转让非现金资产或承担债务方式作为合并对价的，合并方应当在合并日按照被合并方所有者权益在最终控制方合并财务报表中的账面价值的份额作为长期股权投资的初始投资成本。对于长期股权投资初始投资成本与支付的现金、转让的非现金资产以及所承担债务账面价值之间的差额，合并方应当调整资本公积；资本公积不足冲减的，合并方应调整留存收益。

合并方以发行权益性证券作为合并对价的，应当在合并日按照被合并方所有者权益在最终控制方合并财务报表中的账面价值的份额作为长期股权投资的初始投资成本。合并方应将发行股份的面值总额作为股本，长期股权投资初始投资成本与所发行股份面值总额之间的差额，应当调整资本公积；资本公积不足冲减的，调整留存收益。

2. 准则解释

对于同一控制下的企业合并，从能够对参与合并各方在合并前及合并后均实施最终控制的一方来看，最终控制方在企业合并前及合并后能够控制的资产并没有发生变化。合并方对被合并方的长期股权投资，其成本代表的是在被合并方账面所有者权益中享有的份额。

（1）合并方以支付现金、转让非现金资产或承担债务方式作为合并对价的，应当在合并日将取得被合并方所有者权益账面价值的份额作为长期股权投资的初始投资成本。对于长期股权投资初始投资成本与支付的现金、转让的非现金资产以及所承担债务账面价值之间的差额，合并方应当调整资本公积；资本公积不足冲减的，合并方应调整留存收益。

具体进行会计处理时，合并方在合并日按取得被合并方所有者权益账面价值的份额，借记"长期股权投资"科目；按应享有被投资单位已宣告但尚未发放的现金股利或利润，借记"应收股利"科目；按支付的合并对价的账面价值，贷记有关资产或借记有关负债科目；按借贷差额，贷记"资本公积——资本溢价或股本溢价"科目；如为借方差额，应借记"资本公积——资本溢价或股本溢价"科目，资本公积（资本溢价或股本溢价）不足冲减的，借记"盈余公积""利润分配——未分配利润"科目。

（2）合并方以发行权益性证券作为合并对价的，应将发行权益性证券的面值总额作为股本，而长期股权投资初始投资成本与所发行权益性证券面值之间的差额，应当调整资本公积；资本公积不足冲减的，调整留存收益。

《企业会计准则讲解》对此补充说明，按照合并日应享有被合并方账面所有者权益的份额确定长期股权投资的初始投资成本的前提是：合并前合并方与被合并方采用的会计政策应当一致。合并前，合并方与被合并方采用的会计政策不同的，合并方在以被合并方账面所有者权益为基础确定形成的长期股权投资成本时，首先应基于重要性原则，统一合并方与被合并方的会计政策。然后，合并方在按照合并方的会计政策对被合并方资产、负债的账面价值进行调整的基础上，计算确定形成长期股权投资的初始投资成本。

同时还需要注意的一点是：被合并方账面所有者权益是指被合并方的所有者权益相对于最终控制方而言的账面价值，即同一控制下的企业合并形成的长期股权投资，其初始投资成本是合并日按照持股比例与被合并方所有者权益在最终控制方合并财务报表上的账面价值中享有的份额计算的结果。例如，A公司为某一集团的母公司，旗下控制着B公司。2008年1月1日，A公司从本集团外部购入了C公司80%的股权（属于非同一控制下的企业合并）并能够控制C公司的财务和经营政策。购买日，C公司可辨认净资产的公允价值为5 000万元，账面价值为3 500万元。2010年1月1日，B公司购入A公司所持C公司的80%股权，形成同一控制下的企业合并。2008年1月1日至2009年12月31日，C公司按照购买日净资产的公允价值计算实现的净利润为1 200万元；按照购买日净资产的账面价值计算实现的净利润为1 500万元。无其他所有者权益变动。2010年1月1日，B公司与C公司合并日，被合并方C公司相对于A公司而言（即在原母公司A公司合并财务报表中）的账面净资产（资产、负债）为自2008年1月1日C公司净资产公允价值5 000万元持续计算至2009年12月31日的账面价值6 200（5 000+1 200）万元（注：非同一控制下的企业合并按照购买日公允价值入账并按照购买日净资产公允价值持续计算）。那么，B公司购入C公司的初始投资成本为4 960 [（5 000+1 200）×80%]万元，而非4 000 [（3 500+1 500）×80%]万元（被合并方C公司个别财务报表上的账面价值，不是相对于最终控制方A公司而言的账面价值）。如果被合并方本身编制合并财务报表的，被合并方的账面所有者权益应当以其在最终控制方合并财务报表上的账面价值为基础确定。

需区分以下几点。

① 子公司个别报表账面价值（即对于自身而言的账面价值）。

② 公允价值。

③ 母公司合并报表账面价值（即相对于最终控制方而言的账面价值）：以购买日子公司净资产公允价值为基础，持续计算，既不同于当日的公允价值，也不同于子公司账面价值。

以前文数据为例，C公司自身而言的账面价值①为5 000（3 500+1 500）万元，相对于最终控制方而言的账面价值②为6 200（5 000+1 200）万元，所以以购买日2008年1月1日公允价值5 000万元为基础，定为A公司合并报表的入账价值，之后在此价值上进行的计算是从A公司角度持续核算的C公司的价值。假定此刻C公司净资产的公允价值③为7 000万元。

对于同一控制下的企业合并，B公司在此背景下对C公司进行合并，其入账价值应在相对于最终控制方A公司而言的账面价值的基础上计算，即②。这样做的目的是自C公司进入该集团之日起，将集团视为一个整体，同一控制下的合并并不影响被合并方在最终控制方中的价值。

具体进行会计处理时，在合并日，合并方应按取得被合并方所有者权益账面价值的份额，借记"长期股权投资"科目；按应享有被投资单位已宣告但尚未发放的现金股利或利润，借记"应收股利"科目；按发行权益性证券的面值，贷记"股本"科目；按借贷方差额，贷记"资本公积——资本溢价或股本溢价"科目；如为借方差额，应借记"资本公积——资本溢价或股本溢价"科目，资本公积（资本溢价或股本溢价）不足冲减的，借记"盈余公积""利润分配——未分配利润"科目。

【例3-1】2×20年6月30日，P公司向同一集团内S公司的原股东定向增发1 500万股普通股（每股面值为1元，市价为13.02元），取得S公司100%的股权，并于当日起能够对S公司实施控制。合并后，S公司仍维持其独立法人资格继续经营。两公司在企业合并前采用的会计政策相同。合并日，S公司的账面所有者权益的总额为6 606万元。

S公司在合并后维持其法人资格继续经营。合并日，P公司在其账簿及个别财务报表中应确认对S公司的长期股权投资，账务处理如下（单位：元）。

借：长期股权投资　　　　　　　　　　　　　　　　　　66 060 000
　　贷：股本　　　　　　　　　　　　　　　　　　　　　15 000 000
　　　　资本公积——股本溢价　　　　　　　　　　　　　51 060 000

（3）通过多次交换交易，分步取得股权并最终形成控股合并的，在个别财务报表中，合并方应当以持股比例计算的合并日应享有被合并方账面所有者权益份额，作为该项投资的初始投资成本。对于长期股权投资初始投资成本与其账面价值加上合并日为取得新的股份所支付对价的公允价值之和的差额，合并方应调整资本公积（资本溢价或股本溢价）；资本公积不足冲减的，合并方应冲减留存收益。

（二）非同一控制下的企业合并

1. 准则规定

《企业会计准则第2号——长期股权投资》第五条规定，非同一控制下的企业合并，购买方在购买日应当将按照《企业会计准则第20号——企业合并》的有关规定确定的合并成本作为长期股权投资的初始投资成本。合并方或购买方为企业合并发生的审计、法律服务、评估咨询等中介费用以及其他相关管理费用，应当于发生时计入当期损益。

2. 准则解释

根据《企业会计准则讲解》，企业合并成本包括购买方付出的资产、发生或承担的负债、发行的权益性证券的公允价值。

合并方或购买方为企业合并发生的审计、法律服务、评估咨询等中介费用以及其他相关管理费用，应当于发生时计入当期损益。

具体进行会计处理时，对于非同一控制下企业合并形成的长期股权投资，合并方应在购买日按企业合并成本（不含应自被投资单位收取的现金股利或利润），借记"长期股权投资"科目；按享有被投资单位已宣告但尚未发放的现金股利或利润，借记"应收股利"科目；按支付合并对价的账面价值，贷记有关资产或借记有关负债科目；按发生的直接相关费用，贷记"银行存款"等科目；按借贷方差额，贷记"主营业务收入""营业外收入""投资收益"等科目或借记"管理费用""营业外支出""主营业务成本"等科目。非同一控制下的企业合并涉及以库存商品等作为合并对价的，应按库存商品的公允价值，贷记"主营业务收入"或"其他业务收入"科目，并同时结转相关的成本。

3.2.2　企业合并以外其他方式取得的长期股权投资

根据《企业会计准则第2号——长期股权投资》第六条规定，除企业合并形成的长期股权投资以外，其他方式取得的长期股权投资，应当按照下列规定确定其初始投资成本。

（1）对于以支付现金取得的长期股权投资，应当按照实际支付的购买价款作为初始投资成本。初始投资成本包括与取得长期股权投资直接相关的费用、税金及其他必要支出。但所支付价款中包含的被投资单位已宣告但尚未发放的现金股利或利润应作为应收项目核算，不构成取得长期股权投资的成本。

【例 3-2】甲公司于 2×20 年 2 月 10 日，自公开市场中买入乙公司 20% 的股份，实际支付价款 8 000 万元。另外，甲公司在购买过程中支付手续费等相关费用 200 万元。甲公司取得该部分股权后，能够对乙公司的生产经营决策施加重大影响。

甲公司应当将实际支付的购买价款和相关费用作为取得长期股权投资的成本，其账务处理如下（单位：元）。

借：长期股权投资　　　　　　　　　　　　　　　　　　82 000 000
　　贷：银行存款　　　　　　　　　　　　　　　　　　　　82 000 000

（2）对于以发行权益性证券取得的长期股权投资，企业应当按照发行权益性证券的公允价值作为初始投资成本。

为发行权益性证券支付给有关证券承销机构等的手续费、佣金等与权益性证券发行直接相关的费用，不构成取得长期股权投资的成本。按照《企业会计准则第 37 号——金融工具列报》的有关规定，该部分费用应自权益性证券的溢价发行收入中扣除，权益性证券的溢价收入不足冲减的，应冲减盈余公积和未分配利润。

【例 3-3】2×20 年 3 月 5 日，A 公司通过增发 9 000 万股本公司普通股（每股面值为 1 元）取得 B 公司 20% 的股权。该 9 000 万股股份的公允价值为 15 600 万元。为增发该部分股份，A 公司向证券承销机构等支付了 600 万元的佣金和手续费。假定 A 公司取得该部分股权后，能够对 B 公司的财务和生产经营决策施加重大影响。

A 公司应当以所发行股份的公允价值作为取得长期股权投资的成本，账务处理如下（单位：元）。

借：长期股权投资　　　　　　　　　　　　　　　　　　156 000 000
　　贷：股本　　　　　　　　　　　　　　　　　　　　　90 000 000
　　　　资本公积——股本溢价　　　　　　　　　　　　　66 000 000

发行权益性证券过程中支付的佣金和手续费，应冲减权益性证券的溢价发行收入，账务处理如下（单位：元）。

借：资本公积——股本溢价　　　　　　　　　　　　　　6 000 000
　　贷：银行存款　　　　　　　　　　　　　　　　　　　6 000 000

（3）对于通过非货币性资产交换取得的长期股权投资，企业应当按照《企业会计准则第 7 号——非货币性资产交换》确定其初始投资成本。

（4）对于通过债务重组取得的长期股权投资，企业应当按照《企业会计准则第 12 号——债务重组》确定其初始投资成本。

3.2.3　特殊情况的会计处理

（一）分步实现企业合并

《企业会计准则第 2 号——长期股权投资》第十四条规定，投资方因追加投资等原因能够对非同一控制下的被投资单位实施控制的，在编制个别财务报表时，投资方应当将原持有的股权投资账面价值加上新增投资成本之和，作为改按成本法核算的初始投资成本。购买日之前持有的股权投资因采用权益法核算而确认的其他综合收益，应当在处置该项投资时采用与被投资单位直接处置相关资产或负债相同的基础进行会计处理。购买日之前持有的股权投资按照《企业会计准则第22号——金融工具确认和计量》的有关规定进行会计处理的，原计入其他综合收益的累计公允价值变动应当在改按成本法核算时转入当期损益。在编制合并财务报表时，企业应当按照《企业会计准则第33号——合并财务报表》的有关规定进行会计处理。

《企业会计准则第2号——长期股权投资》只针对非同一控制下通过多次交易实现的企业合并做出了规范，而未提及同一控制下多次交易实现的企业合并。不过，追加投资形成的企业合并应该区分同一控制和非同一控制处理。对于同一控制下通过多次交换交易分步取得股权最终形成控股合并的，在个别财务报表中，合并方应当以持股比例计算的合并日应享有被合并方账面所有者权益份额，作为该项投资的初始投资成本。合并方应按照初始投资成本与其原长期股权投资账面价值加上合并日为取得新的股份所支付对价的现金、转让的非现金资产及所承担债务账面价值之和的差额，调整资本公积（资本溢价或股本溢价）；资本公积不足冲减的，冲减留存收益。

【例3-4】A公司于2×19年3月以12 000万元取得B公司30%的股权，因能够对B公司施加重大影响，所以对所取得的长期股权投资采用权益法核算，于2×19年确认对B公司的投资收益450万元。2×20年4月，A公司又斥资15 000万元自C公司取得B公司另外30%的股权。假定A公司在取得对B公司的长期股权投资以后，B公司并未宣告发放现金股利或利润。A公司按净利润的10%提取盈余公积。A公司对该项长期股权投资未计提任何减值准备。A公司与C公司不存在任何关联方关系。分录金额单位为"元"。

本例中，A公司是通过分步购买最终达到对B公司的控制，且不存在任何关联方关系，构成非同一控制下的企业合并，由权益法转换为成本法。在从C公司取得B公司股权时，A公司应进行如下账务处理。

借：长期股权投资　　　　　　　　　　　　　　　　　　150 000 000
　　贷：银行存款　　　　　　　　　　　　　　　　　　　　150 000 000

A公司在购买日对B公司长期股权投资的账面余额=12 450+15 000=27 450（万元）

另外，企业通过追加投资，使原持有的对联营企业或合营企业的投资转变为对子公司的投资，使长期股权投资的核算方法由权益法转变为成本法。对于原权益法核算的账面价值部分，企业会计准则及解释并未给出明确规定，当前实务界存在两种不同的会计处理思路：一种是不需要追溯调整，如上述会计处理；第二种是需要进行追溯调整，如以下会计处理。

借：盈余公积　　　　　　　　　　　　　　　（4 500 000×10%）450 000
　　利润分配——未分配利润　　　　　　　　　　　　　　　4 050 000
　　贷：长期股权投资　　　　　　　　　　　　　　　　　　4 500 000
借：长期股权投资　　　　　　　　　　　　　　　　　　150 000 000
　　贷：银行存款　　　　　　　　　　　　　　　　　　　　150 000 000

在追溯调整的方式下，A公司在购买日对B公司长期股权投资的账面余额=（12 450−450）+15 000=27 000（万元）

对比两种处理思路，关键点在于是否追溯调整，即对于原按照权益法核算的长期股权投资的初始投资成本调整及之后确认的投资损益等变动是否应该冲销。

根据规定，重要会计政策变更需要进行追溯调整。会计政策变更是针对相同的交易或事项而言的，而此处讨论的企业追加投资是由对联营企业或合营企业的投资转为了对子公司的投资，由对被投资企业具有重大影响或实施共同控制转为实施控制，对被投资企业的投资相比以前已经发生了本质的变化，并不属于相同的交易或事项，且根据我国现行企业会计准则的规定，权益法与成本法的适用范围各异，因此，核算方法由权益法改为成本法。所以，本例中转化了核算方法并不属于会计政策变更。

本书认为权益法转换为成本法时，没有必要对权益法下确认的长期股权投资损益调整、投资成本及其他权益变动进行冲销，而是保留其账面价值作为转为成本法后的初始投资成本的一部分。这样更能体现多次交易的经济实质，也能体现出公司不同投资时期成本与风险的不同，所以倾向于第一种会计处理。

（二）投资成本中包含的已宣告但尚未发放的现金股利或利润的处理

企业无论是以何种方式取得长期股权投资，取得投资时，都应将支付的对价中包含的应享有被投资单位已经宣告但尚未发放的现金股利或利润作为应收项目单独核算，不构成取得长期股权投资的初始投资成本。也就是说，企业在支付对价取得长期股权投资时，实际支付的价款中包含的对方已经宣告但尚未发放的现金股利或利润，应作为应收款项，构成企业的一项债权，其与取得的对被投资单位的投资应作为两项金融资产。

【例3-5】甲公司于2×20年2月10日自公开市场中买入乙公司20%的股份，实际支付价款16 000万元。另外，在购买过程中支付手续费等相关费用400万元。甲公司取得该部分股权后能够对乙公司的生产经营决策施加重大影响。分录金额单位为"元"。

甲公司应当将实际支付的购买价款作为取得长期股权投资的成本，其账务处理如下。

借：长期股权投资　　　　　　　　　　　　　　　164 000 000
　　贷：银行存款　　　　　　　　　　　　　　　　164 000 000

假定甲公司取得该项投资时，乙公司有已经宣告但尚未发放的现金股利，甲公司按其持股比例计算确定可分得60万元，则甲公司在确认该长期股权投资时，应将包含的现金股利部分单独核算。

借：长期股权投资　　　　　　　　　　　　　　　163 400 000
　　应收股利　　　　　　　　　　　　　　　　　　　600 000
　　贷：银行存款　　　　　　　　　　　　　　　　164 000 000

3.3　后续计量之成本法

长期股权投资的后续计量方法有两种，分别为成本法和权益法。《企业会计准则》及相关规定对两种方法的使用做了明确的规定。

3.3.1 成本法的适用范围

（一）准则规定

根据《企业会计准则第 2 号——长期股权投资》第七条，投资企业能够对被投资单位实施控制的长期股权投资应当采用成本法核算。成本法是指投资按成本计价的方法。

（二）准则解释

按照《企业会计准则第 33 号——合并财务报表》对控制的解释，控制是指投资方拥有对被投资方的权力，通过参与被投资方的相关活动而享有可变回报，并且有能力运用对被投资方的权力影响其回报金额。在判断控制时，会计人员应需要注意以下几点。

（1）投资方享有现时权利使其目前有能力主导被投资方的相关活动，而不论其是否实际行使该权利，视为投资方拥有对被投资方的权力。

（2）两个或两个以上投资方分别享有能够单方面主导被投资方不同相关活动的现时权利的，能够主导对被投资方回报产生最重大影响的活动的一方拥有对被投资方的权力。

（3）投资方在判断是否拥有对被投资方的权力时，应当仅考虑与被投资方相关的实质性权利，包括自身所享有的实质性权利以及其他方所享有的实质性权利。实质性权利是指持有人在对相关活动进行决策时有实际能力行使的可执行权利。判断一项权利是否为实质性权利时，会计人员应当综合考虑所有相关因素，包括权利持有人行使该项权利是否存在财务、价格、条款、机制、信息、运营、法律法规等方面的障碍；当权利由多方持有或者行权需要多方同意时，是否存在实际可行的机制使得这些权利持有人在其愿意的情况下能够一致行权；权利持有人能否从行权中获利等。

对于投资企业对被投资单位是否具有实质控制权，投资企业可以通过以下一种或几种情形进行判定。

（1）通过与被投资单位其他投资者之间的协议，拥有被投资单位半数以上的表决权。例如，A 公司拥有 B 公司 40% 的表决权资本，C 公司拥有 B 公司 30% 的表决权资本。A 公司与 C 公司达成协议，C 公司在 B 公司的权益由 A 公司代表。在这种情况下，A 公司实质上拥有 B 公司 70% 表决权资本的控制权，表明 A 公司实质上控制 B 公司。

（2）根据章程或协议，投资企业有权控制被投资单位的财务和经营政策。例如，A 公司拥有 B 公司 45% 的表决权资本，同时根据协议，B 公司的生产经营决策由 A 公司控制。

（3）有权任免被投资单位董事会等类似权力机构的多数成员。这种情况是指虽然投资企业仅拥有被投资单位 50% 或以下表决权资本，但根据章程或协议有权任免被投资单位董事会的多数董事，能够达到实质上控制的目的。

（4）在被投资单位董事会或类似权力机构会议上占多数表决权。这种情况是指虽然投资企业仅拥有被投资单位 50% 或以下表决权资本，但能够控制被投资单位董事会等类似权力机构的会议，从而能够控制其财务和经营政策。

投资企业能够对被投资单位实施控制的，被投资单位为其子公司，投资企业应当将子公司纳入合并财务报表的合并范围。

3.3.2 成本法核算下长期股权投资账面价值的调整及投资损益的确认

根据《企业会计准则第 2 号——长期股权投资》及相关解释，对于采用成本法核算的长期股权投资，投资企业应当做如下会计处理。

（1）按照初始投资成本计价。追加或收回投资应当调整长期股权投资的成本。

（2）不管有关利润分配是否属于对取得投资前还是取得投资后被投资单位实现净利润的分配，投资企业都应将被投资单位宣告分派的现金股利或利润，确认为当期投资收益，除取得投资时实际支付的价款或对价中包含的已宣告但尚未发放的现金股利或利润外。

（3）投资企业在确认自被投资单位应分得的现金股利和利润后，应当考虑有关长期股权投资是否发生减值。在判断该类长期股权投资是否存在减值迹象时，投资企业应当关注长期股权投资的账面价值是否大于享有被投资单位净资产（包括相关商誉）账面价值的份额等情况。出现类似情况时，投资企业应当按照《企业会计准则第 8 号——资产减值》的规定对长期股权投资进行减值测试，可收回金额低于长期股权投资账面价值的，应当计提减值准备。

（4）子公司将未分配利润或盈余公积转增股本（实收资本），且未向投资方提供等值现金股利或利润的选择权时，投资企业并没有获得收取现金或者利润的权力。该项交易通常属于子公司自身权益结构的重分类，投资企业并没有获得收取现金或者利润的权利，所以不应确认相关的投资收益。

【例 3-6】2×20 年 6 月 20 日，甲公司以 1 500 万元购入乙公司 80% 的股权。甲公司取得该部分股权后，能够有权力主导乙公司的相关活动并获得可变回报。2×20 年 9 月，乙公司宣告分派现金股利，甲公司按照其持有比例确定可分回 20 万元。

甲公司应进行的账务处理如下（单位：元）。

借：长期股权投资　　　　　　　　　　　　　　　　　　15 000 000
　　贷：银行存款　　　　　　　　　　　　　　　　　　　　15 000 000
借：应收股利　　　　　　　　　　　　　　　　　　　　　 200 000
　　贷：投资收益　　　　　　　　　　　　　　　　　　　　　 200 000

3.4 后续计量之权益法

3.4.1 权益法的适用范围

（一）准则规定

《企业会计准则第 2 号——长期股权投资》第九条规定，投资方对联营企业和合营企业的长期股权投资，应当按照本准则第十条至第十三条规定，采用权益法核算。需要注意的是，投资方对联营企业的权益性投资，如果其中一部分是通过风险投资机构、共同基金、信托公司或包括投连险基金在内的类似主体间接持有的，那么无论以上主体是否对这部分投资具有重大影响，投资方都可以按照《企业会计准则第 22 号——金融工具确认和计量》的有关规定，对间接持有的该部分投资选择以公允价值计量且其变动计入损益，并对其余部分采用权益法核算。

(二) 准则解释

权益法是指投资初始以初始投资成本计量后，在投资持有期间，根据被投资单位所有者权益的变动，投资企业按应享有（或应分担）被投资企业所有者权益的份额调整其投资账面价值的方法。

根据《〈企业会计准则第 2 号——长期股权投资〉应用指南》的具体解释，权益法下的共同控制和重大影响有以下含义。

（1）共同控制是指按照相关约定对某项安排所共有的控制，并且该安排的相关活动必须经过分享控制权的参与方一致同意后才能决策。具体来说，在确定是否构成共同控制时，会计人员一般可以将以下情况作为确定基础。

① 任何一个合营方均不能单独控制合营企业的生产经营活动。

② 涉及合营企业基本经营活动的决策需要各合营方一致同意。

③ 各合营方可能通过合同或协议的形式任命其中的一个合营方对合营企业的日常活动进行管理，但其必须在各合营方已经一致同意的财务和经营政策范围内行使管理权。

（2）重大影响是指对一家企业的财务和经营政策有参与决策的权力，但并不能够控制或者与其他方一起共同控制这些政策的制定。投资企业能够对被投资单位施加重大影响的，被投资单位为其联营企业。投资企业直接或通过子公司间接拥有被投资单位 20% 以上但低于 50% 的表决权股份时，一般认为对被投资单位具有重大影响，除非有明确的证据表明该种情况下不能参与被投资单位的生产经营决策，不形成重大影响。投资企业拥有被投资单位有表决权股份的比例低于 20% 的，一般认为对被投资单位不具有重大影响，但符合下列情况之一的，应认为对被投资单位具有重大影响。

① 在被投资单位的董事会或类似权力机构中派有代表。这种情况下，由于在被投资单位的董事会或类似权力机构中派有代表，并享有相应的实质性的参与决策权，投资企业可以通过该代表参与被投资单位经营政策的制定，从而达到对被投资单位施加重大影响的目的。

② 参与被投资单位的政策制定过程，包括股利分配政策等的制定。这种情况下，因可以参与被投资单位的政策制定过程，投资企业在制定政策过程中可以为其自身利益提出建议和意见，从而对被投资单位施加重大影响。

③ 与被投资单位之间发生重要交易。有关的交易因对被投资单位的日常经营具有重要性，进而可以在一定程度上影响到被投资单位的生产经营决策。

④ 向被投资单位派出管理人员。这种情况下，通过投资企业对被投资单位派出管理人员，管理人员有权力主导被投资单位的财务和经营活动，从而能够对被投资单位施加重大影响。

⑤ 向被投资单位提供关键技术资料。这时，因被投资单位的生产经营需要依赖投资企业的技术或技术资料，所以投资企业对被投资单位具有重大影响。

在确定能否对被投资单位施加重大影响时，投资企业一方面应考虑投资企业直接或间接持有被投资单位的表决权股份，另一方面要考虑企业及其他方持有的现行可执行潜在表决权在假定转换为对被投资单位的股权后产生的影响。例如，被投资单位发行的现行可转换的认股权证、股票期权及可转换公司债券等的，如果其在转换为对被投资单位的股权后，能够增加投企业的表决权比例或是降低被投资单位其他投资者的表决权比例,从而使得投资企业能够参与被投资单位的财务和经营决策的,应当认为投资企业对被投资单位具有重大影响。

3.4.2 权益法的核算

(一)初始投资成本的调整

(1)长期股权投资的初始投资成本大于投资时投资企业应享有被投资单位可辨认净资产公允价值份额的,该部分差额实质上是投资企业在取得投资过程中通过购买作价体现出的与所取得股权份额相对应的商誉及被投资单位不符合确认条件的资产价值,不调整长期股权投资的初始投资成本。

(2)长期股权投资的初始投资成本小于投资时投资企业应享有被投资单位可辨认净资产公允价值份额的,两者之间的差额体现为双方在交易作价过程中的让步,该部分经济利益流入应当计入当期损益,同时调整长期股权投资的成本。

被投资单位可辨认净资产的公允价值,应当比照《企业会计准则第20号——企业合并》的有关规定确定。

【例3-7】A企业于2×20年1月取得B公司30%的股权,支付价款9 000万元。A企业取得投资时,被投资单位B公司的净资产账面价值为22 500万元(假定被投资单位各项可辨认资产、负债的公允价值与其账面价值相同)。分录金额单位为"元"。

在B公司的生产经营决策过程中,所有股东均按持股比例行使表决权。A企业在取得B公司的股权后,派人参与了B公司的生产经营决策。因能够对B公司施加重大影响,所以A企业对该投资应当采用权益法核算。取得投资时,A企业应进行以下账务处理。

借:长期股权投资——成本　　　　　　　　　　　　　　　　　　90 000 000
　　贷:银行存款　　　　　　　　　　　　　　　　　　　　　　90 000 000

长期股权投资的初始投资成本9 000万元大于取得投资时应享有被投资单位可辨认净资产公允价值的份额6 750(22 500×30%)万元,两者之间的差额不调整长期股权投资的账面价值。

如果本例中取得投资时被投资单位可辨认净资产的公允价值为36 000万元,A企业按持股比例30%计算确定应享有10 800万元,则初始投资成本与应享有被投资单位可辨认净资产公允价值份额之间的差额1 800万元应计入取得投资当期的营业外收入,账务处理如下。

借:长期股权投资——成本　　　　　　　　　　　　　　　　　　108 000 000
　　贷:银行存款　　　　　　　　　　　　　　　　　　　　　　90 000 000
　　　　营业外收入　　　　　　　　　　　　　　　　　　　　　18 000 000

(二)投资收益的确认

1. 投资收益确认原则

根据《企业会计准则第2号——长期股权投资》,投资企业在取得长期股权投资后,应当按照应享有或应分担的被投资单位实现的净损益的份额,确认投资损益,同时调整长期股权投资的账面价值。投资企业按照被投资单位宣告分派的利润或现金股利计算应享有的部分,相应减少长期股权投资的账面价值。

2. 确认投资收益时被投资单位净损益的调整

根据《企业会计准则讲解》，对于采用权益法核算的长期股权投资，在确认应享有或应分担被投资单位的净利润或净亏损时，投资企业应在被投资单位账面净利润的基础上，考虑以下因素的影响并进行适当调整。

（1）被投资单位采用的会计政策及会计期间与投资企业不一致的，应按投资企业的会计政策及会计期间对被投资单位的财务报表进行调整。

权益法下，相应会计处理将投资企业与被投资单位作为一个整体对待，而作为一个整体所产生的损益，应当在一致的会计政策基础上确定。被投资单位采用的会计政策与投资企业不同的，投资企业应当基于重要性原则，按照本企业的会计政策对被投资单位的损益进行调整。另外，投资企业与被投资单位采用的会计期间不同的，也应进行相关调整。

（2）以取得投资时被投资单位的固定资产、无形资产的公允价值为基础计提的折旧额或摊销额，以及以投资企业取得投资时有关资产的公允价值为基础计算确定的资产减值准备金额等对被投资单位净利润的影响。

被投资单位个别利润表中的净利润是以其持有的资产、负债账面价值为基础持续计算的，而投资企业在取得投资时，是以被投资单位有关资产、负债的公允价值为基础确定投资成本的，所以取得投资后应确认的投资收益代表的是被投资单位资产、负债在公允价值计量的情况下在未来期间通过经营产生的损益中归属于投资企业的部分。取得投资时有关资产、负债的公允价值与其账面价值不同的，未来期间，在计算归属于投资企业应享有的净利润或应承担的净亏损时，应考虑对被投资单位计提的折旧额、摊销额以及资产减值准备金额等进行调整。

应予关注的是，在对被投资单位的净利润进行调整时，应考虑重要性原则，不具有重要性的项目可不予调整。符合下列条件之一的，投资企业可以被投资单位的账面净利润为基础，计算确认投资损益，同时应在附注中说明不能按照准则中规定进行核算的原因，具体如下。

① 投资企业无法合理确定取得投资时被投资单位各项可辨认资产等的公允价值。

② 投资时被投资单位可辨认资产的公允价值与其账面价值相比，两者之间的差额不具重要性的。该种情况下，因为被投资单位可辨认资产的公允价值与其账面价值差额不大，要求进行调整不符合重要性原则及成本效益原则。

③ 其他原因导致无法取得被投资单位的有关资料，不能按照准则中规定的原则对被投资单位的净损益进行调整的。例如，若投资企业要对被投资单位的净利润按照准则中规定进行调整，需要了解被投资单位的会计政策以及对有关资产价值量的判断等信息，在无法获得被投资单位相关信息的情况下，则无法对净利润进行调整。

【例3-8】甲公司于2×20年1月10日购入乙公司30%的股份，购买价款为3 300万元，并自取得投资之日起派人参与乙公司的财务和生产经营决策。取得投资当日，乙公司可辨认净资产的公允价值为9 000万元，除表3-1所列项目外，乙公司其他资产、负债的公允价值与账面价值相同。

表 3-1 被投资单位净利润调整基础数据

项目	账面原价（万元）	已提折旧或摊销（万元）	公允价值（万元）	乙公司预计使用年限（年）	甲公司取得投资后剩余使用年限（年）
存货	750		1 050		
固定资产	1 800	360	2 400	20	16
无形资产	1 050	210	1 200	10	8
合计	3 600	570	4 650		

假定乙公司2×20年实现净利润900万元，其中，在甲公司投资时的账面存货有80%对外出售。甲公司与乙公司的会计年度及采用的会计政策相同。固定资产、无形资产均按直线法提取折旧或摊销，预计净残值均为0。假定甲、乙公司间未发生任何内部交易。分录金额单位为"元"。

甲公司在确定其应享有的投资收益时，应在乙公司实现净利润的基础上，根据取得投资时乙公司有关资产的账面价值与其公允价值差额的影响进行调整（假定不考虑所得税影响）。

存货的账面价值与公允价值的差额应调整减少的利润 =（1 050-750）×80%=240（万元）

从乙公司角度，出售存货时，乙公司应进行如下会计处理。

借：主营业务成本 （7 500 000×80%）6 000 000
　　贷：存货 6 000 000

甲公司对乙公司的会计处理按照购买日净资产的公允价值持续计算，即此时存货在甲公司合并财务报表上的账面价值为1 050万元。从甲公司合并财务报表角度来看，其应进行如下会计处理。

借：主营业务成本 （10 500 000×80%）8 400 000
　　贷：存货 8 400 000

所以，由于甲公司取得投资时乙公司存货的账面价值低于其公允价值，在存货售出时，结转入营业成本的金额低于其按照公允价值计算的金额（成本少计），从而使得利润偏高。因此，甲公司在确认应享有乙公司的投资收益时，在乙公司个别报表账面净利润的基础上，应当对乙公司由于存货账面价值低于公允价值少计成本而导致利润多计的部分进行调整，即调减利润240（1 050×80%-750×80%）万元。

此处特别需要注意的是，存货的账面价值与公允价值的差额影响成本而非收入。存货售出时的价格影响营业收入。

按固定资产的账面价值与公允价值的差额应调整增加的折旧额 =2 400÷16-1 800÷20=60（万元）

按无形资产的账面价值与公允价值的差额应调整增加的折旧额 =1 200÷8-1 050÷10=45（万元）

调整后的净利润 =900-240-60-45=555（万元）

甲公司应享有份额 =555×30%=166.50（万元）

甲公司确认投资收益时的账务处理如下。

借：长期股权投资——损益调整 1 665 000

贷：投资收益　　　　　　　　　　　　　　　　　　　　　　　　　1 665 000

（3）在确认应享有（或应分担）的被投资单位净利润（或净亏损）的份额时，对于法规或章程规定不属于投资企业的净损益，投资企业应当予以扣除后计算。例如，被投资单位发行了分类为权益的可累积优先股等类似的权益工具，无论被投资单位是否宣告分配优先股股利，投资企业计算应享有被投资单位的净利润时，均应将归属于其他投资方的累积优先股股利予以扣除。

（4）在确认投资收益时，除考虑公允价值的调整外，对于投资企业与其联营企业及合营企业之间发生的未实现内部交易损益，投资企业应予抵销。对于投资企业与其联营企业及合营企业之间发生的未实现内部交易损益按照应享有的比例计算归属于投资企业的部分，投资企业应当予以抵销，并在此基础上确认投资损益。投资企业与被投资单位发生的内部交易损失，按照《企业会计准则第8号——资产减值》等规定属于资产减值损失的，应当全额确认。投资企业对于纳入其合并范围的子公司与其联营企业及合营企业之间发生的内部交易损益，也应当按照上述原则进行抵销，并在此基础上确认投资损益。

应当注意的是，该未实现内部交易损益的抵销既包括顺流交易，也包括逆流交易。顺流交易是指投资企业向其联营企业或合营企业出售资产的交易。逆流交易是指联营企业或合营企业向投资企业出售资产的交易。当该未实现的内部交易损益体现在投资企业或其联营企业、合营企业持有的资产账面价值中时，对于相关的损益，投资企业应在计算确认投资损益时应予抵销。

① 对于联营企业或合营企业向投资企业出售资产的逆流交易，在该交易存在未实现内部交易损益（即有关资产未对外部独立第三方出售）的情况下，投资企业在采用权益法计算确认应享有联营企业或合营企业的投资损益时，应抵销该未实现内部交易损益的影响。当投资企业自其联营企业或合营企业购买资产时，在将该资产出售给外部独立的第三方之前，不应确认联营企业或合营企业因该交易产生的损益中本企业应享有的部分。

因逆流交易产生的未实现内部交易损益，在未对外部独立第三方出售之前，体现在投资企业持有资产的账面价值当中。投资企业对外编制合并财务报表的，应在合并财务报表中，对长期股权投资及包含未实现内部交易损益的资产账面价值进行调整，抵销有关资产账面价值中包含的未实现内部交易损益，并相应调整对联营企业或合营企业的长期股权投资。

【例3-9】甲企业于20×7年1月取得乙公司20%有表决权的股份，能够对乙公司施加重大影响。假定甲企业取得该项投资时，乙公司各项可辨认资产、负债的公允价值与其账面价值相同。20×7年8月，乙公司将其成本为600万元的某商品以1 000万元的价格出售给甲企业，甲企业将取得的商品作为存货。至20×7年资产负债表日，甲企业仍未对外出售该存货。乙公司20×7年实现净利润为3 200万元。假定不考虑所得税因素。分录金额单位为"元"。

该项交易产生未实现内部交易利润400万元，甲企业在按照权益法确认应享有乙公司20×7年净损益时，应进行以下账务处理。

借：长期股权投资——损益调整　　［(32 000 000-4 000 000)×20%］ 5 600 000
　　贷：投资收益　　　　　　　　　　　　　　　　　　　　　　　5 600 000

进行上述处理后，如果甲企业有了子公司，需要编制合并财务报表。在合并财务报表中，因该未实现内部交易损益体现在投资企业持有存货的账面价值当中。甲企业应在合并财务报表中进行以下调整。

借：长期股权投资——损益调整　　[（10 000 000-6 000 000）×20%] 800 000
　　贷：存货　　　　　　　　　　　　　　　　　　　　　　　　　　800 000

假定在20×8年，甲企业将该商品以1 000万元的价格向外部独立第三方出售，因该部分内部交易损益已经实现，所以甲企业在确认应享有乙公司20×8年的净损益时，应考虑将原未确认的该部分内部交易损益计入投资损益，即应在考虑其他因素计算确定的投资损益基础上调整增加80万元。

②对于投资企业向联营企业或合营企业出售资产的顺流交易，在该交易存在未实现内部交易损益（即有关资产未向外部独立第三方出售）的情况下，投资企业在采用权益法计算确认应享有联营企业或合营企业的投资损益时，应抵销该未实现内部交易损益的影响，同时调整对联营企业或合营企业长期股权投资的账面价值。当投资企业向联营企业或合营企业出售资产，同时有关资产由联营企业或合营企业持有时，投资方因出售资产应确认的损益仅限于与联营企业或合营企业其他投资者交易的部分。在顺流交易中，投资方投出资产或出售资产给其联营企业或合营企业产生的损益中，按照持股比例计算确定归属于本企业的部分不予确认。

【例3-10】甲企业持有乙公司20%有表决权的股份，能够对乙公司的财务和生产经营决策施加重大影响。20×7年，甲企业将其账面价值为600万元的商品以1 000万元的价格出售给乙公司。至20×7年资产负债表日，该批商品尚未对外部第三方出售。假定甲企业取得该项投资时，乙公司各项可辨认资产、负债的公允价值与其账面价值相同，两者在以前期间未发生过内部交易。乙公司20×7年的净利润为2 000万元。假定不考虑所得税因素。分录金额单位为"元"。

甲企业在该项交易中实现利润400万元，其中的80（400×20%）万元是针对本企业持有的对联营企业的权益份额，在采用权益法计算确认投资损益时应予抵销，即甲企业应当进行的账务处理如下。

借：长期股权投资——损益调整　　[（20 000 000-4 000 000）×20%] 3 200 000
　　贷：投资收益　　　　　　　　　　　　　　　　　　　　　　　　3 200 000

甲企业如需编制合并财务报表，在合并财务报表中对该未实现内部交易损益应在个别报表已确认投资损益的基础上进行以下调整。

借：营业收入　　　　　　　　　　　（10 000 000×20%）2 000 000
　　贷：营业成本　　　　　　　　　　（6 000 000×20%）1 200 000
　　　　投资收益　　　　　　　　　　　　　　　　　　　　800 000

注：该笔会计分录是甲企业在乙公司个别报表基础上编制合并报表时的调整分录，不在会计账簿中记录。

应当说明的是，投资企业与其联营企业及合营企业之间发生的无论是顺流交易还是逆流交易产生的未实现内部交易损失，属于所转让资产发生减值损失的，有关的未实现内部交易损失不应予以抵销。

（5）合营方向合营企业投出非货币性资产产生损益的处理。合营方向合营企业投出或出售非货币性资产的相关损益，应当按照以下原则处理。

① 符合下列情况之一的，合营方不应确认该类交易的损益：与投出非货币性资产所有权有关的重大风险和报酬没有转移给合营企业；投出非货币性资产的损益无法可靠计量；投出非货币性资产交易不具有商业实质。

② 合营方转移了与投出非货币性资产所有权有关的重大风险和报酬并且投出资产留给合营企业使用的，应在该项交易中确认属于合营企业其他合营方的利得和损失。交易表明投出或出售非货币性资产发生减值损失的，合营方应当全额确认该部分损失。

③ 在投出非货币性资产的过程中，合营方除了取得合营企业的长期股权投资外还取得了其他货币性或非货币性资产的，应当确认该项交易中与所取得其他货币性、非货币性资产相关的损益。

（三）超额亏损的确认

1. 基本原则

有关超额亏损的规定如下。

（1）投资企业应确认被投资单位发生的净亏损时，应当以长期股权投资的账面价值以及其他实质上构成对被投资单位净投资的长期权益减记至零为限，投资企业负有承担额外损失义务的除外。

（2）其他实质上构成对被投资单位净投资的长期权益，通常是指长期性的应收项目。例如，企业对被投资单位的长期应收款的清偿没有明确的计划且在可预见的未来期间难以收回的，实质上构成长期权益。

（3）投资企业存在其他实质上构成对被投资单位净投资的长期权益项目以及负有承担额外损失义务的情况下，在确认应分担被投资单位发生的亏损时，应当按照以下顺序进行处理。

① 减记长期股权投资的账面价值。

② 长期股权投资的账面价值减记至零时，如果存在实质上构成对被投资单位净投资的长期权益，应以该长期权益的账面价值为限减记长期股权投资的账面价值，同时确认投资损失，而长期权益的账面价值不做调整。

③ 长期权益的价值减记至零时，如果按照投资合同或协议约定需要企业承担额外义务的，应按预计承担的金额确认为投资损失，同时减记长期股权投资的账面价值。被投资单位于以后期间实现盈利的，应按以上相反顺序恢复长期股权投资的账面价值，同时确认投资收益。

④ 上述情况仍未确认的应分担被投资单位的损失。

值得注意的是，在合并财务报表中，子公司发生超额亏损的，其少数股东应当按照持股比例分担超额亏损。在合并财务报表中，子公司少数股东分担的当期亏损超过了少数股东在该子公司期初所有者权益中所享有的份额的，其余额应当冲减少数股东权益。

2. 具体账务处理

在实务操作过程中，投资企业在发生投资损失时，应借记"投资收益"科目，贷记"长期股权投资——损益调整"科目。在长期股权投资的账面价值减记至零以后，投资企业应考虑其他实质上构成对被投资单位净投资的长期权益，继续确认的投资损失，应借记"投资收益"

科目,贷记"长期应收款"等科目;因投资合同或协议约定导致投资企业需要承担额外义务的,按照《企业会计准则第13号——或有事项》的规定,对于符合确认条件的义务,应确认为当期损失,同时确认预计负债,借记"投资收益"科目,贷记"预计负债"科目。上述情况仍未确认的应分担被投资单位的损失,应在账外备查登记。

在确认了有关的投资损失以后,被投资单位于以后期间实现盈利的,投资企业应按以上相反顺序分别减记账外备查登记的金额、已确认的预计负债、恢复其他长期权益及长期股权投资的账面价值,同时确认投资收益。这时应当按顺序分别借记"预计负债""长期应收款""长期股权投资"等科目,贷记"投资收益"科目。

【例3-11】 甲企业持有乙企业40%的股权,能够对乙企业施加重大影响。20×4年12月31日,该项长期股权投资的账面价值为6 000万元。乙企业20×5年由于一项主营业务市场条件发生变化,当年度亏损9 000万元。假定甲企业在取得该投资时,乙企业各项可辨认资产、负债的公允价值与其账面价值相等,双方所采用的会计政策及会计期间也相同,因此,甲企业当年度应确认的投资损失为3 600万元。确认上述投资损失后,长期股权投资的账面价值变为2 400万元。

如果乙企业当年度的亏损额变为18 000万元,则甲企业按其持股比例确认应分担的损失为7 200万元,但长期股权投资的账面价值仅为6 000万元。如果没有其他实质上构成对被投资单位净投资的长期权益项目,则甲企业应确认的投资损失仅为6 000万元,超额损失在账外进行备查登记。在确认了6 000万元的投资损失,长期股权投资的账面价值减记至零以后,如果甲企业账上仍有应收乙企业的长期应收款2 400万元,该款项从目前的情况看,没有明确的清偿计划(并非产生于商品购销等日常活动),则在长期应收款的账面价值大于1 200万元的情况下,甲企业应以长期应收款的账面价值为限进一步确认投资损失1 200万元。甲企业应进行的账务处理如下(单位:元)。

借:投资收益　　　　　　　　　　　　　　　　　　60 000 000
　　贷:长期股权投资——损益调整　　　　　　　　　　　60 000 000
借:投资收益　　　　　　　　　　　　　　　　　　12 000 000
　　贷:长期应收款　　　　　　　　　　　　　　　　　12 000 000

(四)其他综合收益的账务处理

在权益法核算下,被投资单位确认的其他综合收益及其变动,也会影响被投资单位所有者权益总额,进而影响投资企业应享有被投资单位所有者权益的份额。因此,当被投资单位其他综合收益发生变动时,投资企业应当按照归属于本企业的部分,相应调整长期股权投资的账面价值,同时增加或减少其他综合收益。

【例3-12】 A企业持有B企业30%的股份,能够对B企业施加重大影响。当期,B企业因持有的交易性金融资产公允价值的变动计入其他综合收益的金额为1 200万元。除该事项外,B企业当期实现的净损益为6 400万元。假定A企业与B企业适用的会计政策、会计期间相同,A企业投资时B企业有关资产、负债的公允价值与其账面价值亦相同,双方当期及以前期间未发生任何内部交易。

A企业在确认应享有被投资单位所有者权益的变动时,应进行的账务处理如下(单位:元)。

借:长期股权投资——损益调整　　　　　　　　　　　19 200 000
　　　　　　　　——其他综合收益　　　　　　　　　　3 600 000
　　贷:投资收益　　　　　　　　　　　　　　　　　　19 200 000
　　　　其他综合收益　　　　　　　　　　　　　　　　3 600 000

(五)被投资单位所有者权益其他变动的账务处理

《企业会计准则第2号——长期股权投资》规定,投资方对于被投资单位除净损益、其他综合收益和利润分配以外的所有者权益的其他变动,应当按照持股比例与被投资单位所有者权益的其他变动计算的归属于本企业的部分,需相应调整长期股权投资的账面价值,并增加或减少其他资本公积。被投资单位除净损益、其他综合收益和利润分配以外的所有者权益的其他变动主要包括:被投资单位接受其他股东的资本性投入、被投资单位发行可分离交易的可转换公司债券中包含的权益成分、以权益结算的股份支付等。

【例3-13】A企业持有B公司30%的股份,能够对B公司施加重大影响。B公司为上市公司。当期,B公司的母公司向B公司捐赠1 000万元。该捐赠实质上属于资本性投入,B公司将其计入资本公积(股本溢价)。

A企业在确认应享有被投资单位所有者权益的变动时,应进行的账务处理如下(单位:元)。

借:长期股权投资——其他权益变动　　　　　　　　　3 000 000
　　贷:资本公积——其他资本公积　　　　　　　　　　3 000 000

(六)取得现金股利或利润时的账务处理

按照权益法核算的长期股权投资,投资企业应使用自被投资单位取得的现金股利或利润,抵减长期股权投资的账面价值。投资企业在被投资单位宣告分派现金股利或利润时,借记"应收股利"科目,贷记"长期股权投资——损益调整"科目;应将自被投资单位取得的现金股利或利润超过已确认损益调整的部分视同投资成本的收回,冲减长期股权投资的账面价值。

(七)长期股权投资减值

资产负债表日,企业根据《企业会计准则第8号——资产减值》(以下简称"资产减值准则")确定长期股权投资发生减值的,按应减记的金额,借记"资产减值损失"科目,贷记本科目。处置长期股权投资时,应同时结转已计提的长期股权投资减值准备。

3.5 长期股权投资核算方法的转换及处置

3.5.1 长期股权投资核算方法的转换

(一)权益法转公允价值计量

根据《企业会计准则第2号——长期股权投资》应用指南,投资企业因处置部分股权投资等原因对被投资单位不再具有共同控制或重大影响的,处置后的剩余股权应当改按《企业会计准则第22号——金融工具确认和计量》核算,其在丧失共同控制或重大影响之日的公允价值与账面价值之间的差额计入当期损益。原股权投资因采用权益法核算而确认的其他综合收益，应当在终止采用权益法核算时，采用与被投资单位直接处置相关资产或负债相同的基础进行会计处理；因被投资单位除净损益、其他综合收益和利润分配以外的其他所有者权益变动而确认的所有者权益，应当在终止采用权益法时，全部转入当期损益。

【例3-14】甲公司持有乙公司30%的有表决权股份。因能够对乙公司的生产经营决策施加重大影响，甲公司对该项投资采用权益法核算。20×6年10月，甲公司将该项投资中的50%对外出售，取得价款1800万元。相关手续当日完成。出售时，该项长期股权投资的账面价值为3200万元，其中，投资成本为2600万元，损益调整为300万元，其他综合收益为200万元（性质为被投资单位的其他权益工具投资，资产的累积公允价值变动），除净损益、其他综合收益和利润分配外的其他所有者权益变动为100万元。剩余股权的公允价值为1800万元。不考虑相关税费等其他因素影响。甲公司确认处置损益时应进行以下账务处理。分录金额单位为"元"。

（1）确认有关股权投资的处置损益。

借：银行存款　　　　　　　　　　　　　　　　　　　　　　　18 000 000
　　贷：长期股权投资　　　　　　　　　　　（32 000 000×50%）16 000 000
　　　　投资收益　　　　　　　　　　　　　　　　　　　　　　2 000 000

（2）由于终止采用权益法核算，将原确认的相关其他综合收益全部转入当期损益。

借：其他综合收益　　　　　　　　　　　　　　　　　　　　　　2 000 000
　　贷：投资收益　　　　　　　　　　　　　　　　　　　　　　2 000 000

（3）由于终止采用权益法核算，将原计入资本公积的其他所有者权益变动全部转入当期收益。

借：资本公积——其他资本公积　　　　　　　　　　　　　　　　1 000 000
　　贷：投资收益　　　　　　　　　　　　　　　　　　　　　　1 000 000

（4）剩余股权投资转为其他权益工具投资，当天公允价值为1800万元，账面价值为1600万元，两者差异应计入当期投资收益。

借：其他权益工具投资　　　　　　　　　　　　　　　　　　　　18 000 000
　　贷：长期股权投资　　　　　　　　　　　　　　　　　　　　16 000 000
　　　　投资收益　　　　　　　　　　　　　　　　　　　　　　2 000 000

（二）成本法转公允价值计量

根据《〈企业会计准则第2号——长期股权投资〉应用指南》，原持有对被投资单位具有控制的长期股权投资，因部分处置等原因导致持股比例下降，不能再对被投资单位实施控制、共同控制或重大影响的，投资方应改按金融工具确认和计量准则进行会计处理，并将在丧失控制之日的公允价值与账面价值之间的差额计入当期投资收益。

【例3-15】甲公司持有乙公司60%的有表决权股份，能够对乙公司实施控制，对该股权投资采用成本法核算。2×12年10月，甲公司将该项投资中的80%出售给非关联方，取得价款8 000万元。相关手续于当日完成。甲公司无法再对乙公司实施控制，也不能施加共同控制或重大影响,将剩余股权投资转为以公允价值计量且其变动计入当期损益的金融资产。出售时,该项长期股权投资的账面价值为8 000万元,剩余股权投资的公允价值为2 000万元。不考虑相关税费等其他因素影响。分录金额单位为"元"。

甲公司的会计处理如下。

(1)确认有关股权投资的处置损益。

借:银行存款 80 000 000
　　贷:长期股权投资　　　　　　　　　　　　　　(80 000 000×80%)64 000 000
　　　　投资收益　　　　　　　　　　　　　　　　　　　　　　　　16 000 000

(2)剩余股权投资转为以公允价值计量且其变动计入当期损益的金融资产,当天公允价值为2 000万元,账面价值为1 600万元,两者差异应计入当期投资收益。

借:交易性金融资产——成本 20 000 000
　　贷:长期股权投资 16 000 000
　　　　投资收益 4 000 000

(三)成本法转权益法

根据《〈企业会计准则第2号——长期股权投资〉应用指南》,因处置投资等原因导致对被投资单位由能够实施控制转为具有重大影响或者与其他投资方一起实施共同控制的,投资企业首先应按处置投资的比例结转应终止确认的长期股权投资成本。然后,投资企业应比较剩余长期股权投资的成本与按照剩余持股比例计算原投资时应享有的被投资单位可辨认净资产公允价值的份额,前者大于后者的,属于投资作价中体现的商誉部分,不调整长期股权投资的账面价值;前者小于后者的,在调整长期股权投资成本的同时,调整留存收益。

对于原取得投资时到转变为权益法核算之间被投资单位净损益中的投资方应享有的份额,投资企业应调整长期股权投资的账面价值,同时将原取得投资时至处置投资当期期初被投资单位实现的净损益(扣除已宣告发放的现金股利和利润)中应享有的份额调整为留存收益,将处置当期期初至处置投资之日被投资单位实现的净损益中享有的份额调整为当期损益;在被投资单位其他综合收益变动中应享有的份额,在调整长期股权投资账面价值的同时,应当计入其他综合收益。在长期股权投资自成本法转为权益法后,投资企业在未来期间应当按照长期股权投资准则规定计算确认应享有被投资单位实现的净损益、其他综合收益和所有者权益其他变动的份额。

在合并财务报表中,剩余股权应当按照其在丧失控制权日的公允价值进行重新计量。处置股权取得的对价与剩余股权公允价值之和,减去按原持股比例计算应享有原有子公司自购买日开始持续计算的净资产的份额之间的差额,计入丧失当期的投资收益。与原有子公司股权投资相关的其他综合收益,应当在丧失控制权时转为当期投资收益。企业应当在附注中披露处置后的剩余股权在丧失控制权日的公允价值、按照公允价值重新计量产生的相关利得或损失的金额。

【例3-16】20×8年1月1日,甲公司支付600万元取得乙公司100%的股权。甲公司投资当时,乙公司可辨认净资产的公允价值为500万元,商誉为100万元。20×8年1月1

日至20×8年12月31日，乙公司的净资产增加了75万元，其中，按购买日公允价值计算实现的净利润为50万元，持有交易性金融资产升值了25万元。

20×9年1月14日，甲公司转让乙公司60%的股权，将收取的现金480万元存入银行。转让后，甲公司对乙公司的持股比例为40%，能对其施加重大影响。20×9年1月14日，即甲公司丧失对乙公司的控制权日，乙公司剩余40%股权的公允价值为320万元。假定甲、乙公司提取盈余公积的比例为10%。假定乙公司未分配现金股利，并不考虑其他因素。

甲公司在其个别财务报表和合并财务报表中的处理分别如下。分录金额单位为"元"。

（1）甲公司对个别财务报表的处理。

① 确认部分股权处置收益。

借：银行存款　　　　　　　　　　　　　　　　　　　　　　　　4 800 000
　　贷：长期股权投资　　　　　　　　　　　　　（6 000 000×60%）3 600 000
　　　　投资收益　　　　　　　　　　　　　　　　　　　　　　　1 200 000

② 对剩余股权改按权益法核算。

借：长期股权投资　　　　　　　　　　　　　　　　　　　　　　　300 000
　　贷：盈余公积　　　　　　　　　　　　　　（500 000×40%×10%）20 000
　　　　利润分配　　　　　　　　　　　　　　（500 000×40%×90%）180 000
　　　　其他综合收益　　　　　　　　　　　　　　（250 000×40%）100 000

经上述调整后，在个别财务报表中，剩余股权的账面价值为270（600×40%+30）万元。

（2）甲公司合并财务报表的处理。

合并财务报表中应确认的投资收益为150（480+320-675+25）万元。由于个别财务报表中已经确认了120万元的投资收益，所以在合并财务报表中进行如下调整。

① 对剩余股权按丧失控制权日的公允价值重新计量的调整。

借：长期股权投资　　　　　　　　　　　　　　　　　　　　　　3 200 000
　　贷：长期股权投资　　　　　　　　　　　　　（6 750 000×40%）2 700 000
　　　　投资收益　　　　　　　　　　　　　　　　　　　　　　　500 000

② 对个别财务报表中的部分处置收益的归属期间进行调整。

借：投资收益　　　　　　　　　　　　　　　　　（750 000×60%）450 000
　　贷：盈余公积　　　　　　　　　　　　　　（500 000×60%×10%）30 000
　　　　未分配利润　　　　　　　　　　　　　（500 000×60%×90%）270 000
　　　　其他综合收益　　　　　　　　　　　　　　（250 000×60%）150 000

③ 将其他综合收益25万元转入留存收益。

借：其他综合收益　　　　　　　　　　　　　　　　　　　　　　　250 000
　　贷：盈余公积　　　　　　　　　　　　　　　　　　　　　　　25 000
　　　　利润分配——未分配利润　　　　　　　　　　　　　　　　225 000

（四）公允价值转权益法核算

原持有的对被投资单位的股权投资（不具有控制、共同控制或重大影响的），按照金融工具确认和计量准则进行会计处理的，因追加投资等原因导致持股比例上升，能够对被投资单位施加共同控制或重大影响的,在转按权益法核算时,投资方应当按照《企业会计准则第22号——金融工具确认和计量》确定的原股权投资的公允价值加上为取得新增投资而应支付对价的公允价值,作为改按权益法核算的初始投资成本。原持有的股权投资分类为交易性金融资产的,其公允价值与账面价值之间的差额,以及原计入其他综合收益的累计公允价值变动应当转入改按权益法核算的当期损益。

然后,比较上述计算所得的初始投资成本,与按照追加投资后全新的持股比例计算确定的应享有被投资单位在追加投资日可辨认净资产公允价值份额之间的差额,前者大于后者的,不调整长期股权投资的账面价值;前者小于后者的,两者的差额应调整长期股权投资的账面价值,并计入当期营业外收入。

【例3-17】20×2年2月,甲公司以600万元现金自非关联方处取得乙公司10%的股权。甲公司根据《企业会计准则第22号——金融工具确认和计量》将其作为交易性金融资产。20×3年1月4日,甲公司又以1 200万元的现金自另一非关联方处取得乙公司12%的股权,相关手续于当日完成。当日,乙公司可辨认净资产公允价值总额为8 000万元,甲公司对乙公司的投资的账面价值1 000万元,计入其他综合收益的累积公允价值变动为400万元。取得该部分股权后,按照乙公司章程规定,甲公司能够对乙公司施加重大影响,对该项投资转为采用权益法核算。不考虑相关税费等其他因素影响。

甲公司账务处理如下。

20×3年1月4日,甲公司原持有10%股权的公允价值为1 000万元,为取得新增投资而支付对价的公允价值为1 200万元,因此甲公司对乙公司22%的股权的初始投资成本为2 200万元。

甲公司的最终持股比例为22%,应享有乙公司可辨认净资产的公允价值的份额为1 760(8 000×22%)万元。由于初始投资成本(2 200万元)大于应享有乙公司可辨认净资产公允价值的份额(1 760万元),所以甲公司无须调整长期股权投资的成本。

20×3年1月4日,甲公司确认对乙公司的长期股权投资,进行的会计处理如下(单位:元)。

借:长期股权投资——成本　　　　　　　　　　　　　　22 000 000
　　其他综合收益　　　　　　　　　　　　　　　　　　4 000 000
　贷:其他权益工具投资　　　　　　　　　　　　　　　10 000 000
　　　银行存款　　　　　　　　　　　　　　　　　　　12 000 000
　　　投资收益　　　　　　　　　　　　　　　　　　　4 000 000

(五)公允价值计量或权益核算法转为成本法核算

由于投资方原持有的对被投资单位不具有控制、共同控制或重大影响的按照《企业会计准则第22号——金融工具确认和计量》进行会计处理的权益性投资,或者原持有对联营企业、合营企业的长期股权投资、因追加投资等原因,能够对被投资单位实施控制的,应按《〈企业会计准则第2号——长期股权投资〉应用指南》有关企业合并形成的长期股权投资的指引进行会计处理。

3.5.2 长期股权投资的处置

（一）准则规定

《企业会计准则第 2 号——长期股权投资》第十七条规定，企业处置长期股权投资时，长期股权投资的账面价值与实际取得价款之间的差额，应当计入当期损益。采用权益法核算的长期股权投资，在处置该项投资时，企业应采用与被投资单位直接处置相关资产或负债相同的基础，按相应比例对原计入其他综合收益的部分进行会计处理。

（二）准则解释

企业处置长期股权投资时，应相应结转与所售股权相对应的长期股权投资的账面价值，出售所得价款与处置长期股权投资账面价值之间的差额，应确认为处置损益。

投资方全部处置权益法核算的长期股权投资时，原权益法核算的相关其他综合收益应当在终止采用权益法核算时采用与被投资单位直接处置相关资产或负债相同的基础进行会计处理；因被投资方除净损益、其他综合收益和利润分配以外的其他所有者权益变动而确认的所有者权益，应当在终止采用权益法核算时全部转入当期投资收益。投资方部分处置权益法核算的长期股权投资，剩余股权仍采用权益法核算的，原权益法核算的相关其他综合收益应当采用与被投资单位直接处置相关资产或负债相同的基础处理并按比例结转；因被投资方除净损益、其他综合收益和利润分配以外的其他所有者权益变动而确认的所有者权益，应当按比例结转入当期投资收益。

【例 3-18】 A 企业原持有 B 企业 40% 的股权。20×6 年 12 月 20 日，A 企业决定出售 10% 的 B 企业股权。出售时，A 企业账面上对 B 企业长期股权投资的构成为：投资成本 1 800 万元，损益调整 480 万元，其他权益变动 300 万元。出售取得价款 705 万元。分录金额单位为"元"。

（1）A 企业确认处置损益时的账务处理为如下。

借：银行存款　　　　　　　　　　　　　　　　　7 050 000
　　贷：长期股权投资　　　　　　　　　　　　　　　6 450 000
　　　　投资收益　　　　　　　　　　　　　　　　　　600 000

（2）A 企业除应将实际取得价款与出售长期股权投资的账面价值进行结转并确认出售损益以外，还应将原计入资本公积的部分按比例转入当期损益。

借：资本公积——其他资本公积　　　　　　　　　　750 000
　　贷：投资收益　　　　　　　　　　　　　　　　　750 000

3.6 披露

3.6.1 准则规定

《企业会计准则第 2 号——长期股权投资》第四条规定，长期股权投资的披露适用《企业会计准则第 41 号——在其他主体中权益的披露》。

3.6.2 准则解释

投资企业应当在附注中披露与长期股权投资有关的下列信息。

（1）子公司、合营企业和联营企业清单，包括企业名称、注册地、业务性质、投资企业的持股比例和表决权比例。

（2）合营企业和联营企业当期的主要财务信息，包括资产、负债、收入、费用等合计金额。

（3）被投资单位向投资企业转移资金的能力受到严格限制的情况。

（4）当期及累计未确认的投资损失金额。

（5）与对子公司、合营企业及联营企业投资相关的或有负债。

存在下列情况之一的，可以按照被投资单位的账面净损益与持股比例计算确认投资损益，但应当在附注中说明这一事实及其原因。

（1）无法可靠确定投资时被投资单位各项可辨认资产等的公允价值。

（2）投资时，被投资单位可辨认资产等的公允价值与其账面价值之间的差额较小。

（3）其他原因导致无法对被投资单位净损益进行调整。

第4章 投资性房地产

投资性房地产的会计处理流程如图 4-1 所示。

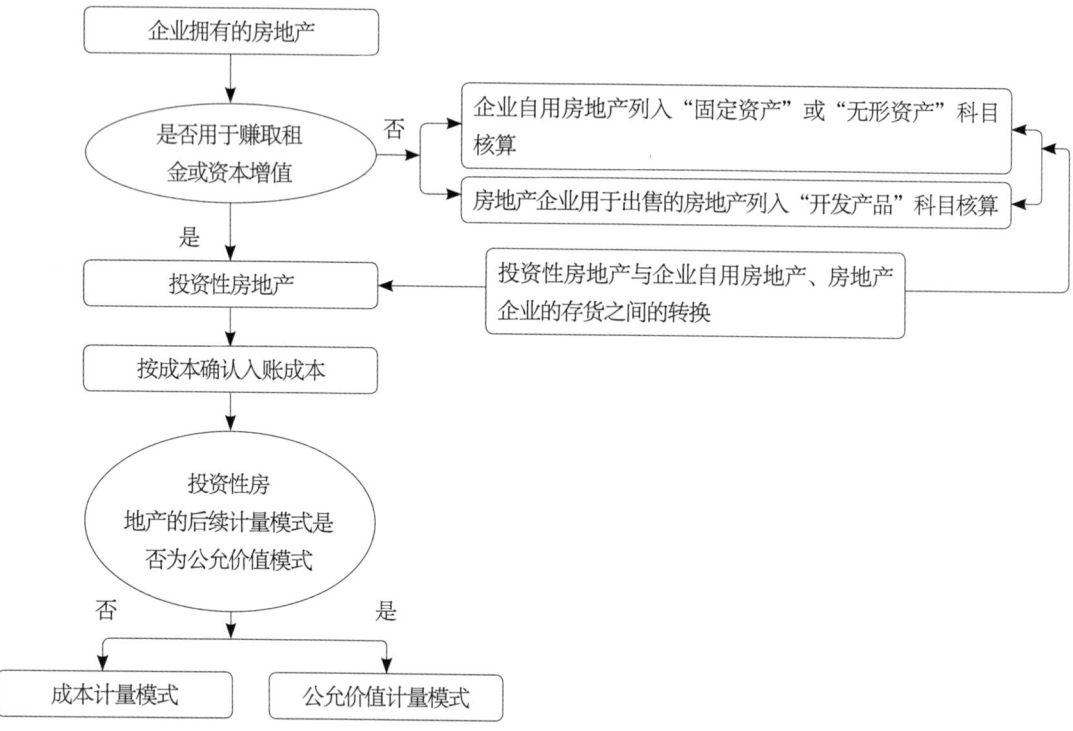

图 4-1 投资性房地产的会计处理流程

4.1 投资性房地产的确认

4.1.1 投资性房地产的定义及范围

根据《企业会计准则第 3 号——投资性房地产》对投资性房地产的定义，投资性房地产是指为赚取租金或资本增值，或者两者兼有而持有的房地产。

对于投资性房地产的范围，《企业会计准则第 3 号——投资性房地产》规定投资性房地产包括以下几类。

（1）已出租的土地使用权。
（2）持有并准备增值后转让的土地使用权。
（3）已出租的建筑物。

《〈企业会计准则第 3 号——投资性房地产〉应用指南》对上述规定做出了补充说明：企业拥有并自行经营的旅馆饭店，其经营目的主要是通过提供客房服务赚取服务收入，该旅馆饭店不确认为投资性房地产。

《〈企业会计准则第 3 号——投资性房地产〉解释》对投资性房地产的范围做出了如下详细说明。

（1）已出租的建筑物和已出租的土地使用权，是指以经营租赁（不含融资租赁）方式出租的建筑物和土地使用权，包括自行建造或开发完成后用于出租的房地产。其中，用于出租的建筑物是指企业拥有产权的建筑物；用于出租的土地使用权是指企业通过受让方式取得的土地使用权。已出租的投资性房地产租赁期满，因暂时空置但继续用于出租的，仍作为投资性房地产。

（2）持有并准备增值后转让的土地使用权，是指企业通过受让方式取得的、准备增值后转让的土地使用权。闲置土地不属于持有并准备增值的土地使用权。根据《闲置土地处置办法》的规定，闲置土地是指土地使用者依法取得土地使用权后，未经原批准用地的人民政府同意，超过规定的期限未动工开发建设的建设用地。具有下列情形之一的，也可以认定为闲置土地。

① 国有土地有偿使用合同或者建设用地批准书未规定动工开发建设日期，自国有土地有偿使用合同生效或者土地行政主管部门建设用地批准书颁发之日起满 1 年未动工开发建设。

② 已动工开发建设但开发建设的面积占应动工开发建设总面积不足 1/3 或者已投资额占总投资额不足 25% 且未经批准中止开发建设连续满 1 年。

③ 法律、行政法规规定的其他情形。

（3）一项房地产，部分用于赚取租金或资本增值，部分用于生产商品、提供劳务或经营管理，用于赚取租金或资本增值的部分能够单独计量和出售的，可以确认为投资性房地产；否则，不能作为投资性房地产。

（4）企业将建筑物出租并按出租协议向承租人提供保安和维修等其他服务，所提供的其他服务在整个协议中不重大的，可以将该建筑物确认为投资性房地产；所提供的其他服务在整个协议中如为重大的，该建筑物应视为企业的经营场所，应当确认为自用房地产。

（5）关联企业之间租赁房地产的，租出方应将出租的房地产确认为投资性房地产。母公司以经营租赁的方式向子公司租出房地产，该项房地产应当确认为母公司的投资性房地产，但在编制合并报表时，作为企业集团的自用房地产。

（6）企业拥有并自行经营的旅馆饭店，其经营目的是通过向客户提供客房服务取得服务收入，该业务不具有租赁性质，不属于投资性房地产；将其拥有的旅馆饭店部分或全部出租，且出租的部分能够单独计量和出售的，出租的部分可以确认为投资性房地产。

（7）自用房地产，是指为生产商品、提供劳务或者经营管理而持有的房地产，如企业的厂房和办公楼，企业生产经营用的土地使用权等。企业出租给本企业职工居住的宿舍，即使按照市场价格收取租金，也不属于投资性房地产。这部分房产间接为企业自身的生产经营服务，具有自用房地产的性质。

（8）作为存货的房地产，是指房地产开发企业销售的或为销售而正在开发的商品房和土地。这部分房地产属于房地产开发企业的存货。

《企业会计准则第 3 号——投资性房地产》为了明确范围，特别指出下列房地产不属于投资性房地产。

(1) 自用房地产,即为生产商品、提供劳务或者经营管理而持有的房地产。

(2) 作为存货的房地产。

4.1.2 确认投资性房地产的条件

根据《企业会计准则第 3 号——投资性房地产》第六条,投资性房地产同时满足下列条件的,才能予以确认。

(1) 与该投资性房地产有关的经济利益很可能流入企业。

(2) 该投资性房地产的成本能够可靠地计量。

4.2 投资性房地产的计量

4.2.1 初始计量

《企业会计准则第 3 号——投资性房地产》规定,投资性房地产应当按照成本进行初始计量,具体如下。

(1) 外购投资性房地产的成本,包括购买价款、相关税费和可直接归属于该资产的其他支出。

(2) 自行建造投资性房地产的成本,由建造该项资产达到预定可使用状态前所发生的必要支出构成。

(3) 以其他方式取得的投资性房地产的成本,按照相关企业会计准则的规定确定。

《〈企业会计准则第 3 号——投资性房地产〉解释》及《〈企业会计准则第 3 号——投资性房地产〉应用指南》都未对初始确认做出更加详细的说明。不过,实务中,投资性房地产的初始计量规则如下。

1. 外购的投资性房地产的初始计量

在采用成本模式计量下,外购的土地使用权和建筑物,按照取得时的实际成本进行初始计量,借记"投资性房地产"科目,贷记"银行存款"等科目。取得时的实际成本包括购买价款、相关税费和可直接归属于该资产的其他支出。企业购入的房地产,部分用于出租(或资本增值)、部分自用,且用于出租(或资本增值)的部分应当予以单独确认时,应按照不同部分的公允价值占公允价值总额的比例将成本在不同部分之间进行分配。

【例 4-1】20×8 年 3 月,甲企业计划购入一栋写字楼用于对外出租。同年 3 月 15 日,甲企业与乙企业签订了经营租赁合同,约定自写字楼购买日起将这栋写字楼出租给乙企业,为期 5 年。同年 4 月 5 日,甲企业实际购入写字楼,支付价款共计 1 200 万元(假设不考虑其他因素,甲企业采用成本模式进行后续计量)。

甲企业的账务处理如下(单位:元)。

借:投资性房地产——写字楼　　　　　　　　　　　　　　12 000 000
　　贷:银行存款　　　　　　　　　　　　　　　　　　　　　　　12 000 000

在公允价值计量模式下,外购的投资性房地产应当按照取得时的实际成本进行初始计量,其实际成本的确定方法与采用成本模式计量的投资性房地产的实际成本的确定方法一致。企业应当在"投资性房地产"科目下设置"成本"和"公允价值变动"两个明细科目,并按照外购的土地使用权和建筑物发生的实际成本,记入"投资性房地产——成本"科目。

【**例 4-2**】沿用【**例 4-1**】,假设甲企业拥有的投资性房地产符合采用公允价值计量模式的条件,采用公允价值模式进行后续计量。

甲企业的账务处理如下(单位:元)。

借:投资性房地产——成本(写字楼)　　　　　　　　　　12 000 000
　　贷:银行存款　　　　　　　　　　　　　　　　　　　　　12 000 000

2. 自行建造投资性房地产的初始计量

自行建造投资性房地产,其成本由建造该项资产达到预定可使用状态前发生的必要支出构成,包括土地开发费、建筑成本、安装成本、应予以资本化的借款费用、支付的其他费用和分摊的间接费用等。建造过程中发生的非正常性损失,直接计入当期损益,不计入建造成本;采用成本模式计量的,应按照确定的成本,借记"投资性房地产"科目,贷记"在建工程"或"开发成本"科目;采用公允价值模式计量的,应按照确定的成本,借记"投资性房地产——成本"科目,贷记"在建工程"或"开发成本"科目。

【**例 4-3**】20×8 年 1 月,甲企业从其他单位购入一块土地的使用权,并在这块土地上开始自行建造 3 栋厂房。20×8 年 10 月,甲企业预计厂房即将完工,与乙公司签订了经营租赁合同,将其中的一栋厂房租赁给乙公司使用。租赁合同约定,该厂房于完工(达到预定可使用状态)时开始起租。20×8 年 11 月 1 日,3 栋厂房同时完工(达到预定可使用状态)。该块土地使用权的成本为 600 万元;3 栋厂房的实际造价均为 1 000 万元,能够单独出售。假设甲企业采用成本计量模式。

甲企业的账务处理如下(单位:元)。

土地使用权中的对应部分同时转换为投资性房地产 =600×(1 000÷3 000)=200(万元)

借:投资性房地产——厂房　　　　　　　　　　　　　　10 000 000
　　贷:在建工程　　　　　　　　　　　　　　　　　　　　　10 000 000
借:投资性房地产——土地使用权　　　　　　　　　　　　2 000 000
　　贷:无形资产——土地使用权　　　　　　　　　　　　　　2 000 000

4.2.2　后续支出计量

《企业会计准则第 3 号——投资性房地产》规定,与投资性房地产有关的后续支出,满足资本化的确认条件的,应当计入投资性房地产成本;不满足资本化的确认条件的,应当在发生时计入当期损益。

(一)资本化的后续支出

例如,企业为了提高投资性房地产的使用效能,往往需要对投资性房地产进行改建、扩建而使其更加坚固耐用,或者通过装修而改善其室内装潢,改扩建或装修支出满足确认条件的,应当将其资本化。企业对某项投资性房地产进行改扩建等再开发且将来仍作为投资性房地产的,在再开发期间应继续将其作为投资性房地产,再开发期间不计提折旧或摊销。

【例4-4】20×8年3月,甲企业与乙企业的一项厂房经营租赁合同即将到期。该厂房按照成本模式进行后续计量,原价为2 000万元,已计提折旧600万元。为了提高厂房的租金收入,甲企业决定在租赁期满后对厂房进行改扩建,并与丙企业签订了经营租赁合同,约定自改扩建完工时将厂房出租给丙企业。同年3月15日,与乙企业的租赁合同到期,厂房随即进入改扩建工程。同年12月10日,厂房改扩建工程完工,共发生支出150万元,并即日按照租赁合同出租给丙企业。假设甲企业采用成本计量模式。

本例中,改扩建支出属于资本化的后续支出,应当计入投资性房地产的成本。

甲企业的账务处理如下(单位:元)。

(1)20×8年3月15日,投资性房地产转入改扩建工程。

借:投资性房地产——厂房(在建) 14 000 000
　　投资性房地产累计折旧 6 000 000
　　贷:投资性房地产——厂房 20 000 000

(2)20×8年3月15日—12月10日。

借:投资性房地产——厂房(在建) 1 500 000
　　贷:银行存款 1 500 000

(3)20×8年12月10日,改扩建工程完工。

借:投资性房地产——厂房 15 500 000
　　贷:投资性房地产——厂房(在建) 15 500 000

【例4-5】20×8年3月,甲企业与乙企业的签订经营租赁合同的厂房进行改扩建,并与丙企业签订了经营租赁合同,约定自改扩建完工时将厂房出租给丙企业。20×8年3月15日,与乙企业的租赁合同到期,厂房随即进入改扩建工程。20×8年11月10日,厂房改扩建工程完工,共发生支出150万元,即日起按照租赁合同出租给丙企业。20×8年3月15日,厂房的账面余额为1 200万元,其中,成本1 000万元,累计公允价值变动200万元。假设甲企业采用公允价值计量模式。

甲企业的账务处理如下(单位:元)。

(1)20×8年3月15日,投资性房地产转入改扩建工程。

借:投资性房地产——厂房(在建) 12 000 000
　　贷:投资性房地产——成本 10 000 000
　　　　　　　　　　——公允价值变动 2 000 000

(2)20×8年3月15日—11月10日。

借:投资性房地产——厂房(在建) 1 500 000
　　贷:银行存款 1 500 000

(3)20×8年11月10日,改扩建工程完工。

借:投资性房地产——成本 13 500 000
　　贷:投资性房地产——厂房(在建) 13 500 000

（二）费用化的后续支出

与投资性房地产有关的后续支出，不满足投资性房地产确认条件的，应当在发生时计入当期损益。例如，企业对投资性房地产进行日常维护发生一些支出。企业在发生投资性房地产费用化的后续支出时，借记"其他业务成本"等科目，贷记"银行存款"等科目。

【例 4-6】甲企业对其某项投资性房地产进行日常维修，发生维修支出 1.5 万元，用银行存款支付。本例中，日常维修支出属于费用化的后续支出，应当计入当期损益。

甲企业的账务处理如下（单位：元）。

借：其他业务成本　　　　　　　　　　　　　　　　　　　15 000
　　贷：银行存款　　　　　　　　　　　　　　　　　　　　　15 000

4.2.3 后续计量

投资性房地产的后续计量模式有成本模式和公允价值模式两种，而《企业会计准则》对这两种模式各自的适用范围做出了明确规定。

（一）成本计量模式

1. 成本计量模式的基本准则

根据《企业会计准则第 3 号——投资性房地产》，一般情况下，企业应当在资产负债表中采用成本模式对投资性房地产进行后续计量。

2. 成本计量模式的应用

在成本模式下，企业应当按照《企业会计准则第 4 号——固定资产》和《企业会计准则第 6 号——无形资产》对已出租的建筑物或土地使用权进行计量，并计提折旧或摊销；如果存在减值迹象，应当按照《企业会计准则第 8 号——资产减值》进行减值测试，并计提相应的减值准备。投资性房地产的计量模式一经确定，不得随意变更，只有存在确凿证据表明其公允价值能够持续可靠取得的，才允许采用公允价值计量模式。

【例 4-7】甲企业的一栋办公楼出租给乙企业使用，已确认为投资性房地产，采用成本模式进行后续计量。假设这栋办公楼的成本为 1 800 万元，按照直线法计提折旧，使用寿命为 20 年，预计净残值为零。按照经营租赁合同约定，乙企业每月支付甲企业租金 8 万元。当年 12 月，这栋办公楼发生减值迹象，经减值测试，其可收回的金额为 1 200 万元，此时办公楼的账面价值为 1 500 万元，以前未计提减值准备。

甲企业的账务处理如下（单位：元）。

（1）计提折旧。

每月计提的折旧 =1 800÷20÷12=7.5（万元）

借：其他业务成本　　　　　　　　　　　　　　　　　　　75 000
　　贷：投资性房地产累计折旧　　　　　　　　　　　　　　　75 000

（2）确认租金。

借：银行存款（或其他应收款）　　　　　　　　　　　　　80 000

  贷：其他业务收入   80 000

（3）计提减值准备。

借：资产减值损失   3 000 000

  贷：投资性房地产减值准备   3 000 000

（二）公允价值计量模式

1. 公允价值计量模式的基本准则

《企业会计准则第 3 号——投资性房地产》规定，有确凿证据表明投资性房地产的公允价值能够持续可靠取得的，可以对投资性房地产采用公允价值模式进行后续计量。采用公允价值模式计量的投资性房地产，应当同时满足以下条件。

（1）投资性房地产所在地有活跃的房地产交易市场。

（2）企业能够从房地产交易市场上取得同类或类似房地产的市场价格及其他相关信息，从而对投资性房地产的公允价值做出合理的估计。

《〈企业会计准则第 3 号——投资性房地产〉解释》对公允价值计量模式应用的条件做了详细说明，具体如下。

（1）投资性房地产所在地有活跃的房地产交易市场，意味着投资性房地产可以在房地产交易市场中直接交易。所在地通常是指投资性房地产所在的城市。对于大中城市，所在地应当具体化为投资性房地产所在的城区。活跃市场是指同时具有下列特征的市场：市场内交易对象具有同质性；可随时找到自愿交易的买方和卖方；市场价格信息是公开的。

（2）企业能够从房地产交易市场上取得同类或类似房地产的市场价格及其他相关信息，从而对投资性房地产的公允价值做出科学合理的估计。

同类或类似的房地产，对建筑物而言，是指所处地理位置和地理环境相同、性质相同、结构类型相同或相近、新旧程度相同或相近、可使用状况相同或相近的建筑物；对于土地使用权而言，是指同一城区、同一位置区域、所处地理环境相同或相近、可使用状况相同或相近的土地。

《〈企业会计准则第 3 号——投资性房地产〉应用指南》对此做了相同的解释。

2. 公允价值计量模式的应用

投资性房地产的公允价值是指在公平交易中，熟悉情况的当事人之间自愿进行房地产交换的价格。在确定投资性房地产的公允价值时，企业应当参照活跃市场上同类或类似房地产的现行市场价格（市场公开报价）；无法取得同类或类似房地产现行市场价格的，企业应当参照活跃市场上同类或类似房地产的最近交易价格，并考虑交易情况、交易日期、所在区域等因素，从而对投资性房地产的公允价值做出合理的估计；企业也可以基于预计未来获得的租金收益和相关现金流量的现值计量。

投资性房地产采用公允价值模式进行后续计量的，不计提折旧或摊销，应当以资产负债表日的公允价值计量。资产负债表日，投资性房地产的公允价值高于其账面余额的差额，借记"投资性房地产——公允价值变动"科目，贷记"公允价值变动损益"科目；公允价值低于其账面余额的差额做相反的会计分录。

【例4-8】甲公司为从事房地产经营开发的企业。20×8年8月，甲公司与乙公司签订租赁协议，约定将甲公司开发的一栋精装修的写字楼于开发完成的同时开始租赁给乙公司使用，租赁期为10年。当年10月1日，该写字楼开发完成并开始起租，写字楼的造价为9 000万元。20×8年12月31日，该写字楼的公允价值为9 200万元。假设甲公司采用公允价值计量模式。

甲企业的账务处理如下（单位：元）。

（1）20×8年10月1日，写字楼开发完成并被出租。

借：投资性房地产——成本　　　　　　　　　　　　　　　　　　90 000 000
　　贷：开发成本　　　　　　　　　　　　　　　　　　　　　　　　　　90 000 000

（2）20×8年12月31日，以公允价值为基础调整写字楼的账面价值，而公允价值与原账面价值之间的差额计入当期损益。

借：投资性房地产——公允价值变动　　　　　　　　　　　　　　2 000 000
　　贷：公允价值变动损益　　　　　　　　　　　　　　　　　　　　　　2 000 000

（三）后续计量模式的变更

1. 后续计量模式变更的基本准则

《企业会计准则第3号——投资性房地产》规定，企业对投资性房地产的计量模式一经确定，不得随意变更。成本模式转为公允价值模式的，应当作为会计政策变更，按照《企业会计准则第28号——会计政策、会计估计变更和差错更正》处理。

已采用公允价值模式计量的投资性房地产，不得从公允价值模式转为成本模式。

《〈企业会计准则第3号——投资性房地产〉解释》及《〈企业会计准则第3号——投资性房地产〉应用指南》对此未进行详细说明。

2. 计量模式变更准则的应用

只有在房地产市场比较成熟、能够满足采用公允价值模式条件的情况下，企业才能将投资性房地产的计量模式从成本计量模式变更为公允价值计量模式。成本模式转为公允价值模式的，应当作为会计政策变更处理，并按计量模式变更时公允价值与账面价值的差额调整期初留存收益。已采用公允价值模式计量的投资性房地产，不得从公允价值模式转为成本模式。

自用房地产或存货转换为采用公允价值模式计量的投资性房地产时，投资性房地产按照转换当日的公允价值计价，转换当日的公允价值小于原账面价值的，其差额计入当期损益；转换当日的公允价值大于原账面价值的，其差额计入所有者权益。

采用公允价值模式计量的投资性房地产转换为自用房地产时，企业应当以其转换当日的公允价值作为自用房地产的账面价值，公允价值与原账面价值的差额计入当期损益。

【例4-9】20×7年，甲企业将一栋写字楼对外出租，采用成本模式进行后续计量。20×9年2月1日，假设甲企业持有的投资性房地产满足采用公允价值模式条件，甲企业决定采用公允价值模式对该写字楼进行后续计量。20×9年2月1日，该写字楼的原价为9 000万元，已计提折旧270万元，账面价值为8 730万元，公允价值为9 500万元。甲企业按净利润的10%计提盈余公积。假定除上述对外出租的写字楼外，甲企业无其他的投资性房地产。

甲企业的账务处理如下（单位：元）。

借：投资性房地产——成本　　　　　　　　　　　　　95 000 000
　　投资性房地产累计折旧　　　　　　　　　　　　　2 700 000
　　贷：投资性房地产　　　　　　　　　　　　　　　90 000 000
　　　　利润分配——未分配利润　　　　　　　　　　 6 930 000
　　　　盈余公积　　　　　　　　　　　　　　　　　 770 000

4.3 投资性房地产的转换

4.3.1 投资性房地产转换的解释

房地产的转换是因房地产用途发生改变而对房地产进行的重新分类。这里所说的房地产转换是针对房地产用途发生改变而言的，而不是后续计量模式的转变。企业必须有确凿证据表明房地产用途发生改变时，才能将投资性房地产转换为非投资性房地产，或者将非投资性房地产转换为投资性房地产，如自用的办公楼改为出租等。这里的确凿证据包括两个方面：一是企业董事会或类似机构应当就改变房地产用途形成正式的书面决议；二是房地产因用途改变而发生实际状态上的改变，如从自用状态改为出租状态等。

房地产转换形式主要包括以下几类。

（1）投资性房地产开始自用，相应地由投资性房地产转换为固定资产或无形资产。投资性房地产开始自用是指企业将原来用于赚取租金或资本增值的房地产改为用于生产商品、提供劳务或者经营管理。例如，企业将出租的厂房收回，并用于生产本企业的产品；又如，从事房地产开发的企业将出租的开发产品收回，作为企业的固定资产使用等。

（2）作为存货的房地产改为出租，通常指房地产开发企业将其持有的开发产品以经营租赁的方式出租，相应地由存货转换为投资性房地产。

（3）自用土地使用权停止自用，用于赚取租金或资本增值，相应地由无形资产转换为投资性房地产。

（4）自用建筑物停止自用，改为出租，相应地由固定资产转换为投资性房地产。

（5）房地产企业将用于经营出租的房地产重新开发用于对外销售，从投资性房地产转为存货。

4.3.2 投资性房地产转换的基本准则

《企业会计准则第3号——投资性房地产》对投资性房地产转换做出了如下规定。

企业有确凿证据表明房地产用途发生改变，满足下列条件之一，应当将投资性房地产转换为其他资产或者将其他资产转换为投资性房地产。

① 投资性房地产开始自用。
② 作为存货的房地产，改为出租。
③ 自用土地使用权停止自用，用于赚取租金或资本增值。
④ 自用建筑物停止自用，改为出租。

4.3.3 投资性房地产转换的具体应用

（一）投资性房地产转换为非投资性房地产

1. 采用成本模式进行后续计量的投资性房地产转换为自用房地产

企业将原本用于赚取租金或资本增值的房地产改用于生产商品、提供劳务或者经营管理时，投资性房地产相应地转换为固定资产或无形资产。例如，企业将出租的厂房收回，并用于生产本企业的产品等。在此种情况下，转换日为房地产达到自用状态、企业开始将房地产用于生产商品、提供劳务或者经营管理的日期。

企业将投资性房地产转换为自用房地产，应当按该项投资性房地产在转换日的账面余额、累计折旧或摊销、减值准备等，分别转入"固定资产""累计折旧""固定资产减值准备"等科目；按投资性房地产的账面余额，借记"固定资产"或"无形资产"科目，贷记"投资性房地产"科目；按已计提的折旧或摊销，借记"投资性房地产累计折旧（摊销）"科目，贷记"累计折旧"或"累计摊销"科目；原已计提减值准备的，借记"投资性房地产减值准备"科目，贷记"固定资产减值准备"或"无形资产减值准备"科目。

【例4-10】 20×8年8月1日，甲企业将出租在外的厂房收回，开始用于本企业生产商品。该项房地产账面价值为3 765万元，其中，原价5 000万元，累计已提折旧1 235万元。假设甲企业采用成本计量模式。

甲企业的账务处理如下（单位：元）。

借：固定资产　　　　　　　　　　　　　　　　　　　　50 000 000
　　投资性房地产累计折旧　　　　　　　　　　　　　　12 350 000
　　贷：投资性房地产　　　　　　　　　　　　　　　　50 000 000
　　　　累计折旧　　　　　　　　　　　　　　　　　　12 350 000

2. 采用公允价值模式进行后续计量的投资性房地产转为自用房地产

企业将采用公允价值模式计量的投资性房地产转换为自用房地产时，应当以其转换当日的公允价值作为自用房地产的账面价值，将公允价值与原账面价值的差额计入当期损益。

这种情况下，企业在转换日，按该项投资性房地产的公允价值，借记"固定资产"或"无形资产"科目；按该项投资性房地产的成本，贷记"投资性房地产——成本"科目；按该项投资性房地产的累计公允价值变动，贷记或借记"投资性房地产——公允价值变动"科目；按借贷方差额，贷记或借记"公允价值变动损益"科目。

【例4-11】 20×8年10月15日，甲企业因租赁期满，将出租的写字楼收回，开始作为办公楼用于本企业的行政管理。20×8年10月15日，该写字楼的公允价值为4 800万元。该项房地产在转换前采用公允价值模式计量，原账面价值为4 750万元，其中，成本为4 500万元，公允价值变动为增值250万元。

甲企业的账务处理如下（单位：元）。

借：固定资产　　　　　　　　　　　　　　　　　　　　48 000 000
　　贷：投资性房地产——成本　　　　　　　　　　　　45 000 000

——公允价值变动		2 500 000
公允价值变动损益		500 000

3. 采用成本模式进行后续计量的投资性房地产转换为存货

房地产开发企业将用于经营出租的房地产重新开发用于对外销售的，该房地产从投资性房地产转换为存货。这种情况下，转换日为租赁期届满、企业董事会或类似机构做出书面决议明确表明将其重新开发用于对外销售的日期。

企业将投资性房地产转换为存货时，应当按照该项房地产在转换日的账面价值，借记"开发产品"科目；按照已计提的折旧或摊销，借记"投资性房地产累计折旧（摊销）"科目；原已计提减值准备的，借记"投资性房地产减值准备"科目；按其账面余额，贷记"投资性房地产"科目。

4. 采用公允价值模式进行后续计量的投资性房地产转换为存货

企业将采用公允价值模式计量的投资性房地产转换为存货时，应当以其转换当日的公允价值作为存货的账面价值，将公允价值与原账面价值的差额计入当期损益。

这种情况下，企业在转换日，按该项投资性房地产的公允价值，借记"开发产品"等科目；按该项投资性房地产的成本，贷记"投资性房地产——成本"科目；按该项投资性房地产的累计公允价值变动，贷记或借记"投资性房地产——公允价值变动"科目；按借贷方的差额，贷记或借记"公允价值变动损益"科目。

【例4-12】 甲房地产开发企业（以下简称"甲企业"）将其开发的部分写字楼用于对外经营租赁。20×8年10月15日，因租赁期满，甲企业将出租的写字楼收回，并做出书面决议，将该写字楼重新开发用于对外销售，即由投资性房地产转换为存货，当日的公允价值为5 800万元。该项房地产在转换前采用公允价值模式计量，原账面价值为5 600万元，其中，成本为5 000万元，公允价值增值为600万元。

甲企业的账务处理如下（单位：元）。

借：开发产品		58 000 000
贷：投资性房地产——成本		50 000 000
——公允价值变动		6 000 000
公允价值变动损益		2 000 000

（二）非投资性房地产转换为投资性房地产

1. 非投资性房地产转换为采用成本模式进行后续计量的投资性房地产

（1）作为存货的房地产转换为投资性房地产。作为存货的房地产转换为投资性房地产，通常指房地产开发企业将其持有的开发产品以经营租赁的方式出租，存货相应地转换为投资性房地产。这种情况下，转换日通常为房地产的租赁期开始日。租赁期开始日是指承租人有权行使其使用租赁资产权利的日期。一般而言，对于企业自行建造或开发完成但尚未使用的建筑物，如果企业董事会或类似机构正式做出书面决议，明确表明其自行建造或开发产品用于经营出租、持有意图短期内不再发生变化的，应视为存货转换为投资性房地产。这时转换日为企业董事会或类似机构做出书面决议的日期。

企业将作为存货的房地产转换为采用成本模式计量的投资性房地产时,应当按该项存货在转换日的账面价值,借记"投资性房地产"科目;原已计提跌价准备的,借记"存货跌价准备"科目;按其账面余额,贷记"开发产品"等科目。

【例4-13】甲企业是从事房地产开发业务的企业。20×8年3月10日,甲企业与乙企业签订了租赁协议,将其开发的一栋写字楼出租给乙企业使用,租赁期开始日为20×8年4月15日。20×8年4月15日,该写字楼的账面余额为45 000万元,未计提存货跌价准备。假设甲企业采用成本模式对其投资性房地产进行后续计量。

甲企业的账务处理如下(单位:元)。

借:投资性房地产——写字楼　　　　　　　　　　　　　　　450 000 000
　　贷:开发产品　　　　　　　　　　　　　　　　　　　　　450 000 000

(2)自用房地产转换为投资性房地产。企业将原本用于日常生产商品、提供劳务或者经营管理的房地产改用于出租,通常应于租赁期开始日,按照固定资产或无形资产的账面价值,将固定资产或无形资产相应地转换为投资性房地产。对不再用于日常生产经营活动且经整理后达到可经营出租状况的房地产,如果企业董事会或类似机构正式做出书面决议,明确表明其自用房地产用于经营出租且持有意图短期内不再发生变化的,应视为自用房地产转换为投资性房地产,转换日为企业董事会或类似机构正式做出书面决议的日期。

企业将自用土地使用权或建筑物转换为以成本模式计量的投资性房地产时,应当按该项建筑物或土地使用权在转换日的原价、累计折旧、减值准备等,分别转入"投资性房地产""投资性房地产累计折旧(摊销)""投资性房地产减值准备"科目;按其账面余额,借记"投资性房地产"科目,贷记"固定资产"或"无形资产"科目;按已计提的折旧或摊销,借记"累计摊销"或"累计折旧"科目,贷记"投资性房地产累计折旧(摊销)"科目;原已计提减值准备的,借记"固定资产减值准备"或"无形资产减值准备"科目,贷记"投资性房地产减值准备"科目。

【例4-14】甲企业拥有一栋办公楼,用于本企业总部办公。20×8年3月10日,甲企业与乙企业签订了经营租赁协议,将该栋办公楼整体出租给乙企业使用,租赁期开始日为20×8年4月15日,为期5年。20×8年4月15日,该栋办公楼的账面余额为45 000万元,已计提折旧300万元。假设甲企业采用成本计量模式。

甲企业的账务处理如下(单位:元)。

借:投资性房地产——写字楼　　　　　　　　　　　　　　　450 000 000
　　累计折旧　　　　　　　　　　　　　　　　　　　　　　　3 000 000
　　贷:固定资产　　　　　　　　　　　　　　　　　　　　　450 000 000
　　　　投资性房地产累计折旧　　　　　　　　　　　　　　　　3 000 000

2. 非投资性房地产转换为采用公允价值进行后续计量的投资性房地产

(1)作为存货的房地产转换为投资性房地产。企业将作为存货的房地产转换为采用公允价值模式计量的投资性房地产时,应当按该项房地产在转换日的公允价值入账,借记"投资性房地产——成本"科目;原已计提跌价准备的,借记"存货跌价准备"科目;按其账面余额,贷记"开发产品"等科目。同时，转换日的公允价值小于账面价值的，按其差额，借记"公允价值变动损益"科目；转换日的公允价值大于账面价值的，按其差额，贷记"其他综合收益"科目。当该项投资性房地产处置时，因转换计入其他综合收益的部分应转入当期损益。

【例 4-15】 20×8 年 3 月 10 日，甲房地产开发公司与乙企业签订了租赁协议，将其开发的一栋写字楼出租给乙企业。租赁期开始日为 20×8 年 4 月 15 日。20×8 年 4 月 15 日，该写字楼的账面余额为 45 000 万元，公允价值为 47 000 万元。20×8 年 12 月 31 日，该项投资性房地产的公允价值为 48 000 万元。

甲企业的账务处理如下（单位：元）。

① 20×8 年 4 月 15 日。

借：投资性房地产——成本　　　　　　　　　　　　470 000 000
　　贷：开发产品　　　　　　　　　　　　　　　　　　　450 000 000
　　　　其他综合收益　　　　　　　　　　　　　　　　　 20 000 000

② 20×8 年 12 月 31 日。

借：投资性房地产——公允价值变动　　　　　　　　 10 000 000
　　贷：公允价值变动损益　　　　　　　　　　　　　　　 10 000 000

（2）自用房地产转换为投资性房地产。企业将自用房地产转换为采用公允价值模式计量的投资性房地产时，应当按该项土地使用权或建筑物在转换日的公允价值，借记"投资性房地产——成本"科目；按已计提的累计摊销或累计折旧，借记"累计摊销"或"累计折旧"科目；原已计提减值准备的，借记"无形资产减值准备""固定资产减值准备"科目；按其账面余额，贷记"固定资产"或"无形资产"科目。同时，转换日的公允价值小于账面价值的，按其差额，借记"公允价值变动损益"科目；转换日的公允价值大于账面价值的，按其差额，贷记"其他综合收益"科目。当该项投资性房地产处置时，因转换计入其他综合收益的部分应转入当期损益。

【例 4-16】 20×8 年 6 月，甲企业打算搬迁至新建办公楼，由于原办公楼处于商业繁华地段，甲企业准备将其出租，以赚取租金收入。20×8 年 10 月 30 日，甲企业完成了搬迁工作，原办公楼停止自用，并与乙企业签订了租赁协议，将其原办公楼租赁给乙企业使用，租赁期开始日为 20×8 年 10 月 30 日，租赁期限为 3 年。20×8 年 10 月 30 日，该办公楼原价为 5 亿元，已提折旧 14 250 万元，公允价值为 35 000 万元。假设甲企业对投资性房地产采用公允价值模式计量。

甲企业的账务处理如下（单位：元）。

借：投资性房地产——成本　　　　　　　　　　　　350 000 000
　　公允价值变动损益　　　　　　　　　　　　　　　　 7 500 000
　　累计折旧　　　　　　　　　　　　　　　　　　　 142 500 000
　　贷：固定资产　　　　　　　　　　　　　　　　　　　500 000 000

4.4 投资性房地产的处置

4.4.1 处置投资性房地产时遵循的基本准则

关于投资性房地产的处置,《企业会计准则第 3 号——投资性房地产》有如下相关规定。

(1)当投资性房地产被处置,或者永久退出使用且预计不能从其处置中取得经济利益时,应当终止确认该项投资性房地产。

(2)企业出售、转让、报废投资性房地产,或者投资性房地产发生毁损,应当将处置收入扣除其账面价值和相关税费后的金额计入当期损益。

4.4.2 投资性房地产处置的应用

(一)采用成本模式计量的投资性房地产的处置

处置采用成本模式进行后续计量的投资性房地产时,企业应当按实际收到的金额,借记"银行存款"等科目,贷记"其他业务收入"科目;按该项投资性房地产的账面价值,借记"其他业务成本"科目;按其账面余额,贷记"投资性房地产"科目;按照已计提的折旧或摊销,借记"投资性房地产累计折旧(摊销)"科目;原已计提减值准备的,借记"投资性房地产减值准备"科目。

【例 4-17】甲公司将其出租的一栋写字楼确认为投资性房地产,采用成本模式计量。租赁期届满后,甲公司将该栋写字楼出售给乙公司,合同价款为 30 000 万元,乙公司已用银行存款付清。出售时,该栋写字楼的成本为 28 000 万元,已计提折旧 3 000 万元。假设不考虑相关税费。

甲公司的账务处理如下(单位:元)。

借:银行存款	300 000 000
贷:其他业务收入	300 000 000
借:其他业务成本	250 000 000
投资性房地产累计折旧	30 000 000
贷:投资性房地产——写字楼	280 000 000

(二)采用公允价值模式计量的投资性房地产的处置

处置采用公允价值模式计量的投资性房地产时,企业应当按实际收到的金额,借记"银行存款"等科目,贷记"其他业务收入"科目;按该项投资性房地产的账面余额,借记"其他业务成本"科目,按其成本,贷记"投资性房地产——成本"科目;按其累计公允价值变动,贷记或借记"投资性房地产——公允价值变动"科目。同时结转投资性房地产累计公允价值变动。若存在原转换日计入其他综合收益的金额,也一并结转。

【例 4-18】甲企业为一家房地产开发企业,20×7 年 3 月 10 日,甲企业与乙企业签订了租赁协议,将其开发的一栋写字楼出租给乙企业使用,租赁期开始日为 20×7 年 4 月 15 日。20×7 年 4 月 15 日,该写字楼的账面余额为 45 000 万元,公允价值为 47 000 万元。20×7 年

12月31日，该项投资性房地产的公允价值为48 000万元。20×8年6月租赁期届满，企业收回该项投资性房地产，并以55 000万元出售，出售款项已收讫。甲企业采用公允价值模式计量，不考虑相关税费。

甲企业的账务处理如下（单位：元）。

（1）20×7年4月15日，存货转换为投资性房地产。

借：投资性房地产——成本　　　　　　　　　　　　　　　470 000 000
　　贷：开发产品　　　　　　　　　　　　　　　　　　　　450 000 000
　　　　其他综合收益　　　　　　　　　　　　　　　　　　 20 000 000

（2）20×7年12月31日，公允价值变动。

借：投资性房地产——公允价值变动　　　　　　　　　　　 10 000 000
　　贷：公允价值变动损益　　　　　　　　　　　　　　　　 10 000 000

（3）20×8年6月，出售投资性房地产。

借：银行存款　　　　　　　　　　　　　　　　　　　　　550 000 000
　　公允价值变动损益　　　　　　　　　　　　　　　　　　 10 000 000
　　其他综合收益　　　　　　　　　　　　　　　　　　　　 20 000 000
　　其他业务成本　　　　　　　　　　　　　　　　　　　　450 000 000
　　贷：投资性房地产——成本　　　　　　　　　　　　　　470 000 000
　　　　　　　　　　——公允价值变动　　　　　　　　　　 10 000 000
　　　　其他业务收入　　　　　　　　　　　　　　　　　　550 000 000

4.5　披露

《企业会计准则第3号——投资性房地产》第十九条规定，企业应当在附注中披露与投资性房地产有关的下列信息。

（1）投资性房地产的种类、金额和计量模式。

（2）采用成本模式的，投资性房地产的折旧或摊销，以及减值准备的计提情况。

（3）采用公允价值模式的，公允价值的确定依据和方法，以及公允价值变动对损益的影响。

（4）房地产转换情况、理由，以及对损益或所有者权益的影响。

（5）当期处置的投资性房地产及其对损益的影响。

《〈企业会计准则第3号——投资性房地产〉解释》和《〈企业会计准则第3号——投资性房地产〉应用指南》未对此进行更加详细的说明。

第5章
固定资产

固定资产的会计处理流程如图 5-1 所示。

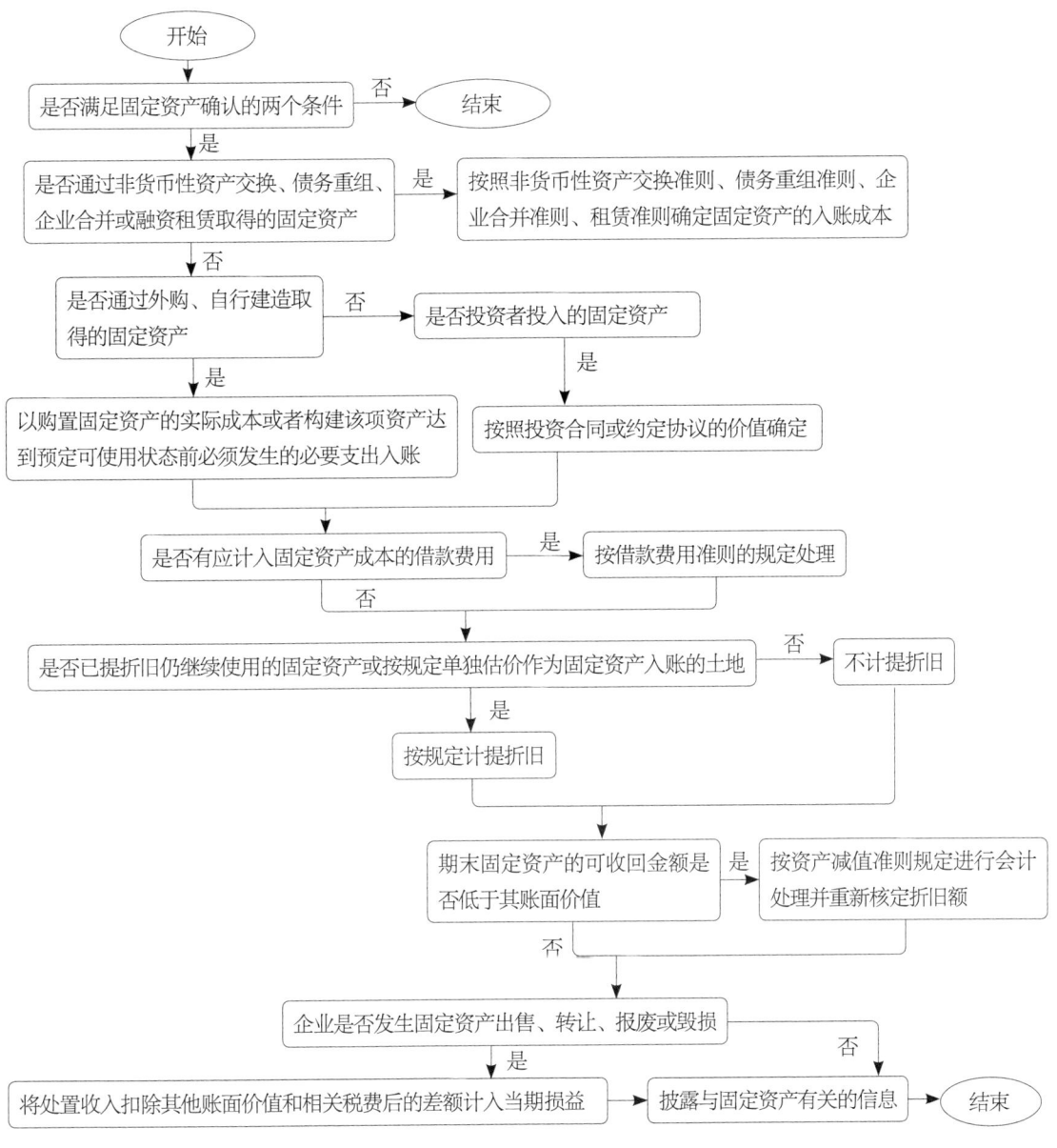

图 5-1 固定资产的会计处理流程

5.1 固定资产概述

5.1.1 固定资产的定义

根据《企业会计准则第 4 号——固定资产》的规定，固定资产是指同时具有下列特征的有形资产。

（1）为生产商品、提供劳务、出租或经营管理而持有。

（2）使用寿命超过一个会计年度。

《企业会计准则讲解》根据准则对固定资产的定义，提出固定资产具有以下 3 个特征。

（1）固定资产是企业为生产商品、提供劳务、出租或经营管理而持有的。企业持有固定资产的目的是生产商品、提供劳务、出租或经营管理。这意味着企业持有的固定资产是企业的劳动工具或手段，而不是直接出售的产品。"出租"的固定资产是指用于出租的机器设备类固定资产，不包括以经营租赁方式出租的建筑物，后者属于企业的投资性房地产，不属于固定资产。

（2）固定资产使用寿命超过一个会计年度。固定资产的使用寿命是指企业使用固定资产的预计期间，或者该固定资产所能生产产品或提供劳务的数量。通常情况下，固定资产的使用寿命是指使用固定资产的预计期间，如自用房屋建筑物的使用寿命按使用年限表示等。对于某些机器设备或运输设备等固定资产，其使用寿命往往以该固定资产所能生产产品或提供劳务的数量来表示，例如，发电设备按其预计发电量估计使用寿命，汽车或飞机等按其预计行驶里程估计使用寿命等。固定资产使用寿命超过一个会计年度，意味着固定资产属于长期资产，随着使用和磨损，其价值会发生变化。这种变化需在会计上予以反映：通过计提折旧方式逐渐减少账面价值。对固定资产计提折旧，是对固定资产进行后续计量的重要内容。对固定资产计提减值准备也属于后续计量的重要内容，但不属于固定资产准则规范的内容，在《企业会计准则第 8 号——资产减值》中予以规范。

（3）固定资产为有形资产。固定资产具有实物特征，而这一特征将固定资产与无形资产区别开来。有些无形资产可能同时符合固定资产的其他特征，如企业为生产商品、提供劳务而持有的无形资产的使用寿命超过一个会计年度，但是，由于其没有实物形态，所以，不属于固定资产。工业企业对于自身所持有的工具、用具、备品备件、维修设备等资产，施工企业对于自身所持有的模板、挡板、架料等周转材料，地质勘探企业对于自身所持有的管材等资产，都应当根据实际情况，分别管理和核算。尽管上述类别的资产具有固定资产的某些特征，如使用期限超过一年，也能够带来经济利益，但由于数量多、单价低，考虑到成本效益原则，在实务中，通常被确认为存货。但符合固定资产定义和确认条件的，如企业（民用航空运输）的高价周转件等，应当确认为固定资产。构成固定资产的各组成部分，如果各自具有不同使用寿命或者以不同方式为企业提供经济利益，适用不同折旧率或折旧方法，则该各组成部分实际上是以独立的方式为企业提供经济利益。因此，企业应当分别将各组成部分确认为单项固定资产。例如，飞机的发动机如果与飞机机身具有不同的使用寿命，适用不同折旧率或折旧方法，则企业应当将其确认为单项固定资产。

5.1.2 固定资产的确认条件

《企业会计准则第 4 号——固定资产》规定，固定资产同时满足下列条件的，才能予以确认。

（1）与该固定资产有关的经济利益很可能流入企业。
（2）该固定资产的成本能够可靠计量。

5.1.3 单项固定资产

《企业会计准则第 4 号——固定资产》规定，固定资产的各组成部分具有不同使用寿命或者以不同方式为企业提供经济利益，适用不同折旧率或折旧方法的，企业应当分别将各组成部分确认为单项固定资产。

5.2 固定资产的初始计量

《企业会计准则第 4 号——固定资产》规定，固定资产应当按照成本进行初始计量。

5.2.1 外购固定资产

《企业会计准则第 4 号——固定资产》规定，外购固定资产的成本，包括购买价款、相关税费、使固定资产达到预定可使用状态前所发生的可归属于该项资产的运输费、装卸费、安装费和专业人员服务费等。以一笔款项购入多项没有单独标价的固定资产时，企业应当按照各项固定资产公允价值比例对总成本进行分配，分别确定各项固定资产的成本。

购买固定资产的价款超过正常信用条件延期支付，实质上具有融资性质的，固定资产的成本以购买价款的现值为基础确定。实际支付的价款与购买价款的现值之间的差额，除按照《企业会计准则第 17 号——借款费用》的规定应予资本化的以外，应当在信用期间内计入当期损益。

《企业会计准则讲解》对准则的上述规定进行了详细说明，具体如下：企业在购入固定资产时，按购买价款的现值，借记"固定资产"或"在建工程"科目；按应支付的金额，贷记"长期应付款"科目；按借贷方差额，借记"未确认融资费用"科目。固定资产购买价款的现值，应当按照各期支付的购买价款选择恰当的折现率进行折现后的金额加以确定。折现率是反映当前市场货币时间价值和延期付款债务特定风险的利率。该折现率实质上是供货企业的必要报酬率。各期实际支付的价款与购买价款的现值之间的差额，符合《企业会计准则第 17 号——借款费用》中规定的资本化条件的，应当计入固定资产成本，其余部分应当在信用期间内确认为财务费用，计入当期损益。

【例 5-1】20×7 年 1 月 1 日，甲公司与乙公司签订一项购货合同，甲公司从乙公司购入一台需要安装的特大型设备。合同约定，甲公司采用分期付款方式支付价款。该设备的价款共计 900 万元（不考虑增值税），在 20×7 年至 2×11 年的 5 年内每半年支付 90 万元，每年的付款日期为分别为当年 6 月 30 日和 12 月 31 日。

20×7 年 1 月 1 日，设备如期运抵甲公司并开始安装。20×7 年 12 月 31 日，设备达到预定可使用状态，发生安装费 398 530.60 元，已用银行存款付讫。

假定甲公司适用的6个月折现率为10%。

（1）计算购买价款的现值，并做相应的账务处理。

已知利率为10%，期限为10年的终值系数为6.144 6。

购买价值的现值=900 000×（P/A，10%，10）=900 000×6.144 6=5 530 140（元）

20×7年1月1日，甲公司的账务处理如下。

借：在建工程——××设备　　　　　　　　　　　　5 530 140
　　未确认融资费用　　　　　　　　　　　　　　　3 469 860
　　贷：长期应付款——乙公司　　　　　　　　　　　　　9 000 000

（2）确定信用期间未确认融资费用的分摊额，如表5-1所示。

表5-1　未确认融资费用的分摊额

20×7年1月1日　　　　　　　　　　　　　　　　　　　　单位：元

时间	每期支付价款	确认的融资费用	应付本金减少额	应付本金余额
①	②	③=期初⑤×10%	④=②-③	期末⑤=期初⑤-④
20×7-01-01				5 530 140.00
20×7-06-30	900 000	553 014.00	346 986.00	5 183 154.00
20×7-12-31	900 000	518 315.40	381 684.60	4 801 469.40
20×8-06-30	900 000	480 146.94	419 853.06	4 381 616.34
20×8-12-31	900 000	438 161.63	461 838.37	3 919 777.97
20×9-06-30	900 000	391 977.80	508 022.20	3 411 755.77
20×9-12-31	900 000	341 175.58	558 824.42	2 852 931.35
2×10-06-30	900 000	285 293.14	614 706.86	2 238 224.49
2×10-12-31	900 000	223 822.45	676 177.55	1 562 046.94
2×11-06-30	900 000	156 204.69	743 795.31	818 251.63
2×11-12-31	900 000	81 748.39*	818 251.61	0.00
合计	9 000 000	3 469 860	5 530 140	0.00

注：*尾数调整：81 748.39=900 000-818 251.61，其中，818 251.61为最后一期应付本金余额。

（3）20×7年1月1日至20×7年12月31日为设备的安装期间，未确认融资费用的分摊额符合资本化条件，计入固定资产成本。

① 20×7年6月30日，甲公司的账务处理如下。

借：在建工程——××设备　　　　　　　　　　　　553 014
　　贷：未确认融资费用　　　　　　　　　　　　　　　553 014
借：长期应付款——乙公司　　　　　　　　　　　　900 000
　　贷：银行存款　　　　　　　　　　　　　　　　　　900 000

② 20×7年12月31日，甲公司的账务处理如下。

借：在建工程——××设备	518 315.40
贷：未确认融资费用	518 315.40
借：长期应付款——乙公司	900 000
贷：银行存款	900 000
借：在建工程——××设备	398 530.60
贷：银行存款	398 530.60
借：固定资产——××设备	7 000 000
贷：在建工程——××设备	7 000 000

固定资产的成本=5 530 140+553 014+518 315.40+398 530.60=7 000 000（元）

（4）20×8年1月1日至2×11年12月31日，该设备已经达到预定可使用状态，未确认融资费用的分摊额不再符合资本化条件，应计入当期损益。

20×8年6月30日，甲公司的账务处理如下。

借：财务费用	480 146.94
贷：未确认融资费用	480 146.94
借：长期应付款——乙公司	900 000
贷：银行存款	900 000

以后期间的账务处理与20×8年6月30日相同，此处略。

5.2.2　自行建造固定资产

《企业会计准则第4号——固定资产》规定，自行建造的固定资产的成本，由建造该项资产达到预定可使用状态前所发生的必要支出构成。

《企业会计准则讲解》对上述规定进行如下补充说明：必要支出包括工程用物资成本、人工成本、缴纳的相关税费、应予资本化的借款费用以及应分摊的间接费用等。

5.2.3　投资者投入固定资产

《企业会计准则第4号——固定资产》规定，投资者投入固定资产的成本，应当按照投资合同或协议约定的价值确定，但合同或协议约定价值不公允的除外。

5.2.4　存在弃置义务的固定资产

《企业会计准则第4号——固定资产》规定，确定固定资产成本时，企业应当考虑预计弃置费用因素。

《企业会计准则解释》对其进行了详细解释。对于特殊行业的特定固定资产，例如，对于油气水井及相关设施、核电站核废料等，企业在确定其初始入账成本时，还应考虑弃置费用。弃置费用通常是指根据国家法律和行政法规、国际公约等规定，企业承担的环境保护和生态恢复等义务所确定的支出，如核电站核设施等的弃置和恢复环境义务等。弃置费用的金额与其现值比较，通常相差较大，需要考虑货币时间价值。对于特殊行业的特定固定资产，企业应当根据《企业会计准则第13号——或有事项》，按照现值计算确定应计入固定资产成本的金额和相应的预计负债。在固定资产的使用寿命内按照预计负债的摊余成本和实际利率计算确定的利息费用应计入财务费用。一般工商企业的固定资产发生的报废清理费用不属于弃置费用,应当在发生时作为固定资产处置费用处理。

【例5-2】乙公司经国家批准于20×7年1月1日建造完成的核电站核反应堆交付使用。该核电站核反应堆的建造成本为2 500 000万元,预计使用寿命40年。该核反应堆将会对当地的生态环境产生一定的影响,根据法律规定,企业应在该项设施使用期满后将其拆除,并对造成的污染进行整治,预计发生弃置费用250 000万元。假定适用的折现率为10%。

(1)核反应堆属于特殊行业的特定固定资产,确定其成本时应考虑弃置费用。

20×7年1月1日,弃置费用的现值=250 000×(P/F,10%,40)=250 000×0.022 1=5 525(万元)

固定资产的成本=2 500 000+5 525=2 505 525(万元)

借:固定资产　　　　　　　　　　　　　　　　　　　　　25 055 250 000
　　贷:在建工程　　　　　　　　　　　　　　　　　　　　25 000 000 000
　　　　预计负债　　　　　　　　　　　　　　　　　　　　　　55 250 000

(2)计算每年应负担的利息费用。

计算第一年应负担的利息费用=55 250 000×10%=5 525 000(元)

借:财务费用　　　　　　　　　　　　　　　　　　　　　　　5 525 000
　　贷:预计负债　　　　　　　　　　　　　　　　　　　　　　5 525 000

以后年度,企业应当按照实际利率法计算确定每年财务费用,相关账务处理略。

5.3 固定资产的后续计量

固定资产的后续计量主要包括固定资产折旧的计提、减值损失的确定,以及后续支出的计量。其中,固定资产的减值应当按照《企业会计准则第8号——资产减值》处理。

5.3.1 固定资产折旧

(一)计提折旧的范围

《企业会计准则第4号——固定资产》规定,企业应当对所有固定资产计提折旧。但是,已提足折旧仍继续使用的固定资产和单独计价入账的土地除外。固定资产应当按月计提折旧,并根据用途计入相关资产的成本或者当期损益。

《〈企业会计准则第4号——固定资产〉解释》对固定资产折旧做了详细说明。

(1)已达到预定可使用状态的固定资产,无论是否交付使用,尚未办理竣工决算的,应当按照估计价值确认为固定资产,并计提折旧;待办理了竣工决算手续后,再按实际成本调整原来的暂估价值,但不需要调整原已计提的折旧额。

符合固定资产确认条件的固定资产装修费用,应当在两次装修期间与固定资产剩余使用寿命两者中较短的期间内计提折旧。

融资租赁方式租入的固定资产发生的装修费用,符合固定资产确认条件的,应当在两次装修期间、剩余租赁期与固定资产剩余使用寿命三者中较短的期间内计提折旧。

（2）处于修理、更新改造过程而停止使用的固定资产，符合固定资产确认条件的，应当转入在建工程，停止计提折旧；不符合固定资产确认条件的，不应转入在建工程，照提折旧。

（3）固定资产提足折旧后，不管能否继续使用，均不再计提折旧；提前报废的固定资产，也不再补提折旧。所谓提足折旧，是指已经提足该项固定资产的应计折旧额。

《〈企业会计准则第4号——固定资产〉应用指南》对固定资产计提折旧的补充如下：固定资产应当按月计提折旧；当月增加的固定资产，当月不计提折旧，从下月起计提折旧；当月减少的固定资产，当月仍计提折旧，从下月起不计提折旧。

（二）与折旧有关的概念

折旧，是指在固定资产使用寿命内，按照确定的方法对应计折旧额进行系统分摊。

应计折旧额是指应当计提折旧的固定资产的原价扣除其预计净残值后的金额。已计提减值准备的固定资产，还应当扣除已计提的固定资产减值准备累计金额。

预计净残值是指假定固定资产预计使用寿命已满并处于使用寿命终了时的预期状态，企业目前从该项资产处置中获得的扣除预计处置费用后的金额。

《企业会计准则第4号——固定资产》规定，企业应当根据固定资产的性质和使用情况，合理确定固定资产的使用寿命和预计净残值。

固定资产的使用寿命、预计净残值一经确定，不得随意变更。但是，符合固定资产准则第十九条规定的除外。

（三）确定固定资产使用寿命应考虑的因素

《企业会计准则第4号——固定资产》规定，企业确定固定资产使用寿命，应当考虑下列因素。

（1）预计生产能力或实物产量。

（2）预计有形损耗和无形损耗。

（3）法律或者类似规定对资产使用的限制。

（四）固定资产折旧方法

《企业会计准则第4号——固定资产》规定，企业应当根据与固定资产有关的经济利益的预期实现方式，合理选择固定资产折旧方法。可选用的折旧方法包括年限平均法、工作量法、双倍余额递减法和年数总和法等。固定资产的折旧方法一经确定，不得随意变更。

《企业会计准则讲解》对固定资产折旧方法做了如下详细说明。

1. 年限平均法

年限平均法又称直线法，是指将固定资产的应计折旧额均衡地分摊到固定资产预计使用寿命内的一种方法。采用这种方法计算的每期折旧额均相等。计算公式如下。

年折旧率 =（1- 预计净残值率）÷ 预计使用寿命（年）×100%

月折旧率 = 年折旧率 ÷12

月折旧额 = 固定资产原价 × 月折旧率

2. 工作量法

工作量法是根据实际工作量计算每期应提折旧额的一种方法。计算公式如下。

单位工作量折旧额 = 固定资产原价 ×（1 - 预计净残值率）÷ 预计总工作量
某项固定资产月折旧额 = 该项固定资产当月工作量 × 单位工作量折旧额

【例5-3】甲公司的一台机器设备的原价为800 000元，预计生产产品的产量为4 000 000个，预计净残值率为5%，本月生产产品40 000个；假设甲公司没有对该机器设备计提减值准备。该台机器设备的本月折旧额计算如下。

单个产品折旧额 = 800 000 ×（1-5%）÷ 4 000 000 = 0.19（元/个）
本月折旧额 = 40 000 × 0.19 = 7 600（元）

3. 双倍余额递减法

双倍余额递减法是指在不考虑固定资产预计净残值的情况下，根据每期期初固定资产原价减去累计折旧后的金额和双倍的直线法折旧率计算固定资产折旧的一种方法。企业应用这种方法计算固定资产折旧额时，由于每年年初固定资产净值没有扣除预计净残值，所以企业在应用这种方法计算固定资产折旧额时，应在其折旧年限到期前两年内，将固定资产净值扣除预计净残值后的余额平均摊销。计算公式如下。

年折旧率 = 2 ÷ 预计使用寿命（年）× 100%
月折旧率 = 年折旧率 ÷ 12
月折旧额 = 每月月初固定资产账面净值 × 月折旧率

【例5-4】甲公司拥有的某项设备的原价为120万元，预计使用寿命为5年，预计净残值率为4%。假设甲公司没有对该机器设备计提减值准备。

甲公司按双倍余额递减法计提折旧，每年折旧额计算如下。
年折旧率 = 2 ÷ 5 × 100% = 40%
第一年应提的折旧额 = 120 × 40% = 48（万元）
第二年应提的折旧额 =（120-48）× 40% = 28.8（万元）
第三年应提的折旧额 =（120-48-28.8）× 40% = 17.28（万元）
从第四年起改按年限平均法（直线法）计提折旧。
第四年、第五年应提折旧额 =（120-48-28.8-17.28-120×4%）÷ 2 = 10.56（万元）

4. 年数总和法

年数总和法又称年限合计法，是指将固定资产的原价减去预计净残值后的余额，乘以一个以固定资产尚可使用寿命为分子、以预计使用寿命逐年数字之和为分母的逐年递减的分数计算每年的折旧额的方法。计算公式如下。

年折旧率 = 尚可使用年限 ÷ 预计使用寿命的年数总和 × 100%
月折旧率 = 年折旧率 ÷ 12
月折旧额 =（固定资产原价 - 预计净残值）× 月折旧率

固定资产应当按月计提折旧，计提的折旧应通过"累计折旧"科目核算，并根据用途计入相关资产的成本或者当期损益。例如，企业自行建造固定资产过程中使用的固定资产，其计提的折旧应计入在建工程成本；基本生产车间所使用的固定资产，其计提的折旧应计入制造费用；管理部门所使用的固定资产，其计提的折旧应计入管理费用；销售部门所使用的固定资产，其计提的折旧应计入销售费用；经营租出的固定资产，其应提的折旧额应计入其他业务成本。

（五）固定资产使用寿命、预计净残值和折旧方法的复核

《企业会计准则第4号——固定资产》规定，企业至少应当于每年年度终了，对固定资产的使用寿命、预计净残值和折旧方法进行复核。使用寿命预计数与原先估计数有差异的，应当调整固定资产使用寿命。预计净残值预计数与原先估计数有差异的，应当调整预计净残值。与固定资产有关的经济利益预期实现方式有重大改变的，应当改变固定资产折旧方法。固定资产使用寿命、预计净残值和折旧方法的改变应当作为会计估计变更。

5.3.2 固定资产的后续支出

《〈企业会计准则第4号——固定资产〉解释》对固定资产的后续支出进行了说明：固定资产的后续支出通常包括固定资产在使用过程中发生的日常修理费、大修理费用、更新改造支出、房屋的装修费用等。

固定资产发生的更新改造支出、房屋装修费用等，符合固定资产确认条件的，应当计入固定资产成本，同时将被替换部分的账面价值扣除；不符合固定资产确认条件的，应当在发生时应计入当期管理费用。

固定资产的大修理费用和日常修理费用，通常不符合固定资产确认条件，应当在发生时计入当期管理费用，不得采用预提或待摊方式处理。

（一）资本化的后续支出

固定资产发生可资本化的后续支出时，企业一般应将该固定资产的原价、已计提的累计折旧和减值准备转销，将固定资产的账面价值转入在建工程，并停止计提折旧。发生的后续支出，通过"在建工程"科目核算。在固定资产发生的后续支出完工并达到预定可使用状态时，再从在建工程转为固定资产，并按重新确定的使用寿命、预计净残值和折旧方法计提折旧。

企业发生的一些固定资产后续支出可能涉及替换原固定资产的某组成部分，当发生的后续支出符合固定资产确认条件时，应将其计入固定资产成本，同时将被替换部分的账面价值扣除。这样可以避免将替换部分的成本和被替换部分的成本同时计入固定资产成本，导致固定资产成本虚高。

【**例5-5**】某航空公司于20×0年12月购入一架飞机，总计花费8 000万元（含发动机），发动机当时的购价为500万元。公司未将发动机作为一项单独的固定资产进行核算。20×9年年初，公司开辟新航线，航程增加。为延长飞机的空中飞行时间，公司决定更换一部性能更为先进的发动机。新发动机购价为700万元，另需支付安装费用51 000元。假定飞机的年折旧率为3%，不考虑相关税费的影响。

（1）固定资产转入在建工程。

20×9年年初飞机的累计折旧金额 =80 000 000×3%×8=19 200 000（元）

借：在建工程——××飞机　　　　　　　　　　　　　　　60 800 000
　　累计折旧　　　　　　　　　　　　　　　　　　　　　19 200 000
　　贷：固定资产——××飞机　　　　　　　　　　　　　80 000 000

（2）安装新发动机。

借：在建工程——××飞机　　　　　　　　　　　7 051 000
　　贷：工程物资——××发动机　　　　　　　　　　　7 000 000
　　　　银行存款　　　　　　　　　　　　　　　　　　51 000

（3）终止确认老发动机的账面价值。假定报废处理，无残值。

20×9年年初老发动机的账面价值=5 000 000-5 000 000×3%×8=3 800 000（元）

借：营业外支出　　　　　　　　　　　　　　　　3 800 000
　　贷：在建工程——××飞机　　　　　　　　　　　　3 800 000

（4）发动机安装完毕，投入使用。

固定资产的入账价值=60 800 000+7 051 000-3 800 000=64 051 000（元）

借：固定资产——××飞机　　　　　　　　　　　64 051 000
　　贷：在建工程——××飞机　　　　　　　　　　　64 051 000

（二）费用化的后续支出

与固定资产有关的修理费用等后续支出，不符合固定资产确认条件的，应当根据不同情况分别在发生时计入当期管理费用或销售费用。

一般情况下，固定资产投入使用之后，由于固定资产磨损、各组成部分耐用程度不同，可能导致固定资产的局部损坏，为了维护固定资产的正常运转和使用，充分发挥其使用效能，企业会对固定资产进行必要的维护。固定资产的日常修理费用、大修理费用等支出只是确保固定资产的正常工作状况，一般不产生未来的经济利益，因此，这些支出通常不符合固定资产的确认条件，在发生时应直接计入当期损益。企业生产车间（部门）和行政管理部门等发生的固定资产修理费用等后续支出计入管理费用；企业专设销售机构的，其发生的与专设销售机构相关的固定资产修理费用等后续支出，计入销售费用。对于处于修理、更新改造过程而停止使用的固定资产，如果其修理、更新改造支出不满足固定资产的确认条件，在发生时也应直接计入当期损益。

【例5-6】 20×7年1月3日，甲公司对现有的一台生产用机器设备进行日常维护，维护过程中领用本公司原材料一批，价值为94 000元，应支付维护人员的工资为28 000元；不考虑其他相关税费。

本例中，对机器设备的维护，仅仅是为了维护固定资产的正常使用而发生的，不产生未来的经济利益，因此企业应在其发生时将其确认为费用。甲公司的账务处理如下。

借：管理费用　　　　　　　　　　　　　　　　　122 000
　　贷：原材料　　　　　　　　　　　　　　　　　　　94 000
　　　　应付职工薪酬　　　　　　　　　　　　　　　　28 000

5.4　固定资产的处置

5.4.1　固定资产终止确认的条件

《企业会计准则第4号——固定资产》规定，固定资产满足下列条件之一的，应当予以终止确认。

1. 固定资产处于处置状态

《企业会计准则讲解》指出，固定资产处置包括固定资产的出售、转让、报废或毁损、对外投资、非货币性资产交换、债务重组等。处于处置状态的固定资产不再用于生产商品、提供劳务、出租或经营管理，因此不再符合固定资产的定义，应予终止确认。

2. 固定资产预期通过使用或处置不能产生经济利益

《企业会计准则讲解》指出，固定资产的确认条件之一是"与该固定资产有关的经济利益很可能流入企业"，如果一项固定资产预期通过使用或处置不能产生经济利益，那么它就不再符合固定资产的定义和确认条件，应予终止确认。

5.4.2 固定资产处置的账务处理

企业出售、转让、报废固定资产或发生固定资产毁损，应当将处置收入扣除账面价值和相关税费（不包括确认的增值税销项税额）后的余额计入当期损益。固定资产的账面价值是固定资产成本扣减累计折旧和累计固定资产减值准备后的金额。固定资产清理完成后产生的清理净损益，依据固定资产处置方式的不同，分别适用不同的处理方法。

（1）因已丧失使用功能或因自然灾害发生毁损等原因而报废清理产生的利得或损失应计入营业外收支。企业应按照属于生产经营期间正常报废清理产生的处理净损失，借记"营业外支出——处置非流动资产损失"科目，贷记"固定资产清理"科目；属于生产经营期间由于自然灾害等非正常原因造成的，借记"营业外支出——非常损失"科目，贷记"固定资产清理"科目；如为净收益，借记"固定资产清理"科目，贷记"营业外收入"科目。

（2）因出售、转让等原因产生的固定资产处置利得或损失应计入资产处置损益。产生处置净损失的，借记"资产处置损益"科目，贷记"固定资产清理"科目；如为净收益，借记"固定资产清理"科目，贷记"资产处置损益"科目。

5.5 披露

《企业会计准则第4号——固定资产》规定，企业应当在附注中披露与固定资产有关的下列信息。

（1）固定资产的确认条件、分类、计量基础和折旧方法。
（2）各类固定资产的使用寿命、预计净残值和折旧率。
（3）各类固定资产的期初和期末原价、累计折旧额及固定资产减值准备累计金额。
（4）当期确认的折旧费用。
（5）对固定资产所有权的限制及其金额和用于担保的固定资产账面价值。
（6）准备处置的固定资产名称、账面价值、公允价值、预计处置费用和预计处置时间等。

第6章
生物资产

《企业会计准则第5号——生物资产》(简称"生物资产准则")的基本框架如图6-1所示。

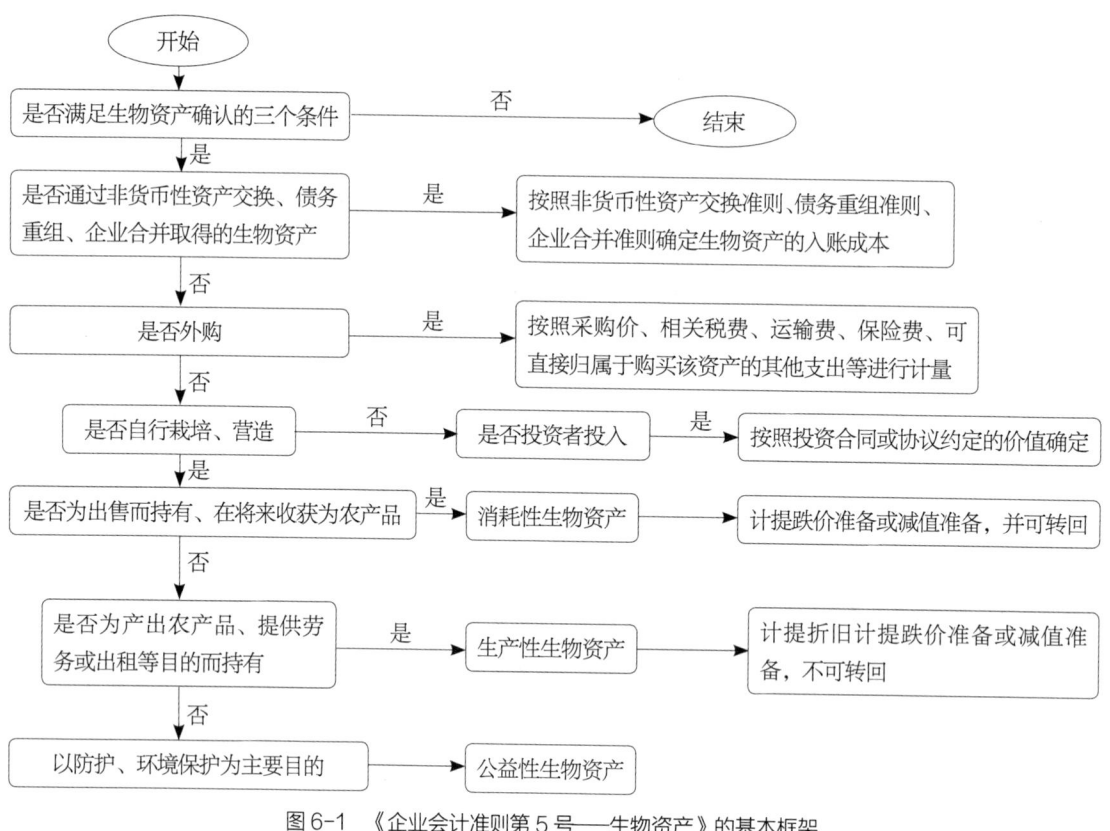

图6-1 《企业会计准则第5号——生物资产》的基本框架

6.1 生物资产概述

6.1.1 生物资产概念

《企业会计准则第5号——生物资产》对生物资产及其分类进行了原则性的解释，具体如下。

(1) 生物资产是指有生命的动物和植物。

(2) 生物资产分为消耗性生物资产、生产性生物资产和公益性生物资产。

① 消耗性生物资产是指为出售而持有的，或在将来收获为农产品的生物资产，包括生长中的大田作物、蔬菜、用材林以及存栏待售的牲畜等。一般而言，消耗性生物资产要经过培育、长成、处置等阶段，如用材林就要经过培植、郁闭成林和采伐处置等阶段。根据《企业会计

准则讲解》的说明，消耗性生物资产通常是一次性消耗且在消耗的同时，其服务能力或未来经济利益也终止了，因此，其在一定程度上具有存货的特征，应当作为存货在资产负债表中列报。

② 生产性生物资产是指为产出农产品、提供劳务或出租等目的而持有的生物资产，包括经济林、薪炭林、产畜和役畜等。根据《企业会计准则讲解》，与消耗性生物资产相比较，生产性生物资产的最大不同在于，生产性生物资产具有能够在生产经营中长期、反复使用，从而不断产出农产品或者长期役用的特征。消耗性生物资产收获农产品之后，该资产就不复存在了；生产性生物资产产出农产品之后，该资产仍然保留，并可以在未来期间继续产出农产品，如薪炭林收获柴薪但仍保留树干等。因此，通常认为生产性生物资产在一定程度上具有固定资产的特征，如果树每年产出水果、奶牛每年产奶等。

③ 公益性生物资产是指以防护、环境保护为主要目的的生物资产，包括防风固沙林、水土保持林和水源涵养林等。从目的上来看，公益性生物资产与消耗性生物资产、生产性生物资产有本质不同。企业使用后两者的目的是直接产生经济利益，而企业使用公益性生物资产主要是出于防护、环境保护等目的，尽管其不能直接给企业带来经济利益，但具有服务潜能，有助于企业从相关资产中获得经济利益，如防风固沙林和水土保持林具有防风固沙、保持水土的效能，风景林具有美化环境、休息游览的效能等，因此其应当确认为生物资产，应当单独核算。

6.1.2 生物资产的特征

根据《企业会计准则讲解》对生物资产的描述，生物资产具有如下特征。

（一）生物资产是有生命的动物或植物

有生命的动物和植物具有能够进行生物转化的能力。生物转化是指导致生物资产质量或数量发生变化的生长、蜕化、生产和繁殖的过程。生长是指动物或植物体积、重量的增加或质量的提高，如农作物从种植开始到收获前的过程；蜕化是指动物或植物产出量的减少或质量的退化，如奶牛产奶能力的不断下降；生产是指动物或植物本身产出农产品，如蛋鸡产蛋、奶牛产奶、果树产水果等；繁殖是指产生新的动物或植物，如奶牛产牛犊、母猪生小猪等。

这种生物转化能力是其他通常意义上的资产（如存货、固定资产、无形资产等）所不具有的。这也正是生物资产的特性。因此，生物资产的形态、价值以及产生经济利益的方式，都会随着自身的出生、成长、衰老、死亡等自然规律和生产经营活动不断变化，尽管其在所处生命周期中的不同阶段而具有类似于不同资产类别（存货或固定资产）的特点，但是其会计处理与存货、固定资产等常规资产有所不同，有必要对生物资产的确认、计量和披露等会计处理进行单独规范，以更准确地反映企业的生物资产信息。

将生物资产定义为"有生命的动物和植物"，意味着一旦原有动植物停止其生命活动就不再是"生物资产"。这一界限对生物资产和农产品进行了本质的区分。农产品与生物资产密不可分，当其附着在生物资产上时，作为生物资产的一部分，不需要单独进行会计处理，而当其从生物资产上收获时开始，其离开生物资产这一母体，一般具有鲜活、易腐的特点，因此，其应当区别于工业企业一般意义上的产成品单独核算。基于此，生物资产准则对收获时点的农产品的会计处理进行了规范，即应当采用规定的方法，将其从消耗性生物资产或生产性生物资产的生产成本中转出，确认为收获时点的农产品的成本；而收获时点之后的农产品的加工、销售等会计处理，应当适用《企业会计准则第 1 号——存货》。

（二）生物资产与农业生产密切相关

生物资产准则所称"农业"是广义的范畴，即"农林牧副渔"，包括种植业、畜牧养殖业、林业和水产业等行业。企业从事农业生产就是要增强生物转化能力，最终获得更多的符合市场需要的农产品。农业生产管理的对象包括如下两部分。

（1）将生物资产转化为农产品的活动。这主要是指通过消耗性生物资产的生产和收获而获得农产品的活动过程，以及利用生产性生物资产产出农产品的活动过程。例如，种植业作物的生长和收获而获得稻谷、小麦等农产品的活动过程；畜牧养殖业试验和收获而获得仔猪、肉猪、鸡蛋、牛奶等畜产品的活动过程；林业中用材林的生产和管理而获得林产品、经济林木的生产和管理获得水果等的活动过程；水产业中的养殖获得水产品的活动过程等，都属于将生物资产转化为农产品的活动。

（2）其他生物资产的生物转化的活动。这主要是指除（1）之外的生物资产的生长和管理。例如，经济林木在达到预定生产经营目的前的生产和管理，奶牛在第一次产奶前的饲养等管理活动。

农业生产与收获时点的农产品相关，但与对收获后的农产品进行加工的活动（以下简称"加工活动"）必须严格加以区分。农业生产活动针对的是有生命的生物资产，而加工活动针对的是收获后的农产品，如将绵羊产出的羊毛加工成毛毯、将收获的甘蔗加工成蔗糖、将奶牛产出的牛奶加工成奶酪、将从果树采摘的水果加工成水果罐头、将用材林采伐下的原木用于盖厂房等。因此，加工活动并不包含在生物资产准则所指的农业生产范畴之内。

6.1.3 关于非生物资产的特殊规定

根据《企业会计准则第 5 号——生物资产》，以下项目不属于生物资产。

（1）收获后的农产品，适用《企业会计准则第 1 号——存货》。

（2）与生物资产相关的政府补助，适用《企业会计准则第 16 号——政府补助》。

6.2 生物资产的确认和初始计量

6.2.1 确认的基本原则

根据《企业会计准则第 5 号——生物资产》，生物资产同时满足下列条件时，才能予以确认。

（1）企业因过去的交易或者事项而拥有或者控制该生物资产。

（2）与该生物资产有关的经济利益或服务潜能很可能流入企业。

（3）该生物资产的成本能够可靠计量。

6.2.2 初始计量原则

（一）初始成本原则

生物资产通常按照成本计量，但有确凿证据表明其公允价值能够持续可靠取得的除外，但是采用公允价值计量的生物资产，应当同时满足以下两个条件。

一是生物资产有活跃的交易市场，该生物资产能够在交易市场中直接交易。活跃的交易市场是指同时具有以下特征的市场：市场内交易的对象具有同质性；可以随时找到自愿交易的买方和卖方；市场价格的信息是公开的。

二是能够从交易市场上取得同类或类似生物资产的市场价格及其他相关信息，从而对生物资产的公允价值做出科学合理的估计。同类或类似的生物资产，是指品种相同、质量等级相同或类似、生长时间相同或类似、所处气候和地理环境相同或类似的有生命的动物和植物。

（二）具体应用

根据《企业会计准则第5号——生物资产》，企业应按以下规则确定生物资产的初始成本。

1. 外购的生物资产

外购的生物资产的成本包括购买价款、相关税费、运输费、保险费以及可直接归属于购买该资产的其他支出。

无论是消耗性生物资产、生产性生物资产，还是公益性生物资产，外购的生物资产的成本包括购买价款、相关税费、运输费、保险费以及可直接归属于购买该资产的其他支出。可直接归属于购买该资产的其他支出包括场地整理费、装卸费、栽植费、专业人员服务费等。

根据《企业会计准则讲解》，企业外购的生物资产，按应计入生物资产成本的金额，借记"消耗性生物资产"、"生产性生物资产"或"公益性生物资产"科目，贷记"银行存款""应付账款""应付票据"等科目。企业一笔款项一次性购入多项生物资产时，购买过程中发生的相关税费、运输费、保险费等可直接归属于购买该资产的其他支出，应当按照各项生物资产的价款比例进行分配，分别确定各项生物资产的成本。

【例6-1】 20×7年2月，甲农业企业从市场上一次性购买了6头种牛、15头种猪和600头猪苗，单价分别为4 000元/头、1 400元/头和250元/头，支付的价款共计195 000元。此外，甲农业企业发生的运输费为4 500元，保险费为3 000元，装卸费为2 250元，款项全部以银行存款支付。

（1）确定应分摊的运输费、保险费和装卸费。

分摊比例 =（4 500+3 000+2 250）÷195 000×100%=5%

因此，6头种牛应分摊 =6×4 000×5%=1 200（元）

15头种猪应分摊 =15×1400×5%=1 050（元）

600头猪苗应分摊 =600×250×5%=7 500（元）

（2）确定种牛、种猪和猪苗的入账价值。

6头种牛的入账价值 =6×4 000+1 200=25 200（元）

15头种猪的入账价值 =15×1400+1 050=22 050（元）

600头猪苗的入账价值 =600×250+7 500=157 500（元）

甲农业企业的账务处理如下。

借：生产性生物资产——种牛　　　　　　　　　　　　　25 200
　　　　　　　　　——种猪　　　　　　　　　　　　　22 050
　　消耗性生物资产——猪苗　　　　　　　　　　　　　157 500
　　贷：银行存款　　　　　　　　　　　　　　　　　　　　　204 750

【例6-2】阿克苏地区奶牛场2009年6月从市场上一次性购买了50头奶牛，20头育肥菜牛。单价分别为5 000元/头和1 000元/头，共支付买价270 000元，其中，奶牛250 000元，菜牛20 000元。此外，该奶牛场还发生运费4 800元，保险费3 100元，运输途中饲料费及其他费用2 900元。以上款项均以银行存款支付。

菜牛与奶牛进入产奶期前的饲养期间从仓库领用饲料50 000元，发生人工费用12 000元，用银行存款支付其他防疫费等其他费用8 000元。

奶牛进入产奶期后发生饲料费30 000元，菜牛发生饲料费8 000元，人工费用14 000元。奶牛预计产奶期为5年，产奶期前共发生的成本310 000元，预计产奶期后转为育肥畜的价值为70 000元。该养殖场采用年限平均法计提奶牛的折旧。饲养期间发生的饲养费按奶牛与菜牛的数量比例分摊。

1. 案例分析

（1）企业可以通过外购、自行繁殖与营造等方式取得生物资产。企业取得的生物资产应当按成本进行初始计量。外购的生物资产的初始成本包括买价、相关税费、运杂费以及可直接归属于购买该生物资产的其他支出。购进生物资产所发生的买价能直接认定的应作为可归属成本直接计入各生物资产的成本；一次性购入多种生物资产时发生的相关税费应当按一定标准分配计入各生物资产的成本，同类生物资产一般可按买价比例分摊。

（2）该养殖场购进的奶牛属于生产性生物资产。生产性生物资产达到预定生产经营目的以前发生的成本应计入生物资产的成本，因此，奶牛进入产奶期以前发生的生产费用，应计入奶牛的成本；生产性生物资产达到预定生产经营目的后，应按期计提折旧。奶牛进入产奶期后发生的饲养费用、折旧费等，应计入当期损益。

（3）菜牛属于消耗性生物资产，消耗性生物资产养殖成本应计入生物资产的成本，因此，菜牛饲养期间发生的饲养费用应计入菜牛的成本。

2. 准则依据

（1）生物资产准则第七条规定：外购生物资产的成本包括购买价款、相关税费、运输费、保险费以及可直接归属于购买该资产的其他支出。

（2）生物资产准则第八条规定：自行繁殖的育肥畜的成本包括出售前发生的饲料费、人工费和应分摊的间接费用等必要支出。

（3）生物资产准则第九条规定：自行营造或繁殖的生产性生物资产的成本，包括达到预定生产经营目的（成龄）前发生的饲料费、人工费和应分摊的间接费用等必要支出。达到预定生产经营目的，是指生产性生物资产进入正常生产期，可以多年连续稳定产出农产品、提供劳务或出租。

（4）生物资产准则第十五条规定：生物资产在郁闭或达到预定生产经营目的后发生的管护、饲养费用等后续支出，应当计入当期损益。

（5）生物资产准则第十七条规定：企业对达到预定生产经营目的的生产性生物资产，应当按期计提折旧，并根据用途分别计入相关资产的成本或当期损益。

（6）生物资产准则第十八条规定：企业应当根据生产性生物资产的性质、使用情况和有关经济利益的预期实现方式，合理确定其使用寿命、预计净残值和折旧方法。可选用的折旧方法包括年限平均法、工作量法、产量法等。生产性生物资产的使用寿命、预计净残值和折旧方法一经确定，不得随意变更。

3. 会计处理

（1）将购进的相关费用按奶牛和菜牛的买价比例分摊。

费用分配率 =（4 800+3 100+2 900）÷270 000×100%=4%

奶牛应负担费用 = 250 000×4%=10 000（元）

菜牛应负担费用 = 20 000×4%=800（元）

借：生产性生物资产——未成熟奶牛	260 000
消耗性生物资产——菜牛	20 800
贷：银行存款	280 800

（2）在奶牛进入产奶期前与菜牛的饲养期间发生饲养费时，奶牛场应进行如下会计处理。

费用分配率 =（50 000+12 000+8 000）÷（50+20）=1 000

奶牛应负担费用 = 50×1 000= 50 000（元）

菜牛应负担费用 = 20×1 000= 20 000（元）

借：生产性生物资产——未成熟奶牛	50 000
消耗性生物资产——菜牛	20 000
贷：银行存款	8 000
应付职工薪酬	12 000
原材料	50 000

（3）奶牛进入产奶期后转为成熟奶牛时。

奶牛总成本 =260 000+50 000 = 310 000（元）

借：生产性生物资产——已成熟奶牛	310 000
贷：生产性生物资产——未成熟奶牛	310 000

（4）在奶牛进入产奶期后与菜牛的饲养期间发生饲养费时。

人工费用分配率 = 14 000÷（50+20）= 200

奶牛应负担人工费用 = 50×200 = 10 000（元）

菜牛应负担人工费用 = 20×200 =4 000（元）

奶牛的月折旧额 =（310 000−70 000）÷（5×12）=4 000（元）

奶牛本月共计生产成本 = 30 000+10 000+4 000 = 44 000（元）

借：生产成本——奶产品成本	44 000
消耗性生物资产——菜牛	12 000

贷：原材料	38 000
应付职工薪酬	14 000
累计折旧	4 000

2. 自行栽培、营造、繁殖或养殖的生物资产

（1）自行栽培、营造、繁殖或养殖的消耗性生物资产的成本，应当按照下列规定确定。

① 自行栽培的大田作物和蔬菜的成本，包括在收获前耗用的种子、肥料、农药等材料费、人工费和应分摊的间接费用等必要支出。

自行栽培的大田作物和蔬菜，应按收获前发生的必要支出，借记"消耗性生物资产"科目，贷记"银行存款"等科目。

② 自行营造的林木类消耗性生物资产的成本，包括郁闭（林分中林木树冠彼此互相衔接的状态）前发生的造林费、抚育费、营林设施费、良种试验费、调查设计费和应分摊的间接费用等必要支出。

自行营造的林木类消耗性生物资产，应按郁闭前发生的必要支出，借记"消耗性生物资产"科目，贷记"银行存款"等科目。

③ 自行繁殖的育肥畜的成本，包括出售前发生的饲料费、人工费和应分摊的间接费用等必要支出。

自行繁殖的育肥畜、水产养殖的动植物，应按出售前发生的必要支出，借记"消耗性生物资产"科目，贷记"银行存款"等科目。

农业生产过程中发生的应归属于消耗性生物资产的费用，按应分配的金额，借记"消耗性生物资产"科目，贷记"生产成本"科目。

④ 水产养殖的动物和植物的成本，包括在出售或入库前耗用的苗种、饲料、肥料等材料费、人工费和应分摊的间接费用等必要支出。

【例6-3】 甲企业于2010年3月使用一台拖拉机翻耕土地100万平方千米用于小麦和玉米的种植，其中，60万平方千米种植玉米，40万平方千米种植小麦。该拖拉机原值为60 300元，预计净残值为300元，按照工作量法计提折旧，预计可以翻耕土地6 000万平方千米。甲企业采用企业会计准则核算。

应当计提的拖拉机折旧＝（60 300-300）÷6 000×100=1 000（元）

玉米应当分配的机械作业费=1 000÷（60+40）×60=600（元）

小麦应当分配的机械作业费=1 000÷（60+40）×40=400（元）

甲企业的账务处理如下。

借：消耗性生物资产——玉米	600
——小麦	400
贷：累计折旧	1 000

（2）自行营造或繁殖的生产性生物资产的成本，应当按照下列规定确定。

① 自行营造的林木类生产性生物资产的成本，包括达到预定生产经营目的前发生的造林费、抚育费、营林设施费、良种试验费、调查设计费和应分摊的间接费用等必要支出。

② 自行繁殖的产畜和役畜的成本，包括达到预定生产经营目的（成龄）前发生的饲料费、人工费和应分摊的间接费用等必要支出。达到预定生产经营目的是指生产性生物资产进入正常生产期，可以多年连续稳定产出农产品、提供劳务或出租。

未成熟的生产性生物资产达到预定生产经营目的时，企业应按其账面余额，借记"生产性生物资产——成熟生产性生物资产"科目，贷记"生产性生物资产——未成熟生产性生物资产"科目；未成熟生产性生物资产已计提减值准备的，还应同时结转已计提的减值准备。

自行营造的林木类生产性生物资产的成本，包括达到预定生产经营目的前发生的造林费、抚育费、营林设施费、良种试验费、调查设计费和应分摊的间接费用等必要支出；自行繁殖的产畜和役畜的成本，包括达到预定生产经营目的（成龄）前发生的饲料费、人工费和应分摊的间接费用等必要支出。

达到预定生产经营目的是区分生产性生物资产成熟和未成熟的分界点，也是判断其相关费用停止资本化的时点，还是区分其是否具备生产能力、是否对其计提折旧的分界点。企业应当根据具体情况，结合正常生产期的确定，对生产性生物资产是否达到预定生产经营目的进行判断。例如，一般就海南橡胶园而言，同林段内离地100厘米处、树围50厘米以上的芽接胶树，占林段总株数的50%以上时，该橡胶园就属于进入正常生产期，即达到预定生产经营目的。

生产性生物资产在达到预定生产经营目的之前，其用途一般是已经确定的，如尚未开始挂果的果树、未开始产奶的奶牛等；但是，如果该生产性生物资产的未来用途不确定，则应当作为消耗性生物资产核算和管理，待确定用途后，再按照用途转换进行处理。

【例6-4】甲企业自20×0年开始自行营造100万平方千米橡胶树，当年发生种苗费189 000元，平整土地和定植所需的机械作业费为55 500元，定植当年抚育发生肥料及农药费250 500元、人员工资等450 000元。该橡胶树达到正常生产期为6年，从定植后至20×6年共发生管护费用2 415 000元，以银行存款支付。

甲企业的账务处理如下。

借：生产性生物资产——未成熟生产性生物资产（橡胶树）　　　　945 000
　　贷：原材料——种苗　　　　　　　　　　　　　　　　　　　189 000
　　　　　　——肥料及农药　　　　　　　　　　　　　　　　　250 500
　　　　应付职工薪酬　　　　　　　　　　　　　　　　　　　　450 000
　　　　累计折旧　　　　　　　　　　　　　　　　　　　　　　 55 500
借：生产性生物资产——未成熟生产性生物资产（橡胶树）　　　2 415 000
　　贷：银行存款　　　　　　　　　　　　　　　　　　　　　2 415 000

因此，该100万平方千米橡胶树的成本=189 000+55 500+250 500+450 000+2 415 000=3 360 000（元）

借：生产性生物资产——成熟生产性生物资产（橡胶树）　　　　3 360 000
　　贷：生产性生物资产——未成熟生产性生物资产（橡胶树）　3 360 000

（3）自行营造的公益性生物资产。自行营造的公益性生物资产的成本，应当按照郁闭前发生的造林费、抚育费、森林保护费、营林设施费、良种试验费、调查设计费和应分摊的间接费用等必要支出确定。这时，企业应按照实际发生额，借记"公益性生物资产"科目，贷记"应付职工薪酬""库存现金""银行存款"等相关科目。

3. 天然起源的生物资产

对于天然起源的生物资产，企业通常几乎没有投入，因此，对于其成本，企业难以按照外购、自行营造方式下发生的必要支出，或者是非货币性资产交换、债务重组和企业合并方式下确定的对价来确定。若以公允价值作为天然起源的生物资产的成本，在我国当前生物资产市场还不发达的情况下，天然起源生物资产公允价值的取得存在相当的困难。《〈企业会计准则第 5 号——生物资产〉解释》规定，天然起源的生物资产的公允价值无法可靠地取得时，企业应当按照名义金额确定该生物资产的成本，同时计入当期损益，名义金额为 1 人民币元，借记"消耗性生物资产""生产性生物资产"或"公益性生物资产"科目，贷记"营业外收入"科目。

另外，对于通过非货币性资产交换、债务重组和企业合并取得的生物资产的成本，企业应当分别按照《企业会计准则第 7 号——非货币性资产交换》《企业会计准则第 12 号——债务重组》《企业会计准则第 20 号——企业合并》的规定确定。

6.2.3　生物资产相关的后续支出

（一）生物资产郁闭或达到预定生产经营目的后的管护费用

生物资产在郁闭或达到预定生产经营目的之前，经过培植或饲养，其价值能够继续增加，因此，饲养、管护费用应资本化并计入生物资产成本；而生物资产在郁闭或达到预定生产经营目的后，为了维护或提高其使用效能，需要对其进行管护、饲养等，但此时的生物资产能够产出农产品，带来现实的经济利益，因此，企业应当将这类后续支出费用化，计入当期损益，借记"管理费用"科目，贷记"银行存款"等科目。

管护费用是指为了维持郁闭后的消耗性林木资产或公益性生物资产的正常存在或为了维持已经达到预定生产经营目的的成熟生产性生物资产进行正常生产而发生的有关费用，如为果树剪枝发生的费用、为果树灭虫发生的人工和药物费用、对产奶奶牛发生的饲养管理费用等。

（二）林木类生物资产补植

在林木类生物资产的生长过程中，为了使其更好地生长，往往需要进行择伐、间伐或抚育更新性质采伐（这些采伐并不影响林木的郁闭状态），并且在采伐之后进行相应的补植。企业应当将在这种情况下发生的后续支出资本化，计入林木类生物资产的成本，借记"消耗性生物资产"、"生产性生物资产"或"公益性生物资产"科目，贷记"库存现金""银行存款""其他应付款"等科目。

【例 6-5】 20×0 年 5 月，甲林业有限责任公司（以下简称"甲公司"）对乙林班用材林择伐迹地进行更新造林，应支付临时人员工资 15 000 元，领用材料 20 000 元。

甲公司的账务处理如下。

借：消耗性生物资产——用材林　　　　　　　　　　　　　　35 000

贷：应付职工薪酬		15 000
原材料		20 000

【例6-6】甲林业有限责任公司（以下简称"甲公司"）下属的乙林班统一组织培植管护一片森林，20×0年3月，发生森林管护费用共计40 000元。其中，人员工资20 000元，尚未支付；使用库存肥料16 000元；管护设备折旧4 000元。管护总面积为5 000万平方千米，其中，作为用材林的杨树林共计4 000万平方千米，已郁闭的占75%，其余的尚未郁闭；作为水土保持林的马尾松共计1 000万平方千米，全部已郁闭。假定管护费用按照森林面积比例进行分配。

未郁闭杨树林应分配共同费用的比例 =4 000×（1−75%）÷5 000=0.2
已郁闭杨树林应分配共同费用的比例 =4 000×75%÷5 000=0.6
已郁闭马尾松应分配共同费用的比例 =1 000÷5 000=0.2
未郁闭杨树林应分配的共同费用 =40 000×0.2=8 000（元）
已郁闭杨树林应分配的共同费用 =40 000×0.6=24 000（元）
已郁闭马尾松应分配的共同费用 =40 000×0.2=8 000（元）

甲公司的账务处理如下。

借：消耗性生物资产——用材林（杨树） 8 000
　　管理费用 32 000
　　贷：应付职工薪酬 20 000
　　　　原材料 16 000
　　　　累计折旧 4 000

6.3 后续计量

企业应当按照《企业会计准则第5号——生物资产》的规定对生物资产进行后续计量，特殊情况除外。

6.3.1 折旧

《企业会计准则第5号——生物资产》规定，企业对达到预定生产经营目的的生产性生物资产，应当按期计提折旧，并根据用途分别计入相关资产的成本或当期损益。

具体来说，企业应当根据生产性生物资产的性质、使用情况和有关经济利益的预期实现方式，合理确定其使用寿命、预计净残值和折旧方法。可选用的折旧方法包括年限平均法、工作量法、产量法等。生产性生物资产的使用寿命、预计净残值和折旧方法一经确定，不得随意变更。但是，符合《企业会计准则第5号——生物资产》第二十条规定的除外。

企业确定生产性生物资产的使用寿命，应当考虑下列因素。

（1）该资产的预计产出能力或实物产量。
（2）该资产的预计有形损耗，如产畜和役畜衰老、经济林老化等。
（3）该资产的预计无形损耗，如因新品种的出现而使现有的生产性生物资产的产出能力和产出农产品的质量等方面相对下降、市场需求的变化使生产性生物资产产出的农产品相对过时等。

企业至少应当于每年年度终了对生产性生物资产的使用寿命、预计净残值和折旧方法进行复核。使用寿命或预计净残值的预期数与原先估计数有差异的，或者有关经济利益预期实现方式有重大改变的，应当作为会计估计变更，按照《企业会计准则第28号——会计政策、会计估计变更和差错更正》处理，调整生产性生物资产的使用寿命或预计净残值或者改变折旧方法。

6.3.2 计提减值

《企业会计准则第5号——生物资产》规定，企业至少应当于每年年度终了对消耗性生物资产和生产性生物资产进行检查，有确凿证据表明由于遭受自然灾害、病虫害、动物疫病侵袭或市场需求变化等原因，使消耗性生物资产的可变现净值或生产性生物资产的可收回金额低于其账面价值的，应当按照可变现净值或可收回金额低于账面价值的差额，计提生物资产跌价准备或减值准备，并计入当期损益。上述可变现净值和可收回金额，应当分别按照《企业会计准则第1号——存货》和《企业会计准则第8号——资产减值》的规定确定。

消耗性生物资产减值的影响因素已经消失的，减记金额应当予以恢复，并在原已计提的跌价准备金额内转回，转回的金额计入当期损益。生产性生物资产减值准备一经计提，不得转回。公益性生物资产不计提减值准备。

（一）生物资产减值迹象的判断

《〈企业会计准则第5号——生物资产〉解释》和《〈企业会计准则第5号——生物资产〉应用指南》对消耗性和生产性生物资产的减值迹象进一步说明如下。

（1）生物资产存在下列情形之一的，通常表明该生物资产可变现净值或可收回金额低于其账面价值。

① 因遭受旱灾、水灾、冻灾、台风、冰雹等自然灾害，造成消耗性或生产性生物资产发生实体损坏，影响该资产的进一步生长或生产，从而降低其产生未来经济利益的能力。

② 因遭受病虫害或动物疫病侵袭，造成消耗性或生产性生物资产的市场价格大幅度持续下跌，并且在可预见的将来无回升的希望。

③ 因消费者偏好改变而使企业的消耗性或生产性生物资产收获的农产品的市场需求发生变化，导致市场价格逐渐下跌。

④ 因企业所处经营环境，如动植物检验检疫标准等发生重大变化，从而对企业产生不利影响，导致消耗性生物资产或生产性生物资产的市场价格逐渐下跌。

⑤ 其他足以证明消耗性或生产性生物资产实质上已经发生减值的情形。

（2）生物资产存在下列情形之一的，通常表明该生物资产的可变现净值或可收回金额为零。

① 因遭受自然灾害、病虫害、动物疫病侵袭等，造成死亡或即将死亡，且无转让价值的消耗性或生产性生物资产。

② 动植物检验检疫标准等发生重大改变，禁止转让的消耗性或生产性生物资产，如发生

禽流感等动物疫病而禁止转让禽类动物等。

③ 其他足以证明已无实用价值和转让价值的消耗性或生产性生物资产。

（二）生物资产减值的会计处理

1. 消耗性生物资产减值会计处理

期末，企业应按照消耗性生物资产的可变现净值低于账面价值的差额，借记"资产减值损失——计提的消耗性生物资产跌价准备"科目，贷记"消耗性生物资产跌价准备"科目。如果资产减值的影响因素已经消失，则企业应将减记金额予以恢复，在原已计提的跌价准备金额内转回，做相反分录。消耗性生物资产的可变现净值参照《企业会计准则第1号——存货》确定。在具体确定时，企业应当考虑该资产的持有目的：如果是为出售而持有的消耗性生物资产，应当按照该资产的估计售价减去估计的销售费用和相关税费后的金额，确定其可变现净值；如果是在将来收获为农产品的消耗性生物资产，应当以所收获的农产品的估计售价减去至收获时估计将要发生的成本、销售费用和相关税费后的金额，确定其可变现净值。

【例6-7】某农业上市公司的已郁闭成林的造纸原料林的实际成本为400万元。2007年，由于遭受病虫害侵袭，该公司预计该用材林可变现净值为360万元。假定该用材林以前年度未计提减值准备，2008年病虫害得到根本控制，该用材林预计其可变现净值为380万元。

该公司会计处理如下。

（1）2007年，预计的可变现净值为360万元小于实际成本为400万元，故计提跌价准备40万元。

借：资产减值损失——计提的消耗性生物资产跌价准备　　　400 000
　　贷：消耗性生物资产跌价准备　　　　　　　　　　　　　400 000

（2）2008年影响消耗性生物资产的减值因素已消失，预计该用材林的可变现净值380万元大于其账面价值360万元，故恢复增加的价值20万元。

借：消耗性生物资产跌价准备　　　　　　　　　　　　　　　200 000
　　贷：资产减值损失——计提的消耗性生物资产跌价准备　　200 000

2. 生产性生物资产减值的会计处理

期末，企业应当按照生产性生物资产的可收回金额低于账面价值的差额，借记"资产减值损失——计提的生产性生物资产减值准备"科目，贷记"生产性生物资产减值准备"科目。生产性生物资产减值准备一经计提，不得转回。可收回金额参照《企业会计准则第8号——资产减值》确定，即可收回金额应当根据资产的公允价值减去处置费用后的净额与资产预计未来现金流量的现值两者之间较高者确定。企业在确定资产公允价值减去处置费用后的净额时，公平交易中存在销售协议价格的，应当根据公平交易中销售协议价格减去可直接归属于该资产处置费用的金额确定；不存在销售协议但存在资产活跃市场的，应当按照该资产的市场价格减去处置费用后的金额确定，资产的市场价格通常应当根据资产的买方出价确定；不存在销售协议和资产活跃市场的，应当以可获取的最佳信息为基础，估计资产的公允价值减去处置费用后的净额，该净额可以参考同行业类似资产的最近交易价格或者结果进行估计；另外，企业如果按照上述规定仍然无法可靠估计资产的公允价值减去处置费用后的净额，应当以该资产预计未来现金流量的现值作为其可收回金额。

6.4 收获与处置

6.4.1 基本原则

《企业会计准则第5号——生物资产》对生物资产的收获与处置按照类别做了如下规定。

（1）对于消耗性生物资产，企业应当在收获或出售时，按照其账面价值结转成本。结转成本的方法包括加权平均法、个别计价法、蓄积量比例法、轮伐期年限法等。

（2）生产性生物资产收获的农产品成本，按照产出或采收过程中发生的材料费、人工费和应分摊的间接费用等必要支出计算确定，并采用加权平均法、个别计价法、蓄积量比例法、轮伐期年限法等方法，将其账面价值结转为农产品成本。收获之后的农产品，应当按照《企业会计准则第1号——存货》的规定处理。

（3）生物资产改变用途后的成本，应当按照改变用途时的账面价值确定。

（4）生物资产出售、盘亏或死亡、毁损时，企业应当将处置收入扣除其账面价值和相关税费后的余额计入当期损益。

6.4.2 具体运用

（一）生物资产的收获

收获是指消耗性生物资产生长过程的结束，如收割小麦、采伐用材林等，以及农产品从生产性生物资产上分离，如从苹果树上采摘下苹果、奶牛产出牛奶、绵羊产出羊毛等。

1. 收获农产品成本核算的一般要求

农产品按照所处行业，一般可以分为种植业产品（如小麦、水稻、玉米、棉花、糖料、叶等）、畜牧养殖业产品（如牛奶、羊毛、肉类、禽蛋等）、林产品（如苗木、原木、水果等）和水产品（如鱼、虾、贝类等）。企业应当按照成本核算对象（消耗性生物资产、生产性生物资产、公益性生物资产和农产品）设置明细账，并按成本项目设置专栏，进行明细分类核算。

从收获农产品成本核算的截止时点来看，种植业产品和林产品一般具有季节性强、生产周期长、经济再生产与自然再生产相交织的特点，成本计算期会因不同产品的特点而异。因此，企业在确定收获农产品的成本时，应特别注意成本计算的截止时点，而在收获时点之后，企业对农产品的核算应当适用《企业会计准则第1号——存货》，按照成本与可变现净值孰低计量。例如，粮豆的成本算至入库或能够销售；棉花算至皮棉；纤维作物、香料作物、人参、啤酒花等算至纤维等初级产品；草成本算至干草；不入库的鲜活产品算至销售；入库的鲜活产品算至入库；年底尚未脱粒的作物，其产品成本算至预提脱粒费用等。再如，育苗的成本算至出圃；采割阶段，林木采伐算至原木产品；橡胶算至加工成干胶或浓缩胶乳；茶的成本算至各种毛茶；水果等其他收获活动计算至产品能够销售等。

2. 收获农产品的会计处理

（1）消耗性生物资产收获农产品后的会计处理。

从消耗性生物资产上收获农产品后，消耗性生物资产自身完全转为农产品而不复存在，如肉猪宰杀后的猪肉、收获后的蔬菜、用材林采伐后的木材等。企业应当将收获时点消耗性生物资产的账面价值结转为农产品的成本，借记"农产品"科目，贷记"消耗性生物资产"科目；已计提跌价准备的，还应同时结转跌价准备，借记"消耗性生物资产跌价准备"科目；对于不通过入库直接销售的鲜活产品等，按实际成本，借记"主营业务成本"科目。

【例6-8】 甲种植企业20×7年6月入库小麦20吨，成本为12 000元。甲种植企业的账务处理如下。

借：农产品——小麦　　　　　　　　　　　　　　　　　　　　　　　　12 000
　　贷：消耗性生物资产——小麦　　　　　　　　　　　　　　　　　　　12 000

（2）生物性生物资产收获农产品的会计处理。

生产性生物资产具备自我生长性，能够在生产经营中长期、反复使用，从而不断产出农产品。从生产性生物资产上收获农产品后，生产性生物资产这一母体仍然存在，如奶牛产出牛奶、从果树上采摘下水果等。农业生产过程中发生的各项生产费用，按照经济用途可以分为直接材料、直接人工等直接费用以及间接费用，企业应当按照以下规则区别处理。

① 农产品收获过程中发生的直接材料、直接人工等直接费用，直接计入相关成本核算对象，借记"农业生产成本——农产品"科目，贷记"库存现金""银行存款""原材料""应付职工薪酬""生产性生物资产累计折旧"等科目。

【例6-9】 甲奶牛养殖企业20×7年1月发生奶牛（已进入产奶期）的饲养费用如下：领用饲料5 000千克，计1 200元；应付饲养人员工资3 000元；以现金支付防疫费500元。甲奶牛养殖企业的账务处理如下。

借：农业生产成本——农产品（牛奶）　　　　　　　　　　　　　　　　4 700
　　贷：原材料　　　　　　　　　　　　　　　　　　　　　　　　　　　1 200
　　　　应付职工薪酬　　　　　　　　　　　　　　　　　　　　　　　　3 000
　　　　库存现金　　　　　　　　　　　　　　　　　　　　　　　　　　　500

② 农产品收获过程中发生的间接费用，如材料费、人工费、生产性生物资产的折旧费等应分摊的共同费用，应当在生产成本中归集，借记"农业生产成本——共同费用"科目，贷记"库存现金""银行存款""原材料""应付职工薪酬""生产性生物资产累计折旧"等科目；在会计期末按一定的分配标准，分配计入有关的成本核算对象，借记"农业生产成本——农产品"科目，贷记"农业生产成本——共同费用"科目。

实务中，常用的间接费用分配方法通常以直接费用或直接人工为基础，直接费用比例法以生物资产或农产品相关的直接费用为分配标准，直接人工比例法以直接从事生产的工人工资为分配标准，相关公式如下。

间接费用分配率＝间接费用总额÷分配标准（即直接费用总额或直接人工总额）×100%

某项生物资产或农产品应分配的间接费用额＝该项资产相关的直接费用或直接人工×间接费用分配率

除此之外，直接材料、生产工时等也可作为分配基础，企业可以根据实际情况加以选用。

例如，蔬菜的温床费用分配计算公式如下。

蔬菜应分配的温床（温室）费用=[温床（温室）费用总数÷实际使用的格日（平方米日）总数]×该种蔬菜占用的格日（平方米日）数

其中，温床格日数是指某种蔬菜占用温床格数和在温床生产日数的乘积，温室平方米日数是指某种蔬菜占用位的平方米数和在温室生长日数的乘积。

【例6-10】甲农场利用温床培育丝瓜、西红柿两种秧苗，温床费用为3 200元。其中，丝瓜占用温床40格，生长期为30天；西红柿占用温床10格，生长期为40天。秧苗育成移至温室栽培后，发生温室费用15 200元。其中，丝瓜占用温室1 000平方米，生长期为70天；西红柿占用温室1 500平方米，生长期为80天。两种蔬菜发生的直接生产费用为3 000元，其中，丝瓜1 360元，西红柿1 640元。甲农场应负担的间接费用共计4 500元，采用直接费用比例法分配。丝瓜和西红柿两种蔬菜的产量分别为38 000千克和29 000千克。有关计算如下。

丝瓜应分配的温床费用=3 200÷（40×30+10×40）×40×30=2 400（元）
丝瓜应分配的温室费用=15 200÷（1 000×70+1 500×80）×1 000×70=5 600（元）
丝瓜应分配的间接费用=4 500÷（1 360+1 640）×1 360=2 040（元）
西红柿应分配的温床费用=3 200÷（40×30+10×40）×10×40=800（元）
西红柿应分配的温室费用=15 200÷（1 000×70+1 500×80）×1 500×80=9 600（元）
西红柿应分配的间接费用=4 500÷（1 360+1 640）×1 640=2 460（元）

3. 成本结转方法

在收获时点，企业应当将该时点归属于某农产品生产成本的账面价值结转为农产品的成本，借记"农产品"科目，贷记"农业生产成本——农产品"科目。具体的成本结转方法包括加权平均法、个别计价法、蓄积量比例法、轮伐期年限法等。企业可以根据实际情况选用合适的成本结转方法，但是一经确定，不得随意变更。

（1）移动加权平均法。

【例6-11】甲畜牧养殖企业20×7年5月末养殖40头肉猪，账面余额为24 000元；6月6日花费7 000元新购入一批肉猪养殖，共计10头；6月30日屠宰并出售肉猪20头，支付临时工屠宰费用100元，出售取得现金价款16 000元；6月共发生饲养费用500元（其中，应付专职饲养员工资300元，饲料费200元）。甲畜牧养殖企业采用移动加权平均法结转成本。

甲畜牧养殖企业的账务处理如下。

平均单位成本=（24 000+7 000+500）÷（40+10）=630（元/头）
出售肉猪的成本=630×20=12 600（元）

借：消耗性生物资产——肉猪　　　　　　　　　　　　7 000
　　贷：银行存款　　　　　　　　　　　　　　　　　　7 000
借：消耗性生物资产——肉猪　　　　　　　　　　　　　500
　　贷：应付职工薪酬　　　　　　　　　　　　　　　　　300
　　　　原材料　　　　　　　　　　　　　　　　　　　　200
借：农产品——猪肉　　　　　　　　　　　　　　　　12 700

贷：消耗性生物资产	12 600
库存现金	100
借：库存现金	16 000
贷：主营业务收入	16 000
借：主营业务成本	12 700
贷：农产品——猪肉	12 700

（2）蓄积量比例法、轮伐期年限法、折耗率法。

这3种方法都是林业中通常使用的方法，具有林业的特殊性，以下分别进行详细讲解。

① 蓄积量比例法。

蓄积量比例法以达到经济成熟可供采伐的林木为"完工"标志，将包括已成熟和未成熟的所有林木按照完工程度（林龄、林木培育程度、费用发生程度等）折算为达到经济成熟可供采伐的林木总体蓄积量，然后，按照当期采伐林木的蓄积量占折算的林木总体蓄积量的比例，确定应该结转的林木资产成本。该方法主要适用于择伐方式和林木资产由于择伐更新使其价值处于不断变动的情况。计算公式如下。

某期应结转的林木资产成本 =（当期采伐林木的蓄积量 ÷ 林木总体蓄积量）× 期初林木资产账面总值

② 轮伐期年限法。

轮伐期年限法将林木原始价值按照可持续经营的要求，在其轮伐期的年份内平均摊销，并结转林木资产成本。轮伐期是指将一块林地上的林木均衡分批、轮流采伐一次所需要的时间（通常以年为单位计算）。计算公式如下。

某期应结转的林木资产成本 = 林木资产原值 ÷ 轮伐期

③ 折耗率法。

折耗率法也是林业上常用的方法之一。该方法按照采伐林木所消耗林木蓄积量占到采伐为止预计该地区、该树种可能达到的总蓄积量摊销、结转所采伐林木资产成本。计算公式如下。

采伐的林木应摊销的林木资产价值 = 折耗率 × 所采伐林木的蓄积量

折耗率 = 林木资产总价值 ÷ 到采伐为止预计的总蓄积量

其中的折耗率应按树种、地区分别测算；林木资产总价值是指该地区、该树种的营造林历史成本总和；预计总蓄积量是指到采伐为止预计该地区、该树种可能达到的总蓄积量。

【例6-12】某养殖场2×18年8月月末有存栏的育肥牛50头，账面成本为450 000元；9月新购进30头育肥牛，购进成本为270 000元；9月共发生饲养费120 000元，其中，饲料成本100 000元，人工成本20 000元；9月屠宰并出售育肥牛40头，用现金支付临时工屠宰费4 000元，材料费2 000元，已屠宰育肥牛屠宰前总重量为40 000千克；9月月末存栏育肥牛的总重量为30 000千克。该养殖场按宰、存重量比例分摊育肥牛的成本。已屠宰育肥牛的牛肉及副产品有80%已于当月出售，其他20%进入冷库储备。该养殖场9月肉产品出售总收入为480 000元，已存入银行。

1. 案例分析

（1）消耗性生物资产收获为农产品后，消耗性生物资产自身完全转化为农产品而不复存在。企业应当将收获时点消耗性生物资产的账面价值结转为农产品成本。对入库管理的农产品应当设置"农产品"科目核算其成本,对于不通过入库直接销售的鲜活产品,应按实际成本计入"主营业务成本"。

(2)该养殖场9月发生的饲养成本应追加计入育肥牛的成本;育肥牛屠宰时发生的相关费用应计入肉产品的成本。

2. 准则依据

生物资产会计准则第二十三条规定,对于消耗性生物资产,应当在收获或出售时,按照其账面价值结转成本。结转成本的方法包括加权平均法、个别计价法、蓄积量比例法、轮伐期年限法等。

3. 会计处理

(1)新购入存栏育肥牛时。

借:消耗性生物资产——育肥牛 270 000
　　贷:银行存款 270 000

(2)发生饲养成本时。

借:消耗性生物资产——育肥牛 120 000
　　贷:原材料 100 000
　　　　应付职工薪酬 20 000

(3)计算并分摊宰、存育肥牛成本。

9月育肥牛80头总成本=450 000+270 000+120 000=840 000(元)

育肥牛成本分配率=840 000÷(40 000+30 000)=12

存栏育肥牛应分摊成本=30 000×12=360 000(元)

应转化为肉产品的成本=40 000×12=480 000(元)

(4)计算已宰育肥牛成本。

已宰育肥牛总成本=480 000+4 000+2 000=486 000(元)

其中:期末库存肉产品成本=486 000×20%=97 200(元)

已销售产品成本=486 000×80%=388 800(元)

借:主营业务成本 388 800
　　农产品——肉产品 97 200
　　贷:原材料 2 000
　　　　库存现金 4 000
　　　　消耗性生物资产——育肥牛 480 000

(5)取得肉产品销售收入时。

借:银行存款 480 000
　　贷:主营业务收入 480 000

(6)将库存肉产品对外销售,结转销售成本时。

借:主营业务成本 97 200
　　贷:农产品——肉产品 97 200

（二）生物资产的处置

1. 生物资产出售

生物资产出售时，企业应按实际收到的金额，借记"银行存款"等科目，贷记"主营业务收入"等科目；应按其账面余额，借记"主营业务成本"等科目，贷记"生产性生物资产""消耗性生物资产"等科目；已计提跌价或减值准备或折旧的，还应同时结转跌价或减值准备或累计折旧。

【例6-13】 甲畜牧养殖企业于20×7年3月将育成的40头仔猪出售给乙食品加工厂，价款总额为20 000元，货款尚未收到。出售时，仔猪的账面余额为12 000元，未计提跌价准备。

甲畜牧养殖企业的账务处理如下。

```
借：应收账款——乙食品加工厂                    20 000
    贷：主营业务收入                                    20 000
借：主营业务成本                                12 000
    贷：消耗性生物资产——仔猪                           12 000
```

2. 生物资产盘亏或死亡、毁损

生物资产盘亏或死亡、毁损时，企业应当将处置收入扣除其账面价值和相关税费后的余额先记入"待处理财产损溢"科目；待查明原因后，根据企业的管理权限，经股东大会、董事会、经理（场长）会议或类似机构批准后，在期末结账前处理完毕。生物资产因盘亏或死亡、毁损造成的损失，在减去过失人或者保险公司等的赔款和残余价值之后，计入当期管理费用；属于自然灾害等非常损失的，计入营业外支出。

【例6-14】 甲企业于20×7年8月4日丢失3头种牛。这3头种牛的账面原值为11 600元，已经计提折旧600元。8月29日，经查实，饲养员赵五应赔偿3 000元。甲企业的账务处理如下。

```
借：待处理财产损溢                              11 000
    生产性生物资产累计折旧                          600
    贷：生产性生物资产——种牛                           11 600
借：其他应收款——赵五                            3 000
    管理费用                                    8 000
    贷：待处理财产损溢                                 11 000
```

【例6-15】 2×17年10月，某奶牛场死亡奶牛6头，其账面价值为24 000元，已提折旧8 000元。已查明因疫病造成奶牛死亡。经保险公司核实，70%的损失由保险公司赔偿，其余部分10月20日批准作为企业的损失转账。

1. 案例分析

生物资产盘亏或死亡毁损时，企业应当将处置收入扣除账面价值和相关费用后的余额先记入"待处理财产损溢"科目，待查明原因后，根据损失原因分别转账。该养殖场的奶牛因疫病而造成的损失扣除保险公司的赔偿后应计入营业外支出。

2. 准则依据

生物资产会计准则第二十六条规定：生物资产出售、盘亏或死亡、毁损时，应当将处置收入扣除其账面价值和相关税费后的余额计入当期损益。

3. 会计处理

（1）奶牛死亡时。

借：待处理财产损溢		16 000
生产性生物资产累计折旧——奶牛		8 000
贷：生产性生物资产——成熟生产性生物资产（奶牛）		24 000

（2）保险公司核实后批准转账。

借：其他应收款——保险公司		11 200
营业外支出——奶牛疫病损失		4 800
贷：待处理财产损溢		16 000

3. 生物资产转换

生物资产改变用途后的成本应当按照改变用途时的账面价值确定。也就是说，企业应将转出生物资产的账面价值作为转入资产的实际成本。生物资产转换通常包括如下几类。

（1）产畜或役畜淘汰转为育肥畜或者林木类生产性生物资产转为林木类消耗性生物资产时，企业应按转群或转变用途时的账面价值，借记"消耗性生物资产"科目；按已计提的累计折旧，借记"生产性生物资产累计折旧"科目；按其账面余额，贷记"生产性生物资产"科目。已计提减值准备的，企业还应同时结转已计提的减值准备。

育肥畜转为产畜或役畜或者林木类消耗性生物资产转为林木类生产性生物资产时，企业应按其账面余额，借记"生产性生物资产"科目，贷记"消耗性生物资产"科目。已计提跌价准备的，企业还应同时结转跌价准备。

【例6-16】 20×7年4月，甲企业自行繁殖的50头种猪转为育肥猪。此批种猪的账面原价为500 000元，已经计提的累计折旧为200 000元，已经计提的资产减值准备为30 000元。

甲企业的账务处理如下。

借：消耗性生物资产——育肥猪		270 000
生产性生物资产累计折旧		200 000
生产性生物资产减值准备		30 000
贷：生产性生物资产——成熟生产性生物资产（种猪）		500 000

（2）消耗性生物资产、生产性生物资产转为公益性生物资产时，企业应当按照相关准则规定，考虑其是否发生减值。发生减值时，企业应首先计提减值准备，并以计提减值准备后的账面价值作为公益性生物资产的入账价值。转换后，企业应按生物资产扣除减值准备后的账面价值，借记"公益性生物资产"科目；按已计提的生产性生物资产累计折旧，借记"生产性生物资产累计折旧"科目；按已计提的减值准备，借记"存货跌价准备""生产性生物资产减值准备"科目；按账面余额，贷记"消耗性生物资产"或"生产性生物资产"科目。

【例6-17】 20×7年7月，由于区域生态环境的需要，甲林业有限责任公司的12万平方千米造纸原料林（杨树林）被划为防风固沙林，仍由公司负责管理。该林的账面余额为80 000元，已经计提的跌价准备为5 000元。相关账务处理如下。

借：公益性生物资产——防风固沙林（杨树）	75 000	
消耗性生物资产跌价准备	5 000	
贷：消耗性生物资产——造纸原料林（杨树）		80 000

公益性生物资产转为消耗性生物资产或生产性生物资产时，企业应按其账面余额，借记"消耗性生物资产"或"生产性生物资产"科目，贷记"公益性生物资产"科目。

【例 6-18】 20×7 年 9 月，甲林业有限责任公司（以下简称"甲公司"）根据所属区域的林业发展规划相关政策调整，将以马尾松为主的 800 万平方千米防风固沙林，全部转为以采脂为目的的商林。该马尾松的账面价值为 2 000 000 元，其中，已经具备采脂条件的为 600 万平方千米，账面价值为 1 600 000 元，其余的尚不具备采脂条件。20×7 年 11 月，甲公司根据国家政策，将 100 万平方千米作为防风固沙林的杨树林转为作为造纸原料的商品林。该杨树林的账面余额为 180 000 元。

甲公司的账务处理如下。

（1）20×7 年 9 月。

借：生产性生物资产——成熟生产性生物资产（马尾松）	1 600 000	
生产性生物资产——未成熟生产性生物资产（马尾松）	400 000	
贷：公益性生物资产——防风固沙林（马尾松）		2 000 000

（2）20×7 年 11 月。

借：消耗性生物资产——造纸原料林（杨树）	180 000	
贷：公益性生物资产——防风固沙林（杨树）		180 000

6.5　披露

《企业会计准则第 5 号——生物资产》规定，企业必须披露生物资产的基本信息及其变动信息。

（1）企业应当在附注中披露与生物资产有关的下列信息。

① 生物资产的类别以及各类生物资产的实物数量和账面价值。

② 各类消耗性生物资产的跌价准备累计金额，以及各类生产性生物资产的使用寿命、预计净残值、折旧方法、累计折旧和减值准备累计金额。

③ 天然起源生物资产的类别、取得方式和实物数量。

④ 用于担保的生物资产的账面价值。

⑤ 与生物资产相关的风险情况与管理措施。

（2）企业应当在附注中披露与生物资产增减变动有关的下列信息。

① 因购买而增加的生物资产。

② 因自行培育而增加的生物资产。

③ 因出售而减少的生物资产。

④ 因盘亏或死亡、毁损而减少的生物资产。

⑤ 计提的折旧及计提的跌价准备或减值准备。

⑥ 其他变动。

第7章 无形资产

无形资产的会计处理流程如图 7-1 所示。

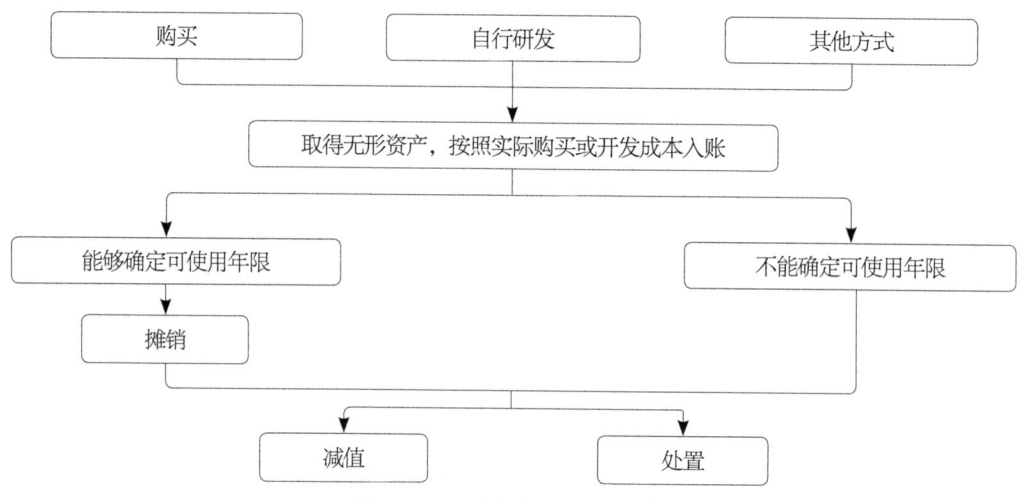

图 7-1 无形资产的会计处理流程

7.1 无形资产概述

7.1.1 无形资产的定义

《企业会计准则第 6 号——无形资产》规定,无形资产是指企业拥有或者控制的没有实物形态的可辨认非货币性资产。

资产满足下列条件之一时,才符合无形资产定义中的可辨认性标准。

(1)能够从企业中分离或者划分出来,并能单独或者与相关合同、资产或负债一起,用于出售、转移、授予许可、租赁或者交换。

(2)源自合同性权利或其他法定权利,无论这些权利是否可以从企业或其他权利和义务中转移或者分离。

企业自创商誉以及内部产生的品牌、报刊名等,不应确认为无形资产。

《〈企业会计准则第 6 号——无形资产〉解释》明确说明,商誉是企业合并成本大于合并取得被购买方各项可辨认资产、负债公允价值份额的差额,其存在无法与企业自身分离,不具有可辨认性,不属于无形资产。

《〈企业会计准则第 6 号——无形资产〉应用指南》对无形资产的范围做出说明,无形资产主要包括专利权、非专利技术、商标权、著作权、土地使用权、特许权等。

7.1.2 无形资产的确认

《企业会计准则第 6 号——无形资产》对无形资产确认做了如下规定。

（1）无形资产同时满足下列条件的，才能予以确认。

① 与该无形资产有关的经济利益很可能流入企业。

② 该无形资产的成本能够可靠计量。

（2）企业在判断无形资产产生的经济利益是否很可能流入时，应当对无形资产在预计使用寿命内可能存在的各种经济因素做出合理估计，并且应当有明确证据支持。

7.1.3 无形资产的特征

1. 由企业拥有或者控制并能为其带来未来经济利益的资源

预计能为企业带来未来经济利益是作为一项资产的本质特征，无形资产也不例外。通常情况下，企业拥有或者控制的无形资产应当拥有其所有权并且能够为企业带来未来经济利益。但在某些情况下并不需要企业拥有其所有权，如果企业有权获得某项无形资产产生的经济利益，同时又能约束其他人获得这些经济利益，则说明企业控制了该无形资产，或者控制了该无形资产产生的经济利益，具体表现为企业拥有该无形资产的法定所有权，或者使用权并受法律的保护。例如，企业自行研制的技术通过申请依法取得专利权后，在一定期限内拥有了该专利技术的法定所有权；又如，企业与其他企业签订合约转让商标权，由于合约的签订，使商标使用权转让方的相关权利受到法律的保护。该大类特征，又可细分为如下小类。

（1）无形资产不具有实物形态。

无形资产通常表现为某种权利、某项技术或是某种获取超额利润的综合能力。它们不具有实物形态，看不见、摸不着，例如，土地使用权、非专利技术等。无形资产为企业带来经济利益的方式与固定资产为企业带来经济利益的方式不同，固定资产是通过实物价值的磨损和转移来为企业带来未来经济利益，而无形资产很大程度上是通过自身所具有的技术等优势为企业带来未来经济利益。不具有实物形态是无形资产区别于其他资产的特征之一。

需要指出的是，某些无形资产的存在有赖于实物载体。例如，计算机软件需要存储在介质中。但这并不改变无形资产本身不具有实物形态的特性。在确定一项包含无形和有形要素的资产是属于固定资产，还是属于无形资产时，需要通过判断来加以确定，通常以哪个要素更重要作为判断的依据。例如，计算机控制的机械工具没有特定计算机软件就不能运行时，则说明该软件是构成关硬件不可缺少的组成部分，该软件应作为固定资产处理；如果计算机软件不是相关硬件不可缺少的组成部分，则该软件应作为无形资产核算。无论是否存在实物载体，只要将一项资产归类为无形资产，则不具有实物形态仍然是无形资产的特征之一。

（2）无形资产具有可辨认性。

要作为无形资产进行核算，该资产必须是能够区别于其他资产可单独辨认的，如企业持有的专利权、非专利技术、商标权、土地使用权、特许权等。从可辨认性角度考虑，商誉是与企业整体价值联系在一起的，无形资产的定义要求无形资产是可辨认的，以便与商誉清楚地区分开来。企业合并中取得的商誉代表了购买方为从不能单独辨认并独立确认的资产中获得预期未来经济利益而付出的代价。这些未来经济利益可能产生于取得的可辨认资产之间的协同作用，也可能产生于购买者在企业合并中准备支付的但不符合在财务报表上确认条件的资产。从计量上来讲，商誉是企业合并成本大于合并中取得的各项可辨认资产、负债公允价值份额的差额，代表的是企业未来现金流量大于每一单项资产产生未来现金流量的合计金额，其存在无法与企业自身区分开来，由于不具有可辨认性，虽然商誉也是没有实物形态的非货币性资产，但不构成无形资产。符合以下条件之一的，则认为其具有可辨认性。

① 能够从企业中分离或者划分出来，并能单独用于出售或转让等，而不需要同时处置在同一获利活动中的其他资产，则说明无形资产可以辨认。某些情况下，无形资产可能需要与有关的合同一起用于出售、转让等。这时，无形资产也具备可辨认性。

② 产生于合同性权利或其他法定权利，无论这些权利是否可以从企业或其他权利和义务中转移或者分离。例如，一方通过与另一方签订特许权合同而获得的特许使用权，通过法律程序申请获得的商标权、专利权等。

如果企业有权获得一项无形资产产生的未来经济利益，并能约束其他方获取这些利益，则表明企业控制了该项无形资产。例如，企业拥有的产生经济利益的技术知识，若其受到版权、贸易协议约束（如果允许）等法定权利或雇员保密法定职责的保护，那么说明该企业控制了相关利益。

客户关系、人力资源等，由于企业无法控制其带来的未来经济利益，不符合无形资产的定义，所以不应将其确认为无形资产。

内部产生的品牌、报刊名、刊头、客户名单和实质上类似项目的支出不能与整个业务开发成本区分开来。因此，这类项目不应确认为无形资产。

2. 无形资产属于非货币性资产

非货币性资产是指企业持有的货币资金和将以固定或可确定的金额收取的资产以外的其他资产。无形资产由于没有发达的交易市场，一般不容易转化成现金，在持有过程中为企业带来未来经济利益的情况不确定，不属于以固定或可确定的金额收取的资产，而属于非货币性资产。货币性资产主要有现金、银行存款、应收账款、应收票据和短期有价证券等，它们的共同特点是直接表现为固定的货币数额，或在将来收到一定货币数额的权利。应收款项等资产也没有实物形态，其与无形资产的区别在于无形资产属于非货币性资产，而应收款项等资产则不属于非货币性资产。

7.2 无形资产的初始计量

7.2.1 无形资产的分类

按照取得方式，无形资产可以分为外购的无形资产、投资者投入的无形资产、非货币性资产交换换入的无形资产和自行研发的无形资产。

无形资产通常是按实际成本计量的，即以取得无形资产并使之达到预定用途而发生的全部支出，作为无形资产的成本。对于不同来源取得的无形资产，其初始成本构成也不尽相同。

7.2.2 无形资产的初始计量

（一）外部购入的无形资产的初始计量

根据《企业会计准则第 6 号——无形资产》的相关规定，外购无形资产的成本，包括购买价款、相关税费以及直接归属于使该项资产达到预定用途所发生的其他支出。购买无形资产的价款超过正常信用条件延期支付，实质上具有融资性质的，无形资产的成本以购买价款的现值为基础确定。实际支付的价款与购买价款的现值之间的差额，除按照《企业会计准则第 17 号——借款费用》应予资本化的以外，应当在信用期间内计入当期损益。

下列各项不包括在无形资产的初始成本中。

（1）为引入新产品进行宣传发生的广告费、管理费用及其他间接费用。

（2）无形资产已经达到预定用途以后发生的费用。例如，在形成预定经济规模之前发生的初始运作损失，以及在无形资产达到预定用途之前发生的其他经营活动的支出，如果该经营活动并非是无形资产达到预定用途必不可少的，则有关经营活动的损益应于发生时计入当期损益，而不构成无形资产的成本。

外购无形资产的初始确认如图 7-2 所示。

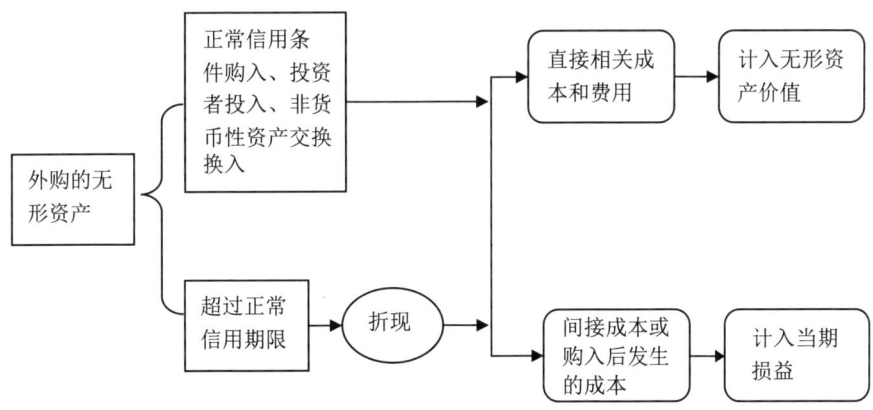

图 7-2 外购无形资产的初始确认

【例 7-1】因甲公司某项生产活动需要乙公司已获得的专利技术，如果使用了该项专利技术，甲公司预计其生产能力比原先提高 20%，销售利润率增长 15%。为此，甲公司从乙公司购入一项专利权，实际支付的价款为 300 万元，并支付相关税费 1 万元和有关专业服务费用 5 万元，款项已通过银行转账支付。

【分析】

（1）甲公司购入的专利权符合无形资产的定义，即甲公司能够拥有或者控制该项专利技术，符合可辨认的条件，同时是不具有实物形态的非货币性资产。

（2）甲公司购入的专利权符合无形资产的确认条件。首先，甲公司的某项生产活动需要乙公司已获得的专利技术，甲公司使用了该项专利技术，预计甲公司的生产能力比原先提高 20%，销售利润率增长 15%，即经济利益很可能流入；其次，甲公司购买该项专利权的成本为

300万元,另外支付相关税费和有关专业服务费用6万元,即成本能够可靠计量。由此,符合无形资产的确认条件。

无形资产初始计量的成本 =300+1+5=306(万元)

甲公司的账务处理如下(单位:元)。

借:无形资产——专利权　　　　　　　　　　　　　　　　　　　　3 060 000
　　贷:银行存款　　　　　　　　　　　　　　　　　　　　　　　　3 060 000

【例 7-2】20×5 年 1 月 8 日,甲公司从乙公司购买一项商标权,由于甲公司资金周转比较紧张,经与乙公司协商采用分期付款方式支付款项。合同规定,该项商标权总计 1 000 万元,每年年末付款 200 万元,5 年付清。假定银行同期贷款年利率为 5%。为了简化核算,假定不考虑其他有关税费(已知 5 年期 5% 利率的年金现值系数为 4.329 5)。

未确认的融资费用如表 7-1 所示。

表 7-1　未确认的融资费用

金额单位:万元

年份	融资余额	利率	本年利息		付款	还本付款 - 利息	未确认融资费用
			上年融资余额 × 利率				上年余额 - 本年利息
本年	865.90						134.10
第 1 年	70 919	0.05	43.30		200	156.71	90.81
第 2 年	544.65	0.05	35.46		200	164.54	55.35
第 3 年	371.88	0.05	27.23		200	172.77	28.12
第 4 年	190.48	0.05	18.59		200	181.41	9.52
第 5 年	0.00	0.05	9.52		200	190.48	0.00
合计			134.10		1 000	865.90	

甲公司的账务处理如下(单位:元)。

(1)取得商标权时。

无形资产现值 =1 000×20%×4.329 5=865.9(万元)

未确认的融资费用 =1 000-865.9=134.1(万元)

借:无形资产——商标权　　　　　　　　　　　　　　　　　　　　8 659 000
　　未确认融资费用　　　　　　　　　　　　　　　　　　　　　　1 341 000
　　贷:长期应付款　　　　　　　　　　　　　　　　　　　　　　10 000 000

(2)20×5 年年底付款时。

借:长期应付款　　　　　　　　　　　　　　　　　　　　　　　　2 000 000
　　贷:银行存款　　　　　　　　　　　　　　　　　　　　　　　　2 000 000
借:财务费用　　　　　　　　　　　　　　　　　　　　　　　　　　433 000
　　贷:未确认融资费　　　　　　　　　　　　　　　　　　　　　　433 000

(3)20×6 年年底付款时。

借:长期应付款　　　　　　　　　　　　　　　　　　　　　　　　2 000 000

贷：银行存款	2 000 000
借：财务费用	354 600
贷：未确认融资费用	354 600

（4）20×7年年底付款时。

借：长期应付款	2 000 000
贷：银行存款	2 000 000
借：财务费用	272 300
贷：未确认融资费用	272 300

（5）20×8年年底付款时。

借：长期应付款	2 000 000
贷：银行存款	2 000 000
借：财务费用	185 900
贷：未确认融资费用	185 900

（6）20×9年年底付款时。

借：长期应付款	2 000 000
贷：银行存款	2 000 000
借：财务费用	95 200
贷：未确认融资费用	95 200

（二）自行开发的无形资产的初始计量

1. 研究阶段与开发阶段的界定

（1）《企业会计准则第6号——无形资产》对自行开发的无形资产研究与开发阶段做出了如下规定。

① 自行开发的无形资产，其成本包括自满足《企业会计准则第6号——无形资产》第四条和第九条规定后至达到预定用途前所发生的支出总额，但是对于以前期间已经费用化的支出不再调整。

② 企业内部研究开发项目的支出，应当区分研究阶段支出与开发阶段支出。

研究是指为获取并理解新的科学或技术知识而进行的独创性的有计划的调查。

开发是指在进行商业性生产或使用前，将研究成果或其他知识应用于某项计划或设计，以生产出新的或具有实质性改进的材料、装置、产品等。

（2）《〈企业会计准则第6号——无形资产〉解释》对研究阶段和开发阶段的区别做了解释。

① 研究阶段。

研究阶段是指为获取新的技术和知识等进行的有计划的调查，其特点在于研究阶段是探索性的，为进一步的开发活动进行资料及相关方面的准备，从已经进行的研究活动看，将来是否会转入开发，开发后是否会形成无形资产等具有较大的不确定性。有关研究活动的举例为：意于获取知识而进行的活动；研究成果或其他知识的应用研究、评价和最终选择；材料、设备、产品、工序、系统或服务替代品的研究；新的或经改进的材料、设备、产品、工序、系统或服务的可能替代品的配制、设计、评价和最终选择等。

② 开发阶段。

开发阶段相对研究阶段而言，应当是完成了研究阶段的工作，在很大程度上形成一项新产品或新技术的基本条件已经具备。有关开发活动的举例为：生产前或使用前的原型和模型的设计、建造和测试；含新技术的工具、夹具、模具和冲模的设计；不具有商业性生产经济规模的试生产设施的设计、建造和运营；新的或经改造的材料、设备、产品、工序、系统或服务所选定的替代品的设计、建造和测试等。

开发阶段的支出符合资本化条件的，才能确认为无形资产；不符合资本化条件的计入当期损益（管理费用）。无法区分研究阶段支出和开发阶段支出时，企业应当将其所发生的研发支出全部费用化，计入当期损益（管理费用）。

（3）《〈企业会计准则第6号——无形资产〉应用指南》对两个阶段的界定做出进一步详细说明。

① 研究阶段。

研究阶段是探索性的，为进一步开发活动进行资料及相关方面的准备，已进行的研究活动将来是否会转入开发、开发后是否会形成无形资产等均具有较大的不确定性。

例如，意在获取知识而进行的活动，研究成果或其他知识的应用研究、评价和最终选择，材料、设备、产品、工序、系统或服务替代品的研究，新的或经改进的材料、设备、产品、工序、系统或服务的可能替代品的配制、设计、评价和最终选择等，均属于研究活动。

② 开发阶段。

相对于研究阶段而言，开发阶段应当是已完成研究阶段的工作，在很大程度上具备了形成一项新产品或新技术的基本条件。

例如，生产前或使用前的原型和模型的设计、建造和测试，不具有商业性生产经济规模的试生产设施的设计、建造和运营等，均属于开发活动。

2. 研究阶段与开发阶段支出的会计处理准则

《企业会计准则第6号——无形资产》规定，企业内部研究开发项目研究阶段的支出，应当于发生时计入当期损益；开发阶段的支出符合条件的予以资本化。

《〈企业会计准则第6号——无形资产〉解释》更加明确地指出了所涉及的会计科目：开发阶段的支出符合资本化条件的，才能确认为无形资产；不符合资本化条件的计入当期损益（管理费用）。无法区分研究阶段支出和开发阶段支出，应当将其所发生的研发支出全部费用化，计入当期损益（管理费用）。

3. 开发成本资本化条件

《企业会计准则第6号——无形资产》规定，企业内部研究开发项目开发阶段的支出，同时满足下列条件的，才能确认为无形资产。

（1）完成该无形资产以使其能够使用或出售在技术上具有可行性。

（2）具有完成该无形资产并使用或出售的意图。

（3）无形资产产生经济利益的方式，包括能够证明运用该无形资产生产的产品存在市场或无形资产自身存在市场，无形资产将在内部使用的，应当证明其有用性。

（4）有足够的技术、财务资源和其他资源支持，以完成该无形资产的开发，并有能力使用或出售该无形资产。

（5）归属于该无形资产开发阶段的支出能够可靠计量。

《〈企业会计准则第6号——无形资产〉解释》对此做了更加明确的解释，指出企业内部开发项目发生的开发支出，在同时满足下列条件时，应当确认为无形资产。

（1）完成该无形资产以使其能够使用或出售在技术上具有可行性。企业在判断无形资产的开发在技术上是否具有可行性时，应当以目前阶段的成果为基础，并提供相关证据和材料，证明企业进行开发所需的技术条件等已经具备，不存在技术上的障碍或其他不确定性。例如，企业已经完成了全部计划、设计和测试活动，这些活动是使资产能够达到设计规划书中的功能、特征和技术所必需的活动，或经过专家鉴定等。

（2）具有完成该无形资产并使用或出售的意图。企业能够说明其持有开发无形资产的目的，例如，具有完成该无形资产并使用或出售的意图。

（3）无形资产产生经济利益的方式。无形资产若能够为企业带来未来经济利益，则企业应当对运用该无形资产生产的产品市场情况进行可靠的预计，以证明所生产的产品存在市场并能够带来经济利益的流入，或能够证明市场上存在对该类无形资产的需求。

（4）有足够的技术、财务资源和其他资源支持，以完成该无形资产的开发，并有能力使用或出售该无形资产。企业能够证明无形资产开发所需的技术、财务和其他资源，以及获得这些资源的相关计划。自有资金不足以提供支持的，是否存在外部其他方面的资金支持，如银行等金融机构愿意为该无形资产的开发提供所需资金的声明等。

（5）归属于该无形资产开发阶段的支出能够可靠计量。企业对于研究开发的支出应当能够单独核算。例如，直接发生的研发人员工资、材料费，以及相关设备折旧费等能够对象化；同时从事多项研究开发活动的，其所发生的支出能够按照合理的标准在各项研究开发活动之间进行分配。研发支出无法明确分配的，应当计入当期损益，不计入开发活动的成本。

《〈企业会计准则第6号——无形资产〉应用指南》做出的说明与《〈企业会计准则第6号——无形资产〉解释》相同。

4. 具体账务处理方法

（1）企业自行开发无形资产发生的研发支出，不满足资本化条件的，借记"研发支出——费用化支出"科目；满足资本化条件的，借记"研发支出——资本化支出"科目，贷记"原材料""银行存款""应付职工薪酬"等科目。

（2）企业以其他方式取得的正在进行中的研究开发项目，应按确定的金额，借记"研发支出——资本化支出"科目，贷记"银行存款"等科目。以后发生的研发支出，应当比照上述第一条原则进行处理。

（3）研究开发项目达到预定用途形成无形资产的，应按"研发支出——资本化支出"科目的余额，借记"无形资产"科目，贷记"研发支出——资本化支出"科目。

【例7-3】20×7年1月1日，甲公司经董事会批准研发某项新产品专利技术。该公司董事会认为，研发该项目具有可靠的技术和财务等资源的支持，并且一旦研发成功将降低该公司生产产品的生产成本。该公司在研究开发过程中发生材料费 5 000 万元、人工工资 1 000 万元，以及其他费用 4 000 万元，总计 10 000 万元，其中，符合资本化条件的支出为 6 000 万元。20×7 年 12 月 31 日，该专利技术已经达到预定用途。

【分析】

首先，甲公司经董事会批准研发某项新产品专利技术，并认为完成该项新型技术无论从技术上，还是财务等方面能够得到可靠的资源支持，并且一旦研发成功将降低公司的生产成本，因此，符合条件的开发费用可以资本化。其次，甲公司在开发该项新型技术时，累计发生 10 000 万元的研究与开发支出，其中，符合资本化条件的开发支出为 6 000 万元，其符合"归属于该无形资产开发阶段的支出能够可靠计量"的条件。

甲公司的账务处理如下（单位：元）。

（1）发生研发支出。

借：研发支出——费用化支出	40 000 000
——资本化支出	60 000 000
贷：原材料	50 000 000
应付职工薪酬	10 000 000
银行存款	40 000 000

（2）20×7 年 12 月 31 日，该专利技术已经达到预定用途。

借：管理费用	40 000 000
无形资产	60 000 000
贷：研发支出——费用化支出	40 000 000
——资本化支出	60 000 000

除了内部开发产生的无形资产外，其他内部产生的无形资产，比照上述原则进行处理。

（三）投资者投入的无形资产的初始计量

根据《企业会计准则第 6 号——无形资产》，企业应当按照投资合同或协议约定的价值确定投资者投入无形资产的成本，但合同或协议约定价值不公允的除外。如果投资合同或协议约定价值不公允的，应按无形资产的公允价值作为无形资产初始成本入账。

《〈企业会计准则第 6 号——无形资产〉解释》和《〈企业会计准则第 6 号——无形资产〉应用指南》未对此做出详细解释。

【例 7-4】因乙公司创立的商标已有较好的声誉，甲公司预计使用乙公司商标后可使其未来利润增长 30%。为此，甲公司与乙公司协议商定，乙公司以其商标权投资于甲公司，双方协议价格（等于公允价值）为 500 万元，甲公司另支付相关税费 2 万元，款项已通过银行转账支付。

该商标权的初始计量，应当以取得时的成本为基础。取得时的成本为投资协议约定的价格 500 万元，加上支付的相关税费 2 万元。

甲公司接受乙公司作为投资的商标权的成本 =500+2=502（万元）

甲公司的账务处理如下（单位：元）。

借：无形资产——商标权	5 020 000	
贷：实收资本（或股本）		5 000 000
银行存款		20 000

（四）其他方式取得的无形资产的初始计量

《企业会计准则第 6 号——无形资产》规定，非货币性资产交换、债务重组、政府补助和企业合并取得的无形资产的成本，应当分别按照《企业会计准则第 7 号——非货币性资产交换》《企业会计准则第 12 号——债务重组》《企业会计准则第 16 号——政府补助》《企业会计准则第 20 号——企业合并》的规定确定。

1. 通过非货币性资产交换取得的无形资产的成本

企业通过非货币性资产交换取得的无形资产，包括以投资、存货、固定资产或无形资产换入的无形资产等。若非货币性资产交换具有商业实质且公允价值能够可靠计量，则在发生补价的情况下，支付补价方应当以换出资产的公允价值加上支付的补价（即换入无形资产的公允价值）和应支付的相关税费，作为换入无形资产的成本；收到补价方，应当以换入无形资产的公允价值（或换出资产的公允价值减去补价）和应支付的相关税费，作为换入无形资产的成本。

2. 通过债务重组取得的无形资产的成本

通过债务重组取得的无形资产是指企业作为债权人取得的债务人用于偿还债务的非现金资产，且企业作为无形资产管理的资产。通过债务重组取得的无形资产成本，应当以其公允价值入账。

3. 通过政府补助取得的无形资产的成本

通过政府补助取得的无形资产成本，应当按照公允价值计量；公允价值不能可靠取得的，按照名义金额计量。

4. 土地使用权的处理

根据《〈企业会计准则第 6 号——无形资产〉解释》和《〈企业会计准则第 6 号——无形资产〉应用指南》，企业取得的土地使用权，通常应当按照取得时所支付的价款及相关税费确认为无形资产。土地使用权用于自行开发建造厂房等地上建筑物时，土地使用权的账面价值不与地上建筑物合并计算其成本，而仍作为无形资产进行核算，土地使用权与地上建筑物分别进行摊销和提取折旧，但下列情况除外。

（1）房地产开发企业取得的土地使用权用于建造对外出售的房屋建筑物，相关的土地使用权应当计入所建造的房屋建筑物成本。

（2）企业外购的房屋建筑物，实际支付的价款中包括土地以及建筑物的价值，则应当对支付的价款按照合理的方法（如公允价值比例）在土地和地上建筑物之间进行分配；如果确实无法在地上建筑物与土地使用权之间进行合理分配的，应当将其全部作为固定资产，按照固定资产确认和计量的规定进行处理。

企业改变土地使用权的用途，将其用于出租或增值目的时，应将其转为投资性房地产。

【例 7-5】 20×7 年 1 月 1 日，A 公司购入一块土地的使用权，以银行存款转账支付

8 000万元,并在该土地上自行建造厂房等工程,发生材料支出12 000万元,工资费用8 000万元,其他相关费用10 000万元等。该工程已经完工并达到预定可使用状态。假定土地使用权的使用年限为50年,该厂房的使用年限为25年,两者都没有净残值,都采用直线法进行摊销和计提折旧。为简化核算,不考虑其他相关税费。

【分析】

A公司购入土地使用权,使用年限为50年,表明它属于使用寿命有限的无形资产。A公司在该土地上自行建造厂房时,应将土地使用权和地上建筑物分别作为无形资产和固定资产进行核算,并分别摊销和计提折旧。

A公司的账务处理如下(单位:元)。

(1)支付转让价款。

借:无形资产——土地使用权　　　　　　　　　　80 000 000
　　贷:银行存款　　　　　　　　　　　　　　　80 000 000

(2)在土地上自行建造厂房。

借:在建工程　　　　　　　　　　　　　　　　300 000 000
　　贷:工程物资　　　　　　　　　　　　　　120 000 000
　　　　应付职工薪酬　　　　　　　　　　　　80 000 000
　　　　银行存款　　　　　　　　　　　　　　100 000 000

(3)厂房达到预定可使用状态。

借:固定资产　　　　　　　　　　　　　　　　300 000 000
　　贷:在建工程　　　　　　　　　　　　　　300 000 000

(4)每年分期摊销土地使用权和对厂房计提折旧。

借:管理费用　　　　　　　　　　　　　　　　　1 600 000
　　制造费用　　　　　　　　　　　　　　　　12 000 000
　　贷:累计摊销　　　　　　　　　　　　　　　1 600 000
　　　　累计折旧　　　　　　　　　　　　　　12 000 000

5. 企业合并取得的无形资产的处理

《〈企业会计准则第6号——无形资产〉解释》规定,企业合并取得的无形资产,其公允价值能够可靠计量的,应当单独确认为无形资产。

企业合并取得的无形资产,通常按照合同或法律规定产生的权利加以确认;某些并非合同或法律规定的权利,但能够与被购买企业的其他资产区分并单独出售或转让的,应当确认为无形资产。

7.3　无形资产的后续计量

无形资产初始确认和计量后,企业在使用该项无形资产期间内,应以成本减去累计摊销额和累计减值损失后的余额计量无形资产的账面价值。要确定无形资产在使用过程中的累计摊销额,前提是估计其使用寿命。使用寿命有限的无形资产才需要在估计使用寿命内采用系统合理的方法进行摊销。使用寿命不确定的无形资产不需要摊销。

7.3.1 无形资产的使用寿命

《企业会计准则第 6 号——无形资产》对无形资产使用寿命有如下规定。

（1）企业应当于取得无形资产时分析判断其使用寿命。若无形资产的使用寿命是有限的，则企业应当估计该使用寿命的年限或者构成使用寿命的产量等类似计量单位数量；无法预见无形资产为企业带来未来经济利益期限的，应当视为使用寿命不确定的无形资产。

（2）企业至少应当于每年年度终了，对使用寿命有限的无形资产的使用寿命及摊销方法进行复核。无形资产的使用寿命及摊销方法与以前估计不同的，应当改变摊销期限和摊销方法。

（3）企业应当在每个会计期间对使用寿命不确定的无形资产的使用寿命进行复核。如果有证据表明无形资产的使用寿命是有限的，应当估计其使用寿命，并按《企业会计准则第 6 号——无形资产》规定处理。对于使用寿命不确定的无形资产，如果有证据表明其使用寿命是有限的，则应视为会计估计变更，应当估计其使用寿命并按照使用寿命有限的无形资产的处理原则进行处理。

《〈企业会计准则第 6 号——无形资产〉解释》和《〈企业会计准则第 6 号——无形资产〉应用指南》对确定无形资产使用寿命的具体方法做出了如下具体说明。

（1）企业持有的无形资产，通常来源于合同性权利或其他法定权利且合同规定或法律规定有明确的使用年限。

① 来源于合同性权利或其他法定权利的无形资产，其使用寿命不应超过合同性权利或其他法定权利的期限；合同性权利或其他法定权利在到期时因续约等延续且有证据表明企业续约不需要付出大额成本的，续约期应当计入使用寿命。

② 合同或法律没有规定使用寿命的，企业应当综合各方面因素判断，以确定无形资产能为企业带来经济利益的期限。例如，与同行业的情况进行比较、参考历史经验，或聘请相关专家进行论证等。

③ 按照上述方法仍无法合理确定无形资产为企业带来经济利益期限的，该项无形资产应作为使用寿命不确定的无形资产。

（2）企业确定无形资产使用寿命通常应当考虑的因素。

① 运用该资产生产的产品通常的寿命周期、可获得的类似资产使用寿命的信息。

② 技术、工艺等方面的现阶段情况及对未来发展趋势的估计。

③ 以该资产生产的产品或提供服务的市场需求情况。

④ 现在或潜在的竞争者预期采取的行动。

⑤ 为维持该资产带来经济利益能力的预期维护支出，以及企业预计支付有关支出的能力。

⑥ 对该资产控制期限的相关法律规定或类似限制，如特许使用期、租赁期等。

⑦ 与企业持有其他资产使用寿命的关联性等。例如，企业以支付土地出让金方式取得一块土地 50 年的使用权，如果企业准备持续持有，在 50 年期间内没有计划出售，则该项土地使用权预期为企业带来未来经济利益的期间为 50 年。

7.3.2 无形资产摊销的会计处理

（一）使用寿命有限的无形资产

《企业会计准则第 6 号——无形资产》规定，使用寿命有限的无形资产，其应摊销金额应当在使用寿命内系统合理摊销。

（1）摊销期和摊销方法。

《企业会计准则第 6 号——无形资产》对摊销期和摊销方法的规定如下：

① 无形资产的摊销期自其可供使用（即其达到预定用途）时起至终止确认时止，即无形资产摊销的起始和停止日期为：当月增加的无形资产，当月开始摊销；当月减少的无形资产，当月不再摊销。

② 企业选择的无形资产摊销方法，应当反映与该项无形资产有关的经济利益的预期实现方式。无法可靠确定预期实现方式的，应当采用直线法摊销。

③ 无形资产的摊销金额一般应当计入当期损益，其他会计准则另有规定的除外。

具体来说，在无形资产的使用寿命内系统地分摊其应摊销金额，存在多种方法。这些方法包括直线法、产量法等。企业选择的无形资产摊销方法，应当能够反映与该项无形资产有关的经济利益的预期消耗方式，并一致地运用于不同会计期间。例如，受技术陈旧因素影响较大的专利权和专有技术等无形资产，可采用类似固定资产加速折旧的方法进行摊销；有特定产量限制的特许经营权或专利权，应采用产量法进行摊销。无法可靠确定其预期实现方式的，应当采用直线法进行摊销。

无形资产的摊销一般应计入当期损益，但如果某项无形资产是专门用于生产某种产品或者其他资产，其所包含的经济利益是通过转入到所生产的产品或其他资产中实现的，则无形资产的摊销费用应当计入相关资产的成本。例如，某项专门用于生产过程中的专利技术，其摊销费用应构成所生产产品成本的一部分，计入制造该产品的制造费用。

持有待售的无形资产不进行摊销，按照账面价值与公允价值减去处置费用后的净额孰低进行计量。

（2）残值的确定。

除下列情况外，无形资产的残值一般为零。

① 有第三方承诺在无形资产使用寿命结束时购买该项无形资产。

② 可以根据活跃市场得到无形资产预计残值信息，并且该市场在该项无形资产使用寿命结束时可能存在。

无形资产的残值，意味着在其经济寿命结束之前企业预计将会处置该无形资产，并且从该处置中取得利益。估计无形资产的残值应以资产处置时的可收回金额为基础，此时的可收回金额是指在预计出售日，出售一项使用寿命已满且处于类似使用状况下，同类无形资产预计的处置价格（扣除相关税费）。残值确定以后，在持有无形资产的期间，企业至少应于每年年末进行复核，预计其残值与原估计金额不同的，应按照会计估计变更进行处理。如果无形资产的残值重新估计以后高于其账面价值，则无形资产不再摊销，直至残值降至低于账面价值时再恢复摊销。

例如，企业从外单位购入一项实用专利技术的成本为100万元，根据目前企业管理层的持有计划，预计5年后转让给第三方。根据目前活跃市场上得到的信息，该实用专利技术预计残值为10万元。企业采取生产总量法对该项无形资产进行摊销。到第3年期末，市场发生变化，经复核重新估计，该项实用专利技术预计残值为30万元，如果此时企业已摊销72万元，该项实用专利技术的账面价值为28万元，低于重新估计的该项实用专利技术的残值，则不再对该项实用专利技术进行摊销，直至残值降至低于其账面价值时再恢复摊销。

（3）使用寿命有限的无形资产摊销的账务处理。

使用寿命有限的无形资产应当在其使用寿命内，采用合理的摊销方法进行摊销。摊销时，企业应当考虑该项无形资产所服务的对象，并以此为基础将其摊销价值计入相关资产的成本或者当期损益。

【例7-6】20×6年1月1日，A公司从外单位购得一项非专利技术，支付价款5 000万元，款项已支付，估计该项非专利技术的使用寿命为10年，该项非专利技术用于生产产品；同时，购入一项商标权，支付价款3 000万元，款项已支付，估计该商标权的使用寿命为15年。假定这两项无形资产的净残值均为零，并按直线法摊销。

【分析】

本例中，A公司外购的非专利技术的估计使用寿命为10年，表明该项无形资产是使用寿命有限的无形资产，且该项无形资产用于产品生产，因此，应当将其摊销金额计入相关产品的制造成本。A公司外购的商标权的估计使用寿命为15年，表明该项无形资产同样也是使用寿命有限的无形资产，而商标权的摊销金额通常直接计入当期管理费用。

A公司的账务处理如下（单位：元）。

（1）取得无形资产时。

借：无形资产——非专利技术	50 000 000
——商标权	30 000 000
贷：银行存款	80 000 000

（2）按年摊销时。

借：制造费用——非专利技术	5 000 000
管理费用——商标权	2 000 000
贷：累计摊销	7 000 000

如果A公司于20×7年12月31日根据科学技术发展的趋势判断20×6年购入的该项非专利技术在4年后将被淘汰，不能再为A公司带来经济利益，决定对其再使用4年后不再使用。为此，A公司应当在20×7年12月31日据此变更该项非专利技术的估计使用寿命，并按会计估计变更进行处理。

20×7年12月31日该项无形资产累计摊销金额为1 000（500×2）万元，20×8年该项无形资产的摊销金额为1 000 [（5 000-1 000）÷4]万元。A公司20×8年对该项非专利技术按年摊销的账务处理如下（单位：元）。

借：制造费用——非专利技术	10 000 000

贷：累计摊销　　　　　　　　　　　　　　　　　　　　　　　10 000 000

（二）使用寿命不确定的无形资产

根据可获得的相关信息判断，如果无法合理估计某项无形资产的使用寿命，则企业应将其作为使用寿命不确定的无形资产进行核算。对于使用寿命不确定的无形资产，企业在持有该无形资产期间内不需要摊销，但应当在每个会计期间进行减值测试。减值测试按照资产减值的原则进行处理，如经减值测试表明已发生减值，则需要计提相应的减值准备，相关的账务处理为：借记"资产减值损失"科目，贷记"无形资产减值准备"科目。

【例7-7】 2×19年1月1日，A公司购入的一项市场领先的畅销产品的商标的成本为6 000万元。该商标按照法律规定还有5年的使用寿命，但是在保护期届满时，A公司可每10年以较低的手续费申请延期。同时，A公司有充分的证据表明其有能力申请延期。此外，有关的调查表明，该商标将在不确定的期间内为A公司带来现金流量。

【分析】

根据上述情况，该商标可视为使用寿命不确定的无形资产，在持有期间内不需要进行摊销。2×20年年底，A公司对该商标按照资产减值的原则进行减值测试，经测试表明该商标已发生减值。2×20年年底，该商标的公允价值为4 000万元。

A公司的账务处理如下（单位：元）。

（1）2×19年购入商标时。

借：无形资产——商标权　　　　　　　　　　　　　　　　　　　60 000 000
　　贷：银行存款　　　　　　　　　　　　　　　　　　　　　　　60 000 000

（2）2×20年发生减值时。

借：资产减值损失　　　　　　　　（60 000 000-40 000 000）20 000 000
　　贷：无形资产减值准备——商标权　　　　　　　　　　　　　　20 000 000

7.4　无形资产的处置

无形资产的处置，主要是指无形资产出售、对外出租、对外捐赠，或者是无法为企业带来未来经济利益时，应予终止确认并转销。

《企业会计准则第6号——无形资产》中，与无形资产的处置相关的规定如下：

（1）企业出售无形资产，应当将取得的价款与该无形资产账面价值的差额计入当期损益。

（2）无形资产预期不能为企业带来经济利益的，应当将该无形资产的账面价值予以转销。

7.4.1　出售

企业出售某项无形资产，表明企业放弃无形资产的所有权，因此，企业在这时应按照持有待售非流动资产、处置组的相关规定进行会计处理。

7.4.2　对外出租

企业将所拥有的无形资产的使用权让渡给他人并收取租金时，该让渡行为所产生的收入属于与企业日常活动相关的其他经营活动取得的收入,在满足收入确认条件的情况下,应确认相关的收入及成本,并通过其他业务收支科目进行核算。企业应按照让渡无形资产使用权而取得的租金收入,借记"银行存款"等科目,贷记"其他业务收入"等科目;企业在摊销出租无形资产的成本并发生与出租有关的各种费用支出时,借记"其他业务成本"科目,贷记"累计摊销"科目。

【例7-8】2×19年1月1日,A企业将一项专利技术出租给B企业使用。该专利技术的账面余额为500万元,摊销期限为10年。出租合同规定,承租方每销售一件用该专利生产的产品,必须付给出租方10元专利技术使用费。假定承租方当年销售该产品10万件,增值税税率为6%,应交的增值税税额为6万元。

A企业的账务处理如下(单位:元)。

(1)取得该项专利技术使用费时。

借:银行存款 1 060 000
　　贷:其他业务收入 1 000 000
　　　　应交税费——应交增值税(销项税额) 60 000

(2)按年对该项专利技术进行摊销。

借:其他业务成本 500 000
　　贷:累计摊销 500 000

7.4.3 对外捐赠

【例7-9】某国有工业企业主要生产电暖气,截至2×19年11月底,仓库库存电暖气10 000台,成本价为380元/台,售价为450元/台;原材料的账面余额为200 000元,提取的存货跌价准备为20 000元。该企业2×19年12月共发生了如下3笔捐赠业务。

(1)12月1日,通过民政部门向灾区捐赠电暖气500台。

(2)12月5日,通过中华社会文化发展基金会向市图书馆捐赠电暖气200台。

(3)12月10日,将自用的一台机床、一项专利权和一部分原材料捐赠给关联企业;机床的账面原值为250 000元,已提取折旧75 000元,计提固定资产减值准备35 000元,发生清理费用10 000元;专利权的账面余额为150 000元,已计提减值准备35 000元;原材料成本为100 000元。

该企业"企业所得税年度纳税申报表"中"纳税调整前所得"一栏的金额为3 400 000元。除上述3笔业务外,无其他纳税调整项目。分录金额单位为"元"。

(1)企业将自产的产成品用于对外捐赠时的会计处理:按捐出资产的账面价值及涉及的相关税费,借记"营业外支出"科目;按已计提的减值准备,借记有关资产减值准备科目;按账面余额,贷记"库存商品"科目;按涉及的相关税费,贷记"应交税费"科目。

① 企业向灾区捐赠自产货物(增值税税率为13%),应视同销售,计提的增值税销项税额为29 250元。会计处理如下。

借:营业外支出 222 175

贷：库存商品	190 000
应交税费——应交增值税（销项税额）	29 250
应交税费——应交城市维护建设税	2 047.5
应交税费——应交教育费附加	877.5

② 企业向市图书馆捐赠自产货物，应视同销售，计提的增值税销项税额为 11 700 元。会计处理如下。

借：营业外支出	88 870
贷：库存商品	76 000
应交税费——应交增值税（销项税额）	11 700
应交税费——应交城市维护建设税	819
应交税费——应交教育费附加	351

（2）企业将固定资产、无形资产和外购的原材料用于对外捐赠时的会计处理：企业在将外购原材料、固定资产、无形资产等用于捐赠时，应按捐出资产的账面价值及涉及的相关税费，借记"营业外支出"科目；按已计提的减值准备，借记有关资产减值准备科目；按账面余额，贷记"原材料""无形资产"等科目；按涉及的相关税费，贷记"应交税费"科目。

涉及捐出固定资产的，应首先通过"固定资产清理"科目，对捐出固定资产的账面价值、发生的清理费用及应缴纳的相关税费等进行核算，再将"固定资产清理"科目的余额转入"营业外支出"科目。

① 企业对外捐赠外购的原材料，应视同销售。因无同类货物销售价格，应按组成计税价格计提增值税销项税额 14 300 元。会计处理如下。

借：营业外支出	105 730
存货跌价准备	10 000
贷：原材料	100 000
应交税费——应交增值税（销项税额）	14 300
应交税费——应交城市维护建设	1 001
应交税费——应交教育费附加	429

② 企业对外捐赠无形资产，应缴纳增值税销项税额 9 000 元。会计处理如下。

借：营业外支出	124 900
无形资产减值准备	35 000
贷：无形资产	150 000
应交税费——应交增值税	9 000
应交税费——应交城市维护建设税	630
应交税费——应交教育费附加	270

③ 企业将固定资产用于对外捐赠的会计处理如下。

借：固定资产清理	175 000
累计折旧	75 000
贷：固定资产	250 000

借：固定资产减值准备	35 000
贷：固定资产清理	35 000
借：固定资产清理	10 000
贷：银行存款	10 000
借：营业外支出	150 000
贷：固定资产清理	150 000

7.4.4 报废

如果无形资产预期不能为企业带来未来经济利益，例如，该无形资产已被其他新技术所替代或超过法律保护期，不能再为企业带来经济利益，则其不再是无形资产，企业应将其报废并予以转销，其账面价值转作当期损益。转销时，企业应按已计提的累计摊销，借记"累计摊销"科目；按其账面余额，贷记"无形资产"科目；按借贷方差额，借记"营业外支出"科目；已计提减值准备的，还应同时结转减值准备。

【例 7-10】 D 企业拥有某项专利技术，根据市场调查，用其生产的产品已没有市场，决定应予转销。转销时，该项专利技术的账面余额为 600 万元，摊销期限为 10 年，采用直线法进行摊销，已累计摊销 300 万元。假定该项专利权的残值为零，已累计计提的减值准备为 160 万元。假定不考虑其他相关因素，则 D 企业的账务处理如下（单位：元）。

借：累计摊销	3 000 000
无形资产减值准备	1 600 000
营业外支出——处置非流动资产损失	1 400 000
贷：无形资产——专利权	6 000 000

7.5 披露

企业应当按照无形资产的类别在附注中披露与无形资产有关的下列信息。

（1）无形资产的期初和期末账面余额、累计摊销额及减值准备累计金额。

（2）使用寿命有限的无形资产，其使用寿命的估计情况；使用寿命不确定的无形资产，其使用寿命不确定的判断依据。

（3）无形资产的摊销方法。

（4）用于担保的无形资产账面价值、当期摊销额等情况。

（5）计入当期损益和确认为无形资产的研究开发支出金额。

第8章
非货币性资产交换

非货币性资产交换的会计处理流程如图 8-1 所示。

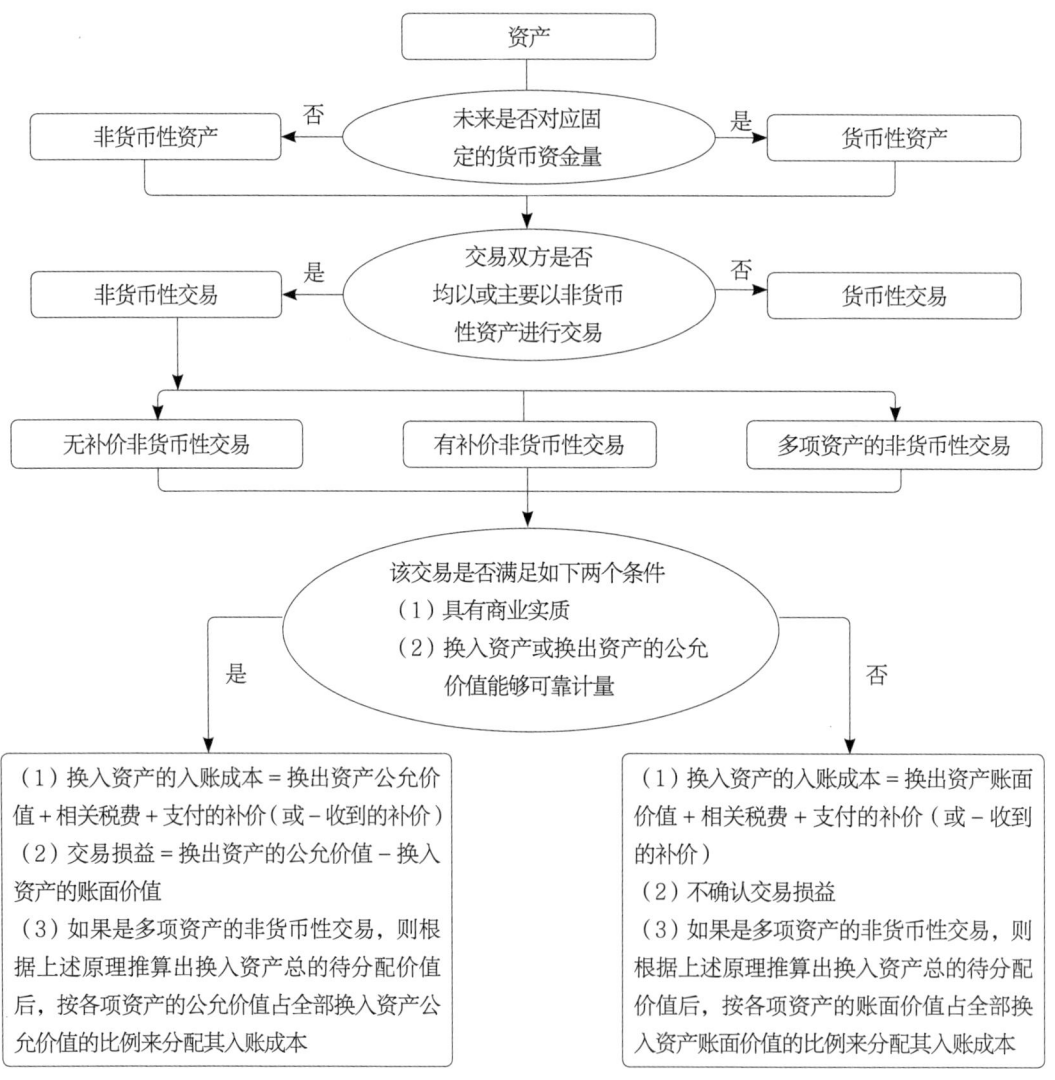

图 8-1 资产交换的会计处理流程

8.1 非货币性资产交换概述

《企业会计准则第 7 号——非货币性资产交换》对非货币性资产交换作了规定。非货币性资产交换，是指交易双方主要以固定资产、无形资产、投资性房地产和长期股权投资等非货币性资产进行的交换。该交换不涉及或只涉及少量的货币性资产（即补价）。

非货币性资产是相对于货币性资产而言的。货币性资产，是指企业持有的货币资金和收取固定或可确定金额的货币资金的权利，包括库存现金、银行存款、应收账款和应收票据等。非货币性资产，是指货币性资产以外的资产，如存货（原材料、包装物、低值易耗品、库存商品等）、固定资产、在建工程、生产性生物资产、无形资产、投资性房地产、长期股权投资等。

《〈企业会计准则第7号——非货币性资产交换〉解释》指出，认定涉及少量货币性资产的交换为非货币性资产交换，通常以补价占整个资产交换金额的比例低于25%作为参考。

但是，下列情形不适用于《企业会计准则第7号——非货币性资产交换》：

（1）企业以存货换取客户的非货币性资产的，适用《企业会计准则第14号——收入》。

（2）非货币性资产交换中涉及企业合并的，适用《企业会计准则第20号——企业合并》《企业会计准则第2号——长期股权投资》和《企业会计准则第33号——合并财务报表》。

（3）非货币性资产交换中涉及由《企业会计准则第22号——金融工具确认和计量》规范的金融资产的，金融资产的确认、终止确认和计量适用《企业会计准则第22号——金融工具确认和计量》和《企业会计准则第23号——金融资产转移》。

（4）非货币性资产交换中涉及由《企业会计准则第21号——租赁》规范的使用权资产或应收融资租赁款等的，相关资产的确认、终止确认和计量适用《企业会计准则第21号——租赁》。

（5）非货币性资产交换构成权益性交易的，应当适用权益性交易的有关会计处理规定。企业应当遵循实质重于形式的原则判断非货币性资产交换是否构成权益性交易。主要包括以下情形：

① 非货币性资产交换的一方直接或间接对另一方持股且以股东身份进行交易；

② 非货币性资产交换的双方均受同一方或相同的多方最终控制，且该非货币性资产交换的交易实质是交换的一方向另一方进行了权益性分配或交换的一方接受了另一方权益性投入。

（6）企业从政府无偿取得非货币性资产（比如，企业从政府无偿取得土地使用权等）的，适用《企业会计准则第16号——政府补助》。

（7）企业将非流动资产或处置组分配给所有者的，适用《企业会计准则第42号——持有待售的非流动资产、处置组和终止经营》。

（8）企业以非货币性资产向职工发放非货币性福利的，适用《企业会计准则第9号——职工薪酬》。

（9）企业以发行股票方式取得非货币性资产的，相当于以权益工具结算买入非货币性资产，适用其他相关会计准则。

（10）企业用于交换的资产目前尚不存在或尚不属于本企业的，适用其他相关会计准则。

8.2 非货币性资产交换的确认和计量

8.2.1 确认和计量原则

在非货币性资产交换的情况下，不论是一项资产换入一项资产、一项资产换入多项资产、多项资产换入一项资产，还是多项资产换入多项资产，《企业会计准则第 7 号——非货币性资产交换》规定了确定换入资产成本的两种计量基础和交换所产生损益的确认原则。

对于非货币性资产交换，企业将换入的资产视为购买取得资产，并按照相关会计准则的规定进行初始确认；将换出的资产视为销售或处置资产，并按照相关会计准则的规定进行终止确认。例如，某企业在非货币性资产交换中的换入资产和换出资产均为固定资产，按照《企业会计准则第 4 号——固定资产》和《企业会计准则第 14 号——收入》的规定，换入的固定资产应当在与该固定资产有关的经济利益很可能流入企业，且成本能够可靠地计量时确认；换出的固定资产应当以交换对方（即换入企业）取得该固定资产控制权时点作为处置时点终止确认。

（一）公允价值

《企业会计准则第 7 号——非货币性资产交换》规定，非货币性资产交换同时满足下列条件的，应当以公允价值和应支付的相关税费作为换入资产的成本，公允价值与换出资产账面价值的差额计入当期损益。

1. 该项交换具有商业实质

在判断资产交换是否具有商业实质时，企业应当重点考虑由于发生了该项资产交换预计使企业未来现金流量发生变动的程度。只有当换入资产的未来现金流量和换出资产的未来现金流量相比发生较大变化，或使用换入资产进行经营和继续使用换出资产进行经营所产生的预计未来现金流量现值之间的差额较大时，才表明该交易的发生使企业经济状况发生了明显改变，交换才因而具有商业实质。企业应当根据本准则的规定，遵循实质重于形式的原则，判断非货币性资产交换是否具有商业实质。

2. 换入资产或换出资产的公允价值能够可靠地计量

换入资产和换出资产公允价值均能够可靠计量的，应当以换出资产的公允价值作为确定换入资产成本的基础，但有确凿证据表明换入资产的公允价值更加可靠的除外。

《〈企业会计准则第 7 号——非货币性资产交换〉解释》中指出，属于以下 3 种情形之一的，视为公允价值能够可靠计量：

（1）换入或换出资产存在活跃市场的，表明该资产的公允价值能够可靠计量。

对于存在活跃市场的交易性证券、存货、长期股权投资、固定资产、无形资产等非货币性资产，应当以资产的市场价格为基础确定其公允价值。

（2）换入或换出资产本身不存在活跃市场、但类似资产存在活跃市场的，表明该资产的公允价值能够可靠计量。

对于类似资产存在活跃市场的存货、长期股权投资、固定资产、无形资产等非货币性资产，应当以调整后的类似资产市场价格为基础确定其公允价值。

（3）对于不存在同类或类似资产可比市场交易的长期股权投资、固定资产、无形资产等非货币性资产，应当参照《企业会计准则第 22 号——金融工具确认和计量》等，采用估值技术确定其公允价值。采用估值技术确定的公允价值估计数的变动区间很小，或者在公允价值估计数变动区间内，各种用于确定公允价值估计数的概率能够合理确定的，视为公允价值能够可靠计量。

【例 8-1】2×19 年 9 月,A 公司以生产经营过程中使用的一台设备交换 B 打印机公司生产的一批打印机,换入的打印机作为固定资产管理。A、B 公司均为增值税一般纳税人,适用的增值税税率为 13%。设备的账面原价为 150 万元,在交换日的累计折旧为 45 万元,公允价值为 90 万元。打印机的账面价值为 110 万元,在交换日的市场价格为 90 万元,计税价格等于市场价格。B 公司换入 A 公司的设备是生产打印机过程中需要使用的设备。

假设 A 公司此前没有为该项设备计提资产减值准备,整个交易过程中,除支付运杂费 15 000 元外,没有发生其他相关税费。假设 B 公司此前也没有为库存打印机计提存货跌价准备,其在整个交易过程中没有发生除增值税以外的其他税费。

【分析】

整个资产交换过程没有涉及收付货币性资产,因此该项交换属于非货币性资产交换。对 A 公司来讲,换入的打印机是经营过程中必需的资产,对 B 公司来讲,换入的设备是生产打印机过程中必须使用的机器,两项资产交换后对换入企业的特定价值显著不同,两项资产的交换具有商业实质;同时,两项资产的公允价值都能够可靠地计量,符合以公允价值计量的两个条件。因此 A 公司和 B 公司均应当以换出资产的公允价值为基础,确定换入资产的成本,并确认产生的损益。

A 公司的账务处理如下。

A 公司换入资产的增值税进项税额 =900 000×13%=117 000(元)

换出设备的增值税销项税额 =900 000×13%=117 000(元)

借:固定资产清理	1 050 000
累计折旧	450 000
贷:固定资产——设备	1 500 000
借:固定资产清理	15 000
贷:银行存款	15 000
借:固定资产——打印机	900 000
应交税费——应交增值税(进项税额)	117 000
资产处置损益	165 000
贷:固定资产清理	1 065 000
应交税费——应交增值税(销项税额)	117 000

B 公司的账务处理如下。

根据增值税的有关规定,企业以库存商品换入其他资产,视同销售行为发生,应计算增值税销项税额,缴纳增值税。

换出打印机的增值税销项税额 =900 000×13%=117 000(元)

换入设备的增值税进项税额 =900 000×13%=117 000(元)

借:固定资产——设备	900 000
应交税费——应交增值税(进项税额)	117 000
贷:主营业务收入	900 000

　　　　应交税费——应交增值税（销项税额）　　　　　　　　　117 000
　　　借：主营业务成本　　　　　　　　　　　　　　　　　1 100 000
　　　　贷：库存商品——打印机　　　　　　　　　　　　　　　　1 100 000

《企业会计准则第7号——非货币性资产交换》规定了非货币性资产交换在公允价值计量模式下涉及补价的会计处理原则：

1. 支付补价方：（1）以换出资产的公允价值为基础计量的，应当以换出资产的公允价值，加上支付补价的公允价值和应支付的相关税费，作为换入资产的成本，换出资产的公允价值与其账面价值之间的差额计入当期损益。（2）有确凿证据表明换入资产的公允价值更加可靠的，即以换入资产的公允价值为基础计量的，应当以换入资产的公允价值和应支付的相关税费作为换入资产的初始计量金额，换入资产的公允价值减去支付补价的公允价值，与换出资产账面价值之间的差额计入当期损益。

2. 收到补价方：（1）以换出资产的公允价值为基础计量的，应当以换出资产的公允价值，减去收到补价的公允价值，加上应支付的相关税费，作为换入资产的成本，换出资产的公允价值与其账面价值之间的差额计入当期损益。（2）有确凿证据表明换入资产的公允价值更加可靠的，即以换入资产的公允价值为基础计量的，应当以换入资产的公允价值和应支付的相关税费作为换入资产的初始计量金额，换入资产的公允价值加上收到补价的公允价值，与换出资产账面价值之间的差额计入当期损益。

【例8-2】甲公司与乙公司经协商，甲公司以其拥有的用于经营出租目的的一幢公寓楼与乙公司持有的交易目的的股票投资交换。甲公司的公寓楼符合投资性房地产定义，但公司未采用公允价值模式计量。在交换日，该幢公寓楼的账面原价为9 000万元，已提折旧1 500万元，未计提减值准备，在交换日的公允价值和计税价格均为8 000万元；乙公司持有的交易目的的股票投资账面价值为6 000万元，乙公司对该股票投资采用公允价值模式计量，在交换日的公允价值为7 500万元，由于甲公司急于处理该幢公寓楼，乙公司仅支付了450万元给甲公司。乙公司换入公寓楼后仍然继续用于经营出租目的，并拟采用公允价值计量模式，甲公司换入股票投资后也仍然用于交易目的。该项交易过程中暂不考虑相关税费。

【分析】

该项资产交换涉及收付货币性资产，即补价450万元。

对甲公司而言，收到的补价450万元÷换出资产的公允价值7 950万元（换入股票投资公允价值7 500万元+收到的补价450万元）=5.66%<25%，属于非货币性资产交换。

对乙公司而言，支付的补价450万元÷换入资产的公允价值8 000万元=5.63%<25%，属于非货币性资产交换。

本例属于以投资性房地产换入以公允价值计量且其变动计入当期损益的金融资产。对甲公司而言，换入交易目的的股票投资使得企业可以在希望变现时取得现金流量，但风险程度要比租金稍大，用于经营出租目的的公寓楼，可以获得稳定均衡的租金流，但是不能满足企业急需大量现金的需要。因此，交易性股票投资带来的未来现金流量在时间、风险方面与用于出租的公寓楼带来的租金流有显著区别，因而可判断两项资产的交换具有商业实质。同时，股票投资和公寓楼的公允价值均能够可靠地计量，因此，甲、乙公司均应当以公允价值为基础确定换入资产的成本,并确认产生的损益。

甲公司的账务处理如下。

借:其他业务成本 75 000 000
　　投资性房地产累计折旧 15 000 000
　贷:投资性房地产 90 000 000
借:交易性金融资产 75 000 000
　　银行存款 4 500 000
　贷:其他业务收入 79 500 000

乙公司的账务处理如下。

借:投资性房地产 80 000 000
　贷:交易性金融资产 60 000 000
　　银行存款 4 500 000
　　投资收益 15 500 000

(二)账面价值

《企业会计准则第7号——非货币性资产交换》规定,当非货币性资产交换不满足本准则规定的以公允价值为基础计量的条件时,即非货币性资产交换不具有商业实质,或者虽然具有商业实质但换入资产和换出资产的公允价值均不能可靠计量的,企业应当以账面价值为基础计量。

《企业会计准则第7号——非货币性资产交换》规定了非货币性资产交换在账面价值计量模式下涉及补价的计量原则:

企业在按照换出资产的账面价值和应支付的相关税费作为换入资产成本的情况下,发生补价的,应当分别下列情况处理:

(1)支付补价的,应当以换出资产的账面价值,加上支付补价的账面价值和应支付的相关税费,作为换入资产的初始计量金额,不确认损益。

(2)收到补价的,应当以换出资产的账面价值,减去收到补价的公允价值并加上应支付的相关税费,作为换入资产的初始计量金额,不确认损益。

【例8-3】丙公司拥有一台专有设备,该设备账面原价450万元,已计提折旧330万元,丁公司拥有一项长期股权投资,账面价值90万元,两项资产均未计提减值准备。丙公司决定以其专有设备交换丁公司的长期股权投资,该专有设备是生产某种产品必需的设备。由于专有设备系当时专门制造、性质特殊,其公允价值不能可靠计量;丁公司拥有的长期股权投资在活跃市场中没有报价,其公允价值也不能可靠计量。经双方商定,丁支付了20万元补价。假定交易不考虑相关税费。

【分析】

该项资产交换涉及收付货币性资产,即补价20万元。对丙公司而言,收到的补价20万元÷换出资产账面价值120万元=16.67%<25%。因此,该项交换属于非货币性资产交换,丁公司的情况也类似。由于两项资产的公允价值不能可靠计量,因此,丙、丁公司换入资产的

成本均应当按照换出资产的账面价值确定。

丙公司的账务处理如下。

借：固定资产清理		1 200 000
累计折旧		3 300 000
贷：固定资产——专有设备		4 500 000
借：长期股权投资		1 000 000
银行存款		200 000
贷：固定资产清理		1 200 000

丁公司的账务处理如下。

借：固定资产——专有设备		1 100 000
贷：长期股权投资		900 000
银行存款		200 000

从本例可以看出，尽管丁公司支付了20万元补价，但由于整个非货币性资产交换是以账面价值为基础计量的，支付补价方和收到补价方均不确认损益。对丙公司而言，换入资产是长期股权投资和银行存款20万元，换出资产专有设备的账面价值为120（450-330）万元，因此，长期股权投资的成本就是换出设备的账面价值减去货币性补价的差额，即100（120-20）万元；对丁公司而言，换出资产是长期股权投资和银行存款20万元，换入资产专有设备的成本等于换出资产的账面价值，即110（90+20）万元。由此可见，在以账面价值计量的情况下，发生的补价是用来调整换入资产的成本，不涉及确认损益问题。

8.2.2　商业实质

《企业会计准则第7号——非货币性资产交换》对商业实质进行了详细说明，满足下列条件之一的非货币性资产交换具有商业实质。

1. 换入资产的未来现金流量在风险、时间和金额方面与换出资产显著不同

《〈企业会计准则第7号——非货币性资产交换〉解释》列举了上述规定所包含的几种情形。

（1）未来现金流量的风险、金额相同，时间不同。换入资产和换出资产产生的未来现金流量总额相同，获得这些现金流量的风险相同，但现金流量流入企业的时间不同。

例如，某企业以一批存货换入一项设备，因存货流动性强，能够在较短的时间内产生现金流量，设备作为固定资产要在较长的时间内为企业带来现金流量，两者产生现金流量的时间相差较大，上述存货与固定资产产生的未来现金流量显著不同。

（2）未来现金流量的时间、金额相同，风险不同。风险不同是指企业获得现金流量的不确定性程度的差异。

例如，某企业以其不准备持有至到期的国库券换入一幢房屋以备出租，该企业预计未来每年收到的国库券利息与房屋租金在金额和流入时间上相同，但是国库券利息通常风险很小，租金的取得需要依赖于承租人的财务及信用情况等，两者现金流量的风险或不确定性程度存在明显差异，上述国库券与房屋的未来现金流量显著不同。

又如，甲企业以其用于经营出租的一幢公寓楼，与乙企业同样用于经营出租的一幢公寓楼进行交换，两幢公寓楼的租期、每期租金总额均相同，但是甲企业的公寓楼是租给一家财务及信用状况良好的知名上市公司作为职工宿舍，乙企业的公寓楼则是租给多个个人租户。相比较而言，甲企业无法取得租金的风险较小，乙企业取得租金依赖于各个个人租户的财务和信用状况，两者现金流量流入的风险或不确定性程度存在明显差异，可以认为两幢公寓楼的未来现金流量显著不同，因而交换具有商业实质。

（3）未来现金流量的风险、时间相同，金额不同。换入资产和换出资产的现金流量总额相同，预计为企业带来现金流量的时间跨度相同，但各年产生的现金流量金额存在明显差异。

例如，某企业以其商标权换入另一企业的一项专利技术，预计两项无形资产的使用寿命相同，在使用寿命内预计为企业带来的现金流量总额相同，但是换入的专利技术是新开发的，预计开始阶段产生的未来现金流量明显少于后期，而该企业拥有的商标权每年产生的现金流量比较均衡，两者产生的现金流量金额差异明显，上述商标权与专利技术的未来现金流量显著不同。

2. 使用换入资产所产生的预计未来现金流量现值与继续使用换出资产不同，且其差额与换入资产和换出资产的公允价值相比是重大的

《〈企业会计准则第7号——非货币性资产交换〉解释》指出，准则所指资产的预计未来现金流量现值，应当按照资产在持续使用过程和最终处置时所产生的预计税后未来现金流量，根据企业自身而不是市场参与者对资产特定风险的评价，选择恰当的折现率对其进行折现后的金额加以确定。

例如，某企业以一项专利权换入另一企业拥有的长期股权投资，该项专利权与该项长期股权投资的公允价值相同，两项资产未来现金流量的风险、时间和金额亦相同，但对换入企业而言，换入该项长期股权投资使该企业对被投资方由重大影响变为控制关系，从而对换入企业的特定价值即预计未来现金流量现值与换出的专利权有较大差异；另一企业换入的专利权能够解决生产中的技术难题，从而对换入企业的特定价值即预计未来现金流量现值与换出的长期股权投资存在明显差异，因而两项资产的交换具有商业实质。

另外，在确定非货币性资产交换是否具有商业实质时，企业应当关注交易各方之间是否存在关联方关系。关联方关系的存在可能导致发生的非货币性资产交换不具有商业实质。

8.2.3 涉及多项非货币性资产交换的处理

对于涉及换入或换出多项资产的非货币性资产交换的计量，企业同样应当首先判断是否符合本准则以公允价值为基础计量的两个条件，再按本准则的规定分别情况确定各项换入资产的初始计量金额，以及各项换出资产终止确认的相关损益。

《企业会计准则第7号——非货币性资产交换》规定了涉及多项非货币性资产交换的处理原则，在确定各项换入资产的成本时，应当分别下列情况处理。

1. 以换出资产的公允价值为基础计量的

（1）对于同时换入的多项资产，由于通常无法将换入资产与换出的某项特定资产相对应，应当按照各项换入资产的公允价值的相对比例（换入资产的公允价值不能够可靠计量的）可以按照各项换入资产的原账面价值的相对比例或其他合理的比例），将换出资产公允价值总额（涉及补价的，加上支付补价的公允价值或减去收到补价的公允价值）分摊至各项换入资产，以分摊额和应支付的相关税费作为各项换入资产的成本进行初始计量。需要说明的是，根据本准则规定，如果同时换入的多项非货币性资产中包含由《企业会计准则第22号——金融工具确认和计量》规范的金融资产，应当按照《企业会计准则第22号——金融工具确认和计量》的规定进行会计处理，在确定换入的其他多项资产的初始计量金额时，应当将金融资产公允价值从换出资产公允价值总额中扣除。

（2）对于同时换出的多项资产，应当将各项换出资产的公允价值与其账面价值之间的差额，在各项换出资产终止确认时计入当期损益。

2. 以换入资产的公允价值为基础计量的

（1）对于同时换入的多项资产，应当以各项换入资产的公允价值和应支付的相关税费作为各项换入资产的初始计量金额。

（2）对于同时换出的多项资产，由于通常无法将换入资产与换出的某项特定资产相对应，应当按照各项换出资产的公允价值的相对比例（换出资产的公允价值不能够可靠计量的，可以按照各项换出资产的账面价值的相对比例），将换入资产的公允价值总额（涉及补价的，减去支付补价的公允价值或加上收到补价的公允价值）分摊至各项换出资产，分摊额与各项换出资产账面价值之间的差额，在各项换出资产终止确认时计入当期损益。需要说明的是，根据本准则规定，如果同时换出的多项非货币性资产中包含由《企业会计准则第22号——金融工具确认和计量》规范的金融资产，该金融资产应当按照《企业会计准则第22号——金融工具确认和计量》和《企业会计准则第23号——金融资产转移》的规定判断换出的该金融资产是否满足终止确认条件并进行终止确认的会计处理，在确定其他各项换出资产终止确认的相关损益时，应当将终止确认的金融资产公允价值从换入资产公允价值总额中扣除。

【例8-4】甲公司和乙公司均为增值税一般纳税人，适用的增值税税率均为13%。2×19年8月，为适应业务发展的需要，经协商，甲公司决定以生产经营过程中使用的厂房、设备以及库存商品换入乙公司生产经营过程中使用的办公楼、小汽车、客运汽车。甲公司厂房的账面原价为1 500万元，在交换日的累计折旧为300万元，公允价值为1 000万元；设备的账面原价为600万元，在交换日的累计折旧为480万元，公允价值为100万元；库存商品的账面余额为300万元，交换日的市场价格为350万元，市场价格等于计税价格。乙公司办公楼的账面原价为2 000万元，在交换日的累计折旧为1 000万元，公允价值为1 100万元；小汽车的账面原价为300万元，在交换日的累计折旧为190万元，公允价值为160万元；客运汽车的账面原价为300万元，在交换日的累计折旧为180万元，公允价值为150万元。乙公司另外向甲公司支付银行存款40万元，暂不考虑增值税的影响。

假定甲公司和乙公司都没有为换出资产计提减值准备；甲公司换入乙公司的办公楼、小汽车、客运汽车均作为固定资产使用和管理；乙公司换入甲公司的厂房、设备作为固定资产使用和管理，换入的库存商品作为原材料使用和管理。

【分析】

本例涉及收付货币性资产，应当计算甲公司收到的货币性资产占甲公司换出资产公允价值总额的比例(等于乙公司支付的货币性资产占乙公司换入资产公允价值与支付的补价之和的比例),即 40÷(1 000+100+350)=2.76%<25%。

可以认定这一涉及多项资产的交换行为属于非货币性资产交换。对于甲公司而言,为了拓展运输业务,需要小汽车、客运汽车等,乙公司为了扩大产品生产,需要厂房、设备和原材料,换入资产对换入企业均能发挥更大的作用。因此,该项涉及多项资产的非货币性资产交换具有商业实质;同时,各单项换入资产和换出资产的公允价值均能可靠计量,因此,甲、乙公司均应当以公允价值为基础确定换入资产的总成本,确认产生的相关损益。同时,按照各单项换入资产的公允价值占换入资产公允价值总额的比例,确定各单项换入资产的成本。

甲公司的账务处理如下。

(1)计算换入资产、换出资产公允价值总额。

换出资产公允价值总额 =1 000+100+350=1 450(万元)

换入资产公允价值总额 =1 100+160+150=1 410(万元)

(2)计算换入资产总成本。

换入资产总成本 = 换出资产公允价值 − 补价 + 应支付的相关税费 =1 450−40+0=1 410(万元)

(3)计算确定换入各项资产的公允价值占换入资产公允价值总额的比例。

办公楼公允价值占换入资产公允价值总额的比例 =1 100÷1 410=78.01%

小汽车公允价值占换入资产公允价值总额的比例 =160÷1 410=11.35%

客运汽车公允价值占换入资产公允价值总额的比例 =150÷1 410=10.64%

(4)计算确定换入各项资产的成本。

办公楼的成本 =1 410×78.01%=1 099.94(万元)

小汽车的成本 =1 410×11.35%=160.04(万元)

客运汽车的成本 =1 410×10.64%=150.02(万元)

(5)会计分录。

借:固定资产清理	13 200 000
累计折旧	7 800 000
贷:固定资产——厂房	15 000 000
——设备	6 000 000
借:固定资产——办公楼	10 999 400
——小汽车	1 600 400
——客运汽车	1 500 200
银行存款	400 000
资产处置损益	2 200 000
贷:固定资产清理	13 200 000
主营业务收入	3 500 000
借:主营业务成本	3 000 000
贷:库存商品	3 000 000

乙公司的账务处理如下。

（1）计算换入资产、换出资产公允价值总额。

换入资产公允价值总额 =1 000+100+350 =1 450（万元）

换出资产公允价值总额 =1 100+160+150 =1 410（万元）

（2）确定换入资产总成本。

换入资产总成本 = 换出资产公允价值 + 支付的补价 - 可抵扣的增值税进项税额
=1 410+40-0 =1 450（万元）

（3）计算确定换入各项资产的公允价值占换入资产公允价值总额的比例。

厂房公允价值占换入资产公允价值总额的比例 =1 000÷1 450=69%

设备公允价值占换入资产公允价值总额的比例 =100÷1 450=6.9%

原材料公允价值占换入资产公允价值总额的比例 =350÷1 450=24.1%

（4）计算确定换入各项资产的成本。

厂房的成本 =1 450×69%=1 000.5（万元）

设备的成本 =1 450×6.9%=100.05（万元）

原材料的成本 =1 450×24.1%=349.45（万元）

（5）会计分录。

借：固定资产清理　　　　　　　　　　　　　　　　　　12 300 000
　　累计折旧　　　　　　　　　　　　　　　　　　　　13 700 000
　　贷：固定资产——办公楼　　　　　　　　　　　　　20 000 000
　　　　　　——小汽车　　　　　　　　　　　　　　　3 000 000
　　　　　　——客运汽车　　　　　　　　　　　　　　3 000 000
借：固定资产——厂房　　　　　　　　　　　　　　　　10 005 000
　　　　　　——设备　　　　　　　　　　　　　　　　1 000 500
　　原材料　　　　　　　　　　　　　　　　　　　　　3 494 500
　　贷：固定资产清理　　　　　　　　　　　　　　　　12 300 000
　　　　银行存款　　　　　　　　　　　　　　　　　　400 000
　　　　资产处置损益　　　　　　　　　　　　　　　　1 800 000

【例8-5】 2×19年5月，甲公司因经营战略发生较大转变，产品结构发生较大调整，原生产其产品的专有设备、生产该产品的专利技术等已不符合生产新产品的需要，经与乙公司协商，将其专用设备连同专利技术与乙公司正在建造过程中的一幢建筑物、对丙公司的长期股权投资进行交换。甲公司换出专有设备的账面原价为1 200万元，已提折旧750万元；专利技术账面原价为450万元，已摊销金额为270万元。乙公司在建工程截止到交换日的成本为525万元，对丙公司的长期股权投资账面余额为150万元。由于甲公司持有的专有设备和专利技术市场上已不多见，因此，公允价值不能可靠计量。乙公司的在建工程因完工程度难以合理确定，其公允价值不能可靠计量。由于丙公司不是上市公司，乙公司对丙公司长期股权投资的公允价值也不能可靠计量。假定甲、乙公司均未对上述资产计提减值准备，暂不考虑相关税费的影响。

【分析】

本例不涉及收付货币性资产，属于非货币性资产交换。由于换入资产、换出资产的公允价值均不能可靠计量，甲、乙公司均应当以换出资产账面价值总额作为换入资产的成本，各项换入资产的成本，应当按各项换入资产的账面价值占换入资产账面价值总额的比例分配后确定。

甲公司的账务处理如下。

（1）计算换入资产、换出资产账面价值总额。

换入资产账面价值总额 =525+150=675（万元）

换出资产账面价值总额 =（1 200-750）+（450-270）=630（万元）

（2）确定换入资产总成本。

换入资产总成本 = 换出资产账面价值总额 =630（万元）

（3）计算各项换入资产账面价值占换入资产账面价值总额的比例。

在建工程占换入资产账面价值总额的比例 =525÷675=77.8%

长期股权投资占换入资产账面价值总额的比例 =150÷675=22.2%

（4）确定各项换入资产成本。

在建工程成本 =630×77.8%=490.14（万元）

长期股权投资成本 =630×22.2%=139.86（万元）

（5）会计分录。

借：固定资产清理	4 500 000	
累计折旧	7 500 000	
贷：固定资产——专有设备		12 000 000
借：在建工程	4 901 400	
长期股权投资	1 398 600	
累计摊销	2 700 000	
贷：固定资产清理		4 500 000
无形资产——专利技术		4 500 000

乙公司的账务处理如下。

（1）计算换入资产、换出资产账面价值总额。

换入资产账面价值总额 =（1 200-750）+（450-270）=630（万元）

换出资产账面价值总额 =525+150=675（万元）

（2）确定换入资产总成本。

换入资产总成本 = 换出资产账面价值总额 =675（万元）

（3）计算各项换入资产账面价值占换入资产账面价值总额的比例。

专有设备占换入资产账面价值总额的比例 =450÷630=71.4%

专有技术占换入资产账面价值总额的比例 =180÷630=28.6%

（4）确定各项换入资产成本。

专有设备成本 =675×71.4%=481.95（万元）

专利技术成本 =675×28.6%=193.05（万元）

（5）会计分录。

借：固定资产——专有设备　　　　　　　　　　　　　　4 819 500
　　无形资产——专利技术　　　　　　　　　　　　　　1 930 500
　　贷：在建工程　　　　　　　　　　　　　　　　　　5 250 000
　　　　长期股权投资　　　　　　　　　　　　　　　　1 500 000

8.3　披露

《企业会计准则第 7 号——非货币性资产交换》规定，企业应当在附注中披露与非货币性资产交换有关的下列信息。

（1）非货币性资产交换是否具有商业实质及其原因。

（2）换入资产、换出资产的类别。

（3）换入资产初始计量金额的确定方式。

（4）换入资产、换出资产的公允价值以及换出资产的账面价值。

（5）非货币性资产交换确认的损益。

在披露非货币性资产交换是否具有商业实质的原因时，如果能够通过定性分析即可得出结论认定换入资产的未来现金流量在风险、时间或金额方面与换出资产显著不同，交换因而具有商业实质，则应当披露定性分析中所考虑的相关因素和相关结论。在这种情况下，不需要进一步披露使用换入资产和继续使用换出资产所产生的预计未来现金流量现值，以及通过计算进行的定量分析。如果难以通过定性分析直接得出结论认定非货币性资产交换具有商业实质，则应当披露使用换入资产进行相关经营的预计未来现金流量现值和继续使用换出资产进行相关经营的预计未来现金流量现值，以及相关的定量分析和结论。

第9章 资产减值

资产减值准备的会计处理流程如图 9-1 所示。

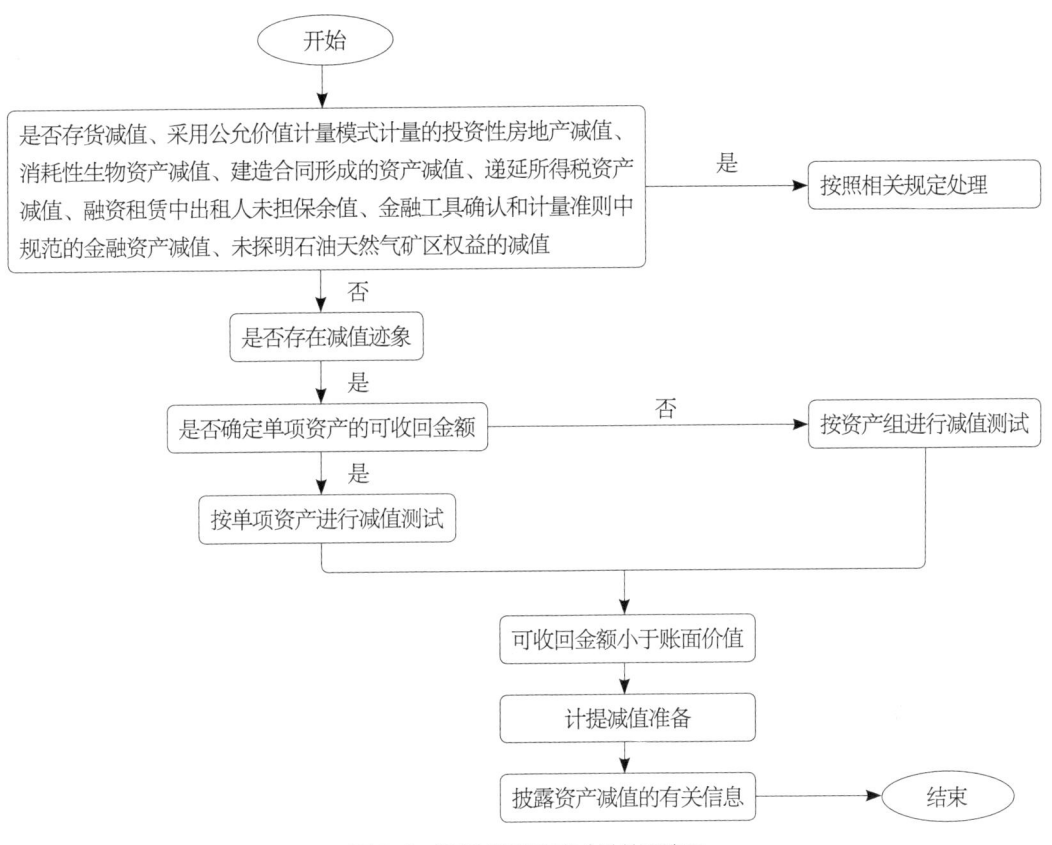

图 9-1 资产减值准备的会计处理流程

9.1 资产减值基础

《企业会计准则第 8 号——资产减值》（简称"资产减值准则"）着重解决资产可收回金额的计量、资产组的认定及其减值处理、商誉减值的处理等问题。

根据《企业会计准则第 8 号——资产减值》规定，资产减值是指资产的可收回金额低于其账面价值，其中的"资产"除了特别规定外，包括单项资产和资产组。资产组是指企业可以认定的最小资产组合，其产生的现金流入应当基本上独立于其他资产或者资产组产生的现金流入。

企业所有的资产在发生减值时，原则上都应当及时加以确认和计量。但是由于有关资产特性不同，其减值会计处理也有所差别，所以所适用的具体会计准则不尽相同。《企业会计准则第 8 号——资产减值》主要规范了企业非流动资产的减值会计问题，具体包括以下资产的减值；对子公司、联营企业和合营企业的长期股权投资；采用成本模式进行后续计量的投资性房地产；固定资产；生产性生物资产；无形资产；商誉；探明石油天然气矿区权益和井及相关设施等。

根据《企业会计准则第 8 号——资产减值》，下列各项适用其他相关会计准则。

（1）存货的减值，适用《企业会计准则第 1 号——存货》。

（2）采用公允价值模式计量的投资性房地产的减值，适用《企业会计准则第 3 号——投资性房地产》。

（3）消耗性生物资产的减值，适用《企业会计准则第 5 号——生物资产》。

（4）建造合同形成的资产的减值，适用《企业会计准则第 15 号——建造合同》。

（5）递延所得税资产的减值，适用《企业会计准则第 18 号——所得税》。

（6）融资租赁中出租人未担保余值的减值，适用《企业会计准则第 21 号——租赁》。

（7）《企业会计准则第 22 号——金融工具确认和计量》规范的金融资产的减值，适用《企业会计准则第 22 号——金融工具确认和计量》。

（8）未探明石油天然气矿区权益的减值，适用《企业会计准则第 27 号——石油天然气开采》。

9.2 可能发生减值资产的认定

9.2.1 资产减值情形的判定

《企业会计准则第 8 号——资产减值》规定，企业应当在资产负债表日判断资产是否存在可能发生减值的迹象。

因企业合并所形成的商誉和使用寿命不确定的无形资产，无论是否存在减值迹象，每年都应当进行减值测试。

下列迹象出现时，表明资产可能发生了减值。

（1）资产的市价当期大幅度下跌，其跌幅明显高于因时间的推移或者正常使用而预计的下跌。

（2）企业经营所处的经济、技术或者法律等环境以及资产所处的市场在当期或者将在近期发生重大变化，从而对企业产生不利影响。

（3）市场利率或者其他市场投资报酬率在当期已经提高，从而影响企业计算资产预计未来现金流量现值的折现率，导致资产可收回金额大幅度降低。

（4）有证据表明资产已经陈旧过时或者其实体已经损坏。

（5）资产已经或者将被闲置、终止使用或者计划提前处置。

（6）企业内部报告的证据表明资产的经济绩效已经低于或者将低于预期，如资产所创造的净现金流量或者实现的营业利润（或者亏损）远远低于（或者高于）预计金额等。

（7）其他表明资产可能已经发生减值的迹象。

9.2.2 可收回金额的确定

根据《企业会计准则第 8 号——资产减值》，资产存在减值迹象的，应当估计其可收回金额。

可收回金额应当根据资产的公允价值减去处置费用后的净额与资产预计未来现金流量的现值两者之间较高者确定。处置费用包括与资产处置有关的法律费用、相关税费、搬运费以及为使资产达到可销售状态所发生的直接费用等。

资产的公允价值减去处置费用后的净额与资产预计未来现金流量的现值，只要有一项超过了资产的账面价值，就表明资产没有发生减值，不需再估计另一项金额。

（1）资产的公允价值减去处置费用后的净额，应当根据公平交易中销售协议价格减去可直接归属于该资产处置费用的金额确定。可根据下列情况确定资产的公允价值。

① 不存在销售协议但存在资产活跃市场的，应当按照该资产的市场价格减去处置费用后的金额确定。资产的市场价格通常应当根据资产的买方出价确定。

② 在不存在销售协议和资产活跃市场的情况下，应当以可获取的最佳信息为基础，估计资产的公允价值减去处置费用后的净额，该净额可以参考同行业类似资产的最近交易价格或者结果进行估计。企业按照上述规定仍然无法可靠估计资产的公允价值减去处置费用后的净额的，应当以该资产预计未来现金流量的现值作为其可收回金额。

（2）资产预计未来现金流量的现值，应当按照资产在持续使用过程中和最终处置时所产生的预计未来现金流量，选择恰当的折现率对其进行折现后的金额加以确定。预计资产未来现金流量的现值，应当综合考虑资产的预计未来现金流量、使用寿命和折现率等因素。

根据《企业会计准则第8号——资产减值》，预计的资产未来现金流量应当包括下列各项。

① 资产持续使用过程中预计产生的现金流入。

② 为实现资产持续使用过程中产生的现金流入所必需的预计现金流出（包括为使资产达到预定可使用状态所发生的现金流出）。该现金流出应当是可直接归属于或者可通过合理和一致的基础分配到资产中的现金流出。

③ 资产使用寿命结束时，处置资产所收到或者支付的净现金流量。该现金流量应当是在公平交易中，熟悉情况的交易双方自愿进行交易时，企业预期可从资产的处置中获取或者支付的、减去预计处置费用后的金额。

具体应用详见9.3的内容。

（3）《〈企业会计准则第8号——资产减值〉解释》对估计资产可收回金额应当遵循的重要性原则进行了讲解。企业应当在资产负债表日判断资产是否存在减值的迹象。有确凿证据表明资产存在减值迹象的，应当进行减值测试，估计资产的可收回金额。在估计资产的可收回金额时，应当遵循重要性原则。根据这一原则，资产存在下列情况的，可以不估计其可收回金额。

① 以前报告期间的计算结果表明，资产可收回金额远高于其账面价值，之后又没有发生消除这一差异的交易或者事项，在资产负债表日可以不重新估计该资产的可收回金额。

② 以前报告期间的计算与分析表明，资产可收回金额相对于资产减值准则列示的减值迹象反应不敏感，在本报告期间又发生了该减值迹象的，例如，当期市场利率或市场投资报酬率上升，该上升对计算资产未来现金流量现值采用的折现率影响不大的，在资产负债表日可以不因上述减值迹象的出现而重新估计该资产的可收回金额。

9.3 资产预计未来现金流量

9.3.1 基本原则及方法

对于预计资产未来现金流量,企业通常应当根据资产未来每期最有可能产生的现金流量进行预测。采用期望现金流量法更为合理的,应当采用期望现金流量法预计资产未来现金流量。

采用期望现金流量法时,资产未来现金流量应当根据每期现金流量期望值进行预计,每期现金流量期望值,按照各种可能情况下的现金流量乘以相应的发生概率加总计算。

【例9-1】企业某固定资产的剩余使用年限为3年。企业预计未来3年里在正常的情况下,该资产每年可为企业产生的净现金流量分别为100万元、50万元和10万元。该现金流量通常为最有可能产生的现金流量,企业应以该现金流量的预计数为基础计算资产的现值。

但在实务中,有时影响资产未来现金流量的因素较多,情况较为复杂,带有很大的不确定性。为此,使用单一的现金流量可能并不会如实反映资产创造现金流量的实际情况,这样,企业应当采用期望现金流量法预计资产未来现金流量。

【例9-2】沿用【例9-1】,假定利用固定资产生产的产品受市场行情波动影响大,企业预计未来3年每年的现金流量情况如表9-1所示。

表9-1 各年现金流量概率分布及发生情况

单位:万元

年份	产品行情好 (30%的可能性)	产品行情一般 (60%的可能性)	产品行情差 (10%的可能性)
第1年	150	100	50
第2年	80	50	20
第3年	20	10	0

在这种情况下,采用期望现金流量法比传统法就更为合理。在期望现金流量法下,资产未来现金流量应当根据每期现金流量期望值进行预计,每期现金流量期望值按照各种可能情况下的现金流量与其发生概率加权计算。按照表9-1提供的情况,企业每年的预计未来现金流量如下。

第1年的预计现金流量(期望现金流量)=150×30%+100×60%+50×10%=110(万元)

第2年的预计现金流量(期望现金流量)=80×30%+50×60%+20×10%=56(万元)

第3年的预计现金流量(期望现金流量)=20×30%+10×60%+0×10%=12(万元)

应当注意的是,如果资产未来现金流量的发生时间是不确定的,那么企业就应当根据资产在每一种可能情况下的现值及其发生概率直接加权计算资产未来现金流量的现值。

9.3.2 预计未来现金流量时应考虑的因素

根据《企业会计准则第8号——资产减值》,预计资产未来现金流量时,企业管理层应当在合理和有依据的基础上对资产剩余使用寿命内整个经济状况进行最佳估计。预计资产的未来现金流量,应当以经企业管理层批准的最近财务预算或者预测数据,以及该预算或者预测期之后年份稳定的或者递减的增长率为基础。企业管理层如能证明递增的增长率是合理的，可以以递增的增长率为基础。建立在预算或者预测基础上的预计现金流量最多涵盖 5 年，企业管理层如能证明更长的期间是合理的，则可以涵盖更长的期间。

（一）增长率的确定

在对预算或者预测期之后年份的现金流量进行预计时，所使用的增长率除了企业能够证明更高的增长率是合理的之外，不应当超过企业经营的产品、市场、所处的行业或者所在国家或者地区的长期平均增长率，或者该资产所处市场的长期平均增长率。

（二）以当前资产状况为基础

预计资产的未来现金流量，应当以资产的当前状况为基础，不应当包括与将来可能会发生的、尚未作出承诺的重组事项或者与资产改良有关的预计未来现金流量。预计资产的未来现金流量也不应当包括筹资活动产生的现金流入或者流出以及与所得税收付有关的现金流量。企业已经承诺重组的，在确定资产的未来现金流量的现值时，预计的未来现金流入数和流出数，应当反映重组所能节约的费用和由重组所带来的其他利益，以及因重组所导致的估计未来现金流出数。重组所能节约的费用和由重组所带来的其他利益，通常应当根据企业管理层批准的最近财务预算或者预测数据进行估计；因重组所导致的估计未来现金流出数应当根据《企业会计准则第 13 号——或有事项》所确认的因重组所发生的预计负债金额进行估计。

（三）折现率的确定

折现率是反映当前市场货币时间价值和资产特定风险的税前利率。该折现率是企业在购置或者投资资产时所要求的必要报酬率。

在预计资产的未来现金流量时，已经对资产特定风险的影响作了调整的，估计折现率不需要考虑这些特定风险。如果用于估计折现率的基础是税后的，应当将其调整为税前的折现率。《〈企业会计准则第 8 号——资产减值〉解释》对估计资产可收回金额折现率的确定方法进行了讲解。

折现率的确定通常应当以该资产的市场利率为依据。该资产的利率无法从市场获得的，可以使用替代利率估计折现率。替代利率可以根据加权平均资金成本、增量借款利率或者其他相关市场借款利率做适当调整后确定。调整时，应当考虑与资产预计现金流量有关的特定风险以及其他有关政治风险、货币风险和价格风险等。

估计资产未来现金流量现值，通常应当使用单一的折现率。资产未来现金流量的现值对未来不同期间的风险差异或者利率的期间结构反应敏感的，应当在未来各不同期间采用不同的折现率。

根据《企业会计准则第 8 号——资产减值》，预计资产的未来现金流量涉及外币的，应当以该资产所产生的未来现金流量的结算货币为基础，按照该货币适用的折现率计算资产的现值；然后将该外币现值按照计算资产未来现金流量现值当日的即期汇率进行折算。

资产未来现金流量的现值，应当根据该资产预计的未来现金流量和折现率在资产剩余使用寿命内予以折现后的金额确定。计算公式如下。

资产预计未来现金流量的现值 $=\Sigma[$ 第 t 年预计资产未来现金流量 $\div(1+$ 折现率$)^t]$

【例9-3】某运输公司20×0年年末对一艘远洋运输船只进行减值测试。该船舶原值为30 000万元,累计折旧14 000万元,20×0年年末其账面价值为16 000万元,预计尚可使用8年。假定该船舶的公允价值减去处置费用后的净额难以确定,同时该公司通过计算其未来现金流量的现值确定可收回金额。

该公司在考虑了与该船舶资产有关的货币时间价值和特定风险因素后,确定10%为该资产的最低必要报酬率,并将其作为计算未来现金流量现值时使用的折现率。

该公司根据有关部门提供的该船舶历史营运记录、船舶性能状况和未来每年运量发展趋势,预计未来每年营运收入和相关人工费用、燃料费用、安全费用、港口码头费用以及日常维护费用等支出,在此基础上估计该船舶在20×1年至20×8年每年预计未来现金流量分别为:2 500万元、2 460万元、2 380万元、2 360万元、2 390万元、2 470万元、2 500万元和2 510万元。

根据上述预计未来现金流量和折现率,该公司计算船舶预计未来现金流量的现值为13 038万元,计算结果如表9-2所示。

表9-2 船舶预计未来现金流量及折现计算表

年份	预计未来现金流量 (万元)	现值系数 (折现率为10%)*	预计未来现金流量的现值 (万元)
20×1	2 500	0.909 1	2 273
20×2	2 460	0.826 4	2 033
20×3	2 380	0.751 3	1 788
20×4	2 360	0.683 0	1 612
20×5	2 390	0.620 9	1 484
20×6	2 470	0.564 5	1 394
20×7	2 500	0.513 2	1 283
20×8	2 510	0.466 5	1 171
合计			13 038

注:*可根据公式计算或者直接查复利现值系数表取得。

由于船舶的账面价值为16 000万元,可收回金额为13 038万元,所以其账面价值高于可收回金额2 962(16 000-13 038)万元。该公司20×0年年末应将账面价值高于可收回金额的差额确认为当期资产减值损失,并计提相应的资产减值准备。

【例9-4】XYZ航运公司(以下简称"XYZ公司")于20×0年年末对一艘远洋运输船只进行减值测试。该船舶账面价值为1.6亿元,预计尚可使用年限为8年。

该船舶的公允价值减去处置费用后的净额难以确定,因此,XYZ公司需要通过计算其未来现金流量的现值确定资产的可收回金额。假定XYZ公司当初购置该船舶用的资金是银行长期借款资金,借款年利率为15%。XYZ公司认为15%是该资产的最低必要报酬率,已考虑了与该资产有关的货币时间价值和特定风险。因此,在计算其未来现金流量现值时,XYZ公司使用15%作为其折现率(税前)。

XYZ公司管理层批准的财务预算显示，XYZ公司将于20×5年更新船舶的发动机系统，预计为此发生资本性支出1 500万元。这一支出将降低船舶运输油耗，提高其使用效率等，从而将提高资产的运营绩效。

为了计算船舶在20×0年年末未来现金流量的现值，XYZ公司首先必须预计其未来现金流量。假定XYZ公司管理层批准的20×0年年末的该船舶预计未来现金流量如表9-3所示。

表9-3 未来现金流量预计表

单位：万元

年份	预计未来现金流量 （不包括改良的影响金额）	预计未来现金流量 （包括改良的影响金额）
20×1	2 500	
20×2	2 460	
20×3	2 380	
20×4	2 360	
20×5	2 390	
20×6	2 470	3 290
20×7	2 500	3 280
20×8	2 510	3 300

根据资产减值准则的规定，在20×0年年末预计资产未来现金流量时，XYZ公司应当以资产当时的状况为基础，不应考虑与该资产改良有关的预计未来现金流量。因此，尽管20×5年船舶的发动机系统将进行更新以改良资产绩效，提高资产未来现金流量，但是在20×0年年末对其进行减值测试时，XYZ公司不应将其包括在现值计算范围内。在20×0年年末计算该资产未来现金流量的现值时，应当以不包括资产改良影响金额的未来现金流量为基础加以计算，如表9-4所示。

表9-4 现值的计算

金额单位：万元

年份	预计未来现金流量 （不包括改良的影响金额）	以折现率为 15%的折现系数	预计未来现金流量的现值
20×1	2 500	0.869 6	2 174
20×2	2 460	0.756 1	1 860
20×3	2 380	0.657 5	1 565
20×4	2 360	0.571 8	1 349
20×5	2 390	0.497 2	1 188
20×6	2 470	0.432 3	1 068
20×7	2 500	0.375 9	940
20×8	2 510	0.326 9	821
合计			10 965

由于在20×0年年末，船舶的账面价值（尚未确认减值损失）为16 000万元，而其可收回金额为10 965万元，账面价值高于其可收回金额，所以XYZ公司应当确认减值损失，并计提相应的资产减值准备。XYZ公司应确认的减值损失为16 000-10 965=5 035（万元）。

假定在20×1—20×4年该船舶没有出现进一步减值的迹象，那么XYZ公司不必再进行减值测试，无须计算其可收回金额。20×5年发生了1 500万元的资本性支出，改良了资产绩效，导致其未来现金流量增加，但《企业会计准则第8号——资产减值》不允许将以前期间已经确认的资产减值损失予以转回，因此，在这种情况下，也不必计算其可收回金额。

9.4 资产减值损失的确认及会计处理

9.4.1 资产减值损失的确认原则

根据《企业会计准则第8号——资产减值》，可收回金额的计量结果表明，资产的可收回金额低于其账面价值的，应当将资产的账面价值减记至可收回金额，减记的金额确认为资产减值损失，计入当期损益，同时计提相应的资产减值准备。

资产减值损失确认后，减值资产的折旧或者摊销费用应当在未来期间作相应调整，以使该资产在剩余使用寿命内，系统地分摊调整后的资产账面价值（扣除预计净残值）。例如，固定资产计提了减值准备后，固定资产账面价值将根据计提的减值准备相应抵减，因此，固定资产在未来计提折旧时，应当按照新的固定资产账面价值为基础计提每期折旧。

按照《企业会计准则第8号——资产减值》，资产减值损失一经确认，在以后会计期间不得转回。根据《企业会计准则讲解》的解释，考虑到固定资产、无形资产、商誉等资产发生减值后，一方面价值回升的可能性比较小，通常属于永久性减值；另一方面从会计信息谨慎性要求考虑，为了避免确认资产重估增值和操纵利润，资产减值准则规定，资产减值损失一经确认，在以后会计期间不得转回。以前期间计提的资产减值准备，在资产处置、出售、对外投资、以非货币性资产交换方式换出、在债务重组中抵偿债务等时，才可予以转出。

9.4.2 确认资产减值损失时的会计处理

为了正确核算企业确认的资产减值损失和计提的资产减值准备，企业应当设置"资产减值损失"科目，按照资产类别进行明细核算，反映各类资产在当期确认的资产减值损失金额；同时，应当根据不同的资产类别，分别设置"固定资产减值准备""在建工程减值准备""投资性房地产减值准备""无形资产减值准备""商誉减值准备""长期股权投资减值准备""生产性生物资产减值准备"等科目。

当企业根据《企业会计准则第8号——资产减值》确定资产发生了减值时，应当按照所确认的资产减值金额，借记"资产减值损失"科目，贷记"固定资产减值准备""在建工程减值准备""投资性房地产减值准备""无形资产减值准备""商誉减值准备""长期股权投资减值准备""生产性生物资产减值准备"等科目。在期末，企业应当将"资产减值损失"科目余额转入"本年利润"科目，结转后该科目应当没有余额。各资产减值准备科目累积每期计提的资产减值准备，直至相关资产被处置等时才予以转出。

【例9-5】沿用【例9-4】，根据测试和计算结果，XYZ公司应确认的船舶减值损失为5 035万元。账务处理如下（单位：元）。

借：资产减值损失——固定资产减值损失　　　　　　　　　　　50 350 000
　　贷：固定资产减值准备　　　　　　　　　　　　　　　　　　50 350 000

计提资产减值准备后，船舶的账面价值变为10 965万元，在该船舶剩余使用寿命内，XYZ公司应当以此为基础计提折旧。如果发生进一步减值，再进行进一步的减值测试。

9.5 资产组的认定及减值处理

9.5.1 资产组的概念

《企业会计准则第8号——资产减值》规定，有迹象表明一项资产可能发生减值的，企业应当以单项资产为基础估计其可收回金额。企业难以对单项资产的可收回金额进行估计的，应当以该资产所属的资产组为基础确定资产组的可收回金额。

资产组的认定，应当以资产组产生的主要现金流入是否独立于其他资产或者资产组的现金流入为依据。同时，在认定资产组时，应当考虑企业管理层管理生产经营活动的方式（如是按照生产线、业务种类，还是按照地区或者区域等）和对资产的持续使用或者处置的决策方式等。

《〈企业会计准则第8号——资产减值〉解释》补充说明，资产组是企业可以认定的最小资产组合，其产生的现金流入应当基本上独立于其他资产或者资产组。资产组应当由创造现金流入相关的资产组成。

根据《企业会计准则第8号——资产减值》，几项资产的组合生产的产品（或者其他产出）存在活跃市场的，即使部分或者所有这些产品（或者其他产出）均供内部使用，也应当在符合前款规定的情况下，将这几项资产的组合认定为一个资产组。如果该资产组的现金流入受内部转移价格的影响，应当按照企业管理层在公平交易中对未来价格的最佳估计数来确定资产组的未来现金流量。

资产组一经确定，各个会计期间应当保持一致，不得随意变更。如需变更，企业管理层应当证明该变更是合理的，并根据《企业会计准则第8号——资产减值》第二十七条的规定在附注中作相应说明。

9.5.2 资产组的认定

《〈企业会计准则第8号——资产减值〉解释》规定对资产组的认定进行了讲解，具体如下。

（1）认定资产组最关键因素是该资产组能否独立产生现金流入。如果企业的某一生产线、营业网点、业务部门等能够独立于其他部门或者单位等创造收入、产生现金流，或者其创造的收入和现金流入绝大部分独立于其他部门或者单位，并且属于可认定的最小的资产组合，则企业通常应将该生产线、营业网点、业务部门等认定为一个资产组。

【例9-6】某矿业公司拥有一个煤矿，与煤矿的生产和运输相配套，建有一条专用铁路。该铁路除非报废出售，否则其在持续使用中，难以脱离煤矿相关的其他资产而产生单独的现金流入。因此，该公司难以对专用铁路的可收回金额进行单独估计，专用铁路和煤矿其他相关资产必须结合在一起，成为一个资产组，以估计该资产组的可收回金额。

在资产组的认定中，企业多项资产的组合生产的产品（或者其他产出）存在活跃市场的，无论这些产品或者其他产出是用于对外出售还是仅供企业内部使用，均表明这些资产的组合能够独立创造现金流入，在符合其他相关条件的情况下，应当将这些资产的组合认定为资产组。

【例9-7】甲企业生产某单一产品，并且拥有A、B、C共3家工厂。3家工厂分别位于3个不同的国家，而3个国家又位于3个不同的洲。工厂A生产一种组件，由工厂B或者工厂C进行组装，最终产品由工厂B或者工厂C销往世界各地。例如，工厂B的产品可以在本地销售，也可以在工厂C所在洲销售（如果将产品从工厂B运到工厂C所在洲更加方便）。

工厂B和工厂C的生产能力合在一起尚有剩余，并没有被完全利用。工厂B和工厂C生产能力的利用程度依赖于甲企业对销售产品在两地之间的分配。

假定工厂A生产的产品（即组件）存在活跃市场，则工厂A很可能可以被认定为一个单独的资产组，原因是它生产的产品尽管主要用于工厂B或者工厂C，但是，由于该产品存在活跃市场，可以带来独立的现金流量，所以通常应当被认定为一个单独的资产组。在确定未来现金流量的现值时，甲企业应当调整财务预算或预测，将未来现金流量的预计以公平交易的前提下工厂A所生产产品的未来价格的最佳估计数为准，而不是其内部转移价格。

对于工厂B和工厂C而言，即使工厂B和工厂C组装的产品存在活跃市场，由于工厂B和工厂C的现金流入依赖于产品在两地之间的分配，所以工厂B和工厂C的未来现金流入不可单独确定。因此，工厂B和工厂C组合在一起是可以认定的、可产生基本上独立于其他资产或者资产组的现金流入的资产组合。工厂B和工厂C应当被认定为一个资产组。在确定该资产组未来现金流量的现值时，甲企业也应当调整其财务预算或预测，将未来现金流量的预计以公平交易的前提下从工厂A所购入产品的未来价格的最佳估计数为准，而不是其内部转移价格。

【例9-8】沿用【例9-7】，假定工厂A生产的产品不存在活跃市场。

在这种情况下，由于工厂A生产的产品不存在活跃市场，它的现金流入依赖于工厂B或者工厂C生产的最终产品的销售，所以工厂A很可能难以单独产生现金流入，其可收回金额很可能难以单独估计。

而对于工厂B和工厂C而言，其生产的产品虽然存在活跃市场，但是，工厂B和工厂C的现金流入依赖于产品在两个工厂之间的分配，工厂B和工厂C在产能和销售上的管理是统一的。因此，工厂B和工厂C也难以单独产生现金流量，难以单独估计其可收回金额。

因此，只有工厂A、工厂B、工厂C组合在一起（即将甲企业作为一个整体），其才可能是一个可以认定的、能够基本上独立产生现金流入的最小的资产组合，从而将工厂A、工厂B、工厂C的组合认定为一个资产组。

（2）企业对生产经营活动的管理或者监控方式以及对资产的持续使用或者处置的决策方式等，也是认定资产组应考虑的重要因素。

【例9-9】ABC服装企业有童装、西装、衬衫3个工厂，每个工厂在生产、销售、核算、考核和管理等方面都相对独立。在这种情况下，每个工厂通常应当被认定为一个资产组。

【例9-10】MM家具制造有限公司有A和B两个生产车间，A车间专门生产家具部件，生产完后由B车间负责组装并对外销售。该公司对A车间和B车间资产的使用和处置等决策是一体的。在这种情况下，A车间和B车间通常应当被认定为一个资产组。

（3）资产组认定后不得随意变更。根据《企业会计准则讲解》对资产组的说明，资产组一经确定后，在各个会计期间应当保持一致，不得随意变更，即资产组的各项资产构成通常不能随意变更。例如，甲设备在20×6年归属于A资产组，在无特殊情况下，该设备在20×7年仍然应当归属于A资产组，而不能随意将其变更至其他资产组。但是，如果由于企业重组、变更资产用途等原因，资产组构成确需变更的，企业可以进行变更，但企业管理层应当证明该变更是合理的，并应当在附注中进行相应说明。

9.5.3 资产组减值的会计处理

（一）基本原则

《企业会计准则第8号——资产减值》规定，资产组或者资产组组合的可收回金额低于其账面价值的（总部资产和商誉分摊至某资产组或者资产组组合的，该资产组或者资产组组合的账面价值应当包括相关总部资产和商誉的分摊额），应当确认相应的减值损失。减值损失金额应当先抵减分摊至资产组或者资产组组合中商誉的账面价值，再根据资产组或者资产组组合中除商誉之外的其他各项资产的账面价值所占比重，按比例抵减其他各项资产的账面价值。

以上资产账面价值的抵减，应当作为各单项资产（包括商誉）的减值损失处理，计入当期损益。抵减后的各资产的账面价值不得低于以下三者之中最高者：该资产的公允价值减去处置费用后的净额（如可确定的）、该资产预计未来现金流量的现值（如可确定的）和零。因此而导致的未能分摊的减值损失金额，应当按照相关资产组或者资产组组合中其他各项资产的账面价值所占比重进行分摊。

（二）资产组的账面价值和可收回金额的确定基础

资产组减值测试的原理和单项资产是一致的，即企业需要预计资产组的可收回金额和计算资产组的账面价值，并将两者进行比较。如果资产组的可收回金额低于其账面价值，则表明资产组发生了减值损失，应当予以确认。

根据《企业会计准则第8号——资产减值》，资产组账面价值的确定基础应当与其可收回金额的确定方式相一致。

资产组的账面价值包括可直接归属于资产组与可以合理和一致地分摊至资产组的资产账面价值，通常不应当包括已确认负债的账面价值，但如果不考虑该负债金额就无法确定资产组可收回金额的除外。

资产组的可收回金额应当按照该资产组的公允价值减去处置费用后的净额与其预计未来现金流量的现值两者之间较高者确定。

资产组在处置时如要求购买者承担一项负债（如环境恢复负债等）、该负债金额已经确认并计入相关资产账面价值，而且企业只能取得包括上述资产和负债在内的单一公允价值减去处置费用后的净额的，为了比较资产组的账面价值和可收回金额，企业在确定资产组的账面价值及其预计未来现金流量的现值时，应当将已确认的负债金额从中扣除。

【例9-11】MN公司在某山区经营一座某有色金属矿山。根据规定，MN公司在矿山完成开采后应当将该地区恢复原貌。恢复费用主要为山体表层复原费用（如恢复植被等）。因为山体表层必须在矿山开发前挖走，所以MN公司在山体表层被挖走后，就应当确认一项预计负债，并计入矿山成本，假定其金额为500万元。

20×7年12月31日，随着开采的进展，MN公司发现矿山中的有色金属储量远低于预期的储量，因此，MN公司对该矿山进行了减值测试。考虑到矿山的现金流量状况，整座矿山被认定为一个资产组。该资产组在20×7年年末的账面价值为1 000万元（包括确认的恢复山体原貌的预计负债）。

矿山（资产组）于20×7年12月31日对外出售，买方愿意出价820万元（包括恢复山体原貌成本，即已经扣减这一成本因素），预计处置费用为20万元，因此，该矿山的公允价值减去处置费用后的净额为800万元。

矿山的预计未来现金流量的现值为1 200万元，不包括恢复费用。

【分析】

根据上述资料，为了比较资产组的账面价值和可收回金额，MN公司在确定资产组的账面价值及其预计未来现金流量的现值时，应当将已确认的负债金额从中扣除。

在本例中，资产组的公允价值减去处置费用后的净额为800万元，该金额已经考虑了恢复费用。该资产组预计未来现金流量的现值在考虑了恢复费用后为700（1 200-500）万元。因此，该资产组的可收回金额为800万元。资产组的账面价值在扣除了已确认的恢复原貌预计负债后的金额为500（1 000-500）万元。这样，资产组的可收回金额大于其账面价值，所以，资产组没有发生减值，不必确认减值损失。

（三）资产组减值举例

【例9-12】XYZ公司有一条甲生产线，用于生产光学器材，甲生产线由机器A、机器B、机器C共3部机器构成，成本分别为400 000元、600 000元和1 000 000元。3部机器的使用年限均为10年，净残值为零，以年限平均法计提折旧。各机器均无法单独产生现金流量，但整条生产线构成完整的产销单位，属于一个资产组。20×5年，甲生产线所生产的光学产品有替代产品上市，到年底，XYZ公司光学产品的销量下降40%，因此，XYZ公司对甲生产线进行减值测试。

20×5年12月31日，机器A、机器B、机器C 3部机器的账面价值分别为200 000元、300 000元、500 000元。XYZ公司估计A机器的公允价值减去处置费用后的净额为150 000元，机器B、机器C的公允价值减去处置费用后的净额以及未来现金流量的现值都无法合理估计。

整条生产线预计尚可使用5年。经估计其未来5年的现金流量及其恰当的折现率后，得到该生产线预计未来现金流量的现值为600 000元。由于XYZ公司无法合理估计甲生产线的公允价值减去处置费用后的净额,所以 XYZ 公司以该生产线预计未来现金流量的现值为其可收回金额。

鉴于在 20×5 年 12 月 31 日该生产线的账面价值为 1 000 000 元,而其可收回金额为 600 000 元,甲生产线的账面价值高于其可收回金额,因此,甲生产线已经发生了减值,XYZ 公司应当确认减值损失 400 000 元,并将该减值损失分摊到构成生产线的 3 部机器中。由于 A 机器的公允价值减去处置费用后的净额为 150 000 元,所以 A 机器分摊了减值损失后的账面价值不应低于 150 000 元。具体分摊过程如表 9-5 所示。

表 9-5 资产组减值损失分摊表

项目	机器 A	机器 B	机器 C	整个生产线(资产组)
账面价值(元)	200 000	300 000	500 000	1 000 000
可收回金额(元)				600 000
减值损失(元)				400 000
减值损失分摊比例(%)	20	30	50	
分摊减值损失(元)	50 000	120 000	200 000	370 000
分摊后账面价值(元)	150 000	180 000	300 000	
尚未分摊的减值损失(元)				30 000
二次分摊比例(%)		37.50	62.50	
二次分摊减值损失(元)		11 250	18 750	30 000
二次分摊后应确认减值损失总额(元)		131 250	218 750	400 000
二次分摊后账面价值(元)	150 000	168 750	281 250	600 000

注:按照分摊比例,机器 A 应当分摊减值损失 80 000(400 000×20%)元,但由于机器 A 的公允价值减去处置费用后的净额为 150 000 元,所以机器 A 最多只能确认减值损失 50 000(200 000-150 000)元,未能分摊的减值损失 30 000(80 000-50 000)元,应当在机器 B 和机器 C 之间进行再分摊。

根据上述计算和分摊结果,构成甲生产线的机器 A、机器 B 和机器 C 应当分别确认减值损失 50 000 元、131 250 元和 218 750 元,账务处理如下。

借:资产减值损失——机器 A	50 000
——机器 B	131 250
——机器 C	218 750
贷:固定资产减值准备——机器 A	50 000
——机器 B	131 250
——机器 C	218 750

(四)总部资产的资产减值

企业总部资产包括企业集团或其事业部的办公楼、电子数据处理设备等资产。总部资产的显著特征是难以脱离其他资产或者资产组产生独立的现金流入,而且其账面价值难以完全归属于某一资产组。

《企业会计准则第 8 号——资产减值》规定,有迹象表明某项总部资产可能发生减值的,企业应当计算确定该总部资产所归属的资产组或者资产组组合的可收回金额,然后将其与相应的账面价值相比较,据以判断是否需要确认减值损失。

企业对某一资产组进行减值测试，应当先认定所有与该资产组相关的总部资产，再根据相关总部资产能否按照合理和一致的基础分摊至该资产组分别下列情况处理。

（1）对于相关总部资产能够按照合理和一致的基础分摊至该资产组的部分，应当将该部分总部资产的账面价值分摊至该资产组，再据以比较该资产组的账面价值（包括已分摊的总部资产的账面价值部分）和可收回金额，并按照《企业会计准则第 8 号——资产减值》第二十二条的规定处理。

（2）对于相关总部资产中有部分资产难以按照合理和一致的基础分摊至该资产组的，应当按照下列步骤处理。

首先，在不考虑相关总部资产的情况下，估计和比较资产组的账面价值和可收回金额，按照资产减值的基本原则进行处理。

其次，认定由若干个资产组组成的最小的资产组组合。该资产组组合应当包括所测试的资产组与可以按照合理和一致的基础将该部分总部资产的账面价值分摊其上的部分。

最后，比较所认定的资产组组合的账面价值（包括已分摊的总部资产的账面价值部分）和可收回金额，并按照相关规定进行会计处理。

【例 9-13】ABC 高科技公司（以下简称"ABC 公司"）拥有 A、B 和 C 共 3 个资产组。在 20×0 年年末，这 3 个资产组的账面价值分别为 200 万元、300 万元和 400 万元，没有商誉。这 3 个资产组为 3 条生产线，预计剩余使用寿命分别为 10 年、20 年和 20 年，采用直线法计提折旧。由于 ABC 公司的竞争对手通过技术创新推出了更高技术含量的产品，并且受到市场欢迎，从而对 ABC 公司产品产生了重大不利影响，为此，ABC 公司于 20×0 年年末对各资产组进行了减值测试。

在对资产组进行减值测试时，首先应当认定与其相关的总部资产。ABC 公司的经营管理活动由总部负责，总部资产包括一栋办公大楼和一个研发中心，其中，办公大楼的账面价值为 300 万元，研发中心的账面价值为 100 万元。办公大楼的账面价值可以在合理和一致的基础上分摊至各资产组，但是，研发中心的账面价值难以在合理和一致的基础上分摊至各相关资产组。对于办公大楼的账面价值，ABC 公司根据各资产组的账面价值和剩余使用寿命加权平均计算的账面价值分摊比例进行分摊，如表 9-6 所示。

表 9-6 各资产组账面价值表

项目	资产组 A	资产组 B	资产组 C	合计
各资产组账面价值（万元）	200	300	400	900
各资产组剩余使用寿命（万元）	10	20	20	50
按使用寿命计算的权重（万元）	1	2	2	5
加权计算后的账面价值（万元）	200	600	800	1 600
办公大楼分摊比例（各资产组加权计算后的账面价值/各资产组加权平均价计算后的账面价值合计）（%）	12.5	37.5	50	100
办公大楼账面价值分摊到各资产组的金额（万元）	37.5	112.5	150	300
包括分摊的办公大楼账面价值部分的各资产组账面价值（万元）	237.5	412.5	550	1 200

ABC 公司随后应当确定各资产组的可收回金额,并将其与账面价值(包括已分摊的办公大楼的账面价值部分)相比较,以确定相应的减值损失。考虑到研发中心的账面价值难以按照合理和一致的基础分摊至资产组,因此,确定由 A、B、C 共 3 个资产组组成最小资产组合(即为整个 ABC 公司)。假定各资产组和资产组组合的公允价值减去处置费用后的净额难以确定,ABC 公司根据它们的预计未来现金流量的现值来计算其可收回金额,计算现值所用的折现率为 15%,计算过程如表 9-7 所示。

表 9-7 现金流量预测及折现计算

单位:万元

年份	资产组 A		资产组 B		资产组 C		包括研发中心在内的最小资产组组合(ABC 公司)	
	未来现金流量	现值	未来现金流量	现值	未来现金流量	现值	未来现金流量	现值
第 1 年	36	32	18	16	20	18	78	68
第 2 年	62	46	32	24	40	30	144	108
第 3 年	74	48	48	32	68	44	210	138
第 4 年	84	48	58	34	88	50	256	146
第 5 年	94	48	64	32	102	50	286	142
第 6 年	104	44	66	28	112	48	310	134
第 7 年	110	42	68	26	120	44	324	122
第 8 年	110	36	70	22	126	42	332	108
第 9 年	106	30	70	20	130	36	334	96
第 10 年	96	24	70	18	132	32	338	84
第 11 年			72	16	132	28	264	56
第 12 年			70	14	132	24	262	50
第 13 年			70	12	132	22	262	42
第 14 年			66	10	130	18	256	36
第 15 年			60	8	124	16	244	30
第 16 年			52	6	120	12	230	24
第 17 年			44	4	114	10	216	20
第 18 年			36	2	102	8	194	16
第 19 年			28	2	86	6	170	12
第 20 年			20	2	70	4	142	8
现值合计		398		328		542		1 440

根据上述资料,资产组 A、B、C 的可收回金额分别为 398 万元、328 万元和 542 万元,相应的账面价值(包括分摊的办公大楼账面价值)分别为 237.5 万元、412.5 万元和 550 万元。资产组 B 和 C 的可收回金额均低于其账面价值,应当分别确认 84.5 万元和 8 万元减值损失,并将该减值损失在办公大楼和资产组之间进行分摊。根据分摊结果,因资产组 B 发生减值损失 84.5 万元而导致办公大楼减值约 23.05(84.5×112.5÷412.5)万元,导致资产组 B 中

所包括资产发生减值约 61.45（84.5×300÷412.5）万元；因资产组 C 发生减值损失 8 万元而导致办公大楼减值约 2.18（8×150÷550）万元，导致资产组 C 中所包括资产发生减值约 5.82（8×400÷550）万元。

经过上述减值测试后，资产组 A、B、C 和办公大楼的账面价值分别为 200 万元、238.55 万元、394 万元和 274.95 万元，研发中心的账面价值仍为 100 万元，由此包括研发中心在内的最小资产组组合（即 ABC 公司）的账面价值总额为 1 207.50（200+238.55+394+274.95+100）万元，但其可收回金额为 1 440 万元，高于其账面价值，因此，ABC 公司不必再进一步确认减值损失（包括研发中心的减值损失）。

9.6 商誉减值的会计处理

9.6.1 资产减值测试

根据《企业会计准则第 8 号——资产减值》的规定，企业合并所形成的商誉，至少应当在每年年度终了进行减值测试，具体如下。

（1）商誉应当结合与其相关的资产组或者资产组组合进行减值测试。相关的资产组或者资产组组合应当是能够从企业合并的协同效应中受益的资产组或者资产组组合，不应当大于按照《企业会计准则第 35 号——分部报告》所确定的报告分部。

（2）企业进行资产减值测试，对于因企业合并形成的商誉的账面价值，应当自购买日起按照合理的方法分摊至相关的资产组；难以分摊至相关的资产组的，应当将其分摊至相关的资产组组合。在将商誉的账面价值分摊至相关的资产组或者资产组组合时，应当按照各资产组或者资产组组合的公允价值占相关资产组或者资产组组合公允价值总额的比例进行分摊。公允价值难以可靠计量的，按照各资产组或者资产组组合的账面价值占相关资产组或者资产组组合账面价值总额的比例进行分摊。

（3）企业因重组等原因改变了其报告结构，从而影响到已分摊商誉的一个或者若干个资产组或者资产组组合构成的，应当按照与上述规定相似的分摊方法，将商誉重新分摊至受影响的资产组或者资产组组合。

9.6.2 商誉减值测试的方法与会计处理

《企业会计准则讲解》对商誉减值测试方法做了说明。企业在对包含商誉的相关资产组或者资产组组合进行减值测试时，如与商誉相关的资产组或者资产组组合存在减值迹象，应当先对不包含商誉的资产组或者资产组组合进行减值测试，计算可收回金额，并与相关账面价值相比较，确认相应的减值损失。然后再对包含商誉的资产组或者资产组组合进行减值测试，比较这些相关资产组或者资产组组合的账面价值（包括所分摊的商誉的账面价值部分）与其可收回金额，如相关资产组或者资产组组合的可收回金额低于其账面价值，应当就其差额确认减值、损失，减值损失金额应当首先抵减分摊至资产组或者资产组组合中商誉的账面价值；再根据资产组或者资产组组合中除商誉之外的其他各项资产的账面价值所占比重，按比例抵减其他各项资产的账面价值。和资产减值测试的处理一样，以上资产账面价值的抵减，也都应当作为各单项资产（包括商誉）的减值损失处理，计入当期损益。抵减后的各资产的账面价值不得低于以下三者之中最高者：该资产的公允价值减去处置费用后的净额（如可确定的）、该资产预计未来现金流量的现值（如可确定的）和零。因此而导致的未能分摊的减值损失金额，应当按照相关资产组或者资产组组合中其他各项资产的账面价值所占比重进行分摊。

《〈企业会计准则第8号——资产减值〉解释》对存在少数股东权益情况下的商誉减值测试进行了讲解。

按照《企业会计准则第20号——企业合并》，在合并财务报表中反映的商誉，不包括子公司归属于少数股东的商誉。但对相关资产组（或者资产组组合，下同）进行减值测试时，应当调整资产组的账面价值，将归属于少数股东权益的商誉包括在内，然后根据调整后的资产组账面价值与其可收回金额（可收回金额的预计包括了少数股东在商誉中的权益价值部分）进行比较，以确定资产组（包括商誉）是否发生了减值。

上述资产组如已发生减值，应当按照资产减值准则第二十二条规定进行处理，但由于根据上述步骤计算的商誉减值损失包括了应由少数股东权益承担的部分，企业应当将该损失在可归属于母公司和少数股东权益之间按比例进行分摊，以确认归属于母公司的商誉减值损失。

【例9-14】甲企业在20×7年1月1日以1600万元的价格收购了乙企业80%股权。在收购日，乙企业可辨认资产的公允价值为1500万元，没有负债和或有负债。因此，甲企业在其合并财务报表中确认商誉400（1600-1500×80%）万元、乙企业可辨认净资产1500万元和少数股东权益300（1500×20%）万元。

假定乙企业的所有资产被认定为一个资产组。由于该资产组包括商誉，所以它至少应当于每年年度终了进行减值测试。在20×7年年末，甲企业确定该资产组的可收回金额为1000万元，可辨认净资产的账面价值为1350万元。由于乙企业作为一个单独的资产组的可收回金额1000万元中，包括归属于少数股东权益在商誉价值中享有的部分。因此，出于减值测试的目的，在与资产组的可收回金额进行比较之前，必须对资产组的账面价值进行调整，使其包括归属于少数股东权益的商誉价值100[（1600÷80%-1500）×20%]万元。然后，再据以比较该资产组的账面价值和可收回金额，确定是否发生了减值损失。测试过程表如表9-8所示。

表9-8 商誉减值测试过程表

单位：万元

20×7年年末	商誉	可辨认资产	合计
账面价值	400	1 350	1 750
未确认归属于少数股东权益的商誉价值	100		100
调整后的账面价值	500	1 350	1 850
可收回金额			1 000
减值损失			850

以上计算出的减值损失850万元应当首先冲减商誉的账面价值，然后，再将剩余部分分摊至资产组中的其他资产。在本例中，850万元减值损失中有500万元应当属于商誉减值损失，其中，由于确认的商誉仅限于甲企业持有乙企业80%股权部分，所以甲企业只需要在合并财务报表中确认归属于甲企业的商誉减值损失，500万元商誉减值损失的80%，即400万元。剩余的350（850-500）万元减值损失应当冲减乙企业可辨认资产的账面价值，作为乙企业可辨认资产的减值损失。减值损失的分摊过程如表9-9所示。

表9-9 商誉减值分摊表

单位：万元

20×7年年末	商誉	可辨认资产	合计
账面价值	400	1 350	1 750
确认的减值损失	(400)	(350)	(750)
确认减值损失后的账面价值		1 000	1 000

9.7 披露

《企业会计准则第8号——资产减值》对资产减值应当披露的信息做出了明确规定，具体如下。

（1）企业应当在附注中披露与资产减值有关的下列信息。

① 当期确认的各项资产减值损失金额。

② 计提的各项资产减值准备累计金额。

③ 提供分部报告信息的，应当披露每个报告分部当期确认的减值损失金额。

（2）发生重大资产减值损失的，企业应当在附注中披露导致每项重大资产减值损失的原因和当期确认的重大资产减值损失的金额。

① 发生重大减值损失的资产是单项资产的，企业应当披露该单项资产的性质。提供分部报告信息的，还应披露该项资产所属的主要报告分部。

② 发生重大减值损失的资产是资产组（或者资产组组合，下同）的，企业应当披露：资产组的基本情况；资产组中所包括的各项资产于当期确认的减值损失金额；资产组的组成与前期相比发生变化的，应当披露变化的原因以及前期和当期资产组组成情况。

（3）对于重大资产减值，企业应当在附注中披露资产（或者资产组，下同）可收回金额的确定方法。

① 可收回金额按资产的公允价值减去处置费用后的净额确定的，企业还应当披露公允价值减去处置费用后的净额的估计基础。

② 可收回金额按资产预计未来现金流量的现值确定的，还应当披露估计其现值时所采用的折现率，以及该资产前期可收回金额也按照其预计未来现金流量的现值确定的情况下，前期所采用的折现率。

（4）分摊到某资产组的商誉（或者使用寿命不确定的无形资产，下同）的账面价值占商誉账面价值总额的比例重大的，企业应当在附注中披露下列信息。

① 分摊到该资产组的商誉的账面价值。

② 该资产组可收回金额的确定方法。

可收回金额按照资产组公允价值减去处置费用后的净额确定的，企业还应当披露确定公允价值减去处置费用后的净额的方法。资产组的公允价值减去处置费用后的净额不是按照市场价格确定的，企业应当披露：企业管理层在确定公允价值减去处置费用后的净额时所采用的各关键假设及其依据；企业管理层在确定各关键假设相关的价值时，是否与企业历史经验或者外部信息来源相一致；如不一致，应当说明理由。

可收回金额按照资产组预计未来现金流量的现值确定的，企业应当披露：企业管理层预计未来现金流量的各关键假设及其依据；企业管理层在确定各关键假设相关的价值时，是否与企业历史经验或者外部信息来源相一致，如不一致，应当说明理由；估计现值时所采用的折现率。

（5）商誉的全部或者部分账面价值分摊到多个资产组且分摊到每个资产组的商誉的账面价值占商誉账面价值总额的比例不重大的，企业应当在附注中说明这一情况以及分摊到上述资产组的商誉合计金额。

商誉账面价值按照相同的关键假设分摊到上述多个资产组且分摊的商誉合计金额占商誉账面价值总额的比例重大的，企业应当在附注中说明这一情况，并披露下列信息。

① 分摊到上述资产组的商誉的账面价值合计。

② 采用的关键假设及其依据。

③ 企业管理层在确定各关键假设相关的价值时，是否与企业历史经验或者外部信息来源相一致；如不一致，应当说明理由。

第10章
职工薪酬

职工薪酬的范围和分类如图 10-1 所示。

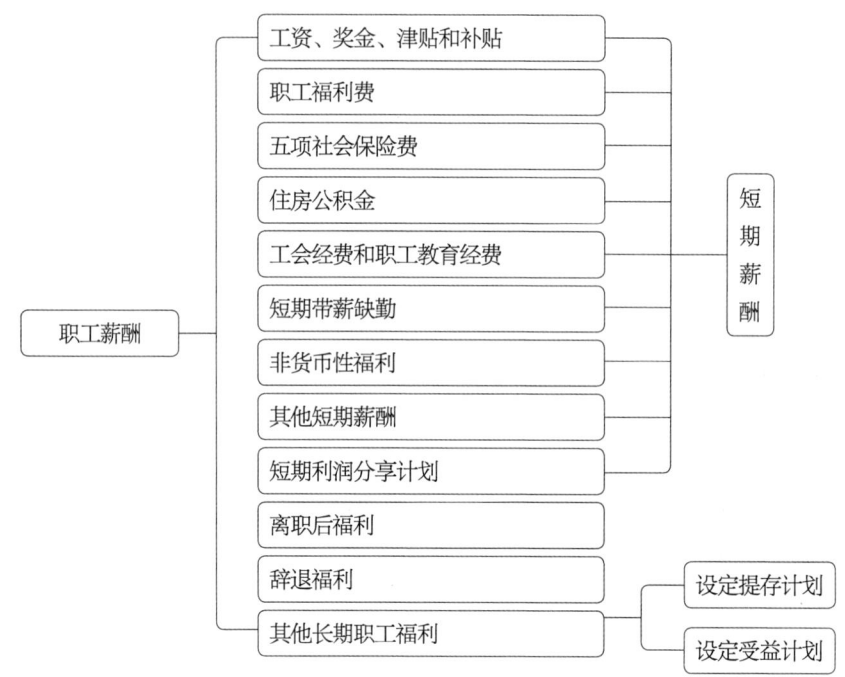

图 10-1 职工薪酬的范围和分类

10.1 职工薪酬的概念及分类

10.1.1 职工薪酬的概念

根据《企业会计准则——基本准则》，财政部于 2014 年 1 月 27 日修订并印发了《企业会计准则第 9 号——职工薪酬》（财会〔2014〕8 号）。根据《企业会计准则第 9 号——职工薪酬》，职工薪酬是指企业为获得职工提供的服务或解除劳动关系而给予的各种形式的报酬或补偿；职工薪酬包括短期薪酬、离职后福利、辞退福利和其他长期职工福利；企业提供给职工配偶、子女、受赡养人、已故员工遗属及其他受益人等的福利，也属于职工薪酬。

《〈企业会计准则第 9 号——职工薪酬〉解释》对职工薪酬的相关概念进行了进一步具体说明：企业因职工提供服务而产生的义务，全部纳入职工薪酬的范围。对职工的股份支付本质上也属于职工薪酬，但其具有期权性质，股份支付的确认和计量，由相关准则进行规范。

职工是指与企业订立劳动合同的所有人员，含全职、兼职和临时职工，也包括虽未与企业订立劳动合同但由企业正式任命的人员。具体而言包括以下人员。

（1）与企业订立劳动合同的所有人员，含全职、兼职和临时职工。按照《中华人民共和国劳动法》和《中华人民共和国劳动合同法》的规定，企业作为用人单位与劳动者应当订立劳动合同，职工首先包括这部分人员，即与企业订立了固定期限、无固定期限和以完成一定的工作作为期限的劳动合同的所有人员。

（2）未与企业订立劳动合同但由企业正式任命的人员，如董事会成员、监事会成员等。企业设立董事会和监事会的，对其支付的津贴、补贴等报酬从性质上属于职工薪酬。

（3）在企业的计划和控制下，虽未与企业订立劳动合同或未正式任命的人员，但向企业所提供与职工所提供服务类似的人员，也属于职工的范畴，包括通过企业与劳务中介公司签订用工合同而向企业提供服务的人员。如果企业不使用这些劳务用工人员，也需要雇佣职工订立劳动合同提供类似服务，因而，这些劳务用工人员属于本准则所称的职工。

10.1.2 职工薪酬的分类

职工薪酬主要包括短期薪酬、离职后福利、辞退福利和其他长期职工福利。

（一）短期薪酬

短期薪酬是指企业预期在职工提供相关服务的年度报告期间结束后 12 个月内需要全部予以支付的职工薪酬，因解除与职工的劳动关系给予的补偿除外。因解除与职工的劳动关系给予的补偿属于辞退福利的范畴。短期薪酬具体包括职工工资、奖金、津贴和补贴，职工福利费，医疗保险费、工伤保险费和生育保险费等社会保险费，住房公积金，工会经费和职工教育经费，短期带薪缺勤，短期利润分享计划，非货币性福利以及其他短期薪酬。具体内容介绍如下。

（1）职工工资、奖金、津贴和补贴是指按照构成工资总额的计时工资、计件工资、支付给职工的超额劳动报酬等的劳动报酬、为补偿职工特殊或额外的劳动消耗和因其他特殊原因支付给职工的津贴，以及为了保证职工工资水平不受物价影响支付给职工的物价补贴等。企业的短期奖金计划属于短期薪酬，长期奖金计划属于其他长期职工福利。

（2）职工福利费是指企业为职工提供的除职工工资、奖金、津贴和补贴、职工教育经费、社会保险费及住房公积金等以外的福利待遇支出，包括发放给职工或为职工支付的以下各项现金补贴和非货币性集体福利金：一是为职工卫生保健、生活等发放或支付的各项现金补贴和非货币性福利，包括职工因公外地就医费用、职工疗养费用、防暑降温费等；二是企业尚未分离的内设集体福利部门所发生的设备、设施和人员费用；三是发放给在职职工的生活困难补助以及按规定发生的其他职工福利支出，如丧葬补助费、抚恤费、职工异地安家费、独生子女费等。

（3）医疗保险费、工伤保险费和生育保险费等社会保险费是指企业按照国家规定的基准和比例计算，向社会保险经办机构缴纳的医疗保险费、工伤保险费和生育保险费。

（4）住房公积金是指企业按国家规定的基准和比例计算的，向住房公积金管理机构缴存的住房公积金。

（5）工会经费和职工教育经费是指企业为了改善职工文化生活、为职工学习先进技术和提高文化水平和业务素质，用于开展工会活动和职工教育及职工技能培养等相关支出。

（6）短期带薪缺勤是指企业支付工资或提供补偿的职工缺勤，包括年休假、病假、短期伤残、婚假、产假、丧假、探亲假等。

（7）短期利润分享计划是指因职工提供服务而与职工达成的基于利润或其他经营成果提供薪酬的协议。长期利润分享计划属于其他长期职工福利。

（8）非货币性福利是指企业以自己的产品或外购商品发放给职工作为福利，企业提供给职工无偿使用自己拥有的资产或租赁资产供职工无偿使用等。

（9）其他短期薪酬是指除上述薪酬以外的其他为获得职工提供的服务而给予的短期薪酬。

（二）离职后福利

离职后福利是指企业为获得职工提供的服务而在职工退休或与企业解除劳动关系后，提供的各种形式的报酬和福利，短期薪酬和辞退福利除外。

离职后福利计划是指企业与职工就离职后福利达成的协议，或者企业为向职工提供离职后福利制定的规章和办法等。离职后福利计划按其特征可以分为设定提存计划和设定受益计划。设定提存计划是指向独立的基金缴存固定费用后，企业不再承担进一步支付义务的离职后福利计划。设定受益计划是指除设定提存计划以外的离职后福利计划。

（三）辞退福利

辞退福利是指企业在职工劳动合同到期之前解除与职工的劳动关系，或者为鼓励职工自愿接受裁减而给予职工的补偿。辞退福利主要包括以下内容。

（1）在职工劳动合同尚未到期前，不论职工本人是否愿意，企业决定解除与职工的劳动关系而给予的补偿。

（2）在职工劳动合同尚未到期前，为鼓励职工自愿接受裁减而给予的补偿，职工有权选择继续在职或接受补偿离职。

辞退福利通常采取解除劳动关系时一次性支付补偿的方式，也有通过提高退休后养老金或其他离职后福利的标准，或者在职工不再为企业带来经济利益后，将职工工资支付到辞退后未来某一期间的方式。

根据辞退福利的定义和包括的内容，企业应当区分辞退福利与正常退休养老金。辞退福利是在职工与企业签订的劳动合同到期前，企业根据法律与职工本人或职工代表（工会）签订的协议，或者基于商业惯例，承诺当其提前终止对职工的雇佣关系时支付的补偿。引发补偿的事项是辞退，因此，企业应当在辞退时进行确认和计量。职工在正常退休时获得的养老金，是其与企业签订的劳动合同到期时，或者职工达到了国家规定的退休年龄时获得的退休后生活补偿金额，此种情况下给予补偿的事项是职工在职时提供的服务而不是退休本身，因此，企业应当在职工提供服务的会计期间确认和计量。

另外，职工虽然没有与企业解除劳动合同，但未来不再为企业提供服务，不能为企业带来经济效益，企业承诺提供实质上具有辞退福利性质的经济补偿的，发生"内退"的情况，在其正式退休日期之前应当比照辞退福利处理，在其正式退休日期之后，应当按照离职后福利处理。

（四）其他长期职工福利

其他长期职工福利是指除短期薪酬、离职后福利、辞退福利之外所有的职工薪酬，包括长期带薪缺勤、长期残疾福利、长期利润分享计划等。

10.1.3 其他相关会计准则

（1）企业年金基金，适用《企业会计准则第 10 号——企业年金基金》。
（2）以股份为基础的薪酬，适用《企业会计准则第 11 号——股份支付》。

10.2 短期薪酬的确认与计量

企业应当在职工为其提供服务的会计期间，将实际发生的短期薪酬确认为负债，并计入当期损益，其他会计准则要求或允许计入资本成本的除外。这是短期薪酬确认与计量的基本原则。短期薪酬的确认与计量将分为货币性短期薪酬、带薪缺勤、短期利润分享计划和非货币性福利 4 个部分。

10.2.1 货币性短期薪酬

1. 规定

职工的工资、奖金、津贴和补贴，大部分的职工福利费、医疗保险费、工伤保险费和生育保险费等社会保险费，住房公积金、工会经费和职工教育经费等一般属于货币性短期薪酬。

企业发生的职工福利费应当在实际发生时根据实际发生额计入当期损益或相关资产成本。职工福利费为非货币性福利的，应当按照公允价值计量。

企业为职工缴纳的医疗保险费、工伤保险费、生育保险费等社会保险费和住房公积金，以及按规定提取的工会经费和职工教育经费，应当在职工为其提供服务的会计期间，根据规定的计提基础和计提比例计算确定相应的职工薪酬金额，并确认相应负债，计入当期损益或相关资产成本。

2. 解读

（1）《企业会计准则第 9 号——职工薪酬》第五条规定，企业应当在职工为其提供服务的会计期间，将实际发生的短期薪酬确认为负债，并计入当期损益，其他会计准则要求或允许计入资产成本的除外。

【解读】企业发生的工资、奖金，按照"受益原则"处理，具体会计分录如下。

① 计提时。
借：生产成本
　　制造费用
　　管理费用
　　销售费用
　　研发支出
　　在建工程等
　　　贷：应付职工薪酬——工资

② 发放时。
借：应付职工薪酬——工资
　　　贷：银行存款

应交税费——应交个人所得税
其他应收款（收回代垫款）
其他应付款（代扣代缴）

（2）《企业会计准则第9号——职工薪酬》第六条规定，企业发生的职工福利费，应当在实际发生时根据实际发生额计入当期损益或相关资产成本。职工福利费为非货币性福利的，应当按照公允价值计量。

【解读】 职工福利费的相关会计分录如下。

借：生产成本等
　　贷：应付职工薪酬——职工福利、非货币性福利
借：应付职工薪酬——职工福利
　　贷：银行存款等
借：应付职工薪酬——非货币性福利
　　贷：主营业务收入（公允价值）
　　　　应交税费——应交增值税（销项税额）

（3）《企业会计准则第9号——职工薪酬》第七条规定，企业为职工缴纳的医疗保险费、工伤保险费、生育保险费等社会保险费和住房公积金，以及按规定提取的工会经费和职工教育经费，应当在职工为其提供服务的会计期间，根据规定的计提基础和计提比例计算确定相应的职工薪酬金额，并确认相应负债，计入当期损益或相关资产成本。

【解读】 发生上述费用时，相关会计分录如下。

借：生产成本等
　　贷：应付职工薪酬——社会保险费
　　　　　　　　　　——住房公积金
　　　　　　　　　　——工会经费
　　　　　　　　　　——职工教育经费

3.具体运用

对于货币性短期薪酬，企业应当根据职工提供服务情况和工资标准计算应计入职工薪酬的工资总量，按照受益对象计入当期损益或相关资产成本，借记"生产成本""制造费用""管理费用"等科目，贷记"应付职工薪酬"科目；发放时，借记"应付职工薪酬"科目，贷记"银行存款"等科目。企业发生的职工福利费，应当在实际发生时根据实际发生额计入当期损益或相关资本成本。

企业为职工缴纳的医疗保险费、养老保险费、失业保险费、工伤保险费、生育保险费和住房公积金，以及按规定提取的工会经费和职工教育经费，应当在职工为其提供服务的会计期间，根据规定的计提基础和计提比例计算确定相应的职工薪酬金额，并确认相关负债，按照受益对象计入当期损益或相关资产成本。具体如下。

（1）医疗保险费、工伤保险费、生育保险费等社会保险费和住房公积金。企业应当按照国家规定的标准，计量应付职工薪酬义务和应相应计入成本费用的薪酬金额。

（2）工会经费和职工教育经费。企业应当按照国家相关规定，按照职工工资总额的2%计量应付职工薪酬（工会经费）义务金额；从业人员技术要求高、培训任务重、经济效益好的企业，可根据国家相关规定，按照职工工资总额的2.5%计量应计入成本费用的职工教育经费。按照明确标准计算确定应承担的职工薪酬义务后，再根据受益对象计入当期损益或相关资本成本。

【例10-1】20×8年6月，安吉公司当月应发工资2 000万元。其中：生产部门直接生产人员工资1 000万元；生产部门管理人员工资200万元；管理部门人员工资360万元；公司专设产品销售机构人员工资100万元；建造厂房人员工资220万元；内部开发存货管理系统人员工资120万元。

根据所在地政府规定，安吉公司分别按照职工工资总额的10%、12%、2%和10.5%计提医疗保险费、养老保险费、失业保险费和住房公积金，并缴纳给当地社会保险经办机构和住房公积金管理机构。安吉公司内设医务室，根据20×7年实际发生的职工福利费情况，安吉公司预计20×8年应承担的职工福利费义务金额为职工工资总额的2%，职工福利的受益对象为上述所有人员。安吉公司分别按照职工工资总额的2%和2.5%计提工会经费和职工教育经费。假定安吉公司存货管理系统已处于开发阶段并符合《企业会计准则第6号——无形资产》资本化为无形资产的条件。

应计入生产成本的职工薪酬金额
=1 000+1 000×（10%+12%+2%+10.5%+2%+2%+2.5%）=1 410（万元）

应计入制造费用的职工薪酬金额
=200+200×（10%+12%+2%+10.5%+2%+2%+2.5%）=282（万元）

应计入管理费用的职工薪酬金额
=360+360×（10%+12%+2%+10.5%+2%+2%+2.5%）=507.6（万元）

应计入销售费用的职工薪酬金额
=100+100×（10%+12%+2%+10.5%+2%+2%+2.5%）=141（万元）

应计入在建工程成本的职工薪酬金额
=220+220×（10%+12%+2%+10.5%+2%+2%+2.5%）=310.2（万元）

应计入无形资产成本的职工薪酬金额
=120+120×（10%+12%+2%+1.5%+2%+2%+2.5%）=169.2（万元）

安吉公司在分配工资、职工福利费、各种社会保险费、住房公积金、工会经费和职工教育经费等职工薪酬时，应进行如下账务处理（单位：元）。

借：生产成本 14 100 000
　　制造费用 2 820 000
　　管理费用 5 076 000
　　销售费用 1 410 000
　　在建工程 3 102 000
　　研发支出——资本化支出 1 692 000

贷：应付职工薪酬——工资	20 000 000
——职工福利	400 000
——社会保险费	4 800 000
——住房公积金	2 100 000
——工会经费	400 000
——职工教育经费	500 000

10.2.2 带薪缺勤

1. 规定

企业对各种原因产生的缺勤进行补偿，如年休假、病假、短期伤残假、婚假、产假、丧假、探亲假等。带薪缺勤分为累积带薪缺勤和非累积带薪缺勤两类。

累积带薪缺勤是指带薪缺勤权利可以结转下期的带薪缺勤，本期尚未用完的带薪缺勤权利可以在未来期间使用。

非累积带薪缺勤是指带薪缺勤权利不能结转下期的带薪缺勤，本期尚未用完的带薪缺勤权利将予以取消，并且职工离开企业时也无权获得现金支付。

企业应当在职工提供服务从而增加了其未来享有的带薪缺勤权利时，确认与累积带薪缺勤相关的职工薪酬，并以累积未行使权利而增加的预期支付金额计量。企业应当在职工实际发生缺勤的会计期间确认与非累积带薪缺勤相关的职工薪酬。

2. 解读

（1）根据《中华人民共和国劳动法》规定，我国实行带薪年休假制度，劳动者在法定休假日和婚丧假期间以及依法参加社会活动期间，用人单位应当依法支付工资。因此，我国企业职工休婚假、产假、丧假、探亲假、病假期间的工资通常属于非累积带薪缺勤。由于职工提供服务本身不能增加其能够享受的福利金额，所以企业应当在职工缺勤时确认负债和相关资产成本或当期损益。实务中，我国企业一般是在缺勤期间计提应付工资时一并处理，即借记"生产成本"等科目，贷记"应付职工薪酬——工资"科目。

（2）当职工提供了服务从而增加了其享有的未来带薪缺勤的权利时，企业就产生了一项义务，应当予以确认和计量，并按照带薪缺勤计划予以支付。

3. 具体运用

【例10-2】甲公司共有1 000名职工。该公司实行累积带薪缺勤制度。该制度规定，每个职工每年可享受5个工作日带薪病假，未使用的带薪病假只能向后结转一个日历年度，超过1年未使用的权利作废，不能在职工离开公司时获得现金支付；职工休病假是以后进先出为基础的，即首先从当年可享受的权利中扣除，再从上年结转的带薪病假余额中扣除；职工离开公司时，公司对职工未使用的累积带薪病假不支付现金。

2014年12月31日，每个职工当年平均未使用带薪病假为2天。根据过去的经验并预期该经验将继续适用，甲公司预计2015年有950名职工将享受不超过5天的带薪病假，剩余50名职工每人将平均享受6天半带薪病假，假定这50名职工全部为总部各部门经理，该公司平均每名职工每个工作日工资为300元。

（1）甲公司在2014年12月31日应当预计职工累积未使用的带薪病假权利而导致的预期支付的追加金额，即相当于75（50×1.5）天的带薪病假工资22 500（75×300）元，并做如下账务处理。

　　借：管理费用　　　　　　　　　　　　　　　　　　　　　22 500
　　　　贷：应付职工薪酬——累积带薪缺勤　　　　　　　　　　　　　22 500

（2）假定2015年12月31日，上述50名部门经理中有40名享受了6天半病假，并随同正常工资以银行存款支付。另有10名只享受了5天病假，由于该公司的带薪缺勤制度规定，未使用的权利只能结转1年，超过1年未使用的权利将作废。2015年年末，甲公司应做如下账务处理。

　　借：应付职工薪酬——累积带薪缺勤　　　　　　　　　　　　18 000
　　　　贷：银行存款　　　　　　　　　　（40×1.5×300）18 000
　　借：应付职工薪酬——累积带薪缺勤　　　　　　　　　　　　4 500
　　　　贷：管理费用　　　　　　　　（10×1.5×300）4 500（冲回未使用）

（3）假设该公司的带薪缺勤制度规定，职工累积未使用的带薪缺勤权利可以无限期结转，且可以于职工离开企业时以现金支付。甲公司1 000名职工中，50名为总部各部门经理，100名为总部各部门职员，800名为直接生产工人，50名工人正在建造一幢自用办公楼。

甲公司在2014年12月31日应当预计由于职工累积未使用的带薪病假权利而导致的全部金额，即相当于2 000（1 000×2）天的病假工资600 000（2 000×300）元，并做如下账务处理。

　　借：管理费用　　　　　　　　　　　　　　　　　　　　　90 000
　　　　生产成本　　　　　　　　　　　　　　　　　　　　　480 000
　　　　在建工程　　　　　　　　　　　　　　　　　　　　　30 000
　　　　贷：应付职工薪酬——累积带薪缺勤　　　　　　　　　　　600 000

【例10-3】甲公司从2014年1月1日起实行累积带薪缺勤制度。该制度规定，该公司每名职工每年有权享受12个工作日的带薪休假，休假权利可以向后结转2个日历年度。在第2年年末，公司将对职工未使用的带薪休假权利支付现金。假定该公司每名职工平均每月工资为2 000元，每名职工每月工作日为20个，每个工作日平均工资为100元。以甲公司一名直接参与生产的职工为例。

（1）假定2014年1月，该名职工没有休假。甲公司应当在职工为其提供服务的当月，累积相当于1个工作日工资的带薪休假义务，并做如下账务处理。

　　借：生产成本　　　　　　　　　　　　　　　　　　　　　2 100
　　　　贷：应付职工薪酬——工资　　　　　　　　　　　　　　　2 000
　　　　　　　　　　　　——累积带薪缺勤　　　　　　　　　　　100

（2）假定2014年2月，该名职工休了1天假。甲公司应当在职工为其提供服务的当月，累积相当于1个工作日工资的带薪休假义务，反映职工使用累积权利的情况，并做如下账务处理。

```
借：生产成本                                          2 100
    贷：应付职工薪酬——工资                                2 000
              ——累积带薪缺勤                        100（计提本期休假）
借：应付职工薪酬——累积带薪缺勤                          100
    贷：生产成本                                         100（使用上期休假）
```

（3）假定第2年年末（2015年12月31日），该名职工有5个工作日未使用的带薪休假到期，公司以现金支付了未使用的带薪休假（如果不支付现金，就冲回成本费用）。

```
借：应付职工薪酬——累积带薪缺勤                          500
    贷：库存现金                                    （5×100）500
```

10.2.3 短期利润分享计划

1. 规定

《企业会计准则第9号——职工薪酬》第九条规定，利润分享计划同时满足下列条件的，企业应当确认相关的应付职工薪酬。

（1）企业因过去事项导致现在具有支付职工薪酬的法定义务或推定义务。

（2）因利润分享计划所产生的应付职工薪酬义务金额能够可靠估计。属于下列3种情形之一的，视为义务金额能够可靠估计。

① 在财务报告批准报出之前企业已确定应支付的薪酬金额。

② 该短期利润分享计划的正式条款中包括确定薪酬金额的方式。

③ 过去的惯例为企业确定推定义务金额提供了明显证据。

《企业会计准则第9号——职工薪酬》第十条规定，职工只有在企业工作一段特定期间才能分享利润的，企业在计量利润分享计划产生的应付职工薪酬时，应当反映职工因离职而无法享受利润分享计划福利的可能性。

利润分享计划产生的应付职工薪酬，该利润分享计划应当适用其他长期职工福利的有关规定，即考虑折现。

2. 解读

为了鼓励职工长期留在企业提供服务，有的企业可能制订利润分享和奖金计划，规定当职工在企业工作了特定年限后，能够享有按照企业净利润的一定比例计算的奖金。如果职工在企业工作到特定期末，那么其提供的服务就会增加企业应付职工薪酬金额。尽管企业没有支付这类奖金的法定义务，但是如果有支付此类奖金的惯例，或者企业除了支付奖金外没有其他现实的选择，这样的计划就使企业产生了一项推定义务。

企业根据其经济效益增长的实际情况提取的奖金，属于利润分享和奖金计划。但是，这类计划是按照企业实现净利润的一定比例确定享受的奖金，与企业经营业绩挂钩，仍然是由于职工提供服务而产生的，不是由企业与其所有者之间的交易而产生的，因此，企业应当将利润分享和奖金计划作为费用处理（或根据相关准则，作为资产成本的一部分），不能作为净利润的分配。具体会计分录如下。

```
借：管理费用等
    贷：应付职工薪酬——工资（根据利润分享计划确定的金额）
```

3.具体运用

【例10-4】丙公司有一项利润分享计划,要求丙公司将其截至2×15年12月31日会计年度的税前利润的指定比例支付给在2×15年7月1日至2×16年6月30日为丙公司提供服务的职工。该奖金于2×16年6月30日支付。2×15年12月31日至2×16年6月30日期间没有职工离职,则当年的利润分享支付总额为税前利润的3%。丙公司估计职工离职将使支付额降低至税前利润的2.5%(其中,直接参加生产的职工享有1%,总部管理人员享有1.5%),不考虑个人所得税影响。

【分析】

虽然支付额是按照截至2×15年12月31日会计年度的税前利润的3%计量的,但是业绩却是基于职工在2×15年7月1日至2×16年6月30日期间提供的服务。因此,丙公司在2×15年12月31日应按照税前利润的50%的2.5%确认负债和成本及费用,金额为125 000(10 000 000×50%×2.5%)元。余下的利润分享金额,连同针对估计金额与实际支付金额之间的差额做出的调整额,在2×16年予以确认。

2×15年12月31日的账务处理如下。

借:生产成本　　　　　　　　　　　　　　　　　　　　　　　　50 000
　　管理费用　　　　　　　　　　　　　　　　　　　　　　　　75 000
　　贷:应付职工薪酬——利润分享计划　　　　　　　　　　　　125 000

2×16年6月30日,丙公司的职工离职使其支付的利润分享金额为2×15年度税前利润的2.8%(直接参加生产的职工享有1.1%,总部管理人员享有1.7%),在2×16年确认余下的利润分享金额,连同针对估计金额与实际支付金额之间的差额做出的调整额合计为155 000(10 000 000×2.8%-125 000)元。其中,计入生产成本的利润分享计划金额为60 000(10 000 000×1.1%-50 000)元,计入管理费用的利润分享计划的金额为95 000(10 000 000×1.7%-75 000)元。

2×16年6月30日,丙公司的账务处理如下。

借:生产成本　　　　　　　　　　　　　　　　　　　　　　　　60 000
　　管理费用　　　　　　　　　　　　　　　　　　　　　　　　95 000
　　贷:应付职工薪酬——利润分享计划　　　　　　　　　　　　155 000

10.3 离职后福利的确认与计量

离职后福利是指企业为获得职工提供的服务而在职工退休或与企业解除劳动关系后,提供的各种形式的报酬和福利,短期薪酬和辞退福利除外。离职后福利包括退休福利(如养老金和一次性的退休支付)及其他离职后福利(如离职后人寿保险和离职后医疗保障)。如果企业提供此类福利,无论其是否设立了一个单独的主体来接受提存金和支付福利,均应适用本准则的相关要求。

职工的离职后福利,如在正常退休时获得的养老金,是职工与企业签订的劳动合同到期时,或者职工达到了国家规定的退休年龄时获得的离职后生活补偿金额,此种情况下给予补偿的事项是职工在职时提供的服务而不是退休本身，因此，企业应当在职工提供服务的会计期间进行确认和计量。

10.3.1 设定提存计划

1. 规定

《企业会计准则第 9 号——职工薪酬》第十二条规定，企业应当在职工为其提供服务的会计期间，将根据设定提存计划计算的应缴存金额确认为负债，并计入当期损益或相关资产成本。

根据设定提存计划，预期不会在职工提供相关服务的年度报告期结束后 12 个月内支付全部应缴存金额的，企业应当参照《企业会计准则第 9 号——职工薪酬》第十五条规定的折现率，将全部应缴存金额以折现后的金额计量应付职工薪酬。

2. 解读

设定提存计划（Defined Contribution Plan，DCP）是指企业向一个独立主体（通常是基金）支付固定提存金的计划。如果该基金不能拥有足够资产以支付与当期和以前期间职工服务相关的所有职工福利，企业不再负有进一步支付提存金的法定义务和推定义务。根据我国养老保险制度相关文件的规定，职工养老保险、失业保险待遇即收益水平与企业在职工提供服务各期的缴费水平不直接挂钩，企业承担的义务仅限于按照规定标准提存的金额，属于设定提存计划。

企业应按照计提的养老保险、失业保险等，借记"管理费用"等科目，贷记"应付职工薪酬"科目；在计提后短期内应支付给相关基金机构，企业应在支付时冲减负债，借记"应付职工薪酬"科目，贷记"银行存款"科目。

如果是在一年后支付的，则考虑折现，账务处理如下。

借：管理费用等（现值）
　　未确认融资费用（利息）
　贷：应付职工薪酬（本 + 息）

期末确认利息费用

借：财务费用
　贷：未确认融资费用

支付时的账务处理如下。

借：应付职工薪酬
　贷：银行存款

3. 具体运用

设定提存计划的会计处理比较简单，因为企业在每一期间的义务取决于该期间将要提存的金额。因此，在计量义务或费用时不需要精算假设，通常也不存在精算利得或损失。

企业应在资产负债表日确认为换取职工在会计期间内为企业提供的服务而应付给设定提存计划的提存金，并作为一项费用计入当期损益或相关资产成本。

【例 10-5】甲企业为管理人员设立了一项企业年金：每月该企业按照每个管理人员工资

的 5% 向独立于甲企业的年金基金缴存企业年金，年金基金将其计入该管理人员个人账户并负责资金的运作。该管理人员退休时可以一次性获得其个人账户的累积额，包括甲企业历年来的缴存额以及相应的投资收益。甲企业除了按照约定向年金基金缴存之外不再负责其他义务，既不享有缴存资金产生的收益，也不承担投资风险。因此，该福利计划为设定提存计划。2×15 年，按照计划安排，甲企业向年金基金缴存的金额为 1 000 万元。账务处理如下。

借：管理费用　　　　　　　　　　　　　　　　　　10 000 000
　　贷：应付职工薪酬　　　　　　　　　　　　　　　　10 000 000
借：应付职工薪酬　　　　　　　　　　　　　　　　10 000 000
　　贷：银行存款　　　　　　　　　　　　　　　　　　10 000 000

10.3.2 设定受益计划的相关规定与对应解读

（一）核算步骤的相关规定

《企业会计准则第 9 号——职工薪酬》第十三条阐述了设定受益计划的会计处理涉及的 4 个步骤，具体如下。

步骤一：确定设立受益义务现值和当期服务成本。企业应根据预期累计福利单位法，采用无偏且相互一致的精算假设对有关人口统计变量（如职工离职率和死亡率）和财务变量（如未来薪金和医疗费用）等做出估计，计量设定受益计划所产生的义务，并确定相关义务的归属期间。企业应当按照《企业会计准则第 9 号——职工薪酬》第十五条规定的折现率将设定受益计划所产生的义务予以折现，以确定设定受益计划义务的现值和当期服务成本。

【注意】用人就产生了义务，应确认负债。

步骤二：确定设定受益计划净负债或净资产。设定受益计划存在资产的，企业应当将设定受益计划义务现值减去设定受益计划资产公允价值所形成的赤字或盈余确认为一项设定受益计划净负债或净资产。设定受益计划存在盈余的，企业应当以设定受益计划的盈余和资产上限两项的孰低者计量设定受益计划净资产。资产上限是指企业可从设定受益计划退款或减少未来对设定受益计划缴存资金而获得的经济利益的现值。

步骤三：确定应当计入当期损益的金额。企业应根据《企业会计准则第 9 号——职工薪酬》第十六条的有关规定，确定应当计入当期损益的金额。

步骤四：确定应当计入其他综合收益的金额。企业应根据《企业会计准则第 9 号——职工薪酬》第十六条和第十七条的有关规定，确定应当计入其他综合收益的金额。

在预期累计福利单位法下，每一服务期间会增加一个单位的福利权利，并且需对每一个单位单独计量，以形成最终义务。企业应当将福利归属于提供设定受益计划的义务发生的期间。这一期间是指从职工提供服务以获取企业在未来报告期间预计支付的设定受益计划福利开始，至职工的继续服务不会导致这一福利金额显著增加之日为止。

【解读】为了保护员工利益，国际会计准则在总结世界各国实践经验的基础上形成了预期累计福利单位法。预期累计福利法的特点如下。

（1）基于员工当前付出的劳务，设定和计算未来福利的支付单位，以便雇主给员工一个承诺。以雇主养老金计算为例，通常在考虑年薪和司龄（公司工作年限）的基础上，通过一个系数来设定员工福利支出的合理性和激励性。

（2）用于计算未来福利的现值和雇主当期的准备金。

（二）设定受益计划的账务处理

《企业会计准则第9号——职工薪酬》第十四条规定，企业应当根据预期累计福利单位法确定的公式将设定受益计划产生的福利义务归属于职工提供服务的期间，并计入当期损益或相关资产成本。

当职工后续年度的服务将导致其享有的设定受益计划福利水平显著高于以前年度时，企业应当按照直线法将累计设定受益计划义务分摊确认于职工提供服务而导致企业第一次产生设定受益计划福利义务至职工提供服务不再导致该福利义务显著增加的期间。在确定该归属期间时，企业不应考虑仅因未来工资水平提高而导致设定受益计划义务显著增加的情况。

【解读】企业应根据预期累计福利单位法确定的本期福利义务，按"受益"原则进行账务处理，具体如下。

借：管理费用等（现值）
　　未确认融资费用（利息）
　　贷：应付职工薪酬（本期增加的义务）

期末时，企业应做如下会计分录。

借：财务费用
　　贷：未确认融资费用

（三）设定受益计划折现率的规定

《企业会计准则第9号——职工薪酬》第十五条规定，企业应当对所有设定受益计划义务予以折现，包括预期在职工提供服务的年度报告期间结束后的12个月内支付的义务。折现时所采用的折现率应当根据资产负债表日与设定受益计划义务期限和币种相匹配的国债或活跃市场上的高质量公司债券的市场收益率确定。

【解读】离职后福利可能在数十年后支付，应该折现，折现率可选择同期限国债利率或高质量公司债券的市场收益率。

（四）职工薪酬成本组成

《企业会计准则第9号——职工薪酬》第十六条规定，报告期末，企业应当将设定受益计划产生的职工薪酬成本确认为下列组成部分。

（1）服务成本，包括当期服务成本、过去服务成本和结算利得或损失。其中，当期服务成本是指职工当期提供服务所导致的设定受益计划义务现值的增加额，过去服务成本是指设定受益计划修改所导致的与以前期间职工服务相关的设定受益计划义务现值的增加或减少。

（2）设定受益计划净负债或净资产的利息净额，包括计划资产的利息收益、设定受益计划义务的利息费用以及资产上限影响的利息。

（3）重新计量设定受益计划净负债或净资产所产生的变动。

除非其他会计准则要求或允许职工福利成本计入资产成本，否则上述第（1）项和第（2）项应计入当期损益；第（3）项应计入其他综合收益，并且在后续会计期间不允许转回至损益，但企业可以在权益范围内转移这些在其他综合收益中确认的金额。

【解读】本条规范了计入损益的职工薪酬成本和计入其他综合收益且不允许转回至损益的职工薪酬成本。

（五）计入其他综合收益的计量

《企业会计准则第9号——职工薪酬》第十七条规定，重新计量设定受益计划净负债或净资产所产生的变动包括下列部分。

（1）精算利得或损失，即由于精算假设和经验调整导致之前所计量的设定受益计划义务现值的增加或减少。

（2）计划资产回报，扣除包括在设定受益计划净负债或净资产的利息净额中的金额。

（3）资产上限影响的变动，扣除包括在设定受益计划净负债或净资产的利息净额中的金额。

（六）设定受益计划结算利得或损失的计量

《企业会计准则第9号——职工薪酬》第十九条规定，企业应当在设定受益计划结算时，确认一项结算利得或损失。

设定受益计划结算是指企业为了消除设定受益计划所产生的部分或所有未来义务进行的交易，而不是根据计划条款和所包含的精算假设向职工支付福利。设定受益计划结算利得或损失是下列两项的差额。

（1）在结算日确定的设定受益计划义务现值。

（2）结算价格，包括转移的计划资产的公允价值和企业直接发生的与结算相关的支付。

【解读】应注意：结算利得或损失属于服务成本的组成部分，可计入当期损益或资产成本。

设定受益计划产生的职工薪酬成本、费用计入当期损益或资产成本，处理方法如图10-2所示。

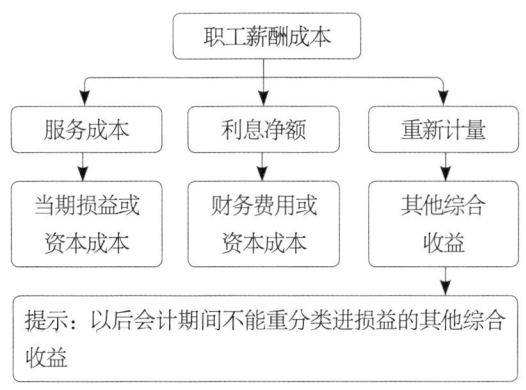

图10-2 处理方法

10.4 辞退福利的确认与计量

10.4.1 辞退福利的规定与解读

辞退福利是指企业在职工劳动合同到期之前解除与职工的劳动关系，或者为鼓励职工自愿接受裁减而给予职工的补偿。辞退福利被视为职工福利的单独类别，是因为导致义务产生的事项是终止职工的雇佣而提供的。辞退福利通常一整笔支付，但有时也包括通过职工福利计划间接或直接提高离职后福利，或者在职工不再为企业带来经济利益后，将职工工资支付到辞退后未来某一期末等方式。

辞退福利包括两方面的内容：一是在职工劳动合同尚未到期前，不论职工本人是否愿意，企业决定解除与职工的劳动关系而给予的补偿；二是在职工劳动合同尚未到期前，为鼓励职工自愿接受裁减而给予的补偿，职工有权利选择继续在职或接受补偿离职。辞退福利还包括当公司控制权发生变动时，对辞退的管理层人员进行补偿的情况。

《企业会计准则第9号——职工薪酬》第二十条规定，企业向职工提供辞退福利的，应当在下列两者孰早日确认辞退福利产生的职工薪酬负债，并计入当期损益（一律计入管理费用）。

（1）企业不能单方面撤回因解除劳动关系计划或裁减建议所提供的辞退福利时。

（2）企业确认与涉及支付辞退福利的重组相关的成本或费用时。

【解读】孰早原则即一旦满足确认负债的条件就确认负债。

下面将辞退福利和正常退休养老金及离职后福利一一区别对比。

（1）辞退福利与正常退休养老金应当区分开来。辞退福利是在职工与企业签订的劳动合同到期前，企业根据法律与职工本人或职工代表（工会）签订的协议，或者基于商业惯例，承诺当其提前终止对职工的雇佣关系时支付的补偿，引发补偿的事项是辞退。因此，企业应当在辞退时进行确认和计量。

职工在正常退休时获得的养老金，是其与企业签订的劳动合同到期时，或者职工达到了国家规定的退休年龄时获得的退休后生活补偿金额，此种情况下给予补偿的事项是职工在职时提供的服务而不是退休本身。因此，企业应当在职工提供服务的会计期间确认和计量。

职工虽然没有与企业解除劳动合同，但未来不再为企业提供服务，为此企业承诺提供实质上具有辞退福利性质的经济补偿，比照辞退福利处理。

（2）无论职工因何种原因离开都要支付的福利属于离职后福利，不是辞退福利。有些企业对职工本人提出的自愿辞退比企业提出的要求职工非自愿辞退情况下支付较少的补偿。在这种情况下，非自愿辞退提供的补偿与职工本人要求辞退提供的补偿之间的差额，才属于辞退福利。

《企业会计准则第9号——职工薪酬》第二十一条规定，企业应当按照辞退计划条款的规定，合理预计并确认辞退福利产生的应付职工薪酬。辞退福利预期在其确认的年度报告期结束后12个月内完全支付的，应当适用短期薪酬的相关规定；辞退福利预期在年度报告期结束后12个月内不能完全支付的，应当适用本准则关于其他长期职工福利的有关规定。

【解读】企业在职工劳动合同到期之前解除与职工的劳动关系，或者为鼓励职工自愿接受裁减而提出给予补偿的建议，同时满足下列条件的，应当确认因解除与职工的劳动关系给予补偿而产生的预计负债，同时计入当期管理费用。

（1）企业已经制订正式的解除劳动关系计划或提出自愿裁减建议，并即将实施。该计划或建议应当包括拟解除劳动关系或裁减的职工所在部门、职位及数量；根据有关规定按工作类别或职位确定的解除劳动关系或裁减补偿金额；拟解除劳动关系或裁减的时间。这里所称解除劳动关系计划和自愿裁减建议应当经过董事会或类似权力机构的批准；即将实施是指辞退工作一般应当在一年内实施完毕，但因付款程序等原因使部分付款推迟到一年后支付的，视为符合辞退福利预计负债确认条件。

（2）企业不能单方面撤回解除劳动关系计划或裁减建议。如果企业能够单方面撤回解除劳动关系计划或裁减建议，则表明未来经济利益流出概率不大，因而不符合负债确认条件。

由于被辞退的职工不再为企业带来未来经济利益，所以对于满足负债确认条件的所有辞退福利，均应当于辞退计划满足预计负债确认条件的当期计入费用，不计入资产成本。在确认辞退福利时，需要注意的是，对于分期或分阶段实施的解除劳动关系计划或自愿裁减建议，企业应当将整个计划看作是由一个个单项解除劳动关系计划或自愿裁减建议组成的，在每期或每阶段计划符合预计负债确认条件时，将该期或该阶段计划中由提供辞退福利产生的预计负债予以确认，计入该部分计划满足预计负债确认条件的当期管理费用，不能等全部计划都符合确认条件时再予以确认。

对于企业实施的职工内部退休计划，由于这部分职工不再为企业带来经济利益，企业应当比照辞退福利处理。在内退计划符合职工薪酬准则规定的确认条件时，按照内退规定，企业应将自职工停止服务日至正常退休日期间，企业拟支付的内退人员工资和缴纳的社会保险费等确认为预计负债，一次性计入当期管理费用。

辞退补偿的责任应该由企业管理层承担，辞退福利一律计入管理费用，具体如下。

（1）一年内支付的，不考虑折现，会计分录如下。

借：管理费用（补偿额）
　　贷：应付职工薪酬（补偿额）

（2）一年后支付的，应考虑折现。

借：管理费用（补偿额现值）
　　未确认融资费用（利息）
　　贷：应付职工薪酬（补偿额）

期末时，企业应做如下会计分录。

借：财务费用
　　贷：未确认融资费用

10.4.2 辞退福利的应用举例

企业应当根据《企业会计准则第 9 号——职工薪酬》和《企业会计准则第 13 号——或有事项》的规定，合理预计并确认辞退福利产生的负债。辞退福利的计量因辞退计划中职工有无选择权而有所不同，具体如下。

（1）对于职工没有选择权的辞退计划，应当根据计划条款规定拟解除劳动关系的职工数量、每一职位的辞退补偿等计提应付职工薪酬（预计负债）。

（2）对于自愿接受裁减建议，因接受裁减的职工数量不确定，企业应当参照或有事项的规定，预计将会接受裁减建议的职工数量，根据预计的职工数量和每一职位的辞退补偿等计提应付职工薪酬（预计负债）。

（3）实质性辞退工作在一年内实施完毕、但补偿款项超过一年支付的辞退计划，企业应当选择恰当的折现率，以折现后的金额计量应计入当期管理费用的辞退福利金额。该项金额与实际应支付的辞退福利之间的差额，作为未确认融资费用，在企业以后各期实际支付辞退福利款项时，计入财务费用。账务处理上，企业应在确认因辞退福利产生的预计负债时，借记"管理费用""未确认融资费用"科目，贷记"应付职工薪酬——辞退福利"科目；在各期支付辞退福利款项时，借记"应付职工薪酬——辞退福利"科目，贷记"银行存款"科目；同时，借记"财务费用"科目，贷记"未确认融资费用"科目。应付辞退福利款金额与其折现后金额相差不大的，也可不折现。

【例10-6】某公司为一家家用电器制造公司。2014年9月，为了能够在下一年度顺利实施转产，该公司管理层制订了一项重组计划。该计划规定，从2015年1月1日起，企业将以职工自愿方式辞退其平面直角系列彩电生产车间的职工。辞退计划的详细内容，包括拟辞退的职工所在部门、数量、各级别职工能够获得的补偿以及计划大体实施的时间等均已与职工沟通，并达成一致意见。辞退计划已于2014年12月10日经董事会正式批准，于下一个年度内实施完毕。

2014年12月31日，该公司预计各级别职工拟接受辞退职工数量的最佳估计数（最可能发生数）及其应支付的补偿。

按照或有事项有关计算最佳估计数的方法：预计接受辞退的职工数量可以根据最可能发生的数量确定；也可以采用按照各种发生数量及其发生概率计算确定。

第一种做法：愿意接受辞退的职工最可能发生数为123名。预计补偿总额为1 400万元，则公司在2014年（辞退计划于2014年12月10日由董事会批准）应做如下账务处理（单位：元）。

借：管理费用　　　　　　　　　　　　　　　　　　　　14 000 000
　　贷：应付职工薪酬——辞退福利　　　　　　　　　　　　14 000 000

第二种做法：以本例中彩电车间主任级别、工龄为1~10年的职工为例，假定接受辞退的各种职工数量及发生概率。

由上述计算结果可知，彩电车间主任级别、工龄为1~10年的职工接受辞退计划最佳估计数为5.67名，则应确认的辞退福利金额应为56.7（5.67）万元。由于所有的辞退福利预计负债均应计入当期费用，所以2014年12月10日由董事会批准公司应做如下账务处理（单位：元）。

借：管理费用　　　　　　　　　　　　　　　　　　　　567 000
　　贷：应付职工薪酬——辞退福利　　　　　　　　　　　　567 000

10.5　其他长期职工福利的确认与计量

其他长期职工福利指除短期薪酬、离职后福利和辞退福利以外的其他所有职工福利。其他长期职工福利包括（假设预计在职工提供相关服务的年度报告期末以后12个月内不会全部结算）长期带薪缺勤、如其他长期服务福利、长期残疾福利、长期利润分享计划和长期奖金计划，以及递延酬劳等。

10.5.1 其他长期职工福利中设定提存计划

(一)规定及解读

《企业会计准则第9号——职工薪酬》第二十二条规定,企业向职工提供的其他长期职工福利,符合设定提存计划条件的,应当适用本准则第十二条关于设定提存计划的有关规定进行处理。

【解读】企业向职工提供的其他长期职工福利,符合设定提存计划条件的,应当按照设定提存计划的有关规定进行会计处理;符合设定受益计划条件的,企业应当按照设定受益计划的有关规定,确认和计量其他长期职工福利净负债或净资产。

其他长期职工福利主要包括长期带薪缺勤(如提前1年以上内退)、长期残疾福利、长期利润分享计划等。

(二)应用举例

【例10-7】翠花是甲公司的一名员工,在2014年1月1日内部退休(50岁),将于2018年12月31日正式退休(55岁)。假设在每年年末应支付翠花内退工资和福利5万元,并假定折现率为6%,则甲公司的会计处理如下(单位:元)。

(1) 2014年1月1日。

由于翠花内退,后面5年不为甲公司创造价值,但甲公司承诺支付25万元。按照资产负债观,内退日应将未来5年薪酬现值确认为负债。

应付职工薪酬现值 $=5\div(1+6\%)+5\div(1+6\%)^2+5\div(1+6\%)^3+5\div(1+6\%)^4+5\div(1+6\%)^5$
$=4.72+4.45+4.20+3.96+3.74=21.07$(万元)

借:管理费用 210 700
　　未确认融资费用 39 300
　　贷:应付职工薪酬 250 000

在2014年1月月末资产负债表中,应列示应付职工薪酬21.07万元,因为应付职工薪酬期末摊余成本=应付职工薪酬账面余额-未确认融资费用=21.07(万元)。

(2) 2014年12月31日。

从2014年开始,应确认利息费用,如表10-1所示。

表10-1 应确认的利息费用

日期	支付的职工薪酬 (万元)	利息费用(6%)	归还本金 (万元)	应付职工薪酬摊余成本(本金)(万元)
2014年1月1日				21.07
2014年12月31日	5(本+息)	1.26	3.74	17.33
2015年12月31日	5(本+息)	1.04	3.96	13.37
2016年12月31日	5(本+息)	0.8	4.2	9.17
2017年12月31日	5(本+息)	0.55	4.45	4.72
2018年12月31日	5(本+息)	0.28	4.72	0

① 根据上表，2014年12月31日，确认利息费用。

借：财务费用　　　　　　　　　　　　　　　　　　　　　12 600
　　贷：未确认融资费用　　　　　　　　　　　　　　　　　　　　12 600

② 2014年年末，支付内退工资和福利。

借：应付职工薪酬　　　　　　　　　　　　　　　　　　　50 000
　　贷：银行存款　　　　　　　　　　　　　　　　　　　　　　　50 000

（3）2015年年末。

① 2015年12月31日，确认利息费用。

借：财务费用　　　　　　　　　　　　　　　　　　　　　10 400
　　贷：未确认融资费用　　　　　　　　　　　　　　　　　　　　10 400

② 2015年年末，支付内退工资和福利。

借：应付职工薪酬　　　　　　　　　　　　　　　　　　　50 000
　　贷：银行存款　　　　　　　　　　　　　　　　　　　　　　　50 000

其余略。

10.5.2　其他长期职工福利中设定受益计划

（一）规定

《企业会计准则第9号——职工薪酬》第二十三条规定，除上述第二十二条规定的情形外，企业应当适用本准则关于设定受益计划的有关规定，确认和计量其他长期职工福利净负债或净资产。在报告期末，企业应当将其他长期职工福利产生的职工薪酬成本确认为下列组成部分。

（1）服务成本。

（2）其他长期职工福利净负债或净资产的利息净额。

（3）重新计量其他长期职工福利净负债或净资产所产生的变动。

为简化相关会计处理，上述项目的总净额应计入当期损益或相关资产成本。

（二）应用举例

【例10-8】2014年年初，甲企业为其管理人员设定了一项递延奖金计划：提取当年利润的5%作为奖金，但要两年后即2015年年末才向仍然在职的员工分发。假设2014年当年利润为1亿元，且该计划条款中明确规定员工必须在这两年内持续为公司服务，如果提前离开将拿不到奖金。具体会计处理如下（单位：元）。

步骤一：根据预期累计福利单位法，采用无偏且一致的精算假设对有关人员统计变量和财务变量等做出估计，计量设定受益计划所产生的义务，并按照同久期同币种的国债收益率将设定受益计划所产生的义务予以折现，以确定设定受益计划义务的现值和当期服务成本。

假设不考虑死亡率和离职率等因素，2014年年初预计两年后甲企业为此计划的现金支出为500万元，按照预期累计福利单位法归属于2014年的福利为500÷2=250（万元），选取同久期同币种的国债收益率作为折现率（5%）进行折现，则2014年的当期服务成本为2 500 000÷（1+5%）=2 380 952.38（元）。假定2014年年末折现率变为3%，则2014年的设定受益义务现值即设定受益计划负债为2 500 000÷（1+3%）=2 427 184.47（元）。

步骤二：核实设定受益计划有无计划资产。假设在本例中，该项设定受益计划没有计划资产，2014年年末的设定受益计划净负债即设定受益计划负债为2 427 184.47元。

步骤三：确定应当计入当期损益的金额。如步骤一所示，本例中发生利润从而导致负债的当年，即2014年当期服务成本为2 380 952.38元。由于期初负债为0，因此，2014年年末，设定受益计划净负债的利息费用为0。

步骤四：确定重新计量设定受益计划净负债或净资产所产生的变动，包括精算利得或损失、计划资产回报和资产上限影响的变动3个部分，并计入当期损益。由于假设本例中没有计划资产，所以重新计量设定受益计划净负债和净资产所产生的变动仅包括精算利得或损失。

由步骤一可知，2014年年末的精算损失为46 232.09元。

2014年年末，上述递延奖金计划的会计处理如下。

借：管理费用——当期服务成本　　　　　　　　　　　2 380 952.38
　　　　　　——精算损失　　　　　　　　　　　　　　　46 232.09
　　贷：应付职工薪酬——递延奖金计划　　　　　　　　2 427 184.47

同理，2015年年末，假设折现率仍为3%，甲企业当期服务成本为250万元，设定受益计划净负债的利息费用＝2 427 184.47×3%＝72 815.53（元），则甲企业2015年年末的会计处理如下。

借：管理费用　　　　　　　　　　　　　　　　　　　　2 500 000
　　财务费用　　　　　　　　　　　　　　　　　　　　　72 815.53
　　贷：应付职工薪酬——递延奖金计划　　　　　　　　2 572 815.53

实际支付该项递延奖金时，会计处理如下。

借：应付职工薪酬——递延奖金计划　　　　　　　　　　5 000 000
　　贷：银行存款　　　　　　　　　　　　　　　　　　5 000 000

（三）长期残疾福利确认

《企业会计准则第9号——职工薪酬》第二十四条规定，长期残疾福利水平取决于职工提供服务期间长短的，企业应当在职工提供服务的期间确认应付长期残疾福利义务，计量时应当考虑长期残疾福利支付的可能性和预期支付的期限；长期残疾福利与职工提供服务期间长短无关的，企业应当在导致职工长期残疾的事件发生的当期确认应付长期残疾福利义务。

【解读】第一种情况在职工服务的期间确认；第二种情况在发生事件的当期确认。

10.6　披露

企业应当在附注中披露与职工薪酬有关的下列信息。

（1）应当支付给职工的工资、奖金、津贴和补贴及其期末应付未付金额。

（2）应当为职工缴纳的医疗保险费、养老保险费、失业保险费、工伤保险费和生育保险费等社会保险费及其期末应付未付金额。

（3）应当为职工缴存的住房公积金及其期末应付未付金额。

（4）为职工提供的非货币性福利及其计算依据。

（5）依据短期利润分享计划提供的职工薪酬及其计算依据。

（6）其他短期薪酬。

因自愿接受裁减建议的职工数量、补偿标准等不确定而产生的或有负债，应当按照《企业会计准则第 13 号——或有事项》披露。

企业应当披露所设立或参与的设定提存计划的性质、计算缴费金额的公式或依据，当期缴费金额以及期末应付未付金额。

企业应当披露与设定受益计划有关的下列信息。

（1）设定受益计划的特征及与之相关的风险。

（2）设定受益计划在财务报表中确认的金额及其变动。

（3）设定受益计划对企业未来现金流量金额、时间和不确定性的影响。

（4）设定受益计划义务现值所依赖的重大精算假设及有关敏感性分析的结果。

企业应当披露支付的因解除劳动关系所提供辞退福利及其期末应付未付金额。

另外，企业应当披露提供的其他长期职工福利的性质、金额及其计算依据。

10.7　衔接规定

对于《企业会计准则第 9 号——职工薪酬》施行日存在的离职后福利计划、辞退福利、其他长期职工福利，除该准则第三十一条规定外，应当按照《企业会计准则第 28 号——会计政策、会计估计变更和差错更正》的规定采用追溯调整法处理。

企业比较财务报表中披露的《企业会计准则第 9 号——职工薪酬》施行之前的信息与本准则要求不一致的，不需要按照该准则的规定进行调整。

第 11 章
企业年金基金

11.1 企业年金基金概述

11.1.1 企业年金与企业年金基金

企业年金是指企业及其职工在依法参加基本养老保险的基础上,自愿建立的补充养老保险制度,是社会保障体系的重要组成部分,与基本养老保险、个人储蓄性养老金一起构成"多支柱"养老保障体系。企业年金采取自愿原则,国家给予税收政策支持,实行完全积累制,采用个人账户管理和市场化运作,其费用由企业和职工个人共同缴纳。

《中华人民共和国劳动法》规定,国家鼓励用人单位根据本单位实际情况,为劳动者建立补充保险。《国务院关于印发完善城镇社会保障体系试点方案的通知》(国发〔2000〕42号)中将补充养老保险统一称为企业年金。企业年金不仅是一种企业福利、激励制度,也是一种社会制度,对调动企业职工的劳动积极性,增强企业的凝聚力和竞争力,完善国家多层次养老保障体系,提高和改善企业职工退休后的养老待遇水平,适应人口老龄化的需要,推动金融市场发展、促进社会和谐发展等具有积极的促进作用。

根据《企业会计准则第 10 号——企业年金基金》的规定,企业年金基金是指根据依法制定的企业年金计划筹集的资金及其投资运营收益形成的企业补充养老保险基金。由此可以看出,企业年金基金由两部分组成:一是企业和职工依照企业年金计划规定的缴费,即企业年金基金本金;二是企业年金基金投资运营而形成的收益。

我国企业年金采用信托型管理模式,实行以信托关系为核心,以委托代理关系为补充的治理结构。企业和职工作为委托人将企业年金基金财产委托给受托人管理运作,是一种信托行为。企业年金基金作为一种信托财产,独立于委托人、受托人、账户管理人、托管人、投资管理人和其他为企业年金基金提供服务的自然人、法人或其他组织的固有财产及其管理的其他财产,应当作为独立的会计主体,进行确认、计量和披露。

企业年金基金具有以下特征:一是企业年金基金具有长期性、安全性、稳定性,以及追求长期稳定的投资回报;二是企业年金基金只能用于履行企业补充养老保险的义务,不能支付给企业自己的债权人,也不能返还给企业;三是企业年金基金必须存入企业年金专户,企业年金基金的管理、运用或其他情形取得的财产和收益,应当归入企业年金基金;四是企业年金基金不属于委托人等各管理当事人的清算财产;五是企业年金基金不得与各管理当事人自身债务相抵销。

11.1.2 企业年金基金管理各方当事人

企业年金基金管理各方当事人包括：委托人、受托人、账户管理人、托管人、投资管理人和中介服务机构等。受托人、托管人和投资管理人根据各自的职责，设置相应的会计科目和账户，对企业年金基金交易或事项进行会计处理。

（一）企业年金基金委托人

企业年金基金委托人是指设立企业年金基金的企业及其职工。企业和职工是企业年金计划参与者，按规定缴纳企业年金供款，并作为委托人与受托人签订书面合同，将企业年金基金财产委托给受托人管理运作。

（二）企业年金基金受托人

企业年金基金受托人是指受托管理企业年金基金的企业年金理事会或符合国家规定的养老金管理公司等法人受托机构，是编制企业年金基金财务报表的法定责任人。

受托人主要职责有：选择、监督、更换账户管理人、托管人、投资管理人以及中介服务机构；制定企业年金基金投资策略；编制企业年金基金管理和财务会计报告；根据合同对企业年金管理进行监督；根据合同收取企业和职工缴费，并向受益人支付企业年金待遇；接受委托人、受益人查询，定期向委托人、受益人和有关监管部门提供企业年金基金管理报告等。

（三）企业年金基金账户管理人

企业年金基金账户管理人是指受托管理企业年金基金账户的专业机构。

账户管理人主要职责有：建立企业年金基金企业账户和个人账户；记录企业、职工缴费以及企业年金基金投资收益；及时与托管人核对缴费数据以及企业年金基金账户财产变化状况；计算企业年金待遇；提供企业年金基金企业账户和个人账户信息查询服务；定期向受托人和有关监管部门提交企业年金基金账户管理报告等。

（四）企业年金基金托管人

企业年金基金托管人是指受托提供保管企业年金基金财产等服务的商业银行或专业机构。

托管人主要职责有：安全保管企业年金基金财产；以企业年金基金名义开设的资金账户和证券账户；根据受托人指令，向投资管理人分配企业年金基金财产；根据投资管理人投资指令，及时办理清算、交割事宜；负责企业年金基金会计核算和估值，复核、审查投资管理人计算的基金财产净值；及时与账户管理人、投资管理人核对有关数据，按照规定监督投资管理人的投资运作；定期向受托人提交企业年金基金托管报告和财务会计报告；定期向有关监管部门提交企业年金基金托管报告；保存企业年金基金托管业务活动记录、账册、报表和其他资料等。

（五）企业年金基金投资管理人

企业年金基金投资管理人是指受托管理企业年金基金投资的专业机构。

投资管理人主要职责有：对企业年金基金财产进行投资；及时与托管人核对企业年金基金会计核算和估值结果；建立企业年金基金投资管理风险准备金；定期向受托人和有关监管部门提交投资管理报告；保存企业年金基金会计凭证、会计账簿、年度财务会计报告和投资记录等。

(六)中介服务机构

企业年金基金中介服务机构是指为企业年金基金管理提供服务的投资顾问公司、信用评估公司、精算咨询公司、会计师事务所、律师事务所等专业机构。

11.1.3 企业年金基金会计准则及其应用指南

企业年金既是一项重要的经济制度，也是一项十分重要的社会制度。企业年金基金作为职工退休后的"养命钱"，关系到每一位职工的切身利益和社会的和谐稳定，客观上要求企业年金基金日常管理和投资运营必须遵循谨慎、分散风险的原则，确保企业年金基金的安全和保值增值。

《企业会计准则第10号——企业年金基金》（简称"企业年金基金准则"）及其应用指南，明确了企业年金作为独立的会计主体，规范了企业年金基金的确认、计量和报告，以真实反映企业年金基金的财务状况、投资运营情况、净资产变动情况，及时揭示企业年金基金的管理风险等信息。

企业年金基金受托人、托管人、投资管理人应当根据各自的职责，按照企业年金基金准则及其应用指南的规定，设置相应会计科目和会计账簿，对企业年金基金发生的有关交易或者事项进行会计处理和报告。企业年金基金会计科目名称和编号参见表11-1。

表 11-1 企业年金基金会计科目名称和编号

顺序号	编号	会计科目名称
一、资产类		
1	101	银行存款
2	102	结算备付金
3	104	交易保证金
4	113	应收利息
5	114	应收股利
6	115	应收红利
7	118	买入返售证券
8	125	其他应收款
9	128	交易性金融资产
10	131	其他资产
二、负债类		
11	201	应付受益人待遇
12	204	应付受托人管理费
13	205	应付托管人管理费
14	216	应付投资管理人管理费
15	215	应交税费
16	218	卖出回购证券款
17	221	应付利息

续表

顺序号	编号	会计科目名称
18	223	应付佣金
19	229	其他应付款
三、共同类		
20	301	证券清算款
四、基金净值类		
21	401	企业年金基金——个人账户结余
		——企业账户结余
		——净收益
		——个人账户转入
		——个人账户转出
		——支付受益人待遇
22	410	本期收益
五、损益类		
23	501	存款利息收入
24	503	买入返售证券收入
25	505	公允价值变动收益
26	531	投资收益
27	533	其他收入
28	534	交易费用
29	539	受托人管理费
30	540	托管人管理费
31	541	投资管理人管理费
32	552	卖出回购证券支出
33	566	其他费用
34	570	以前年度损益调整

企业年金基金准则着重解决了企业年金基金缴费（供款）、企业年金基金投资运营、企业年金基金收入、企业年金基金费用、企业年金待遇给付等环节的账务处理，以及企业年金基金财务报表编报等问题。

11.2 企业年金基金缴费

11.2.1 企业年金基金缴费及其流程

企业年金基金由企业缴费、职工个人缴费和企业年金基金投资运营而形成的收益组成。现行法规制度规定，企业缴费每年不超过上年度工资总额的 1/12，企业和职工个人缴费合计一般不超过上年度工资总额的1/6。企业可以根据自身的经济效益情况和目标，在国家统一规定的范围内，自主决定企业缴费的具体比例，并按照企业年金计划约定的参保范围、企业年金种类和缴费方式，定期进行缴费。对企业来说，企业按照企业年金计划进行的缴费，属于企业职工薪酬范围，其确认、计量及报告适用《企业会计准则第9号——职工薪酬》。

企业年金基金缴费（供款）的一般流程如下。

（1）企业年金计划开始时，委托人将相关职工缴费总额及明细情况通知受托人，受托人将相关信息提供给账户管理人。账户管理人据此进行系统设置和信息录入。

（2）缴费日前，账户管理人计算缴费总额及明细情况，生成企业缴费和职工个人缴费账单，报受托人确认。

（3）受托人在收到账户管理人提供的缴费账单后，与委托人核对确认，核对无误后，将签字确认的缴费账单反馈给账户管理人。

（4）缴费日，受托人向委托人下达缴费指令，委托人向托管人划转缴费账单所列缴款总额，并通知受托人。

（5）受托人向托管人送达收账通知及企业缴费总额账单。托管人收到款项后，核对实收金额与受托人提供的缴费总额账单，并向受托人和账户管理人送达缴费到账通知单。

（6）受托人在核对托管人转来的数据后，通知账户管理人进行缴费的财务处理。账户管理人将缴费明细数据和托管人通知的缴费总额核对无误后，根据企业年金计划的约定在已建立的个人账户之间进行分配。

企业年金基金缴费流程如图11-1所示。

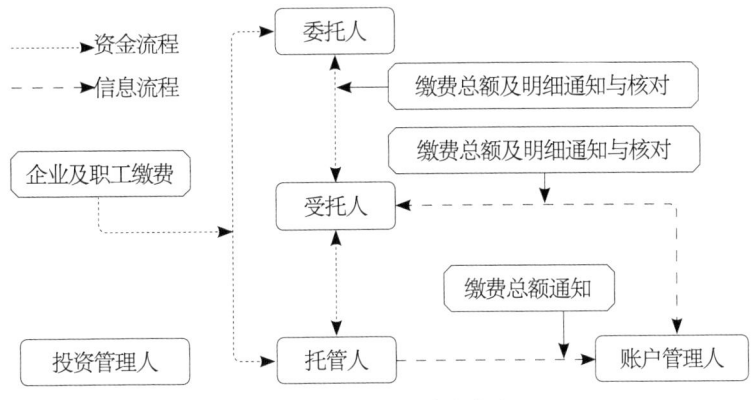

图11-1 企业年金基金缴费流程

11.2.2 企业年金基金收到缴费时的账务处理

为了核算企业年金基金收到缴费等业务，企业年金基金应当设置"企业年金基金""银行存款"等科目。"企业年金基金"科目核算企业年金基金资产的来源和运用，应按个人账户结余、企业账户结余、净收益、个人账户转入、个人账户转出，以及支付受益人待遇等设置相应明细科目。"企业年金基金"科目期末贷方余额反映企业年金基金净值。企业年金基金银行账户主要有资金账户、证券账户等。资金账户包括银行存款账户、结算备付金账户等，其中，银行存款账户又包括受托财产托管账户、委托投资资产托管账户；证券账户包括证券交易所证券账户和全国银行间市场债券托管账户等。

企业年金基金收到企业及职工个人缴费时，应按实际收到的金额，借记"银行存款"科目，贷记"企业年金基金——个人账户结余""企业年金基金——企业账户结余"科目。

【例11-1】20×7年1月5日，某企业年金基金收到缴费350万元，其中企业缴费200万元、职工个人缴费150万元，存入企业年金账户，实收金额与提供的缴费总额账单核对无误。按该企业年金计划约定，企业缴费200万元中，归属个人账户金额为110万元，另90万元的权益归属条件尚未实现。

该企业年金基金的账务处理如下（单位：元）。

借：银行存款　　　　　　　　　　　　　　　　　　　3 500 000
　　贷：企业年金基金——个人账户结余（个人缴费）　　1 500 000
　　　　　　　　　　——个人账户结余（企业缴费）　　1 100 000
　　　　　　　　　　——企业账户结余（企业缴费）　　　900 000

企业年金基金收到缴费后，如需账户管理人核对后确认，可先通过"其他应付款——企业年金基金供款"科目核算，确认后再转入"企业年金基金"科目。

11.3 企业年金基金投资运营

11.3.1 企业年金基金投资运营的原则和范围

企业年金基金来自企业和职工的缴费等，是职工（受益人）退休后的补充养老保险，其安全性要求高。另外，企业年金基金个人账户转入、个人账户转出，以及支付受益人待遇等业务频繁，其流动性强。企业年金基金投资运营应当遵循谨慎、分散风险的原则，充分考虑企业年金基金财产的安全性和流动性，实行专业化管理，严格按照国家相关规定进行投资运营。

根据现行制度的规定，企业年金基金投资运营应当选择具有良好流动性的金融产品，其投资范围限于银行存款、国债和其他具有良好流动性的金融产品，包括短期债券回购、信用等级在投资级以上的金融债和企业债、可转换债、投资性保险产品、证券投资基金、股票等。

为了确保企业年金基金投资运营的安全性和流动性，《企业年金基金管理办法》规定，企业年金基金以投资组合为单位，按公允价值计算应当符合下列规定。

（1）投资银行活期存款、中央银行票据、债券回购等流动性产品及货币市场基金的比例，不低于投资组合企业年金基金财产净值的5%。

（2）投资银行定期存款、协议存款、国债、金融债、企业债等固定收益类产品及可转换债、债券基金、投资连结保险产品（股票投资比例不高于30%）的比例，不高于投资组合企业年金基金财产净值的95%。

（3）投资股票等权益类产品及股票基金、混合基金投资连结产品（股票投资比例不高于30%）的比例，不高于投资组合企业年金基金财产净值的30%。

企业年金基金有关监管部门将根据金融市场变化和投资运营情况，适时对企业年金基金投资产品和比例等进行调整。

11.3.2 企业年金基金投资运营的账务处理

企业年金基金准则规定,企业年金基金在投资运营中,根据国家规定的投资范围取得的国债、信用等级在投资级以上的金融债等具有良好流动性的金融产品,其初始取得和后续估值应当以公允价值计量。企业年金基金投资公允价值的确定,适用《企业会计准则第22号——金融工具确认和计量》。

企业年金基金一般需要设置"交易性金融资产""公允价值变动收益""证券清算款""结算备付金""交易保证金""投资收益""交易费用""应收利息""应收股利""应收红利""本期收益"等科目来对投资运营进行核算。

"证券清算款"科目核算企业年金基金在投资运营中因买卖债券、基金、股票等业务而发生的,应与证券登记结算机构办理资金清算的款项。"证券清算款"科目应按不同证券登记结算机构设置明细科目,其所属明细科目期末借方余额反映尚未收回的证券清算款,贷方余额反映尚未支付的证券清算款。"投资收益"科目核算企业年金基金投资持有期间,收到被投资单位发放的现金股利、基金红利,或资产负债表日按债券票面利率计算的利息收入,以及投资处置收益等。"投资收益"科目按投资项目进行明细核算;期末,将该科目余额转入"本期收益"科目。"交易费用"科目核算企业年金基金投资运营中发生的,支付给代理机构、券商的手续费、佣金以及相关税费等。

(一)初始取得投资时的账务处理

企业年金基金在初始取得投资的交易日,以支付的价款(不含支付的价款中所包含的已到付息期但尚未领取的利息或已宣告但尚未发放的现金股利、基金红利)计入投资的成本,借记"交易性金融资产——成本"科目;按发生的交易费用及相关税费直接计入当期损益,借记"交易费用"科目;按支付的价款中所包含的已到付息期但尚未领取的利息或已宣告但尚未发放的现金股利、基金红利,借记"应收利息"、"应收股利"或"应收红利"科目,贷记"证券清算款""银行存款"等科目。

资金交收日,按实际清算的金额,借记"证券清算款"科目,贷记"结算备付金""银行存款"等科目。

【例11-2】20×7年9月1日,某企业年金基金通过证券交易所购入分期付息、一次还本的国债500手,每手债券面值为1000元,成交金额为600 000元(含已到付息期但尚未领取的利息40 000元),另发生手续费、佣金等相关税费2 000元。票面年利率为3.56%。

该企业年金基金的账务处理如下。

(1)交易日(T日,即9月1日),与证券登记结算机构清算应付证券款。

借:交易性金融资产——成本(债券)   560 000
      应收利息   40 000
      交易费用   2 000
  贷:证券清算款   602 000

(2)资金交收日(T+1日,即9月2日),与证券登记结算机构交收资金。

借:证券清算款   602 000

贷：结算备付金　　　　　　　　　　　　　　　　　　　　　602 000

【例 11-3】 20×7 年 4 月 1 日，某企业年金基金通过证券交易所以每股 10.3 元的价格购入 A 股票 10 万股（其中每股含已经宣告但尚未发放的现金股利 0.3 元），成交金额为 103 万元，另发生券商佣金、印花税等 2 万元。

　　该企业年金基金的账务处理如下（单位：元）。

　　（1）交易日（T 日，即 4 月 1 日），与证券登记结算机构清算应付证券款。

　　借：交易性金融资产——成本（A 股票）　　　　　　　1 000 000
　　　　应收股利——A 股票　　　　　　　　　　　　　　　30 000
　　　　交易费用　　　　　　　　　　　　　　　　　　　　20 000
　　　　贷：证券清算款　　　　　　　　　　　　　　　　　　　1 050 000

　　（2）资金交收日（T+1 日，即 4 月 2 日），与证券登记结算机构交收资金。

　　借：证券清算款　　　　　　　　　　　　　　　　　　1 050 000
　　　　贷：结算备付金　　　　　　　　　　　　　　　　　　　1 050 000

（二）投资持有期间及估值日的账务处理

1. 投资持有期间的账务处理

　　企业年金基金投资持有期间，被投资单位宣告发放的现金股利，或资产负债表日按债券票面利率计算的利息收入，应确认为投资收益，借记"应收股利"、"应收利息"或"应收红利"科目，贷记"投资收益"科目。期末，将"投资收益"科目余额转入"本期收益"科目。

【例 11-4】 沿用【例 11-2】，该企业年金基金持有国债期间，按债券票面价值和票面利率计提债券利息。假设一年按 365 日计算，每日计提利息，票面年利率 3.56%。

　　每日应计利息 =500 000×3.56%÷365=48.77（元）

　　每日计提利息时，该企业年金基金的账务处理如下。

　　借：应收利息　　　　　　　　　　　　　　　　　　　　48.77
　　　　贷：投资收益　　　　　　　　　　　　　　　　　　　　　48.77

　　债券除息日（T 日），借记"证券清算款"科目，贷记"应收利息"科目。

　　资金交收日（T+1 日），借记"结算备付金"科目，贷记"证券清算款"科目。

【例 11-5】 沿用【例 11-3】，20×7 年 4 月 5 日，该企业年金基金收到购买 A 公司股票时已宣告的现金股利，现金股利为每股 0.3 元，合计 3 万元。

　　该企业年金基金的账务处理如下（单位：元）。

　　借：结算备付金　　　　　　　　　　　　　　　　　　　30 000
　　　　贷：应收股利——A 股票　　　　　　　　　　　　　　　　30 000

2. 估值日的账务处理

　　企业年金基金的投资应当按日进行估值，或至少按周进行估值。也就是说，每个工作日结束时，或者每周四或周五工作日结束时估值。

　　估值日对投资进行估值时，应当以估值日的公允价值计量。公允价值与上一估值日公允价值的差额,计入当期损益,并以此调整原账面价值,借记或贷记"交易性金融资产——公允价值变动"科目,贷记或借记"公允价值变动收益"科目。

【例11-6】沿用【例11-5】,20×7年4月12日,企业年金基金持有的A公司股票证券交易所收盘价为每股11元。

在估值日和资产负债表日,企业年金基金持有的上市流通的债券、基金、股票等交易性金融资产,以其估值日在证券交易所挂牌的市价(平均价或收盘价)估值;估值日无交易的以最近交易日的市价估值。

估值日公允价值与上一估值日公允价值的差额=(11-10)×100 000=100 000(元)

该企业年金基金的账务处理如下。

借:交易性金融资产——公允价值变动(A股票) 100 000
　　贷:公允价值变动收益 100 000

(三)处置投资时的账务处理

处置企业年金基金投资时,应在交易日按照卖出投资所取得的价款与其账面价值(买入价)的差额,确定为投资损益。

出售债券、基金、股票等证券时,应按出售成交日确认投资处置收益。出售投资成交日,按应收金额,借记"证券清算款"科目;按买入时原账面价值(初始买价),贷记"交易性金融资产——成本"科目;按出售投资成交价总额与原账面价值(初始买价)的差额,作为投资处置收益,贷记或借记"投资收益"科目;同时,将原计入该投资的公允价值变动损益转出,借记或贷记"公允价值变动收益"科目,贷记或借记"投资收益"科目。

因债券、基金、股票的交易比较频繁,出售债券、基金、股票等证券时,相应的投资成本应一并结转。出售证券成本的计算可采用月末一次加权平均法、移动加权平均法、先进先出法等方法,成本计算方法一经确定,不得随意变更。

【例11-7】沿用【例11-6】,20×7年5月30日,该企业年金基金出售A公司股票5万股,每股市价为13元,成交总额为65万元,另发生券商佣金、印花税等1 800元。

本例中,成交总额扣减佣金、印花税等为应收证券清算款,共计金额648 200(650 000-1 800)元。

该企业年金基金的账务处理如下(单位:元)。

(1)交易日(T日,即5月30日),与证券登记结算机构清算应收证券款。

借:证券清算款 648 200
　　交易费用 1 800
　　贷:交易性金融资产——成本(A股票) 500 000
　　　　　　　　　　　　——公允价值变动(A股票) 50 000
　　　　投资收益 100 000
借:公允价值变动收益 50 000
　　贷:投资收益 50 000

(2)资金交收日(T+1日,即5月31日),与证券登记结算机构交收资金。

借：结算备付金	648 200	
贷：证券清算款		648 200

11.4 企业年金基金收入

11.4.1 企业年金基金收入的构成

企业年金基金收入是指企业年金基金在投资营运中所形成的经济利益的流入。企业年金基金收入能够带来企业年金基金资产的增加，也可能使企业年金基金负债减少，或二者兼而有之。企业年金基金应于每日或每周计算、确认基金收入，并进行账务处理。

企业年金基金收入由以下项目构成：存款利息收入；买入返售证券收入；公允价值变动收益；投资收益；风险准备金补亏等其他收入。

11.4.2 企业年金基金收入的账务处理

在企业年金基金收入项目中，公允价值变动收益、投资收益的相关内容及其账务处理已在"企业年金基金投资运营"中进行了介绍。下面主要介绍存款利息收入、买入返售证券收入和其他收入账务处理有关内容。

（一）存款利息收入的账务处理

存款利息收入包括活期存款、定期存款、结算备付金、交易保证金等利息收入。根据企业年金基金会计准则及其应用指南的规定，企业年金基金应按日或至少按周确认存款利息收入，并按存款本金和适用利率计提的金额入账。

企业年金基金按日或按周计提银行存款、结算备付金存款等利息时，借记"应收利息"科目，贷记"存款利息收入"科目。

【例11-8】 20×7年9月1日，某企业年金基金在商业银行的存款本金为1 500 000元，假设一年按365天计算，银行存款年利率为1.98%，每季末结息，该企业年金基金逐日估值。

每日银行存款应计利息＝存款本金×年利率÷365=1 500 000×1.98%÷365＝81.37（元）

该企业年金基金的账务处理如下。

（1）每日计提存款利息时。

借：应收利息	81.37	
贷：存款利息收入		81.37

（2）每季收到存款利息时（假设每季收息7 425元）。

借：银行存款	7 425	
贷：应收利息		7 425

（二）买入返售证券收入的账务处理

买入返售证券业务是指企业年金基金与其他企业以合同或协议的方式，按一定价格买入证券，到期日再按合同规定的价格将该批证券返售给其他企业，以获取利息收入的证券业务。根据企业年金基金准则及其应用指南的规定，企业年金基金应于买入证券时，按实际支付的价款将证券确认为一项资产,在融券期限内按照买入返售证券价款和协议约定的利率逐日或每周计提的利息确认买入返售证券收入。

企业年金基金应设置"买入返售证券""买入返售证券收入"等科目,对买入返售证券业务进行账务处理:买入证券付款时,按实际支付的款项,借记"买入返售证券——××证券"科目,贷记"结算备付金"科目;计提利息时,借记"应收利息"科目,贷记"买入返售证券收入"科目。

买入返售证券到期时,按实际收到的金额,借记"结算备付金"科目;按买入时的价款,贷记"买入返售证券"科目;按已计未收利息,贷记"应收利息"科目;按本期应计利息,贷记"买入返售证券收入"科目。

期末将"买入返售证券收入"科目余额转入"本期收益"科目。

(三)其他收入的账务处理

在企业年金基金核算中,其他收入是指除上述收入以外的收入,如风险准备金补亏等。根据《企业年金基金管理办法》的规定,投资管理人应当按当期收取的管理费,提取20%作为企业年金基金投资管理风险准备金,专项用于弥补企业年金基金当期委托投资资产的投资亏损。

企业年金基金取得投资管理风险准备金用于补亏时,应当按照实际收到金额计入其他收入。

【例11-9】 20×7年1月10日,某企业年金基金估值时确认当日亏损25万元。按规定,将企业年金基金投资管理风险准备金25.73万元用于补亏。已知:该企业年金基金按日估值;投资管理人提取的风险准备金结余60万元。

该企业年金基金的账务处理如下(单位:元)。

借:银行存款 250 000
  贷:其他收入——风险准备金补亏 250 000

11.5 企业年金基金费用

11.5.1 企业年金基金费用的构成

企业年金基金费用是指企业年金基金在投资营运等日常活动中所发生的经济利益的流出。企业年金基金费用可能表现为企业年金基金资产的减少,或企业年金基金负债的增加,或二者兼而有之。企业年金基金每日或每周确认、计算基金费用,并进行相应的账务处理。

企业年金基金费用由以下项目构成:交易费用;受托人管理费;托管人管理费;投资管理人管理费;卖出回购证券支出和其他费用。

企业年金基金费用的开支范围受到法规制度的严格约束。如《企业年金基金管理办法》规定,受托人、托管人提取的管理费均不得高于企业年金基金净值的0.2%,投资管理人年度提取的管理费不得高于企业年金基金净值的1.2%。但账户管理费(每户每月不超过5元)不属于企业年金基金费用,由企业另行缴纳。

11.5.2 企业年金基金费用的账务处理

（一）交易费用

交易费用是指企业年金基金在投资运营中发生的手续费、佣金以及相关税费，包括支付给代理机构、咨询机构、券商的手续费和佣金以及相关税费等其他必要支出。企业年金基金应设置"交易费用"科目，按照实际发生的金额，借记"交易费用"科目，贷记"证券清算款""银行存款"等科目。

（二）受托人管理费、托管人管理费和投资管理人管理费

受托人管理费、托管人管理费和投资管理人管理费是指根据企业年金计划或合同文件规定的比例，提取的相应管理费。企业年金基金应当设置"受托人管理费""托管人管理费""投资管理人管理费""应付受托人管理费""应付托管人管理费""应付投资管理人管理费"等科目，对发生的上述管理费，分别进行账务处理。

企业年金基金在计提相关费用时，应当按照应付的实际金额，借记"受托人管理费""托管人管理费""投资管理人管理费"科目，同时确认为负债，贷记"应付受托人管理费""应付托管人管理费""应付投资管理人管理费"科目。支付相关管理费用时，借记"受托人管理费""托管人管理费""投资管理人管理费"科目，贷记"银行存款"等科目。期末，将"受托人管理费""托管人管理费""投资管理人管理费"科目的借方余额全部转入"本期收益"科目。

【例11-10】20×7年4月1日，某企业年金基金的市值为10 000 000元。投资管理合同中约定：投资管理费年费率为基金净值（市值）的1.2%；一年按365天计算，按日估值。

当日应计提的投资管理费＝基金净值×年费率÷当年天数

＝10 000 000×1.2%÷365

＝328.77（元）

该企业年金基金的账务处理如下。

借：投资管理人管理费——××投资管理人　　　　　　328.77
　　贷：应付投资管理人管理费　　　　　　　　　　　　　　328.77

【例11-11】20×7年4月1日，某企业年金基金的市值为10 000 000元。受托管理合同和托管合同中均约定：受托人管理费和托管人管理费年费率均为基金净值（市值）的0.2%；假设一年按365天计算，按日估值。

当日应计提的受托人管理费＝基金净值×年费率÷当年天数

＝10 000 000×0.2%÷365

＝54.79（元）

当日应计提的托管人管理费＝基金净值×年费率÷当年天数

＝10 000 000×0.2%÷365

＝54.79（元）

该企业年金基金的账务处理如下。

借：受托人管理费——××受托人	54.79	
贷：应付受托人管理费		54.79
借：托管人管理费——××托管人	54.79	
贷：应付托管人管理费		54.79

（三）卖出回购证券支出

卖出回购证券业务是指企业年金基金与其他企业以合同或协议的方式，按照一定价格卖出证券，到期日再按合同约定的价格买回该批证券，以获得一定时期内资金的使用权的证券业务。

根据企业年金基金准则及其应用指南的规定，企业年金基金应在融资期限内，按照卖出回购证券价款和协议约定的利率每日或每周确认、计算卖出回购证券支出。

企业年金基金应设置"卖出回购证券支出""卖出回购证券款"等科目，对卖出回购证券业务进行账务处理。

卖出证券收到款时，按实际收到的价款，借记"结算备付金"科目，同时确认一笔负债，贷记"卖出回购证券款——××证券"科目。证券持有期内计提利息时，按计提的金额，借记"卖出回购证券支出"科目，贷记"应付利息"科目。到期回购时，按卖出证券时实际收款金额，借记"卖出回购证券款——××证券"科目；按应计提未到期的卖出回购证券利息，借记"应付利息"科目；按借贷方差额，借记"卖出回购证券支出"科目；按实际支付的款项，贷记"结算备付金"科目。期末将"卖出证券支出"科目余额转入"本期收益"科目。

（四）其他费用

其他费用是指除上述（一）、（二）、（三）费用以外的其他各项费用，包括注册登记费、上市年费、信息披露费、审计费用、律师费用等。

根据现行法律法规的规定，基金管理各方当事人因未履行义务导致的费用支出或资产的损失以及处理与基金运作无关的事项发生的费用不得列入企业年金基金费用。

企业年金基金应当设置"其他费用"等科目，按费用种类设置明细账，对发生的其他费用进行账务处理。

发生其他费用时，企业年金基金应按实际发生的金额，借记"其他费用"科目，贷记"银行存款"等科目。如发生的其他费用金额较大，如大于基金净值十万分之一，也可以采用待摊或预提的方法，待摊或预提计入基金损益，但方法一经采用，不得随意变更，且年末一般无余额。

【**例 11-12**】20×7 年 1 月 1 日，某企业年金基金市值为 3.5 亿元，该日发生信息披露费 3 000 元。假设按日估值。

该企业年金基金的账务处理如下。

借：其他费用	3 000	
贷：银行存款		3 000

11.6 企业年金待遇给付及企业年金基金净资产

11.6.1 企业年金待遇给付及其账务处理

企业年金待遇是指企业年金计划受益人符合退休年龄等法定条件时,应当享受的企业年金养老待遇。企业年金计划受益人是指参加企业年金计划并享有受益权的职工及其继承人。企业年金养老待遇支付水平受到缴费金额、缴费时间、投资运营收益情况等因素影响。企业年金待遇给付方式,由企业年金计划约定,分次或一次支付。

企业年金待遇给付的一般流程如下。

(1) 委托人向受托人发送企业年金待遇支付或转移的通知。

(2) 受托人通知账户管理人计算支付企业年金待遇。

(3) 账户管理人将计算支付企业年金待遇结果反馈受托人,并与受托人核对。

(4) 受托人核对后通知托管人和投资管理人进行份额赎回。

(5) 受托人根据账户管理人提供的待遇支付表,通知托管人支付或转移金额,托管人将相应资金划入受托人指定专用账户,并向受托人和账户管理人报告。

(6) 受托人指令账户管理人进行待遇支付的账户处理,账户管理人与托管人提供的支付结果核对,扣减个人账户资产,并向受益人提供年金基金的最终账户数据或向新年金计划移交账户资料。

企业年金待遇给付流程如图 11-2 所示。

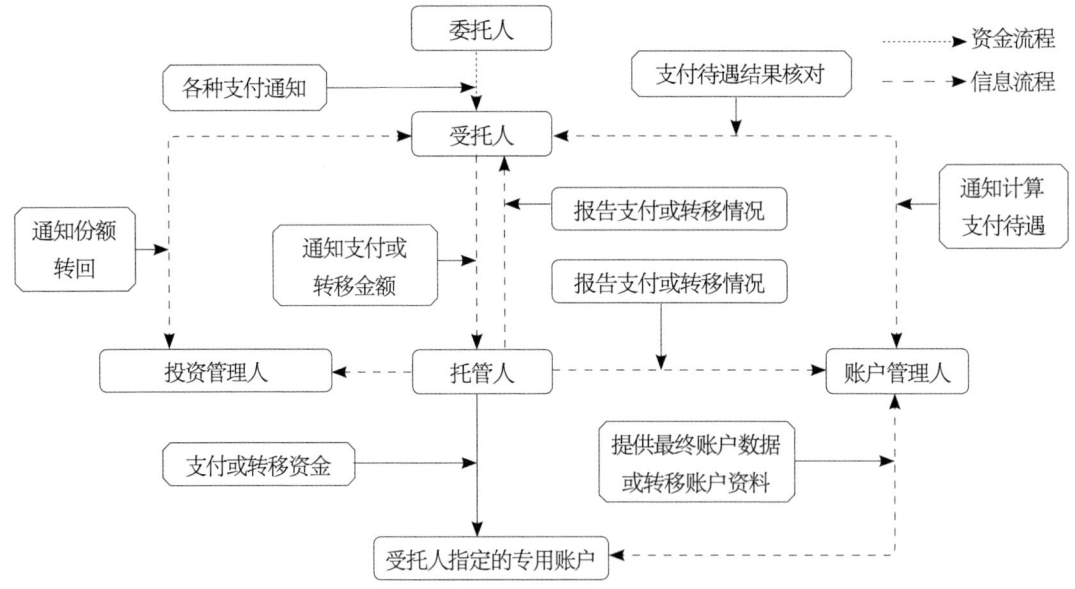

图 11-2 企业年金待遇给付流程

企业年金基金应设置"企业年金基金——支付受益人待遇""应付受益人待遇"等科目,按受益人设置明细账进行账务处理:给付企业年金待遇时,按应付金额,借记"企业年金基金——支付受益人待遇"科目,贷记"应付受益人待遇"科目;支付款项时,借记"应付受益人待遇"科目,贷记"银行存款"科目。

此外，根据企业年金基金准则的规定，因职工调离企业而发生的个人账户转出金额时，企业年金基金应相应减少基金净资产。因职工调入企业而发生的个人账户转入金额，相应增加基金净资产。企业年金基金应设置"企业年金基金——个人账户转入""企业年金基金——个人账户转出"等科目，按受益人设置明细账进行账务处理。

【例11-13】20×7年11月5日，某企业年金基金根据企业年金计划和委托人指令，支付退休人员企业年金待遇，金额共计70 000元。该企业年金基金的账务处理如下。

（1）计算、确认给付企业年金待遇时。

借：企业年金基金——支付受益人待遇　　　　　　　　　　　　　70 000
　　贷：应付受益人待遇　　　　　　　　　　　　　　　　　　　　　70 000

（2）支付受益人待遇时。

借：应付受益人待遇　　　　　　　　　　　　　　　　　　　　　　70 000
　　贷：银行存款　　　　　　　　　　　　　　　　　　　　　　　　70 000

11.6.2　企业年金基金净资产、净收益及其账务处理

企业年金基金净资产又称年金基金净值，是指企业年金基金受益人在企业年金基金财产中享有的经济利益，其金额等于企业年金基金资产减去基金负债后的余额，计算公式如下。

企业年金基金净资产＝期初净资产＋本期净收益＋收取企业缴费＋收取职工个人缴费＋个人账户转入－支付受益人待遇－个人账户转出

企业年金基金净收益是指企业年金基金在一定会计期间已实现的经营成果，其金额等于本期收入减本期费用的余额，其中，本期收入包括存款利息收入、买入返售证券收入、公允价值变动收益、投资收益、其他收入等；本期费用包括交易费用、受托人管理费、投资管理人管理费、卖出回购证券支出、其他费用等。企业年金基金净收益直接影响基金净值的变动。

需要说明的是，企业年金基金资产不仅包括委托给投资管理人管理的资产，还包括未委托给投资管理人管理的其他现金资产。

企业年金基金净值增长率，是当期基金净值与前期企业年金基金净值的差额除以前期基金财产净值的比例。计算公式如下。

企业年金基金净值增长率＝（当期基金净资产－前期基金净资产）÷前期基金净资产×100%

企业年金基金账户管理人根据企业年金基金净值和净值增长率，按日或按周足额记入企业年金基金企业账户和个人账户。在收益登记日，账户管理人根据托管人提供的、经受托人复核的企业年金基金净值和净值增长率，并根据企业账户和职工个人账户前期余额，计算本期各账户应登记的投资运营收益。计算公式如下。

个人账户本期余额＝个人账户前期余额×（1＋企业年金基金净值增长率）

企业账户本期余额＝企业账户前期余额×（1＋企业年金基金净值增长率）

根据企业年金基金准则的规定，资产负债表日，企业年金基金应当将当期企业年金基金各项收入和费用结转至净资产，并根据企业年金计划按期将运营收益分配计入企业和职工个人账户。

企业年金基金应设置"本期收益"等科目。"本期收益"科目核算本期实现的基金净收益(或净亏损)。期末,结转企业年金基金净收益时,企业年金基金应将"存款利息收入""买入返售证券收入""公允价值变动收益""投资收益""其他收入"等科目的余额转入"本期收益"科目贷方;将"交易费用""受托人管理费""托管人管理费""投资管理人管理费""卖出回购证券支出""其他费用"等科目的余额转入"本期收益"科目借方。"本期收益"科目余额,即为企业年金基金净收益(或净亏损)。将净收益转入企业年金基金时,借记"本期收益"科目,贷记"企业年金基金——净收益"科目;如为净亏损,做相反分录。企业年金基金在将净收益按企业年金计划约定的比例转入个人和企业账户时,借记"企业年金基金——净收益"科目,贷记"企业年金基金——个人账户结余""企业年金基金——企业账户结余"科目。

第 12 章
股份支付

股份支付的会计处理流程如图 12-1 所示。

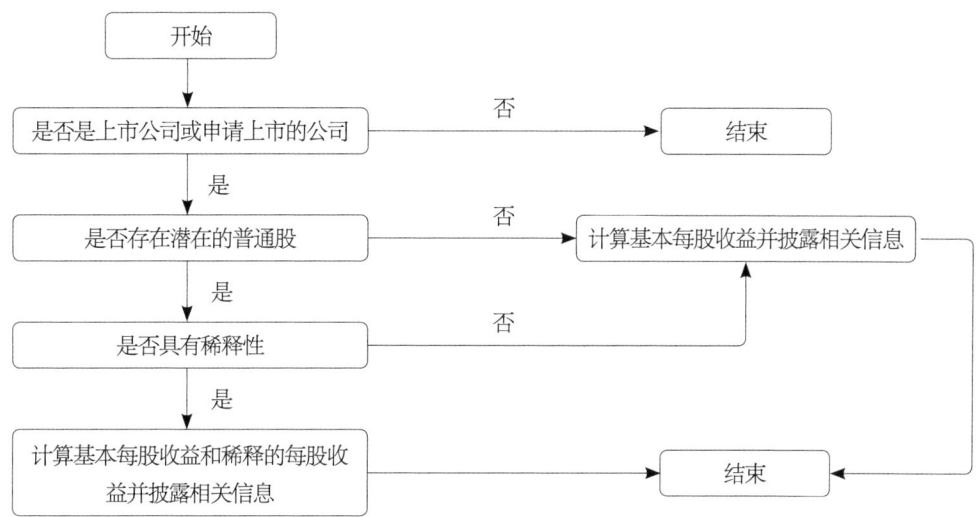

图 12-1 股份支付的会计处理流程

12.1 股份支付的适用范围及相关概念

根据《企业会计准则第 11 号——股份支付》,股份支付是指企业为获取职工和其他方提供服务而授予权益工具或者承担以权益工具为基础确定的负债的交易。

股份支付分为以权益结算的股份支付和以现金结算的股份支付。以权益结算的股份支付是指企业为获取服务以股份或其他权益工具作为对价进行结算的交易。以现金结算的股份支付是指企业为获取服务承担以股份或其他权益工具为基础计算确定的交付现金或其他资产义务的交易。本准则所指的权益工具是企业自身权益工具。

12.1.1 股份支付的适用范围

《〈企业会计准则第 11 号——股份支付〉解释》中对股份支付的适用情况进行了讲解,具体如下。

(1)根据《中华人民共和国证券法》、《中华人民共和国公司法》和《上市公司股权激励管理办法(试行)》等的规定,企业可以通过股票期权等权益工具对职工实行激励;已完成股权分置改革的上市公司,被允许建立股权激励机制。

(2)企业授予职工股票期权、认股权证等衍生工具或其他权益工具以换取职工提供的服务,从而实现对职工的激励或补偿,实质上属于职工薪酬的组成部分。由于股份支付以权益工具的公允价值为计量基础,所以《企业会计准则第 9 号——职工薪酬》规定,以股份为基础的薪酬适用该准则。

不适用《企业会计准则第 11 号——股份支付》的情况如下。

(1)企业合并中发行权益工具取得其他企业净资产的交易,适用《企业会计准则第 20 号——企业合并》。

(2)以权益工具作为对价取得其他金融工具等交易,适用《企业会计准则第 22 号——金融工具确认和计量》。

12.1.2 相关概念

《企业会计准则第 11 号——股份支付》对相关概念做了如下解释。

(1)等待期是指可行权条件得到满足的期间。对于可行权条件为规定服务期间的股份支付,等待期为授予日至可行权日的期间;对于可行权条件为规定业绩的股份支付,应当在授予日根据最可能的业绩结果预计等待期的长度。

(2)授予日是指股份支付协议获得批准的日期。"获得批准"是指企业与职工或其他方就股份支付的协议条款和条件已达成一致,并且该协议获得股东大会或类似机构的批准。这里的"达成一致"是指双方在对该计划或协议内容充分形成一致理解的基础上,均接受相关条款和条件。如果按照相关法规的规定,在提交股东大会或类似机构之前存在必要程序或要求,则应履行该程序或满足该要求。

(3)可行权日是指可行权条件得到满足、职工或其他方具有从企业取得权益工具或现金权利的日期。有的股份支付协议是一次性可行权的,有的则是分批可行权的。一次性可行权和分批可行权就像根据购买合同一次性付款还是分期付款一样。只有已经可行权的股票期权,才是职工真正拥有的"财产",才能去择机行权。从授予日至可行权日的时段,是可行权条件得到满足的期间,因此称为"等待期",又称"行权限制期"。行权日是指职工和其他方行使权利、获取现金或权益工具的日期。例如,持有股票期权的职工行使了以特定价格购买一定数量本公司股票的权利,该日期即为行权日。行权是按期权的约定价格实际购买股票,一般是在可行权日之后到期权到期日之前的可选择时段内行权。出售日是指股票的持有人将行使期权所取得的期权股票出售的日期。按照我国相关法规规定,用于期权激励的股份支付协议,应在行权日与出售日之间设立禁售期,其中国有控股上市公司的禁售期不得低于 2 年。

12.2 可行权条件

12.2.1 可行权条件的概念及分类

根据《企业会计准则讲解》对可行权条件的解释,可行权条件包括服务期限条件和业绩条件。在满足这些条件之前,职工无法获得股份。

业绩条件是指企业达到特定业绩目标的条件,具体包括市场条件和非市场条件。

市场条件是指行权价格、可行权条件以及行权可能性与权益工具的市场价格相关的业绩条件,如股份支付协议中关于股价至少上升至何种水平职工可相应取得多少股份的规定等。

企业在确定权益工具在授予日的公允价值时，应考虑市场条件和非可行权条件的影响，而不应考虑非市场条件的影响。但市场条件是否得到满足，不影响企业对预计可行权情况的估计。

非市场条件是指除市场条件之外的其他业绩条件，如股份支付协议中关于达到最低盈利目标或销售目标才可行权的规定等。企业在确定权益工具在授予日的公允价值时，不考虑非市场条件的影响。但非市场条件是否得到满足，影响企业对预计可行权情况的估计。市场条件与非市场条件的相关比较如图12-2所示。

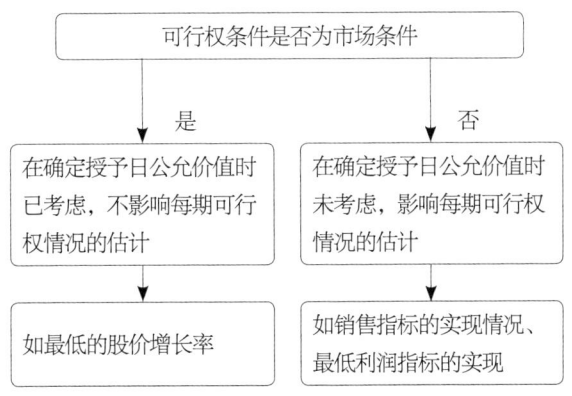

图12-2　市场条件与非市场条件的相关比较

12.2.2 可行权条件的修改

《企业会计准则讲解》对可行权条件修改做了详细讲解。通常情况下，股份支付协议生效后，不应对其条款和条件随意修改。但在某些情况下，可能需要修改授予权益工具的股份支付协议中的条款和条件。例如，股票除权、除息或者其他原因需要调整行权价格或股票期权数量。此外，为取得更佳的激励效果，有关法规也允许企业依据股份支付协议的规定，调整行权价格或股票期权数量，但应当由董事会做出决议并经股东大会审议批准，或者由股东大会授权董事会决定。《上市公司股权激励管理办法（试行）》对此做出了严格的限定，必须按照批准股份支付计划的原则和方式进行调整。

在会计核算上，无论已授予的权益工具的条款和条件如何修改，甚至取消权益工具的授予或结算该权益工具，企业都应至少确认按照所授予的权益工具在授予日的公允价值来计量获取的相应服务，除非因不能满足权益工具的可行权条件（除市场条件外）而无法可行权。

1. 条款和条件的有利修改

企业应当分别根据以下情况，确认导致股份支付公允价值总额升高以及其他对职工有利的修改的影响。

（1）如果修改增加了所授予的权益工具的公允价值，企业应按照权益工具公允价值的增加相应地确认取得服务的增加。权益工具公允价值的增加，是指修改前后的权益工具在修改日的公允价值之间的差额。

（2）如果修改增加了所授予的权益工具的数量，企业应将增加的权益工具的公允价值相应地确认为取得服务的增加。

（3）如果企业按照有利于职工的方式修改可行权条件，如缩短等待期、变更或取消业绩条件（非市场条件），企业在处理可行权条件时，应当考虑修改后的可行权条件。

2. 条款和条件的不利修改

如果企业以减少股份支付公允价值总额的方式或其他不利于职工的方式修改条款和条件，企业仍应继续对取得的服务进行会计处理，如同该变更从未发生，除非企业取消了部分或全部已授予的权益工具。具体包括如下几种情况。

（1）如果修改减少了授予的权益工具的公允价值，企业应当继续以权益工具在授予日的公允价值为基础，确认取得服务的金额，而不应考虑权益工具公允价值的减少。

（2）如果修改减少了授予的权益工具的数量，企业应当将减少部分作为已授予的权益工具的取消来进行处理。

（3）如果企业以不利于职工的方式修改了可行权条件，如延长等待期、增加或变更业绩条件（非市场条件），企业在处理可行权条件时，不应考虑修改后的可行权条件。

3. 取消或结算

如果企业在等待期内取消了所授予的权益工具或结算了所授予的权益工具（因未满足可行权条件而被取消的除外），则企业应当做以下相关处理。

（1）将取消或结算作为加速可行权处理，立即确认原本应在剩余等待期内确认的金额。

（2）在取消或结算时支付给职工的所有款项均应作为权益的回购处理，回购支付的金额高于该权益工具在回购日公允价值的部分，计入当期费用。

（3）如果向职工授予新的权益工具，并在新权益工具授予日认定所授予的新权益工具是用于替代被取消的权益工具的，企业应以与处理原权益工具条款和条件修改相同的方式，对所授予的替代权益工具进行处理。权益工具公允价值的增加额是指在替代权益工具的授予日，替代权益工具公允价值与被取消的权益工具净公允价值之间的差额。被取消的权益工具的净公允价值是指该权益工具在被取消前立即计量的公允价值减去因取消原权益工具而作为权益回购支付给职工的款项。如果企业未将新授予的权益工具认定为替代权益工具，则应将该权益工具作为一项新授予的股份支付进行处理。

企业如果回购其职工已可行权的权益工具，则应当借记所有者权益，并将回购支付的金额高于该权益工具在回购日公允价值的部分，计入当期费用。

12.3 股份支付的确认和计量原则

12.3.1 以权益结算的股份支付的确认和计量原则

对于权益结算的股份支付，企业应分别依据下列情况做相应处理。

1. 换取职工服务的股份支付

对于换取职工服务的股份支付，企业应当以股份支付所授予的权益工具的公允价值计量。企业应在等待期内的每个资产负债表日，以对可行权权益工具数量的最佳估计为基础，按照权益工具在授予日的公允价值，将当期取得的服务计入相关资产成本或当期费用，同时计入资本公积中的其他资本公积。

对于授予后立即可行权的换取职工提供服务的权益结算的股份支付（例如授予限制性股票的股份支付），应在授予日按照权益工具的公允价值，将取得的服务计入相关资产成本或当期费用，同时计入资本公积中的股本溢价。

2. 换取其他方服务的股份支付

对于换取其他方服务的股份支付，企业应当以股份支付所换取的服务的公允价值计量。企业应当按照其他方服务在取得日的公允价值，将取得的服务计入相关资产成本或费用。

如果其他方服务的公允价值不能可靠计量，但权益工具的公允价值能够可靠计量，企业应当按照权益工具在服务取得日的公允价值，将取得的服务计入相关资产成本或费用。

3. 权益工具公允价值无法可靠确定

在极少数情况下，授予权益性工具的公允价值无法可靠计量，企业应在获取服务的时点、后续的每个资产负债表日和结算日，以内在价值计量该权益工具，而内在价值的变动应计入当期损益。同时，企业应以最终可行权或实际行权的权益工具数量为基础，确认取得服务的金额。内在价值是指交易双方有权认购或取得的股份的公允价值，与其按照股份支付协议应当支付的价格间的差额。

企业对上述以内在价值计量的已授予权益工具进行结算，应当遵循以下要求。

（1）结算发生在等待期内的，企业应当将结算作为加速可行权处理，即立即确认本应于剩余等待期内确认的服务金额。

（2）结算时支付的款项应当作为回购该工具处理，即减少所有者权益。结算支付的款项高于该权益工具在回购日内在价值的部分，计入当期损益。

12.3.2 以现金结算的股份支付的确认和计量原则

企业应当在等待期内的每个资产负债表日，以对可行权情况的最佳估计为基础，按照企业承担负债的公允价值，将当期取得的服务计入相关资产成本或当期费用，同时计入负债，并在结算前的每个资产负债表日和结算日对负债的公允价值重新计算，将其变动计入损益。

对于授予后立即可行权的现金结算的股份支付（如授予虚拟股票或业绩股票的股份支付），企业应当在授予日按照企业承担负债的公允价值计入相关资产成本或费用，同时计入负债，并在结算前的每个资产负债表日和结算日对负债的公允价值重新计算，将其变动计入损益。

12.3.3 权益工具公允价值的确认原则

股份支付中，权益工具的公允价值的确定，应当以市场价格为基础。一些股份和股票期权并没有一个活跃的交易市场。在这种情况下，企业应当考虑估值技术。通常情况下，企业应当按照《企业会计准则第22号——金融工具确认和计量》的有关规定确定权益工具的公允价值，并根据股份支付协议的条款的条件进行调整。

（一）股份

对于授予员工的股份，企业应按照股份的市场价格计量。如果企业的股份未公开交易，则企业应考虑使用相应条款和条件估计其市场价格。例如，如果股份支付协议规定了期权股票的禁售期，则会对可行权日后市场参与者愿意为该股票支付的价格产生影响，并进而影响该股票期权的公允价值。

（二）股票期权

对于授予职工的股票期权，因其通常受到一些不同于交易期权的条款和条件的限制，因而在许多情况下难以获得其市场价格。如果不存在条款和条件相同的交易期权，就应通过期权定价模型来估计所授予的期权的公允价值。

在选择适用的期权定价模型时，企业应考虑熟悉情况和自愿的市场参与者将会考虑的因素。所有适用于估计授予职工期权的定价模型至少应考虑以下因素：期权的行权价格；期权期限；基础股份的现行价格；股价的预计波动率；股份的预计股利；期权期限内的无风险利率。

此外，企业选择的期权定价模型还应考虑熟悉情况和自愿的市场参与者在确定期权价格时会考虑的其他因素，但不包括那些在确定期权公允价值时不考虑的可行权条件和再授予特征因素。确定授予职工的股票期权的公允价值，还需要考虑提早行权的可能性。

12.4 股份支付的会计处理

根据《企业会计准则讲解》的规定，股份支付的会计处理必须以完整、有效的股份支付协议为基础。

（一）授予日

除了立即可行权的股份支付外，无论权益结算的股份支付还是现金结算的股份支付，企业在授予日均不做会计处理。

（二）等待期内每个资产负债表日

企业应当在等待期内的每个资产负债表日，将取得职工或其他方提供的服务计入成本费用，同时确认所有者权益或负债。对于附有市场条件的股份支付，只要职工满足了其他所有非市场条件，企业就应当确认已取得的服务。

等待期长度确定后，业绩条件为非市场条件的，如果后续信息表明需要调整对可行权情况的估计的，则企业应对前期估计进行修改。

在等待期内每个资产负债表日，企业应将取得的职工提供的服务计入成本费用，计入成本费用的金额应当按照权益工具的公允价值计量。

对于以权益结算的涉及职工的股份支付，企业应当按照授予日权益工具的公允价值计入成本费用和资本公积（其他资本公积），不确认其后续公允价值变动；对于以现金结算的涉及职工的股份支付，企业应当按照每个资产负债表日权益工具的公允价值重新计量，确定成本费用和应付职工薪酬。

对于授予的存在活跃市场的期权等权益工具，企业应当按照活跃市场中的报价确定其公允价值。对于授予的不存在活跃市场的期权等权益工具，企业应当采用期权定价模型等确定其公允价值。这时选用的期权定价模型至少应当考虑以下因素：

（1）期权的行权价格。

（2）期权的有效期。

(3) 标的股份的现行价格。
(4) 股价预计波动率。
(5) 股份的预计股利。
(6) 期权有效期内的无风险利率。

在等待期内的每个资产负债表日，企业应当根据最新取得的可行权职工人数变动等后续信息做出最佳估计，修正预计可行权的权益工具数量。在可行权日，最终预计可行权权益工具的数量应当与实际可行权工具的数量一致。

根据上述权益工具的公允价值和预计可行权的权益工具数量，计算截至当期累计应确认的成本费用金额，再减去前期累计已确认金额，作为当期应确认的成本费用金额。

（三）可行权日之后

（1）对于以权益结算的股份支付，企业在可行权日之后不再对已确认的成本费用和所有者权益总额进行调整。企业应在行权日根据行权情况，确认股本和股本溢价，同时结转等待期内确认的资本公积（其他资本公积）。

（2）对于以现金结算的股份支付，企业在可行权日之后不再确认成本费用，负债（应付职工薪酬）公允价值的变动应当计入当期损益（公允价值变动损益）。

（四）回购股份进行职工期权激励

企业以回购股份形式奖励本企业职工的，属于权益结算的股份支付，应当进行以下处理。

1. 回购股份

企业回购股份时，应当将回购股份的全部支出作为库存股处理，同时进行备查登记。

2. 确认成本费用

企业应当在等待期内的每个资产负债表日按照权益工具在授予日的公允价值，将取得的职工服务计入成本费用，同时增加资本公积（其他资本公积）。

3. 职工行权

企业应于职工行权购买本企业股份收到价款时，转销交付职工的库存股成本和等待期内资本公积（其他资本公积）累计金额，同时，按照其差额调整资本公积（股本溢价）。

（五）应用举例

1. 以权益结算的股份支付举例

（1）附服务年限条件的以权益结算的股份支付。

【例12-1】A公司为一上市公司。20×2年1月1日，A公司向其200名管理人员每人授予100股股票期权。这些职员从20×2年1月1日起在该公司连续服务3年，即可以5元每股购买100股A公司股票，从而获益。公司估计该期权在授予日的公允价值为18元。

第一年有20名职员离开A公司，A公司估计3年中离开的职员的比例将达到20%；第二年又有10名职员离开公司，A公司将估计的职员离开比例修正为15%；第三年又有15名职员离开。

（1）费用和资本公积的计算过程如表12-1所示。

表 12-1 费用和资本公积计算表

单位：元

年份	计算	当期费用	累计费用
20×2	200×100×(1-20%)×18×1÷3	96 000	96 000
20×3	200×100×(1-15%)×18×2÷3-96 000	108 000	204 000
20×4	155×100×18-204 000	75 000	279 000

（2）账务处理如下。

①20×2年1月1日。

授予日不做账务处理。

②20×2年12月31日。

借：管理费用　　　　　　　　　　　　　　　　96 000
　　贷：资本公积——其他资本公积　　　　　　　　　96 000

③20×3年12月31日。

借：管理费用　　　　　　　　　　　　　　　　108 000
　　贷：资本公积——其他资本公积　　　　　　　　　108 000

④20×4年12月31日。

借：管理费用　　　　　　　　　　　　　　　　75 000
　　贷：资本公积——其他资本公积　　　　　　　　　75 000

⑤假设全部155名职员都在20×5年12月31日行权，A公司股份面值为1元。

借：银行存款　　　　　　　　　　　　　　　　77 500
　　资本公积——其他资本公积　　　　　　　　　　279 000
　　贷：股本　　　　　　　　　　　　　　　　　　15 500
　　　　资本公积——资本溢价　　　　　　　　　　341 000

（2）附非市场业绩条件的以权益结算的股份支付。

【例12-2】20×2年1月1日，A公司为其100名管理人员每人授予100份股票期权：第一年年末的可行权条件为公司净利润增长率达到20%；第二年年末的可行权条件为公司净利润两年平均增长15%；第三年年末的可行权条件为公司净利润三年平均增长10%。每份期权在20×2年1月1日的公允价值为24元。

（1）20×2年12月31日，权益净利润增长了18%，同时有8名管理人员离开，公司预计20×3年将以同样速度增长，因此预计将于20×3年12月31日可行权。另外，公司预计20×3年12月31日又将有8名管理人员离开公司。

（2）20×3年12月31日，公司净利润仅增长了10%，因此无法达到可行权状态。另外，实际有10名管理人员离开，预计第三年将有12名管理人员离开公司。

（3）20×4年12月31日，公司净利润增长了8%，三年平均增长率为12%，因此达到可行权状态。当年有8名管理人员离开。

【分析】

按照《企业会计准则第11号——股份支付》,本例中的可行权条件是一项非市场业绩条件。

第一年年末,虽然没能实现净利润增长20%的要求,但A公司预计下年将以同样速度增长,因此能实现两年平均年增长15%的要求。所以A公司将其预计等待期调整为两年。由于有8名管理人员离开,所以A公司同时调整了期满(两年)后预计可行权期权的数量(100-8-8)。

第二年年末,虽然两年实现15%增长的目标再次落空,但A公司仍然估计能够在第三年取得较理想的业绩,从而实现3年平均增长10%的目标。所以A公司将其预计等待期调整为3年。由于第二年有10名管理人员离开,高于预计数字,因此,A公司相应调增了第三年预计离开的人数(100-8-10-12)。

第三年年末,目标实现,实际离开人数为8人。A公司根据实际情况确定累计费用,并据此确认了第三年费用和调整。

费用和资本公积的计算过程如表12-2所示。

表12-2 费用和资本公积计算表

单位:元

年份	计算	当期费用	累计费用
20×2	(100-8-8)×100×24×1÷2	100 800	100 800
20×3	(100-8-10-12)×100×24×2÷3-100 800	11 200	112 000
20×4	(100-8-10-8)×100×24-112 000	65 600	177 600

2. 以现金结算的股份支付

【例12-3】20×2年11月,B公司董事会批准了一项股份支付协议。协议规定,20×2年1月1日,B公司为其200名中层以上管理人员每人授予100份现金股票增值权。这些管理人员必须在该公司连续服务3年,即可自20×4年12月31日起根据股价的增长幅度可以行权获得现金。该股票增值权应在2006年12月31日之前行使完毕。B公司估计,该股票增值权在负债结算之前的每一个资产负债表日以及结算日的公允价值和可行权后的每份股票增值权现金支出额如表12-3所示。

表12-3 每份股票增值权现金支出额

单位:元

年份	公允价值	支付现金
20×2	14	
20×3	15	
20×4	18	16
20×5	21	20
20×6		25

（1）第一年有20名管理人员离开B公司，B公司估计3年中还将有15名管理人员离开；第二年又有10名管理人员离开公司，B公司估计还将有10名管理人员离开；第三年又有15名管理人员离开。第三年年末，假定有70人行使股份增值权取得了现金。

费用和应付职工薪酬的计算过程如表12-4所示。

表12-4　股份支付金额确定表

单位：元

年份	负债计算（1）	支付现金（2）	当期费用（3）
20×2	（200−35）×100×14×1÷3=77 000		77 000
20×3	（200−40）×100×15×2÷3=160 000		83 000
20×4	（200−45−70）×100×18=153 000	70×100×16=112 000	105 000
20×5	（200−45−70−50）×100×21=73 500	50×100×20=100 000	20 500
20×6	73 500−73 500=0	35×100×25=87 500	14 000
总额		299 500	299 500

注：（3）=（1）−上期（1）+（2）。

（2）会计处理如下。

①20×2年1月1日授予日不做处理。

②20×2年12月31日。

借：管理费用　　　　　　　　　　　　　　　　　　　　　77 000
　　贷：应付职工薪酬——股份支付　　　　　　　　　　　　77 000

③20×3年12月31日。

借：管理费用　　　　　　　　　　　　　　　　　　　　　83 000
　　贷：应付职工薪酬——股份支付　　　　　　　　　　　　83 000

④20×4年12月31日。

借：管理费用　　　　　　　　　　　　　　　　　　　　　105 000
　　贷：应付职工薪酬——股份支付　　　　　　　　　　　　105 000

借：应付职工薪酬——股份支付　　　　　　　　　　　　　112 000
　　贷：银行存款　　　　　　　　　　　　　　　　　　　　112 000

3. 回购股票进行职工期权激励

《中华人民共和国公司法》第一百四十二条规定，企业可回购本公司股份奖励给本公司职工，用于收购的资金应当从公司的税后利润中支出。这属于权益结算的股份支付。对此，企业应当进行以下处理。

（1）按照公司法规定预留未分配利润。

企业实行职工期权激励所需资金，应控制在当期可供投资者分配的利润数额之内。对于预留的回购股份的全部支出，企业应当通过备查簿入账，借记"利润分配（未分配利润）"科目，贷记"资本公积"科目。

（2）回购股份。

企业在实际回购股份时，应当按照回购股份的全部支出，借记"库存股"科目，同时，贷记"银行存款"科目。

（3）确认成本费用。

企业应当在等待期内的每个资产负债表日，将取得的职工或其他方提供的服务计入成本费用，同时增加资本公积。

（4）职工行权。

职工在行权日应按照期权激励办法规定的价格，行使购买企业股份的权利。

企业应按职工行权时购买本企业股票收到的价款，借记"银行存款"等科目；同时转销等待期内在其他资本公积中累计确认的金额，借记"资本公积——其他资本公积"科目；按回购的库存股成本，贷记"库存股"科目；按照上述借贷方差额，贷记"资本公积——资本溢价"科目。

12.5 披露

根据《企业会计准则第 11 号——股份支付》，企业对股份支付要按照以下要求进行信息披露。

（1）企业应当在附注中披露与股份支付有关的下列信息。

① 当期授予、行权和失效的各项权益工具总额。

② 期末发行在外的股份期权或其他权益工具行权价格的范围和合同剩余期限。

③ 当期行权的股份期权或其他权益工具以其行权日价格计算的加权平均价格。

④ 权益工具公允价值的确定方法。

企业对性质相似的股份支付信息可以合并披露。

（2）企业应当在附注中披露股份支付交易对当期财务状况和经营成果的影响，至少包括下列信息。

① 当期因以权益结算的股份支付而确认的费用总额。

② 当期因以现金结算的股份支付而确认的费用总额。

③ 当期以股份支付换取的职工服务总额及其他方服务总额。

第13章
债务重组

债务重组的会计处理流程如图 13-1 所示。

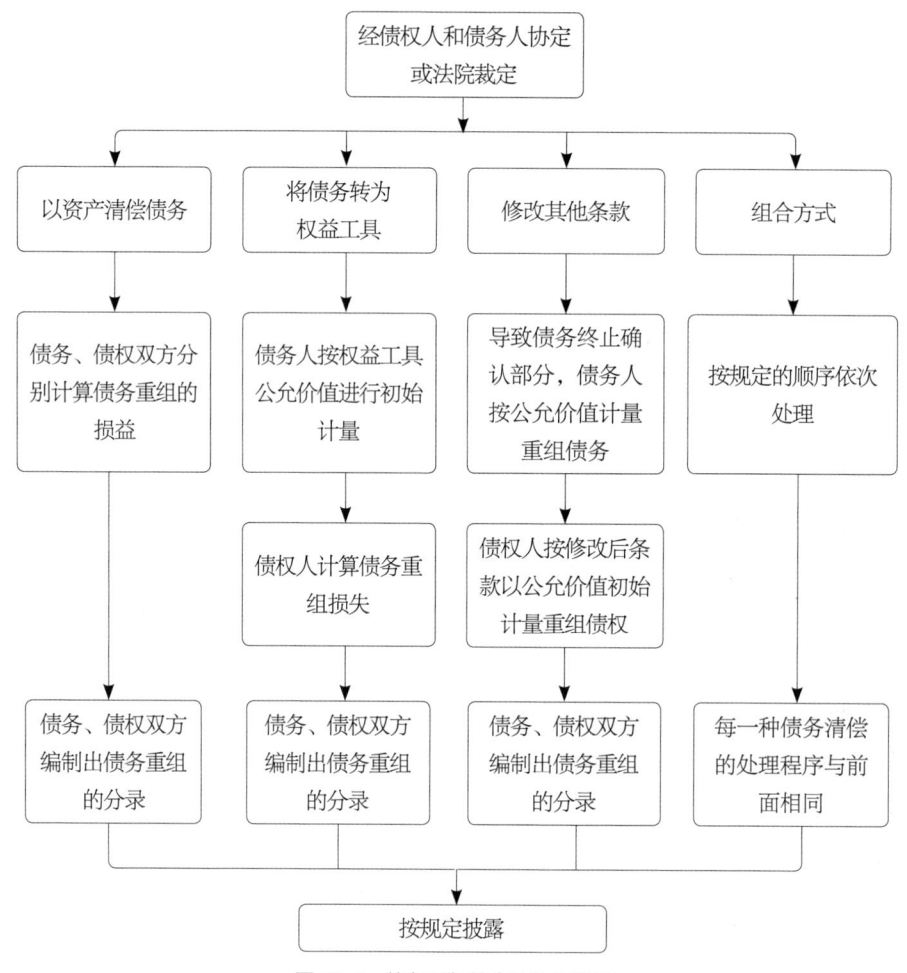

图 13-1 债务重组的会计处理流程

13.1 债务重组基础

13.1.1 债务重组概念

根据《企业会计准则第 12 号——债务重组》规定，债务重组，是指在不改变交易对手方的情况下，经债权人和债务人协定或法院裁定，就清偿债务的时间、金额或方式等重新达成协议的交易。其中债重组涉及的债权和债务是指《企业会计准则第 22 号——金融工具确认和计量》规范的金融工具。

13.1.2 关于债权和债务的范围

债务重组涉及的债权和债务，是指《企业会计准则第 22 号——金融工具确认和计量》规范的债权和债务，不包括合同资产、合同负债、预计负债，但包括租赁应收款和租赁应付款。债务重组中涉及的债权、重组债权、债务、重组债务和其他金融工具的确认、计量和列报，适用《企业会计准则第 22 号——金融工具确认和计量》和《企业会计准则第 37 号——金融工具列报》等金融工具相关准则。

13.1.3 关于债务重组的范围

《企业会计准则第 12 号——债务重组》准则对债务重组范围作出了界定，债务重组的方式主要包括以下几项。

（1）债务人以资产清偿债务；

（2）债务人将债务转为权益工具；

（3）除上述第一项和第二项以外，采用调整债务本金、改变债务利息、变更还款期限等方式修改债权和债务的其他条款，形成重组债权和重组债务。

（4）以上三种方式的组合等。

13.1.4 债务重组的方式

债务重组的方式主要包括：债务人以资产清偿债务、将债务转为权益工具、修改其他条款，以及前述一种以上方式的组合。这些债务重组方式都是通过债权人和债务人重新协定或者法院裁定达成的，与原来约定的偿债方式不同。

（1）债务人以资产清偿债务。

债务人以资产清偿债务，是债务人转让其资产给债权人以清偿债务的债务重组方式。债务人用于偿债的资产通常是已经在资产负债表中确认的资产，例如，现金、应收账款、长期股权投资、投资性房地产、固定资产、在建工程、生物资产、无形资产等。债务人以日常活动产出的商品或服务清偿债务的，用于偿债的资产可能体现为存货等资产。

在受让上述资产后，按照相关会计准则要求及本企业会计核算要求，债权人核算相关受让资产的类别可能与债务人不同。例如，债务人以作为固定资产核算的房产清偿债务，债权人可能将受让的房产作为投资性房地产核算；债务人以部分长期股权投资清偿债务，债权人可能将受让的投资作为金融资产核算；债务人以存货清偿债务，债权人可能将受让的资产作为固定资产核算等。

除上述已经在资产负债表中确认的资产外，债务人也可能以不符合确认条件而未予确认的资产清偿债务。例如，债务人以未确认的内部产生品牌清偿债务，债权人在获得的商标权符合无形资产确认条件的前提下作为无形资产核算。在少数情况下，债务人还可能以处置组（即一组资产和与这些资产直接相关的负债）清偿债务。

（2）债务人将债务转为权益工具。

债务人将债务转为权益工具，这里的权益工具，是指根据《企业会计准则第 37 号——金融工具列报》分类为"权益工具"的金融工具，会计处理上体现为股本、实收资本、资本公积等科目。

实务中,有些债务重组名义上采用"债转股"的方式,但同时附加相关条款,如约定债务人在未来某个时点有义务以某一金额回购股权,或债权人持有的股份享有强制分红权等。对于债务人,这些"股权"可能并不是根据《企业会计准则第37号——金融工具列报》分类为权益工具的金融工具,从而不属于债务人将债务转为权益工具的债务重组方式。债权人和债务人还可能协议以一项同时包含金融负债成分和权益工具成分的复合金融工具替换原债权债务,这类交易也不属于债务人将债务转为权益工具的债务重组方式。

(3) 修改其他条款。

修改债权和债务的其他条款,是债务人不以资产清偿债务,也不将债务转为权益工具,而是改变债权和债务的其他条款的债务重组方式,如调整债务本金、改变债务利息、变更还款期限等。经修改其他条款的债权和债务分别形成重组债权和重组债务。

(4) 组合方式。

组合方式,是采用债务人以资产清偿债务、债务人将债务转为权益工具、修改其他条款三种方式中一种以上方式的组合清偿债务的债务重组方式。例如,债权人和债务人约定,由债务人以机器设备清偿部分债务,将另一部分债务转为权益工具,调减剩余债务的本金,但利率和还款期限不变;再如,债务人以现金清偿部分债务,同时将剩余债务展期等。

13.1.5 用以清偿债务的非现金资产公允价值的计量

债务重组采用非现金资产清偿债务的,非现金资产的公允价值应当按照下列规定进行计量。

(1) 非现金资产属于企业持有的股票、债券、基金等金融资产的,应当按照《企业会计准则第22号——金融工具确认和计量》的规定确定其公允价值。

(2) 非现金资产属于存货、固定资产、无形资产等其他资产且存在活跃市场的,应当以其市场价格为基础确定其公允价值;不存在活跃市场但与其类似资产存在活跃市场的,应当以类似资产的市场价格为基础确定其公允价值。

(3) 采用上述两种方法仍不能确定非现金资产公允价值的,应当采用估值技术等合理的方法确定其公允价值。

13.2 债务重组的会计处理与案例分析

债务重组涉及债务人和债权人两个主体,双方分别进行账务处理。

13.2.1 债务人的会计处理

《企业会计准则第12号——债务重组》对债务人的会计处理规定如下。

(一) 债务人以资产清偿债务

债务重组采用以资产清偿债务方式进行的,债务人应当将所清偿债务账面价值与转让资产账面价值之间的差额计入当期损益。

(1) 债务人以金融资产清偿债务。

债务人以单项或多项金融资产清偿债务的，债务的账面价值与偿债金融资产账面价值的差额，记入"投资收益"科目。偿债金融资产已计提减值准备的，应结转已计提的减值准备。对于以分类为以公允价值计量且其变动计入其他综合收益的债务工具投资清偿债务的，之前计入其他综合收益的累计利得或损失应当从其他综合收益中转出，记入"投资收益"科目。对于以指定为以公允价值计量且其变动计入其他综合收益的非交易性权益工具投资清偿债务的，之前计入其他综合收益的累计利得或损失应当从其他综合收益中转出，记入"盈余公积""利润分配——未分配利润"等科目。

（2）债务人以非金融资产清偿债务。

债务人以单项或多项非金融资产清偿债务，或者以包括金融资产和非金融资产在内的多项资产清偿债务的，不需要区分资产处置损益和债务重组损益，也不需要区分不同资产的处置损益，而应将所清偿债务账面价值与转让资产账面价值之间的差额，记入"其他收益——债务重组收益"科目。偿债资产已计提减值准备的，应结转已计提的减值准备。

债务人以包含非金融资产的处置组清偿债务的，应当将所清偿债务和处置组中负债的账面价值之和，与处置组中资产的账面价值之间的差额，记入"其他收益——债务重组收益"科目。处置组所属的资产组或资产组组合按照《企业会计准则第8号——资产减值》分摊了企业合并中取得的商誉的，该处置组应当包含分摊至处置组的商誉。处置组中的资产已计提减值准备的，应结转已计提的减值准备。

债务人以日常活动产出的商品或服务清偿债务的，应当将所清偿债务账面价值与存货等相关资产账面价值之间的差额，记入"其他收益——债务重组收益"科目。

（二）债务人将债务转为权益工具

债务重组采用将债务转为权益工具方式进行的，债务人初始确认权益工具时，应当按照权益工具的公允价值计量，权益工具的公允价值不能可靠计量的，应当按照所清偿债务的公允价值计量。所清偿债务账面价值与权益工具确认金额之间的差额，记入"投资收益"科目。债务人因发行权益工具而支出的相关税费等，应当依次冲减资本公积（资本溢价或股本溢价）、盈余公积、未分配利润等。

（三）修改其他条款

债务重组采用修改其他条款方式进行的，如果修改其他条款导致债务终止确认，债务人应当按照公允价值计量重组债务，终止确认的债务账面价值与重组债务确认金额之间的差额，记入"投资收益"科目。

如果修改其他条款未导致债务终止确认，或者仅导致部分债务终止确认，对于未终止确认的部分债务，债务人应当根据其分类，继续以摊余成本、以公允价值计量且其变动计入当期损益或其他适当方法进行后续计量。对于以摊余成本计量的债务，债务人应当根据重新议定合同的现金流量变化情况，重新计算该重组债务的账面价值，并将相关利得或损失记入"投资收益"科目。重新计算的该重组债务的账面价值，应当根据将重新议定或修改的合同现金流量按债务的原实际利率或按《企业会计准则第24号——套期会计》第二十三条规定的重新计算的实际利率（如适用）折现的现值确定。对于修改或重新议定合同所产生的成本或费用，债务人应当调整修改后的重组债务的账面价值,并在修改后重组债务的剩余期限内摊销。

(四)组合方式

债务重组采用以资产清偿债务、将债务转为权益工具、修改其他条款等方式的组合进行的,对于权益工具,债务人应当在初始确认时按照权益工具的公允价值计量,权益工具的公允价值不能可靠计量的,应当按照所清偿债务的公允价值计量。对于修改其他条款形成的重组债务,债务人应当参照上文"修改其他条款"部分的内容,确认和计量重组债务。所清偿债务的账面价值与转让资产的账面价值以及权益工具和重组债务的确认金额之和的差额,记入"其他收益——债务重组收益"或"投资收益"(仅涉及金融工具时)科目。

13.2.2 债权人的会计处理

《企业会计准则第12号——债务重组》对债权人的会计处理规定如下。

(一)以资产清偿债务或将债务转为权益工具

债务重组采用以资产清偿债务或者将债务转为权益工具方式进行的,债权人应当在受让的相关资产符合其定义和确认条件时予以确认。

(1)债权人受让金融资产。

债权人受让包括现金在内的单项或多项金融资产的,应当按照《企业会计准则第22号——金融工具确认和计量》的规定进行确认和计量。金融资产初始确认时应当以其公允价值计量,金融资产确认金额与债权终止确认日账面价值之间的差额,记入"投资收益"科目。但是,收取的金融资产的公允价值与交易价格(即放弃债权的公允价值)存在差异的,应当按照《企业会计准则第22号——金融工具确认和计量》第三十四条的规定处理。

(2)债权人受让非金融资产。

债权人初始确认受让的金融资产以外的资产时,应当按照下列原则以成本计量。

① 存货的成本,包括放弃债权的公允价值,以及使该资产达到当前位置和状态所发生的可直接归属于该资产的税金、运输费、装卸费、保险费等其他成本。

② 对联营企业或合营企业投资的成本,包括放弃债权的公允价值,以及可直接归属于该资产的税金等其他成本。

③ 投资性房地产的成本,包括放弃债权的公允价值,以及可直接归属于该资产的税金等其他成本。

④ 固定资产的成本,包括放弃债权的公允价值,以及使该资产达到预定可使用状态前所发生的可直接归属于该资产的税金、运输费、装卸费、安装费、专业人员服务费等其他成本。确定固定资产成本时,应当考虑预计弃置费用因素。

⑤ 生物资产的成本,包括放弃债权的公允价值,以及可直接归属于该资产的税金、运输费、保险费等其他成本。

⑥ 无形资产的成本,包括放弃债权的公允价值,以及可直接归属于使该资产达到预定用途所发生的税金等其他成本。放弃债权的公允价值与账面价值之间的差额,记入"投资收益"科目。

(3)债权人受让多项资产。

债权人受让多项非金融资产，或者包括金融资产、非金融资产在内的多项资产的，应当按照《企业会计准则第 22 号——金融工具确认和计量》的规定确认和计量受让的金融资产；按照受让的金融资产以外的各项资产在债务重组合同生效日的公允价值比例，对放弃债权在合同生效日的公允价值扣除受让金融资产当日公允价值后的净额进行分配，并以此为基础分别确定各项资产的成本。放弃债权的公允价值与账面价值之间的差额，记入"投资收益"科目。

（4）债权人受让处置组。

债务人以处置组清偿债务的，债权人应当分别按照《企业会计准则第 22 号——金融工具确认和计量》和其他相关准则的规定，对处置组中的金融资产和负债进行初始计量，然后按照金融资产以外的各项资产在债务重组合同生效日的公允价值比例，对放弃债权在合同生效日的公允价值以及承担的处置组中负债的确认金额之和，扣除受让金融资产当日公允价值后的净额进行分配，并以此为基础分别确定各项资产的成本。放弃债权的公允价值与账面价值之间的差额，记入"投资收益"科目。

（5）债权人将受让的资产或处置组划分为持有待售类别。

债务人以资产或处置组清偿债务，且债权人在取得日未将受让的相关资产或处置组作为非流动资产和非流动负债核算，而是将其划分为持有待售类别的，债权人应当在初始计量时，比较假定其不划分为持有待售类别情况下的初始计量金额和公允价值减去出售费用后的净额，以两者孰低计量。

（二）修改其他条款

债务重组采用以修改其他条款方式进行的，如果修改其他条款导致全部债权终止确认，债权人应当按照修改后的条款以公允价值初始计量新的金融资产，新金融资产的确认金额与债权终止确认日账面价值之间的差额，记入"投资收益"科目。

如果修改其他条款未导致债权终止确认，债权人应当根据其分类，继续以摊余成本、以公允价值计量且其变动计入其他综合收益，或者以公允价值计量且其变动计入当期损益进行后续计量。对于以摊余成本计量的债权，债权人应当根据重新议定合同的现金流量变化情况，重新计算该重组债权的账面余额，并将相关利得或损失记入"投资收益"科目。重新计算的该重组债权的账面余额，应当根据将重新议定或修改的合同现金流量按债权原实际利率折现的现值确定，购买或源生的已发生信用减值的重组债权，应按经信用调整的实际利率折现。对于修改或重新议定合同所产生的成本或费用，债权人应当调整修改后的重组债权的账面价值，并在修改后重组债权的剩余期限内摊销。

（三）组合方式

债务重组采用组合方式进行的，一般可以认为对全部债权的合同条款做出了实质性修改，债权人应当按照修改后的条款，以公允价值初始计量新的金融资产和受让的新金融资产，按照受让的金融资产以外的各项资产在债务重组合同生效日的公允价值比例，对放弃债权在合同生效日的公允价值扣除受让金融资产和重组债权当日公允价值后的净额进行分配，并以此为基础分别确定各项资产的成本。放弃债权的公允价值与账面价值之间的差额，记入"投资收益"科目。

13.2.3 债务重组的案例分析

（一）以资产清偿债务

【例13-1】 甲公司欠乙公司购货款350 000元。由于甲公司财务发生困难，短期内不能支付已于2×19年5月1日到期的货款。2×19年7月1日，经双方协商，乙公司同意甲公司以其生产的产品偿还债务。该产品的公允价值为200 000元，实际成本为120 000元。甲公司为增值税一般纳税人，适用的增值税税率为13%。乙公司于2×19年8月1日收到甲公司抵债的产品，并作为库存商品入库；乙公司对该项应收账款计提了50 000元的坏账准备。

（1）甲公司的账务处理。

①计算债务重组利得。

应付账款的账面余额	350 000
减：所转让产品的公允价值	200 000
增值税销项税额（200 000×13%）	26 000
债务重组利得	124 000

②应编制会计分录如下。

借：应付账款	350 000	
贷：主营业务收入		200 000
应交税费——应交增值税（销项税额）		26 000
其他收益——债务重组收益		124 000
借：主营业务成本	120 000	
贷：库存商品		120 000

在本例中，甲公司销售产品取得的利润体现在营业利润中，债务重组利得作为其他收益处理。

（2）乙公司的账务处理。

①计算债务重组损失。

应收账款账面余额	350 000
减：受让资产的公允价值	200 000
增值税进项税额	26 000
差额	124 000
减：已计提坏账准备	50 000
债务重组损失	74 000

②应编制会计分录如下。

借：库存商品	200 000	
应交税费——应交增值税（进项税额）	26 000	
坏账准备	50 000	
其他收益——债务重组损失	74 000	
贷：应收账款		350 000

【例 13-2】 甲公司于 2×19 年 1 月 1 日销售给乙公司一批材料,价值 400 000 元(包括应收取的增值税)。按购销合同约定,乙公司应于 2×19 年 10 月 31 日前支付货款,但至 2×20 年 1 月 31 日乙公司尚未支付货款。由于乙公司财务发生困难,短期内不能支付货款。2×20 年 2 月 3 日,经协商,甲公司同意乙公司以一台设备偿还债务。该项设备的账面原价为 350 000 元,已提折旧 50 000 元,设备的公允价值为 360 000 元(假定企业转让该项设备不需要交纳增值税)。

甲公司对该项应收账款已提取坏账准备 20 000 元。抵债设备已于 2×20 年 3 月 10 日运抵甲公司。假定不考虑该项债务重组的相关税费。

(1) 乙公司的账务处理。

① 固定资产的账面价值	300 000
固定资产账面原价	350 000
折旧	50 000
② 重组债务公允价值	400 000

③ 应编制会计分录如下。

将固定资产净值转入固定资产清理。

借:固定资产清理　　　　　　　　　　　　　　　　　　300 000
　　累计折旧　　　　　　　　　　　　　　　　　　　　 50 000
　　　贷:固定资产　　　　　　　　　　　　　　　　　　　　350 000

确认债务重组利得。

借:应付账款　　　　　　　　　　　　　　　　　　　　400 000
　　　贷:固定资产清理　　　　　　　　　　　　　　　　　　300 000
　　　　　其他收益——债务重组收益　　　　　　　　　　　100 000

(2) 甲公司的账务处理。

① 计算债务重组损失。

应收账款账面余额	400 000
减:受让资产的公允价值	360 000
差额	40 000
减:已计提坏账准备	20 000
债务重组损失	20 000

② 应编制会计分录如下。

借:固定资产　　　　　　　　　　　　　　　　　　　　360 000
　　坏账准备　　　　　　　　　　　　　　　　　　　　 20 000
　　其他收益——债务重组损失　　　　　　　　　　　　 20 000
　　　贷:应收账款　　　　　　　　　　　　　　　　　　　　400 000

【例 13-3】 甲公司于 2×19 年 7 月 1 日销售给乙公司一批产品,价值 450 000 元(包括应收取的增值税),乙公司于 2×19 年 7 月 1 日开出 6 个月承兑的商业汇票。乙公司于 2×19

年12月31日尚未支付货款。由于乙公司财务发生困难，短期内不能支付货款。当日经与甲公司协商，甲公司同意乙公司以其所拥有的以公允价值计量且其变动计入当期损益的某公司股票抵偿债务。乙公司该股票的账面价值为400 000元（假定该资产账面公允价值变动额为0），当日的公允价值为380 000元。假定甲公司为该项应收账款提取了坏账准备40 000元。用于抵债的股票于当日即办理相关转让手续，甲公司将取得的股票作为以公允价值计量且其变动计入当期损益的金融资产处理。债务重组前甲公司已将该项应收票据转入应收账款；乙公司已将应付票据转入应付账款。假定不考虑与商业汇票或者应付款项有关的利息。

（1）乙公司的账务处理。

①计算债务重组利得。

应付账款的账面余额	450 000
减：股票的公允价值	380 000
债务重组利得	70 000

②计算转让股票损益。

股票的公允价值	380 000
减：股票的账面价值	400 000
转让股票损益	−20 000

③应编制会计分录如下。

借：应付账款	450 000	
投资收益	20 000	
贷：交易性金融资产		400 000
投资收益		70 000

（2）甲公司的账务处理。

①计算债务重组损失。

应收账款账面余额	450 000
减：受让股票的公允价值	380 000
差额	70 000
减：已计提坏账准备	40 000
债务重组损失	30 000

②应编制会计分录如下。

借：交易性金融资产	380 000	
投资收益	30 000	
坏账准备	40 000	
贷：应收账款		450 000

（二）债务转为权益工具

以债务转为资本方式进行债务重组的，应分别以下情况处理。

（1）通过债务重组形成企业合并的，适用《企业会计准则第20号——企业合并》。

（2）债务重组中涉及的债权、重组债权、债务、重组债务和其他金融工具的确认、计量和列报，分别适用《企业会计准则第22号——金融工具确认和计量》和《企业会计准则第37号——金融工具列报》。

（3）债权人或债务人中的一方直接或间接对另一方持股且以股东身份进行债务重组的，或者债权人与债务人在债务重组前后均受同一方或相同的多方最终控制，且该债务重组的交易实质是债权人或债务人进行了权益性分配或接受了权益性投入的，适用权益性交易的有关会计处理规定。

以债转股形式进行债务重组的，债务人按照权益工具的公允价值对权益工具进行初始计量，清偿债务的账面价值与权益工具公允价值之间的差额，计入当期损益。当权益工具公允价值不能可靠计量时，应当按照所清偿债务的公允价值对权益工具进行初始计量。

【例13-4】2×19年7月1日，甲公司应收乙公司账款的账面余额为60 000元，由于乙公司发生财务困难，无法偿付应付账款。经双方协商同意，甲公司采取将乙公司所欠债务转为乙公司股本的方式进行债务重组，假定乙公司普通股的面值为1元，乙公司以20 000股抵偿该项债务，股票每股市价为2.5元。甲公司对该项应收账款计提了坏账准备2 000元。股票登记手续已办理完毕，甲公司对其作为长期股权投资处理。

（1）乙公司的账务处理。

①计算应计入资本公积的金额。

股票的公允价值	50 000
减：股票的面值总额	20 000
应计入资本公积	30 000

②计算应确认的债务重组利得。

债务账面价值	60 000
减：股票的公允价值	50 000
债务重组利得	10 000

③应编制会计分录如下。

借：应付账款	60 000	
贷：股本		20 000
资本公积——股本溢价		30 000
投资收益		10 000

（2）甲公司的账务处理。

①计算债务重组损失。

应收账款账面余额	60 000
减：所转股权的公允价值	50 000
差额	10 000
减：已计提坏账准备	2 000
债务重组损失	8 000

②应编制会计分录如下。

借：长期股权投资	50 000
投资收益	8 000
坏账准备	2 000
贷：应收账款	60 000

（三）修改其他债务条件

以修改其他债务条件进行债务重组的，债务人和债权人应分别以下情况处理。

（1）债权人首先按照《企业会计准则第22号——金融工具确认和计量》确认受让的金融资产和重组债权；其次，将放弃债权的公允价值扣除受让金融资产和重组债权后的净额，按照受让的金融资产以外的各项资产的公允价值比例进行分配，据以确定各项资产的成本；最后，将放弃债权的公允价值与账面价值之间的差额计入当期损益。

（2）债务人首先按照《企业会计准则第22号——金融工具确认和计量》确认重组后债务和权益工具的公允价值，然后再将所清偿债务的账面价值与转让资产的账面价值以及权益工具和重组债务的确认金额之间的差额，计入当期损益。即：债务重组损益=债务账面价值－重组后债务金额－权益工具公允价值－转让的各项资产账面价值。

【例13-5】甲公司2×19年12月31日应收乙公司票据的账面余额为65 400元，其中，5 400元为累计未付的利息，票面年利率为4%。由于乙公司连年亏损，资金周转困难，不能偿付应于2×19年12月31日前支付的应付票据。经双方协商，于2×20年1月5日进行债务重组。甲公司同意将债务本金减至50 000元；免去债务人所欠的全部利息；将利率从4%降低到2%（等于实际利率），并将债务到期日延至2×21年12月31日，利息按年支付。该项债务重组协议从协议签订日起开始实施。甲、乙公司已将应收、应付票据转入应收、应付账款。甲公司已为该项应收款项计提了5 000元坏账准备。

（1）乙公司的账务处理。

①计算债务重组利得。

应付账款的账面余额	65 400
减：重组后债务公允价值	50 000
债务重组利得	15 400

②债务重组时的会计分录。

借：应付账款	65 400
贷：应付账款——债务重组	50 000
其他收益——债务重组收益	15 400

③2×20年12月31日，支付利息。

借：财务费用	1 000
贷：银行存款	（50 000×2%）1 000

④2×21年12月31日，偿还本金和最后一年利息。

借：应付账款——债务重组	50 000
财务费用	1 000

贷：银行存款		51 000

（2）甲公司的账务处理。

①计算债务重组损失。

应收账款账面余额		65 400
减：重组后债权公允价值		50 000
差额		15 400
减：已计提坏账准备		5 000
债务重组损失		10 400

②债务重组日的会计分录。

借：应收账款——债务重组		50 000
其他收益——债务重组损失		10 400
坏账准备		5 000
贷：应收账款		65 400

③2×20年12月31日，收到利息。

借：银行存款		1 000
贷：财务费用	（50 000×2%）	1 000

④2×21年12月31日，收到本金和最后一年利息。

借：银行存款		51 000
贷：财务费用		1 000
应收账款		50 000

13.3　披露

债权人应当在附注中披露与债务重组有关的下列信息。

（1）根据债务重组方式，分组披露债权账面价值和债务重组相关损益。

（2）债务重组导致的对联营企业或合营企业的权益性投资增加额，以及该投资占联营企业或合营企业股份总额的比例。

债务人应当在附注中披露与债务重组有关的下列信息。

（3）根据债务重组方式，分组披露债务账面价值和债务重组相关损益。

（4）债务重组导致的股本等所有者权益的增加额。

第14章
或有事项

《企业会计准则第 13 号——或有事项》（简称"或有事项准则"）的主要内容如图 14-1 所示。

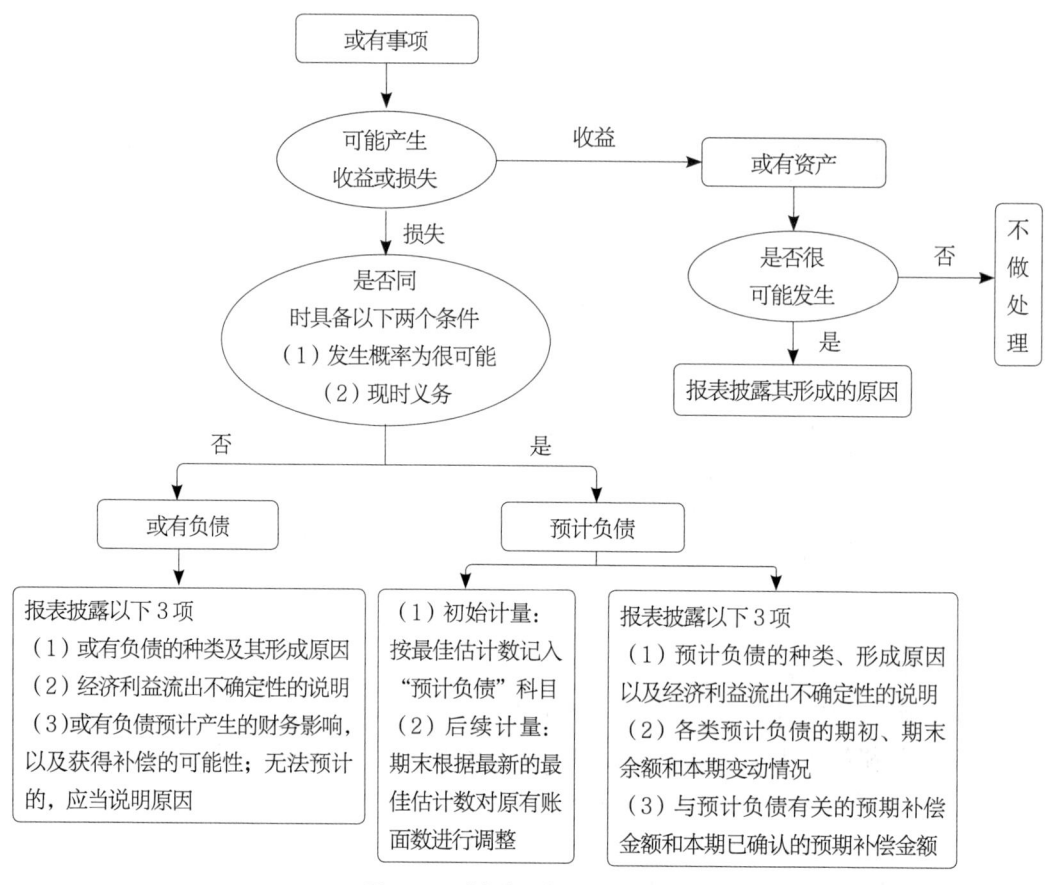

图 14-1 或有事项准则的主要内容

14.1 或有事项概述

14.1.1 或有事项的定义

《企业会计准则第 13 号——或有事项》对或有事项的定义为：或有事项是指过去的交易或者事项形成的，其结果须由某些未来事项的发生或不发生才能决定的不确定事项。

14.1.2 或有事项的基本特征

根据上述或有事项的定义，《〈企业会计准则第 13 号——或有事项〉解释》列出了或有事项的三项基本特征，具体如下。

（1）由过去的交易或事项形成，是指或有事项的现存状况是过去的交易或事项引起的客观存在。

例如，未决诉讼虽然是正在进行当中的诉讼，但该诉讼是企业因过去的经济行为导致起诉其他单位或被其他单位起诉。这是现存的一种状况而不是未来将要发生的事项。未来可能发生的自然灾害、交通事故、经营亏损等，不属于或有事项。

（2）结果具有不确定性，是指或有事项的结果是否发生具有不确定性，或者或有事项的结果预计将会发生，但发生的具体时间或金额具有不确定性。

例如，债务担保事项在担保方到期时是否一定承担和履行连带责任，需要根据被担保方债务到期时能否按时还款加以确定。这一事项的结果在担保协议达成时具有不确定性。

（3）由未来事项决定，是指或有事项的结果只能由未来不确定事项的发生或不发生才能决定。

例如，未决诉讼只有等到法院判决才能决定其结果；债务担保事项只有在被担保方到期无力还款时，企业（担保方）才承担连带责任。

常见的或有事项主要包括未决诉讼或仲裁、债务担保、产品质量保证（含产品安全保证）、承诺、亏损合同、重组义务、商业承兑汇票背书转让或贴现等，其中，亏损合同、重组义务是《企业会计准则第 13 号——或有事项》特别规定的或有事项。

14.2 确认和计量

14.2.1 或有事项的确认

《企业会计准则第 13 号——或有事项》规定，与或有事项相关的义务同时满足下列条件的，应当确认为预计负债。

（一）该义务是企业承担的现时义务

该义务是企业承担的现时义务是指与或有事项相关的义务是在企业当前条件下已承担的义务。企业没有其他现实的选择，只能履行该现时义务，如法律要求企业履行、有关各方形成企业将履行现时义务的合理预期等。

（二）履行该义务很可能导致经济利益流出企业

履行该义务很可能导致经济利益流出企业，是指履行与或有事项相关的现时义务时，导致经济利益流出企业的可能性超过 50% 但尚未达到基本确定的程度。

履行或有事项相关义务导致经济利益流出企业的可能性，通常应当结合表 14-1 所示的情况加以判断。

表 14-1 履行或有事项相关义务导致经济利益流出企业的可能性

结果的可能性	对应的概率区间
基本确定	大于 95% 但小于 100%
很可能	大于 50% 但小于或等于 95%
可能	大于 5% 但小于或等于 50%
极小可能	大于 0 但小于或等于 5%

(三)该义务的金额能够可靠计量

该义务的金额能够可靠计量,是指与或有事项相关的现时义务的金额能够合理地估计。估计或有事项相关现时义务的金额,企业应当考虑下列因素。

(1)企业应当充分考虑与或有事项有关的风险和不确定性,并在低估和高估预计负债金额之间寻找平衡点。

(2)相关现时义务的金额通常应当等于未来应支付的金额。未来应支付金额与其现值相差较大的,如油井或核电站的弃置费用等,应当按照未来应支付金额的现值确定。

(3)企业应当考虑可能影响履行现时义务所需金额的相关未来事项,如未来技术进步、相关法规出台等。

(4)企业不应考虑预期处置相关资产的利得。

14.2.2 预计负债的计量

预计负债应当按照履行相关现时义务所需支出的最佳估计数进行初始计量。企业不应当就未来经营亏损确认预计负债。

(一)最佳估计数的确定

(1)所需支出存在一个连续范围,且该范围内各种结果发生的可能性是相同的,则最佳估计数应当按照该范围内的中间值确定。

【例14-1】20×8年12月27日,甲企业因合同违约而涉及一桩诉讼案。根据企业的法律顾问判断,最终的判决很可能对甲企业不利。20×8年12月31日,甲企业尚未接到法院的判决,因诉讼须承担的赔偿金额也无法准确地确定。不过,据专业人士估计,赔偿金额可能是80万元至100万元的某一金额,而且这个区间内每个金额的可能性都大致相同。

此例中,甲企业应在20×8年12月31日的资产负债表中确认一项负债,金额为(80+100)÷2=90(万元)。

(2)在其他情况下,最佳估计数应当分别下列情况处理。

① 或有事项涉及单个项目的,按照最可能发生的金额确定。

② 或有事项涉及多个项目的,按照各种可能结果及相关概率计算确定。

【例14-2】20×8年10月2日,乙股份有限公司涉及一起诉讼案。20×8年12月31日,乙股份有限公司尚未接到法院的判决。在咨询了公司的法律顾问后,乙股份有限公司认为胜诉的可能性为40%,败诉的可能性为60%。如果败诉,需要赔偿2 000 000元。此时,乙股份有限公司在资产负债表中确认的负债金额应为最可能发生的金额,即2 000 000元。

(二)确定最佳估计数时应考虑的因素

企业在确定最佳估计数时,应当综合考虑与或有事项有关的风险、不确定性和货币时间价值等因素。

货币时间价值影响重大的,企业应当通过对相关未来现金流出进行折现后确定最佳估计数。

(三)补偿金额的确定

企业清偿预计负债所需支出全部或部分预期由第三方补偿的,补偿金额只有在基本确定能够收到时才能作为资产单独确认。确认的补偿金额不应当超过预计负债的账面价值。

【例14-3】20×8年12月31日,乙股份有限公司因或有事项而确认了一笔金额为1 000 000元的负债;同时,乙股份有限公司因该或有事项,基本确定可从甲股份有限公司获得400 000元的赔偿。

本例中,乙股份有限公司应分别确认一项金额为1 000 000元的负债和一项金额为400 000元的资产,而不能只确认一项金额为600 000(1 000 000-400 000)元的负债。同时,该公司所确认的补偿金额(400 000元)不能超过所确认的负债的账面价值(1 000 000元)。

(四)亏损合同

待执行合同变成亏损合同的,该亏损合同产生的义务满足预计负债确认条件的,应当确认为预计负债。待执行合同是指合同各方尚未履行任何合同义务,或部分地履行了同等义务的合同。亏损合同是指履行合同义务不可避免会发生的成本超过预期经济利益的合同。

《〈企业会计准则第13号——或有事项〉解释》进行了补充说明:企业与其他企业签订的商品销售合同、劳务提供合同、让渡资产使用权合同、租赁合同等,均属于待执行合同;待执行合同不属于《企业会计准则第13号——或有事项》规范的内容;待执行合同变为亏损合同的,应当作为《企业会计准则第13号——或有事项》规范的或有事项。

企业在履行合同义务过程中发生的成本可能出现超过预期经济利益的情况时,待执行合同即变成了亏损合同。此时,如果与该合同相关的义务不需支付任何补偿即可撤销,通常不存在现时义务,不应确认预计负债。如果与该合同相关的义务不可撤销,企业就存在了现时义务,同时满足该义务很可能导致经济利益流出企业和金额能够可靠计量的,通常应当确认预计负债。

【例14-4】某公司于20×7年1月采用经营租赁方式租入生产线生产产品,租赁期3年,生产的产品预计每年均可获利。20×8年12月,市政规划要求该公司迁址,加之宏观政策调整,该公司决定停产上述产品。原经营租赁合同为不可撤销合同,还要持续1年,生产线无法转租给其他单位。此时,该公司执行原经营租赁合同发生的费用很可能超过预期获得的经济利益,该租赁合同变为亏损合同,应当在20×8年12月31日根据未来期间(20×9年)应支付的租金确认预计负债。

待执行合同变为亏损合同时,合同存在标的资产的,企业应当对标的资产进行减值测试并按规定确认减值损失,通常不确认预计负债;合同不存在标的资产的,亏损合同相关义务满足规定条件时,应当确认预计负债。

例如,商品销售合同属于待执行合同。在其售价低于成本时,该合同即变为亏损合同,属于《企业会计准则第13号——或有事项》规范的或有事项。如果该合同存在标的资产(存货),则企业应当确认减值损失和存货跌价准备,不确认预计负债;如果合同不存在标的资产(存货),则企业应在满足确认条件时确认预计负债。

（五）重组义务确认为预计负债

1. 重组义务

《企业会计准则第 13 号——或有事项》规定，企业承担的重组义务满足预计负债确认条件的，应当确认预计负债。若同时存在下列情况，则表明企业承担了重组义务。

（1）有详细、正式的重组计划，包括重组涉及的业务、主要地点、需要补偿的职工人数及其岗位性质、预计重组支出、计划实施时间等。

（2）该重组计划已对外公告。

2. 重组事项

重组是指企业制定和控制的，将显著改变企业组织形式、经营范围或经营方式的计划实施行为。

《〈企业会计准则第 13 号——或有事项〉解释》列举了重组的事项，主要包括以下几类。

（1）出售或终止企业的部分业务。

（2）对企业的组织结构进行较大调整。

（3）关闭企业的部分营业场所，或将营业活动由一个国家或地区迁移到其他国家或地区。

3. 重组与企业合并和债务重组的区别

重组通常是企业内部资源的调整和组合，谋求现有资产效能的最大化；企业合并是在不同企业之间的资本重组和规模扩张；债务重组是债权人对债务人做出让步，债务人减轻债务负担，债权人尽可能减少损失。

例如，某公司董事会决定关闭一个事业部。如果有关决定尚未传达到受影响的各方，也未采取任何措施实施该项决定，则表明该公司没有承担重组义务，不应确认预计负债；如果有关决定已经传达到受影响的各方，各方预期公司将关闭该事业部，则通常表明公司开始承担重组义务，同时满足预计负债确认条件的，应当确认预计负债。

企业应当按照与重组有关的直接支出确定预计负债金额。直接支出不包括留用职工岗前培训、市场推广、新系统和营销网络投入等支出。

14.2.3 对预计负债账面价值的复核

《企业会计准则第 13 号——或有事项》规定，企业应当在资产负债表日对预计负债的账面价值进行复核。有确凿证据表明该账面价值不能真实反映当前最佳估计数的，企业应当按照当前最佳估计数对该账面价值进行调整。

例如，某化工企业对环境造成了污染，按照当时的法律规定，该企业只需要对污染进行清理。随着国家对环境保护越来越重视，按照现在的法律规定，该企业不但需要对污染进行清理，还很可能要对居民进行赔偿。这种法律要求的变化会对企业预计负债的计量产生影响。企业应当在资产负债表日对为此确认的预计负债金额进行复核。当相关因素发生变化，表明预计负债金额不再能反映真实情况时，则企业需要按照当前情况下企业清理和赔偿支出的最佳估计数对预计负债的账面价值进行相应的调整。

14.2.4 或有负债和或有资产

《企业会计准则第 13 号——或有事项》规定，企业不应当确认或有负债和或有资产。

或有负债是指过去的交易或者事项形成的潜在义务，其存在须通过未来不确定事项的发生或不发生予以证实；或过去的交易或者事项形成的现时义务，履行该义务不是很可能导致经济利益流出企业或该义务的金额不能可靠计量。

或有资产是指过去的交易或者事项形成的潜在资产，其存在须通过未来不确定事项的发生或不发生予以证实。

14.3 披露

《企业会计准则第 13 号——或有事项》规定，企业应当在附注中披露与或有事项有关的下列信息。

（一）预计负债

（1）预计负债的种类、形成原因以及经济利益流出不确定性的说明。

（2）各类预计负债的期初、期末余额和本期变动情况。

（3）与预计负债有关的预期补偿金额和本期已确认的预期补偿金额。

（二）或有负债（不包括极小可能导致经济利益流出企业的或有负债）

（1）或有负债的种类及其形成原因，包括已贴现商业承兑汇票、未决诉讼、未决仲裁、对外提供担保等形成的或有负债。

（2）经济利益流出不确定性的说明。

（3）或有负债预计产生的财务影响，以及获得补偿的可能性；无法预计的，应当说明原因。

（三）企业通常不应当披露或有资产

不过，或有资产很可能会给企业带来经济利益的，应当披露其形成的原因、预计产生的财务影响等。

在涉及未决诉讼、未决仲裁的情况下，披露全部或部分信息预期对企业造成重大不利影响的，企业无须披露这些信息，但应当披露该未决诉讼、未决仲裁的性质，以及没有披露这些信息的事实和原因。

第15章
收 入

收入的会计处理框架如图 15-1 所示。

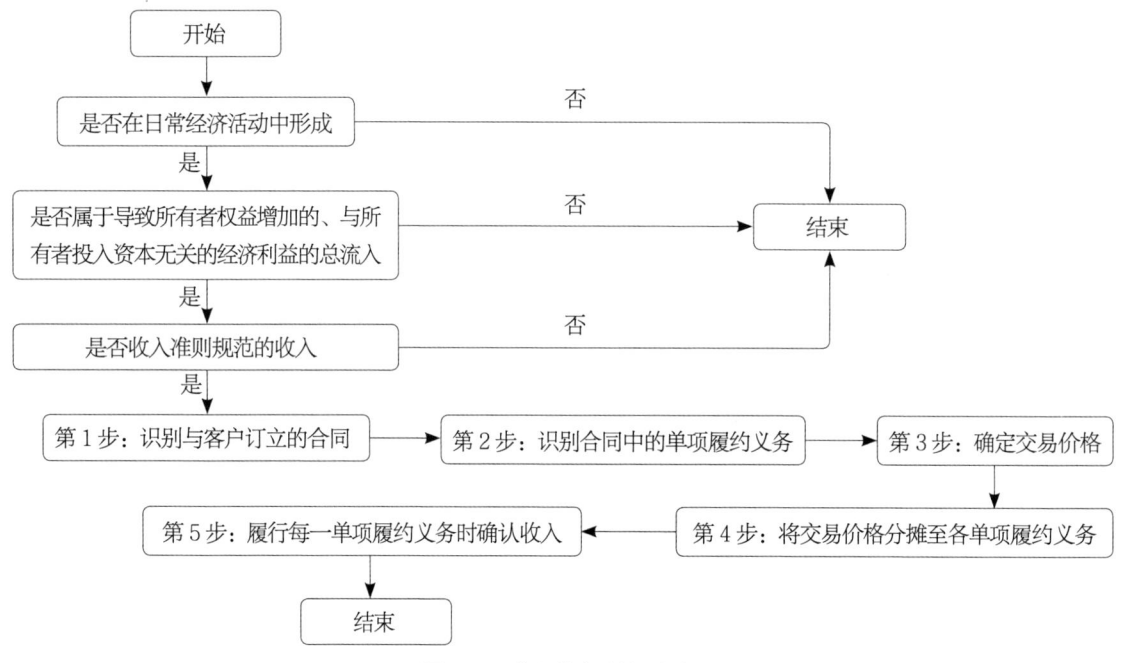

图 15-1 收入的会计处理框架

15.1 收入的定义及核算范围

15.1.1 收入的定义

根据《企业会计准则第 14 号——收入》（以下简称"收入准则"）第二条，收入是指企业在日常活动中形成的、会导致所有者权益增加的、与所有者投入资本无关的经济利益的总流入。

15.1.2 收入的核算范围

收入准则适用于所有与客户之间的合同，但下列各项除外。

（1）由《企业会计准则第 2 号——长期股权投资》、《企业会计准则第 22 号——金融工具确认和计量》、《企业会计准则第 23 号——金融资产转移》、《企业会计准则第 24 号——套期会计》、《企业会计准则第 33 号——合并财务报表》以及《企业会计准则第 40 号——合营安排》规范的金融工具及其他合同权利和义务，分别适用《企业会计准则第 2 号——长期股权投资》、《企业会计准则第 22 号——金融工具确认和计量》、《企业会计准则第 23 号——金融资产转移》

《企业会计准则第 24 号——套期会计》、《企业会计准则第 33 号——合并财务报表》以及《企业会计准则第 40 号——合营安排》。

（2）由《企业会计准则第 21 号——租赁》规范的租赁合同，适用《企业会计准则第 21 号——租赁》。

（3）由保险合同相关会计准则规范的保险合同，适用保险合同相关会计准则。

其中，收入准则所称客户，是指与企业订立合同以向该企业购买其日常活动产出的商品或服务（以下简称"商品"）并支付对价的一方。收入准则所称合同，是指双方或多方之间订立有法律约束力的权利义务的协议。合同有书面形式、口头形式以及其他形式。

15.1.3 收入的确认标准与流程

（一）收入的确认标准

根据财政部 2017 年发布的收入准则，企业应当在履行了合同中的履约义务，即在客户取得相关商品控制权时确认收入。

取得相关商品控制权，是指能够主导该商品的使用并从中获得几乎全部的经济利益。

【例 15-1】甲公司销售一批商品给乙公司。乙公司已根据甲公司开出的发票账单支付了货款，取得了提货单，但甲公司尚未将商品移交乙公司。

根据本例的资料，甲公司采用交款提货的销售方式，即购买方已根据销售方开出的发票账单支付货款，并取得卖方开出的提货单。在这种情况下，购买方支付货款并取得提货单，但如果购买方此时仍不能主导该商品的使用并从中获得几乎全部的经济利益，甲公司在该状况下仍不能确认其收入的实现。

【例 15-2】甲公司是一家电子商务公司，其商务平台在 6 月 18 日开展大型促销活动，其自营商品在 6 月 18 日当天接受客户大量订单，并且订单已支付。同时，由于订单量激增，大量货物延迟到 6 月 25 日发货，部分货物在 6 月 30 日 24 点尚在运输路途中。判断甲公司能否在签约收款后，或者发出商品时确认收入？

根据收入的确认原则，结合本例的资料，甲公司对收入的判断基准如下。

（1）客户能够主导该商品的使用并从中获得几乎全部的经济利益。

（2）企业已经将该商品转移给客户，即客户已实物占有该商品。

（3）客户已接受该商品。

显然，本例中在运输途中的货物的销售不符合上述条件，因此，甲公司在签约收款后，或者发出商品时不应该确认收入。

（二）收入的确认流程

企业在确认收入时一般遵循一定的判断依据与流程。根据收入准则第九条，合同开始日，企业应当对合同进行评估，识别该合同所包含的各单项履约义务，并确定各单项履约义务是在某一时段内履行，还是在某一时点履行，然后，在履行了各单项履约义务时分别确认收入。相关流程如图 15-2 所示。

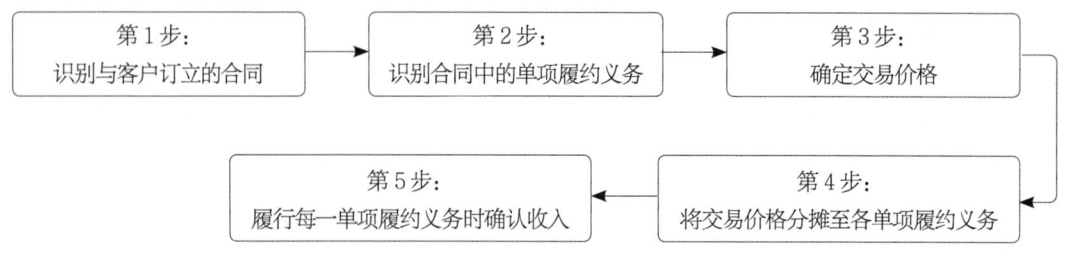

图 15-2 收入的确认流程

15.2 收入的确认

15.2.1 识别与客户订立的合同

（一）合同的识别（在合同开始日即满足收入确认的前提条件，在客户取得相关商品控制权时确认收入）

1. 企业因向客户转让商品而有权取得的对价很可能不能收回

【例 15-3】甲房地产开发公司（以下简称"甲公司"）与乙公司签订合同，向其销售一栋建筑物，合同价款为 100 万元。该建筑物的成本为 60 万元，乙公司在合同开始日即取得了该建筑物的控制权。根据合同约定，乙公司在合同开始日支付了 5% 的保证金 5 万元，并就剩余的 95% 价款与甲公司签订了不附追索权的长期融资协议。如果乙公司违约，甲公司可重新拥有该建筑物，即使收回的建筑物不能涵盖所欠款项的总额，甲公司也不能向乙公司索取进一步的赔偿。

乙公司计划在该建筑物内开设一家餐馆，并以该餐馆的收益偿还甲公司的欠款。但是，在该建筑物所在的地区，餐饮行业面临激烈的竞争，且乙公司缺乏餐饮行业的经营经验。

本例中，乙公司计划以该餐馆产生的收益偿还甲公司的欠款，除此之外并无其他的经济来源，乙公司也未对该笔欠款设定任何担保。如果乙公司违约，则甲公司可重新拥有该建筑物，但是，根据合同约定，即使收回的建筑物不能涵盖所欠款项的总额，甲公司也不能向乙公司索取进一步的赔偿。因此，甲公司对乙公司还款的能力和意图存在疑虑，认为该合同不满足合同价款很可能收回的条件。甲公司应当将收到的 5 万元确认为一项负债。

2. 企业向客户提供价格折让的，应当在估计交易价格时进行考虑

【例 15-4】A 公司向国外 B 公司销售一批商品，合同标价为 100 万元。在此之前，A 公司从未向 B 公司所在国家的其他客户进行过销售，B 公司所在国家正在经历严重的经济困难。A 公司预计不能从 B 公司收回全部的对价金额，而仅能收回 60 万元。尽管如此，A 公司预计 B 公司所在国家的经济情况将在未来 2~3 年内好转，且 A 公司与 B 公司之间建立的良好关系将有助于其在该国家拓展其他潜在客户。

本例中，根据 B 公司所在国家的经济情况以及 A 公司的销售战略，A 公司认为其将向 B 公司提供价格折让，A 公司能够接受 B 公司支付低于合同对价的金额，即 60 万元，且估计很可能收回该对价。A 公司认为，该合同满足"有权取得的对价很可能收回"的条件；A 公司按照收入准则的规定确定交易价格时，应当考虑其向 B 公司提供的价格折让的影响。因此，A 公司确定的交易价格不是合同标价 100 万元，而是 60 万元。

3. 合同的持续评估

企业与客户之间的合同，在合同开始日即满足收入确认的前提条件的，企业在后续期间无须对其进行重新评估，除非有迹象表明相关事实和情况发生重大变化。合同开始日，是指合同开始赋予合同各方具有法律约束力的权利和义务的日期，通常是指合同生效日。例如，企业与客户签订一份合同，在合同开始日，企业认为该合同满足收入准则第五条规定的五项条件，但是，在后续期间，客户的信用风险显著升高，企业需要评估其在未来向客户转让剩余商品而有权取得的对价是否很可能收回，如果不能满足很可能收回的条件，则该合同自此开始不再满足收入准则第五条规定的相关条件，应当停止确认收入，并且只有当后续合同条件再度满足时或者当企业不再负有向客户转让商品的剩余义务，且已向客户收取的对价无需退回时，才能将已收取的对价确认为收入，但是，不应当调整在此之前已经确认的收入。

【例 15-5】 甲公司与乙公司签订合同，将一项专利技术授权给乙公司使用，并按其使用情况收取特许权使用费。甲公司评估认为，该合同在合同开始日满足收入准则第五条规定的五项条件。该专利技术在合同开始日即授权给乙公司使用。在合同开始日后的第一年内，乙公司每季度向甲公司提供该专利技术的使用情况报告，并在约定的期间内支付特许权使用费。在合同开始日后的第二年内，乙公司继续使用该专利技术，但是，乙公司的财务状况下滑，融资能力下降，可用资金不足，因此，乙公司仅按合同支付了当年第一季度的特许权使用费，而后三个季度仅按象征性金额付款。在合同开始日后的第三年内，乙公司继续使用甲公司的专利技术。但是，甲公司得知，乙公司已经完全丧失了融资能力，且流失了大部分客户，因此，乙公司的付款能力进一步恶化，信用风险显著升高。

本例中，该合同在合同开始日满足收入准则第五条规定的五项条件，因此，甲公司在乙公司使用该专利技术的行为发生时，按照约定的特许权使用费确认收入。合同开始后的第二年，由于乙公司的信用风险升高，甲公司在确认收入的同时，按照《企业会计准则第 22 号——金融工具确认和计量》的要求对乙公司的应收款项进行减值测试。合同开始日后的第三年，由于乙公司的财务状况恶化，信用风险显著升高，甲公司对该合同进行了重新评估，认为不再满足"企业因向客户转让商品而有权取得的对价很可能收回"这一条件，因此，甲公司不再确认特许权使用费收入，同时，按照《企业会计准则第 22 号——金融工具确认和计量》对现有应收款项是否发生减值继续进行评估。

4. 合同存续期间的确定

在确定合同存续期间时，无论该合同是否有明确约定的合同期间，该合同的存续期间都不会超过已经提供的商品所涵盖的期间；当合同约定任何一方在某一特定期间之后才可以随时无代价地终止合同时，该合同的存续期间不会超过该特定期间；当合同约定任何一方均可以提前终止合同，但要求终止合同的一方需要向另一方支付重大的违约金时，合同存续期间很可能与合同约定的期间一致，这是因为该重大的违约金实质上使得合同双方在合同约定的整个期间内均具有有法律约束力的权利和义务；当只有客户拥有无条件终止合同的权利时，客户的该项权利才会被视为客户拥有的一项续约选择权，重大的续约选择权应当作为单项履约义务进行会计处理。

【例15-6】A公司与客户签订合同，每月为客户提供一次保洁服务，合同期限为3年。

情形一：3年内，合同各方均有权在每月月末无理由要求终止合同，只需提前5个工作日通知对方，无须向对方支付任何违约金。

情形二：3年内，客户有权在每月末要求提前终止合同，且无须向A公司支付任何违约金。

情形三：3年内，客户有权在每月末要求提前终止合同，但是客户如果在合同开始日之后的12个月内要求终止合同，必须向A公司支付一定金额的违约金。

本例中，对于情形一，尽管合同约定的服务期为3年，但是在已提供服务的期间之外，该合同对于合同双方均未产生具有法律约束力的权利和义务，因此，该合同应被视为逐月订立的合同。对于情形二，该合同应视为逐月订立的合同，同时，客户拥有续约选择权，A公司应当判断提供给客户的该续约选择权是否构成重大权利，从而应作为单项履约义务进行会计处理。对于情形三，A公司需要判断合同约定的违约金是否足够重大，以至于使该合同在合同开始日之后的12个月内对合同双方都产生了具有法律约束力的权利和义务，如果是，则该合同的存续期间为12个月；否则，与情形二相同，该合同应视为逐月订立的合同。

（二）合同变更（经合同各方批准对原合同的范围或价格做出的变更）

1. 合同变更部分作为单独合同

合同变更增加了可明确区分的商品及合同价款，且新增合同价款反映了新增商品单独售价的，企业应当将该合同变更部分作为一份单独的合同进行会计处理。此类合同变更不影响原合同的会计处理。

【例15-7】甲公司承诺向某客户销售120件产品，每件产品的售价为100元。该批产品彼此之间可明确区分，且将于未来6个月内陆续转让给该客户。甲公司将其中的60件产品转让给该客户后，双方对合同进行了变更，甲公司承诺向该客户额外销售30件相同的产品。这30件产品与原合同中的产品可明确区分，其售价为每件95元（假定该价格反映了合同变更时该产品的单独售价）。上述价格均不包含增值税。

本例中，由于新增的30件产品是可明确区分的，且新增的合同价款反映了新增产品的单独售价，因此，该合同变更实际上构成了一份单独的、在未来销售30件产品的新合同。该新合同并不影响对原合同的会计处理。甲公司应当对原合同中的120件产品按每件产品100元确认收入，对新合同中的30件产品按每件产品95元确认收入。

2. 合同变更作为原合同终止及新合同订立

合同变更不属于作为单独合同的情形，且在合同变更日已转让的商品或已提供的服务（以下简称"已转让的商品"）与未转让的商品或未提供的服务（以下简称"未转让的商品"）之间可明确区分的，应当视为原合同终止。同时，企业应将原合同未履约部分与合同变更部分合并为新合同进行会计处理。

【例15-8】沿用【例15-7】，甲公司新增销售的30件产品的售价为每件80元（假定该价格不能反映合同变更时该产品的单独售价)。同时,由于客户发现甲公司已转让的60件产品存在瑕疵,要求甲公司对已转让的产品提供每件15元的销售折让以弥补损失。经协商,双方同意将价格折让在销售新增的30件产品的合同价款中进行抵减,金额为900元。上述价格均不包含增值税。

本例中,900元的折让金额与已经转让的60件产品有关,因此,甲公司应当将其作为已销售的60件产品的销售价格的抵减,在该折让发生时冲减当期销售收入。合同变更新增的30件产品,其售价不能反映该产品在合同变更时的单独售价,因此,甲公司不能将该合同变更作为单独合同进行会计处理。由于尚未转让给客户的产品(包括原合同中尚未交付的60件产品以及新增的30件产品)与已转让的产品是可明确区分的,所以甲公司应当将该合同变更作为原合同终止,同时,将原合同的未履约部分与合同变更合并为新合同进行会计处理。该新合同中,剩余产品为90件,其对价为8 400元,即原合同下尚未确认收入的客户已承诺对价6 000(100×60)元与合同变更部分的对价2 400(80×30)元之和,新合同中的90件产品每件产品应确认的收入为93.33(8 400÷90)元。

900元冲减当期销售收入。

剩余产品单价=(100×60+30×80)÷90=93.33(元)。

【例15-9】 A公司与客户签订合同,每周为客户的办公楼提供保洁服务,合同期限为3年,客户每年向A公司支付服务费10万元(假定该价格反映了合同开始日该项服务的单独售价)。在第2年年末,合同双方对合同进行了变更,将第3年的服务费调整为8万元(假定该价格反映了合同变更日该项服务的单独售价),同时以20万元的价格将合同期限延长3年(假定该价格不反映合同变更日该3年服务的单独售价),即每年的服务费为6.67万元,于每年年初支付。上述价格均不包含增值税。

本例中,在合同开始日,A公司认为其每周为客户提供的保洁服务是可明确区分的,但由于A公司向客户转让的是一系列实质相同且转让模式相同的、可明确区分的服务,根据收入准则第九条,应当将其作为单项履约义务。在合同开始的前2年,即合同变更之前,A公司每年确认收入10万元。在合同变更日,由于新增的3年保洁服务的价格不能反映该项服务在合同变更时的单独售价,该合同变更不能作为单独的合同进行会计处理;由于在剩余合同期间需提供的服务与已提供的服务是可明确区分的,所以A公司应当将该合同变更作为原合同终止,同时,将原合同中未履约的部分与合同变更合并为一份新合同进行会计处理。该新合同的合同期限为4年,对价为28万元,即原合同下尚未确认收入的对价8万元与新增的3年服务相应的对价20万元之和,新合同中A公司每年确认的收入为7(28÷4)万元。

3. 合同变更部分作为原合同的组成部分

合同变更不属于作为单独合同的情形,且在合同变更日已转让的商品与未转让的商品之间不可明确区分的,企业应当将该合同变更部分作为原合同的组成部分,在合同变更日重新计算履约进度,并调整当期收入和相应成本等。

【例15-10】 2×18年1月15日,乙建筑公司(以下简称"乙公司")和客户签订了一项总金额为1 000万元的固定造价合同,在客户自有土地上建造一幢办公楼,预计合同总成本为700万元。假定该建造服务属于在某一时段内履行的履约义务,并根据累计发生的合同成本占合同预计总成本的比例确定履约进度。

截至2×18年年末,乙公司累计已发生成本420万元,履约进度为60%(420÷700×100%)。因此,乙公司在2×18年确认收入600(1 000×60%)万元。

2×19年年初,合同双方同意更改该办公楼屋顶的设计,合同价格和预计总成本因此分别增加200万元和120万元。

在本例中,由于合同变更后拟提供的剩余服务与在合同变更日或之前已提供的服务不可明确区分(即该合同仍为单项履约义务),乙公司应当将合同变更作为原合同的组成部分进行会计处理。合同变更后的交易价格为1 200(1 000+200)万元,乙公司重新估计的履约进度为51.22%[420÷(700+120)×100%],乙公司在合同变更日应额外确认收入14.4(51.2%×1 200-600)万元。

15.2.2 识别合同中的单项履约义务

(一)可明确区分的商品

企业向客户承诺的商品同时满足下列两项条件的,应当作为可明确区分的商品。

(1)客户能够从该商品本身或从该商品与其他易于获得资源一起使用中受益,即该商品本身能够明确区分。

(2)企业向客户转让该商品的承诺与合同中其他承诺可单独区分,即转让该商品的承诺在合同中是可明确区分的。

【例15-11】甲公司与客户签订合同,向客户销售一款软件,提供软件安装服务,并且在两年内向客户提供不定期的软件升级和技术支持服务。甲公司通常也会单独销售该款软件、提供安装服务、软件升级服务和技术支持服务。甲公司提供的安装服务通常也可由其他方执行,且不会对软件做出重大修改。甲公司销售的该软件无须升级和技术支持服务也能正常使用。

本例中,甲公司的承诺包括销售软件、提供安装服务、软件升级服务和技术支持服务。甲公司通常会单独销售软件、提供安装服务、软件升级服务和技术支持服务,该软件先于其他服务交付,且无须经过升级和技术支持服务也能正常使用。安装服务是常规性的且可以由其他服务供应商提供,客户能够从该软件与市场上的其他供应商提供的此项安装服务一起使用中获益,也能够从安装服务以及软件升级服务与已经取得的软件一起使用中获益。因此,客户能够从单独使用该合同中承诺的各项商品和服务中获益,或从将其与易于获得的其他商品一起使用中获益,表明这些商品和服务能够明确区分。此外,甲公司虽然需要将软件安装到客户的系统中,但是该安装服务是常规性的,并未对软件做出重大修改,不会重大影响客户使用该软件并从中获益的能力,软件升级服务也一样,合同中承诺的各项商品和服务没有对彼此做出重大修改或定制。甲公司也没有提供重大服务将这些商品和服务整合成一组组合产出。甲公司在不提供后续服务的情况下也能够单独履行其销售软件的承诺,因此,软件和各项服务之间不存在高度关联性,表明这些商品在合同中彼此之间可明确区分。因此,该合同中包含4项履约义务,即软件销售、安装服务、软件升级服务以及技术支持服务。

【例15-12】丙公司与客户签订合同，向客户销售一台其生产的可直接使用的医疗设备，并且在未来3年内向该客户提供用于该设备的专用耗材。该耗材只有丙公司能够生产，因此，客户只能从丙公司购买该耗材。该耗材既可与设备一起销售，也可单独对外销售。

本例中，丙公司在合同中对客户的承诺包括销售设备和专用耗材，虽然客户同时购买了设备和专用耗材，但是由于耗材可以单独出售，客户可以从将设备与单独购买的耗材一起使用中获益，表明设备和专用耗材能够明确区分。此外，丙公司未对设备和耗材提供重大的整合服务以将两者形成组合产出，设备和耗材并未对彼此做出重大修改或定制，也不具有高度关联性（这是因为尽管没有耗材，设备无法使用，耗材也只有用于设备才有用，丙公司仍能够单独履行其在合同中的每一项承诺。也就是说，即使客户没有购买任何耗材，丙公司也可以履行其转让设备的承诺；即使客户单独购买设备，丙公司也可以履行其提供耗材的承诺），表明设备和耗材在合同中彼此之间可明确区分。因此，该项合同包含两项履约义务，即销售设备和提供专用耗材。

（二）企业向客户转让商品的承诺与合同中的其他承诺不可单独区分

企业需提供重大的服务以将该商品与合同中承诺的其他商品进行整合，形成合同约定的某个或某些组合产出转让给客户。

【例15-13】沿用【例15-10】，不涉及合同变更。本例中，乙公司向客户提供的单项商品可能包括砖头、水泥、人工等，虽然这些单项商品本身都能够使客户获益（如客户可将这些建筑材料以高于残值的价格出售，也可以将其与其他建筑商提供的材料或人工等资源一起使用），但是，在该合同下，乙公司向客户承诺的是为其建造一栋办公楼，而并非提供这些砖头、水泥和人工等。乙公司需提供重大的服务将这些单项商品进行整合，以形成合同约定的一项组合产出（即写字楼）转让给客户。因此，在该合同中，砖头、水泥和人工等商品彼此之间不能单独区分。

【例15-14】乙公司与客户签订合同，向客户出售一台其生产的设备并提供安装服务。该设备可以不经任何定制或改装而直接使用，不需要复杂安装。除乙公司外，市场上还有其他供应商也能提供此项安装服务。

本例中，客户可以使用该设备或将其以高于残值的价格转售，能够从该设备与市场上其他供应商提供的此项安装服务一起使用中获益，也可从安装服务与客户已经获得的其他资源（如设备等）一起使用中获益，表明该设备和安装服务能够明确区分。此外，在该合同中，乙公司对客户的承诺是交付设备之后再提供安装服务，而非两者的组合产出，该设备仅需简单安装即可使用。乙公司并未对设备和安装提供重大整合服务，安装服务没有对该设备做出重大修改或定制，虽然客户只有获得设备的控制权之后才能从安装服务中获益，但是企业履行其向客户转让设备的承诺能够独立于其提供安装服务的承诺。因此，安装服务并不会对设备产生重大影响。该设备与安装服务彼此之间不会产生重大的影响，也不具有高度关联性，表明两者在合同中彼此之间可明确区分。因此，该项合同包含两项履约义务，即销售设备和提供安装服务。

假定其他条件不变，但是按照合同规定只能由乙公司向客户提供安装服务。在这种情况下，合同限制并没有改变相关商品本身的特征,也没有改变企业对客户的承诺。虽然根据合同约定,客户只能选择由乙公司提供安装服务,但是设备和安装服务本身仍然符合可明确区分的条件,仍然是两项履约义务。

此外,如果乙公司提供的安装服务很复杂,该安装服务可能对其销售的设备进行定制化的重大修改,即使市场上有其他的供应商也可以提供此项安装服务,乙公司也不能将该安装服务作为单项履约义务,而是应当将设备和安装服务合并作为单项履约义务。

(三)一系列实质相同且转让模式相同的、可明确区分的商品

当企业向客户连续转让某项承诺的商品时,如每天提供类似劳务的长期劳务合同等,如果这些商品属于实质相同且转让模式相同的一系列商品,企业应当将这一系列商品作为单项履约义务。其中,转让模式相同,是指每一项可明确区分的商品均满足收入准则第十一条规定的在某一时段内履行履约义务的条件,且采用相同方法确定其履约进度。

【例15-15】企业与客户签订为期一年的保洁服务合同,承诺每天为客户提供保洁服务。

本例中,企业每天所提供的服务都是可明确区分且实质相同的,并且,根据控制权转移的判断标准,每天的服务都属于在某一时段内履行的履约义务。因此,企业应当将每天提供的保洁服务合并在一起作为单项履约义务进行会计处理。

15.2.3 确定交易价格

(一)确定可变对价最佳估计数

企业与客户的合同中约定的对价金额可能会因折扣、价格折让、返利、退款、奖励积分、激励措施、业绩奖金、索赔等因素而变化。此外,根据一项或多项或有事项的发生而收取不同对价金额的合同,也属于可变对价的情形。

(1)如果企业拥有大量具有类似特征的合同,企业据此估计合同可能产生多个结果时,按照期望值估计可变对价金额通常是恰当的。

【例15-16】甲公司生产和销售电视机。2×18年3月,甲公司向零售商乙公司销售1 000台电视机,每台价格为3 000元,合同价款合计300万元。甲公司向乙公司提供价格保护,同意在未来6个月内,如果同款电视机售价下降,则按照合同价格与最低售价之间的差额向乙公司支付差价。甲公司根据以往执行类似合同的经验,预计各种结果发生的概率如表15-1所示。

表15-1 各种结果发生的概率表

未来6个月内的降价金额(元/台)	概率
0	40%
200	30%
500	20%
1 000	10%

上述价格均不包含增值税。

本例中，甲公司认为期望值能够更好地预测其有权获取的对价金额。假定不考虑本准则有关将可变对价计入交易价格的限制要求，在该方法下，甲公司估计交易价格为每台2 740（3 000×40%+2 800×30%+2 500×20%+2 000×10%）元。

（2）当存在多个不确定性事项均会影响可变对价金额时，企业可以采用不同的方法对其进行估计。

【例15-17】甲公司与乙公司签订固定造价合同，在乙公司的厂区内为其建造一栋办公楼，合同价款为500万元。根据合同约定，该项工程的完工日期为2×18年3月31日，如果甲公司能够在该日期之前完工，则每提前一天，合同价款将增加2万元；相反，如果甲公司未能按期完工，则每推迟一天，合同价款将会减少2万元。此外，合同约定，该项工程完工之后将参与省级优质工程奖的评选，如果能够获奖，乙公司将额外奖励甲公司20万元。

本例中，产生可变对价的事项有两项：一是是否按期完工，二是能否获得省级优质工程奖。甲公司可以采用不同的方法对其进行估计：对于前者，甲公司按照期望值进行估计；对于后者，甲公司按照最有可能的金额进行估计。

（3）最可能发生金额是一系列可能发生的对价金额中最可能发生的单一金额，即合同最可能产生的单一结果。当合同仅有两个可能结果（例如，企业能够达到或不能达到某业绩奖金目标）时，按照最可能发生金额估计可变对价金额可能是恰当的。

【例15-18】沿用【例15-17】，甲公司对合同结果的估计如下：工程按时完工的概率为90%，工程延期的概率为10%。

本例中，由于该合同涉及两种可能结果，甲公司认为按照最可能发生金额能够更好地预测其有权获取的对价金额。因此，甲公司估计的交易价格为100万元，即为最可能发生的单一金额。

（二）计入交易价格的可变对价金额的限制

企业按照期望值或最可能发生金额确定可变对价金额之后，计入交易价格的可变对价金额还应该满足限制条件，即包含可变对价的交易价格，应当不超过在相关不确定性消除时，累计已确认的收入极可能不会发生重大转回的金额。

需要说明的是，将可变对价计入交易价格的限制条件不适用于企业向客户授予知识产权许可并约定按客户实际销售或使用情况收取特许权使用费的情况。

每一资产负债表日，企业应当重新估计应计入交易价格的可变对价金额，包括重新评估将估计的可变对价计入交易价格是否受到限制，以如实反映报告期末存在的情况以及报告期内发生的情况变化。

【例15-19】2×18年12月1日，甲公司与其分销商乙公司签订合同，向乙公司销售1 000件产品，每件产品的售价为100元，合同总价为10万元。乙公司当日取得这些产品的控制权。乙公司通常在取得产品后的90天内将其对外售出，且乙公司在这些产品售出后才向甲公司支付货款。上述价格均不包含增值税。该合同中虽然约定了销售价格，但是基于甲公司过往的实务经验,为了维护与乙公司的客户关系,甲公司预计会向乙公司提供价格折扣,以便乙公司能够以更加优惠的价格向最终客户销售这些产品,从而促进该产品的整体销量。因此,甲公司认为该合同的对价是可变的。

甲公司已销售该产品及类似产品多年,积累了丰富的经验,可观察的历史数据表明,甲公司以往销售此类产品时会给予客户大约20%的折扣。同时,根据当前市场信息分析,20%的降价幅度足以促进该产品的销量,从而提高其周转率。甲公司多年来向客户提供的折扣从未超过20%。

本例中,甲公司按照期望值估计可变对价的金额,因为该方法能够更好地预测其有权获得的对价金额。甲公司估计的交易价格为80 000[100×(1-20%)×1 000]元。同时,甲公司还需考虑有关将可变对价计入交易价格的限制要求,以确定能否将估计的可变对价金额80 000元计入交易价格。根据其销售此类产品的历史经验、所取得的当前市场信息以及对当前市场的估计,甲公司预计,尽管存在某些不确定性,但是该产品的价格仍可在短期内确定。因此,甲公司认为,在不确定性消除(即折扣的总金额最终确定)时,已确认的累计收入金额80 000元极可能不会发生重大转回。因此,甲公司应当于2×18年12月1日将产品控制权转移给乙公司时,确认收入80 000元。

【例15-20】沿用【例15-19】,甲公司虽然有销售类似产品的经验。但是,甲公司的产品较易过时,且产品定价波动性很大。根据以往经验,甲公司针对同类产品给予客户的折扣范围较广(约为销售价格的20%~60%)。根据当前市场情况,降价幅度需要达到15%~50%,才能有效地提高该产品周转率。

本例中,甲公司按照期望值估计可变对价的金额,因为该方法能够更好地预测其有权获得的对价金额。甲公司采用期望值法估计将提供40%的折扣,因此,估计的交易价格为60 000[100×(1-40%)×1 000]元。同时,甲公司还需考虑有关将可变对价计入交易价格的限制要求,以确定能否将估计的可变对价金额60 000元计入交易价格。由于甲公司的产品价格极易受到超出甲公司影响范围之外的因素(即产品陈旧过时)的影响,并且为了提高该产品的周转率,甲公司可能需要提供的折扣范围也较广,所以,甲公司不能将该60 000元(即提供40%折扣之后的价格)计入交易价格。这是因为,将该金额计入交易价格不满足已确认的累计收入金额极可能不会发生重大转回的条件。

但是,根据当前市场情况,降价幅度达到15%~50%,能够有效地提高该产品周转率,在以往的类似交易中,甲公司实际的降价幅度与当时市场信息基本一致。在这种情况下,尽管甲公司以往提供的折扣范围为20%~60%,甲公司仍认为,如果将50 000元(即提供50%折扣之后的价格)计入交易价格,已确认的累计收入金额极可能不会发生重大转回。因此,甲公司应当于2×18年12月1日将产品控制权转移给乙公司时,确认50 000元的收入,并在不确定性消除之前的每一资产负债表日重新评估该交易价格的金额。

【例15-21】2×18年1月1日,甲公司与乙公司签订合同,向乙公司销售A产品。合同约定,当乙公司在2×18年的采购量不超过2 000件时,甲公司每件产品的价格为80元,当乙公司在2×18年的采购量超过2 000件时,每件产品的价格为70元。乙公司在第一季度的采购量为150件，甲公司预计乙公司全年的采购量不会超过2 000件。2×18年4月，乙公司因完成产能升级而增加了原材料的采购量，第二季度共向甲公司采购A产品1 000件，甲公司预计乙公司全年的采购量将超过2 000件，因此，全年采购量适用的产品单价均将调整为70元。

本例中，2×18年第一季度，甲公司根据以往经验估计乙公司全年的采购量将不会超过2 000件，甲公司按照80元的单价确认收入，满足在不确定性消除之后（即乙公司全年的采购量确定之后），累计已确认的收入将极可能不会发生重大转回的要求，因此，甲公司在第一季度确认的收入金额为12 000（80×150）元。2×18年第二季度，甲公司对交易价格进行重新估计，由于预计乙公司全年的采购量将超过2 000件，按照70元的单价确认收入，才满足极可能不会导致累计已确认的收入发生重大转回的要求。因此，甲公司在第二季度确认收入68 500 [70×（1 000+150）−12 000]元。

【**例15-22**】2×18年10月1日，甲公司签订合同，为一只股票型基金提供资产管理服务，合同期限为3年。甲公司所能获得的报酬包括两部分：一是每季度按照本季度末该基金净值的1%收取的管理费，该管理费不会因基金净值的后续变化而调整或被要求退回；二是该基金在3年内的累计回报如果超过10%，则乙公司可以获得超额回报部分的20%作为业绩奖励。2×18年12月31日，该基金的净值为5亿元。假定不考虑相关税费影响。

本例中，甲公司在该项合同中收取的管理费和业绩奖励均为可变对价，其金额极易受到股票价格波动的影响。这是在甲公司影响范围之外的。虽然甲公司以往有类似的经验，但是，该经验在确定未来市场表现方面并不具有预测价值。因此，在合同开始日，甲公司无法对其能够收取的管理费和业绩奖励进行估计，也就是说，如果将估计的某一金额的管理费或业绩奖励计入交易价格，将不满足累计已确认的收入金额极可能不会发生重大转回的要求。

2×18年12月31日，甲公司重新估计该合同的交易价格，影响本季度管理费收入金额的不确定性已经消除，甲公司确认管理费收入500（50 000×1%）万元。甲公司未确认业绩奖励收入。这是因为，该业绩奖励仍然会受到基金未来累计回报的影响，难以满足将可变对价计入交易价格的限制条件。在后续的每一资产负债表日，甲公司应当重新估计业绩奖励是否满足将可变对价计入交易价格的限制条件，以确定其收入金额。

（三）合同中存在重大融资成分

合同中存在重大融资成分的，企业应当按照假定客户在取得商品控制权时即以现金支付的应付金额确定交易价格。该交易价格与合同对价之间的差额，应当在合同期间内采用实际利率法摊销。

合同开始日，企业预计客户取得商品控制权与客户支付价款间隔不超过一年的，可以不考虑合同中存在的重大融资成分。

【**例15-23**】2×18年1月，甲公司与乙公司签订了一项施工总承包合同。合同约定的工期为30个月，工程造价为8亿元（不含税价）。甲乙双方每季度进行一次工程结算，并于完工时进行竣工结算，每次工程结算额（除质保金及相应的增值税外）由客户于工程结算后5个工作日内支付；除质保金外的工程尾款于竣工结算后10个工作日内支付；合同金额的3%

作为质保金,用以保证项目在竣工后2年内正常运行,在质保期满后5个工作日内支付。

本例中,乙公司保留了3%的质保金,直到项目竣工2年后支付。虽然服务完成时间与乙公司付款的时间间隔较长,但是,该质保金旨在为乙公司提供工程质量保证,以防甲公司未能完成其合同义务,而并非向乙公司提供融资。因此,甲公司认为该合同中不包含重大融资成分,无须就延期支付质保金的影响调整交易价格。

【例15-24】2×18年1月1日,甲公司与乙公司签订合同,向其销售一批产品。合同约定,该批产品将于2年之后交货。合同中包含两种可供选择的付款方式,即乙公司可以在2年后交付产品时支付449.44万元,或者在合同签订时支付400万元。乙公司选择在合同签订时支付货款。该批产品的控制权在交货时转移。甲公司于2×18年1月1日收到乙公司支付的货款。上述价格均不包含增值税,且假定不考虑相关税费影响。

本例中,按照上述两种付款方式计算的内含利率为6%。考虑到乙公司付款时间和产品交付时间之间的间隔以及现行市场利率水平,甲公司认为该合同包含重大融资成分,在确定交易价格时,应当对合同承诺的对价金额进行调整,以反映该重大融资成分的影响。假定该融资费用不符合借款费用资本化的要求。甲公司的账务处理如下:

(1)2×18年1月1日,收到货款。

借:银行存款　　　　　　　　　　　　　　　　　　　4 000 000
　　未确认融资费用　　　　　　　　　　　　　　　　　494 400
　　贷:合同负债　　　　　　　　　　　　　　　　　　　　　4 494 400

(2)2×18年12月31日,确认融资成分的影响。

借:财务费用　　　　　　　　　　　　(4 000 000×6%)240 000
　　贷:未确认融资费用　　　　　　　　　　　　　　　　　　240 000

(3)2×19年12月31日,交付产品。

借:财务费用　　　　　　　　　　　　(4 240 000×6%)254 400
　　贷:未确认融资费用　　　　　　　　　　　　　　　　　　254 400
借:合同负债　　　　　　　　　　　　　　　　　　　　4 494 400
　　贷:主营业务收入　　　　　　　　　　　　　　　　　　　4 494 400

【例15-25】2×19年1月1日,甲公司采用分期收款方式向乙公司销售一套大型设备,合同约定的销售价格为2 000万元,分5次于每年12月31日等额收取。该大型设备的成本为1 560万元。在现销方式下,该大型设备的销售价格为1 600万元。假定甲公司发出商品时,其有关的增值税纳税义务尚未发生,在合同约定的收款日期,发生有关的增值税纳税义务增值税税率为13%。

根据本例的资料,甲公司应当确认的销售商品收入金额为1 600万元。

根据下列公式,未来五年收款额的现值=现销方式下应收款项金额,

可以得出400×$(P/A, r, 5)$=1 600(万元)

可在多次测试的基础上,用插值法计算折现率。

当$r=7\%$,400×4.100 2=1 640.08 > 1 600

当 $r=8\%$，$400 \times 3.9927 = 1597.08 < 1600$

因此，$7\% < r < 8\%$，用插值法计算如下。

现值	利率
1 640.08	7%
1 600	r
1 597.08	8%

$$\frac{1\,640.08-1\,600}{1\,640.08-1\,597.08} = \frac{7\%-r}{7\%-8\%}$$

$r=7.93\%$

每期计入财务费用的金额如表15-2所示。

表15-2　财务费用和已收本金计算表

单位：万元

年份（t）	未收本金 $A_t=A_{t-1}-D_{t-1}$	财务费用 $B=A \times 7.93\%$	收现总额 C	已收本金 $D=C-B$
2×19年1月1日	1 600			
2×19年12月31日	1 600	126.88	400	273.12
2×20年12月31日	1 326.88	105.22	400	294.78
2×21年12月31日	1 032.10	81.85	400	318.15
2×22年12月31日	713.95	56.62	400	343.38
2×23年12月31日	370.57	29.43*	400	370.57
总额		400	2 000	1 600

注：*尾数调整。

根据表中的计算结果，甲公司各期的会计分录如下（单位：元）。

①2×19年1月1日，销售实现。

借：长期应收款	20 000 000
贷：主营业务收入	16 000 000
未实现融资收益	4 000 000
借：主营业务成本	15 600 000
贷：库存商品	15 600 000

②2×19年12月31日，收取货款和增值税税额。

借：银行存款	4 520 000
贷：长期应收款	4 000 000
应交税费——应交增值税（销项税额）	520 000
借：未实现融资收益	1 268 800
贷：财务费用	1 268 800

③2×20年12月31日，收取货款和增值税税额。

借：银行存款	4 520 000
贷：长期应收款	4 000 000
应交税费——应交增值税（销项税额）	520 000
借：未实现融资收益	1 052 200
贷：财务费用	1 052 200

④2×21年12月31日，收取货款。

借：银行存款	4 520 000
贷：长期应收款	4 000 000
应交税费——应交增值税（销项税额）	520 000
借：未实现融资收益	818 500
贷：财务费用	818 500

⑤2×22年12月31日，收取货款和增值税税额。

借：银行存款	4 520 000
贷：长期应收款	4 000 000
应交税费——应交增值税（销项税额）	520 000
借：未实现融资收益	566 200
贷：财务费用	566 200

⑥2×23年12月31日，收取货款和增值税税额。

借：银行存款	4 520 000
贷：长期应收款	4 000 000
应交税费——应交增值税（销项税额）	520 000
借：未实现融资收益	294 300
贷：财务费用	294 300

（四）非现金对价

客户支付非现金对价的，企业应当按照非现金对价的公允价值确定交易价格。非现金对价的公允价值不能合理估计的，企业应当参照其承诺向客户转让商品的单独售价间接确定交易价格。非现金对价的公允价值因对价形式以外的原因而发生变动的，应当作为可变对价进行会计处理。

【例15-26】甲企业为客户生产一台专用设备。双方约定，如果甲企业能够在30天内交货，则可以额外获得100股客户的股票作为奖励。合同开始日，该股票的价格为每股5元；由于缺乏执行类似合同的经验，所以，当日，甲企业估计，该100股股票的公允价值计入交易价格将不满足累计已确认的收入极可能不会发生重大转回的限制条件。合同开始日之后的第25天，企业将该设备交付给客户，从而获得了100股股票，该股票在此时的价格为每股6元。假定企业将该股票作为以公允价值计量且其变动计入当期损益的金融资产。

本例中，合同开始日，该股票的价格为每股5元，由于缺乏执行类似合同的经验，当日，甲企业估计，该100股股票的公允价值计入交易价格将不满足累计已确认的收入极可能不会发生重大转回的限制条件，甲企业不应将该100股股票的公允价值500元计入交易价格。合同开始日之后的第25天，甲企业获得了100股股票，该股票在此时的价格为每股6元。甲企业应当将股票（非现金对价）的公允价值因对价形式以外的原因而发生的变动，即500（5×100）元确认为收入，因对价形式原因而发生的变动，即100（600-500）元计入公允价值变动损益。

（五）应付客户对价

企业应付客户（或向客户购买本企业商品的第三方）对价的，应当将该应付对价冲减交易价格，并在确认相关收入与支付（或承诺支付）客户对价二者孰晚的时点冲减当期收入，但应付客户对价是为了向客户取得其他可明确区分商品的除外。

企业应付客户对价是为了向客户取得其他可明确区分商品的，应当采用与本企业其他采购相一致的方式确认所购买的商品。企业应付客户对价超过向客户取得可明确区分商品公允价值的，超过金额应当冲减交易价格。向客户取得的可明确区分商品公允价值不能合理估计的，企业应当将应付客户对价全额冲减交易价格。

15.2.4 将交易价格分摊至各单项履约义务

（一）分摊的一般原则

合同中包含两项或多项履约义务的，企业应当在合同开始日，按照各单项履约义务所承诺商品的单独售价的相对比例，将交易价格分摊至各单项履约义务。

【例15-27】 甲公司与客户签订合同，向其销售A、B、C 3件产品，合同价款为10 000元。A、B、C产品的单独售价分别为5 000元、2 500元和7 500元，合计15 000元。上述价格均不包含增值税。

本例中，根据上述交易价格分摊原则，A产品应当分摊的交易价格为3 333.33（5 000÷15 000×10 000）元，B产品应当分摊的交易价格为1 666.67（2 500÷15 000×10 000）元，C产品应当分摊的交易价格为5 000（7 500÷15 000×10 000）元。

【例15-28】 20×7年3月1日，甲公司与客户签订合同，向其销售A、B两项商品，A商品的单独售价为6 000元，B商品的单独售价为24 000元，合同价款为25 000元。合同约定，A商品于合同开始日交付，B商品在一个月之后交付，只有当两项商品全部交付之后，甲公司才有权收取25 000元的合同对价。假定A商品和B商品分别构成单项履约义务，其控制权在交付时转移给客户。上述价格均不包含增值税，且假定不考虑相关税费影响。

本例中，分摊至A商品的合同价款为5 000[（6 000÷（6 000+24 000）×25 000]元，分摊至B商品的合同价款为20 000[（24 000÷（6 000 +24 000）×25 000]元。

甲公司的账务处理如下。

（1）交付A商品。

借：合同资产　　　　　　　　　　　　　　　　　　　　　　5 000
　　贷：主营业务收入　　　　　　　　　　　　　　　　　　　　　5 000

（2）交付B商品。

借：应收账款 25 000
　　贷：合同资产 5 000
　　　　主营业务收入 20 000

（二）分摊合同折扣

合同折扣，是指合同中各单项履约义务所承诺商品的单独售价之和高于合同交易价格的金额。

对于合同折扣，企业应当在各单项履约义务之间按比例分摊。有确凿证据表明合同折扣仅与合同中一项或多项（而非全部）履约义务相关的，企业应当将该合同折扣分摊至相关一项或多项履约义务。

【例15-29】甲公司与客户签订合同，向其销售A、B、C 3种产品，合同总价款为120万元，这3种产品构成3个单项履约义务。企业经常单独出售A产品，其可直接观察的单独售价为50万元；B产品和C产品的单独售价不可直接观察，企业采用市场调整法估计B产品的单独售价为25万元，采用成本加成法估计C产品的单独售价为75万元。甲公司经常以50万元的价格单独销售A产品，并且经常将B产品和C产品组合在一起以70万元的价格销售。假定上述价格均不包含增值税。

本例中，这三种产品的单独售价合计为150万元，而该合同的价格为120万元，因此，该合同的折扣为30万元。甲公司经常将B产品和C产品组合在一起以70万元的价格销售，该价格与其单独售价的差额为30万元，与该合同的折扣一致，而A产品单独销售的价格与其单独售价一致，证明该合同的折扣仅应归属于B产品和C产品。因此，在该合同下，分摊至A产品的交易价格为50万元，分摊至B产品和C产品的交易价格合计为70万元，甲公司应当进一步按照B产品和C产品的单独售价的相对比例将该价格在二者之间进行分摊。

因此，各产品分摊的交易价格分别为：

A产品交易价格为50万元；

B产品交易价格=25-（25÷100×30）=17.5（万元）；

C产品交易价格=75-（75÷100×30）=52.5（万元）。

（三）分摊可变对价

合同中包含可变对价的，该可变对价可能与整个合同相关，也可能仅与合同中的某一特定组成部分有关。后者包括两种情形：一是可变对价可能与合同中的一项或多项（而非全部）履约义务有关；二是可变对价可能与企业向客户转让的构成单项履约义务的一系列可明确区分商品中的一项或多项（而非全部）商品有关。企业应当将可变对价及可变对价的后续变动额全部分摊至与之相关的某项履约义务，或者构成单项履约义务的一系列可明确区分商品中的某项商品。

【例15-30】甲公司与乙公司签订合同，将其拥有的两项专利技术X和Y授权给乙公司使用。假定两项授权均构成单项履约义务，且都属于在某一时点履行的履约义务。合同约定，授权使用X的价格为80万元，授权使用Y的价格为乙公司使用该专利技术所生产的产品销售额的3%。X和Y的单独售价分别为80万元和100万元。甲公司估计其就授权使用Y而有权收取的特许权使用费为100万元。假定上述价格均不包含增值税。

本例中，该合同中包含固定对价和可变对价，其中，授权使用X的价格为固定对价，且与其单独售价一致，授权使用Y的价格为乙公司使用该专利技术所生产的产品销售额的3%，属于可变对价，该可变对价全部与授权使用Y能够收取的对价有关，且甲公司估计基于实际销售情况收取的特许权使用费的金额接近Y的单独售价。因此，甲公司将可变对价部分的特许权使用费金额全部由Y承担符合交易价格的分摊目标。

（四）交易价格的后续变动

合同开始日之后，由于相关不确定性的消除或环境的其他变化等原因，交易价格可能会发生变化，从而导致企业因向客户转让商品而预期有权收取的对价金额发生变化。交易价格发生后续变动的，企业应当按照在合同开始日所采用的基础将该后续变动金额分摊至合同中的履约义务。企业不得因合同开始日之后单独售价的变动而重新分摊交易价格。

【例15-31】2×18年9月1日，甲公司与乙公司签订合同，向其销售A产品和B产品。A产品和B产品均为可明确区分商品且两种产品单独售价相同，也均属于在某一时点履行的履约义务。合同约定，A产品和B产品分别于2×18年11月1日和2×19年3月31日交付给乙公司。合同约定的对价包括1 000元的固定对价和估计金额为200元的可变对价。假定甲公司将200元的可变对价计入交易价格，满足收入准则有关将可变对价金额计入交易价格的限制条件。因此，该合同的交易价格为1 200元。上述价格均不包含增值税。

2×18年12月1日，双方对合同范围进行了变更，乙公司向甲公司额外采购C产品，合同价格增加300元，C产品与A、B两种产品可明确区分，但该增加的价格不反映C产品的单独售价。C产品的单独售价与A产品和B产品相同。C产品将于2×19年6月30日交付给乙公司。

2×18年12月31日，甲公司预计有权收取的可变对价的估计金额由200元变更为240元，该金额符合将可变对价金额计入交易价格的限制条件。因此，合同的交易价格增加了40元，且甲公司认为该增加额与合同变更前已承诺的可变对价相关。

假定上述三种产品的控制权均随产品交付而转移给乙公司。

本例中，在合同开始日，该合同包含两项履约义务，甲公司应当将估计的交易价格分摊至这两项履约义务。两种产品的单独售价相同，且可变对价不符合分摊至其中一项履约义务的条件，因此，甲公司将交易价格1 200元平均分摊至A产品和B产品，即A产品和B产品各自分摊的交易价格均为600元。

2×18年11月1日，当A产品交付给客户时，甲公司相应确认收入600元。

2×18年12月1日，双方进行了合同变更。该合同变更属于本准则第八条规定的第（二）种情形，因此，该合同变更应当作为原合同终止，并将原合同的未履约部分与合同变更部分合并为新合同进行会计处理。在该新合同下，合同的交易价格为900（600+300）元，由于B产品和C产品的单独售价相同，分摊至B产品和C产品的交易价格的金额均为450元。

2×18年12月31日，甲公司重新估计可变对价，增加了交易价格40元。该增加额与合同变更前已承诺的可变对价相关，因此，应首先将该增加额分摊给A产品和B产品，之后再将分摊给B产品的部分在B产品和C产品形成的新合同中进行二次分摊。在本例中，由于A、

B和C产品的单独售价相同,在将40元的可变对价后续变动分摊至A产品和B产品时,各自分摊的金额为20元。由于甲公司已经转让了A产品,在交易价格发生变动的当期即应将分摊至A产品的20元确认为收入。之后,甲公司将分摊至B产品的20元平均分摊至B产品和C产品,即各自分摊的金额为10元,经过上述分摊后,B产品和C产品的交易价格金额均为460(450+10)元。因此,甲公司分别在B产品和C产品控制权转移时确认收入460元。

15.2.5 履行每一单项履约义务时确认收入

(一)在某一时段内履行履约义务

满足下列条件之一的,属于在某一时段内履行履约义务,相关收入应当在该履约义务履行的期间内确认。

(1)客户在企业履约的同时即取得并消耗企业履约所带来的经济利益。

(2)客户能够控制企业履约过程中在建的商品。

(3)企业履约过程中所产出的商品具有不可替代用途,且该企业在整个合同期间内有权就累计至今已完成的履约部分收取款项。

1. 使用产出法确定履约进度

产出法主要是根据已转移给客户的商品对于客户的价值确定履约进度的方法,主要包括按照实际测量的完工进度、评估已实现的结果、已达到的里程碑、时间进度、已完工或交付的产品等确定履约进度的方法。

【例15-32】甲公司与客户签订合同,为该客户拥有的一条铁路更换100根铁轨,合同价格为10万元(不含税价)。截至2×18年12月31日,甲公司共更换铁轨60根,剩余部分预计在2×19年3月31日之前完成。该合同仅包含一项履约义务,且该履约义务满足在某一时段内履行的条件。假定不考虑其他情况。

本例中,甲公司提供的更换铁轨的服务属于在某一时段内履行的履约义务,甲公司按照已完成的工作量确定履约进度。因此,截至2×18年12月31日,该合同的履约进度为60%(60÷100×100%),甲公司应确认的收入为6(10×60%)万元。

2. 投入法确定履约进度

投入法主要是根据企业履行履约义务的投入确定履约进度的方法,主要包括以投入的材料数量、花费的人工工时或机器工时、发生的成本和时间进度等投入指标确定履约进度。

企业在采用投入法确定履约进度时,可能需要对已发生的成本进行适当调整的情形有:(1)已发生的成本并未反映企业履行其履约义务的进度;(2)已发生的成本与企业履行其履约义务的进度不成比例。

【例15-33】20×8年10月,甲公司与客户签订合同,为客户装修一栋办公楼并安装一部电梯,合同总金额为100万元。甲公司预计的合同总成本为80万元,其中包括电梯的采购成本30万元。

20×8年12月,甲公司将电梯运达施工现场并经过客户验收,客户已取得对电梯的控制权,但是根据装修进度,预计20×9年2月才会安装该电梯。截至20×8年12月,甲公司累计发生成本 40 万元,其中包括支付给电梯供应商的采购成本 30 万元以及采购电梯发生的运输和人工等相关成本 5 万元。

假定该装修服务(包括安装电梯)构成单项履约义务,并属于在某一时段内履行的履约义务,甲公司是主要责任人,但不参与电梯的设计和制造;甲公司采用投入法确定履约进度。上述金额均不含增值税。

【分析】

若计算履约进度时考虑电梯成本,则已发生的成本和履约进度不成比例,所以计算履约进度时应将电梯成本扣除。

履约进度=(40-30)÷(80-30)×100%=20%

20×8 年 12 月应确认的收入=(100-30)×20%+30=44(万元)

已售商品成本=(80-30)×20%+30=40(万元)

(二)在某一时点履行履约义务

当一项履约义务不属于在某一时段内履行的履约义务时,应当属于在某一时点履行的履约义务。对于在某一时点履行的履约义务,企业应当在客户取得相关商品控制权时点确认收入。在判断客户是否已取得商品控制权时,企业应当考虑下列迹象。

(1)企业就该商品享有现时收款权利,即客户就该商品负有现时付款义务。

(2)企业已将该商品的法定所有权转移给客户,即客户已拥有该商品的法定所有权。

(3)企业已将该商品实物转移给客户,即客户已实际占有该商品。

(4)企业已将该商品所有权上的主要风险和报酬转移给客户,即客户已取得该商品所有权上的主要风险和报酬。

(5)客户已接受该商品。

(6)其他表明客户已取得商品控制权的迹象。

1. 委托代销安排

这一安排是指委托方和受托方签订代销合同或协议,委托受托方向终端客户销售商品的过程。在这种安排下,企业应当评估受托方在企业向其转让商品时是否已获得对该商品的控制权,如果没有,企业不应在此时确认收入,通常应当在受托方售出商品时确认销售商品收入;受托方应当在商品销售后,按合同或协议约定的方法计算确定的手续费确认收入。表明一项安排是委托代销安排的迹象包括但不限于:一是在特定事件发生之前(例如,向最终客户出售商品或指定期间到期之前),企业拥有对商品的控制权;二是企业能够要求将委托代销的商品退回或者将其销售给其他方(如其他经销商);三是尽管受托方可能被要求向企业支付一定金额的押金,但是,其并没有承担对这些商品无条件付款的义务。

【例 15-34】甲公司委托乙公司销售 W 商品 1 000 件,W 商品已经发出,每件成本为 70 元。合同约定乙公司应按每件 100 元对外销售,甲公司按不含增值税的销售价格的 10% 向乙公司支付手续费。除非这些商品在乙公司存放期间内由于乙公司的责任发生毁损或丢失,否则在 W 商品对外销售之前,乙公司没有义务向甲公司支付货款。乙公司不承担包销责任,没有售出的 W 商品须退回给甲公司,同时,甲公司也有权要求收回 W 商品或将其销售给其他的客户。

乙公司对外实际销售1000件,开出的增值税专用发票上注明的销售价格为100 000元,增值税税额为13 000元,款项已经收到,乙公司立即向甲公司开具代销清单并支付货款。甲公司收到乙公司开具的代销清单时,向乙公司开具一张相同金额的增值税专用发票。假定甲公司发出W商品时纳税义务尚未发生,手续费增值税税率为6%,不考虑其他因素。

甲公司的账务处理如下。

(1)发出商品。

借:发出商品——乙公司　　　　　　　　　　　　　　　　　　70 000
　　贷:库存商品——W商品　　　　　　　　　　　　　　　　　　　　70 000

(2)收到代销清单,同时发生增值税纳税义务。

借:应收账款——乙公司　　　　　　　　　　　　　　　　　　113 000
　　贷:主营业务收入——销售W商品　　　　　　　　　　　　　　　100 000
　　　　应交税费——应交增值税(销项税额)　　　　　　　　　　　　13 000

借:主营业务成本——销售W商品　　　　　　　　　　　　　　　70 000
　　贷:发出商品——乙公司　　　　　　　　　　　　　　　　　　　　70 000

借:销售费用——代销手续费　　　　　　　　　　　　　　　　　10 000
　　应交税费——应交增值税(进项税额)　　　　　　　　　　　　　600
　　贷:应收账款——乙公司　　　　　　　　　　　　　　　　　　　　10 600

(3)收到乙公司支付的货款。

借:银行存款　　　　　　　　　　　　　　　　　　　　　　　102 400
　　贷:应收账款——乙公司　　　　　　　　　　　　　　　　　　　　102 400

乙公司的账务处理如下。

(1)收到商品。

借:受托代销商品——甲公司　　　　　　　　　　　　　　　　100 000
　　贷:受托代销商品款——甲公司　　　　　　　　　　　　　　　　　100 000

(2)对外销售。

借:银行存款　　　　　　　　　　　　　　　　　　　　　　　113 000
　　贷:受托代销商品——甲公司　　　　　　　　　　　　　　　　　　100 000
　　　　应交税费——应交增值税(销项税额)　　　　　　　　　　　　13 000

(3)收到增值税专用发票。

借:受托代销商品款——甲公司　　　　　　　　　　　　　　　100 000
　　应交税费——应交增值税(进项税额)　　　　　　　　　　　13 000
　　贷:应付账款——甲公司　　　　　　　　　　　　　　　　　　　　113 000

(4)支付货款并计算代销手续费。

借:应付账款——甲公司　　　　　　　　　　　　　　　　　　113 000
　　贷:银行存款　　　　　　　　　　　　　　　　　　　　　　　　　102 400
　　　　其他业务收入——代销手续费　　　　　　　　　　　　　　　　10 000
　　　　应交税费——应交增值税(销项税额)　　　　　　　　　　　　600

2. 售后代管商品安排

实务中,客户可能会因为缺乏足够的仓储空间或生产进度延迟而要求与销售方订立此类合同。在这种情况下,尽管企业仍然持有商品的实物,但是,当客户已经取得了对该商品的控制权时,即使客户决定暂不行使实物占有的权利,其依然有能力主导该商品的使用并从中获得几乎全部的经济利益。因此,企业不再控制该商品,而只是向客户提供了代管服务。

在售后代管商品安排下,企业除了应当考虑客户是否取得商品控制权的迹象之外,还应当同时满足下列四项条件,才表明客户取得了该商品的控制权:一是该安排必须具有商业实质,例如,该安排是应客户的要求而订立的;二是属于客户的商品必须能够单独识别,例如,将属于客户的商品单独存放在指定地点;三是该商品可以随时交付给客户;四是企业不能自行使用该商品或将该商品提供给其他客户。实务中,越是通用的、可以和其他商品互相替换的商品,越有可能难以满足上述条件。

【例 15-35】2×18 年 1 月 1 日,甲公司与乙公司签订合同,向其销售一台设备和专用零部件。设备和零部件的制造期为 2 年。甲公司在完成设备和零部件的生产之后,能够证明其符合合同约定的规格。假定在该合同下,向客户转让设备和零部件是可明确区分的,因此,甲公司应将其作为两项履约义务,且都属于在某一时点履行的履约义务。

2×19 年 12 月 31 日,乙公司支付了该设备和零部件的合同价款,并对其进行了验收。乙公司运走了设备,但是,考虑到其自身的仓储能力有限,且其工厂紧邻甲公司的仓库,因此,要求将零部件存放于甲公司的仓库中,并且要求甲公司按照其指令随时安排发货。乙公司已拥有零部件的法定所有权,且这些零部件可明确识别为属于乙公司的物品。甲公司在其仓库内的单独区域内存放这些零部件,并应乙公司的要求可随时发货,甲公司不能使用这些零部件,也不能将其提供给其他客户使用。

本例中,2×19 年 12 月 31 日,设备的控制权已转移给乙公司;对于零部件而言,甲公司已经收取合同价款,但是应乙公司的要求尚未发货,乙公司已拥有零部件的法定所有权并且对其进行了验收。虽然这些零部件实物尚由甲公司持有,但是其满足在售后代管商品的安排下客户取得商品控制权的条件,这些零部件的控制权也已经转移给了乙公司。因此,甲公司应当确认销售设备和零部件的相关收入。除此之外,甲公司还为乙公司提供了仓储保管服务,该服务与设备和零部件可明确区分,构成单项履约义务。

15.3 合同成本

15.3.1 合同履约成本

企业为履行合同发生的成本,不属于其他企业会计准则规范范围且同时满足下列条件的,应当作为合同履约成本确认为一项资产:(1)该成本与一份当前或预期取得的合同直接相关,包括直接人工、直接材料、制造费用(或类似费用)、明确由客户承担的成本以及仅因该合同而发生的其他成本;(2)该成本增加了企业未来用于履行履约义务的资源;(3)该成本预期能够收回。

【例15-36】甲公司与乙公司签订合同,为其信息中心提供管理服务,合同期限为5年。在向乙公司提供服务之前,甲公司设计并搭建了一个信息技术平台供其内部使用,该信息技术平台由相关的硬件和软件组成。甲公司需要提供设计方案,将该信息技术平台与乙公司现有的信息系统对接,并进行相关测试。该平台并不会转让给乙公司,但是将用于向乙公司提供服务。甲公司为该平台的设计、购买硬件和软件以及信息中心的测试发生了成本。除此之外,甲公司专门指派两名员工,负责向乙公司提供服务。

本例中,甲公司为履行合同发生的上述成本中,购买硬件和软件的成本应当分别按照固定资产和无形资产进行会计处理;设计服务成本和信息中心的测试成本不属于收入准则的规范范围,但是这些成本与履行该合同直接相关,并且增加了甲公司未来用于履行履约义务(即提供管理服务)的资源,如果甲公司预期该成本可通过未来提供服务收取的对价收回,则甲公司应当将这些成本确认为一项资产。甲公司向两名负责该项目的员工支付的工资费用,虽然与向乙公司提供服务有关,但是由于其并未增加企业未来用于履行履约义务的资源,应当于发生时计入当期损益。

15.3.2 合同取得成本

企业为取得合同发生的增量成本预期能够收回的,应当作为合同取得成本确认为一项资产;但是,该资产摊销期限不超过一年的,可以在发生时计入当期损益。

增量成本,是指企业不取得合同就不会发生的成本。

企业为取得合同发生的、除预期能够收回的增量成本之外的其他支出(如无论是否取得合同均会发生的差旅费等),应当在发生时计入当期损益,但是,明确由客户承担的除外。

【例15-37】甲公司是一家咨询公司,其通过竞标赢得一个新客户。为取得和该客户的合同,甲公司发生下列支出:(1)聘请外部律师进行尽职调查的支出为15 000元;(2)因投标发生的差旅费为10 000元;(3)销售人员佣金为5 000元。甲公司预期这些支出未来能够收回。此外,甲公司根据其年度销售目标、整体盈利情况及个人业绩等,向销售部门经理支付年度奖金10 000元。

本例中,甲公司向销售人员支付的佣金属于为取得合同发生的增量成本,应当将其作为合同取得成本确认为一项资产。甲公司聘请外部律师进行尽职调查发生的支出,为投标发生的差旅费,无论是否取得合同都会发生,不属于增量成本,因此,应当于发生时直接计入当期损益。甲公司向销售部门经理支付的年度奖金也不是为取得合同发生的增量成本,这是因为该奖金发放与否以及发放金额还取决于其他因素(包括公司的盈利情况和个人业绩等),其并不能直接归属于可识别的合同。

15.3.3 与合同成本有关的资产的摊销

对于确认为资产的合同履约成本和合同取得成本,企业应当采用与该资产相关的商品收入确认相同的基础(即在履约义务履行的时点或按照履约义务的履约进度)进行摊销,计入当期损益。

15.3.4 与合同成本有关的资产的减值

合同履约成本和合同取得成本的账面价值高于下列两项的差额的,超出部分应当计提减值准备,并确认为资产减值损失:(1)企业因转让与该资产相关的商品预期能够取得的剩余对价;(2)为转让该相关商品估计将要发生的成本。

以前期间减值的因素之后发生变化,使得前款(1)减前款(2)的差额高于该资产账面价值的,应当转回原已计提的资产减值准备,并计入当期损益,但转回后的资产账面价值不应超过假定不计提减值准备情况下该资产在转回日的账面价值。

15.4 关于特定交易的会计处理

15.4.1 附有销售退回条款的销售

企业将商品转让给客户之后,可能会因为各种原因(例如,客户对所购商品的款式不满意等)允许客户选择退货。附有销售退回条款的销售,是指客户依照有关合同有权退货的销售方式。合同中有关退货权的条款可能会在合同中明确约定,也有可能是隐含的。隐含的退货权可能来自企业在销售过程中向客户做出的声明或承诺,也有可能来自法律法规的要求或企业以往的习惯做法等。客户选择退货时,可能有权要求返还其已经支付的全部或部分对价、抵减其对企业已经产生或将会产生的欠款或者要求换取其他商品。

企业应当在客户取得相关商品控制权时,按照因向客户转让商品而预期有权收取的对价金额(即不包含预期因销售退回将退还的金额)确认收入,按照预期因销售退回将退还的金额确认负债;同时,按照预期将退回商品转让时的账面价值,扣除收回该商品预计发生的成本(包括退回商品的价值减损)后的余额,确认一项资产,按照所转让商品转让时的账面价值,扣除上述资产成本的净额结转成本。每一资产负债表日,企业应当重新估计未来销售退回情况,并对上述资产和负债进行重新计量。如有变化,应当作为会计估计变更进行会计处理。

【例15-38】甲公司是一家健身器材销售公司。2×19年10月1日,甲公司向乙公司销售5 000件健身器材,单位销售价格为500元,单位成本为400元,开出的增值税专用发票上注明的销售价格为250万元,增值税税额为32.5万元。健身器材已经发出,但款项尚未收到。根据协议约定,乙公司应于2×19年12月1日之前支付货款,在2×20年3月31日之前有权退还健身器材。发出健身器材时,甲公司根据过去的经验,估计该批健身器材的退货率约为20%。在2×19年12月31日,甲公司对退货率进行了重新评估,认为只有10%的健身器材会被退回。甲公司为增值税一般纳税人,健身器材发出时纳税义务已经发生,实际发生退回时取得税务机关开具的红字增值税专用发票。假定健身器材发出时控制权转移给乙公司。甲公司的账务处理如下。

(1)2×19年10月1日,发出健身器材。

借:应收账款 2 825 000
  贷:主营业务收入 2 000 000
    预计负债——应付退货款 500 000

应交税费——应交增值税（销项税额）	325 000
借：主营业务成本	1 600 000
应收退货成本	400 000
贷：库存商品	2 000 000

（2）2×19年12月1日前收到货款。

借：银行存款	2 825 000
贷：应收账款	2 825 000

（3）2×19年12月31日，甲公司对退货率进行重新评估。

借：预计负债——应付退货款	250 000
贷：主营业务收入	250 000
借：主营业务成本	200 000
贷：应收退货成本	200 000

（4）2×20年3月31日发生销售退回，实际退货量为400件，退货款项已经支付。

借：库存商品	160 000
应交税费——应交增值税（销项税额）	26 000
预计负债——应付退货款	250 000
贷：应收退货成本	160 000
主营业务收入	50 000
银行存款	226 000
借：主营业务成本	40 000
贷：应收退货成本	40 000

附有销售退回条款的销售，在客户要求退货时，如果企业有权向客户收取一定金额的退货费，则企业在估计预期有权收取的对价金额时，应当将该退货费包括在内。

【例15-39】甲公司向家具店销售10张餐桌，每张餐桌的价格为1 000元，成本为750元。根据合同约定，家具店有权在收到餐桌的30天内退货，但是需要向甲公司支付10%的退货费（即每张餐桌的退货费为100元）。根据历史经验，甲公司预计的退货率为10%，且在退货过程中，甲公司预计为每张退货的餐桌发生的成本为50元。上述价格均不包含增值税，假定不考虑相关税费影响，甲公司在将餐桌的控制权转移给家具店时的账务处理如下。

借：应收账款	10 000
贷：主营业务收入	9 100
预计负债——应付退货款	900
借：主营业务成本	6 800
应收退货成本	700
贷：库存商品	7 500

【例15-40】乙公司与客户签订合同，向其销售A产品。客户在合同开始日即取得了A产品的控制权，并在90天内有权退货。由于A产品是最新推出的产品，乙公司尚无有关

该产品退货率的历史数据,也没有其他可以参考的市场信息。该合同对价为12 100元,根据合同约定,客户应于合同开始日后的第二年年末付款。A产品在合同开始日的现销价格为10 000元。A产品的成本为8 000元。退货期满后,未发生退货。上述价格均不包含增值税,假定不考虑相关税费影响。

本例中,客户有退货权,因此,该合同的对价是可变的。乙公司缺乏有关退货情况的历史数据,考虑将可变对价计入交易价格的限制要求,在合同开始日不能将可变对价计入交易价格,因此,乙公司在A产品控制权转移时确认的收入为0,其应当在退货期满后,根据实际退货情况,按照预期有权收取的对价金额确定交易价格。此外,考虑到A产品控制权转移与客户付款之间的时间间隔以及该合同对价与A产品现销价格之间的差异等因素,乙公司认为该合同存在重大融资成分。乙公司的账务处理如下。

(1)在合同开始日,乙公司将A产品的控制权转移给客户。

借:应收退货成本　　　　　　　　　　　　　　　　　　　　　　　8 000
　　贷:库存商品　　　　　　　　　　　　　　　　　　　　　　　　　8 000

(2)在90天的退货期内,乙公司尚未确认合同资产和应收款项,因此,无须确认重大融资成分的影响。

(3)退货期满日(假定应收款项在合同开始日和退货期满日的公允价值无重大差异)。

借:长期应收款　　　　　　　　　　　　　　　　　　　　　　　　12 100
　　贷:主营业务收入　　　　　　　　　　　　　　　　　　　　　　10 000
　　　　未实现融资收益　　　　　　　　　　　　　　　　　　　　　 2 100
借:主营业务成本　　　　　　　　　　　　　　　　　　　　　　　　 8 000
　　贷:应收退货成本　　　　　　　　　　　　　　　　　　　　　　　8 000

在后续期间,乙公司应当考虑在剩余合同期限确定实际利率,将上述应收款项的金额与合同对价之间的差额(2 100元)按照实际利率法进行摊销,确认相关的利息收入。此外,乙公司还应当按照金融工具相关会计准则评估上述应收款项是否发生减值,并进行相应的会计处理。

15.4.2　附有质量保证条款的销售

对于附有质量保证条款的销售,企业应当评估该质量保证是否在向客户保证所销售商品符合既定标准之外提供了一项单独的服务。企业提供额外服务的,应当作为单项履约义务,按照本准则规定进行会计处理;否则,质量保证责任应当按照《企业会计准则第13号——或有事项》的规定进行会计处理。

【例15-41】甲公司与客户签订合同,销售一部手机。该手机自售出起一年内如果发生质量问题,甲公司负责提供质量保证服务。此外,在此期间内,由于客户使用不当(如手机进水)等原因造成的产品故障,甲公司也免费提供维修服务。该维修服务不能单独购买。

本例中,甲公司的承诺包括:销售手机、提供质量保证服务以及维修服务。甲公司针对产品的质量问题提供的质量保证服务是为了向客户保证所销售商品符合既定标准,因此,不构成单项履约义务;甲公司对客户使用不当而导致的产品故障提供的免费维修服务,属于在向客户保证所销售商品符合既定标准之外提供的单独服务,尽管其没有单独销售,但是该服务与手机可明确区分,应该作为单项履约义务。

因此,在该合同下,甲公司的履约义务有两项:销售手机和提供维修服务。甲公司应当按照其各自单独售价的相对比例,将交易价格分摊至这两项履约义务,并在各项履约义务履行时分别确认收入。甲公司提供的质量保证服务,应当按照《企业会计准则第13号——或有事项》的规定进行会计处理。

15.4.3 主要责任人和代理人

企业向客户销售商品时,涉及其他方参与其中的,企业应当确定自身在该交易中的身份是主要责任人还是代理人。主要责任人应当按照已收或应收对价总额确认收入;代理人应当按照预期有权收取的佣金或手续费的金额确认收入。

在第三方参与企业向客户提供商品的活动时,企业向客户转让特定商品之前能够控制该商品的,应当作为主要责任人。企业作为主要责任人的情形如下。

(1)企业自该第三方取得商品或其他资产控制权后,再转让给客户。

(2)企业能够主导第三方代表本企业向客户提供服务。

(3)企业自第三方取得商品控制权后,通过提供重大的服务将该商品与其他商品整合成合同约定的某组合产出转让给客户。

企业在判断其是主要责任人还是代理人时,应当以该企业在特定商品转让给客户之前是否能够控制该商品为原则。上述相关事实和情况仅为支持对控制权的评估,不能取代控制权的评估,也不能凌驾于控制权评估之上,更不是单独或额外的评估;并且这些事实和情况并无权重之分,其中某一项或几项也不能被孤立地用于支持某一结论。企业应当根据相关商品的性质、合同条款的约定以及其他具体情况,综合进行判断。不同的合同可能需要采用上述不同的事实和情况提供支持证据。

【例15-42】20×7年1月,甲旅行社从A航空公司购买了一定数量的折扣机票,并对外销售。甲旅行社向旅客销售机票时,可自行决定机票的价格等,未售出的机票不能退还给A航空公司。

本例中,甲旅行社向客户提供的特定商品为机票,并在确定特定客户之前已经预先从航空公司购买了机票,因此,该权利在转让给客户之前已经存在。甲旅行社从A航空公司购入机票后,可以自行决定该机票的价格、销售对象等,甲旅行社有能力主导该机票的使用并且能够获得其几乎全部的经济利益。因此,甲旅行社在将机票销售给客户之前,能够控制该机票,甲旅行社的身份是主要责任人。

【例15-43】甲公司经营购物网站,在该网站购物的消费者可以明确获知在该网站上销售的商品均为其他零售商直接销售的商品。这些零售商负责发货以及售后服务等。甲公司与零售商签订的合同约定,该网站所售商品的采购、定价、发货以及售后服务等均由零售商自行负责,甲公司仅负责协助零售商和消费者结算货款,并按照每笔交易的实际销售额收取5%的佣金。

本例中，甲公司经营的购物网站是一个购物平台，零售商在该平台发布所销售商品信息，消费者可以从该平台购买零售商销售的商品。消费者在该网站购物时，其购买的特定商品为零售商在网站上销售的商品。除此之外，甲公司并未提供任何其他的商品或服务。这些特定商品在转移给消费者之前，甲公司从未有能力主导这些商品的使用。例如，甲公司不能将这些商品提供给购买该商品的消费者之外的其他方，也不能阻止零售商向该消费者转移这些商品，甲公司不能控制零售商用于完成该网站订单的相关存货。因此，消费者在该网站购物时，在相关商品转移给消费者之前，甲公司并未控制这些商品，甲公司的履约义务是安排零售商向消费者提供相关商品，而并未自行提供这些商品，甲公司在该交易中的身份是代理人。

15.4.4 附有客户额外购买选择权的销售

某些情况下，企业在销售商品的同时，会向客户授予选择权，允许客户可以据此免费或者以折扣价格购买额外的商品。企业向客户授予的额外购买选择权的形式包括销售激励、客户奖励积分、未来购买商品的折扣券以及合同续约选择权等。

对于附有客户额外购买选择权的销售，企业应当评估该选择权是否向客户提供了一项重大权利。如果客户只有在订立了一项合同的前提下才取得了额外购买选择权，并且客户行使该选择权购买额外商品时，能够享受到超过该地区或该市场中其他同类客户所能够享有的折扣，则通常认为该选择权向客户提供了一项重大权利。该选择权向客户提供了重大权利的，应当作为单项履约义务。在这种情况下，客户在该合同下支付的价款实际上购买了两项单独的商品：一是客户在该合同下原本购买的商品；二是客户可以免费或者以折扣价格购买额外商品的权利。企业应当将交易价格在这两项商品之间进行分摊，其中，分摊至后者的交易价格与未来的商品相关，因此，企业应当在客户未来行使该选择权取得相关商品的控制权时，或者在该选择权失效时确认为收入。在考虑授予客户的该项权利是否重大时，应根据其金额和性质综合判断。

当企业向客户提供了额外购买选择权，但客户在行使该选择权购买商品的价格反映了该商品的单独售价时，即使客户只能通过与企业订立特定合同才能获得该选择权，该选择权也不应被视为企业向该客户提供了一项重大权利。

【例15-44】甲公司以100元的价格向客户销售A商品，购买该商品的客户可得到一张40%的折扣券，客户可以在未来的30天内使用该折扣券购买甲公司原价不超过100元的任一商品。同时，甲公司计划推出季节性促销活动，在未来30天内针对所有产品均提供10%的折扣。上述两项优惠不能叠加使用。根据历史经验，甲公司预计有80%的客户会使用该折扣券，额外购买的商品的金额平均为50元。上述金额均不包含增值税，且假定不考虑相关税费影响。

本例中，购买A商品的客户能够取得40%的折扣券，其远高于所有客户均能享有的10%的折扣，因此，甲公司认为该折扣券向客户提供了重大权利，应当作为单项履约义务。考虑到客户使用该折扣券的可能性以及额外购买的金额，甲公司估计该折扣券的单独售价为12[50×80%×（40%-10%）]元。甲公司按照A产品和折扣券单独售价的相对比例对交易价格进行分摊，A商品分摊的交易价格为89[100÷（100+12）×100]元，折扣券选择权分摊的交易价格为11[12÷（100+12）×100]元。甲公司在销售A商品时的账务处理如下。

借：银行存款　　　　　　　　　　　　　　　100
　　贷：主营业务收入　　　　　　　　　　　　　　89
　　　　合同负债　　　　　　　　　　　　　　　　11

【例15-45】2×18年1月1日，甲公司开始推行一项奖励积分计划。根据该计划，客户在甲公司每消费10元可获得1个积分，每个积分从次月开始在购物时可以抵减1元。截至2×18年1月31日，客户共消费100 000元，可获得10 000个积分，根据历史经验，甲公司估计该积分的兑换率为95%。上述金额均不包含增值税，且假定不考虑相关税费影响。

本例中，甲公司认为其授予客户的积分为客户提供了一项重大权利，应当作为单项履约义务。客户购买商品的单独售价合计为100 000元，考虑积分的兑换率，甲公司估计积分的单独售价为9 500（1×10 000×95%）元。甲公司按照商品和积分单独售价的相对比例对交易价格进行分摊。

商品分摊的交易价格 ＝ [100 000÷（100 000+9 500）]×100 000=91 324（元）

积分分摊的交易价格 ＝ [9 500÷（100 000+9 500）]×100 000=8 676（元）

因此，甲公司应当在商品的控制权转移时确认收入91 324元，同时，确认合同负债8 676元。

截至2×18年12月31日，客户共兑换了4 500个积分，甲公司对该积分的兑换率进行了重新估计，仍然预计客户将会兑换的积分总数为9 500个。因此，甲公司以客户兑换的积分数占预期将兑换的积分总数的比例为基础确认收入。积分当年应当确认的收入为4 110（4 500÷9 500×8 676）元；剩余未兑换的积分为4 566（8 676-4 110）元，仍然作为合同负债。

截至2×19年12月31日，客户累计兑换了8 500个积分。甲公司对该积分的兑换率进行了重新估计，预计客户将会兑换的积分总数为9 700个。积分当年应当确认的收入为3 493（8 500÷9 700×8 676-4 110）元；剩余未兑换的积分为1 073（8 676-4 110-3 493）元，仍然作为合同负债。

【例15-46】2×18年1月1日，甲公司与100位客户签订为期一年的服务合同，每份合同的价格均为10 000元，并在当日全额支付了款项。该项服务是甲公司推出的一项新业务。为推广该业务，该合同约定，客户有权在2×18年年末选择以同样的价格续约一年并立即支付10 000元；选择在2×18年年末续约的客户还有权在2×19年年末选择以同样的价格再续约一年并立即支付10 000元。甲公司在2×19年和2×20年将对该项服务的价格分别提高至每年30 000元和50 000元。2×18年年末及其后，没有续约但之后又向甲公司购买该项服务的客户以及新客户都将适用当年涨价后的价格。假定甲公司提供该服务属于在一段时间内履行的履约义务，并按照成本法确定履约进度。上述金额均不包含增值税。合同开始日即2×18年1月1日，甲公司估计有90%的客户（即90位客户）会在2×18年年末选择续约，其中又有90%的客户（即81位客户）会在2×19年年末再次选择续约。2×18年至2×20年的合同预计成本分别为6 000元、7 500元和10 000元。

本例中，只有签订了该合同的客户才有权选择续约，且客户行使该权利续约时所能够享受的价格远低于该项服务当时的市场价格，因此，甲公司认为该续约选择权向客户提供了重大权利，且符合简化处理的条件，即甲公司无须估计该续约选择权的单独售价，而是直接把其预计将提供的额外服务以及预计将收取的相应对价金额纳入原合同，进行会计处理。

在合同开始日，甲公司根据其对客户续约选择权的估计，估计每份合同的交易价格为 27 100（10 000+10 000×90%+10 000×81%）元，预计每份合同各年应分摊的交易价格如表 15-3 所示。

表 15-3　每份合同各年应分摊的交易价格

单位：元

年份	预计成本	考虑续约可能性调整后的成本	分摊的交易价格
2×18	6 000	6 000（6 000×100%）	7 799 [(6 000÷20 850)×27 100]
2×19	7 500	6 750（7 500×90%）	8 773 [(6 750÷20 850)×27 100]
2×20	10 000	8 100（10 000×81%）	10 528 [(8 100÷20 850)×27 100]
合计	23 500	20 850	27 100

假定客户实际选择续约的情况与甲公司的估计一致。甲公司在各年收款、确认收入以及年末合同负债的情况如表 15-4 所示。

表 15-4　各年收款、确认收入以及年末合同负债的情况

单位：元

年份	收款	确认收入	合同负债
2×18	1 900 000	779 900	1 120 100
2×19	810 000	877 300	1 052 800
2×20		1 052 800	
合计	2 710 000	2 710 000	

如果客户实际选择续约的情况与甲公司的估计不一致，则甲公司需要根据实际情况对于交易价格、履约进度以及各年确认的收入进行相应调整。

15.4.5　授予知识产权许可

授予知识产权许可，是指企业授予客户对企业拥有的知识产权享有相应权利。常见的知识产权包括软件和技术、影视和音乐等的版权、特许经营权以及专利权、商标权和其他版权等。

（一）授予知识产权许可是否构成单项履约义务

企业向客户授予知识产权许可时，可能也会同时销售商品，这些承诺可能在合同中明确约定，也可能隐含于企业已公开宣布的政策、特定声明或者企业以往的习惯做法中。授予客户的知识产权许可不构成单项履约义务的，企业应当将该知识产权许可和所售商品一起作为单项履约义务进行会计处理。知识产权许可与所售商品不可明确区分的情形包括：一是该知识产权许可构成有形商品的组成部分并且对于该商品的正常使用不可或缺，例如，企业向客户销售设备和相关软件，该软件内嵌于设备之中，该设备必须安装了该软件之后才能正常使用；二是客户只有将该知识产权许可和相关服务一起使用才能够从中获益，例如，客户取得授权许可,但是只有通过企业提供的在线服务才能访问相关内容等。

【例 15-47】甲生物制药公司将其拥有的某合成药的专利权许可证授予乙公司,授权期限为 10 年。同时,甲公司承诺为乙公司生产该种药品。除此之外,甲公司不会从事任何与支持该药品相关的活动。该药品的生产流程特殊性极高,没有其他公司能够生产该药品。

本例中,甲公司向乙公司授予专利权许可,并为其提供生产服务。由于市场上没有其他公司能够生产该药品,客户将无法从该专利权许可中单独获益,所以,该专利权许可和生产服务不可明确区分,应当将其一起作为单项履约义务进行会计处理。

相反,如果该药品的生产流程特殊性不高,其他公司也能够生产该药品,则该专利权许可和生产服务可明确区分,应当各自分别作为单项履约义务进行会计处理。

(二)授予知识产权许可属于在某一时段履行的履约义务

授予客户的知识产权许可构成单项履约义务的,企业应当根据该履约义务的性质,进一步确定其是在某一时段内履行还是在某一时点履行。企业向客户授予的知识产权许可,同时满足下列 3 项条件的,应当作为在某一时段内履行的履约义务确认相关收入;否则,应当作为在某一时点履行的履约义务确认相关收入。

（1）合同要求或客户能够合理预期企业将从事对该项知识产权有重大影响的活动。
（2）该活动对客户将产生有利或不利影响。
（3）该活动不会导致向客户转让某项商品。

【例 15-48】甲公司是一家设计制作连环漫画的公司,乙公司是一家大型游轮的运营商。甲公司授权乙公司可在 4 年内使用其 3 部连环漫画中的角色形象和名称,乙公司可以以不同的方式（如展览或演出等）使用这些漫画中的角色。甲公司的每部连环漫画都有相应的主要角色,并会定期创造新的角色,角色的形象也会随时演变。合同要求乙公司必须使用最新的角色形象。在授权期内,甲公司每年向乙公司收取 1 000 万元。

本例中,甲公司除了授予知识产权许可外不存在其他履约义务。也就是说,与知识产权许可相关的额外活动并未向客户提供其他商品,因为这些活动是企业授予知识产权许可承诺的一部分,且实际上改变了客户享有知识产权许可的内容。甲公司基于下列因素的考虑,认为该许可的相关收入应当在某一时段内确认：一是乙公司合理预期（根据甲公司以往的习惯做法）,甲公司将实施对该知识产权许可产生重大影响的活动,包括创作角色及出版包含这些角色的连环漫画等；二是合同要求乙公司必须使用甲公司创作的最新角色,这些角色塑造得成功与否,会直接对乙公司产生有利或不利影响；三是尽管乙公司可以通过该知识产权许可从这些活动中获益,但在这些活动发生时并没有导致向乙公司转让任何商品。

合同规定乙公司在一段固定期间内可无限制地使用其取得授权许可的角色,因此,甲公司按照时间进度确定履约进度。

(三)授予知识产权许可属于在某一时点履行的履约义务

授予知识产权许可不属于在某一时段内履行的履约义务的,应当作为在某一时点履行的履约义务,在履行该履约义务时确认收入。在客户能够使用某项知识产权许可并开始从中获利之前,企业不能对此类知识产权许可确认收入。

【例15-49】甲音乐唱片公司（以下简称"甲公司"）将其拥有的一首经典民歌的版权授予乙公司，并约定乙公司在两年内有权在国内所有商业渠道（包括电视、广播和网络广告等）使用该经典民歌。因提供该版权许可，甲公司每月收取1 000元的固定对价。除该版权之外，甲公司无须提供任何其他的商品。该合同不可撤销。

本例中，甲公司除了授予该版权许可外不存在其他履约义务。甲公司并无任何义务从事改变该版权的后续活动，该版权也具有重大的独立功能（即民歌的录音可直接用于播放），乙公司主要通过该重大独立功能获利，而非甲公司的后续活动。因此，合同未要求甲公司从事对该版权许可有重大影响的活动，乙公司对此也没有形成合理预期，甲公司授予该版权许可属于在某一时点履行的履约义务，应在乙公司能够主导该版权的使用并从中获得几乎全部经济利益时，全额确认收入。

此外，由于甲公司履约的时间与客户付款时间（两年内每月支付）之间间隔较长，甲公司需要判断该项合同中是否存在重大的融资成分，并进行相应的会计处理。

（四）基于销售或使用情况的特许权使用费

企业向客户授予知识产权许可，并约定按客户实际销售或使用情况（如按照客户的销售额）收取特许权使用费的，应当在客户后续销售或使用行为实际发生与企业履行相关履约义务二者孰晚的时点确认收入。

【例15-50】甲电影发行公司（以下简称"甲公司"）与乙公司签订合同，将其拥有的一部电影的版权授权给乙公司，乙公司可在其旗下的影院放映该电影，放映期间为6周。除了将该电影版权授权给乙公司之外，甲公司还同意在该电影放映之前，向乙公司提供该电影的片花，在乙公司的影院播放，并且在该电影放映期间在当地知名的广播电台播放广告。甲公司将获得乙公司播放该电影的票房分成。

本例中，甲公司的承诺包括授予电影版权许可、提供电影片花以及提供广告服务。甲公司在该合同下获得的对价为按照乙公司实际销售情况收取的特许权使用费，与之相关的授予电影版权许可是占有主导地位的，这是因为，甲公司能够合理预期，客户认为该电影版权许可的价值远高于合同中提供的电影片花和广告服务的价值。因此，甲公司应当在乙公司放映该电影的期间按照约定的分成比例确认收入。如果授予电影版权许可、提供电影片花以及广告服务分别构成单项履约义务，甲公司应当将该取得的分成收入在这些履约义务之间进行分摊。

【例15-51】甲公司是一家著名的足球俱乐部，授权乙公司在其设计生产的服装、帽子、水杯以及毛巾等产品上使用甲公司球队的名称和图标，授权期间为2年。合同约定，甲公司收取的合同对价由两部分组成：一是200万元固定金额的使用费；二是按照乙公司销售上述商品所取得销售额的5%计算的提成。乙公司预期甲公司会继续参加当地顶级联赛，并取得优异的成绩。

本例中，该合同仅包括一项履约义务，即授予使用权许可，甲公司继续参加比赛并取得优异成绩等活动是该许可的组成部分。由于乙公司能够合理预期甲公司将继续参加比赛，甲公司的成绩将会对其品牌（包括名称和图标等）的价值产生重大影响，而该品牌价值可能会进一步影响乙公司产品的销量,甲公司从事的上述活动并未向乙公司转让任何可明确区分的商品,所以,甲公司授予的该使用权许可,属于在2年内履行的履约义务。甲公司收取的200万元固定金额的使用费应当在2年内平均确认收入,按照乙公司销售相关商品所取得销售额的5%计算的提成应当在乙公司的销售发生时确认收入。

15.4.6 售后回购

售后回购,是指企业在销售商品的同时承诺或有权选择日后再将该商品购回的销售方式。被购回的商品包括原销售给客户的商品、与该商品几乎相同的商品,或者以该商品作为组成部分的其他商品。对于不同类型的售后回购交易,企业应当区分下列两种情形分别进行会计处理。

(1)企业因存在与客户的远期安排而负有回购义务或企业享有回购权利的。

企业因存在与客户的远期安排而负有回购义务或企业享有回购权利的,尽管客户可能已经持有了该商品的实物,但是,企业承诺回购或者有权回购该商品,导致客户主导该商品的使用并从中获取几乎全部经济利益的能力受到限制,因此,在销售时点,客户并没有取得该商品的控制权。在这种情况下,企业应根据下列情况分别进行相应的会计处理:一是回购价格低于原售价的,应当视为租赁交易,按照《企业会计准则第21号——租赁》的相关规定进行会计处理;二是回购价格不低于原售价的,应当视为融资交易,在收到客户款项时确认金融负债,而不是终止确认该资产,并将该款项和回购价格的差额在回购期间内确认为利息费用等。

【例15-52】2×18年4月1日,甲公司向乙公司销售一台设备,销售价格为200万元,同时双方约定两年之后,即2×20年4月1日,甲公司将以120万元的价格回购该设备。

本例中,根据合同约定,甲公司负有在两年后回购该设备的义务,因此,乙公司并未取得该设备的控制权。假定不考虑货币时间价值,该交易的实质是乙公司支付了80(200-120)万元的对价取得了该设备2年的使用权。甲公司应当将该交易作为租赁交易进行会计处理。

【例15-53】沿用【例15-52】,假定甲公司将在2×20年4月1日不是以120万元,而是以250万元的价格回购该设备。

本例中,假定不考虑货币时间价值,该交易的实质是甲公司以该设备作为质押取得了200万元的借款,2年后归还本息合计250万元。甲公司应当将该交易视为融资交易,不应当终止确认该设备,而应当在收到客户款项时确认金融负债,并将该款项和回购价格的差额在回购期间内确认为利息费用等。

(2)企业应客户要求回购商品的。

企业负有应客户要求回购商品义务的,应当在合同开始日评估客户是否具有行使该要求权的重大经济动因。客户具有行使该要求权重大经济动因的,企业应当将售后回购作为租赁交易或融资交易,按照上述第(1)种情形进行会计处理;否则,企业应当将其作为附有销售退回条款的销售交易进行会计处理。在判断客户是否具有行权的重大经济动因时,企业应当综合考虑各种相关因素,包括回购价格与预计回购时市场价格之间的比较,以及权利的到期日等。例如，如果回购价格明显高于该资产回购时的市场价值，则表明客户有行权的重大经济动因。

【例 15-54】 甲公司向乙公司销售其生产的一台设备，销售价格为 2 000 万元，双方约定，乙公司在 5 年后有权要求甲公司以 1 500 万元的价格回购该设备。甲公司预计该设备在回购时的市场价值将远低于 1 500 万元。

本例中，假定不考虑时间价值的影响，甲公司的回购价格 1 500 万元低于原售价 2 000 万元，但远高于该设备在回购时的市场价值，甲公司判断乙公司有重大的经济动因行使其权利要求甲公司回购该设备。因此，甲公司应当将该交易作为租赁交易进行会计处理。

15.4.7 客户未行使的权利

企业向客户预收销售商品款项的，应当首先将该款项确认为负债，待履行了相关履约义务时再转为收入。当企业预收款项无需退回，且客户可能会放弃其全部或部分合同权利时，例如，放弃储值卡的使用等，企业预期将有权获得与客户所放弃的合同权利相关的金额的，应当按照客户行使合同权利的模式按比例将上述金额确认为收入；否则，企业只有在客户要求其履行剩余履约义务的可能性极低时，才能将上述负债的相关余额转为收入。企业在确定其是否预期将有权获得与客户所放弃的合同权利相关的金额时，应当考虑将估计的可变对价计入交易价格的限制要求。

【例 15-55】 甲公司经营连锁面包店。2×19 年，甲公司向客户销售了 5 000 张储值卡，每张卡的面值为 200 元，总额为 1 000 000 元。客户可在甲公司经营的任何一家门店使用该储值卡进行消费。根据历史经验，甲公司预期客户购买的储值卡中将有大约相当于储值卡面值金额 5%（即 50 000 元）的部分不会被消费。截至 2×19 年 12 月 31 日，客户使用该储值卡消费的金额为 400 000 元。甲公司为增值税一般纳税人，在客户使用该储值卡消费时发生增值税纳税义务。

本例中，甲公司预期将有权获得与客户未行使的合同权利相关的金额为 50 000 元，该金额应当按照客户行使合同权利的模式按比例确认为收入。

因此，甲公司在 2×19 年销售的储值卡应当确认的收入金额为 372 612.95 [（400 000+50 000×400 000÷950 000）÷（1+13%）] 元。甲公司的账务处理如下。

（1）销售储值卡。

借：库存现金　　　　　　　　　　　　　　　　　　　1 000 000
　　贷：合同负债　　　　　　　　　　　　　　　　　　　884 956
　　　　应交税费——待转销项税额　　　　　　　　　　　115 044

（2）根据储值卡的消费金额确认收入，同时将对应的待转销项税额确认为销项税额。

借：合同负债　　　　　　　　　　　　　　　　　　　　372 613
　　应交税费——待转销项税额　　　　　　　　　　　　　48 440
　　贷：主营业务收入　　　　　　　　　　　　　　　　　372 613
　　　　应交税费——应交增值税（销项税额）　　　　　　48 440

15.4.8 无需退回的初始费

企业在合同开始（或接近合同开始）日向客户收取的无需退回的初始费（如俱乐部的入会费等）应当计入交易价格。企业应当评估该初始费是否与向客户转让已承诺的商品相关。该初始费与向客户转让已承诺的商品相关，并且该商品构成单项履约义务的，企业应当在转让该商品时，按照分摊至该商品的交易价格确认收入；该初始费与向客户转让已承诺的商品相关，但该商品不构成单项履约义务的，企业应当在包含该商品的单项履约义务履行时，按照分摊至该单项履约义务的交易价格确认收入；该初始费与向客户转让已承诺的商品不相关的，该初始费应当作为未来将转让商品的预收款，在未来转让该商品时确认为收入。

企业收取了无需退回的初始费且为履行合同应开展初始活动，但这些活动本身并没有向客户转让已承诺的商品的，例如，企业为履行会员健身合同开展了一些行政管理性质的准备工作，该初始费与未来将转让的已承诺商品相关，应当在未来转让该商品时确认为收入，企业在确定履约进度时不应考虑这些初始活动；企业为该初始活动发生的支出应当按照本节合同成本部分的要求确认为一项资产或计入当期损益。

【例15-56】甲公司经营一家会员制健身俱乐部。甲公司与客户签订了为期2年的合同，客户入会之后可以随时在该俱乐部健身。除俱乐部的年费2 000元之外，甲公司还向客户收取了50元的入会费，用于补偿俱乐部为客户进行注册登记、准备会籍资料以及制作会员卡等初始活动所花费的成本。甲公司收取的入会费和年费均无须返还。

本例中，甲公司承诺的服务是向客户提供健身服务（即可随时使用的健身场地），而甲公司为会员入会所进行的初始活动并未向客户提供其所承诺的服务，而只是一些内部行政管理性质的工作。因此，甲公司虽然为补偿这些初始活动向客户收取了入会费，但是该入会费实质上是客户为健身服务所支付的对价的一部分，故应当作为健身服务的预收款，与收取的年费一起在2年内分摊确认为收入。

第16章
政府补助

《企业会计准则第 16 号——政府补助》（简称"政府补助准则"）规范了政府补助的确认、计量、列示和相关信息的披露。企业应当根据政府补助的定义和特征对来源于政府的经济资源进行判断，并按照该准则的要求对政府补助进行相应的会计处理和列报。

政府向企业提供经济支持，以鼓励或扶持特定行业、地区或领域的发展，是政府进行宏观调控的重要手段，也是国际上通行的做法。对企业而言，并不是所有来源于政府的经济资源都属于政府补助准则规范的政府补助，除政府补助外，还可能是政府对企业的资本性投入或者政府购买服务所支付的对价。该准则要求企业首先根据交易或者事项的实质对来源于政府的经济资源所归属的类型做出判断，对于符合政府补助的定义和特征的，再按照政府补助准则的要求进行确认、计量、列示与披露。

16.1 政府补助概述

16.1.1 政府补助的定义

《企业会计准则第 16 号——政府补助》规定，政府补助是指企业从政府无偿取得货币性资产或非货币性资产。政府补助主要形式包括政府对企业的无偿拨款、税收返还、财政贴息，以及无偿划拨非货币性资产等。通常情况下，直接减征、免征、增加计税抵扣额、抵免部分税额等不涉及资产直接转移的经济资源，不适用政府补助准则。

需要说明的是，增值税出口退税不属于政府补助。根据税法规定，在对出口货物取得的收入免征增值税的同时，退付出口货物前道环节发生的进项税额，增值税出口退税实际上是政府退回企业事先垫付的进项税，不属于政府补助。

16.1.2 政府补助的特征

根据《企业会计准则第 16 号——政府补助》的规定，政府补助具有下列特征。

1. 政府补助是来源于政府的经济资源

这里的政府主要是指行政事业单位及类似机构。对于企业收到的来源于其他方的补助，有确凿证据表明政府是补助的实际拨付者，其他方只起到代收代付作用的，该项补助也属于来源于政府的经济资源。例如，某集团母公司收到一笔政府补助款，有确凿证据表明该补助款实际的补助对象为该母公司下属子公司，母公司只是起到了代收代付的作用，在这种情况下，该补助款属于对子公司的政府补助。

2. 政府补助是无偿的

无偿性是政府补助的基本特征。这一特征将政府补助与政府以投资者身份向企业投入资本、政府购买服务等政府与企业之间的互惠性交易区别开来。需要说明的是，政府补助通常附有一定条件,这与政府补助的无偿性并不矛盾,只是政府为了推行其宏观经济政策,对企业使用政府补助的时间、使用范围和方向进行了限制。

【例16-1】2×17年2月,甲企业与所在城市的开发区人民政府签订了项目合作投资协议,实施"退城进园"技改搬迁。根据协议,甲企业在开发区内投资约4亿元建设电子信息设备生产基地。生产基地占地面积400亩,该宗项目用地按开发区工业用地基准地价挂牌出让,甲企业摘牌并按挂牌出让价格缴纳土地出让金4800万元。甲企业自开工之日起须在18个月内完成搬迁工作,从原址搬迁至开发区,同时将甲企业位于城区繁华地段的原址用地(200亩,按照所在地段工业用地基准地价评估为1亿元)移交给开发区政府收储,开发区政府将向甲企业支付补偿资金1亿元。

本例中,为实施"退城进园"技改搬迁,甲企业将其位于城区繁华地段的原址用地移交给开发区政府收储,开发区政府为此向甲企业支付补偿资金1亿元。由于开发区政府对甲企业的搬迁补偿是基于甲企业原址用地的公允价值确定的,其实质是政府按照相应资产的市场价格向企业购买资产,企业从政府取得的经济资源是企业让渡其资产的对价,双方的交易是互惠性交易,不符合政府补助无偿性的特点。因此,甲企业收到的1亿元搬迁补偿资金不作为政府补助处理,而应作为处置非流动资产的收入。

【例16-2】乙企业是一家生产和销售重型机械的企业。为推动科技创新,乙企业所在地政府于2×17年8月向乙企业拨付了3000万元资金,要求乙企业将这笔资金用于技术改造项目研究,研究成果归乙企业享有。

本例中,乙企业的日常经营活动是生产和销售重型机械,其从政府取得了3000万元资金用于研发支出,且研究成果归乙企业享有。因此,这项财政拨款具有无偿性的特征,乙企业收到的3000万元资金应当按照政府补助准则的规定进行会计处理。

16.1.3 政府补助的分类

确定了来源于政府的经济资源属于政府补助后,企业还应当对其进行恰当的分类。根据《企业会计准则第16号——政府补助》规定,政府补助应当划分为与资产相关的政府补助和与收益相关的政府补助。这两类政府补助给企业带来经济利益或者弥补相关成本或费用的形式不同,从而在具体会计处理上存在差别。

与资产相关的政府补助,是指企业取得的、用于购建或以其他方式形成长期资产的政府补助。通常情况下,相关补助文件会要求企业将补助资金用于取得长期资产。长期资产将在较长的期间内给企业带来经济利益,因此,相应的政府补助的受益期也较长。

与收益相关的政府补助,是指除与资产相关的政府补助之外的政府补助。此类补助主要用于补偿企业已发生或即将发生的相关成本费用或损失,受益期相对较短,通常在满足补助所附条件时计入当期损益或冲减相关成本。

16.2 政府补助的确认和计量

关于政府补助的确认条件,《企业会计准则第16号——政府补助》规定,政府补助同时满足下列条件的,才能予以确认:一是企业能够满足政府补助所附条件;二是企业能够收到政府补助。

关于政府补助的计量属性,《企业会计准则第 16 号——政府补助》规定,政府补助为货币性资产的,应当按照收到或应收的金额计量。如果企业已经实际收到补助资金,应当按照实际收到的金额计量;如果资产负债表日企业尚未收到补助资金,但企业在符合了相关政策规定后就相应获得了收款权,且与之相关的经济利益很可能流入企业,企业应当在这项补助成为应收款时按照应收的金额计量。政府补助为非货币性资产的,应当按照公允价值计量;公允价值不能可靠取得的,按照名义金额计量。

政府补助有两种会计处理方法:总额法和净额法。总额法是在确认政府补助时,将其全额一次或分次确认为收益,而不是作为相关资产账面价值或者成本费用等的扣减。净额法是将政府补助确认为对相关资产账面价值或者所补偿成本费用等的扣减。需要说明的是,根据《企业会计准则——基本准则》的要求,同一企业不同时期发生的相同或者相似的交易或者事项,应当采用一致的会计政策,不得随意变更。确需变更的,应当在附注中说明。企业应当根据经济业务的实质,判断某一类政府补助业务应当采用总额法还是净额法进行会计处理,通常情况下,对同类或类似政府补助业务只能选用一种方法,同时,企业对该业务应当一贯地运用该方法,不得随意变更。企业对某些补助只能采用一种方法,例如,对一般纳税人增值税即征即退只能采用总额法进行会计处理。

《企业会计准则第 16 号——政府补助》规定,与企业日常活动相关的政府补助,应当按照经济业务实质,计入其他收益或冲减相关成本费用。与企业日常活动无关的政府补助,计入营业外收支。通常情况下,若政府补助补偿的成本费用是营业利润之中的项目,或该补助与日常销售等经营行为(如增值税即征即退等)密切相关,则认为该政府补助与日常活动相关。

16.2.1 与资产相关的政府补助

实务中,企业通常先收到补助资金,再按照政府要求将补助资金用于购建固定资产或无形资产等长期资产。企业在取得与资产相关的政府补助时,应当选择采用总额法或净额法进行会计处理。

总额法下,企业在取得与资产相关的政府补助时应当按照补助资金的金额借记"银行存款"等科目,贷记"递延收益"科目;然后在相关资产使用寿命内按合理、系统的方法分期计入损益。如果企业先取得与资产相关的政府补助,再确认所购建的长期资产,总额法下应当在开始对相关资产计提折旧或进行摊销时按照合理、系统的方法将递延收益分期计入当期收益;如果相关长期资产投入使用后企业再取得与资产相关的政府补助,总额法下应当在相关资产的剩余使用寿命内按照合理、系统的方法将递延收益分期计入当期收益。需要说明的是,采用总额法的,如果对应的长期资产在持有期间发生减值损失,递延收益的摊销仍保持不变,不受减值因素的影响。企业对与资产相关的政府补助选择总额法的,应当将递延收益分期转入其他收益或营业外收入,借记"递延收益"科目,贷记"其他收益"或"营业外收入"科目。相关资产在使用寿命结束时或结束前被处置(出售、报废、转让、发生毁损等)的,尚未分配的相关递延收益余额应当转入资产处置当期的损益,不再予以递延。对相关资产划分为持有待售类别的,先将尚未分配的递延收益余额冲减相关资产的账面价值,再按照《企业会计准则第42号——持有待售的非流动资产、处置组和终止经营》的要求进行会计处理。

净额法下,企业在取得政府补助时应当按照补助资金的金额冲减相关资产的账面价值。如果企业先取得与资产相关的政府补助,再确认所购建的长期资产,净额法下应当将取得的政府补助先确认为递延收益,在相关资产达到预定可使用状态或预定用途时将递延收益冲减资产账面价值;如果相关长期资产投入使用后企业再取得与资产相关的政府补助,净额法下应当在取得补助时冲减相关资产的账面价值,并按照冲减后的账面价值和相关资产的剩余使用寿命计提折旧或进行摊销。

实务中存在政府无偿给予企业长期非货币性资产的情况,如无偿给予土地使用权、天然起源的天然林等。企业取得的政府补助为非货币性资产的,应当按照公允价值计量;公允价值不能可靠取得的,按照名义金额(1元)计量。企业在收到非货币性资产的政府补助时,应当借记有关资产科目,贷记"递延收益"科目;然后在相关资产使用寿命内按合理、系统的方法分期计入损益,借记"递延收益"科目,贷记"其他收益"或"营业外收入"科目。但是,对以名义金额计量的政府补助,在取得时计入当期损益。

【例16-3】按照国家有关政策,企业购置环保设备可以申请补贴以补偿其环保支出。丁企业于2×18年1月向政府有关部门提交了210万元的补助申请,作为对其购置环保设备的补贴。2×18年3月15日,丁企业收到了政府补贴款210万元。2×18年4月20日,丁企业购入不需安装的环保设备一台,实际成本为480万元,使用寿命为10年,采用直线法计提折旧(不考虑净残值)。2×26年4月,丁企业的这台设备发生毁损而报废。本例中不考虑相关税费等其他因素。

丁企业的账务处理如下。

方法一:丁企业选择总额法对此类补助进行会计处理。

(1)2×18年3月15日,实际收到财政拨款,确认递延收益。

借:银行存款	2 100 000
贷:递延收益	2 100 000

(2)2×18年4月20日,购入设备。

借:固定资产	4 800 000
贷:银行存款	4 800 000

(3)自2×18年5月起每个资产负债表日(月末)计提折旧,同时分摊递延收益。

① 计提折旧(假设该设备用于污染物排放测试,折旧费用计入制造费用)。

借:制造费用	40 000
贷:累计折旧	40 000

② 分摊递延收益。

借:递延收益	17 500
贷:其他收益	17 500

(4)2×26年4月,设备毁损,同时转销递延收益余额。

借：固定资产清理	960 000
累计折旧	3 840 000
贷：固定资产	4 800 000
借：递延收益	420 000
贷：固定资产清理	420 000
借：营业外支出	540 000
贷：固定资产清理	540 000

方法二：丁企业选择净额法对此类补助进行会计处理。

(1) 2×18年3月15日，实际收到财政拨款，确认递延收益。

借：银行存款	2 100 000
贷：递延收益	2 100 000

(2) 2×18年4月20日，购入设备。

借：固定资产	4 800 000
贷：银行存款	4 800 000
借：递延收益	2 100 000
贷：固定资产	2 100 000

(3) 自2×18年5月起每个资产负债表日（月末）计提折旧。

借：制造费用	22 500
贷：累计折旧	22 500

(4) 2×26年4月，设备毁损。

借：固定资产清理	540 000
累计折旧	2 160 000
贷：固定资产	2 700 000
借：营业外支出	540 000
贷：固定资产清理	540 000

16.2.2　与收益相关的政府补助

《企业会计准则第16号——政府补助》规定，与收益相关的政府补助，应当分情况按照以下规定进行会计处理：用于补偿企业以后期间的相关成本费用或损失的，确认为递延收益，并在确认相关成本费用或损失的期间，计入当期损益或冲减相关成本；用于补偿企业已发生的相关成本费用或损失的，直接计入当期损益或冲减相关成本。对与收益相关的政府补助，企业同样可以选择采用总额法或净额法进行会计处理：选择总额法的，应当计入其他收益或营业外收入；选择净额法的，应当冲减相关成本费用或营业外支出。

(1) 如果与收益相关的政府补助用于补偿企业以后期间的相关成本费用或损失，则企业在取得时应当先判断企业能否满足政府补助所附条件。根据《企业会计准则第16号——政府补助》，只有满足政府补助确认条件的才能予以确认。而客观情况通常表明企业能够满足政府补助所附条件，企业应当将其确认为递延收益，并在确认相关成本费用或损失的期间，计入当期损益或冲减相关成本。

【例16-4】甲企业于2×17年3月15日与其所在地地方政府签订合作协议，根据协议约定，当地政府将向甲企业提供1 000万元政府补助资金，用于企业的人才激励和人才引进奖励，甲企业必须按年向当地政府报送详细的资金使用计划并按规定用途使用资金。协议同时还约定，甲企业自获得奖励起10年内注册地址不得迁离本地区，否则政府有权追回奖励资金。甲企业于2×17年4月10日收到1 000万元补助资金，分别在2×17年12月、2×18年12月、2×19年12月使用了400万元、300万元和300万元，用于发放给总裁级高管年度奖金。本例中不考虑相关税费等其他因素。

本例中，甲企业应当在取得政府补助时先判断是否满足政府补助的确认条件。如果客观情况表明甲企业在未来10年内离开该地区的可能性很小，例如，通过成本效益分析认为甲企业迁离该地区的成本远高于收益，则甲企业在收到政府补助资金时应当记入"递延收益"科目，实际按规定用途使用政府补助资金时，再计入当期损益。

假设甲企业选择净额法对此类补助进行会计处理，其账务处理如下。

（1）2×17年4月10日，甲企业实际收到政府补助资金。

借：银行存款　　　　　　　　　　　　　　　　　　　　　　10 000 000
　　贷：递延收益　　　　　　　　　　　　　　　　　　　　　　10 000 000

（2）2×17年12月、2×18年12月、2×19年12月，甲企业将补助资金用于发放高管奖金时相应结转递延收益。

①2×17年12月。

借：递延收益　　　　　　　　　　　　　　　　　　　　　　4 000 000
　　贷：管理费用　　　　　　　　　　　　　　　　　　　　　　4 000 000

②2×18年12月。

借：递延收益　　　　　　　　　　　　　　　　　　　　　　3 000 000
　　贷：管理费用　　　　　　　　　　　　　　　　　　　　　　3 000 000

③2×19年12月。

借：递延收益　　　　　　　　　　　　　　　　　　　　　　3 000 000
　　贷：管理费用　　　　　　　　　　　　　　　　　　　　　　3 000 000

如果本例中甲企业选择按总额法对此类政府补助进行会计处理，则应当在确认相关管理费用的期间，借记"递延收益"科目，贷记"其他收益"科目。

如果甲企业在取得补助资金时暂时无法确定能否满足政府补助所附条件（即在未来10年内注册地址不得迁离本地区），则应当将收到的补助资金先记入"其他应付款"科目，待客观情况表明其能够满足政府补助所附条件后再转入"递延收益"科目。

（2）用于补偿企业已发生的相关成本费用或损失的，直接计入当期损益或冲减相关成本。这类补助通常与企业已经发生的行为有关，是对企业已发生的成本费用或损失的补偿，或是对企业过去行为的奖励。

【例16-5】乙企业销售其自主开发的软件。按照国家有关规定，该企业的这种产品适用增值税即征即退政策，按13%的税率征收增值税后，对其增值税实际税负超过3%的部分，实行即征即退政策。乙企业2×19年8月在进行纳税申报时，对归属于7月的增值税即征即退提交退税申请，经主管税务机关审核后的退税额为10万元。

本例中，乙企业即征即退增值税与其日常销售密切相关，属于与乙企业的日常活动相关的政府补助。乙企业2×19年8月申请退税并确定了增值税退税额，账务处理如下。

借：其他应收款　　　　　　　　　　　　　　　　　　　　　　　　　100 000
　　贷：其他收益　　　　　　　　　　　　　　　　　　　　　　　　　　　100 000

【例16-6】丙企业2×17年11月遭受重大自然灾害，并于2×17年12月20日收到了政府补助资金200万元用于弥补其遭受自然灾害的损失。

2×17年12月20日，丙企业实际收到补助资金并对此类补助选择按总额法进行会计处理，其账务处理如下。

借：银行存款　　　　　　　　　　　　　　　　　　　　　　　　　　2 000 000
　　贷：营业外收入　　　　　　　　　　　　　　　　　　　　　　　　　2 000 000

【例16-7】丁企业是集芳烃技术研发、生产于一体的高新技术企业。芳烃的原料是石脑油。石脑油按成品油项目在生产环节征消费税。根据国家有关规定，对使用燃料油、石脑油生产乙烯芳烃的企业购进并用于生产乙烯、芳烃类化工产品的石脑油、燃料油，按实际耗用数量退还所含消费税。假设丁企业石脑油单价为5 333元/吨（其中，消费税为2 105元/吨）。2×17年7月，丁企业将115吨石脑油投入生产，石脑油转换率为1.15:1（即1.15吨石脑油可生产1吨乙烯芳烃），共生产乙烯芳烃100吨。丁企业根据当期产量及所购原料供应商的消费税证明，向税务机关申请退还相应的消费税。丁企业选择按净额法进行会计处理。

本例中，丁企业当期应退消费税为100×1.15×2 105=242 075（元）。丁企业在期末结转存货成本和主营业务成本之前，对该政府补助的账务处理如下。

借：其他应收款　　　　　　　　　　　　　　　　　　　　　　　　　242 075
　　贷：生产成本　　　　　　　　　　　　　　　　　　　　　　　　　　242 075

16.2.3　政府补助的退回

《企业会计准则第16号——政府补助》规定，已确认的政府补助需要退回的，应当在需要退回的当期分情况按照以下规定进行会计处理：（1）初始确认时冲减相关资产账面价值的，调整资产账面价值；（2）存在相关递延收益的，冲减相关递延收益账面余额，超出部分计入当期损益；（3）属于其他情况的，直接计入当期损益。

此外，对于属于前期差错的政府补助退回，应当按照《企业会计准则第28号——会计政策、会计估计变更和差错更正》作为前期差错更正进行追溯调整。

【例16-8】沿用【例16-3】，假设2×19年5月，因客观环境改变，企业不再符合申请补助的条件，有关部门要求丁企业全额退回补助款。丁企业于当月退回了补助款210万元。丁企业的账务处理如下。

方法一：丁企业选择总额法对此类补助进行会计处理。

丁企业应当结转尚未分配的递延收益,并将超出部分计入当期损益。因为本例中该项补助与日常活动相关,所以这部分退回的补助冲减应退回当期的其他收益。

2×19年5月,丁企业退回补助款时的会计处理如下。

借:递延收益　　　　　　　　　　　　　　　　　　　　　1 890 000
　　其他收益　　　　　　　　　　　　　　　　　　　　　　 210 000
　　　贷:银行存款　　　　　　　　　　　　　　　　　　　　　　2 100 000

方法二:丁企业选择净额法对此类补助进行会计处理。

丁企业计算应补提的折旧,将这部分费用计入当期损益,相应调整固定资产的账面价值。

2×19年5月,丁企业退回补助款时的会计处理如下。

借:固定资产　　　　　　　　　　　　　　　　　　　　　2 100 000
　　其他收益　　　　　　　　　　　　　　　　　　　　　　 210 000
　　　贷:银行存款　　　　　　　　　　　　　　　　　　　　　　2 100 000
　　　　　累计折旧　　　　　　　　　　　　　　　　　　　　　　 210 000

【例16-9】甲企业于2×17年11月与某开发区政府签订合作协议,在开发区内投资设立生产基地。协议约定,开发区政府自协议签订之日起6个月内向甲企业提供300万元产业政府补贴资金,用于奖励该企业在开发区内投资并开展经营活动,甲企业自获得补贴起5年内注册地址不得迁离本区。如果甲企业在此期限内提前迁离开发区,开发区政府允许甲企业按照实际留在本区的时间保留部分政府补贴,并按剩余时间追回补贴资金。甲企业于2×18年1月3日收到补贴资金。

假设甲企业在实际收到补助资金时,客观情况表明甲企业在未来5年内迁离开发区的可能性很小,甲企业在收到补助资金时应当记入"递延收益"科目。由于协议约定,如果甲企业提前迁离开发区,开发区政府有权按扣除实际留在本区时间后的剩余时间追回部分政府补助,说明企业每留在开发区内一年,就有权取得与这一年相关的补助,与这一年补助有关的不确定性基本消除,补贴收益得以实现,所以甲企业应当将该补助在5年内平均摊销结转计入损益。

本例中,开发区政府对甲企业的补助是对该企业在开发区内投资并开展经营活动的奖励,并不指定用于补偿特定的成本费用。甲企业的账务处理如下。

(1)2×18年1月3日,甲企业实际收到政府补助资金。

借:银行存款　　　　　　　　　　　　　　　　　　　　　3 000 000
　　　贷:递延收益　　　　　　　　　　　　　　　　　　　　　　3 000 000

(2)2×18年至2×22年每年12月31日,甲企业分期将递延收益结转入当期损益。

借:递延收益　　　　　　　　　　　　　　　　　　　　　　 600 000
　　　贷:其他收益　　　　　　　　　　　　　　　　　　　　　　　600 000

假设2×20年1月,甲企业因重大战略调整迁离开发区,开发区政府根据协议要求甲企业退回补助180万元。

借:递延收益　　　　　　　　　　　　　　　　　　　　　1 800 000
　　　贷:其他应付款　　　　　　　　　　　　　　　　　　　　　1 800 000

16.2.4 特定业务的会计处理

1. 综合性项目政府补助的会计处理

对于同时包含与资产相关部分和与收益相关部分的政府补助,企业应当将其进行分解,区分不同部分并分别进行会计处理;难以区分的,企业应当将其整体归类为与收益相关的政府补助进行会计处理。

【例 16-10】2×17 年 6 月 15 日,某市科技创新委员会与乙企业签订了科技计划项目合同书,拟对乙企业的新药临床研究项目提供研究补助资金。该项目总预算为 600 万元,其中,市科技创新委员会资助 200 万元,乙企业自筹 400 万元。市科技创新委员会资助的 200 万元用于补助设备费 60 万元,材料费 15 万元,测试化验加工费 95 万元,差旅费 10 万元,会议费 5 万元,专家咨询费 8 万元,管理费用 7 万元,假设除设备费外的其他各项费用都属于研究支出。市科技创新委员会应当在合同签订之日起 30 日内将资金拨付给乙企业。根据双方约定,乙企业应当按合同规定的开支范围,对市科技创新委员会资助的经费实行专款专用。项目实施期限为自合同签订之日起 30 个月,期满后乙企业如未通过验收,在该项目实施期满后 3 年内不得再向市政府申请科技补贴资金。乙企业于 2×17 年 7 月 10 日收到补助资金,在项目期内按照合同约定的用途使用了补助资金。乙企业于 2×17 年 7 月 25 日按项目合同书的约定购置了相关设备,设备成本为 150 万元,其中使用补助资金 60 万元,该设备使用年限为 10 年,采用直线法计提折旧(不考虑净残值)。假设本例中不考虑相关税费等其他因素。

本例中,乙企业收到的政府补助是综合性项目政府补助,需要区分与资产相关的政府补助和与收益相关的政府补助并分别进行处理。假设乙企业对收到的与资产相关的政府补助选择净额法进行会计处理。乙企业的账务处理如下。

(1)2×17 年 7 月 10 日,乙企业实际收到补贴资金。

借:银行存款 2 000 000
  贷:递延收益 2 000 000

(2)2×17 年 7 月 25 日,购入设备。

借:固定资产 1 500 000
  贷:银行存款 1 500 000
借:递延收益 600 000
  贷:固定资产 600 000

(3)自 2×17 年 8 月起每个资产负债表日(月末)计提折旧,折旧费用计入研发支出。

借:研发支出 7 500
  贷:累计折旧 7 500

(4)对其他与收益相关的政府补助,乙企业应当按照相关经济业务的实质确定是计入其他收益还是冲减相关成本费用,在企业按规定用途实际使用补助资金时计入损益,或者在实际使用的当期期末根据当期累计使用的金额计入损益,借记"递延收益"科目,贷记有关损益科目。

2. 政策性优惠贷款贴息的会计处理

政策性优惠贷款贴息是政府为支持特定领域或区域发展,根据国家宏观经济形势和政策目标,对承贷企业的银行借款利息给予的补贴。企业取得政策性优惠贷款贴息的,应当区分财政将贴息资金拨付给贷款银行和财政将贴息资金直接拨付给企业两种情况,分别进行会计处理。

(1) 财政将贴息资金拨付给贷款银行。

在财政将贴息资金拨付给贷款银行的情况下,由贷款银行以政策性优惠利率向企业提供贷款。这种方式下,受益企业按照优惠利率向贷款银行支付利息,并没有直接从政府取得利息补助,企业可以选择下列方法之一进行会计处理。

方法一:以实际收到的借款金额作为借款的入账价值,按照借款本金和该政策性优惠利率计算相关借款费用。通常情况下,实际收到的金额即为借款本金。

方法二:以借款的公允价值作为借款的入账价值并按照实际利率法计算借款费用,实际收到的金额与借款公允价值之间的差额确认为递延收益。递延收益在借款存续期内采用实际利率法摊销,冲减相关借款费用。企业选择了上述两种方法之一后,应当一致地运用,不得随意变更。

在这种情况下,向企业发放贷款的银行并不是受益主体,其仍然按照市场利率收取利息,只是一部分利息来自企业,另一部分利息来自财政贴息。所以,贷款银行发挥的是中介作用,并不需要确认与贷款相关的递延收益。

【例16-11】2×17年1月1日,丙企业从银行处取得贷款100万元,期限为2年,按月计息,按季度付息,到期一次还本。这笔贷款资金将被用于国家扶持产业,符合财政贴息的条件,所以,贷款利率显著低于丙企业取得同类贷款的市场利率。假设丙企业取得同类贷款的年市场利率为9%,丙企业与银行签订的贷款合同约定的年利率为3%,丙企业按季度向银行支付贷款利息,财政按年向银行拨付贴息资金。贴息后丙企业实际支付的年利息率为3%,贷款期间的利息费用满足资本化条件,计入相关在建工程的成本。相关借款费用的计算和递延收益的摊销如表16-1所示。

表16-1 相关借款费用的计算和递延收益的摊销

单位:元

月度	按市场利率应支付给银行的利息①	财政贴息②	实际现金流③	实际现金流折现④	长期借款各期实际利息⑤	递延收益摊销金额⑥	长期借款的期末账面价值⑦
月初							890 554
第1个月	7 500	5 000	2 500	2 481	6 679	4 179	894 733
第2个月	7 500	5 000	2 500	2 463	6 711	4 211	898 944
第3个月	7 500	5 000	2 500	2 445	6 742	4 242	903 186
第4个月	7 500	5 000	2 500	2 426	6 774	4 274	907 460
第5个月	7 500	5 000	2 500	2 408	6 806	4 306	911 766
第6个月	7 500	5 000	2 500	2 390	6 838	4 338	916 104

续表

月度	按市场利率应支付给银行的利息①	财政贴息②	实际现金流③	实际现金流折现④	长期借款各期实际利息⑤	递延收益摊销金额⑥	长期借款的期末账面价值⑦
第7个月	7 500	5 000	2 500	2 373	6 871	4 371	920 475
第8个月	7 500	5 000	2 500	2 355	6 904	4 404	924 878
第9个月	7 500	5 000	2 500	2 337	6 937	4 437	929 315
第10个月	7 500	5 000	2 500	2 320	6 970	4 470	933 785
第11个月	7 500	5 000	2 500	2 303	7 003	4 503	938 288
第12个月	7 500	5 000	2 500	2 286	7 037	4 537	942 825
第13个月	7 500	5 000	2 500	2 269	7 071	4 571	947 397
第14个月	7 500	5 000	2 500	2 252	7 105	4 605	952 002
第15个月	7 500	5 000	2 500	2 235	7 140	4 640	956 642
第16个月	7 500	5 000	2 500	2 218	7 175	4 675	961 317
第17个月	7 500	5 000	2 500	2 202	7 210	4 710	966 027
第18个月	7 500	5 000	2 500	2 185	7 245	4 745	970 772
第19个月	7 500	5 000	2 500	2 169	7 281	4 781	975 553
第20个月	7 500	5 000	2 500	2 153	7 317	4 817	980 369
第21个月	7 500	5 000	2 500	2 137	7 353	4 853	985 222
第22个月	7 500	5 000	2 500	2 121	7 389	4 889	990 111
第23个月	7 500	5 000	2 500	2 105	7 426	4 926	995 037
第24个月	7 500	5 000	1 002 500	837 921	7 463	4 963	1 000 000
合计	180 000	120 000	1 060 000	890 554	169 447	109 447	

注：（1）实际现金流折现④为各月实际现金流③2 500元按照月市场利率0.75%（9%÷12）折现的金额。例如，第一个月实际现金流折现=2 500÷（1+0.75%）=2 481（元），第二个月实际现金流折现=2500÷（1+0.75%）^{2}=2 463（元）。

（2）长期借款各期实际利息⑤为各月长期借款账面价值⑦与月市场利率0.75%的乘积。例如，第一个月长期借款实际利息=本月初长期借款账面价值890 554×0.75%=6 679（元），第二个月长期借款实际利息=本月初长期借款账面价值894 733×0.75%=6 711（元）。

（3）摊销金额⑥是长期借款各期实际利息⑤扣减每月实际支付的利息③2 500元后的金额。例如，第一个月摊销金额=当月长期借款实际利息6 679－当月实际支付的利息2 500=4 179（元），第二个月摊销金额=当月长期借款实际利息6 711－当月实际支付的利息2 500=4 211（元）。

丙企业按方法一进行的账务处理如下。

（1）2×17年1月1日，丙企业取得银行贷款100万元。

借：银行存款　　　　　　　　　　　　　　　　　　　　　　1 000 000

　　贷：长期借款——本金　　　　　　　　　　　　　　　　　　1 000 000

（2）2×17年1月31日起每月月末，丙企业按月计提利息，企业实际承担的利息支出为1 000 000×3%÷12 =2 500（元）。

借：在建工程　　　　　　　　　　　　　　　　　　　　　　　2 500

　　贷：应付利息　　　　　　　　　　　　　　　　　　　　　　2 500

丙企业按方法二进行的账务处理如下。

（1）2×17年1月1日，丙企业取得银行贷款100万元。

借：银行存款　　　　　　　　　　　　　　　　　　　　　　　1 000 000
　　长期借款——利息调整　　　　　　　　　　　　　　　　　　　109 446
　　贷：长期借款——本金　　　　　　　　　　　　　　　　　　　　　　1 000 000
　　　　递延收益　　　　　　　　　　　　　　　　　　　　　　　　　　　109 446

（2）2×17年1月31日，丙企业按月计提利息。

借：在建工程　　　　　　　　　　　　　　　　　　　　　　　　　6 679
　　贷：应付利息　　　　　　　　　　　　　　　　　　　　　　　　　　2 500
　　　　长期借款——利息调整　　　　　　　　　　　　　　　　　　　　4 179

同时，摊销递延收益。

借：递延收益　　　　　　　　　　　　　　　　　　　　　　　　　4 179
　　贷：在建工程　　　　　　　　　　　　　　　　　　　　　　　　　　4 179

在上述两种方法下，丙企业每月计入在建工程的利息支出是一致的，均为2 500元。不同的是，在方法一下，丙企业该笔银行贷款2×17年1月1日长期借款的账面价值为1 000 000元；在方法二下，丙企业该笔银行贷款2×17年1月1日长期借款的账面价值为890 554元，此外还有递延收益109 446元，各月需要按照实际利率法对递延收益进行摊销。

（2）财政将贴息资金直接拨付给受益企业。

财政将贴息资金直接拨付给受益企业，企业先按照同类贷款市场利率向银行支付利息，财政部门定期与企业结算贴息。在这种方式下，由于企业先按照同类贷款市场利率向银行支付利息，所以实际收到的借款金额通常就是借款的公允价值，企业应当将对应的贴息冲减相关借款费用。

【例16-12】2×17年1月1日，丙企业从银行处取得贷款100万元，期限2年，按月计息，按季度付息，到期一次还本。这笔贷款资金将被用于国家扶持产业，符合财政贴息的条件，财政将贴息资金直接拨付给丙企业。丙企业与银行签订的贷款合同约定的年利率为9%，丙企业按月计提利息，按季度向银行支付贷款利息，以付息凭证向财政申请贴息资金，财政按年与丙企业结算贴息资金，贴息后丙企业实际负担的年利率为3%。丙企业的账务处理如下。

（1）2×17年1月1日，丙企业取得银行贷款100万元。

借：银行存款　　　　　　　　　　　　　　　　　　　　　　　1 000 000
　　贷：长期借款——本金　　　　　　　　　　　　　　　　　　　　　　1 000 000

（2）2×17年1月31日起每月月末，丙企业按月计提利息，应向银行支付的利息金额为1 000 000×9%÷12=7 500（元），企业实际承担的利息支出为1 000 000×3%÷12=2 500（元），应收政府贴息为5 000元。

借：在建工程　　　　　　　　　　　　　　　　　　　　　　　　　7 500
　　贷：应付利息　　　　　　　　　　　　　　　　　　　　　　　　　　7 500

借：其他应收款 5 000
　　贷：在建工程 5 000

16.3 政府补助的列报

16.3.1 列报项目

企业应当在利润表中的"营业利润"项目之上单独列报"其他收益"项目，计入其他收益的政府补助在该项目中反映。冲减相关成本费用的政府补助，在相关成本费用项目中反映。与企业日常经营活动无关的政府补助，在利润表的营业外收支项目中反映。

16.3.2 披露信息

因政府补助涉及递延收益、其他收益、营业外收入以及相关成本费用等多个报表项目，为了全面反映政府补助情况，企业应当在附注中单独披露政府补助的相关信息。企业应当在附注中单独披露与政府补助有关的下列信息：政府补助的种类、金额和列报项目；计入当期损益的政府补助金额；本期退回的政府补助金额及原因。其中，列报项目不仅包括总额法下计入其他收益、营业外收入、递延收益等项目，还包括净额法下冲减的资产和成本费用等项目。

第 17 章
借款费用

借款费用的会计处理流程如图 17-1 所示。

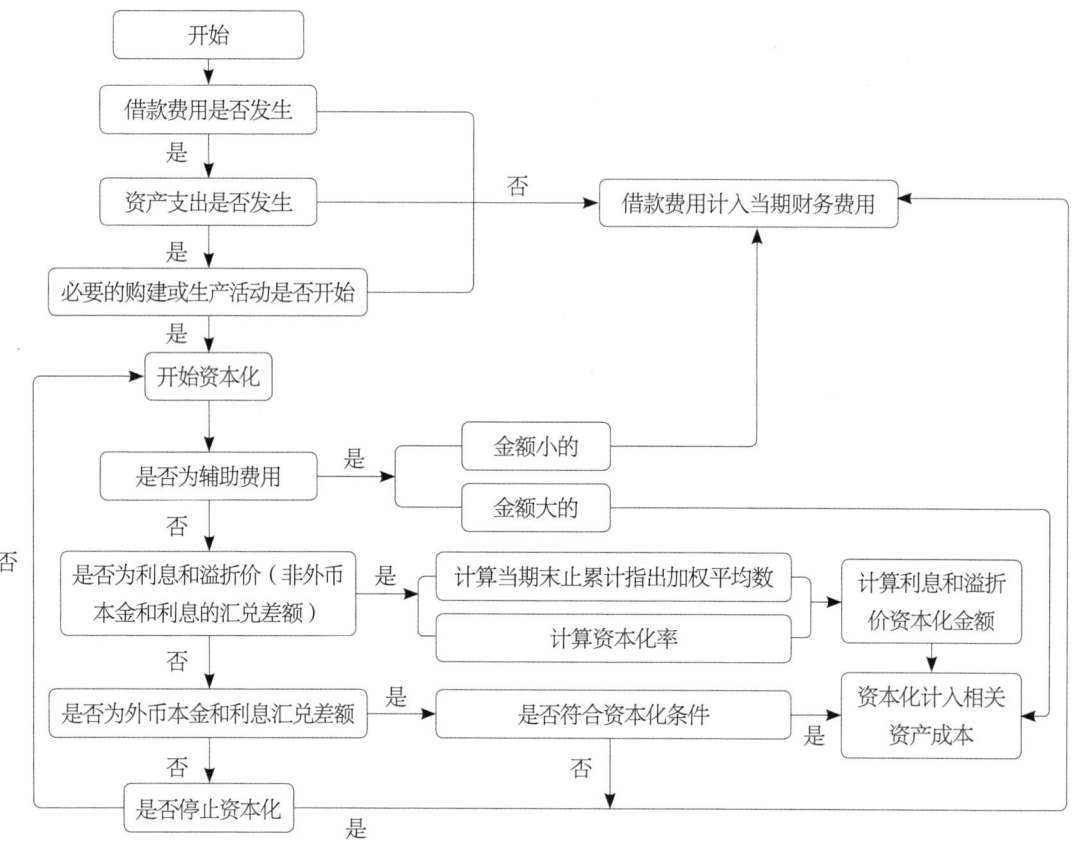

图 17-1 借款费用的会计处理流程

17.1 借款费用的定义及范畴

17.1.1 定义

根据《企业会计准则第 17 号——借款费用》（简称"借款费用准则"），借款费用是指企业因借款而发生的利息及其他相关成本。借款费用包括借款利息、折价或者溢价的摊销、辅助费用以及因外币借款而发生的汇兑差额等。

17.1.2 范畴

《企业会计准则讲解（2010）》对《企业会计准则第 17 号——借款费用》中规定的借款费用核算内容做了如下具体解释。

（1）因借款而发生的利息，包括企业向银行或者其他金融机构等借入资金发生的利息、发行公司债券发生的利息，以及为购建或者生产符合资本化条件的资产而发生的带息债务所承担的利息等。

（2）因借款而发生的折价或者溢价主要是指发行债券等所发生的折价或者溢价，发行债券中的折价或者溢价，其实质是对债券票面利息的调整（即将债券票面利率调整为实际利率），属于借款费用的范畴。

（3）因外币借款而发生的汇兑差额，是指由于汇率变动对外币借款本金及其利息的记账本位币金额所产生的影响金额。汇率的变化往往和利率的变化相联动，其是企业外币借款所需承担的风险，因此，外币借款相关汇率变化所导致的汇兑差额属于借款费用的有机组成部分。

（4）因借款而发生的辅助费用，是指企业在借款过程中发生的诸如手续费、佣金等费用，由于这些费用是因安排借款而发生的，也属于借入资金所付出的代价，是借款费用的构成部分。

借款费用准则着重解决了借款费用的确认和计量，尤其是借款费用资本化的条件以及借款费用资本化金额的计量问题。

17.2 借款费用的确认和计量

17.2.1 借款费用确认的基本原则

按照《企业会计准则第17号——借款费用》的规定，企业发生的借款费用可直接归属于符合资本化条件的资产的购建或者生产的，应当予以资本化，计入相关资产成本；其他借款费用，应当在发生时根据其发生额确认为费用，计入当期损益。符合资本化条件的资产，是指需要经过相当长时间的购建或者生产活动才能达到预定可使用或者可销售状态的固定资产、投资性房地产和存货等资产。

（一）借款费用资本化的条件

根据《企业会计准则第17号——借款费用》，借款费用同时满足下列条件的，才能开始资本化。

1. 资产支出已经发生

资产支出包括为购建或者生产符合资本化条件的资产而以支付现金、转移非现金资产或者承担带息债务的形式发生的支出。

根据《企业会计准则讲解》对资本化条件的解释，支付现金、转移非现金资产、承担带息债务的含义如下。

（1）支付现金是指用货币资金支付符合资本化条件的资产的购建或者生产支出。

【例17-1】某企业用现金或者银行存款购买为建造或者生产符合资本化条件的资产所需用材料，支付有关职工薪酬，向工程承包商支付工程进度款等，这些支出均属于资产支出。

（2）转移非现金资产是指企业将自己的非现金资产直接用于符合资本化条件的资产的购建或者生产。

【例 17-2】若某企业将自己生产的产品,包括自己生产的水泥、钢材等,用于符合资本化条件的资产的建造或者生产,同时,该企业还将自己生产的产品向其他企业换取用于符合资本化条件的资产的建造或者生产所需用工程物资,那么这些产品成本均属于资产支出。

(3) 承担带息债务是指企业为了购建或者生产符合资本化条件的资产所需用物资等而承担的带息应付款项(如带息应付票据)。企业以赊购方式购买这些物资所产生的债务可能带息,也可能不带息。如果企业赊购这些物资承担的是不带息债务,就不应当将购买价款计入资产支出,因为该债务在偿付前不需要承担利息,也没有占用借款资金。企业只有等到实际偿付债务,发生了资源流出时,才能将其作为资产支出。如果企业赊购物资承担的是带息债务,则企业要为这笔债务付出代价、支付利息,与企业向银行借入款项用以支付资产支出在性质上是一致的。所以,企业为购建或者生产符合资本化条件的资产而承担的带息债务应当作为资产支出,当该带息债务发生时,视同资产支出已经发生。

【例 17-3】某企业因建设长期工程所需,于 20×7 年 3 月 1 日购入一批工程用物资,为此开出一张 10 万元的带息银行承兑汇票,期限为 6 个月,票面年利率为 6%。对于该事项,该企业尽管没有为工程建设的目的直接支付现金,但承担了带息债务,所以应当将 10 万元的购买工程用物资款作为资产支出,自 3 月 1 日开出承兑汇票开始即表明资产支出已经发生。

2. 借款费用已经发生

根据《企业会计准则讲解》,"借款费用已经发生"是指企业已经发生了因购建或者生产符合资本化条件的资产而专门借入款项的借款费用或者所占用的一般借款的借款费用。

【例 17-4】某企业于 20×7 年 1 月 1 日为建造一幢建设期为两年的厂房,从银行专门借入款项 9 000 万元,当日开始计息。在 20×7 年 1 月 1 日即应当认为借款费用已经发生。

3. 为使资产达到预定可使用或者可销售状态所必要的购建或者生产活动已经开始

根据《企业会计准则讲解》,"为使资产达到预定可使用或者可销售状态所必要的购建或者生产活动已经开始",是指符合资本化条件的资产的实体建造或者生产工作已经开始,例如主体设备的安装、厂房的实际开工建造等。它不包括仅仅持有资产但没有发生为改变资产形态而进行的实质上的建造或者生产活动。

【例 17-5】若某企业为了建设写字楼购置了建筑用地,但是尚未开工兴建房屋,有关房屋实体建造活动也没有开始,则在这种情况下,即使企业为了购置建筑用地已经发生了支出,也不应当将其认为为使资产达到预定可使用状态所必要的购建活动已经开始。

企业只有在上述三个条件同时满足的情况下,有关借款费用才可开始资本化,只要其中有一个条件没有满足,借款费用就不能开始资本化。

(二) 符合借款费用资本化条件的资产

根据《企业会计准则讲解》的解释,符合资本化条件的资产是指需要经过相当长时间的购建或者生产活动才能达到预定可使用或者可销售状态的固定资产、投资性房地产和存货等资产。建造合同成本、确认为无形资产的开发支出等在符合条件的情况下,也可以认定为符合资本化条件的资产。符合资本化条件的存货,主要包括房地产开发企业开发的用于对外出售的房地产开发产品、企业制造的用于对外出售的大型机器设备等。这类存货通常需要经过相当长时间的建造或者生产过程，才能达到预定可销售状态，其中，"相当长时间"应当是指为资产的购建或者生产所必需的时间，通常为一年以上（含一年）。

在实务中，如果由于人为或者故意等非正常因素导致资产的购建或者生产时间相当长的，该资产不属于符合资本化条件的资产。购入即可使用的资产，或者购入后需要安装但所需安装时间较短的资产，或者需要建造或者生产但所需建造或者生产时间较短的资产，均不属于符合资本化条件的资产。

企业只有对发生在资本化期间内的有关借款费用，才允许资本化。资本化期间的确定是借款费用确认和计量的重要前提。根据借款费用准则的规定，借款费用资本化期间，是指从借款费用开始资本化时点到停止资本化时点的期间，但不包括借款费用暂停资本化的期间。

《〈企业会计准则第 17 号——借款费用〉解释》中对符合借款费用资本化条件的存货进行了解释。根据《〈企业会计准则第 17 号——借款费用〉应用指南》，符合借款费用资本化条件的存货包括房地产开发企业开发的用于出售的房地产开发产品、机械制造企业制造的用于对外出售的大型机械设备等。这些存货需要经过相当长时间的建造或者生产活动，才能达到预定可使用或者可销售状态。

【例 17-6】ABC 公司于 20×7 年 1 月 1 日起，用银行借款开工建设一幢简易厂房。厂房于当月 25 日完工，达到预定可使用状态。

在本例中，尽管 ABC 公司借款用于固定资产的购建，但是由于该固定资产建造时间较短，不属于需要经过相当长时间的购建才能达到预定可使用状态的资产，所以所发生的相关借款费用不应予以资本化计入在建工程成本，而应当根据发生额计入当期财务费用。

【例 17-7】甲企业向银行借入资金分别用于生产 A 产品和 B 产品。其中：A 产品的生产时间较短，为 15 天；B 产品属于大型发电设备，生产时间较长，为 1 年零 3 个月。

为生产存货而借入的借款费用在符合资本化条件的情况下应当予以资本化，但本例中，由于 A 产品的生产时间较短，不符合需要经过相当长时间的生产才能达到预定可使用状态的资产，所以为 A 产品的生产而借入资金所发生的借款费用不应计入 A 产品的生产成本，而应当计入当期财务费用。反之，B 产品的生产时间比较长，属于需要经过相当长时间的生产才能达到预定可销售状态的资产，因此，符合资本化的条件，有关借款费用可以资本化，可计入 B 产品的成本中。

17.2.2 借款费用资本化的计量

根据《企业会计准则第 17 号——借款费用》，在资本化期间内，对于每一会计期间的利息（包括折价或溢价的摊销）资本化金额，企业应当按照下列规定确定。

（1）为购建或者生产符合资本化条件的资产而借入专门借款的，企业应当以专门借款当期实际发生的利息费用，减去将尚未动用的借款资金存入银行取得的利息收入或进行暂时性投资取得的投资收益后的金额确定应予资本化的利息金额。专门借款是指为购建或者生产符合资本化条件的资产而专门借入的款项。

《〈企业会计准则第17号——借款费用〉解释》中对专门借款利息费用的资本化金额的确定做了补充说明：专门借款发生的利息费用，在资本化期间内，应当全部计入符合资本化条件的资产成本，不计算借款资本化率；专门借款应当有明确的专门用途，即为购建或者生产某项符合资本化条件的资产而专门借入的款项；通常需签订有标明该用途的借款合同。

（2）为购建或者生产符合资本化条件的资产而占用了一般借款的，企业应当根据累计资产支出超过专门借款部分的资产支出加权平均数乘以所占用一般借款的资本化率，计算确定一般借款应予资本化的利息金额。资本化率应当根据一般借款加权平均利率计算确定，而一般借款是指除专门借款以外的其他借款。资本化期间是指从借款费用开始资本化时点到停止资本化时点的期间，借款费用暂停资本化的期间不包括在内。

一般借款加权平均利率的计算公式如下。

一般借款加权平均利率＝所占用一般借款当期实际发生的利息之和÷所占用一般借款本金加权平均数×100%

【例17-8】某公司于20×7年1月1日动工兴建一幢办公楼，工期为1年，工程采用出包方式，分别于20×7年1月1日、7月1日和10月1日支付工程进度款1500万元、3000万元和1000万元。办公楼于20×7年12月31日完工，达到预定可使用状态。公司为建造办公楼发生了两笔专门借款，分别如下。

20×7年1月1日，专门借款2000万元，借款期限为3年，年利率为8%，利息按年支付。

20×7年7月1日，专门借款2000万元，借款期限为5年，年利率为10%，利息按年支付。

闲置专门借款资金均用于固定收益债券短期投资，假定该短期投资月收益率为0.5%。公司为建造办公楼的支出总额5500（1500+3000+1000）万元超过了专门借款总额4000（2000+2000）万元，占用了一般借款1500万元。

假定所占用一般借款有两笔，分别如下。

向A银行长期借款2000万元，期限为20×6年12月1日至20×9年12月1日，年利率为6%，按年支付利息。

发行公司债券10000万元，于20×6年1月1日发行，期限为5年，年利率为8%，按年支付利息。

根据上述资料，计算公司建造办公楼应予资本化的利息费用金额如下。

（1）专门借款利息费用资本化金额＝专门借款当期实际发生的利息费用－将闲置借款金额短期投资取得的投资收益。为简化计算，假定全年按360天计算。据此，专门借款利息费用的资本化金额＝2000×8%+2000×10%×180÷360-500×0.5%×6=245（万元）。

（2）一般借款利息费用资本化金额＝累计资产支出超过专门借款部分的资产支出加权平均数×所占用一般借款的资本化率。其中：累计资产支出超过专门借款部分的资产支出加权平均数＝（4500-4000）×180÷360+1000×90÷360=500（万元）。

一般借款资本化率＝（2000×6%+10000×8%）÷（2000+10000）×100%=7.67%。一般借款利息费用资本化金额＝500×7.67%=38.35（万元）。

（3）该公司建造办公楼应予资本化的利息费用金额为283.35万元，即专门借款利息费用资本化金额（245万元）和一般借款利息费用资本化金额（38.35万元）之和。

（3）借款存在折价或者溢价的，企业应当按照实际利率法确定每一会计期间应摊销的折价或者溢价金额，调整每期利息金额。

《〈企业会计准则第17号——借款费用〉解释》中对借款溢价或者折价的摊销采用实际利率法进行了案例分析，说明在实际利率法下，企业应当按照期初借款余额乘以实际利率计算确定每期借款利息费用。实际利率是企业在借款期限内未来应支付的利息和本金折现为借款当前账面价值的利率。

【例17-9】 A公司于20×0年1月1日折价发行了面值为1 250万元公司债券，发行价格为1 000万元，票面利率为4.72%，每年年末支付利息（即1 250×4.72%=59万元），当期一次还本。据此，可计算该公司债券实际利率 r。

由于 $1\,000=59\times(1+r)^{-1}+59\times(1+r)^{-2}+59\times(1+r)^{-3}+59\times(1+r)^{-4}+(59+1\,250)\times(1+r)^{-5}$，由此计算得出 $r=10\%$。

A公司债券摊余成本如表17-1所示。

表17-1　A公司债券摊余成本计算表

单位：万元

年份	期初公司债券余额 (a)	实际利息费用（b）（按10%计算）	每年支付现金 (c)	期末公司债券摊余成本 ($d=a+b-c$)
20×0年	1 000	100	59	1 041
20×1年	1 041	104	59	1 086
20×2年	1 086	109	59	1 136
20×3年	1 136	113	59	1 190
20×4年	1 190	119	1 250+59	0

假定A公司发行公司债券募集的资金专门用于建造一条生产线，生产线从20×0年1月1日开始建设，于20×2年年底完工，达到预定可使用状态。A公司在20×0年至20×2年间每年应予资本化的利息费用分别为100万元、104万元和109万元，20×3年和20×4年发生的113万元和119万元利息费用应当计入当期损益，不应再予以资本化。除公司债券外，其他借款也应当按照上述实际利率法确定每期利息费用。如果按照名义（合同）利率和实际利率计算的每期利息费用相差不大，则A公司可以按照名义利率计算确定每期借款利息。

【例17-10】 ABC公司于20×7年1月1日正式动工兴建一幢办公楼，工期预计为1年零6个月，工程采用出包方式，分别于20×7年1月1日、20×7年7月1日和20×8年1月1日支付工程进度款。

ABC公司为建造办公楼于20×7年1月1日专门借款2 000万元，借款期限为3年，年利率为6%。另外，ABC公司在20×7年7月1日又专门借款4 000万元，借款期限为5年，年利率为7%。借款利息按年支付。如无特别说明，本章例题中名义利率与实际利率均相同。

闲置借款资金均用于固定收益债券短期投资，该短期投资月收益率为0.5%。

办公楼于20×8年6月30日完工，达到预定可使用状态。

ABC公司为建造该办公楼的支出金额如表17-2所示。

表17-2 建造办公楼的支出金额

单位：万元

日期	每期资产支出金额	累计资产支出金额	闲置借款资金用于短期投资金额
20×7年1月1日	1 500	1 500	500
20×7年7月1日	2 500	4 000	2 000
20×8年1月1日	1 500	5 500	500
总计	5 500		3 000

由于ABC公司使用了专门借款建造办公楼，而且办公楼建造支出没有超过专门借款金额，所以ABC公司20×7年、20×8年为建造办公楼应予资本化的利息金额计算如下。

（1）确定借款费用资本化期间为20×7年1月1日至20×8年6月30日。

（2）计算在资本化期间内专门借款实际发生的利息金额。

20×7年专门借款发生的利息金额=2 000×6%+4 000×7%×6÷12=260（万元）

20×8年1月1日至6月30日，专门借款发生的利息金额=2 000×6%×6÷12+4 000×7%×6÷12=200（万元）

（3）计算在资本化期间内利用闲置的专门借款资金进行短期投资的收益。

20×7年短期投资收益=500×0.5%×6+2 000×0.5%×6=75（万元）

20×8年1月1日至6月30日，短期投资收益=500×0.5%×6=15（万元）

（4）由于在资本化期间内，专门借款利息费用的资本化金额应当以其实际发生的利息费用减去将闲置的借款资金进行短期投资取得的投资收益后的金额确定，所以相关计算如下。

ABC公司20×7年的利息资本化金额=260-75=185（万元）

ABC公司20×8年的利息资本化金额=200-15=185（万元）

（5）有关账务处理如下。

① 20×7年12月31日。

借：在建工程　　　　　　　　　　　　　　　　1 850 000
　　应收利息（或银行存款）　　　　　　　　　　750 000
　　贷：应付利息　　　　　　　　　　　　　　　　　2 600 000

② 20×8年6月30日。

借：在建工程　　　　　　　　　　　　　　　　1 850 000
　　应收利息（或银行存款）　　　　　　　　　　150 000
　　贷：应付利息　　　　　　　　　　　　　　　　　2 000 000

【例17-11】沿用【例17-10】，假定ABC公司建造办公楼没有专门借款，占用的都是一般借款。

ABC公司为建造办公楼占用的一般借款有两笔，具体如下。

向A银行长期贷款2 000万元,期限为20×6年12月1日至20×9年12月1日,年利率为6%,按年支付利息。

发行公司债券1亿元,于20×6年1月1日发行,期限为5年,年利率为8%,按年支付利息。

假定这两笔一般借款除了用于办公楼建设外,没有用于其他符合资本化条件的资产的购建或者生产活动。

假定全年按360天计算,其他资料沿用【例17-10】。

鉴于ABC公司建造办公楼没有占用专门借款,而占用了一般借款,因此,ABC公司应当首先计算所占用一般借款的加权平均利率并以其为资本化率,然后计算建造办公楼的累计资产支出加权平均数,将其与资本化率相乘,计算求得当期应予资本化的借款利息金额,具体如下。

(1)计算所占用一般借款资本化率。

一般借款资本化率(年)=(2 000×6%+10 000×8%)÷(2 000+10 000)×100%=7.67%

(2)计算累计资产支出加权平均数。

20×7年累计资产支出加权平均数 =1 500×360÷360+2 500×180÷360=2 750(万元)

20×8年累计资产支出加权平均数 =(4 000+1 500)×180÷360=2 750(万元)

(3)计算每期利息资本化金额。

20×7年为建造办公楼的利息资本化金额 =2 750×7.67%=210.925(万元)

20×7年实际发生的一般借款利息费用 =2 000×6%+10 000×8%=920(万元)

20×8年为建造办公楼的利息资本化金额 =2 750×7.67%=210.925(万元)

20×8年1月1日至6月30日,实际发生的一般借款利息费用 =(2 000×6%+10 000×8%)×180÷360=460(万元)

上述计算的利息资本化金额没有超过两笔一般借款实际发生的利息费用,可予以资本化。

(4)根据上述计算结果,账务处理如下。

①20×7年12月31日。

借:在建工程	2 109 250
财务费用	7 090 750
贷:应付利息	9 200 000

②20×8年6月30日。

借:在建工程	2 109 250
财务费用	2 490 750
贷:应付利息	4 600 000

【例17-12】沿用【例17-10】和【例17-11】,假定ABC公司为建造办公楼于20×7年1月1日专门借款2 000万元,借款期限为3年,年利率为6%。除此之外,没有其他专门借款。在办公楼建造过程中所占用的一般借款仍为两笔,一般借款有关资料沿用【例17-11】。其他相关资料均同【例17-10】和【例17-11】。

在这种情况下,ABC公司应当首先计算专门借款利息的资本化金额,然后计算所占用一般借款利息的资本化金额,具体如下。

（1）计算专门借款利息资本化金额。

20×7年专门借款利息资本化金额 =2 000×6%-500×0.5%×6=105（万元）

20×8年专门借款利息资本化金额 =2 000×6%×180÷360=60（万元）

（2）计算一般借款资本化金额。

在建造办公楼过程中，自20×7年7月1日起已经有2 000万元占用了一般借款，另外，20×8年1月1日支出的1 500万元也占用了一般借款。计算这两笔资产支出的加权平均数，具体如下。

20×7年占用了一般借款的资产支出加权平均数 =2 000×180÷360=1 000（万元）

由于一般借款利息资本化率与【例17-11】的相同，即为7.67%。

20×7年应予资本化的一般借款利息金额 =1 000×7.67%=76.70（万元）

20×8年占用了一般借款的资产支出平均数 =（2 000+1 500）×180÷360=1 750（万元）

20×8年应予资本化的一般借款利息金额 =1 750×7.67%=134.225（万元）

（3）根据上述计算结果，ABC公司建造办公楼应予资本化的利息金额如下。

20×7年利息资本化金额 =105+76.70=181.70（万元）

20×8年利息资本化金额 =60+134.225=194.225（万元）

（4）有关账务处理如下。

①20×7年12月31日。

借：在建工程　　　　　　　　　　　　　　　　　　1 817 000
　　财务费用　　　　　　　　　　　　　　　　　　8 433 000
　　应收利息（或银行存款）　　　　　　　　　　　　150 000
　　　贷：应付利息　　　　　　　　　　　　　　　10 400 000

注：20×7年实际借款利息 =2 000×6%+2 000×6%+10 000×8%=1 040（万元）。

②20×8年6月30日。

借：在建工程　　　　　　　　　　　　　　　　　　1 942 250
　　财务费用　　　　　　　　　　　　　　　　　　3 257 750
　　　贷：应付利息　　　　　　　　　　　　　　　5 200 000

注：20×8年1月1日至6月30日的实际借款利息 =1 040÷2=520（万元）。

【例17-13】 MN公司拟在厂区内建造一幢新厂房，有关资料如下。

20×7年1月1日，从银行处获得专门借款5 000万元，期限为3年，年利率为6%，每年1月1日付息。

除专门借款外，MN公司只有一笔其他借款，为MN公司于20×6年12月1日借入的长期借款6 000万元，期限为5年，年利率为8%，每年12月1日付息。

由于审批、办手续等原因，厂房于20×7年4月1日才开始动工兴建，当日支付工程款2 000万元。工程建设期间的支出情况如下。

①20×7年6月1日，1 000万元。

②20×7年7月1日，3 000万元。

③20×8年1月1日，1 000万元。
④20×8年4月1日，500万元。
⑤20×8年7月1日，500万元。

工程于20×8年9月30日完工，达到预定可使用状态。施工期间，由于施工质量问题工程于20×7年9月1日—12月31日停工4个月。

专门借款中未支出部分全部存入银行，假定月利率为0.25%。假定全年按照360天算，每月按照30天算。

根据上述资料，有关利息资本化金额的计算和利息账务处理如下。

（1）计算20×7年、20×8年全年发生的专门借款和一般借款利息费用。

20×7年专门借款发生的利息金额=5 000×6%=300（万元）

20×7年一般借款发生的利息金额=6 000×8%=480（万元）

20×8年专门借款发生的利息金额=5 000×6%=300（万元）

20×8年一般借款发生的利息金额=6 000×8%=480（万元）

（2）在本例中，尽管专门借款于20×7年1月1日借入，但是厂房建设于当年4月1日才开工。因此，借款利息费用只有在4月1日起开始资本化（符合开始资本化的条件），计入在建工程成本。同时，由于厂房建设在20×7年9月1日—12月31日期间发生非正常中断4个月，所以该期间发生的利息费用应当暂停资本化，计入当期损益。

（3）计算20×7年借款利息资本化金额和应计入当期损益金额及其账务处理。

①计算20×7年专门借款应予资本化的利息金额。

20×7年1—3月和9—12月专门借款发生的利息费用=5 000×6%×210÷360=175（万元）

20×7年专门借款转存入银行取得的利息收入=5 000×0.25%×3+3 000×0.25%×2+2 000×0.25%×1=57.5（万元）

在资本化期间内取得的利息收入=3 000×0.25%×2+2 000×0.25%×1=20（万元）

MN公司在20×7年应予资本化的专门借款利息金额=300-175-20=105（万元）

MN公司在20×7年应当计入当期损益（财务费用）的专门借款利息金额（减利息收入）=300-105-57.5=137.5（万元）

②计算20×7年一般借款应予资本化的利息金额。

MN公司在20×7年占用了一般借款资金的资产支出加权平均数=1 000×60÷360=166.67（万元）

MN公司在20×7年一般借款应予资本化的利息金额=166.67×8%=13.33（万元）

MN公司在20×7年应当计入当期损益的一般借款利息金额=480-13.33=466.67（万元）

③计算20×7年应予资本化和应计入当期损益的利息金额。

MN公司在20×7年应予资本化的借款利息金额=105+13.33=118.33（万元）

MN公司在20×7年应当计入当期损益的借款利息金额=137.5+466.67=604.17（万元）

④20×7年有关会计分录如下。

借：在建工程　　　　　　　　　　　　　　　　　　　　1 183 300
　　财务费用　　　　　　　　　　　　　　　　　　　　6 041 700

| 应收利息（或银行存款） | 575 000 |
| 贷：应付利息 | 7 800 000 |

在实务中，企业也可以先将符合资本化条件的专门借款发生的利息费用全额计入财务费用，然后在确认闲置专门借款资金所取得的利息收入或投资收益时，相应冲减财务费用。

（4）计算20×8年借款利息资本化金额和应计入当期损益金额及其账务处理。

① 计算20×8年专门借款应予资本化的利息金额。

计算20×8年应予资本化的专门借款利息金额 =5 000×6%×270÷360=225（万元）

MN 公司在20×8年应当计入当期损益的专门借款利息金额 =300-225=75（万元）

② 计算20×8年一般借款应予资本化的利息金额。

MN 公司在20×8年占用的一般借款资金的资产支出加权平均数 =2 000×270÷360+500×180÷360+500×90÷360=1 875（万元）

MN 公司在20×8年一般借款应予资本化的利息金额 =1 875×8%=150（万元）

MN 公司在20×8年应当计入当期损益的一般借款利息金额 =480-150=330（万元）

③ 计算20×8年应予资本化和应计入当期损益的利息金额。

MN 公司在20×8年应予资本化的借款利息金额 =150+225=375（万元）

MN 公司在20×8年应当计入当期损益的借款利息金额 =75+330=405（万元）

④20×8年有关会计分录如下。

借：在建工程	3 750 000
财务费用	4 050 000
贷：应付利息	7 800 000

（4）在资本化期间内，每一会计期间的利息资本化金额不应当超过当期相关借款实际发生的利息金额。

（5）在资本化期间内，外币专门借款本金及利息的汇兑差额，应当予以资本化，计入符合资本化条件的资产的成本。

【例17-14】甲公司于20×1年1月1日，为建造某工程项目专门按面值发行公司债券1 000万美元，年利率为8%，期限为3年。假定不考虑与发行债券有关的辅助费用、未支出专门借款的利息收入或投资收益。合同约定，甲公司于每年1月1日支付当年利息，到期还本。

工程于20×1年1月1日开始实体建造，20×2年6月30日完工，达到预定可使用状态，期间发生的资产支出如下。

①20×1年1月1日，支出200万美元。

②20×1年7月1日，支出500万美元。

③20×2年1月1日，支出300万美元。

甲公司的记账本位币为人民币，外币业务采用外币业务发生时当日的市场汇率折算。相关汇率如下。

①20×1年1月1日，市场汇率为1美元 =7.70元人民币。

②20×1年12月31日，市场汇率为1美元 =7.75元人民币。

③20×2年1月1日，市场汇率为1美元 =7.77元人民币。

④20×2年6月30日，市场汇率为1美元=7.80元人民币。

本例中，甲公司计算外币借款汇兑差额资本化金额如下（会计分录中金额单位：元）。

（1）计算20×1年汇兑差额资本化金额。

① 债券应付利息=1 000×8%×7.75=80×7.75=620（万元）

账务处理如下。

  借：在建工程   6 200 000
    贷：应付利息   6 200 000

② 外币债券本金及利息汇兑差额=1 000×（7.75-7.70）+80×（7.75-7.75）=50（万元）

账务处理如下。

  借：在建工程   500 000
    贷：应付债券   500 000

（2）20×2年1月1日，实际支付利息时，应当支付80万美元，折算成人民币为621.60万元。该金额与原账面金额620万元之间的差额1.60万元应当继续予以资本化，计入在建工程成本。账务处理如下。

  借：应付利息   6 200 000
    在建工程   16 000
    贷：银行存款   6 216 000

（3）计算20×2年6月30日时的汇兑差额资本化金额。

① 债券应付利息=1 000×8%×1÷2×7.80=40×7.80=312（万元）

账务处理如下。

  借：在建工程   3 120 000
    贷：应付利息   3 120 000

② 外币债券本金及利息汇兑差额=1 000×（7.80-7.75）+40×（7.80-7.80）=50（万元）

账务处理如下。

  借：在建工程   500 000
    贷：应付债券   500 000

（6）专门借款发生的辅助费用，在所购建或者生产的符合资本化条件的资产达到预定可使用或者可销售状态之前发生的，应当在发生时根据其发生额予以资本化，计入符合资本化条件的资产的成本；在所购建或者生产的符合资本化条件的资产达到预定可使用或者可销售状态之后发生的，应当在发生时根据其发生额确认为费用，计入当期损益。一般借款发生的辅助费用，应当在发生时根据其发生额确认为费用，计入当期损益。

上述资本化或计入当期损益的辅助费用的发生额，是指根据《企业会计准则第22号——金融工具确认和计量》，按照实际利率法所确定的金融负债交易费用对每期利息费用的调整额。借款实际利率与合同利率差异较小的，也可以采用合同利率计算确定利息费用。

一般借款发生的辅助费用，也应当按照上述原则确定其发生额并进行处理。

（7）符合资本化条件的资产在购建或者生产过程中发生非正常中断且中断时间连续超过3个月的，应当暂停借款费用的资本化。在中断期间发生的借款费用应当确认为费用，计入当期损益,直至资产的购建或者生产活动重新开始。如果中断是所购建或者生产的符合资本化条件的资产达到预定可使用或者可销售状态必要的程序,则借款费用的资本化应当继续进行。

非正常中断通常是由于企业管理决策上的原因或者其他不可预见方面的原因等导致的中断。例如,企业因与施工方发生了质量纠纷,或者工程或生产用料没有及时供应,或者资金周转发生了困难,或者施工或生产发生了安全事故,或者发生了与资产购建或者生产有关的劳动纠纷等,资产购建或者生产活动发生中断,均属于非正常中断。

注意,非正常中断与正常中断有显著不同。正常中断仅限于因购建或者生产符合资本化条件的资产达到预定可使用或者可销售状态所必要的程序,或者事先可预见的不可抗力因素导致的中断。例如,某些工程建造到一定阶段必须暂停下来进行质量或者安全检查,检查通过后方可继续下一步的建造工作,这类中断是在施工前可以预见的,而且是工程建造必须经过的程序,即属于正常中断。

某些地区的工程在建造过程中,可预见的不可抗力因素(本地普遍存在的雨季或冰冻季节等原因)导致施工出现停顿,也属于正常中断。例如,某企业在北方某地建造某工程期间,正遇冰冻季节,工程施工不得不中断,待冰冻季节过后才能继续施工。该地区在施工期间出现较长时间的冰冻是正常情况,由此而导致的施工中断属于可预见的不可抗力因素导致的中断,是正常中断,借款费用的资本化可继续进行,不必暂停。

【例17-15】某企业于20×7年1月1日利用专门借款开工兴建一幢办公楼,支出已经发生,因此借款费用从当日起开始资本化。工程预计于20×8年3月完工。

20×7年5月15日,由于工程施工发生了安全事故,导致工程中断,直到9月10日才复工。

该中断就属于非正常中断,因此,上述专门借款在5月15日至9月10日间所发生的借款费用不应资本化,而应作为财务费用计入当期损益。

【例17-16】某企业在北方某地建造某工程期间,遇上冰冻季节(通常为6个月),工程施工因此中断,待冰冻季节过后方能继续施工。

由于该地区在施工期间出现较长时间的冰冻为正常情况,由此导致的施工中断是可预见的不可抗力因素导致的中断,属于正常中断。在正常中断期间所发生的借款费用可以继续资本化,计入相关资产的成本。

17.2.3 借款费用资本化的停止

根据《〈企业会计准则第17号——借款费用〉应用指南》,购建或者生产符合资本化条件的资产达到预定可使用或者可销售状态时,借款费用应当停止资本化。在符合资本化条件的资产达到预定可使用或者可销售状态之后所发生的借款费用,应当在发生时根据其发生额确认为费用,计入当期损益。

同时,该准则还规定了购建或者生产符合资本化条件的资产达到预定可使用或者可销售的状态,具体分为以下几个方面。

(1)符合资本化条件的资产的实体建造(包括安装)或者生产工作已经全部完成或者实质上已经完成。

（2）所购建或者生产的符合资本化条件的资产与设计要求、合同规定或者生产要求相符或者基本相符，即使有极个别与设计、合同或者生产要求不相符的地方，也不影响其正常使用或者销售。

（3）继续发生在所购建或生产的符合资本化条件的资产上的支出金额很少或者几乎不再发生。购建或者生产符合资本化条件的资产需要试生产或者试运行的，在试生产结果表明资产能够正常生产出合格产品或者试运行结果表明资产能够正常运转或者营业时，应当认为该资产已经达到预定可使用或者可销售状态。

（4）购建或者生产的符合资本化条件的资产的各部分分别完工，且每部分在其他部分继续建造过程中可供使用或者可对外销售，且为使该部分资产达到预定可使用或可销售状态所必要的购建或者生产活动实质上已经完成的，应当停止与该部分资产相关的借款费用的资本化。购建或者生产的资产的各部分分别完工，但必须等到整体完工后才可使用或者可对外销售的，应当在该资产整体完工时停止借款费用的资本化。

【例17-17】某企业利用借入资金建造由若干幢厂房组成的生产车间，每幢厂房完工时间不一样，且每幢厂房在其他厂房继续建造期间均可单独使用。

在这种情况下，当其中的一幢厂房完工并达到预定可使用状态时，企业应当停止该幢厂房相关借款费用的资本化。

【例17-18】ABC公司借入一笔款项，于20×7年2月1日采用出包方式开工兴建一幢办公楼；20×8年10月10日，工程全部完工，达到合同要求；10月30日，工程验收合格；11月15日，办理工程竣工结算；11月20日，完成全部资产移交手续；12月1日，办公楼正式投入使用。

在本例中，ABC公司应当将20×8年10月10日确定为工程达到预定可使用状态的时点，并将其作为借款费用停止资本化的时点。后续的工程验收日、竣工结算日、资产移交日和投入使用日均不应作为借款费用停止资本化的时点，否则会导致资产价值和利润的高估。

【例17-19】某企业在建设某一涉及数项工程的钢铁冶炼项目时，每个单项工程都是根据各道冶炼工序设计建造的，因此，只有在每项工程都建造完毕后，整个冶炼项目才能正式运转，达到生产和设计要求。在这种情况下，每一个单项工程完工后不应认为资产已经达到了预定可使用状态，该企业只有等到整个冶炼项目全部完工，达到预定可使用状态时，才停止借款费用的资本化。

17.3 披露

根据《企业会计准则第17号——借款费用》，企业应当在附注中披露与借款费用有关的下列信息。

（1）当期资本化的借款费用金额。
（2）当期用于计算确定借款费用资本化金额的资本化率。

第18章
所得税会计

所得税的相关会计处理流程如图 18-1 所示。

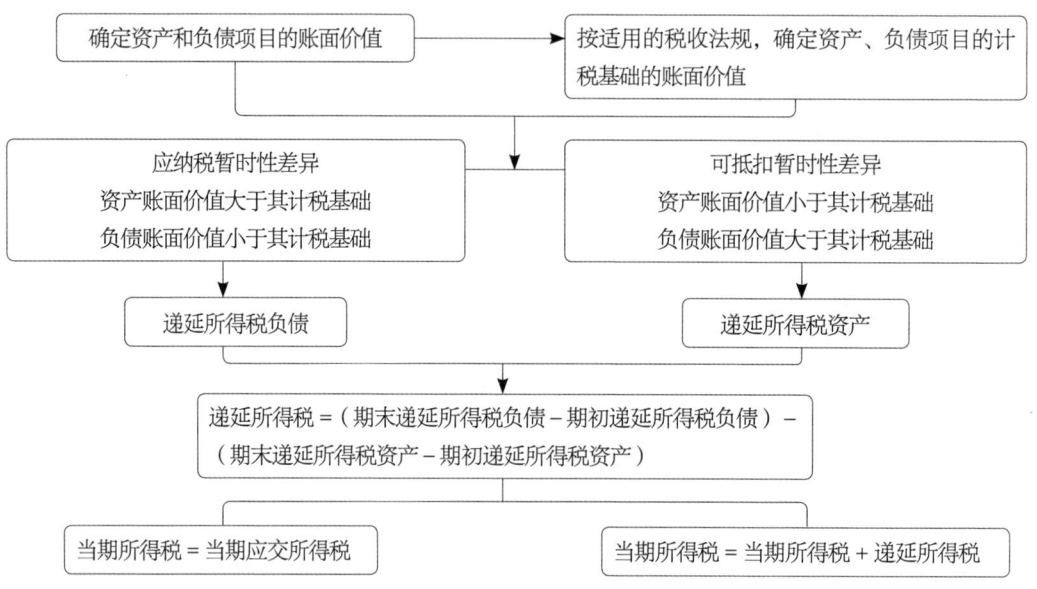

图 18-1　所得税的会计处理流程

18.1　资产、负债的计税基础

18.1.1　资产的计税基础

根据《企业会计准则第 18 号——所得税》第五条规定，资产的计税基础是指企业收回资产账面价值过程中，计算应纳税所得额时按照税法规定可以自应税经济利益中抵扣的金额。

《企业会计准则讲解（2010）》对上述定义进行了补充：资产的计税基础是指企业收回资产账面价值过程中，计算应纳税所得额时按照税法规定可以自应税经济利益中抵扣的金额，即某一项资产在未来期间计税时按照税法规定可以税前扣除的金额。

《〈企业会计准则第 18 号——所得税〉解释》对资产的计税基础进行了详细阐释：通常情况下，资产取得时其入账价值与计税基础是相同的，后续计量因会计准则规定与税法规定不同，可能造成账面价值与计税基础的差异。

例如，各项资产如发生减值，提取的减值准备。按照会计准则规定，资产的可变现净值或可收回金额低于其账面价值时，应当计提相关的减值准备；税法规定，企业提取的减值准备一般不能税前抵扣，只有在资产发生实质性损失时才允许税前扣除，产生了资产的账面价值与计税基础之间的差异即暂时性差异。假定某企业期末持有一批存货，成本为 1 000 万元，按照《企业会计准则第1号——存货》规定,估计其可变现净值为800万元,对于可变现净值低于成本的差额,应当计提存货跌价准备200万元。由于税法规定资产的减值损失在发生实质性损失前不允许税前扣除,所以该批存货的计税基础仍为1 000万元,其账面价值为800万元,两者之间的差额200万元即为可抵扣暂时性差异。

《企业会计准则讲解》对资产负债表中部分资产项目计税基础的确定介绍如下。

(一)固定资产

以各种方式取得的固定资产,初始确认时按照会计准则规定确定的入账价值基本上是被税法认可的,即取得时其账面价值一般等于计税基础。

企业在持有固定资产期间进行固定资产后续计量时,由于会计与税法规定就折旧方法、折旧年限以及固定资产减值准备的提取等处理的不同,所以可能造成固定资产的账面价值与计税基础的差异。

1. 折旧方法、折旧年限的差异

根据《企业会计准则第4号——固定资产》的规定,企业应当根据与固定资产有关的经济利益的预期实现方式合理选择折旧方法,如可以按年限平均法计提折旧,也可以按照双倍余额递减法、年数总和法等计提折旧。税法中除某些按规定可以加速折旧的情况外,基本上可以税前扣除的是按照年限平均法计提的折旧;另外,税法还就每一类固定资产的最低折旧年限做出了规定,而会计准则规定折旧年限是由企业根据固定资产的性质和使用情况合理确定的。如企业进行会计处理时确定的折旧年限与税法规定不同,也会产生固定资产持有期间账面价值与计税基础的差异。

2. 因计提固定资产减值准备产生的差异

持有固定资产的期间内,在企业对固定资产计提了减值准备以后,因税法规定企业计提的资产减值准备在发生实质性损失前不允许税前扣除,也会造成固定资产的账面价值与计税基础的差异。

【例18-1】A企业于20×6年12月20日取得的某项固定资产,原价为750万元,使用年限为10年,会计上采用年限平均法计提折旧,净残值为0。税法规定该类(由于技术进步、产品更新换代较快的)固定资产采用加速折旧法计提的折旧可予税前扣除,该企业在计税时采用双倍余额递减法计提折旧,净残值为0。20×8年12月31日,A企业估计该项固定资产的可收回金额为550万元。

【分析】

20×8年12月31日,该项固定资产的账面余额 =750-75×2=600(万元)

该账面余额大于其可收回金额550万元,两者之间的差额应计提50万元的固定资产减值准备。

20×8年12月31日,该项固定资产的账面价值 =750-75×2-50=550(万元)

计税基础 = 750-750×20%-600×20%=480(万元)

该项固定资产的账面价值550万元与其计税基础480万元之间存在70万元差额。该差额将于未来期间计入A企业的应纳税所得额。

【例18-2】B企业于20×6年年末以750万元购入一项生产用固定资产，按照该项固定资产的预计使用情况，B企业在会计核算时估计其使用寿命为5年。计税时，按照适用税法规定，其最低折旧年限为10年，该企业计税时按照10年计算确定可税前扣除的折旧额。假定会计与税法规定均按年限平均法计提折旧，净残值均为零。20×7年该项固定资产按照12个月计提折旧。本例中假定固定资产未发生减值。

【分析】

该项固定资产在20×7年12月31日的账面价值=750-750÷5=600（万元）

该项固定资产在20×7年12月31日的计税基础=750-750÷10=675（万元）

该项固定资产的账面价值600万元与其计税基础675万元之间存在75万元的差额。该差额在未来期间会减少B企业的应纳税所得额。

（二）无形资产

除内部研究开发形成的无形资产以外，其他方式取得的无形资产，初始确认时按照会计准则规定确定的入账价值与按照税法规定确定的计税基础之间一般不存在差异。无形资产的账面价值与计税基础之间的差异主要产生于内部研究开发形成的无形资产以及使用寿命不确定的无形资产。

（1）内部研究开发形成的无形资产，其成本为开发阶段符合资本化条件以后至达到预定用途前发生的支出，除此之外，研究开发过程中发生的其他支出应予费用化计入损益；税法规定，自行开发的无形资产，以开发过程中该资产符合资本化条件后至达到预定用途前发生的支出为计税基础。另外，对于研究开发费用的加计扣除，税法中规定企业为开发新技术、新产品、新工艺发生的研究开发费用，未形成无形资产计入当期损益的，在按照规定据实扣除的基础上，在2018年1月1日至2020年12月31日期间按照研究开发费用的75%加计扣除；形成无形资产的，按照无形资产成本的175%摊销。如该无形资产的确认不是产生于企业合并交易的、同时在确认时既不影响会计利润也不影响应纳税所得额，则应按照《企业会计准则第18号——所得税》的规定，不确认该暂时性差异的所得税影响。

【例18-3】2×18年A企业当期为开发新技术发生研究开发支出计2 000万元，其中，研究阶段支出为400万元，开发阶段符合资本化条件前发生的支出为400万元，符合资本化条件后至达到预定用途前发生的支出为1 200万元。税法规定，A企业为开发新技术、新产品、新工艺发生的研究开发费用，未形成无形资产计入当期损益的，按照研究开发费用的75%加计扣除；形成无形资产的，按照无形资产成本的175%摊销。假定开发形成的无形资产在当期期末已达到预定用途（尚未开始摊销）。

A企业当期发生的研究开发支出中，按照会计准则规定，应予费用化的金额为800万元，形成无形资产的成本为1 200万元，即期末所形成无形资产的账面价值为1 200万元。

A企业当期发生的2 000万元研究开发支出，按照税法规定，该支出可在当期税前扣除的金额为1 400万元。无形资产在未来期间可予税前扣除的金额为2 100万元，其计税基础为2 100万元，形成暂时性差异700万元。

（2）无形资产在后续计量时，会计与税法的差异主要产生于是否需要摊销、摊销方法和年限的差异及无形资产减值准备的提取。

根据《企业会计准则第6号——无形资产》的规定，企业应根据无形资产的使用寿命情况，将无形资产区分为使用寿命有限的无形资产与使用寿命不确定的无形资产。对于使用寿命不确定的无形资产，不要求摊销，但企业应在持有期间每年进行减值测试。税法规定，企业取得的无形资产成本（外购商誉除外），应在一定期限内摊销。对于使用寿命不确定的无形资产，企业在会计处理时不予摊销，但计税时按照税法规定确定的摊销额允许税前扣除，造成该类无形资产账面价值与计税基础的差异。

在对无形资产计提减值准备的情况下，因税法规定计提的无形资产减值准备在转变为实质性损失前不允许税前扣除，即无形资产的计税基础不会随减值准备的提取发生变化，从而造成无形资产的账面价值与计税基础的差异。

【例18-4】 乙企业于20×7年1月1日取得的某项无形资产，取得成本为1500万元。取得该项无形资产后，根据各方面情况判断，乙企业无法合理预计其使用期限，将其作为使用寿命不确定的无形资产。20×7年12月31日，乙企业对该项无形资产进行的减值测试表明其未发生减值。乙企业在计税时，对该项无形资产按照10年的期限采用直线法摊销，摊销金额允许税前扣除。

【分析】

会计上将该项无形资产作为使用寿命不确定的无形资产，因未发生减值，其在20×7年12月31日的账面价值为取得成本1500万元。

该项无形资产在20×7年12月31日的计税基础为1350（1500−150）万元。

该项无形资产的账面价值1500万元与其计税基础1350万元之间的差额150万元将计入未来期间企业的应纳税所得额。

（三）以公允价值计量且其变动计入当期损益的金融资产

按照《企业会计准则第22号——金融工具确认和计量》的规定，以公允价值计量且其变动计入当期损益的金融资产于某一会计期末的账面价值为其公允价值。税法规定，企业以公允价值计量的金融资产、金融负债以及投资性房地产等，持有期间公允价值的变动不计入应纳税所得额，在实际处置或结算时，处置取得的价款扣除其历史成本后的差额应计入处置或结算期间的应纳税所得额。按照该规定，以公允价值计量的金融资产在持有期间市价的波动在计税时不予考虑，有关金融资产在某一会计期末的计税基础为其取得成本，从而造成在公允价值变动的情况下，对以公允价值计量的金融资产账面价值与计税基础之间的差异。

企业持有的交易性金融资产计税基础的确定，与以公允价值计量且其变动计入当期损益的金融资产类似，可比照处理。

【例18-5】 20×7年10月20日，甲公司自公开市场取得一项权益性投资，支付价款2000万元，作为交易性金融资产核算。20×7年12月31日，该投资的市价为2200万元。

【分析】

该项交易性金融资产的期末市价为2200万元，其按照会计准则规定进行核算的、在20×7年资产负债表日的账面价值为2200万元。

因税法规定以公允价值计量的金融资产在持有期间公允价值的变动不计入应纳税所得额，所以甲公司在20×7年资产负债表日的计税基础应维持原取得成本不变，为2 000万元。

该交易性金融资产的账面价值2 200万元与其计税基础2 000万元之间产生了200万元的暂时性差异。该暂时性差异在未来期间转回时会增加未来期间的应纳税所得额。

【例18-6】20×7年11月8日，甲公司自公开的市场上取得一项基金投资，作为其他权益工具投资核算。该投资的成本为1 500万元。20×7年12月31日，其市价为1 575万元。

【分析】

按照会计准则规定，该项金融资产在会计期末应以公允价值计量，其账面价值应为期末公允价值1 575万元。

因税法规定资产在持有期间公允价值变动不计入应纳税所得额，则该项其他权益工具投资的期末计税基础应维持其原取得成本不变，为1 500万元。

该金融资产在20×7年资产负债表日的账面价值1 575万元与其计税基础1 500万元之间产生75万元暂时性差异。该暂时性差异将会增加未来该资产处置期间的应纳税所得额。

（四）其他资产

因会计准则的规定与税法的规定不同，企业持有的其他资产，可能在其账面价值与计税基础之间存在差异的，应按照以下规定做相关会计处理。

1. 投资性房地产

企业持有的投资性房地产进行后续计量时，会计准则规定可以采用两种模式：一种是成本模式，采用该种模式计量的投资性房地产，其账面价值与计税基础的确定与固定资产、无形资产的相同；另一种是在符合规定条件的情况下，可以采用公允价值模式对投资性房地产进行后续计量。对于采用公允价值模式进行后续计量的投资性房地产，其计税基础的确定类似于固定资产或无形资产计税基础的确定。

【例18-7】A公司于20×7年1月1日将其某自用房屋对外出租。该房屋的成本为750万元，预计使用年限为20年。转为投资性房地产之前，已使用4年，A公司按照年限平均法计提折旧，预计净残值为零。转为投资性房地产核算后，预计能够持续可靠取得该投资性房地产的公允价值，A公司采用公允价值对该投资性房地产进行后续计量。假定税法规定的折旧方法、折旧年限及净残值与会计规定相同。同时，税法规定资产在持有期间公允价值的变动不计入应纳税所得额，待处置时一并计算确定应计入应纳税所得额的金额。该项投资性房地产在20×7年12月31日的公允价值为900万元。

【分析】

该投资性房地产在20×7年12月31日的账面价值为其公允价值900万元，其计税基础为取得成本扣除按照税法规定允许税前扣除的折旧额后的金额，即其计税基础为562.5（750 − 750÷20×5）万元。

该项投资性房地产的账面价值900万元与其计税基础562.5万元之间产生了337.5万元的暂时性差异，这会增加企业在未来期间的应纳税所得额。

2. 其他计提了资产减值准备的各项资产

有关资产计提了减值准备后，其账面价值会随之下降，而税法规定资产在发生实质性损失之前，不允许税前扣除计提的减值准备，即其计税基础不会因减值准备的提取而变化，这造成了在计提资产减值准备以后，资产的账面价值与计税基础之间的差异。

【例 18-8】 A 公司 20×7 年购入原材料成本为 5 000 万元，因部分生产线停工，当年未领用任何原材料，20×7 年资产负债表日估计该原材料的可变现净值为 4 000 万元。假定该原材料在 20×7 年的期初余额为零。

【分析】

该项原材料因期末可变现净值低于成本，应计提的存货跌价准备 = 5 000-4 000 = 1 000（万元）。计提该存货跌价准备后，该项原材料的账面价值为 4 000 万元。

该项原材料的计税基础不会因存货跌价准备的提取而发生变化，其计税基础为 5 000 万元不变。

该存货的账面价值 4 000 万元与其计税基础 5 000 万元之间产生了 1 000 万元的暂时性差异。该差异会减少企业在未来期间的应纳税所得额。

【例 18-9】 A 公司 20×7 年 12 月 31 日应收账款的余额为 6 000 万元。该公司期末对应收账款计提了 600 万元的坏账准备。税法规定，不符合国务院财政、税务主管部门规定的各项资产减值准备不允许税前扣除。假定该公司应收账款及坏账准备的期初余额均为零。

该项应收账款在 20×7 年资产负债表日的账面价值为 5 400 万元，因有关的坏账准备不允许税前扣除，所以其计税基础为 6 000 万元。该计税基础与其账面价值之间产生 600 万元暂时性差异。在应收账款发生实质性损失时，该暂时性差异会减少未来期间的应纳税所得额和应交所得税。

18.1.2 负债的计税基础

根据《企业会计准则第 18 号——所得税》，负债的计税基础是指负债的账面价值减去未来期间计算应纳税所得额时按照税法规定可予抵扣的金额。

用公式表示如下。

负债的计税基础 = 账面价值 - 未来期间按照税法规定可予税前扣除的金额

《〈企业会计准则第 18 号——所得税〉解释》对负债的计税基础做了详细阐述。一般而言，短期借款、应付票据、应付账款、其他应付款等负债的确认和偿还，不会对当期损益和应纳税所得额产生影响，其计税基础即为账面价值。某些情况下，负债的确认可能会涉及损益，进而影响不同期间的应纳税所得额，使得其计税基础与账面价值之间产生差额，如企业因或有事项确认的预计负债等。会计上对于预计负债，按照最佳估计数确认，计入相关资产成本或者当期损益。按照税法规定，与预计负债相关的费用多在实际发生时税前扣除。该类负债的计税基础为零，形成会计上的账面价值与计税基础之间的暂时性差异。企业应于每个资产负债表日，对资产、负债的账面价值与其计税基础进行分析比较，二者之间存在差异的，按照重要性原则，确认递延所得税资产、递延所得税负债及相应的递延所得税费用。企业合并等特殊交易或事项中取得的资产和负债,应在购买日比较其入账价值与计税基础,计算确认相关的递延所得税资产或递延所得税负债。

《企业会计准则讲解》对资产负债表中部分负债项目计税基础的确定做了如下描述。

(一)企业因销售商品提供售后服务等原因确认的预计负债

按照《企业会计准则第13号——或有事项》的规定,企业对于预计提供售后服务将发生的支出在满足有关确认条件时,销售当期就应确认为费用,同时确认预计负债。如果税法规定,与销售产品相关的支出应于发生时税前扣除,则因该类事项产生的预计负债在期末的计税基础为其账面价值与未来期间可税前扣除的金额之间的差额,即为零。

其他交易或事项中确认的预计负债,应按照税法规定的计税原则确定其计税基础。某些情况下,因有些事项确认的预计负债,税法规定其支出无论是否实际发生均不允许税前扣除,即未来期间按照税法规定可予抵扣的金额为零,账面价值等于计税基础。

【例18-10】 甲企业20×7年因销售产品承诺提供3年的保修服务,在当年年度利润表中确认了500万元的销售费用,同时确认预计负债,当年未发生任何保修支出。假定按照税法规定,与产品售后服务相关的费用在实际发生时允许税前扣除。

【分析】

该项预计负债在甲企业20×7年12月31日资产负债表中的账面价值为500万元。

该项预计负债的计税基础=账面价值-未来期间计算应纳税所得额时按照税法规定可予抵扣的金额=500-500=0(万元)

(二)预收账款

企业在收到客户预付的款项时,因不符合收入确认条件,会计上将其确认为负债。税法中对于收入的确认原则一般与会计规定相同,即会计上未确认收入时,计税时一般亦不计入应纳税所得额。该部分经济利益在未来期间计税时可予税前扣除的金额为零,计税基础等于账面价值。

某些情况下,因不符合会计准则规定的收入确认条件,未确认为收入的预收款项,而按照税法规定应计入当期应纳税所得额时,有关预收账款的计税基础为零,即因其产生时已经计算交纳所得税,未来期间可全额税前扣除。

【例18-11】 A公司于20×7年12月20日自客户收到一笔合同预付款,金额为2 500万元。A公司将该款项作为预收账款核算。按照适用税法规定,该款项应计入取得当期应纳税所得额计算交纳所得税。

【分析】

该预收账款在A公司20×7年12月31日资产负债表中的账面价值为2 500万元。

该预收账款的计税基础=账面价值-未来期间计算应纳税所得额时按照税法规定可予抵扣的金额=2 500-2 500=0(万元)

该项负债的账面价值2 500万元与其计税基础零之间产生的2 500万元暂时性差异,会减少企业于未来期间的应纳税所得额。

(三)应付职工薪酬

根据《企业会计准则第 9 号——职工薪酬》的规定,企业为获得职工提供的服务给予的各种形式的报酬以及其他相关支出均应作为企业的成本费用,在未支付之前确认为负债。税法基本允许合理的职工薪酬税前扣除,但税法中如果规定了税前扣除标准,按照会计准则规定计入成本费用支出的金额超过规定标准部分,应进行纳税调整。因超过部分在发生当期不允许税前扣除,在以后期间也不允许税前扣除,即该部分差额对未来期间计税不产生影响,所产生应付职工薪酬的账面价值等于计税基础。

【例 18-12】甲企业 20×7 年 12 月计入成本费用的职工工资总额为 4 000 万元,至 20×7 年 12 月 31 日尚未支付。按照税法规定,当期计入成本费用的 4 000 万元工资支出中,可予税前扣除的合理部分为 3 000 万元。

【分析】

该项应付职工薪酬负债于 20×7 年 12 月 31 日的账面价值为 4 000 万元。

该项应付职工薪酬负债于 20×7 年 12 月 31 日的计税基础 = 账面价值 - 未来期间计算应纳税所得额时按照税法规定可予抵扣的金额 = 4 000-0=4 000(万元)

该项负债的账面价值 4 000 万元与其计税基础 4 000 万元相同,不形成暂时性差异。

(四)其他负债

其他负债如企业应交的罚款和滞纳金等,在尚未支付之前,应按照相关规定确认为费用,同时作为负债反映。税法规定,罚款和滞纳金不能税前扣除,即该部分费用无论是在发生当期还是发生在以后期间均不允许税前扣除,其计税基础为账面价值减去未来期间计税时可予税前扣除的金额零之间的差额,即计税基础等于账面价值。

其他交易或事项产生的负债,其计税基础的确定应当遵从适用税法的相关规定。

【例 18-13】A 公司 20×7 年 12 月因违反当地有关环保法规的规定,接到环保部门的处罚通知,被罚款 500 万元。税法规定,企业因违反国家有关法律法规支付的罚款和滞纳金,计算应纳税所得额时不允许税前扣除。至 20×7 年 12 月 31 日,该项罚款尚未支付。

【分析】

应支付罚款产生的负债账面价值为 500 万元。

该项负债的计税基础 = 账面价值 - 未来期间计算应纳税所得额时按照税法规定可予抵扣的金额 =500-0=500(万元)

该项负债的账面价值 500 万元与其计税基础 500 万元相同,不形成暂时性差异。

18.1.3 特殊交易或事项中产生的资产、负债的计税基础的确定

除企业在正常生产经营活动过程中取得的资产和负债以外,对于某些特殊交易中产生的资产、负债,其计税基础的确定应遵从税法规定,如企业合并过程中取得资产、负债计税基础的确定。

《企业会计准则第 20 号——企业合并》中,视参与合并各方在合并前后是否为同一方或相同的多方最终控制,分为同一控制下的企业合并与非同一控制下的企业合并两种类型。对

于同一控制下的企业合并,合并中取得的有关资产、负债基本上维持其原账面价值不变,合并中不产生新的资产和负债;对于非同一控制下的企业合并,合并中取得的有关资产、负债应按其在购买日的公允价值计量,企业合并成本大于合并中取得可辨认净资产公允价值的部分确认为商誉,企业合并成本小于合并中取得可辨认净资产公允价值的部分计入合并当期损益。

通常情况下,被合并企业应视为按公允价值转让、处置全部资产,计算资产的转让所得,依法缴纳所得税。合并企业接受被合并企业的有关资产,计税时可以按经评估确认的价值确定计税基础。另外,在考虑有关企业合并是应税合并还是免税合并时,某些情况下还需要考虑在合并中涉及的获取资产或股权的比例、非股权支付额的比例,具体划分标准和条件应遵从税法规定。

由于会计准则与税收法规对企业合并的划分标准不同、处理原则不同,在某些情况下,会造成企业合并中取得的有关资产、负债的入账价值与其计税基础的差异。

18.2 暂时性差异

18.2.1 暂时性差异

根据《企业会计准则第 18 号——所得税》第七条规定,暂时性差异是指资产或负债的账面价值与其计税基础之间的差额;未作为资产和负债确认的项目,按照税法规定可以确定其计税基础的,该计税基础与其账面价值之间的差额也属于暂时性差异。

18.2.2 应纳税暂时性差异和可抵扣暂时性差异

根据《企业会计准则第 18 号——所得税》第七条的规定,按照暂时性差异对未来期间应税金额的影响,分为应纳税暂时性差异和可抵扣暂时性差异。

根据《企业会计准则第 18 号——所得税》第八条的规定,应纳税暂时性差异,是指在确定未来收回资产或清偿负债期间的应纳税所得额时,将导致产生应税金额的暂时性差异。

根据《企业会计准则第 18 号——所得税》第九条的规定,可抵扣暂时性差异,是指在确定未来收回资产或清偿负债期间的应纳税所得额时,将导致产生可抵扣金额的暂时性差异。

根据《〈企业会计准则第 18 号——所得税〉应用指南》所述,资产的账面价值大于其计税基础,或者负债的账面价值小于其计税基础的,产生应纳税暂时性差异;资产的账面价值小于其计税基础,或者负债的账面价值大于其计税基础的,产生可抵扣暂时性差异。

《〈企业会计准则第 18 号——所得税〉应用指南》指出,按照企业会计准则规定,交易性金融资产期末应以公允价值计量,公允价值的变动计入当期损益。如果按照税法规定,交易性金融资产在持有期间公允价值变动不计入应纳税所得额,即其计税基础保持不变,则产生了交易性金融资产的账面价值与计税基础之间的差异。假定某企业持有一项交易性金融资产,成本为 1 000 万元,期末公允价值为 1 500 万元,如计税基础仍维持 1 000 万元不变,则该计税基础与其账面价值之间的差额 500 万元即为应纳税暂时性差异。

18.3 递延所得税负债及递延所得税资产

企业在计算确定了应纳税暂时性差异与可抵扣暂时性差异后,应当按照所得税会计准则规定的原则确认相关的递延所得税负债以及递延所得税资产。

18.3.1 递延所得税负债的确认和计量

(一)递延所得税负债的确认

根据《企业会计准则第 18 号——所得税》第十一条的规定,除下列交易中产生的递延所得税负债以外,企业应当确认所有应纳税暂时性差异产生的递延所得税负债。

(1)商誉的初始确认。

(2)同时具有下列特征的交易中产生的资产或负债的初始确认。

① 该项交易不是企业合并。

② 交易发生时既不影响会计利润也不影响应纳税所得额(或可抵扣亏损)。

根据《企业会计准则第 18 号——所得税》的规定,企业对与子公司、联营企业及合营企业投资相关的应纳税暂时性差异,应当确认相应的递延所得税负债。但是,同时满足下列条件的除外。

(1)投资企业能够控制暂时性差异转回的时间。

(2)该暂时性差异在可预见的未来很可能不会转回。

除所得税准则中明确规定可不确认递延所得税负债的情况以外,企业对于所有的应纳税暂时性差异均应确认相关的递延所得税负债。除与直接计入所有者权益的交易或事项以及企业合并中取得的资产、负债相关的以外,在确认递延所得税负债的同时,应增加利润表中的所得税费用。

【例 18-14】 A 企业于 20×7 年 12 月 6 日购入某项设备,取得成本为 500 万元,会计上采用年限平均法计提折旧,使用年限为 10 年,净残值为 0。因该资产常年处于强震动状态,所以计税时按双倍余额递减法计提折旧,使用年限及净残值与会计相同。A 企业适用的所得税税率为 25%。假定该企业不存在其他会计与税收处理的差异。

【分析】

20×8 年资产负债表日,该项固定资产按照会计规定计提的折旧额为 50 万元,计税时允许扣除的折旧额为 100 万元,则该固定资产的账面价值 450 万元与其计税基础 400 万元的差额构成应纳税暂时性差异,A 企业应确认相关的递延所得税负债。

(二)递延所得税负债的计量

根据《企业会计准则第 18 号——所得税》的规定,资产负债表日,对于递延所得税负债,企业应当根据适用税法规定,按照预期收回该资产或清偿该负债期间的适用税率计量。适用税率发生变化的,应对已确认的递延所得税资产和递延所得税负债进行重新计量,除直接在所有者权益中确认的交易或者事项产生的递延所得税资产和递延所得税负债以外,应当将其影响数计入变化当期的所得税费用。递延所得税负债应以相关应纳税暂时性差异转回期间按照税法规定适用的所得税税率计量。无论应纳税暂时性差异的转回期间如何,相关的递延所得税负债不要求折现。

18.3.2 递延所得税资产的确认和计量

（一）递延所得税资产的确认

《企业会计准则第 18 号——所得税》规定了不确认递延所得税资产的情形，企业应当以很可能取得用来抵扣可抵扣暂时性差异的应纳税所得额为限，确认由可抵扣暂时性差异产生的递延所得税资产。但是，同时具有下列特征的交易中因资产或负债的初始确认所产生的递延所得税资产不予确认。

（1）该项交易不是企业合并。

（2）交易发生时既不影响会计利润也不影响应纳税所得额（或可抵扣亏损）。

资产负债表日，有确凿证据表明未来期间很可能满足获得足够的应纳税所得额用来抵扣可抵扣暂时性差异的，企业应当确认以前期间未确认的递延所得税资产。

根据《企业会计准则第 18 号——所得税》的规定，企业对与子公司、联营企业及合营企业投资相关的可抵扣暂时性差异，同时满足下列条件的，应当确认相应的递延所得税资产。

（1）暂时性差异在可预见的未来很可能转回。

（2）未来很可能获得用来抵扣暂时性差异的应纳税所得额。

《〈企业会计准则第 18 号——所得税〉应用指南》规定，确认由可抵扣暂时性差异产生的递延所得税资产，应当以未来期间很可能取得用以抵扣可抵扣暂时性差异的应纳税所得额为限。企业在确定未来期间很可能取得的应纳税所得额时，应当包括未来期间正常生产经营活动实现的应纳税所得额，以及在可抵扣暂时性差异转回期间因应纳税暂时性差异的转回而增加的应纳税所得额，并应提供相关的证据。

（二）递延所得税资产的计量

依据《企业会计准则第 18 号——所得税》的规定，同递延所得税负债的计量原则相一致，企业在确认递延所得税资产时，应当以预期收回该资产期间的适用所得税税率为基础计算确定。无论相关的可抵扣暂时性差异转回期间如何，递延所得税资产均不要求折现。

企业在确认了递延所得税资产以后，资产负债表日，应当对递延所得税资产的账面价值进行复核。如果未来期间很可能无法取得足够的应纳税所得额用以利用抵扣递延所得税资产的利益，应当减记递延所得税资产的账面价值。减记的递延所得税资产，除原确认时计入所有者权益的，其减记金额亦应计入所有者权益外，其他的情况均应增加所得税费用。

因无法取得足够的应纳税所得额利用可抵扣暂时性差异减记递延所得税资产账面价值的，以后期间根据新的环境和情况判断能够产生足够的应纳税所得额利用可抵扣暂时性差异，使得递延所得税资产包含的经济利益能够实现的，应相应恢复递延所得税资产的账面价值。

18.4 所得税费用

《〈企业会计准则第 18 号——所得税〉解释》指出，所得税费用由两部分内容构成：一是按照税法规定计算的当期所得税费用（当期应交所得税）；二是按照上述规定计算的递延所得税费用,但不包括直接计入所有者权益项目的交易和事项以及企业合并的所得税影响。所得税会计的关键在于确定资产、负债的计税基础,资产、负债的计税基础一经确定,即可计算暂时性差异并在此基础上确认递延所得税资产、递延所得税负债以及递延所得税费用。

《〈企业会计准则第18号——所得税〉应用指南》中规定,企业在计算确定当期所得税(即当期应交所得税)以及递延所得税费用(或收益)的基础上,应将两者之和确认为利润表中的所得税费用(或收益),但不包括直接计入所有者权益的交易或事项的所得税影响。计算公式如下。

所得税费用(或收益)= 当期所得税 + 递延所得税费用(-递延所得税收益)

上述公式中的相关项目的含义如下。

(1)当期所得税是指企业按照税法规定计算确定的针对当期发生的交易和事项,应交纳给税务部门的所得税金额,即应交所得税。当期所得税应以适用的税收法规为基础计算确定,会计处理与税收处理不同的,应在会计利润的基础上,按照适用税收法规的要求进行调整。计算出当期应纳税所得额后,按照应纳税所得额与适用税率计算确定当期应交所得税。如果有依照《企业所得税法》和相关税收优惠规定减征、免征和抵免的应纳税额,还应作相应扣减。

(2)递延所得税根据企业会计准则的规定来确定,可分为递延所得税负债和递延所得税资产。其中,递延所得税负债,核算企业在未来期间应缴纳的所得税;递延所得税资产,核算企业在未来期间可以抵减的所得税。相关计算公式如下。

递延所得税 =(递延所得税负债的期末余额 − 递延所得税负债的期初余额)−(递延所得税资产的期末余额 − 递延所得税资产的期初余额)

应予说明的是,企业因确认递延所得税资产和递延所得税负债产生的递延所得税,一般应当计入所得税费用,但以下两种情况除外。

(1)某项交易或事项按照会计准则规定应计入所有者权益的,由该交易或事项产生的递延所得税资产或递延所得税负债及其变化亦应计入所有者权益,不构成利润表中的递延所得税费用(或收益)。

(2)企业合并中取得的资产、负债,其账面价值与计税基础不同,应确认相关递延所得税的,该递延所得税的确认影响合并中产生的商誉或是计入当期损益的金额,不影响所得税费用。

【例18-15】甲企业持有的某项其他权益工具投资,成本为500万元,会计期末,其公允价值为600万元。该企业适用的所得税税率为25%。除该事项外,该企业不存在其他会计与税收法规之间的差异,且递延所得税资产和递延所得税负债不存在期初余额。

(1)会计期末在确认100万元的公允价值变动时,账务处理如下。

借:其他权益工具投资　　　　　　　　　　　　　　　1 000 000
　　贷:其他综合收益　　　　　　　　　　　　　　　　　　1 000 000

(2)确认应纳税暂时性差异的所得税影响时,账务处理如下。

借:其他综合收益　　　　　　　　　　　　　　　　　　250 000
　　贷:递延所得税负债　　　　　　　　　　　　　　　　　　250 000

【例18-16】A公司20×7年度利润表中利润总额为3 000万元,该公司适用的所得税税率为25%。递延所得税资产及递延所得税负债无期初余额。

20×7年,A公司发生的有关交易和事项中,会计处理与税收处理存在差别的事项如下。

(1)20×7年1月开始计提折旧的一项固定资产,成本为1 500万元,使用年限为10年,净残值为0,会计处理按双倍余额递减法计提折旧,税收处理按直线法计提折旧。假定税法规定的使用年限及净残值与会计规定相同。

(2)向关联企业捐赠现金500万元。假定按照税法规定,A公司向关联方的捐赠不允许税前扣除。

(3)当期取得作为交易性金融资产核算的股票投资成本为800万元,20×7年12月31日的公允价值为1 200万元。税法规定,以公允价值计量的金融资产持有期间市价变动不计入应纳税所得额。

(4)违反环保法规定,应支付罚款250万元。

(5)期末对持有的存货计提了75万元的存货跌价准备。

【分析】

(1)20×7年度当期应交所得税。

应纳税所得额 =3 000+150+500-400+250+75=3 575(万元)

应交所得税 =3 575×25%=893.75(万元)

(2)20×7年度递延所得税。

递延所得税资产 =225×25%=56.25(万元)

递延所得税负债 =400×25%=100(万元)

递延所得税 =100-56.25=43.75(万元)

(3)利润表中应确认的所得税费用。

所得税费用 =893.75+43.75=937.50(万元)

账务处理如下。

借:所得税费用	9 375 000
递延所得税资产	562 500
贷:应交税费——应交所得税	8 937 500
递延所得税负债	1 000 000

18.5 合并财务报表中因抵销未实现内部销售损益产生的递延所得税

企业在编制合并财务报表时,因抵销未实现内部销售损益导致合并资产负债表中资产、负债的账面价值与其在纳入合并范围的企业按照适用税法规定确定的计税基础之间产生暂时性差异的,在合并资产负债表中应当确认递延所得税资产或递延所得税负债,同时调整合并利润表中的所得税费用,但与直接计入所有者权益的交易或事项及企业合并相关的递延所得税除外。

企业在编制合并财务报表时,按照合并报表的编制原则,应将纳入合并范围的企业之间发生的未实现内部交易损益予以抵销。因此，所涉及的资产负债项目在合并资产负债表中列示的价值与其所属的企业个别资产负债表中的价值会不同，并进而可能产生与有关资产、负债所属个别纳税主体计税基础的不同。从合并财务报表作为一个完整经济主体的角度来说，企业应当确认由此产生的暂时性差异的所得税影响。

【例 18-17】 甲公司拥有乙公司80%有表决权的股份，能够控制乙公司的生产经营决策。20×7年9月，甲公司以800万元将一批自产产品销售给乙公司。该批产品在甲公司的生产成本为500万元。至20×7年12月31日，乙公司尚未对外销售该批商品。假定涉及商品未发生减值。甲、乙公司适用的所得税税率均为25%，且在未来期间预计不会发生变化。税法规定，企业的存货以历史成本作为计税基础。

（1）甲公司在编制合并财务报表时，对于与乙公司发生的内部交易应进行如下抵销处理。

借：营业收入　　　　　　　　　　　　　　　　　　　　　8 000 000
　　贷：营业成本　　　　　　　　　　　　　　　　　　　　5 000 000
　　　　存货　　　　　　　　　　　　　　　　　　　　　　3 000 000

（2）经过上述抵销处理后，该项内部交易中涉及的存货在合并资产负债表中体现的价值为500万元。未发生减值的情况下，此金额为出售方的成本，其计税基础为800万元，两者之间产生了300万元可抵扣暂时性差异，与该暂时性差异相关的递延所得税在乙公司并未确认。因此，甲公司在合并财务报表中应进行以下处理。

借：递延所得税资产　　　　　　　　　　　　　　　　　　750 000
　　贷：所得税费用　　　　　　　　　　　　　　　　　　　750 000

18.6 所得税的列报

根据《企业会计准则第18号——所得税》的规定，递延所得税资产和递延所得税负债应当分别作为非流动资产和非流动负债在资产负债表中列示，所得税费用应当在利润表中单独列示。除此之外，企业应当在附注中披露与所得税有关的下列信息。

（1）所得税费用（收益）的主要组成部分。

（2）所得税费用（收益）与会计利润关系的说明。

（3）未确认递延所得税资产的可抵扣暂时性差异、可抵扣亏损的金额（如果存在到期日，还应披露到期日）。

（4）对每一类暂时性差异和可抵扣亏损，在列报期间确认的递延所得税资产或递延所得税负债的金额，确认递延所得税资产的依据。

（5）未确认递延所得税负债的，与对子公司、联营企业及合营企业投资相关的暂时性差异金额。

第19章 外币折算

外币折算的相关会计处理流程如图19-1所示。

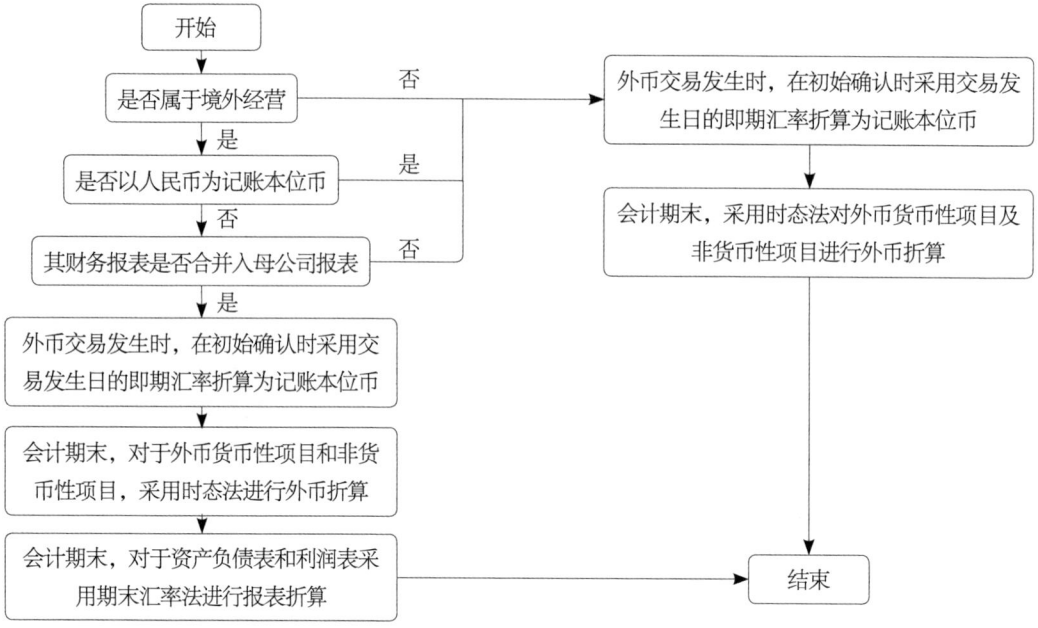

图19-1 外币折算的相关会计处理流程

19.1 记账本位币

19.1.1 外币交易的定义

《企业会计准则第19号——外币折算》（简称"外币折算准则"）规定，外币交易，是指以外币计价或者结算的交易。外币是企业记账本位币以外的货币。外币交易包括以下几类。

（1）买入或者卖出以外币计价的商品或者劳务；
（2）借入或者借出外币资金；
（3）其他以外币计价或者结算的交易。

19.1.2 记账本位币的定义

《企业会计准则第19号——外币折算》规定，记账本位币，是指企业经营所处的主要经济环境中的货币。

在我国，企业通常应选择人民币作为记账本位币。业务收支以人民币以外的货币为主的企业，可以按照外币折算准则第五条规定选定其中一种货币作为记账本位币，但是，编报的财务报表应当折算为人民币。

19.1.3 记账本位币的确定

《企业会计准则第19号——外币折算》规定,企业选定记账本位币时,应当考虑下列因素。

(1)该货币主要影响商品和劳务的销售价格,通常以该货币进行商品和劳务的计价和结算。

(2)该货币主要影响商品和劳务所需人工、材料和其他费用,通常以该货币进行上述费用的计价和结算。

(3)融资活动获得的货币以及保存从经营活动中收取款项所使用的货币。

【例19-1】A外商投资企业(以下简称"A企业")超过80%的营业收入来自向各国出口的业务,其商品销售价格一般以美元结算,主要受美元的影响,因此,从影响商品和劳务销售价格的角度看,A企业应选择美元作为记账本位币。

如果A企业除厂房设施、25%的人工成本在国内以人民币结算,生产所需原材料、机器设备及75%以上的人工成本都来自美国投资者以美元在国际市场的结算,则可进一步确定A企业的记账本位币是美元。

如果A企业的人工成本、原材料及相应的厂房设施、机器设备等95%以上发生在中国并以人民币计价,则难以确定A企业的记账本位币。这时就需要考虑第三项因素。如果A企业取得的美元营业收入在汇回国内时可随时换成人民币存款,且A企业对所有以美元结算的资金往来的外币风险都进行了套期保值,则A企业应当选定人民币为其记账本位币。

19.1.4 境外经营记账本位币的确定

(一)境外经营的定义

境外经营有两方面含义,一是指企业在中国境外的子公司、合营企业、联营企业、分支机构;二是当在中国境内的子公司、合营企业、联营企业、分支机构,采用不同于企业记账本位币的,也视同境外经营。

(二)确定境外经营记账本位币考虑的因素

企业选定境外经营的记账本位币,还应当考虑下列因素。

(1)境外经营对其所从事的活动是否拥有很强的自主性。
(2)境外经营活动中与企业的交易是否在境外经营活动中占有较大比重。
(3)境外经营活动产生的现金流量是否直接影响企业的现金流量、是否可以随时汇回。
(4)境外经营活动产生的现金流量是否足以偿还其现有债务和可预期的债务。

【例19-2】国内B公司以人民币为记账本位币。该公司在欧盟国家设有一家子公司P公司,而P公司在欧洲的经营活动拥有完全的自主权:自主决定其经营政策、销售方式、进货来源等。B公司与P公司除投资与被投资关系外,基本不发生业务往来。P公司的产品主要在欧洲市场销售,其一切费用开支等均由P公司在当地自行解决。

由于P公司主要收、支现金的环境在欧洲,且P公司对其自身经营活动拥有很强的自主性,

P公司与B公司之间除了投资与被投资关系外,基本无其他业务,因此,P公司应当选择欧元作为其记账本位币。

19.1.5 记账本位币的变更

企业记账本位币一经确定,不得随意变更,除非企业经营所处的主要经济环境发生重大变化。

企业因经营所处的主要经济环境发生重大变化,确需变更记账本位币的,应当采用变更当日的即期汇率将所有项目折算为变更后的记账本位币。

19.2 外币交易的会计处理

19.2.1 即期汇率和即期汇率近似汇率

《企业会计准则第19号——外币折算》规定,企业对于发生的外币交易,应当将外币金额折算为记账本位币金额。

外币交易应当在初始确认时,采用交易发生日的即期汇率将外币金额折算为记账本位币金额;也可以采用按照系统合理的方法确定的、与交易发生日即期汇率近似的汇率折算。

《〈企业会计准则第19号——外币折算〉解释》规定,"即期汇率"通常是指当日中国人民银行公布的人民币外汇牌价的中间价。企业发生的外币兑换业务或涉及外币兑换的交易事项,应当以交易实际采用的汇率,即银行买入价或卖出价折算。

即期汇率近似汇率是"按照系统合理的方法确定的、与交易发生日即期汇率近似的汇率",通常是指当期平均汇率或加权平均汇率等。通常情况下,企业应当采用即期汇率进行折算。汇率波动不大的,也可以采用按照系统合理的方法确定的、与交易发生日即期汇率近似的汇率折算,但前后各期应当采用相同的方法确定当期的近似汇率。

【例19-3】甲股份有限公司属于增值税一般纳税企业,其记账本位币为人民币,其外币交易采用交易日即期汇率折算。2×19年3月12日,从美国乙公司购入某种工业原料500吨,每吨价格为4 000美元,当日的即期汇率为1美元=7.6元人民币,进口关税为1 520 000元人民币,支付进口增值税2 173 600元人民币,货款尚未支付。进口关税及增值税由银行存款支付。会计分录如下。

借:原材料　　　　　　　　　　　(500×4 000×7.6+1 520 000) 16 720 000
　　应交税费——应交增值税(进项税额)　　　　　　　　　　2 173 600
　贷:应付账款——乙公司(美元)　　　　　　　　　　　　　15 200 000
　　银行存款　　　　　　　　　　　　　　　　　　　　　　　3 693 600

19.2.2 汇兑差额的会计处理

企业在资产负债表日,应当按照下列规定对外币货币性项目和外币非货币性项目进行处理。

(一)外币货币性项目

(1)外币货币性项目采用资产负债表日即期汇率折算。因资产负债表日即期汇率与初始确认时或者前一资产负债表日即期汇率不同而产生的汇兑差额,计入当期损益。

《〈企业会计准则第 19 号——外币折算〉解释》对上述规定做了补充。货币性项目分为货币性资产和货币性负债。其中,货币性资产包括库存现金、银行存款、应收账款、其他应收款、长期应收款等;货币性负债包括短期借款、应付账款、其他应付款、长期借款、应付债券、长期应付款等。

(2)对于外币货币性项目,企业应当采用资产负债表日的即期汇率折算,因汇率波动而产生的汇兑差额作为财务费用,计入当期损益,同时调增或调减外币货币性项目的记账本位币金额;需要计提减值准备的,应当按资产负债表日的即期汇率折算后,再计提减值准备。

【例 19-4】沿用【例 19-3】,20×7 年 3 月 31 日,甲股份有限公司尚未向乙公司支付所欠工业原料款。当日即期汇率为 1 美元 =7.55 元人民币。应付乙公司货款按期末即期汇率折算为 15 100 000(500×4 000×7.55)元人民币,与该货款原记账本位币之差 100 000 元人民币,冲减当期损益。相关会计分录如下。

  借:应付账款——乙公司(美元)   100 000
    贷:财务费用——汇兑差额   100 000

(二)以历史成本计量的外币非货币性项目

非货币性项目是货币性项目以外的项目,包括存货、长期股权投资、固定资产、无形资产、实收资本、资本公积等。

(1)对于以历史成本计量的外币非货币性项目,除其外币价值发生变动外,已在交易发生日按当日即期汇率折算,资产负债表日不应改变其原记账本位币金额,不产生汇兑差额。

(2)对于外币价值发生变动的外币非货币性项目,其价值变动计入当期损益的,相应的汇率变动的影响应当计入当期损益;其价值变动计入所有者权益的,相应的汇率变动的影响应当计入所有者权益,如交易性金融资产(债券)等。

【例 19-5】国内甲公司的记账本位币为人民币。20×7 年 12 月 2 日,甲公司以 30 000 港元购入乙公司 H 股 10 000 股作为短期投资,当日汇率为 1 港元 =1.2 元人民币,款项已付。20×7 年 12 月 31 日,由于市价变动,当月购入的乙公司 H 股变为 35 000 港元,当日 1 港元 =1 元人民币。20×7 年 12 月 2 日,甲公司应对上述交易应进行以下会计处理。

  借:交易性金融资产   (30 000×1.2)36 000
    贷:银行存款   (30 000×1.2)36 000

由于该项短期股票投资是从境外市场购入、以外币计价的,在资产负债表日,不仅应考虑其港币市价的变动,还应一并考虑汇率变动的影响。上述交易性金融资产以资产负债表日的人民币 35 000(35 000×1)元入账,与原账面价值 36 000(30 000×1.2)元的差额为 1 000 元人民币,计入公允价值变动损益。相应的会计分录如下。

  借:公允价值变动损益   1 000
    贷:交易性金融资产   1 000

1 000 元人民币包含甲公司所购 H 股公允价值变动以及人民币与港币之间汇率变动的双重影响。

(三)外币投入资本不产生汇兑差额

外币投入资本属于外币非货币性项目,企业收到投资者以外币投入的资本,采用交易日即期汇率折算,不再采用合同约定汇率折算。这时,外币投入资本与相应的货币性项目的记账本位币金额之间不产生外币资本折算差额。

【例19-6】 甲股份有限公司的记账本位币为人民币,对外币交易采用交易日的即期汇率折算,根据其与外商签订的投资合同,外商将分两次投入外币资本,投资合同约定的汇率是1美元=8.00元人民币。20×6年7月1日,甲股份有限公司第一次收到外商投入资本300 000美元,当日即期汇率为1美元=7.8元人民币;20×7年2月3日,第二次收到外商投入资本300 000美元,当日即期汇率为1美元=7.6元人民币。相关会计分录如下。

(1)20×6年7月1日,第一次收到外币资本时。

借:银行存款——美元　　　　　　　　　　　　(300 000×7.8)2 340 000
　　贷:股本　　　　　　　　　　　　　　　　　　　　　　　　2 340 000

(2)20×7年2月3日,第二次收到外币资本时。

借:银行存款——美元　　　　　　　　　　　　(300 000×7.6)2 280 000
　　贷:股本　　　　　　　　　　　　　　　　　　　　　　　　2 280 000

(四)实质上构成对境外经营净投资的外币货币性项目

企业编制合并财务报表涉及境外经营的,如有实质上构成对境外经营净投资的外币货币性项目,因汇率变动而产生的汇兑差额,应列入所有者权益"外币报表折算差额"项目;处置境外经营时,计入处置当期损益。

19.2.3 分账制记账方法

金融保险企业的外币交易频繁,涉外币币种较多,可以采用分账制记账方法进行日常核算。资产负债表日,按外币折算准则第十一条的规定分别对货币性项目和非货币性项目进行调整。

企业采用分账制记账方法所产生的汇兑差额的确认、计量的结果和列报,应当与统账制处理结果一致。

19.3 外币财务报表的折算

19.3.1 境外经营财务报表的折算原则

根据《企业会计准则第19号——外币折算》,企业对境外经营的财务报表进行折算时,应当按照下列规定进行相关会计处理。

(1)资产负债表中的资产和负债项目,采用资产负债表日的即期汇率折算,所有者权益项目除"未分配利润"项目外,其他项目采用发生时的即期汇率折算。

(2)利润表中的收入和费用项目,采用交易发生日的即期汇率折算;也可以采用按照系统合理的方法确定的、与交易发生日即期汇率近似的汇率折算。

按照上述(1)、(2)折算产生的外币财务报表折算差额,在资产负债表中所有者权益项目下单独列示。

比较财务报表的折算比照上述规定处理。

19.3.2 恶性通货膨胀下境外经营报表折算

（一）恶性通货膨胀财务报表折算原则

根据《企业会计准则第 19 号——外币折算》规定，企业对处于恶性通货膨胀经济中的境外经营的财务报表，应当按照下列规定进行折算。

（1）对资产负债表运用一般物价指数予以重述，对利润表项目运用一般物价指数变动予以重述，再按照最近资产负债表日的即期汇率进行折算。

（2）在境外经营不再处于恶性通货膨胀经济中时，应当停止重述，按照停止之日的价格水平重述的财务报表进行折算。

（二）恶性通货膨胀判断标准

"恶性通货膨胀经济"通常具备以下特征。

（1）最近 3 年累计通货膨胀率接近或超过 100%。

（2）利率、工资和物价与物价指数挂钩。

（3）公众不是以当地货币、而是以相对稳定的外币为单位作为衡量货币金额的基础。

（4）公众倾向于以非货币性资产或相对稳定的外币来保存自己的财富，持有的当地货币立即用于投资以保持购买力。

（5）即使信用期限很短，赊销、赊购交易仍按补偿信用期预计购买力损失的价格成交。

19.3.3 处置境外经营时外币报表折算差额核算

《企业会计准则第 19 号——外币折算》规定，企业在处置境外经营时，应当将资产负债表中所有者权益项目下列示的、与该境外经营相关的外币财务报表折算差额，自所有者权益项目转入处置当期损益；部分处置境外经营的，应当按处置的比例计算处置部分的外币财务报表折算差额，并转入处置当期损益。

19.4 披露

《企业会计准则第 19 号——外币折算》规定，企业应当在附注中披露与外币折算有关的下列信息。

（1）企业及其境外经营选定的记账本位币及选定的原因；记账本位币发生变更的，说明变更理由。

（2）采用近似汇率的，近似汇率的确定方法。

（3）计入当期损益的汇兑差额。

（4）处置境外经营对外币财务报表折算差额的影响。

第 20 章
企业合并

企业合并的会计处理流程如图 20-1 所示。

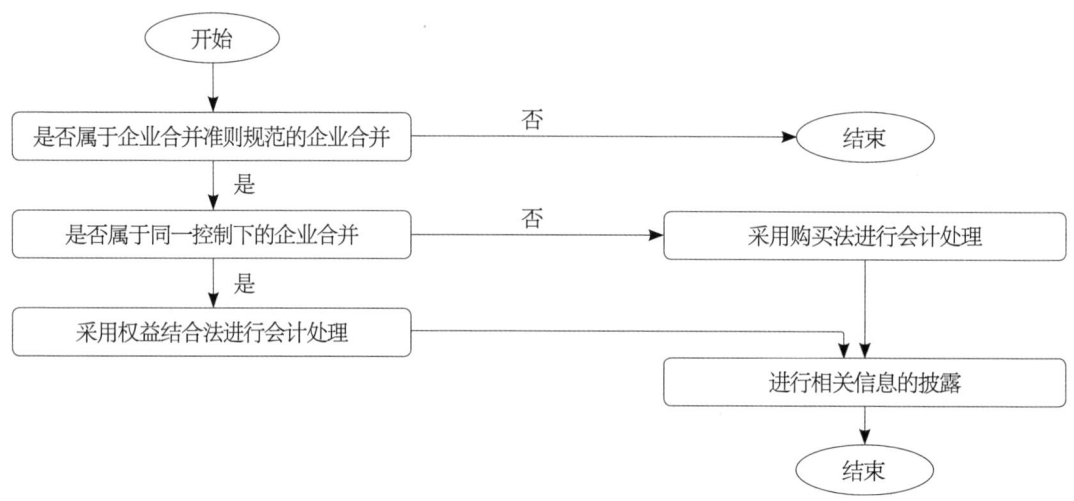

图 20-1 企业合并的会计处理流程

20.1 企业合并概述

20.1.1 企业合并的界定

《企业会计准则第 20 号——企业合并》(简称"企业合并准则")对企业合并的定义为:企业合并,是指将两个或者两个以上单独的企业合并形成一个报告主体的交易或事项。

企业合并分为同一控制下的企业合并和非同一控制下的企业合并。

本章不涉及下列企业合并模式。

(1) 两方或者两方以上形成合营企业的企业合并。

(2) 仅通过合同而不是所有权份额将两个或者两个以上单独的企业合并形成一个报告主体的企业合并。

20.1.2 企业合并的方式

《〈企业会计准则第 20 号——企业合并〉应用指南》中列举出了以下几种企业合并的方式。

(一)控股合并

合并方(或购买方)在企业合并中取得对被合并方(或被购买方)的控制权,被合并方(或被购买方)在合并后仍保持其独立的法人资格并继续经营,合并方(或购买方)确认企业合并形成的对被合并方(或被购买方)的投资。

（二）吸收合并

合并方（或购买方）通过企业合并取得被合并方（或被购买方）的全部净资产，合并后注销被合并方（或被购买方）的法人资格，被合并方（或被购买方）原持有的资产、负债，在合并后成为合并方（或购买方）的资产、负债。

（三）新设合并

参与合并的各方在合并后法人资格均被注销，重新注册成立一家新的企业。

《〈企业会计准则第 20 号——企业合并〉解释》与《〈企业会计准则第 20 号——企业合并〉应用指南》对与企业合并的方式的表述几乎一致，此处不赘述。

20.1.3 企业合并类型的划分

我国的企业合并准则中将企业合并按照一定的标准划分为两大基本类型——同一控制下的企业合并与非同一控制下的企业合并。企业合并的类型划分不同，其所遵循的会计处理原则也不同。

（一）同一控制下的企业合并

同一控制下的企业合并，是指参与合并的企业在合并前后均受同一方或相同的多方最终控制且该控制并非暂时性的合并交易。

（1）能够对参与合并各方在合并前后均实施最终控制的一方通常是指企业集团的母公司。同一控制下的企业合并一般发生于企业集团内部，如集团内母子公司之间、子公司与子公司之间等。因为该类合并从本质上是集团内部企业之间的资产或权益的转移，所以不涉及自集团外购入子公司或是向集团外其他企业出售子公司的情况。这时，能够对参与合并企业在合并前后均实施最终控制的一方为集团的母公司。

（2）能够对参与合并的企业在合并前后均实施最终控制的相同多方，是指根据合同或协议的约定，拥有最终决定参与合并企业的财务和经营政策的权利，并从中获取利益的投资者群体。

（3）实施控制的时间性要求，是指参与合并的各方在合并前后较长时间内为最终控制方所控制的要求。具体是指在企业合并之前（即合并日之前），参与合并各方在最终控制方的控制时间一般在 1 年以上（含 1 年），企业合并后所形成的报告主体在最终控制方的控制时间也应达到 1 年以上（含 1 年）。

（4）企业之间的合并是否属于同一控制下的企业合并，应综合构成企业合并交易的各方面情况，按照实质重于形式的原则进行判断。通常情况下，同一控制下的企业合并是指发生在同一企业集团内部企业之间的合并。同受国家控制的企业之间发生的合并，不应仅仅因为参与合并各方在合并前后均受国家控制而将其作为同一控制下的企业合并。

（二）非同一控制下的企业合并

非同一控制下的企业合并，是指参与合并的各方在合并前后不受同一方或相同的多方最终控制的合并交易，即除属于同一控制下企业合并的情况以外其他的企业合并。

20.1.4 合并日或购买日的确定

《〈企业会计准则第 20 号——企业合并〉应用指南》中列出，企业应当在合并日或购买日确认因企业合并取得的资产、负债。按照《企业会计准则第 20 号——企业合并》第五条和第十条规定，合并日或购买日是指合并方或购买方实际取得对被合并方或被购买方控制权的日期，即被合并方或被购买方的净资产或生产经营决策的控制权转移给合并方或购买方的日期。同时满足下列条件的，通常可认为实现了控制权的转移。

（1）企业合并合同或协议已获股东大会等通过。

（2）企业合并事项需要经过国家有关主管部门审批的，已获得批准。

（3）参与合并各方已办理了必要的财产权转移手续。

（4）合并方或购买方已支付了合并价款的大部分（一般应超过 50%），并且有能力、有计划支付剩余款项。

（5）合并方或购买方实际上已经控制了被合并方或被购买方的财务和经营政策，并享有相应的利益、承担相应的风险。

20.2 同一控制下的企业合并

20.2.1 同一控制下企业合并的定义

《企业会计准则第 20 号——企业合并》第五条规定，参与合并的企业在合并前后均受同一方或相同的多方最终控制且该控制并非暂时性的，为同一控制下的企业合并。同一控制下的企业合并，在合并日取得对其他参与合并企业控制权的一方为合并方，参与合并的其他企业为被合并方。合并日，是指合并方实际取得对被合并方控制权的日期。

《〈企业会计准则第 20 号——企业合并〉解释》对准则的上述规定做出了如下讲解。实施最终控制的一方，通常是指企业集团中的母公司或者有关主管单位。实施最终控制的一方为有关主管单位的，企业合并是指在某一主管单位主导下进行的合并，但如果有关主管单位并未参与企业合并过程中具体商业条款的制定，如并未参与合并定价、合并方式及其他涉及企业合并的具体安排等，不属于同一控制下的企业合并。

相同的多方，是指根据投资者之间的协议约定，为扩大其中某一投资者对被投资单位股份的控制比例，或者巩固某一投资者对被投资单位的控制地位，在对被投资单位的生产经营决策行使表决权时发表相同意见的两个或两个以上的法人或其他组织。

控制并非暂时性，是指参与合并各方在合并前后较长的时间内受同一方或多方控制，控制时间通常在 1 年以上（含 1 年）。

一方或相同的多方控制下的企业合并，合并双方的合并行为不完全是自愿进行和完成的，这种企业合并不属于交易行为，而是参与合并各方资产和负债的重新组合。

《〈企业会计准则第 20 号——企业合并〉应用指南》进行了相关补充：同一方，是指对参与合并的企业在合并前后均实施最终控制的投资者。

同一控制下企业合并的判断，应当遵循实质重于形式要求。

20.2.2 同一控制下企业合并的处理原则

根据《企业会计准则第 20 号——企业合并》的规定，同一控制下企业合并的会计处理应遵循以下原则。

（1）合并方在企业合并中取得的资产和负债，应当按照合并日在被合并方的账面价值计量。合并方取得的净资产账面价值与支付的合并对价账面价值（或发行股份面值总额）的差额，应当调整资本公积；资本公积不足冲减的，调整留存收益。

（2）同一控制下的企业合并中，被合并方采用的会计政策与合并方不一致的，合并方在合并日应当按照本企业会计政策对被合并方的财务报表相关项目进行调整，在此基础上按照企业合并准则规定确认。

（3）合并方为进行企业合并发生的各项直接相关费用，包括为进行企业合并而支付的审计费用、评估费用、法律服务费用等，应当于发生时计入当期损益；为企业合并发行的债券或承担其他债务支付的手续费、佣金等，应当计入所发行债券及其他债务的初始计量金额。企业合并中发行权益性证券发生的手续费、佣金等费用，应当抵减权益性证券溢价收入，溢价收入不足冲减的，冲减留存收益。

（4）企业合并形成母子公司关系的，母公司应当编制合并日的合并资产负债表、合并利润表和合并现金流量表。

① 合并资产负债表中被合并方的各项资产、负债，应当按其账面价值计量。因被合并方采用的会计政策与合并方不一致，按照企业会计准则规定进行调整的，应当以调整后的账面价值计量。

② 合并利润表应当包括参与合并各方自合并当期期初至合并日所发生的收入、费用和利润。被合并方在合并前实现的净利润，应当在合并利润表中单列项目反映。

③ 合并现金流量表应当包括参与合并各方自合并当期期初至合并日的现金流量。编制合并财务报表时，参与合并各方的内部交易等，应当按照《企业会计准则第33号——合并财务报表》处理。

【例20-1】A、B公司分别为P公司控制下的两家子公司。A公司于20×7年3月10日自母公司P处取得B公司100%的股权。合并后，B公司仍维持其独立法人资格继续经营。为进行该项企业合并，A公司发行了1 500万股本公司普通股（每股面值1元）作为对价。假定A、B公司采用的会计政策相同。合并日，A、B公司的所有者权益构成如表20-1所示。

表20-1　A、B公司的所有者权益构成

单位：万元

A公司		B公司	
项目	金额	项目	金额
股本	9 000	股本	1 500
资本公积	2 500	资本公积	500
盈余公积	2 000	盈余公积	1 000
未分配利润	5 000	未分配利润	2 000
合计	18 500	合计	5 000

A公司在合并日应进行的账务处理如下。

借：长期股权投资　　　　　　　　　　　　　　　　　　　　　　　50 000 000

贷：股本		15 000 000
资本公积		35 000 000

A公司在合并日编制合并资产负债表时，对于企业合并前B公司实现的留存收益中归属于合并方的部分（3 000万元）应自资本公积（资本溢价或股本溢价）转入留存收益。本例中，A公司在确认对B公司的长期股权投资以后，其资本公积的账面余额为6 000万元，假定其中资本溢价或股本溢价的金额为4 500万元。在合并工作底稿中，A公司应编制以下调整分录。

借：资本公积		30 000 000
贷：盈余公积		10 000 000
未分配利润		20 000 000

20.3 非同一控制下的企业合并

20.3.1 非同一控制下企业合并的定义

《企业会计准则第20号——企业合并》规定，参与合并的各方在合并前后不受同一方或相同的多方最终控制的，为非同一控制下的企业合并。非同一控制下的企业合并，在购买日取得对其他参与合并企业控制权的一方为购买方，参与合并的其他企业为被购买方。购买日，是指购买方实际取得对被购买方控制权的日期。

《〈企业会计准则第20号——企业合并〉解释》对准则的上述定义进行了补充：相对于同一控制下的企业合并而言，非同一控制下的企业合并是合并各方自愿进行的交易行为，作为一种公平的交易，应当以公允价值为基础进行计量。

20.3.2 非同一控制下企业合并的处理原则

（一）合并成本的确定

《企业会计准则第20号——企业合并》规定，购买方确定合并成本时，应当区别下列情况。

（1）一次交换交易实现的企业合并，合并成本为购买方在购买日为取得对被购买方的控制权而付出的资产、发生或承担的负债以及发行的权益性证券的公允价值。

（2）通过多次交换交易分步实现的企业合并，合并成本为每一单项交易成本之和。

（3）购买方为进行企业合并发生的各项直接相关费用也应当计入企业合并成本。

（4）在合并合同或协议中对可能影响合并成本的未来事项做出约定的，购买日如果估计未来事项很可能发生并且对合并成本的影响金额能够可靠计量的，购买方应当将其计入合并成本。

《〈企业会计准则第20号——企业合并〉应用指南》对上述第（2）条规定进行了拓展：通过多次交换交易分步实现的企业合并，合并成本为每一单项交易成本之和。购买方在购买日，应当按照以下步骤进行处理。

（1）将原持有的对被购买方的投资账面价值调整恢复至最初取得成本，相应调整留存收益等所有者权益项目。

（2）比较每一单项交易的成本与交易时应享有被投资单位可辨认净资产公允价值的份额，

确定每一单项交易中应予确认的商誉金额（或应予确认损益的金额）。

（3）购买方在购买日确认的商誉（或计入损益的金额）应为每一单项交易产生的商誉（或应予确认损益的金额）之和。

（4）被购买方在购买日与原交易日之间可辨认净资产公允价值的变动相对于原持股比例的部分，属于被购买方在交易日至购买日之间实现留存收益的，应相应调整留存收益，差额调整资本公积。

（二）非同一控制下企业合并的会计处理

1. 对价付出的资产、发生或承担的负债

《企业会计准则第20号——企业合并》规定，购买方在购买日对作为企业合并对价付出的资产、发生或承担的负债应当按照公允价值计量，公允价值与其账面价值的差额，计入当期损益。

《〈企业会计准则第20号——企业合并〉应用指南》对上述规定进行了详细阐释，即购买方应当按照以下规定确定合并中取得的被购买方各项可辨认资产、负债及或有负债的公允价值。

（1）货币资金，按照购买日被购买方的账面余额确定。

（2）有活跃市场的股票、债券、基金等金融工具，按照购买日活跃市场中的市场价格确定。

（3）应收款项，其中的短期应收款项，一般按照应收取的金额作为其公允价值；长期应收款项，应按适当的利率折现后的现值确定其公允价值。在确定应收款项的公允价值时，应考虑发生坏账的可能性及相关收款费用。

（4）存货，对其中的产成品和商品按其估计售价减去估计的销售费用、相关税费以及购买方出售类似产成品或商品估计可能实现的利润确定；在产品按完工产品的估计售价减去至完工仍将发生的成本、估计的销售费用、相关税费以及基于同类或类似产成品的基础上估计出售可能实现的利润确定；原材料按现行重置成本确定。

（5）不存在活跃市场的金融工具，如权益性投资等，应当参照《企业会计准则第22号——金融工具确认和计量》的规定，采用估值技术确定其公允价值。

（6）房屋建筑物、机器设备、无形资产，存在活跃市场的，应以购买日的市场价格为基础确定其公允价值；不存在活跃市场，但同类或类似资产存在活跃市场的，应参照同类或类似资产的市场价格确定其公允价值；同类或类似资产也不存在活跃市场的，应采用估值技术确定其公允价值。

（7）应付账款、应付票据、应付职工薪酬、应付债券、长期应付款，其中的短期负债一般按照应支付的金额确定其公允价值；长期负债，应按适当的折现率折现后的现值作为其公允价值。

（8）取得的被购买方的或有负债，其公允价值在购买日能够可靠计量的，应确认为预计负债。此项负债应当按照假定第三方愿意代购买方承担，就其所承担义务需要购买方支付的金额作为其公允价值。

（9）递延所得税资产和递延所得税负债，取得的被购买方各项可辨认资产、负债及或有负债的公允价值与其计税基础之间存在差额的，应当按照《企业会计准则第18号——所得税》的规定确认相应的递延所得税资产或递延所得税负债，所确认的递延所得税资产或递延所得税负债的金额不应折现。

2. 分配合并成本

《企业会计准则第 20 号——企业合并》规定，购买方在购买日应当对合并成本进行分配，按照本准则第十四条的规定，确认所取得的被购买方各项可辨认资产、负债及或有负债。

（1）购买方对合并成本大于合并中取得的被购买方可辨认净资产公允价值份额的差额，应当确认为商誉。初始确认后的商誉，应当以其成本扣除累计减值准备后的金额计量。商誉的减值应当按照《企业会计准则第 8 号——资产减值》的有关规定是处理。

（2）购买方对合并成本小于合并中取得的被购买方可辨认净资产公允价值份额的差额，应当按照下列规定处理。

① 对取得的被购买方各项可辨认资产、负债及或有负债的公允价值以及合并成本的计量进行复核。

② 经复核后合并成本仍小于合并中取得的被购买方可辨认净资产公允价值份额的，其差额应当计入当期损益。

针对上述规定，《〈企业会计准则第 20 号——企业合并〉应用指南》进行了详细阐述：非同一控制下的控股合并，母公司在购买日编制合并资产负债表时，对于被购买方可辨认资产、负债应当按照合并中确定的公允价值列示，企业合并成本大于合并中取得的被购买方可辨认净资产公允价值份额的差额，确认为合并资产负债表中的商誉。企业合并成本小于合并中取得的被购买方可辨认净资产公允价值份额的差额，在购买日合并资产负债表中调整盈余公积和未分配利润。

3. 确认被购买方可辨认净资产公允价值

被购买方可辨认净资产公允价值是指合并中取得的被购买方可辨认资产的公允价值减去负债及或有负债公允价值后的余额。被购买方各项可辨认资产、负债及或有负债，符合下列条件的，应当单独予以确认。

（1）合并中取得的被购买方除无形资产以外的其他各项资产（不仅限于被购买方原已确认的资产），其所带来的经济利益很可能流入企业且公允价值能够可靠计量的，应当按照公允价值确认。合并中取得的无形资产，其公允价值能够可靠计量的，应当单独确认为无形资产并按照公允价值计量。

（2）合并中取得的被购买方除或有负债以外的其他各项负债，履行有关的义务很可能导致经济利益流出企业且公允价值能够可靠计量的，应当单独予以确认并按照公允价值计量。

（3）合并中取得的被购买方或有负债，其公允价值能够可靠计量的，应当单独确认为负债并按照公允价值计量。或有负债在初始确认后，应当按照以下两者孰高进行后续计量。

① 按照《企业会计准则第 13 号——或有事项》应予确认的金额。

② 初始确认金额减去按照《企业会计准则第 14 号——收入》的原则确认的累计摊销额后的余额。

4. 母公司设置备查簿

企业合并中形成母子公司关系的，母公司应当设置备查簿，记录企业合并中取得的子公司各项可辨认资产、负债及或有负债等在购买日的公允价值。编制合并财务报表时，母公司应当以购买日确定的各项可辨认资产、负债及或有负债的公允价值为基础对子公司的财务报表进行调整。

5. 暂时价值

企业合并发生当期的期末,因合并中取得的各项可辨认资产、负债及或有负债的公允价值或企业合并成本只能暂时确定的,购买方应当以所确定的暂时价值为基础对企业合并进行确认和计量。

购买日后 12 个月内对确认的暂时价值进行调整的,视为在购买日确认和计量。

6. 母公司编制资产负债表

企业合并中形成母子公司关系的,母公司应当编制购买日的合并资产负债表,因企业合并取得的被购买方各项可辨认资产、负债及或有负债应当以公允价值列示。母公司的合并成本与取得的子公司可辨认净资产公允价值份额的差额,以按照企业合并准则规定处理的结果列示。

【例 20-2】A 公司于 20×6 年以 5 000 万元取得 B 公司 10% 的股份,取得投资时 B 公司净资产的公允价值为 45 000 万元。假定该项投资不存在活跃市场,公允价值无法可靠计量。因未以任何方式参与 B 公司的生产经营决策,A 公司对持有的该投资采用成本法核算。20×7 年,A 公司另支付 25 000 万元取得 B 公司 50% 的股份,能够对 B 公司实施控制。购买日,B 公司可辨认净资产公允价值为 47 500 万元。B 公司自 20×6 年 A 公司取得投资后至 20×7 年进一步购买股份前实现的留存收益为 1 500 万元,未进行利润分配。

(1) 20×7 年,A 公司在再次购买时,应于购买日确认取得的对 B 公司的投资。

借:长期股权投资　　　　　　　　　　　　　　　　　　250 000 000
　　贷:银行存款　　　　　　　　　　　　　　　　　　　　250 000 000

(2) 计算达到企业合并时点应确认的商誉。

原持有 10% 股份应确认的商誉 = 5 000 − 45 000 × 10% = 500(万元)

进一步取得 50% 股份应确认的商誉 = 25 000 − 47 500 × 50% = 1 250(万元)

合并财务报表中应确认的商誉 = 500 + 1 250 = 1 750(万元)

(3) 资产增值的处理如下。

原持有 10% 股份在购买日对应的可辨认净资产公允价值 = 47 500 × 10% = 4 750(万元)

原取得投资时应享有被投资单位净资产公允价值的份额 = 45 000 × 10% = 4 500(万元)

两者之间差额 250 万元在合并财务报表中,属于被投资企业在投资以后实现留存收益的部分 150(1 500 × 10%)万元,应调整为合并财务报表中的盈余公积和未分配利润;剩余部分(100 万元)调整为资本公积。

20.4　不同合并方式下的会计处理

20.4.1　控股合并的会计处理

在控股合并方式下,不论是同一控制下的企业合并或者非同一控制下的企业合并,在合并方（或购买方）的个别财务报表中，均体现为母公司（合并方或购买方）对子公司（被合并方或被购买方）的长期股权投资。

1. 企业合并形成长期股权投资的初始投资成本

（1）同一控制下的控股合并，合并方在合并中形成的长期股权投资，应当以合并日取得的被合并方账面所有者权益的份额作为其初始投资成本。合并方确认的初始投资成本与其付出合并对价账面价值的差额，应当调整资本公积；资本公积不足的，调整盈余公积和未分配利润。进行上述处理后，在合并日的合并财务报表中，对于被合并方在合并日以前实现的留存收益中归属于合并方的部分，应根据不同情况进行适当的调整，自资本公积转入留存收益。

（2）非同一控制下的企业合并，购买方应以付出的资产、发生或承担的负债以及发行的权益性证券的公允价值加上为企业合并发生的各项直接相关费用之和，作为合并中形成的长期股权投资的初始投资成本。作为合并对价付出净资产的公允价值与其账面价值的差额，应作为资产处置损益计入合并当期损益。

2. 合并日或购买日的确定

按照企业合并准则第五条规定，合并日是指合并方实际取得对被合并方控制权的日期，即被合并方净资产或生产经营决策的控制权转移给合并方的日期。同时满足以下条件的，可认定为实现了控制权的转移。

（1）企业合并协议已获股东大会通过。

（2）企业合并事项需要经过国家有关部门实质性审批的，已取得有关主管部门的批准。

（3）参与合并各方已办理了必要的财产交接手续。

（4）合并方或购买方已支付了合并价款的大部分（一般应超过50%），并且有能力、有计划支付剩余款项。

（5）合并方或购买方实际上已经控制了被合并方或被购买方的财务和经营政策，并享有相应的利益及承担风险。

非同一控制下企业合并中的购买日，也应按照上述规定的条件确定。

3. 合并日或购买日编制合并财务报表

合并方或购买方可以编制合并日或购买日的合并财务报表，为合并当期期末及以后期间编制合并财务报表提供基础。

（1）同一控制下的控股合并，本质上是两个独立的企业或业务的整合，合并后的主体视同在以前期间一直存在，母公司一般应编制合并日的合并财务报表，包括合并资产负债表、合并利润表及合并现金流量表。在合并利润表中，对于被合并方自合并当期期初至合并日实现的净利润，应当在"净利润"下单列"其中：被合并方在合并前实现的净利润"项目反映。合并当期资产负债表日，编制比较报表时，合并方应对比较报表有关项目的期初数进行调整，视同合并后主体在以前期间一直存在。

（2）非同一控制下的控股合并，本质上属于一次或多次完成的交易。被购买方在合并前实现的净利润已经包含在企业合并成本中，母公司在购买日可以编制合并资产负债表，不编制合并利润表和合并现金流量表。购买日的合并资产负债表反映购买方自购买日起能够控制的经济资源，其中与被购买方有关的资产、负债应当按照合并中确定的公允价值列示，合并成本大于合并中取得的各项可辨认资产、负债公允价值份额的差额，确认为合并资产负债表中的商誉。企业合并成本小于合并中取得的各项可辨认资产、负债公允价值份额的差额，在合并资产负债表中调整盈余公积和未分配利润。

非同一控制下的控股合并，购买方应自购买日起设置备查簿，登记其在购买日取得的被购买方可辨认资产、负债的公允价值，为以后期间核算及合并财务报表的编制提供基础资料。

20.4.2 吸收合并和新设合并的会计处理

在吸收合并和新设合并方式下，若属于同一控制下的企业合并，则合并方在合并日对合并中取得的被合并方资产、负债应按其原账面价值计量，支付的合并对价账面价值与取得净资产账面价值之间的差额，调整资本公积和留存收益，而对于被合并方在合并前实现的留存收益中属于合并方的部分，应视情况进行调整，自资本公积转入留存收益；属于非同一控制下的企业合并，购买方在购买日对合并中取得的各项可辨认资产、负债应按其公允价值计量，合并成本与合并中取得的可辨认净资产公允价值的差额，按照上述关于非同一控制下控股合并的相关规定处理。

20.5 披露

20.5.1 同一控制下企业合并的披露

《企业会计准则第 20 号——企业合并》规定，企业合并发生当期的期末，合并方应当在附注中披露与同一控制下企业合并有关的下列信息。

（1）参与合并企业的基本情况。

（2）属于同一控制下企业合并的判断依据。

（3）合并日的确定依据。

（4）以支付现金、转让非现金资产以及承担债务作为合并对价的，所支付对价在合并日的账面价值；以发行权益性证券作为合并对价的，合并中发行权益性证券的数量及定价原则，以及参与合并各方交换有表决权股份的比例。

（5）被合并方的资产、负债在上一会计期间资产负债表日及合并日的账面价值；被合并方自合并当期期初至合并日的收入、净利润、现金流量等情况。

（6）合并合同或协议约定将承担被合并方或有负债的情况。

（7）被合并方采用的会计政策与合并方不一致所作调整情况的说明。

（8）合并后已处置或准备处置被合并方资产、负债的账面价值、处置价格等。

20.5.2 非同一控制下企业合并的披露

《企业会计准则第 20 号——企业合并》规定，企业合并发生当期的期末，购买方应当在附注中披露与非同一控制下企业合并有关的下列信息。

（1）参与合并企业的基本情况。

（2）购买日的确定依据。

（3）合并成本的构成及其账面价值、公允价值及公允价值的确定方法。

（4）被购买方各项可辨认资产、负债在上一会计期间资产负债表日及购买日的账面价值和公允价值。

（5）合并合同或协议约定将承担被购买方或有负债的情况。

（6）被购买方自购买日起至报告期期末的收入、净利润和现金流量等情况。

（7）商誉的金额及其确定方法。

（8）因合并成本小于合并中取得的被购买方可辨认净资产公允价值的份额计入当期损益的金额。

（9）合并后已处置或准备处置的被购买方资产、负债的账面价值、处置价格等。

20.6　业务合并

《〈企业会计准则第20号——企业合并〉解释》对于业务合并做出以下讲解。除了一个企业对另外一个企业的合并外，企业合并准则第三条规定，涉及业务的合并比照企业合并准则规定处理，即：应当区分同一控制下的业务合并与非同一控制下的业务合并进行处理。

业务是指企业内部某些生产经营活动或资产的组合，该组合一般具有投入、加工处理过程和产出能力，能够独立计算其成本费用或所产生的收入，但不构成独立法人资格的部分。例如，企业的分公司、独立的生产车间、不具有独立法人资格的分部等。

一个企业对另一企业某分公司、分部或具有独立生产能力的生产车间的并购均属于业务合并。

第21章
租　赁

《企业会计准则第21号——租赁》（简称"租赁准则"）的相关内容如图21-1所示。

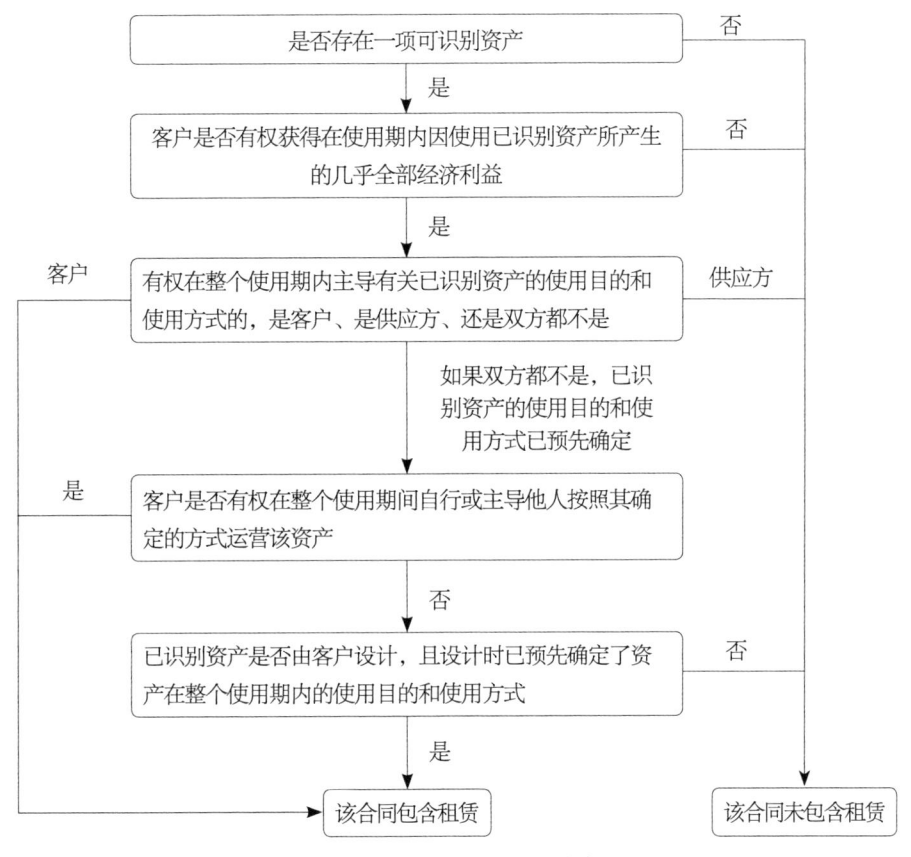

图21-1　租赁准则的相关内容

根据《企业会计准则第21号——租赁》对租赁的定义，租赁，是指在一定期间内，出租人将资产的使用权让与承租人以获取对价的合同。如果合同一方让出了在一定期间内控制一项或者多项已识别资产使用的权利以换取对价，则该合同为租赁或者包含租赁。

21.1　租赁基础

租赁的主要特征是转让已识别资产的使用权，而不是转移资产的所有权，并且这种转移是有偿的，取得使用权以支付租赁合同对价为代价，从而使租赁有别于资产购置和不把资产的使用权从合同的一方转移给另一方的服务性合同，如劳务合同、运输合同、保管合同、仓储合同等以及无偿提供使用权的借用合同。

相关概念如下。

（1）租赁期。根据《企业会计准则第21号——租赁》，租赁期，是指承租人有权使用租赁资产且不可撤销的期间。

承租人有续租选择权，即有权选择续租该资产，且合理确定将行使该选择权的，租赁期还应当包含续租选择权涵盖的期间。

承租人有终止租赁选择权，即有权选择终止租赁该资产，但合理确定将不会行使该选择权的，租赁期应当包含终止租赁选择权涵盖的期间。

发生承租人可控范围内的重大事件或变化，且影响承租人是否合理确定将行使相应选择权的，承租人应当对其是否合理确定将行使续租选择权、购买选择权或不行使终止租赁选择权进行重新评估。

（2）租赁开始日。根据《企业会计准则第21号——租赁》，租赁开始日，是指租赁合同签署日与租赁各方就主要租赁条款作出承诺日中的较早者。

（3）租赁期开始日。根据《企业会计准则第21号——租赁》，租赁期开始日，是指出租人提供租赁资产使其可供承租人使用的起始日期。

在租赁开始日，承租人和出租人应当将租赁认定为融资租赁或经营租赁，并确定在租赁期开始日应确认的金额。在租赁期开始日，出租人应当对融资租赁确认应收融资租赁款，并终止确认融资租赁资产。

（4）担保余值。根据《企业会计准则第21号——租赁》，担保余值，是指与出租人无关的一方向出租人提供担保，保证在租赁结束时租赁资产的价值至少为某指定的金额。

担保余值，就承租人而言，是指由承租人或与其有关的第三方担保的资产余值；就出租人而言，是指就承租人而言的担保余值加上与承租人和出租人均无关、但在财务上有能力担保的第三方担保的资产余值。其中，资产余值是指在租赁开始日估计的租赁期届满时租赁资产的公允价值。

为了促使承租人谨慎地使用租赁资产，尽量减少出租人自身的风险和损失，租赁协议有时要求承租人或与其有关的第三方对租赁资产的余值进行担保，此时的担保余值是针对承租人而言的。除此以外，担保人还可能是与承租人和出租人均无关、但在财务上有能力担保的第三方，如担保公司，此时的担保余值是针对出租人而言的。

（5）未担保余值。根据《企业会计准则第21号——租赁》，未担保余值，是指租赁资产余值中，出租人无法保证能够实现或仅由与出租人有关的一方予以担保的部分。对出租人而言，如果租赁资产余值中包含未担保余值，表明这部分余值的风险和报酬并没有转移，其风险应由出租人承担，因此，未担保余值不能作为应收融资租赁款的一部分。

（6）租赁付款额。根据《企业会计准则第21号——租赁》，租赁付款额，是指承租人向出租人支付的与在租赁期内使用租赁资产的权利相关的款项，包括以下几项。

① 固定付款额及实质固定付款额，存在租赁激励的，扣除租赁激励相关金额。

② 取决于指数或比率的可变租赁付款额，该款项在初始计量时根据租赁期开始日的指数或比率确定。

③ 购买选择权的行权价格，前提是承租人合理确定将行使该选择权。

④ 行使终止租赁选择权需支付的款项，前提是租赁期反映出承租人将行使终止租赁选择权。

⑤ 根据承租人提供的担保余值预计应支付的款项。

实质固定付款额，是指在形式上可能包含变量但实质上无法避免的付款额。

可变租赁付款额，是指承租人为取得在租赁期内使用租赁资产的权利，向出租人支付的因租赁期开始日后的事实或情况发生变化（而非时间推移）而变动的款项。取决于指数或比率的可变租赁付款额包括与消费者价格指数挂钩的款项、与基准利率挂钩的款项和为反映市场租金费率变化而变动的款项等。

（7）租赁收款额。根据《企业会计准则第 21 号——租赁》，租赁收款额，是指出租人因让渡在租赁期内使用租赁资产的权利而应向承租人收取的款项，包括以下几项。

① 承租人需支付的固定付款额及实质固定付款额，存在租赁激励的，扣除租赁激励相关金额。

② 取决于指数或比率的可变租赁付款额，该款项在初始计量时根据租赁期开始日的指数或比率确定。

③ 购买选择权的行权价格，前提是合理确定承租人将行使该选择权。

④ 承租人行使终止租赁选择权需支付的款项，前提是租赁期反映出承租人将行使终止租赁选择权。

⑤ 由承租人、与承租人有关的一方以及有经济能力履行担保义务的独立第三方向出租人提供的担保余值。

在转租的情况下，若转租的租赁内含利率无法确定，转租出租人可采用原租赁的折现率（根据与转租有关的初始直接费用进行调整）计量转租投资净额。

（8）已识别资产。已识别资产，是指租赁合同确定时用于确认包含租赁标的物的一项合同是否属于租赁合同的资产。根据《企业会计准则第 21 号——租赁》，已识别资产通常由合同明确指定，也可以在资产可供客户使用时隐性指定。但是，即使合同已对资产进行指定，如果资产的供应方在整个使用期间拥有对该资产的实质性替换权，则该资产不属于已识别资产。

（9）实质性替换权。实质性替换权是指在租赁期内，合同已对标的资产指定，供应方拥有改变租赁期内标的资产的权利。

根据《企业会计准则第 21 号——租赁》，同时符合下列条件时，表明供应方拥有资产的实质性替换权。

① 资产供应方拥有在整个使用期间替换资产的实际能力。

② 资产供应方通过行使替换资产的权利将获得经济利益。

（10）租赁内含利率。根据《企业会计准则第 21 号——租赁》，租赁内含利率，是指使出租人的租赁收款额的现值与未担保余值的现值之和等于租赁资产公允价值与出租人的初始直接费用之和的利率。

（11）承租人增量借款利率。根据《企业会计准则第 21 号——租赁》，承租人增量借款利率，是指承租人在类似经济环境下为获得与使用权资产价值接近的资产，在类似期间以类似抵押条件借入资金须支付的利率。

（12）使用权资产。根据《企业会计准则第21号——租赁》，使用权资产，是指承租人可在租赁期内使用租赁资产的权利。

使用权资产应当按照成本进行初始计量。该成本包括以下几项。

① 租赁负债的初始计量金额。

② 在租赁期开始日或之前支付的租赁付款额，存在租赁激励的，扣除已享受的租赁激励相关金额。

③ 承租人发生的初始直接费用。

④ 承租人为拆卸及移除租赁资产、复原租赁资产所在场地或将租赁资产恢复至租赁条款约定状态预计将发生的成本。

（13）租赁激励。根据《企业会计准则第21号——租赁》，租赁激励，是指出租人为达成租赁向承租人提供的优惠，包括出租人向承租人支付的与租赁有关的款项、出租人为承租人偿付或承担的成本等。

（14）初始直接费用。根据《企业会计准则第21号——租赁》，初始直接费用，是指为达成租赁所发生的增量成本。增量成本是指若企业不取得该租赁，则不会发生的成本，如佣金、印花税等。无论是否实际取得租赁而发生的费用，在实际计量时不作为初始直接费用进行确认，例如评估是否签订合同而发生的差旅费用、法律服务费用等。

（15）短期租赁。根据《企业会计准则第21号——租赁》，短期租赁，是指在租赁期开始日，租赁期不超过12个月的租赁。

包含购买选择权的租赁不属于短期租赁。

（16）低价值资产租赁。根据《企业会计准则第21号——租赁》，低价值资产租赁，是指单项租赁资产为全新资产时价值较低的租赁。低价值资产租赁的判定仅与资产的绝对价值有关，不受承租人规模、性质或其他情况影响。低价值资产租赁还应当符合租赁准则第十条的规定。

承租人转租或预期转租租赁资产的，原租赁不属于低价值资产租赁。

21.2 租赁的分类

21.2.1 分类

根据《企业会计准则第21号——租赁》，出租人应当在租赁开始日将租赁分为融资租赁和经营租赁。

（一）融资租赁

融资租赁，是指实质上转移了与租赁资产所有权有关的几乎全部风险和报酬的租赁。其所有权最终可能转移，也可能不转移。

一项租赁存在下列一种或多种情形的，通常分类为融资租赁。

1. 在租赁期届满时，租赁资产的所有权转移给承租人

如果在租赁协议中已经约定，或者根据其他条件在租赁开始日就可以合理地判断，租赁期届满时出租人会将资产的所有权转移给承租人,那么该项租赁应当认定为融资租赁。

2. 承租人有购买租赁资产的选择权,所订立的购买价款与预计行使选择权时租赁资产的公允价值相比足够低,因而在租赁开始日就可以合理确定承租人将行使该选择权

例如,出租人和承租人签订了一项租赁协议,租赁期限为 3 年,租赁期届满时承租人有权以 10 000 元的价格购买租赁资产,在签订租赁协议时估计该租赁资产租赁期届满时的公允价值为 40 000 元,由于购买价格仅为公允价值的 25%(远低于公允价值 40 000 元),如果没有特别的情况,承租人在租赁期届满时将会购买该项资产。在这种情况下,在租赁开始日即可判断该项租赁应当认定为融资租赁。

3. 资产的所有权虽然不转移,但租赁期占租赁资产使用寿命的大部分

这条标准强调的是租赁期占租赁资产使用寿命的比例,而非租赁期占该项资产全部可使用年限的比例。如果租赁资产是旧资产,在租赁前已使用年限超过资产自全新时起算可使用年限的 75% 以上时,则这条判断标准不适用,不能使用这条标准确定租赁的分类。

4. 在租赁开始日,租赁收款额的现值几乎相当于租赁资产的公允价值

承租人在租赁开始日的最低租赁付款额现值,几乎相当于租赁开始日租赁资产公允价值;出租人在租赁开始日的最低租赁收款额现值,几乎相当于租赁开始日租赁资产公允价值。其中"几乎相当于",通常掌握在 90%(含 90%)以上。

5. 租赁资产性质特殊,如果不作较大改造,只有承租人才能使用

这条标准是指租赁资产是由出租人根据承租人对资产型号、规格等方面的特殊要求专门购买或建造的,具有专购、专用性质。这些租赁资产如果不作较大的重新改制,其他企业通常难以使用。这种情况下,该项租赁也应当认定为融资租赁。

一项租赁存在下列一项或多项迹象的,也可能分类为融资租赁。

(1)若承租人撤销租赁,撤销租赁对出租人造成的损失由承租人承担。

(2)资产余值的公允价值波动所产生的利得或损失归属于承租人。

(3)承租人有能力以远低于市场水平的租金继续租赁至下一期间。

(二)经营租赁

根据《企业会计准则第 21 号——租赁》,经营租赁,是指除融资租赁以外的其他租赁。原租赁为短期租赁,且转租出租人应用《企业会计准则第 21 号——租赁》第三十二条对原租赁进行简化处理的,转租出租人应当将该转租赁分类为经营租赁。

在租赁开始日后,出租人无需对租赁的分类进行重新评估,除非发生租赁变更。租赁资产预计使用寿命、预计余值等会计估计变更或发生承租人违约等情况变化的,出租人不对租赁的分类进行重新评估。

21.2.2 经营租赁和融资租赁的区别

一般来讲,在会计准则中凡不属于融资租赁的租赁都属于经营租赁。与融资租赁相比,经营租赁有着诸多的不同之处。可以把经营租赁与融资租赁的主要差别归纳如下。

1. 对权利的最终要求不同

经营租赁的最大特点在于承租人对租赁资产的目的仅限于使用资产，在租赁期满后一般将资产如数归还给出租人，而不考虑最终取得资产的所有权。

在融资租赁中，承租人不但考虑在租赁期间内使用出租人的资产，而且意在于租赁期届满时获得资产的所有权。通常在租赁期满时，承租人可以根据租赁契约中规定的优先购买选择权，支付一笔为数不多的转让费，即可获得其所租赁的资产。从这个意义上讲，融资租赁实际上是一种融资行为。

2. 在租约的可否撤销条款上不同

在经营租赁中，承租人有权在租赁期满前便撤销租赁契约。而融资租赁的契约通常是不可撤销的。

3. 租赁期长短不同

由于经营租赁的目的主要是取得资产的使用权而并非最终获得资产，所以租赁期较短，通常远远短于资产的有效经济寿命。而融资租赁的期限则较长，有时甚至长于资产的有效经济寿命。

4. 租金总额是否接近于租赁资产的公允价值

由于租赁期间较短，经营租赁的租金总额往往只占租赁资产公允价值的一小部分，而且经营租赁租金属于一种非全额清偿，即出租人的投资回收来源于不同的承租人支付的租金。而融资租赁类似于购买，因此其租金总额一般接近于甚至等于租赁资产的公平市价。

5. 履约成本的承担者不同

对于经营租赁，租赁资产有关的税金、保险费和修理费等一般不由承租人承担，尽管在确定租金时，出租人可能通过提高租金的方式把上述费用转嫁给承租人。

对于融资租赁来说，这些费用通常都是由承租人承担的。

6. 作用不同

由于租赁公司能提供现成融资租赁资产，这样使企业能在极短的时间，用少量的资金取得并安装投入使用，并能很快发挥作用、产生效益，因此，融资租赁行为能使企业缩短项目的建设期限，有效规避市场风险，同时，避免企业因资金不足而放过稍纵即逝的市场机会。经营租赁行为能使企业有选择地租赁企业急用但并不想拥有的资产。特别是工艺水平高、升级换代快的设备更适合经营租赁。

7. 二者判断方法不同

融资租赁资产是专业租赁公司购买，然后租赁给需要使用的企业的行为，同时，该租赁资产行为的识别标准如下。

一是租赁期占租赁开始日该项资产尚可使用年限的 75% 以上。

二是支付给租赁公司的最低租赁付款额现值等于或大于租赁开始日该项资产公允价值的 90% 及以上。

三是承租人对租赁资产有优先购买权，并在行使优先购买权时所支付购买金额低于优先购买权日该项租赁资产公允价值的 5%。

四是承租人有继续租赁该项资产的权利,其支付的租赁费低于租赁期满日该项租赁资产正常租赁费的70%。

总而言之,融资租赁的实质就是转移了与资产所有权有关的全部风险和报酬,在某种意义上,对于确定要行使优先购买权的承租企业,融资租赁实质上就是分期付款购置固定资产的一种变通方式,但要比直接购买更好。

而经营租赁则不同,仅仅转移了该项资产的使用权,而对该项资产所有权有关的风险和报酬却没有转移,它们仍然属于出租方,承租企业只按合同规定支付相关费用,承租期满的经营租赁资产由承租企业归还出租方。

21.3 承租人的会计处理

21.3.1 确认和初始计量

根据《企业会计准则第21号——租赁》,在租赁期开始日,承租人应当对租赁确认使用权资产和租赁负债。应用短期租赁和低价值资产租赁简化处理的除外。

承租人在租赁谈判和签订租赁合同过程中发生的,可归属于租赁项目的手续费、律师费、差旅费、印花税等初始直接费用,应当计入租入资产价值。

承租人在计算租赁付款额的现值时,承租人应当采用租赁内含利率作为折现率;无法确定租赁内含利率的,应当采用承租人增量借款利率作为折现率。并按照租赁付款额的现值与租赁付款额之间的差额确认租赁期间未确认融资费用。

实务中,常见的增量利率的参考基础包括承租人同期银行贷款利率、相关租赁合同利率、承租人最近一期类似资产抵押贷款利率等。在进行增量利率的确定时,通常需要在上述基础之上进行调整以确定承租人适用增量利率水平。

【例21-1】2×19年1月1日,承租人甲公司与出租人乙签订了一份为期10年的房屋租赁协议,并且甲公司拥有5年的续租选择权。甲公司每年的租赁付款为人民币1 000 000元,于每年年末支付。在租赁期开始日,经甲公司评估后认为,在10年的租赁期结束后不能合理确定自身是否行使续租选择权,因此将租赁期确定为10年。甲公司无法确定租赁内含利率,需用增量借款利率作为折现率来计算租赁付款额的现值。

甲公司现有的借款包括以下两笔。

(1)一笔为期6个月的银行短期借款,金额为800 000元,借款期限为2×18年10月1日—2×19年3月31日,利率为4.0%,每季季末支付利息,到期时一次性偿还本金,无任何抵押。

(2)一笔为期15年的债券,金额为500 000元,发行日为2×17年1月1日,到期日为2×31年12月31日,票面利率为9.0%,每年年末支付利息,到期时一次性偿还本金,无任何抵押。

【分析】

为确定该租赁的增量借款利率,甲公司需要找到类似期限(即租赁期10年)、类似抵押条件(即用租赁资产作为抵押)、类似经济环境下(例如,借入时点是租赁期开始日,偿付方式是每年等额偿付金额均为1 000 000元,10年后拥有类似的5年续租选择权),借入与使用权资产价值接近的资金(即人民币1 000 000元)须支付的固定利率。经比较,无法直接确定利率水平,甲公司以其现有的借款利率以及市场可参考信息(如相同期限的国债利率等)作为基础,估计该租赁的增量借款利率。承租人甲公司以可观察的借款利率作为参考基础确定增量借款利率时,通常需要考虑的调整事项包括但不限于以下几项。

(1)本息偿付方式不同,例如,作为参考基础的借款是每年付息且到期一次性偿还本金,而不是每年等额偿付本息。

(2)借款金额不同,例如,作为参考基础的借款金额远高于租赁负债。

(3)借款期限不同,例如,作为参考基础的借款期限短于或长于租赁期。

(4)抵押、担保情况不同,例如,作为参考基础的借款为无抵押借款。

(5)款项借入时间的不同,例如,作为参考基础的国债是2年前发行的,而市场利率水平在2年内发生了较大变化。

(6)提前偿付或其他选择权的影响。

(7)借款币种不同,例如,作为参考基础的借款为人民币借款,但租赁付款额的币种为美元。

情形一:甲公司发行的债券有公开市场。当甲公司发行的债券有公开市场时,通常考虑该债券的市场价格及市场利率,因为其反映了甲公司的现有信用状况以及债券投资者所要求的现时回报率。甲公司结合其自身情况判断后认为,以自己发行的15年期债券利率作为估计增量借款利率的起点最为恰当。甲公司在15年期债券利率的基础上,执行了如下步骤,以确定该租赁的增量借款利率。

第一步,确定15年期债券的市场利率。甲公司根据该债券的市场价格和剩余13年的还款情况(即每年年末根据票面利率支付利息、到期一次性偿还本金),计算该债券的市场利率。该市场利率反映了甲公司的现有信用状况以及债券投资者所要求的现时回报率,甲公司无须因该债券的发行时间(即2年前)而进行额外调整。

第二步,调整借款金额的不同。15年期债券的金额为500 000元,租赁付款总额为1 000 000元。甲公司根据估计市场情况考虑上述借款金额的不同是否影响借款利率并相应进行调整。

第三步,调整本息偿付方式的不同。该租赁是每年支付固定的租赁付款,而15年期债券是每年年末付息并到期一次性偿还本金。甲公司应考虑该事项对借款利率的影响并进行相应调整。

第四步,调整借款期间的不同。如果租赁的租赁期为10年,而15年期债券的剩余期间为13年。甲公司应考虑该事项对借款利率的影响并进行相应调整。

第五步,调整抵押情况的不同。在确定增量借款利率时,租赁合同视为以租赁资产作为抵押而获得借款,而15年期债券无任何抵押。甲公司应考虑该事项对借款利率的影响并进行相应调整。

情形二:甲公司发行的债券没有公开市场。当甲公司发行的债券没有公开市场,但甲公司存在可观察的信用评级时,甲公司可考虑以与甲公司信用评级相同的企业所发行的公开交易的债券利率为基础,确定上述第一步的参考利率。

当甲公司发行的债券没有公开市场且甲公司没有可观察的信用评级时,在市场利率水平和甲公司信用状况在债券发行日至增量借款利率估计日期间没有发生重大变化的情况下,甲公司可考虑以该15年期债券发行时的实际利率为基础,作为估计增量借款利率的起点。确定参考利率后,将其调整为增量借款利率的步骤与情形一基本相同。

情形三:甲公司没有任何借款。当甲公司没有任何借款时,甲公司可考虑通过向银行询价的方式获取同期借款利率,并进行适当调整后确定其增量借款利率;或者,可考虑利用第三方评级机构获取其信用评级,参考情形一下的方法确定其增量借款利率。

(一)租赁负债的初始计量

租赁负债应当按照租赁期开始日尚未支付的租赁付款额的现值进行初始计量。是否应纳入租赁负债的相关付款项目是计量租赁负债的关键。

实际会计处理中,租赁负债包含以下部分金额。

(1)固定付款额及实质固定付款额,存在租赁激励的,扣除租赁激励相关金额。

(2)取决于指数或比率的可变租赁付款额,该款项在初始计量时根据租赁期开始日的指数或比率确定。

(3)购买选择权的行权价格,前提是承租人合理确定将行使该选择权。

(4)行使终止租赁选择权需支付的款项,前提是租赁期反映出承租人将行使终止租赁选择权。

(5)根据承租人提供的担保余值预计应支付的款项。

(二)使用权资产的初始计量

使用权资产应当按照成本进行初始计量。该成本包括以下内容。

(1)租赁负债的初始计量金额。

(2)在租赁期开始日或之前支付的租赁付款额,存在租赁激励的,扣除已享受的租赁激励相关金额。

(3)承租人发生的初始直接费用。

(4)承租人为拆卸及移除租赁资产、复原租赁资产所在场地或将租赁资产恢复至租赁条款约定状态预计将发生的成本。

【例21-2】承租人甲公司就某生产线与出租人乙公司签订了一项租赁合同。合同约定本次租赁生产线的租赁时间为2×19年1月1日—2×21年12月31日,共计3年,并且甲公司就该项租赁资产有3年的续租选择权。相关信息如下:(1)每年的不含税租金为1 000 000元,如行使续租选择权,续租期间每年租金为800 000元,租金每年年末支付;(2)为取得该项租赁合同所发生的初始直接费用为10 000元;(3)乙公司补偿承租方佣金5 000元;(4)在租赁期开始日,甲公司经评估决定在初始租赁期满后不行使续租权;(5)租赁期内,甲公司确定租赁内含利率为8%;(6)该生产线为全新设备,估计使用年限为5年,租入后被生产车间用来生产设备;(7)2×20年1月1日,乙公司计量的该生产线的公允价值为142 800元;(8)2×20年和2×21年两年,甲公司每年按该生产线所生产的产品——微波炉的年销售收入的1%向乙公司支付经营分享收入。

不考虑相关税费影响。请分析甲公司的会计处理。

承租人甲公司的会计处理如下。

第一步，计算租赁期开始日的租赁付款额现值。

在租赁期开始日，即2×19年1月1日，将剩余3年租赁期内每年度租金按照8%的租赁内含利率折现。

租赁负债=3年内租赁付款额现值=1 000 000×（P/A，3，8%）=2 577 100（元）

未确认融资费用=3年内租赁付款额-3年内租赁付款额现值=3 000 000-2 577 100＝422 900（元）

借：使用权资产　　　　　　　　　　　　　　　　　　　2 577 100

　　租赁负债——未确认融资费用　　　　　　　　　　　 422 900

　　贷：租赁负债——租赁付款额　　　　　　　　　　　　　3 000 000

第二步，将为取得租赁合同发生的初始直接费用计入使用权资产的初始成本。

借：使用权资产　　　　　　　　　　　　　　　　　　　10 000

　　贷：银行存款　　　　　　　　　　　　　　　　　　　　10 000

第三步，将已收的补偿佣金（指乙公司补偿承租方佣金，是出租方补偿给承租方）从使用权资产的初始成本中扣除。

借：银行存款　　　　　　　　　　　　　　　　　　　　5 000

　　贷：使用权资产　　　　　　　　　　　　　　　　　　　5 000

经上述计算，可知甲公司取得的该项租赁标的的初始成本为2 577 100+10 000-5 000=2 582 100（元）。

21.3.2 后续计量

在租赁期开始日之后，应对使用权资产和租赁负债进行后续计量。

（一）使用权资产的后续计量

1. 使用权资产折旧的计提

承租人应当参照《企业会计准则第4号——固定资产》与折旧有关的规定，对使用权资产计提折旧。

承租人能够合理确定租赁期届满时取得租赁资产所有权的，应当在租赁资产剩余使用寿命内计提折旧。无法合理确定租赁期届满时能够取得租赁资产所有权的，应当在租赁期与租赁资产剩余使用寿命两者孰短的期间内计提折旧。

（1）折旧政策。

对于融资租入资产，计提租赁资产折旧时，承租人应采用与自有应折旧资产相一致的折旧政策。通常承租人采用直线法计提折旧，其他折旧计提方法能够更好地反映使用权资产有关经济利益预期实现方式的，应采用其他的折旧计提方式。

如果承租人或与其有关的第三方对租赁资产余值提供了担保，则应计提折旧总额为租赁期开始日固定资产的入账价值扣除担保余值后的余额；如果承租人或与其有关的第三方未对租赁资产余值提供担保，应计提折旧总额为租赁期开始日固定资产的入账价值。

(2)折旧期间。

确定租赁资产的折旧期间应视租赁合同的规定而论。如果能够合理确定租赁期届满时承租人将会取得租赁资产所有权,即可认为承租人拥有该项资产的全部使用寿命,那么应以租赁期开始日租赁资产的寿命作为折旧期间;如果无法合理确定租赁期届满后承租人是否能够取得租赁资产的所有权,应以租赁期与租赁资产寿命两者中较短者为折旧期间。

使用权资产折旧一般在取得使用权资产的租赁期开始日当月开始计提,当月计提确有难度的,可下月开始计提。

【例21-3】沿用【例21-2】,甲公司计提租赁资产折旧的会计处理。

第一步,融资租入固定资产折旧的计算(见表21-1)。

表21-1 融资租入固定资产折旧计算表(年限平均法)

2×19年1月1日   单位:元

日期	固定资产原价	折旧率*	当年折旧费	累计折旧	固定资产净值
2×19年1月1日	2 582 100				2 582 100
2×19年12月31日		1/3	860 700	860 700	1 721 400
2×20年12月31日		1/3	860 700	1 721 400	860 700
2×21年12月31日		1/3	860 700	2 582 100	0
合计	2 582 100	1	2 582 100		

注:*根据合同规定,甲公司无法合理确定在租赁期届满时能够取得租赁资产的所有权,因此,甲公司应当在租赁期与租赁资产尚可使用年限两者中的较短的期间内计提折旧。本例中租赁期为3年,短于租赁资产尚可使用年限5年,因此应按3年计提折旧。

第二步,账务处理。

2×19年1月1日,计提本月折旧=860 700÷12=71 725(元)

借:制造费用——折旧费　　　　　　　　　　　　　　　　71 725
　　贷:累计折旧　　　　　　　　　　　　　　　　　　　　　　71 725

2×19年2月—2×21年12月的会计分录,同上。

2.使用权资产发生减值时的会计处理

承租人应当按照《企业会计准则第8号——资产减值》的规定,确定使用权资产是否发生减值,并对已识别的减值损失进行会计处理。使用权资产发生减值的,应当按照减值的数值,借记"资产减值损失"科目,贷记"使用权资产减值准备"科目。计提的减值损失,一经计提,不得在以后期间转回;已计提减值的使用权资产,按照减值后的使用权资产账面价值调整每期计提的折旧金额。

【例21-4】沿用【例21-2】,2×20年1月1日,乙公司计量的该生产线的公允价值为1 142 800元。此时,该项使用权资产的账面价值为1 721 400(2 582 100-860 700)元,大于该项资产公允价值1 142 800元,故该项使用权资产发生了减值,减值金额为578 600(1 721 400-1 142 800)元。

相关会计处理如下。

借：资产减值损失		578 600	
贷：使用权资产减值准备			578 600

（二）租赁负债的后续计量

租赁负债后续计量的原则如下。

（1）确认租赁负债的利息时，增加租赁负债的账面金额。

（2）支付租赁付款额时，减少租赁负债的账面金额。

（3）因重估或租赁变更等导致租赁付款额发生变动时，重新计量租赁负债的账面价值。

承租人应当按照固定的周期性利率计算租赁负债在租赁期内各期间的利息费用，并计入当期损益。

【例21-5】 甲公司与乙公司签订一项租赁合同。该合同约定乙公司将一间商铺出租给甲公司，合同期限为7年，每年商铺租金为450 000元，甲公司于每年年末支付款项。甲公司租赁内含利率为5.04%。

分析可知，在租赁期开始日，甲公司按照租赁协议约定的每年租金的现值确认租赁负债为2 600 000元。第1年年末，甲公司支付租赁付款额为450 000元，其中，131 040（2 600 000×5.04%）元是当年年度的利息，318 960（450 000−131 040）元是本金，即租赁负债减少318 960元。甲公司的账务处理如下。

借：租赁负债——租赁付款额		450 000	
贷：银行存款			450 000
借：财务费用		131 040	
贷：租赁负债——未确认融资费用			131 040

以后年度租赁负债摊销情况如表21-2所示。

表21-2　租赁负债摊销计算表

单位：元

年度	租赁负债年初余额 ①	利息 ②=①×5.04%	租赁付款额 ③	租赁付款额年末余额 ④=①+②−③
1	2 600 000.00	131 040.00	450 000.00	2 281 040.00
2	2 281 040.00	114 964.42	450 000.00	1 946 004.42
3	1 946 004.42	98 078.62	450 000.00	1 594 083.04
4	1 594 083.04	80 341.79	450 000.00	1 224 424.83
5	1 224 424.83	61 711.01	450 000.00	836 135.84
6	836 135.84	42 141.25	450 000.00	428 277.09
7	428 277.09	21 585.17	450 000.00	0.00

21.3.3　短期租赁和低价值资产租赁的会计处理

1. 短期租赁

对于短期租赁和低价值资产租赁，承租人可以选择不确认使用权资产和租赁负债。

做出该选择的承租人应当将短期租赁和低价值资产租赁的租赁付款额,在租赁期内各个期间按照直线法或其他系统合理的方法计入相关资产成本或当期损益。其他系统合理的方法能够更好地反映承租人的受益模式的,承租人应当采用该方法。如果承租人选择按照短期租赁的简化会计处理方式计量该短期租赁资产,未来该类资产(具有类似使用用途和类似性质)下所有经判断属于短期租赁的会计事项都应当一贯按照简化会计处理方式进行会计处理。

2. 低价值资产租赁

低价值资产租赁在实际会计处理时采取简化会计方式进行计量。只有承租人能够从单独使用该低价值资产或将其与承租人易于获得的其他资源一起使用中获利,且该项资产与其他租赁资产没有高度依赖或高度关联关系时,才能对该租赁资产选择简化会计处理方式。

21.3.4 租赁变更的会计处理

租赁变更导致租赁范围缩小或租赁期缩短的,承租人应当相应调减使用权资产的账面价值,并将部分终止或完全终止租赁的相关利得或损失计入当期损益。其他租赁变更导致租赁负债重新计量的,承租人应当相应调整使用权资产的账面价值。

租赁发生变更且同时符合下列条件的,承租人应当将该租赁变更作为一项单独租赁进行会计处理。

(1)该租赁变更通过增加一项或多项租赁资产的使用权而扩大了租赁范围。

(2)增加的对价与租赁范围扩大部分的单独价格按该合同情况调整后的金额相当。

租赁变更,是指原合同条款之外的租赁范围、租赁对价、租赁期限的变更,包括增加或终止一项或多项租赁资产的使用权,延长或缩短合同规定的租赁期等。

租赁变更未作为一项单独租赁进行会计处理的,在租赁变更生效日,承租人应当按照租赁准则第九条至第十二条的规定分摊变更后合同的对价,按照租赁准则第十五条的规定重新确定租赁期,并按照变更后租赁付款额和修订后的折现率计算的现值重新计量租赁负债。

【例21-6】甲公司与乙公司就一处办公场所签订了一项为期10年的租赁合同。年租赁付款额为50 000元。甲公司于每年年末支付租金。在租赁期开始日,甲公司的租赁内含利率为6%,相应的租赁负债和使用权资产的初始确认额均为368 000[50 000×(P/A,6%,10)]元。在第6年年初,甲公司和乙公司经协商决定对原租赁合同进行变更,自第6年年初起,缩减出租面积,出租办公场所面积为原来的一半,之后甲公司每年支付给乙公司的租金(第6~10年)调整为30 000元。承租人在第6年年初的租赁内含利率无法确定,增量借款利率为5%。

【分析】

在租赁变更生效日(即第6年年初),甲公司基于以下情况对租赁负债进行重新计量。

① 剩余租赁期为5年。

② 年付款额为30 000元。

③ 采用修订后的折现率5%进行折现。

据此,计算得出租赁变更后的租赁负债为129 885元,即129 885 = 30 000×(P/A,5%,5)。

甲公司应基于原使用权资产部分终止的比例（即原租赁期开始日确认的使用权资产的一半），来确定使用权资产账面价值的调整数值。在租赁变更之前，原使用权资产的账面价值为 184 000（368 000×5÷10）元，50% 的账面价值为 92 000 元；原租赁负债的账面价值为 210 620[50 000×（P/A，6%，5）]元，50% 的账面价值为 105 310 元。因此，在租赁变更生效日（第 6 年年初），甲公司终止确认 50% 的原使用权资产和原租赁负债，并将租赁负债减少额与使用权资产减少额之间的差额 13 310（105 310-92 000）元计入当期资产处置损益。其中，租赁负债的减少额（105 310 元）包括：租赁付款的减少额 125 000（50 000×50%×5）元，以及未确认融资费用的减少额 19 690（125 000-105 310）元。甲公司终止确认 50% 的原使用权资产和原租赁负债的账务处理如下。

借：租赁负债　　　　　　　　　　　　　　　　　　　　　　125 000
　　贷：租赁负债——未确认融资费用　　　　　　　　　　　　19 690
　　　　使用权资产　　　　　　　　　　　　　　　　　　　92 000
　　　　资产处置损益　　　　　　　　　　　　　　　　　　13 310

按照甲公司的租赁负债 105 310 元与变更后重新计量的租赁负债 129 885 元之间的差额 24 575 元，调整使用权资产账面价值。

借：使用权资产　　　　　　　　　　　　　　　　　　　　　24 575
　　租赁负债——未确认融资费用　　　　　　　　　　　　　　425
　　贷：租赁负债——租赁付款额　　　　　　　　　　　　　25 000

21.3.5　其他有关事项的会计处理

1. 履约成本的会计处理

履约成本是指租赁期内为租赁资产支付的各种使用费用，如技术咨询和服务费、人员培训费、维修费、保险费等。承租人发生的履约成本通常应计入当期损益。

2. 可变租赁付款额的会计处理

或有租金是指金额不固定，以时间长短以外的其他因素（如销售量、使用量、物价指数等）为依据计算的租金。或有租金的金额不固定，无法采用系统合理的方法对其进行分摊，因此在或有租金实际发生时，计入当期损益。

【例 21-7】沿用【例 21-2】，甲公司或有租金的会计处理。

（1）2×20 年 12 月 31 日，根据合同规定应向乙公司支付经营分享收入 100 000 元。

借：销售费用　　　　　　　　　　　　　　　　　　　　　100 000
　　贷：其他应付款——乙公司　　　　　　　　　　　　　100 000

（2）2×21 年 12 月 31 日，根据合同规定应向乙公司支付经营分享收入 150 000 元。

借：销售费用　　　　　　　　　　　　　　　　　　　　　150 000
　　贷：其他应付款——乙公司　　　　　　　　　　　　　150 000

3. 出租人提供激励措施的处理

出租人提供免租期的，承租人应将租金总额在不扣除免租期的整个租赁期内，按直线法或其他合理的方法进行分摊,免租期内应当确认租金费用及相应的负债。出租人承担了承租人某些费用的,承租人应将该费用从租金费用总额中扣除,按扣除后的租金费用余额在租赁期内进行分摊。

21.3.6 租赁期届满时的会计处理

租赁期届满时,承租人通常对租赁资产的处理有三种情况:返还、优惠续租和留购。

(1)返还租赁资产。

租赁期届满,承租人向出租人返还租赁资产时,通常借记"租赁负债——应付融资租赁款""累计折旧"科目,贷记"使用权资产"科目。

(2)优惠续租租赁资产。

如果承租人行使优惠续租选择权,则应视同该项租赁一直存在而进行相应的账务处理。

如果租赁期届满时没有续租,根据租赁协议规定须向出租人支付违约金时,借记"营业外支出"科目,贷记"银行存款"等科目。

(3)留购租赁资产。

承租人在享有优惠购买选择权的情况下,在支付购买价款时,借记"长期应付款——应付融资租赁款"科目,贷记"银行存款"等科目;同时,将固定资产从"使用权资产"明细科目转入有关明细科目。

【例21-8】沿用【例21-2】,甲公司租期届满时的会计处理如下。

2×21年12月31日,将该生产线退还乙公司。

借:累计折旧 2 582 100
　　贷:使用权资产 2 582 100

21.4 出租人的会计处理

21.4.1 出租人对融资租赁的会计处理

(一)初始计量

依据租赁准则规定,在租赁期开始日,出租人应当对融资租赁确认应收融资租赁款,并终止确认融资租赁资产。出租人对应收融资租赁款进行初始计量时,应当以租赁投资净额作为应收融资租赁款的入账价值。

租赁投资净额是融资租赁中最低租赁收款额及未担保余值之和与未实现融资收益之间的差额。

【例21-9】2×19年12月31日,承租人甲公司与出租人乙公司就出租一台生产机器达成一项租赁协议。相关信息如下。

(1)租赁标的物:生产性设备一台。
(2)租赁期开始日:2×20年1月1日。
(3)租赁期:6年。

（4）租金：每年年末支付给乙公司租金170 000元。每年年末限期内付款的奖励租金为20 000元。

（5）租赁期开始日该资产公允价值为690 000元，账面价值为600 000元。

（6）初始直接费用为手续费30 000元。

（7）承租人于租赁期结束后具有购买选择权。购买价格为30 000元。2×25年12月31日，预计该资产的公允价值为90 000元。

（8）约定可变租赁付款额为甲公司使用该生产设备所产生的收入的5%。

（9）担保余值与未担保余值均为0元。

（10）该资产为全新资产，预计使用寿命为7年。

出租人的相关会计处理如下。

第一步：判断租赁类型。

优惠购买价格（30 000元）低于租赁期结束日的该项资产的公允价值（90 000元），因此，在租赁期开始日，乙公司可以确定甲公司会在租赁结束时行使该项购买选择权。租赁期间占该资产使用寿命的比例超过75%，因此，可以将本次租赁分类为融资租赁。

第二步：确定租赁收款额。

（1）承租人的固定付款额为考虑扣除租赁奖励金额后的数值，为900 000 [（170 000-20 000）×6] 元。

（2）承租人行使购买选择权的行权价格。

根据第一步的分析，确定行权价格为30 000元。

（3）由承租人向出租人提供的担保余值为0元。

综上所述，租赁收款额为930 000（900 000+30 000）元。

第三步，确定租赁投资总额。

租赁投资总额 = 出租人应收租赁收款额 + 未担保余值 =930 000（元）

第四步，确认租赁投资净额的金额和未实现融资收益。

租赁投资净额 = 租赁资产在租赁期开始日的公允价值 + 出租人初始直接费用 =690 000+30 000=720 000（元）

未实现融资收益 = 租赁投资总额 − 租赁投资净额 =930 000−720 000=210 000（元）

第五步，计算租赁内含利率。

根据150 000×($P/A, r, 6$)+30 000×($P/F, r, 6$)=720 000，可知租赁内含利率为7.66%。

第六步，2×20年1月1日，账务处理如下。

借：应收融资租赁款——租赁收款额	930 000
贷：银行存款	30 000
融资租赁资产	600 000
资产处置损益	90 000
应收融资租赁款——未实现融资收益	210 000

（二）出租人对融资租赁租赁期内的利息收入的会计处理

出租人应当按照固定的周期性利率计算并于账务上确认租赁期内各个期间内的利息收入。

【例21-10】沿用【例21-9】。

计算租赁期间内各期的利息收入，如表21-3所示。

表21-3 租赁期内各期间内的利息收入

单位：元

日期	租金 ②	利息收入 ③= 期初 ④×7.66%	租赁投资金额余额 期末 ④= 期初 ④-②+③
2×20年1月1日			720 000
2×20年12月31日	150 000	55 152	625 152
2×21年12月31日	150 000	47 886.64	523 038.64
2×22年12月31日	150 000	40 064.76	413 103.40
2×23年12月31日	150 000	31 643.72	294 747.12
2×24年12月31日	150 000	22 577.63	167 324.75
2×25年12月31日	150 000	12 675.25*	20 000
2×25年12月31日	30 000		
合计	930 000	210 000	

注：*进行尾数调整，12 675.25=150 000+30 000-167 324.75。

会计处理如下。

（1）2×20年12月31日，收到第一笔租金。

借：银行存款	150 000
贷：应收融资租赁款——租赁收款额	150 000
借：应收融资租赁款——未实现融资收益	55 152
贷：租赁收入	55 152

（2）2×21年12月31日，收到第二笔租金。

借：银行存款	150 000
贷：应收融资租赁款——租赁收款额	150 000
借：应收融资租赁款——未实现融资收益	47 886.64
贷：租赁收入	47 886.64

后续年份会计处理如上。

【例21-11】沿用【例21-9】。假设2×21年和2×22年，甲公司使用该生产线生产产品实现的收入分别为2 000 000元和3 000 000元。依据租赁协议约定，乙公司可以按照约定向甲公司收取的可变租金分别为100 000元和150 000元。

乙公司会计处理如下。

（1）2×21年12月31日。

| 借：银行存款 | 100 000 |

  贷：租赁收入   100 000

（2）2×22年12月31日。

  借：银行存款   150 000

    贷：租赁收入   150 000

【例21-12】 沿用【例12-9】。租赁期结束，甲公司按照协议约定行使购买权。乙公司相关会计处理如下。

  借：银行存款   30 000

    贷：应收融资租赁款——租赁收款额   30 000

（三）出租人对融资租赁变更的会计处理

依据租赁准则，融资租赁行为发生租赁变更时，出租人应在同时满足以下条件的情况下，将本次租赁变更事项作为一项单独的租赁进行会计处理。

（1）该变更通过增加一项或多项租赁资产的使用权而扩大了租赁范围。

（2）增加的对价与租赁范围扩大部分的单独价格按照合同情况调整后的金额相当。

【例21-13】 承租人甲就某机器设备与出租人乙签订了一项为期5年的租赁合同。合同规定，每年年末承租人向出租人支付租金20 000元。租赁期开始日，出租资产的公允价值为75 816元。按照公式 $20\,000 \times (P/A, r, 5) = 75\,816$，计算得出租赁内含利率为10%，租赁收款额为100 000元，未确认融资收益为24 184元。在第2年年初，承租人和出租人同意对原租赁进行修改：租赁期缩短，租赁期结束日为第3年年末；每年支付租金时点不变，租金总额从100 000元变更到70 000元。未更改前的租赁构成融资租赁。假设本例中不涉及未担保余值、担保余值、终止租赁罚款等。

【分析】

本例中，如果原租赁期限设定为3年，在租赁开始日，租赁类别可被分类为经营租赁，那么，在租赁变更生效日，即第2年年初，出租人将租赁投资净余额63 398（75 816+75 816×10%－20 000）元作为该套机器设备的入账价值，并从第2年年初开始，作为一项新的经营租赁（2年租期，每年年末收取租金25 000元）进行会计处理。

第2年年初会计分录如下。

  借：固定资产   63 398

    应收融资租赁款——未确认融资收益 （24 184－75 816×10%）16 602

    贷：应收融资租赁款——租赁收款额   （100 000－20 000）80 000

如果一项租赁合同被确认为一项融资租赁，在发生租赁变更时并未作为一项单独租赁行为进行会计处理，且满足假如变更在租赁开始日生效，该租赁会被分类为融资租赁的，出租人应当按照《企业会计准则第22号——金融工具确认和计量》关于修改或重新议定合同的规定进行会计处理。

【例21-14】 承租人甲就某机器设备与出租人乙签订了一项为期5年的租赁合同。合同规定，每年年末承租人向出租人支付租金20 000元。租赁期开始日该项租赁资产的公允价值为75 816元，如【例21-13】，租赁内含利率为10%。在第2年年初，承租人和出租人因为设备适用性等原因同意对原租赁进行修改,从第 2 年开始,每年支付租金金额变为 19 000 元,租金总额从 100 000 元变更到 96 000 元。该项租赁构成融资租赁。

【分析】

如果此租赁变更行为发生在租赁开始日,并在该日期生效,租赁类别仍被分类为融资租赁,那么,在租赁变更生效日——第 2 年年初,按 10% 原租赁内含利率重新计算的租赁投资净额为 60 228[19 000×(P/A,10%,4)]元,与原租赁投资净额的账面余额 63 398 元的差额 3 170 元(其中"应收融资租赁款——租赁收款额"减少 2 000 元,"应收融资租赁款——未确认融资收益"减少 415 元)计入当期损益。

第 2 年年初,乙公司的会计分录如下。

借:租赁收入　　　　　　　　　　　　　　　　　　　　　　　3 170
　　应收融资租赁款——未确认融资收益　　　　　　　　　　　　830
　贷:应收融资租赁款——租赁收款额　　　　　　　　　　　　　　　4 000

21.4.2　出租人对经营租赁的会计处理

1. 租赁期开始日对租金的会计处理

在经营租赁下,与租赁资产所有权有关的风险和报酬并没有实质上转移给承租人,出租人对经营租赁的会计处理主要是解决应收的租金与确认为当期收入之间的关系,以及经营租赁资产折旧计提等问题。在经营租赁下,租赁资产的所有权始终归出租人所有。因此,出租人仍应按自有资产的处理方法,将租赁资产反映在资产负债表上。如果经营租赁资产属于固定资产,出租人应当采用与类似应折旧资产一致的折旧政策计提折旧。

出租人在经营租赁下收取的租金应当在租赁期内的各个期间按直线法确认为收入,如果其他方法更合理也可以采用其他方法。

其会计处理为:确认各期租金收入时,借记"应收账款"或"其他应收款"等科目,贷记"租赁收入""其他业务收入"等科目;实际收到租金时,借记"银行存款"等科目,贷记"应收账款"或"其他应收款"等科目。

【例 21-15】2×19 年 1 月 1 日,A 公司(承租人)与 B 公司(出租人)达成租赁协议,就一台办公设备签订为期 3 年的租赁合同。该办公设备在 2×19 年 1 月 1 日的公允价值为 1 000 000 元,预计使用年限为 10 年。租赁合同规定,租赁开始日(2×19 年 1 月 1 日)A 公司向 B 公司预付租金 150 000 元,第 1 年年末支付租金 150 000 元,第 2 年年末支付租金 200 000 元,第 3 年年末支付租金 250 000 元。租赁期届满后,B 公司收回设备,3 年的租金总额为 750 000 元。假定 A 公司和 B 公司均在年末确认租金费用和租金收入,并且不存在租金逾期支付的情况。

【分析】

将融资租赁条件应用于本例当中,可以发现此项租赁没有满足融资租赁的任何一条标准,因此此租赁应作为经营租赁处理。确认租金收入时,B 公司应当将租赁期内取得的全部租金收入在全部租赁期内按照直线法进行分摊,不能依据各期实际支付的租金的金额确定。此项租赁租金收入总额为 750 000 元,按直线法计算,每年应确认的租金收入为 250 000 元。账务处理如下。

（1）2×19 年 1 月 1 日。

借：银行存款	150 000
贷：合同负债	150 000

（2）2×19 年 12 月 31 日。

借：银行存款	150 000
合同负债	100 000
贷：其他业务收入	250 000

（3）2×20 年 12 月 31 日。

借：银行存款	200 000
合同负债	50 000
贷：其他业务收入	250 000

（4）2×21 年 12 月 31 日。

借：银行存款	250 000
贷：其他业务收入	250 000

2. 出租人在免租期的会计处理

在出租人提供了免租期的情况下,出租人应将租金总额在整个租赁期内,而不是在租赁期扣除免租期后的期间内按直线法或其他合理的方法进行分摊,免租期内应确认租金费用;在出租人承担了承租人的某些费用的情况下,出租人应将该费用从租金总额中扣除,并将租金余额在租赁期内进行分摊。

3. 出租人对初始直接费用的会计处理

对于与经营租赁资产相关的初始直接费用,出租人应当采用资本化的方式将其计入经营租赁资产的成本当中。

4. 出租人对经营租赁资产减值和折旧的会计处理

对于经营租赁的固定资产,出租人应当采用本公司一贯采用的对于该类资产的折旧政策进行资产折旧的计提。对于其他经营租赁资产,应当根据该资产适用的企业会计准则,采用系统合理的方法进行摊销;经营租赁期间,租赁资产按照《企业会计准则第 8 号——资产减值》的有关规定,有迹象发生了相关租赁资产的减值的,出租人应当对已识别的资产减值损失进行会计处理,借记"资产减值损失",贷记"固定资产减值准备"。

5. 出租人对经营租赁中可变租赁付款额的会计处理

出租人取得的与指数或者比率挂钩的、与经营租赁资产相关的可变租赁付款额,应当在租赁期开始日计入租赁收款额。除此之外的款项,应于发生之时计入当期损益。

6. 出租人在经营租赁发生变更时的会计处理

租赁准则规定,在经营租赁发生变更时,出租人应当自变更生效日起将其作为一项新租赁进行会计处理,与变更前租赁有关的预收或应收租赁收款额应当视为新租赁的收款额。

21.5 售后租回交易的会计处理

若卖方兼承租人将资产转让给买方兼出租人,并在出售后的未来某一天将出售资产从买方兼出租人处租回,则卖方兼承租人和买方兼出租人均应按照售后租回交易的规定进行会计处理。

如果企业该项交易符合企业会计准则中的规定,经评估确定企业的该项售后租回交易中的资产转让涉及收入确认问题,则在进行售后租回会计处理时应当按照《企业会计准则第14号——收入》确认收入。而该项会计事项是否确认收入的关键在于其是否符合收入的确认条件,其售后租回时涉及的标的资产转让行为是否属于销售,并分别进行会计处理。

在租赁标的资产的法定所有权转移给出租人并将资产租赁给承租人之前,承租人可能会先获得标的资产的法定所有权。但是,是否具有租赁标的资产的法定所有权本身并非会计处理的决定性因素。如果承租人在资产转移给出租人之前已经取得对标的资产的控制,则该交易属于售后租回交易。然而,如果承租人未能在资产转移给出租人之前取得对标的资产的控制,那么即便承租人在资产转移给出租人之前先获得标的资产的法定所有权,该交易也不属于售后租回交易。在实际会计处理时,售后租回交易可以分为两类。

1. 售后租回交易中的资产转让属于销售

卖方兼承租人应当按原资产账面价值中与租回获得的使用权有关的部分,计量售后租回所形成的使用权资产,并仅就转让至买方兼出租人的权利确认相关利得或损失。买方兼出租人根据其他适用的企业会计准则条款对资产购买进行会计处理,并依据租赁准则对售后租回资产的出租行为进行会计处理。

如果销售对价的公允价值与资产的公允价值存在差异,或者出租人未按市场价格收取租金,那么企业应当进行以下调整。

(1)将销售对价低于市场价格的款项作为预付租金进行会计处理。

(2)将销售对价高于市场价格的款项作为买方兼出租人向卖方兼承租人提供的额外融资进行会计处理。

同时,承租人按照公允价值调整相关的出售利得或损失,出租人按市场价格调整租金收入。在进行上述调整时,企业应当按以下二者中较易确定者进行。

(1)销售对价的公允价值与资产的公允价值的差异。

(2)合同付款额的现值与按市场租金计算的付款额的现值的差异。

2. 售后租回交易中的资产转让不属于销售

卖方兼承租人应当继续保留该项资产的所有权,于会计上不终止确认所转让的资产。对于所租回的标的资产,承租人应当按照企业实际收到的现金作为金融负债列示,并按照《企业会计准则第22号——金融工具确认和计量》进行会计处理。买方兼出租人不确认被转让资产,而应当将支付的现金作为金融资产,并按照《企业会计准则第22号——金融工具确认和计量》进行会计处理。

【例21-16】甲公司（卖方兼承租人）拥有一栋建筑物，经协商，甲公司以货币资金30 000 000元的价格向乙公司（买方兼出租人）出售一栋建筑物。该建筑物在签订合同之前的账面原值是30 000 000元，累计折旧是27 500 000元。与此同时，甲公司与乙公司签订了合同，取得了该建筑物20年的使用权（全部剩余使用年限为40年），年租金为1 000 000元。甲公司于每年年末支付租金。租赁期满时，甲公司将以100元购买该建筑物。根据交易的条款和条件，甲公司转让建筑物不满足《企业会计准则第14号——收入》中关于销售成立的条件。假设不考虑初始直接费用和各项税费的影响。该建筑物在销售当日的公允价值为36 000 000元。

【分析】

在租赁期开始日，甲公司对该交易的会计处理如下。

借：银行存款　　　　　　　　　　　　　　　　　　　　　30 000 000
　　贷：长期应付款　　　　　　　　　　　　　　　　　　　　30 000 000

在租赁期开始日，乙公司对该交易的会计处理如下。

借：长期应收款　　　　　　　　　　　　　　　　　　　　　30 000 000
　　贷：银行存款　　　　　　　　　　　　　　　　　　　　　30 000 000

【例21-17】甲公司（卖方兼承租人）以货币资金40 000 000元的价格向乙公司（买方兼出租人）出售一栋建筑物，交易前该建建筑物的账面原值是24 000 000元，已计提折旧4 000 000元。与此同时，甲公司与乙公司签订了合同，取得了该建筑物18年的使用权（全部剩余使用年限为40年），年租金为2 400 000元。甲公司于每年年末支付租金。根据交易的条款和条件，甲公司转让建筑物符合《企业会计准则第14号——收入》中关于销售成立的条件。假设不考虑初始直接费用和各项税费的影响。该建筑物在销售当日的公允价值为36 000 000元。

【分析】

由于该建筑物的销售对价并非该栋建筑物的实际公允价值，甲公司和乙公司在进行账务处理时应当分别进行调整，以按照公允价值计量销售收益和租赁应收款。超额售价4 000 000（40 000 000-36 000 000）元作为乙公司向甲公司提供的融资进行确认。

甲、乙公司均确定租赁内含年利率为4.5%。年付款额现值为29 183 980元（年付款额2 400 000，共18期，按每年4.5%进行折现），其中，4 000 000元与对外融资相关，25 183 980元与租赁相关（分别对应年付款额328 948元和2 071 052元），具体计算过程如下。

年付款额现值 = 2 400 000 × (P/A, 4.5%, 18) = 29 183 980（元）

对外融资年付款额 = 4 000 000 ÷ 29 183 980 × 2 400 000 = 328 948（元）

租赁相关年付款额 = 2 400 000 - 328 948 = 2 071 052（元）

（1）在租赁期开始日，甲公司对交易的会计处理如下。

第一步，按与租回获得的使用权部分占建筑物的原账面金额的比例计算售后租回所形成的使用权资产。

使用权资产 = (24 000 000 - 4 000 000) × (25 183 980 ÷ 36 000 000) = 13 991 100（元）

第二步,计算与转让至乙公司的权利相关的利得。

出售该建筑物的全部利得 = 36 000 000 - 20 000 000 = 16 000 000(元)

与该建筑物使用权相关的利得 = 16 000 000 ×(25 183 980 ÷ 36 000 000)= 11 192 880(元)

与转让至乙公司的权利相关的利得 = 16 000 000 - 11 192 880 = 4 807 120(元)

第三步,编制会计分录。

①与对外融资相关。

借:银行存款	4 000 000
贷:长期应付款	4 000 000

②与租赁相关。

借:银行存款	36 000 000
使用权资产	13 991 100
固定资产——建筑物(累计折旧)	4 000 000
租赁负债——未确认融资费用	12 094 956
贷:固定资产——建筑物(原值)	24 000 000
租赁负债——租赁付款额　(2 071 052×18)	37 278 936
资产处置损益	4 807 120

(2)甲公司支付的年付款额 2 400 000 元中,2 071 052 元作为租赁付款额处理,328 948 元作为以下两项进行会计处理。

①结算金融负债 400 000 元而支付的款项。

②利息费用。以第 1 年年末为例。

借:租赁负债——租赁付款额	2 071 052
长期应付款　(328 948-180 000)	148 948
利息费用　(25 183 980×4.5%+4 000 000×4.5%)	1 313 279
贷:租赁负债——未确认融资费用	1 133 279
银行存款	2 400 000

(3)综合考虑租期占该建筑物剩余使用年限的比例等因素,乙公司将该建筑物的租赁分类为经营租赁。在租赁期开始日,乙公司对该交易的会计处理如下。

借:固定资产——建筑物	36 000 000
长期应收款	4 000 000
贷:银行存款	40 000 000

(4)租赁期开始日之后,乙公司将从甲公司获得的年收款额 2 400 000 元中的 2 071 052 元作为租赁收款额进行会计处理;从甲公司获得的年收款额中的其余 328 948 元作为以下两项进行会计处理。

①结算金融资产 400 000 元而收到的款项。

②利息收入。以第 1 年年末为例。

借:银行存款	2 400 000
贷:租金收入	2 071 052

利息收入	180 000
长期应收款	148 948

21.6 租赁的列报和披露

21.6.1 承租人的列报和披露

（一）承租人的列报

承租人应当在资产负债表中单独列示使用权资产和租赁负债。其中，租赁负债通常分别非流动负债和一年内到期的非流动负债列示。

在利润表中，承租人应当分别列示租赁负债的利息费用与使用权资产的折旧费用。租赁负债的利息费用在"财务费用"项目下列示。对于不存在财务费用的金融企业来说，该项租赁负债的利息费用可在"业务及管理费用"列示，并在财务报表附注中进一步披露。

在现金流量表中，偿还租赁负债本金和利息所支付的现金应当计入筹资活动现金流出；支付的按租赁准则第三十二条简化处理的短期租赁付款额和低价值资产租赁付款额以及未纳入租赁负债计量的可变租赁付款额应当计入经营活动现金流出；支付的未纳入租赁负债计量的可变租赁付款额，应当计入经营活动现金流出。

（二）承租人的披露

承租人应当在附注中披露与租赁有关的下列信息。

（1）各类使用权资产的期初余额、本期增加额、期末余额以及累计折旧额和减值金额。

（2）租赁负债的利息费用。

（3）计入当期损益的按租赁准则第三十二条简化处理的短期租赁费用和低价值资产租赁费用；承租人应用租赁准则第三十二条对短期租赁和低价值资产租赁进行简化处理的，应当披露这一事实，并且，对于计入当期损益的短期租赁费用和低价值资产租赁费用，承租人应当进行有关披露。针对短期租赁费用，在披露时无须包括租赁期在一个月之内的有关短期租赁费用。针对低价值资产租赁，披露的有关费用不应当包括已于短期租赁费用内进行披露的有关费用，避免租赁费用的重复披露。若承租人在会计期末所承诺的短期租赁业务事项与财务报告所披露的短期租赁事项不相同，则承租人应当披露简化处理的短期租赁的租赁承诺金额。

（4）未纳入租赁负债计量的可变租赁付款额。

（5）转租使用权资产取得的收入。

（6）与租赁相关的总现金流出。

（7）售后租回交易产生的相关损益。

（8）其他按照《企业会计准则第37号——金融工具列报》应当披露的有关租赁负债的信息。

承租人在进行上述信息披露时，应当采用列表的形式进行披露。若承租人认为采用其他的形式能够更加便于说明所披露信息，则可以采用其他形式进行租赁事项的披露。

承租人应当根据便于理解财务报表的需要，及时披露有关租赁活动的其他定性和定量信息。此类信息包括以下内容。

（1）租赁活动的性质，如对租赁活动基本情况的描述。

（2）未纳入租赁负债计量的未来潜在现金流出。

（3）租赁导致的限制或承诺。

（4）对于售后租回交易，除租赁准则第五十四条第（七）项要求之外的其他信息。

（5）其他相关信息。

21.6.2 出租人的列报和披露

根据《企业会计准则第21号——租赁》，出租人应当根据资产的性质，在资产负债表中列示经营租赁资产，以及与融资租赁相关的下列信息。

（1）销售损益、租赁投资净额的融资收益以及与未纳入租赁投资净额的可变租赁付款额相关的收入；出租人应当以列表形式披露上述信息，其他形式更为适当的除外。

（2）资产负债表日后连续五个会计年度每年将收到的未折现租赁收款额，以及剩余年度将收到的未折现租赁收款额总额；不足五个会计年度的，披露资产负债表日后连续每年将收到的未折现租赁收款额。

出租人应当对上述款项进行到期分析，并对融资租赁投资净额账面金额的重大变动提供定性和定量说明，以使财务报表使用者能够更准确地预测未来的租赁现金流量流动性风险。

（3）未折现租赁收款额与租赁投资净额的调节表。调节表应说明与租赁应收款相关的未实现融资收益、未担保余值的现值等事项。

出租人应当在附注中披露与经营租赁有关的下列信息。

（1）租赁收入，并单独披露与未计入租赁收款额的可变租赁付款额相关的收入。

（2）将经营租赁固定资产与出租人持有自用的固定资产分开，并按经营租赁固定资产的类别提供《企业会计准则第4号——固定资产》要求披露的信息。

（3）资产负债表日后连续五个会计年度每年将收到的未折现租赁收款额，以及剩余年度将收到的未折现租赁收款额总额。

出租人应当根据理解财务报表的需要，披露有关租赁活动的其他定性和定量信息。此类信息包括以下内容。

（1）租赁活动的性质，如对租赁活动基本情况的描述。

（2）对其在租赁资产中保留的权利进行风险管理的情况。

（3）其他相关信息。此外，出租人应当根据理解财务报表的需要，报告并在财务报表当中披露与租赁有关的其他定性和定量信息。此类信息如下。

① 租赁活动的性质。例如，租出资产的类别及数量、租赁期、是否存在续租选择权等租赁基本情况信息。

② 对其在租赁资产中保留的权利进行风险管理的情况。出租人应当披露其如何对其在租赁资产中保留的权利进行风险管理的策略，包括出租人降低风险的方式。该方式可包括回购协议、担保余值条款或因超出规定限制使用资产而支付的可变租赁付款额等。如租赁设备和

车辆的市场价值的下降幅度超过出租人在为租赁定价时的预计幅度,则将对该项租赁的收益能力产生不利影响。租赁期结束时租赁资产余值的不确定性往往是出租人面临的重要风险。披露有关出租人如何对租赁资产中保留的权利进行管理,有利于财务报表使用者了解更多出租人相关风险管理信息。

③其他相关信息。

第 22 章
金融工具确认和计量

金融工具确认与计量的流程如图 22-1 所示。

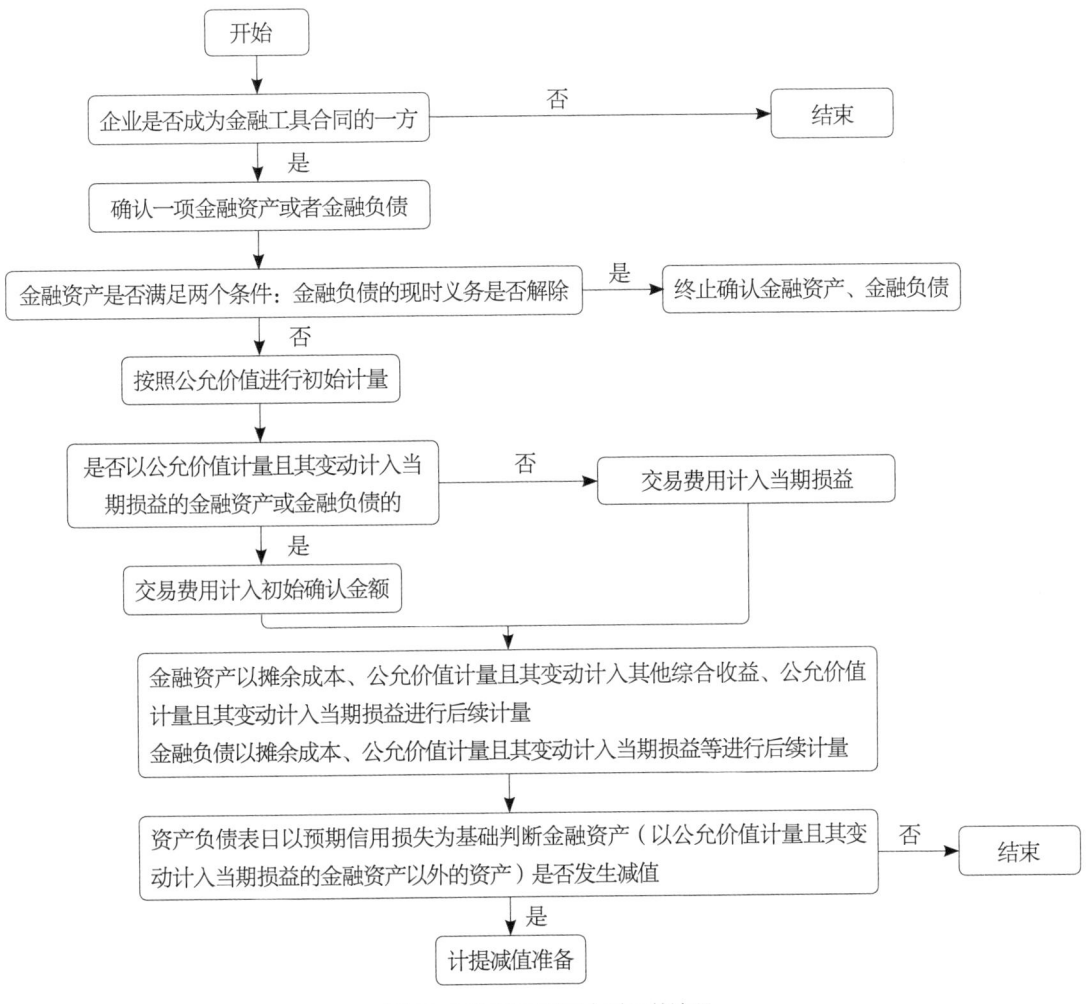

图 22-1 金融工具确认与计量的流程

22.1 金融工具概述

《企业会计准则第 22 号——金融工具确认和计量》（简称"金融工具确认和计量准则"）将金融工具定义为：形成一方的金融资产并形成其他方的金融负债或权益工具的合同。

（一）金融资产

金融资产，是指企业持有的现金、其他方的权益工具以及符合下列条件之一的资产。

（1）从其他方收取现金或其他金融资产的合同权利。

(2) 在潜在有利条件下，与其他方交换金融资产或金融负债的合同权利。

【例22-1】2×17年1月31日，丙公司的股票价格为113元。甲企业与乙企业签订6个月后结算的期权合同。合同规定：甲企业以每股4元的期权费买入6个月后执行价格为115元的丙公司股票的看涨期权。2×17年7月31日，如果丙公司股票的价格高于115元，则行权对甲企业有利，甲企业将选择执行该期权。

本例中，甲企业享有在潜在有利条件下与乙企业交换金融资产的合同权利，应当确认一项衍生金融资产。

(3) 将来须用或可用企业自身权益工具进行结算的非衍生工具合同，且企业根据该合同将收到可变数量的自身权益工具。

【例22-2】2×18年2月1日，甲企业为上市公司，为回购其普通股股份，与乙企业签订合同，并向其支付100万现金。根据合同，乙企业将于2×18年6月30日向甲企业交付与100万元等值的甲企业普通股。甲企业可获取的普通股的具体数量以2×18年6月30日甲企业的股价确定。

本例中，甲企业收到的自身普通股的数量随着其普通股市场价格的变动而变动。在这种情况下，甲企业应当确认一项金融资产。

(4) 将来须用或可用企业自身权益工具进行结算的衍生工具合同，但以固定数量的自身权益工具交换固定金额的现金或其他金融资产的衍生工具合同除外。其中，企业自身权益工具不包括应当按照《企业会计准则第37号——金融工具列报》分类为权益工具的可回售工具或发行方仅在清算时才有义务向另一方按比例交付其净资产的金融工具，也不包括本身就要求在未来收取或交付企业自身权益工具的合同。

【例22-3】甲企业于2×17年2月1日向乙企业支付5000元购入以自身普通股为标的的看涨期权。根据该期权合同，甲企业有权以每股100元的价格向乙企业购入甲企业普通股1000股，行权日为2×18年6月30日。在行权日，期权将以甲企业普通股净额结算。假设行权日甲企业普通股的每股市价为125元，则期权的公允价值为25000元，则甲企业会收到200（25000÷125）股自身普通股对看涨期权进行净额结算。

本例中，期权合同属于将来须用企业自身权益工具进行结算的衍生工具合同，由于合同约定以甲企业的普通股净额结算期权的公允价值，而非按照每股100元的价格全额结算1000股甲企业股票，因此，不属于"以固定数量的自身权益工具交换固定金额的现金"。在这种情况下，甲企业应当将该看涨期权确认为一项衍生金融资产。

（二）金融负债

金融负债，是指企业符合下列条件之一的负债。

(1) 向其他方交付现金或其他金融资产的合同义务。

(2) 在潜在不利条件下，与其他方交换金融资产或金融负债的合同义务。

(3) 将来须用或可用企业自身权益工具进行结算的非衍生工具合同，且企业根据该合同将交付可变数量的自身权益工具。

（4）将来须用或可用企业自身权益工具进行结算的衍生工具合同，但以固定数量的自身权益工具交换固定金额的现金或其他金融资产的衍生工具合同除外。企业对全部现有同类别非衍生自身权益工具的持有方同比例发行配股权、期权或认股权证，使之有权按比例以固定金额的任何货币换取固定数量的该企业自身权益工具的，该类配股权、期权或认股权证应当分类为权益工具。其中，企业自身权益工具不包括应当按照《企业会计准则第37号——金融工具列报》分类为权益工具的可回售工具或发行方仅在清算时才有义务向另一方按比例交付其净资产的金融工具，也不包括本身就要求在未来收取或交付企业自身权益工具的合同。

（三）衍生工具

衍生工具，是指属于金融工具确认和计量准则范围并同时具备下列特征的金融工具或其他合同。

（1）其价值随特定利率、金融工具价格、商品价格、汇率、价格指数、费率指数、信用等级、信用指数或其他变量的变动而变动，变量为非金融变量的，该变量不应与合同的任何一方存在特定关系。

衍生工具的价值变动取决于标的变量的变化。例如，甲国内金融企业（以下简称"甲企业"）与乙境外金融企业（以下简称"乙企业"）签订了一份1年期利率互换合约，每半年年末甲企业向乙企业支付美元固定利息、从乙企业收取以6个月美元浮动利率（London Interbank Offered Rate，LIBOR）计算确定的浮动利息，合约名义金额为1亿美元。合约签订时，其公允价值为零。假定合约签订半年后，浮动利率（6个月美元LIBOR）与合约签订时不同，甲企业将根据未来可收取的浮动利息现值扣除将支付的固定利息现值确定该合约的公允价值。这里的合约的公允价值因浮动利率的变化而改变。

（2）不要求初始净投资，或者与对市场因素变化预期有类似反应的其他合同相比，要求较少的初始净投资。

企业从事衍生工具交易不要求初始净投资，通常是指签订某项衍生工具合同时不需要支付现金。例如，某企业与其他企业签订一项将来买入债券的远期合同，就不需要在签订合同时支付将来购买债券所需的现金。但是，不要求初始净投资，并不排除企业按照约定的交易惯例或规则相应缴纳一笔保证金，例如，企业进行期货交易时要求缴纳一定的保证金。缴纳保证金不构成一项企业解除负债的现时支付，因为保证金仅具有"保证"性质。

（3）在未来某一日期结算。

衍生工具在未来某一日期结算，表明衍生工具结算需要经历一段特定期间。衍生工具通常在未来某一特定日期结算，也可能在未来多个日期结算。例如，利率互换可能涉及合同到期前多个结算日期。另外，有些期权可能由于是价外期权而到期不行权，也是在未来日期结算的一种方式。

22.2 金融工具的确认与终止确认

22.2.1 金融资产和金融负债的确认条件

企业成为金融工具合同的一方时，应当确认一项金融资产或金融负债。根据此确认条件，企业应将本准则（本章特指"金融工具确认和计量准则"）范围内的衍生工具合同形成的权利或义务，确认为金融资产或金融负债。但是，如果衍生工具涉及金融资产转移，且导致该金融资产转移不符合终止确认条件，则不应将其确认，否则会导致衍生工具形成的权利或义务被重复确认（参见《〈企业会计准则第23号——金融资产转移〉应用指南》）。

企业确认金融资产或金融负债的常见情形如下。

（1）当企业成为金融工具合同的一方，并因此拥有收取现金的权利或承担支付现金的义务时，应将无条件的应收款项或应付款项确认为金融资产或金融负债。

（2）因买卖商品或劳务的确定承诺而将获得的资产或将承担的负债，通常直到至少合同一方履约才予以确认。例如，收到订单的企业通常不在承诺时确认一项资产（发出订单的企业也不在承诺时确认一项负债），而是直到所订购的商品或劳务已装运、交付或提供时才予以确认。若买卖非金融项目的确定承诺适用本准则，则该承诺的公允价值净额（若不为零）应在承诺日确认为一项资产或负债。此外，如果以前未确认的确定承诺被指定为公允价值套期中的被套期项目，在套期开始之后，归属于被套期风险的公允价值变动应当确认为一项资产或负债。

（3）适用本准则的远期合同，企业应在成为远期合同的一方时（承诺日而不是结算日），确认一项金融资产或金融负债。当企业成为远期合同的一方时，权利和义务的公允价值通常相等，因此，该远期合同的公允价值净额为零。如果权利和义务的公允价值净额不为零，则该合同应被确认为一项金融资产或金融负债。

（4）适用本准则的期权合同，企业应在成为该期权合同的一方时，确认一项金融资产或金融负债。

此外，当企业尚未成为合同一方时，即使企业已有计划在未来交易，不管其发生的可能性有多大，都不是企业的金融资产或金融负债。

以常规方式购买或出售金融资产，是指企业按照合同规定购买或出售金融资产，并且该合同条款规定，企业应当根据通常由法规或市场惯例所确定的时间安排来交付金融资产。如果合同规定或允许对合同价值变动进行净额结算，该合同通常不是以常规方式购买或出售的合同，企业应将其作为衍生工具处理。证券交易所、银行间市场、外汇交易中心等市场发生的证券、外汇买卖交易，通常采用常规方式。

以常规方式买卖金融资产，应当按交易日会计进行确认和终止确认。交易日是指企业承诺买入或者卖出金融资产的日期。交易日会计的处理原则包括：（1）在交易日确认将于结算日取得的资产及承担的负债；（2）在交易日终止确认将于结算日交付的金融资产并确认处置利得或损失，同时确认将于结算日向买方收取的款项。上述交易形成资产和负债的相关利息，通常应于结算日所有权转移后开始计提并确认。

22.2.2 金融资产的终止确认

金融资产终止确认，是指企业将之前确认的金融资产从其资产负债表中予以转出。金融资产满足下列条件之一的，应当终止确认。

（1）收取该金融资产现金流量的合同权利终止。例如，企业买入一项期权，企业直到期权到期日仍未行权，那么企业在合同权利到期后应当终止确认该期权形成的金融资产。

（2）该金融资产已转移，且该转移满足《企业会计准则第23号——金融资产转移》关于金融资产终止确认的规定。

以下情形也会导致金融资产的终止确认。

（1）合同的实质性修改。企业与交易对手方修改或者重新议定合同而且构成实质性修改的，将导致企业终止确认原金融资产，同时按照修改后的条款确认一项新金融资产。

（2）核销。本准则第四十三条规定，当企业合理预期不再能够全部或部分收回金融资产合同现金流量时，应当直接减记该金融资产的账面余额。这种减记构成相关金融资产的终止确认。

22.2.3 金融负债的终止确认

金融负债的终止确认，是指企业将之前确认的金融负债从其资产负债表中予以转出。本准则规定，金融负债（或其一部分）的现时义务已经解除的，企业应当终止确认该金融负债（或该部分金融负债）。

【例22-4】甲企业因购买商品于2×18年3月1日确认了一项应付账款1000万元。按合同约定，甲企业于2×18年4月1日支付银行存款1000万元解除了相关现时义务。为此，甲企业应将应付账款1000万元终止确认。如果按合同约定，该货款应于2×18年4月1日、4月30日分两次等额清偿。那么，甲企业应在4月1日支付银行存款500万元时，终止确认应付账款500万元，在4月30日支付剩余的货款500万元时，终止确认剩余的应付账款500万元。

出现以下两种情况之一时，金融负债（或其一部分）的现时义务已经解除。

（1）债务人通过履行义务（如偿付债权人）解除了金融负债（或其一部分）的现时义务。债务人通常使用现金、其他金融资产等方式偿债。

（2）债务人通过法定程序（如法院裁定）或债权人（如债务豁免），合法解除了债务人对金融负债（或其一部分）的主要责任。

企业在判断金融负债现时义务的解除时应注意以下情形。

（1）企业将用于偿付金融负债的资产转入某个机构或设立信托，偿付债务的义务仍存在的，不应当终止确认该金融负债，也不能终止确认转出的资产。也就是说，虽然企业已为金融负债设立了"偿债基金"，但金融负债对应的债权人仍然拥有全额追索的权利时，不能认为企业的相关现时义务已解除，从而不能终止确认金融负债。

（2）企业（借入方）与借出方之间签订协议，以承担新金融负债方式替换原金融负债（或其一部分），且合同条款实质上不同的，企业应当终止确认原金融负债（或其一部分），同时确认一项新金融负债。其中，"实质上不同"是指按照新的合同条款，金融负债未来现金流量（包括支付和收取的任何费用）现值与原金融负债的剩余期间现金流量现值之间的差异至少相差10%。有关现值的计算均采用原金融负债的实际利率。

（3）如果一项债务工具的发行人回购了该工具，即使该发行人是该工具的做市商或打算在近期将其再次出售，企业（发行人）应当终止确认该债务工具。

金融负债（或其一部分）终止确认的，企业应当将其账面价值与支付的对价（包括转出的非现金资产或承担的负债）之间的差额，计入当期损益。在某些情况下，债权人解除了债务人对金融负债的主要责任，但要求债务人提供担保（承诺在合同主要责任方拖欠时进行支付）的，债务人应当以其担保义务的公允价值为基础确认一项新的金融负债，并按支付的价款加上新金融负债公允价值之和与原金融负债账面价值的差额确认利得和损失。

企业回购金融负债一部分的，应当在回购日按照继续确认部分和终止确认部分各自的公允价值占整体公允价值的比例，对该金融负债整体的账面价值进行分配。分配给终止确认部分的账面价值与支付的对价（包括转出的非现金资产或承担的负债）之间的差额，应当计入当期损益。

22.3 金融工具的分类

金融工具的分类原则如图 22-2 所示。

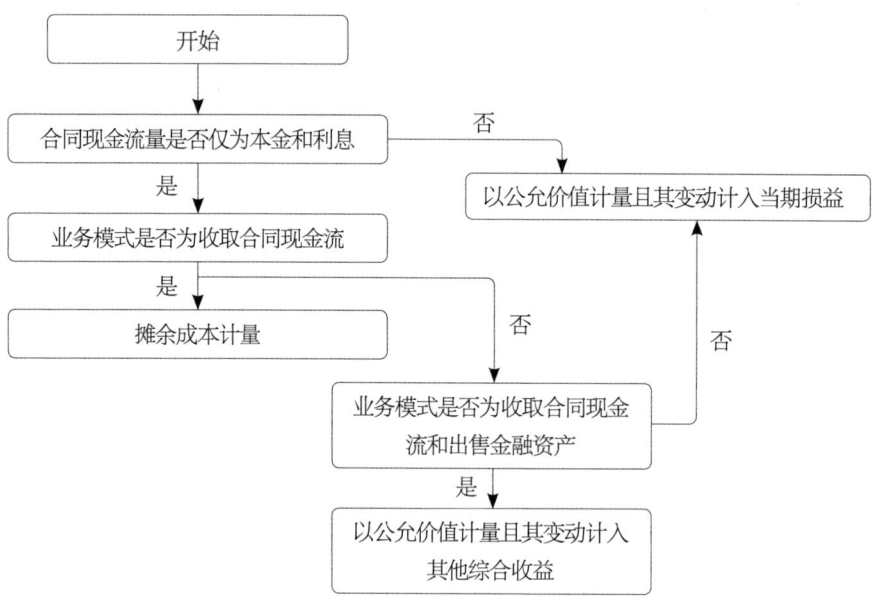

图 22-2 金融工具的分类原则

22.3.1 金融资产的分类

根据《企业会计准则第 22 号——金融工具确认和计量》，企业应当根据其管理金融资产的业务模式和金融资产的合同现金流量特征，将金融资产划分为以下三类。

（1）以摊余成本计量的金融资产。
（2）以公允价值计量且其变动计入其他综合收益的金融资产。
（3）以公允价值计量且其变动计入当期损益的金融资产。

企业管理金融资产的业务模式，是指企业如何管理其金融资产以产生现金流量。业务模式决定企业所管理金融资产现金流量的来源是收取合同现金流量、出售金融资产还是两者兼有。

企业在确定其管理金融资产的业务模式时,应当注意以下方面。

(1)企业应当在金融资产组合的层次上确定管理金融资产的业务模式,而不必按照单个金融资产逐项确定业务模式。金融资产组合的层次应当反映企业管理该金融资产的层次。在有些情况下,企业可能将金融资产组合分拆为更小的组合,以合理反映企业管理该金融资产的层次。例如,企业购买一个抵押贷款组合,以收取合同现金流量为目标管理该组合中的一部分贷款,以出售为目标管理该组合中的其他贷款。

(2)一家企业可能会采用多个业务模式管理其金融资产。例如,企业持有一组以收取合同现金流量为目标的投资组合,同时还持有另一组既以收取合同现金流量为目标又以出售该金融资产为目标的投资组合。

(3)企业应当以企业关键管理人员决定的对金融资产进行管理的特定业务目标为基础,确定管理金融资产的业务模式。其中,"关键管理人员"是指《企业会计准则第36号——关联方披露》中定义的关键管理人员。

(4)企业的业务模式并非企业自愿指定的,而是一种客观事实,通常可以从企业为实现其目标而开展的特定活动中得以反映。企业应当考虑在业务模式评估日可获得的所有相关证据,包括企业评价和向关键管理人员报告金融资产业绩的方式、影响金融资产业绩的风险及其管理方式以及相关业务管理人员获得报酬的方式(例如,报酬是基于所管理资产的公允价值,还是所收取的合同现金流量)等。

(5)企业应当以客观事实为依据,不得以按照合理预期不会发生的情形为基础确定管理金融资产的业务模式。例如,对于某金融资产组合,如果企业预期仅会在压力情形下将其出售,且企业合理预期该压力情形不会发生,则该压力情形不得影响企业对该类金融资产的业务模式的评估。

此外,如果金融资产实际现金流量的实现方式不同于评估业务模式时的预期,只要企业在评估业务模式时已经考虑了当时所有可获得的相关信息,这一差异不构成企业财务报表的前期差错,也不改变企业在该业务模式下持有的剩余金融资产的分类。但是,企业在评估新的金融资产的业务模式时,应当考虑这些信息。

金融资产的合同现金流量特征,是指金融工具合同约定的、反映相关金融资产经济特征的现金流量属性。企业分类为本准则第十七条和第十八条规范的金融资产,其合同现金流量特征,应当与基本借贷安排相一致。即相关金融资产在特定日期产生的合同现金流量仅为对本金和以未偿付本金金额为基础的利息的支付(以下简称"本金加利息的合同现金流量特征")。无论金融资产的法律形式是否为一项贷款,都可能是一项基本借贷安排有关含义如下。

1. 金融资产本金和利息的含义

本金是指金融资产在初始确认时的公允价值,本金金额可能因提前还款等原因在金融资产的存续期内发生变动;利息包括对货币时间价值、与特定时期未偿付本金金额相关的信用风险以及其他基本借贷风险、成本和利润的对价。企业应当使用金融资产的计价货币来评估金融资产的合同现金流量特征。此外,如果一项贷款具有完全追索权并有抵押品作为担保,该事实并不影响企业对其合同现金流量特征的评估。

在基本借贷安排中,利息的构成要素中最重要的通常是货币时间价值和信用风险的对价。

例如，甲银行有一项支付逆向浮动利率（即贷款利率与市场利率呈负相关关系）的贷款，则该贷款的利息金额不是以未偿付本金金额为基础的货币时间价值的对价，所以其不符合本金加利息的合同现金流量特征。又如，甲企业持有一项具有固定到期日的美元债券，债券本金和利息的支付与美国的通胀指数挂钩。该债权投资未利用杠杆，而且对合同的本金进行保护。利息的支付与非杠杆的通胀指数挂钩，实质上将货币时间价值重设为当前水平，债券的利率反映的是考虑通胀影响的真实利率。因此，利息金额是以未偿付本金金额为基础的货币时间价值的对价。

利息还可包括与特定时期内持有的金融资产相关的其他基本借贷风险（如流动性风险）和成本（如管理费用）的对价。此外，利息也可包括与基本借贷安排相一致的利润率。在某些极端经济环境下，利息可能是负值。例如，金融资产的持有人在特定期间内为保证资金安全而支付费用，且支付的费用超过了持有人按照货币时间价值、信用风险及其他基本借贷风险和成本所收取的对价。

但是，如果金融资产合同中包含与基本借贷安排无关的合同现金流量风险敞口或波动性敞口（例如权益价格或商品价格变动敞口）的条款，则此类合同不符合本金加利息的合同现金流量特征。例如，甲企业持有一项可转换成固定数量的发行人权益工具的债券，则该债券不符合本金加利息的合同现金流量特征，因为其回报与发行人的权益价值挂钩。又如，贷款的利息支付金额与涉及债务人业绩的一些变量（如债务人的净收益）挂钩或者与权益指数挂钩，则该贷款不符合本金加利息的合同现金流量特征。

【例22-5】甲企业持有一项具有固定到期日且支付浮动市场利率的债券。合同规定了利率浮动的上限。

对于具有固定利率或浮动利率特征的金融工具，只要利息反映了对货币时间价值、与特定时期未偿付本金金额相关的信用风险以及其他基本借贷风险、成本和利润的对价，则其符合本金加利息的合同现金流量特征。本例中，合同条款设定利率上限，可以看作是固定利率和浮动利率相结合的工具，通过合同设定利率上限可能降低合同现金流量的波动性。

2. 修正的货币时间价值

货币时间价值是利息要素中仅因为时间流逝而提供对价的部分，不包括为所持有金融资产的其他风险或成本提供的对价，但货币时间价值要素有时可能存在修正。在货币时间价值要素存在修正的情况下，企业应当对相关修正进行评估，以确定金融资产是否符合本金加利息的合同现金流量特征。企业可以通过定性或者定量的方式进行评估并做出判断。如果企业经过简单分析即可清晰评估并做出判断，则企业可以通过定性方式进行评估而无需进行详细的定量分析。

修正的货币时间价值要素评估的目标，是确定未折现合同现金流量与假如未对货币时间价值要素进行修正的情形下未折现的合同现金流量（基准现金流量）之间的差异。例如，合同约定金融资产的利率定期重设，但重设的频率与利率的期限并不匹配。假设一项金融资产包含每月重设为1年期利率的浮动利率条款，则企业每月应收的利息实际上反映了未来12个月货币时间价值的平均数，而非当月的货币时间价值（例如，如果在之后11个月的期间合同利率逐月提高，则各月货币时间价值的平均数将高于当月的货币时间价值）。也就是说，按合同计算的利息是对实际货币时间价值的修正。这种情况下，企业可将该金融资产与具有相同合同条款和相同信用风险的、但浮动利率为每月重设为 1 个月利率的金融工具的合同现金流量（基准现金流量）进行比较。如果两个现金流量存在显著差异，那么该金融资产不符合本金加利息的合同现金流量特征。在进行上述评估时，企业必须考虑修正的货币时间价值在每一报告期间的影响以及在金融工具整个存续期内的累积影响。

在评估修正的货币时间价值时，企业应当考虑可能影响未来合同现金流量的因素。例如，企业持有一项 5 年期债券，该债券的浮动利率每 6 个月重设为 5 年期利率。企业评估当时的利率曲线发现 5 年期利率与 6 个月利率之间不存在显著差异，企业不得简单地得出结论认为其符合本金加利息的合同现金流量特征。企业应当同时考虑 5 年期利率与 6 个月利率之间的关系在债券存续期内会如何变化，是否可能导致债券存续期内未折现合同现金流量与未折现基准现金流量存在显著差异。但是，企业仅需要考虑合理的可能发生的情形，而无需考虑所有可能的情形。

3. 导致合同现金流量的时间分布或金额变更的合同条款

金融资产包含可能导致其合同现金流量的时间分布或金额变更的合同条款的（如包含可提前还款或者可展期特征），企业应当对相关条款进行评估（如评估提前还款特征的公允价值是否非常小），以确定该金融资产是否符合本金加利息的合同现金流量特征。

在进行上述评估时，企业应当同时评估变更之前和之后可能产生的合同现金流量。企业还可评估导致合同现金流量的时间分布或金额变更的所有或有事项（即触发事件）的性质。例如，合同规定当债务人拖欠的款项达到特定金额时，利率将重设为较高利率；或者当指定的权益指数达到特定水平时，利率将重设为较高利率。在对上述两种金融资产的合同现金流量特征进行评估和比较时，考虑或有事项的性质可在一定程度上为评估其合同现金流量特征提供参考。考虑到根据累计拖欠的金额调整利率可能是为了反映信用风险的增加，而指定的权益指数变化与基本借贷安排无关，因此，债务人拖欠的款项达到特定金额时利率上浮的情形更有可能符合本金加利息的合同现金流量特征。

通常情况下，下列涉及合同现金流量的时间分布或金额变更的合同条款，符合本金加利息的合同现金流量特征。

（1）浮动利率包含对货币时间价值、与特定时期未偿付本金金额相关的信用风险（对信用风险的对价可能仅在初始确认时确定，因此可能是固定的）、其他基本借贷风险、成本和利润的对价。

（2）合同条款允许发行人（即债务人）在到期前提前偿付债务，或者允许持有人（即债权人）在到期前将债务工具卖回给发行人，而且这些提前偿付的金额实质上反映了尚未支付的本金及以未偿付本金金额为基础的利息，其中可能包括因提前终止合同而支付或收取的合理补偿。

（3）合同条款允许发行人或持有人延长债务工具的合同期限（即展期选择权），并且展期选择权条款导致展期期间的合同现金流量仅为对本金及以未偿付本金金额为基础的利息的支付，其中可能包含为合同展期而支付的合理的额外补偿。

对于企业以溢价或折价购入或源生的、且具有提前偿付特征的债务工具,如果同时满足下列条件,则其符合本金加利息的合同现金流量特征。

(1)提前偿付金额实质上反映了合同面值和已计提但尚未支付的合同利息,其中可能包括因提前终止合同而支付或收取的合理补偿。

(2)在企业初始确认该金融资产时,提前偿付特征的公允价值非常小。

【例 22-6】 甲企业向客户出售汽车时以低于现行市场利率的利率向客户提供融资作为营销激励。由于甲企业提供的利率低于市场利率,该金融资产的初始入账价值将是合同面值的折价。根据合同约定,客户有权在合同到期前的任一时点以合同面值提前偿还该债务。对于客户来说该融资具有优势(利率低于市场利率),不太可能会选择提前偿付,导致该金融资产提前偿付特征的公允价值非常小。在此情况下,该金融资产符合本金加利息的合同现金流量特征。

【例 22-7】 某金融工具是一项永续工具,按市场利率支付利息,发行人可自主决定在任一时点回购该工具,并向持有人支付面值和累计应付利息。如果发行人无法保持后续偿付能力,可以不支付该工具利息,而且递延利息不产生额外孳息。

本例中,该工具不符合本金加利息的合同现金流量特征。但是,如果该工具的合同条款要求对递延利息的金额计息,则其可能符合本金加利息的合同现金流量特征。

需要注意的是,仅因为该工具是永续工具并不能判定其不符合本金加利息的合同现金流量特征。永续工具可视为具有连续性的多项展期选择权。如果利息支付具有强制性且必须永久性支付,则可能导致其符合本金加利息的合同现金流量特征。

同样,仅因为该工具可赎回并不能判定其不符合本金加利息的合同现金流量特征。即使赎回金额中包含因提前终止该工具而对持有人做出合理补偿的金额,其也有可能符合本金加利息的合同现金流量特征。

4. 合同挂钩工具

在一些交易中,发行人可利用多个合同挂钩工具来安排向金融资产持有人付款的优先劣后顺序(分级)。对于某一分级的金融资产持有人来说,仅当发行人取得足够的现金流量以满足更优先级的支付时,此类工具的持有人才有权取得对本金和未偿付本金的利息的偿付。当同时符合下列条件时,企业持有的某一分级的金融资产才符合本金加利息的合同现金流量特征。

(1)分级的合同条款(在未穿透基础资产的情况下),产生的现金流量仅为对本金和以未偿付本金金额为基础的利息的支付(例如,该分级的利率未与商品价格指数挂钩)。

(2)基础资产包含一个或多个符合本金加利息的合同现金流量特征的工具(以下简称"基础工具")。这里的基础资产,是指穿透到最底层的、源生现金流量而非过手现金流量的资产。

(3)该分级所承担的基础资产的信用风险,等于或小于基础资产本身的信用风险。例如,分级的信用评级等于或高于假设发行单一工具(不分级),该工具所得到的信用评级。

基础资产中除基础工具外,还可以有满足以下条件的其他工具。

（1）可以降低基础资产中基础工具现金流量波动性，并且当与基础工具相结合时，能够产生仅为对本金和以未偿付本金金额为基础的利息的支付的现金流量（例如，利率上限或下限，或者降低部分或全部基础工具的信用风险的合同）。

（2）可以协调各分级的合同现金流量与基础工具的现金流量，以解决两者在利率（例如，分级的合同现金流量基于固定利率，而基础工具现金流量基于浮动利率）、计价货币（包括通货膨胀因素）以及现金流量的时间分布上的差异。

在执行上述评估时，企业可能无须针对基础资产中的具体每一项工具进行详尽分析。但是，企业必须运用判断并进行充分的分析，以确定基础资产中的工具是否满足上述条件（同时参照下文关于仅构成极其微小影响的合同现金流量特征的指引）。

如果某一分级的金融资产持有人在初始确认时无法按照上述条件进行评估，那么分级的金融资产应当分类为以公允价值计量且其变动计入当期损益的金融资产。如果在初始确认后基础资产可能发生变化，导致基础资产不满足上述条件的，那么分级的金融资产应当分类为以公允价值计量且其变动计入当期损益的金融资产。如果基础资产包含了有抵押物的工具，但抵押物不满足上述对基础资产的要求条件，企业不应当考虑该抵押物的影响，除非企业购买分级金融资产的目的是控制抵押物。

【例22-8】某资产证券化信托计划向投资者发行合同挂钩工具。资产支持证券划分为两层，分别为优先档和次级档，优先档的本息偿付次序优于次级档。该信托计划投资的基础资产的现金流量仅为对本金和以未偿付本金金额为基础的利息支付的贷款组合。优先档有明确的固定票息，而次级档无明确的票息，次级档的收益取决于基础资产的最终收益水平。该计划需将收到的贷款本金和利息回收款优先支付给优先档持有人，即待向优先档持有人按合同条款支付了相应的本金及收益后，才能将剩余的回收款支付给次级档持有人。

本例中，从优先档资产支持证券持有人的角度看，其分级的合同现金流量符合基本借贷安排。因为优先档本身及其基础资产均符合本金加利息的合同现金流量特征，且优先档的信用风险不高于基础资产的信用风险。从次级档资产支持证券持有人的角度看，其分级的合同现金流量不符合基本借贷安排。因为次极档本身不符合本金加利息的合同现金流量特征，且次级档承担了高于基础资产的信用风险。

5. 合同现金流量评估的其他特殊情形

（1）某些金融资产的合同现金流量特征中包含杠杆因素，杠杆导致合同现金流量的变动性增加，不符合利息的经济特征。例如，期权、远期合同和互换合同等，均属于这种情况。因此，此类合同不符合本金加利息的合同现金流量特征。

（2）某些金融资产合同中使用本金和利息描述合同现金流量，但此类合同可能并不符合本金加利息的合同现金流量特征。如果金融资产代表对特定资产或现金流量的投资，则可能属于这种情况。

（3）在一般的借款合同中，通常都会规定债权人持有的金融工具相对于债务人的其他债权人持有的工具的优先劣后顺序。对于劣后于其他工具的工具，如果债务人不付款构成违约，并且即使在债务人破产的情况下债权人也拥有收取本金及以未偿付本金金额为基础的利息的合同权利，则该工具可能符合本金加利息的合同现金流量特征。反之，如果次级特征以任何方式限制了合同现金流量或产生了任何形式的其他现金流量，则该工具不符合本金加利息的合同现金流量特征。例如，某企业持有一笔被列为普通债权的应收账款。如果其债务人还有一笔贷款，且该贷款存在抵押物，从而使得债务人破产时其贷款方可优先于普通债权人索偿（但并不影响一般债权人收取尚未支付的本金和其他应付金额的合同权利），则该应收账款也可能符合本金加利息的合同现金流量特征。

（4）如果合同现金流量特征仅对金融资产的合同现金流量构成极其微小的影响，则不会影响金融资产的分类。要做出此判断，企业必须考虑合同现金流量特征在每一会计期间的潜在影响以及在金融工具整个存续期内的累积影响。此外，如果合同现金流量特征（无论是某一会计期间还是整个存续期）对合同现金流量的影响超过了极其微小的程度，企业应当进一步判断该现金流量特征是否是不现实的。如果现金流量特征仅在极端罕见、显著异常且几乎不可能的事件发生时才影响该工具的合同现金流量，那么该现金流量特征是不现实的。如果该现金流量特征不现实，则不影响金融资产的分类。

6. 以摊余成本计量的金融资产

金融资产同时符合下列条件的，应当分类为以摊余成本计量的金融资产。

（1）企业管理该金融资产的业务模式是以收取合同现金流量为目标。

（2）该金融资产的合同条款规定，在特定日期产生的现金流量，仅为对本金和以未偿付本金金额为基础的利息的支付。

例如，银行向企业客户发放的固定利率贷款，在没有其他特殊安排的情况下，贷款通常可能符合本金加利息的合同现金流量特征。如果银行管理该贷款的业务模式是以收取合同现金流量为目标，则该贷款可以分类为以摊余成本计量的金融资产。再如，普通债券的合同现金流量是到期收回本金及按约定利率在合同期间按时收取固定或浮动利息。在没有其他特殊安排的情况下，普通债券通常可能符合本金加利息的合同现金流量特征。如果企业管理该债券的业务模式是以收取合同现金流量为目标，则该债券可以分类为以摊余成本计量的金融资产。又如，企业正常商业往来形成的具有一定信用期限的应收账款，如果企业拟根据应收账款的合同现金流量收取现金，且不打算提前处置应收账款，则该应收账款可以分类为以摊余成本计量的金融资产。

7. 以公允价值计量且其变动计入其他综合收益的金融资产

金融资产同时符合下列条件的，应当分类为以公允价值计量且其变动计入其他综合收益的金融资产。

（1）企业管理该金融资产的业务模式既以收取合同现金流量为目标又以出售该金融资产为目标。

（2）该金融资产的合同条款规定，在特定日期产生的现金流量，仅为对本金和以未偿付本金金额为基础的利息的支付。

【例22-9】 甲企业在销售中通常会给予客户一定期间的信用期。为了盘活存量资产，提高资金使用效率，甲企业与银行签订应收账款无追索权保理总协议，银行向甲企业一次性授信 10 亿元人民币，甲企业可以在需要时随时向银行出售应收账款。历史上甲企业频繁向银行出售应收账款，且出售金额重大，上述出售满足金融资产终止确认的规定。

本例中，应收账款的业务模式符合"既以收取合同现金流量为目标又以出售该金融资产为目标"规定，且该应收账款符合本金加利息的合同现金流量特征，因此，应当分类为以公允价值计量且其变动计入其他综合收益的金融资产。

8. 以公允价值计量且其变动计入当期损益的金融资产

企业分类为以摊余成本计量的金融资产和以公允价值计量且其变动计入其他综合收益的金融资产之外的金融资产，应当分类为以公允价值计量且其变动计入当期损益的金融资产。例如，企业常见的下列投资产品通常应当分类为以公允价值计量且其变动计入当期损益的金融资产。

（1）股票。股票的合同现金流量源自收取被投资企业未来股利分配以及其清算时获得剩余收益的权利。由于股利及获得剩余收益的权利均不符合本准则关于本金和利息的定义，股票不符合本金加利息的合同现金流量特征。在不考虑本准则第十九条特殊指定的情况下，企业持有的股票应当分类为以公允价值计量且其变动计入当期损益的金融资产。

（2）基金。常见的股票型基金、债券型基金、货币基金或混合基金，通常投资于动态管理的资产组合，投资者从该类投资中所取得的现金流量既包括投资期间基础资产产生的合同现金流量，也包括处置基础资产的现金流量。基金一般情况下不符合本金加利息的合同现金流量特征。企业持有的基金通常应当分类为以公允价值计量且其变动计入当期损益的金融资产。

（3）可转换债券。可转换债券除按一般债权类投资的特性到期收回本金、获取约定利息或收益外，还嵌入了一项转股权。通过嵌入衍生工具，企业获得的收益在基本借贷安排的基础上，会产生基于其他因素变动的不确定性。根据本准则规定，企业持有的可转换债券不再将转股权单独分拆，而是将可转换债券作为一个整体进行评估，由于可转换债券不符合本金加利息的合同现金流量特征，企业持有的可转换债券投资应当分类为以公允价值计量且其变动计入当期损益的金融资产。

此外，在初始确认时，如果能够消除或显著减少会计错配，企业可以将金融资产指定为以公允价值计量且其变动计入当期损益的金融资产。该指定一经做出，不得撤销。

22.3.2 金融负债的分类

（一）以摊余成本计量

根据《企业会计准则第 22 号——金融工具确认和计量》具体准则的规定，除下列各项外，企业应当将金融负债分类为以摊余成本计量的金融负债。

（1）以公允价值计量且其变动计入当期损益的金融负债，包括交易性金融负债（含属于金融负债的衍生工具）和指定为以公允价值计量且其变动计入当期损益的金融负债。

（2）金融资产转移不符合终止确认条件或继续涉入被转移金融资产所形成的金融负债。对此类金融负债，企业应当按照《企业会计准则第 23 号——金融资产转移》相关规定进行计量。

（3）不属于上述（1）或（2）情形的财务担保合同，以及不属于上述（1）情形的以低于市场利率贷款的贷款承诺。企业作为此类金融负债发行方的，应当在初始确认后按照依据本准则第八章所确定的损失准备金额以及初始确认金额扣除依据《企业会计准则第14号——收入》相关规定所确定的累计摊销额后的余额孰高进行计量。

（二）以公允价值计量且其变动计入当期损益

在非同一控制下的企业合并中，企业作为购买方确认的或有对价形成金融负债的，该金融负债应当按照以公允价值计量且其变动计入当期损益进行会计处理。

在初始确认时，为了提供更相关的会计信息，企业可以将金融负债指定为以公允价值计量且其变动计入当期损益，但该指定应当满足下列条件之一。

（1）能够消除或显著减少会计错配。

（2）根据正式书面文件载明的企业风险管理或投资策略，以公允价值为基础对金融负债组合或金融资产和金融负债组合进行管理和业绩评价，并在企业内部以此为基础向关键管理人员报告。

该指定一经做出，不得撤销。

22.4 嵌入衍生工具

22.4.1 嵌入衍生工具的定义

衍生工具通常是独立存在的，但也可能嵌入非衍生金融工具或其他合同（主合同）中，这种衍生工具称为嵌入衍生工具。嵌入衍生工具与主合同构成混合合同（如企业持有的可转换公司债券）。嵌入衍生工具对混合合同的现金流量产生影响的方式，应当与单独存在的衍生工具类似，且该混合合同的全部或部分现金流量随特定利率、汇率、金融工具价格、商品价格、价格指数、费率指数、信用等级、信用指数或其他变量的变动而变动，变量为非金融变量的，该变量不应与合同的任何一方存在特定关系。

（1）主合同通常包括租赁合同、保险合同、服务合同、特许权合同、债务工具合同、合营合同等。

（2）在混合合同中，嵌入衍生工具通常以具体合同条款体现。例如，甲公司签订了按一般物价指数调整租金的3年期租赁合同。根据该合同，第1年的租金先约定，从第2年开始，租金按前1年的一般物价指数调整。此例中，主合同是租赁合同，嵌入衍生工具体现为一般物价指数调整条款。以下为常见的、可体现嵌入衍生工具的合同条款：可转换公司债券中嵌入的股份转换选择权条款、与权益工具挂钩的本金或利息支付条款、与商品或其他非金融项目挂钩的本金或利息支付条款、看涨期权条款、看跌期权条款、提前还款权条款、信用违约支付条款等。

（3）衍生工具如果附属于一项金融工具但根据合同规定可以独立于该金融工具进行转让，或者具有与该金融工具不同的交易对手方，则该衍生工具不是嵌入衍生工具，应当作为一项单独存在的衍生工具处理。例如，某贷款合同可能附有一项相关的利率互换。如该互换能够单独转让，那么该互换是一项独立存在的衍生工具，而不是嵌入衍生工具，即使该互换与主合同（贷款合同）的交易对手（借款人）是同一方。同样，如果某工具是衍生工具与其他非衍生工具"合成"或"拼成"的，那么其中的衍生工具也不能视为嵌入衍生工具，而应作为单独存在的衍生工具处理。例如，某公司有一项5年期浮动利率债务工具投资和一项5年期支付浮动利率、收取固定利率的利率互换合同，两者放在一起创造了一项"合成"的5年期固定利率债务工具投资。在这种情况下，"合成"工具中的利率互换不应作为嵌入衍生工具处理。

22.4.2 混合合同

混合合同包含的主合同属于本准则规范的资产的，企业不应从该混合合同中分拆嵌入衍生工具，而应当将该混合合同作为一个整体适用本准则关于金融资产分类的相关规定。

混合合同包含的主合同不属于本准则规范的资产，且同时符合下列条件的，企业应当从混合合同中分拆嵌入衍生工具，将其作为单独存在的衍生工具处理。

（1）嵌入衍生工具的经济特征和风险与主合同的经济特征和风险不紧密相关。
（2）与嵌入衍生工具具有相同条款的单独工具符合衍生工具的定义。
（3）该混合合同不是以公允价值计量且其变动计入当期损益进行会计处理。

【例22-10】甲公司发行了一项可回售可转换优先股。该优先股条款约定，若甲公司5年内未能成功上市，则投资者有权在第5年年末将该优先股按照约定的收益率回售给甲公司。此外，投资者可以随时将该优先股转换成甲公司的普通股，初始转股价格固定，但当甲公司后续发行新股的价格低于初始转股价格时，投资者有权要求将初始转股价格下调，且下调后不再转回。

此例中，股份转换权属于嵌入衍生工具，与主债务合同不紧密相关。如果混合合同整体没有指定为以公允价值计量且其变动计入当期损益的金融负债，则应将该股份转换权分拆为单独的衍生工具核算。

当企业在成为混合合同的一方时，即应评价嵌入衍生工具是否应分拆出来作为单独的衍生工具处理。随后，除非混合合同条款的变化将对原混合合同现金流量产生重大影响，否则企业不应对是否分拆重新进行评估。混合合同条款的变化导致原混合合同现金流量发生重大改变的，应重新评估嵌入衍生工具是否应分拆。企业在确定现金流量调整是否重大时，应当分析判断与嵌入衍生工具、主合同或两者相关的预计未来现金流量发生改变的程度，以及相对于合同以前预计现金流量是否有重大的改变。但是，在同一控制和非同一控制下的企业合并以及合营企业成立中，企业在并购日或成立日可能需要重新评估购入的合同中嵌入衍生工具是否需要分拆。

嵌入衍生工具从混合合同中分拆的，企业应当按照适用的会计准则的规定，对混合合同的主合同进行会计处理。企业无法根据嵌入衍生工具的条款和条件对嵌入衍生工具的公允价值进行可靠计量的，该嵌入衍生工具的公允价值应当根据混合合同公允价值和主合同公允价值之间的差额确定。使用了上述方法后，该嵌入衍生工具在取得日或后续资产负债表日的公允价值仍然无法单独计量的，企业应当将该混合合同整体指定为以公允价值计量且其变动计入当期损益的金融工具。

当企业成为混合合同的一方,而主合同不属于本准则规范的资产且包含一项或多项嵌入衍生工具时,本准则要求企业识别所有此类嵌入衍生工具、评估其是否需要与主合同分拆、并且对于需与主合同分拆的嵌入衍生工具,应以公允价值进行初始确认和后续计量。与整项金融工具均以公允价值计量且其变动计入当期损益相比,上述要求可能更为复杂或导致可靠性更差。为此,本准则允许企业将整项混合合同指定为以公允价值计量且其变动计入当期损益。但下列情况除外。

(1)嵌入衍生工具不会对混合合同的现金流量产生重大改变。

(2)在初次确定类似的混合合同是否需要分拆时,几乎不需分析就能明确其包含的嵌入衍生工具不应分拆。如嵌入贷款的提前还款权,允许持有人以接近摊余成本的金额提前偿还贷款,该提前还款权不需要分拆。

此外,企业无法根据嵌入衍生工具的条款和条件对嵌入衍生工具的公允价值进行可靠计量的,该嵌入衍生工具的公允价值应当根据混合合同公允价值和主合同公允价值之间的差额确定。使用了上述方法后,该嵌入衍生工具在取得日或后续资产负债表日的公允价值仍然无法单独计量的,企业应当将该混合合同整体指定为以公允价值计量且其变动计入当期损益的金融工具。

22.5 金融工具的重分类

22.5.1 金融工具重分类的定义

企业在改变其管理金融资产的业务模式时,应当按照本准则的规定对所有受影响的相关金融资产进行重分类。企业对所有金融负债均不得进行重分类。

企业发生下列情况的,不属于金融资产或金融负债的重分类。

(1)按照《企业会计准则第 24 号——套期会计》相关规定,某金融工具以前被指定并成为现金流量套期或境外经营净投资套期中的有效套期工具,但目前已不再满足运用该套期会计方法的条件。

(2)按照《企业会计准则第 24 号——套期会计》相关规定,某金融工具被指定并成为现金流量套期或境外经营净投资套期中的有效套期工具。

(3)按照《企业会计准则第 24 号——套期会计》相关规定,运用信用风险敞口公允价值选择权所引起的计量变动。

企业对金融资产进行重分类,应当自重分类日起采用未来适用法进行相关会计处理,不得对以前已经确认的利得、损失(包括减值损失或利得)或利息进行追溯调整。重分类日,是指导致企业对金融资产进行重分类的业务模式发生变更后的首个报告期间的第一天。例如,甲上市公司决定于 2×17 年 3 月 22 日改变其管理某金融资产的业务模式,则重分类日为 2×17 年 4 月 1 日(即下一个季度会计期间的期初);乙上市公司决定于 2×17 年 10 月 15 日改变其管理某金融资产的业务模式,则重分类日为 2×18 年 1 月 1 日。

【例 22-11】甲公司持有拟在短期内出售的某商业贷款组合。甲公司近期收购了一家资产管理公司(乙公司),乙公司持有贷款的业务模式是以收取合同现金流量为目标。甲公司决定,对该商业贷款组合的持有不再以出售为目标,而是将该组合与资产管理公司持有的其他贷款一起管理,以收取合同现金流量为目标,则甲公司管理该商业贷款组合的业务模式发生了变更。

以下情形不属于业务模式变更。

(1)企业持有特定金融资产的意图改变。企业即使在市场状况发生重大变化的情况下改变对特定资产的持有意图,也不属于业务模式变更。

(2)金融资产特定市场暂时性消失从而暂时影响金融资产出售。

(3)金融资产在企业具有不同业务模式的各部门之间转移。

需要注意的是,如果企业管理金融资产的业务模式没有发生变更,而金融资产的条款发生变更但未导致终止确认的,不允许重分类。如果金融资产条款发生变更导致金融资产终止确认的,不涉及重分类问题,企业应当终止确认原金融资产,同时按照变更后的条款确认一项新金融资产。

22.5.2 金融资产重分类的会计处理

《企业会计准则第 22 号——金融工具确认和计量》规定,企业对金融资产进行重分类,应当自重分类日起采用未来适用法进行相关会计处理,不得对以前已经确认的利得、损失(包括减值损失或利得)或利息进行追溯调整。

重分类日,是指导致企业对金融资产进行重分类的业务模式发生变更后的首个报告期间的第一天。

(1)企业将一项以摊余成本计量的金融资产重分类为以公允价值计量且其变动计入当期损益的金融资产的,应当按照该资产在重分类日的公允价值进行计量。原账面价值与公允价值之间的差额计入当期损益。

企业将一项以摊余成本计量的金融资产重分类为以公允价值计量且其变动计入其他综合收益的金融资产的,应当按照该金融资产在重分类日的公允价值进行计量。原账面价值与公允价值之间的差额计入其他综合收益。该金融资产重分类不影响其实际利率和预期信用损失的计量。

【例 22-12】2×16 年 10 月 15 日,甲银行购入一项公允价值为 500 000 元的债券投资,并按规定将其分类为以摊余成本计量的金融资产。该债券的账面余额为 500 000 元。2×17 年 10 月 15 日,甲银行变更了其管理债券投资组合的业务模式,其变更符合重分类的要求。因此,甲银行于 2×18 年 1 月 1 日将该债券从以摊余成本计量重分类为以公允价值计量且其变动计入当期损益。2×18 年 1 月 1 日,该债券的公允价值为 490 000 元,已确认的减值准备为 6 000 元。假设不考虑该债券的利息收入。

甲银行的会计处理如下。

借:交易性金融资产	490 000
债权投资减值准备	6 000
公允价值变动损益	4 000
贷:债权投资	500 000

（2）企业将一项以公允价值计量且其变动计入其他综合收益的金融资产重分类为以摊余成本计量的金融资产的，应当将之前计入其他综合收益的累计利得或损失转出，调整该金融资产在重分类日的公允价值，并以调整后的金额作为新的账面价值，即视同该金融资产一直以摊余成本计量。该金融资产重分类不影响其实际利率和预期信用损失的计量。

企业将一项以公允价值计量且其变动计入其他综合收益的金融资产重分类为以公允价值计量且其变动计入当期损益的金融资产的，应当继续以公允价值计量该金融资产。同时，企业应当将之前计入其他综合收益的累计利得或损失从其他综合收益转入当期损益。

【例22-13】2×16年9月15日，甲银行购入一项公允价值为500 000元的债券投资，并按规定将其分类为以公允价值计量且其变动计入其他综合收益的金融资产，该债券的账面余额为500 000元。2×17年10月15日，甲银行变更了其管理债券投资组合的业务模式，其变更符合重分类的要求，因此，甲银行于2×18年1月1日将该债券从以公允价值计量且其变动计入其他综合收益的金融资产重分类为以摊余成本计量的金融资产。2×18年1月1日，该债券的公允价值为490 000元，已确认的减值准备为6 000元。假设不考虑利息收入。

甲银行的会计处理如下。

借：债权投资　　　　　　　　　　　　　　　　　　500 000
　　其他债权投资——公允价值变动　　　　　　　　 10 000
　　其他综合收益——信用减值准备　　　　　　　　　6 000
　贷：其他债权投资——成本　　　　　　　　　　　 500 000
　　　其他综合收益——其他债权投资公允价值变动　　10 000
　　　债权投资减值准备　　　　　　　　　　　　　　 6 000

（3）企业将一项以公允价值计量且其变动计入当期损益的金融资产重分类为以摊余成本计量的金融资产的，应当以其在重分类日的公允价值作为新的账面余额。

企业将一项以公允价值计量且其变动计入当期损益的金融资产重分类为以公允价值计量且其变动计入其他综合收益的金融资产的，应当继续以公允价值计量该金融资产。

按照上述第（3）项规定对金融资产重分类进行处理的，企业应当根据该金融资产在重分类日的公允价值确定其实际利率。同时，企业应当自重分类日起对该金融资产适用本准则关于金融资产减值的相关规定，并将重分类日视为初始确认日。

22.6　金融工具的计量

22.6.1　初始计量

（一）初始确认的原则

《企业会计准则第22号——金融工具确认和计量》规定，企业初始确认金融资产或金融负债，应当按照公允价值计量。对于以公允价值计量且其变动计入当期损益的金融资产和金融负债，相关交易费用应当直接计入当期损益；对于其他类别的金融资产或金融负债，相关交易费用应当计入初始确认金额。但是，企业初始确认的应收账款未包含《企业会计准则第

14 号——收入》所定义的重大融资成分或根据《企业会计准则第 14 号——收入》规定不考虑不超过一年的合同中的融资成分的，应当按照该准则定义的交易价格进行初始计量。

交易费用，是指可直接归属于购买、发行或处置金融工具的增量费用。增量费用是指企业没有发生购买、发行或处置相关金融工具的情形就不会发生的费用，包括支付给代理机构、咨询公司、券商、证券交易所、政府有关部门等的手续费、佣金、相关税费以及其他必要支出，不包括债券溢价、折价、融资费用、内部管理成本和持有成本等与交易不直接相关的费用。

（二）公允价值计量

企业应当根据《企业会计准则第 39 号——公允价值计量》的规定，确定金融资产和金融负债在初始确认时的公允价值。公允价值通常为相关金融资产或金融负债的交易价格。金融资产或金融负债公允价值与交易价格存在差异的，企业应当区别下列情况进行处理。

（1）在初始确认时，金融资产或金融负债的公允价值依据相同资产或负债在活跃市场上的报价或者仅使用可观察市场数据的估值技术确定的，企业应当将该公允价值与交易价格之间的差额确认为一项利得或损失。

（2）在初始确认时，金融资产或金融负债的公允价值以其他方式确定的，企业应当将该公允价值与交易价格之间的差额递延。初始确认后，企业应当根据某一因素在相应会计期间的变动程度将该递延差额确认为相应会计期间的利得或损失。该因素应当仅限于市场参与者对该金融工具定价时将予考虑的因素，包括时间等。

金融工具初始确认时的公允价值通常指交易价格（即所收到或支付对价的公允价值），但是，如果收到或支付的对价的一部分并非针对该金融工具，该金融工具的公允价值应根据估值技术进行估计。例如，一项不带息的长期贷款或应收款项公允价值的估计数是以信用等级相当的类似金融工具（计价的币种、条款、利率类型和其他因素相类似）的当前市场利率，对所有未来现金收款额折现所得出的现值。任何额外支付的金额应作为一项费用或收益的抵减项处理，除非其符合确认为其他类型资产的条件。此外，还应注意，如果企业按低于市场利率发放一项贷款（例如，类似贷款市场利率为 8% 时，该贷款的利率为 5%），并且直接收到一项费用作为补偿，该企业应以公允价值确认这项贷款，即以发放的本金减去收到的费用作为初始确认金额。之后，企业应采用实际利率法将相关折价计入损益。

企业取得金融资产所支付的价款中包含的已宣告但尚未发放的利息或现金股利，应当单独确认为应收项目处理。

22.6.2 后续计量

（一）后续计量的基本原则

金融资产的后续计量与金融资产的分类密切相关。企业应当对不同类别的金融资产，分别以摊余成本、以公允价值计量且其变动计入其他综合收益或以公允价值计量且其变动计入当期损益进行后续计量。

需要注意的是，企业在对金融资产进行后续计量时，如果一项金融工具以前被确认为一项金融资产并以公允价值计量，而现在它的公允价值低于零，企业应将其确认为一项负债。但对于主合同为资产的混合合同，即使整体公允价值可能低于零，企业应当始终将混合合同整体作为一项金融资产进行分类和计量。

（二）摊余成本与实际利率法

1. 摊余成本

《企业会计准则第22号——金融工具确认和计量》规定，金融资产或金融负债的摊余成本，应当以该金融资产或金融负债的初始确认金额经下列调整后的结果确定。

（1）扣除已偿还的本金。

（2）加上或减去采用实际利率法将该初始确认金额与到期日金额之间的差额进行摊销形成的累计摊销额。

（3）扣除累计计提的损失准备（仅适用于金融资产）。

2. 实际利率法

实际利率法，是指计算金融资产或金融负债的摊余成本以及将利息收入或利息费用分摊计入各会计期间的方法。

实际利率，是指将金融资产或金融负债在预计存续期的估计未来现金流量，折现为该金融资产账面余额或该金融负债摊余成本所使用的利率。在确定实际利率时，应当在考虑金融资产或金融负债所有合同条款（如提前还款、展期、看涨期权或其他类似期权等）的基础上估计预期现金流量，但不应当考虑预期信用损失。

经信用调整的实际利率，是指将购入或源生的已发生信用减值的金融资产在预计存续期的估计未来现金流量，折现为该金融资产摊余成本的利率。在确定经信用调整的实际利率时，应当在考虑金融资产的所有合同条款（如提前还款、展期、看涨期权或其他类似期权等）以及初始预期信用损失的基础上估计预期现金流量。

合同各方之间支付或收取的、属于实际利率或经信用调整的实际利率组成部分的各项费用、交易费用及溢价或折价等，应当在确定实际利率或经信用调整的实际利率时予以考虑。

企业通常能够可靠估计金融工具（或一组类似金融工具）的现金流量和预计存续期。在极少数情况下，金融工具（或一组金融工具）的估计未来现金流量或预计存续期无法可靠估计的，企业在计算确定其实际利率（或经信用调整的实际利率）时，应当基于该金融工具在整个合同期内的合同现金流量。

【例22-14】 2×13年1月1日，甲公司支付价款1 000万元（含交易费用）从上海证券交易所购入乙公司同日发行的5年期公司债券12 500份，债券票面价值总额为1 250万元，票面年利率为4.72%，于每年年末支付本年度债券利息（即每年利息为59万元），在债券到期时一次性偿还本金。合同约定，该债券的发行方在遇到特定情况时可以将债券赎回，且不需要为提前赎回支付额外款项。甲公司在购买该债券时，预计发行方不会提前赎回。甲公司根据其管理该债券的业务模式和该债券的合同现金流量特征，将该债券分类为以摊余成本计量的金融资产。

假定不考虑所得税、减值损失等因素，计算该债券的实际利率r。

$59 \times (1+r)^{-1} + 59 \times (1+r)^{-2} + 59 \times (1+r)^{-3} + 59 \times (1+r)^{-4} + (59+1 250) \times (1+r)^{-5} = 1 000$

采用插值法，计算得出$r=10\%$。

[情形1]

根据表22-1中的数据，甲公司的有关账务处理如下。

表22-1　甲公司所购入公司债券数据

单位：万元

年度	期初摊余成本 (A)	实际利息收入 (B=A×10%)	现金流入 (C)	期末摊余成本 (D=A+B−C)
2×13年12月31日	1 000	100	59	1 041
2×14年12月31日	1 041	104	59	1 086
2×15年12月31日	1 086	109	59	1 136
2×16年12月31日	1 136	114	59	1 191
2×17年12月31日	1 191	118*	1 309	0

注：*尾数调整1 250+59−1 191=118。

(1) 2×13年1月1日，购入乙公司债券。

借：债权投资——成本　　　　　　　　　　　　　　　　　12 500 000
　　　贷：银行存款　　　　　　　　　　　　　　　　　　10 000 000
　　　　　债权投资——利息调整　　　　　　　　　　　　 2 500 000

(2) 2×13年12月31日，确认乙公司债券实际利息收入、收到债券利息。

借：应收利息　　　　　　　　　　　　　　　　　　　　　　590 000
　　债权投资——利息调整　　　　　　　　　　　　　　　　410 000
　　　贷：投资收益　　　　　　　　　　　　　　　　　　1 000 000
借：银行存款　　　　　　　　　　　　　　　　　　　　　　590 000
　　　贷：应收利息　　　　　　　　　　　　　　　　　　　590 000

(3) 2×14年12月31日，确认乙公司债券实际利息收入、收到债券利息。

借：应收利息　　　　　　　　　　　　　　　　　　　　　　590 000
　　债权投资——利息调整　　　　　　　　　　　　　　　　450 000
　　　贷：投资收益　　　　　　　　　　　　　　　　　　1 040 000
借：银行存款　　　　　　　　　　　　　　　　　　　　　　590 000
　　　贷：应收利息　　　　　　　　　　　　　　　　　　　590 000

(4) 2×15年12月31日，确认乙公司债券实际利息收入、收到债券利息。

借：应收利息　　　　　　　　　　　　　　　　　　　　　　590 000
　　债权投资——利息调整　　　　　　　　　　　　　　　　500 000
　　　贷：投资收益　　　　　　　　　　　　　　　　　　1 090 000
借：银行存款　　　　　　　　　　　　　　　　　　　　　　590 000
　　　贷：应收利息　　　　　　　　　　　　　　　　　　　590 000

(5) 2×16年12月31日，确认乙公司债券实际利息收入、收到债券利息。

借：应收利息	590 000	
债权投资——利息调整	550 000	
贷：投资收益		1 140 000
借：银行存款	590 000	
贷：应收利息		590 000

（6）2×17年12月31日，确认乙公司债券实际利息收入、收到债券利息和本金。

借：应收利息	590 000	
债权投资——利息调整	590 000	
贷：投资收益		1 180 000
借：银行存款	590 000	
贷：应收利息		590 000
借：银行存款	12 500 000	
贷：债权投资——成本		12 500 000

[情形2]

假定在2×15年1月1日，甲公司预计本金的一半（即625万元）将会在该年年末收回，而其余的一半本金将于2×17年年末收回。甲公司应当调整2×15年年初的摊余成本，计入当期损益；调整时采用最初确定的实际利率。据此，调整上述表中相关数据后所得到的结果如表22-2所示。

表22-2　甲公司调整后相关数据

单位：万元

年度	期初摊余成本 （A）	实际利息收入 （B=A×10%）	现金流入 （C）	期末摊余成本 （D=A+B-C）
2×13年12月31日	1 000	100	59	1 041
2×14年12月31日	1 041	104	59	1 086
2×15年12月31日	1 139*	114	684	569
2×16年12月31日	569	57	30**	596
2×17年12月31日	596	59***	655	0

注：*（625+59）×$(1+10\%)^{-1}$+30×$(1+10\%)^{-2}$+（625+30）×$(1+10\%)^{-3}$=1 139（四舍五入）。
**625×4.72%=30（四舍五入）。
***625+30-596=59（尾数调整）。

根据上述调整，甲公司的账务处理如下。

（1）2×15年1月1日，调整期初账面余额。

借：债权投资——利息调整	530 000	
贷：投资收益		530 000

（2）2×15年12月31日，确认实际利息、收回本金等。

借：应收利息	590 000	
债权投资——利息调整	550 000	

贷：投资收益		1 140 000
借：银行存款	590 000	
贷：应收利息		590 000
借：银行存款	6 250 000	
贷：债权投资——成本		6 250 000

（3）2×16年12月31日，确认实际利息等。

借：应收利息	300 000	
债权投资——利息调整	270 000	
贷：投资收益		570 000
借：银行存款	300 000	
贷：应收利息		300 000

（4）2×17年12月31日，确认实际利息、收回本金等。

借：应收利息	300 000	
债权投资——利息调整	290 000	
贷：投资收益		590 000
借：银行存款	300 000	
贷：应收利息		300 000
借：银行存款	6 250 000	
贷：债权投资——成本		6 250 000

[情形3]

假定甲公司购买的乙公司债券不是分次付息，而是到期一次还本付息，且利息不以复利计算。此时，甲公司所购买乙公司债券的实际利率 r 计算如下。

$(59+59+59+59+59+1\,250) \times (1+r)^{-5} = 1\,000$

由此计算得出 $r = 9.05\%$。

据此，调整表22-1中相关数据后所得到的结果如表22-3所示。

表22-3 甲公司购入到期一次还本付息债券数据

单位：万元

日期	期初摊余成本（A）	实际利息收入（$B=A \times 9.05\%$）	现金流入（C）	期末摊余成本（$D=A+B-C$）
2×13年12月31日	1 000	90.50	0	1 090.50
2×14年12月31日	1 090.50	98.69	0	1 189.19
2×15年12月31日	1 189.19	107.62	0	1 296.81
2×16年12月31日	1 296.81	117.36	0	1 414.17
2×17年12月31日	1 414.17	130.83*	1 545	0

注：*尾数调整 1 250 + 295 − 1 414.17 = 130.83。

根据表22-3中的数据,甲公司的有关账务处理如下。

(1) 2×13年1月1日,购入乙公司债券。

借:债权投资——成本 12 500 000
　　贷:银行存款 10 000 000
　　　　债权投资——利息调整 2 500 000

(2) 2×13年12月31日,确认乙公司债券实际利息收入。

借:债权投资——应计利息 590 000
　　　　　——利息调整 315 000
　　贷:投资收益 905 000

(3) 2×14年12月31日,确认乙公司债券实际利息收入。

借:债权投资——应计利息 590 000
　　　　　——利息调整 396 900
　　贷:投资收益 986 900

(4) 2×15年12月31日,确认乙公司债券实际利息收入。

借:债权投资——应计利息 590 000
　　　　　——利息调整 486 200
　　贷:投资收益 1 076 200

(5) 2×16年12月31日,确认乙公司债券实际利息收入。

借:债权投资——应计利息 590 000
　　　　　——利息调整 583 600
　　贷:投资收益 1 173 600

(6) 2×17年12月31日,确认乙公司债券实际利息收入、收回债券本金和票面利息。

借:债权投资——应计利息 590 000
　　　　　——利息调整 718 300
　　贷:投资收益 1 308 300
借:银行存款 15 450 000
　　贷:债权投资——成本 12 500 000
　　　　　——应计利息 2 950 000

3. 利息收入

企业应当按照实际利率法确认利息收入。利息收入应当根据金融资产账面余额乘以实际利率计算确定,但下列情况除外。

(1) 对于购入或源生的已发生信用减值的金融资产,企业应当自初始确认起,按照该金融资产的摊余成本和经信用调整的实际利率计算确定其利息收入。

(2) 对于购入或源生的未发生信用减值、但在后续期间成为已发生信用减值的金融资产,企业应当在后续期间,按照该金融资产的摊余成本和实际利率计算确定其利息收入。企业按照上述规定对金融资产的摊余成本运用实际利率法计算利息收入的,若该金融工具在后续期间因其信用风险有所改善而不再存在信用减值,并且这一改善在客观上可与应用上述规定之后发生的某一事件相联系（如债务人的信用评级被上调），企业应当转按实际利率乘以该金融资产账面余额来计算确定利息收入。

经信用调整的实际利率，是指将购入或源生的已发生信用减值的金融资产在预计存续期的估计未来现金流量，折现为该金融资产摊余成本的利率。在确定经信用调整的实际利率时，应当在考虑金融资产的所有合同条款（如提前还款、展期、看涨期权或其他类似期权等）以及初始预期信用损失的基础上估计预期现金流量。

（三）以公允价值进行后续计量的金融资产

（1）对于以公允价值进行后续计量的金融资产，其公允价值变动形成的利得或损失，除与套期会计有关外，应当按照下列规定处理。

① 以公允价值计量且其变动计入当期损益的金融资产的利得或损失，应当计入当期损益。

② 按照本准则第十八条分类为以公允价值计量且其变动计入其他综合收益的金融资产所产生的利得或损失，除减值损失或利得和汇兑损益外，均应当计入其他综合收益，直至该金融资产终止确认或被重分类。但是，采用实际利率法计算的该金融资产的利息应当计入当期损益。该类金融资产计入各期损益的金额应当与视同其一直按摊余成本计量而计入各期损益的金额相等。

该类金融资产终止确认时，之前计入其他综合收益的累计利得或损失应当从其他综合收益中转出，计入当期损益。

③ 对于指定为以公允价值计量且其变动计入其他综合收益的非交易性权益工具投资，除了获得的股利（属于投资成本收回部分的除外）计入当期损益外，其他相关的利得和损失（包括汇兑损益）均应计入其他综合收益，且后续不得转入当期损益。当其终止确认时，之前计入其他综合收益的累计利得或损失应当从其他综合收益中转出，计入留存收益。

（2）企业只有在同时符合下列条件时，才能确认股利收入并计入当期损益。

① 企业收取股利的权利已经确立。

② 与股利相关的经济利益很可能流入企业。

③ 股利的金额能够可靠计量。

【例 22-15】 2×16 年 5 月 13 日，甲公司支付价款 1 060 000 元从二级市场购入乙公司发行的股票 100 000 股，每股价格 10.60 元（含已宣告但尚未发放的现金股利 0.60 元），另支付交易费用 1 000 元。甲公司将持有的乙公司股权划分为交易性金融资产，且持有乙公司股权后对其无重大影响。

甲公司的其他相关资料如下。

（1）5 月 23 日，收到乙公司发放的现金股利。

（2）6 月 30 日，乙公司股票价格涨到每股 13 元。

（3）8 月 15 日，将持有的乙公司股票全部售出，每股售价 15 元。

假定不考虑其他因素，甲公司的账务处理如下。

（1）5 月 13 日，购入乙公司股票。

借：交易性金融资产——成本	1 000 000
应收股利	60 000
投资收益	1 000
贷：银行存款	1 061 000

（2）5月23日，收到乙公司发放的现金股利。

| 借：银行存款 | 60 000 |
| 贷：应收股利 | 60 000 |

（3）6月30日，确认股票价格变动。

| 借：交易性金融资产——公允价值变动 | 300 000 |
| 贷：公允价值变动损益 | 300 000 |

（4）8月15日，乙公司股票全部售出。

借：银行存款	1 500 000
公允价值变动损益	300 000
贷：交易性金融资产——成本	1 000 000
——公允价值变动	300 000
投资收益	500 000

【例22-16】2×16年7月13日，乙公司从二级市场购入股票100万股，每股市价15元，手续费3万元；初始确认时，该股票划分为其他权益工具投资，以公允价值计量且变动计入其他综合收益。

乙公司2×16年12月31日仍持有该股票，该股票当时的市价为每股16元。

2×17年2月1日，乙公司将该股票售出，售价为每股13元，另支付交易费用1.3万元。假定不考虑其他因素，乙公司的账务处理如下（金额单位：万元）。

（1）2×16年7月13日，购入股票。

| 借：其他权益工具投资——成本 | 1 503 |
| 贷：银行存款 | 1 503 |

（2）2×16年12月31日，确认股票价格变动。

| 借：其他权益工具投资——公允价值变动 | 100 |
| 贷：其他综合收益 | 100 |

（3）2×17年2月1日，出售股票。

借：银行存款	1 298.7
投资收益	304.3
贷：其他权益工具投资——成本	1 503
——公允价值变动	100
借：其他综合收益	100
贷：盈余公积	10
利润分配——未分配利润	90

【例22-17】 2×13年1月1日，甲公司支付价款1 000万元（含交易费用）从上海证券交易所购入乙公司同日发行的5年期公司债券12 500份，债券票面价值总额为1 250万元，票面年利率为4.72%，于年末支付本年度债券利息（即每年利息为59万元），本金在债券到期时一次性偿还。合同约定，该债券的发行方在遇到特定情况时可以将债券赎回，且不需要为提前赎回支付额外款项。甲公司在购买该债券时，预计发行方不会提前赎回。甲公司根据其管理该债券的业务模式和该债券的合同现金流量特征，将该债券分类为以公允价值计量且其变动计入其他综合收益的金融资产。

其他资料如下。

（1）2×13年12月31日，乙公司债券的公允价值为1 200万元（不含利息）。

（2）2×14年12月31日，乙公司债券的公允价值为1 300万元（不含利息）。

（3）2×15年12月31日，乙公司债券的公允价值为1 250万元（不含利息）。

（4）2×16年12月31日，乙公司债券的公允价值为1 200万元（不含利息）。

（5）2×17年1月20日，通过上海证券交易所出售了乙公司债券12 500份，取得价款1 260万元。

假定不考虑所得税、减值等因素，计算该债券的实际利率r。

$$59 \times (1+r)^{-1} + 59 \times (1+r)^{-2} + 59 \times (1+r)^{-3} + 59 \times (1+r)^{-4} + (59+1250) \times (1+r)^{-5} = 1\,000$$

采用插值法，计算得出$r=10\%$。

相关数据见表22-4。

表22-4 甲公司购入公司债券相关数据

单位：万元

日期	现金流入（A）	实际利息收入（B=期初D×10%）	已收回的本金（C=A-B）	摊余成本余额（D=期初D-C）	公允价值（E）	公允价值变动额 F=E-D-期初G	公允价值变动累计金额 G=期初G+F
2×13年1月1日				1 000	1 000	0	0
2×13年12月31日	59	100	−41	1 041	1 200	159	159
2×14年12月31日	59	104	−45	1 086	1 300	55	214
2×15年12月31日	59	109	−50	1 136	1 250	−100	114
2×16年12月31日	59	113	54	1 190	1 200	−104	10

甲公司的有关账务处理如下。

（1）2×13年1月1日，购入乙公司债券。

借：其他债权投资——成本　　　　　　　　　　　　　　　12 500 000
　　贷：银行存款　　　　　　　　　　　　　　　　　　　　10 000 000
　　　　其他债权投资——利息调整　　　　　　　　　　　　 2 500 000

（2）2×13年12月31日，确认乙公司债券实际利息收入、公允价值变动，收到债券利息。

  借：应收利息   590 000
    其他债权投资——利息调整   410 000
    贷：投资收益   1 000 000
  借：银行存款   590 000
    贷：应收利息   590 000
  借：其他债权投资——公允价值变动   1 590 000
    贷：其他综合收益——其他债权投资公允价值变动   1 590 000

（3）2×14年12月31日，确认乙公司债券实际利息收入、公允价值变动，收到债券利息。

  借：应收利息   590 000
    其他债权投资——利息调整   450 000
    贷：投资收益   1 040 000
  借：银行存款   590 000
    贷：应收利息   590 000
  借：其他债权投资——公允价值变动   550 000
    贷：其他综合收益——其他债权投资公允价值变动   550 000

（4）2×15年12月31日，确认乙公司债券实际利息收入、公允价值变动，收到债券利息。

  借：应收利息   590 000
    其他债权投资——利息调整   500 000
    贷：投资收益   1 090 000
  借：银行存款   590 000
    贷：应收利息   590 000
  借：其他综合收益——其他债权投资公允价值变动   1 000 000
    贷：其他债权投资——公允价值变动   1 000 000

（5）2×16年12月31日，确认乙公司债券实际利息收入、公允价值变动，收到债券利息。

  借：应收利息   590 000
    其他债权投资——利息调整   540 000
    贷：投资收益   1 130 000
  借：银行存款   590 000
    贷：应收利息   590 000
  借：其他综合收益——其他债权投资公允价值变动   1 040 000
    贷：其他债权投资——公允价值变动   1 040 000

（6）2×17年1月20日，确认出售乙公司债券实现的损益。

借：银行存款　　　　　　　　　　　　　　　　　　　　　12 600 000
　　其他综合收益——其他债权投资公允价值变动　　　　　　100 000
　　其他债权投资——利息调整　　　　　　　　　　　　　　600 000
　　贷：其他债权投资——成本　　　　　　　　　　　　　　　　　12 500 000
　　　　投资收益　　　　　　　　　　　　　　　　　　　　　　　　800 000

【例22-18】2×16年1月1日，甲公司从二级市场购入丙公司债券，支付价款合计1 020 000元（含已到付息期但尚未领取的利息20 000元），另发生交易费用20 000元。该债券面值为1 000 000元，剩余期限为2年，票面年利率为4%，每半年付息一次，其合同现金流量特征满足仅为对本金和以未偿付本金金额为基础的利息的支付。甲公司根据其管理该债券的业务模式和该债券的合同现金流量特征，将该债券分类为以公允价值计量且其变动计入当期损益的金融资产。其他资料如下。

（1）2×16年1月5日，收到丙公司债券2×15年下半年利息20 000元。

（2）2×16年6月30日，丙公司债券的公允价值为1 150 000元（不含利息）。

（3）2×16年7月5日，收到丙公司债券2×16年上半年利息。

（4）2×16年12月31日，丙公司债券的公允价值为1 100 000元（不含利息）。

（5）2×17年1月5日，收到丙公司债券2×16年下半年利息。

（6）2×17年6月20日，通过二级市场出售丙公司债券，取得价款1 180 000元（含1季度利息10 000元）。

假定不考虑其他因素，甲公司的账务处理如下。

（1）2×16年1月1日，从二级市场购入丙公司债券。

借：交易性金融资产——成本　　　　　　　　　　　　　　1 000 000
　　应收利息　　　　　　　　　　　　　　　　　　　　　　　20 000
　　投资收益　　　　　　　　　　　　　　　　　　　　　　　20 000
　　贷：银行存款　　　　　　　　　　　　　　　　　　　　　　　1 040 000

（2）2×16年1月5日，收到该债券2×15年下半年利息20 000元。

借：银行存款　　　　　　　　　　　　　　　　　　　　　　20 000
　　贷：应收利息　　　　　　　　　　　　　　　　　　　　　　　20 000

（3）2×16年6月30日，确认丙公司债券公允价值变动和投资收益。

借：交易性金融资产——公允价值变动　　　　　　　　　　150 000
　　贷：公允价值变动损益　　　　　　　　　　　　　　　　　　150 000

借：应收利息　　　　　　　　　　　　　　　　　　　　　　20 000
　　贷：投资收益　　　　　　　　　　　　　　　　　　　　　　　20 000

（4）2×16年7月5日，收到丙公司债券2×16年上半年利息。

借：银行存款　　　　　　　　　　　　　　　　　　　　　　20 000
　　贷：应收利息　　　　　　　　　　　　　　　　　　　　　　　20 000

(5) 2×16年12月31日，确认丙公司债券公允价值变动和投资收益。

借：公允价值变动损益　　　　　　　　　　　　　　　　50 000
　　贷：交易性金融资产——公允价值变动　　　　　　　　　　50 000
借：应收利息　　　　　　　　　　　　　　　　　　　　20 000
　　贷：投资收益　　　　　　　　　　　　　　　　　　　　　20 000

(6) 2×17年1月5日，收到丙公司债券2×16年下半年利息。

借：银行存款　　　　　　　　　　　　　　　　　　　　20 000
　　贷：应收利息　　　　　　　　　　　　　　　　　　　　　20 000

(7) 2×17年6月20日，通过二级市场出售丙公司债券。

借：银行存款　　　　　　　　　　　　　　　　　　　1 180 000
　　贷：交易性金融资产——成本　　　　　　　　　　　　1 000 000
　　　　　　　　　　　　——公允价值变动　　　　　　　　100 000
　　　　投资收益　　　　　　　　　　　　　　　　　　　　70 000
　　　　应收利息　　　　　　　　　　　　　　　　　　　　10 000

【例22-19】2×16年5月6日，甲公司支付价款1 016万元（含交易费用1万元和已宣告发放现金股利15万元），购入乙公司发行的股票200万股，占乙公司有表决权股份的0.5%。甲公司将该股票投资指定为以公允价值计量且其变动计入其他综合收益的非交易性权益工具投资。

2×16年5月10日，甲公司收到乙公司发放的现金股利15万元。

2×16年6月30日，该股票市价为每股5.2元。

2×16年12月31日，甲公司仍持有该股票；当日，该股票市价为每股5元。

2×17年5月9日，乙公司宣告发放股利4 000万元。

2×17年5月13日，甲公司收到乙公司发放的现金股利。

2×17年5月20日，甲公司由于某特殊原因，以每股4.9元的价格将股票全部转让。

假定不考虑其他因素，甲公司的账务处理如下。

(1) 2×16年5月6日，购入股票。

借：应收股利　　　　　　　　　　　　　　　　　　　　150 000
　　其他权益工具投资——成本　　　　　　　　　　　10 010 000
　　贷：银行存款　　　　　　　　　　　　　　　　　　10 160 000

(2) 2×16年5月10日，收到现金股利。

借：银行存款　　　　　　　　　　　　　　　　　　　　150 000
　　贷：应收股利　　　　　　　　　　　　　　　　　　　　150 000

(3) 2×16年6月30日，确认股票价格变动。

借：其他权益工具投资——公允价值变动　　　　　　　　390 000
　　贷：其他综合收益——其他权益工具投资公允价值变动　　390 000

(4) 2×16年12月31日，确认股票价格变动。

借：其他综合收益——其他权益工具投资公允价值变动	400 000	
贷：其他权益工具投资——公允价值变动		400 000

（5）2×17年5月9日，确认应收现金股利。

借：应收股利	200 000	
贷：投资收益		200 000

（6）2×17年5月13日，收到现金股利。

借：银行存款	200 000	
贷：应收股利		200 000

（7）2×17年5月20日，出售股票。

借：盈余公积——法定盈余公积	1 000	
利润分配——未分配利润	9 000	
贷：其他综合收益——其他权益工具投资公允价值变动		10 000
借：银行存款	9 800 000	
其他权益工具投资——公允价值变动	10 000	
盈余公积——法定盈余公积	20 000	
利润分配——未分配利润	180 000	
贷：其他权益工具投资——成本		10 010 000

如果甲公司根据其管理乙公司股票的业务模式和乙公司股票的合同现金流量特征，将购入的乙公司股票分类为以公允价值计量且其变动计入当期损益的金融资产，且2×16年12月31日乙公司股票市价为每股4.8元，其他资料不变，则甲公司应进行如下账务处理。

（1）2×16年5月6日，购入股票。

借：应收股利	150 000	
交易性金融资产——成本	10 000 000	
投资收益	10 000	
贷：银行存款		10 160 000

（2）2×16年5月10日，收到现金股利。

借：银行存款	150 000	
贷：应收股利		150 000

（3）2×16年6月30日，确认股票价格变动。

借：交易性金融资产——公允价值变动	400 000	
贷：公允价值变动损益		400 000

（4）2×16年12月31日，确认股票价格变动。

借：公允价值变动损益	800 000	
贷：交易性金融资产——公允价值变动		800 000

注：公允价值变动=200×（4.8-5.2）=-80（万元）。

（5）2×17年5月9日，确认应收现金股利。

借：应收股利	200 000	
贷：投资收益		200 000

(6) 2×17年5月13日，收到现金股利。

借：银行存款	200 000	
贷：应收股利		200 000

(7) 2×17年5月20日，出售股票。

借：银行存款	9 800 000	
交易性金融资产——公允价值变动	400 000	
贷：交易性金融资产——成本		10 000 000
投资收益		200 000

（四）金融负债的后续计量

1. 金融负债后续计量原则

企业应当按照以下原则对金融负债进行后续计量。

（1）以公允价值计量且其变动计入当期损益的金融负债，应当按照公允价值进行后续计量。

（2）金融资产转移不符合终止确认条件或继续涉入被转移金融资产所形成的金融负债，对此类金融负债，企业应当按照《企业会计准则第23号——金融资产转移》相关规定进行计量。

（3）不属于指定为以公允价值计量且其变动计入当期损益的金融负债的财务担保合同或没有指定为以公允价值计量且其变动计入当期损益并将以低于市场利率贷款的贷款承诺，企业作为此类金融负债发行方的，应当在初始确认后按照依据本准则第八章所确定的损失准备金额以及初始确认金额扣除依据《企业会计准则第14号——收入》相关规定所确定的累计摊销额后的余额孰高进行计量。

（4）上述金融负债以外的金融负债，应当按摊余成本进行后续计量。

2. 金融负债后续计量的会计处理

（1）对于以公允价值进行后续计量的金融负债，其公允价值变动形成利得或损失，除与套期会计有关外，应当计入当期损益。

【例22-20】2×16年7月1日，甲公司经批准在全国银行间债券市场公开发行10亿元人民币短期融资券，期限为1年，票面年利率为5.58%，每张面值为100元，到期一次还本付息。所募集资金主要用于公司购买生产经营所需的原材料及配套件等。甲公司将该短期融资券指定为以公允价值计量且其变动计入当期损益的金融负债。假定不考虑发行短期融资券相关的交易费用以及企业自身信用风险变动。

2×16年12月31日，该短期融资券市场价格为每张120元（不含利息）；2×17年6月30日，该短期融资券到期兑付完成。

据此，甲公司账务处理如下（单位：万元）。

（1）2×16年7月1日，发行短期融资券。

借：银行存款	100 000	

贷：交易性金融负债	100 000

（2）2×16年12月31日，确认公允价值变动和利息费用。

借：公允价值变动损益	20 000
贷：交易性金融负债	20 000
借：财务费用	2 790
贷：应付利息	2 790

（3）2×17年6月30日，短期融资券到期。

借：财务费用	2 790
贷：应付利息	2 790
借：交易性金融负债	120 000
应付利息	5 580
贷：银行存款	105 580
公允价值变动损益	20 000

（2）以摊余成本计量且不属于任何套期关系一部分的金融负债所产生的利得或损失，应当在终止确认时计入当期损益或在按照实际利率法摊销时计入相关期间损益。

企业与交易对手方修改或重新议定合同，未导致金融负债终止确认，但导致合同现金流量发生变化的，应当重新计算该金融负债的账面价值，并将相关利得或损失计入当期损益。重新计算的该金融负债的账面价值，应当根据将重新议定或修改的合同现金流量按金融负债的原实际利率或按《企业会计准则第24号——套期会计》第二十三条规定的重新计算的实际利率（如适用）折现的现值确定。对于修改或重新议定合同所产生的所有成本或费用，企业应当调整修改后的金融负债账面价值，并在修改后金融负债的剩余期限内进行摊销。

【例22-21】 甲公司通过发行公司债券为建造专用生产线筹集资金。有关资料如下。

（1）2×13年12月31日，委托证券公司以7 755万元的价格发行3年期分期付息公司债券。该债券面值为8 000万元，票面年利率为4.5%，实际年利率为5.64%，每年付息一次，到期后按面值偿还。假定不考虑发行公司债券相关的交易费用。

（2）生产线建造工程采用出包方式，于2×14年1月1日开始动工，发行债券所得款项当日全部支付给建造承包商，2×15年12月31日所建造生产线达到预定可使用状态。

（3）假定各年度利息的实际支付日期均为下年度的1月10日；2×17年1月10日支付2×16年度利息，一并偿付面值。

（4）所有款项均以银行存款支付。

据此，甲公司计算得出该债券在各年年末的摊余成本、应付利息金额、当年应予资本化或费用化的利息金额、利息调整的本年摊销和年末余额。有关结果如表22-5所示。

表22-5 甲公司发行债券相关数据

单位：万元

时间		2×13年12月31日	2×14年12月31日	2×15年12月31日	2×16年12月31日
年末摊余成本	面值	8 000	8 000	8 000	8 000
	利息调整	−245	−167.62	−85.87	0
	合计	7 755	7 832.38	7 914.13	8 000
当年应予资本化或费用化的利息金额			437.38	441.75	445.87
年末应付利息金额			360	360	360
"利息调整"本年摊销额			77.38	81.75	85.87

甲公司的账务处理如下。

（1）2×13年12月31日，发行债券。

借：银行存款　　　　　　　　　　　　　　　　77 550 000
　　应付债券——利息调整　　　　　　　　　　 2 450 000
　　　贷：应付债券——面值　　　　　　　　　80 000 000

（2）2×14年12月31日，确认和结转利息。

借：在建工程　　　　　　　　　　　　　　　　 4 373 800
　　贷：应付利息　　　　　　　　　　　　　　 3 600 000
　　　　应付债券——利息调整　　　　　　　　　 773 800

（3）2×15年1月10日，支付利息。

借：应付利息　　　　　　　　　　　　　　　　 3 600 000
　　贷：银行存款　　　　　　　　　　　　　　 3 600 000

（4）2×15年12月31日，确认和结转利息。

借：在建工程　　　　　　　　　　　　　　　　 4 417 500
　　贷：应付利息　　　　　　　　　　　　　　 3 600 000
　　　　应付债券——利息调整　　　　　　　　　 817 500

（5）2×16年1月10日，支付利息。

借：应付利息　　　　　　　　　　　　　　　　 3 600 000
　　贷：银行存款　　　　　　　　　　　　　　 3 600 000

（6）2×16年12月31日，确认和结转利息。

借：财务费用　　　　　　　　　　　　　　　　 4 458 700
　　贷：应付利息　　　　　　　　　　　　　　 3 600 000
　　　　应付债券——利息调整　　　　　　　　　 858 700

（7）2×17年1月10日，债券到期兑付。

借：应付利息　　　　　　　　　　　　　　　　 3 600 000
　　应付债券——面值　　　　　　　　　　　　80 000 000

贷：银行存款　　　　　　　　　　　　　　　　　　　　　　　　　　83 600 000

3. 指定为公允价值计量的金融负债自身信用风险变动的会计处理

（1）信用风险的含义。

信用风险，是指金融工具的一方不履行义务，造成另一方发生财务损失的风险。金融负债信用风险引起的公允价值变动与金融负债发行人未能履行特定金融负债义务的风险相关。这一风险未必与发行人的特定信用状况相关。例如，企业发行一项担保负债和一项无担保负债（假定这两项负债的其他条件完全相同），虽然上述两项负债是由同一家企业发行的，但其信用风险也不同。担保负债的信用风险低于无担保负债的信用风险且有可能几乎为零。

需要注意的是，信用风险不同于与特定资产相关的业绩风险。特定资产相关的业绩风险与企业未能履行特定义务的风险无关，而是与单项或一组金融资产的业绩较差或完全不履约的风险有关。例如，以下两种情况与特定资产的业绩风险有关。

① 具有投资连结特征的负债，合同规定应付给投资者的金额将基于特定资产的业绩情况确定。该投资连结特征对负债公允价值的影响即为与特定资产相关的业绩风险，而非信用风险。

② 具有以下特征的结构化主体所发行的负债：该结构化主体在法律上是独立的，其资产受破产隔离的保护，唯一的受益者是投资者；该主体未发生任何其他交易，且该主体的资产也无法用作抵押；仅当受破产隔离保护的资产产生现金流量时，该主体才承担向其投资者支付一定金额的义务。这种情况下，负债的公允价值变动主要反映资产的公允价值变动。此类资产的业绩情况对负债公允价值的影响即为与特定资产相关的业绩风险，而不是信用风险。

（2）信用风险变化影响的确定。

一般情况下，企业应当从金融负债的公允价值变动金额中扣除由于市场风险因素引起的市场风险变化所导致的公允价值变动金额，来确定由信用风险引起的公允价值变动金额。市场风险因素包括基准利率变动、其他企业（或结构化主体）的金融工具价格变动、商品价格变动、外汇汇率变动，以及价格指数或利率指数变动等。如果企业认为有其他方法能够更公允地计量由信用风险引起的公允价值变动金额，可使用其他方法。

如果计量上述市场风险的唯一变量是可观察基准利率，对于信用风险变动引起的金融负债的公允价值变动金额，企业可以按下列步骤估计。

首先，运用该金融负债的期初公允价值和期初合同现金流量计算出内含报酬率。从该内含报酬率中减去期初可观察基准利率，得到与该金融负债特定相关的部分。

其次，计算出该金融负债期末合同现金流量的现值。使用的折现率为以下两者之和：① 期末可观察基准利率；② 内含报酬率中与该金融负债特定相关的利率部分。该现值代表企业信用风险不变情况下，该负债期末应当具有的公允价值。

最后，该金融负债的期末公允价值与上述计算出的金融负债期末合同现金流量的现值之间的差额，即为信用风险变动引起的金融负债的公允价值变动金额。

在运用以上方法时，假设除信用风险和利率风险之外的因素所导致的该金融负债公允价值变动金额不重大。如果金融负债中包含嵌入衍生工具，则在计算信用风险变动引起的金融负债的公允价值变动金额时，应扣除嵌入衍生工具的公允价值变动金额。

此外，与所有公允价值计量一样，企业用于确定由金融负债信用风险变动引起的金融负债公允价值变动的计量方法,必须最大限度地使用相关的可观察输入值,尽可能少使用不可观察输入值。

【例22-22】 2×17年1月1日,甲公司按面值发行5年期债券,面值总额为500 000 000元,票面年利率为5%,每季度末付息,到期一次性还本。甲公司将该债券指定为以公允价值计量且其变动计入当期损益的金融负债。

假设甲公司发行该债券无其他交易费用,该债券信用评级为AAA级,发行时的公允价值等于面值。甲公司采用上海银行间同业拆放利率(Shanghai Interbank Offered Rate, SHIBOR)作为可观察基准利率。2×17年1月1日,SHIBOR为4%。2×17年12月31日,评级公司将甲公司的信用评级下调为A级,该债券公允价值为473 769 002元,SHIBOR上升至5%。假设除信用风险和利率风险之外的因素所导致的该金融负债公允价值变动金额均不重大。

本例中,2×17年12月31日,由甲公司自身信用风险变动所引起的该债券的公允价值变动部分计算如下。

(1)2×17年1月1日,该债券的内含报酬率为5%(发行时的公允价值等于其面值,因此内含报酬率等于票面利率),期初可观察基准利率为4%,则与该金融负债特定相关的部分为1%。

(2)2×17年12月31日,该债券未来合同现金流量的折现率为6%(1%+5%)。该债券合同现金流量现值为482 674 472元。

(3)2×17年12月31日,该债券的公允价值与上述合同现金流量现值的差额为8 905 470(482 674 472-473 769 002)元,即为信用风险变动引起的金融负债的公允价值变动金额。

(3)金融负债自身信用风险变动的会计处理原则。

企业根据本准则规定将金融负债指定为以公允价值计量且其变动计入当期损益的金融负债的,该金融负债所产生的利得或损失应当按照下列规定进行处理。

① 由企业自身信用风险变动引起的该金融负债公允价值的变动金额,应当计入其他综合收益。

② 该金融负债的其他公允价值变动计入当期损益。

该金融负债终止确认时,之前计入其他综合收益的累计利得或损失应当从其他综合收益中转出,计入留存收益。

按照上述①的规定对该金融负债的自身信用风险变动的影响进行处理会造成或扩大损益中的会计错配的,企业应当将该金融负债的全部利得或损失(包括企业自身信用风险变动的影响金额)计入当期损益。

为确定将金融负债自身信用风险变动的影响计入其他综合收益是否会造成或扩大损益中的会计错配,企业必须评估金融负债信用风险变动的影响预期是否会被损益中另一项以公允价值计量且其变动计入当期损益的金融工具的公允价值变动所抵销。企业做出上述评估,应当以该金融负债的特征与另一金融工具的特征之间的经济关系为基础。企业应当在金融负债初始确认时做出上述评估,且不得重新评估。一般情况下,企业对类似的经济关系应当保持一致的评估方法。

实务中，企业无需在同一时点确认产生会计错配的所有资产和负债。只要其余的交易预期会发生，允许有合理的递延。

22.6.3 合同变化

企业与交易对手方修改或重新议定合同，未导致金融资产终止确认，但导致合同现金流量发生变化的，应当重新计算该金融资产的账面余额，并将相关利得或损失计入当期损益。重新计算的该金融资产的账面余额，应当根据将重新议定或修改的合同现金流量按金融资产的原实际利率（或者购买或源生的已发生信用减值的金融资产的经信用调整的实际利率）或按《企业会计准则第 24 号——套期会计》第二十三条规定的重新计算的实际利率（如适用）折现的现值确定。对于修改或重新议定合同所产生的所有成本或费用，企业应当调整修改后的金融资产账面价值，并在修改后金融资产的剩余期限内进行摊销。

22.6.4 与权益投资相关的合同

企业对权益工具的投资和与此类投资相联系的合同应当以公允价值计量。但在有限情况下，如果用以确定公允价值的近期信息不足，或者公允价值的可能估计金额分布范围很广，而成本代表了该范围内对公允价值的最佳估计的，该成本可代表其在该分布范围内对公允价值的恰当估计。

企业应当利用初始确认日后可获得的关于被投资方业绩和经营的所有信息，判断成本能否代表公允价值。存在下列情形（包含但不限于）之一的，可能表明成本不代表相关金融资产的公允价值，企业应当对其公允价值进行估值。

（1）与预算、计划或阶段性目标相比，被投资方业绩发生重大变化。
（2）对被投资方技术产品实现阶段性目标的预期发生变化。
（3）被投资方的权益、产品或潜在产品的市场发生重大变化。
（4）全球经济或被投资方经营所处的经济环境发生重大变化。
（5）被投资方可比企业的业绩或整体市场所显示的估值结果发生重大变化。
（6）被投资方的内部问题，如欺诈、商业纠纷、诉讼、管理或战略等变化。
（7）被投资方权益发生了外部交易并有客观证据，包括发行新股等被投资方发生的交易和第三方之间转让被投资方权益工具的交易等。

权益工具投资或合同存在报价的，企业不应当将成本作为对其公允价值的最佳估计。

22.7 金融工具减值

金融工具减值时的会计处理流程如图 22-3 所示。

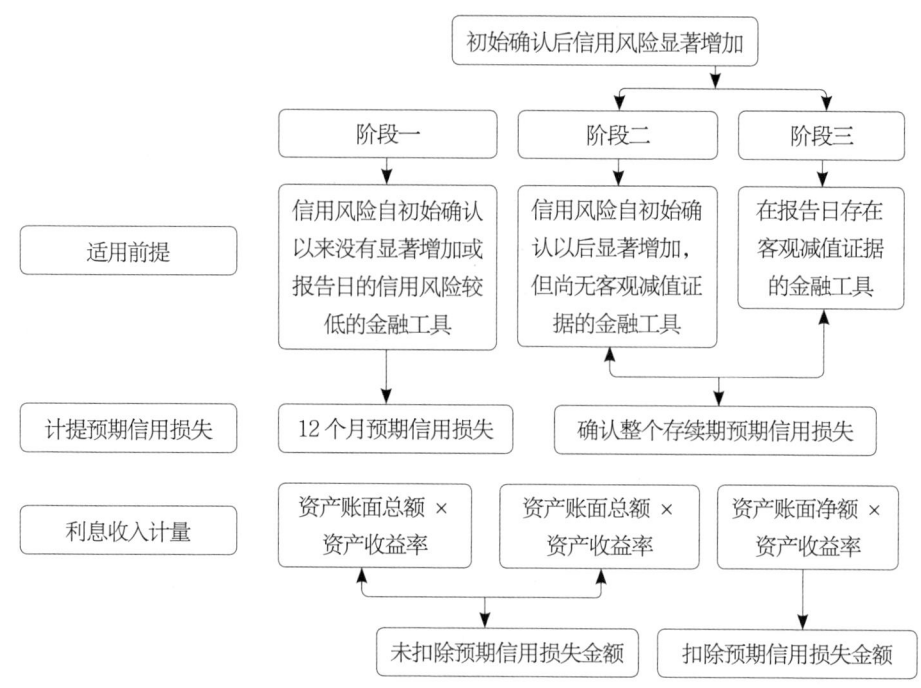

图 22-3 金融工具减值时的会计处理流程

22.7.1 计提金融工具减值准备

《企业会计准则第 22 号——金融工具确认和计量》规定，企业应当以预期信用损失为基础，对下列项目进行减值会计处理并确认损失准备。

（1）按照本准则第十七条分类为以摊余成本计量和按照本准则第十八条分类为以公允价值计量且其变动计入其他综合收益的金融资产。

（2）租赁应收款。

（3）合同资产。合同资产是指《企业会计准则第 14 号——收入》定义的合同资产。

（4）企业发行的分类为以公允价值计量且其变动计入当期损益的金融负债以外的贷款承诺和适用本准则第二十一条（三）规定的财务担保合同。

损失准备，是指针对以摊余成本计量的金融资产、租赁应收款和合同资产的预期信用损失计提的准备，以公允价值计量且其变动计入其他综合收益计量的金融资产的累计减值金额以及针对贷款承诺和财务担保合同的预期信用损失计提的准备。

22.7.2 金融资产信用减值的客观信息

当对金融资产预期未来现金流量具有不利影响的一项或多项事件发生时，该金融资产成为已发生信用减值的金融资产。金融资产已发生信用减值的证据包括下列可观察信息。

（1）发行方或债务人发生重大财务困难。

（2）债务人违反合同，如偿付利息或本金违约或逾期等。

（3）债权人出于与债务人财务困难有关的经济或合同考虑，给予债务人在任何其他情况下都不会做出的让步。

（4）债务人很可能破产或进行其他财务重组。

（5）发行方或债务人财务困难导致该金融资产的活跃市场消失。

（6）以大幅折扣购买或源生一项金融资产，该折扣反映了发生信用损失的事实。

金融资产发生信用减值，有可能是多个事件的共同作用所致的，未必是可单独识别的事件所致的。

（一）金融工具减值的三阶段

按照本准则相关规定，可以将金融工具发生信用减值的过程分为三个阶段，对于不同阶段的金融工具的减值有不同的会计处理方法。

（1）信用风险自初始确认后未显著增加（阶段一）。对于处于该阶段的金融工具，企业应当按照未来12个月的预期信用损失计量损失准备，并按其账面余额（即未扣除减值准备）和实际利率计算利息收入（若该工具为金融资产，下同）。

（2）信用风险自初始确认后已显著增加但尚未发生信用减值（阶段二）。对于处于该阶段的金融工具，企业应当按照该工具整个存续期的预期信用损失计量损失准备，并按其账面余额和实际利率计算利息收入。

（3）初始确认后发生信用减值（阶段三）。对于处于该阶段的金融工具，企业应当按照该工具整个存续期的预期信用损失计量损失准备，但对利息收入的计算不同于处于前两个阶段的金融资产。对于已发生信用减值的金融资产，企业应当按其摊余成本（账面余额减已计提减值准备，也即账面价值）和实际利率计算利息收入。

上述三阶段的划分，适用于购买或源生时未发生信用减值的金融工具。对于购买或源生时已发生信用减值的金融资产，企业应当仅将初始确认后整个存续期内预期信用损失的变动确认为损失准备，并按其摊余成本和经信用调整的实际利率计算利息收入。

（二）对信用风险显著增加的评估

企业应当在资产负债表日评估金融工具信用风险自初始确认后是否已显著增加。这里的信用风险，是指发生违约的概率。

判断标准。

企业应当通过比较金融工具在初始确认时所确定的预计存续期内的违约概率和该工具在资产负债表日所确定的预计存续期内的违约概率，来判定金融工具信用风险是否显著增加。

企业需要注意以下几点。

① 这里的违约概率，是指在某一时点上所确定的未来期间发生违约的概率，而不是在该时点发生违约的概率。企业应当以此口径理解本准则第五十二条所说的"资产负债表日发生违约的风险"和"初始确认日发生违约的风险"。

② 对于贷款承诺和财务担保合同，由于其在资产负债表日可能尚未在资产负债表中确认，或者在确认前已经对企业形成信用风险敞口，其初始确认日的定义不同于其他金融工具，而应当是该企业做出的不可撤销承诺的生效日。注意这里的初始确认日不一定是承诺日，因为企业做出承诺后，该承诺可能需要履行一定的程序或者满足一定的条件才能生效。

③ 因为预计存续期与违约风险之间的复杂关系，企业在对信用风险的变化进行评估时，

不能简单地比较违约风险随时间推移的绝对变化。例如,如果一项预计存续期为10年的金融工具在初始确认时确定的违约概率,与后来预计存续期仅剩5年时确定的违约概率相同,则可能表明其信用风险已经增加。因为一般而言,在信用风险不变的情况下,金融工具的存续期越长,则违约概率越高。随着存续期的消减,违约概率一般也逐渐降低(对于仅在临近到期日才具有重大付款义务的金融工具而言,发生违约的概率不一定随时间的推移而降低)。

实务中,企业可以用未来12个月内发生违约风险的变化作为整个存续期内发生违约风险变化的合理估计,以确定自初始确认后信用风险是否已显著增加。但是,在某些情形下可能并不适合使用未来12个月内发生违约风险的变化来确定是否应当确认整个存续期预期信用损失。例如,合同现金流在预计存续期内不均匀分布,其在未来12个月内没有现金流;或者未来12个月的违约风险不能充分反映相关的宏观经济因素或其他信用因素的变化。

④ 对于自初始确认后信用风险变化的显著性,应当在与初始确认时确定的违约概率相比较的基础上进行考虑。假如违约概率变化的绝对值一定,则初始确认时违约概率较低的金融工具与初始确认时违约概率较高的金融工具相比,其信用风险变化更为显著。

【例22-23】乙银行为甲公司提供一项贷款。在发放该笔贷款时,与其他具有相似信用风险的发行人相比,甲公司的杠杆率较高,但乙银行预计甲公司在该贷款的存续期内能够履行贷款合同的规定。同时乙银行预计:在该工具存续期内,甲公司所属行业能够产生稳定的收入和现金流量;在提高现有业务毛利率的能力方面,甲公司所属行业仍然存在一定商业风险。

在初始确认时,乙银行考虑了该工具在初始确认时的信用风险水平,由于该贷款不符合本准则对已发生信用减值的金融资产的定义,因此判断其不属于源生的已发生信用减值的贷款。

自初始确认后,由于宏观经济波动,甲公司所属行业和甲公司的销售业绩下滑,甲公司的收入和现金流量低于其经营计划和乙银行的预计。尽管甲公司已采取措施(例如增加对库存的清理),但其销售情况仍未达到预期水平。为保证流动性,甲公司已提用了另一项循环信贷额度,导致其杠杆率升高。因此,甲公司目前(即乙银行的资产负债表日)已处于对乙银行的贷款违约的边缘。

乙银行在资产负债表日对甲公司进行了总体信用风险评估,全面考虑了自初始确认后,所有与信用风险增加程度的评估相关的、以合理成本即可获得的、合理且有依据的信息。这些信息包括以下因素。

(1)乙银行预计宏观经济环境近期将持续恶化,并对甲公司现金流量和去杠杆的能力进一步产生负面影响。

(2)甲公司距离对乙银行的贷款产生违约越来越近,有可能导致重组贷款或者修改该贷款合同。

(3)乙银行评估发现,甲公司所发行的债券的交易价格已下降,且新取得的贷款的信用利差已提高,这反映了其信用风险已经增加。另外,上述变化与市场环境的变化无关(例如基准利率在此期间保持不变)。通过进一步与甲公司同行业其他公司的情况进行比较,乙银行发现甲公司所发行的债券价格的下跌及其贷款信用利差的提高,很可能是由甲公司特有的因素造成的。

（4）乙银行根据反映信用风险增加的可获得信息，重新评估了该贷款的内部风险评级。

本例中，按照本准则第四十八条的规定，乙银行对甲公司的贷款自初始确认后信用风险已显著增加。因此，乙银行对该贷款确认了整个存续期内的预期信用损失。

在本例中，乙银行调整了对甲公司贷款的内部风险评级。是否调整风险评级这一行动本身，并不是确定自初始确认后信用风险是否显著增加的决定性因素。即使乙银行尚未调整该贷款的内部风险评级，仍然将得出上述结论。

【例22-24】甲公司是乙集团的控股公司，乙集团从事生产经营所处的行业具有周期性。丙银行向甲公司发放了一笔贷款。在发放该贷款时，由于预期该行业的全球需求将进一步增长，因此，丙银行认为：该行业的总体前景看好；考虑到原料价格的波动性，以及该行业在经营周期中所处的位置，预计销量会有所下降。

此外，甲公司以往一直致力于扩大经营规模，不断通过收购相关行业公司的多数股份实现外部增长。因此，乙集团结构复杂并且一直在发生变化。投资者很难对乙集团的预期绩效进行准确分析并对甲公司在控股公司层面可用的现金流量进行预测。在丙银行向甲公司发放贷款时，尽管甲公司的债权人普遍认为其杠杆率尚处于可接受的程度，但由于甲公司有融资即将到期，债权人仍然担心甲公司为其现有债务开展再融资的能力。此外，债权人还担心甲公司是否有能力继续使用其从子公司分得的股息支付当前债务的利息。

在丙银行发放贷款时，基于对该贷款预期存续期内的预测，甲公司的杠杆率与其他的具有相似信用风险的银行客户的杠杆率基本一致。如果不发生违约事件，则甲公司的偿债能力比率距离上限还有很大空间。丙银行运用其自有的内部评级方法确定对甲公司贷款的信用风险，得到该贷款的内部信用评级。该内部评级结果以历史、当前和前瞻性信息为基础，旨在反映贷款在存续期内的信用风险。在初始确认时，丙银行认为：该贷款属于高信用风险贷款，具有一定投机因素；认为甲公司受不确定因素（例如对乙集团产生现金流量的不确定性预期）的影响可能导致违约。但是，该贷款尚不属于购入或源生的已发生信用减值的金融资产。

在丙银行的资产负债表日之前，甲公司发布公告宣布，由于市场条件持续恶化，乙集团的5家重要子公司中的3家销量锐减，但根据对行业周期的预期，这些子公司的销售情况预计将在今后数月中得到显著改善。乙集团的另外2家子公司的销量稳定。此外，甲公司还公告宣布，将进行公司重组以整合各子公司。这次公司重组将提高为现有债务进行再融资的灵活性，并提升子公司向甲公司支付股息的能力。本例中，尽管预计市场条件会继续恶化，但按照本准则第四十八条规定，丙银行认为对甲公司贷款的信用风险自初始确认后并无显著增加。证明因素如下。

（1）尽管当前销量下降，丙银行在初始确认时已预计到这一情况。与丙银行在初始确认时的预期相比，这一因素尚未导致更负面的变化。此外，丙银行也预计在接下来的数月中，乙集团的销量将有所改善。

（2）考虑到子公司层面对现有债务进行再融资的灵活性得以提高，并且子公司向甲公司支付股息的能力提高，丙银行认为这次公司重组将导致信用提升。不过，丙银行对甲公司在控股公司层面对现有债务进行再融资的能力仍然存在一些担心。

（3）丙银行内部负责跟踪甲公司信用风险的部门认为，各种最新进展尚不足以证明需要变更对甲公司贷款的内部信用风险级别。

因此，丙银行未对该贷款按整个存续期内预期信用损失确认损失准备，但对12个月内预期信用损失的计量进行了更新。

【例22-25】 为取得一项不动产，甲公司从乙银行借入一笔5年期贷款，并以该不动产作为该笔贷款的抵押，贷款抵押率（贷款对担保物价值的比率）为50%。该笔贷款在该不动产的担保顺序上排在第一位。在初始确认时，乙银行认为该贷款不属于本准则所定义的源生的已发生信用减值的贷款。

自初始确认后，由于宏观经济环境趋差，甲公司的收入和营业利润下降。此外，市场预计监管部门对甲公司所属行业的监管要求可能趋于严格，因而可能进一步对甲公司的收入和营业利润产生负面影响。上述变化可能对甲公司的运营产生重大且持续的负面影响。

由于上述近期最新情况以及预计会出现不利经济状况，乙银行预计甲公司的自由现金流量将下降到按合同偿还贷款可能非常紧张的程度。同时乙银行估计，如果甲公司的现金流量状况进一步恶化，将可能致使对该公司的贷款无法按合同规定按时偿还，即发生逾期。

此外，近期的第三方评估结果表明，由于房地产价值下跌，该贷款的抵押率已升至70%。

本例中，在资产负债表日，乙银行不能认为对甲公司的贷款只具有较低的信用风险。因此，乙银行应当按照本准则第四十八条规定，不考虑其持有担保物的影响，评估甲公司的信用风险自初始确认后是否显著增加。乙银行评估发现，现金流量此时即使出现微小恶化都可能导致甲公司无法按合同规定按时还款，因此，该贷款在资产负债表日具有高信用风险。所以，乙银行认为，该贷款的信用风险（即违约的风险）自初始确认后已显著增加。因而该银行对甲公司的贷款确认了整个存续期内的预期信用损失。

尽管乙银行对该贷款确认了整个存续期内的预期信用损失，乙银行对预期信用损失的计量应当反映预期自担保物上收回的金额（见下文关于预期信用损失计量中担保物的影响部分），因此，该贷款的预期信用损失可能较小。

【例22-26】 甲公司是一家大型全国性物流上市公司，其资本结构中唯一的债务是一项五年期的公开发行的债券。根据该债券募集合同的规定，甲公司不能进一步举债。甲公司按季度向其股东发布报告。乙基金是该债券众多投资方之一。乙基金在初始确认时认为：债券的违约风险较低，并且甲公司在短期内具有较强的偿债能力；长期来看，经济形势和经营环境存在发生不利变化的可能，但未必一定导致甲公司偿付该债券能力的降低。因此，乙基金对该债券的内部信用评级等同于国际信用评级的投资级。

在资产负债表日，乙基金对于该债券信用风险的担忧主要是甲公司营业额所面临的持续压力，这种压力有可能导致甲公司经营活动现金流量下降。

因为乙基金仅为甲公司的债券投资人，仅依赖公开的年报和中期报告，无法取得进一步的非公开信用风险信息，所以其对信用风险变化的评估全部取决于甲公司的公告和其他公开信息，包括评级机构发布的消息和新闻中提到的相关信息。

本例中，乙基金希望对该债券投资采用低信用风险简化处理。因此，在报告日，乙基金使用所有以合理成本即可获得的、合理且有依据的信息，评估该债券是否属于低信用风险。在这一评估中，乙基金对该债券的内部信用评级进行了重新评估，并认为该债券不再等同于外部信用评级中的投资级债券，理由如下。

（1）甲公司的最新季报显示，其营业收入同比下降20%，营业利润同比下降12%。

（2）评级机构对于甲公司的盈利预告做出负面反应，并对其信用级别进行复核以确定是否需要将其由投资级降至非投资级。不过，在报告日，外部信用风险评级暂时保持不变。

（3）该债券的价格显著下跌，导致到期收益率增高。乙基金认为，该债券价格的下跌是由甲公司信用风险增加引起的。因为乙基金发现，市场环境并未改变（例如基准利率、流动性等未发生变化），与其同行业企业所发行债券的价格比较可知，该债券价格的下跌可能是甲公司特有因素所导致的，而不是其他一般信用风险指标（例如基准利率变动）导致的。

尽管甲公司目前尚能履行合同义务进行偿付，但其所处的不利经济形势和经营环境导致了重大不确定因素，增加了该债券的违约风险。鉴于上述原因，乙基金认为，该债券在资产负债表日不再属于只具有较低信用风险的金融资产。因此，乙基金决定评估该债券自初始确认后信用风险是否已显著增加。经过评估，乙基金认为，该债券的信用风险自初始确认后已显著增加。

【例22-27】 甲银行在三个不同地区经营住房抵押贷款，发放的抵押贷款涉及多种贷款抵押率和不同的收入阶层。根据甲银行的抵押贷款申请流程，客户需要提供各种相关信息，例如客户从事的行业以及抵押房产所在地的地址等。

甲银行的住房抵押贷款审批标准以信用评分为基础。对于信用评分在"正常"以上的贷款申请，甲银行认为借款人有能力按合同规定履行偿还贷款的义务，其信用状况是"可接受的"，因而将批准对其发放贷款。甲银行确定初始确认时的违约风险同样以信用评分为基础。

在资产负债表日，甲银行认为其开展住房抵押贷款业务的所有地区的经济状况均将显著恶化，预计就业形势可能趋于严峻，而住宅房产的价值将下跌，进而导致贷款抵押率上升，因而预期抵押贷款组合的违约率将上升。

【分析】

1. 单项评估

在甲地区，甲银行按月使用自动化行为评分流程对每笔住房抵押贷款进行信用评估。该信用评分模型基于以下参数。

（1）当前和历史的逾期情况。

（2）客户的负债水平。

（3）贷款抵押率指标。甲银行通过重估房产价值的自动化程序定期更新贷款抵押率指标，重估房产价值所用的信息包括各地址区域（邮编区域）的近期房产销售信息以及其他各种能以合理成本获得的、合理且有依据的前瞻性信息。

（4）客户在甲银行其他金融工具上的还款表现。

(5) 贷款金额。

(6) 住房抵押贷款自发放起的已存续时间。

2. 组合评估

在乙地区和丙地区，甲银行不具备上述自动化评分能力。因此，为了管理信用风险，甲银行通过逾期状态跟踪违约风险。甲银行对逾期状态为逾期30日以上的所有贷款，按整个存续期内的预期信用损失确认损失准备。尽管甲银行把逾期信息作为唯一的借款人特有信息，但为了评估是否应对逾期不超过30日的贷款确认整个存续期内的预期信用损失，甲银行仍会考虑其他能以合理成本获得的、合理且有依据的前瞻性信息。

(1) 乙地区。

乙地区内有一个主要依赖原油生产的大型油田。甲银行注意到，因为国际油价和该油田产能原因，该油田销售额逐年显著下滑，越来越多的该油田生产作业单位前往其他油田甚至海外油田承揽业务。该油田已宣布将逐步关闭部分矿区，并积极实施减员增效等措施。考虑到预期就业形势的影响，尽管乙地区的相关住房抵押贷款客户在资产负债表日并未逾期，但甲银行认为，其客户中属于该油田员工或与油田经营状况关系密切的公司员工的，其抵押贷款的违约风险已经显著增加。因此，甲银行使用贷款申请流程中收集的部分信息，根据客户所在的行业对抵押贷款组合进行细分，以识别与该油田相关的客户。

对于上述贷款，甲银行按整个存续期内的信用损失确认损失准备，而对于乙地区的其他贷款则按12个月内的预期信用损失确认损失准备。上述处理不适用根据单项评估确定的信用风险显著增加的抵押贷款，例如逾期30日以上的贷款。对这些贷款，甲银行仍按照整个存续期内的预期信用损失确认损失准备。

对于上述与该油田相关的借款人新发放的贷款，由于其信用风险在自初始确认后并无显著增加，甲银行仅按12个月内的预期信用损失确认损失准备。但由于预期部分矿区将逐步关闭，就此类贷款中的一部分而言，其信用风险可能在初始确认后不久即显著增加。

(2) 丙地区。

丙地区位于境外，预计在抵押贷款的整个存续期内利率将逐渐上升，因此，甲银行预计信用风险将增加。甲银行发现，利率上升是丙地区抵押贷款未来发生违约的一项主要原因，尤其对于浮动利率贷款更是如此。历史数据显示，利率上升的幅度与浮动利率贷款组合中信用风险显著增加的贷款比例具有相关性。

当前，利率上升了200个基点。根据其掌握的历史资料，甲银行估计在这一涨幅下，20%的浮动利率抵押贷款组合的信用风险将会显著增加。因此，甲银行对这20%浮动利率贷款组合确认其整个存续期内的预期信用损失，而对其余贷款组合按12个月内的预期信用损失确认损失准备。

上述处理不适用根据单项评估确定的信用风险显著增加的抵押贷款，例如逾期30日以上的贷款。对这些贷款，甲银行仍按照整个存续期内的预期信用损失确认损失准备。

【例22-28】甲银行发放合同条款和条件相似的两种汽车贷款组合。甲银行为发放上述贷款，制定了基于内部信用评级系统的贷款审批政策。甲银行的内部信用评级系统综合考虑贷款客户的信用历史、对甲银行其他产品的偿付行为以及其他因素，并在贷款发放时给每笔贷款评定内部信用风险级别。该信用评级结果从1（最低级）到10（最高级），违约风险随着信用风险级别增加而呈指数级升高。例如，信用风险评级为1级和2级的贷款之间信用风险绝对值的差异，小于信用风险评级为2级和3级的贷款之间信用风险绝对值的差异。

两种贷款组合中的组合1贷款仅发放给具有相似内部信用风险级别的现有银行客户，而且在初始确认时，所有贷款均评级为信用风险评级的3级或4级。甲银行决定，组合1贷款在初始确认时能接受的最高内部信用风险评级为4级。组合2贷款仅发放给对汽车贷款广告有反应的客户，而且在初始确认时，这些客户的内部信用风险评级在4级到7级。甲银行从不发放内部信用风险评级高于7级的汽车贷款。

【分析】

为了评估信用风险是否已显著增加，甲银行认定组合1贷款中的所有贷款均具有相似的初始信用风险。考虑到其内部信用风险评级的特点，甲银行认为该组合中的贷款从3级上升到4级并不代表信用风险显著增加，但任何上升到高于5级的贷款即为信用风险显著增加。这意味着在评估自初始确认后信用风险的变化时，甲银行无需了解该贷款组合中每笔贷款的初始信用风险评级。仅需确定其在资产负债表日是否高于5级，即可决定其信用风险是否显著增加。

对于组合2贷款，如果以是否超过内部信用风险评级的7级作为信用风险自初始确认后是否显著增加的标准，则是不恰当的。因为，尽管甲银行从不发放内部信用风险评级高于7级的汽车贷款，但是组合2中贷款的初始确认的信用风险不像组合1贷款那样足够相似，因此，不能适用对组合1所用的方法。由于组合2中贷款的初始信用质量差别较大，甲银行不能简单地通过将在资产负债表日的信用风险与初始确认时的最差信用质量进行比较（例如将组合2中贷款的内部信用风险评级与内部风险评级的7级进行比较）以确定信用风险是否已显著增加。例如，如果某笔组合2贷款的初始信用风险评级为4级，当其内部信用风险评级变为6级时，该笔贷款的信用风险即为显著增加，无需等待其变为7级。

【例22-29】2×10年，甲银行向乙公司发放了一笔1亿元的15年期贷款，当时乙公司的内部信用风险评级为4级。在甲银行的信用评级体系中，1代表信用风险级别最低，10代表信用风险级别最高，违约风险随着信用风险级别增加而呈指数级上升。2×15年，乙公司的内部信用风险评级变为6级，甲银行向其又发放了一笔5 000万元的10年期贷款。2×17年，乙公司未能继续签约某原有重要客户，导致其收入锐减。甲银行认为，由于丢失该客户，乙公司履行还贷义务的能力显著下降，因此，将其内部信用风险评级调为8级。

在信用风险管理中，甲银行从交易对手角度对信用风险进行评估，认为乙公司的信用风险显著增加。尽管甲银行未对乙公司的每笔贷款的自初始确认后的信用风险变化进行单项评估，但是从交易对手方层面评估信用风险并对乙公司发放的所有贷款确认整个存续期预期信用损失，仍然符合本准则关于金融工具减值规定的目标。因为，即使从最后一笔贷款发放时（2×17年）乙公司达到最高信用风险状态算起，其信用风险也已显著增加。甲银行开展的从交易对手方层面进行评估的结果，与对每笔贷款的信用风险变化进行单项评估的结果保持了一致。

22.7.3 预期信用损失

（一）预期信用损失的定义与计量

根据《企业会计准则第 22 号——金融工具确认和计量》，预期信用损失，是指以发生违约的风险为权重的金融工具信用损失的加权平均值。

1. 不同金融工具预期信用损失的计量

不同金融工具的预期信用损失有着不同的计算基础。

（1）对于金融资产，信用损失应为下列两者差额的现值：① 企业依照合同应收取的合同现金流量；② 企业预期能收到的现金流量。

（2）对于租赁应收款项，信用损失的计算方法与金融资产相同，其用于确定预期信用损失的现金流量，应当与其按照《企业会计准则第 21 号——租赁》计量租赁应收款的现金流量口径保持一致。

（3）对于未提用的贷款承诺，信用损失应为下列两者差额的现值：① 如果贷款承诺的持有人提用相应贷款，企业应收的合同现金流量；② 如果持有人提用相应贷款，企业预期收取的现金流量。企业对贷款承诺预期信用损失的估计，应当为其对该贷款承诺提用情况的预期保持一致。企业在估计 12 个月的预期信用损失时，应当考虑预计将在资产负债表日后 12 个月内提用的贷款承诺部分；而在估计整个存续期预期信用损失时，应当考虑预计将在贷款承诺整个存续期内提用的贷款承诺部分。

（4）对于财务担保合同，只有当债务人按照所担保的金融工具合同条款发生违约事件时，企业才需要进行赔付。因此，财务担保合同的信用损失是企业就合同持有人发生的信用损失向其做出赔付的预期付款额，减去企业预期向该合同持有人、债务人或其他方收取的金额的差额的现值。

（5）对于购买或源生时未发生信用减值、但在后续资产负债表日已发生信用减值的金融资产，企业在计量其预期信用损失时，应当基于该金融资产的账面余额与按该金融资产原实际利率折现的估计未来现金流量的现值之间的差额。

在不违反本准则第五十八条规定（金融工具预期信用损失计量方法应反映的要素）的前提下，企业可在计量预期信用损失时运用简便方法。例如，对于应收账款的预期信用损失，企业可参照历史信用损失经验，编制应收账款逾期天数与固定准备率对照表 [如若未逾期为 1%；若逾期不到 30 日为 2%；若逾期天数为 30~90（不含）日，为 3%；若逾期天数为 90~180（不含）日，为 20% 等]，以此为基础计算预期信用损失。

如果企业的历史经验表明不同细分客户群体发生损失的情况存在显著差异，那么企业应当对客户群体进行恰当的分组，在分组基础上运用上述简便方法。企业可用于对资产进行分组的标准可能包括：地理区域、产品类型、客户评级、担保物以及客户类型（如批发和零售客户）。

2. 折现率

企业应当采用相关金融工具初始确认时确定的实际利率或其近似值，将现金流缺口折现为资产负债表日的现值,而不是预计违约日或其他日期的现值。如果金融工具具有浮动利率,那么企业应当采用当前实际利率(即最近一次利率重设后的实际利率)对现金流缺口进行折现。

(1)对于购买或源生已发生信用减值的金融资产,企业应当采用在初始确认时确定的经信用调整的实际利率(即购买或源生时将减值后的预计未来现金流量折现为摊余成本的利率)。

(2)对于租赁应收款,企业应当采用按照《企业会计准则第21号——租赁》计量租赁应收款所使用的相同折现率。

(3)对于贷款承诺,企业应当采用在确认源自该承诺的贷款时将应用的实际利率或其近似值。

(4)对于无法确定实际利率的财务担保合同或贷款承诺,企业应当采用反映货币时间价值和相关现金流量特有风险的折现率。

3. 预期信用损失的概率加权属性

根据本准则对预期信用损失的定义以及第五十八条第(一)项和第六十条规定,企业对预期信用损失的估计,是概率加权的结果,应当始终反映发生信用损失的可能性以及不发生信用损失的可能性(即便最可能发生的结果是不存在任何信用损失),而不是仅对最坏或最好的情形做出估计。

实务中,这一要求可能并不需要企业开展复杂的分析。在某些情形下,运用相对简单的模型可能足以满足上述要求,而不需要使用大量具体的情景模拟。例如,一个较大的具有共同风险特征的金融工具组合(如小额贷款)的平均信用损失,可能是概率加权金额的合理估计值。而在其他情形下,企业可能需要识别关于现金流量金额、时间分布以及各种结果估计概率的具体数值。在这种情形下,预期信用损失应当至少反映发生信用损失和不发生信用损失两种可能性(即企业需要估计发生信用损失的概率和金额)。

4. 计量中采集和使用的信息

根据本准则第五十八条第(三)项,企业对金融工具预期信用损失的计量方法应当反映能够以合理成本即可获取的、合理且有依据的、关于过去事项、当前状况以及未来经济状况预测的信息。换言之,企业应当采集上述信息,作为金融工具预期信用损失计量的依据。

企业所采集和使用的信息应当既包含与借款人特定因素相关的信息,又包含反映总体经济状况和趋势的信息。企业可同时使用内部和外部的各种数据来源,包括:关于信用损失的企业内部历史经验、企业内部评级、其他企业的信用损失经验、外部评级、外部报告和外部统计数据等。如果企业没有关于特定金融工具的数据来源或此类来源的数据不够充分,那么企业可以使用同行业内对类似金融工具(或一组类似金融工具)的经验数据。

历史信息是企业计量预期信用损失的重要基准。某些情形下,未经调整的历史信息可能是最佳的合理且有依据的信息。而在其他情形下,企业可能需要使用当期数据对历史数据进行调整,以反映当前状况和未来预测的影响,并剔除与未来现金流量不相关的历史因素的影响。

企业对预期信用损失的估计,应当反映相关可观察数据的变化并与其保持方向一致(例如,就业率、房价、商品价格的变化可能导致一项或一组金融工具信用损失的变化)。如果存在关于特定金融工具或类似金融工具信用风险的可观察的市场信息(例如针对特定主体的信用风险违约掉期的市场价格),企业应当在预期信用损失计量中予以考虑。企业还应当定期复核用于估计预期信用损失的可观察数据，以减少估计值与实际信用损失之间的差异。

在考虑前瞻性信息时，并不要求企业对金融工具整个预计存续期内的情况做出预测。企业在估计预期信用损失时需要运用的判断程度的高低，取决于具体信息的可获取性。预测的时间跨度越大，具体信息的可获取性越低，则企业在估计预期信用损失时必须运用判断的程度就越高。本准则并不要求企业对很远的未来做出详细估计，企业只需根据现有资料对未来情况进行推断。

5. 估计预期信用损失的期间

估计预期信用损失的期间，是指相关金融工具可能发生的现金流缺口所属的期间。根据本准则第六十一条，企业计量预期信用损失的最长期限应当为企业面临信用风险的最长合同期限（包括由于续约选择权可能延续的合同期限）。对于贷款承诺和财务担保合同，计量预期信用损失的最长期限应当为企业承担提供信贷或财务担保的现时义务的最长合同期限。

需要注意的是，估计信用损失的期间，与金融工具是否按整个存续期内预期信用损失金额计量损失准备是两个不同概念。本准则所说的 12 个月内预期信用损失，是指因资产负债表日后 12 个月内（若金融工具的预计存续期少于 12 个月则为更短的存续期间）可能发生的违约事件而导致的金融工具在整个存续期内现金流缺口的加权平均现值，而非发生在 12 个月内的现金流缺口的加权平均现值。例如，企业预计一项剩余存续期为 3 年的债务工具在未来 12 个月内将发生债务重组，重组将对该工具整个存续期内的合同现金流量进行调整，则所有合同现金流量的调整（无论归属在哪个期间）都属于计算 12 个月内预期信用损失的考虑范围。

某些金融工具可能同时包含贷款和未提用的贷款承诺，企业根据合同规定有通知借款人还款和取消未提用信用额度的能力，但这种能力未将企业所面临信用损失的期间限定在通知期之内，则企业对于此类金融工具确认预期信用损失的期间，应当为其面临信用风险且无法用信用风险管理措施予以缓释的期间，即使该期间超过了最长合同期限（通知期）。

例如，对于信用卡持卡人，银行可以最短提前 1 天通知撤销循环信用额度；但在实务中，银行只有当持卡人出现违约后才会撤销授信额度，而此时对于阻止全部或部分预期信用损失的发生而言可能已经太迟。因此，银行不可能以 1 天的通知期作为估计预期信用损失的期间。

这类金融工具由于其性质、管理方式以及关于信用风险显著增加的信息的可获得性，通常同时具备下列特征。

（1）不具有固定的存续期或还款结构，且通常具有较短的合同取消期。

（2）出借方依照合同规定取消该合同的能力，无法在该金融工具的一般日常管理中实施，而只有当企业（出借方）已获悉在授信额度层面的信用风险增加后，才可能取消该合同。

（3）企业在组合基础上对该金融工具进行管理。

6. 担保物的影响

在预期信用损失计量中，企业对现金流缺口的估计应当反映源自担保物或其他信用增级的预期现金流（即使该现金流的预期发生时间超过了合同期限），前提是该担保物或信用增级属于金融工具合同条款一部分且企业尚未将其在资产负债表中确认。

企业对被担保金融工具的预期现金流缺口估计，应当反映源自担保物的预期现金流的金额（减去取得和出售该担保物的成本）和时间，无论该抵债是否很可能发生（即对预期现金流量的估计应当反映该担保物抵债的概率,而无论概率的大小)。

对于所有因抵债而获得的担保物,企业均不应将其独立于被担保金融工具单独确认为一项资产,除非该担保物满足本准则或其他企业会计准则规定的资产确认标准。

7. 预期信用损失计量示例

以下示例说明了企业计量预期信用损失的一些具体方法。为简便起见,这些示例可能只说明了预期信用损失计量中的某个或某几个方面。实务中,企业不能简单仿照这些示例进行判断或计算。

【例22-30】甲银行发放了一笔1 000 000元的10年期分期还本贷款。考虑到对具有相似信用风险的其他金融工具的预期、借款人的信用风险以及未来12个月的经济形势前景,甲银行估计初始确认时,该贷款在后续12个月内的违约概率为0.5%。此外,为确定自初始确认后信用风险是否已显著增加,甲银行还认定未来12个月的违约概率变动,合理近似于整个存续期的违约概率变动。

【分析】

在初始确认后首个资产负债表日(在该贷款最终还款到期日之前),甲银行预计未来12个月的违约概率无变化,因此,认为自初始确认后信用风险并无显著增加。甲银行预计,如果该贷款违约,将会损失账面余额的25%(即违约损失率为25%)。

甲银行按照未来12个月的违约概率0.5%计量未来12个月的预期信用损失,并据此相应确认损失准备。因此,在该资产负债表日,12个月内的预期信用损失为1 250元(1 000 000×0.5%×25%)。

【例22-31】甲银行向某本地百货公司的客户发放联名信用卡。该信用卡设有为期1天的通知期。甲银行有权按合同规定在通知期结束后取消该信用卡(包括已提用部分和未提用部分),但甲银行在该工具的日常管理中从未行使过这种取消信用卡的合同权利。只有当甲银行通过风险监控发现某单个客户信用风险增加时,才取消其信用额度。因此,甲银行认为,取消信用卡的合同权利无法将信用损失敞口限制在合同通知期内。

为管理信用风险,甲银行把客户合同现金流量视为一个整体进行评估。在资产负债表日,甲银行不对单个客户的已提用和未提用余额基于风险管理目的进行区分。甲银行以此为基础对该组合同进行管理,并基于信用额度整体计量预期信用损失。

在资产负债表日,该信用卡组合的未偿还余额为6亿元,未提用额度为4亿元。甲银行在资产负债表日对预计信用额度面临信用风险的期间进行估计,进而以此为基础确定该组合的预计存续期。此估计工作中的具体考虑因素包括以下内容。

(1)类似信用卡组合面临信用风险的期间。

(2)类似金融工具出现相关违约所用的时间。

(3)由于类似金融工具信用风险增加而采取信用风险管理措施的以往事件,例如减少或取消未提用信用额度。

根据上段所列信息,甲银行估计该信用卡组合的预计存续期为30个月。

在资产负债表日,甲银行对自初始确认后该组合的信用风险变化进行评估,做出以下判断。

（1）该信用卡组合中有 25% 的客户的信用风险自初始确认后已显著增加。

（2）在未提用额度 4 亿元中，有 1 亿元未提用额度的信用风险自初始确认后已显著增加。

（3）在未偿还余额 6 亿元中，应确认整个预计存续期内的预期信用损失的未偿还余额为 2 亿元。

（4）在信用风险自初始确认后已显著增加的 1 亿元未提用额度中，根据甲银行基于历史数据的估计（包括考虑信用风险显著增加的客户对信用的需求更加迫切），客户预计后续 30 个月（该信用卡组合的预计存续期）内将从这 1 亿元额度中实际提用 5 000 万元。

（5）在信用风险自初始确认后未显著增加 3 亿元未提用额度中，根据甲银行基于历史数据估计（包括考虑信用风险未显著增加的客户对信用的需求不太迫切），客户预计后续 12 个月内将从这 3 亿元额度中实际提用 5 000 万元。

【分析】

在按照本准则第六十二条规定，对预期信用损失进行计量时，甲银行按照准则规定（在估计 12 个月的预期信用损失时，应当考虑预计将在资产负债表日后 12 个月内提用的贷款承诺部分；而在估计整个存续期预期信用损失时，应当考虑预计将在贷款承诺整个存续期内提用的贷款承诺部分），考虑了该组合预计存续期内（30 个月）的额度预计提用情况，并估计了客户违约时该组合的预计未偿还余额。

根据其信用风险模型，甲银行认为应进行以下处理。

（1）应当确认整个存续期内预期信用损失的信用卡额度违约风险敞口 25 000 万元。其中，应确认整个预计存续期内的预期信用损失的未偿还余额 20 000 万元，加上预计后续 30 个月内将从信用风险自初始确认后已显著增加的未提用额度 10 000 万元中实际提用的 5 000 万元。

（2）应确认 12 个月内预期信用损失的信用卡额度违约风险敞口为 45 000 万元。其中，应确认 12 个月内预期信用损失的未偿还余额为 60 000-20 000=40 000（万元），加上信用风险自初始确认后未显著增加未提用额度 30 000 万元中预计后续 12 个月内将提用的 5 000 万元。

甲银行通过上述过程确定了违约风险敞口和预计存续期，并以此为基础计算该信用卡组合的整个存续期内预期信用损失和 12 个月内预期信用损失。

甲银行基于信用额度整体计量预期信用损失，因此，无法单独识别未提用承诺部分的预期信用损失和贷款部分的预期信用损失。甲银行在其资产负债表中，将未提用承诺部分的预期信用损失与贷款部分的损失准备一并确认。如果合并列示的预期信用损失超出了金融资产的账面余额，对于超出部分，应列示为预计负债。如果甲银行基于未提用承诺和贷款分别计量预期信用损失，那么未提用承诺部分的预期信用损失应在资产负债表中列示为预计负债。

【例 22-32】 甲银行发放一笔 5 年期贷款，按合同面值到期一次偿还本金。合同面值为 1 000 万元，利率为 5%，按年付息。本例假定实际利率为 5%。第一个会计期间（简称"第一期"）期末，由于自初始确认后信用风险无显著增加，甲银行按 12 个月内预期信用损失确认损失准备，损失准备余额为 20 万元。

在第二期期末，甲银行确定该贷款自初始确认后的信用风险已显著增加，因此，对该笔贷款确认整个存续期内的预期信用损失，损失准备余额为 30 万元。

在第三期期末，由于借款人出现重大财务困难，甲银行修改了该笔贷款的合同条款和现金流量，将该笔贷款的合同期限延长了一年。因此，在修改日（第三期期末），该笔贷款的剩余期限为三年。本次修改并未导致甲银行终止确认该贷款。

由于进行了上述修改，甲银行根据该贷款的初始实际利率 5%，重新计算修改后的合同现金流量的现值作为该金融资产的账面余额，并将重新计算的账面余额与修改前的账面余额之间的差额确认为合同变更利得或损失。在本例中，假定甲银行确认了修改损失 80 万元，账面余额降为 920 万元。

在考虑修改后的合同现金流量的基础上，甲银行评估了是否应继续对该贷款按整个存续期内预期信用损失计量损失准备，并重新计算了损失准备。甲银行将当前信用风险（基于修改后的现金流量）与初始确认时的信用风险（基于初始未修改的现金流量）进行比较，认为信用风险已显著增加，因此，继续按整个存续期内的预期信用损失计量损失准备。在资产负债表日，该贷款按照整个存续期内的预期信用损失计量的损失准备余额为 100 万元。

甲银行对于上述合同现金流量修改的相关计算如表 22-6 所示。

表 22-6　甲银行对于上述合同现金流量修改的相关计算

单位：万元

期间	期初账面余额（A）	减值损失/利得（B）	修改损失/利得（C）	利息收入（D=A×5%）	现金流量（E）	期末账面余额（F=A+C+D-E）	损失准备（G）	期末摊余成本（H=F-G）
1	1 000	（20）		50	50	1 000	20	980
2	1 000	（10）		50	50	1 000	30	970
3	1 000	（70）	（80）	50	50	920	100	820

注：括号内的金额代表损失。

在后续资产负债表日，甲银行按照金融工具确认和计量准则第五十六条的规定，将该贷款初始确认时的信用风险（基于初始未修改的现金流量）与资产负债表日的信用风险（基于修改后的现金流量）进行比较，以评估信用风险是否显著增加。

修改贷款合同再过两个期间之后（第五期），与修改日的预期相比，借款人的实际业绩明显好于其经营计划。而且，借款人所属行业的前景好于此前预测。通过使用以合理成本即可获得的、合理且有依据的信息进行评估，甲银行发现该贷款的整体信用风险和在整个存续期内的违约风险率下降，因此，甲银行在第五期期末调整了借款人的内部信用评级。

考虑到这一进展，甲银行对该贷款信用状况进行了重新评估，并确定该贷款的信用风险已经下降，与初始确认时的信用风险相比已无显著增加。因此，甲银行重新按 12 个月内预期信用损失计量该贷款的损失准备。

【例 22-33】甲公司是一家制造业企业，其经营地域单一且固定。2×17 年，甲公司应收账款合计为 3 亿元。考虑到客户群由众多小客户构成，甲公司根据代表偿付能力的客户共同风险特征对应收账款进行分类。上述应收账款不包含重大融资成分。甲公司对上述应收款始终按整个存续期内的预期信用损失计量损失准备。

甲公司使用逾期天数与违约损失率对照表确定该应收账款组合的预期信用损失。对照表以此类应收账款预计存续期的历史违约损失率为基础，并根据前瞻性估计予以调整。在每个资产负债表日，甲公司都将分析前瞻性估计的变动，并据此对历史违约损失率进行调整。甲公司预测下一年的经济形势将恶化。

甲公司的逾期天数与违约损失率对照表估计如表22-7所示。

表22-7　甲公司的逾期天数与违约损失率对照表

	未逾期	逾期1~30日	逾期31~60日	逾期61~90日	逾期>90日
违约损失率	0.3%	1.6%	3.6%	6.6%	10.6%

来自众多小客户的应收账款合计30 000 000元，根据逾期天数违约损失率计算其预期信用损失如表22-8所示。

表22-8　根据逾期天数违约损失率计算的预期信用损失表

单位：元

	账面余额（A）	违约损失率（B）	按整个存续期内预期信用损失确认的损失准备（账面余额 × 整个存续期预期信用损失率）（C=A×B）
未逾期	15 000 000	0.3%	45 000
逾期1~30日	7 500 000	1.6%	120 000
逾期31~60日	4 000 000	3.6%	144 000
逾期61~90日	2 500 000	6.6%	165 000
逾期90日	1 000 000	10.6%	106 000
合计	30 000 000		580 000

（二）预期信用损失计量期限

在计量预期信用损失时，企业需考虑的最长期限为企业面临信用风险的最长合同期限（包括考虑续约选择权），而不是更长期间，即使该期间与业务实践相一致。

如果金融工具同时包含贷款和未提用的承诺，且企业根据合同规定要求还款或取消未提用承诺的能力并未将企业面临信用损失的期间限定在合同通知期内，企业对于此类金融工具（仅限于此类金融工具）确认预期信用损失的期间，应当为其面临信用风险且无法用信用风险管理措施予以缓释的期间，即使该期间超过了最长合同期限。

（三）金融工具发生减值时的账务处理

1. 减值准备的计提和转回

企业应当在资产负债表日计算金融工具（或金融工具组合）预期信用损失。如果该预期信用损失大于该工具（或组合）当前减值准备的账面金额，企业应当将其差额确认为减值损失，借记"信用减值损失"科目，根据金融工具的种类，贷记"贷款损失准备"、"债权投资减值准备"、"坏账准备"、"合同资产减值准备"、"租赁应收款减值准备"、"预计负债"（用于贷款承诺及财务担保合同）或"其他综合收益"（用于以公允价值计量且其变动计入其他综合收益的债权类资产，企业可以设置二级科目"其他综合收益——信用减值准备"核算此类工具的减值准备）等科目（上述贷记科目，以下统称"贷款损失准备"等科目）；如果资产负债表日计算的预期信用损失小于该工具（或组合）当前减值准备的账面金额（例如，从按照整个存续期预期信用损失计量损失准备转为按照未来12个月预期信用损失计量损失准备时，可能出现这一情况），则应当将差额确认为减值利得，做相反的会计分录。

2. 已发生信用损失金融资产的核销

企业实际发生信用损失，认定相关金融资产无法收回，经批准予以核销的，应当根据批准的核销金额，借记"贷款损失准备"等科目，贷记相应的资产科目，如"贷款""应收账款""合同资产"等。若核销金额大于已计提的损失准备，还应按其差额借记"信用减值损失"科目。

3. 账务处理示例

【例 22-34】 甲公司于 2×17 年 12 月 15 日购入一项公允价值为 1 000 万元的债务工具，分类为以公允价值计量且其变动计入其他综合收益的金融资产。该工具合同期限为 10 年，年利率为 5%，本例假定实际利率也为 5%。初始确认时，甲公司已经确定其不属于购入或源生的已发生信用减值的金融资产。

2×17 年 12 月 31 日，由于市场利率变动，该债务工具的公允价值跌至 950 万元。甲公司认为，该工具的信用风险自初始确认后并无显著增加，应按 12 个月内预期信用损失计量损失准备，损失准备金额为 30 万元。为简化起见，本例不考虑利息。

2×18 年 1 月 1 日，甲公司决定以当日的公允价值 950 万元，出售该债务工具。

甲公司的账务处理如下。

（1）购入该工具时。

借：其他债权投资——成本	10 000 000
贷：银行存款	10 000 000

（2）2×17 年 12 月 31 日。

借：信用减值损失	300 000
其他综合收益——其他债权投资公允价值变动	500 000
贷：其他债权投资——公允价值变动	500 000
其他综合收益——信用减值准备	300 000

甲公司在其 2×17 年年度财务报表中披露该工具累计减值 30 万元。

（3）2×18 年 1 月 1 日。

借：银行存款	9 500 000
投资收益	200 000
其他综合收益——信用减值准备	300 000
其他债权投资——公允价值变动	500 000
贷：其他综合收益——其他债权投资公允价值变动	500 000
其他债权投资——成本	10 000 000

【例22-35】甲银行对乙公司发放的贷款以摊余成本计量。2×17年12月31日,甲银行向乙公司发放一笔5年期信用贷款。贷款本金为5 000万元,年利率为4%,每年12月31日付息,2×22年12月31日还本。假设不考虑交易费用,该贷款的实际利率为4%。

2×18年12月31日,乙公司按约支付利息。甲银行评估认为该贷款信用风险自初始确认以来未显著增加,并计算其未来12个月预期信用损失为80万元。

2×19年12月31日,乙公司按约支付利息。甲银行评估认为该贷款信用风险自初始确认以来已经显著增加,并计算剩余存续期预期信用损失为300万元。

2×20年6月30日,甲银行了解到乙公司面临重大财务困难,认定该贷款已发生减值。同日,甲银行计算剩余存续期预期信用损失为800万元。

2×20年12月31日,乙公司未按约支付利息。甲银行计算剩余存续期预期信用损失为1 200万元。

2×21年6月30日,甲银行计算剩余存续期预期信用损失为1 600万元,并以3 500万元价格将该贷款所有风险和报酬转让给丙资产管理公司。

根据所掌握情况,丙资产管理公司将该贷款认定为已发生信用减值的金融资产,并预计该贷款的未来现金流量(如表22-9所示)。

表22-9 该贷款的预计未来现金流量

单位:元

日期	金额
2×22年12月31日	20 000 000
2×23年6月30日	18 500 000

根据以上数据,丙资产管理公司计算该贷款经信用调整的实际利率为5.635 2%。丙资产管理公司以摊余成本计量该贷款,其账面价值摊余过程如表22-10所示。

表22-10 该贷款账面价值摊余过程

单位:元

日期	计提利息期限(年)	应计利息	还款	摊余成本
2×21年6月30日				35 000 000
2×21年12月31日	0.5	972 649		35 972 649
2×22年12月31日	1	2 027 138	−20 000 000	17 999 787
2×23年6月30日	0.5	500 213	−18 500 000	

2×21年12月31日,丙资产管理公司对该贷款回收金额和回收时间的预期未发生改变(即预期信用损失变动为零)。

2×22年12月31日,丙资产管理公司实际收到乙公司还款2 000万元,对该贷款后续回收金额和回收时间的预期未发生改变。

2×23年6月30日,丙资产管理公司实际收到乙公司还款1 900万元,贷款合同终止。

根据上述资料，相关账务处理如下（不考虑税费影响）。

1. 甲银行

（1）2×17年12月31日，发放贷款。

借：贷款　　　　　　　　　　　　　　　　　　　　　　50 000 000
　　贷：吸收存款　　　　　　　　　　　　　　　　　　　　　　50 000 000

（2）2×18年12月31日，确认利息收入和收到的利息。

利息收入＝账面余额×实际利率＝5 000×4%＝200（万元）

借：应收利息　　　　　　　　　　　　　　　　　　　　2 000 000
　　贷：利息收入　　　　　　　　　　　　　　　　　　　　　2 000 000
借：吸收存款　　　　　　　　　　　　　　　　　　　　2 000 000
　　贷：应收利息　　　　　　　　　　　　　　　　　　　　　2 000 000

计提减值准备。

借：信用减值损失　　　　　　　　　　　　　　　　　　　800 000
　　贷：贷款损失准备　　　　　　　　　　　　　　　　　　　　800 000

（3）2×19年12月31日，确认利息收入和收到的利息。

借：应收利息　　　　　　　　　　　　　　　　　　　　2 000 000
　　贷：利息收入　　　　　　　　　　　　　　　　　　　　　2 000 000
借：吸收存款　　　　　　　　　　　　　　　　　　　　2 000 000
　　贷：应收利息　　　　　　　　　　　　　　　　　　　　　2 000 000

补提减值准备。

借：信用减值损失　　　　　　　　　　　　　　　　　　2 200 000
　　贷：贷款损失准备　　　　　　　　　　　　　　　　　　　2 200 000

（4）2×20年6月30日，确认实际减值前利息收入。

利息收入＝账面余额×实际利率＝50 000 000×[（1+4%）$^{0.5}$－1]＝990 195（元）

借：应收利息　　　　　　　　　　　　　　　　　　　　　990 195
　　贷：利息收入　　　　　　　　　　　　　　　　　　　　　　990 195

补提减值准备。

借：信用减值损失　　　　　　　　　　　　　　　　　　5 000 000
　　贷：贷款损失准备　　　　　　　　　　　　　　　　　　　5 000 000

（5）2×20年12月31日，确认实际减值后利息收入。

利息收入＝摊余成本×实际利率＝（5 000 000+990 195－8 000 000）×[（1+4%）$^{0.5}$－1]
＝851 374（元）

借：应收利息　　　　　　　　　　　　　　　　　　　　　851 374
　　贷：利息收入　　　　　　　　　　　　　　　　　　　　　　851 374

补提减值准备。

借：信用减值损失　　　　　　　　　　　　　　　　　　4 000 000
　　贷：贷款损失准备　　　　　　　　　　　　　　　　　　　4 000 000

（6）2×21年6月30日，确认利息收入。

利息收入 = 摊余成本 × 实际利率 = (5 000 000+990 195+851 374−12 000 000) × [(1+4%)$^{0.5}$−1] = 789 019（元）

  借：应收利息   789 019
    贷：利息收入   789 019

补提减值准备。

  借：信用减值损失   4 000 000
    贷：贷款损失准备   4 000 000

终止确认贷款。

  借：存放中央银行款项   35 000 000
    贷款损失准备   16 000 000
    贷款处置损益   1 630 588
    贷：贷款   50 000 000
      应收利息   2 630 588

2. 丙资产管理公司

（1）2×21年6月30日，确认购入贷款。

  借：债权投资——本金   35 000 000
    贷：银行存款   35 000 000

（2）2×21年12月31日，确认利息收入。

  借：债权投资——应计利息   972 649
    贷：利息收入   972 649

（3）2×22年12月31日，确认利息收入。

  借：债权投资——应计利息   2 027 138
    贷：利息收入   2 027 138

确认收到的还款。

  借：银行存款   20 000 000
    贷：债权投资——本金   17 000 213
      ——应计利息   2 999 787

（4）2×23年6月30日，确认利息收入。

  借：债权投资——应计利息   500 213
    贷：利息收入   500 213

确认收到的还款，终止确认贷款。

  借：银行存款   19 000 000
    贷：债权投资——本金   17 999 787
      ——应计利息   500 213
      信用减值损失   500 000

22.7.4 信用损失

（一）信用损失的定义

根据《企业会计准则第 22 号——金融工具确认和计量》，信用损失，是指企业按照原实际利率折现的、根据合同应收的所有合同现金流量与预期收取的所有现金流量之间的差额，即全部现金短缺的现值。其中，对于企业购买或源生的已发生信用减值的金融资产，应按照该金融资产经信用调整的实际利率折现。由于预期信用损失考虑付款的金额和时间分布，即使企业预计可以全额收款但收款时间晚于合同规定的到期期限，也会产生信用损失。

在估计现金流量时，企业应当考虑金融工具在整个预计存续期的所有合同条款（如提前还款、展期、看涨期权或其他类似期权等）。企业所考虑的现金流量应当包括出售所持担保品获得的现金流量，以及属于合同条款组成部分的其他信用增级所产生的现金流量。

企业通常能够可靠估计金融工具的预计存续期。在极少数情况下，金融工具预计存续期无法可靠估计的，企业在计算确定预期信用损失时，应当基于该金融工具的剩余合同期间。

（二）信用损失的确认方法

对于适用《企业会计准则第 22 号——金融工具确认和计量》有关金融工具减值规定的各类金融工具，企业应当按照下列方法确定其信用损失。

（1）对于金融资产，信用损失应为企业应收取的合同现金流量与预期收取的现金流量之间差额的现值。

（2）对于租赁应收款项，信用损失应为企业应收取的合同现金流量与预期收取的现金流量之间差额的现值。其中，用于确定预期信用损失的现金流量，应与按照《企业会计准则第 21 号——租赁》用于计量租赁应收款项的现金流量保持一致。

（3）对于未提用的贷款承诺，信用损失应为在贷款承诺持有人提用相应贷款的情况下，企业应收取的合同现金流量与预期收取的现金流量之间差额的现值。企业对贷款承诺预期信用损失的估计，应当与其对该贷款承诺提用情况的预期保持一致。

（4）对于财务担保合同，信用损失应为企业就该合同持有人发生的信用损失向其做出赔付的预计付款额，减去企业预期向该合同持有人、债务人或任何其他方收取的金额之间差额的现值。

（5）对于资产负债表日已发生信用减值但并非购买或源生已发生信用减值的金融资产，信用损失应为该金融资产账面余额与按原实际利率折现的估计未来现金流量的现值之间的差额。

22.7.5 损失准备确认方法

（一）已发生信用减值的金融资产

《企业会计准则第 22 号——金融工具确认和计量》规定，对于购买或源生的已发生信用减值的金融资产，企业应当在资产负债表日仅将自初始确认后整个存续期内预期信用损失的累计变动确认为损失准备。在每个资产负债表日，企业应当将整个存续期内预期信用损失的变动金额作为减值损失或利得计入当期损益。即使该资产负债表日确定的整个存续期内预期信用损失小于初始确认时估计现金流量所反映的预期信用损失的金额,企业也应当将预期信用损失的有利变动确认为减值利得。

(二)特殊项目的损失准备

对于下列各项目,企业应当始终按照相当于整个存续期内预期信用损失的金额计量其损失准备。

(1)由《企业会计准则第14号——收入》规范的交易形成的应收款项或合同资产,且符合下列条件之一。

①该项目未包含《企业会计准则第14号——收入》所定义的重大融资成分,或企业根据《企业会计准则第14号——收入》规定不考虑不超过一年的合同中的融资成分。

②该项目包含《企业会计准则第14号——收入》所定义的重大融资成分,同时企业做出会计政策选择,按照相当于整个存续期内预期信用损失的金额计量损失准备。企业应当将该会计政策选择适用于所有此类应收款项和合同资产,但可对应收款项类和合同资产类分别做出会计政策选择。

(2)由《企业会计准则第21号——租赁》规范的交易形成的租赁应收款,同时企业做出会计政策选择,按照相当于整个存续期内预期信用损失的金额计量损失准备。企业应当将该会计政策选择适用于所有租赁应收款,但可对应收融资租赁款和应收经营租赁款分别做出会计政策选择。

针对上述特殊项目时,企业可对应收款项、合同资产和租赁应收款分别选择减值会计政策。

(三)除(一)和(二)以外的情形

除了按照上述(一)和(二)的相关规定计量金融工具损失准备的情形以外,企业应当在每个资产负债表日评估相关金融工具的信用风险自初始确认后是否已显著增加,并按照下列情形分别计量其损失准备、确认预期信用损失及其变动。

(1)如果该金融工具的信用风险自初始确认后已显著增加,企业应当按照相当于该金融工具整个存续期内预期信用损失的金额计量其损失准备。无论企业评估信用损失的基础是单项金融工具还是金融工具组合,由此形成的损失准备的增加或转回金额,应当作为减值损失或利得计入当期损益。

(2)如果该金融工具的信用风险自初始确认后并未显著增加,企业应当按照相当于该金融工具未来12个月内预期信用损失的金额计量其损失准备,无论企业评估信用损失的基础是单项金融工具还是金融工具组合,由此形成的损失准备的增加或转回金额,应当作为减值损失或利得计入当期损益。未来12个月内预期信用损失,是指因资产负债表日后12个月内(若金融工具的预计存续期少于12个月,则为预计存续期)可能发生的金融工具违约事件而导致的预期信用损失,是整个存续期预期信用损失的一部分。

企业在进行相关评估时,应当考虑所有合理且有依据的信息,包括前瞻性信息。为确保自金融工具初始确认后信用风险显著增加即确认整个存续期预期信用损失,企业在一些情况下应当以组合为基础考虑评估信用风险是否显著增加。整个存续期预期信用损失,是指因金融工具整个预计存续期内所有可能发生的违约事件而导致的预期信用损失。

22.7.6 判断事项

（一）违约风险

《企业会计准则第 22 号——金融工具确认和计量》规定，企业在评估金融工具的信用风险自初始确认后是否已显著增加时，应当考虑金融工具预计存续期内发生违约风险的变化，而不是预期信用损失金额的变化。企业应当通过比较金融工具在资产负债表日发生违约的风险与在初始确认日发生违约的风险，以确定金融工具预计存续期内发生违约风险的变化情况。

在为确定是否发生违约风险而对违约进行界定时，企业所采用的界定标准，应当与其内部针对相关金融工具的信用风险管理目标保持一致，并考虑财务限制条款等其他定性指标。

企业在评估金融工具的信用风险自初始确认后是否已显著增加时，应当考虑违约风险的相对变化，而非违约风险变动的绝对值。在同一后续资产负债表日，对于违约风险变动的绝对值相同的两项金融资产，初始确认时违约风险较低的金融工具比初始确认时违约风险较高的金融工具的信用风险变化更为显著。

（二）逾期信息与前瞻性信息

企业通常应当在金融工具逾期前确认该工具整个存续期预期信用损失。企业在确定信用风险自初始确认后是否显著增加时，企业无须付出不必要的额外成本或努力即可获得合理且有依据的前瞻性信息的，不得仅依赖逾期信息来确定信用风险自初始确认后是否显著增加；企业必须付出不必要的额外成本或努力才可获得合理且有依据的逾期信息以外的单独或汇总的前瞻性信息的，可以采用逾期信息来确定信用风险自初始确认后是否显著增加。

无论企业采用何种方式评估信用风险是否显著增加，通常情况下，如果逾期超过 30 日，则表明金融工具的信用风险已经显著增加。除非企业在无须付出不必要的额外成本或努力的情况下即可获得合理且有依据的信息，证明即使逾期超过 30 日，信用风险自初始确认后仍未显著增加。如果企业在合同付款逾期超过 30 日前已确定信用风险显著增加，则应当按照整个存续期的预期信用损失确认损失准备。

如果交易对手方未按合同规定时间支付约定的款项，则表明该金融资产发生逾期。

（三）较低信用风险

企业确定金融工具在资产负债表日只具有较低的信用风险的，可以假设该金融工具的信用风险自初始确认后并未显著增加。

如果金融工具的违约风险较低，借款人在短期内履行其合同现金流量义务的能力很强，并且即便较长时期内经济形势和经营环境存在不利变化但未必一定降低借款人履行其合同现金流量义务的能力，该金融工具被视为具有较低的信用风险。

（四）合同变化

企业与交易对手方修改或重新议定合同，未导致金融资产终止确认，但导致合同现金流量发生变化的，企业在评估相关金融工具的信用风险是否已经显著增加时，应当将基于变更后的合同条款在资产负债表日发生违约的风险与基于原合同条款在初始确认时发生违约的风险进行比较。

22.7.7 其他规定

（一）以公允价值计量且其变动计入其他综合收益的金融资产

《企业会计准则第 22 号——金融工具确认和计量》规定，对于以公允价值计量且其变动计入其他综合收益的金融资产，企业应当在其他综合收益中确认其损失准备，并将减值损失或利得计入当期损益，且不应减少该金融资产在资产负债表中列示的账面价值。

（二）损失准备转回

企业在前一会计期间已经按照相当于金融工具整个存续期内预期信用损失的金额计量了损失准备，但在当期资产负债表日，该金融工具已不再属于自初始确认后信用风险显著增加的情形的，企业应当在当期资产负债表日按照相当于未来 12 个月内预期信用损失的金额计量该金融工具的损失准备，由此形成的损失准备的转回金额应当作为减值利得计入当期损益。

（三）贷款承诺和财务担保合同

对于贷款承诺和财务担保合同，企业在应用金融工具减值规定时，应当将本企业成为做出不可撤销承诺的一方之日作为初始确认日。

22.8 利得和损失

22.8.1 以公允价值计量的金融工具

《企业会计准则第 22 号——金融工具确认和计量》规定，企业应当将以公允价值计量的金融资产或金融负债的利得或损失计入当期损益，除非该金融资产或金融负债属于下列情形之一。

（1）属于《企业会计准则第 24 号——套期会计》规定的套期关系的一部分。

（2）是一项对非交易性权益工具的投资，且企业已按照本准则第十九条规定将其指定为以公允价值计量且其变动计入其他综合收益的金融资产。

（3）是一项被指定为以公允价值计量且其变动计入当期损益的金融负债，且按照本准则第六十八条规定，该负债由企业自身信用风险变动引起的其公允价值变动应当计入其他综合收益。

（4）是一项按照本准则第十八条分类为以公允价值计量且其变动计入其他综合收益的金融资产，且企业根据本准则第七十一条规定，其减值损失或利得和汇兑损益之外的公允价值变动计入其他综合收益。

22.8.2 以摊余成本计量的金融工具

《企业会计准则第 22 号——金融工具确认和计量》规定，以摊余成本计量且不属于任何套期关系的一部分的金融资产所产生的利得或损失，应当在终止确认、按照本准则规定重分类、按照实际利率法摊销或按照本准则规定确认减值时，计入当期损益。如果企业将以摊余成本计量的金融资产重分类为其他类别，应当根据本准则第三十条规定处理其利得或损失。

以摊余成本计量且不属于任何套期关系的一部分的金融负债所产生的利得或损失，应当在终止确认时计入当期损益或在按照实际利率法摊销时计入相关期间损益。

22.8.3 其他规定

（一）以公允价值计量且其变动计入当期损益的金融负债

《企业会计准则第 22 号——金融工具确认和计量》规定，企业根据本准则第二十二条和第二十六条规定将金融负债指定为以公允价值计量且其变动计入当期损益的金融负债的，该金融负债所产生的利得或损失应当按照下列规定进行处理。

（1）由企业自身信用风险变动引起的该金融负债公允价值的变动金额，应当计入其他综合收益。

（2）该金融负债的其他公允价值变动计入当期损益。

按照上述（1）规定对该金融负债的自身信用风险变动的影响进行处理会造成或扩大损益中的会计错配的，企业应当将该金融负债的全部利得或损失（包括企业自身信用风险变动的影响金额）计入当期损益。

该金融负债终止确认时，之前计入其他综合收益的累计利得或损失应当从其他综合收益中转出，计入留存收益。

（二）以公允价值计量且其变动计入其他综合收益的非交易性权益工具

《企业会计准则第 22 号——金融工具确认和计量》规定，企业根据本准则第十九条规定将非交易性权益工具投资指定为以公允价值计量且其变动计入其他综合收益的金融资产的，当该金融资产终止确认时，之前计入其他综合收益的累计利得或损失应当从其他综合收益中转出，计入留存收益。

（三）财务担保合同和不可撤销贷款承诺

《企业会计准则第 22 号——金融工具确认和计量》规定，指定为以公允价值计量且其变动计入当期损益的金融负债的财务担保合同和不可撤销贷款承诺所产生的全部利得或损失，应当计入当期损益。

（四）以公允价值计量且其变动计入其他综合收益的金融资产

《企业会计准则第 22 号——金融工具确认和计量》规定，按照本准则十八条分类为以公允价值计量且其变动计入其他综合收益的金融资产所产生的所有利得或损失，除减值损失或利得和汇兑损益之外，均应当计入其他综合收益，直至该金融资产终止确认或被重分类。但是，采用实际利率法计算的该金融资产的利息应当计入当期损益。该金融资产计入各期损益的金额应当与视同其一直按摊余成本计量而计入各期损益的金额相等。

该金融资产终止确认时，之前计入其他综合收益的累计利得或损失应当从其他综合收益中转出，计入当期损益。

22.8.4 股利收入

《企业会计准则第 22 号——金融工具确认和计量》规定，企业只有在同时符合下列条件时，才能确认股利收入并计入当期损益。

（1）企业收取股利的权利已经确立。

（2）与股利相关的经济利益很可能流入企业。

（3）股利的金额能够可靠计量。

第 23 章
金融资产转移

《企业会计准则第 23 号——金融资产转移》（简称"金融资产转移准则"）明确了金融资产转移的认定以及金融资产转移是否导致金融资产终止确认的判断原则，规范了金融资产转移和终止确认的相关会计处理。

企业应当在收取金融资产现金流量的合同权利终止时终止确认该金融资产。如果该合同权利尚未终止，只有在金融资产已转移，且该转移满足终止确认条件的规定时才能终止确认。因此，金融资产转移准则规定的金融资产转移仅包含两种情形。

（1）企业将收取金融资产现金流量的合同权利转移给其他方。

（2）企业保留了收取金融资产现金流量的合同权利，但承担了将收取的该现金流量支付给一个或多个最终收款方的合同义务，且同时满足金融资产转移准则第六条第（二）项的三个条件。

对于符合金融资产转移准则规定的金融资产转移的两种情形，企业可根据金融资产转移准则的规定进一步进行风险报酬以及控制的判断；对于除此之外的情形，企业应当继续确认相关金融资产。

企业在判断金融资产转移是否导致金融资产终止确认时，应当评估其在多大程度上保留了金融资产所有权上的风险和报酬。企业转移了金融资产所有权上几乎所有风险和报酬的，应当终止确认该金融资产，并将转移中产生或保留的权利和义务单独确认为资产或负债；企业保留了金融资产所有权上几乎所有风险和报酬的，应当继续确认该金融资产；企业既没有转移也没有保留金融资产所有权上几乎所有风险和报酬的，应当进一步判断其是否保留了对金融资产的控制。企业未保留对该金融资产控制的，应当终止确认该金融资产，并将转移中产生或保留的权利和义务单独确认为资产或负债；企业保留了对该金融资产控制的，应当按照其继续涉入被转移金融资产的程度确认有关金融资产，并相应确认相关负债。

企业应当在金融资产转移整体满足终止确认条件时，将被转移金融资产在终止确认日的账面价值与因转移金融资产而收到的对价（包含取得的新资产减去承担的新负债）和原直接计入其他综合收益的公允价值变动累计额中对应终止确认部分的金额（涉及转移的金融资产为根据《企业会计准则第 22 号——金融工具确认和计量》第十八条分类为以公允价值计量且其变动计入其他综合收益的金融资产的情形）之和的差额计入当期损益。

企业对于保留了被转移金融资产所有权上几乎所有风险和报酬而不满足终止确认条件的金融资产转移，应当继续确认被转移金融资产整体，并将收到的对价确认为一项金融负债，所涉及的金融资产与所确认的相关金融负债应当分别确认和计量，不得相互抵销。

企业既没有转移也没有保留金融资产所有权上几乎所有风险和报酬，且保留了对该金融资产控制的，应当按照其继续涉入被转移金融资产的程度确认该被转移金融资产，并相应确认相关负债。被转移金融资产和相关负债的计量应当充分反映企业所保留的权利和承担的义务。

23.1 金融资产的终止确认

23.1.1 金融资产终止确认的定义

在金融资产转移中通常需要判断是否应终止确认所转移的金融资产。如果企业转移金融资产后不再保留任何与被转移金融资产相关的权利或义务，这种情况下终止确认被转移金融资产的结论通常比较明确。另一种情况是企业在转移金融资产后承担无条件以转让价格回购被转移金融资产的义务，且在回购之前需要支付利息，这种情况下企业承担的被转移金融资产的风险与自身持有的相同金融资产的风险没有实质区别，则不能终止确认被转移金融资产。如果金融资产的转移介于上述两种极端之间，企业在转移金融资产后保留了与被转移金融资产相关的某些权利或义务，则是否能够终止确认被转移金融资产就需要进行更加详细的分析，必须严格按照准则规定的金融资产终止确认流程进行判断。票据背书转让、商业票据贴现、应收账款保理、资产证券化、债券买断式回购、融资融券等业务中都涉及金融资产转移和终止确认的判断和相应会计处理。

23.1.2 金融资产终止确认的条件

《企业会计准则第 23 号——金融资产转移》规定，金融资产终止确认，是指企业将之前确认的金融资产从其资产负债表中予以转出。金融资产满足下列条件之一的，应当终止确认。

（1）收取该金融资产现金流量的合同权利终止。
（2）该金融资产已转移，且该转移满足本准则关于终止确认的规定。

在第一个条件下，企业收取金融资产现金流量的合同权利终止，如因合同到期而使合同权利终止，金融资产不能再为企业带来经济利益，应当终止确认该金融资产。在第二个条件下，企业收取一项金融资产现金流量的合同权利并未终止，但若企业转移了该项金融资产，同时该转移满足准则关于终止确认的规定，在这种情况下，企业也应当终止确认被转移的金融资产。

23.2 金融资产终止确认的判断流程

《企业会计准则第 23 号——金融资产转移》关于终止确认的相关规定，适用于所有金融资产的终止确认。根据准则的规定，企业在判断金融资产是否应当终止确认以及在多大程度上终止确认时，应当遵循以下步骤。

（一）确定适用金融资产终止确认规定的报告主体层面

《企业会计准则第 23 号——金融资产转移》规定，企业（转出方）对金融资产转入方具有控制权的，除在该企业个别财务报表基础上应用本准则外，在编制合并财务报表时，还应当按照《企业会计准则第 33 号——合并财务报表》的规定合并所有纳入合并范围的子公司（含结构化主体），并在合并财务报表层面应用本准则。

在资产证券化实务中，企业通常设立"信托计划""专项支持计划"等结构化主体作为结构化融资的载体，由结构化主体向第三方发行证券并向企业自身购买金融资产。这种情况下，从法律角度看，企业可能已将金融资产转移到结构化主体，两者之间实现了风险隔离。

但在进行金融资产终止确认判断时,企业应首先确定报告主体,即是编制合并财务报表还是编制个别财务报表。如果是合并财务报表,企业应当首先按照《企业会计准则第 33 号——合并财务报表》及《企业会计准则解释第 8 号》等有关规定合并所有子公司(含结构化主体),然后将准则的规定应用于合并财务报表,即在合并财务报表层面进行金融资产转移及终止确认分析。

(二)确定金融资产是部分还是整体适用终止确认原则

《企业会计准则第 23 号——金融资产转移》中的"金融资产"既可能是指一项金融资产或其部分,也可能是指一组类似金融资产或其部分。一组类似金融资产通常是指金融资产的合同现金流量在金额和时间分布上相似并且具有相似的风险特征,如合同条款类似、到期期限接近的一组住房抵押贷款等。

《企业会计准则第 23 号——金融资产转移》规定,当且仅当金融资产(或一组金融资产,下同)的一部分满足下列三个条件之一时,终止确认的相关规定适用于该金融资产部分,否则,适用于该金融资产整体。

(1)该金融资产部分仅包括金融资产所产生的特定可辨认现金流量。如企业就某债务工具与转入方签订一项利息剥离合同,合同规定转入方有权获得该债务工具利息现金流量,但无权获得该债务工具本金现金流量,则终止确认的规定适用于该债务工具的利息现金流量。

(2)该金融资产部分仅包括与该金融资产所产生的全部现金流量完全成比例的现金流量部分。如企业就某债务工具与转入方签订转让合同,合同规定转入方拥有获得该债务工具全部现金流量 90% 份额的权利,则终止确认的规定适用于这些现金流量的 90%。如果转入方不止一个,只要转出方所转移的份额与金融资产的现金流量完全成比例即可,不要求每一转入方均持有成比例的现金流量份额。

(3)该金融资产部分仅包括与该金融资产所产生的特定可辨认现金流量完全成比例的现金流量部分。如企业就某债务工具与转入方签订转让合同,合同规定转入方拥有获得该债务工具利息现金流量 90% 份额的权利,则终止确认的规定适用于该债务工具利息现金流量 90% 部分。如果转入方不止一个,只要转出方所转移的份额与金融资产的特定可辨认现金流量完全成比例即可,不要求每一转入方均持有成比例的现金流量份额。

在除上述情况外的其他所有情况下,金融资产转移准则有关金融资产终止确认的相关规定适用于金融资产的整体。例如,企业转移了公允价值为 100 万元人民币的一组类似的固定期限贷款组合,约定向转入方支付贷款组合预期所产生的现金流量的前 90 万元人民币,企业保留了取得剩余现金流量的次级权益。因为最初 90 万元人民币的现金流量既可能来自贷款本金也可能来自利息,且无法辨认来自贷款组合中的哪些贷款,所以不是特定可辨认的现金流量,也不是该金融资产所产生的全部或部分现金流量的完全成比例的份额。在这种情况下,企业不能将终止确认的相关规定适用于该金融资产 90 万元人民币的部分,而应当适用于该金融资产的整体。

又如,企业转移了一组应收款项产生的现金流量 90% 的权利,同时提供了一项担保以补偿转入方可能遭受的信用损失,最高担保额为应收款项本金金额的 8%。在这种情况下,由于存在担保，在发生信用损失的情况下，企业可能需要向转入方支付部分已经收到的企业自留的 10% 的现金流量，以补偿对方就 90% 现金流量所遭受的损失，导致该组应收款项下实际合同现金流量的分布并非按 90% 及 10% 完全成比例分配，所以，终止确认的相关规定适用于该组金融资产的整体。

（三）确定收取金融资产现金流量的合同权利是否终止

企业在确定适用金融资产终止确认规定的报告主体层面（合并财务报表层面或个别财务报表层面）以及对象（金融资产整体或部分）后，即可开始判断是否对金融资产进行终止确认。金融资产转移准则规定，收取金融资产现金流量的合同权利已经终止的，企业应当终止确认该金融资产。如一项应收账款的债务人在约定期限内支付了全部款项，或者在期权合同到期时期权持有人未行使期权权利，导致收取金融资产现金流量的合同权利终止，企业应终止确认金融资产。

若收取金融资产的现金流量的合同权利没有终止，企业应当判断是否转移了金融资产，并根据以下有关金融资产转移的相关判断标准确定是否应当终止确认被转移金融资产。

（四）判断企业是否已转移金融资产

《企业会计准则第 23 号——金融资产转移》规定，企业在判断是否已转移金融资产时，应分以下两种情形做进一步的判断。

（1）企业将收取金融资产现金流量的合同权利转移给其他方。

企业将收取金融资产现金流量的合同权利转移给其他方，表明该项金融资产发生了转移，通常表现为金融资产的合法出售或者金融资产现金流量权利的合法转移。例如，实务中常见的票据背书转让、商业票据贴现等，均属于这一种金融资产转移的情形。在这种情形下，转入方拥有了获取被转移金融资产所有未来现金流量的权利，转出方应进一步判断金融资产风险和报酬转移情况来确定是否应当终止确认被转移金融资产。

（2）企业保留了收取金融资产现金流量的合同权利，但承担了将收取的该现金流量支付给一个或多个最终收款方的合同义务。

这种金融资产转移的情形通常被称为"过手安排"。在某些金融资产转移交易中，转出方在出售金融资产后，会继续作为收款服务方或收款代理人等收取金融资产的现金流量，再转交给转入方或最终收款方。这种金融资产转移情形常见于资产证券化业务。例如，在某些情况下，银行可能负责收取所转移贷款的本金和利息并最终支付给收益权持有者，同时收取相应服务费。根据准则规定，当企业保留了收取金融资产现金流量的合同权利，但承担了将收取的该现金流量支付给一个或多个最终收款方的合同义务时，当且仅当同时符合以下三个条件时，转出方才能按照金融资产转移的情形进行后续分析及处理，否则，被转移金融资产应予以继续确认。

（1）企业（转出方）只有从该金融资产收到对等的现金流量时，才有义务将其支付给最终收款方。

在有的资产证券化等业务中，如发生被转移金融资产的实际收款日期与向最终收款方付款的日期不同而导致款项缺口的情况，转出方需要提供短期垫付款项。在这种情况下，当且仅当转出方有权全额收回该短期垫付款并按照市场利率就该垫款计收利息，方能视同满足这一条件。在有转出方短期垫付安排的资产证券化业务中，如果转出方收回该垫款的权利仅优先于次级资产支持证券持有人，但劣后于优先级资产支持证券持有人，或者转出方不计收利息的，均不能满足这一条件。

例如，在一项资产证券化交易中，按照交易协议规定，转出方在设立结构化主体时需要向结构化主体提供现金或其他资产以建立流动性储备，确保在收取基础资产款项发生延误时能够向资产证券化产品的持有者按协议规定付款，被动用的流动性储备只能通过提留基础资产后续产生的现金流量的方式被收回。假设转出方合并该结构化主体，在该种情况下，由于转出方出资设立了流动性储备（即提供了垫付款项），在发生收款延误时，转出方有义务向最终收款方支付尚未从基础资产收取的款项，且如果出现基础资产后续产生的现金流量不足的情况转出方没有收回权，导致该交易不满足上述"转出方只有从该金融资产收到对等的现金流量时，才有义务将其支付给最终收款方"的条件。类似地，如果资产证券化协议规定转出方承担或转出方实际承担了在需要时向结构化主体提供现金借款的确定承诺，且该借款只能通过提留基础资产后续产生的现金流的方式收回，则该资产证券化交易也不满足本条件。

如果结构化主体的流动性储备不是由转出方预提或承诺提供的，而是来自基础资产产生的现金流量或者由资产支持证券的第三方次级权益持有者提供的，且转出方不控制（即不需合并）该结构化主体，由于转出方没有向结构化主体（即转入方）支付从被转移金融资产取得的现金流量以外的其他现金流量，这种流动性储备安排满足本条件的情形。

（2）转让合同规定禁止企业（转出方）出售或抵押该金融资产，但企业可以将其作为向最终收款方支付现金流量义务的保证。

企业不能出售该项金融资产，也不能将该项金融资产作为质押品对外进行担保，这意味着转出方不再拥有出售或处置被转移金融资产的权利。但是，由于企业负有向最终收款方支付该项金融资产所产生的现金流量的义务，该项金融资产可以作为企业如期向最终收款方支付现金流量的保证。

（3）企业（转出方）有义务将代表最终收款方收取的所有现金流量及时划转给最终收款方，且无重大延误。企业无权将该现金流量进行再投资。但是，如果企业在收款日和最终收款方要求的划转日之间的短暂结算期内将代为收取的现金流量进行现金或现金等价物投资，并且按照合同约定将此类投资的收益支付给最终收款方，则视同满足本条件。

这一条件不仅对转出方在收款日至向最终收款方支付日的短暂结算期间内将收取的现金流量再投资做出了限制，而且将转出方为了最终收款人利益而进行的投资严格地限定为现金或现金等价物投资。在这种情况下，现金和现金等价物应当符合《企业会计准则第31号——现金流量表》中的定义，而且不允许转出方在这些现金或现金等价物投资中保留任何投资收益，所有的投资收益必须支付给最终收款方。例如，如果按照某过手安排，合同条款允许企业将代最终收款方收取的现金流量投资于不满足现金和现金等价物定义的某些理财产品或货币市场基金等产品，则该过手安排不满足本条件，进而不能按照金融资产转移进行后续判断和会计处理。此外，在通常情况下，如果根据合同条款，企业自代为收取现金流量之日起至最终划转给最终收款方的期间超过三个月，则视为有重大延误，进而该过手安排不满足本条件，因此不构成金融资产转移。

（五）分析所转移金融资产的风险和报酬转移情况

企业转移收取现金流量的合同权利或者通过符合条件的过手安排方式转移金融资产的，应根据准则规定进一步对被转移金融资产进行风险和报酬转移分析，以判断是否应终止确认被转移金融资产。

《企业会计准则第23号——金融资产转移》规定，企业在判断金融资产转移是否导致金融资产终止确认时，应当评估其在多大程度上保留了金融资产所有权上的风险和报酬，即比较其在转移前后所承担的、该金融资产未来净现金流量金额及其时间分布变动的风险，并分别以下情形进行处理。

（1）企业转移了金融资产所有权上几乎所有风险和报酬的，应当终止确认该金融资产，并将转移中产生或保留的权利和义务单独确认为资产或负债。

金融资产转移后，企业承担的金融资产未来净现金流量现值变动的风险与转移前金融资产未来净现金流量现值变动的风险相比不再显著的，表明该企业已经转移了金融资产所有权上几乎所有风险和报酬。

需要注意的是，金融资产转移后企业承担的未来净现金流量现值变动的风险占转移前变动风险的比例，并不等同于企业保留的现金流量金额占全部现金流量的比例。例如，在一项资产证券化交易中，次级资产支持证券的份额占全部资产支持证券的5%，转出方持有全部次级资产支持证券，这并不意味着转出方仅保留金融资产5%的风险和报酬。实际上，次级资产支持证券向优先级资产支持证券提供了信用增级，而使得基础资产未来现金流量在优先级和次级之间不再是完全成比例分配，因此，转移后企业承担的次级资产支持证券对应的未来净现金流量现值变动的风险可能远大于转移前全部变动风险的5%。

关于这里所指的"几乎所有风险和报酬"，企业应当根据金融资产的具体特征做出判断。需要考虑的风险类型通常包括利率风险、信用风险、外汇风险、逾期未付风险、提前偿付风险（或报酬）、权益价格风险等。

在通常情况下，通过分析金融资产转移协议中的条款，企业就可以比较容易地确定是否转移或保留了金融资产所有权上几乎所有的风险和报酬，而不需要通过计算确定。以下情形表明企业已将金融资产所有权上几乎所有的风险和报酬转移给了转入方。

① 企业无条件出售金融资产。企业出售金融资产时，如果根据与购买方之间的协议约定，在任何时候（包括所出售金融资产的现金流量逾期未收回时）购买方均不能够向企业进行追偿，企业也不承担任何未来损失，此时，企业可以认定几乎所有的风险和报酬已经转移，应当终止确认该金融资产。

例如，某银行向某资产管理公司出售了一组贷款，双方约定，在出售后银行不再承担该组贷款的任何风险，该组贷款发生的所有损失均由资产管理公司承担，资产管理公司不能因该组已出售贷款的包括逾期未付在内的任何未来损失向银行要求补偿。在这种情况下，银行已经将该组贷款上几乎所有的风险和报酬转移，可以终止确认该组贷款。

② 企业出售金融资产，同时约定按回购日该金融资产的公允价值回购。企业通过与购买

方签订协议，按一定价格向购买方出售了一项金融资产，同时约定到期日企业再将该金融资产购回，回购价为到期日该金融资产的公允价值。此时，该项金融资产如果发生公允价值变动，其公允价值变动由购买方承担，因此，可以认定企业已经转移了该项金融资产所有权上几乎所有的风险和报酬，应当终止确认该金融资产。同样，企业在金融资产转移以后只保留了优先按照回购日公允价值回购该金融资产的权利的，也应当终止确认所转移的金融资产。

【例23-1】 2×18年2月1日，甲公司将其持有的乙上市公司股票转让给丙公司，甲公司与丙公司约定，其在4个月后（即6月1日）将按照6月1日乙公司股票的市价回购被转让股票。由于甲公司已经将乙公司股票的所有价值变动风险和报酬转让给丙公司，可以认定甲公司已经转移了该项金融资产所有权上几乎所有的风险和报酬，应当终止确认其转让的乙公司股票。

③ 企业出售金融资产，同时与转入方签订看跌或看涨期权合约，且该看跌或看涨期权为深度价外期权（即到期日之前不大可能变为价内期权）此时，可以认定企业已经转移了该项金融资产所有权上几乎所有的风险和报酬，应当终止确认该金融资产。

【例23-2】 2×18年2月1日，甲公司将其持有的面值为100万元的国债转让给丙公司，并向丙公司签发看跌期权，约定在出售后的4个月内，丙公司可以60万元价格将国债卖回给甲公司。由于国债信用等级高、预计未来4个月内市场利率将维持稳定，甲公司分析认为该看跌期权属于深度价外期权。在此情况下，甲公司应终止确认被转让的国债。

企业需要通过计算判断是否转移或保留了金融资产所有权上几乎所有风险和报酬的，在计算金融资产未来现金流量净现值时，应考虑所有合理、可能的现金流量变动，采用适当的市场利率作为折现率，并采用概率加权平均方法。

（2）企业保留了金融资产所有权上几乎所有风险和报酬的，应当继续确认该金融资产。

《企业会计准则第23号——金融资产转移》规定，企业保留了金融资产所有权上几乎所有风险和报酬的，不应当终止确认该金融资产。

与企业转移了金融资产所有权上几乎所有风险和报酬的判断方法相似，企业在判断是否保留了金融资产所有权上几乎所有的风险和报酬时，应当比较其在转移前后面临的该金融资产未来净现金流量金额及其时间分布变动的风险。企业承担的风险没有因金融资产转移发生显著改变的，表明企业仍保留了金融资产所有权上几乎所有的风险和报酬。

以下情形通常表明企业保留了金融资产所有权上几乎所有的风险和报酬。

① 企业出售金融资产并与转入方签订回购协议，协议规定企业将按照固定价格或是按照原售价加上合理的资金成本向转入方回购原被转移金融资产，或者与售出的金融资产相同或实质上相同的金融资产。例如，采用买断式回购、质押式回购交易卖出债券等。

② 企业融出证券或进行证券出借。例如，证券公司将自身持有的证券借给客户，合同约定借出期限和出借费率，到期客户需归还相同数量的同种证券，并向证券公司支付出借费用。证券公司保留了融出证券所有权上几乎所有的风险和报酬。因此，证券公司应当继续确认融出的证券。

③ 企业出售金融资产并附有将市场风险敞口转回给企业的总回报互换。在附总回报互换

的金融资产出售中，企业出售了一项金融资产，并与转入方达成一项总回报互换协议，如转入方将该资产实际产生的现金流量支付给企业以换取固定付款额或浮动利率付款额，该项资产公允价值的所有增减变动由企业（转出方）承担，从而使企业保留了该金融资产所有权上几乎所有的风险和报酬。在这种情况下，企业应当继续确认所出售的金融资产。

④ 企业出售短期应收款项或信贷资产，并且全额补偿转入方可能因被转移金融资产发生的信用损失。企业将短期应收款项或信贷资产整体出售，符合金融资产转移的条件。但由于企业出售金融资产时做出承诺，当已转移的金融资产将来发生信用损失时，由企业（出售方）进行全额补偿。在这种情况下，企业保留了该金融资产所有权上几乎所有的风险和报酬，因此，不应当终止确认所出售的金融资产。这种情形经常出现在资产证券化实务中。例如，企业通过持有次级权益或承诺对特定现金流量担保，实现了对证券化资产的信用增级。如果通过这种信用增级，企业保留了被转移资产所有权上几乎所有的风险和报酬，那么企业就不应当终止确认该金融资产。

⑤ 企业出售金融资产，同时与转入方签订看跌或看涨期权合约，且该看跌期权或看涨期权为一项价内期权。例如，企业出售某金融资产但同时持有深度价内的看涨期权（即到期日之前不大可能变为价外期权），或者企业出售金融资产而转入方有权通过同时签订的深度价内看跌期权在以后将该金融资产回售给企业。在这两种情况下，由于企业都保留了该项金融资产所有权上几乎所有的风险和报酬，因此，不应当终止确认该金融资产。

⑥ 采用附追索权方式出售金融资产。企业出售金融资产时，如果根据与购买方之间的协议约定，在所出售金融资产的现金流量无法收回时，购买方能够向企业进行追偿，企业也应承担未来损失。此时，可以认定企业保留了该金融资产所有权上几乎所有的风险和报酬，不应当终止确认该金融资产。

（3）企业既没有转移也没有保留金融资产所有权上几乎所有的风险和报酬的，应当判断其是否保留了对金融资产的控制，根据是否保留了控制分别进行处理。

实务中，可通过分析金融资产转移协议中的条款和现金流量分布实际情况（例如将超额服务费等纳入考虑），计算确定金融资产转移前后所承担的未来现金流量现值变动情况，且实践中存在多种可行的计算方法，例23-3、例23-4说明了两种常用的方法。企业可以根据具体情况选用合适的计算方法并在附注中进行说明，计算方法一经确定，不得随意变更。

【例23-3】甲公司向不存在关联方关系的乙公司出售剩余期限为30天、总金额为100万元人民币的短期应收账款组合。根据历史经验，此类应收账款的平均损失率为2%。假设甲公司承诺为应收账款组合最先发生的、不超过应收款总金额1.25%损失的部分提供担保，且该交易被认定为金融资产转移。

【分析】

为了判断其保留的该短期应收账款组合所有权上的风险和报酬的程度，甲公司对应收账款组合的未来现金流量设定了6种不同的合理且可能发生的假设情景进行分析，估计每种情景下的现金流量现值和发生概率，甲公司采用现值变动的绝对值与发生概率的乘积来衡量风险变动程度，计算得出转移前甲公司面临该应收账款组合的现金流量变动总额，即未来现金流量现值预计变动敞口，如表 23-1 所示。

表 23-1 转移前甲公司面临应收账款组合的现金流量变动

单位：元

假设情景	未来现金流量现值 ①	发生概率 ②	概率加权 ③=①×②	假设情景下的现值变动 ④=①-∑③	现值变动概率加权 ⑤=②×④	预计变动 ⑥
低损失	990 000	15.0%	148 500	11 050	1 658	1 658
正常损失和少量提前还款	985 000	20.0%	197 000	6 050	1 210	1 210
正常损失	980 000	35.0%	343 000	1 050	368	368
正常损失和大量提前还款	970 000	25.0%	242 500	−8 950	−2 238	2 238
严重损失	960 000	4.5%	43 200	−18 950	−853	853
非常严重损失	950 000	0.5%	4 750	−28 950	−145	145
合计		100%	978 950	−38 700		6 472

采用类似的方法可以计算出转移后甲公司面临该应收账款组合的预期现金流量变动情况，如表 23-2 所示。

表 23-2 转移后甲公司面临该应收账款组合的预期现金流量变动情况

单位：元

假设情景	未来现金流量现值 ①	发生概率 ②	概率加权 ③=①×②	假设情景下的现值变动 ④=①-∑③	现值变动概率加权 ⑤=②×④	预计变动 ⑥
低损失	10 000	15.0%	1 500	−2 125	−319	319
正常损失和少量提前还款	12 500	20.0%	2 500	375	75	75
正常损失	12 500	35.0%	4 375	375	131	131
正常损失和大量提前还款	12 500	25.0%	3 125	375	94	94
严重损失	12 500	4.5%	563	375	17	17
非常严重损失	12 500	0.5%	63	375	2	2
合计		100%	12 126	−250		638

结论：根据上述计算，转移后甲公司承受的相对变动为 638÷6 472×100%=9.86%，表明甲公司已经转移了该应收账款组合所有权上几乎所有的风险和报酬，应当终止确认该应收账款组合。

【例23-4】 甲银行持有一组类似的可提前偿还的固定利率贷款，2×18年1月1日该组贷款的本金和摊余成本均为1亿元人民币，合同利率和实际利率均为10%，剩余偿还期限为2年。经协商，甲银行拟将该组贷款转移给某信托机构（以下简称"转入方"）进行证券化。有关资料如下。

2×18年1月1日，甲银行与转入方签订协议，将该组贷款转移给转入方，并办理有关手续。甲银行收到款项9 115万元人民币，同时保留以下权利：（1）收取本金1 000万元人民币以及这部分本金按10%的利率所计算确定利息的权利；（2）收取以9 000万元人民币为本金、以0.5%为利率所计算确定利息（超额利差账户）的权利。转入方取得收取该组贷款本金中的9 000万元人民币以及这部分本金按9.5%的利率收取利息的权利。根据双方签订的协议，如果债务人提前偿付该组贷款，则偿付金额按1:9的比例在甲银行和转入方之间进行分配；但是，如该组贷款发生违约，则违约金额从甲银行拥有的1 000万元人民币贷款本金中扣除，直到扣完为止。

【分析】

该交易不满足金融资产转移准则第四条判断将终止确认的规定适用于金融资产部分的条件，因此，应对金融资产整体适用相关规定。假设该交易可以被认定为金融资产转移，为了判断甲银行保留的该组贷款所有权上的风险和报酬的程度，甲银行对该组贷款的未来现金流量设定了4种不同的假设情景进行分析，估计每种情景下的现金流量金额和发生概率，并采用8.5%的折现率进行折现，如表23-3所示。

表23-3 甲银行的4种不同假设情景分析情况

单位：万元

假设情景		合计	转入方	甲银行
情形1：所有贷款被立刻提前偿还且没有违约，发生概率为20%	2×18年1月1日未折现的预计现金流量	10 000	9 000	1 000
	现金流量净现值合计	10 000	9 000	1 000
情形2：所有贷款在1年后被提前偿还且没有违约，发生概率为30%	2×18年1月1日未折现的预计现金流量			
	2×19年1月1日未折现的预计现金流量	11 000	9 855	1 145
	现金流量净现值合计	10 138	9 083	1 055
情形3：所有贷款在2年后到期日被偿还且没有违约，发生概率为30%	2×18年1月1日未折现的预计现金流量			
	2×19年1月1日未折现的预计现金流量	1 000	855	145
	2×20年1月1日未折现的预计现金流量	11 000	9 855	1 145
	现金流量净现值合计	10 265	9 159	1 106
情形4：所有贷款在1年后违约，处置后收回现金10 741万元，发生概率为20%	2×18年1月1日未折现的预计现金流量			
	2×19年1月1日未折现的预计现金流量	10 741	9 855	886
	现金流量净现值合计	9 900	9 083	817

甲银行采用现值变动的标准差来衡量风险和报酬的变动程度，计算得出转移前甲银行面

临该组贷款的现金流量变动总额,即未来现金流量现值变动敞口,如表23-4所示。用现值变动概率加权合计18 600的平方根衡量转移前甲银行承担的该组贷款的风险敞口为136万元。

表23-4　转移前甲银行面临该组贷款的现金流量变动总额

单位：万元

假设情景	未来现金流量现值 ①	发生概率 ②	概率加权 ③=①×②	现值变动 ④=①-∑③	现值变动概率加权 ⑤=④²×②
情形1	10 000	20%	2 000	-101	2 040
情形2	10 138	30%	3 041	37	411
情形3	10 265	30%	3 080	164	8 069
情形4	9 900	20%	1 980	-201	8 080
合计		100%	10 101		18 600

甲银行采用相同的方法计算得出转移后甲银行面临该组贷款的未来现金流量现值变动敞口,如表23-5所示。用现值变动概率加权合计10 840的平方根衡量转移后甲银行承担的该组贷款的风险敞口为104万元。

表23-5　转移后甲银行面临该组贷款的未来现金流量现值变动敞口

单位：万元

假设情景	未来现金流量现值 ①	发生概率 ②	概率加权 ③=①×②	假设情景下的现值变动 ④=①-∑③	现值变动概率加权 ⑤=④²×②
情形1	1 000	20%	200	-12	29
情形2	1 055	30%	317	43	555
情形3	1 106	30%	332	94	2 651
情形4	817	20%	163	-195	7 605
合计		100%	1 012		10 840

结论：比较转移前后甲银行承担的该组贷款的风险敞口的变动情况（104÷136×100%=76%）,甲银行认为其既没有转移也没有保留该组贷款所有权上几乎所有的风险和报酬,应当进一步判断其是否保留了对金融资产的控制来确定是否应终止确认该组贷款。

（六）分析企业是否保留了控制

若企业既没有转移也没有保留金融资产所有权上几乎所有的风险和报酬,按照《企业会计准则第23号——金融资产转移》规定,应当判断企业是否保留了对该金融资产的控制。如果没有保留对该金融资产的控制的,应当终止确认该金融资产。

准则此处所述的"控制"概念,与《企业会计准则第33号——合并财务报表》中的"控制"概念相比,在适用场景和判断条件上都有所不同。《企业会计准则第33号——合并财务报表》中的控制是指投资方拥有对被投资方的权力,通过参与被投资方的相关活动而享有可变回报,并且有能力运用对被投资方的权力影响其回报金额。按照《企业会计准则第23号——金融资产转移》规定,企业在判断是否保留了对被转移金融资产的控制时,应当重点关注转入方出售被转移金融资产的实际能力。如果转入方有实际能力单方面决定将转入的金融资产整体出售给与其不相关的第三方,且没有额外条件对此项出售加以限制,则表明企业作为转出方未保留对被转移金融资产的控制;在除此之外的其他情况下,则应视为企业保留了对金融资产的控制。

在判断转入方是否具有将转入的金融资产不受额外条件限制地整体出售给与其不相关的第三方的实际能力时,应当关注转入方实际上能够采取的行动。即转入方实际上能够做什么,而不是合同规定转入方可以做什么或不可以做什么。企业在运用上述原则进行判断时,应当遵循以下要求。

(1) 如果不存在被转移资产的市场,则处置被转移资产的合同权利几乎没有实际作用。

(2) 如果转入方不能自由地处置被转移金融资产,则处置该资产的能力几乎没有实际作用。这意味着转入方处置被转移资产的能力必须独立于其他人的行为,是一种可单方面行动的能力,并且转入方应当在没有任何限制条件或约束(例如规定如何为被转移资产提供服务或赋予转入方回购该资产的选择权)的情况下即能够处置被转移资产。

根据上述要求,在评估转入方处置被转移金融资产的实际能力时,企业(转出方)应当关注被转移金融资产的市场。如果被转移金融资产可以在活跃市场交易,通常表明转入方有出售被转移资产的实际能力,因为当转入方需要将被转移金融资产交还给企业时,它能够在市场上回购该被转移金融资产。例如,企业转让了一项上市公司股票,该转让附带有允许企业在未来某个日期从转入方回购该公司股票的期权。假设该股票存在活跃市场,则转入方可以自行向第三方出售该股票,当企业行使期权时,转入方可以方便地在市场上买回该股票履行义务。相应地,如果不存在被转移金融资产的市场,即使合同约定转入方有权处置被转移金融资产,由于该处置权不具有实际作用,不能判断为转出方未保留对被转移金融资产的控制。再如,一般认为,在我国现行法规环境下不良信贷资产转入方可能没有实际能力在市场上方便地处置被转移不良信贷资产。

虽然转入方不大可能出售被转移资产并不意味着企业(转出方)保留了对被转移资产的控制,但是若在金融资产转移时附有一项限制了转入方处置该金融资产的看跌期权或者担保,则意味着企业保留了对被转移资产的控制。例如,企业转移金融资产时附有一项深度价内看跌期权,这意味着该资产当前的市场价格显著低于行权价,转入方不可能放弃行权而以市场价格将资产出售给第三方。若转入方以不低于行权价的价格将资产出售,则第三方将会要求转入方签发类似的看跌期权。

上述情况下,转入方实际上无法在不附加类似看跌期权或其他限制性条款的情况下出售该金融资产,因此,企业保留了对该金融资产的控制。

企业既没有转移也没有保留金融资产所有权上几乎所有的风险和报酬,且未放弃对该金融资产控制的,应当按照其继续涉入被转移金融资产的程度确认有关金融资产,并相应确认有关负债。在这种情况下确认的有关金融资产和有关负债反映了企业所承担的被转移金融资产价值变动风险或报酬的程度。导致转出方对被转移金融资产形成继续涉入的常见方式有:具有追索权,享有继续服务权,签订回购协议,签发或持有期权或提供担保等。

如果企业对金融资产的继续涉入仅限于金融资产的一部分,例如,企业持有回购一部分被转移金融资产的看涨期权，或者企业保留了某项剩余权益但并未导致企业保留所有权上几乎所有的风险和报酬，且企业保留了控制权，则企业应当按照转移日因继续涉入而继续确认部分和不再确认部分的相对公允价值，在两者之间分配金融资产的原账面价值，并按其继续涉入被转移金融资产的部分确认有关金融资产，并相应确认有关负债。

按照上述流程，可将金融资产转移时的终止确认情况进行总结，如表 23-6 所示。

表 23-6 金融资产转移时的终止确认情况

情 形		结 果
已转移金融资产所有权上几乎所有的风险和报酬		终止确认该金融资产（确认新资产/负债）
既没有转移也没有保留金融资产所有权上几乎所有的风险和报酬	放弃了对金融资产的控制	
	未放弃对金融资产的控制	按照继续涉入被转移金融资产的程度确认有关资产和负债
保留了金融资产所有权上几乎所有的风险和报酬		继续确认该金融资产，并将收到的对价确认为金融负债

企业认定金融资产所有权上几乎所有风险和报酬已经转移的，除非企业在新的交易中重新获得被转移金融资产，不应当在未来期间再次确认该金融资产。

在金融资产转移不满足终止确认条件的情况下，转入方不应当将被转移金融资产全部或部分确认为自身资产。转入方应当终止确认所支付的现金或其他对价，同时确认一项对转出方的应收款项。企业（转出方）同时拥有以固定金额重新控制整个被转移金融资产的权利和义务的（如以固定金额回购被转移金融资产），在满足《企业会计准则第 22 号——金融工具确认和计量》关于摊余成本计量规定的情况下，转入方可以将该应收款项以摊余成本计量。

（七）流程图

上述金融资产终止确认的判断流程见图 23-1。

23.3 金融资产转移的确认和计量

23.3.1 满足终止确认条件的金融资产转移

对于满足终止确认条件的金融资产转移，企业应当按照被转移的金融资产是金融资产的整体还是金融资产的一部分，分别按照以下方式进行会计处理。

（一）金融资产整体转移的会计处理

金融资产转移整体满足终止确认条件的，应当将下列两项金额的差额计入当期损益。

（1）被转移金融资产在终止确认日的账面价值。

（2）因转移金融资产而收到的对价，与原直接计入其他综合收益的公允价值变动累计额（涉及转移的金融资产为根据《企业会计准则第 22 号——金融工具确认和计量》第十八条分类为以公允价值计量且其变动计入其他综合收益的金融资产的情形）之和。

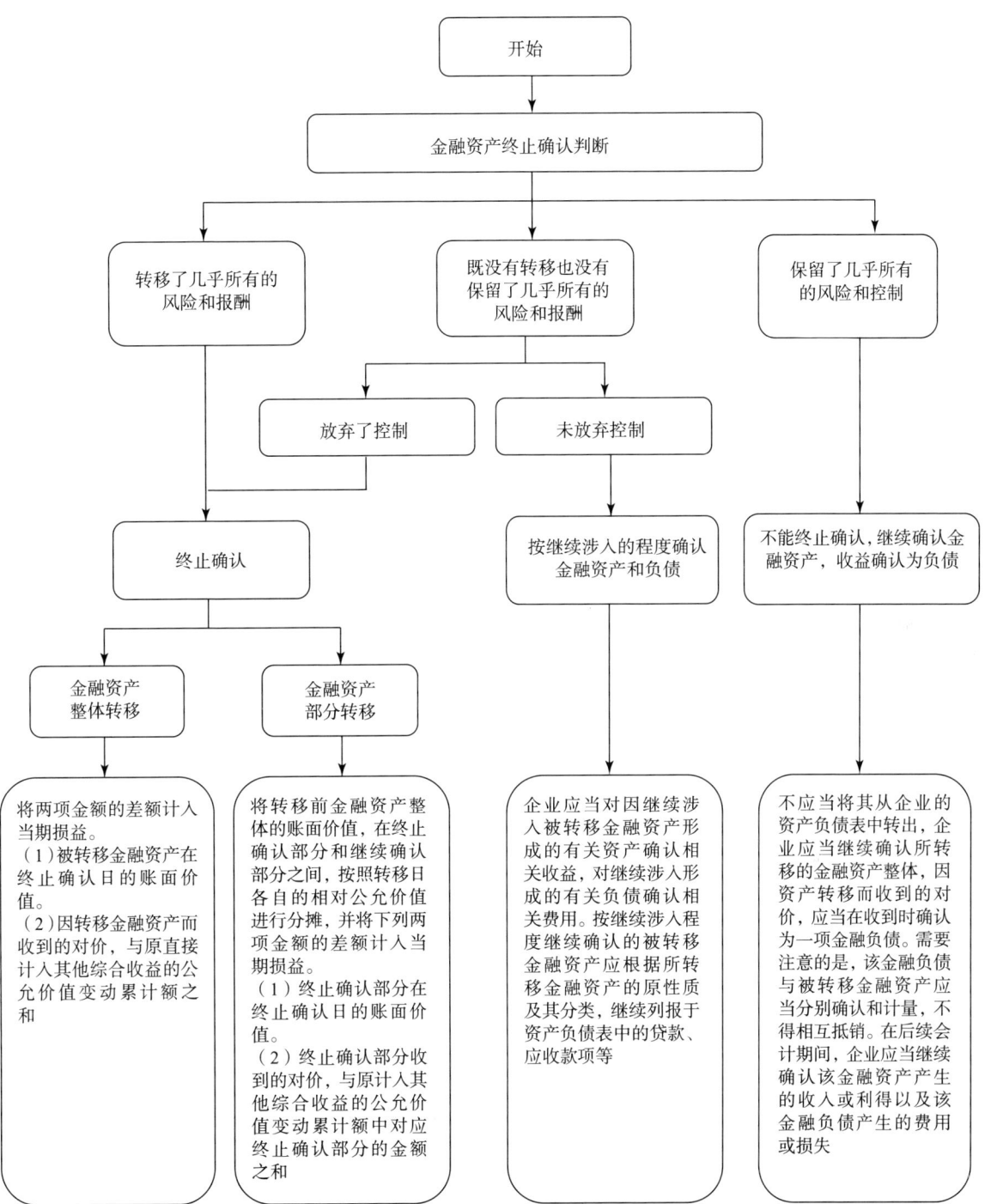

图 23-1 金融资产终止确认的判断流程

当企业在转移贷款及应收款项等金融资产时,有时会对被转移的金融资产继续提供管理服务。例如,商业银行在进行资产证券化业务而将信贷资产转移给结构化的信托时,常常与对方签订服务合同,担任贷款服务机构。作为贷款服务商,该商业银行可能收取一定的服务费并发生一定的成本。如果企业在符合终止确认条件的转移中转移了一项金融资产整体,但保留了向该金融资产提供收费服务的权利,则企业应当就该服务合同确认一项服务资产或一项服务负债。如果企业将收取的费用预计不能充分补偿企业所提供的服务，则应当按公允价值确认该服务义务形成的一项服务负债。如果将收取的费用预计超过对服务的充分补偿，则应当将该服务权利确认为一项服务资产，确认的金额应根据准则第十五条的规定确定，即将保留的服务资产视同继续确认的部分，将该金融资产的原账面价值按照转移日继续确认部分和终止确认部分的相对公允价值分配给继续确认部分。

企业可能保留了收取被转移资产部分利息的权利，作为对其提供服务的补偿。企业在服务合同终止或转移时所放弃的那部分利息，应分配计入服务资产或服务负债。企业未放弃的那部分利息相当于一项仅含利息的剥离应收款。例如，如果企业在服务合同终止或转移时不放弃任何利息，那么整个息差就是一项仅含利息的剥离应收款。当企业将应收款项账面价值在终止确认部分和继续确认部分之间进行分配时，应考虑上述服务资产的公允价值和仅含利息的剥离应收款的公允价值。

具体计算公式如下。

金融资产整体转移形成的损益＝因转移收到的对价－所转移金融资产账面价值＋（或－）原直接计入其他综合收益的公允价值变动累计利得（或损失）

因转移收到的对价＝因转移交易实际收到的价款＋新获得金融资产的公允价值＋因转移获得的服务资产的公允价值－新承担金融负债的公允价值－因转移承担的服务负债的公允价值

【例23-5】2×18年1月20日，甲银行与乙资产管理公司签订协议，甲银行将100笔贷款打包出售给乙资产管理公司。该组贷款总金额为8 000万元人民币，原已计提减值准备为1 200万元人民币，双方协议转让价为6 000万元人民币，转让后甲银行不再保留任何权利和义务。2×18年2月20日，甲银行收到该批贷款出售款项。

【分析】

本例中，由于甲银行将贷款转让后不再保留任何权利和义务，可以判断，贷款所有权上的风险和报酬已经全部转移给乙资产管理公司，甲银行应当终止确认该组贷款。甲银行的账务处理如下。

借：存放中央银行款项	60 000 000
贷款损失准备	12 000 000
贷款处置损益*	8 000 000
贷：贷款	80 000 000

注：*本例中，甲银行使用"贷款处置损益"科目核算转让贷款实现的损益。实务中，如果此类业务发生不频繁，企业也可在"投资收益"科目核算此类损益。

按照《企业会计准则第22号——金融工具确认和计量》第十八条分类为以公允价值计量且其变动计入其他综合收益的金融资产（债务工具投资）整体转移满足终止确认条件的，企业在计量该项转移形成的损益时，应当将原计入其他综合收益的公允价值变动累计利得或损失转出（注意不适用于根据该准则第十九条指定为以公允价值计量且其变动计入其他综合收益的非交易性权益工具投资）。

【**例 23-6**】2×17 年 1 月 1 日，甲公司将持有的乙公司发行的 10 年期公司债券出售给丙公司，经协商出售价格为 311 万元人民币，2×16 年 12 月 31 日该债券公允价值为 310 万元人民币。该债券于 2×16 年 1 月 1 日发行，甲公司持有该债券时将其分类为以公允价值计量且其变动计入其他综合收益的金融资产，面值（取得成本）为 300 万元人民币。

本例中，假设甲公司和丙公司在出售协议中约定，出售后甲公司债券发生的所有损失均由丙公司自行承担，甲公司已将债券所有权上的几乎所有风险和报酬转移给丙公司，因此，应当终止确认该金融资产。

根据上述资料，首先，应确定出售日该笔债券的账面价值。由于资产负债表日（即 2×16 年 12 月 31 日）该债券的公允价值为 310 万元人民币，而且该债券属于以公允价值计量且其变动计入其他综合收益的金融资产，因此，出售日该债券账面价值为 310 万元人民币。

其次，应确定已计入其他综合收益的公允价值累计变动额。2×16 年 12 月 31 日甲公司计入其他综合收益的利得为 10（310-300）万元人民币。

最后，确定甲公司出售该债券形成的损益。按照金融资产整体转移形成的损益的计算公式计算，出售该债券形成的收益为 11（311-310+10）万元（包含因终止确认而从其他综合收益中转出至当期损益的 10 万元）。

甲公司出售该公司债券业务应进行如下账务处理。

借：银行存款　　　　　　　　　　　　　　　　　　　　　3 110 000
　　贷：其他债权投资　　　　　　　　　　　　　　　　　　3 100 000
　　　　投资收益　　　　　　　　　　　　　　　　　　　　　　10 000

同时，将原计入其他综合收益的公允价值变动转出。

借：其他综合收益——公允价值变动　　　　　　　　　　　　 100 000
　　贷：投资收益　　　　　　　　　　　　　　　　　　　　　 100 000

因金融资产转移获得了新金融资产或服务资产，或承担了新金融负债或服务负债的，应当在转移日按照公允价值确认该新金融资产或服务资产、金融负债或服务负债，并将该新金融资产和服务资产扣除新金融负债及服务负债后的净额作为对价的组成部分。新获得的金融资产或新承担的金融负债，通常包括看涨期权、看跌期权、担保负债、远期合同、互换等。

【**例 23-7**】沿用【**例 23-6**】，甲公司将债券出售给丙公司时，签订了一项看涨期权合约，期权行权日为 2×17 年 12 月 31 日，行权价为 400 万元人民币，期权的公允价值为 1 万元人民币，且假定该看涨期权为深度价外期权。其他条件不变。

【**分析**】

本例中，转出方持有的看涨期权属于深度价外期权，即预计该期权在行权日之前不太可能变为价内期权。所以，在转让日，可以判定债券所有权上的几乎所有风险和报酬已经转移给丙公司，甲公司应当终止确认该债券。但同时，由于签订了看涨期权合约，获得了一项新的资产，应当按照在转让日的公允价值（1 万元）确认该期权。

甲公司出售该债券业务应进行如下账务处理。

借：银行存款　　　　　　　　　　　　　　　　　　　　　3 110 000

衍生工具		10 000
贷：其他债权投资		3 100 000
投资收益		20 000

同时，将原计入其他综合收益的公允价值变动转出。

借：其他综合收益——公允价值变动		100 000
贷：投资收益		100 000

（二）金融资产部分转移的会计处理

《企业会计准则第 23 号——金融资产转移》规定，企业转移了金融资产的一部分，且该被转移部分满足终止确认条件的，应当将转移前金融资产整体的账面价值，在终止确认部分和继续确认部分（在此种情形下，所保留的服务资产应当视同继续确认金融资产的一部分）之间，按照转移日各自的相对公允价值进行分摊，并将下列两项金额的差额计入当期损益。

（1）终止确认部分在终止确认日的账面价值。

（2）终止确认部分收到的对价（包括获得的所有新资产减去承担的所有新负债），与原计入其他综合收益的公允价值变动累计额中对应终止确认部分的金额（涉及部分转移的金融资产为根据《企业会计准则第 22 号——金融工具确认和计量》第十八条分类为以公允价值计量且其变动计入其他综合收益的金融资产的情形）之和。

企业在确定继续确认部分的公允价值时，应当遵循下列规定：（1）企业出售过与继续确认部分类似的金融资产，或继续确认部分存在其他市场交易的，近期实际交易价格可作为其公允价值的最佳估计；（2）继续确认部分没有报价或近期没有市场交易的，其公允价值的最佳估计为转移前金融资产整体的公允价值扣除终止确认部分的对价后的差额。在计量终止确认部分和继续确认部分的公允价值时，除适用上述规定外，企业还应适用《企业会计准则第 39 号——公允价值计量》相关规定。

23.3.2 继续确认被转移金融资产

企业保留了被转移金融资产所有权上几乎所有的风险和报酬的，表明企业所转移的金融资产不满足终止确认的条件，不应当将其从企业的资产负债表中转出。此时，企业应当继续确认所转移的金融资产整体，因资产转移而收到的对价，应当在收到时确认为一项金融负债。需要注意的是，该金融负债与被转移金融资产应当分别确认和计量，不得相互抵销。在后续会计期间，企业应当继续确认该金融资产产生的收入或利得以及该金融负债产生的费用或损失。

【例 23-8】2×18 年 4 月 1 日，甲公司将其持有的一笔国债出售给丙公司，售价为 20 万元人民币。同时，甲公司与丙公司签订了一项回购协议，3 个月后由甲公司将该笔国债购回，回购价为 20.175 万元。2×18 年 7 月 1 日，甲公司将该笔国债购回。不考虑其他因素，甲公司应做如下账务处理。

（1）判断应否终止确认。

由于此项出售属于附回购协议的金融资产出售，到期后甲公司应按固定价格将该笔国债购回,因此,可以判断甲公司保留了该笔国债几乎所有的风险和报酬,不应终止确认,该笔国债应按转移前的计量方法继续进行后续计量。

(2)2×18年4月1日,甲公司出售该笔国债时。

借:银行存款　　　　　　　　　　　　　　　　　　　　　　200 000
　　贷:卖出回购金融资产款　　　　　　　　　　　　　　　　　　200 000

(3)2×18年6月30日,甲公司应按根据未来回购价款计算的该卖出回购金融资产款的实际利率计算并确认有关利息费用,计算得出该卖出回购金融资产的实际利率为3.5%。

卖出回购国债的利息费用 = 200 000 ×3.5%×3÷12 =1 750(元)

借:利息支出　　　　　　　　　　　　　　　　　　　　　　1 750
　　贷:卖出回购金融资产款　　　　　　　　　　　　　　　　　　1 750

(4)2×18年7月1日,甲公司回购时。

借:卖出回购金融资产款　　　　　　　　　　　　　　　　　201 750
　　贷:银行存款　　　　　　　　　　　　　　　　　　　　　　　201 750

该笔国债与该笔卖出回购金融资产款在资产负债表上不应抵销;该笔国债确认的收益,与该笔卖出回购金融资产款产生的利息支出在利润表中不应抵销。

23.3.3　继续涉入被转移金融资产

企业既没有转移也没有保留金融资产所有权上几乎所有风险和报酬,但保留了对该金融资产控制的,应当按照其继续涉入被转移金融资产的程度继续确认该被转移金融资产,并相应确认相关负债。企业所确认的被转移的金融资产和相关负债,应当反映企业所保留的权利和承担的义务。

企业应当对因继续涉入被转移金融资产形成的有关资产确认相关收益,对继续涉入形成的有关负债确认相关费用。按继续涉入程度继续确认的被转移金融资产应根据所转移金融资产的原性质及其分类,继续列报于资产负债表中的贷款、应收款项等项目。相关负债应当根据被转移的资产是按公允价值计量还是摊余成本计量予以计量,使得被转移资产和相关负债的账面价值:(1)被转移的金融资产以摊余成本计量的,等于企业保留的权利和义务的摊余成本;(2)被转移金融资产以公允价值计量的,等于企业保留的权利和义务按独立基础计量的公允价值。如果所转移的金融资产以摊余成本计量,确认的相关负债不得指定为以公允价值计量且其变动计入当期损益。

(一)通过对被转移金融资产提供担保的方式继续涉入被转移金融资产

企业通过对被转移金融资产提供担保的方式继续涉入的,应当在转移日按照金融资产的账面价值和担保金额两者之中的较低者,按继续涉入的程度继续确认被转移资产,同时按照担保金额和担保合同的公允价值之和确认相关负债。这里的担保金额,是指企业所收到的对价中,将可能被要求偿还的最高金额。担保合同的公允价值,通常是指提供担保而收取的费用。

【例23-9】甲银行与乙银行签订一笔贷款转让协议,由甲银行将其本金为1 000万元、年利率为10%、贷款期限为9年的组合贷款出售给乙银行,售价为990万元。双方约定,由甲银行为该笔贷款提供担保,担保金额为300万元,实际贷款损失超过担保金额的部分由乙银行承担。转移日,该笔贷款(包括担保)的公允价值为1 000万元,其中,担保的公允价值为100万元。甲银行没有保留对该笔贷款的管理服务权。

【分析】

在本例中,甲银行既没有转移也没有保留该笔组合贷款所有权上几乎所有的风险和报酬,而且假设该贷款没有市场,乙银行不具备出售该笔贷款的实际能力,导致甲银行保留了对该笔贷款的控制,所以应当按照甲银行继续涉入被转移金融资产的程度继续确认该被转移金融资产,并相应确认相关负债。

由于转移日该笔贷款的账面价值为1 000万元,提供的担保金额为300万元,甲银行应当按照300万元继续确认该笔贷款。由于担保合同的公允价值为100万元,所以甲银行确认相关负债金额为400(300+100)万元。因此,转移日甲银行应作以下账务处理。

借:存放中央银行款项　　　　　　　　　　　　　　9 900 000
　　继续涉入资产　　　　　　　　　　　　　　　　3 000 000
　　贷款处置损益　　　　　　　　　　　　　　　　1 100 000
　贷：贷款　　　　　　　　　　　　　　　　　　　　　　10 000 000
　　　继续涉入负债　　　　　　　　　　　　　　　　　　4 000 000

【例23-10】甲公司(转出方)持有一组应收账款,该组应收账款的合同到期日为2×18年6月30日,账面价值为500万元。2×18年1月1日,甲公司和乙公司签订了保理协议,将该组应收账款转让给乙公司,转让价格为490万元。该交易中,甲公司保留了最高30日的迟付风险。若应收账款逾期30日,则认定为违约,乙公司将向其他信用保险公司(与甲公司不相关)索偿。甲公司需要为该迟付风险按实际迟付天数(不超过30日)支付年化6%的费率。迟付风险担保的公允价值为2万元。除了迟付风险,甲公司没有保留任何信用风险或利率风险,也不承担应收账款相关的服务。该组应收账款没有交易市场。

在本例中,甲公司保留了迟付风险,但转移了其他风险。根据测算,甲公司既未转移也未保留该组应收账款所有权上几乎所有风险和报酬。由于该组应收账款没有市场,乙公司没有出售被转移资产的实际能力,甲公司保留了对该组应收账款的控制。因此,甲公司继续涉入该组被转移的应收账款。

【分析】

甲公司应按以下金额中孰低确认对被转移资产的继续涉入程度。

(1)被转移资产的账面价值500万元。

(2)甲公司被要求返还的因转移已收取对价中的最大金额,即担保金额为2.5(500×30÷360×6%)万元。

甲公司已担保金额2.5万元加上担保的公允价值2万元之和为4.5万元。甲公司以此初始计量相关负债。相关账务处理如下。

借:银行存款　　　　　　　　　　　　　　　　　　4 900 000
　　继续涉入资产　　　　　　　　　　　　　　　　　　25 000

贷款处置损益	120 000	
贷：应收账款		5 000 000
继续涉入负债		45 000

甲公司后续期间的账务处理如下。

（1）摊销担保的对价（分期）。

借：继续涉入负债	20 000	
贷：其他业务收入		20 000

（2）如果乙公司按时收到所有应收账款，则担保到期失效。随着被转移应收账款的及时付款，甲公司可能被要求返还的最大金额减为零，甲公司在保留迟付风险的后续期间做如下账务处理。

借：继续涉入负债	25 000	
贷：继续涉入资产		25 000

（3）如果发生迟付风险，乙公司要求支付1.5万元，甲公司的账务处理如下。

借：信用减值损失	15 000	
贷：继续涉入资产		15 000

（4）当甲公司实际支付赔偿时，其账务处理如下。

借：继续涉入负债	15 000	
贷：银行存款		15 000

（二）因持有看涨期权或签出看跌期权而继续涉入以摊余成本计量的被转移金融资产

企业因持有看涨期权或签出看跌期权而继续涉入被转移金融资产，且该金融资产以摊余成本计量的，应当按照其可能回购的被转移金融资产的金额继续确认被转移金融资产，在转移日按照收到的对价确认相关负债。

后续期间，被转移金融资产在期权到期日的摊余成本和相关负债初始确认金额之间的差额，应当采用实际利率法摊销，计入当期损益；同时，调整相关负债的账面价值。相关期权行权的，应当在行权时，将相关负债的账面价值与行权价格之间的差额计入当期损益。

【例23-11】乙公司持有一笔账面价值（即摊余成本）为102万元的长期债券投资，该债券在公开市场不能交易且不易获得，乙公司将其分类为以摊余成本计量的金融资产。2×18年1月1日，乙公司以100万元价款将该笔债券出售给丙公司，同时与丙公司签订一项看涨期权合约，行权日为2×19年12月31日，行权价为105万元。行权日该债券的摊余成本为106万元，公允价值为104万元。

【分析】

本例中，乙公司收取债券未来现金流量（债券本金和利息）的权利没有终止，而将这项权利转移给了丙公司。但是，出售债券所附的看涨期权既不是重大的价内期权，也不是重大的价外期权，因此，乙公司既没有转移也没有保留该债券所有权上几乎所有的风险和报酬。同时，因债券没有活跃的市场，丙公司不拥有出售该债券的实际能力，所以乙公司保留了对该债券的控制。因此，乙公司应当按照继续涉入程度确认和计量被转移债券。有关计算和账务处理如下。

2×18年1月1日，乙公司应当确认继续涉入形成的负债的入账价值为100万元。

借：银行存款　　　　　　　　　　　　　　　　　　　1 000 000
　　贷：继续涉入负债　　　　　　　　　　　　　　　　　1 000 000

2×18年1月1日至2×19年12月31日期间，乙公司将该负债与行权日债券的摊余成本之间的差额6（106－100）万元，采用实际利率法分期摊销并计入损益，使继续涉入形成的负债在2×19年12月31日的账面价值达到1 060 000元。

与此同时，乙公司继续以摊余成本计量该债券，并且采用实际利率法分期摊销债券行权日的摊余成本与出售日账面价值之间的差额4（106－102）万元，使该债券在2×19年12月31日的账面价值达到1 060 000元。

2×19年12月31日，如果乙公司行权，账务处理如下。

借：继续涉入负债　　　　　　　　　　　　　　　　　1 060 000
　　贷：银行存款　　　　　　　　　　　　　　　　　　1 050 000
　　　　投资收益　　　　　　　　　　　　　　　　　　　　10 000

如果乙公司不行权，账务处理如下。

借：继续涉入负债　　　　　　　　　　　　　　　　　1060 000
　　贷：债权投资　　　　　　　　　　　　　　　　　　1060 000

如果转出方向转入方签出一项看跌期权，其会计处理方法与上例类似。

（三）因持有看涨期权而继续涉入以公允价值计量的被转移金融资产

企业因持有看涨期权而继续涉入以公允价值计量的被转移金融资产的，应当继续按照公允价值计量被转移金融资产，同时按照下列规定计量相关负债。

（1）该期权是价内或平价期权的，应当按照期权的行权价格扣除期权的时间价值后的金额，计量相关负债。

（2）该期权是价外期权的，应当按照被转移金融资产的公允价值扣除期权的时间价值后的金额，计量相关负债。

【例23-12】2×17年1月1日，甲公司向乙公司出售一项分类为以公允价值计量且其变动计入其他综合收益的债务工具投资，该金融资产初始入账价值为80万元，出售日的公允价值为104万元。双方签订了一项甲公司可以于2×18年12月31日以105万元购回该资产的看涨期权合约。上述交易中，乙公司向甲公司支付对价100万元。假定乙公司没有出售该资产的实际能力，即甲公司保留了对该资产的控制。

【分析】

在本例中，由于甲公司持有一项看涨期权，使得其既没有转移也没有保留该金融资产所有权上几乎所有的风险和报酬，同时也保留了对该金融资产的控制，因此，应当按照继续涉入程度确认有关金融资产和负债。具体账务处理如下。

（1）2×17年1月1日，甲公司继续按照公允价值确认该金融资产。其在其他综合收益中累计确认的利得为24（104－80）万元。

由于该看涨期权为价外期权（行权价 105 万元大于转移日资产的公允价值 104 万元），内在价值为零，甲公司收到的对价低于该金融资产公允价值的差额 4（104-100）万元即为期权的时间价值，因此，继续涉入负债的入账价值为 100（104-4）万元。账务处理如下。

借：银行存款　　　　　　　　　　　　　　　　　　　　　　1 000 000
　　贷：继续涉入负债　　　　　　　　　　　　　　　　　　　　　1 000 000

（2）2×17 年 12 月 31 日，假定资产的公允价值增加为 106 万元，此时，该期权为价内期权（行权价 105 万元 ＜ 106 万元），假定其时间价值为 2 万元。因此，继续涉入负债变为 103（105-2）万元。账务处理如下。

借：其他债权投资　　　　　　　　　　　　　　　　　　　　　　20 000
　　其他综合收益　　　　　　　　　　　　　　　　　　　　　　　10 000
　　贷：继续涉入负债　　　　　　　　　　　　　　　　　　　　　　30 000

（3）2×18 年 12 月 31 日，假定该金融资产的公允价值未发生变动，甲公司将以价内行权。账务处理如下。

借：继续涉入负债　　　　　　　　　　　　　　　　　　　　　1 030 000
　　其他综合收益　　　　　　　　　　　　　　　　　　　　　　　20 000
　　贷：银行存款　　　　　　　　　　　　　　　　　　　　　　1 050 000

假定资产的公允价值降为 103 万元，此时，甲公司将不会行权，则甲公司将终止确认该金融资产和继续涉入的负债，账务处理如下。

借：继续涉入负债　　　　　　　　　　　　　　　　　　　　　1 030 000
　　其他综合收益　　　　　　　　　　　　　　　　　　　　　　230 000
　　贷：其他债权投资　　　　　　　　　　　　　　　　　　　　1 060 000
　　　　投资收益　　　　　　　　　　　　　　　　　　　　　　　200 000

（四）因签出看跌期权而继续涉入以公允价值计量的被转移金融资产

企业因签出看跌期权而继续涉入以公允价值计量的被转移金融资产的，应当按照该金融资产的公允价值和该期权行权价格两者的较低者，计量继续涉入形成的资产；同时，按照该期权的行权价格与时间价值之和，计量相关负债。也就是说，如果企业签出的一项看跌期权使其不能终止确认被转移金融资产，则企业仍应按继续涉入的程度继续确认该项资产。由于企业对被转移金融资产公允价值高于期权行权价格的部分不拥有权利，当该金融资产原按照公允价值进行计量时,继续确认该项资产的金额为其公允价值与期权行权价格之间的较低者。

【例 23-13】2×17 年 12 月 31 日，甲公司向乙公司出售一项分类为以公允价值计量且其变动计入其他综合收益的债务工具投资。该投资的初始入账价值为 80 万元，转让日其公允价值为 97 万元。双方还签订了一项看跌期权协议，约定两年后乙公司可以 96 万元的价格返售给甲公司。上述交易中，乙公司向甲公司支付对价 102 万元。假定乙公司没有出售该金融资产的实际能力，即甲公司保留了对该资产的控制。

【分析】

本例中，甲公司签出一项看跌期权，这使得其既没有转移也没有保留该金融资产所有权上几乎所有的风险和报酬，同时保留了对该金融资产的控制，因此，应当按照继续涉入程度确认有关金融资产和负债。具体计算和账务处理如下。

（1）2×17年12月31日，甲公司应当按照该金融资产的公允价值（97万元）和该期权行权价格（96万元）之间的较低者，确认继续涉入形成的资产为96万元。看跌期权的时间价值（额外收款额）为5（102-97）万元，因此，继续涉入形成负债的入账金额为101（96+5）万元，账务处理如下。

  借：银行存款   1 020 000
    贷：继续涉入负债   1 010 000
      其他债权投资   10 000

（2）2×18年12月31日，假定资产公允价值下跌为94万元。此时，期权为价内期权（行权价96万元＞94万元），假设期权时间价值为2万元。因此，继续涉入资产的价值从96万元降为94万元，相应地，继续涉入负债的金额从101万元降为98（96+2）万元，账务处理如下。

  借：继续涉入负债   30 000
    贷：其他债权投资   20 000
      其他综合收益   10 000

（3）2×19年12月31日，假定资产的公允价值没有发生变动，乙公司决定在价内行权，甲公司必须以行权价重新取得该投资，账务处理如下。

  借：继续涉入负债   980 000
    贷：银行存款   960 000
      其他综合收益   20 000

（五）因同时持有看涨期权和签出看跌期权而继续涉入以公允价值计量的被转移金融资产

企业因同时持有看涨期权和签出看跌期权（即上下限期权）而继续涉入以公允价值计量的被转移金融资产的，应当继续按照公允价值计量被转移金融资产，同时按照下列规定计量相关负债。

（1）该看涨期权是价内或平价期权的，应当按照看涨期权的行权价格和看跌期权的公允价值之和，扣除看涨期权的时间价值后的金额，计量相关负债。

（2）该看涨期权是价外期权的，应当按照被转移金融资产的公允价值和看跌期权的公允价值之和，扣除看涨期权的时间价值后的金额，计量相关负债。

【例23-14】 甲公司与乙公司签订一项股票转让协议，同时购入一项行权价为110万元的看涨期权，并出售了一项行权价为90万元的看跌期权。假定转移日该股票的公允价值为100万元，看涨期权和看跌期权公允价值也即时间价值（由于上述期权均为价外期权，无内在价值）分别为5万元和2万元，甲公司收到97万元。

【分析】

甲公司因卖出一项看跌期权和购入一项看涨期权使所转移股票投资不满足终止确认条件，

且按照公允价值来计量该股票投资,因此,甲公司应当在转移日仍按照公允价值确认被转移金融资产。甲公司应确认的金融资产金额为100万元,由于该看涨期权是价外期权,应确认的继续涉入形成的负债金额为97[(100+2)-5]万元。

借:银行存款　　　　　　　　　　　　　　　　　　　　　　970 000
　　贷:继续涉入负债　　　　　　　　　　　　　　　　　　　　　970 000

(六)对金融资产的继续涉入仅限于金融资产的一部分

对金融资产的继续涉入仅限于金融资产一部分的,企业应当根据《企业会计准则第23号——金融资产转移》第十五条的规定,按照转移日因继续涉入而继续确认部分和不再确认部分的相对公允价值,在两者之间分配金融资产的账面价值,并将下列两项金额的差额计入当期损益。

(1)终止确认部分在终止确认日的账面价值(以转移日为准)。

(2)终止确认部分所收到的对价。

如果涉及转移的金融资产为根据《企业会计准则第22号——金融工具确认和计量》第十八条分类为以公允价值计量且其变动计入其他综合收益的金融资产的,不再确认部分的金额对应的原计入其他综合收益的公允价值变动累计额应当计入当期损益。

【例23-15】沿用【例23-4】,2×18年1月1日,该组贷款的公允价值为10 100万元,0.5%的超额利差账户的公允价值为40万元。

【分析】

(1)甲银行收到9 115万元对价,由两部分构成:一部分是转移的90%计入贷款及相关利息的对价,即9 090(10 100×90%)万元;另一部分是因为使保留的权利次级化所取得的对价25(9 115-9 090)万元。此外,由于超额利差账户的公允价值为40万元,从而甲银行的该项金融资产转移交易的信用增级相关的对价为65万元。

假定甲银行无法取得所转移该组贷款的90%和10%部分各自的公允价值,则甲银行转移的该组贷款的90%形成的利得或损失的计算如表23-7所示。

表23-7　甲银行转移的该组贷款的90%形成的利得或损失的计算

单位:万元

	估计公允价值	占整体公允价值的百分比(%)	分摊的账面价值
终止确认部分	9 090	90	9 000
继续确认部分	1 010	10	1 000
合计	10 100	100	10 000

甲银行该项金融资产转移形成的利得=9 090-9 000=90(万元)

(2)甲银行仍保留贷款部分的账面价值为1 000万元。

(3)甲银行因继续涉入而确认资产的金额,按双方协议约定的、因信用增级使甲银行不能收到的现金流入量的最大值为1 000万元。另外,超额利差账户形成的资产40万元本质上也是继续涉入形成的资产。

因继续涉入而确认负债的金额,按因信用增级使甲银行不能收到的现金流入量的最大值1 000万元与信用增级的公允价值总额65万元之和计量,两项合计为1 065万元。

据此,甲银行在金融资产转移日应进行如下账务处理。

借:存放中央银行款项　　　　　　　　　　　　　　　91 150 000
　　继续涉入资产——次级权益　　　　　　　　　　　10 000 000
　　　　　　　——超额利差账户　　　　　　　　　　　　400 000
　贷:贷款　　　　　　　　　　　　　　　　　　　　　90 000 000
　　继续涉入负债　　　　　　　　　　　　　　　　　　10 650 000
　　贷款处置损益　　　　　　　　　　　　　　　　　　　 900 000

(4)金融资产转移后,甲银行应根据收入确认原则,采用实际利率法将信用增级取得的对价65万元分期予以确认。账务处理如下。

借:继续涉入负债　　　　　　　　　　　　　　　　　　 650 000
　贷:其他业务收入　　　　　　　　　　　　　　　　　　650 000

此外,还应在资产负债表日计提减值损失。假设2×18年12月31日,已转移贷款的信用损失为200万元,则甲银行应进行如下账务处理。

借:信用减值损失　　　　　　　　　　　　　　　　　2 000 000
　贷:继续涉入资产——次级权益　　　　　　　　　　　2 000 000

赔付时。

借:继续涉入负债　　　　　　　　　　　　　　　　　2 000 000
　贷:存放中央银行款项　　　　　　　　　　　　　　　2 000 000

23.3.4 向转入方提供非现金担保物

企业向金融资产转入方提供了非现金担保物(如债务工具或权益工具投资等)的,企业(转出方)和转入方应当按照下列规定处理。

(1)转入方按照合同或惯例有权出售该担保物或将其再作为担保物的,企业(转出方)应当将该非现金担保物在资产负债表中重新分类,并单独列报。

(2)转入方已将该担保物出售的,应确认出售担保物收到的款项;同时转入方应当就归还担保物义务,按照公允价值确认一项负债。

(3)除企业(转出方)因违约丧失赎回担保物权利外,企业应当继续将担保物确认为一项资产;转入方不得将该担保物确认为资产。

(4)企业(转出方)因违约丧失赎回担保物权利的,应当终止确认该担保物;转入方应当将该担保物确认为一项资产,并以公允价值计量。若转出方因违约丧失赎回担保物权利前,转入方已出售该担保物,则转入方应当终止确认归还担保物的义务。

第 24 章
套期会计

套期保值的会计处理流程如图 24-1 所示。

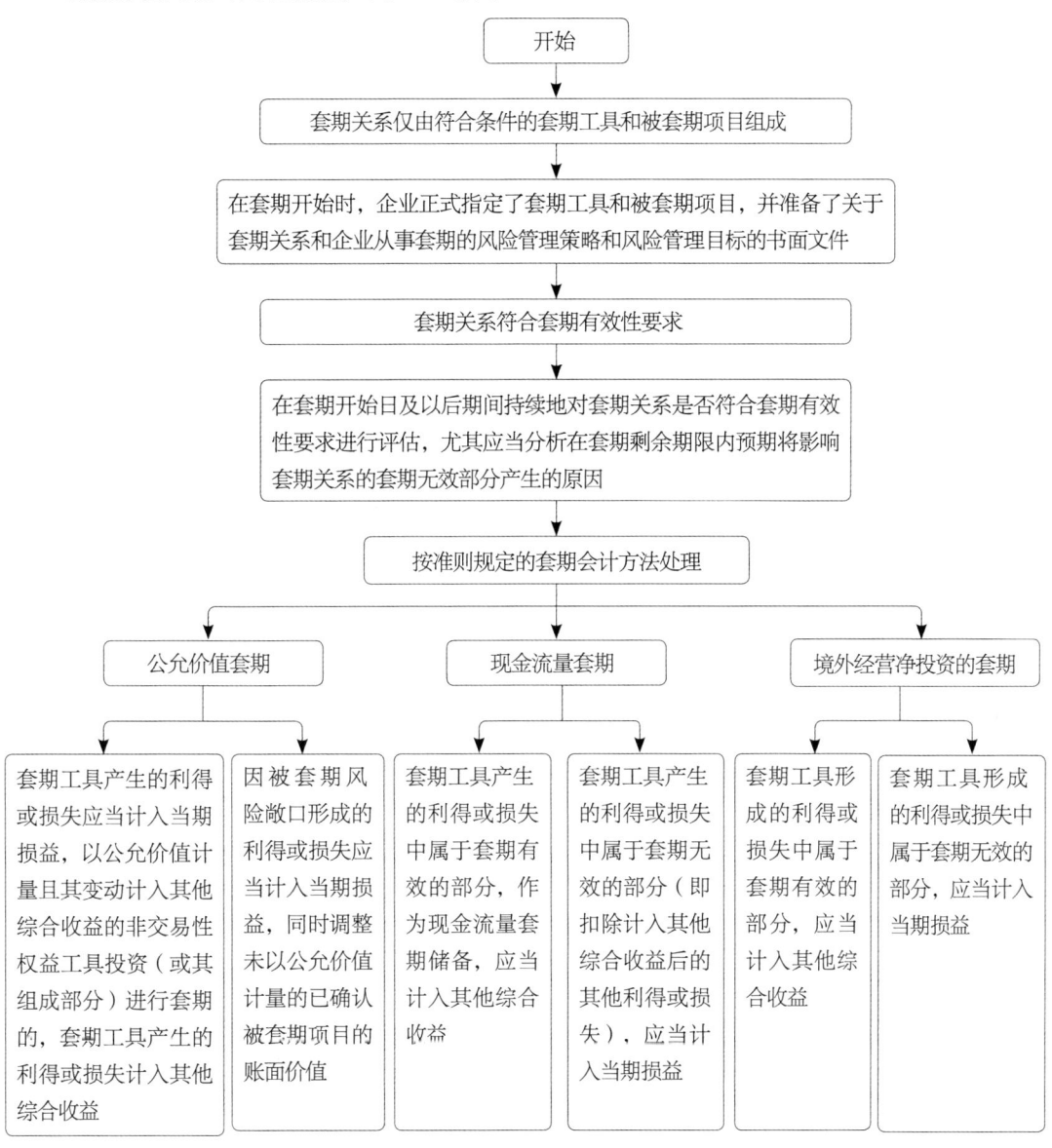

图 24-1 套期保值的会计处理流程

24.1 套期会计概述

24.1.1 套期的定义

《企业会计准则第 24 号——套期会计》（简称"套期会计准则"）将套期定义为：企业为管理外汇风险、利率风险、价格风险、信用风险等特定风险引起的风险敞口，指定金融工具为套期工具，以使套期工具的公允价值或现金流量变动，预期抵销被套期项目全部或部分公允价值或现金流量变动的风险管理活动。

24.1.2 套期的分类

《企业会计准则第 24 号——套期会计》将套期分为公允价值套期、现金流量套期和境外经营净投资套期。

（一）公允价值套期

公允价值套期，是指对已确认资产或负债、尚未确认的确定承诺，或上述项目组成部分的公允价值变动风险敞口进行的套期。该公允价值变动源于特定风险，且将影响企业的损益或其他综合收益。其中，影响其他综合收益的情形，仅限于企业对指定为以公允价值计量且其变动计入其他综合收益的非交易性权益工具投资的公允价值变动风险敞口进行的套期。

【例 24-1】公允价值套期的例子。

（1）某企业签订一项以固定利率换浮动利率的利率互换合约，对其承担的固定利率负债的利率风险引起的公允价值变动风险敞口进行套期。

（2）某石油公司签订一项 6 个月后以固定价格购买原油的合同（尚未确认的确定承诺），为规避原油价格风险，该公司签订一项未来卖出原油的期货合约，对该确定承诺的价格风险引起的公允价值变动风险敞口进行套期。

（3）某企业购买一项看跌期权合同，对持有的选择以公允价值计量且其变动计入其他综合收益的非交易性权益工具投资的证券价格风险引起的公允价值变动风险敞口进行套期。

（二）现金流量套期

现金流量套期，是指对现金流量变动风险敞口进行的套期。该现金流量变动源于与已确认资产或负债、极可能发生的预期交易，或与上述项目组成部分有关的特定风险，且将影响企业的损益。

【例 24-2】现金流量套期的例子。

（1）某企业签订一项以浮动利率换固定利率的利率互换合约，对其承担的浮动利率债务的利率风险引起的现金流量变动风险敞口进行套期。

（2）某橡胶制品公司签订一项未来买入橡胶的远期合同，对 3 个月后预期极可能发生的与购买橡胶相关的价格风险引起的现金流量变动风险敞口进行套期。

（3）某企业签订一项购入外币的外汇远期合同，对以固定外币价格买入原材料的极可能发生的预期交易的外汇风险引起的现金流量变动风险敞口进行套期。

(三)境外经营净投资套期

境外经营净投资套期,是指对境外经营净投资外汇风险敞口进行的套期。境外经营净投资套期中的被套期风险是指境外经营的记账本位币与母公司的记账本位币之间的折算差额。此外,企业对确定承诺的外汇风险进行套期的,按照本准则的规定,可以将其作为现金流量套期或公允价值套期处理。

24.1.3 套期会计方法

套期会计方法,是指企业将套期工具和被套期项目产生的利得或损失在相同会计期间计入当期损益(或其他综合收益)以反映风险管理活动影响的方法。这有助于处理被套期项目和套期工具在确认和计量方面存在的差异,并在企业财务报告中如实反映企业进行风险管理活动的影响。

24.2 套期工具

24.2.1 套期工具的定义与范围

《企业会计准则第 24 号——套期会计》规定了套期工具的定义与范围。套期工具,是指企业为进行套期而指定的、其公允价值或现金流量变动预期可抵销被套期项目的公允价值或现金流量变动的金融工具,包括以下内容。

(1)以公允价值计量且其变动计入当期损益的衍生工具,但签出期权除外。企业只有在对购入期权(包括嵌入在混合合同中的购入期权)进行套期时,签出期权才可以作为套期工具。嵌入在混合合同中但未分拆的衍生工具不能作为单独的套期工具。

(2)以公允价值计量且其变动计入当期损益的非衍生金融资产或非衍生金融负债,但指定为以公允价值计量且其变动计入当期损益且其自身信用风险变动引起的公允价值变动计入其他综合收益的金融负债除外。

【例 24-3】甲公司持有 1 年期的票据,其收益率与黄金价格指数挂钩。甲公司将该票据分类为以公允价值计量且其变动计入当期损益的金融资产。同时,甲公司签订了一项 1 年后以固定价格购买黄金的合同(尚未确认的确定承诺),以满足生产需要。

本例中,该票据作为以公允价值计量且其变动计入当期损益的非衍生金融资产,可以被指定为套期工具,对尚未确认的确定承诺的价格风险引起的公允价值变动风险敞口进行套期。

(3)对于外汇风险套期,企业可以将非衍生金融资产(选择以公允价值计量且其变动计入其他综合收益的非交易性权益工具投资除外)或非衍生金融负债的外汇风险成分指定为套期工具。

【例 24-4】甲公司的记账本位币为人民币,发行了 5 000 万美元、年利率 5% 的固定利率债券,每半年支付一次利息,2 年后到期。甲公司将该债券分类为以摊余成本计量的金融负债。甲公司同时签订了 2 年后到期的、5 000 万美元的固定价格销售承诺(尚未确认的确定承诺)。

本例中，甲公司可以将以摊余成本计量的美元负债的外汇风险成分作为套期工具，对固定价格销售承诺的外汇风险引起的公允价值变动或者现金流量变动风险敞口进行套期。

24.2.2 指定套期工具

（一）《企业会计准则第24号——套期会计》规定，在确立套期关系时，企业应当将符合条件的金融工具整体指定为套期工具

下列情形除外。

（1）对于期权，企业可以将期权的内在价值和时间价值分开，只将期权的内在价值变动指定为套期工具。

（2）对于远期合同，企业可以将远期合同的远期要素和即期要素分开，只将即期要素的价值变动指定为套期工具。

（3）对于金融工具，企业可以将金融工具的外汇基差单独分拆，只将排除外汇基差后的金融工具指定为套期工具。

（4）企业可以将套期工具的一定比例指定为套期工具，但不可以将套期工具剩余期限内某一时段的公允价值变动部分指定为套期工具。

（二）企业可以将套期工具的一定比例指定为套期工具，但不可以将套期工具剩余期限内某一时段的公允价值变动部分指定为套期工具

【例24-5】某公司拥有一项支付固定利息、收取浮动利息的互换合同，打算将其用于对所发行的浮动利率债券进行套期。该互换合同的剩余期限为10年，而债券的剩余期限为5年。在这种情况下，甲公司不能在互换合同剩余期限中的某5年将互换指定为套期工具。

（三）企业可以将两项或两项以上金融工具（或其一定比例）的组合指定为套期工具（包括组合内的金融工具形成风险头寸相互抵销的情形）

【例24-6】甲公司发行了10年期的固定利率债券。甲公司的风险管理策略为固定未来12个月的利率。因此，甲公司在发行该债券时签订了10年期收取固定利率、支付浮动利率的互换合同（互换条款与债券条款完全匹配）和1年期收取浮动利率、支付固定利率的互换合同。

本例中，如果其他套期会计条件均满足，甲公司可以将这两个互换合同的组合指定为对该债券第2年到第10年利率风险进行公允价值套期的套期工具。

对于一项由签出期权和购入期权组成的期权（如利率上下限期权），或对于两项或两项以上金融工具（或其一定比例）的组合，其在指定日实质上相当于一项净签出期权的，不能将其指定为套期工具。只有在对购入期权（包括嵌入在混合合同中的购入期权）进行套期时，净签出期权才可以作为套期工具。

【例24-7】甲公司发行了5年期、1亿元的浮动利率债券。为了对该债券利率风险进行套期，甲公司在债券发行当日购入利率上下限期权组合以对债券高于8%、低于4%的利率风险进行套期。发行当日市场上同等期限债券的市场利率为6%，购入期权的上限与签出期权的下限相比很可能产生溢价，因此，甲公司支付净期权费50万元。该利率上下限期权组合中购入的上限8%和签出的下限4%的名义本金同为1亿元。

本例中，由于企业未收取净期权费（支付净期权费50万元），签出期权和购入期权的关键条款相同，且签出期权的名义本金不大于购入期权的名义本金，甲公司可以将该利率上下限期权组合指定为对浮动利率债券进行现金流量套期的套期工具。

（四）使用单一套期工具对多种风险进行套期

企业通常将单项套期工具指定为对一种风险进行套期。但是，如果套期工具与被套期项目的不同风险敞口之间有具体对应关系，则一项套期工具可以被指定为对一种以上的风险进行套期。

【例24-8】 甲公司的记账本位币是人民币，其承担了一项5年期浮动利率的美元债务。为规避该金融负债的外汇风险和利率风险，甲公司与某金融机构签订一项交叉货币利率互换合同（互换合同的条款与金融负债的条款相匹配），并将该互换合同指定为套期工具。根据该互换合同，甲公司将定期收取以美元浮动利率计算确定的利息，同时支付以人民币固定利率计算确定的利息。

本例中，一项互换合同被指定为同时对金融负债的外汇风险和利率风险进行套期的套期工具。

24.3 被套期项目

24.3.1 符合条件的被套期项目

《企业会计准则第24号——套期会计》将被套期项目定义为：使企业面临公允价值或现金流量变动风险，且被指定为被套期对象的、能够可靠计量的项目。

企业可以将下列单个项目、项目组合或其组成部分指定为被套期项目。

（1）已确认资产或负债。

（2）尚未确认的确定承诺。其中，确定承诺，是指在未来某特定日期或期间，以约定价格交换特定数量资源、具有法律约束力的协议；尚未确认，是指尚未在资产负债表中确认。

【例24-9】 甲公司为我国境内机器生产企业，采用人民币作为记账本位币。甲公司与境外乙公司签订了一项设备购买合同，约定6个月后按固定的外币价格购入设备，即甲公司与乙公司达成了一项确定承诺。同时，甲公司签订了一份外币远期合同，以对该项确定承诺产生的外汇风险进行套期。

本例中，该确定承诺可以被指定为被套期项目，外币远期合同可以被指定为公允价值套期或现金流量套期中的套期工具。

（3）极可能发生的预期交易。预期交易，是指尚未承诺但预期会发生的交易。评估预期交易发生的可能性不能仅依靠企业管理人员的意图，而应当基于可观察的事实和相关因素。企业应当明确区分预期交易与确定承诺。

【例24-10】预期交易：2×18年5月1日，甲公司预期2个月后将购买200吨铜，用于2×18年7月的生产。

确定承诺：2×18年5月1日，甲公司签订了一份法律上具有约束力的采购协议，约定于2×18年6月30日向乙公司以每吨4万元的价格购买200吨铜。

本例中，签订了法律上具有约束力的采购协议为确定承诺，而尚未承诺但预期会发生的交易为预期交易。

（4）境外经营净投资。境外经营净投资，是指企业在境外经营净资产中的权益份额。境外经营可以是企业在境外的子公司、合营安排、联营企业或分支机构。在境内的子公司、合营安排、联营企业或分支机构，采用不同于企业记账本位币的，也视同境外经营。

【例24-11】甲公司的记账本位币为人民币，2×18年1月1日，甲公司以1亿美元从非关联方处购买了境外乙公司的全部普通股股份，取得控制权。在购买日，乙公司的可辨认净资产的公允价值为7 000万美元。甲公司合并财务报表中确认相应商誉3 000万美元。同时，在购买日，甲公司向乙公司提供长期借款2 000万美元，甲公司将其作为长期应收款处理，但甲公司既无计划，也无可能在可预见的未来会计期间收回这笔长期应收款。

在购买日，如果甲公司计划对乙公司的境外经营净投资进行套期，则能够被指定为被套期项目的境外经营净投资的最大金额为1.2亿美元，包括所购境外经营的可辨认净资产7 000万美元，构成境外经营净投资一部分的商誉3 000万美元，以及甲公司对乙公司的长期应收款2 000万美元。

24.3.2 确定被套期项目的注意事项

（1）作为被套期项目，应当会使企业面临公允价值或现金流量变动风险（即被套期风险），在本期或未来期间会影响企业的损益或其他综合收益。

（2）采用权益法核算的股权投资不能在公允价值套期中作为被套期项目，因为权益法下，投资方只是将其在联营企业或合营企业中的损益份额确认为当期损益，而不确认投资的公允价值变动。

（3）在运用套期会计时，在合并财务报表层面，只有与企业集团之外的对手方之间交易形成的资产、负债、尚未确认的确定承诺或极可能发生的预期交易才能被指定为被套期项目；在合并财务报表层面，只有与企业集团之外的对手方签订的合同才能被指定为套期工具。

24.3.3 项目组成部分作为被套期项目的规定和要求

项目组成部分是指小于项目整体公允价值或现金流量变动的部分，企业只能将下列项目组成部分或其组合指定为被套期项目。

（1）项目整体公允价值或现金流量变动中仅由某一个或多个特定风险引起的公允价值或现金流量变动部分（风险成分）。

根据在特定市场环境下的评估，该风险成分应当能够单独识别并可靠计量。风险成分也包括被套期项目公允价值或现金流量的变动仅高于或仅低于特定价格或其他变量的部分。

【例24-12】甲公司与乙公司订立了一项以合同指定公式进行定价的长期天然气供应合

同,该公式主要参考商品(例如柴油)价格和其他因素(例如运输费)对长期天然气进行定价。为了管理长期天然气供应合同涉及的长期天然气价格风险,甲公司利用柴油远期合同对该供应合同定价中的柴油价格风险进行套期。由于该供应合同的条款和条件对柴油组成部分做出了明确规定,所以柴油价格风险引起的公允价值变动部分属于合同明确的风险成分。

根据长期天然气供应合同定价公式,该风险成分能够单独识别;同时,市场上存在可交易的柴油远期合同,该风险成分能够可靠计量。因此,甲公司的长期天然气供应合同定价中的柴油价格风险引起的公允价值变动部分可以作为符合条件的风险成分,被指定为被套期项目。

(2)一项或多项选定的合同现金流量。

【例24-13】企业有一笔期限为10年、年利率8%、按年付息的长期银行借款,企业出于风险管理需要,对该笔借款所产生的前5年应支付利息进行套期。按照本准则规定,一项或多项选定的合同现金流量可以被指定为被套期项目。

(3)项目名义金额的组成部分。

项目名义金额的组成部分,即项目整体金额或数量的特定部分,包括项目整体的一定比例部分(如一项贷款的合同现金流量的50%部分)和项目整体的某一层级部分。其中,项目某一层级部分可以从已设定但开放式的总体中指定一个层级,也可以从已设定的名义金额中指定一个层级。

【例24-14】下列各项均属于项目某一层级部分。

(1)货币性交易量的一部分。例如,甲公司2×17年1月实现首笔20万美元的出口销售之后,下一笔金额为20万美元的出口销售所产生的现金流量,可以作为指定的被套期项目。

(2)实物数量的一部分。例如,甲公司储藏在某地的500万立方米的底层天然气,可以作为指定的被套期项目。

(3)实物或其他交易量的一部分。例如,甲炼化公司2×17年6月购入的前1000桶石油,乙发电企业2×17年6月售出的前100兆瓦·时的电力等,均可以作为指定的被套期项目。

(4)被套期项目的名义金额的某一层。例如,金额为1亿元的确定承诺的最后8000万元部分;金额为1亿元的固定利率债券的底层2000万元部分;可按公允价值提前偿付的总金额为1亿元(设定的名义金额为1亿元)的固定利率债务的顶层3000万元部分。

如果某一层级部分在公允价值套期中被指定为被套期项目,则企业应从设定的名义金额中对其进行指定。

如果项目整体的某一层级部分包含提前还款权,且该提前还款权的公允价值受被套期风险变化影响,企业不得将该层级指定为公允价值套期的被套期项目,但企业在计量被套期项目的公允价值时已包含该提前还款权影响的情况除外。

【例24-15】甲公司向乙银行申请了一笔本金为100万元人民币、期限为5年的贷款,该贷款允许债务人于每年年末最多偿还本金10万元,即贷款本金中的40万元可以提前偿还(分别在贷款第1年至第4年年末偿还),而贷款本金中的60万元则不可提前偿还且具有

5年的固定期限。

由于该60万元属于固定期限债务、不可提前偿还，且其公允价值不包含提前还款选择权的影响（即该层组成部分不包含提前还款选择权），甲公司可将此项金额的某一层组成部分指定为被套期项目。

但是，与可提前还款的40万元相关的公允价值变动则包含提前还款选择权（其公允价值受利率变动风险的影响），因此，40万元的该层组成部分无法成为符合条件的项目组成部分，不能作为被套期项目，除非甲公司在确定被套期项目的公允价值变动时已包含相关提前还款选择权的影响。

24.3.4 汇总风险敞口作为被套期项目的规定和要求

（1）企业可以将符合被套期项目条件的风险敞口与衍生工具组合形成的汇总风险敞口指定为被套期项目。在指定此类被套期项目时，企业应当评估该汇总风险敞口是否由风险敞口与衍生工具相结合，从而产生了不同于该风险敞口的另一个风险敞口，并将其作为针对某项（或几项）特定风险的一个风险敞口进行管理。

【例24-16】甲公司的记账本位币为人民币，利用合同期限为15个月的咖啡期货合同对在未来15个月后极可能发生的确定数量的咖啡采购进行套期，以管理其价格风险（基于美元的）。该极可能发生的咖啡采购和咖啡期货合同的组合可被视为一项15个月后固定金额的美元外汇风险敞口（汇总风险敞口）。

（2）企业基于汇总风险敞口指定被套期项目时，应当在评估套期有效性和计量套期无效部分时考虑构成该汇总风险敞口的所有项目的综合影响。但是，构成该汇总风险敞口的项目仍须单独进行会计处理，具体要求如下。

① 作为汇总风险敞口组成部分的衍生工具应当单独确认为以公允价值计量的资产或负债。

② 如果在构成汇总风险敞口的各项目之间指定套期关系，则衍生工具作为汇总风险敞口组成部分的方式应当与该衍生工具在此汇总风险敞口层面上被指定为套期工具的方式保持一致。

24.3.5 项目组成部分与项目总现金流量之间的关系

（1）当金融项目或非金融项目的现金流量的组成部分被指定为被套期项目时，该组成部分应当少于或等于整个项目的现金流量总额。但是，整个项目的所有现金流量可以被指定为被套期项目，而且被套期的只能是某一特定风险（如一项基准利率或者基准商品价格变动所形成的变动风险等）。

【例24-17】甲公司发行了一笔固定利率债券，该债券利率以SHIBOR 4.2%减去20个基点，即4%为基础确定。在本例中，甲公司不能将该债券等于SHIBOR的利息部分（即4.2%）指定为被套期项目，因为该金额大于债券的合同现金流量总额。但是，甲公司可以将该债券的所有合同现金流量指定为被套期项目，并明确这些被套期的现金流量是可归属于SHIBOR的变动部分。

（2）企业在初始确认一项固定利率资产或负债后对其进行公允价值套期的，如果基准利率高于该资产或负债所收到或支付的合同固定利率，本准则允许企业将等于基准利率部分的现金流量指定为被套期项目，但其前提是该基准利率应当低于如同企业在首次指定被套期项目日购入或发行该工具所重新计算的该资产或负债的实际利率。

【例24-18】甲公司购入一项面值为100万元、年实际利率为6%的固定利率金融资产，当时的SHIBOR为4%。经过一段时间后，SHIBOR上升至8%，该项金融资产的公允价值跌至90万元，此时，甲公司开始对该项金融资产进行套期。甲公司计算出若其在首次将相关SHIBOR风险指定为被套期项目的当日购入该金融资产，基于当时公允价值为90万元可确定该金融资产的实际收益率为9.5%。由于指定日的SHIBOR（8%）低于该实际收益率（9.5%），甲公司可对等于基准利率SHIBOR（8%）的现金流量组成部分进行指定，该组成部分包含该固定利率金融资产的合同利息现金流量(6%)以及该金融资产当日公允价值(90万元)与到期应付金额(100万元)之间的差额的一部分。

24.3.6 被套期项目的组合

（1）当企业出于风险管理目的对一组项目进行组合管理，且组合中的每一个项目（包括其组成部分）单独都属于符合条件的被套期项目时，可以将该项目组合指定为被套期项目。

（2）一组风险头寸相互抵销的项目形成风险净敞口，一组风险不存在相互抵销的项目形成风险总敞口。只有当企业出于风险管理目的以净额为基础进行套期时，风险净敞口才符合运用套期会计的条件。

（3）当企业将形成风险净敞口的一组项目指定为被套期项目时，应当将构成该净敞口的所有项目的项目组合整体指定为被套期项目，不应当将不明确的净敞口抽象金额指定为被套期项目。

【例24-19】某公司拥有一组在9个月后履约的金额为100万美元的确定销售承诺，以及一组在18个月后履约的金额为120万美元的确定购买承诺。在这种情况下，该公司不能将一个最大金额为20万美元的抽象金额的净头寸进行指定，而必须对形成该被套期净头寸的购买总额和销售总额进行指定。

（4）在现金流量套期中，企业仅可以将外汇风险净敞口指定为被套期项目，并且应当在套期指定中明确预期交易预计影响损益的报告期间，以及预期交易的性质和数量。

【例24-20】甲公司拥有一个在同一个月发行的固定利率、分期还款的人民币贷款投资组合，但不可提前还款。该投资组合中的各项贷款遵循相同的分期还款时间表，且甲公司能够识别每一项贷款的合同现金流量的发生时间。该投资组合中所有贷款的名义金额之和为10亿元，甲公司的风险管理目标是对相当于该组贷款总额中底层名义金额2.5亿元部分的利率风险进行套期。为此，甲公司可以从该组贷款中识别出指定为被套期项目的2.5亿元底层贷款部分。

24.4 套期关系评估与套期会计

24.4.1 运用套期会计的条件

《企业会计准则第 24 号——套期会计》规定，公允价值套期、现金流量套期或境外经营净投资套期同时满足下列条件的，才能运用该准则规定的套期会计方法进行处理。

（1）套期关系仅由符合条件的套期工具和被套期项目组成。

（2）在套期开始时，企业正式指定了套期工具和被套期项目，并准备了关于套期关系和企业从事套期的风险管理策略和风险管理目标的书面文件。该文件至少载明了套期工具、被套期项目、被套期风险的性质以及套期有效性评估方法（包括套期无效部分产生的原因分析以及套期比率确定方法）等内容。

【**例 24-21**】甲公司制定了管理债务融资利率风险敞口的策略，该策略规定甲公司将维持 20%~40% 的固定利率债务。甲公司根据市场利率水平决定如何执行该风险管理策略，即其固定利率债务风险敞口将锁定在 20%~40% 范围内的某一位置。在市场利率较低时，与利率较高时相比，甲公司将选择维持更大比例的固定利率债务。在这种情况下，甲公司风险管理策略本身保持不变，但是根据市场利率变化对风险管理策略的执行发生了改变，即风险管理目标发生了变化（被套期的利率敞口发生变化）。

（3）套期关系符合套期有效性要求。

24.4.2 套期有效性的定义与要求

《企业会计准则第 24 号——套期会计》将套期有效性定义为：套期工具的公允价值或现金流量变动能够抵销被套期风险引起的被套期项目公允价值或现金流量变动的程度。套期工具的公允价值或现金流量变动大于或小于被套期项目的公允价值或现金流量变动的部分为套期无效部分。

套期同时满足下列条件的，企业应当认定套期关系符合套期有效性要求。

（1）被套期项目和套期工具之间存在经济关系。该经济关系使得套期工具和被套期项目的价值因面临相同的被套期风险而发生方向相反的变动。

（2）被套期项目和套期工具经济关系产生的价值变动中，信用风险的影响不占主导地位。

（3）套期关系的套期比率，应当等于企业实际套期的被套期项目数量与对其进行套期的套期工具实际数量之比，但不应当反映被套期项目和套期工具相对权重的失衡，这种失衡会导致套期无效，并可能产生与套期会计目标不一致的会计结果。

24.4.3 套期有效性的评价方法

（1）《企业会计准则第 24 号——套期会计》规定，企业应当在套期开始日及以后期间持续地对套期关系是否符合套期有效性要求进行评估，尤其应当分析在套期剩余期限内预期将影响套期关系的套期无效部分产生的原因。企业至少应当在资产负债表日及相关情形发生重大变化将影响套期有效性要求时对套期关系进行评估。

（2）一般情况下，套期工具和被套期项目的公允价值或现金流量变动难以实现完全抵销，因而会出现套期无效部分。套期工具的公允价值或现金流量变动大于或小于被套期项目的公允价值或现金流量变动的部分为套期无效部分。

（3）为计算被套期项目的价值变动，企业可使用其条款与被套期项目的主要条款相匹配的衍生工具（通常称为"虚拟衍生工具"）。在使用虚拟衍生工具估计被套期项目的价值时，不能使用仅存在于套期工具中而被套期项目不具备的特征。

（4）在评估被套期项目和套期工具之间是否存在经济关系时，企业可以采用定性或定量的方法。如果套期工具和被套期项目的主要条款（如名义金额、到期期限和基础变量等）均匹配或大致相符，企业可以根据此类主要条款进行定性评估。如果套期工具和被套期项目的主要条款并非基本匹配，企业可能需要进行定量评估（如通过比较被套期风险引起的套期工具和被套期项目公允价值或现金流量变动的比率，或通过采用回归分析方法分析套期工具和被套期项目价值变动的相关性等）。

（5）企业的风险管理策略是评估套期关系是否符合套期有效性要求的主要信息来源。用于决策目的的管理分析信息可作为评估套期关系是否符合套期有效性要求的依据。套期有效性评价方法应当与企业的风险管理策略相吻合，并在套期开始时就在风险管理有关的正式文件中详细加以说明。

24.4.4 套期关系再平衡

（1）适用条件：套期关系由于套期比率的原因而不再符合套期有效性要求，但指定该套期关系的风险管理目标没有改变的，企业应当进行套期关系再平衡。

（2）定义：对已经存在的套期关系中被套期项目或套期工具的数量进行调整，以使套期比率重新符合套期有效性要求。基于其他目的对被套期项目或套期工具所指定的数量进行变动，不构成本准则所称的套期关系再平衡。

（3）调整套期比率使得企业可以应对由于基础变量或风险变量而引起的套期工具和被套期项目之间关系的变动。当套期工具和被套期项目之间关系发生的变动能通过调整套期比率得以弥补时，再平衡将可以使得套期关系得到延续。

【例24-22】甲公司运用参考外币B的外币衍生工具对外币A的风险敞口进行套期，而外币A和外币B之间的汇率是挂钩的（即其汇率由中央银行或其他监管机构设定或者保持在某一区间）。如果外币A与外币B的汇率发生了变动（即设定了一个新区间或汇率），则再平衡套期关系以反映新汇率，可确保套期关系在新情况下的套期比率继续满足套期有效性的要求。但是，如果外币衍生工具发生违约，则更改套期比率并不能确保套期关系能够继续满足套期有效性的要求。

（4）企业应当分析预期将在存续期内影响套期关系的套期无效部分的来源，并评估抵销程度的变化属于下列哪一种情形。

① 抵销程度的变化属于围绕套期比率的正常波动（即能够继续适当反映套期工具与被套期项目之间的关系）。

② 抵销程度的变化表明套期比率不再能够恰当反映套期工具与被套期项目之间的关系。

为应对每一特定结果而调整套期比率的做法，并不能减少围绕某个固定套期比率的上下波动及由此产生的套期无效部分。在该情况下，只需对套期无效部分进行确认和计量，而无需做出再平衡。

（5）如果抵销程度的变化表明该波动围绕着一个套期比率，而该套期比率不同于当前针对该套期关系所使用的套期比率，或存在偏离目前采用的套期比率的趋势，企业可以通过调整套期比率来降低套期无效部分，而保留原套期比率将显著增加套期的无效部分。

（6）再平衡中对被套期项目或套期工具数量的调整应当反映企业实际使用的套期工具和被套期项目的数量调整。但是，如果出现下列情况，则企业必须调整根据实际使用的被套期项目或套期工具的数量而得出的套期比率。

①由企业的套期工具或被套期项目的实际数量变动所产生的套期比率反映出某种失衡，这种失衡可能导致套期无效，并可能产生与套期会计目标不一致的会计结果。

②企业维持套期工具和被套期项目的实际数量而得出的套期比率在新的情况下反映出某种失衡，这种失衡可能导致套期无效，并可能产生与套期会计目标不一致的会计结果。

24.4.5 套期关系的终止

（1）适用条件：如果套期关系不再满足套期风险管理目标或在再平衡之后不符合套期会计条件等本准则规定情形的，则企业必须终止套期关系。

（2）处理办法：企业应当采用未来适用法，自不再满足套期会计条件或风险管理目标之日起终止运用套期会计。

（3）当只有部分套期关系不再满足运用套期会计的条件时，套期关系将部分终止，其余部分将继续适用套期会计。

（4）终止运用套期会计（包括部分终止运用套期会计和整体终止运用套期会计）的情形有以下几种。

①风险管理目标发生变化，导致套期关系不再满足风险管理目标。

【例24-23】假定甲公司共发行有1亿元的浮动利率债券，公司的风险管理策略是在其债务总额中需要维持20%~40%的固定利率债务。为此，甲公司在债券发行之初，选择了对其中4 000万元的浮动利率债券进行套期，通过互换合同将其转换为固定利率债券。此后，由于市场利率走低，甲公司管理层决定调低固定利率债务占比至20%。在此情况下，甲公司风险管理目标发生了变化，甲公司将原被套期的4 000万元浮动利率债券中的2 000万元终止运用套期会计。

②套期工具已到期、被出售、合同终止或已行使。

③被套期项目与套期工具之间不再存在经济关系，或者被套期项目和套期工具经济关系产生的价值变动中，信用风险的影响开始占主导地位。

④套期关系不再满足本准则所规定的运用套期会计方法的其他条件。在适用套期关系再平衡的情况下，企业应当首先考虑套期关系再平衡，然后评估套期关系是否满足本准则所规定的运用套期会计方法的条件。

24.5 套期保值的确认与计量

24.5.1 公允价值套期

（一）会计处理原则

《企业会计准则第 24 号——套期会计》规定，公允价值套期满足运用套期会计方法条件的，应当按照下列规定处理。

（1）套期工具产生的利得或损失应当计入当期损益。如果套期工具是对选择以公允价值计量且其变动计入其他综合收益的非交易性权益工具投资（或其组成部分）进行套期的，套期工具产生的利得或损失应当计入其他综合收益。

（2）被套期项目因被套期风险敞口形成的利得或损失应当计入当期损益，同时调整未以公允价值计量的已确认被套期项目的账面价值。被套期项目为按照《企业会计准则第 22 号——金融工具确认和计量》第十八条分类为以公允价值计量且其变动计入其他综合收益的金融资产（或其组成部分）的，其因被套期风险敞口形成的利得或损失应当计入当期损益，其账面价值已经按公允价值计量，不需要调整；被套期项目为企业选择以公允价值计量且其变动计入其他综合收益的非交易性权益工具投资（或其组成部分）的，其因被套期风险敞口形成的利得或损失应当计入其他综合收益，其账面价值已经按公允价值计量，不需要调整。

被套期项目为尚未确认的确定承诺（或其组成部分）的，其在套期关系指定后因被套期风险引起的公允价值累计变动额应当确认为一项资产或负债，相关的利得或损失应当计入各相关期间损益。当履行确定承诺而取得资产或承担负债时，应当调整该资产或负债的初始确认金额，以包括已确认的被套期项目的公允价值累计变动额。

公允价值套期中，被套期项目为以摊余成本计量的金融工具（或其组成部分）的，企业对被套期项目账面价值所作的调整应当按照开始摊销日重新计算的实际利率进行摊销，并计入当期损益。该摊销可以自调整日开始，但不应当晚于对被套期项目终止进行套期利得和损失调整的时点。被套期项目为按照《企业会计准则第 22 号——金融工具确认和计量》第十八条分类为以公允价值计量且其变动计入其他综合收益的金融资产（或其组成部分）的，企业应当按照相同的方式对累计已确认的套期利得或损失进行摊销，并计入当期损益，但不调整金融资产（或其组成部分）的账面价值。

（二）会计处理举例

【例 24-24】2×17 年 1 月 1 日，甲公司为规避所持有的铜存货的公允价值变动风险，与某金融机构签订了一项铜期货合同，并将其指定为对 2×17 年前两个月铜存货的商品价格变化引起的公允价值变动风险的套期工具。铜期货合同的标的资产与被套期项目铜存货在数量、质次和产地方面相同。假设不考虑期货市场中每日无负债结算制度的影响。

2×17 年 1 月 1 日，铜期货合同的公允价值为 0，被套期项目（铜存货）的账面价值和成本均为 1 000 000 元，公允价值为 1 100 000 元。2×17 年 1 月 31 日，铜期货合同公允价值上涨了 25 000 元，铜存货的公允价值下降了 25 000 元。2×17 年 2 月 28 日，铜期货合同公允价值下降了 15 000 元，铜存货的公允价值上升了 15 000 元。当日，甲公司将铜存货以 1 090 000

元的价格出售，并将铜期货合同结算。

甲公司通过分析发现，铜存货与铜期货合同存在经济关系，且经济关系产生的价值变动中信用风险不占主导地位，套期比率也反映了套期的实际数量，符合套期有效性要求。

假定不考虑商品销售相关的增值税及其他因素，甲公司的账务处理如下。

（1）2×17年1月1日，指定铜存货为被套期项目。

借：被套期项目——库存商品铜　　　　　　　　　　　　　　　　1 000 000
　　贷：库存商品——铜　　　　　　　　　　　　　　　　　　　　　　1 000 000

2×17年1月1日，被指定为套期工具的铜期货合同的公允价值为0。甲公司不进行账务处理。

（2）2×17年1月31日，确认套期工具和被套期项目公允价值变动。

借：套期工具——铜期货合同　　　　　　　　　　　　　　　　　25 000
　　贷：套期损益　　　　　　　　　　　　　　　　　　　　　　　　　25 000

借：套期损益　　　　　　　　　　　　　　　　　　　　　　　　25 000
　　贷：被套期项目——库存商品铜　　　　　　　　　　　　　　　　25 000

（3）2×17年2月28日，确认套期工具和被套期项目公允价值变动。

借：套期损益　　　　　　　　　　　　　　　　　　　　　　　　15 000
　　贷：套期工具——铜期货合同　　　　　　　　　　　　　　　　　15 000

借：被套期项目——库存商品铜　　　　　　　　　　　　　　　　15 000
　　贷：套期损益　　　　　　　　　　　　　　　　　　　　　　　　15 000

（4）确认铜存货销售收入。

借：应收账款（或银行存款）　　　　　　　　　　　　　　　　　1 090 000
　　贷：主营业务收入　　　　　　　　　　　　　　　　　　　　　　　1 090 000

（5）结转铜存货销售成本。

借：主营业务成本　　　　　　　　　　　　　　　　　　　　　　990 000
　　贷：被套期项目——库存商品铜　　　　　　　　　　　　　　　　990 000

（6）结算铜期货合同。

借：银行存款　　　　　　　　　　　　　　　　　　　　　　　　10 000
　　贷：套期工具——铜期货合同　　　　　　　　　　　　　　　　　10 000

注：由于甲公司采用套期进行风险管理，规避了铜存货公允价值变动风险，其铜存货公允价值下降没有对预期毛利100 000（1 100 000-1 000 000）元产生不利影响。同时，甲公司运用公允价值套期将套期工具与被套期项目的公允价值变动损益计入相同会计期间，消除了因甲公司风险管理活动可能导致的损益波动。

24.5.2　现金流量套期

（一）基本规定

《企业会计准则第24号——套期会计》规定，现金流量套期满足运用套期会计方法条件的，应当按照下列规定处理。

（1）套期工具产生的利得或损失中属于套期有效的部分，作为现金流量套期储备，应当计入其他综合收益。现金流量套期储备的金额，应当按照下列两项的绝对额中较低者确定。

① 套期工具自套期开始的累计利得或损失。
② 被套期项目自套期开始的预计未来现金流量现值的累计变动额。

每期计入其他综合收益的现金流量套期储备的金额应当为当期现金流量套期储备的变动额。

（2）套期工具产生的利得或损失中属于套期无效的部分（即扣除计入其他综合收益后的其他利得或损失），应当计入当期损益。

（二）现金流量套期储备的后续处理

《企业会计准则第24号——套期会计》规定，现金流量套期储备的金额，应当按照下列规定处理。

（1）被套期项目为预期交易，且该预期交易使企业随后确认一项非金融资产或非金融负债的，或者非金融资产或非金融负债的预期交易形成一项适用于公允价值套期会计的确定承诺时，企业应当将原在其他综合收益中确认的现金流量套期储备金额转出，计入该资产或负债的初始确认金额。

（2）对于不属于上述第（1）条涉及的现金流量套期，企业应当在被套期的预期现金流量影响损益的相同期间，将原在其他综合收益中确认的现金流量套期储备金额转出，计入当期损益。

（3）如果在其他综合收益中确认的现金流量套期储备金额是一项损失，且该损失全部或部分预计在未来会计期间不能弥补，企业应当在预计不能弥补时，将预计不能弥补的部分从其他综合收益中转出，计入当期损益。

（三）终止运用套期会计的会计处理

《企业会计准则第24号——套期会计》规定，当企业对现金流量套期终止运用套期会计时，在其他综合收益中确认的累计现金流量套期储备金额，应当按照下列规定进行处理。

（1）被套期的未来现金流量预期仍然会发生的，累计现金流量套期储备的金额应当予以保留，并按照本准则第二十五条的规定进行会计处理。

（2）被套期的未来现金流量预期不再发生的，累计现金流量套期储备的金额应当从其他综合收益中转出，计入当期损益。被套期的未来现金流量预期不再极可能发生但可能预期仍然会发生，在预期仍然会发生的情况下，累计现金流量套期储备的金额应当予以保留，并按照本准则第二十五条的规定进行会计处理。

（四）会计处理举例

【例24-25】 2×17年1月1日，甲公司预期在2×17年2月28日销售一批商品。该批商品的数量为100吨，预期售价为1 100 000元。为规避该预期销售中与商品价格有关的现金流量变动风险，甲公司于2×17年1月1日与某金融机构签订了一项商品期货合同，且将其指定为对该预期商品销售的套期工具。商品期货合同的标的资产与被套期预期销售商品在数量、质次、价格变动和产地等方面相同，并且商品期货合同的结算日和预期商品销售日均为2×17年2月28日。

2×17年1月1日，商品期货合同的公允价值为0。2×17年1月31日，商品期货合同的公允价值上涨了25 000元，预期销售价格下降了25 000元。2×17年2月28日，商品期货合同的公允价值上涨了 10 000 元,商品销售价格下降了 10 000 元。当日,甲公司将商品出售,并结算了商品期货合同。

甲公司分析认为该套期符合套期有效性的条件。假定不考虑商品销售相关的增值税及其他因素,且不考虑期货市场每日无负债结算制度的影响。

甲公司的账务处理如下。

（1）2×17 年 1 月 1 日,甲公司不进行账务处理,但需编制指定文档。

（2）2×17 年 1 月 31 日,确认现金流量套期储备。

借：套期工具——商品期货合同　　　　　　　　　　　　　　25 000
　　贷：其他综合收益——套期储备　　　　　　　　　　　　　　　25 000

（3）2×17 年 2 月 28 日,确认现金流量套期储备。

借：套期工具——商品期货合同　　　　　　　　　　　　　　10 000
　　贷：其他综合收益——套期储备　　　　　　　　　　　　　　　10 000

套期工具自套期开始的累计利得或损失与被套期项目自套期开始的预计未来现金流量现值的累计变动额一致,因此,将套期工具公允价值变动全部作为现金流量套期储备计入其他综合收益。

（4）确认商品的销售收入。

借：应收账款（或银行存款）　　　　　　　　　　　　　　1 065 000
　　贷：主营业务收入　　　　　　　　　　　　　　　　　　　　1 065 000

（5）结算商品期货合同。

借：银行存款　　　　　　　　　　　　　　　　　　　　　　35 000
　　贷：套期工具——商品期货合同　　　　　　　　　　　　　　　35 000

（6）将现金流量套期储备金额转出,调整主营业务收入。

借：其他综合收益——套期储备　　　　　　　　　　　　　　35 000
　　贷：主营业务收入　　　　　　　　　　　　　　　　　　　　　35 000

24.5.3　境外经营净投资的套期

（一）会计处理原则

《企业会计准则第 24 号——套期会计》规定,对境外经营净投资的套期,包括对作为净投资的一部分进行会计处理的货币性项目的套期,应当按照类似于现金流量套期会计的规定处理。

（1）套期工具形成的利得或损失中属于套期有效的部分,应当计入其他综合收益。

全部或部分处置境外经营时,上述计入其他综合收益的套期工具利得或损失应当相应转出,计入当期损益。

（2）套期工具形成的利得或损失中属于套期无效的部分,应当计入当期损益。

（二）多个母公司进行的套期

在一项由境外经营净投资产生的外汇风险的套期中,被套期项目的金额可以等于或小于母公司合并财务报表中该境外经营净资产账面价值。企业可以将被套期风险指定为境外经营的记账本位币与其任何母公司（直接的、中间的或最终的母公司）的记账本位币之间产生的外汇风险敞口。

境外经营净投资产生的外汇风险敞口只有在合并财务报表中才可能符合套期会计的条件。如果同一境外经营净资产的同一风险被集团内部一家以上的母公司（例如，直接和间接母公司）分别进行套期，则在最终母公司合并财务报表中只有一项套期关系符合套期会计的条件。

如果一项套期关系由较低层次间接母公司在其合并财务报表中进行了指定，那么在更高层次的母公司合并财务报表中可以决定保留该套期关系或重新指定。

如果较高层次的母公司决定不保留该套期关系而是重新指定，那么，在较高层次母公司的合并财务报表中必须先转回较低层次母公司所运用的套期会计，再按照重新指定的套期关系运用套期会计。

相反地，套期会计可以在较高层次母公司的合并财务报表中直接指定，不必在较低层次间接母公司的合并财务报表中进行指定。

（三）集团内可以持有套期工具的企业

一项衍生或非衍生金融工具（或衍生和非衍生金融工具的组合）可以被指定为境外经营净投资套期工具。只要满足套期会计准则对境外经营净投资套期的指定、文件记录和有效性要求，套期工具就可由集团内部的任一家或几家企业持有。

如果持有套期工具的企业的记账本位币与投资于境外经营的母公司的记账本位币相同，就较容易进行套期有效性评估，因为在评估套期有效性时，可以假设持有境外经营的母公司也同时持有套期工具。

如果持有套期工具的企业的记账本位币与投资于境外经营的母公司的记账本位币不同，评估套期有效性会较为复杂。这种情况下，套期有效性不仅要反映持有套期工具的企业的利得或损失（如果不使用套期会计，应计入合并损益），还应当反映对套期工具重新折算为母公司记账本位币的影响（如果不使用套期会计，应在合并其他综合收益中确认）。

（四）会计处理举例

【例24-26】 2×16年10月1日，甲公司（记账本位币为人民币）在其境外子公司有一项境外经营净投资外币（Foreign Currency，FC）500万元。为规避境外经营净投资外汇风险，甲公司与某境外金融机构签订了一项外汇远期合同，约定于2×17年4月1日卖出FC 500万元。其他有关资料如表24-1所示。

表24-1 甲公司其他有关资源

单位：元

日期	即期汇率（FC/人民币）	远期汇率（FC/人民币）	远期合同的公允价值
2×16年10月1日	1.71	1.70	0
2×16年12月31日	1.64	1.63	3 430 000
2×17年3月31日	1.60	不适用	5 000 000

假定不考虑远期合同的远期要素。甲公司的上述套期满足运用套期会计方法的所有条件。甲公司的账务处理如下。

（1）2×16年10月1日，外汇远期合同的公允价值为0，不做账务处理。

（2）2×16年12月31日，确认外汇远期合同的公允价值变动。

  借：套期工具——外汇远期合同   3 430 000
    贷：其他综合收益——外币报表折算差额   3 430 000

确认对子公司净投资的汇兑损益。

  借：其他综合收益——外币报表折算差额   3 500 000
    贷：长期股权投资   3 500 000

（3）2×17年3月31日，确认外汇远期合同的公允价值变动。

  借：套期工具——外汇远期合同   1 570 000
    贷：其他综合收益——外币报表折算差额   1 570 000

确认对子公司净投资的汇兑损益。

  借：其他综合收益——外币报表折算差额   2 000 000
    贷：长期股权投资   2 000 000

结算外汇远期合同。

  借：银行存款   5 000 000
    贷：套期工具——外汇远期合同   5 000 000

注：境外经营净投资中套期工具形成的利得在其他综合收益中列示，直至子公司被处置。

24.5.4 套期关系再平衡

（一）会计处理原则

企业对套期关系做出再平衡的，应当在调整套期关系之前确定套期关系的套期无效部分，并将相关利得或损失计入当期损益。同时，更新在套期剩余期限内预期将影响套期关系的套期无效部分产生原因的分析，并相应更新套期关系的书面文件。

套期关系再平衡可能会导致企业增加或减少指定套期关系中被套期项目或套期工具的数量。企业增加了指定的被套期项目或套期工具的，增加部分自指定增加之日起作为套期关系的一部分进行处理；企业减少了指定的被套期项目或套期工具的，减少部分自指定减少之日起不再作为套期关系的一部分，而作为套期关系终止处理。

（二）会计处理举例

【例24-27】2×16年1月1日，甲公司预计在未来12个月内采购100万桶中质原油（WTI原油）。甲公司采用现金流量套期，并购入105万桶布伦特原油（Brent原油）期货合约，以对极可能发生的100万桶WTI原油的预期采购进行套期（套期比率为1:1.05）。该期货合约在指定日的公允价值为0。

2×16年6月30日，被套期项目WTI原油的预期采购自套期开始的预计未来现金流量现值的累计变动额为200万美元，套期工具的公允价值累计下降了229万美元。甲公司通过分析发现，Brent原油相对WTI原油的经济关系与预期不同，因此，考虑对套期关系进行再平衡。

甲公司通过分析决定将套期比率重新设定为 1:0.98。

为了在 2×16 年 6 月 30 日进行再平衡，甲公司可以指定更大的被套期风险敞口或终止指定部分套期工具。甲公司决定选择后者，即终止指定 7 万桶 Brent 原油期货合约的套期工具。

假定甲公司的上述套期满足运用套期会计方法的所有条件，不考虑其他因素。

甲公司的账务处理如下（假定美元兑人民币的汇率为 1:6）。

（1）2×16 年 1 月 1 日，甲公司不做账务处理。

（2）2×16 年 6 月 30 日。

借：其他综合收益——套期储备　　　　　　　　　　　　　　12 000 000
　　套期损益　　　　　　　　　　　　　　　　　　　　　　　1 740 000
　　贷：套期工具——期货合同　　　　　　　　　　　　　　　　　　　13 740 000

在总计 105 万桶 Brent 原油期货合约中，7 万桶不再属于该套期关系。因此，甲公司需将 7/105 的套期工具重分类为衍生工具，有关套期文件的书面记录应当相应更新。

甲公司进行再平衡时的会计处理如下。

借：套期工具——期货合同　　　　　　　　　　　　　　　　　916 000
　　贷：衍生工具——期货合同　　　　　　　　　　　　　　　　　　　916 000

再平衡时，重分类的套期工具的公允价值为 13 740 000×7÷105=916 000（元）。

24.5.5　一组项目套期

（一）一组项目套期的会计处理

1. 风险净敞口套期的会计处理

对于被套期项目为风险净敞口的套期，被套期风险影响利润表不同列示项目的，企业应当将相关套期利得或损失单独列示，不应当影响利润表中与被套期项目相关的损益列示项目（如营业收入或营业成本）金额。

【例 24-28】某公司有一笔由 100 万美元的预期外币销售收入和 80 万美元的预期外币费用构成的外汇风险净头寸。该公司利用金额为 20 万美元的外汇远期合同对该外汇风险净头寸进行套期。当该外汇风险净头寸影响损益时，该外汇远期合同产生的现金流量套期储备重分类至损益的利得或损失应当与被套期的销售收入和费用区分开来并单独列示。

如果销售收入产生的期间早于费用发生的期间，则销售收入仍应当按照即期汇率计量。相关的套期利得或损失应当单独列示，从而在损益中反映出净头寸套期的影响，并相应调整现金流量套期储备。

如果被套期的费用将影响以后期间的损益（例如该费用将分期摊销），则之前对费用确认的套期利得或损失应在以后期间重分类至损益，且在利润表中与包含被套期费用的项目区分开单独列示。

企业通过利率互换合同对固定利率债务工具的利率风险进行套期。企业的套期目标旨在将固定利率现金流量转换成浮动利率现金流量。在对净头寸（例如，一项固定利率资产和一项固定利率负债构成的净头寸）进行套期时，套期工具的应计净利息应当单独列示，以避免将单个套期工具产生的利得或损失净额以相互抵销的总额形式在不同的报表项目中分别列示（即不得将单项利率互换合同产生的净利息收入列示为利息收入总额和利息支出总额）。

2. 会计处理举例

【例24-29】2×16年1月1日，甲公司预期2×16年12月31日将有一项1 000万美元的现金销售和一项1 200万美元的固定资产现金采购，上述交易极有可能发生。甲公司的记账本位币为人民币。

2×16年1月1日，甲公司签订了一项1年期外汇远期合同对上述200万美元的外汇净头寸进行套期，甲公司1年后将按1美元=6.5元人民币的汇率购入200万美元。上述固定资产将采用直线法在5年内计提折旧。

2×16年1月1日及2×16年12月31日美元的即期汇率分别为1美元=6.5元人民币及1美元=6.4元人民币。2×16年1月1日，外汇远期合同的公允价值为0。2×16年12月31日，外汇远期合同的公允价值为亏损20万元人民币。

预期销售现金流入和预期采购现金流出如期于2×16年12月31日发生，外汇远期合同也于2×16年12月31日结算。假设不考虑外汇远期合同的远期要素。

甲公司相关账务处理如下。

（1）2×16年1月1日，外汇远期合同公允价值为0，无须进行账务处理。

（2）2×16年12月31日，确认套期工具公允价值变动。

借：其他综合收益——套期储备　　　　　　　　　　　　　200 000
　　贷：套期工具——外汇远期合同　　　　　　　　　　　　200 000

结算外汇远期合同。

借：套期工具——外汇远期合同　　　　　　　　　　　　　200 000
　　贷：银行存款　　　　　　　　　　　　　　　　　　　　200 000

将套期工具的累计损失中对应预期销售的部分1 000 0000×（6.5-6.4）=1 000 000元人民币利得从其他综合收益中转出，并将其计入净敞口套期损益。

借：其他综合收益——套期储备　　　　　　　　　　　　1 000 000
　　贷：净敞口套期损益　　　　　　　　　　　　　　　　1 000 000
借：应收账款（或银行存款）　　　　　　　　　　　　　64 000 000
　　贷：主营业务收入　　　　　　　　　　　　　　　　64 000 000

将套期工具的累计损失中对应预期采购的部分12 000 000×（6.4-6.5）=-1 200 000元人民币损失从其他综合收益中转出，并将其计入固定资产的初始确认金额。

借：固定资产　　　　　　　　　　　　　　　　　　　78 000 000
　　贷：银行存款　　　　　　　　　　　　　　　　　　76 800 000
　　　　其他综合收益——套期储备　　　　　　　　　　1 200 000

后续第2年至第6年，基于固定资产采购价格（不含套期调整）每年计提折旧=76 800 000÷5=15 360 000（元人民币）。

借：制造费用——折旧费用 15 360 000
　　贷：累计折旧 15 360 000

将套期调整在固定资产折旧期间进行摊销＝1 200 000÷5=240 000（元人民币），并将其计入净敞口套期损益。

借：净敞口套期损益 240 000
　　贷：累计折旧 240 000

注：由于本例涉及净敞口套期，与被套期项目相关的利润表列示项目（即营业收入和营业成本）不会因采用套期会计而受到影响。

（二）其他一组项目套期的会计处理

对于被套期项目为一组项目的公允价值套期，企业在套期关系存续期间，应当针对被套期项目组合中各组成项目，分别确认公允价值变动所引起的相关利得或损失，按照本准则的第二十二条的规定进行相应处理，计入当期损益或其他综合收益，涉及调整被套期各组成项目账面价值的，企业应当对各项资产和负债的账面价值做相应调整。

对于被套期项目为一组项目的现金流量套期，企业在将其他综合收益中确认的相关现金流量套期储备转出时，应当按照系统、合理的方法将转出金额在被套期各组成项目中分摊，并按照本准则第二十五条的规定进行相应处理。

24.5.6　期权时间价值的会计处理

企业将期权合同的内在价值和时间价值分开，只将期权的内在价值变动指定为套期工具时，应当区分被套期项目的性质是与交易相关还是与时间段相关，并进行不同的会计处理。

（一）被套期项目与交易相关

被套期项目与交易相关的，对其进行套期的期权的时间价值具备该项交易成本的特征。如果该被套期项目导致确认一项初始计量包含交易成本的项目（如企业对预期交易或确定承诺涉及的商品价格风险进行套期，并将交易成本纳入存货的初始计量），则期权的时间价值应纳入特定的被套期项目的初始计量。

与此类似，对构成预期交易或确定承诺商品销售的商品价格风险进行套期的企业，应当将期权的时间价值作为销售成本的一部分，在被套期的销售确认收入的相同期间计入损益。

具体而言，企业应当将期权时间价值的公允价值变动中与被套期项目相关的部分计入其他综合收益，并按照与现金流量套期储备相同的会计处理方法进行处理。

（二）被套期项目与时间段相关

被套期项目与时间段相关的，对其进行套期的期权时间价值具备为保护企业在特定时间段内规避风险所需支付成本的特征。

（1）当期权被用于对与时间段相关的被套期项目进行套期时，被套期项目的特征（包括被套期项目影响损益的方式和时间）同时会影响期权时间价值的摊销期间，这与运用套期会计时期权内在价值影响损益的期间相一致。

如果使用某一利率期权（利率上限）来防止浮动利率债券利息费用增加，则利率上限的时间价值摊销计入损益的期间与利率上限的内在价值影响损益的期间相同，即如果使用利率上限对 5 年期浮动利率债券的前 3 年的利率上升风险进行套期，则利率上限的时间价值在前 3 年摊销计入损益；或者如果利率上限是远期起始期权，用于对 5 年期的浮动利率债券的第 2 年至第 3 年的利率上升风险进行套期，则利率上限的时间价值应在第 2 年和第 3 年进行摊销计入损益。

具体而言，企业应当将期权时间价值的公允价值变动中与被套期项目相关的部分计入其他综合收益。同时，企业应当按照系统、合理的方法，将期权被指定为套期工具当日的时间价值中与被套期项目相关的部分，在套期关系影响损益或其他综合收益（仅限于企业对指定为以公允价值计量且其变动计入其他综合收益的非交易性权益工具投资的公允价值套期）的期间内摊销，摊销金额从其他综合收益中转出，计入当期损益。由于期权的时间价值在期权到期时将归零，在期权存续期内的累计时间价值的公允价值变动等于指定套期时的时间价值。时间价值变动计入其他综合收益的金额应当根据变动的实际情况确定，但从其他综合收益转入当期损益（即摊销）的金额应当按照系统、合理的方法确定。转入和转出的金额最终是一致的，即指定套期时的时间价值。若企业终止运用套期会计，则其他综合收益中剩余的相关金额应当转出，计入当期损益。

期权的主要条款（如名义金额、期限和标的）与被套期项目相一致的，期权的实际时间价值与被套期项目相关；期权的主要条款与被套期项目不完全一致的，企业应当通过对主要条款与被套期项目完全匹配的期权进行估值确定校准时间价值，并确认期权的实际时间价值中与被套期项目相关的部分。

（2）在套期关系开始时，期权的实际时间价值高于校准时间价值的，企业应当以校准时间价值为基础，将其累计公允价值变动计入其他综合收益，并将这两个时间价值的公允价值变动差额计入当期损益；在套期关系开始时，期权的实际时间价值低于校准时间价值的，企业应当将两个时间价值中累计公允价值变动的较低者计入其他综合收益，如果实际时间价值的累计公允价值变动扣减累计计入其他综合收益金额后尚有剩余的，应当计入当期损益。

（三）会计处理举例

【例 24-30】甲公司发行了一项 7 年期浮动利率债券，并希望在前 2 年内使其免于因利率上升而导致利息费用增加所带来的风险。因此，甲公司买进了一份为期 2 年的利率上限期权。在现金流量套期中，仅将利率上限期权的内在价值指定为套期工具。

假定该期权被指定时的实际时间价值为 200 000 元，甲公司将该金额按照系统、合理的方法在保护期（即前 2 年）内分摊至当期损益。为简化核算，本例中以直线法分摊至当期损益。

（1）实际时间价值等于校准时间价值的情形。

由于期权被指定时的实际时间价值为 200 000 元，假定其开始时的校准时间价值也为 200 000 元，因此，期权实际时间价值等于校准时间价值。假定期权的时间价值在第 1 年末金额为 130 000 元。

在这种情形下，期权时间价值的变动如表 24-2 所示。

表 24-2　期权时间价值的变动

单位：元

	指定套期时	第 1 年年末	第 2 年年末	合计
期权的时间价值	200 000	130 000	0	
计入其他综合收益的公允价值变动		70 000	130 000	200 000
从其他综合收益转出（分摊）的金额		100 000	100 000	200 000

甲公司有关期权时间价值的账务处理如下。

① 第 1 年。

借：其他综合收益——套期成本　　　　　　　　　　　　70 000
　　贷：衍生工具　　　　　　　　　　　　　　　　　　　　70 000
借：财务费用　　　　　　　　　　　　　　　　　　　　100 000
　　贷：其他综合收益——套期成本　　　　　　　　　　　100 000

② 第 2 年。

借：其他综合收益——套期成本　　　　　　　　　　　　130 000
　　贷：衍生工具　　　　　　　　　　　　　　　　　　　130 000
借：财务费用　　　　　　　　　　　　　　　　　　　　100 000
　　贷：其他综合收益——套期成本　　　　　　　　　　　100 000

（2）实际时间价值高于校准时间价值的情形。

期权被指定时的实际时间价值为 200 000 元，假定开始时的校准时间价值为 150 000 元，此时期权实际时间价值高于校准时间价值。假定该期权的实际时间价值在第 1 年年末为 100 000 元，校准时间价值在第 1 年年末为 90 000 元。

在这种情形下，期权时间价值的变动如表 24-3 所示。

表 24-3　此情形下期权时间价值变动

单位：元

	指定套期时	第 1 年年末	第 2 年年末	合计
期权的实际时间价值	200 000	100 000	0	
期权的校准时间价值	150 000	90 000	0	
期权实际时间价值的变动金额		100 000	100 000	200 000
期权校准时间价值的变动金额（计入其他综合收益）		60 000	90 000	150 000
期权实际时间价值变动不计入其他综合收益的部分		40 000	10 000	50 000
从其他综合收益转出（分摊）的金额		75 000	75 000	150 000
影响当期损益的金额		115 000	85 000	200 000

甲公司有关期权时间价值的账务处理如下。

① 第1年。

借：其他综合收益——套期成本	60 000	
公允价值变动损益	40 000	
贷：衍生工具		100 000
借：财务费用	75 000	
贷：其他综合收益——套期成本		75 000

② 第2年。

借：其他综合收益——套期成本	90 000	
公允价值变动损益	10 000	
贷：衍生工具		100 000
借：财务费用	75 000	
贷：其他综合收益——套期成本		75 000

（3）实际时间价值低于校准时间价值的情形。

期权被指定时的实际时间价值为200 000元，假定开始时的校准时间价值为240 000元，此时期权实际时间价值低于校准时间价值。假定该期权的实际时间价值在第1年年末为120 000元，校准时间价值在第1年年末为100 000元。

在这种情形下，期权时间价值的变动如表24-4所示。

表24-4　此情形下期权时间价值变动

单位：元

	指定套期时	第1年年末	第2年年末	合计
期权的实际时间价值	200 000	120 000	0	
期权的校准时间价值	240 000	100 000	0	
期权实际时间价值的变动金额		80 000	120 000	200 000
期权校准时间价值的变动金额		140 000	100 000	240 000
计入其他综合收益的变动金额		80 000	120 000	200 000
从其他综合收益转出（分摊）的金额		100 000	100 000	200 000
影响当期损益的金额		100 000	100 000	200 000

甲公司有关期权时间价值的账务处理如下。

① 第1年。

借：其他综合收益——套期成本	80 000	
贷：衍生工具		80 000
借：财务费用	100 000	
贷：其他综合收益——套期成本		100 000

② 第2年。

借：其他综合收益——套期成本	120 000	

贷：衍生工具		120 000
借：财务费用	100 000	
贷：其他综合收益——套期成本		100 000

24.6 关于信用风险敞口的公允价值选择权

24.6.1 指定为公允价值计量的条件

《企业会计准则第24号——套期会计》规定，企业使用以公允价值计量且其变动计入当期损益的信用衍生工具管理金融工具（或其组成部分）的信用风险敞口时，可以在该金融工具（或其组成部分）初始确认时、后续计量中或尚未确认时，将其指定为以公允价值计量且其变动计入当期损益的金融工具，并同时作出书面记录，但应当同时满足下列条件。

（1）金融工具信用风险敞口的主体（如借款人或贷款承诺持有人）与信用衍生工具涉及的主体相一致。

（2）金融工具的偿付级次与根据信用衍生工具条款须交付的工具的偿付级次相匹配。

本准则规定的对采用信用衍生工具管理信用风险敞口的金融工具的公允价值选择权，有以下灵活性：一是可以在金融工具初始确认后进行指定；二是可以对金融工具的一部分作出指定，而非仅限于金融工具全部；三是可以在一定条件下终止指定。

【例24-31】甲银行授予乙公司2亿元的不可撤销的贷款承诺，乙公司可以在5年内随时提取。第3年年末，甲银行认为有必要降低对乙公司的信用风险敞口。甲银行以乙公司为目标主体订立了一项信用违约互换合同，对授予乙公司的贷款额度中5 000万元的信用风险进行管理。信用违约互换合同的期限为3年，贷款的受偿顺序与发生信用事件时根据信用衍生工具条款所交割贷款的受偿顺序一致，均为一般债务。

甲银行选择对未提用的5 000万元的贷款承诺指定为以公允价值计量且其变动计入当期损益，以便与以公允价值计量且其变动计入当期损益的信用违约互换合同的后续计量相匹配。

24.6.2 相关会计处理

金融工具（或其组成部分）被指定为以公允价值计量且其变动计入当期损益的，企业应当在指定时将其账面价值（如有）与其公允价值之间的差额计入当期损益。如该金融工具是按照《企业会计准则第22号——金融工具确认和计量》第十八条分类为以公允价值计量且其变动计入其他综合收益的金融资产的，企业应当将之前计入其他综合收益的累计利得或损失转出，计入当期损益。

在选择运用针对信用风险敞口（全部或部分）的公允价值选择权之后，同时满足下列条件的，企业应当对金融工具（或其一定比例）终止以公允价值计量且其变动计入当期损益。

（1）本准则第三十四条规定的条件不再适用，例如信用衍生工具或金融工具（或其一定比例）已到期、被出售、合同终止或已行使，或企业的风险管理目标发生变化，不再通过信用衍生工具进行风险管理。

（2）金融工具（或其一定比例）按照《企业会计准则第22号——金融工具确认和计量》的规定，仍然不满足以公允价值计量且其变动计入当期损益的金融工具的条件。

当企业对金融工具（或其一定比例）终止以公允价值计量且其变动计入当期损益时，该金融工具（或其一定比例）在终止时的公允价值应当作为其新的账面价值。同时，企业应当采用与该金融工具被指定为以公允价值计量且其变动计入当期损益之前相同的方法进行计量。

【例24-32】甲银行向乙公司提供了一笔1亿元的5年期浮动利率贷款。甲银行管理该贷款的业务模式以收取合同现金流量为目标，且合同现金流量特征仅为对本金和以未偿付本金金额为基础的利息的支付，因此，以摊余成本计量。甲银行的信用风险政策要求针对整个贷款存续期内的全部信用风险进行风险管理。甲银行使用的风险管理工具为信用违约互换合同。

由于信用违约互换合同以公允价值计量且其变动计入当期损益，但贷款以摊余成本计量，为了降低上述计量不一致所产生的损益波动，甲银行将贷款指定为以公允价值计量且其变动计入当期损益。为确保有可恢复至以摊余成本计量的灵活性，甲银行清晰地记录了该指定是按照本准则做出，而非根据《企业会计准则第22号——金融工具确认和计量》做出。信用违约互换合同的目标债务为乙公司1亿元的5年期浮动利率债务，甲银行贷款的受偿顺序与发生信用损失事件时根据信用违约互换合同所交割贷款的受偿顺序一致，均为次级债务。

2年后，甲银行认为，根据银行的信用风险管理政策，该项贷款的信用风险已降至无须通过信用违约互换合同管理的程度，于是终止了该信用违约互换合同。此时贷款的公允价值为1.1亿元。

甲银行持有该项贷款的业务模式仍是以收取合同现金流量为目标，所以不满足以公允价值计量且其变动计入当期损益的条件。因此，甲银行对该贷款终止以公允价值计量且其变动计入当期损益，并开始以摊余成本计量，实际利率基于该项贷款的新账面价值1.1亿元计算。

第 25 章
原保险合同

企业原保险合同的会计处理流程如图 25-1 所示。

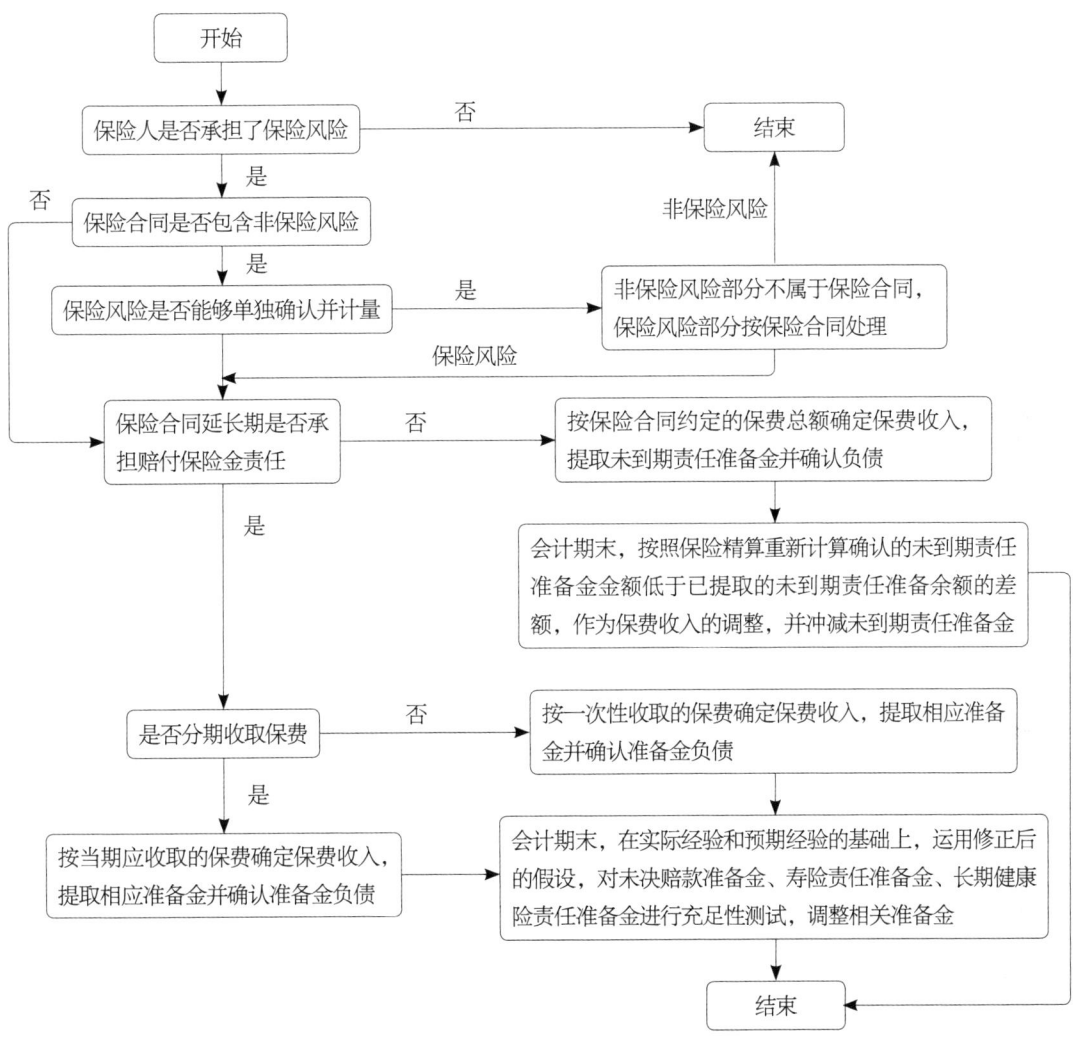

图 25-1 企业原保险合同的会计处理流程

25.1 原保险合同概述

25.1.1 保险合同的定义

《企业会计准则第 25 号——原保险合同》（简称"原保险合同准则"）规定，保险合同是指保险人与投保人约定保险权利义务关系，并承担源于被保险人保险风险的协议。保险合同分为原保险合同和再保险合同。

《企业会计准则讲解》对保险合同定义中涉及的相关概念做出了具体解释：保险人是指与投保人订立保险合同，并承担赔偿或者给付保险金责任的保险公司；对于原保险合同，投保人是指与保险公司订立原保险合同，并按照合同约定负有支付保险费义务的自然人、法人或其他组织；对于再保险合同，投保人是指与保险公司（再保险接受人）订立再保险合同，并按照合同约定负有支付保险费义务的保险公司；被保险人是指其财产或者人身受保险合同保障，享有保险金请求权的自然人、法人或其他组织，投保人可以为被保险人。

分析保险合同的定义可以发现，承担被保险人的保险风险是保险合同的本质特征，是保险合同区别于其他合同的关键。保险人承担的保险风险是被保险人已经存在的风险，其表现形式有多种。例如，可能对被保险人财产造成损害或毁坏的火灾的发生或不发生、被保险人是否能够生存到合同约定的年龄、被保险人是否会患合同约定的重大疾病等。如果保险人承担了被保险人的保险风险，双方签订的合同是保险合同；如果保险人没有承担被保险人的保险风险，承担的是其他风险，如金融工具价格、商品价格、汇率、费率指数、信用等级、信用指数等可能发生变化的风险，则双方签订的合同不是保险合同。

有时，保险人与投保人签订的合同可能具有保险合同的法律形式，但是保险人并没有承担被保险人的保险风险，在这种情况下，双方签订的合同就不属于保险合同。

25.1.2 原保险合同的定义

根据《企业会计准则第 25 号——原保险合同》，原保险合同是指保险人向投保人收取保费，对约定的可能发生的事故因其发生所造成的财产损失承担赔偿保险金责任，或者当被保险人死亡、伤残、疾病或者达到约定的年龄、期限时承担给付保险金责任的保险合同。

保险人与投保人签订的合同是否属于原保险合同，应当在单项合同的基础上，根据合同条款判断保险人是否承担了保险风险来判别。

发生保险事故可能导致保险人承担赔付保险金责任的，应当确定保险人承担了保险风险。保险事故是指保险合同约定的保险责任范围内的事故。

《企业会计准则讲解》对原保险合同进行了详细讲解：保险人与投保人签订原保险合同，承担了源于被保险人的保险风险。判断保险人与投保人签订的合同是否属于原保险合同，应当关注合同的经济实质而不是法律形式，并根据合同条款判断保险人是否承担了被保险人的保险风险。如果保险人能够判断一组相对同质的合同中的某项合同，使保险人承担了被保险人的保险风险，那么不需要对该组相对同质合同中的其他合同进行分析判断，就可确定该组相对同质的所有合同均属于原保险合同。

如前述，确定保险人是否承担了被保险人的保险风险，应当根据产品合同条款判断发生保险事故是否可能导致保险人承担赔付保险金责任。如果发生保险事故可能导致保险人承担赔付保险金责任，则保险人承担了被保险人的保险风险；如果发生保险事故不可能导致保险人承担赔付保险金责任，保险人就没有承担被保险人的保险风险。其中，保险事故是指保险合同约定的保险责任范围内的事故。例如，被保险人死亡、伤残、疾病或者达到约定的年龄、期限仍生存；火灾、爆炸、暴雨、台风、洪水、雷击、泥石流、雹灾、碰撞、自燃等可能造成财产损失的事故,均可在合同中约定作为保险事故。

25.1.3　不适用原保险合同的情形

（1）保险人签发的原保险合同产生的损余物资等资产的减值,适用《企业会计准则第1号——存货》。

（2）保险人向投保人签发的承担保险风险以外的其他风险的合同,适用《企业会计准则第22号——金融工具确认和计量》和《企业会计准则第37号——金融工具列报》。

（3）保险人签发、持有的再保险合同,适用《企业会计准则第26号——再保险合同》。

25.1.4　原保险合同的分类

《企业会计准则第25号——原保险合同》规定,保险人应当根据在原保险合同延长期内是否承担赔付保险金责任,将原保险合同分为寿险原保险合同和非寿险原保险合同。在原保险合同延长期内承担赔付保险金责任的,应当确定为寿险原保险合同；在原保险合同延长期内不承担赔付保险金责任的,应当确定为非寿险原保险合同。原保险合同延长期,是指投保人自上一期保费到期日未缴纳保费,保险人仍承担赔付保险金责任的期间。

《企业会计准则讲解》对原保险合同准则的上述规定做出如下解释：通常情况下,定期寿险、终身寿险、两全保险、年金保险、长期健康保险等均属于寿险原保险合同；企业财产保险、家庭财产保险、工程保险、责任保险、信用保险、保证保险、机动车交通事故责任强制保险、船舶保险、货物运输保险、农业保险、短期健康保险和意外伤害保险等均属于非寿险原保险合同。

原保险合同是否存在延长期取决于保单是否存在现金价值。在保单存在现金价值时,即使投保人后期未交保费,保险人仍可以保单现金价值自动垫缴保费,从而延长原保险合同有效期,直至保单现金价值用完为止。也就是说,保单存在现金价值,原保险合同存在延长期,否则,原保险合同不存在延长期。宽限期是保险人给予投保人延期缴费的一种优惠,由合同加以约定,被保险人在宽限期内发生保险事故,保险人应负保险责任。

25.2　原保险合同收入

25.2.1　原保险合同收入的确认条件

《企业会计准则第25号——原保险合同》规定,保费收入同时满足下列条件的,才能予以确认。

（一）原保险合同成立并承担相应保险责任

《企业会计准则讲解》指出,原保险合同成立是指原保险合同已经签订；承担相应保险责任是指保险人在原保险合同生效时开始承担约定的保险责任。保险人和投保人在签订原保险合同时,通常会约定一个保险责任起讫时间。例如,某非寿险原保险合同约定,保险责任起讫时间以保险单载明的时间为准,从保险责任起始日起,每 12 个月为一个保险年度。再如,某寿险原保险合同约定,保险责任自保险人同意承保并收到首期保费的次日零时开始,至合同列明的终止性保险事故发生时止。如果原保险合同签订日和生效日不是同一天,保险人在合同生效日前收到的款项,不应确认为保费收入,而应确认为一笔负债。

(二)与原保险合同相关的经济利益很可能流入

根据《企业会计准则讲解》,与原保险合同相关的经济利益很可能流入,是指与原保险合同相关的保费收回的可能性大于不能收回的可能性,即保费收回的可能性超过 50%。

保险人在确定保费能否收回时,应当结合以前和投保人交往的直接经验、投保人的信用和财务状况、其他方面取得的信息等因素,综合进行判断。如果投保人信用良好,能够按照合同约定的期限和金额按期支付保费,通常意味着相关的经济利益很可能流入;如果投保人破产、死亡,财务状况出现严重困难,或由于其他原因造成投保人的生产或生存环境严重恶化,通常意味着相关的经济利益不是很可能流入。通常情况下,对于一次性收取保费的原保险合同,签订合同时通常会收到保费,即意味着相关的经济利益已经流入;对于分期收取保费的原保险合同,签订合同时通常会收到第一期保费,其他各期保费尚未收到,因此,其他各期保费是否能够收回,需要保险人进行职业判断。

(三)与原保险合同相关的收入能够可靠计量

根据《企业会计准则讲解》,保险人签发的原保险合同,保费金额通常已经确定,这表明保费收入金额能够可靠计量。对于非寿险原保险合同和寿险原保险合同,保险人承担的保险风险性质不同,保费计量依据的假设不同,保费收入的计量方法也各不相同。

25.2.2 原保险合同收入的计量

根据《企业会计准则第 25 号——原保险合同》,保险人应当按照下列规定计算确定保费收入金额。

(1)对于非寿险原保险合同,保险人应当根据原保险合同约定的保费总额确定。

根据《企业会计准则讲解》,非寿险原保险合同的保险期间一般较短(通常为一年或短于一年),保费通常一次性收取。即使在分期收取保费的情况下,投保人也一般不能单方面取消合同,保险人在签订原保险合同时通常即可认为保费收回的可能性大于不能收回的可能性。因此,保险人应当根据原保险合同约定的保费总额确定保费收入金额。

【例 25-1】20×7 年 1 月 1 日,甲公司与王某签订一份家庭财产保险合同,保险金额为 1 000 000 元,保险期间为 1 年,保费为 1 000 元。合同规定,甲公司自同年 2 月 1 日零时起开始承担保险责任。合同签订当日,甲公司收到王某缴纳的全部保费并存入银行。甲公司的账务处理如下。

(1)1 月 1 日,收到保费 1 000 元。

借:银行存款 1 000
  贷:预收保费 1 000

(2)2 月 1 日,确认原保费收入 1 000 元。

借：预收保费	1 000	
贷：保费收入		1 000

【**例25-2**】20×7年1月1日，甲公司与丙公司签订一份工程保险合同。保险金额为4 000 000元，保险期间为20×7年1月1日零时至20×8年12月31日24时。保费总额为4 000元，分两年于每年年初等额收取。合同生效当日，甲公司收到第一期保费并存入银行。甲公司的账务处理如下。

（1）20×7年1月1日，收到保费2 000元，确认原保费收入4 000元。

借：银行存款	2 000	
应收保费	2 000	
贷：保费收入		4 000

（2）20×8年1月1日，收取保费2 000元。

借：银行存款	2 000	
贷：应收保费		2 000

（2）对于寿险原保险合同，分期收取保费的，保险人应当根据当期应收取的保费确定；一次性收取保费的，保险人应当根据一次性应收取的保费确定。

《企业会计准则讲解》对上述规定的解释如下：寿险原保险合同的保险期间一般较长，保费通常分期收取，一次性交足较少；投保人可以单方面取消合同，保费的收回存在不确定性。因此，对于分期收取保费的寿险原保险合同，保险人应当根据当期应收取的保费确定保费收入金额；对于一次性收取保费的寿险原保险合同，保险人应当根据一次性应收取的保费确定保费收入金额。

【**例25-3**】20×6年12月31日，乙公司与李某签订一份定期寿险合同，保险金额为1 000 000元，保险期间为20×7年1月1日零时至2×26年12月31日24时。保费总额为60 000元，分5期于前5年每年1月1日等额收取。合同生效当日，乙公司收到李某缴纳的第一期保费12 000（60 000÷5）元。乙公司的账务处理如下。

借：银行存款	12 000	
贷：保费收入		12 000

以后各年收取保费的账务处理同上。

【**例25-4**】20×6年12月31日，乙公司与王某签订一份两全保险合同，保险金额为500 000元，保费总额为80 000元，保险期间为20×7年1月1日零时至2×17年12月31日24时。合同生效当日，乙公司收到丙公司缴纳的保费总额80 000元。乙公司的账务处理如下。

借：银行存款	80 000	
贷：保费收入		80 000

25.2.3 原保险合同提前解除

《企业会计准则第 25 号——原保险合同》规定,原保险合同提前解除的,保险人应当按照原保险合同约定计算确定应退还投保人的金额,并作为退保费计入当期损益。《企业会计准则讲解》对上述规定进行了补充说明:原保险合同提前解除时,保险人应当分别依照不同的原保险合同进行处理。

(一)非寿险原保险合同

对于非寿险原保险合同,投保人在保险责任开始后要求提前解除原保险合同的,保险人可以收取自保险责任开始之日起至合同解除之日止期间的保险费,剩余的应当退还投保人的保险费即为退保费。投保人在保险责任开始前要求提前解除原保险合同的,投保人应当向保险人支付手续费,保险人应当退还保险费。保险人在这种情况下退还的保险费不是退保费,而是预收保费的退还。同时,保险人在确认非寿险原保险合同保费收入的当期,通过确认未到期责任准备金,已将保费收入调整为已赚取的保费收入。在非寿险原保险合同提前解除时,尚未赚取的保费收入已经不可能再赚取了。因此,保险人应当在非寿险原保险合同提前解除时,转销相关的尚未赚取的保费收入,即转销相关未到期责任准备金余额。

对于非寿险原保险合同确认的未决赔款准备金,其确认的前提条件是发生非寿险保险事故。在发生非寿险保险事故的情况下,理性的投保人是不可能要求解除合同的,因此,一般也就不存在转销相关的未决赔款准备金余额。

【例 25-5】 20×7 年 10 月 8 日,甲公司收到丙公司通知,要求提前解除投保的企业财产保险合同。甲公司按约定计算应退还丙公司保费 6 000 元,并于当日以银行存款转账支付。假定甲公司已为该企业财产保险合同确认未到期责任准备金 5 000 元。甲公司的账务处理如下。

借:保费收入　　　　　　　　　　　　　　　　　　　　6 000
　　贷:银行存款　　　　　　　　　　　　　　　　　　　　6 000
借:未到期责任准备金　　　　　　　　　　　　　　　　5 000
　　贷:提取未到期责任准备金　　　　　　　　　　　　　5 000

(二)寿险原保险合同

对于寿险原保险合同,投保人在保险责任开始后提前解除原保险合同的,如果在犹豫期内,保险人应当在扣除手续费后退还保险费,退还的保险费作为退保费,应直接冲减保费收入。如果过了犹豫期,保险人应当按照合同约定退还保险单的现金价值,保险人退还的保险单的现金价值即为退保费,应计入退保金。同时,保险人在确认寿险原保险合同保费收入的当期,已经将未来应承担的赔付保险金责任确认为寿险责任准备金、长期健康险责任准备金。在寿险原保险合同提前解除时,保险人原确认的未来应承担的赔付保险金责任已经不复存在,应当同时转销相关准备金余额。因此,保险人应当在寿险原保险合同提前解除时,转销已确认的相关寿险责任准备金、长期健康险责任准备金。

25.3 原保险合同准备金

25.3.1 原保险合同准备金的内容

《企业会计准则第 25 号——原保险合同》规定，原保险合同准备金包括以下几类。

（一）未到期责任准备金

未到期责任准备金是指保险人为尚未终止的非寿险保险责任提取的准备金。保险人应当在确认非寿险保费收入的当期，按照保险精算确定的金额，提取未到期责任准备金，作为当期保费收入的调整，并确认未到期责任准备金负债。保险人应当在资产负债表日，按照保险精算重新计算确定的未到期责任准备金金额与已提取的未到期责任准备金余额的差额，调整未到期责任准备金余额。

《企业会计准则讲解》对上述规定的相关概念进行了详细解释：未到期责任准备金是指保险人为尚未终止的非寿险保险责任提取的准备金。从性质上讲，未到期责任准备金属于未赚取的保费收入，确认未到期责任准备金就是确认未赚取的保费收入。随着时间的推移，保险风险在逐渐减少，未赚取的保费收入也随之转化为已赚取的保费收入。因此，通常情况下，对同一尚未终止的非寿险保险责任而言，保险人在资产负债表日按照保险精算重新计算确定的未到期责任准备金金额应当小于上一资产负债表日已确认的未到期责任准备金余额。为了真实地反映保险人当期期末未赚取的保费收入，保险人应当在资产负债表日，按照保险精算重新计算确定的未到期责任准备金金额与已确认的未到期责任准备金余额的差额，对未到期责任准备金余额进行调整。

【例 25-6】 20×7 年 11 月 1 日，甲公司确认丁公司投保的 A 财产保险合同保费收入 48 000 元；11 月 31 日，甲公司保险精算部门计算确定 A 财产保险合同未到期责任准备金金额为 44 000 元；12 月 31 日，甲公司保险精算部门计算确定 A 财产保险合同未到期责任准备金金额为 40 000 元。甲公司的账务处理如下。

（1）11 月 1 日，确认原保费收入 48 000 元。

借：银行存款 48 000
　　贷：保费收入 48 000

（2）11 月 31 日，确认未到期责任准备金 44 000 元。

借：提取未到期责任准备金 44 000
　　贷：未到期责任准备金 44 000

（3）12 月 31 日，调减未到期责任准备金 4 000（44 000-40 000）元。

借：未到期责任准备金 4 000
　　贷：提取未到期责任准备金 4 000

（二）未决赔款准备金

未决赔款准备金是指保险人为非寿险保险事故已发生尚未结案的赔案提取的准备金。保险人应当在非寿险保险事故发生的当期，按照保险精算确定的金额，提取未决赔款准备金，并确认未决赔款准备金负债。

未决赔款准备金包括已发生已报案未决赔款准备金、已发生未报案未决赔款准备金和理赔费用准备金。已发生已报案未决赔款准备金是指保险人为非寿险保险事故已发生并已向保险人提出索赔、尚未结案的赔案提取的准备金。已发生未报案未决赔款准备金,是指保险人为非寿险保险事故已发生、尚未向保险人提出索赔的赔案提取的准备金。理赔费用准备金是指保险人为非寿险保险事故已发生尚未结案的赔案可能发生的律师费、诉讼费、损失检验费、相关理赔人员薪酬等费用提取的准备金。

《企业会计准则讲解》对上述规定做了详细解释:保险人与投保人签订原保险合同,向投保人收取保费,同时承担了在保险事故发生时向受益人赔付保险金的责任。对于非寿险原保险合同,在保险事故发生之前,保险人承担的向受益人赔付保险金的责任是一种潜在义务,不满足负债的确认条件,不应当确认为负债。保险事故一旦发生,保险人承担的向受益人赔付保险金的责任变成一种现时义务,满足负债的确认条件,应当确认为负债。因此,保险人应当在非寿险保险事故发生的当期,按照保险精算确定的未决赔款准备金金额,提取未决赔款准备金,并确认未决赔款准备金负债。

根据与具体赔案之间的关系,理赔费用准备金可分为直接理赔费用准备金和间接理赔费用准备金。保险人专门设置的理赔部门发生的理赔人员薪酬,通常应当根据与具体赔案之间的关系,分别归属于直接理赔费用准备金和间接理赔费用准备。直接理赔费用准备金是指保险人为直接发生于具体赔案的律师费、诉讼费、损失检验费等提取的理赔费用准备金。间接理赔费用准备金是指保险人为非直接发生于具体赔案的理赔人员薪酬等理赔查勘费用提取的理赔费用准备金。在计算确定间接理赔费用准备金金额时,保险精算部门通常采用比率分摊法进行评估。

【例 25-7】20×7 年 5 月 31 日,甲公司保险精算部门计算确定的某类财产保险合同未决赔款准备金金额为 100 000 元,其中,已发生已报案未决赔款准备金为 60 000 元,已发生未报案未决赔款准备金为 20 000 元,理赔费用准备金为 20 000 元。甲公司的账务处理如下。

借:提取保险责任准备金　　　　　　　　　　　　　　　　100 000
　　贷:保险责任准备金　　　　　　　　　　　　　　　　　　　100 000

(三)寿险责任准备金

寿险责任准备金是指保险人为尚未终止的人寿保险责任提取的准备金。

根据《企业会计准则讲解》,保险人与投保人签订原保险合同,向投保人收取保费,同时承担了在保险事故发生时向受益人赔付保险金的责任,这种责任是保险人承担的现时义务。寿险原保险合同保险事故的表现形式是被保险人死亡、伤残、疾病或者达到约定的年龄、期限。对于这类保险事故,保险人承担赔付保险金责任导致经济利益流出的可能性超过 50%。虽然寿险原保险合同保险事故具体发生的时间具有不确定性,保险事故发生时具体应当给付的金额具有不确定性,但是,根据保险精算的原理,保险人能够可靠地估计承担的向受益人赔付保险金责任的大小和时间。因此,保险人承担的向受益人赔付保险金的责任满足负债的确认条件,应当确认为负债,即保险人应当在确认寿险保费收入的当期,按照保险精算确定的寿险责任准备金、长期健康险责任准备金金额,提取寿险责任准备金、长期健康险责任准备金,并确认为负债。

通常情况下,对于定期寿险、终身寿险、两全保险、年金保险等原保险合同,保险人应当在确认保费收入的当期,根据保险精算部门确定的寿险责任准备金确认寿险责任准备金负债。

【例 25-8】20×7 年 12 月 31 日,乙公司保险精算部门计算确定的某团体终身寿险合同寿险责任准备金金额为 120 000 元。乙公司的账务处理如下。

　　借:提取保险责任准备金　　　　　　　　　　　　　　　　120 000
　　　　贷:保险责任准备金　　　　　　　　　　　　　　　　　　　120 000

(四)长期健康险责任准备金

长期健康险责任准备金是指保险人为尚未终止的长期健康保险责任提取的准备金。对于长期健康保险等原保险合同,保险人应当在确认保费收入的当期,根据保险精算部门确定的长期健康险责任准备金确认长期健康险责任准备金负债。

25.3.2　保险责任准备金充足性测试

《企业会计准则第 25 号——原保险合同》规定,保险人至少应当于每年年度终了,对未决赔款准备金、寿险责任准备金、长期健康险责任准备金进行充足性测试。

保险人按照保险精算重新计算确定的相关准备金金额超过充足性测试日已提取的相关准备金余额的,应当按照其差额补提相关准备金;保险人按照保险精算重新计算确定的相关准备金金额小于充足性测试日已提取的相关准备金余额的,不调整相关准备金。

根据《企业会计准则讲解》,保险人在非寿险保险事故发生的当期,已经根据保险精算部门确定的未决赔款准备金金额确认了保险责任准备金(未决赔款准备金);在确认寿险保费收入的当期,已经根据保险精算部门确定的寿险责任准备金、长期健康险责任准备金金额确认了保险责任准备金(寿险责任准备金、长期健康险责任准备金)。但是,随着理赔案件调查的深入(如未决赔款准备金)和时间的推移(如寿险责任准备金、长期健康险责任准备金),原定保险精算假设可能发生变化,从而导致已确认的保险责任准备金金额与保险人应承担的赔付保险金责任不一致。此时,如果不对已确认的保险责任准备金金额进行调整,就不能真实地反映保险人承担的赔付保险金责任。

【例 25-9】20×7 年 12 月 31 日,甲公司保险精算部门计算确定的某财产保险合同未决赔款准备金金额为 160 000 元,前期已确认的相关未决赔款准备金金额为 110 000 元。甲公司的账务处理如下。

　　借:提取保险责任准备金　　　　　　　　　　　　　　　　50 000
　　　　贷:保险责任准备金　　　　　　　　　　　　　　　　　　　50 000

25.4 原保险合同成本

25.4.1 原保险合同成本的定义

《企业会计准则第 25 号——原保险合同》规定,原保险合同成本是指原保险合同发生的、会导致所有者权益减少的、与向所有者分配利润无关的经济利益的总流出。

原保险合同成本主要包括发生的手续费或佣金支出、赔付成本,以及提取的未决赔款准备金、寿险责任准备金、长期健康险责任准备金等。

赔付成本包括保险人支付的赔款、给付,以及在理赔过程中发生的律师费、诉讼费、损失检验费、相关理赔人员薪酬等理赔费用。

25.4.2 计入当期损益的情形

(1)保险人在取得原保险合同过程中发生的手续费、佣金,应当在发生时计入当期损益。

(2)保险人应将按照保险精算确定提取的未决赔款准备金、寿险责任准备金、长期健康险责任准备金,计入当期损益。另外,保险人确定支付和发生理赔的会计处理如下。

① 保险人应当在确定支付赔付款项金额的当期,按照确定支付的赔付款项金额,计入当期损益;同时,冲减相应的未决赔款准备金、寿险责任准备金、长期健康险责任准备金余额。

② 保险人应当在实际发生理赔费用的当期,按照实际发生的理赔费用金额,计入当期损益;同时,冲减相应的未决赔款准备金、寿险责任准备金、长期健康险责任准备金余额。

(3)保险人按照充足性测试补提的未决赔款准备金、寿险责任准备金、长期健康险责任准备金,计入当期损益。

25.4.3 损余物资

《企业会计准则第 25 号——原保险合同》规定,保险人承担赔偿保险金责任取得的损余物资,应当按照同类或类似资产的市场价格计算确定的金额确认为资产,并冲减当期赔付成本。

处置损余物资时,保险人应当按照收到的金额与相关损余物资账面价值的差额,调整当期赔付成本。

25.4.4 代位追偿款

保险人承担赔付保险金责任应收取的代位追偿款,同时满足下列条件的,应当确认为应收代位追偿款,并冲减当期赔付成本。

(1)与该代位追偿款有关的经济利益很可能流入。

(2)该代位追偿款的金额能够可靠地计量。

收到应收代位追偿款时,保险人应当按照收到的金额与相关应收代位追偿款账面价值的差额,调整当期赔付成本。

25.5 列报

25.5.1 资产负债表列示项目

《企业会计准则第 25 号——原保险合同》规定，保险人应当在资产负债表中单独列示与原保险合同有关的下列项目。

（1）未到期责任准备金。
（2）未决赔款准备金。
（3）寿险责任准备金。
（4）长期健康险责任准备金。

25.5.2 利润表列示项目

保险人应当在利润表中单独列示与原保险合同有关的下列项目。

（1）保费收入。
（2）退保费。
（3）提取未到期责任准备金。
（4）已赚保费。
（5）手续费支出。
（6）赔付成本。
（7）提取未决赔款准备金。
（8）提取寿险责任准备金。
（9）提取长期健康险责任准备金。

25.5.3 附注中披露项目

保险人应当在附注中披露与原保险合同有关的下列信息。

（1）代位追偿款的有关情况。
（2）损余物资的有关情况。
（3）各项准备金的增减变动情况。
（4）提取各项准备金及进行准备金充足性测试的主要精算假设和方法。

第 26 章
再保险合同

企业针对再保险合同的会计处理流程如图 26-1 所示。

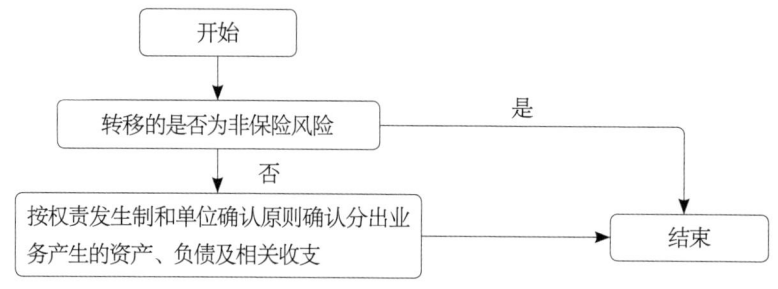

图 26-1 再保险合同的会计处理流程

26.1 再保险合同概述

再保险合同的定义及特征

《企业会计准则第 26 号——再保险合同》对再保险合同的定义如下：再保险合同是指一个保险人（再保险分出人）分出一定的保费给另一个保险人（再保险接受人），再保险接受人对再保险分出人由原保险合同所引起的赔付成本及其他相关费用进行补偿的保险合同。

根据《企业会计准则讲解》，原保险合同和再保险合同有一定区别，其中，再保险合同具有以下特征。

（1）再保险合同是保险人与保险人之间签订的合同，一方为再保险分出人，另一方为再保险接受人。再保险分出人是根据再保险合同，有义务向再保险接受人支付一定保费，同时有权利就其由原保险合同所引起的赔付成本及其他相关费用从再保险接受人获得补偿的保险人；再保险接受人是根据再保险合同，有权利向再保险分出人收取一定保费，同时有义务对再保险分出人由原保险合同所引起的赔付成本及其他相关费用进行补偿的保险人。

（2）再保险合同是补偿性合同。不论原保险合同是寿险合同还是非寿险合同，再保险合同的标的都是再保险分出人所承担的保险责任。再保险合同不具有直接对原保险合同标的进行赔偿或给付的性质，而是以补偿再保险分出人对原保险合同所承担的保险责任为目的，即对于原保险合同标的发生保险事故所产生的损失，先由再保险分出人全额进行赔偿或给付，再将应由再保险接受人承担的部分摊回，由再保险接受人向再保险分出人进行补偿。

（3）再保险合同独立于原保险合同。这主要体现在再保险合同与原保险合同在法律上没有任何承继关系。一方面，再保险合同的再保险接受人与原保险合同的投保人和保险受益人之间不发生任何法律或业务关系，再保险合同的再保险接受人无权向原保险合同的投保人收取保费，原保险合同的保险受益人无权直接向再保险合同的再保险接受人提出索赔要求；另一方面，原保险合同的保险人（再保险合同的再保险分出人）也不得以再保险接受人不对其履行补偿义务为借口而拒绝、减少或延迟履行其对保险受益人的赔偿或给付义务。

26.2 分出业务的会计处理

26.2.1 基本规定

《企业会计准则第 26 号——再保险合同》规定，再保险分出人不应当将再保险合同形成的资产与有关原保险合同形成的负债相互抵销；再保险分出人不应当将再保险合同形成的收入或费用与有关原保险合同形成的费用或收入相互抵销。

根据《企业会计准则讲解》，"原保险合同形成的负债"主要是指再保险分出人对原保险合同提取的各项准备金；"再保险合同形成的资产"主要是指再保险分出人对再保险合同确认的各项应收分保准备金；"再保险合同形成的收入"是指再保险分出人按照再保险合同约定向再保险接受人摊回的准备金、分保费用、赔付成本等；"再保险合同形成的费用"是指再保险分出人按照再保险合同约定向再保险接受人分出的保费等。

在签订再保险合同的情况下，再保险分出人提取相关原保险合同各项准备金（未到期责任准备金除外）确认应付保险受益人负债的同时，也产生了向再保险接受人收取补偿金额的权利。该权利所带来的经济利益很可能流入保险人并且权利金额能够可靠计量，符合资产要素的定义及确认条件，应当确认为应收分保准备金资产。需要说明的是，应收分保未到期责任准备金属于分出的未赚保费，本质上不属于预期从再保险接受人处获得补偿的权利金额。

26.2.2 应收分保准备金

《企业会计准则第 26 号——再保险合同》规定，再保险分出人应当在确认原保险合同保费收入的当期，按照相关再保险合同的约定，计算确定分出保费和应向再保险接受人摊回的分保费用，计入当期损益。原保险合同为非寿险原保险合同的，再保险分出人还应当按照相关再保险合同的约定，计算确认相关的应收分保未到期责任准备金资产，并冲减提取未到期责任准备金。再保险分出人应当在确定支付赔付款项金额或实际发生理赔费用而冲减原保险合同相应准备金余额的当期，冲减相应的应收分保准备金余额；同时，按照相关再保险合同的约定，计算确定应向再保险接受人摊回的赔付成本，计入当期损益。

根据《企业会计准则讲解》，这里"摊回的分保费用"是指摊回的分保手续费。

分出保费、摊回分保费用、摊回赔付成本的计算方法因再保险合同种类的不同而不同，具体计量金额一般由保险人业务部门根据再保险合同约定计算确定。

《企业会计准则第 26 号——再保险合同》规定，再保险分出人应当在资产负债表日调整原保险合同未到期责任准备金余额时，相应调整应收分保未到期责任准备金余额。

《企业会计准则第 26 号——再保险合同》规定，再保险分出人应当在提取原保险合同未决赔款准备金、寿险责任准备金、长期健康险责任准备金的当期，按照相关再保险合同的约定，计算确定应向再保险接受人摊回的相应准备金，确认为相应的应收分保准备金资产。

【例26-1】20×6年12月2日,甲保险股份有限公司(以下简称"甲公司")与A保险股份有限公司(以下简称"A公司")签订一份成数分保财险再保险合同,将合同规定范围内的原保险业务向A公司办理分保。合同约定,分保比例为10%;分保手续费以分出保费为计算基础,分保手续费率为25%;合同起期日为20×7年1月1日,保险责任期间为10年。20×7年1月1日,甲公司就该再保险合同规定业务范围内的×企业财产保险合同确认保费收入12万元;1月31日,甲公司就×企业财产保险合同提取未到期责任准备金11万元;3月18日,×企业财产保险合同约定的保险事故发生,至3月31日尚未结案定损,甲公司就该合同提取未决赔款准备金7 500万元。甲公司确认应收分保准备金的会计处理如下(分录中的金额单位为"万元")。

(1)20×7年1月31日,确认应收分保未到期责任准备金。

甲公司应确认的对A公司应收分保未到期责任准备金=11×10%=1.1(万元)

借:应收分保未到期责任准备金　　　　　　　　　　　　　　　　　1.1
　　贷:提取未到期责任准备金　　　　　　　　　　　　　　　　　　　　1.1

(2)20×7年3月31日,确认应收分保未决赔款准备金。

甲公司应确认的对A公司应收分保未决赔款准备金=7 500×10%=750(万元)

借:应收分保未决赔款准备金　　　　　　　　　　　　　　　　　750
　　贷:摊回未决赔款准备金　　　　　　　　　　　　　　　　　　　　750

26.2.3　分出保费及摊回款项

《企业会计准则第26号——再保险合同》规定,再保险分出人应当在原保险合同提前解除的当期,按照相关再保险合同的约定,计算确定分出保费、摊回分保费用的调整金额,计入当期损益;同时,转销相关应收分保准备金余额。

对于超额赔款再保险等非比例再保险合同,再保险分出人应当根据再保险合同的约定,计算确定分出保费,并计入当期损益。

再保险分出人调整分出保费时,应当将调整金额计入当期损益。

26.2.4　赔付成本

《企业会计准则第26号——再保险合同》规定,再保险分出人应当在因取得和处置损余物资、确认和收到应收代位追偿款等而调整原保险合同赔付成本的当期,按照相关再保险合同的约定,计算确定摊回赔付成本的调整金额,计入当期损益。再保险分出人应当在能够计算确定应向再保险接受人摊回的赔付成本时,将该项应摊回的赔付成本计入当期损益。

摊回准备金和摊回赔付成本的区别在于:摊回准备金是预计由再保险接受人补偿的金额;摊回赔付成本是由再保险接受人实际补偿的金额。因此,在确认摊回赔付成本的同时应冲减相应的摊回准备金。

【例26-2】20×7年1月31日,乙公司与客户刘某签订一份人身意外伤害保险合同,保险金额为360万元,自20×7年2月1日零时合同生效,保险期间为1年;刘某于合同生效当日一次性缴纳保险费0.72万元,乙公司开始承担保险责任并确认了保费收入。该份人身意外伤害保险合同属于乙公司与E保险股份有限公司（以下简称"E公司"）签订的溢额再保险合同约定的业务范围。该再保险合同约定：每一被保险人的意外险自留额为100万元，E公司的分保额最高限额为300万元，分保手续费率为25%。20×7年7月10日，被保险人刘某发生车祸死亡，乙公司确定该事故属于全额赔偿责任范围，于事故发生当月确认了赔付成本360万元。20×7年7月29日，乙公司向刘某家属支付了保险赔款，该保险事故结案。乙公司就上述业务计算出应向E公司分出的保费金额为0.52[0.72×（360−100）÷360]万元，分保手续费金额为0.13（0.52×25%）万元，应从E公司摊回赔款金额为260[360×（360−100）÷360]万元。乙公司分出保费、摊回分保费用、摊回赔付成本的账务处理如下（分录以"万元"为单位）。

（1）20×7年2月，确认分出保费及摊回分保费用。

借：分出保费 0.52
  贷：应付分保账款——E公司 0.52
借：应收分保账款——E公司 0.13
  贷：摊回分保费用 0.13

（2）20×7年7月，确认应摊回的赔付成本。

借：应收分保账款——E公司 260
  贷：摊回赔付支出 260

注：实务中，保险公司对于保险事故发生后很快（一般指当月）能够结案定损的，往往不提未决赔款准备金，本例即属于此种情况，因此，在确认摊回赔付成本时不涉及转销相关应收分保未决赔款准备金的处理。

26.2.5 存入分保保证金

《企业会计准则第26号——再保险合同》规定，再保险分出人应当在发出分保业务账单时，将账单标明的扣存本期分保保证金确认为存入分保保证金；同时，按照账单标明的返还上期扣存分保保证金转销相关存入分保保证金。

再保险分出人应当根据相关再保险合同的约定，按期计算存入分保保证金利息，计入当期损益。

26.2.6 纯益手续费

《企业会计准则第26号——再保险合同》规定，再保险分出人应当根据相关再保险合同的约定，在能够计算确定应向再保险接受人收取的纯益手续费时，将该项纯益手续费作为摊回分保费用，计入当期损益。

26.3 分入业务的会计处理

26.3.1 分保费收入的确认

分保费收入同时满足下列条件的，才能予以确认。

(一)再保险合同成立并承担相应保险责任

根据《企业会计准则讲解》,再保险合同一般自签订日起成立,但自合同规定的起期日起才开始承担保险责任。因此,再保险合同的签订日与开始承担保险责任的日期可能一致,也可能不一致。

(二)与再保险合同相关的经济利益很可能流入

根据《企业会计准则讲解》,对于再保险接受人而言,与再保险合同相关的经济利益即为分保费。如果再保险接受人能够确定分保费收回的可能性大于不能收回的可能性,即分保费收回的可能性超过50%,则表明经济利益很可能流入。一般情况下,如果再保险分出人信用良好,能够按照合同规定如期发送分保业务账单,并能够按约定及时进行分保往来款项的结算,则意味着与再保险合同相关的经济利益很可能流入再保险接受人。

(三)与再保险合同相关的收入能够可靠计量

根据《企业会计准则讲解》,由于再保险合同一般只是规定某一时期再保险所承保的业务范围和地区范围、自留额和分保额的计算基础、分保费及手续费的计算方法等,并不直接明确分保费的具体金额,分保费的具体金额往往要根据再保险分出人原保险合同保费收入金额来计算确定,因此,再保险接受人在判断"与再保险合同相关的收入能够可靠计量"条件时就产生了以下两种情况。

(1)再保险接受人可以在每一会计期间对该期间的分保费收入金额做出合理估计。如果再保险接受人具有长期积累的丰富经验和大量数据资料,能够采用先进的估算方法,借助专门的技术手段,对再保险合同项下每一会计期间再保险分出人相关原保险合同保费收入进行估计,进而按照再保险合同约定计算出相关分保费收入金额,且该估计金额与收到的分保业务账单标明的分保费金额比较接近,则表明再保险接受人可以在每一会计期间对该期间内的分保费收入金额进行可靠计量。这种情况下,如果分保费收入确认的其他条件均满足,再保险接受人应在每一会计期间按照估计金额确认当期分保费收入,并按照再保险合同约定计算确认当期分保费用,待后期收到该期间的分保业务账单时,再按照账单标明的金额进行调整,将调整金额计入调整当期的损益。按账单金额调整估计金额属于资产负债表日后事项的,按《企业会计准则第29号——资产负债表日后事项》进行处理。

(2)再保险接受人只有收到分保业务账单时才能对分保费收入进行可靠计量。如果再保险接受人由于缺乏丰富的经验数据资料和先进的技术方法、手段,而无法对再保险合同项下每一会计期间分保费收入金额进行估计,或估计金额可能与实际金额产生重大差异,则表明再保险接受人只能于收到分保业务账单时才能对分保费收入进行可靠计量。这种情况下,再保险接受人应当于收到分保业务账单时根据账单标明的金额确认分保费收入及相关的分保费用。

再保险接受人应当根据相关再保险合同的约定,计算确定分保费收入金额。

26.3.2 分保费用

《企业会计准则第26号——再保险合同》规定,再保险接受人应当在确认分保费收入的当期,根据相关再保险合同的约定,计算确定分保费用,计入当期损益。

再保险接受人应当根据相关再保险合同的约定,在能够计算确定应向再保险分出人支付的纯益手续费时,将该项纯益手续费作为分保费用,计入当期损益。

再保险接受人应当在收到分保业务账单时,按照账单标明的金额对相关分保费收入、分保费用进行调整,调整金额计入当期损益。

再保险接受人提取分保未到期责任准备金、分保未决赔款准备金、分保寿险责任准备金、分保长期健康险责任准备金,以及进行相关分保准备金充足性测试,比照《企业会计准则第25号——原保险合同》的相关规定处理。

【例26-3】20×6年12月22日,丙保险股份有限公司(以下简称"丙公司")与I保险股份有限公司(以下简称"I公司")签订一份成数再保险合同,接受I公司分出的原保险业务。合同约定的分保比例为40%,分保手续费率为35%。合同起期日为20×7年1月1日,保险责任期间为1年。丙公司经验、技术等方面比较成熟,采用预估方法确认每期的分保费收入。假定丙公司预估20×7年第一季度各月份与I公司再保险合同项下的分保费收入金额分别为:1月680万元,2月730万元,3月600万元。丙公司于5月20日收到I公司发来的第一季度的分保业务账单,账单标明的分保费为2100万元,分保手续费为735万元。丙公司相关账务处理如下(分录以"万元"为单位)。

(1)20×7年1月,确认应收分保账款及分保费用的会计分录如下。

借:应收分保账款——I公司　　　　　　　　　　　　680
　　　贷:保费收入　　　　　　　　　　　　　　　　　　680
借:分保费用　　　　　　　　　　　　　　　　　　　238
　　　贷:应付分保账款——I公司　　　　　　　　　　　238

(2)20×7年2月,确认应收分保账款及分保费用的会计分录如下。

借:应收分保账款——I公司　　　　　　　　　　　　730
　　　贷:保费收入　　　　　　　　　　　　　　　　　　730
借:分保费用　　　　　　　　　　　　　　　　　　　255.5
　　　贷:应付分保账款——I公司　　　　　　　　　　　255.5

(3)20×7年3月,确认应收分保账款及分保费用的会计分录如下。

借:应收分保账款——I公司　　　　　　　　　　　　600
　　　贷:保费收入　　　　　　　　　　　　　　　　　　600
借:分保费用　　　　　　　　　　　　　　　　　　　210
　　　贷:应付分保账款——I公司　　　　　　　　　　　210

(4)20×7年4月预估确认分保费收入和分保费用的会计分录略。

(5)20×7年5月20日,收到账单时调整第一季度确认的分保费收入和分保费用。

分保费收入调整金额=2100-(680+730+600)=90(万元)

分保手续费调整金额=735-(238+255.5+210)=31.5(万元)

借:应收分保账款——I公司　　　　　　　　　　　　90
　　　贷:保费收入　　　　　　　　　　　　　　　　　　90

借：分保费用 31.5
　　贷：应付分保账款——I公司 31.5

此例中，若丙公司不具备对分保费收入进行预估确认的条件，则丙公司应在20×7年5月20收到分保业务账单时直接做如下账务处理。

借：应收分保账款——I公司 2 100
　　贷：保费收入 2 100
借：分保费用 735
　　贷：应付分保账款——I公司 735

26.3.3 分保赔付成本

《企业会计准则第26号——再保险合同》规定，再保险接受人应当在收到分保业务账单的当期，将账单标明的分保赔付款项金额，作为分保赔付成本，计入当期损益；同时，冲减相应的分保准备金余额。

【例26-4】沿用【例26-3】，丙公司于20×7年5月20日收到I公司发来的第一季度分保业务账单中标明的分保赔款金额为900万元，丙公司已提取的相应分保未决赔款准备金为800万元。丙公司相关账务处理如下。

借：分保赔付支出 900
　　贷：应付分保账款——I公司 900
借：未决赔款准备金 800
　　贷：提取未决赔款准备金 800

26.3.4 存出分保保证金

《企业会计准则第26号——再保险合同》规定，再保险接受人应当在收到分保业务账单时，将账单标明的扣存本期分保保证金确认为存出分保保证金；同时，按照账单标明的返还上期扣存分保保证金转销相关存出分保保证金。

再保险接受人应当根据相关再保险合同的约定，按期计算存出分保保证金利息，计入当期损益。

26.4 列报

26.4.1 在财务报表中列报事项

（一）在资产负债表中列报项目

《企业会计准则第26号——再保险合同》规定，保险人应当在资产负债表中单独列示与再保险合同有关的下列项目。

（1）应收分保账款。

（2）应收分保未到期责任准备金。

（3）应收分保未决赔款准备金。

（4）应收分保寿险责任准备金。

（5）应收分保长期健康险责任准备金。

（6）应付分保账款。

（二）在利润表中列报项目

保险人应当在利润表中单独列示与再保险合同有关的下列项目。

（1）分保费收入。

（2）分出保费。

（3）摊回分保费用。

（4）分保费用。

（5）摊回赔付成本。

（6）分保赔付成本。

（7）摊回未决赔款准备金。

（8）摊回寿险责任准备金。

（9）摊回长期健康险责任准备金。

26.4.2　在附注中披露事项

保险人应当在附注中披露与再保险合同有关的下列信息。

（1）分入业务各项分保准备金的增减变动情况。

（2）分入业务提取各项分保准备金及进行分保准备金充足性测试的主要精算假设和方法。

第 27 章
石油天然气开采

与石油天然气开采事项相关的会计处理流程如图 27-1 所示。

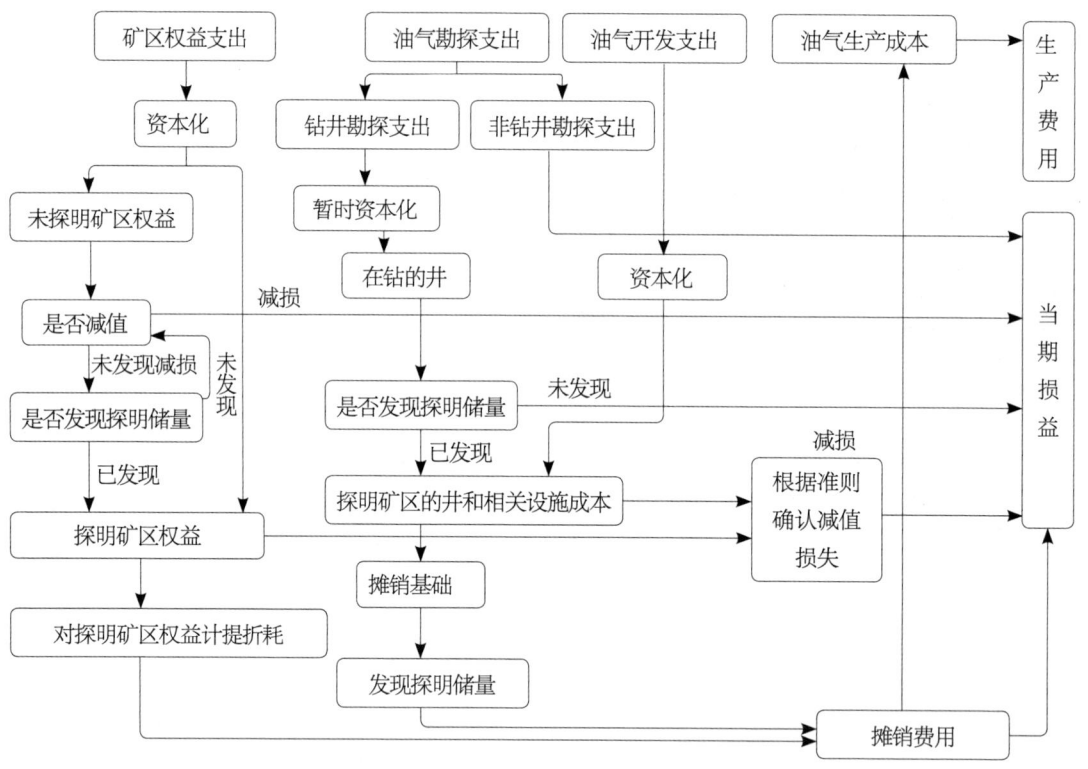

图 27-1 与石油天然气开采事项相关的会计处理流程

27.1 石油天然气开采概述

27.1.1 核算范围

根据《企业会计准则第 27 号——石油天然气开采》（以下简称"油气准则"），油气开采活动包括矿区权益的取得以及油气的勘探、开发和生产等阶段。油气开采活动以外的油气储存、集输、加工和销售等业务的会计处理，适用其他相关会计准则。

根据《企业会计准则讲解》，油气准则规范了从事石油天然气开采的企业的矿区权益取得、勘探、开发和生产等油气开采活动的会计处理和相关信息披露，不包括油气的储运、炼制、销售等下游活动的业务处理。

根据《企业会计准则讲解》，石油天然气开采包括了矿区的取得、油气勘探、油气开发和油气生产四个主要环节。因此，油气开采活动中发生的支出可以分为矿区取得支出、油气勘探支出、油气开发支出和油气生产成本（操作成本）四类。

（一）矿区取得支出

矿区取得支出是指为了取得一个矿区的探矿权和采矿权（包括未探明和已探明）而发生的购买、租赁支出，包括探矿权价款、采矿权价款、土地使用权、签字费、租赁定金、购买支出、咨询顾问费、审计费以及与获得矿区有关的其他支出。

（二）油气勘探支出

油气勘探支出是指为了识别可以进行勘查的区域和对特定区域探明或进一步探明油气储量而发生的地质调查、地球物理勘探、钻探探井和勘探型详探井、评价井和资料井以及维持未开发储量而发生的支出。勘探支出可能发生在取得有关矿区之前，也可能发生在取得矿区之后。

（三）油气开发支出

油气开发支出是为了获得探明储量和建造或更新用于采集、处理和现场储存油气的设施而发生的支出，包括开采探明储量的开发井的成本和生产设施的支出，这些生产设施诸如矿区输油管、分离器、处理器；加热器、储罐、提高采收率系统和附近的天然气加工设施。

（四）油气生产成本（操作成本）

油气生产成本（操作成本）是指在油田把油气提升到地面，并对其进行收集、拉运、现场处理加工和储存的活动成本。这里的"生产成本"并非取得、勘探、开发和生产过程中的所有成本，而是在井上进行作业和井的维护中所发生的相关成本。油气生产成本包括在井和设施上进行作业的人工费用、修理和维护费用、消耗的材料和供应品、相关税费等。

27.1.2 油气资产概述

根据《企业会计准则讲解》，油气资产的会计核算是石油天然气会计的重要组成部分。从事油气开采的企业所拥有或控制的井及相关设施和矿区权益统称油气资产。油气资产是一种递耗资产，反映了企业在油气开采活动中取得的油气储量以及利用这些储量生产原油或天然气的设施的价值。油气开采企业通过计提折耗，使得油气资产的价值随着开采工作的开展逐渐转移到所开采的产品成本中。油气资产折耗是油气资源实体上的直接减，而折耗费用是产品成本的直接组成部分。油气资产的内容应包括取得探明经济可采储量的成本、暂时资本化的未探明经济可采储量的成本、全部油气开发支出以及预计的弃置成本。油气资产是油气生产企业最重要的资产，其价值在企业总资产中所占的份额相当大。为了开采油气，企业往往要增置一些附属的辅助设备和设施，如增设房屋、机器等。按照《企业会计准则第 27 号——石油天然气开采》的规定，这类固定资产应计提折旧，而不是计提折耗。

27.2 矿区权益的会计处理

27.2.1 初始计量

根据油气准则的规定，为取得矿区权益而发生的成本应当在发生时予以资本化。企业取得的矿区权益,应当按照取得时的成本进行初始计量,具体如下。

(1)申请取得矿区权益的成本包括探矿权使用费、采矿权使用费、土地或海域使用权支出、中介费以及可直接归属于矿区权益的其他申请取得支出。

(2)购买取得矿区权益的成本包括购买价款、中介费以及可直接归属于矿区权益的其他购买取得支出。矿区权益取得后发生的探矿权使用费、采矿权使用费和租金等维持矿区权益的支出,应当计入当期损益。

(3)未探明矿区(组)内发现探明经济可采储量而将未探明矿区(组)转为探明矿区(组)的,应当按照其账面价值转为探明矿区权益。

27.2.2 矿区权益的折耗

根据油气准则,企业应当采用产量法或年限平均法对探明矿区权益计提折耗。采用产量法计提折耗的,折耗额可按照单个矿区计算,也可按照若干具有相同或类似地质构造特征或储层条件的相邻矿区所组成的矿区组计算。计算公式如下。

探明矿区权益折耗额 = 探明矿区权益账面价值 × 探明矿区权益折耗率

探明矿区权益折耗率 = 探明矿区当期产量 ÷ (探明矿区期末探明经济可采储量 + 探明矿区当期产量) × 100%

27.2.3 矿区权益的减值

根据油气准则的规定,企业对于矿区权益的减值,应当分别依据不同情况确认减值损失。

(1)探明矿区权益的减值,按照《企业会计准则第8号——资产减值》处理。

(2)对于未探明矿区权益,应当至少每年进行一次减值测试。单个矿区取得成本较大的,应当以单个矿区为基础进行减值测试,并确定未探明矿区权益减值金额。单个矿区取得成本较小且与其他相邻矿区具有相同或类似地质构造特征或储层条件的,可按照若干具有相同或类似地质构造特征或储层条件的相邻矿区所组成的矿区组进行减值测试。

未探明矿区权益公允价值低于账面价值的差额,应当确认为减值损失,计入当期损益。未探明矿区权益减值损失一经确认,不得转回。

27.2.4 矿区权益的处置

(一)矿区权益的转让

1. 基本原则

根据油气准则,企业转让矿区权益的,应当按照下列规定进行处理。

(1)转让全部探明矿区权益的,将转让所得与矿区权益账面价值的差额计入当期损益。转让部分探明矿区权益的,按照转让权益和保留权益的公允价值比例,计算确定已转让部分矿区权益账面价值,转让所得与已转让矿区权益账面价值的差额计入当期损益。

(2)转让单独计提减值准备的全部未探明矿区权益的,转让所得与未探明矿区权益账面价值的差额,计入当期损益。转让单独计提减值准备的部分未探明矿区权益的,如果转让所得大于矿区权益账面价值,将其差额计入当期损益;如果转让所得小于矿区权益账面价值,以转让所得冲减矿区权益账面价值,不确认损益。

（3）转让以矿区组为基础计提减值准备的未探明矿区权益的，如果转让所得大于矿区权益账面原值，将其差额计入当期损益；如果转让所得小于矿区权益账面原值，以转让所得冲减矿区权益账面原值，不确认损益。转让该矿区组最后一个未探明矿区的剩余矿区权益时，转让所得与未探明矿区权益账面价值的差额，计入当期损益。

2. 转让时的具体会计处理

（1）转让全部探明矿区权益时，根据油气准则，企业应将转让所得与矿区权益账面价值之间的差额计入当期损益。

【例27-1】某石油公司转让了其拥有的矿区A。矿区A的账面原值为1 000万元，已计提减值准备200万元，目前账面价值为800万元，转让所得为900万元。

该石油公司应当将转让所得大于矿区权益账面价值的差额确认为收益。相关账务处理如下（分录单位为"万元"）。

借：油气资产减值准备　　　　　　　　　　　　　　　200
　　银行存款　　　　　　　　　　　　　　　　　　　　900
　　贷：油气资产——矿区权益　　　　　　　　　　　　　　1 000
　　　　营业外收入　　　　　　　　　　　　　　　　　　　100

如果转让所得为700万元，则某石油公司应当将转让所得小于矿区权益账面价值的差额确认为损失。相关账务处理如下（分录单位为"万元"）。

借：油气资产减值准备　　　　　　　　　　　　　　　200
　　银行存款　　　　　　　　　　　　　　　　　　　　700
　　营业外支出　　　　　　　　　　　　　　　　　　　100
　　贷：油气资产——矿区权益　　　　　　　　　　　　　　1 000

（2）转让部分探明矿区权益。根据油气准则，企业应按照转让权益和保留权益的公允价值比例，计算确定已转让部分矿区权益账面价值，转让所得与已转让矿区权益账面价值的差额计入当期损益。

【例27-2】某石油公司转让了其拥有的矿区B中的20平方千米，转让部分的公允价值为400万元，转让所得为500万元。整个矿区B的面积为50平方千米，账面原值为1 000万元，已计提减值准备200万元，目前账面价值为800万元，公允价值为900万元。

某石油公司转让部分矿区权益且剩余矿区权益成本的收回不存在较大不确定性，因此，应按照转让权益和保留权益的公允价值比例，计算确定已转让部分矿区权益的账面价值。

转让部分矿区权益的账面价值＝400÷900×800＝356（万元）

油气资产准值准备＝400÷900×200＝89（万元）

相关账务处理如下（分录单位为"万元"）。

借：油气资产减值准备　　　　　　　　　　　　　　　89
　　银行存款　　　　　　　　　　　　　　　　　　　　500
　　贷：油气资产——矿区权益　　　　　　　　　　　　　　356
　　　　营业外收入　　　　　　　　　　　　　　　　　　　233

如果转让所得为 300 万元，相关会计处理如下。

借：油气资产减值准备	89
银行存款	300
营业外支出	56
贷：油气资产——矿区权益	356
营业外收入	33

（3）转让全部未探明矿区权益且该矿区权益单独计提减值准备。根据油气准则，企业应将转让全部未探明矿区权益的所得与矿区权益账面价值之间的差额计入当期损益。

【例 27-3】某石油公司拥有的未探明矿区 D1 和 D2 在进行减值测试时构成一个矿区组。其中，D1 矿区权益账面原值为 1 000 万元，D2 矿区权益账面原值为 2 000 万元，矿区组已计提减值准备 600 万元，目前矿区组账面价值为 2 400 万元。现某石油公司转让 D1 矿区，转让所得为 1 100 万元。

转让所得大于未探明 D1 矿区权益的账面原值，某石油公司应将其差额确认为收益。相关账务处理如下（分录单位为"万元"）。

借：银行存款	1 100
贷：油气资产——矿区权益	1 000
营业外收入	100

如果转让所得为 900 万元，转让所得小于未探明 D1 矿区权益的账面原值，某石油公司应将转让所得冲减矿区组权益的账面价值。相关账务处理如下（分录单位为"万元"）。

借：银行存款	900
贷：油气资产——矿区权益	900

（4）转让部分未探明矿区权益且该矿区权益单独计提减值准备。根据油气准则，如果转让部分未探明矿区权益所得大于该未探明矿区权益的账面价值，应将其差额计入当期损益；如果转让所得小于其账面价值，应将转让所得冲减被转让矿区权益账面价值，冲减至 0 为止。

【例 27-4】某石油公司拥有的未探明矿区 E，面积为 50 平方千米，其账面原值为 1 000 万元，已计提减值准备 200 万元，目前账面价值为 800 万元。

（1）某石油公司转让 E 矿区中的 20 平方千米，转让所得为 200 万元。

因转让所得小于 E 矿区对应区域的账面价值 320（800×20÷50）万元，故某石油公司应将转让所得冲减被转让矿区权益账面价值。相关账务处理如下（分录单位为"万元"）。

借：银行存款	200
贷：油气资产——矿区权益	200

（2）某石油公司再次转让 E 矿区中的 10 平方千米，转让所得为 500 万元。

因转让所得大于其账面价值 200（600×10÷30）万元，故某石油公司应将转让所得冲减被转让矿区权益账面价值。相关账务处理如下（分录单位为"万元"）。

借：银行存款	500
贷：油气资产——矿区权益	500

(3)如果某石油公司转让E剩下的20平方千米,转让所得为400万元。

某石油公司转让部分E矿区的所得大于该未探明矿区权益的账面价值(100万元),应将其差额计入收益。相关账务处理如下(分录单位为"万元")。

借:油气资产减值准备　　　　　　　　　　　　　　　　200
　　银行存款　　　　　　　　　　　　　　　　　　　　400
　　贷:油气资产——矿区权益　　　　　　　　　　　　　　　　300
　　　　营业外收入　　　　　　　　　　　　　　　　　　　　300

(4)如果某石油公司转让E矿区剩余20平方千米,转让所得为50万元。

某石油公司转让E矿区的所得小于该未探明矿区权益的账面价值,应继续将转让所得冲减被转让矿区权益账面价值,冲减至零为止。相关账务处理如下(分录单位为"万元")。

借:银行存款　　　　　　　　　　　　　　　　　　　　50
　　贷:油气资产——矿区权益　　　　　　　　　　　　　　　　50

根据油气准则规定,某石油公司期末应对E矿区权益的剩余账面价值全额计提减值准备。计算减值损失为(1 000-200)-200-500-50=50(万元)。账务处理如下(分录单位为"万元")。

借:资产减值损失　　　　　　　　　　　　　　　　　　50
　　贷:油气资产减值准备　　　　　　　　　　　　　　　　　　50

(5)转让部分未探明矿区权益且该矿区权益以矿区组为基础计提减值准备。根据油气准则,如果转让所得大于未探明矿区权益的账面原值,企业应将其差额计入当期损益;如果转让所得小于该未探明矿区权益的账面原值,企业应将转让所得冲减矿区组的账面价值,冲减至零为止。

【例27-5】某石油公司拥有的未探明矿区F1和F2在进行减值测试时构成一个矿区组。其中,F1账面原值为1 000万元,F2账面原值为2 000万元,矿区组已经计提减值准备600万元,矿区组账面价值为2 400万元。20×7年4月和10月分别转让矿区F1的一部分,10月将整个F1转让完毕。

(1)4月,转让所得为500万元。

转让所得小于F1的账面原值,某石油公司应将转让所得冲减矿区组的账面价值。相关账务处理如下(分录单位为"万元")。

借:银行存款　　　　　　　　　　　　　　　　　　　　500
　　贷:油气资产——矿区权益　　　　　　　　　　　　　　　　500

(2)10月,如果转让所得为600万元,则转让所得已经大于F1的账面原值,某石油公司应将其差额计入收益。相关账务处理如下(分录单位为"万元")。

借:银行存款　　　　　　　　　　　　　　　　　　　　600
　　贷:油气资产——矿区权益　　　　　　　　　　　　　　　　500
　　　　营业外收入　　　　　　　　　　　　　　　　　　　　100

(3)10月,如果转让所得为400万元,则累计转让所得小于F1的账面原值,某石油公司应将转让所得继续冲减矿区组的账面价值。相关账务处理如下(分录单位为"万元")。

借：银行存款　　　　　　　　　　　　　　　　　　　　　　　　400
　　贷：油气资产——矿区权益　　　　　　　　　　　　　　　　　　400

（二）矿区权益的转销

根据油气准则的规定，未探明矿区因最终未能发现探明经济可采储量而放弃的，应当按照放弃时的账面价值转销未探明矿区权益并计入当期损益。因未完成义务工作量等因素导致发生的放弃成本，计入当期损益。

27.3　油气勘探的会计处理

27.3.1　基本原则

（1）根据油气准则，钻井勘探支出在完井后，确定该井发现了探明经济可采储量的，应当将钻探该井的支出结转为井及相关设施成本。

① 确定该井未发现探明经济可采储量的，应当将钻探该井的支出扣除净残值后计入当期损益。

② 确定部分井段发现了探明经济可采储量的，应当将发现探明经济可采储量的有效井段的钻井勘探支出结转为井及相关设施成本，无效井段钻井勘探累计支出转入当期损益。

③ 未能确定该探井是否发现探明经济可采储量的，应当在完井后一年内将钻探该井的支出予以暂时资本化。

（2）在完井一年时仍未能确定该探井是否发现探明经济可采储量，同时满足下列条件的，应当将钻探该井的资本化支出继续暂时资本化，否则应当计入当期损益。

① 该井已发现足够数量的储量，但要确定其是否属于探明经济可采储量，还需要实施进一步的勘探活动。

② 进一步的勘探活动已在实施中或已有明确计划并即将实施。

钻井勘探支出已费用化的探井又发现了探明经济可采储量的，已费用化的钻井勘探支出不作调整，重新钻探和完井发生的支出应当予以资本化。

（3）非钻井勘探支出于发生时计入当期损益。

27.3.2　会计处理

钻井勘探支出的资本化方法，在国际同行业中有成果法和全部成本法两种。

按照成果法，只有发现了探明经济可采储量的钻井勘探支出才能资本化，结转为井及相关设施成本；否则计入当期损益。全部成本法要求全部钻井勘探支出均应资本化。

我国企业会计准则的规定类似"成果法"。在"油气勘探的会计处理"部分，包括油气勘探的定义、确认和计量及对未能确定探井是否发现探明经济可采储量的处理方法三部分内容。

（1）定义。油气勘探，是指为了识别勘探区域或探明油气储量而进行的地质调查、地球物理勘探、钻探活动以及其他相关活动。

（2）确认和计量。油气勘探支出包括钻井勘探支出和非钻井勘探支出。钻井勘探支出主要包括钻探区域探井、勘探型详探井、评价井和资料井等活动发生的支出；非钻井勘探支出主要包括进行地质调查、地球物理勘探等活动发生的支出。非钻井勘探支出应于发生时计入当期损益。

钻井勘探支出在完井后，确定该井发现了探明经济可采储量的，应当将钻探该井的支出结转为井及相关设施成本。确定该井未发现探明经济可采储量的，应当将钻探该井的支出扣除净残值后计入当期损益。

确定部分井段发现了探明经济可采储量的，应当将发现探明经济可采储量的有效井段的钻井勘探支出结转为井及相关设施成本，无效井段钻井勘探累计支出转入当期损益。

（3）未能确定探井是否发现探明经济可采储量的处理方法。未能确定该探井是否发现探明经济可采储量的，应当在完井后一年内将钻探该井的支出予以暂时资本化。

在完井一年时仍未能确定该探井是否发现探明经济可采储量，同时符合下列条件的，应当将钻探该井的暂时资本化支出继续暂时资本化，否则应当计入当期损益。

① 该井已发现足够数量的储量，但要确定其是否属于探明经济可采储量，还需要实施进一步的勘探活动。

② 进一步的勘探活动已在实施中或已有明确计划并即将实施。

钻井勘探支出已费用化的探井又发现了探明经济可采储量的，已费用化的钻井勘探支出不作追溯调整，重新钻探和完井发生的支出予以资本化。非钻井勘探支出于发生时计入当期损益。

其中，"已有明确计划"是指企业管理层已通过了该计划并已开始组织实施，如已拨付资金、已制定出明确的时间表或已将相关计划任务落实给相关部门和人员。

根据《企业会计准则讲解》，采用成果法对钻井勘探支出进行资本化，是指以矿区为成本归集和计算中心，只有与发现探明经济可采储量相关的钻井勘探支出才能资本化；如不能确定钻井勘探支出是否发现了探明经济可采储量，应在一年内对其暂时资本化；与发现探明经济可采储量不直接相关的支出，作为当期费用处理。

采用全部成本法对钻井勘探支出进行资本化，是指对勘探活动中发生的全部支出都加以资本化的一种方法，而不论这些支出的发生是否导致了探明经济可采储量的发现。

两种方法的主要差异如表 27-1 所示。

表 27-1 成果法与全部成本法的主要差异

项目	成果法下的处理	全部成本法下的处理
地质或地理研究支出	当期费用	资本化
矿区权益取得支出	暂时资本化，根据评估结果进行处理	资本化
钻井勘探支出	暂时资本化，根据评估结果进行处理	资本化
开发钻井支出	资本化	资本化
生产	当期费用	当期费用
折耗	以矿区或矿区组为成本中心；以账面价值为折耗基础；以探明经济可采储量或已开发探明经济可采储量为基础计算折耗率	以国家为成本中心；以账面价值加未来开发支出为折耗基础；以已开发及未开发探明经济可采储量为基础计算折耗率

27.4 油气开发的会计处理

油气开发支出是为了获得探明储量和建造或更新用于采集、处理和现场储存油气的设施而发生的支出,包括开采探明储量的开发井的成本和生产设施的支出。这里的生产设施诸如矿区输油管、分离器、处理器,以及加热器、储罐、提高采收率系统和附近的天然气加工设施。

对油气开发活动所发生的支出要按照油气准则规定的处理程序和方法进行处理。油气开发活动所发生的支出应当根据其用途分别予以资本化,作为油气开发形成的井及相关设施的成本。

油气开发形成的井及相关设施的成本主要包括以下几类。

(1)钻前准备支出,包括前期研究、工程地质调查、工程设计、确定井位、清理井场、修建道路等活动发生的支出。

(2)井的设备购置和建造支出,井的设备包括套管、油管、抽油设备和井口装置等,井的建造包括钻井和完井。

(3)购建提高采收率系统发生的支出。

(4)购建矿区内集输设施、分离处理设施、计量设备、储存设施、各种海上平台、海底及陆上电缆等发生的支出。

在探明矿区内,钻井至现有已探明层位的支出,作为油气开发支出;为获取新增探明经济可采储量而继续钻至未探明层位的支出,作为钻井勘探支出,应按照油气准则第十三条和第十四条处理。

27.5 油气生产的会计处理

27.5.1 定义及核算范围

根据油气准则,油气的生产成本包括相关矿区权益折耗、井及相关设施折耗、辅助设备及设施折旧以及操作费用等。操作费用包括油气生产和矿区管理过程中发生的直接和间接费用。

根据《企业会计准则讲解》,油气的生产成本是指在油田把油气提升到地面,并对其进行收集、拉运、现场处理加工和储存的活动成本。这里的"生产成本",并非取得、勘探、开发和生产过程中的所有成本,而是在井上进行作业和井的维护中所发生的相关成本。生产成本包括在井和设施上进行作业的人工费用、修理和维护费用、消耗的材料和供应品、相关税费等。

27.5.2 井及相关设备的折耗计提

按照油气准则,企业应当采用产量法或年限平均法对井及相关设施计提折耗。井及相关设施包括确定发现了探明经济可采储量的探井和开采活动中形成的井,以及与开采活动直接相关的各种设施。采用产量法计提折耗的,折耗额可按照单个矿区计算,也可按照若干具有相同或类似地质构造特征或储层条件的相邻矿区所组成的矿区组计算。计算公式如下。

矿区井及相关设施折耗额 = 期末矿区井及相关设施账面价值 × 矿区井及相关设施折耗率

矿区井及相关设施折耗率 = 矿区当期产量 ÷（矿区期末探明已开发经济可采储量 + 矿区当期产量）

探明已开发经济可采储量，包括矿区的开发井网钻探和配套设施建设完成后已全面投入开采的探明经济可采储量，以及在提高采收率技术所需的设施已建成并已投产后相应增加的可采储量。

27.5.3 其他经济事项的会计处理适用准则

根据油气准则，下列事项应分别按照相应的准则进行会计处理。

（1）地震设备、建造设备、车辆、修理车间、仓库、供应站、通信设备、办公设施等辅助设备及设施，应当按照《企业会计准则第 4 号——固定资产》处理。

（2）企业承担的矿区废弃处置义务，满足《企业会计准则第 13 号——或有事项》中预计负债确认条件的，应当将该义务确认为预计负债，并相应增加井及相关设施的账面价值；不符合预计负债确认条件的，在废弃时发生的拆卸、搬移、场地清理等支出，应当计入当期损益。矿区废弃是指矿区内的最后一口井停产。

（3）井及相关设施、辅助设备及设施的减值，应当按照《企业会计准则第 8 号——资产减值》处理。

27.6 油气资产的确认及计量

27.6.1 油气资产的相关定义

《〈企业会计准则第 27 号——石油天然气开采〉解释》对油气资产做了如下说明。

（1）油气资产是指油气开采企业所拥有或控制的井及相关设施和矿区权益。油气资产属于递耗资产。

（2）递耗资产是通过开掘、采伐、利用而逐渐耗竭，以致无法恢复或难以恢复、更新或按原样重置的自然资源，如矿藏、原始森林等。油气资产是油气生产企业的重要资产，其价值在总资产中占有较大比重。

（3）企业为开采油气所必需的辅助设备和设施（如房屋、机器等），作为一般固定资产管理，适用《企业会计准则第 4 号——固定资产》。

27.6.2 油气资产的折耗方法

油气资产的折耗，是指油气资产随着当期采掘工作的开展而逐渐转移到所开采产品（油气）成本的价值。油气准则规定，企业应当采用产量法或年限平均法对井及相关设施计提折耗。未探明矿区权益不计提折耗。

（1）产量法又称单位产量法。该方法认为，特定矿区的油气资产成本与该矿区的探明经济可采储量密切相关。按照产量法对油气资产计提折耗时，矿区权益应以探明经济可采储量为基础，井及相关设施以探明已开发经济可采储量为基础。

（2）年限平均法又称直线法。该方法将油气资产成本均衡地分摊到各会计期间。采用这种方法计算的每期油气资产折耗金额相等。企业各期间油气产量相对比较稳定，按照产量法与按照年限平均法计提的油气资产折耗相差不大；如果各期间油气产量差异较大，产量法能够更准确地反映油气资产在报告期间的消耗。

油气准则规定了产量法，同时也允许年限平均法。企业无论采用产量法或者年限平均法，一经确定，不得随意变更。

【例27-6】某油田开采的头几年的年产量要高于随后几年的年产量，如果采用直线法，则开始几年单位产量的折旧比随后几年单位产量的折旧低。另外，随着油田中后期开采难度越来越大，由于单位变动成本增加，需要支出更多的设备维修费用。考虑这些生产后期单位生产成本上升的因素，直线法就可能歪曲企业的经营成果，即开始几年的利润比较大，而随后年份的利润较低。

在我国现行油气开采会计实务中，对油气资产一直采用年限平均法计提折耗，在海外上市的企业还需依照国际会计标准调整为产量法进行对外报告。油气准则规定了产量法，同时也保留了年限平均法。无论选择产量法还是年限平均法，一经选定，不得随意更改。

27.6.3 油气资产减值处理

油气准则中涉及的资产主要有矿区权益（包括探明矿区权益和未探明矿区权益）、井及相关设施、辅助设备及设施。这些资产的减值处理，应按照以下规定进行。

（1）探明矿区权益、井及相关设施、辅助设备及设施的减值，按照《企业会计准则第8号——资产减值》处理。

油气资产以矿区或矿区组作为资产组，按此进行减值测试、计提减值准备。井及相关设施计提折旧、折耗及摊销的基数应扣除已提取的井及相关设施减值准备。

（2）未探明矿区权益的减值应按照油气准则的规定，至少每年进行一次减值测试。分别按照以下情况处理。

① 按照单个矿区进行减值测试并计提准备的，除应每年进行减值测试外，其处理与《企业会计准则第8号——资产减值》规定的其他长期资产减值相同。

② 按照矿区组进行减值测试并计提准备的，该减值损失不在不同的单个矿区权益之间进行分配，因为未探明的矿区权益中包含很大风险。

27.7 弃置义务

企业确认井及相关设施的成本时，应当根据《中华人民共和国环境保护法》和矿区所在地法律法规的要求、与利益相关方达成的协议，预计矿区废弃时应当承担的弃置义务。弃置义务应当以矿区为基础进行预计，通常涉及井及相关设施的弃置、拆移、填埋、清理、恢复生态环境等。

《企业会计准则讲解》规定，企业在矿区内废弃井及相关设施的活动，受《中华人民共和国环境保护法》等法律法规的约束，有时还可能受与所在地利益相关方达成协议的约束，例如，在废弃时必须拆移、清理设施、恢复生态环境等。因为资产的弃置义务与油气开发活动直接相关，所以，油气准则规定，对于满足《企业会计准则第 13 号——或有事项》中预计负债确认条件的弃置义务，应确认为预计负债，同时计入相关井及相关设施原价，并以探明已开发经济可采储量为基础计提折耗。在计入井及相关设施原价并确认为预计负债时，企业应在油气资产的使用寿命内，采用实际利率法确定各期间应负担的利息费用。

企业应在油气资产的使用寿命内的每一个资产负债表日对弃置义务和预计负债进行复核，如必要，企业还应对其进行调整，使之反映当前最合理的估计。

对于确认为预计负债的弃置支出，在对该井及相关设施进行减值测试时，企业应以减去预计处置支出后的净额为基础进行测试。

不符合《企业会计准则第 11 号——或有事项》中预计负债确认条件的弃置费用，应在实际发生时作为清理费用处理。

27.8 披露

油气准则对与石油天然气开采活动有关的信息披露做了规定，要求企业应在报表附注中披露下列信息。

（1）拥有国内和国外的油气储量年初、年末数据。

（2）当期在国内和国外发生的矿区权益的取得、油气勘探和油气开发各项支出的总额。

（3）探明矿区权益、井及相关设施的账面原值，累计折耗和减值准备累计金额及其计提方法；与油气开采活动相关的辅助设备及设施的账面原价，累计折旧和减值准备累计金额及其计提方法。

第 28 章
会计政策、会计估计变更和差错更正

会计政策、会计估计变更和差错更正的会计处理流程如图 28-1 所示。

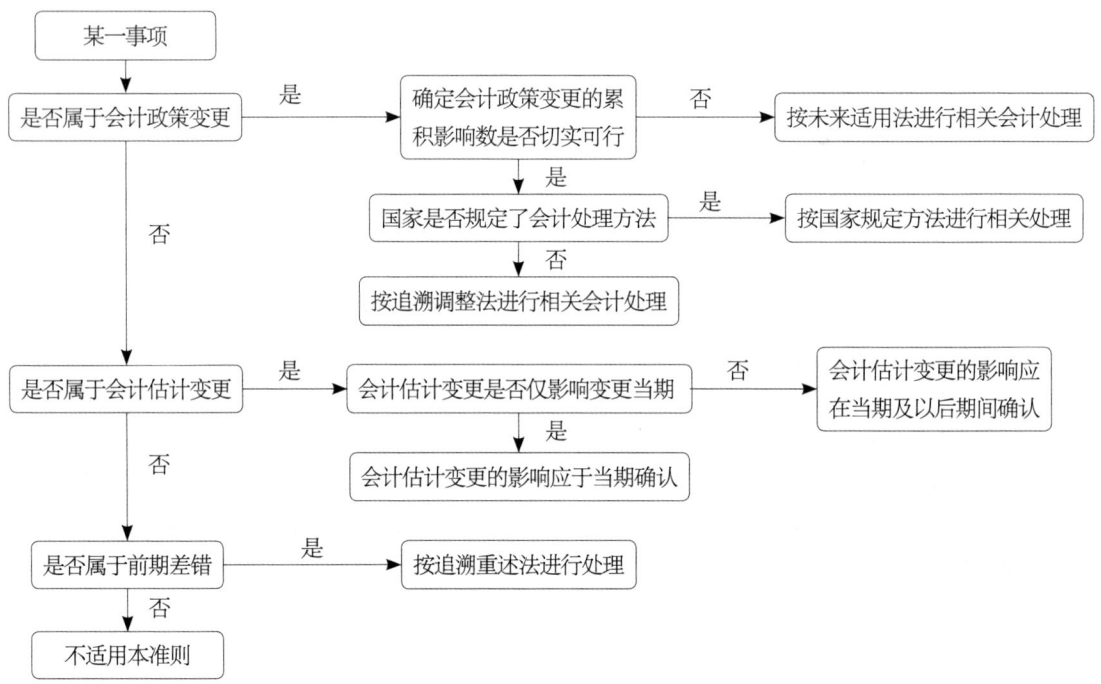

图 28-1 会计政策、会计估计变更和差错更正的会计处理流程

28.1 会计政策及其变更

28.1.1 会计政策概述

根据《企业会计准则第 28 号——会计政策、会计估计变更和差错更正》规定，会计政策是指企业在会计确认、计量和报告中所采用的原则、基础和会计处理方法。

《企业会计准则讲解》对上述相关概念进行了详细说明。原则是指按照企业会计准则规定的、适合于企业会计核算所采用的具体会计原则。基础是指为了将会计原则应用于交易或者事项而采用的基础，主要是计量基础（即计量属性），包括历史成本、重置成本、可变现净值、现值和公允价值等。会计处理方法是指企业在会计核算中按照法律、行政法规或者国家统一的会计制度等规定采用或者选择的、适合于本企业的具体会计处理方法。

企业应当披露重要的会计政策，不具有重要性的会计政策可以不予披露。判断会计政策是否重要，应当考虑与会计政策相关项目的性质和金额。企业应当披露的重要会计政策包括以下几类。

（1）发出存货成本的计量，是指企业确定发出存货成本所采用的会计处理方法。例如，企业发出存货成本的计量是采用先进先出法，还是采用其他计量方法。

（2）长期股权投资的后续计量，是指企业取得长期股权投资后的会计处理方法。例如，企业对被投资单位的长期股权投资是采用成本法，还是采用权益法核算。

（3）投资性房地产的后续计量，是指企业在资产负债表日对投资性房地产进行后续计量所采用的会计处理方法。例如，企业对投资性房地产的后续计量是采用成本模式，还是公允价值模式。

（4）固定资产的初始计量，是指对取得的固定资产初始成本的计量。例如，企业取得的固定资产初始成本是以购买价款，还是以购买价款的现值为基础进行计量。

（5）生物资产的初始计量，是指对取得的生物资产初始成本的计量。例如，企业为取得生物资产而产生的借款费用，应当予以资本化，还是应当计入当期损益。

（6）无形资产的确认，是指将无形项目的支出确认为无形资产。例如，企业内部研究开发项目开发阶段的支出是确认为无形资产，还是在发生时计入当期损益。

（7）非货币性资产交换的计量，是指非货币性资产交换事项中对换入资产成本的计量。例如，非货币性资产交换是以换出资产的公允价值作为确定换入资产成本的基础，还是以换出资产的账面价值作为确定换入资产成本的基础。

（8）收入的确认，是指收入确认所采用的会计原则。例如，企业确认收入时要同时满足已将商品所有权上的主要风险和报酬转移给购货方、收入的金额能够可靠计量、相关经济利益很可能流入企业等条件。

（9）合同收入与费用的确认，是指确认建造合同的收入和费用所采用的会计处理方法。例如，企业确认建造合同的合同收入和合同费用采用完工百分比法。

（10）借款费用的处理，是指借款费用的会计处理方法，即是采用资本化，还是采用费用化。

（11）合并政策，是指编制合并财务报表所采纳的原则。例如，母公司与子公司的会计年度不一致的处理原则及合并范围的确定原则等。

（12）其他重要会计政策。

28.1.2 会计政策变更

《企业会计准则讲解》针对会计政策变更进行了详细说明。会计政策变更是指企业对相同的交易或者事项由原来采用的会计政策改用另一会计政策的行为。为保证会计信息的可比性使财务报表使用者在比较企业一个以上期间的财务报表时，能够正确判断企业的财务状况、经营成果和现金流量的趋势，一般情况下，企业采用的会计政策，在每一会计期间和前后各期应当保持一致，不得随意变更；否则，势必削弱会计信息的可比性。但是，在下述两种情形下，企业可以变更会计政策。

（1）法律、行政法规或者国家统一的会计制度等要求变更。这种情况是指按照法律、行政法规以及国家统一的会计制度的规定，要求企业采用新的会计政策，则企业应当按照法律、行政法规以及国家统一的会计制度的规定改变原会计政策,按照新的会计政策执行。例如,《企业会计准则第1号——存货》对发出存货实际成本的计价排除了后进先出法,这就要求执行企业会计准则体系的企业按照新规定,将原来以后进先出法核算发出存货成本改为准则规定可以采用的会计政策。再如,《企业会计准则第8号——资产减值》规定,已计提固定资产减值准备不允许转回,这就要求执行企业会计准则体系的企业按照新规定改变原允许固定资产减值准备转回的做法,变更原有会计政策。

(2)会计政策变更能够提供更可靠、更相关的会计信息。由于经济环境、客观情况的改变,使企业原采用的会计政策所提供的会计信息,已不能恰当地反映企业的财务状况、经营成果和现金流量等情况。在这种情况下,应改变原有会计政策,按变更后新的会计政策进行会计处理,以便对外提供更可靠、更相关的会计信息。例如,企业一直采用成本模式对投资性房地产进行后续计量,如果企业能够从房地产交易市场上持续地取得同类或类似房地产的市场价格及其他相关信息,从而能够对投资性房地产的公允价值做出合理的估计,此时,企业就可以将投资性房地产的后续计量方法由成本模式变更为公允价值模式。

需要注意的是,除法律、行政法规以及国家统一的会计制度要求变更会计政策的,应当按照国家的相关规定执行外,企业因满足上述第二个条件变更会计政策时,必须有充分、合理的证据表明其变更的合理性,并说明变更会计政策后,能够提供关于企业财务状况、经营成果和现金流量等更可靠、更相关的会计信息的理由。

下列两种情况不属于会计政策变更。

(1)本期发生的交易或者事项与以前相比具有本质差别而采用新的会计政策。这是因为,会计政策是针对特定类型的交易或事项,如果发生的交易或事项与其他交易或事项有本质区别,那么,企业实际上是为新的交易或事项选择适当的会计政策,并没有改变原有的会计政策。例如,企业以往租入的设备均为临时需要而租入的,所以企业按经营租赁会计处理方法核算,但自本年度起租入的设备均采用融资租赁方式,则该企业自本年度起对新租赁的设备采用融资租赁会计处理方法核算。由于该企业原租入的设备均为经营性租赁,本年度起租赁的设备均改为融资租赁,经营租赁和融资租赁有着本质差别,所以改变会计政策不属于会计政策变更。

(2)对初次发生的或不重要的交易或者事项采用新的会计政策。对初次发生的某类交易或事项采用适当的会计政策,并未改变原有的会计政策。例如,企业以前没有建造合同业务,当年却签订一项建造合同为另一企业建造三栋厂房,对该项建造合同采用完工百分比法确认收入,不是会计政策变更。至于对不重要的交易或事项采用新的会计政策,不按会计政策变更做出会计处理,并不影响会计信息的可比性,所以也不作为会计政策变更。

28.1.3 会计政策变更的会计处理

发生会计政策变更时,有两种会计处理方法,即追溯调整法和未来适用法。这两种方法适用于不同情形。

(一)追溯调整法

追溯调整法是指对某项交易或事项变更会计政策,视同该项交易或事项初次发生时即采用变更后的会计政策，并以此对财务报表相关项目进行调整的方法。企业采用追溯调整法时，对于比较财务报表期间的会计政策变更，应调整各期间净损益各项目和财务报表其他相关项目，视同该政策在比较财务报表期间上一直采用。

《〈企业会计准则第28号——会计政策、会计估计变更和差错更正〉解释》中规定：会计政策变更采用追溯调整法，应当将会计政策变更的累积影响数调整期初留存收益。留存收益包括当年和以前年度的未分配利润和按照相关法律规定提取并累积的盈余公积。调整期初留存收益是指对期初未分配利润和留存收益两个项目的调整。

追溯调整法通常由以下步骤构成。

第一步，计算会计政策变更的累积影响数。

第二步，编制相关项目的调整分录。

第三步，调整列报前期最早期初财务报表相关项目及其金额。

第四步，附注说明。

其中，会计政策变更累积影响数是指按照变更后的会计政策对以前各期追溯计算的列报前期最早期初留存收益应有金额与现有金额之间的差额。根据上述定义的表述，会计政策变更的累积影响数可以分解为以下两个金额之间的差额。

（1）在变更会计政策当期，按变更后的会计政策对以前各期追溯计算，所得到列报前期最早期初留存收益金额。

（2）在变更会计政策当期，列报前期最早期初留存收益金额。

上述留存收益金额，包括盈余公积和未分配利润等项目，不考虑由于损益的变化而应当补分的利润或股利。

在财务报表只提供列报项目上一个可比会计期间比较数据的情况下，上述第（2）项，在变更会计政策当期，列报前期最早期初留存收益金额，即为上期资产负债表所反映的期初留存收益，可以从上年资产负债表项目中获得；需要计算确定的是第（1）项，即按变更后的会计政策对以前各期追溯计算，所得到的上期期初留存收益金额。

累积影响数通常可以通过以下各步计算获得。

第一步，根据新会计政策重新计算受影响的前期交易或事项。

第二步，计算两种会计政策下的差异。

第三步，计算差异的所得税影响金额。

第四步，确定前期中的每一期的税后差异。

第五步，计算会计政策变更的累积影响数。

需要注意的是，对以前年度损益进行追溯调整或追溯重述的，应当重新计算各列报期间的每股收益。

【例28-1】甲公司20×5年、20×6年分别以3 600 000元和1 200 000元的价格从股票市场购入A、B两只以交易为目的的股票（假设不考虑购入股票发生的交易费用），市价一直高于购入成本。甲公司采用成本与市价孰低法对购入股票进行计量。甲公司从20×7年起对其以交易为目的购入的股票由成本与市价孰低改为以公允价值计量。甲公司保存的会计资料比较齐备,可以通过会计资料追溯计算。假设所得税税率为25%,甲公司按净利润的10%提取法定盈余公积,按利润的5%提取任意盈余公积。甲公司发行的股票份额为4 500万股。两种方法计量的交易性金融资产账面价值如表28-1所示。

表28-1 交易性金融资产的账面价值

单位:元

股票	成本与市价孰低	20×5年年末公允价值	20×6年年末公允价值
A股票	3 600 000	4 200 000	4 200 000
B股票	1 200 000	—	1 300 000

【分析】

1.计算改变交易性金融资产计量方法后的累积影响数

计算结果如表28-2所示。

表28-2 改变计量方法后的累积影响数

单位:元

时间	公允价值	成本与市价孰低	税前差异	所得税影响	税后差异
20×5年年末	4 200 000	3 600 000	600 000	150 000	450 000
20×6年年末	1 300 000	1 200 000	100 000	25 000	75 000
合计	5 500 000	4 800 000	700 000	175 000	525 000

甲公司20×7年12月31日的比较财务报表列报前期最早期初为20×6年1月1日。

甲公司购入的股票在20×5年年末按公允价值计量的账面价值为4 200 000元,按成本与市价孰低计量的账面价值为3 600 000元,两者的所得税影响合计为150 000元,两者差异的税后净影响额为450 000元,即为该公司20×6年期初由成本与市价孰低改为公允价值计量的累积影响数。

甲公司购入的股票在20×6年年末按公允价值计量的账面价值为5 500 000元,按成本与市价孰低计量的账面价值为4 800 000元,两者的所得税影响合计为175 000元,两者差异的税后净影响额为525 000元,其中,450 000元是调整20×6年累积影响数,75 000元是调整20×6年当期金额。

甲公司按照公允价值重新计量20×6年年末A股票账面价值,其结果为公允价值变动收益少计了600 000元,所得税费用少计了150 000元,净利润少计了450 000元。

甲公司按照公允价值重新计量20×6年年末B股票账面价值,其结果为公允价值变动收益少计了100 000元,所得税费用少计了25 000元,净利润少计了75 000元。

2.编制有关项目的调整分录

(1)对20×5年有关事项的调整分录。

① 对20×5年有关事项的调整分录。

借:交易性金融资产——公允价值变动　　　　　　　　　600 000
　　贷:利润分配——未分配利润　　　　　　　　　　　　　　　450 000

递延所得税负债	150 000

② 调整利润分配：按照净利润的 10% 提取法定盈余公积，按照净利润的 5% 提取任意盈余公积，共计提取盈余公积 450 000×15%=67 500（元）。

借：利润分配——未分配利润	67 500
贷：盈余公积	67 500

（2）对 20×6 年有关事项的调整分录。

① 调整交易性金融资产。

借：交易性金融资产——公允价值变动	100 000
贷：利润分配——未分配利润	75 000
递延所得税负债	25 000

② 调整利润分配：按照净利润的 10% 提取法定盈余公积，按照净利润的 5% 提取任意盈余公积，共计提取盈余公积 75 000×15%=11 250（元）。

借：利润分配——未分配利润	11 250
贷：盈余公积	11 250

3. 财务报表调整和重述（财务报表略）

甲公司在列报 20×7 年财务报表时，应调整 20×7 年资产负债表有关项目的年初余额、利润表有关项目的上年金额及所有者权益变动表有关项目的上年金额和本年金额。

资产负债表项目的调整：调增交易性金融资产年初余额 700 000 元；调增递延所得税负债年初余额 175 000 元；调增盈余公积年初余额 78 750 元；调增未分配利润年初余额 446 250 元。

利润表项目的调整：调增公允价值变动收益上年金额 100 000 元；调增所得税费用上年金额 25 000 元；调增净利润上年金额 75 000 元；调增基本每股收益上年金额 0.001 7 元。

所有者权益变动表项目的调整：调增会计政策变更项目中盈余公积上年金额 67 500 元，调增未分配利润上年金额 382 500 元，调增所有者权益合计上年金额 450 000 元；调增会计政策变更项目中盈余公积本年金额 11 250 元，调增未分配利润本年金额 63 750 元，调增所有者权益合计本年金额 75 000 元。

（二）未来适用法

《企业会计准则第 28 号——会计政策、会计估计变更和差错更正》规定，未来适用法是指将变更后的会计政策应用于变更日及以后发生的交易或者事项，或者在会计估计变更当期和未来期间确认会计估计变更影响数的方法。

在未来适用法下，不需要计算会计政策变更产生的累积影响数，也无须重编以前年度的财务报表。企业会计账簿记录及财务报表上反映的金额，变更之日仍保留原有的金额，不因会计政策变更而改变以前年度的既定结果，并在现有金额的基础上再按新的会计政策进行核算。

（三）会计政策变更的会计处理方法的选择

对于会计政策变更，企业应当根据具体情况，分别采用不同的会计处理方法。

（1）法律、行政法规或者国家统一的会计制度等要求变更的情况下，企业应当分别以下情况进行处理。

①国家发布相关的会计处理办法，则按照国家发布的相关会计处理规定进行处理。

②国家没有发布相关的会计处理办法，则采用追溯调整法进行会计处理。

（2）会计政策变更能够提供更可靠、更相关的会计信息的情况下，企业应当采用追溯调整法进行会计处理，将会计政策变更累积影响数调整列报前期最早期初留存收益，其他相关项目的期初余额和列报前期披露的其他比较数据也应当一并调整。

（3）确定会计政策变更对列报前期影响数不切实可行的，应当从可追溯调整的最早期间期初开始应用变更后的会计政策；在当期期初确定会计政策变更对以前各期累积影响数不切实可行的，应当采用未来适用法处理。

28.1.4 会计政策变更的披露

企业应当在附注中披露与会计政策变更有关的下列信息。

（1）会计政策变更的性质、内容和原因。

（2）当期和各个列报前期财务报表中受影响的项目名称和调整金额。

（3）无法进行追溯调整的，说明该事实和原因以及开始应用变更后的会计政策的时点、具体应用情况。

28.2 会计估计及其变更

28.2.1 会计估计与会计估计变更

会计估计是指企业对结果不确定的交易或者事项以最近可利用的信息为基础所作的判断。

《企业会计准则第28号——会计政策、会计估计变更和差错更正》第八条规定，会计估计变更是指由于资产和负债的当前状况及预期经济利益和义务发生了变化，从而对资产或负债的账面价值或者资产的定期消耗金额进行调整。

会计估计变更的情形包括以下几类。

（1）赖以进行估计的基础发生了变化。企业进行会计估计总是依赖于一定的基础，如果其所依赖的基础发生了变化，则会计估计也应相应发生变化。例如，企业的某项无形资产摊销年限原定为10年，以后发生的情况表明，该资产的受益年限已不足10年，这时需相应调减摊销年限。

（2）取得了新的信息、积累了更多的经验。企业进行会计估计是就现有资料对未来所做的判断，随着时间的推移，企业有可能取得新的信息、积累更多的经验，在这种情况下，企业可能不得不对会计估计进行修订，即发生会计估计变更。例如，企业原根据当时能够得到的信息，对应收账款每年按其余额的5%计提坏账准备。现在掌握了新的信息，判定不能收回的应收账款比例已达15%，企业改按15%的比例计提坏账准备。

28.2.2 会计政策变更与会计估计变更的划分

企业应当正确划分会计政策变更与会计估计变更,并按照不同的方法进行相关会计处理。企业应当以变更事项的会计确认、计量基础和列报项目是否发生变更作为判断该变更是会计政策变更,还是会计估计变更的划分基础。

(1) 以会计确认是否发生变更作为判断基础。《企业会计准则——基本准则》规定了资产、负债、所有者权益、收入、费用和利润6项会计要素的确认标准,是会计处理的首要环节。一般地,对会计确认的指定或选择是会计政策,其相应的变更是会计政策变更。

(2) 以计量基础是否发生变更作为判断基础。《企业会计准则——基本准则》规定了历史成本、重置成本、可变现净值、现值和公允价值等5项会计计量属性,是会计处理的计量基础。一般地,对计量基础的判定或选择是会计政策,其相应的变更是会计政策变更。

(3) 以列报项目是否发生变更作为判断基础。《企业会计准则第30号——财务报表列报》规定了财务报表项目应采用的列报原则。一般地,对列报项目的指定或选择是会计政策,其相应的变更是会计政策变更。

(4) 根据会计确认、计量基础和列报项目所选择的、为取得与资产负债表项目有关的金额或数值(如预计使用寿命、净残值等)所采用的处理方法,不是会计政策,而是会计估计,其相应的变更是会计估计变更。

企业可以采用以下具体方法划分会计政策变更与会计估计变更:分析并判断该事项是否涉及会计确认、计量基础选择或列报项目的变更,当至少涉及上述一项划分基础变更时,该事项是会计政策变更;不涉及上述划分基础变更时,该事项可以判断为会计估计变更。例如,企业在前期将购建固定资产相关的一般借款利息计入当期损益,当期根据会计准则的规定,将其予以资本化,企业因此将对该事项进行变更。该事项的计量基础未发生变更,即都是以历史成本作为计量基础;该事项的会计确认发生变更,即前期将借款费用确认为一项费用,而当期将其确认为一项资产;同时,会计确认的变更导致该事项在资产负债表和利润表相关项目的列报也发生变更。该事项涉及会计确认和列报的变更,所以属于会计政策变更。

【例28-2】下列事项是属于会计政策变更还是属于会计估计变更?

(1) 企业变更固定资产折旧方法,由原采用双倍余额递减法改为直线法计提固定资产折旧。

【分析】

企业变更计提折旧方法前后,折旧都是以历史成本作为计量基础,对该事项的会计确认和列报项目也未发生变更,只是固定资产折旧、固定资产净值等相关金额发生了变化。因此,该事项属于会计估计变更。

(2) 某商业企业在前期将商品采购费用列入销售费用,当期根据《企业会计准则第1号——存货》的规定,将采购费用列入存货成本。

【分析】

由于列报项目发生了变化,所以该变更是会计政策变更。

(3) 企业对某项资产采用公允价值进行计量,市场情况发生变化,确定公允价值的方法变更。

【分析】

企业需要对某项资产采用公允价值进行计量，而公允价值的确定需要根据市场情况选择不同的处理方法。在不存在销售协议和资产活跃市场的情况下，需要根据同行业类似资产的近期交易价格对该项资产进行估计；在不存在销售协议但存在资产活跃市场的情况下，其公允价值应当按照该项资产的市场价格为基础进行估计。因为企业所确定的公允价值是与该项资产有关的金额，所以为确定公允价值所采用的处理方法是会计估计，不是会计政策。相应地，当企业面对的市场情况发生变化时，其采用的确定公允价值的方法变更是会计估计变更，不是会计政策变更。

28.2.3 会计估计变更的会计处理

企业对会计估计变更应当采用未来适用法处理，即在会计估计变更当期及以后期间采用新的会计估计不改变以前期间的会计估计，也不调整以前期间的报告结果。

（1）会计估计变更仅影响变更当期的，其影响数应当在变更当期予以确认。例如，企业原按应收账款余额的5%提取坏账准备，由于企业不能收回应收账款的比例已达10%，则企业改按应收账款余额的10%提取坏账准备。这类会计估计的变更，只影响变更当期，因此，应于变更当期确认。

（2）既影响变更当期又影响未来期间的，其影响数应当在变更当期和未来期间予以确认。例如，企业的某项可计提折旧的固定资产，其有效使用年限或预计净残值的估计发生的变更，常常影响变更当期及资产以后使用年限内各个期间的折旧费用，这类会计估计的变更，应于变更当期及以后各期确认。

会计估计变更的影响数应计入变更当期与前期相同的项目中。为了保证不同期间的财务报表具有可比性，如果以前期间的会计估计变更的影响数计入企业日常经营活动损益，则以后期间也应计入日常经营活动损益；如果以前期间的会计估计变更的影响数计入特殊项目中，则以后期间也应计入特殊项目。

【例28-3】 乙公司有一台管理用设备，原始价值为64 000元，预计使用寿命为6年，净残值为4 000元，自20×6年1月1日起按直线法计提折旧。20×8年1月，由于新技术的发展等原因，需要对原预计使用寿命和净残值做出修正，修改后的预计使用寿命为5年，净残值为2 000元。乙公司适用所得税税率均为25%。假定税法允许按变更后的折旧额在税前扣除。

1. 分析

乙公司对上述会计估计变更的处理如下。

（1）不调整以前各期折旧，也不计算累积影响数。

（2）变更日以后发生的经济业务改按新估计使用寿命提取折旧。

2. 计算

按原估计，每年折旧额为10 000元，已提折旧2年，共计20 000元，固定资产净值为

44 000元。

改变估计使用寿命后,20×8年1月1日起每年计提的折旧费用为14 000[(44 000-2 000)÷(5-2)]元。20×8年不必对以前年度已提折旧进行调整,只需按重新预计的尚可使用寿命和净残值计算确定的年折旧费用。

3. 编制会计分录

借:管理费用　　　　　　　　　　　　　　　　　　　　　　　　　　14 000
　　贷:累计折旧　　　　　　　　　　　　　　　　　　　　　　　　　　14 000

(3) 企业应当正确划分会计政策变更和会计估计变更,并按不同的方法进行相关会计处理。企业通过判断会计政策变更和会计估计变更划分基础仍然难以对某项变更进行区分的,应当将其作为会计估计变更处理。

28.2.4 会计估计变更的披露

企业应当在附注中披露与会计估计变更有关的下列信息。

(1) 会计估计变更的内容和原因,包括变更的内容、变更日期以及要对会计估计进行变更的原因。

(2) 会计估计变更对当期和未来期间的影响数,包括会计估计变更对当期和未来期间损益的影响金额,以及对其他各项目的影响金额。

(3) 会计估计变更的影响数不能确定的,披露这一事实和原因。

【例28-4】沿用【例28-3】,乙公司应在财务报表附注中进行如下说明。

本公司一台管理用设备,原始价值为64 000元,原预计使用寿命为6年,预计净残值为4 000元,按直线法计提折旧。由于新技术的发展,该设备已不能按原预计使用寿命计提折旧,本公司于20×8年年初变更该设备的使用寿命为5年,预计净残值为2 000元,以反映该设备的真实耐用寿命和净残值。此估计变更影响本年度净利润减少数为3 000[(14 000-10 000)×(1-25%)]元。

28.3 前期差错及其更正

28.3.1 前期差错概述

根据《企业会计准则第28号——会计政策、会计估计变更和差错更正》第四章,前期差错是指由于没有运用或错误运用下列两种信息,而对前期财务报表造成省略漏或错报。

(1) 编报前期财务报表时预期能够取得并加以考虑的可靠信息。

(2) 前期财务报告批准报出时能够取得的可靠信息。

前期差错通常包括计算错误、应用会计政策错误、疏忽或曲解事实以及舞弊产生的影响以及存货、固定资产盘盈等。

没有运用或错误运用上述两种信息而形成前期差错的情形主要有以下几类。

(1) 计算以及账户分类错误。例如,企业购入的5年期国债,意图长期持有,但在记账时记入了交易性金融资产,导致账户分类上的错误,并导致在资产负债表上流动资产和非流动资产的分类也有误。

(2)采用法律、行政法规或者国家统一的会计制度等不允许的会计政策。例如,按照《企业会计准则第17号——借款费用》的规定,为购建固定资产的专门借款而发生的借款费用,满足一定条件的,在固定资产达到预定可使用状态前发生的,应予资本化,计入所购建固定资产的成本;在固定资产达到预定可使用状态后发生的,计入当期损益。如果企业固定资产已达到预定可使用状态后发生的借款费用,也计入了该固定资产的价值,予以资本化,则属于采用法律或会计准则等行政法规、规章所不允许的会计政策。

(3)对事实的疏忽或曲解,以及舞弊。例如,企业对某项建造合同应按建造合同规定的方法确认营业收入,但该企业却按确认商品销售收入的原则确认收入。

(4)在期末对应计项目与递延项目未予调整。例如,企业应在本期摊销的费用在期末未予摊销。

(5)漏记已完成的交易。例如,企业销售一批商品,商品已经发出,开出增值税专用发票,商品销售收入确认条件均已满足,但企业在期末时未将已实现的销售收入入账。

(6)提前确认尚未实现的收入或不确认已实现的收入。例如,在采用委托代销商品的销售方式下,应以收到代销单位的代销清单时,确认商品销售收入的实现,如企业在发出委托代销商品时即确认为收入,则为提前确认尚未实现的收入。

(7)资本性支出与收益性支出划分差错等。例如,企业发生的管理人员的工资一般作为收益性支出,而发生的在建工程人员工资一般作为资本性支出。如果企业将发生的在建工程人员工资计入了当期损益,则属于资本性支出与收益性支出的划分差错。

需要注意的是,就会计估计的性质来说,它是个近似值。随着更多信息的获得,估计可能需要进行修正,但是会计估计变更不属于前期差错更正。

28.3.2 前期差错更正的会计处理

企业应当采用追溯重述法更正重要的前期差错,但确定前期差错累积影响数不切实可行的除外。追溯重述法是指在发现前期差错时,视同该项前期差错从未发生过,从而对财务报表相关项目进行更正的方法。

如果财务报表项目的遗漏或错误表述可能影响财务报表使用者根据财务报表所做出的经济决策,则该项目的遗漏或错误是重要的。重要的前期差错是指足以影响财务报表使用者对企业财务状况、经营成果和现金流量做出正确判断的前期差错。不重要的前期差错是指不足以影响财务报表使用者对企业财务状况、经营成果和现金流量做出正确判断的会计差错。

前期差错的重要性取决于在相关环境下对遗漏或错误表述的规模和性质的判断。前期差错所影响的财务报表项目的金额或性质,是判断该前期差错是否具有重要性的决定性因素。一般来说,前期差错所影响的财务报表项目的金额越大、性质越严重,其重要性程度越高。

(一)不重要的前期差错的会计处理

对于不重要的前期差错,企业不需调整财务报表相关项目的期初数,但应调整发现当期与前期相同的相关项目;属于影响损益的,应直接计入本期与上期相同的净损益项目;属于不影响损益的，应调整本期与前期相同的相关项目。

【例 28-5】 A 公司在 20×8 年 12 月 31 日发现，一台价值 6 000 元、应计入固定资产并于 20×7 年 2 月 1 日开始计提折旧的管理用设备，在 20×7 年计入了当期费用。该公司固定资产折旧采用直线法，该资产估计使用年限为 4 年，假设不考虑净残值因素，则在 20×8 年 12 月 31 日更正此差错的会计分录如下。

借：固定资产　　　　　　　　　　　　　　　　　　　　　　　6 000
　贷：管理费用　　　　　　　　　　　　　　　　　　　　　　3 125
　　　累计折旧　　　　　　　　　　　　　　　　　　　　　　2 875

假设该项差错直到固定资产全部提折旧后才发现，则不需要做任何分录，因为该项差错已经抵销了。

（二）重要的前期差错的会计处理

对于重要的前期差错，企业应当在其发现当期的财务报表中，调整前期比较数据。具体地说，企业应当在重要的前期差错发现当期的财务报表中，通过下述处理对其进行追溯更正。

（1）追溯重述差错发生期间列报的前期比较金额。

（2）如果前期差错发生在列报的最早前期之前，则追溯重述列报的最早前期的资产、负债和所有者权益相关项目的期初余额。

对于发生的重要的前期差错，如影响损益，则应将其对损益的影响数调整发现当期的期初留存收益，财务报表其他相关项目的期初数也应一并调整；如不影响损益，则应调整财务报表相关项目的期初数。

企业在编制比较财务报表时，对于比较财务报表期间的重要的前期差错，应调整该期间的净损益和其他相关项目，视同该差错在产生的当期已经更正；对于比较财务报表期间以前的重要的前期差错，应调整比较财务报表最早期间的期初留存收益，财务报表其他相关项目的数字也应一并调整。

确定前期差错影响数不切实可行的，可以从可追溯重述的最早期间开始调整留存收益的期初余额，财务报表其他相关项目的期初余额也应当一并调整，也可以采用未来适用法。当企业确定前期差错对列报的一个或者多个前期比较信息的特定期间的累积影响数不切实可行时，应当追溯重述切实可行的最早期间的资产、负债和所有者权益相关项目的期初余额（可能是当期）；当企业在当期期初确定前期差错对所有前期的累积影响数不切实可行时，应当从确定前期差错影响数切实可行的最早日期开始采用未来适用法追溯重述比较信息。

需要注意的是，为了保证经营活动的正常进行，企业应当建立健全内部稽核制度，保证会计资料的真实、完整。对于年度资产负债表日至财务报告批准报出日之间发现的报告年度的会计差错及报告年度前不重要的前期差错，应按照《企业会计准则第 29 号——资产负债表日后事项》的规定进行处理。

【例 28-6】 B 公司在 20×9 年发现，20×8 年公司漏记一项固定资产的折旧费用 120 000 元，所得税申报表中未扣除该项费用。假设 20×8 年适用所得税税率为 25%，无其他纳税调整事项。该公司按净利润的 10%、5% 提取法定盈余公积和任意盈余公积。B 公司发行股票份额为 1 500 000 股。假定税法允许调整应交所得税。

1. 分析前期差错的影响数

20×8 年少计折旧费用 120 000 元；多计所得税费用 30 000（120 000×25%）元；多计净利润 90 000 元；多计应交税费 30 000（120 000×25%）元；多提法定盈余公积和任意盈余公积分别为 9 000（90 000×10%）元和 4 500（90 000×5%）元。

2. 编制有关项目的调整分录

（1）补提折旧。

借：以前年度损益调整　　　　　　　　　　　　　　　120 000
　　贷：累计折旧　　　　　　　　　　　　　　　　　　　　　120 000

（2）调整应交所得税。

借：应交税费——应交所得税　　　　　　　　　　　　30 000
　　贷：以前年度损益调整　　　　　　　　　　　　　　　　　30 000

（3）将"以前年度损益调整"科目余额转入"利润分配"科目。

借：利润分配——未分配利润　　　　　　　　　　　　90 000
　　贷：以前年度损益调整　　　　　　　　　　　　　　　　　90 000

（4）调整利润分配有关数字。

借：盈余公积　　　　　　　　　　　　　　　　　　　13 500
　　贷：利润分配——未分配利润　　　　　　　　　　　　　　13 500

3. 财务报表调整和重述（财务报表略）

B 公司在列报 20×9 年财务报表时，应调整 20×9 年资产负债表有关项目的年初余额、利润表有关项目及所有者权益变动表的上年金额也应进行调整。

（1）资产负债表项目的调整。

调增累计折旧 120 000 元；调减应交税费 30 000 元；调减盈余公积 13 500 元；调减未分配利润 76 500 元。

（2）利润表项目的调整。

调增营业成本上年金额 120 000 元；调减所得税费用上年金额 30 000 元；调减净利润上年金额 90 000 元；调减基本每股收益上年金额 0.06 元。

（3）所有者权益变动表项目的调整。

调减前期差错更正项目中盈余公积上年金额 13 500 元，调减未分配利润上年金额 76 500 元，调减所有者权益合计上年金额 90 000 元。

28.3.3　前期差错更正的披露

企业应当在附注中披露与前期差错更正有关的下列信息。

（1）前期差错的性质。

（2）各个列报前期财务报表中受影响的项目名称和更正金额。

（3）无法进行追溯重述的，说明该事实和原因以及对前期差错开始进行更正的时点、具体更正情况。

在以后期间的财务报表中,不需要重复披露在以前期间的附注中已披露的前期差错更正的信息。

【例28-7】沿用【例28-6】,B公司应在财务报表附注中进行如下说明。

本年度发现20×8年漏记固定资产折旧120 000元,在编制20×8年与20×9年比较财务报表时,已对该项差错进行了更正。更正后,调减20×8年净利润及留存收益90 000元,调增累计折旧120 000元。

第 29 章 资产负债表日后事项

资产负债表日后事项的会计处理流程如图 29-1 所示。

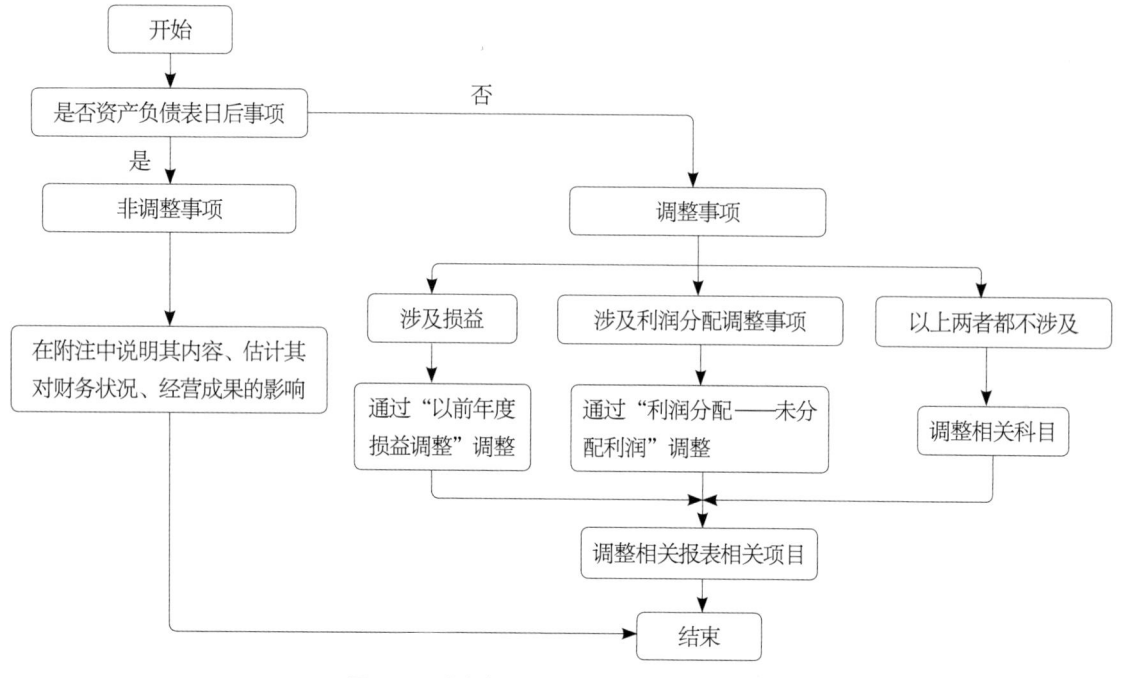

图 29-1 资产负债表日后事项的会计处理流程

29.1 资产负债表日后事项概述

29.1.1 资产负债表日后事项的定义

根据《企业会计准则第 29 号——资产负债表日后事项》（简称"资产负债表日后事项准则"），资产负债表日后事项是指资产负债表日至财务报告批准报出日之间发生的有利或不利事项。财务报告批准报出日是指董事会或类似机构批准财务报告报出的日期。

《企业会计准则讲解》对资产负债表日后事项进行了如下详细讲解。

（一）资产负债表日

资产负债表日是指会计年度末和会计中期期末。其中，年度资产负债表日是指公历 12 月 31 日；会计中期通常包括半年度、季度和月度等，会计中期期末相应地是指公历半年末、季末和月末等。

如果母公司或者子公司在国外，无论该母公司或子公司如何确定会计年度和会计中期，其向国内提供的财务报告都应根据我国《中华人民共和国会计法》和会计准则的要求确定资产负债表日。

（二）财务报告批准报出日

财务报告批准报出日是指董事会或类似机构批准财务报告报出的日期。通常是指对财务报告的内容负有法律责任的单位或个人批准财务报告对外公布的批准日期。

财务报告的批准者包括所有者、所有者中的多数、董事会或类似的管理单位、部门和个人。公司制企业的董事会有权批准对外公布财务报告，因此，公司制企业财务报告批准报出日是指董事会批准财务报告报出的日期。对于非公司制企业，财务报告批准报出日是指经理（厂长）会议或类似机构批准财务报告报出的日期。

（三）有利或不利事项

资产负债表日后事项准则所称"有利或不利事项"，是指资产负债表日后事项肯定对企业财务状况和经营成果具有一定影响（既包括有利影响也包括不利影响）。如果某些事项的发生对企业并无任何影响，那么，那些事项既不是有利事项也不是不利事项，也就不属于资产负债表日后事项。

29.1.2　资产负债表日后事项涵盖的期间

《企业会计准则讲解》针对资产负债表日后事项涵盖的期间进行了详细说明。资产负债表日后事项涵盖期间是自资产负债表日次日起至财务报告批准报出日止的一段时间，具体是指：报告年度次年的1月1日或报告期下一期间的第一天至董事会或类似机构批准财务报告对外公布的日期。财务报告批准报出以后、实际报出之前又发生与资产负债表日后事项有关的事项，并由此影响财务报告对外公布日期的，应以董事会或类似机构再次批准财务报告对外公布的日期为截止日期。

29.1.3　资产负债表日后事项的分类

资产负债表日后事项包括资产负债表日后调整事项和资产负债表日后非调整事项。

资产负债表日后调整事项是指对资产负债表日已经存在的情况提供了新的或进一步证据的事项。

资产负债表日后非调整事项是指表明资产负债表日后发生的情况的事项。

其中，资产负债表日后事项表明持续经营假设不再适用的，企业不应当在持续经营基础上编制财务报表。

（一）调整事项

资产负债表日后调整事项是指对资产负债表日已经存在的情况提供了新的或进一步证据的事项。

如果资产负债表日及所属会计期间已经存在某种情况，但当时并不知道其存在或者不能知道确切结果，资产负债表日后发生的事项能够证实该情况的存在或者确切结果，则该事项属于资产负债表日后事项中的调整事项。调整事项能对资产负债表日的存在情况提供追加的证据，并会影响编制财务报表过程中的内在估计。

企业在生产经营中可能存在一些不确定的因素，会计人员只能根据专业知识做出估计和判断，如果资产负债表日后事项对资产负债表日的情况提供了进一步的证据，该证据表明的情况与原来的估计和判断不完全一致，则需要对原来的会计处理进行调整。

（二）非调整事项

资产负债表日后非调整事项是指表明资产负债表日后发生的情况的事项。非调整事项的发生不影响资产负债表日企业的财务报表数字，只说明资产负债表日后发生了某些情况。对于财务报告使用者来说，非调整事项说明的情况有的重要，有的不重要；其中重要的非调整事项虽然与资产负债表日的财务报表数字无关，但可能影响资产负债表日以后的财务状况和经营成果，故准则要求适当披露。

（三）调整事项与非调整事项的区别

如何确定资产负债表日后发生的某一事项是调整事项，还是非调整事项，是运用资产负债表日后事项准则的关键。某一事项究竟是调整事项还是非调整事项，取决于该事项表明的情况在资产负债表日或资产负债表日以前是否已经存在。若该情况在资产负债表日或之前已经存在，则属于调整事项；反之，则属于非调整事项。

【例29-1】某上市公司20×7年的年度财务报告于20×8年2月20日编制完成，注册会计师完成年度财务报表审计工作并签署审计报告的日期为20×8年4月16日，董事会批准财务报告对外公布的日期为20×8年4月17日，财务报告实际对外公布的日期为20×8年4月23日，股东大会召开日期为20×8年5月10日。

根据资产负债表日后事项涵盖期间的规定，本例中，该公司20×7年年报资产负债表日后事项涵盖的期间为20×8年1月1日至20×8年4月17日。如果在4月17日—23日发生了重大事项，需要调整财务报表相关项目的数字或需要在财务报表附注中披露，经调整或说明后的财务报告再经董事会批准报出的日期为20×8年4月25日，实际报出的日期为20×8年4月30日，则资产负债表日后事项涵盖的期间为20×8年1月1日至20×8年4月25日。

29.2 资产负债表日后调整事项

29.2.1 基本处理原则

《企业会计准则第29号——资产负债表日后事项》规定，企业发生的资产负债表日后调整事项，应当调整资产负债表日的财务报表。

企业发生的资产负债表日后调整事项，通常包括下列各项。

（1）资产负债表日后诉讼案件结案，法院判决证实了企业在资产负债表日已经存在现时义务，需要调整原先确认的与该诉讼案件相关的预计负债，或确认一项新负债。

（2）资产负债表日后取得确凿证据，表明某项资产在资产负债表日发生了减值或者需要调整该项资产原先确认的减值金额。

（3）资产负债表日后进一步确定了资产负债表日前购入资产的成本或售出资产的收入。

（4）资产负债表日后发现了财务报表舞弊或差错。

《企业会计准则讲解》指出，年度资产负债表日后发生的调整事项，应分别按以下情况进行处理。

（1）涉及损益的事项，通过"以前年度损益调整"科目核算。调整增加以前年度利润或调整减少以前年度亏损的事项，计入"以前年度损益调整"科目的贷方；反之，计入"以前年度损益调整"科目的借方。

需要注意的是，涉及损益的调整事项如果发生在资产负债表日所属年度（即报告年度）所得税汇算清缴前的，应按准则要求调整报告年度应纳税所得额、应纳所得税税额；发生在报告年度所得税汇算清缴后的，应按准则要求调整本年度（即报告年度的次年）应纳所得税税额。

（2）涉及利润分配调整的事项，直接在"利润分配——未分配利润"科目中核算。

（3）不涉及损益以及利润分配的事项，调整相关科目。

（4）通过上述账务处理后，还应同时调整财务报表相关项目的数字，包括：资产负债表日编制的财务报表相关项目的期末数或本年发生数；当期编制的财务报表相关项目的期初数或上年数；经过上述调整后，如果涉及报表附注内容，还应当调整报表附注相关项目的数字。

【例29-2】甲公司因产品质量问题被消费者起诉。20×7年12月31日法院尚未判决，考虑到消费者胜诉要求甲公司赔偿的可能性较大，甲公司为此确认了500万元的预计负债。20×8年2月20日，在甲公司20×7年年度财务报告对外报出之前，法院判决消费者胜诉，要求甲公司支付赔偿款700万元。

本例中，甲公司在20×7年12月31日结账时已经知道消费者胜诉的可能性较大，但不能知道法院判决的确切结果，因此，确认了500万元的预计负债。20×8年2月20日法院判决结果为甲公司预计负债的存在提供了进一步的证据。此时，按照20×7年12月31日存在状况编制的财务报表所提供的信息已不能真实反映企业的实际情况，应据此对财务报表相关项目的数字进行调整。

29.2.2 具体会计处理

《企业会计准则讲解》对资产负债表日后调整事项列举了具体事例，其中的所有例子均假定如下：财务报告批准报出日是次年3月31日，所得税税率为25%，按净利润的10%提取法定盈余公积，提取法定盈余公积后不再做其他分配；调整事项按税法规定均可调整应交的所得税；涉及递延所得税资产的，均假定未来期间很可能取得用来抵扣暂时性差异的应纳税所得额。

（一）资产负债表日后诉讼案件结案，法院判决证实了企业在资产负债表日已经存在现时义务，需要调整原先确认的与该诉讼案件相关的预计负债，或确认一项新负债

这一事项是指导致诉讼的事项在资产负债表日已经发生，但尚不具备确认负债的条件而未确认。因此，法院判决后应确认一项新负债；或者虽已确认，但需要调整已确认负债的金额。

【例29-3】甲公司与乙公司签订一项销售合同，合同中订明甲公司应在2×17年8月销售给乙公司一批物资。由于甲公司未能按照合同发货，致使乙公司发生重大经济损失。2×17年12月，乙公司将甲公司告上法庭，要求甲公司赔偿450万元。

2×17年12月31日法院尚未判决，甲公司按或有事项准则对该诉讼事项确认预计负债

300万元。2×18年2月10日,经法院判决甲公司应赔偿乙公司400万元,甲、乙双方均服从判决。判决当日,甲公司向乙公司支付赔偿款400万元。甲、乙两公司2×17年所得税汇算清缴均在2×18年3月20日完成(假定该项预计负债产生的损失不允许在预计时税前抵扣,只有在损失实际发生时,才允许税前抵扣)。

本例中,2×18年2月10日的判决证实了甲、乙两公司在资产负债表日(即2×17年12月31日)分别存在现时赔偿义务和获赔权利。因此,两公司都应将"法院判决"这一事项作为调整事项进行处理。甲公司和乙公司2×17年所得税汇算清缴均在2×18年3月20日完成。因此,应根据法院判决结果调整报告年度应纳税所得额和应纳所得税税额。

1. 甲公司的账务处理

(1) 2×18年2月10日,记录支付的赔款,并调整递延所得税资产。

借:以前年度损益调整　　　　　　　　　　　　　　　　1 000 000
　　贷:其他应付款　　　　　　　　　　　　　　　　　　　　　1 000 000
借:应交税费——应交所得税　　　　　　　　　　　　　　250 000
　　贷:以前年度损益调整　　　　　　　　　(1 000 000×25%) 250 000
借:应交税费——应交所得税　　　　　　　　　　　　　　750 000
　　贷:以前年度损益调整　　　　　　　　　　　　　　　　　　750 000
借:以前年度损益调整　　　　　　　　　　　　　　　　　750 000
　　贷:递延所得税资产　　　　　　　　　　　　　　　　　　　750 000
借:预计负债　　　　　　　　　　　　　　　　　　　　3 000 000
　　贷:其他应付款　　　　　　　　　　　　　　　　　　　　3 000 000
借:其他应付款　　　　　　　　　　　　　　　　　　　　4 000 000
　　贷:银行存款　　　　　　　　　　　　　　　　　　　　　4 000 000

注:2×17年年末因确认预计负债300万元时已确认相应的递延所得税资产,资产负债表日后事项发生后递延所得税资产不复存在,故应冲销相应记录。

(2) 将"以前年度损益调整"科目余额转入"利润分配——未分配利润"科目。

借:利润分配——未分配利润　　　　　　　　　　　　　　750 000
　　贷:以前年度损益调整　　　　　　　　　　　　　　　　　　750 000

(3) 因净利润变动,调整盈余公积。

借:盈余公积　　　　　　　　　　　　　　　　　　　　　75 000
　　贷:利润分配——未分配利润　　　　　　　　(750 000×10%) 75 000

(4) 调整报告年度财务报表。

① 资产负债表项目的年末数调整。

调减递延所得税资产75万元;调增其他应付款400万元,调减应交税费100万元,调减预计负债300万元;调减盈余公积7.5万元,调减未分配利润67.5万元。

资产负债表略。

② 利润表项目的调整。

调增营业外支出100万元,调减所得税费用25万元,调减净利润75万元。

利润表略。

③ 所有者权益变动表项目的调整。

调减净利润 75 万元，"提取盈余公积"项目中"盈余公积"一栏调减 7.5 万元，"未分配利润"一栏调减 67.5 万元。

所有者权益变动表略。

2. 乙公司的账务处理

（1）2×18 年 2 月 10 日，记录收到的赔款，并调整应交所得税。

借：其他应收款　　　　　　　　　　　　　　　　　　4 000 000
　　贷：以前年度损益调整　　　　　　　　　　　　　　　　4 000 000
借：以前年度损益调整　　　　　　　　　　　　　　　1 000 000
　　贷：应交税费——应交所得税　　　　　　　　　　　　　1 000 000
借：银行存款　　　　　　　　　　　　　　　　　　　4 000 000
　　贷：其他应收款　　　　　　　　　　　　　　　　　　　4 000 000

（2）将"以前年度损益调整"科目余额转入"利润分配——未分配利润"科目。

借：以前年度损益调整　　　　　　　　　　　　　　　3 000 000
　　贷：利润分配——未分配利润　　　　　　　　　　　　　3 000 000

（3）因净利润增加，补提盈余公积。

借：利润分配——未分配利润　　　　　　　　　　　　　300 000
　　贷：盈余公积　　　　　　　　　　　　　　　　　　　　300 000

（4）调整报告年度财务报表相关项目的数字（财务报表略）。

① 资产负债表项目的年末数调整。

调增其他应收款 400 万元，调增应交税费 100 万元，调增盈余公积 30 万元，调增未分配利润 270 万元。

② 利润表项目的调整。

调增营业外收入 400 万元，调增所得税费用 100 万元，调增净利润 300 万元。

③ 所有者权益变动表项目的调整。

调增净利润 300 万元，"提取盈余公积"项目中"盈余公积"一栏调增 30 万元，"未分配利润"一栏调增 270 万元。

（二）资产负债表日后取得确凿证据，表明某项资产在资产负债表日发生了减值或者需要调整该项资产原先确认的减值金额

【例 29-4】 20×7 年 4 月，甲公司销售给乙公司一批产品，货款为 58 000 元（含增值税）。乙公司于当年 5 月收到所购物资并验收入库。按合同规定，乙公司应于收到所购物资后一个月内付款。由于乙公司财务状况不佳，其到 20×7 年 12 月 31 日仍未付款。甲公司于 12 月 31 日编制 20×7 年度财务报表时，已为该项应收账款提取坏账准备 2 900 元，12 月 31 日资产负债表上"应收账款"项目的金额为 76 000 元，其中 55 100 元为该项应收账款。甲公司于 20×8 年 2 月 2 日（所得税汇算清缴前）收到法院通知，乙公司已宣告破产清算，无力偿还所欠部分货款，甲公司预计可收回应收账款的40%。

本例中，甲公司在收到法院通知后，首先可判断该事项属于资产负债表日后调整事项；然后应根据调整事项的处理原则进行处理。具体过程如下。

（1）补提坏账准备。

应补提的坏账准备 =58 000×60%-2 900=31 900（元）

借：以前年度损益调整	31 900
贷：坏账准备	31 900

（2）调整递延所得税资产。

借：递延所得税资产	7 975
贷：以前年度损益调整	（31 900×25%）7 975

（3）将"以前年度损益调整"科目的余额转入"利润分配——未分配利润"科目。

借：利润分配——未分配利润	（31 900-7 975）23 925
贷：以前年度损益调整	23 925

（4）调整利润分配有关数字。

借：盈余公积	2 392.50
贷：利润分配——未分配利润	（23 925×10%）2 392.50

（5）调整报告年度财务报表相关项目的数字。

① 资产负债表项目的调整：调减应收账款净值31 900元；调增递延所得税资产7 975元；调减盈余公积2 392.50元；调减未分配利润21 532.50元。

② 利润表项目的调整：调增管理费用31 900元；调减所得税费用7 975元。

③ 所有者权益变动表项目的调整：调减净利润23 925元，调减提取盈余公积2 392.50元。

（6）调整20×8年2月资产负债表相关项目的年初数。

甲公司在编制20×8年1月的资产负债表时，将调整前20×7年12月31日的资产负债表的数字作为资产负债表的年初数，由于发生了资产负债表日后调整事项，甲公司除了调整20×7年年度资产负债表相关项目的数字外，还应当调整20×8年2月及以后月份资产负债表相关项目的年初数，其年初数按照20×7年12月31日调整后的数字填列。

（三）资产负债表日后进一步确定了资产负债表日前购入资产的成本或售出资产的收入

这类调整事项包括以下两方面的内容：（1）若资产负债表日前购入的资产已经按暂估金额等入账，资产负债表日后获得证据，可以进一步确定该资产的成本，则应该对已入账的资产成本进行调整；（2）企业在资产负债表日已根据收入确认条件确认资产销售收入，但资产负债表日后获得关于资产收入的进一步证据，如发生销售退回等，此时也应调整财务报表相关项目的金额。需要说明的是，资产负债表日后发生的销售退回，既包括报告年度或报告中期销售的商品在资产负债表日后发生的销售退回，也包括以前期间销售的商品在资产负债表日后发生的销售退回。

资产负债表所属期间或以前期间所售商品在资产负债表日后退回的，应作为资产负债表日后调整事项处理。发生于资产负债表日后至财务报告批准报出日之间的销售追回事项，可能发生于年度所得税汇算清缴之前，也可能发生于年度所得税汇算清缴之后，企业应该根据不同情况做相应会计处理。

涉及报告年度所属期间的销售退回发生于报告年度所得税汇算清缴之前的，应调整报告年度利润表的收入、成本等，并相应调整报告年度的应纳税所得额以及报告年度应缴纳的所得税等。

【例29-5】甲公司于2×19年12月20日销售一批商品给丙企业，取得收入100 000元（不含税，增值税税率为13%）。甲公司发出商品后，按照正常情况已确认收入，并结转成本80 000元。此笔货款到2×19年年末尚未收到，甲公司按应收账款的4%计提了坏账准备4 520元。2×20年1月18日，由于产品质量问题，本批货物被退回。按税法规定，并经税务机关批准，在应收款项余额5%的范围内计提的坏账准备可以在税前扣除。本年度，甲公司除应收丙企业账款计提的坏账准备外，无其他纳税调整事项。甲公司于2×20年2月28日完成2×19年所得税汇算清缴。甲公司适用的所得税税率为25%，按10%提取盈余公积。

本例中，销售退回业务发生在资产负债表日后事项涵盖期间内，应属于资产负债表日后调整事项。

甲公司的账务处理如下。

（1）2×20年1月18日，调整销售收入。

借：以前年度损益调整	100 000
应交税费——应交增值税（销项税额）	13 000
贷：应收账款	113 000

（2）调整坏账准备余额。

调整的坏账准备金额=(100 000+13 000)×5%=5 650（元）>4 680（元）；故调整金额为4 680元。

| 借：坏账准备 | 4 680 |
| 　贷：以前年度损益调整 | 4 680 |

（3）调整销售成本。

| 借：库存商品 | 80 000 |
| 　贷：以前年度损益调整 | 80 000 |

（4）调整应缴纳的所得税。

| 借：应交税费——应交所得税 | 3 830 |
| 　贷：以前年度损益调整 | 3 830 |

注：应调整的企业所得税=(100 000-80 000-4 680)×25%=3 830（元）

（5）调整已确认的递延所得税资产。

| 借：以前年度损益调整 | 242.50 |
| 　贷：递延所得税资产 | 242.50 |

注：应调整的所得税资产=(113 000×5%-4 680)×25%=242.50（元）

（6）将"以前年度损益调整"科目余额转入"利润分配——未分配利润"科目。

借：利润分配——未分配利润　　　　　　　　　　　　　　　　　11 732.50
　　　　贷：以前年度损益调整　　　　　　　　　　　　　　　　　　　　11 732.50
注："以前年度损益调整"科目余额 =100 000- 80 000- 4 680- 3 830 + 242.50=11 732.50（元）
（7）调整盈余公积。
　　借：盈余公积　　　　　　　　　　　　　　　　　　　　　　　　　1 173.25
　　　　贷：利润分配——未分配利润　　　　　　　　　　　　　　　　　1 173.25

资产负债表日后事项中涉及报告年度所属期间的销售退回发生于报告年度所得税汇算清缴之后的，应调整报告年度会计报表的收入、成本等，但按照税法规定在此期间的销售退回所涉及的应交所得税，应作为本年度的纳税调整事项。

【例29-6】 沿用【例29-5】，假定销售退回的时间改为 2×20 年 3 月 5 日（即报告期所得税汇算清缴后）。

甲公司的账务处理如下。

（1）2×20 年 3 月 5 日，调整销售收入。

　　借：以前年度损益调整　　　　　　　　　　　　　　　　　　　　100 000
　　　　应交税费——应交增值税（销项税额）　　　　　　　　　　　　　13 000
　　　　贷：应收账款　　　　　　　　　　　　　　　　　　　　　　　113 000

（2）调整坏账准备余额。

　　借：坏账准备　　　　　　　　　　　　　　　　　　　　　　　　　4 680
　　　　贷：以前年度损益调整　　　　　　　　　　　　　　　　　　　　4 680

（3）调整销售成本。

　　借：库存商品　　　　　　　　　　　　　　　　　　　　　　　　　80 000
　　　　贷：以前年度损益调整　　　　　　　　　　　　　　　　　　　　80 000

（4）调整所得税费用。

　　借：应交税费——应交所得税　　　　　　　　　　　　　　　　　　3 830
　　　　贷：所得税费用　　　　　　　　　　　　　　　　　　　　　　　3 830

（5）调整已确认的递延所得税资产。

　　借：以前年度损益调整　　　　　　　　　　　　　　　　　　　　　282.50
　　　　贷：递延所得税资产　　　　　　　　　　　　　　　　　　　　　282.50

（6）将"以前年度损益调整"科目余额转入"利润分配——未分配利润"科目。

　　借：利润分配——未分配利润　　　　　　　　　　　　　　　　　　15 612.50
　　　　贷：以前年度损益调整　　　　　　　　　　　　　　　　　　　　15 612.50
注："以前年度损益调整"科目余额 =100 000 + 292.50- 80 000- 4 680=15 612.50（元）

（7）调整盈余公积。

　　借：盈余公积　　　　　　　　　　　　　　　　　　　　　　　　　1 561.25
　　　　贷：利润分配——未分配利润　　　　　　　　　　　　　　　　　1 561.25

（四）资产负债表日后发现了财务报表舞弊或差错

这一事项是指资产负债表日后发现报告期或以前期间存在的财务报表舞弊或差错。企业发生这一事项后，应当将其作为资产负债表日后调整事项，调整报告期间的年度财务报告或中期财务报告相关项目的数字。

29.3 资产负债表日后非调整事项

《企业会计准则第 29 号——资产负债表日后事项》规定，企业发生的资产负债表日后非调整事项，不应当调整资产负债表日的财务报表。

《企业会计准则讲解》对此进行了补充：有的非调整事项对财务报告使用者具有重大影响，如不加以说明，将不利于财务报告使用者做出正确估计和决策，因此，资产负债表日后事项准则要求在附注中披露"重要的资产负债表日后非调整事项的性质、内容，及其对财务状况和经营成果的影响"。

企业发生的资产负债表日后非调整事项，通常包括下列各项。

（一）资产负债表日后发生重大诉讼、仲裁、承诺

资产负债表日后发生的重大诉讼等事项，对企业影响较大，为防止误导投资者及其他财务报告使用者，应当在报表附注中进行相关披露。

（二）资产负债表日后资产价格、税收政策、外汇汇率发生重大变化

如果资产负债表日后资产价格、外汇汇率发生重大变化，应对由此产生的影响在报表附注中进行披露。同样，国家税收政策发生重大改变将会影响企业的财务状况和经营成果，也应当在报表附注中及时披露该信息。

（三）资产负债表日后因自然灾害导致资产发生重大损失

自然灾害导致的资产重大损失对企业资产负债表日后财务状况的影响较大，如果不加以披露，有可能使财务报告使用者做出错误的决策，因此，应作为非调整事项在报表附注中进行披露。

（四）资产负债表日后发行股票和债券以及其他巨额举债

企业发行股票、债券以及向银行或非银行金融机构举借巨额债务都是比较重大的事项，虽然这一事项与企业资产负债表日的存在状况无关，但这一事项的披露能使财务报告使用者了解与此有关的情况及可能带来的影响，故应披露。

（五）资产负债表日后资本公积转增资本

企业以资本公积转增资本将会改变企业的资本（或股本）结构，影响较大，需要在报表附注中进行披露。

（六）资产负债表日后发生巨额亏损

企业资产负债表日后发生巨额亏损将会对企业报告期以后的财务状况和经营成果产生重大影响，应当在报表附注中及时披露该事项，以便为投资者或其他财务报告使用者做出正确决策提供信息。

(七)资产负债表日后发生企业合并或处置子公司

企业合并或者处置子公司的行为可以影响股权结构、经营范围等方面,对企业未来生产经营活动能产生重大影响。因此,企业应在附注中披露处置子公司的信息。

(八)资产负债表日后,企业利润分配方案中拟分配的以及经审议批准宣告发放的股利或利润

资产负债表日后,企业制定利润分配方案,拟分配或经审议批准宣告发放股利或利润的行为,并不会致使企业在资产负债表日形成现时义务,因此,虽然发生该事项可导致企业负有支付股利或利润的义务,但支付义务在资产负债表日尚不存在,不应该调整资产负债表日的财务报告,因此,该事项为非调整事项。

但由于该事项对企业资产负债表日后的财务状况有较大影响,可能导致现金较大规模流出、企业股权结构变动等,为便于财务报告使用者更充分了解相关信息,企业需要在财务报告中适当披露该信息。

另外,资产负债表日后,企业利润分配方案中拟分配的以及经审议批准宣告发放的股利或利润,不确认为资产负债表日的负债,但应当在附注中单独披露。

【例29-7】甲公司20×7年度财务报告于20×8年3月20日经董事会批准对外公布。20×8年2月27日,甲公司与银行签订了5000万元的贷款合同,用于生产项目的技术改造,贷款期限自20×8年3月1日起至20×9年12月31日止。

本例中,甲公司向银行贷款的事项发生在20×8年度,且在公司20×7年度财务报告尚未批准对外公布的期间内,即该事项发生在资产负债表日后事项所涵盖的期间内。该事项在20×7年12月31日尚未发生,与资产负债表日存在的状况无关,不影响资产负债表日企业的财务报表数字。但是,该事项属于重要事项,会影响甲公司以后期间的财务状况和经营成果,因此,需要在附注中予以披露。

29.4 披露

《企业会计准则第29号——资产负债表日后事项》规定,企业应当在附注中披露与资产负债表日后事项有关的下列信息。

(1)财务报告的批准报出者和财务报告批准报出日。

按照有关法律、行政法规等规定,企业所有者或其他方面有权对报出的财务报告进行修改的,应当披露这一情况。

(2)每项重要的资产负债表日后非调整事项的性质、内容,以及其对财务状况和经营成果的影响。无法做出估计的,应当说明原因。

《企业会计准则第29号——资产负债表日后事项》规定,企业在资产负债表日后取得了影响资产负债表日存在情况的新的或进一步的证据,应当调整与之相关的披露信息。

第30章 财务报表列报

财务报表的组成部分如图30-1所示。

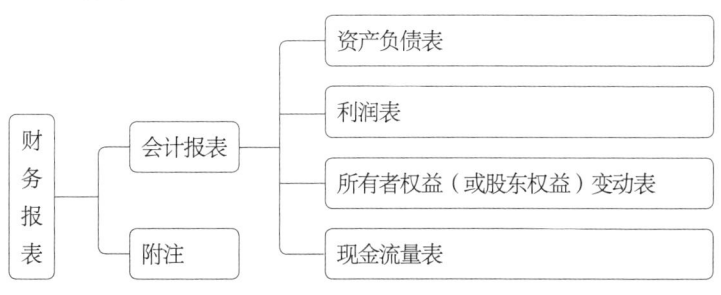

图30-1 财务报表的组成部分

30.1 财务报表概览

30.1.1 财务报表的定义及分类

《企业会计准则第30号——财务报表列报》（以下简称"财务报表列报准则"）第二条给出的解释是，财务报表是对企业财务状况、经营成果和现金流量的结构性表述。

《企业会计准则讲解》指出，列报是指交易和事项在报表中的列示和在附注中的披露；在财务报表的列报中，"列示"通常反映资产负债表、利润表、现金流量表和所有者权益（或股东权益，下同）变动表等报表中的信息；"披露"通常反映附注中的信息。

30.1.2 财务报表的分类

《企业会计准则第30号——财务报表列报》第二条对必须披露的财务报表进行了分类，规定财务报表至少应当包括下列组成部分。

（1）资产负债表。

（2）利润表。

（3）现金流量表。

（4）所有者权益（或股东权益，下同）变动表。

（5）附注。

财务报表的这些组成部分具有同等的重要程度。

财务报表可以按照不同的标准进行分类，具体如下。

（1）按财务报表编报期间的不同，可以分为中期财务报表和年度财务报表。中期财务报表是以短于一个完整会计年度的报告期间为基础编制的财务报表,包括月报、季报和半年报等。中期财务报表至少应当包括资产负债表、利润表、现金流量表和附注，其中，中期资产负债表、利润表和现金流量表应当是完整报表,其格式和内容应当与年度财务报表的格式和内容相一致。与年度财务报表相比,中期财务报表中的附注披露可适当简略。

(2)按财务报表编报主体的不同,可以分为个别财务报表和合并财务报表。个别财务报表是由企业在自身会计核算基础上对账簿记录进行加工而编制的财务报表,其主要用以反映企业自身的财务状况、经营成果和现金流量情况。合并财务报表是以母公司和子公司组成的企业集团为会计主体,根据母公司和所属子公司的财务报表,由母公司编制的综合反映企业集团财务状况、经营成果及现金流量的财务报表。

30.1.3 适用范围

《企业会计准则第30号——财务报表列报》第三条规定,该准则适用于个别财务报表和合并财务报表,以及年度财务报表和中期财务报表,《企业会计准则第32号——中期财务报告》另有规定的除外,中期财务报表的格式和内容应当与年度财务报表的格式和内容一致。合并报表的编制和列报,还应遵循《企业会计准则第33号——合并财务报表》。根据《企业会计准则第30号——财务报表列报》规定,现金流量表的编制和列报,以及其他会计准则的特殊列报要求,适用《企业会计准则第31号——现金流量表》和其他相关会计准则。现金流量表将在本书第31章中进行讲解。

30.2 财务报表列报的基本要求

30.2.1 遵循企业会计准则

企业应当根据实际发生的交易和事项,遵循《企业会计准则——基本准则》和其他各项会计准则的规定进行确认和计量,并在此基础上编制财务报表。企业应当在附注中对遵循企业会计准则编制的财务报表做出声明。只有遵循了企业会计准则的所有规定,财务报表才能声明"遵循了企业会计准则"。

企业不应以在附注中披露代替对交易和事项的确认和计量。也就是说,企业采用的不恰当的会计政策,不得通过在附注中披露等其他形式予以更正,企业应当对交易和事项进行正确的确认和计量。

如果按照各项会计准则规定披露信息,但是仍然不足以让报表使用者了解特定交易或事项对企业财务状况和经营成果的影响时,企业还应当披露其他的必要信息。

30.2.2 以持续经营为列报基础

《企业会计准则第30号——财务报表列报》第四条规定,企业应当以持续经营为基础编制财务报表。持续经营是会计的基本前提,是会计确认、计量及编制财务报表的基础。企业会计准则规范的是持续经营条件下企业对所发生交易和事项确认、计量及报表列报;相反,如果企业出现了非持续经营的情况,致使以持续经营为基础编制财务报表不再合理的,企业应当采用其他基础编制财务报表。

(一)对持续经营的判断

《企业会计准则第 30 号——财务报表列报》第五条、《企业会计准则讲解》对持续经营的判断做出了具体要求。在编制财务报表的过程中,企业管理层应当利用所有可获得信息来评价企业自报告期末起至少 12 个月的持续经营能力,需要考虑的因素包括宏观政策风险、市场经营风险、企业目前或长期的盈利能力、偿债能力、财务弹性以及企业管理层改变经营政策的意向等。评价结果表明对企业持续经营的能力产生严重怀疑的,应当在附注中披露导致对持续经营能力产生重大怀疑的重要的不确定因素,以及企业拟采取的改善措施。《企业会计准则第 30 号——财务报表列报》第六条规定,企业如有近期获利经营的历史且有财务资源支持,则通常表明以持续经营为基础编制财务报表是合理的。

(二)非持续经营的判断及会计处理

企业正式决定或被迫在当期或将在下一个会计期间进行清算或停止营业的,则表明以持续经营为基础编制财务报表不再合理。在这种情况下,企业应当采用其他基础编制财务报表,并在附注中声明财务报表未以持续经营为基础编制的事实、披露未以持续经营为基础编制的原因和财务报表的编制基础。

30.2.3 以权责发生制为编制基础

《企业会计准则第 30 号——财务报表列报》第七条规定,除现金流量表按照收付实现制原则编制外,企业应当按照权责发生制原则编制财务报表。

30.2.4 遵循重要性原则

(一)重要性标准

财务报表是通过对大量的交易或其他事项进行处理而生成的。这些交易或其他事项按其性质或功能汇总归类而形成财务报表中的项目。关于项目在财务报表中是单独列报还是合并列报,应当依据重要性原则来判断,即重要性是判断项目是否单独列报的重要标准。

根据《企业会计准则第 30 号——财务报表列报》第十条的解释,重要性是指在合理预期下,财务报表某项目的省略或错报会影响使用者据此作出经济决策的,该项目具有重要性。

(二)重要性的判断

企业在进行重要性判断时,应当根据所处环境,从项目的性质和金额大小两方面予以判断:一方面,应当考虑该项目的性质是否属于企业日常活动、是否对企业的财务状况和经营成果具有较大影响等因素;另一方面,判断项目金额大小的重要性,应当通过单项金额占资产总额、负债总额、所有者权益总额、营业收入总额、营业成本总额、净利润、综合收益总额等直接相关项目金额的比重加以确定。

(三)关于重要性的具体列报要求

总的原则是,如果某项目单看不具有重要性,则可将其与其他项目合并列报;如具有重要性,则应当单独列报。具体而言,应当遵循以下几点。

(1)性质或功能不同的项目,一般应当在财务报表中单独列报,但是不具有重要性的项目可以合并列报。例如,存货和固定资产在性质上和功能上都有本质差别,必须分别在资负债表上单独列报。

（2）性质或功能类似的项目，一般可以合并列报，但是对其具有重要性的类别应该单独列报。例如，原材料、低值易耗品等项目在性质上类似，均通过生产过程形成企业的产品存货，因此，可以合并列报，合并之后的类别统称为"存货"在资产负债表上单独列报。

（3）项目单独列报的原则不仅适用于报表，还适用于附注。某些项目的重要性程度不足以在资产负债表、利润表、现金流量表或所有者权益变动表中单独列示，但是可能对附注而言却具有重要性，在这种情况下，这些项目应当在附注中单独披露。仍以上述存货为例，对某制造业企业而言，原材料、包装物及低值易耗品、在产品、库存商品等项目的重要性程度不足以在资产负债表上单独列示，因此，在资产负债表上合并列示，但是鉴于其对该制造业企业的重要性，应当在附注中单独披露。

（4）无论是财务报表列报准则规定的单独列报项目，还是其他具体会计准则规定单独列报的项目，企业都应当予以单独列报。

30.2.5　保证列报的一致性

财务报表项目的列报应当在各个会计期间保持一致，不得随意变更。这一要求不仅针对财务报表中的项目名称，还针对财务报表项目的分类、排列顺序等方面。

当会计准则要求改变，或企业经营业务的性质发生重大变化后、变更财务报表项目的列报能够提供更可靠、更相关的会计信息时，财务报表项目的列报是可以改变的。

30.2.6　保证披露金额准确

《企业会计准则第30号——财务报表列报》第十一条规定，财务报表中的资产项目和负债项目的金额、收入项目和费用项目的金额、直接计入当期利润的利得项目和损失项目的金额不得相互抵销，但其他会计准则另有规定的除外。财务报表项目以总额列报，从而保证了所提供的信息的完整性、信息的可比性，有利于报表使用者做出合理的判断。

根据《企业会计准则讲解》，以下三种情况不属于抵销，但可以以净额列示。

（1）资产计提的减值准备，实质上意味着资产的价值确实发生了减损，资产项目应当按扣除减值准备后的净额列示。这样才能反映资产当时的真实价值，但并不属于上面所述的抵销。

（2）非日常活动并非企业主要的业务，且具有偶然性。从重要性来讲，非日常活动产生的损益以收入和费用抵销后的净额列示，对公允反映企业财务状况和经营成果影响不大，抵销后反而更能有利于报表使用者的理解。因此，非日常活动产生的损益应当以同一交易形成的收入扣减费用后的净额列示，并不属于抵销。

（3）一组类似交易形成的利得和损失应当以净额列示，但具有重要性的除外。例如，汇兑损益应当以净额列报，为交易目的而持有的金融工具形成的利得和损失应当以净额列报等。

30.2.7　遵循可比性原则

《企业会计准则第30号——财务报表列报》第十二条规定，当期财务报表的列报，至少应当提供所有列报项目上一个可比会计期间的比较数据，以及与理解当期财务报表相关的说明，但其他会计准则另有规定的除外。通常情况下，企业列报所有列报项目的上一个可比会计期间的比较数据，至少包括两期各报表及相关附注。当企业追溯应用会计政策或追溯重述，或者重新分类财务报表项目时，企业应当在一套完整的财务报表中列报最早可比期间期初的财务报表，即应当至少列报三期资产负债表、两期其他各报表及相关附注。列报的三期资产负债表分别是指当期期末的资产负债表、上期期末的资产负债表以及上期期初的资产负债表。

财务报表项目的列报发生变更的，应当至少对可比期间的比较数据按照当期的列报要求进行调整，并在附注中披露调整的原因和性质，以及调整的各项目金额。对可比数据进行调整不切实可行的，应当在附注中披露不能调整的原因。不切实可行是指企业在做出所有合理努力后仍然无法采用某项会计准则规定。

30.2.8 财务报表表首的列报要求

《企业会计准则第30号——财务报表列报》第十三条规定，企业应当在财务报表的显著位置至少披露下列各项。

（1）编报企业的名称。
（2）资产负债表日或财务报表涵盖的会计期间。
（3）人民币金额单位。
（4）财务报表是合并财务报表的，应当予以标明。

《企业会计准则讲解》对上述规定做了具体解释，财务报表一般分为表首、正表两部分，其中，在表首部分企业应当概括地说明下列基本信息。

（1）编报企业的名称，如企业名称在所属当期发生了变更，还应明确标明。
（2）对资产负债表而言，须披露资产负债表日，而对利润表、现金流量表、所有者权益变动表而言，须披露报表涵盖的会计期间。
（3）货币名称和单位，按照我国企业会计准则的规定，企业应当以人民币为记账本位币列报，并标明金额单位，如元人民币、万元人民币等。
（4）财务报表是合并财务报表的，应当予以标明。

30.2.9 报告期间

《企业会计准则第30号——财务报表列报》第十四条规定，企业至少应当按年编制财务报表。年度财务报表涵盖的期间短于一年的，应当披露年度财务报表的涵盖期间、短于一年的原因以及报表数据不具可比性的事实。

30.3 资产负债表列报

30.3.1 资产负债表的定义及内容

根据《企业会计准则讲解》的解释，资产负债表是反映企业在某一特定日期的财务状况的会计报表。例如，公历每年12月31日的财务状况反映的就是该日的情况。

资产负债表主要提供有关企业财务状况方面的信息，即某一特定日期关于企业资产、负债、所有者权益及其相互关系。资产负债表可以提供某一日期资产的总额及其结构，表明企业拥有或控制的资源及其分布情况，使得使用者可以一目了然地从资产负债表上了解企业在某一特定日期所拥有的资产总量及其结构；可以提供某一日期的负债总额及其结构，表明企业未来需要用多少资产或劳务清偿债务以及清偿时间；可以反映所有者所拥有的权益，据以判断资本保值、增值的情况以及对负债的保障程度。此外，资产负债表还可以提供进行财务分析的基本资料，即报表使用者可以利用报表数据，计算出流动比率、速动比率等，从而有助于报表使用者做出经济决策。

《企业会计准则第30号——财务报表列报》第十六条规定，资产和负债应当分别流动资产和非流动资产、流动负债和非流动负债列示。金融企业等销售产品或提供服务不具有明显可识别营业周期的企业，其各项资产或负债按照流动性列示能够提供可靠且更相关信息的，可以按照其流动性顺序列示。从事多种经营的企业，其部分资产或负债按照流动和非流动列报、其他部分资产或负债按照流动性列示能够提供可靠且更相关信息的，可以采用混合的列报方式。

对于同时包含资产负债表日后一年内（含一年，下同）和一年之后预期将收回或清偿金额的资产和负债单列项目，企业应当披露超过一年后预期收回或清偿的金额。

30.3.2 资产负债表项目列报分类

（一）资产的流动性划分

资产满足下列条件之一的，应当被归类为流动资产。

（1）预计在一个正常营业周期中变现、出售或耗用。这主要包括存货、应收账款等资产。需要指出的是，变现一般针对应收账款等而言，是指将资产变为现金；出售一般针对产品等存货而言；耗用一般是指将存货（如原材料）转变成另一种形态（如产成品）。

根据《企业会计准则第30号——财务报表列报》第十七条对正常营业周期的定义，正常营业周期通常短于一年，在一年内有几个营业周期。但是，也存在正常营业周期长于一年的情况，如房地产开发企业开发用于出售的房地产开发产品，造船企业制造的用于出售的大型船只等，从购买原材料进入生产，到制造出产品出售并收回现金或现金等价物的过程，往往超过一年，因生产周期较长等导致正常营业周期长于一年的，尽管相关资产往往超过一年才变现、出售或耗用，仍应当划分为流动资产。当正常营业周期不能确定时，应当以一年（12个月）作为正常营业周期。

（2）主要为交易目的而持有。例如，一些根据《企业会计准则第22号——金融工具确认和计量》划分的交易性金融资产。但是，并非所有交易性金融资产均为流动资产，例如，自资产负债表日起超过12个月到期且预期持有超过12个月的衍生工具应当划分为非流动资产或非流动负债。

（3）预计在资产负债表日起一年内（含一年，下同）变现。

（4）自资产负债表日起一年内，交换其他资产或清偿负债的能力不受限制的现金或现金等价物。

流动资产以外的资产应当归类为非流动资产，并应按其性质分类列示。

（二）负债的流动性划分

负债满足下列条件之一的，应当被归类为流动负债。

（1）预计在一个正常营业周期中清偿。

（2）主要为交易目的而持有。

（3）自资产负债表日起一年内到期应予以清偿。

（4）企业无权自主地将清偿推迟至资产负债表日后一年以上。

流动负债以外的负债应当归类为非流动负债，并应按其性质分类列示。

企业对资产和负债进行流动性分类时，应当采用相同的正常营业周期。企业正常营业周期中的经营性负债项目即使在资产负债表日后超过一年才清偿，仍应当被划分为流动负债。经营性负债项目包括应付账款、应付职工薪酬等，这些项目属于企业正常营业周期中使用的营运资金的一部分。当负债在其对手方选择的情况下可通过发行权益进行清偿的条款与负债的流动性划分无关。

（三）特殊处理

1. 持有待售资产及负债处理

被划分为持有待售的非流动资产（如固定资产、无形资产、长期股权投资等），以及被划分为持有待售处置组中的资产，应当被归类为流动资产。被划分为持有待售的非流动负债，以及被划分为持有待售的处置组中的与转让资产相关的负债，应当被归类为流动负债。处置组是指在一项交易中作为整体出售或其他方式一并处置的一组资产以及在该交易中转让的与这些资产直接相关的负债。

2. 可展期负债的处理

根据《企业会计准则第 30 号——财务报表列报》第二十一条，对于在资产负债表日起一年内到期的负债，企业有意图且有能力自主地将清偿义务展期至资产负债表日后一年以上的，应当归类为非流动负债；不能自主地将清偿义务展期的，即使在资产负债表日后、财务报告批准报出日前签订了重新安排清偿计划协议，该项负债仍应被归类为流动负债。

3. 有清偿期限的负债处理

根据《企业会计准则第 30 号——财务报表列报》第二十二条，企业在资产负债表日或之前违反了长期借款协议，导致贷款人可随时要求清偿的负债，应当被归类为流动负债。《企业会计准则讲解》对此解释为：在这种情况下，债务清偿的主动权并不在企业，企业只能被动地无条件归还贷款，而且该事实在资产负债表日即已存在，所以该负债应当作为流动负债列报。

若贷款人在资产负债表日或之前同意提供在资产负债表日后一年以上的宽限期，企业能够在此期限内改正违约行为，且贷款人不能要求随时清偿，则该项负债应当归类为非流动负债。

其他长期负债存在类似情况的，比照上述规定处理。

（四）单独列报项目

1. 资产类项目

资产负债表中的资产类至少应当单独列示反映下列信息的项目：货币资金；以公允价值

计量且其变动计入当期损益的金融资产；应收款项；预付款项；存货；被划分为持有待售的非流动资产及被划分为持有待售的处置组中的资产；可供出售金融资产；持有至到期投资；长期股权投资；投资性房地产；固定资产；生物资产；无形资产；递延所得税资产。

资产负债表中的资产类至少应当包括流动资产和非流动资产的合计项目，按照企业的经营性质不切实可行的除外。

2. 负债类项目

资产负债表中的负债类至少应当单独列示反映下列信息的项目：短期借款；以公允价值计量且其变动计入当期损益的金融负债；应付款项；预收款项；应付职工薪酬；应交税费；被划分为持有待售的处置组中的负债；长期借款；应付债券；长期应付款；预计负债；递延所得税负债。

资产负债表中的负债类至少应当包括流动负债、非流动负债和负债的合计项目，按照企业的经营性质不切实可行的除外。

3. 所有者权益类项目

资产负债表中的所有者权益类至少应当单独列示反映下列信息的项目：实收资本（或股本，下同）；资本公积；盈余公积；未分配利润。

在合并资产负债表中，应当在所有者权益类单独列示少数股东权益。

另外，资产负债表中的所有者权益类应当包括所有者权益的合计项目；资产负债表应当列示资产总计项目，负债和所有者权益总计项目。

30.3.3 资产负债表列报格式

一般企业资产负债表格式

1. 一般企业资产负债表格式

一般企业的资产负债表格式及列示说明如表 30-1 所示。

表 30-1　一般企业资产负债表

会企 01 表

编制单位：　　　　　　　　　　　年　月　日　　　　　　　　　　　单位：元

资产	期末余额	上年年末余额	负债和所有者权益（或股东权益）	期末余额	上年年末余额
流动资产：			流动负债：		
货币资金			短期借款		
交易性金融资产			交易性金融负债		
衍生金融资产			衍生金融负债		
应收票据			应付票据		
应收账款			应付账款		
应收款项融资			预收款项		
预付款项			合同负债		
其他应收款			应付职工薪酬		

续表

资产	期末余额	上年年末余额	负债和所有者权益（或股东权益）	期末余额	上年年末余额
存货			应交税费		
合同资产			其他应付款		
持有待售资产			持有待售负债		
一年内到期的非流动资产			一年内到期的非流动负债		
其他流动资产			其他流动负债		
流动资产合计			流动负债合计		
非流动资产：			非流动负债：		
债权投资			长期借款		
其他债权投资			应付债券		
长期应收款			其中：优先股		
长期股权投资			永续债		
其他权益工具投资			租赁负债		
其他非流动金融资产			长期应付款		
投资性房地产			预计负债		
固定资产			递延收益		
在建工程			递延所得税负债		
生产性生物资产			其他非流动负债		
油气资产			非流动负债合计		
使用权资产			负债合计		
无形资产			所有者权益（或股东权益）：		
开发支出			实收资本（或股本）		
商誉			其他权益工具		
长期待摊费用			其中：优先股		
递延所得税资产			永续债		
其他非流动资产			资本公积		
非流动资产合计			减：库存股		
			其他综合收益		
			专项储备		
			盈余公积		
			未分配利润		
			所有者权益（或股东权益）合计		
资产总计			负债和所有者权益（或股东权益）总计		

2. 一般企业资产负债表项目的具体填列

一般企业资产负债表部分项目的列报说明如下。

（1）资产项目的列报说明。

① "货币资金"项目，反映企业库存现金、银行结算户存款、外埠存款、银行汇票存款、银行本票存款、信用卡存款、信用证保证金存款等的合计数。本项目应根据"库存现金""银行存款""其他货币资金"科目期末余额的合计数填列。

② "交易性金融资产"项目，反映资产负债表日企业分类为以公允价值计量且其变动计入当期损益的金融资产，以及企业持有的指定为以公允价值计量且其变动计入当期损益的金融资产的期末账面价值。本项目应根据"交易性金融资产"科目的相关明细科目的期末余额分析填列。自资产负债表日起超过一年到期且预期持有超过一年的以公允价值计量且其变动计入当期损益的非流动金融资产的期末账面价值，在"其他非流动金融资产"项目反映。

③ "衍生金融资产"项目，反映企业期末持有的衍生工具、套期工具、被套期项目中属于衍生金融资产的金额，应根据"衍生工具""套期工具""被套期项目"等科目的期末借方余额分析计算填列。

④ "应收票据"项目，反映资产负债表日以摊余成本计量的，企业因销售商品、提供服务等收到的商业汇票，包括银行承兑汇票和商业承兑汇票。本项目应根据"应收票据"科目的期末余额，减去"坏账准备"科目中相关坏账准备期末余额后的金额分析填列。

⑤ "应收账款"项目，反映资产负债表日以摊余成本计量的，企业因销售商品、提供服务等经营活动应收取的款项。本项目应根据"应收账款"科目的期末余额，减去"坏账准备"科目中相关坏账准备期末余额后的金额分析填列。

⑥ "预付款项"项目，反映企业按照购货合同规定预付给供应单位的款项等。本项目应根据"预付账款"和"应付账款"科目所属各明细科目的期末借方余额合计数，减去"坏账准备"科目中有关预付款项计提的坏账准备期末余额后的金额填列。如"预付账款"科目所属各明细科目期末有贷方余额的，应在资产负债表"应付账款"项目内填列。

⑦ "应收款项融资"项目，反映资产负债表日以公允价值计量且其变动计入其他综合收益的应收票据和应收账款等。

⑧ "预付款项"项目，反应买卖双方协议商定，由购货方预先支付一部分货款给供应方而发生的一项债权，应根据"预付账款"和"应付账款"科目所属各明细科目的期末借方余额合计数，减去"坏账准备"科目中有关预付款项计提的坏账准备期末余额后的金额填列。

⑨ "其他应收款"项目，应根据"应收利息"、"应收股利"和"其他应收款"科目的期末余额合计数，减去"坏账准备"科目中相关坏账准备期末余额后的金额填列。其中的"应收利息"仅反映相关金融工具已到期可收取但于资产负债表日尚未收到的利息。基于实际利率法计提的金融工具的利息应包含在相应金融工具的账面余额中。

⑩ "存货"项目，反映企业期末在库、在途和在加工中的各种存货的可变现净值。本项目应根据"材料采购""原材料""低值易耗品""库存商品""周转材料""委托加工物资""委托代销商品""生产成本"等科目的期末余额合计，减去"受托代销商品款""存货跌价准备"科目期末余额后的金额填列。材料采用计划成本核算，以及库存商品采用计划成本核算或售

价核算的企业，还应按加或减材料成本差异、商品进销差价后的金额填列。

⑪ "合同资产"项目，应根据"合同资产"科目的明细科目期末余额分析填列，同一合同下的合同资产和合同负债应当以净额列示，其中净额为借方余额的，应当根据其流动性在"合同资产"或"其他非流动资产"项目中填列，已计提减值准备的，还应减去"合同资产减值准备"科目中相应的期末余额后的金额填列。

⑫ "持有待售资产"项目，反映资产负债表日划分为持有待售类别的非流动资产及划分为持有待售类别的处置组中的流动资产和非流动资产的期末账面价值。本项目应根据"持有待售资产"科目的期末余额，减去"持有待售资产减值准备"科目的期末余额后的金额填列。

⑬ "一年内到期的非流动资产"项目，通常反映预计自资产负债表日起一年内变现的非流动资产。对于按照相关会计准则采用折旧（或摊销、折耗）方法进行后续计量的固定资产、使用权资产、无形资产和长期待摊费用等非流动资产，折旧（或摊销、折耗）年限（或期限）只剩一年或不足一年的，或预计在一年内（含一年）进行折旧（或摊销、折耗）的部分，不得归类为流动资产，仍在各该非流动资产项目中填列，不转入"一年内到期的非流动资产"项目。

⑭ "其他流动资产"项目，反映企业除货币资金、交易性金融资产、应收票据、应收账款、存货等流动资产以外的其他流动资产。本项目应根据有关科目的期末余额填列。

⑮ "债权投资"项目，反映资产负债表日企业以摊余成本计量的长期债权投资的期末账面价值。本项目应根据"债权投资"科目的相关明细科目期末余额，减去"债权投资减值准备"科目中相关减值准备的期末余额后的金额分析填列。自资产负债表日起一年内到期的长期债权投资的期末账面价值，在"一年内到期的非流动资产"项目反映。企业购入的以摊余成本计量的一年内到期的债权投资的期末账面价值，在"其他流动资产"项目反映。

⑯ "其他债权投资"项目，反映资产负债表日企业分类为以公允价值计量且其变动计入其他综合收益的长期债权投资的期末账面价值。本项目应根据"其他债权投资"科目的相关明细科目的期末余额分析填列。自资产负债表日起一年内到期的长期债权投资的期末账面价值，在"一年内到期的非流动资产"项目反映。企业购入的以公允价值计量且其变动计入其他综合收益的一年内到期的债权投资的期末账面价值，在"其他流动资产"项目反映。

⑰ "长期应收款"项目，反映企业融资租赁产生的应收款项、采用递延方式具有融资性质的销售商品和提供劳务等产生的长期应收款项等。本项目应根据"长期应收款"科目的期末余额，减去相应的"未实现融资收益"科目和"坏账准备"科目所属相关明细科目期末余额后的金额填列。

⑱ "长期股权投资"项目，反映企业持有的对子公司、联营企业和合营企业的长期股权投资。本项目应根据"长期股权投资"科目的期末余额，减去"长期股权投资减值准备"科目期末余额后的金额填列。

⑲ "其他权益工具投资"项目，反映资产负债表日企业指定为以公允价值计量且其变动计入其他综合收益的非交易性权益工具投资的期末账面价值。本项目应根据"其他权益工具投资"科目的期末余额填列。

⑳ "投资性房地产"项目，反映企业持有的投资性房地产。企业采用成本模式计量投资

性房地产的，本项目应根据"投资性房地产"科目的期末余额，减去"投资性房地产累计折旧（摊销）"和"投资性房地产减值准备"科目期末余额后的金额填列；企业采用公允价值模式计量投资性房地产的，本项目应根据"投资性房地产"科目的期末余额填列。

㉑"固定资产"项目，反映资产负债表日企业固定资产的期末账面价值和企业尚未清理完毕的固定资产清理净损益。本项目应根据"固定资产"科目的期末余额，减去"累计折旧"和"固定资产减值准备"科目的期末余额后的金额，以及"固定资产清理"科目的期末余额填列。

㉒"在建工程"项目，反映资产负债表日企业尚未达到预定可使用状态的在建工程的期末账面价值和企业为在建工程准备的各种物资的期末账面价值。本项目应根据"在建工程"科目的期末余额，减去"在建工程减值准备"科目的期末余额后的金额，以及"工程物资"科目的期末余额，减去"工程物资减值准备"科目的期末余额后的金额填列。

㉓"生产性生物资产"项目，反映企业持有的生产性生物资产。本项目应根据"生产性生物资产"科目的期末余额，减去"生产性生物资产累计折旧"和"生产性生物资产减值准备"科目期末余额后的金额填列。

㉔"油气资产"项目，反映企业持有的矿区权益和油气井及相关设施的原价减去累计折耗和累计减值准备后的净额。本项目应根据"油气资产"科目的期末余额，减去"累计折耗"科目期末余额和相应减值准备后的金额填列。

㉕"使用权资产"项目，反映资产负债表日承租人企业持有的使用权资产的期末账面价值。本项目应根据"使用权资产"科目的期末余额，减去"使用权资产累计折旧"和"使用权资产减值准备"科目的期末余额后的金额填列。

㉖"无形资产"项目，反映企业持有的无形资产，包括专利权、非专利技术、商标权、著作权、土地使用权等。本项目应根据"无形资产"科目的期末余额，减去"累计摊销"和"无形资产减值准备"科目期末余额后的金额填列。

㉗"开发支出"项目，反映企业开发无形资产过程中能够资本化形成无形资产成本的支出部分。本项目应根据"研发支出"科目中所属的"资本化支出"明细科目期末余额填列。

㉘"商誉"项目，反映企业合并中形成的商誉的价值。本项目应根据"商誉"科目的期末余额，减去相应减值准备后的金额填列。

㉙"长期待摊费用"项目，反映企业已经发生但应由本期和以后各期负担的分摊期限在一年以上的各项费用。长期待摊费用中在一年内（含一年）摊销的部分，在资产负债表"一年内到期的非流动资产"项目填列。本项目应根据"长期待摊费用"科目的期末余额减去将于一年内（含一年）摊销的数额后的金额填列。

㉚"递延所得税资产"项目，反映企业确认的可抵扣暂时性差异产生的递延所得税资产。本项目应根据"递延所得税资产"科目的期末余额填列。

㉛"其他非流动资产"项目，反映企业除长期股权投资、固定资产、在建工程、工程物资、无形资产等资产以外的其他非流动资产。本项目应根据有关科目的期末余额填列。

（2）负债项目的列报说明。

①"短期借款"项目，反映企业向银行或其他金融机构等借入的期限在一年以内（含一年）

的各种借款。本项目应根据"短期借款"科目的期末余额填列。

②"交易性金融负债"项目，反映资产负债表日企业承担的交易性金融负债，以及企业持有的指定为以公允价值计量且其变动计入当期损益的金融负债的期末账面价值。本项目应根据"交易性金融负债"科目的相关明细科目的期末余额填列。

③"衍生金融"项目，反映衍生工具、套期项目、被套期项目中属于衍生金融负债的金额，应根据"衍生工具""套期工具""被套期项目"等科目的期末贷方余额分析计算填列。

④"应付票据"项目，反映资产负债表日以摊余成本计量的，企业因购买材料、商品和接受服务等开出、承兑的商业汇票，包括银行承兑汇票和商业承兑汇票。本项目应根据"应付票据"科目的期末余额填列。

⑤"应付账款"项目，反映资产负债表日以摊余成本计量的，企业因购买材料、商品和接受服务等经营活动应支付的款项。本项目应根据"应付账款"和"预付账款"科目所属的相关明细科目的期末贷方余额合计数填列。

⑥"预收款项"项目，反映企业按照购货合同规定预付给供应单位的款项。本项目应根据"预收账款"和"应收账款"科目所属各明细科目的期末贷方余额合计数填列。如"预收账款"科目所属各明细科目期末有借方余额，则应在资产负债表"应收账款"项目内对应填列。

⑦"应付职工薪酬"项目，反映企业根据有关规定应付给职工的工资、职工福利、社会保险费、住房公积金、工会经费、职工教育经费、非货币性福利、辞退福利等各种薪酬。外商投资企业按规定从净利润中提取的职工奖励及福利基金，也在本项目内列示。

⑧"应交税费"项目，反映企业按照税法规定计算应交纳的各种税费，包括增值税、消费税、所得税、资源税、土地增值税、城市维护建设税、房产税、土地使用税、车船使用税、教育费附加、矿产资源补偿费等。企业代扣代交的个人所得税，也通过本项目列示。企业所交纳的税金不需要预计应交数的，如印花税、耕地占用税等，不在本项目列示。本项目应根据"应交税费"科目的期末贷方余额填列；如"应交税费"科目期末为借方余额，应以"-"号填列。

⑨"其他应付款"项目，应根据"应付利息""应付股利""其他应付款"科目的期末余额合计数填列。其中的"应付利息"仅反映相关金融工具已到期应支付但于资产负债表日尚未支付的利息。基于实际利率法计提的金融工具的利息应包含在相应金融工具的账面余额中。

⑩"持有待售负债"项目，反映资产负债表日处置组中与划分为持有待售类别的资产直接相关的负债的期末账面价值。本项目应根据"持有待售负债"科目的期末余额填列。

⑪"一年内到期的非流动负债"项目，反映企业非流动负债中将于资产负债表日后一年内到期部分的金额，如将于一年内偿还的长期借款。本项目应根据有关科目的期末余额填列。

⑫"其他流动负债"项目，反映企业除短期借款、交易性金融负债、应付票据、应付账款、应付职工薪酬、应交税费等流动负债以外的其他流动负债。本项目应根据有关科目的期末余额填列。

⑬"长期借款"项目，反映企业向银行或其他金融机构借入的期限在一年以上（不含

一年）的各项借款。本项目应根据"长期借款"科目的期末余额填列。

⑭"应付债券"项目，反映企业为筹集长期资金而发行的债券本金和利息。本项目应根据"应付债券"科目的期末余额填列。

⑮"租赁负债"项目，反映资产负债表日承租人企业尚未支付的租赁付款额的期末账面价值。本项目应根据"租赁负债"科目的期末余额填列。自资产负债表日起一年内到期应予以清偿的租赁负债的期末账面价值，在"一年内到期的非流动负债"项目反映。

⑯"长期应付款"项目，反映资产负债表日企业除长期借款和应付债券以外的其他各种长期应付款项的期末账面价值。本项目应根据"长期应付款"科目的期末余额，减去相关的"未确认融资费用"科目的期末余额后的金额，以及"专项应付款"科目的期末余额填列。

⑰"预计负债"项目，反映企业确认的对外提供担保、未决诉讼、产品质量保证、重组义务、亏损性合同等预计负债。本项目应根据"预计负债"科目的期末余额填列。

⑱"递延收益"项目中摊销期限只剩一年或不足一年的，或预计在一年内（含一年）进行摊销的部分，不得归类为流动负债，仍在本项目中填列，不转入"一年内到期的非流动负债"项目。

⑲"递延所得税负债"项目，反映企业确认的应纳税暂时性差异产生的所得税负债。本项目应根据"递延所得税负债"科目的期末余额填列。

⑳"其他非流动负债"项目，反映企业除长期借款、应付债券等负债以外的其他非流动负债。本项目应根据有关科目的期末余额减去将于一年内（含一年）到期偿还数后的余额填列。非流动负债各项目中将于一年内（含一年）到期的非流动负债，应在"一年内到期的非流动负债"项目内单独反映。

㉑"合同负债"项目。企业应按照《企业会计准则第14号——收入》的相关规定，根据本企业履行履约义务与客户付款之间的关系在资产负债表中列示合同负债。"合同负债"项目，应分别根据"合同负债"科目的相关明细科目的期末余额分析填列，同一合同下的合同负债应当以净额列示，其中净额为贷方余额的，应当根据其流动性在"合同负债"或"其他非流动负债"项目中填列。

由于同一合同下的合同负债应当以净额列示，企业也可以设置"合同结算"科目（或其他类似科目），以核算同一合同下属于在某一时段内履行履约义务涉及与客户结算对价的合同负债，并在此科目下设置"合同结算——价款结算"科目反映定期与客户进行结算的金额，设置"合同结算——收入结转"科目反映按履约进度结转的收入金额。资产负债表日，"合同结算"科目的期末余额在借方的，根据其流动性在"其他非流动资产"项目中填列；期末余额在贷方的，根据其流动性在"合同负债"或"其他非流动负债"项目中填列。

（3）所有者权益项目的列报说明。

①"实收资本（或股本）"项目，反映企业各投资者实际投入的资本（或股本）总额。本项目应根据"实收资本"（或"股本"）科目的期末余额填列。

②"其他权益工具"项目，反映资产负债表日企业发行在外的除普通股以外分类为权益工具的金融工具的期末账面价值。对于资产负债表日企业发行的金融工具，分类为金融负债的，应在"应付债券"项目填列，对于优先股和永续债，还应在"应付债券"项目下的"优先股"

项目和"永续债"项目分别填列;分类为权益工具的,应在"其他权益工具"项目填列,对于优先股和永续债,还应在"其他权益工具"项目下的"优先股"项目和"永续债"项目分别填列。

③"资本公积"项目,反映企业资本公积的期末余额。本项目应根据"资本公积"科目的期末余额填列。

④"库存股"项目,反映企业持有尚未转让或注销的本公司股份金额。本项目应根据"库存股"科目的期末余额填列。

⑤"其他综合收益"项目,反映企业其他综合收益情况。本科目应当按照其他综合收益项目的具体内容设置明细科目。企业在对其他综合收益进行会计处理时,应当通过"其他综合收益"科目处理,并与"资本公积"科目相区分。

⑥"专项储备"项目,反映高危行业企业按国家规定提取的安全生产费的期末账面价值。本项目应根据"专项储备"科目的期末余额填列。

⑦"盈余公积"项目,反映企业盈余公积的期末余额。本项目应根据"盈余公积"科目的期末余额填列。

⑧"未分配利润"项目,反映企业尚未分配的利润。本项目应根据"本年利润"科目和"利润分配"科目的余额计算填列。未弥补的亏损在本项目内以"–"号填列。

(4)增设科目说明。

① 高危行业企业如有按国家规定提取的安全生产费的,应当在资产负债表所有者权益项下"其他综合收益"项目和"盈余公积"项目之间增设"专项储备"项目,反映企业提取的安全生产费期末余额。

② 企业如有划分为持有待售的非流动资产及划分为持有待售的处置组中的资产,应当在资产负债表资产项下"存货"项目和"一年内到期的非流动资产"项目之间增设"划分为持有待售的资产"项目,反映资产负债表日划分为持有待售的非流动资产及划分为持有待售的处置组中的资产的期末余额;如有划分为持有待售的处置组中的负债,应当在资产负债表负债项下"其他应付款"项目和"一年内到期的非流动负债"项目之间增设"划分为持有待售的负债"项目,反映资产负债表日划分为持有待售的处置组中的负债的期末余额。

③ 企业衍生金融工具业务具有重要性的,应当在资产负债表资产项下"以公允价值计量且其变动计入当期损益的金融资产"项目和"应收票据"项目之间增设"衍生金融资产"项目,同时在资产负债表负债项下"以公允价值计量且其变动计入当期损益的金融负债"项目和"应付票据"项目之间增设"衍生金融负债"项目,以分别反映企业衍生工具形成资产和负债的期末余额。

④ 金融企业的资产负债表列报格式,应当遵循《企业会计准则第30号——财务报表列报》的规定,并根据金融企业经营活动的性质和要求,比照上述一般企业的资产负债表列报格式进行相应调整。

3. 资产负债表的填列方法

(1)年初余额栏的填列方法。

资产负债表"年初余额"栏内各项数字,应根据上年年末资产负债表"期末余额"栏内所列数字填列。如果上年度资产负债表规定的各个项目的名称和内容同本年度不相一致,则企业应对上年年末资产负债表各项目的名称和数字按照本年度的规定进行调整,并填入表中"年初余额"栏内。

(2)期末余额栏的填列方法。

资产负债表"期末余额"栏内的各项数字,一般应根据资产、负债和所有者权益类科目的期末余额填列,主要有以下几种填列方法。

① 根据总账科目的余额填列。资产负债表中的有些项目,可直接根据有关总账科目的余额填列,如"以公允价值计量且其变动计入当期损益的金融负债""短期借款""应付票据""应付职工薪酬"等项目;有些项目则需根据几个总账科目的余额计算填列,如"货币资金"项目,需根据"库存现金""银行存款""其他货币资金"三个总账科目余额的合计数填列。

② 根据有关明细账科目的余额计算填列。例如,"应付账款"项目需要根据"应付账款"和"预付账款"两个科目所属的相关明细科目的期末贷方余额计算填列;"应收账款"项目需要根据"应收账款"和"预收账款"两个科目所属的相关明细科目的期末借方余额计算填列。

③ 根据总账科目和明细账科目的余额分析计算填列。例如,"长期借款"项目需根据"长期借款"总账科目余额扣除"长期借款"科目所属的明细科目中将在资产负债表日起一年内到期且企业不能自主地将清偿义务展期的长期借款后的金额计算填列。

④ 根据有关科目余额减去其备抵科目余额后的净额填列。例如,资产负债表中的"应收账款""长期股权投资"等项目,应根据"应收账款""长期股权投资"等科目的期末余额减去"坏账准备""长期股权投资减值准备"等科目余额后的净额填列;"固定资产"项目应根据"固定资产"科目的期末余额减去"累计折旧""固定资产减值准备"科目余额后的净额填列;"无形资产"项目,应根据"无形资产"科目的期末余额,减去"累计摊销""无形资产减值准备"科目余额后的净额填列。

⑤ 综合运用上述填列方法分析填列。例如,资产负债表中的"存货"项目,需根据"原材料""库存商品""委托加工物资""周转材料""材料采购""在途物资""发出商品""材料成本差异"等总账科目期末余额的分析汇总数,再减去"存货跌价准备"科目余额后的金额填列。

30.4 利润表列报

30.4.1 利润表的定义及项目列报原则和具体适用

(一)利润表定义

根据《企业会计准则讲解》对利润表的界定,利润表是反映企业在一定会计期间的经营成果的会计报表。例如,反映某年 1 月 1 日至 12 月 31 日经营成果的利润表,它反映的就是该期间的情况。

利润表的列报必须充分反映企业经营业绩的主要来源和构成，有助于使用者判断净利润的质量及其风险，有助于使用者预测净利润的持续性，从而帮助其做出正确的决策。通过利润表，可以反映企业一定会计期间收入的实现情况，如实现的营业收入有多少、实现的投资收益有多少、实现的营业外收入有多少等；可以反映一定会计期间的费用耗费情况，如耗费的营业成本有多少、税金及附加有多少及销售费用、管理费用、财务费用各有多少、营业外支出有多少等；可以反映企业生产经营活动的成果，即净利润的实现情况，据以判断资本保值、增值等情况。利润表中的信息与资产负债表中的信息相结合，还可以提供进行财务分析的基本资料，如将赊销收入净额与应收账款平均余额进行比较，计算出应收账款周转率；将销货成本与存货平均余额进行比较，计算出存货周转率；将净利润与资产总额进行比较，计算出资产收益率等，可以反映企业资金周转情况及企业的盈利能力和水平，便于报表使用者判断企业未来的发展趋势，做出经济决策。

（二）费用列报方法

根据《企业会计准则第 30 号——财务报表列报》第三十条规定，企业在利润表中应当对费用按照功能分类，分为从事经营业务发生的成本、管理费用、销售费用和财务费用等。另外，《企业会计准则讲解》还对相关名词做了解释，"功能法"是指按照费用在企业所发挥的功能进行分类列报，通常分为从事经营业务发生的成本、管理费用、销售费用和财务费用等，并且将营业成本与其他费用分开披露。企业的生产经营活动通常可以划分为生产、销售、管理、融资等，每一种活动上发生的费用所发挥的功能并不相同，因此，按照功能法将费用分开列报，有助于使用者了解费用发生的活动领域。例如，企业为销售产品发生了多少费用、为一般行政管理发生了多少费用、为筹措资金发生了多少费用等。这种方法通常能向报表使用者提供具有结构性的信息，能更清楚地揭示企业经营业绩的主要来源和构成，提供的信息更为相关。

由于关于费用性质的信息有助于预测企业未来现金流量，所以企业可以在附注中披露费用按照性质分类的利润表补充资料。费用按照性质分类，是指将费用按其性质分为耗用的原材料、职工薪酬费用、折旧费、摊销费等，而不是按照费用在企业所发挥的不同功能分类。

（三）综合收益的列报

根据《企业会计准则第 30 号——财务报表列报》第三十二条，综合收益是指企业在某一期间除与所有者以其所有者身份进行的交易之外的其他交易或事项所引起的所有者权益变动。综合收益总额项目反映净利润和其他综合收益扣除所得税影响后的净额相加后的合计金额。

根据《企业会计准则第 30 号——财务报表列报》第三十三条，其他综合收益是指企业根据其他会计准则规定未在当期损益中确认的各项利得和损失。企业应当以扣除相关所得税影响后的净额在利润表上单独列示各项其他综合收益项目，并且其他综合收益项目应当根据其他相关会计准则的规定分为下列两类列报。

1. 不能重分类进损益的其他综合收益项目

该类项目主要包括以下内容。

（1）重新计量设定受益计划净负债或净资产导致的变动。根据《企业会计准则第 9 号——职工薪酬》，有设定受益计划形式离职后福利的企业应当将重新计量设定受益计划净负债或净资产导致的变动计入其他综合收益,并且在后续会计期间不允许转回至损益。

(2)按照权益法核算的在被投资单位不能重分类进损益的其他综合收益变动中所享有的份额。根据《企业会计准则第2号——长期股权投资》,投资方取得长期股权投资后,应当按照应享有或应分担的被投资单位其他综合收益的份额,分别确认投资收益和其他综合收益,同时调整长期股权投资的账面价值。投资单位在确定应享有或应分担的被投资单位其他综合收益的份额时,该份额的性质取决于被投资单位的其他综合收益的性质,即如果被投资单位的其他综合收益属于"以后会计期间不能重分类进损益"类别,则投资方确认的份额也属于"以后会计期间不能重分类进损益"类别。

2. 在满足规定条件时将重分类进损益的其他综合收益项目

该类项目主要包括以下内容。

(1)按照权益法核算的在被投资单位可重分类进损益的其他综合收益变动中所享有的份额。根据《企业会计准则第2号——长期股权投资》,投资方取得长期股权投资后,应当按照应享有或应分担的被投资单位其他综合收益的份额,确认其他综合收益,同时调整长期股权投资的账面价值。如果被投资单位的其他综合收益属于"以后会计期间在满足规定条件时将重分类进损益"类别,则投资方确认的份额也属于"以后会计期间在满足规定条件时将重分类进损益"类别。

(2)其他债权投资公允价值变动形成的利得或损失、其他权益工具投资重分类为其他债权投资形成的利得或损失。根据《企业会计准则第22号——金融工具确认和计量》,其他债权投资公允价值变动形成的利得或损失,除减值损失和外币货币性金融资产形成的汇兑差额外,应当直接计入所有者权益(其他综合收益),并在该金融资产终止确认时转出,计入当期损益;根据金融工具确认和计量准则规定将其他权益工具投资重分类为其他债权投资的,在重分类日,该投资的账面价值与其公允价值之间的差额计入所有者权益(其他综合收益),在该其他债权投资发生减值或终止确认时转出,计入当期损益。

(3)现金流量套期工具产生的利得或损失中属于有效套期的部分。根据《企业会计准则第24号——套期保值》,现金流量套期利得或损失中属于有效套期的部分,应当直接确认为所有者权益(其他综合收益);属于无效套期的部分,应当计入当期损益。对于前者,套期保值准则规定在一定的条件下,将原直接计入所有者权益中的套期工具利得或损失转出,计入当期损益。

(4)外币财务报表折算差额。根据《企业会计准则第19号——外币折算》,企业对境外经营的财务报表进行折算时,应当将外币财务报表折算差额在资产负债表中所有者权益项目下单独列示(其他综合收益);企业在处置境外经营时,应当将资产负债表中所有者权益项目下列示的、与该境外经营相关的外币报表折算差额,自所有者权益项目转入处置当期损益,部分处置境外经营的,应当按处置的比例计算处置部分的外币财务报表折算差额,转入处置当期损益。

(5)根据相关会计准则规定的其他项目。例如,根据《企业会计准则第3号——投资性房地产》,自用房地产或作为存货的房地产转换为以公允价值模式计量的投资性房地产,在转换日公允价值大于账面价值的部分,应计入其他综合收益;待该投资性房地产处置时,将该部分转入当期损益等。

（四）非一般工商企业利润表列报的调整

由于银行、保险、证券等金融企业的日常活动与一般工商业企业不同，具有特殊性，所以其可以根据金融企业的特殊性列示利润表项目。例如，商业银行将利息支出作为利息收入的抵减项目、将手续费及佣金支出作为手续费及佣金收入的抵减项目等列示。

30.4.2 利润表列报总要求

根据《企业会计准则第30号——财务报表列报》，利润表中费用应当按照功能分类，分为从事经营业务发生的成本、管理费用、销售费用和财务费用等。利润表至少应当单独列示反映下列信息的项目：营业收入；营业成本；税金及附加；管理费用；销售费用；财务费用；投资收益；公允价值变动损益；资产减值损失；非流动资产处置损益；所得税费用；净利润；其他综合收益各项目分别扣除所得税影响后的净额；综合收益总额。

在合并利润表中，企业应当在净利润项目之下单独列示归属于母公司的损益和归属于少数股东的损益，在综合收益总额项目之下单独列示归属于母公司所有者的综合收益总额和归属于少数股东的综合收益总额。

金融企业可以根据其特殊性列示利润表项目。

30.4.3 利润表项目列报

一般企业

1. 一般企业利润表格式

一般企业利润表的格式如表30-2所示。

表30-2 一般企业利润表

会企02表

编制单位：　　　　　　　　　　　　　　年　　月　　　　　　　　　　　　　单位：元

项目	本期金额	上期金额
一、营业收入		
减：营业成本		
税金及附加		
销售费用		
管理费用		
研发费用		
财务费用		
其中：利息费用		
利息收入		
加：其他收益		
投资收益（损失以"-"号填列）		
其中：对联营企业和合营企业的投资收益		

续表

项目	本期金额	上期金额
以摊余成本计量的金融资产终止确认收益（损失以"-"号填列）		
净敞口套期收益（损失以"-"号填列）		
公允价值变动收益（损失以"-"号填列）		
信用减值损失（损失以"-"号填列）		
资产减值损失（损失以"-"号填列）		
资产处置收益（损失以"-"号填列）		
二、营业利润（亏损以"-"号填列）		
加：营业外收入		
减：营业外支出		
三、利润总额（亏损总额以"-"号填列）		
减：所得税费用		
四、净利润（净亏损以"-"号填列）		
（一）持续经营净利润（净亏损以"-"号填列）		
（二）终止经营净利润（净亏损以"-"号填列）		
五、其他综合收益的税后净额		
（一）不能重分类进损益的其他综合收益		
1. 重新计量设定受益计划变动额		
2. 权益法下不能转损益的其他综合收益		
3. 其他权益工具投资公允价值变动		
4. 企业自身信用风险公允价值变动		
……		
（二）将重分类进损益的其他综合收益		
1. 权益法下可转损益的其他综合收益		
2. 其他债权投资公允价值变动		
3. 金融资产重分类计入其他综合收益的金额		
4. 其他债权投资信用减值准备		
5. 现金流量套期储备		
6. 外币财务报表折算差额		
……		
六、综合收益总额		
七、每股收益：		
（一）基本每股收益		
（二）稀释每股收益		

2. 一般企业利润表的填列说明

利润表正表的格式一般有两种：单步式利润表和多步式利润表。单步式利润表是将当期所有的收入列在一起，然后将所有的费用列在一起，两者相减得出当期净损益。多步式利润表是通过对当期的收入、费用、支出项目按性质加以归类，按利润形成的主要环节列示一些中间性利润指标，分步计算当期净损益。

我国企业应当采用多步式列报利润表，将不同性质的收入和费用类别进行对比，从而可以得出一些中间性的利润数据，便于使用者理解企业经营成果的不同来源。

根据《企业会计准则讲解》，企业可以分以下几个步骤编制利润表。

第一步，以营业收入为基础，减去营业成本、税金及附加、销售费用、管理费用、财务费用、研发费用等资产减值损失，加上公允价值变动收益（减去公允价值变动损失）和投资收益（减去投资损失），计算出营业利润。

第二步，以营业利润为基础，加上营业外收入，减去营业外支出，计算出利润总额。

第三步，以利润总额为基础，减去所得税费用，计算出净利润（或净亏损）。

第四步，以净利润为基础，减去其他综合收益的税后净额，计算出综合收益总额。

其中，其他综合收益包括以后会计期间不能重分类进损益的其他综合收益项目和以后会计期间在满足规定条件时将重分类进损益的其他综合收益项目两类。

普通股或潜在普通股已公开交易的企业，以及正处于公开发行普通股或潜在普通股过程中的企业，还应当在利润表中列示每股收益信息。

3. 列示利润表的比较信息

企业需要提供比较利润表，以使报表使用者通过比较不同期间利润的实现情况，判断企业经营成果的未来发展趋势。所以，利润表还就各项目再分为"本期金额"和"上期金额"两栏分别填列。

（1）本表反映企业在一定期间内利润（亏损）的实现情况。

（2）本表"上期金额"栏内各项数字，应根据上年度利润表"本期金额"栏内所列数字填列。如果上年度利润表规定的各个项目的名称和内容同本年度不相一致，应对上年度利润表各项目的名称和数字按本年度的规定进行调整，填入本表"上期金额"栏内。

（3）本表"本期金额"栏内各项数字一般应当反映以下内容。

①"营业收入"项目，反映企业经营主要业务和其他业务所确认的收入总额。

②"营业成本"项目，反映企业经营主要业务和其他业务发生的实际成本总额。

③"税金及附加"项目，反映企业经营业务应负担的消费税、城市维护建设税、资源税、土地增值税和教育费附加等。

④"销售费用"项目，反映企业在销售商品过程中发生的包装费、广告费等费用和为销售本企业商品而专设的销售机构的职工薪酬、业务费等经营费用。

⑤"管理费用"项目，反映企业为组织和管理生产经营发生的管理费用。

⑥"研发费用"项目，反映企业进行研究与开发过程中发生的费用化支出，以及计入管理费用的自行开发无形资产的摊销。本项目应根据"管理费用"科目下的"研究费用"明细科目的发生额，以及"管理费用"科目下的"无形资产摊销"明细科目的发生额分析填列。

⑦"财务费用"项目下的"利息费用"项目，反映企业为筹集生产经营所需资金等而发生的应予费用化的利息支出。本项目应根据"财务费用"科目的相关明细科目的发生额分析

填列。本项目作为"财务费用"项目的其中项，以正数填列。

⑧"财务费用"项目下的"利息收入"项目，反映企业按照相关会计准则确认的应冲减财务费用的利息收入。本项目应根据"财务费用"科目的相关明细科目的发生额分析填列。本项目作为"财务费用"项目的其中项，以正数填列。

⑨"其他收益"项目，反映计入其他收益的政府补助，以及其他与日常活动相关且计入其他收益的项目。本项目应根据"其他收益"科目的发生额分析填列。企业作为个人所得税的扣缴义务人，根据《中华人民共和国个人所得税法》收到的扣缴税款手续费，应作为其他与日常活动相关的收益在该项目中填列。

⑩"投资收益"项目，反映企业以各种方式对外投资所取得的收益。如为净损失，以"－"号填列。企业持有的交易性金融资产处置和处置时，处置收益部分应当自"公允价值变动损益"项目转出，列入本项目。

⑪"以摊余成本计量的金融资产终止确认收益"项目，反映企业因转让等情形导致终止确认以摊余成本计量的金融资产而产生的利得或损失。本项目应根据"投资收益"科目的相关明细科目的发生额分析填列；如为损失，以"－"号填列。

⑫"净敞口套期收益"项目，反映净敞口套期下被套期项目累计公允价值变动转入当期损益的金额或现金流量套期储备转入当期损益的金额。本项目应根据"净敞口套期损益"科目的发生额分析填列；如为套期损失，以"－"号填列。

⑬"公允价值变动收益"项目，反映企业按照相关准则规定应当计入当期损益的资产或负债公允价值变动净收益，如交易性金融资产当期公允价值的变动额。如为净损失，以"－"号填列。

⑭"信用减值损失"项目，反映企业按照《企业会计准则第22号——金融工具确认和计量》的要求计提的各项金融工具信用减值准备所确认的信用损失。本项目应根据"信用减值损失"科目的发生额分析填列。

⑮"资产减值损失"项目，反映因资产的可回收金额低于其账面价值而造成的损失。减值范围主要是固定资产、无形资产以及除特别规定外的其他资产减值的处理，其计算公式为：资产减值损失＝资产账面价值－资产可收回金额，资产账面价值＝资产账面余额－已提坏账准备。

⑯"资产处置收益"项目，反映企业出售划分为持有待售的非流动资产（金融工具、长期股权投资和投资性房地产除外）或处置组（子公司和业务除外）时确认的处置利得或损失，以及处置未划分为持有待售的固定资产、在建工程、生产性生物资产及无形资产而产生的处置利得或损失。债务重组中因处置非流动资产（金融工具、长期股权投资和投资性房地产除外）产生的利得或损失和非货币性资产交换中换出非流动资产（金融工具、长期股权投资和投资性房地产除外）产生的利得或损失也包括在本项目内。本项目应根据"资产处置损益"科目的发生额分析填列；如为处置损失，以"－"号填列。

⑰"营业外收入"项目，反映企业发生的除营业利润以外的收益，主要包括与企业日常活动无关的政府补助、盘盈利得、捐赠利得（企业接受股东或股东的子公司直接或间接的捐赠，经济实质属于股东对企业的资本性投入的除外）等。本项目应根据"营业外收入"科目的发

生额分析填列。

⑱"营业外支出"项目，反映企业发生的除营业利润以外的支出，主要包括公益性捐赠支出、非常损失、盘亏损失、非流动资产毁损报废损失等。本项目应根据"营业外支出"科目的发生额分析填列。"非流动资产毁损报废损失"通常包括因自然灾害发生毁损、已丧失使用功能等原因而报废清理产生的损失。企业在不同交易中形成的非流动资产毁损报废利得和损失不得相互抵销，应分别在"营业外收入"项目和"营业外支出"项目进行填列。

⑲"利润总额"项目，反映企业实现的利润总额。如为亏损总额，以"－"号填列。

⑳"所得税费用"项目，反映企业根据《企业会计准则第18号——所得税》确认的应从当期利润总额中扣除的所得税费用。

㉑"（一）持续经营净利润"和"（二）终止经营净利润"项目，分别反映净利润中与持续经营相关的净利润和与终止经营相关的净利润；如为净亏损，以"－"号填列。该两个项目应按照《企业会计准则第42号——持有待售的非流动资产、处置组和终止经营》的相关规定分别列报。

㉒"其他综合收益的税后净额"项目，反映企业根据其他会计准则规定未在当期损益中确认的各项利得和损失，应当根据本科目及其所属明细科目的本期发生额分析填列。

㉓"其他权益工具投资公允价值变动"项目，反映企业指定为以公允价值计量且其变动计入其他综合收益的非交易性权益工具投资发生的公允价值变动。本项目应根据"其他综合收益"科目的相关明细科目的发生额分析填列。

㉔"企业自身信用风险公允价值变动"项目，反映企业指定为以公允价值计量且其变动计入当期损益的金融负债，由企业自身信用风险变动引起的公允价值变动而计入其他综合收益的金额。本项目应根据"其他综合收益"科目的相关明细科目的发生额分析填列。

㉕"其他债权投资公允价值变动"项目，反映企业分类为以公允价值计量且其变动计入其他综合收益的债权投资发生的公允价值变动。企业将一项以公允价值计量且其变动计入其他综合收益的金融资产重分类为以摊余成本计量的金融资产，或重分类为以公允价值计量且其变动计入当期损益的金融资产时，之前计入其他综合收益的累计利得或损失从其他综合收益中转出的金额作为本项目的减项。本项目应根据"其他综合收益"科目下的相关明细科目的发生额分析填列。

㉖"金融资产重分类计入其他综合收益的金额"项目，反映企业将一项以摊余成本计量的金融资产重分类为以公允价值计量且其变动计入其他综合收益的金融资产时，计入其他综合收益的原账面价值与公允价值之间的差额。本项目应根据"其他综合收益"科目下的相关明细科目的发生额分析填列。

㉗"其他债权投资信用减值准备"项目，反映企业按照《企业会计准则第22号——金融工具确认和计量》第十八条分类为以公允价值计量且其变动计入其他综合收益的金融资产的损失准备。本项目应根据"其他综合收益"科目下的"信用减值准备"明细科目的发生额分析填列。

㉘"现金流量套期储备"项目，反映企业套期工具产生的利得或损失中属于套期有效的部分。本项目应根据"其他综合收益"科目下的"套期储备"明细科目的发生额分析填列。

㉙"基本每股收益"和"稀释每股收益"项目,应当根据《企业会计准则第 34 号——每股收益》的规定计算的金额填列。

30.5 所有者权益变动表列报

30.5.1 所有者权益变动表定义

根据《企业会计准则第 30 号——财务报表列报》第三十五条的规定,所有者权益变动表应当反映构成所有者权益的各组成部分当期的增减变动情况。综合收益和与所有者(或股东,下同)的资本交易导致的所有者权益的变动,应当分别列示。与所有者的资本交易,是指企业与所有者以其所有者身份进行的、导致企业所有者权益变动的交易。

根据《企业会计准则讲解》的解释,综合收益是指企业在某一期间与所有者之外的其他方面进行交易或发生其他事项所引起的净资产变动。综合收益的构成包括两部分,分别为净利润和其他综合收益的税后净额,其中,前者是企业已实现并已确认的收益,后者是企业未实现但根据会计准则的规定已确认的收益。用公式表示如下。

综合收益总额 = 净利润 + 其他综合收益的税后净额

净利润 = 收入 − 费用 + 直接计入当期损益的利得和损失

30.5.2 所有者权益表列报的基本原则

(一)单独列报项目

根据《企业会计准则第 30 号——财务报表列报》第三十六条的规定,所有者权益变动表至少应当单独列示反映下列信息的项目。

(1)综合收益总额,在合并所有者权益变动表中还应单独列示归属于母公司所有者的综合收益总额和归属于少数股东的综合收益总额。

(2)会计政策变更和前期差错更正的累积影响金额。

(3)所有者投入资本和向所有者分配利润等。

(4)按照规定提取的盈余公积。

(5)所有者权益各组成部分的期初和期末余额及其调节情况。

(二)以矩阵的形式列报

根据《企业会计准则讲解》,为了清楚地表明构成所有者权益的各组成部分当期的增减变动情况,所有者权益变动表应当以矩阵的形式列示。一方面,列示导致所有者权益变动的交易或事项,不是以往仅仅按照所有者权益的各组成部分反映所有者权益变动情况,而是按所有者权益变动的来源对一定时期所有者权益变动情况进行全面的反映;另一方面,按照所有者权益各组成部分(包括实收资本、资本公积、其他综合收益、盈余公积、未分配利润和库存股)及其总额列示交易或事项对所有者权益的影响。

(三)列示所有者权益变动表的比较信息

根据财务报表列报准则的规定,企业需要提供比较所有者权益变动表。因此,所有者权益变动表就各项目再分为"本年金额"和"上年金额"两栏分别填列。

30.5.3 所有者权益变动表列报格式及说明

一般工商企业

1. 一般工商企业所有者权益变动表列报格式

一般工商企业所有者权益变动表列报格式如表30-3所示。

表30-3 一般工商企业所有者权益变动表

会企04表

编制单位：　　　　　　　　　　　　　年度　　　　　　　　　　　　　单位：元

项目	本年金额									上年金额								
	实收资本（或股本）	其他权益工具			资本公积	减:库存股	其他综合收益	专项储备	盈余公积	未分配利润	所有者权益合计	实收资本（或股本）	其他权益工具			资本公积	减:库存股	其他综合收益	专项储备	盈余公积	未分配利润	所有者权益合计
		优先股	永续债	其他									优先股	永续债	其他							
一、上年年末余额																						
加：会计政策变更																						
前期差错更正																						
其他																						
二、本年年初余额																						
三、本年增减变动金额（减少以"-"号填列）																						
（一）综合收益总额																						
（二）所有者投入和减少资本																						
1.所有者投入的普通股																						
2.其他权益工具持有者投入资本																						
3.股份支付计入所有者权益的金额																						
4.其他																						
（三）利润分配																						
1.提取盈余公积																						
2.对所有者（或股东）的分配																						
3.其他																						
（四）所有者权益内部结转																						

续表

项目	本年金额									上年金额								
	实收资本（或股本）	其他权益工具			资本公积	减:库存股	其他综合收益	专项储备	盈余公积	未分配利润	所有者权益合计	实收资本（或股本）	其他权益工具			资本公积	减:库存股	其他综合收益	专项储备	盈余公积	未分配利润	所有者权益合计
		优先股	永续债	其他									优先股	永续债	其他							
1. 资本公积转增资本（或股本）																						
2. 盈余公积转增资本（或股本）																						
3. 盈余公积弥补亏损																						
4. 设定受益计划变动额结转留存收益																						
5. 其他综合收益结转留存收益																						
6. 其他																						
四、本年年末余额																						

2. 一般工商企业所有者权益变动表填列说明

根据《企业会计准则讲解》的说明，所有者权益变动表需要按照以下方法填列。

（1）"上年年末余额"项目，反映企业上年资产负债表中"实收资本（或股本）""资本公积""其他综合收益""盈余公积""未分配利润"等的年末余额。

（2）"会计政策变更"和"前期差错更正"项目，应根据"盈余公积""利润分配""以前年度损益调整"等科目的发生额分析填列，并在"上年年末余额"的基础上调整得出"本年年初金额"项目。

（3）"本年增减变动金额"项目分别反映如下内容。

①"综合收益总额"项目，反映企业当年的综合收益总额，应根据当年利润表中"其他综合收益的税后净额"和"净利润"项目填列，并对应列在"其他综合收益"和"未分配利润"栏。

②"所有者投入和减少资本"项目，反映企业当年所有者投入的资本和减少的资本，其中，"所有者投入的普通股"项目，反映企业接受投资者投资形成的实收资本（或股本）和资本公积，应根据"实收资本（或股本）""资本公积"等科目的发生额分析填列，并对应列在"实收资本（或股本）"和"资本公积"栏；"股份支付计入所有者权益的金额"项目，反映企业处于等待期中的权益结算的股份支付当年计入资本公积的金额，应根据"资本公积"科目所属的"其他资本公积"二级科目的发生额分析填列，并对应列在"资本公积"栏。

③"利润分配"下各项目，反映当年对所有者（或股东）分配的利润（或股利）金额和按照规定提取的盈余公积金额，并对应列在"未分配利润"和"盈余公积"栏。其中，"提取盈余公积"项目，反映企业按照规定提取的盈余公积，应根据"盈余公积""利润分配"科目的发生额分析填列；"对所有者（或股东）的分配"项目，反映对所有者（或股东）分

配的利润（或股利）金额，应根据"利润分配"科目的发生额分析填列。

④ "所有者权益内部结转"下各项目，反映不影响当年所有者权益总额的所有者权益各组成部分之间当年的增减变动，包括"资本公积转增资本（或股本）""盈余公积转增资本（或股本）""盈余公积弥补亏损"等。"资本公积转增资本（或股本）"项目，反映企业以资本公积转增资本或股本的金额，应根据"实收资本""资本公积"等科目的发生额分析填列；"盈余公积转增资本（或股本）"项目，反映企业以盈余公积转增资本或股本的金额，应根据"实收资本""盈余公积"等科目的发生额分析填列；"盈余公积弥补亏损"项目，反映企业以盈余公积弥补亏损的金额，应根据"盈余公积""利润分配"等科目的发生额分析填列。

3. 上年金额栏的填列方法

企业应当根据上年度所有者权益变动表"本年金额"栏内所列数字填列本年度"上年金额"栏内各项数字。如果上年度所有者权益变动表规定的项目的名称和内容同本年度不一致，应对上年度所有者权益变动表相关项目的名称和金额按本年度的规定进行调整，填入所有者权益变动表"上年金额"栏内。

4. 本年金额栏的填列方法

所有者权益变动表"本年金额"栏内各项数字一般应根据"实收资本（或股本）""资本公积""其他综合收益""盈余公积""利润分配""库存股""以前年度损益调整"等科目的发生额分析填列。

企业的净利润及其分配情况作为所有者权益变动的组成部分，不需要单独设置利润分配表列示。

30.6 附注

30.6.1 财务报表附注的定义

根据《企业会计准则第 30 号——财务报表列报》第三十七条的规定，附注是对在资产负债表、利润表、现金流量表和所有者权益变动表等报表中列示项目的文字描述或明细资料，以及对未能在这些报表中列示项目的说明等。

根据《企业会计准则讲解》的解释，财务报表中的数字是经过分类与汇总后的结果，是对企业发生的经济业务的高度简化和浓缩的数字，若没有形成这些数字所使用的会计政策、理解这些数字所必需的披露，则财务报表就极难充分发挥效用。因此，附注与资产负债表、利润表、现金流量表、所有者权益变动表等报表具有同等的重要性，是财务报表的重要组成部分。报表使用者要了解企业的财务状况、经营成果和现金流量，应当全面阅读附注。

30.6.2 附注应当披露的内容及顺序

《企业会计准则第 30 号——财务报表列报》第三十八条规定，附注应当披露财务报表的编制基础，相关信息应当与资产负债表、利润表、现金流量表和所有者权益变动表等报表中列示的项目相互参照。

附注一般应当按照下列顺序至少披露。

（1）企业的基本情况。企业应当披露的基本情况包括：企业注册地、组织形式和总部地址；企业的业务性质和主要经营活动；母公司以及集团最终母公司的名称；财务报告的批准报出者和财务报告批准报出日，或者以签字人及其签字日期为准；营业期限有限的企业，还应当披露有关其营业期限的信息。

（2）财务报表的编制基础。

（3）遵循企业会计准则的声明。按照准则规定，企业应当声明编制的财务报表符合企业会计准则的要求，真实、完整地反映了企业的财务状况、经营成果和现金流量等有关信息，以此明确企业编制财务报表所依据的制度基础。

如果企业编制的财务报表只是部分地遵循了企业会计准则，附注中不得做出这种表述。

（4）重要会计政策和会计估计。重要会计政策的说明，包括财务报表项目的计量基础和在运用会计政策过程中所做的重要判断等。重要会计估计的说明，包括可能导致下一个会计期间内资产、负债账面价值重大调整的会计估计的确定依据等。

企业应当披露采用的重要会计政策和会计估计，并结合企业的具体实际披露其重要会计政策的确定依据和财务报表项目的计量基础，及其会计估计所采用的关键假设和不确定因素。

① 重要会计政策的说明。企业应当披露采用的重要会计政策，并结合企业的具体实际披露其重要会计政策的确定依据和财务报表项目的计量基础。会计政策的确定依据主要是指企业在运用会计政策过程中所做的重要判断。这些判断对在报表中确认的项目金额具有重要影响。例如，企业如何判断持有的金融资产是持有至到期的投资而不是交易性投资，企业如何判断与租赁资产相关的所有风险和报酬已转移给企业从而符合融资租赁的标准，投资性房地产的判断标准是什么等。财务报表项目的计量基础包括历史成本、重置成本、可变现净值、现值和公允价值等会计计量属性，如存货是按成本还是按可变现净值计量的等。

② 重要会计估计的说明。企业应当披露重要会计估计，并结合企业的具体实际披露其会计估计所采用的关键假设和不确定因素。重要会计估计的说明，包括可能导致下一个会计期间内资产、负债账面价值重大调整的会计估计的确定依据等。例如，固定资产可收回金额的计算需要根据其公允价值减去处置费用后的净额与预计未来现金流量的现值两者之间的较高者确定，在计算资产预计未来现金流量的现值时需要对未来现金流量进行预测，并选择适当的折现率，企业应当在附注中披露未来现金流量预测所采用的假设及其依据、所选择的折现率为什么是合理的等。又如，对于正在进行中的诉讼提取准备，企业应当披露最佳估计数的确定依据等。

（5）会计政策和会计估计变更以及差错更正的说明。财务报表列报准则规定，企业应当按照《企业会计准则第28号——会计政策、会计估计变更和差错更正》的规定，披露会计政策和会计估计变更以及差错更正的情况。

（6）报表重要项目的说明。企业应当采用文字和数字描述相结合的方式，按照资产负债表、利润表、现金流量表、所有者权益变动表的顺序及其项目列示的顺序进行披露。报表重要项目的明细金额合计，应当与报表项目金额相衔接。

企业应当在附注中披露费用按照性质分类的利润表补充资料，可将费用分为耗用的原材料、职工薪酬费用、折旧费用、摊销费用等。

（7）或有和承诺事项、资产负债表日后非调整事项、关联方关系及其交易等需要说明的事项，企业应当按照相关会计准则的规定进行披露。

（8）有助于财务报表使用者评价管理资本的目标、政策及程序的信息。

资本管理受行业监管部门监管要求的金融等行业企业，除遵循相关监管要求，例如，我国商业银行遵循《商业银行资本管理办法（试行）》的规定，进行有关资本充足率等的信息披露外，还应当按照会计准则的规定，在财务报表附注中披露有助于财务报表使用者评价企业管理资本的目标、政策及程序的信息。

根据财务报表列报准则的规定，企业应当基于可获得的信息充分披露如下内容。

① 企业资本管理的目标、政策及程序的定性信息，包括：对企业资本管理的说明；受制于外部强制性资本要求的企业，应当披露这些要求的性质以及企业如何将这些要求纳入其资本管理之中；企业如何实现其资本管理的目标等。

② 资本结构的定量数据摘要，包括资本与所有者权益之间的调节关系等。例如，有的企业将某些金融负债（如次级债）作为资本的一部分，有的企业将资本视作扣除某些权益项目（如现金流量套期产生的利得或损失等）后的部分。

③ 自前一会计期间开始上述 ① 和 ② 中的所有变动。

④ 企业当期是否遵循了其受制的外部强制性资本要求；以及当企业未遵循外部强制性资本要求时，其未遵循的后果。

企业按照总体对上述信息披露不能提供有用信息时，还应当对每项受管制的资本要求单独披露上述信息，例如，跨行业、跨国家或地区经营的企业集团可能受一系列不同的资本要求监管等。

30.6.3　一般企业财务报表附注格式

附注是财务报表的重要组成部分。一般企业应当按照规定披露附注信息。附注信息主要包括下列内容。

（一）企业的基本情况

（1）企业注册地、组织形式和总部地址。

（2）企业的业务性质和主要经营活动。

（3）母公司以及集团最终母公司的名称。

（4）财务报告的批准报出者和财务报告批准报出日，或者以签字人及其签字日期为准。

（二）财务报表的编制基础

财务报表的编制基础是指财务报表是在持续经营基础上还是非持续经营基础上编制的。企业一般是在持续经营基础上编制财务报表的，清算、破产属于非持续经营基础。

（三）遵循企业会计准则的声明

企业应当声明编制的财务报表符合企业会计准则的要求，真实、完整地反映了企业的财务状况、经营成果和现金流量等有关信息。

(四)重要会计政策和会计估计

企业应当披露采用的重要会计政策和会计估计,不重要的会计政策和会计估计可以不披露。在披露重要会计政策和会计估计时,企业应当披露重要会计政策的确定依据和财务报表项目的计量基础,以及会计估计中所采用的关键假设和不确定因素。

会计政策的确定依据,主要是指企业在运用会计政策过程中所作的对报表中确认的项目金额最具影响的判断。财务报表项目的计量基础,是指企业计量该项目采用的是历史成本、重置成本、可变现净值、现值还是公允价值。

在确定报表中确认的资产和负债的账面金额过程中,企业有时需要对不确定的未来事项在资产负债表日对这些资产和负债的影响加以估计,如企业预计固定资产未来现金流量采用的折现率和假设。这类假设的变动对这些资产和负债项目金额的确定影响很大,有可能会在下一个会计年度内做出重大调整。因此,强调这一披露要求,有助于提高财务报表的可理解性。

(五)会计政策和会计估计变更以及差错更正的说明

企业应当按照《企业会计准则第28号——会计政策、会计估计变更和差错更正》的规定,披露会计政策和会计估计变更以及差错更正的有关情况。

(六)报表重要项目的说明

企业对报表重要项目的说明,应当按照资产负债表、利润表、现金流量表、所有者权益变动表及其项目列示的顺序,采用文字和数字描述相结合的方式进行披露。报表重要项目的明细金额合计,应当与报表项目金额相衔接,具体如下。

1. 货币资金

货币资金的披露格式如表30-4所示。

表30-4 货币资金的披露格式

单位:元

项目	原币	折算汇率	折合人民币
1.现金			
2.银行存款			
3.其他货币资金			
合计			

2. 应收款项

(1)应收账款按账龄结构的披露格式如表30-5所示。

表30-5 应收账款按账龄结构的披露格式

单位:元

账龄结构	期末账面余额	年初账面余额
1年以内(含1年)		
1年至2年(含2年)		

续表

账龄结构	期末账面余额	年初账面余额
2年至3年（含3年）		
3年以上		
合计		

有应收票据、预付账款、长期应收款、其他应收款的，比照应收账款进行披露。

（2）应收账款按客户类别的披露格式如表30-6所示。

表30-6　应收账款按客户类别的披露格式

单位：元

客户类别	期末账面余额	年初账面余额
客户1		
……		
其他客户		
合计		

有应收票据、预付账款、长期应收款、其他应收款的，比照应收账款进行披露。

3.存货

（1）存货的披露格式如表30-7所示。

表30-7　存货的披露格式

单位：元

存货种类	年初账面余额	本期增加额	本期减少额	期末账面余额
1.原材料				
2.在产品				
3.库存商品				
4.周转材料				
5.消耗性生物资产				
……				
合计				

（2）说明消耗性生物资产的期末实物数量，并按下列格式披露金额信息，如表30-8所示。

表30-8　消耗性生物资产的披露格式

单位：元

项目	年初账面余额	本期增加额	本期减少额	期末账面余额
一、种植业				

续表

项目	年初账面余额	本期增加额	本期减少额	期末账面余额
1.				
……				
二、畜牧养殖业				
1.				
……				
三、林业				
1.				
……				
四、水产业				
1.				
……				
合计				

（3）存货跌价准备的披露格式如表30-9所示。

表30-9　存货跌价准备的披露格式

单位：元

| 存货种类 | 年初账面余额 | 本期计提额 | 本期减少额 | | 期末账面余额 |
			转回	转销	
1. 原材料					
2. 在产品					
3. 库存商品					
4. 周转材料					
5. 消耗性生物资产					
6. 建造合同形成的资产					
……					
合计					

4. 其他流动资产

其他流动资产的披露格式如表30-10所示。

表30-10　其他流动资产的披露格式

单位：元

项目	期末账面价值	年初账面价值
1.		
……		
合计		

有长期待摊费用、其他非流动资产的，比照其他流动资产进行披露。

5.长期股权投资

长期股权投资的披露格式如表30-11所示。

表30-11　长期股权投资的披露格式

单位：元

被投资单位	期末账面余额	年初账面余额
1.对合营企业的投资		
2.对联营企业的投资		
合计		

6.投资性房地产

（1）企业采用成本模式进行后续计量的，应当披露下列信息，如表30-12所示。

表30-12　成本模式进行后续计量的投资性房地产

单位：元

项目	年初账面余额	本期增加额	本期减少额	期末账面余额
一、原价合计				
1.房屋、建筑物				
2.土地使用权				
二、累计折旧和累计摊销合计				
1.房屋、建筑物				
2.土地使用权				
三、投资性房地产减值准备累计金额合计				
1.房屋、建筑物				
2.土地使用权				
四、投资性房地产账面价值合计				
1.房屋、建筑物				
2.土地使用权				

（2）企业采用公允价值模式进行后续计量的，应当披露投资性房地产公允价值的确定依据及公允价值金额的增减变动情况。

（3）如有房地产转换的，应当说明房地产转换的原因及其影响。

7.固定资产

固定资产的披露格式如表30-13所示。

表 30-13 固定资产的披露格式

单位：元

项目	年初账面余额	本期增加额	本期减少额	期末账面余额
一、原价合计				
其中：房屋、建筑物				
机器设备				
运输工具				
……				
二、累计折旧合计				
其中：房屋、建筑物				
机器设备				
运输工具				
……				
三、固定资产减值准备累计金额合计				
其中：房屋、建筑物				
机器设备				
运输工具				
……				
四、固定资产账面价值合计				
其中：房屋、建筑物				
机器设备				
运输工具				

需要注意的是，企业确有准备处置固定资产的，应当说明准备处置的固定资产名称、账面价值、公允价值、预计处置费用和预计处置时间等。

8. 生产性生物资产和公益性生物资产

说明各类生物资产的期末实物数量，并按下列格式披露金额信息，如表 30-14 所示。

表 30-14 生物资产的披露格式

单位：元

项目	年初账面价值	本期增加额	本期减少额	期末账面价值
一、种植业				
1.				
……				
二、畜牧养殖业				
1.				
……				

续表

项目	年初账面价值	本期增加额	本期减少额	期末账面价值
三、林业				
1.				
……				
四、水产业				
1.				
……				
合计				

生物资产如有天然起源的，则还应披露该资产的类别、取得方式和数量等。同时，还应披露以下信息。

（1）各类生产性生物资产的预计使用寿命、预计净残值、折旧方法、累计折旧和减值准备累计金额。

（2）与生物资产相关的风险情况与管理措施。

9. 油气资产

关于油气资产，企业应当披露当期在国内和国外发生的取得矿区权益、油气勘探和油气开发各项支出的总额。

油气资产的披露格式如表 30-15 所示。

表 30-15 油气资产的披露格式

单位：元

项目	年初账面余额	本期增加额	本期减少额	期末账面余额
一、原价合计				
1. 探明矿区权益				
2. 未探明矿区权益				
3. 井及相关设施				
二、累计折耗合计				
1. 探明矿区权益				
2. 井及相关设施				
三、油气资产减值准备累计金额合计				
1. 探明矿区权益				
2. 未探明矿区权益				
3. 井及相关设施				
四、油气资产账面价值合计				
1. 探明矿区权益				
2. 未探明矿区权益				
3. 井及相关设施				

10. 无形资产

各类无形资产的披露格式如表 30-16 所示。

表 30-16　无形资产的披露格式

单位：元

项目	年初账面余额	本期增加额	本期减少额	期末账面余额
一、原价合计				
1.				
……				
二、累计摊销额合计				
1.				
……				
三、无形资产减值准备累计金额合计				
1.				
……				
四、无形资产账面价值合计				
1.				
……				

需要注意的是，企业应列示计入当期损益和确认为无形资产的研究开发支出金额。

11. 商誉

企业应披露商誉的形成来源、账面价值的增减变动情况。

12. 递延所得税资产和递延所得税负债

已确认递延所得税资产和递延所得税负债的披露格式如表 30-17 所示。

表 30-17　递延所得税资产和递延所得税负债的披露格式

单位：元

项目	期末账面余额	年初账面余额
一、递延所得税资产		
1.		
……		
合计		
二、递延所得税负债		
1.		
……		
合计		

企业应披露未确认递延所得税资产的可抵扣暂时性差异、可抵扣亏损等的金额（存在到期日的，还应披露到期日）。

13. 资产减值准备

资产减值准备的披露格式如表 30-18 所示。

表 30-18　资产减值准备的披露格式

单位：元

项目	年初账面余额	本期计提额	本期减少额		期末账面余额
			转回	转销	
一、坏账准备					
二、存货跌价准备					
三、其他债权投资减值准备					
四、其他权益工具投资减值准备					
五、长期股权投资减值准备					
六、投资性房地产减值准备					
七、固定资产减值准备					
八、工程物资减值准备					
九、在建工程减值准备					
十、生产性生物资产减值准备					
其中：成熟生产性生物资产减值准备					
十一、油气资产减值准备					
十二、无形资产减值准备					
十三、商誉减值准备					
十四、其他					
合计					

14. 所有权受到限制的资产

企业需披露资产所有权受到限制的原因。

所有权受到限制的资产的披露格式如表 30-19 所示。

表 30-19　所有权受到限制的资产的披露格式

单位：元

所有权受到限制的资产类别	年初账面价值	本期增加额	本期减少额	期末账面价值
一、用于担保的资产				
1.				
……				
二、其他原因造成所有权受到限制的资产				
1.				
……				
合计				

15. **职工薪酬**

(1) 应付职工薪酬的披露格式如表30-20所示。

表30-20　应付职工薪酬的披露格式

单位：元

项目	年初账面余额	本期增加额	本期支付额	期末账面余额
一、工资、奖金、津贴和补贴				
二、职工福利费				
三、社会保险费				
其中：1. 医疗保险费				
2. 工伤保险费				
3. 生育保险费				
四、住房公积金				
五、其他				
其中：工会经费和职工教育经费				
合计				

(2) 短期薪酬的披露格式如表30-21所示。

表30-21　短期薪酬的披露格式

单位：元

项目	年初账面余额	本期增加额	本期支付额	期末账面余额
短期薪酬				
离职后福利				
——设定提存计划				
辞退福利				
合计				

(3) 离职后福利——设定提存计划的披露格式如表30-22所示。

表30-22　离职后福利——设定提存计划的披露格式

单位：元

项目	年初账面余额	本期增加额	本期支付额	期末账面余额
基本养老保险				
失业保险费				
合计				

企业还应披露本期为职工提供的各项非货币性福利形式、金额及其计算依据。

16. **应交税费**

应交税费的披露格式如表30-23所示。

表 30-23　应交税费的披露格式

单位：元

税费项目	期末账面余额	年初账面余额
1.增值税		
……		
合计		

17. 其他流动负债

其他流动负债的披露格式如表 30-24 所示。

表 30-24　其他流动负债的披露格式

单位：元

项目	期末账面余额	年初账面余额
1.		
……		
合计		

有预计负债、其他非流动负债的，比照其他流动负债进行披露。

18. 短期借款和长期借款

借款的披露格式如表 30-25 所示。

表 30-25　借款的披露格式

单位：元

项目	短期借款		长期借款	
	期末账面余额	年初账面余额	期末账面余额	年初账面余额
信用借款				
抵押借款				
质押借款				
保证借款				
合计				

另外，对于期末逾期借款，企业应分别依照贷款单位、借款金额、逾期时间、年利率、逾期未偿还原因和预期还款期等进行披露。

19. 应付债券

应付债券的披露格式如表 30-26 所示。

表 30-26　应付债券的披露格式

单位：元

项目	年初账面余额	本期增加额	本期减少额	期末账面余额
1.				
……				
合计				

20. 长期应付款

长期应付款的披露格式如表 30-27 所示。

表 30-27　长期应付款的披露格式

单位：元

项目	期末账面价值	年初账面价值
1.		
……		
合计		

21. 营业收入

营业收入的披露格式如表 30-28 所示。

表 30-28　营业收入的披露格式

单位：元

项目	本期发生额	上期发生额
1. 主营业务收入		
2. 其他业务收入		
合计		

22. 公允价值变动损益

公允价值变动损益的披露格式如表 30-29 所示。

表 30-29　公允价值变动损益的披露格式

单位：元

产生公允价值变动损益的来源	本期发生额	上期发生额
1.		
……		
合计		

23. 投资收益

投资收益的披露格式如表 30-30 所示。

表 30-30　投资收益的披露格式

单位：元

产生投资收益的来源	本期发生额	上期发生额
1.		
……		
合计		

另外，企业按照权益法核算的长期股权投资，应当披露直接以被投资单位的账面净损益计算确认投资损益的事实及原因。

24. 资产减值损失

资产减值损失的披露格式如表 30-31 所示。

表 30-31 资产减值损失的披露格式

单位：元

项目	本期发生额	上期发生额
一、坏账损失		
二、存货跌价损失		
三、可供出售金融资产减值损失		
四、持有至到期投资减值损失		
五、长期股权投资减值损失		
六、投资性房地产减值损失		
七、固定资产减值损失		
八、工程物资减值损失		
九、在建工程减值损失		
十、生产性生物资产减值损失		
十一、油气资产减值损失		
十二、无形资产减值损失		
十三、商誉减值损失		
十四、其他		
合计		

25. 营业外收入

营业外收入的披露格式如表 30-32 所示。

表 30-32 营业外收入的披露格式

单位：元

项目	本期发生额	上期发生额
1.非流动资产处置利得合计		
其中：固定资产处置利得		
无形资产处置利得		
合计		

26. 营业外支出

营业外支出的披露格式如表 30-33 所示。

表 30-33 营业外支出的披露格式

单位：元

项目	本期发生额	上期发生额
1.非流动资产处置损失合计		
其中：固定资产处置损失		
无形资产处置损失		
合计		

27. 所得税费用

对于所得税费用，企业应披露如下内容。

（1）所得税费用（收益）的组成，包括当期所得税、递延所得税。

（2）所得税费用（收益）与会计利润的关系。

28. 政府补助

企业应当披露取得政府补助的种类及金额。

29. 每股收益

对于每股收益，企业应披露如下内容。

（1）基本每股收益和稀释每股收益分子、分母的计算过程。

（2）列报期间不具有稀释性但以后期间很可能具有稀释性的潜在普通股。

（3）在资产负债表日至财务报告批准报出日之间，企业发行在外普通股或潜在普通股股数发生重大变化的情况，如股份发行、股份回购、潜在普通股发行、潜在普通股转换或行权等。

30. 按照费用分类披露利润表

企业可以按照费用的性质分类披露利润表。

31. 非货币性资产交换

对于非货币性资产交换，企业应披露如下内容。

（1）换入资产、换出资产的类别。

（2）换入资产初始计量金额的确定方式。

（3）换入资产、换出资产的公允价值及换出资产的账面价值。

32. 股份支付

对于股份支付，企业应披露如下内容。

（1）当期授予、行权和失效的各项权益工具总额。

（2）期末发行在外的股份期权或其他权益工具行权价的范围和合同剩余期限。

（3）当期行权的股份期权或其他权益工具以其行权日价格计算的加权平均价格。

（4）权益工具公允价值的确定方法。

33. 债务重组

企业应按照《企业会计准则第 12 号——债务重组》第十四条或第十五条的相关规定来披露债务重组信息。

34. 借款费用

对于借款费用，企业应披露如下内容。

（1）当期资本化的借款费用金额。

（2）当期用于计算确定借款费用资本化金额的资本化率。

35. 外币折算

对于外币折算，企业应披露如下内容。

（1）计入当期损益的汇兑差额。

（2）处置境外经营对外币财务报表折算差额的影响。

36. 企业合并

对于企业合并发生当期的期末，合并方或购买方应当按照《企业会计准则第 20 号——企业合并》第十八条或第十九条的相关规定进行披露。

37. 租赁

（1）融资租赁出租人应当说明未实现融资收益的余额，并披露与融资租赁有关的下列信息，如表 30-34 所示。

表 30-34　融资租赁出租人各类租出资产的披露格式

单位：元

剩余租赁期	最低租赁收款额
1 年以内（含 1 年）	
1 年以上 2 年以内（含 2 年）	
2 年以上 3 年以内（含 3 年）	
3 年以上	
合计	

（2）经营租赁出租人各类租出资产的披露格式如表 30-35 所示。

表 30-35　经营租赁出租人各类租出资产的披露格式

单位：元

经营租赁租出资产类别	期末账面价值	年初账面价值
1. 机器设备		
2. 运输工具		
……		
合计		

（3）融资租赁承租人应当说明未确认融资费用的余额，并披露与融资租赁有关的下列信息。

① 各类使用权资产的期初余额、本期增加额、期末余额以及累计折旧额和减值金额。

② 以后年度将支付的最低租赁付款额，披露格式如表 30-36 所示。

表 30-36　以后年度最低租赁付款额的披露格式

单位：元

剩余租赁期	最低租赁付款额
1 年以内（含 1 年）	
1 年以上 2 年以内（含 2 年）	
2 年以上 3 年以内（含 3 年）	
3 年以上	
合计	

（4）对于重大的经营租赁，经营租赁承租人应当披露下列信息，如表 30-37 所示。

表 30-37 重大经营租赁的披露格式

单位：元

剩余租赁期	最低租赁付款额
1 年以内（含 1 年）	
1 年以上 2 年以内（含 2 年）	
2 年以上 3 年以内（含 3 年）	
3 年以上	
合计	

（5）披露各售后租回交易以及售后租回合同中的重要条款。

38. 终止经营

终止经营的披露格式如表 30-38 所示。

表 30-38 终止经营的披露格式

单位：元

项目	本期发生额	上期发生额
一、终止经营收入		
减：终止经营费用		
二、终止经营利润总额		
减：终止经营所得税费用		
三、终止经营净利润		

39. 分部报告

分部报告的主要报告形式是业务分部，披露格式如表 30-39 所示。

表 30-39 分部报告的披露格式

单位：元

项目	××业务		××业务		……		其他		抵销		合计	
	本期	上期	本期	上期	本期	上期	本期	上期	本期	上期	本期	上期
一、营业收入												
其中：对外交易收入												
分部间交易收入												
二、营业费用												
三、营业利润（亏损）												
四、资产总额												
五、负债总额												
六、补充信息												
1.折旧和摊销费用												
2.资本化支出												
3.折旧和摊销以外的非现金费用												

主要报告形式是地区分部的,比照业务分部格式进行披露。

在主要报告形式的基础上,对于次要报告形式,企业还应披露对外交易收入、分部资产总额。

40. 按照费用性质分类的利润表补充资料

按照费用性质分类的利润表补充资料,可将费用分为耗用的原材料、职工薪酬费用、折旧费用、摊销费用等。具体的披露格式如表30-40所示。

表30-40　费用按照性质分类的补充资料的披露格式

单位:元

项目	本期金额	上期金额
耗用的原材料		
产成品及在产品存货变动		
职工薪酬费用		
折旧和摊销费用		
非流动资产减值损失		
支付的租金		
财务费用		
其他费用		
……		
合计		

41. 其他综合收益各项目

关于其他综合收益,企业应当披露如下内容。

(1)其他综合收益各项目及其所得税影响。

(2)其他综合收益各项目原计入其他综合收益、当期转出计入当期损益的金额。

(3)其他综合收益各项目的期初和期末余额及其调节情况。

上述(1)和(2)的具体披露格式如表30-41所示,(3)的具体披露格式如表30-42所示。

表30-41　其他综合收益各科目的披露格式

单位:元

项目	本期发生额			上期发生额		
	税前金额	所得税	税后净额	税前金额	所得税	税后净额
(一)以后不能重分类进损益的其他综合收益						
1.重新计量设定受益计划净负债或净资产的变动						
2.权益法下在被投资单位不能重分类进损益的其他综合收益中享有的份额						
……						

续表

项目	本期发生额			上期发生额		
	税前金额	所得税	税后净额	税前金额	所得税	税后净额
（二）以后将重分类进损益的其他综合收益						
1. 权益法下在被投资单位以后将重分类进损益的其他综合收益中享有的份额						
减：前期计入其他综合收益当期转入损益						
小计						
2. 其他债权投资公允价值变动损益						
减：前期计入其他综合收益当期转入损益						
小计						
3. 金融资产重分类转入损益的累计利得与损失						
减：前期计入其他综合收益当期转入损益						
小计						
4. 现金流经套期损益的有效部分						
减：前期计入其他综合收益当期转入损益						
转为被套期项目初始金额的调整额						
小计						
5. 外币财务报表折算差额						
减：前期计入其他综合收益当期转入损益						
小计						
……						
（三）其他综合收益合计						

表 30-42 其他综合收益各项目的调节情况

单位：元

项目	重新计量设定受益计划净负债或净资产的变动	权益法下在被投资者单位不能量化进损益的其他综合收益中享有的份额	权益法下在被投资者单位以后将重分类进损益的其他综合收益中享有的份额	可供出售金融资产公允价值变动损益	持有至到期投资重分类为可供出售金融资产损益	现金流套期损益的有效部分	……	其他综合收益合计
一、上年年初余额								
二、上年增减变动金额（减少以"-"号填列）								

项目	重新计量设定受益计划净负债或净资产的变动	权益法下在被投资者单位不能重分类进损益的其他综合收益中享有的份额	权益法下在被投资者单位以后将重分类进损益的其他综合收益中享有的份额	可供出售金融资产公允价值变动损益	持有至到期投资重分类为可供出售金融资产损益	现金流套期损益的有效部分	……	其他综合收益合计
三、本年年初余额								
四、本年变动金额（减少以"-"号填列）								
五、本年年末余额								

42. 股利

在资产负债表日后、财务报告批准报出日前提议或宣布发放的股利总额和每股股利金额（或向投资者分配的利润总额）。

43. 终止经营

终止经营的收入、费用、利润总额、所得税费用和净利润，以及归属于母公司所有者的终止经营利润。企业披露的上述数据应当是针对终止经营在整个报告期间的经营成果。

终止经营是指满足下列条件之一的已被企业处置或被企业划归为持有待售的、在经营和编制财务报表时能够单独区分的组成部分：该组成部分代表一项独立的主要业务或一个主要经营地区；该组成部分是拟对一项独立的主要业务或一个主要经营地区进行处置计划的一部分；该组成部分仅仅是为了再出售而取得的子公司。这里的企业组成部分是指企业的一个部分，其经营和现金流量无论从经营上或从财务报告目的上考虑，均能与企业内其他部分清楚划分。企业组成部分在其经营期间是一个现金产出单元或一组现金产出单元，通常可能是一个子公司、一个事业部或事业群，其拥有经营的资产，也可能承担负债，由企业高管负责。

企业组成部分（或非流动资产，下同），同时满足下列条件的，应当确认为持有待售的组成部分。

（1）该组成部分必须在其当前状况下仅根据出售此类组成部分的通常和惯用条款即可立即出售。

（2）企业已经就处置该组成部分做出决议，如按规定需得到股东批准的，应当已经取得股东大会或相应权力机构的批准。

（3）企业已经与受让方签订了不可撤销的转让协议。

（4）该项转让将在一年内完成。

上述条件（1）强调，被划分为持有待售的企业组成部分必须是在当前状态下可立即出售，因此，企业应当具有在当前状态下出售该资产或处置的意图和能力，而出售此类组成部分的通常和惯用条款不应当包括出售方所提出的条件；上述条件（2）~（4）强调，被划分为持有待售的企业组成部分其出售必须是极可能发生的，实务中需要结合具体情况进行判断。

（七）或有和承诺事项、资产负债表日后非调整事项、关联方关系及其交易等需要说明的事项

（1）本企业的母公司有关信息的披露格式如表30-43所示。

表30-43 母公司有关信息的披露格式

母公司名称	注册地	业务性质	注册资本

针对此类信息，企业还应注意以下三点。

① 母公司不是本企业最终控制方的，说明最终控制方名称。

② 母公司和最终控制方均不对外提供财务报表的，说明母公司之上与其最相近的对外提供财务报表的母公司名称。

③ 说明母公司对本企业的持股比例和表决权比例。

（2）本企业的子公司有关信息的披露格式如表30-44所示。

表30-44 子公司有关信息的披露格式

子公司名称	注册地	业务性质	注册资本	本企业合计持股比例	本企业合计享有的表决权比例
1.					
……					

（3）本企业的合营企业有关信息的披露格式如表30-45所示。

表30-45 合营企业有关信息的披露格式

被投资单位名称	注册地	业务性质	注册资本	本企业持股比例	本企业在被投资单位表决权比例	期末资产总额	期末负债总额	本期营业收入总额	本期净利润
1.									
……									

有联营企业的，比照合营企业进行披露。

（4）本企业与关联方发生交易的，需分别说明各关联方关系的性质、交易类型及交易要素。交易要素至少应当包括以下内容。

① 交易的金额。

② 未结算项目的金额、条款和条件，以及有关提供或取得担保的信息。

③ 未结算应收项目的坏账准备金额。

④ 定价政策。

除开上述需披露的项目外，企业还应披露有助于财务报表使用者评价管理资本的目标、政策及程序的信息。

第 31 章
现金流量表

经营活动现金流、投资活动现金流和筹资活动现金流的会计处理流程分别如图 31-1、图 31-2 和图 31-3 所示。

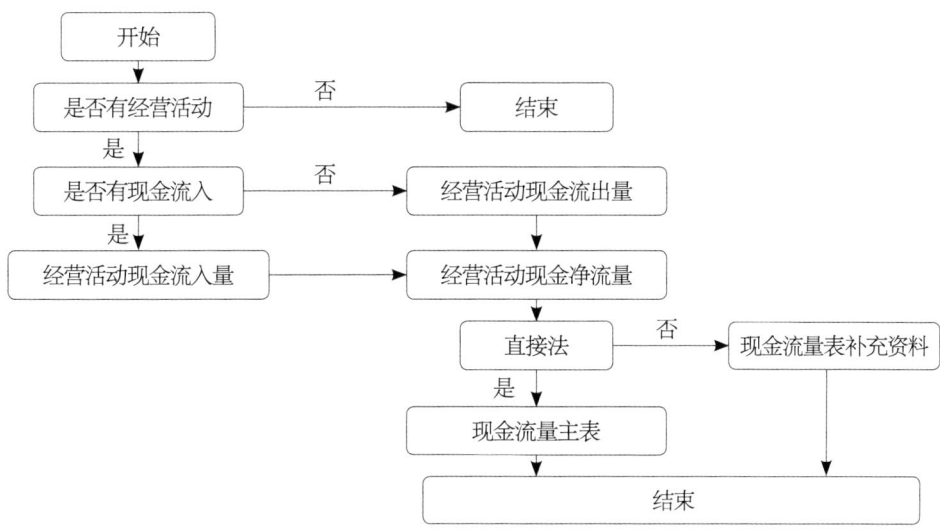

图 31-1 经营活动现金流的会计处理流程

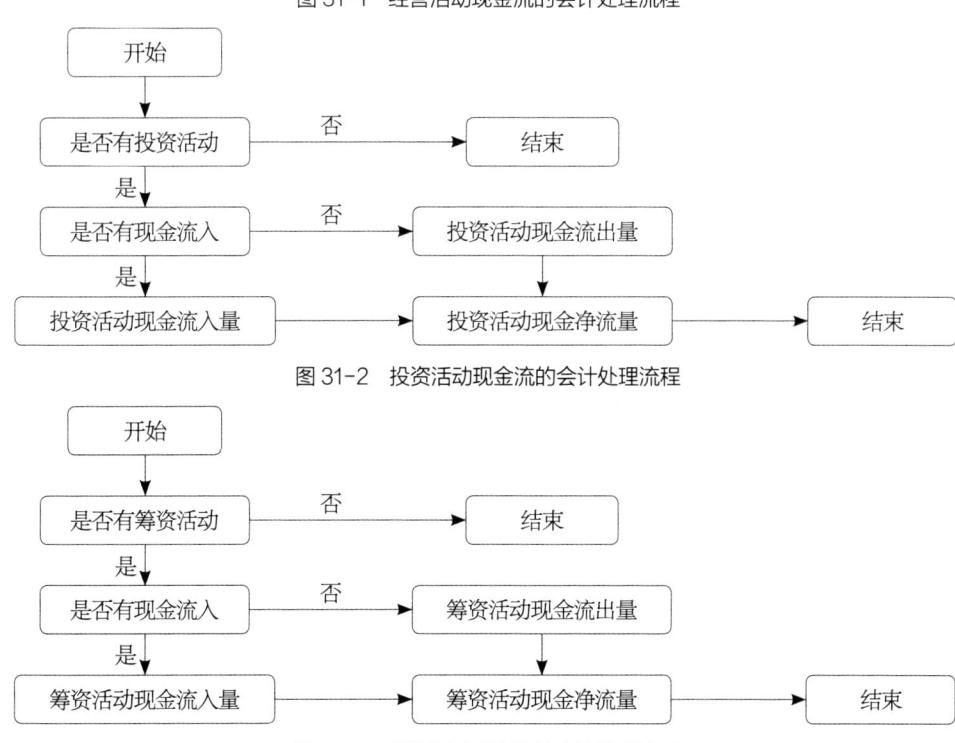

图 31-2 投资活动现金流的会计处理流程

图 31-3 筹资活动现金流的会计处理流程

31.1 现金流量表概述

31.1.1 现金流量表的概念

根据《企业会计准则第 31 号——现金流量表》(简称"现金流量表准则")第一章第二条,现金流量表,是指反映企业在一定会计期间现金和现金等价物流入和流出的报表。

《〈企业会计准则第 31 号——现金流量表〉解释》中指出,现金是指企业库存现金以及可以随时用于支付的存款,包括库存现金、银行存款、其他货币资金,不能随时用于支取的存款不属于现金。现金等价物是指企业持有的期限短、流动性强、易于转换为已知金额现金、价值变动风险很小的投资。期限短一般是指从购买日起三个月内到期。现金等价物通常包括三个月内到期的短期债券投资。权益性投资变现的金额通常不确定,因而不属于现金等价物。企业应当根据具体情况,确定现金等价物的范围,一经确定不得随意变更。

31.1.2 现金流量表的内容与结构

(一)经营活动产生的现金流量

经营活动是指企业投资活动和筹资活动以外的所有交易和事项。各类企业由于其所处行业特点不同,对经营活动的认定存在一定差异。对于工商企业而言,经营活动主要包括销售商品、提供劳务、购买商品、接受劳务、支付税费等。对于商业银行而言,经营活动主要包括吸收存款、发放贷款、同业存放、同业拆借等。对于保险公司而言,经营活动主要包括原保险业务和再保险业务等。对于证券公司而言,经营活动主要包括自营证券、代理承销证券、代理兑付证券、代理买卖证券等。

现金流量表准则规定企业应当采用直接法列示经营活动产生的现金流量,同时要求在附注中提供以净利润为基础调节经营活动现金流量的信息。

直接法是指通过现金收入和现金支出的主要类别列示经营活动的现金流量。间接法是指以净利润为起算点,调整不涉及现金的收入、费用、营业外收支等有关项目,剔除投资活动、筹资活动对现金流量的影响,据此计算出经营活动产生的现金流量。

(二)投资活动产生的现金流量

投资活动是指企业长期资产的购建和不包括在现金等价物范围内的投资及其处置活动。长期资产是指固定资产、无形资产、在建工程、其他资产等持有期限在一年或一个营业周期以上的资产。这里所讲的投资活动,既包括实物资产投资,也包括金融资产投资。这里之所以将"包括在现金等价物范围内的投资"排除在外,是因为已经将包括在现金等价物范围内的投资视同现金。不同企业由于其所处行业特点不同,对投资活动的认定也存在差异。例如,交易性金融资产所产生的现金流量,对于工商业企业而言,属于投资活动现金流量,而对于证券公司而言,属于经营活动现金流量。

(三)筹资活动产生的现金流量

筹资活动是指导致企业资本及债务规模和构成发生变化的活动。这里所说的资本,既包括实收资本(股本),也包括资本溢价(股本溢价)。这里所说的债务,是指对外举债,包括向银行借款、发行债券以及偿还债务等。通常情况下，应付账款、应付票据等商业应付款等属于经营活动，不属于筹资活动。

此外，对于企业日常活动之外的、不经常发生的特殊项目，如自然灾害损失、保险赔款、捐赠等，应当归到相关类别中，并单独反映。例如，自然灾害损失和保险赔款，如果能够确定属于流动资产损失，则应当被列入经营活动产生的现金流量；如果属于固定资产损失，则应当被列入投资活动产生的现金流量。

（四）汇率变动对现金及现金等价物的影响

在编制现金流量表时，企业应当将企业外币现金流量以及境外子公司的现金流量折算成记账本位币。外币现金流量以及境外子公司的现金流量，应当采用现金流量发生日的即期汇率或按照系统合理的方法确定的、与现金流量发生日即期汇率近似的汇率折算。汇率变动对现金的影响额应当作为调节项目，在现金流量表中单独列报。

汇率变动对现金及现金等价物的影响，是指企业外币现金流量及境外子公司的现金流量折算成记账本位币时，所采用的是现金流量发生日的汇率或按照系统合理的方法确定的、与现金流量发生日即期汇率近似的汇率，而现金流量表"现金及现金等价物净增加额"项目中外币现金净增加额是按资产负债表日的即期汇率折算的。这两者的差额即为汇率变动对现金及现金等价物的影响。

在编制现金流量表时，对当期发生的外币业务，也可不必逐笔计算汇率变动对现金的影响，可以通过现金流量表补充资料中"现金及现金等价物净增加额"数额与现金流量表中"经营活动产生的现金流量净额""投资活动产生的现金流量净额""筹资活动产生的现金流量净额"三项之和比较，其差额即为"汇率变动对现金的影响额"。

《〈企业会计准则第31号——现金流量表〉应用指南》规定了一般企业现金流量表格式，如表31-1所示。

表31-1 一般企业现金流量表

会企03表

编制单位：　　　　　　　　　　年　月　　　　　　　　　　单位：元

项目	本期金额	上期金额
一、经营活动产生的现金流量：		
销售商品、提供劳务收到的现金		
收到的税费返还		
收到其他与经营活动有关的现金		
经营活动现金流入小计		
购买商品、接受劳务支付的现金		
支付给职工以及为职工支付的现金		
支付的各项税费		
支付其他与经营活动有关的现金		
经营活动现金流出小计		
经营活动产生的现金流量净额		

续表

项目	本期金额	上期金额
二、投资活动产生的现金流量：		
收回投资收到的现金		
取得投资收益收到的现金		
处置固定资产、无形资产和其他长期资产收回的现金净额		
处置子公司及其他营业单位收到的现金净额		
收到其他与投资活动有关的现金		
投资活动现金流入小计		
购建固定资产、无形资产和其他长期资产支付的现金		
投资支付的现金		
取得子公司及其他营业单位支付的现金净额		
支付其他与投资活动有关的现金		
投资活动现金流出小计		
投资活动产生的现金流量净额		
三、筹资活动产生的现金流量：		
吸收投资收到的现金		
取得借款收到的现金		
收到其他与筹资活动有关的现金		
筹资活动现金流入小计		
偿还债务支付的现金		
分配股利、利润或偿付利息支付的现金		
支付其他与筹资活动有关的现金		
筹资活动现金流出小计		
筹资活动产生的现金流量净额		
四、汇率变动对现金及现金等价物的影响		
五、现金及现金等价物净增加额		
加：期初现金及现金等价物余额		
六、期末现金及现金等价物余额		

（五）现金流量表补充资料

除现金流量表反映的信息外，企业还应在附注中披露将净利润调节为经营活动现金流量、不涉及现金收支的重大投资和筹资活动、现金及现金等价物净变动情况等信息。

1. 将净利润调节为经营活动现金流量

现金流量表采用直接法反映经营活动产生的现金流量，同时，企业还应采用间接法反映经营活动产生的现金流量。间接法是指以本期净利润为起点，通过调整不涉及现金的收入、费用、营业外收支以及经营性应收应付等项目的增减变动，调整不属于经营活动的现金收支项目，据此计算并列报经营活动产生的现金流量的方法。在我国，现金流量表补充资料应采用间接法反映经营活动产生的现金流量情况，以对现金流量表中采用直接法反映的经营活动现金流量进行核对和补充说明。

采用间接法列报经营活动产生的现金流量时，需要对四大类项目进行调整。

（1）实际没有支付现金的费用。

（2）实际没有收到现金的收益。

（3）不属于经营活动的损益。

（4）经营性应收应付项目的增减变动。

2. 不涉及现金收支的重大投资和筹资活动

不涉及现金收支的重大投资和筹资活动，反映企业一定期间内影响资产或负债但不形成该期现金收支的所有投资和筹资活动的信息。这些投资和筹资活动虽然不涉及现金收支，但对以后各期的现金流量有重大影响。例如，企业融资租入设备，将形成的负债计入"长期应付款"账户，当期并不支付设备款及租金，但以后各期必须为此支付现金，从而在一定期间内形成了一项固定的现金支出。

企业应当在附注中披露不涉及当期现金收支，但影响企业财务状况或在未来可能影响企业现金流量的重大投资和筹资活动，主要包括以下几类。

（1）债务转为资本，反映企业本期转为资本的债务金额。

（2）一年内到期的可转换公司债券，反映企业一年内到期的可转换公司债券的本息。

（3）融资租入固定资产，反映企业本期融资租入的固定资产。

3. 现金和现金等价物的构成

企业应当在附注中披露与现金和现金等价物有关的下列信息。

（1）现金和现金等价物的构成及其在资产负债表中的相应金额。

（2）企业持有但不能由母公司或集团内其他子公司使用的大额现金和现金等价物金额。企业持有现金和现金等价物余额但不能被集团使用的情形多种多样，例如，国外经营的子公司，由于受当地外汇管制或其他立法的限制，其持有的现金和现金等价物，不能由母公司或其他子公司正常使用等。

31.1.3　现金流量表的编制方法及程序

（一）直接法和间接法

编制现金流量表时，列报经营活动现金流量的方法有两种：一种是直接法，另一种是间接法。在直接法下，企业一般是以利润表中的营业收入为起算点，调节与经营活动有关的项目的增减变动，然后计算出经营活动产生的现金流量。在间接法下，企业将净利润调节为经营活动现金流量，实际上就是将按权责发生制原则确定的净利润调整为现金净流入，并剔除投资活动和筹资活动对现金流量的影响。

采用直接法编报现金流量表，便于分析企业经营活动产生的现金流量的来源和用途，预测企业现金流量的未来前景；采用间接法编报现金流量表，便于将净利润与经营活动产生的现金流量净额进行比较，了解净利润与经营活动产生的现金流量差异的原因，从现金流量的角度分析净利润的质量。所以，我国企业会计准则规定企业应当采用直接法编报现金流量表，同时要求在附注中提供以净利润为基础调节到经营活动现金流量的信息。

（二）工作底稿法、T型账户法和分析填列法

在具体编制现金流量表时，可以采用工作底稿法或T型账户法，也可以根据有关科目记录分析填列。

1. 工作底稿法

工作底稿法，是以工作底稿为手段，以资产负债表和利润表数据为基础，对每一项目进行分析并编制调整分录，从而编制现金流量表的方法。工作底稿法的程序如下。

第一步，将资产负债表的期初数和期末数过入工作底稿的期初数栏和期末数栏。

第二步，对当期业务进行分析并编制调整分录。编制调整分录时，要以利润表项目为基础，从"营业收入"开始，结合资产负债表项目逐一进行分析。在调整分录中，有关现金和现金等价物的事项，并不直接借记或贷记现金，而是分别计入"经营活动产生的现金流量""投资活动产生的现金流量""筹资活动产生的现金流量"有关项目，借记表示现金流入，贷记表示现金流出。

第三步，将调整分录过入工作底稿中的相应部分。

第四步，核对调整分录，借方、贷方合计数均已经相等，资产负债表项目期初数加减调整分录中的借贷金额以后，也等于期末数。

第五步，根据工作底稿中的现金流量表项目部分编制正式的现金流量表。

2. T型账户法

T型账户法下，企业以T型账户为手段，以资产负债表和利润表数据为基础，对每一项目进行分析并编制调整分录，从而编制现金流量表。T型账户法的程序如下。

第一步，为所有的非现金项目（包括资产负债表项目和利润表项目）分别开设T型账户，并将各自的期末期初变动数过入各该账户。如果项目的期末数大于期初数，则将差额过入和项目余额相同的方向；反之，过入相反的方向。

第二步，开设一个大的"现金及现金等价物"T型账户，每边分为经营活动、投资活动和筹资活动三个部分，左边记现金流入，右边记现金流出。与其他账户一样，过入期末期初变动数。

第三步，以利润表项目为基础，结合资产负债表分析每一个非现金项目的增减变动，并据此编制调整分录。

第四步，将调整分录过入各T型账户，并进行核对，该账户借贷相抵后的余额与原先过入的期末期初变动数应当一致。

第五步，根据大的"现金及现金等价物"T型账户编制正式的现金流量表。

3. 分析填列法

分析填列法是直接根据资产负债表、利润表和有关会计科目明细账的记录，分析计算出现金流量表各项目的金额，并据以编制现金流量表的一种方法。

31.2 现金流量表编制

一般企业现金流量表的编制

一般企业应按照现金流量表准则应用指南列示的现金流量表格式编制现金流量表。现金流量表的项目主要有：经营活动产生的现金流量、投资活动产生的现金流量、筹资活动产生的现金流量、汇率变动对现金及现金等价物的影响、现金及现金等价物净增加额、期末现金及现金等价物余额等项目。

（一）经营活动产生的现金流量

1. 销售商品、提供劳务收到的现金

本项目反映企业销售商品、提供劳务实际收到的现金，包括销售收入和应向购买者收取的增值税销项税额，具体包括本期销售商品、提供劳务收到的现金，以及前期销售商品、提供劳务本期收到的现金和本期预收的款项，减去本期销售本期退回的商品和前期销售本期退回的商品支付的现金。企业销售材料和代购代销业务收到的现金，也在本项目反映。本项目可以根据"库存现金""银行存款""应收票据""应收账款""预收账款""主营业务收入""其他业务收入"科目的记录分析填列。

【例31-1】 甲企业本期销售一批商品，开出的增值税专用发票上注明的销售价款为2 500 000元，增值税销项税额为325 000元，以银行存款收讫；应收票据期初余额为300 000元，期末余额为40 000元；应收账款期初余额为800 000元，期末该款项余额为400 000元；年度内核销的坏账损失为5 000元。另外，本期因商品质量问题发生退货，支付银行存款50 000元，货款已通过银行转账支付。

本期销售商品、提供劳务收到的现金计算如下。

本期销售商品收到的现金	（2 500 000+325 000）2 825 000
加：本期收到前期的应收票据	（300 000-40 000）260 000
本期收到前期的应收账款	（800 000-400 000-5 000）395 000
减：本期因销售退回支付的现金	50 000
本期销售商品、提供劳务收到的现金	3 430 000

2. 收到的税费返还

本项目反映企业收到返还的各种税费，如收到的增值税、所得税、消费税、关税和教育费附加返还款等。本项目可以根据"库存现金""银行存款""税金及附加""营业外收入"等科目的记录分析填列。

【例31-2】 甲企业前期出口商品一批，已交纳增值税，按规定应退增值税6 800元，前期未退，本期以转账方式收讫；本期收到退回的消费税税款16 000元、收到的教育费附加返还款33 000元，款项已存入银行。

本期收到的税费返还计算如下。

本期收到的出口退增值税额	6 800
加：收到的退消费税税额	16 000

收到的退教育费附加返还额	33 000
本期收到的税费返还	55 800

3. 收到其他与经营活动有关的现金

本项目反映企业除上述各项目外，收到的其他与经营活动有关的现金，如罚款收入、经营租赁固定资产收到的现金、流动资产损失中由个人赔偿的现金收入、除税费返还外的其他政府补助收入等。其他与经营活动有关的现金，如果价值较大的，应单列项目反映。本项目可以根据"库存现金""银行存款""管理费用""销售费用"等科目的记录分析填列。

4. 购买商品、接受劳务支付的现金

本项目反映企业购买材料、商品、接受劳务实际支付的现金，包括支付的货款以及与货款一并支付的增值税进项税额，具体包括本期购买商品、接受劳务支付的现金，以及本期支付前期购买商品、接受劳务的未付款项和本期预付款项，减去本期发生的购货退回收到的现金。为购置存货而发生的借款利息资本化部分，应在"分配股利、利润或偿付利息支付的现金"项目中反映。本项目可以根据"库存现金""银行存款""应付票据""应付账款""预付账款""主营业务成本""其他业务成本"等科目的记录分析填列。

【例31-3】 甲公司本期购买原材料，收到的增值税专用发票上注明的材料价款为180 000元，增值税税率为13%，增值税进项税额为23 400元，款项已通过银行转账支付；本期支付应付票据160 000元；购买工程用物资130 000元，货款已通过银行转账支付。

本期购买商品、接受劳务支付的现金计算如下。

本期购买原材料支付的价款	180 000
加：本期购买原材料支付的增值税进项税额	23 400
本期支付的应付票据	160 000
本期购买商品、接受劳务支付的现金	363 400

5. 支付给职工以及为职工支付的现金

本项目反映企业实际支付给职工的现金以及为职工支付的现金，包括企业为获得职工提供的服务，本期实际给予各种形式的报酬以及其他相关支出，如支付给职工的工资、奖金、各种津贴和补贴等，以及为职工支付的其他费用，不包括支付给在建工程人员的工资。支付的在建工程人员的工资，在"购建固定资产、无形资产和其他长期资产所支付的现金"项目中反映。

企业为职工支付的医疗、养老、失业、工伤、生育等社会保险基金、补充养老保险、住房公积金，企业为职工交纳的商业保险金，因解除与职工劳动关系给予的补偿，现金结算的股份支付，以及企业支付给职工或为职工支付的其他福利费用等，应根据职工的工作性质和服务对象，分别在"购建固定资产、无形资产和其他长期资产所支付的现金"和"支付给职工以及为职工支付的现金"项目中反映。

本项目可以根据"库存现金""银行存款""应付职工薪酬"等科目的记录分析填列。

【例31-4】 甲企业本期实际支付工资500 000元，其中，经营人员工资300 000元，在建工程人员工资200 000元。

本期支付给职工以及为职工支付的现金为 300 000 元。

6. 支付的各项税费

本项目反映企业按规定支付的各项税费，包括本期发生并支付的税费，以及本期支付以前各期发生的税费和预交的税金，如支付的教育费附加、印花税、房产税、土地增值税、车船使用税、增值税、所得税等。该项目不包括本期退回的增值税、所得税。本期退回的增值税、所得税等，在"收到的税费返还"项目中反映。本项目可以根据"应交税费""库存现金""银行存款"等科目分析填列。

【例 31-5】 甲企业本期向税务机关交纳增值税 68 000 元；本期发生的所得税 3 300 000 元已全部交纳；企业期初未交所得税 310 000 元，期末未交所得税 180 000 元。

本期支付的各项税费计算如下。

本期支付的增值税税额	68 000
加：本期发生并交纳的所得税税额	3 300 000
前期发生本期交纳的所得税税额	（310 000-180 000）130 000
本期支付的各项税费	3 498 000

7. 支付其他与经营活动有关的现金

本项目反映企业除上述各项外，支付的其他与经营活动有关的现金，如罚款支出、支付的差旅费、业务招待费、保险费、经营租赁支付的现金等。其他与经营活动有关的现金，如果金额较大的，应单列项目反映。本项目可以根据有关科目的记录分析填列。

（二）投资活动产生的现金流量

1. 收回投资收到的现金

本项目反映企业出售、转让或到期收回除现金等价物以外的交易性金融资产、其他债权投资、其他权益工具投资、长期股权投资、投资性房地产而收到的现金。本项目不包括债权性投资收回的利息、收回的非现金资产，以及处置子公司及其他营业单位收到的现金净额。债权性投资收回的本金，在本项目反映，债权性投资收回的利息，不在本项目中反映，而在"取得投资收益收到的现金"项目中反映。处置子公司及其他营业单位收到的现金净额单设项目反映。本项目可以根据"交易性金融资产""其他债权投资""其他权益工具投资""长期股权投资""投资性房地产""库存现金""银行存款"等科目的记录分析填列。

【例 31-6】 甲企业出售某项长期股权投资，收回的全部投资金额为 510 000 元；出售某项长期债权性投资，收回的全部投资金额为 270 000 元，其中，20 000 元是债券利息。

本期收回投资收到的现金计算如下。

收回长期股权投资金额	510 000
加：收回长期债权性投资本金	（270 000-20 000）250 000
本期收回投资收到的现金	760 000

2. 取得投资收益收到的现金

本项目反映企业因股权性投资而分得的现金股利，从子公司、联营企业或合营企业分回利润而收到的现金，因债权性投资而取得的现金利息收入。股票股利不在本项目中反映。包括在现金等价物范围内的债券性投资,其利息收入在本项目中反映。本项目可以根据"应收股利""应收利息""投资收益""库存现金""银行存款"等科目的记录分析填列。

【例31-7】甲企业期初长期股权投资余额为2 400 000元,其中,1 600 000元投资于联营企业A企业,占其股本的25%,采用权益法核算,另外300 000元和500 000元分别投资于B企业和C企业,各占接受投资企业总股本的5%和10%,采用成本法核算;当年A企业盈利2 500 000元,分配现金股利900 000元,B企业亏损没有分配股利,C企业盈利500 000元,分配现金股利100 000元。甲企业已如数收到现金股利。

本期取得投资收益收到的现金计算如下。

取得A企业实际分回的投资收益	(900 000×25%) 225 000
加:取得B企业实际分回的投资收益	0
取得C企业实际分回的投资收益	(100 000×10%) 10 000
本期取得投资收益收到的现金	235 000

3. 处置固定资产、无形资产和其他长期资产收回的现金净额

本项目反映企业出售固定资产、无形资产和其他长期资产所取得的现金,减去为处置这些资产而支付的有关费用后的净额。处置固定资产、无形资产和其他长期资产所收到的现金,与处置活动支付的现金,两者在时间上比较接近,以净额反映更能准确反映处置活动对现金流量的影响。由于自然灾害等造成的固定资产等长期资产报废、毁损而收到的保险赔偿收入,在本项目中反映。如处置固定资产、无形资产和其他长期资产所收回的现金净额为负数,则应作为投资活动产生的现金流量,在"支付其他与投资活动有关的现金"项目中反映。本项目可以根据"固定资产清理""库存现金""银行存款"等科目的记录分析填列。

【例31-8】乙公司出售一台不需用设备,收到价款36 000元,该设备原价为45 000元,已提折旧15 000元。支付该项设备拆卸费用300元,运输费用75元,设备已由购入单位运走。本期处置固定资产、无形资产和其他长期资产收回的现金净额计算如下。

本期出售固定资产收到的现金	36 000
减:支付出售固定资产的清理费用	375
本期处置固定资产、无形资产和其他长期资产收回的现金净额	35 625

4. 处置子公司及其他营业单位收到的现金净额

本项目反映企业处置子公司及其他营业单位所取得的现金减去子公司或其他营业单位持有的现金和现金等价物以及相关处置费用后的净额。本项目可以根据有关科目的记录分析填列。

整体处置一个单位,其结算方式是多种多样的。企业处置子公司及其他营业单位是整体交易,子公司和其他营业单位可能持有现金和现金等价物。这样,整体处置子公司或其他营业单位的现金流量,就应以处置价款中收到现金的部分,减去子公司或其他营业单位持有的现金和现金等价物以及相关处置费用后的净额反映。

现金流量表准则要求企业在附注中以总额披露当期取得或处置子公司及其他营业单位的下列信息。

（1）取得或处置价格。

（2）取得或处置价格中以现金支付的部分。

（3）取得或处置子公司及其他营业单位所取得的现金。

（4）取得或处置子公司及其他营业单位按主要类别分类的非现金资产和负债。

处置子公司及其他营业单位收到的现金净额如为负数，则将该金额填列至"支付其他与投资活动有关的现金"项目中。

5. 收到其他与投资活动有关的现金

本项目反映企业除上述各项外，收到的其他与投资活动有关的现金。其他与投资活动有关的现金，如果价值较大的，应单列项目反映。本项目可以根据有关科目的记录分析填列。

6. 购建固定资产、无形资产和其他长期资产支付的现金

本项目反映企业购买、建造固定资产，取得无形资产和其他长期资产支付的现金，包括购买机器设备所支付的现金及增值税款、建造工程支付的现金、支付在建工程人员的工资等现金支出；不包括为购建固定资产、无形资产和其他长期资产而发生的借款利息资本化部分，以及融资租入固定资产所支付的租赁费。为购建固定资产、无形资产和其他长期资产而发生的借款利息资本化部分，在"分配股利、利润或偿付利息支付的现金"项目中反映；融资租入固定资产所支付的租赁费，在"支付其他与筹资活动有关的现金"项目中反映，不在本项目中反映。本项目可以根据"固定资产""在建工程""工程物资""无形资产""库存现金""银行存款"等科目的记录分析填列。

【例31-9】 乙公司购入房屋一幢，价款为1 650 000元，通过银行转账1 500 000元，其他价款用公司产品抵偿。为在建厂房购进建筑材料一批，价值为200 000元，价款已通过银行转账支付。

本期购建固定资产、无形资产和其他长期资产支付的现金计算如下。

购买房屋支付的现金	1 500 000
加：为在建工程购买材料支付的现金	200 000
本期购建固定资产、无形资产和其他长期资产支付的现金	1 700 000

7. 投资支付的现金

本项目反映企业进行权益性投资和债权性投资所支付的现金，包括企业取得的除现金等价物以外的交易性金融资产、其他债权投资、其他权益工具投资而支付的现金，以及支付的佣金、手续费等交易费用。企业购买债券的价款中含有债券利息的，以及溢价或折价购入的，均按实际支付的金额反映。

企业购买股票和债券时，实际支付的价款中包含的已宣告但尚未领取的现金股利或已到付息期但尚未领取的债券利息，应在"支付其他与投资活动有关的现金"项目中反映；收回购买股票和债券时支付的已宣告但尚未领取的现金股利或已到付息期但尚未领取的债券利息，应在"收到其他与投资活动有关的现金"项目中反映。

本项目可以根据"交易性金融资产""其他债权投资""其他权益工具投资""投资性房地产""长期股权投资""库存现金""银行存款"等科目的记录分析填列。

【例31-10】甲企业以银行存款 2 500 000 元投资于 A 企业的股票。此外，购买中国光大银行发行的金融债券，面值总额为 150 000 元，票面利率为 7%，实际支付金额为 160 500 元。

本期投资支付的现金计算如下。

投资于 A 企业的现金总额	2 500 000
加：投资于中国光大银行金融债券的现金总额	160 500
本期投资所支付的现金	2 660 500

8. 取得子公司及其他营业单位支付的现金净额

本项目反映企业取得子公司及其他营业单位购买出价中以现金支付的部分，减去子公司或其他营业单位持有的现金和现金等价物后的净额。本项目可以根据有关科目的记录分析填列。

整体购买一个单位，其结算方式是多种多样的，如购买方全部以现金支付或一部分以现金支付而另一部分以实物清偿。同时，企业购买子公司及其他营业单位是整体交易，子公司和其他营业单位除有固定资产和存货外，还可能持有现金和现金等价物。这样，整体购买子公司或其他营业单位的现金流量，就应以购买出价中以现金支付的部分减去子公司或其他营业单位持有的现金和现金等价物后的净额反映，如为负数，应在"收到其他与投资活动有关的现金"项目中反映。

【例31-11】甲企业购买丙企业的一子公司，出价 170 000 元，全部以银行存款转账支付。该子公司有 23 000 元的现金及银行存款，没有现金等价物。

企业的实际现金流出如下。

购买子公司出价	170 000
减：子公司持有的现金和现金等价物	23 000
购买子公司支付的现金净额	147 000

9. 支付其他与投资活动有关的现金

本项目反映企业除上述各项目外，支付的其他与投资活动有关的现金。其他与投资活动有关的现金，如果价值较大的，应单列项目反映。本项目可以根据有关科目的记录分析填列。

（三）筹资活动产生的现金流量

1. 吸收投资收到的现金

本项目反映企业以发行股票、债券等方式筹集资金实际收到的款项净额（发行收入减去支付的佣金等发行费用后的净额）。以发行股票等方式筹集资金而由企业直接支付的审计、咨询等费用，不在本项目中反映，而在"支付其他与筹资活动有关的现金"项目中反映；由金融企业直接支付的手续费、宣传费、咨询费、印刷费等费用，从发行股票、债券取得的现金收入中扣除，以净额列示。本项目可以根据"实收资本（或股本）""资本公积""库存现金""银行存款"等科目的记录分析填列。

【例31-12】甲企业对外公开募集股份 1 000 000 股，每股 1 元，发行价为每股 1.1 元，代理发行的证券公司为其支付的各种费用共计 17 000 元。此外，甲企业为建设一新项目，批准发行1 800 000元的长期债券。与证券公司签署的协议规定：该批长期债券委托证券公司代理发行，发行手续费为发行总额的3.5%，宣传及印刷费由证券公司代为支付，并从发行总额中扣除。该企业至委托协议签署为止，已支付咨询费、公证费等5 800元。证券公司按面值发行，价款全部收到。按协议将发行款划至企业在银行的存款账户上。

本期吸收投资收到的现金计算如下。

发行股票取得的现金	1 083 000
其中：发行总额	（1 000 000×1.1）1 100 000
发行费用	17 000
发行债券取得的现金	1 737 000
其中：发行总额	1 800 000
发行手续费	（1 800 000×3.5%）63 000
本期吸收投资收到的现金	2 820 000

本例中，已支付的咨询费、公证费等5 800元，应在"支付其他与筹资活动有关的现金"项目中反映。

2. 取得借款收到的现金

本项目反映企业举借各种短期、长期借款而收到的现金。本项目可以根据"短期借款""长期借款""交易性金融负债""应付债券""库存现金""银行存款"等科目的记录分析填列。

3. 收到其他与筹资活动有关的现金

本项目反映企业除上述各项外，收到的其他与筹资活动有关的现金。其他与筹资活动有关的现金，如果价值较大的，应单列项目反映。本项目可根据有关科目的记录分析填列。

4. 偿还债务所支付的现金

本项目反映企业以现金偿还债务的本金，包括归还金融企业的借款本金、偿付企业到期的债券本金等。企业偿还的借款利息、债券利息，在"分配股利、利润或偿付利息支付的现金"项目中反映，不在本项目中反映。本项目可以根据"短期借款""长期借款""交易性金融负债""应付债券""库存现金""银行存款"等科目的记录分析填列。

5. 分配股利、利润或偿付利息支付的现金

本项目反映企业实际支付的现金股利、支付给其他投资单位的利润或用现金支付的借款利息、债券利息。不同用途的借款，对应利息的开支渠道不一样，如在建工程、财务费用等，但均在本项目中反映。本项目可以根据"应付股利""应付利息""利润分配""财务费用""在建工程""制造费用""研发支出""库存现金""银行存款"等科目的记录分析填列。

【例31-13】甲企业期初应付现金股利为14 000元，本期宣布并发放现金股利37 000元，期末应付现金股利8 000元。

本期分配股利、利润或偿付利息支付的现金计算如下。

本期宣布并发放的现金股利	37 000
加：本期支付的前期应付股利	（14 000-8 000）6 000
本期分配股利、利润或偿付利息支付的现金	43 000

6. 支付其他与筹资活动有关的现金

本项目反映企业除上述各项目外，支付的其他与筹资活动有关的现金，如以发行股票、债券等方式筹集资金而由企业直接支付的审计、咨询等费用，融资租赁所支付的现金、以分期付款方式构建固定资产以后各期支付的现金等。其他与筹资活动有关的现金，如果价值较大的，应单列项目反映。本项目可以根据有关科目的记录分析填列。

（四）汇率变动对现金及现金等价物的影响

编制现金流量表时，应当将企业外币现金流量以及境外子公司的现金流量折算成记账本位币。现金流量表准则规定，外币现金流量以及境外子公司的现金流量，应当采用现金流量发生日的即期汇率或按照系统合理的方法确定的、与现金流量发生日即期汇率近似的汇率折算。汇率变动对现金的影响额应当作为调节项目，在现金流量表中单独列报。

汇率变动对现金及现金等价物的影响，是指企业外币现金流量及境外子公司的现金流量折算成记账本位币时，所采用的是现金流量发生日的汇率或按照系统合理的方法确定的、与现金流量发生日即期汇率近似的汇率，而现金流量表"现金及现金等价物净增加额"项目中外币现金净增加额是按资产负债表日的即期汇率折算。这两者的差额即为汇率变动对现金及现金等价物的影响。

【例31-14】甲企业当期出口商品一批，售价8 000美元。假设销售实现时的汇率为1:7.87，收汇当日汇率为美元：人民币=1:7.85；当期进口货物一批，价值6 000美元，结汇当日汇率为美元：人民币=1:7.88，资产负债表日的即期汇率为美元：人民币=1:7.89；当期没有其他业务发生。

汇率变动对现金及现金等价物的影响额计算如下。

经营活动流入的现金	8 000（美元）
汇率变动	（7.89-7.85）0.04
汇率变动对现金流入的影响额	320（人民币元）
经营活动流出的现金	6 000（美元）
汇率变动	（7.89-7.88）0.01
汇率变动对现金流出的影响额	60（人民币元）
汇率变动对现金及现金等价物的影响额	260（人民币元）

现金流量表中各项目金额分别如下（单位：元）。

经营活动流入的现金	62 800
经营活动流出的现金	47 280
经营活动产生的现金流量净额	15 520
汇率变动对现金及现金等价物的影响额	260
现金及现金等价物净增加额	15 780

现金流量表补充资料中各项目金额分别如下（单位：元）。

银行存款的期末余额	（2 000×7.89）15 780
银行存款的期初余额	0
现金及现金等价物净增加额	15 780

从本例可以看出，现金流量表"现金及现金等价物净增加额"项目数额与现金流量表补充资料中"现金及现金等价物净增加额"数额相等，应当核对相符。在编制现金流量表时，对当期发生的外币业务，也可不必逐笔计算汇率变动对现金的影响，可以通过现金流量表补充资料中"现金及现金等价物净增加额"数额与现金流量表中"经营活动产生的现金流量净额""投资活动产生的现金流量净额""筹资活动产生的现金流量净额"三项之和比较，其差额即为"汇率变动对现金及现金等价物的影响额"。

31.3 披露

按照《企业会计准则第 31 号——现金流量表》对现金流量表信息披露的规定，企业应当在附注中披露将净利润调节为经营活动现金流量的信息。至少应当单独披露对净利润进行调节的下列项目。

（1）资产减值准备。
（2）固定资产折旧。
（3）无形资产摊销。
（4）长期待摊费用摊销。
（5）待摊费用。
（6）预提费用。
（7）处置固定资产、无形资产和其他长期资产的损益。
（8）固定资产报废损失。
（9）公允价值变动损益。
（10）财务费用。
（11）投资损益。
（12）递延所得税资产和递延所得税负债。
（13）存货。
（14）经营性应收项目。
（15）经营性应付项目。

企业应当在附注中以总额披露当期取得或处置子公司及其他营业单位的下列信息。

（1）取得或处置价格。
（2）取得或处置价格中以现金支付的部分。
（3）取得或处置子公司及其他营业单位收到的现金。
（4）取得或处置子公司及其他营业单位按照主要类别分类的非现金资产和负债。

企业应当在附注中披露不涉及当期现金收支，但影响企业财务状况或在未来可能影响企业现金流量的重大投资和筹资活动。

企业应当在附注中披露与现金和现金等价物有关的下列信息。

（1）现金和现金等价物的构成及其在资产负债表中的相应金额。
（2）企业持有但不能由母公司或集团内其他子公司使用的大额现金和现金等价物金额。

第32章 中期财务报告

32.1 中期财务报告概述

32.1.1 中期财务报告的定义

《企业会计准则第 32 号——中期财务报告》（简称"中期财务报告准则"）规定，中期财务报告是指以中期为基础编制的财务报告。中期是指短于一个完整的会计年度的报告期间。

《企业会计准则讲解》对准则的上述规定进行了详细说明，中期是指短于一个完整的会计年度（自公历 1 月 1 日起至 12 月 31 日止）的报告期间。它可以是一个月、一个季度或者半年，也可以是其他短于一个会计年度的期间，如 1 月 1 日至 9 月 30 日的期间等。由此可以得出，中期财务报告包括月度财务报告、季度财务报告、半年度财务报告，也包括年初至本中期末的财务报告。

中期财务报告可以使企业业绩评价和监督管理更加及时，更有助于揭示问题，寻求相应的应对措施，从而规范企业经营者的行为，谋求投资者利益最大化。

32.1.2 中期财务报告的内容

《企业会计准则第 32 号——中期财务报告》规定，中期财务报告至少应当包括资产负债表、利润表、现金流量表和附注。

中期资产负债表、利润表和现金流量表应当是完整报表，其格式和内容应当与上年度财务报表相一致。当年新施行的会计准则对财务报表格式和内容作了修改的，中期财务报表应当按照修改后的报表格式和内容编制，上年度比较财务报表的格式和内容也应当作相应调整。基本每股收益和稀释每股收益应当在中期利润表中单独列示。

《企业会计准则讲解》对上述规定进行了详细解释：资产负债表、利润表、现金流量表和附注是中期财务报告至少应当编制的法定内容，对其他财务报表或者相关信息，如所有者权益（或股东权益）变动表等，企业可以根据需要自行决定。但其他财务报表或者相关信息一旦在中期财务报告中提供，就应当遵循中期财务报告准则的各项规定。例如，企业编制的所有者权益（或者股东权益）变动表报表，其内容和格式也应当与上年度的相一致。

32.2 确认和计量

32.2.1 会计政策

《企业会计准则第 32 号——中期财务报告》规定，企业在中期财务报表中应当采用与年度财务报表相一致的会计政策。

上年度资产负债表日之后发生了会计政策变更，且变更后的会计政策将在年度财务报表中采用的，中期财务报表应当采用变更后的会计政策，应当按照《企业会计准则第 28 号——会计政策、会计估计变更和差错更正》处理，并按照准则规定在附注中作相应披露。

会计政策变更的累积影响数能够合理确定且涉及本会计年度以前中期财务报表相关项目数字的，应当予以追溯调整，视同该会计政策在整个会计年度一贯采用；同时，上年度可比财务报表也应当作相应调整。

《企业会计准则讲解》对上述规定进行了详细解释，对于中期会计政策的变更需要注意以下三点。

（1）企业变更会计政策应当符合《企业会计准则第 28 号——会计政策、会计估计变更和差错更正》规定的条件，即企业只有在满足下列条件之一时，才能在中期进行会计政策变更。

① 法律、行政法规或者国家统一的会计制度等要求变更。

② 会计政策变更能够提供更可靠、更相关的会计信息。

（2）企业在中期进行会计政策变更时，通常应当确保该项会计政策亦将在年度财务报告中采用，即中期财务报告准则不允许企业在同一会计年度的各个中期之间随意变更会计政策，但符合国家法律、行政法规以及相关会计准则规定的除外。

（3）企业在中期内发生了会计政策变更的，其累积影响数能合理确定且涉及本会计年度以前中期财务报表净损益和其他相关项目数字的，应当予以追溯调整，视同该会计政策在整个会计年度一贯采用；对于比较财务报表可比期间以前的会计政策变更的累积影响数，应当根据规定调整比较财务报表最早期间的期初留存收益，财务报表其他相关项目的数字也应当一并调整。同时，在附注中说明会计政策变更的性质、内容、原因及其影响数；无法追溯调整的，应当说明原因。

32.2.2　会计估计

《企业会计准则第 32 号——中期财务报告》规定，在同一会计年度内，以前中期财务报表项目在以后中期发生了会计估计变更的，以后中期财务报表应当反映该会计估计变更后的金额，但对以前中期财务报表项目金额不作调整。同时，该会计估计变更应当按照规定在附注中作相应披露。

《企业会计准则讲解》针对上述规定进行了具体讲解：企业在一个会计年度内，前一个或者几个中期（如季度）的会计估计在以后一个中期或者几个中期（如季度）里发生了变更，应当按照中期财务报告准则及《企业会计准则第 28 号——会计政策、会计估计变更和差错更正》的规定，不对以前中期已经报告过的会计估计金额作追溯调整，也不重编以前中期的财务报表，企业只需在变更当期或者以后期间按照变更后的会计估计进行会计处理即可。

会计估计变更的影响数计入变更当期，如果影响到以后的期间，还应当将会计估计变更的影响数计入以后期间，同时在附注中作相应披露。

32.2.3　重要性

《企业会计准则第 32 号——中期财务报告》规定，企业在确认、计量和报告各中期财务报表项目时，对项目重要性程度的判断，应当以中期财务数据为基础，不应以年度财务数据为基础。中期会计计量与年度财务数据相比，可在更大程度上依赖于估计，但是，企业应当确保所提供的中期财务报告包括了相关的重要信息。

《企业会计准则讲解》对上述规定进行了如下详细解释。

（1）重要性程度的判断应当以中期财务数据为基础，而不得以预计的年度财务数据为基础。这里所指的"中期财务数据"，既包括本中期的财务数据，也包括年初至本中期末的财务数据。这时主要考虑有些对于预计的年度财务数据显得不重要的信息对于中期财务数据而言可能是重要的。

（2）重要性原则的运用应当保证中期财务报告包括与理解企业中期末财务状况和中期经营成果及其现金流量相关的信息。企业在运用重要性原则时，应当避免在中期财务报告中由于不确认、不披露或者忽略某些信息而对信息使用者的决策产生误导。

（3）重要性程度的判断需要根据具体情况做出具体分析和职业判断。通常，在判断某一项目的重要性程度时，应当将项目的金额和性质结合在一起予以考虑，而且在判断项目金额的重要性时，应当以资产、负债、净资产、营业收入、净利润等直接相关项目数字作为比较基础，并综合考虑其他相关因素。在一些特殊情况下，单独依据项目的金额或者性质就可以判断其重要性。例如，企业发生会计政策变更，该变更事项对当期期末财务状况或者当期损益的影响可能比较小，但对以后期间财务状况或者损益的影响却比较大，因此，会计政策变更从性质上属于重要事项，应当在财务报告中予以披露。

32.2.4 会计计量

《企业会计准则第32号——中期财务报告》规定，中期会计计量应当以年初至本中期末为基础，财务报告的频率不应当影响年度结果的计量。

《企业会计准则讲解》对上述规定做了如下解释：无论企业中期财务报告的频率是月度、季度还是半年度，企业中期会计计量的结果最终都应当与年度财务报告中的会计计量结果相一致。为此，企业中期财务报告的计量应当以年初至本中期末为基础，即企业在中期应当以年初至本中期末为中期会计计量的期间基础，而不应当以本中期为会计计量的期间基础。

【例32-1】ABC公司于20×7年11月利用专门借款资金开工兴建一项固定资产。20×8年3月1日，固定资产建造工程由于资金周转发生困难而停工。ABC公司预计在一个半月内即可获得补充专门借款，解决资金周转问题，工程可以重新施工。

根据《企业会计准则第17号——借款费用》的规定，固定资产的购建活动发生非正常中断、并且中断时间连续超过3个月的，应当暂停借款费用的资本化，将在中断期间发生的借款费用确认为当期费用，直至资产的购建活动重新开始。据此，在第一季度末，ABC公司考虑到所购建固定资产的非正常中断时间将短于3个月，所以，在编制20×8年第一季度财务报告时，没有中断借款费用的资本化，将3月发生的符合资本化条件的借款费用继续资本化，计入在建工程成本。后来的事实发展表明，ABC公司直至20×8年6月15日才获得补充专门借款，工程才重新开工。这样，ABC公司在编制20×8年第二季度财务报告时，如果仅仅以第二季度发生的交易或者事项作为会计计量的基础，那么，其在第二季度发生工程非正常中断的时间也只有2个半月,短于借款费用准则规定的借款费用应当暂停资本化的3个月的期限,从而在第二季度内将4月1日至6月15日所发生的与购建固定资产有关的借款费用将继续资本化,计入在建工程成本。

显然,上述处理是错误的。因为,如果ABC公司只需编制年度财务报告,不必编制季度财务报告,那么,从全年来看,ABC公司建造固定资产工程发生非正常中断的时间为3个半月,ABC公司应当暂停这3个半月内所发生借款费用的资本化。也就是说,如果以整个会计年度作为会计计量的基础,上述3月1日至6月15日发生的借款费用都应当予以费用化,计入当期损益。而如果仅仅以每一报告季度作为会计计量的基础,则上述3月1日至6月15日发生的相关借款费用都将继续资本化,计入在建工程成本。季度计量的结果与年度计量的结果将不一致,而这种不一致的产生就是财务报告的频率由按年编报变为按季编报所致的。毫无疑问,单纯以季度为基础对上述固定资产建造中断期间所发生的借款费用进行计量是不正确的。为了避免ABC公司中期会计计量与年度会计计量的不一致,防止ABC公司因财务报告的频率而影响其年度财务结果的计量,ABC公司应当以年初至本中期末为期间基础进行中期会计计量。

在本例中,当ABC公司编制第二季度财务报告时,对于所购建固定资产中断期间所发生的借款费用的会计处理,应当以20×8年1月1日至6月30日的期间为基础。显然,在1月1日至6月30日的期间基础之上,其所购建固定资产的中断期间超过了3个月,应当将中断期间所发生的所有借款费用全部费用化,所以在编制第二季度财务报告时,不仅第二季度4月1日至6月15日发生的借款费用应当费用化,计入第二季度的损益,而且,上一季度已经资本化了的3月的借款费用也应当费用化,调减在建工程成本,调增财务费用。这样计量的结果将能够保证中期会计计量结果与年度会计计量结果相一致,实现财务报告的频率不影响年度结果计量的目标。

需要说明的是,本例还涉及会计估计变更事项,因此,ABC公司还应当根据中期财务报告准则的规定,在其第二季度财务报告附注中作相应披露。

32.2.5 季节性、周期性或者偶然性收入的确认和计量

《企业会计准则第32号——中期财务报告》规定,企业取得的季节性、周期性或者偶然性收入,应当在发生时予以确认和计量,不应在中期财务报表中预计或者递延,但会计年度末允许预计或者递延的除外。

《企业会计准则讲解》对上述规定做出如下解释:企业经营的季节性特征,是指企业营业收入的取得或者营业成本的发生主要集中在全年度的某一季节或者某段期间内。例如,供暖企业的营业收入主要来自冬季;冷饮企业的营业收入主要来自夏季。

企业经营的周期性特征,是指企业每隔一个周期就会稳定地取得一定的收入或者发生一定的成本的情况。例如,某房地产开发企业开发房地产通常需要一个周期,如需要2年至3年才能完成开发,而该企业又不同时开发多个项目。这样,在房地产开发完成并出售之前,企业不能确认收入,其所发生的相关成本费用则作为房地产的开发成本,而通常只有在将所开发完成的房地产对外出售之后才能确认收入。

通常情况下,企业各项收入一般是在一个会计年度的各个中期内均匀发生的,各中期之

间实现的收入差异不会很大。但是，因季节性、周期性或者偶然性取得的收入，往往集中在会计年度的个别中期内。对于这些收入，中期财务报告准则规定企业应当在发生时予以确认和计量，不应当在中期财务报告中予以预计或者递延。也就是说，企业应当在这些收入取得并实现时及时予以确认和计量，不应当为了平衡各中期的收益而将这些收入在会计年度的各个中期之间进行分摊。同时，中期财务报告准则还规定，季节性、周期性或者偶然性取得的收入在会计年度末允许预计或者递延的，则在中期财务报表中也允许预计或者递延。这些收入的确认标准和计量基础应当遵循《企业会计准则第14号——收入》《企业会计准则第21号——租赁》等相关准则的规定。

【例32-2】HF公司为一家房地产开发公司，采取滚动开发房地产的方式，即每开发完成一个房地产项目后，再开发下一个房地产项目。该公司于20×7年1月1日开始开发一住宅小区，小区建成完工需2年。HF公司采取边开发边销售楼盘的策略。假定该公司在20×7年各季度分别收到楼盘销售款1 000万元、3 000万元、2 500万元和2 000万元；为小区建设分别发生开发成本2 000万元、1 500万元、2 200万元和1 800万元；在20×8年各季度分别收到楼盘销售款2 500万元、3 000万元、3 000万元和1 000万元；为小区建设分别发生开发成本1 000万元、1 700万元、500万元和300万元。小区所有商品房于20×8年11月完工，12月全部交付给购房者，并办理完有关产权手续。

本例中，HF公司的经营业务具有明显的周期性特征，其只有在每隔一个周期待房地产开发完成并实现对外销售后，才能确认收入，即HF公司只有在20×8年12月所建商品房完工后，与商品房有关的风险和报酬已经转移给了购房者，符合收入确认标准后，才能确认收入。这一收入就属于周期性取得的收入，在20×8年12月之前的各中期都不能预计收入，也不能将已经收到的楼盘销售款直接确认为收入，HF公司应当在收到这些款项时将其作为预收款处理。对于开发小区所发生的成本也应当首先归集在"开发成本"中，待到确认收入时，再结转相应的成本。另外，该公司对于其经营的周期性特征，则应当根据中期财务报告准则的要求在各有关中期财务报告附注中予以披露。

32.2.6　会计年度中不均匀发生的费用的确认和计量

《企业会计准则第32号——中期财务报告》规定，企业在会计年度中不均匀发生的费用，应当在发生时予以确认和计量，不应在中期财务报表中预提或者待摊，但会计年度末允许预提或者待摊的除外。

《企业会计准则讲解》对上述规定进行了详细阐释：通常情况下，与企业生产经营和管理活动有关的费用往往是在一个会计年度的各个中期内均匀发生的，各中期之间发生的费用不会有较大差异。但是，对于一些费用，如员工培训费等，往往集中在会计年度的个别中期内。对于这些会计年度中不均匀发生的费用，企业应当在发生时予以确认和计量，不应当在中期财务报表中予以预提或者待摊。也就是说，企业不应当为了使各中期之间收益的平滑化而将这些费用在会计年度的各个中期之间进行分摊。中期财务报告准则又规定，如果会计年度内不均匀发生的费用在会计年度末允许预提或者待摊，则在中期末也允许预提或者待摊。

【例32-3】ABC公司根据年度培训计划，在20×7年6月对员工进行了专业技能和管理知识方面的集中培训，共发生培训费用30万元。

本例中，对于该项培训费用，ABC公司应当直接计入6月的损益，不能在6月之前预提，也不能在6月之后待摊。

32.3 合并财务报表

《企业会计准则第32号——中期财务报告》规定，上年度编制合并财务报表的，中期期末应当编制合并财务报表。上年度财务报告除了包括合并财务报表，还包括母公司财务报表的，中期财务报告也应当包括母公司财务报表。上年度财务报告包括了合并财务报表，但报告中期内处置了所有应当纳入合并范围的子公司的，中期财务报告只需提供母公司财务报表，但上年度比较财务报表仍应当包括合并财务报表，上年度可比中期没有子公司的除外。

《企业会计准则讲解》对上述规定进行了如下讲解。

（1）上年度编报合并财务报表的企业，其中期财务报告也应当编制合并财务报表，而且合并财务报表的合并范围、合并原则、编制方法和合并财务报表的格式与内容等也应当与上年度合并财务报表相一致。但当年企业会计准则有新规定的除外。

（2）企业中期合并财务报表合并范围发生变化的，则应当区分以下情况进行处理。

① 如果企业在报告中期内处置了所有子公司，而且在报告中期又没有新增子公司，那么企业在其中期财务报告中就不必编制合并财务报表。尽管如此，企业提供的上年度比较财务报表仍然应当同时提供合并财务报表和母公司财务报表。除非在上年度可比中期末，企业没有子公司。也就是说，上年度的子公司若是在上年度可比中期末之后新增的，因而在上年度可比中期的财务报告中并没有编制有关合并财务报表，则在这种情况下，上年度可比中期的财务报表（即可比利润表和可比现金流量表）就不必提供合并财务报表。

② 如果企业在报告中期内新增子公司，则企业在中期末就需要将该子公司财务报表纳入合并财务报表的合并范围中。

【例32-4】XYZ公司成立于20×7年年初，其成立之初没有一家子公司，因此，XYZ公司在20×7年第一季度财务报告中只需要提供公司本身的财务报表。在20×7年第二季度，XYZ公司购并一家LLQ公司，获得了该公司80%的股份，从而使得该公司成为XYZ公司的控股子公司。这样，在20×7年第二季度财务报告中，XYZ公司就需要同时提供合并财务报表和母公司财务报表。20×7年第二季度财务报告和20×7年年度财务报告也是如此。假定在20×8年第一季度，XYZ公司又将LLQ子公司对外出售，这样，XYZ公司在20×8年没有了子公司，所以，尽管XYZ公司在上年度财务报告中编制了合并财务报表，但是在20×8年第一季度财务报告中，XYZ公司无须编制合并财务报表。另外，由于在上年度第一季度财务报告中XYZ公司也没有编制合并财务报表，所以，在提供上年度比较财务报表时，除了上年度末的资产负债表仍然应当包括合并财务报表和母公司财务报表之外，其他比较财务报表（包括利润表和现金流量表）都不必提供合并财务报表。在20×8年第二季度，XYZ公司仍然没有需要纳入合并财务报表合并范围的子公司，因此，仍然不必编制合并财务报表，但是，在提供上年度比较财务报表时，则应当同时提供合并财务报表和母公司财务报表。

（3）应当编制合并财务报表的企业，如果在上年度财务报告中除了提供合并财务报表之外，还提供了母公司财务报表，如上市公司，那么在其中期财务报告中除了应当提供合并财务报表之外，也应当提供母公司财务报表。

32.4 比较财务报表

《企业会计准则第 32 号——中期财务报告》规定，中期财务报告应当按照下列规定提供比较财务报表。

（1）本中期末的资产负债表和上年度末的资产负债表。

（2）本中期的利润表、年初至本中期末的利润表以及上年度可比期间的利润表。

（3）年初至本中期末的现金流量表和上年度年初至可比本中期末的现金流量表。

【例 32-5】某企业按要求需要提供半年度中期财务报告，则该企业在截至 20×7 年 6 月 30 日的上半年财务报告中应当提供如表 32-1 所示的财务报表。

表 32-1 应提供的财务报表

报表类别	本年度中期财务报表时间（或者期间）	上年度比较财务报表时间（或者期间）
资产负债表	20×7 年 6 月 30 日	20×6 年 12 月 31 日
利润表	20×7 年 1 月 1 日至 6 月 30 日	20×6 年 1 月 1 日至 6 月 30 日
现金流量表	20×7 年 1 月 1 日至 6 月 30 日	20×6 年 1 月 1 日至 6 月 30 日

《企业会计准则第 32 号——中期财务报告》规定，财务报表项目在报告中期作了调整或者修订的，上年度比较财务报表项目有关金额应当按照本年度中期财务报表的要求重新分类，并在附注中说明重新分类的原因及其内容，无法重新分类的，应当在附注中说明不能重新分类的原因。

《企业会计准则讲解》对上述规定进行如下补充说明。

（1）企业在中期内按新会计准则的规定，对财务报表项目进行了调整，则上年度比较财务报表项目及其金额应当按照本年度中期财务报表的要求进行重新分类，以确保其与本年度中期财务报表的相应信息相互可比。同时，企业还应当在附注中说明财务报表项目重新分类的原因及内容。如果企业因原始数据收集、整理或者记录等方面的原因，无法对比较财务报表中的有关项目进行重新分类，应当在附注中说明不能进行重新分类的原因。

（2）对于在本年度中期内发生的调整以前年度损益事项，企业应当调整本年度财务报表相关项目的年初数，同时，中期财务报告中相应的比较财务报表也应当为已经调整以前年度损益后的报表。

32.5 附注

《企业会计准则第 32 号——中期财务报告》规定，中期财务报告中的附注应当以年初至本中期末为基础编制，披露自上年度资产负债表日之后发生的，有助于理解企业财务状况、经营成果和现金流量变化情况的重要交易或者事项。对于理解本中期财务状况、经营成果和现金流量有关的重要交易或者事项，也应当在附注中作相应披露。

《企业会计准则讲解》对上述规定进行了详细解释：中期财务报告附注是对中期资产负债表、利润表、现金流量表等报表中列示项目的文字描述或明细阐述，以及对未能在这些报表中列示项目的说明等，其目的是使财务报告信息对会计信息使用者的决策更加相关、有用，但同时又要考虑成本效益原则。

1. 中期财务报告附注的编制应当以年初至本中期末为基础

编制中期财务报告的目的是向报告使用者提供自上年度资产负债表日之后所发生的重要交易或者事项，因此，中期财务报告附注应当以"年初至本中期末"为基础进行编制，而不应当仅仅只披露本中期所发生的重要交易或者事项。

【例32-6】KK公司需要编制季度财务报告，该公司在20×7年3月5日对外进行重大投资，设立一家子公司。

本例中，对于这一事项，KK公司不仅应当在20×7年度第一季度财务报告附注中予以披露，还应当在20×7年度第二季度财务报告和第三季度财务报告附注中予以披露。

2. 中期财务报告附注应当对自上年度资产负债表日之后发生的重要交易或者事项进行披露

为了全面反映企业财务状况、经营成果和现金流量，中期财务报告准则规定，中期财务报告附注应当以年初至本中期末为基础编制，披露自上年度资产负债表日之后发生的，有助于理解企业财务状况、经营成果和现金流量变化情况的重要交易或者事项。此外，本中期财务状况、经营成果和现金流量有关的重要交易或者事项，也应当在附注中作相应披露。

【例32-7】ABC公司在20×7年1月1日至6月30日累计实现净利润2500万元，其中，第二季度实现净利润80万元。ABC公司在第二季度转回前期计提的坏账准备100万元，第二季度末应收账款余额为800万元。

本例中，尽管该公司第二季度转回的坏账准备仅仅占ABC公司1—6月净利润总额的4%（$100 \div 2500 \times 100\%$），可能并不重要，但是该项转回金额占第二季度净利润的125%（$100 \div 80 \times 100\%$），占第二季度末应收账款余额的12.5%，对于理解第二季度（4—6月）经营成果和第二季度末财务状况而言，属于重要事项，所以，ABC公司应当在第二季度财务报告附注中披露该事项。在实务工作中，ABC公司还应当综合考虑资产规模、经营特征等因素，以对重要性做出较为合理的判断。

《企业会计准则第32号——中期财务报告》规定，中期财务报告中的附注至少应当包括下列信息。

（1）中期财务报表所采用的会计政策与上年度财务报表相一致的声明。

会计政策发生变更的，应当说明会计政策变更的性质、内容、原因及其影响数；无法进行追溯调整的，应当说明原因。

（2）会计估计变更的内容、原因及其影响数；影响数不能确定的，应当说明原因。

（3）前期差错的性质及其更正金额；无法进行追溯重述的，应当说明原因。

（4）企业经营的季节性或者周期性特征。

（5）存在控制关系的关联方发生变化的情况；关联方之间发生交易的，应当披露关联方关系的性质、交易类型和交易要素。

（6）合并财务报表的合并范围发生变化的情况。

（7）对性质特别或者金额异常的财务报表项目的说明。

（8）证券发行、回购和偿还情况。

（9）向所有者分配利润的情况，包括在中期内实施的利润分配和已提出或者已批准但尚未实施的利润分配情况。

（10）根据《企业会计准则第35号——分部报告》规定披露分部报告信息的，应当披露主要报告形式的分部收入与分部利润（亏损）。

（11）中期资产负债表日至中期财务报告批准报出日之间发生的非调整事项。

（12）上年度资产负债表日以后所发生的或有负债和或有资产的变化情况。

（13）企业结构变化情况，包括企业合并，对被投资单位具有重大影响、共同控制或者控制关系的长期股权投资的购买或者处置，终止经营等。

（14）其他重大交易或者事项，包括重大的长期资产转让及其出售情况、重大的固定资产和无形资产取得情况、重大的研究和开发支出、重大的资产减值损失情况等。

企业在提供上述（5）和（10）有关关联方交易、分部收入与分部利润（亏损）信息时，应当同时提供本中期（或者本中期末）和本年度年初至本中期末的数据，以及上年度可比本中期（或者可比期末）和可比年初至本中期末的比较数据。

《企业会计准则讲解》提出，中期财务报告中的附注相对于年度财务报告中的附注而言，是适当简化的。中期财务报告附注的编制应当遵循重要性原则。如果某项信息没有在中期财务报告附注中披露，会影响到投资者等信息使用者对企业财务状况、经营成果和现金流量判断的正确性，那么就认为这一信息是重要的。但企业至少应当在中期财务报告附注中披露中期财务报告准则规定的信息。

《企业会计准则第32号——中期财务报告》规定，在同一会计年度内，以前中期财务报告中报告的某项估计金额在最后一个中期发生了重大变更、企业又不单独编制该中期财务报告的，应当在年度财务报告的附注中披露该项估计变更的内容、原因及其影响金额。

《企业会计准则讲解》对上述规定举例说明如下：例如，某公司需要编制季度财务报告，但不需单独编制第四季度财务报告。假设该公司在第四季度里，对第一、二或者第三季度财务报表中所采用的会计估计，如固定资产折旧年限、资产减值、预计负债等估计做了重大变更，则其需要在其年度财务报告附注中，按照《企业会计准则第28号——会计政策、会计估计变更和差错更正》的规定，披露该项会计估计变更的内容、原因及其影响金额。同样，假如一家公司是需要编制半年度财务报告的企业，但不单独编制下半年财务报告，如果该公司对于上半年财务报告中所采用的会计估计在下半年做了重大变更，应当在其年度财务报告的附注中予以说明。

第 33 章
合并财务报表

合并财务报表的会计处理流程如图 33-1 所示。

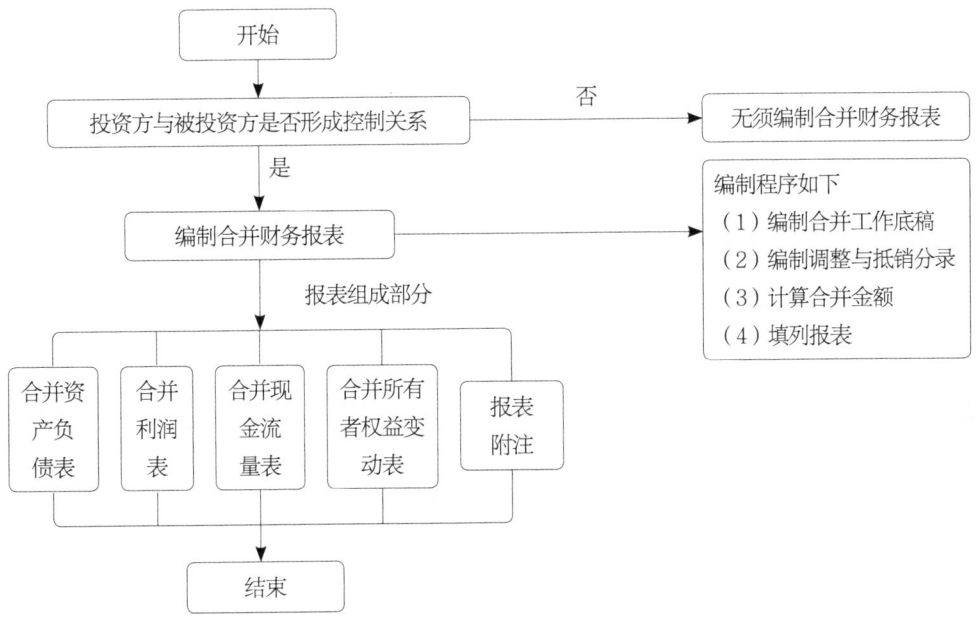

图 33-1 合并财务报表的会计处理流程

33.1 合并财务报表基础

33.1.1 合并财务报表的定义及解释

合并财务报表是指反映母公司和其全部子公司形成的企业集团（以下简称"企业集团"）整体财务状况、经营成果和现金流量的财务报表。与个别财务报表（企业单独编制的财务报表，为了与合并财务报表相区别，将其称为个别财务报表）相比，合并财务报表具有以下特点。

（1）合并财务报表反映的对象是由母公司和其全部子公司组成的会计主体。

（2）合并财务报表的编制者是母公司，但所对应的会计主体是由母公司及其控制的所有子公司所构成的合并财务报表主体（简称为"合并集团"）。

（3）合并财务报表是站在合并财务报表主体的立场上，以纳入合并范围的企业个别财务报表为基础，根据其他有关资料，抵销母公司与子公司、子公司相互之间发生的内部交易，考虑了特殊交易事项对合并财务报表的影响，旨在反映合并财务报表主体作为一个整体的财务状况、经营成果和现金流量的报表。

合并财务报表能够向财务报告的使用者提供反映企业集团整体财务状况、经营成果和现金流量的会计信息，有助于财务报告的使用者做出经济决策。合并财务报表有利于避免一些母公司利用控制关系，人为地粉饰财务报表的情况的发生。

《企业会计准则第 33 号——合并财务报表》（简称"合并财务报表准则"）第四条规定，母公司应当编制合并财务报表。如果母公司是投资性主体，且不存在为其投资活动提供相关服务的子公司，则不应当编制合并财务报表。除上述情况外，不允许有其他情况的豁免。

33.1.2 合并范围的确定

（一）控制的定义

《企业会计准则第 33 号——合并财务报表》对合并范围做出如下规定：合并财务报表的合并范围应当以控制为基础予以确定。控制是指投资方拥有对被投资方的权力，通过参与被投资方的相关活动而享有可变回报，并且有能力运用对被投资方的权力影响其回报金额。这里，相关活动是指对被投资方的回报产生重大影响的活动。被投资方的相关活动应当根据具体情况进行判断，通常包括商品或劳务的销售和购买、金融资产的管理、资产的购买和处置、研究与开发活动以及融资活动等。

（二）控制的要素

控制的定义包含三项基本要素：一是投资方拥有对被投资方的权力；二是因参与被投资方的相关活动而享有可变回报；三是有能力运用对被投资方的权力影响其回报金额。在判断投资方是否能够控制被投资方时，当且仅当投资方具备上述三要素时，才能表明投资方能够控制被投资方。

1. 投资方拥有对被投资方的权力

投资方需要识别被投资方并评估其设立目的和设计、识别被投资方的相关活动以及对相关活动进行决策的机制、确定投资方及涉入被投资方的其他方拥有的与被投资方相关的权利等，以确定投资方当前是否有能力主导被投资方的相关活动。

（1）评估被投资方的设立目的和设计。

被投资方可能是一个有限责任公司、股份有限公司、尚未进行公司制改建的国有企业，也可能是一个合伙企业、信托、专项资产管理计划等。在少数情况下，也可能包括被投资方的一个可分割部分。在判断投资方对被投资方是否拥有权力时，通常要结合被投资方的设立目的和设计。评估被投资方的设立目的和设计，有助于识别被投资方的哪些活动是相关活动、相关活动的决策机制、被投资方相关活动的主导方以及涉入被投资方的哪一方能从相关活动中取得可变回报。

① 被投资方的设计安排表明表决权是判断控制的决定因素。当对被投资方的控制是通过持有其一定比例表决权或是潜在表决权的方式时，在不存在其他改变决策的安排的情况下，主要根据通过行使表决权来决定被投资方的财务和经营政策的情况判断控制。例如，在不存在其他因素时，通常持有半数以上表决权的投资方控制被投资方，但是，当章程或者其他协议存在某些特殊约定（例如，被投资方相关活动的决策需要 2/3 以上表决权比例通过）时，拥有半数以上但未达到约定比例等并不意味着能够控制被投资方。

② 被投资方的设计安排表明表决权不是判断控制的决定因素。当表决权仅与被投资方的

日常行政管理活动有关，不能作为判断控制被投资方的决定性因素，被投资方的相关活动可能由其他合同安排规定时，投资方应结合被投资方设计产生的风险和收益、被投资方转移给其他投资方的风险和收益，以及投资方面临的风险和收益等一并判断是否控制被投资方。

需要强调的是，在判断控制的各环节都需要考虑被投资方的设立目的和设计。

（2）识别被投资方的相关活动及其决策机制。

①被投资方的相关活动。被投资方为经营目的而从事众多活动，但这些活动并非都是相关活动。相关活动是对被投资方的回报产生重大影响的活动。识别被投资方相关活动的目的是确定投资方对被投资方是否拥有权力。不同企业的相关活动可能是不同的，应当根据企业的行业特征、业务特点、发展阶段、市场环境等具体情况来进行判断。这些活动可能包括但不限于下列活动：商品或劳务的销售和购买、金融资产的管理、资产的购买和处置、研究与开发、融资活动。对许多企业而言，经营和财务活动通常对其回报产生重大影响。

②被投资方相关活动的决策机制。投资方是否拥有权力，不仅取决于被投资方的相关活动，还取决于对相关活动进行决策的方式。例如，对被投资方的经营、融资等活动做出决策（包括编制预算）的方式，任命被投资方的关键管理人员、给付薪酬及终止劳动合同关系的决策方式等。

相关活动一般由企业章程、协议中约定的权力机构（例如股东会、董事会）来决策。特殊情况下，相关活动也可能根据合同协议约定等由其他主体决策，如专门设置的管理委员会等。有限合伙企业的相关活动可能由合伙人大会决策，也可能由普通合伙人或者投资管理公司等决策。

被投资方通常从事若干相关活动，并且这些活动可能不是同时进行的。合并财务报表准则第十条规定，当两个或两个以上投资方分别享有能够单方面主导被投资方的不同相关活动的现时权利时，能够主导对被投资方回报产生最重大影响的活动的一方拥有对被投资方的权力。此时，通常需要考虑的因素包括：被投资方的设立目的和设计；影响被投资方利润率、收入和企业价值的决定因素；每一投资方有关上述因素的决策职权范围及其对被投资方回报的影响程度；投资方承担可变回报风险的大小。

（3）确定投资方拥有的与被投资方相关的权力。

通常情况下，当被投资方从事一系列对其回报产生显著影响的经营及财务活动，且需要就这些活动连续地进行实质性决策时，表决权或类似权利本身或者结合其他安排，将赋予投资方拥有权力。但在一些情况下，表决权不能对被投资方回报产生重大影响（例如，表决权可能仅与日常行政活动有关），被投资方的相关活动由一项或多项合同安排决定。

①投资方拥有多数表决权的权力。表决权是对被投资方经营计划、投资方案、年度财务预算方案和决算方案、利润分配方案和弥补亏损方案、内部管理机构的设置、聘任或解聘公司经理及确定其报酬、公司的基本管理制度等事项进行表决而持有的权利。表决权比例通常与其出资比例或持股比例是一致的，但公司章程另有规定的除外。

通常情况下，当被投资方的相关活动由持有半数以上表决权的投资方决定，或者主导被投资方相关活动的管理层多数成员（管理层决策由多数成员表决通过）由持有半数以上表决权的投资方聘任时，无论该表决权是否行使，持有被投资方过半数表决权的投资方拥有对被投资方的权力，但下述两种情况除外。

一是存在其他安排赋予被投资方的其他投资方拥有对被投资方的权力。例如，存在赋予其他方拥有表决权或实质性潜在表决权的合同安排，且该其他方不是投资方的代理人时，投资方不拥有对被投资方的权力。

二是投资方拥有的表决权不是实质性权利。例如，有确凿证据表明，由于客观原因无法获得必要的信息或存在法律法规的障碍，投资方虽持有半数以上表决权但无法行使该表决权时，该投资方不拥有对被投资方的权力。

投资方在判断是否拥有对被投资方的权力时，应当仅考虑与被投资方相关的实质性权利，包括自身所享有的实质性权利以及其他方所享有的实质性权利。其中，实质性权利是持有人在对相关活动进行决策时有实际能力行使的可执行权利。保护性权利仅为了保护权利持有人利益却没有赋予持有人对相关活动的决策权。

投资方持有被投资方半数以上表决权的情况通常包括以下三种：一是投资方直接持有被投资方半数以上表决权；二是投资方间接持有被投资方半数以上表决权；三是投资方以直接和间接方式合计持有被投资方半数以上表决权。

② 投资方持有被投资方半数或以下表决权，但通过与其他表决权持有人之间的协议能够控制半数以上表决权。投资方已持有的表决权虽然只有半数或以下，但通过与其他表决权持有人之间的协议使其可以持有足以主导被投资方相关活动的表决权，从而拥有对被投资方的权力。该类协议安排需确保投资方能够主导其他表决权持有人的表决，即其他表决权持有人按照投资方的意愿进行表决，而不是投资方与其他表决权持有人协商并根据双方协商一致的结果进行表决。

③ 投资方拥有多数表决权但没有权力。确定持有半数以上表决权的投资方是否拥有权力，关键在于该投资方现时是否有能力主导被投资方的相关活动。当其他投资方现时有权力能够主导被投资方的相关活动，且其他投资方不是投资方的代理人时，投资方就不拥有对被投资方的权力。当表决权不是实质性权利时，即使投资方持有被投资方多数表决权，也不拥有对被投资方的权力。例如，被投资方相关活动被政府、法院、管理人、接管人、清算人或监管人等其他方主导时，投资方虽然持有多数表决权，但也不可能主导被投资方的相关活动。被投资方自行清算的除外。

④ 持有被投资方半数或半数以下表决权。持有半数或半数以下表决权的投资方（或者虽持有半数以上表决权，但表决权比例仍不足以主导被投资方相关活动的投资方，本部分以下同），应综合考虑下列事实和情况，以判断其持有的表决权与相关事实和情况相结合是否赋予投资方拥有对被投资方的权力。

a. 投资方持有的表决权份额相对于其他投资方持有的表决权份额的大小，以及其他投资方持有表决权的分散程度。投资方持有的绝对表决权比例或相对于其他投资方的表决权比例越高，其现时能够主导被投资方相关活动的可能性越大；为否决投资方意见而需要联合的其他投资方越多，投资方现时能够主导被投资方相关活动的可能性越大。

b. 投资方和其他投资方持有的潜在表决权。潜在表决权是获得被投资方表决权的权利，例如，可转换工具、可执行认股权证、远期股权购买合同或其他期权所产生的权利。

c. 其他合同安排产生的权利。投资方可能通过持有的表决权和其他决策权相结合的方式使其当前能够主导被投资方的相关活动。

d. 其他相关事实或情况。如果根据上述第 a 至 c 项所列因素尚不足以判断投资方是否控制被投资方，应综合考虑投资方享有的权利、被投资方以往表决权行使情况及下列事实或情况进行判断。

（a）投资方是否能够任命或批准被投资方的关键管理人员。这些关键管理人员能够主导被投资方的相关活动。

（b）投资方是否能够出于自身利益决定或者否决被投资方的重大交易。

（c）投资方是否能够控制被投资方董事会等类似权力机构成员的任命程序，或者从其他表决权持有人手中获得代理投票权。

（d）投资方与被投资方的关键管理人员或董事会等类似权力机构中的多数成员是否存在关联方关系（例如，被投资方首席执行官与投资方首席执行官为同一人）。

（e）投资方与被投资方之间是否存在特殊关系。特殊关系通常包括被投资方的关键管理人员是投资方的现任或前任职工，被投资方的经营活动依赖于投资方，被投资方活动的重大部分有投资方参与其中或者是以投资方的名义进行，投资方自被投资方承担可变回报的风险（或享有可变回报的收益）的程度远超过其持有的表决权或其他类似权利的比例（例如，投资方承担或有权获得被投资方回报的比例为 70% 但仅持有不到半数的表决权）等。

投资方持有被投资方表决权比例越低，否决投资方提出的关于相关活动的议案所需一致行动的其他投资者数量越少，投资者就越需要在更大限度上运用上述证据，以判断是否拥有主导被投资方相关活动的权力。

在被投资方的相关活动是通过表决权进行决策的情况下，当投资方持有的表决权比例不超过半数时，投资方在考虑了所有相关情况和事实后仍不能确定投资方是否拥有被投资方的权力的，投资方不控制被投资方。

⑤ 权力来自表决权之外的其他权利。投资方对被投资方的权力通常来自表决权，但有时，投资方对一些主体的权力不来自表决权，而是由一项或多项合同安排决定的。例如，证券化产品、资产支持融资工具、部分投资基金等结构化主体。结构化主体是指在确定其控制方时没有将表决权或类似权利作为决定因素而设计的主体。主导该主体相关活动的依据通常是合同安排或其他安排形式。有关结构化主体的判断见《企业会计准则第 41 号——在其他主体中权益的披露》。

由于主导结构化主体的相关活动不是来自表决权（或类似权利）的，而是由合同安排决定的，所以无形中加大了投资方有关是否拥有对该类主体权利的判断难度。投资方需要评估合同安排以评价其享有的权利是否足够使其拥有对被投资方的权力。在评估时投资方通常应考虑下列四个方面：在设立被投资方时的决策及投资方的参与度；相关合同安排；仅在特定情况或事项发生时开展的相关活动；投资方对被投资方做出的承诺。另外，结构化主体在设立后的运营中，由其法律上的权力机构表决的事项通常仅与行政事务相关，表决权对投资方的回报往往不具有重大的直接联系。因此，投资方在评估结构化主体设立目的和设计时，应考虑其被专门设计用于承担回报可变性的类型、投资方通过参与其相关活动是否承担了部分或全部的回报可变性等。

2. 因参与被投资方的相关活动而享有可变回报

可变回报是不固定的、可能随被投资方业绩而变动的回报，其可能是正数，也可能是负数，或者有正有负。投资方在判断其享有被投资方的回报是否变动以及如何变动时，应当根据合同安排的实质，而不是法律形式。例如，投资方持有固定利率的交易性债券投资时，虽然利率是固定的，但该利率取决于债券违约风险及债券发行方的信用风险，因此，固定利率也可能属于可变回报。再如，管理被投资方资产获得的固定管理费也属于可变回报，因为管理者是否能获得此回报依赖于被投资方是否能够产生足够的收益用于支付该固定管理费。其他可变回报的例子如下。

（1）股利、被投资方经济利益的其他分配（例如，被投资方发行的债务工具产生的利息）、投资方对被投资方投资的价值变动。

（2）因向被投资方的资产或负债提供服务而得到的报酬、因提供信用支持或流动性支持收取的费用或承担的损失、被投资方清算时在其剩余净资产中所享有的权益、税务利益，以及因涉入被投资方而获得的未来流动性。

（3）其他利益持有方无法得到的回报。

投资方的可变回报通常体现为从被投资方获取股利。受法律法规的限制，投资方有时无法通过分配被投资方利润或盈余的形式获得回报。例如，当被投资方的法律形式为信托机构时，其盈利可能不是以股利形式分配给投资者。此时，需要根据具体情况，以投资方的投资目的为出发点，综合分析投资方是否获得除股利以外的其他可变回报。被投资方不能进行利润分配并不必然代表投资方不能获取可变回报。

另外，即使只有一个投资方控制被投资方，也不能说明只有该投资方才能获取可变回报。例如，少数股东可以分享被投资方的利润。

3. 有能力运用对被投资方的权力影响其回报金额

判断控制的第三项基本要素是，有能力运用对被投资方的权力影响其回报金额。只有当投资方不仅拥有对被投资方的权力、通过参与被投资方的相关活动而享有可变回报，并且有能力运用对被投资方的权力来影响其回报的金额时，投资方才控制被投资方。因此，《企业会计准则第33号——合并财务报表》第十八条规定，拥有决策权的投资方在判断是否控制被投资方时，需要考虑其决策行为是以主要责任人（即实际决策人）的身份进行的，还是以代理人的身份进行的。此外，在其他方拥有决策权时，投资方还需要考虑其他方是否以代理人的身份代表该投资方行使决策权。

（1）投资方的代理人。

代理人是相对于主要责任人而言的，其代表主要责任人行动并服务于该主要责任人的利益。主要责任人可能将其对被投资方的某些或全部决策权授予代理人，但在代理人代表主要责任人行使决策权时，代理人并不对被投资方拥有控制。主要责任人的权力有时可以通过代理人根据主要责任人的利益持有并行使，但权力行使人不会仅仅因为其他方能从其行权中获益而成为代理人。在判断控制时，代理人的决策权应被视为由主要责任人直接持有，权力属于主要责任人而非代理人，因此，投资方应当将授予代理人的决策权视为自己直接持有的决策权,即使被投资方有多个投资方且其中两个或两个以上投资方有代理人。

决策者在确定其是否为代理人时,应根据合并财务报表准则第十九条的规定,综合考虑该决策者与被投资方以及其他方之间的关系,尤其需要考虑下列四项。

① 决策者对被投资方的决策权范围。

② 其他方享有的实质性权利。

③ 决策者的薪酬水平。

④ 决策者因持有被投资方的其他利益而承担可变回报的风险。

(2)实质代理人。

在判断控制时,投资方应当考虑与所有其他方之间的关系、他们是否代表投资方行动(即识别投资方的"实质代理人"),以及其他方之间、其他方与投资方之间如何互动。上述关系不一定在合同安排中列明。当投资方(或有能力主导投资方活动的其他方)能够主导某一方代表其行动时,被主导方为投资方的实质代理人。在这种情况下,投资方在判断是否控制被投资方时,应将其实质代理人的决策权以及通过实质代理人而间接承担(或享有)的可变回报风险(或权利)与其自身的权利一并考虑。

根据各方的关系,表明一方可能是投资方的实质代理人的情况包括但不限于:投资方的关联方;因投资方出资或提供贷款而取得在被投资方中权益的一方;未经投资方同意,不得出售、转让或抵押其持有的被投资方权益的一方(不包括此项限制系通过投资方和其他非关联方之间自愿协商同意的情形);没有投资方的财务支持难以获得资金支持其经营的一方;被投资方权力机构的多数成员或关键管理人员与投资方权力机构的多数成员或关键管理人员相同;与投资方具有紧密业务往来的一方,如专业服务的提供者与其中一家重要客户的关系。

4. 对被投资方可分割部分的控制

合并财务报表准则第二十条规定,投资方通常应当对是否控制被投资方整体进行判断。但在少数情况下,如果有确凿证据表明同时满足下列条件并且符合相关法律法规规定的,投资方应当将被投资方的一部分(以下简称"该部分")视为被投资方可分割部分,进而判断是否控制该部分。

(1)该部分的资产是偿付该部分负债或该部分其他权益的唯一来源,不能用于偿还该部分以外的被投资方的其他负债。

(2)除与该部分相关的各方外,其他方不享有与该部分资产相关的权利,也不享有与该部分资产剩余现金流量相关的权利。

因此,实质上该部分的所有资产、负债及相关权益均与被投资方的其他部分相隔离,即该部分的资产产生的回报不能由该部分以外的被投资方其他部分使用,该部分的负债也不能用该部分以外的被投资方资产偿还。

如果被投资方的一部分资产和负债及相关权益满足上述条件,构成可分割部分,则投资方应当基于控制的判断标准确定其是否能够控制该可分割部分,包括考虑该可分割部分的相关活动及其决策机制,投资方是否有能力主导可分割部分的相关活动并据以从中取得可变回报等。如果投资方控制该可分割部分,则应将其进行合并。此时,其他方在考虑是否控制并合并被投资方时,应仅对被投资方的剩余部分进行评估,不包括该可分割部分。

5. 控制的持续评估

控制的评估是持续的，当环境或情况发生变化时，投资方需要评估控制的三项基本要素中的一项或多项是否发生了变化。如果有任何事实或情况表明控制的三项基本要素中的一项或多项发生了变化，则投资方应重新评估对被投资方是否具有控制权。

（1）如果对被投资方的权力的行使方式发生变化，则该变化必须反映在投资方对被投资方权力的评估中。例如，决策机制的变化可能意味着投资方不再通过表决权主导相关活动，而是由协议或者合同等其他安排赋予其他方主导相关活动的现时权利。

（2）某些事件即使不涉及投资方，也可能导致该投资方获得或丧失对被投资方的权力。例如，其他方以前拥有的能阻止投资方控制被投资方的决策权到期失效，则可能使投资方因此而获得权力。

（3）投资方应考虑因其参与被投资方相关活动而承担的可变回报风险敞口的变化带来的影响。例如，如果拥有权力的投资方不再享有可变回报（如与业绩相关的管理费合同到期），则该投资方将由于不满足控制三要素的第二要素而丧失对被投资方的控制。

（4）投资方还应考虑其作为代理人或主要责任人的判断是否发生了变化。投资方与其他方之间整体关系的变化可能意味着原为代理人的投资方不再是代理人；反之亦然。例如，如果投资方或其他方的权利发生了变化，投资方应重新评估其代理人或主要责任人的身份。

投资方有关控制的判断结论，或者初始评估其是主要责任人或代理人的结果，不会仅因为市场情况的变化（如市场情况的变化导致被投资方的可变回报发生变化）而变化，除非市场情况的变化导致控制三要素的一项或多项发生了变化，或导致主要责任人与代理人之间的关系发生变化。

6. 投资性主体

合并财务报表准则第二十一条规定，母公司应当将其全部子公司（包括母公司所控制的被投资单位可分割部分、结构化主体）纳入合并范围。如果母公司是投资性主体，则只应将那些为投资性主体的投资活动提供相关服务的子公司纳入合并范围，其他子公司不应予以合并，应按照公允价值计量且其变动计入当期损益。

一个投资性主体的母公司如果其本身不是投资性主体，则应当将其控制的全部主体，包括投资性主体以及通过投资性主体间接控制的主体，纳入合并财务报表范围。

（1）投资性主体的定义。

根据合并财务报表准则第二十二条，投资性主体的定义中包含了三个需要同时满足的条件：一是该公司以向投资方提供投资管理服务为目的，从一个或多个投资者获取资金；二是该公司的唯一经营目的，是通过资本增值、投资收益或两者兼有而让投资者获得回报；三是该公司按照公允价值对几乎所有投资的业绩进行计量和评价。

① 以向投资方提供投资管理服务为目的。投资性主体的主要活动是向投资者募集资金，且其目的是为这些投资者提供投资管理服务。这是一个投资性主体与其他主体的显著区别。

② 唯一经营目的是通过资本增值、投资收益或两者兼有而获得回报。投资性主体的经营目的一般可能通过其设立目的、投资管理方式、投资期限、投资退出战略等体现出来。例如，

一个基金在募集说明书中可能说明其投资的目的是实现资本增值、一般情况下的投资期限较长、制定了比较清晰的投资退出战略等，这些描述与投资性主体的经营目的是一致的；反之，一个基金的经营目的如果是与被投资方合作开发、生产或者销售某种产品，则说明其不是一个投资性主体。

③ 按照公允价值对投资业绩进行计量和评价。投资性主体定义的基本要素之一是以公允价值作为其首要的计量和评价属性，因为相对于合并子公司财务报表或者按照权益法核算对联营企业或合营企业的投资而言，公允价值计量所提供的信息更具有相关性。公允价值计量体现在：在会计准则允许的情况下，在向投资方报告其财务状况和经营成果时应当以公允价值计量其投资；向其关键管理人员提供公允价值信息，以供他们据此评估投资业绩或做出投资决策。但投资性主体没有必要以公允价值计量其固定资产等非投资性资产或其负债。

（2）投资性主体的特征。

合并财务报表准则第二十三条规定，投资性主体通常应当具备下列四个特征：一是拥有一个以上投资；二是拥有一个以上投资者；三是投资者不是该主体的关联方；四是该主体的所有者权益以股权或类似权益方式存在。当主体不完全具备上述四个特征时，需要审慎评估，判断是否有确凿证据证明虽然缺少其中一个或几个特征，但该主体仍然符合投资性主体的定义。

（3）投资性主体的转换。

投资性主体的判断需要持续进行，当有事实和情况表明构成投资性主体定义的三项要素发生变化，或者任何典型特征发生变化时，应当重新评估其是否符合投资性主体。

当母公司由非投资性主体转变为投资性主体时，除仅将为其投资活动提供相关服务的子公司纳入合并财务报表范围编制合并财务报表外，企业自转变日起对其他子公司不应予以合并，其会计处理参照部分处置子公司股权但不丧失控制权的处理原则：终止确认与其他子公司相关资产（包括商誉）及负债的账面价值，以及其他子公司相关少数股东权益（包括属于少数股东的其他综合收益）的账面价值，并按照对该子公司的投资在转变日的公允价值确认一项以公允价值计量且其变动计入当期损益的金融资产，同时将对该子公司的投资在转变日的公允价值作为处置价款，其与当日合并财务报表中该子公司净资产（资产、负债及相关商誉之和，扣除少数股东权益）的账面价值之间的差额，调整资本公积（资本溢价或股本溢价），资本公积不足冲减的，调整留存收益。

当母公司由投资性主体转变为非投资性主体时，应将原未纳入合并财务报表范围的子公司于转变日纳入合并财务报表范围，将转变日视为购买日，原未纳入合并财务报表范围的子公司于转变日的公允价值视为购买的交易对价，按照非同一控制下企业合并的会计处理方法进行会计处理。

33.1.3 合并财务报表的编制原则

合并财务报表作为财务报表，必须符合财务报表编制的一般原则和基本要求。这些基本要求包括真实可靠、内容完整、重要性等。合并财务报表的编制除了遵循财务报表编制的一般原则和要求外，还应遵循一体性原则，即合并财务报表反映的是由多个主体组成的企业集团的财务状况、经营成果和现金流量。企业在编制合并财务报表时，应当将母公司和所有子公司作为整体来看待，将其视为一个会计主体。对于母公司和子公司发生的经营活动，企业都应当从企业集团这一整体的角度进行考虑，包括对项目重要性的判断。

在编制合并财务报表时，母公司与子公司、子公司相互之间发生的经济业务，应当视为同一会计主体的内部业务处理，对合并财务报表的财务状况、经营成果和现金流量不产生影响。另外，对于某些特殊交易，如果站在企业集团角度的确认和计量与个别财务报表角度的确认和计量不同，还需要站在企业集团角度就同一交易或事项予以调整。

33.1.4 编制合并财务报表前的准备工作

合并财务报表的编制涉及多个子公司，为了使编制的合并财务报表准确、全面地反映企业集团的真实情况，必须做好一系列的前期准备工作，主要包括以下几个方面。

（一）统一母子公司的会计政策

会计政策是编制财务报表的基础。统一母公司和子公司的会计政策是保证母子公司财务报表各项目反映内容一致的基础。只有在财务报表各项目反映的内容一致的情况下，才能对其进行加总，编制合并财务报表。因此，在编制合并财务报表前，应统一要求子公司所采用的会计政策与母公司的保持一致。对一些境外子公司，由于其所在国或地区法律、会计政策等方面的原因，确实无法使其采用的会计政策与母公司所采用的会计政策保持一致的，则应当要求其按照母公司所采用的会计政策，重新编报财务报表，也可以由母公司根据其自身所采用的会计政策对境外子公司报送的财务报表进行调整，以重编或调整编制的境外子公司的财务报表，作为编制合并财务报表的基础。

需要注意的是，中国境内企业设在境外的子公司在境外发生的交易或事项，因受法律法规限制等境内不存在或交易不常见，企业会计准则未做出规范的，可以将境外子公司已经进行的会计处理结果，在符合基本准则的原则下，按照国际财务报告准则进行调整后，并入境内母公司合并财务报表的相关项目。

（二）统一母子公司的资产负债表日及会计期间

母公司和子公司的个别财务报表只有在反映财务状况的日期和反映经营成果的会计期间都一致的情况下，才能进行合并。为了编制合并财务报表，必须统一企业集团内母公司和所有子公司的资产负债表日和会计期间，使子公司的资产负债表日和会计期间与母公司的资产负债表日和会计期间保持一致，以便于子公司提供相同资产负债表日和会计期间的财务报表。

对于境外子公司，由于当地法律限制确实不能与母公司财务报表决算日和会计期间一致的，母公司应当按照自身的资产负债表日和会计期间对子公司的财务报表进行调整，以调整后的子公司财务报表为基础编制合并财务报表，也可以要求子公司按照母公司的资产负债表日和会计期间另行编制报送其个别财务报表。

（三）对子公司以外币表示的财务报表进行折算

对母公司和子公司的财务报表进行合并，其前提必须是母子公司个别财务报表所采用的货币计量单位一致。外币业务比较多的企业应该遵循外币折算准则中选择记账本位币的相关规定，在符合准则规定的基础上，确定是否采用某一种外币作为记账本位币。在将境外经营纳入合并范围时，应该按照外币折算准则的相关规定进行处理。

（四）收集编制合并财务报表的相关资料

合并财务报表以母公司和其子公司的财务报表以及其他有关资料为依据，由母公司合并有关项目的数额编制。为编制合并财务报表，母公司应当要求子公司及时提供下列有关资料。

（1）子公司相应期间的财务报表。

（2）采用的与母公司不一致的会计政策及其影响金额。

（3）与母公司不一致的会计期间的说明。

（4）与母公司及与其他子公司之间发生的所有内部交易的相关资料，包括但不限于内部购销交易、债权债务、投资及其产生的现金流量和未实现内部销售损益的期初、期末余额及变动情况等资料。

（5）子公司所有者权益变动和利润分配的有关资料。

（6）编制合并财务报表所需要的其他资料。

33.1.5 合并财务报表的编制程序

合并财务报表编制的一般程序如下。

（一）设置合并工作底稿

合并工作底稿的作用是为合并财务报表的编制提供基础。在合并工作底稿中，对母公司和纳入合并范围的子公司的个别财务报表各项目的数据进行汇总、调整和抵销处理，最终计算得出合并财务报表各项目的合并数。

（二）将个别财务报表的数据过入合并工作底稿

将母公司和纳入合并范围的子公司的个别资产负债表、个别利润表、个别现金流量表及个别所有者权益变动表各项目的数据录入合并工作底稿，并在合并工作底稿中对母公司和子公司个别财务报表各项目的数据进行加总，计算得出个别资产负债表、个别利润表、个别现金流量表及个别所有者权益变动表各项目合计数额。

（三）编制调整分录和抵销分录

根据合并财务报表准则第三十条、第三十四条、第四十一条和第四十五条等的规定，编制调整分录与抵销分录。进行调整抵销处理是合并财务报表编制的关键和主要内容，其目的在于将因会计政策及计量基础产生的差异对个别财务报表的影响进行调整，以及将个别财务报表各项目的加总数据中重复的因素等予以抵销或调整等。

（四）计算合并财务报表各项目的合并金额

在母公司和纳入合并范围的子公司个别财务报表项目加总金额的基础上，分别计算合并财务报表中各资产项目、负债项目、所有者权益项目、收入项目和费用项目等的合并金额。相关计算方法如下。

（1）资产类项目，其合并金额根据该项目加总的金额，加上该项目调整分录与抵销分录有关的借方发生额，减去该项目调整分录与抵销分录有关的贷方发生额计算确定。

（2）负债类和所有者权益类项目，其合并金额根据该项目加总的金额，减去该项目调整分录与抵销分录有关的借方发生额,加上该项目调整分录与抵销分录有关的贷方发生额计算确定。

(3) 有关收入、收益、利得类项目,其合并金额根据该项目加总的金额,减去该项目调整分录与抵销分录的借方发生额,加上该项目调整分录与抵销分录的贷方发生额计算确定。

(4) 有关成本费用、损失类项目和有关利润分配的项目,其合并金额根据该项目加总的金额,加上该项目调整分录与抵销分录的借方发生额,减去该项目调整分录与抵销分录的贷方发生额计算确定。

(5) "专项储备"和"一般风险准备"项目由于既不属于实收资本(或股本)、资本公积,也与留存收益、未分配利润不同,所以在长期股权投资与子公司所有者权益相互抵销后,应当按归属于母公司所有者的份额予以恢复。

(五)填列合并财务报表

根据合并工作底稿中计算出的资产、负债、所有者权益、收入、成本费用类以及现金流量表中各项目的合并金额,填列生成正式的合并财务报表。

合并所有者权益变动表也可以根据合并资产负债表和合并利润表进行编制。

33.1.6 报告期内增减子公司的处理

(一)增加子公司

母公司因追加投资等原因控制了另一家企业即实现了企业合并,应当根据《企业会计准则第20号——企业合并》(简称"企业合并准则")的规定编制合并日或购买日的合并财务报表。在企业合并发生当期的期末和以后会计期间,母公司应当根据《企业会计准则第20号——企业合并》的规定编制合并财务报表,并分别依据如下情况进行相应会计处理。

(1) 同一控制下企业合并增加的子公司或业务,视同合并后形成的企业集团报告主体自最终控制方开始实施控制时一直是一体化存续下来的。编制合并资产负债表时,应当调整合并资产负债表的期初数,合并资产负债表的留存收益项目应当反映母子公司视同一直作为一个整体运行至合并日应实现的盈余公积和未分配利润的情况,同时应当对比较报表的相关项目进行调整;编制合并利润表时,应当将该子公司或业务自合并当期期初至报告期末的收入、费用、利润纳入合并利润表,而不是从合并日开始纳入合并利润表,同时应当对比较报表的相关项目进行调整。由于这部分净利润是因企业合并准则所规定的同一控制下企业合并的编表原则所致的,而非母公司管理层通过生产经营活动实现的净利润,应当在合并利润表中单列"其中:被合并方在合并前实现的净利润"项目进行反映;在编制合并现金流量表时,应当将该子公司或业务自合并当期期初到报告期末的现金流量纳入合并现金流量表,同时应当对比较报表的相关项目进行调整。

(2) 非同一控制下企业合并或其他方式增加的子公司或业务,应当从购买日开始编制合并财务报表。在编制合并资产负债表时,不调整合并资产负债表的期初数,企业以非货币性资产出资设立子公司或对子公司增资的,需要将该非货币性资产调整恢复至原账面价值,并在此基础上持续编制合并财务报表;在编制合并利润表时,应当将该子公司或业务自购买日至报告期末的收入、费用、利润纳入合并利润表;在编制合并现金流量表时,应当将该子公司购买日至报告期期末的现金流量纳入合并现金流量表。

（二）处置子公司

在报告期内，如果母公司处置子公司或业务，失去对子公司或业务的控制，被投资方从处置日开始不再是母公司的子公司，则原母公司不应继续将该子公司纳入合并财务报表的合并范围。在编制合并资产负债表时，不应当调整合并资产负债表的期初数；在编制合并利润表时，应当将该子公司或业务自当期期初至处置日的收入、费用、利润纳入合并利润表；在编制合并现金流量表时，应将该子公司或业务自当期期初至处置日的现金流量纳入合并现金流量表。

33.2 合并日财务报表的编制

在合并日，主要编制合并资产负债表。《企业会计准则第33号——合并财务报表》规定，合并资产负债表是反映企业集团在某一特定日期财务状况的财务报表，由合并资产、负债和所有者权益各项目组成。合并资产负债表应当以母公司和子公司的资产负债表为基础，在抵销母公司与子公司、子公司相互之间发生的内部交易对合并资产负债表的影响后，由母公司合并编制。

33.2.1 对子公司的个别财务报表进行调整

在编制合并财务报表时，首先应对各子公司进行分类，分为同一控制下企业合并中取得的子公司和非同一控制下企业合并中取得的子公司两类。

（一）属于同一控制下企业合并中取得的子公司

对于属于同一控制下企业合并中取得的子公司的个别财务报表，子公司的会计期间与母公司不一致的，应当按照母公司的会计期间对子公司财务报表进行调整；或者要求子公司按照母公司的会计期间另行编报财务报表。如果不存在与母公司会计政策和会计期间不一致的情况，则不需要对该子公司的个别财务报表进行调整，即不需要将该子公司的个别财务报表调整为公允价值反映的财务报表，只需要抵销内部交易对合并财务报表的影响即可。

（二）属于非同一控制下企业合并中取得的子公司

对于属于非同一控制下企业合并中取得的子公司，除了存在与母公司会计政策和会计期间不一致的情况，需要对该子公司的个别财务报表进行调整外，还应当根据母公司为该子公司设置的备查簿的记录，以记录的该子公司的各项可辨认资产、负债及或有负债等在购买日的公允价值为基础，通过编制调整分录，对该子公司的个别财务报表进行调整，以使子公司的个别财务报表反映为在购买日公允价值基础上确定的可辨认资产、负债及或有负债在本期资产负债表日的金额。

33.2.2 合并日资产负债表的编制

合并报表准则规定，合并财务报表应当以母公司和其子公司的财务报表为基础，根据其他有关资料，按照权益法调整对子公司的长期股权投资后，由母公司编制。

在合并工作底稿中，按权益法调整对子公司的长期股权投资时，应按照《企业会计准则第2号——长期股权投资》所规定的权益法进行调整。在确认应享有子公司净损益的份额时，对于属于非同一控制下企业合并形成的长期股权投资，应当以在备查簿中记录的子公司各项可辨认资产、负债及或有负债等在购买日的公允价值为基础，对该子公司的净利润进行调整后确认；对于属于同一控制下的企业合并形成的长期股权投资，可以直接以该子公司的净利润进行确认，但是该子公司的会计政策或会计期间与母公司不一致的，仍需要对净利润进行调整。如果存在未实现内部交易损益，在采用权益法进行调整时还应对该未实现内部交易损益进行调整（参见本书第3章的相关内容）。

在合并工作底稿中编制的调整分录为：对于当期该子公司实现净利润，按母公司应享有的份额，借记"长期股权投资"项目，贷记"投资收益"项目；对于当期该子公司发生的净亏损，按母公司应分担的份额，借记"投资收益"项目，贷记"长期股权投资""长期应收款"等项目；对于当期收到的净利润或现金股利，借记"投资收益"项目，贷记"长期股权投资"项目；对于子公司除净损益以外所有者权益的其他变动，按母公司应享有的份额，借记"长期股权投资"项目，贷记"资本公积"项目。

合并报表准则也允许企业直接在对子公司的长期股权投资采用成本法核算的基础上编制合并财务报表，但是所生成的合并财务报表应当符合合并报表准则的相关规定。

需要注意的是，母子公司有交互持股情形的，在编制合并财务报表时，对于母公司持有的子公司股权，与通常情况下母公司长期股权投资与子公司所有者权益的合并抵销处理相同。对于子公司持有的母公司股权，应当按照子公司取得母公司股权日所确认的长期股权投资的初始投资成本，将其转为合并财务报表中的库存股；对于子公司持有母公司股权所确认的投资收益（如利润分配或现金股利），应当进行抵销处理。子公司将所持有的母公司股权分类为可供出售金融资产的，按照公允价值计量的，同时冲销子公司累计确认的公允价值变动。

【例33-1】M股份有限公司（以下简称"M公司"）是一家从事新能源产业开发的上市公司。2×19年1月1日，M公司以定向增发普通股股票的方式，从非关联方处购买取得了N股份有限公司（以下简称"N公司"）70%的股权，并于同日通过产权交易所完成了该项股权转让程序，并完成了工商变更登记。M公司定向增发普通股股票5000万股，每股面值为1元，每股市场价格为2.95元。M公司与N公司属于非同一控制下的企业。

N公司2×19年1月1日（购买日）资产负债表有关项目信息列示如下。

（1）股东权益总额为16 000万元。其中：股本为10 000万元，资本公积为4 000万元，盈余公积为600万元，未分配利润为1 400万元。

（2）应收账款账面价值为1 960万元，经评估的公允价值为1 560万元；存货的账面价值为10 000万元，经评估的公允价值为11 000万元；固定资产账面价值为1 000万元，经评估的公允价值为4 000万元。固定资产评估增值为公司办公楼增值。该办公楼采用年限平均法计提折旧，该办公楼的剩余折旧年限为15年。

M公司取得N公司可辨认资产、负债和所有者权益在购买日的公允价值备查簿如表33-1所示；2×19年1月1日，M公司资产负债表、N公司资产负债表及资产负债公允价值如表33-2所示。

假定M公司、N公司均是中国境内公司，M公司计划长期持有对N公司的股权；不考虑上述合并事项中所发生的审计、评估、股票发行以及法律服务等相关费用；N公司的会计政策和会计期间与M公司的一致；购买日，N公司资产和负债的公允价值与其计税基础之间形成的暂时性差异均符合确认递延所得税资产或递延所得税负债的条件；不考虑M公司、N公司除企业合并和编制合并财务报表之外的其他税费；两家公司适用的所得税税率均为25%。除非有特别说明，本案例中的资产和负债的账面价值与计税基础相同。本案例的会计分录的单位以"万元"表示。

【分析】

M公司购买N公司股权形成了非同一控制下的企业合并，按照企业合并准则的规定，非同一控制下的企业合并，母公司应当编制购买日的合并资产负债表。因企业合并取得的被购买方各项可辨认资产、负债应当以公允价值列示，所以母公司应当设置备查簿，记录企业合并中取得的子公司各项可辨认资产、负债在购买日的公允价值。

合并日调整项目如下。

1. 对母子公司个别资产负债表的调整

（1）调整母公司长期股权投资的入账价值。M公司将购买取得N公司70%的股权作为长期股权投资入账的会计处理如下。

借：长期股权投资——N公司　　　　　　　　　（2.95×5 000）14 750（1）
　　贷：股本　　　　　　　　　　　　　　　　　　　　　　　　　5 000
　　　　资本公积　　　　　　　　　　　　　　　　　　　　　　　 9 750

（2）调整子公司资产和负债的公允价值。

编制购买日的合并资产负债表时，根据M公司购买N公司设置的股权备查簿中登记的信息，将N公司资产和负债的评估增值或减值分别调增或调减相关资产和负债项目的金额。

根据税法规定，在购买日，子公司N公司的资产和负债的计税基础还是其原来的账面价值。购买日，子公司资产和负债的公允价值与其计税基础之间的差异，形成暂时性差异。在符合有关原则和确认条件的情况下，编制购买日合并财务报表时，需要对该暂时性差异确认相应的递延所得税资产或递延所得税负债。

本例中，N公司应收账款的公允价值低于其计税基础的金额为400（1 960-1 560）万元，形成可抵扣暂时性差异，应当对其确认递延所得税资产100（400×25%）万元；存货的公允价值高于其计税基础的金额为1 000（11 000-10 000）万元，形成应纳税暂时性差异，应当对其确认递延所得税负债250（1 000×25%）万元；固定资产中的办公楼的公允价值高于其计税基础的金额为3 000（4 000-1 000）万元，形成应纳税暂时性差异，应当对其确认递延所得税负债750（3 000×25%）万元。在合并工作底稿中的调整分录如下。

借：存货　　　　　　　　　　　　　　　　　　　　　　　　　　 1 000（2）
　　固定资产　　　　　　　　　　　　　　　　　　　　　　　　　3 000
　　递延所得税资产　　　　　　　　　　　　　　　　　　　　　　　100
　　贷：应收账款　　　　　　　　　　　　　　　　　　　　　　　　　400
　　　　递延所得税负债　　　　　　　　　　　　　　　　（250+750）1 000
　　　　资本公积　　　　　　　　　　　　　　　　　　　　　　　　2 700

2.母公司长期股权投资与子公司所有者权益的抵销处理

经过对N公司资产和负债的公允价值调整后,可得N公司所有者权益总额=16 000+2 700=18 700(万元),M公司对N公司所有者权益中拥有的份额为13 090(18 700×70%)万元,M公司对N公司长期股权投资的金额为14 750万元,因此,合并商誉为1 660(14 750-13 090)万元。M公司购买N公司股权所形成的商誉,在M公司个别财务报表中表示对N公司长期股权投资的一部分,在编制合并财务报表时,将长期股权投资与在子公司所有者权益中所拥有的份额相抵销,其抵销差额在合并资产负债表中则表现为商誉。

M公司长期股权投资与其在N公司所有者权益中拥有份额的抵销分录如下。

借:股本 10 000(3)
　　资本公积 6 700
　　盈余公积 600
　　未分配利润 1 400
　　商誉 1 660
　　贷:长期股权投资——N公司 14 750
　　　　少数股东权益 5 610

表33-1　M公司购买股权备查簿(N公司)

单位:万元

购买日:2×19年1月1日　　　购买价:14 750万元　　　本次交易后累计持股:70%

项目	购买日账面价值	购买日公允价值	公允价值与账面价值的差额	合并报表调整	公允价值增加额计提折旧或摊销后余额	备注
流动资产	17 500	18 100	600			
其中:应收账款	1 960	1 560	-400			
存货	10 000	11 000	1 000			
非流动资产	11 500	14 500	3 000			
其中:固定资产——N办公楼	1 000	4 000	3 000			
资产总计	29 000	32 600	3 600			
流动负债	10 500	10 500	0			
非流动负债	2 500	2 500	0			
负债合计	13 000	13 000	0			
股本	10 000	10 000	0			
资本公积	4 000	7 600	3 600			
盈余公积	600	600	0			
未分配利润	1 400	1 400	0			

续表

项目	购买日账面价值	购买日公允价值	公允价值与账面价值的差额	合并报表调整	公允价值增加额计提折旧或摊销后余额	备注
股东权益合计	16 000	19 600	3 600			
负债和股东权益总计	29 000	32 600	3 600			

表33-2　资产负债表（简表）

编制单位：M公司　　　　　　　　　2×19年1月1日　　　　　　　　　单位：万元

资产	M公司	N公司		负债和所有者权益（或股东权益）	M公司	N公司	
		账面价值	公允价值			账面价值	公允价值
流动资产：				流动负债：			
货币资金	4 500	2 100	2 100	短期借款	6 000	2 500	2 500
交易性金融资产	2 000	900	900	交易性金融负债	1 900	0	0
应收票据	2 350	1 500	1 500	应付票据	5 000	1 500	1 500
应收账款	2 900	1 960	1 560	应付账款	9 000	2 100	2 100
预付账款	1 000	440	440	预收账款	1 500	650	650
其他应收款	2 100	0	0	应付职工薪酬	3 000	800	800
存货	15 500	10 000	11 000	应交税费	1 000	600	600
其他流动资产	650	600	600	其他应付款	2 000	2 000	2 000
流动资产合计	31 000	17 500	18 100	其他流动负债	600	350	350
非流动资产：				流动负债合计	30 000	10 500	10 500
其他债权投资	3 000	700	700	非流动负债：			
债权投资	5 500	0	0	长期借款	2 000	1 500	1 500
长期应收款	0	0	0	应付债券	10 000	1 000	1 000
长期股权投资	16 000	0	0	长期应付款	1 000	0	0
固定资产	10 500	9 000	12 000	递延所得税负债	0	0	0
在建工程	10 000	1 000	1 000	其他非流动负债	0	0	0
无形资产	2 000	800	800	非流动负债合计	13 000	2 500	2 500
商誉	0	0	0	负债合计	43 000	13 000	13 000
长期待摊费用	0	0	0	所有者权益（或股东权益）：			
递延所得税资产	0	0	0	实收资本（或股本）	20 000	10 000	10 000
其他非流动资产	0	0	0	资本公积	5 000	4 000	7 600
非流动资产合计	47 000	11 500	14 500	减：库存股	0	0	0
				其他综合收益	0	0	0

续表

资产	M公司	N公司		负债和所有者权益（或股东权益）	M公司	N公司	
		账面价值	公允价值			账面价值	公允价值
				盈余公积	5 500	600	600
				未分配利润	4 500	1 400	1 400
				所有者权益合计	35 000	16 000	19 600
资产合计	78 000	29 000	32 600	负债和所有者权益合计	78 000	29 000	32 600

根据上述调整分录和抵销分录，M公司编制购买日合并资产负债表的工作底稿如表33-3所示。

表33-3 合并资产负债表工作底稿（简表）

编制单位：M公司　　　　　　　　　　2×19年1月1日　　　　　　　　　　单位：万元

项目	M公司	N公司	合计金额	调整分录		抵销分录		合并金额
				借方	贷方	借方	贷方	
流动资产：								
货币资金	4 500	2 100	6 600					6 600
交易性金融资产	2 000	900	2 900					2 900
应收票据	2 350	1 500	3 850					3 850
应收账款	2 900	1 960	4 860		(2) 400			4 460
预付账款	1 000	440	1 440					1 440
其他应收款	2 100	0	2 100					2 100
存货	15 500	10 000	25 500	(2) 1 000				26 500
其他流动资产	650	600	1 250					1 250
流动资产合计	31 000	17 500	48 500	1 000	400	0	0	49 100
非流动资产：								
债权投资	3 000	700	3 700					3 700
其他债权投资	5 500	0	5 500					5 500
长期应收款	0	0	0					0
长期股权投资	16 000	0	16 000	(1) 14 750			(3) 14 750	16 000
固定资产	10 500	9 000	19 500	(2) 3 000				22 500
在建工程	10 000	1 000	11 000					11 000
无形资产	2 000	800	2 800					2 800
商誉	0	0	0			(3) 1 660		1 660
递延所得税资产	0	0	0	(2) 100				100
其他非流动资产	0	0	0					0
非流动资产合计	47 000	11 500	58 500	17 850	0	1 660	14 750	63 00

续表

项目	M公司	N公司	合计金额	调整分录 借方	调整分录 贷方	抵销分录 借方	抵销分录 贷方	合并金额
资产合计	78 000	29 000	107 000	18 850	400	1 660	14 750	112 300
流动负债:								
短期借款	6 000	2 500	8 500					8 500
交易性金融负债	1 900	0	1 900					1 900
应付票据	5 000	1 500	6 500					6 500
应付账款	9 000	2 100	11 100					11 100
预收账款	1 500	650	2 150					2 150
应付职工薪酬	3 000	800	3 800					3 800
应交税费	1 000	600	1 600					1 600
其他应付款	2 000	2 000	4 000					4 000
其他流动负债	600	350	950					950
流动负债合计	30 000	10 500	40 500					40 500
非流动负债:								
长期借款	2 000	1 500	3 500					3 500
应付债券	10 000	1 000	11 000					11 000
长期应付款	1 000	0	1 000					1 000
递延所得税负债	0	0	0		(2) 1 000			1 000
其他非流动负债	0	0	0					0
非流动负债合计	13 000	2 500	15 500		1 000			16 500
负债合计	43 000	13 000	56 000		1 000			57 000
所有者权益（或股东权益）:								
实收资本（或股本）	20 000	10 000	30 000		(1) 5 000	(3) 10 000		25 000
资本公积	5 000	4 000	9 000		(1) 9 750 (2) 2 700	(3) 6 700		14 750
其他综合收益	0	0	0					0
盈余公积	5 500	600	6 100			(3) 600		5 500
未分配利润	4 500	1 400	5 900			(3) 1 400		4 500
归属于母公司所有者权益合计	35 000	16 000	51 000	0	17 450	18 700		49 750
少数股东权益							(3) 5 610	5 610
所有者权益合计	35 000	16 000	51 000		17 450	18 700	5 610	55 360
负债和所有者权益合计	78 000	29 000	107 000	0	18 450	18 700	5 610	112 300

33.3 购买日后合并财务报表的编制

33.3.1 合并资产负债表

合并资产负债表是以母公司和子公司的个别资产负债表为基础编制的。个别资产负债表则是以单个企业为会计主体进行会计核算的结果，从母公司本身或从子公司本身的角度对自身的财务状况进行反映。这样，对于内部交易，从发生内部交易的企业来看，发生交易的各方都在其个别资产负债表中进行了反映。例如，企业集团母公司与子公司之间发生的赊购赊销业务，对于赊销企业来说，一方面确认营业收入、结转营业成本、计算营业利润，并在其个别资产负债表中反映为应收账款；而对于赊购企业来说，在内部购入的存货未实现对外销售的情况下，则在其个别资产负债表中反映为存货和应付账款。在这种情况下，资产、负债和所有者权益类各项目的加总金额中，必然包含有重复计算的因素。作为反映企业集团整体财务状况的合并资产负债表，必须将这些重复计算的因素予以扣除，对这些重复的因素进行抵销处理。这些需要扣除的重复因素，就是合并财务报表编制时需要进行抵销处理的项目。

编制合并资产负债表时需要进行抵销处理的，主要有以下项目。

（一）母公司对子公司的长期股权投资与母公司在子公司所有者权益中所享有的份额应当相互抵销，同时抵销相应的长期股权投资减值准备

母公司对子公司进行的长期股权投资，一方面反映为长期股权投资以外的其他资产的减少，另一方面反映为长期股权投资的增加，在母公司个别资产负债表中作为资产类项目中的长期股权投资列示。子公司接受这一投资时，一方面增加资产，另一方面作为实收资本（或股本）等处理，在其个别资产负债表中一方面反映为实收资本的增加，另一方面反映为相对应的资产的增加。从企业集团整体来看，母公司对子公司进行的长期股权投资实际上相当于母公司将资本拨付下属核算单位，并不引起整个企业集团的资产、负债和所有者权益的增减变动。因此，编制合并财务报表时，应当在母公司与子公司财务报表数据简单相加的基础上，将母公司对子公司长期股权投资项目与子公司所有者权益项目予以抵销。

（1）在子公司为全资子公司的情况下，母公司对子公司长期股权投资的金额和子公司所有者权益各项目的金额应当全额抵销。在合并工作底稿中编制的抵销分录为：借记"实收资本""资本公积""盈余公积""未分配利润——年末"项目，贷记"长期股权投资"项目，其中，属于商誉的部分，还应借记"商誉"项目。

（2）在子公司为非全资子公司的情况下，应当将母公司对子公司长期股权投资的金额与子公司所有者权益中母公司所享有的份额相抵销。子公司所有者权益中不属于母公司的份额，即子公司所有者权益中抵销母公司所享有的份额后的余额，在合并财务报表中作为"少数股东权益"处理。在合并工作底稿中编制的抵销分录为：借记"实收资本""资本公积""盈余公积""未分配利润——年末"项目，贷记"长期股权投资"和"少数股东权益"项目，其中，属于商誉的部分，还应借记"商誉"项目。

另外，子公司持有母公司的长期股权投资，应当视为企业集团的库存股，作为所有者权益的减项，在合并资产负债表中所有者权益项目下以"减：库存股"项目列示。子公司相互之间持有的长期股权投资，应当比照母公司对子公司的股权投资的抵销方法，将长期股权投资与其对应的子公司所有者权益中所享有的份额相互抵销。

（二）母公司与子公司、子公司相互之间的债权与债务项目应当相互抵销，同时抵销相应的减值准备

母公司与子公司、子公司相互之间的债权和债务项目，是指母公司与子公司、子公司相互之间因销售商品、提供劳务以及发生结算业务等原因产生的应收账款与应付账款、应收票据与应付票据、预付账款与预收账款、其他应收款与其他应付款、其他债权投资与应付债券等项目。发生在母公司与子公司、子公司相互之间的这些项目，企业集团内部企业的一方在其个别资产负债表中反映为资产，而另一方则反映为负债。但从企业集团整体角度来看，它只是内部资金运动，既不能增加企业集团的资产，也不能增加负债。因此，为了消除个别资产负债表直接加总中的重复计算因素，母公司在编制合并财务报表时应当将内部债权债务项目予以抵销。

1. 应收账款与应付账款的抵销处理

（1）初次编制合并财务报表时应收账款与应付账款的抵销处理。在应收账款计提坏账准备的情况下，某一会计期间坏账准备的金额是以当期应收账款为基础计提的。在编制合并财务报表时，随着内部应收账款的抵销，与此相联系，也须将内部应收账款计提的坏账准备予以抵销。内部应收账款抵销时，其抵销分录为：借记"应付账款"项目，贷记"应收账款"项目。内部应收账款计提的坏账准备抵销时，其抵销分录为：借记"应收账款——坏账准备"项目，贷记"信用减值损失"项目。

【例33-2】 P公司2×19年个别资产负债表中应收账款475万元（假定不含增值税，下同）为2×13年向S公司销售商品发生的应收销货款的账面价值，P公司对该笔应收账款计提的坏账准备为25万元。S公司2×19年个别资产负债表中应付账款500万元系2×19年向P公司购进商品存货发生的应付购货款。P公司和S公司拥有共同母公司。

P公司在编制合并财务报表时，应将内部应收账款与应付账款相互抵销；同时还应将内部应收账款计提的坏账准备予以抵销，其抵销分录如下。

借：应付账款	5 000 000
贷：应收账款	5 000 000
借：应收账款——坏账准备	250 000
贷：资产减值损失	250 000

（2）连续编制合并财务报表时内部应收账款坏账准备的抵销处理。从合并财务报表角度来讲，内部应收账款计提的坏账准备的抵销是与抵销当期资产减值损失相对应的，上期抵销的坏账准备的金额，即上期资产减值损失抵减的金额，最终将影响到本期合并所有者权益变动表中的期初未分配利润金额的增加。由于利润表和所有者权益变动表是反映企业一定会计期间经营成果及其分配情况的财务报表，其上期期末未分配利润就是本期所有者权益变动表期初未分配利润（假定不存在会计政策变更和前期差错更正的情况）。本期编制合并财务报表是以本期母公司和子公司当期的个别财务报表为基础编制的，随着上期编制合并财务报表

时内部应收账款计提的坏账准备的抵销,以母子公司个别财务报表中期初未分配利润为基础而加总得出的期初未分配利润与上一会计期间合并所有者权益变动表中的未分配利润金额之间则将产生差额。为此,编制合并财务报表时,必须将上期因内部应收账款计提的坏账准备抵销而抵销的资产减值损失对本期期初未分配利润的影响予以抵销,调整本期期初未分配利润的金额。

在连续编制合并财务报表进行抵销处理时,首先,将内部应收账款与应付账款予以抵销,即按内部应收账款的金额,借记"应付账款"项目,贷记"应收账款"项目。其次,应将上期资产减值损失中抵销的内部应收账款计提的坏账准备对本期期初未分配利润的影响予以抵销,即按上期资产减值损失项目中抵销的内部应收账款计提的坏账准备的金额,借记"应收账款——坏账准备"项目,贷记"未分配利润——年初"项目。再次,对于本期个别财务报表中内部应收账款相对应的坏账准备增减变动的金额也应予以抵销,即按照本期个别资产负债表中期末内部应收账款相对应的坏账准备的增加额,借记"应收账款——坏账准备"项目,贷记"资产减值损失"项目,或按照本期个别资产负债表中期末内部应收账款相对应的坏账准备的减少额,借记"资产减值损失"项目,贷记"应收账款——坏账准备"项目。

在第三期编制合并财务报表的情况下,必须将第二期内部应收账款期末余额相应的坏账准备予以抵销,以调整期初未分配利润的金额。然后,计算确定本期内部应收账款相对应的坏账准备增减变动的金额,并将其增减变动的金额予以抵销。第三期抵销分录与第二期编制的抵销分录相同。

2. 其他债权与债务的抵销处理

【例33-3】P公司2×19年个别资产负债表中预收款项100万元为S公司预付账款;应收票据400万元为S公司2×13年向P公司购买商品3 500万元开具的票面金额为400万元的商业承兑汇票。S公司应付债券200万元为P公司所持有(P公司划归为其他债权投资)。P公司和S公司拥有共同母公司。对此,在编制合并资产负债表时,应编制如下抵销分录(单位:元)。

(1)将内部预收账款与内部预付账款抵销时,应编制如下抵销分录。

借:预收款项　　　　　　　　　　　　　　　　　　　　　1 000 000
　　贷:预付款项　　　　　　　　　　　　　　　　　　　　　1 000 000

(2)将内部应收票据与内部应付票据抵销时,应编制如下抵销分录。

借:应付票据　　　　　　　　　　　　　　　　　　　　　4 000 000
　　贷:应收票据　　　　　　　　　　　　　　　　　　　　　4 000 000

(3)将其他债权投资中债券投资与应付债券抵销时,应编制如下抵销分录。

借:应付债券　　　　　　　　　　　　　　　　　　　　　2 000 000
　　贷:其他债权投资　　　　　　　　　　　　　　　　　　2 000 000

在某些情况下,债券投资企业持有的企业集团内部成员企业的债券并不是从发行债券的企业直接购进的,而是在证券市场上从第三方手中购进的。在这种情况下,其他债权投资中的债券投资与发行债券企业的应付债券抵销时,可能会出现差额,应分别进行处理:如果债券投资的余额大于应付债券的余额,其差额应作为投资损失计入合并利润表的投资收益项目;如果债券投资的余额小于应付债券的余额,其差额应作为利息收入计入合并利润表的财务费用项目。

(三)母公司与子公司、子公司相互之间销售商品(或提供劳务,下同)或其他方式形成的存货、固定资产、工程物资、在建工程、无形资产等所包含的未实现内部销售损益应当抵销;对存货、固定资产、工程物资、在建工程和无形资产等计提的跌价准备或减值准备与未实现内部销售损益相关的部分应当抵销

1. 存货价值中包含的未实现内部销售损益的抵销处理

存货价值中包含的未实现内部销售损益是由于企业集团内部商品购销、劳务提供活动所引起的。在内部购销活动中,销售企业将集团内部销售作为收入确认并计算销售利润。而购买企业则是以支付购货的价款作为其成本入账的;在本期内未实现对外销售而形成期末存货时,其存货价值中也相应地包括两部分内容:一部分为真正的存货成本(即销售企业销售该商品的成本);另一部分为销售企业的销售毛利(即其销售收入减去销售成本的差额)。对于期末存货价值中包括的这部分销售毛利,从企业集团整体来看,并不是真正实现的利润。因为从整个企业集团来看,集团内部企业之间的商品购销活动实际上相当于企业内部的物资调拨活动,既不会实现利润,也不会增加商品的价值。正是从这一意义上来说,将期末存货价值中包括的这部分销售企业作为利润确认的部分,称之为未实现内部销售损益。因此,在编制合并资产负债表时,应当将存货价值中包含的未实现内部销售损益予以抵销。编制抵销分录时,按照集团内部销售企业销售该商品的销售收入,借记"营业收入"项目;按照销售企业销售该商品的销售成本,贷记"营业成本"项目;按照当期期末存货价值中包含的未实现内部销售损益的金额,贷记"存货"项目。

(1)当期内部购进商品并形成存货的情况下的抵销处理。

在企业集团内部购进并且在会计期末形成存货的情况下,如前所述,一方面将销售企业实现的内部销售收入及其相对应的销售成本予以抵销,另一方面将内部购进形成的存货价值中包含的未实现内部销售损益予以抵销。

【例33-4】S公司2×19年向P公司销售商品1 000万元,其销售成本为800万元,该商品的销售毛利率为20%。P公司购进的该商品2×19年全部未实现对外销售而形成期末存货。P公司和S公司拥有共同母公司。

借:营业收入　　　　　　　　　　　　　　　　　　　　　　10 000 000
　　贷:营业成本　　　　　　　　　　　　　　　　　　　　　　10 000 000
借:营业成本　　　　　　　　　　　　　　　　　　　　　　 2 000 000
　　贷:存货　　　　　　　　　　　　　　　　　　　　　　　　 2 000 000

(2)连续编制合并财务报表时内部购进商品的抵销处理。

对于上期内部购进商品全部实现对外销售的情况下,由于不涉及内部存货价值中包含的未实现内部销售损益的抵销处理,所以在本期连续编制合并财务报表时也不涉及对其进行处理的问题。但在上期内部购进并形成期末存货的情况下,在编制合并财务报表进行抵销处理时,

存货价值中包含的未实现内部销售损益的抵销,直接影响上期合并财务报表中合并净利润金额的减少,最终影响合并所有者权益变动表中期末未分配利润的金额的减少。由于本期编制合并财务报表时是以母公司和子公司本期个别财务报表为基础的,而母公司和子公司个别财务报表中未实现内部销售损益是作为其实现利润的部分包括在其期初未分配利润之中的,所以以母子公司个别财务报表中期初未分配利润为基础加总得出的期初未分配利润的金额就可能与上期合并财务报表中的期末未分配利润的金额不一致。因此,上期编制合并财务报表时抵销的内部购进存货中包含的未实现内部销售损益,也会对本期的期初未分配利润产生影响,本期编制合并财务报表时就必须在合并母子公司期初未分配利润的基础上,将上期抵销的未实现内部销售损益对本期期初未分配利润的影响予以抵销,调整本期期初未分配利润的金额。

在连续编制合并财务报表的情况下,首先必须将上期抵销的存货价值中包含的未实现内部销售损益对本期期初未分配利润的影响予以抵销,以调整本期期初未分配利润的金额;然后对本期内部购进存货进行抵销处理,其具体抵销处理程序和方法如下。

① 将上期抵销的存货价值中包含的未实现内部销售损益对本期期初未分配利润的影响进行抵销,即按照上期内部购进存货价值中包含的未实现内部销售损益的金额,借记"未分配利润——年初"项目,贷记"营业成本"项目。

② 对于本期发生内部购销活动的,将内部销售收入、内部销售成本及内部购进存货中未实现内部销售损益予以抵销,即按照销售企业内部销售收入的金额,借记"营业收入"项目,贷记"营业成本"项目。

③ 将期末内部购进存货价值中包含的未实现内部销售损益予以抵销。对于期末内部购买形成的存货(包括上期结转形成的本期存货),应按照购买企业期末内部购入存货价值中包含的未实现内部销售损益的金额,借记"营业成本"项目,贷记"存货"项目。

2. 内部固定资产交易的抵销处理

内部固定资产交易是指企业集团内部发生交易的一方与固定资产有关的购销业务。企业集团内部固定资产交易,根据销售企业销售的是产品还是固定资产,可以划分为两种类型:第一种类型是企业集团内部企业将自身生产的产品销售给企业集团内的其他企业作为固定资产使用;第二种类型是企业集团内部企业将自身的固定资产出售给企业集团内的其他企业作为固定资产使用;此外,还有另一种类型的内部固定资产交易,即企业集团内部企业将自身使用的固定资产出售给企业集团内的其他企业作为普通商品销售。这种类型的固定资产交易,在企业集团内部发生得极少,一般情况下发生的金额也不大。

(1)在第一种类型的内部固定资产交易的情况下,企业集团内部的母公司或子公司将自身生产的产品销售给企业集团内部的其他企业作为固定资产使用。这种类型的内部固定资产交易发生得比较多,也比较普遍。以下重点介绍这种类型的内部固定资产交易的抵销处理。与存货的情况不同,固定资产的使用寿命较长,往往要跨越几个会计年度。对于内部交易形成的固定资产,不仅在该内部固定资产交易发生的当期需要进行抵销处理,而且在以后使用该固定资产的期间也需要进行抵销处理。固定资产在使用过程中是通过折旧的方式将其价值转移到产品价值之中的,由于固定资产按原价计提折旧,在固定资产原价中包含未实现内部销售损益的情况下,每期计提的折旧费中也必然包含着未实现内部销售损益的金额,由此也需要对该内部交易形成的固定资产每期计提的折旧费进行相应的抵销处理。同样，如果购买企业对该项固定资产计提了固定资产减值准备，由于固定资产减值准备是按原价为基础进行计算确定的，在固定资产原价中包含未实现内部销售损益的情况下，对该项固定资产计提的减值准备中也必然包含着未实现内部销售损益的金额，所以也需要对该内部交易形成的固定资产计提的减值准备进行相应的抵销处理。

① 内部交易形成的固定资产在购入当期的抵销处理。

在这种情况下，购买企业购进的固定资产，在其个别资产负债表中以支付的价款作为该固定资产的原价列示，因此，首先就必须将该固定资产原价中包含的未实现内部销售损益予以抵销。其次，购买企业对该固定资产计提了折旧，折旧费计入相关资产的成本或当期损益。由于购买企业是以该固定资产的取得成本作为原价计提折旧，取得成本中包含未实现内部销售损益，在相同的使用寿命下，各期计提的折旧费要大于（或小于，下同）不包含未实现内部销售损益时计提的折旧费，所以还必须将当期多计提（或少计提，下同）的折旧额从该固定资产当期计提的折旧费中予以抵销。相关抵销处理程序如下。

a. 将与内部交易形成的固定资产相关的销售收入、销售成本以及原价中包含的未实现内部销售损益予以抵销。

b. 将内部交易形成的固定资产当期多计提的折旧费和累计折旧予以抵销。从单个企业来说，对计提折旧进行会计处理时，一方面增加当期的费用或计入相关资产的成本，另一方面形成累计折旧。因此，对内部交易形成的固定资产当期多计提的折旧费抵销时，应按当期多计提的折旧额，借记"固定资产——累计折旧"项目，贷记"管理费用"等项目（为便于理解，本节有关内部交易形成的固定资产多计提的折旧费的抵销，均假定该固定资产为购买企业的管理用固定资产，通过"管理费用"项目进行抵销）。

【例33-5】S公司2×19年以300万元的价格将其生产的产品销售给P公司，其销售成本为270万元，因此该内部固定资产交易实现的销售利润为30万元。P公司购买该产品作为管理用固定资产使用，按300万元入账。假设P公司对该固定资产按3年的使用寿命采用年限平均法计提折旧，预计净残值为0。该固定资产交易时间为2×19年1月1日。本章为简化抵销处理，假定P公司该内部交易形成的固定资产2×19年按12个月计提折旧。P公司与S公司拥有同一母公司。

本例有关抵销处理如下。

（1）与该固定资产相关的销售收入、销售成本以及原价中包含的未实现内部销售损益的抵销。

借：营业收入　　　　　　　　　　　　　　　　　　　3 000 000
　　贷：营业成本　　　　　　　　　　　　　　　　　　2 700 000
　　　　固定资产——原价　　　　　　　　　　　　　　　300 000

（2）该固定资产当期多计提折旧额的抵销。该固定资产折旧年限为3年，原价为300万元，预计净残值为0。2×19年计提的折旧额为100万元，而按抵销其原价中包含的未实现内部销售损益后的原价，2×19年计提的折旧额为90万元，当期多计提的折旧额为10万元。本例中应当按10万元分别抵销管理费用和累计折旧。

借：固定资产——累计折旧　　　　　　　　　　　　　　　100 000
　　贷：管理费用　　　　　　　　　　　　　　　　　　　　　100 000

通过上述抵销分录，在合并工作底稿中固定资产累计折旧额减少10万元，管理费用减少10万元，在合并财务报表中，该固定资产的累计折旧为90万元，该固定资产当期计提的折旧费为90万元。

② 连续编制合并财务报表时内部交易形成的固定资产的抵销处理。

在以后会计期间，该内部交易形成的固定资产仍然以原价在购买企业的个别资产负债表中列示，因此，必须将原价中包含的未实现内部销售损益的金额予以抵销。相应地，销售企业以前会计期间由于该内部交易实现销售利润，形成销售当期的净利润的一部分并结转到以后会计期间，在其个别所有者权益变动表中列示。由此，首先，必须将期初未分配利润中包含的该未实现内部销售损益予以抵销，以调整期初未分配利润的金额，即按照原价中包含的未实现内部销售损益的金额，借记"未分配利润——年初"项目，贷记"固定资产——原价"项目。

其次，对于该固定资产在以前会计期间计提折旧而形成的期初累计折旧，由于将以前会计期间按包含未实现内部销售损益的原价为依据而多计提折旧的抵销，一方面，必须按照以前会计期间累计多计提的折旧额抵销期初累计折旧；另一方面，由于以前会计期间累计折旧抵销而影响到期初未分配利润，因此，还必须调整期初未分配利润的金额。这时，按以前会计期间抵销该内部交易形成的固定资产多计提的累计折旧额，借记"固定资产——累计折旧"项目，贷记"未分配利润——年初"项目。

最后，该内部交易形成的固定资产在本期仍然计提了折旧，由于多计提折旧导致本期有关资产或费用项目增加并形成累计折旧。为此，一方面，必须将本期多计提折旧而计入相关资产的成本或当期损益的金额予以抵销；另一方面，需将本期多计提折旧而形成的累计折旧额予以抵销。这时，按本期该内部交易形成的固定资产多计提的折旧额，借记"固定资产——累计折旧"项目，贷记"管理费用"等项目。

③ 内部交易形成的固定资产在清理期间的抵销处理。

对于销售企业来说，因该内部交易实现的利润，作为期初未分配利润的一部分结转到以后的会计期间，直到购买企业对该内部交易形成的固定资产进行清理的会计期间为止。从购买企业来说，对内部交易形成的固定资产进行清理的期间，在其个别财务报表中表现为固定资产价值的减少；该固定资产清理收入减去该固定资产账面价值以及有关清理费用后的余额，则在其个别利润表中以营业外收入（或营业外支出）项目列示。

在这种情况下，购买企业内部交易形成的固定资产实体已不复存在，包含未实现内部销售损益在内的该内部交易形成的固定资产的价值已全部转移到用其加工的产品价值或各期损益中去了，因此，不存在未实现内部销售损益的抵销问题。从整个企业集团来说，随着该内部交易形成的固定资产的使用寿命届满，其包含的未实现内部销售损益也转化为已实现利润。但是，由于销售企业因该内部交易所实现的利润，作为期初未分配利润的一部分结转到购买企业对该内部交易形成的固定资产进行清理的会计期间为止，所以必须调整期初未分配利润。其次，在固定资产进行清理的会计期间，如果仍计提了折旧，本期计提的折旧费中仍然包含多计提的折旧额,那么需要将多计提的折旧额予以抵销。

(2)在第二种类型的内部固定资产交易的情况下,即企业集团内部企业将其自用的固定资产出售给集团内部的其他企业。对于销售企业来说,在其个别资产负债表中表现为固定资产的减少,同时在其个别利润表中表现为固定资产处置损益,当处置收入大于该固定资产账面价值时,表现为本期营业外收入;当处置收入小于固定资产账面价值时,则表现为本期营业外支出。对于购买企业来说,在其个别资产负债表中则表现为固定资产的增加,其固定资产原价中既包含该固定资产在原销售企业中的账面价值,也包含销售企业因该固定资产出售所实现的损益。但从整个企业集团来看,这一交易属于集团内部固定资产调拨性质,它既不能产生收益,也不会发生损失,固定资产既不能增值也不会减值。因此,必须将销售企业因该内部交易所实现的固定资产处置损益予以抵销,同时将购买企业固定资产原价中包含的未实现内部销售损益的金额予以抵销。通过抵销后,使其在合并财务报表中该固定资产原价仍然以销售企业的原账面价值反映。

【例33-6】假设P公司将其账面价值为130万元的某项固定资产以120万元的价格出售给S公司作为管理用固定资产使用。P公司因该内部固定资产交易发生处置损失10万元。假设S公司以120万元作为该项固定资产的成本入账,S公司对该固定资产按5年的使用寿命采用年限平均法计提折旧,预计净残值为0。该固定资产交易时间为2×19年7月1日,本章为简化处理,假定S公司该内部交易固定资产2×19年按6个月计提折旧。

本例有关抵销处理如下。

(1)该固定资产的处置损失与固定资产原价中包含的未实现内部销售损益的抵销。

借:固定资产——原价　　　　　　　　　　　　　　　　100 000
　　贷:营业外支出　　　　　　　　　　　　　　　　　　　　100 000

(2)该固定资产当期少计提折旧额的抵销。该固定资产折旧年限为5年,原价为120万元,预计净残值为0;2×19年计提的折旧额为12万元,而按抵销其原价中包含的未实现内部销售损益后的原价计提的折旧额为13万元,当期少计提的折旧额为1万元。本例中应当按1万元分别抵销管理费用和累计折旧。

借:管理费用　　　　　　　　　　　　　　　　　　　　 10 000
　　贷:固定资产——累计折旧　　　　　　　　　　　　　　　10 000

通过上述抵销分录,在合并工作底稿中,固定资产累计折旧额增加1万元,管理费用增加1万元,在合并财务报表中该固定资产的累计折旧为13万元,该固定资产当期计提的折旧费为13万元。

(四)因抵销未实现内部销售损益导致合并资产负债表中资产、负债的账面价值与其在所属纳税主体的计税基础之间产生暂时性差异的,在合并资产负债表中应当确认递延所得税资产或递延所得税负债,同时调整合并利润表中的所得税费用,但与直接计入所有者权益的交易或事项及企业合并相关的递延所得税除外

企业在编制合并财务报表时,因抵销未实现内部销售损益导致合并资产负债表中资产、负债的账面价值与其在纳入合并范围的企业按照适用税法规定确定的计税基础之间产生暂时性差异的,在合并资产负债表中应当确认递延所得税资产或递延所得税负债,同时调整合并利润表中的所得税费用,但与直接计入所有者权益的交易或事项及企业合并相关的递延所得税除外。

【例33-7】甲公司拥有乙公司80%有表决权资本,能够对乙公司实施控制。2×19年6月,甲公司向乙公司销售一批商品,成本为500万元,售价为800万元,至2×19年12月31日,乙公司尚未出售上述商品,2×20年乙公司将上述商品对外销售80%。甲公司和乙公司适用的所得税税率为25%。假定不考虑其他因素。

要求:计算2×19年12月31日和2×20年12月31日合并财务报表中应确认的递延所得税资产,并编制相关会计分录。

【分析】

2×19年12月31日递延所得税资产余额=(800-500)×25%=75(万元),2×19年递延所得税资产的发生额为75万元。

会计分录如下。

借:递延所得税资产　　　　　　　　　　　　　　　　　　　750 000
　　贷:所得税费用　　　　　　　　　　　　　　　　　　　　　750 000

2×20年12月31日递延所得税资产余额=(800-500)×20%×25%=15(万元)

2×20年递延所得税资产的发生额=15-75=-60(万元)

会计分录如下。

借:递延所得税资产　　　　　　　　　　　　　　　　　　　750 000
　　贷:未分配利润——年初　　　　　　　　　　　　　　　　　750 000
借:所得税费用　　　　　　　　　　　　　　　　　　　　　600 000
　　贷:递延所得税资产　　　　　　　　　　　　　　　　　　　600 000

33.3.2 合并利润表

《企业会计准则第33号——合并财务报表》规定,合并利润表应当以母公司和子公司的利润表为基础,在抵销母公司与子公司、子公司相互之间发生的内部交易对合并利润表的影响后,由母公司合并编制。

子公司当期净损益中属于少数股东权益的份额,应当在合并利润表中净利润项目下以"少数股东损益"项目列示。子公司当期综合收益中属于少数股东权益的份额,应当在合并利润表中综合收益总额项目下以"归属于少数股东的综合收益总额"项目列示。子公司少数股东分担的当期亏损超过了少数股东在该子公司期初所有者权益中所享有的份额的,其余额仍应当冲减少数股东权益。

利润表作为以单个企业为会计主体进行会计核算的结果,分别从母公司本身和子公司本身反映其在一定会计期间的经营成果。在以其个别利润表为基础计算的收入和费用等项目的加总金额中,也必然包含有重复计算的因素,因此,编制合并利润表时,也需要将这些重复的因素予以剔除。合并利润表应当以母公司和子公司的利润表为基础,在抵销母公司与子公司、子公司相互之间发生的内部交易对合并利润表的影响后,由母公司合并编制。

母公司编制合并利润表时,主要需对以下项目进行抵销处理。

(一)内部营业收入和内部营业成本的抵销处理

内部营业收入是指企业集团内部母公司与子公司、子公司相互之间发生的商品销售(或劳务提供,下同)活动所产生的营业收入。内部营业成本是指企业集团内部母公司与子公司、子公司相互之间发生的销售商品的营业成本。

在企业集团内部母公司与子公司、子公司相互之间发生内部购销交易的情况下,母公司和子公司都从自身的角度,以自身独立的会计主体进行核算反映其损益情况。对于销售企业来说,以其内部销售确认当期销售收入并结转相应的销售成本,计算当期内部销售商品损益。对于购买企业来说,其购进的商品可能用于对外销售,也可能是作为固定资产、工程物资、在建工程、无形资产等资产使用。在购买企业将内部购进的商品用于对外销售时,可能出现以下三种情况:第一种情况是内部购进商品全部实现对外销售;第二种情况是内部购进的商品全部未实现销售,形成期末存货;第三种情况是内部购进的商品部分实现对外销售、部分形成期末存货。在购买企业将内部购进的商品作为固定资产、工程物资、在建工程、无形资产等资产使用时,则形成其固定资产、工程物资、在建工程、无形资产等资产。

1. 母公司与子公司、子公司相互之间销售商品,期末全部实现对外销售

在这种情况下,对于销售企业来说,销售给企业集团内其他企业的商品与销售给企业集团外部企业的情况下的会计处理相同,即在本期确认销售收入、结转销售成本、计算销售商品损益,并在其个别利润表中反映;对于购买企业来说,一方面,要确认向企业集团外部企业的销售收入,另一方面,要结转销售内部购进商品的成本,在其个别利润表中分别作为营业收入和营业成本反映,并确认销售损益。也就是说,对于同一购销业务,在销售企业和购买企业的个别利润表中都做了反映。但从整个企业集团来看,这一购销业务只是实现了一次对外销售,其销售收入只是购买企业向企业集团外部企业销售该产品的销售收入,其销售成本只是销售企业向购买企业销售该商品的成本。销售企业向购买企业销售该商品实现的收入属于内部销售收入,相应地,购买企业向企业集团外部企业销售该商品的销售成本则属于内部销售成本。因此,母公司在编制合并利润表时,就必须将重复反映的内部营业收入与内部营业成本予以抵销。

【例33-8】假设P公司2×19年利润表的营业收入中有3 500万元,系向S公司销售产品取得的销售收入,该产品销售成本为3 000万元。S公司在本期将该产品全部售出,其销售收入为5 000万元,销售成本为3 500万元,反映在S公司利润表中。

对此,母公司编制合并利润表将内部销售收入和内部销售成本予以抵销时,应编制如下抵销分录。

借:营业收入 35 000 000
  贷:营业成本 35 000 000

2. 母公司与子公司、子公司相互之间销售商品,期末未实现对外销售而形成存货

母公司与子公司、子公司相互之间销售商品,期末未实现对外销售而形成存货、固定资产、工程物资、在建工程、无形资产等资产的,在抵销销售商品的营业成本和营业收入的同时,应当将各项资产所包含的未实现内部销售损益予以抵销。

3. 母公司与子公司、子公司相互之间销售商品，期末部分实现对外销售、部分形成期末存货

这种内部购进的商品部分实现对外销售、部分形成期末存货的情况，可以将内部购买的商品分解为两部分来理解：一部分为当期购进并全部实现对外销售；另一部分为当期购进但未实现对外销售而形成期末存货。【例33-8】介绍的就是前一部分的抵销处理；【例33-4】介绍的则是后一部分的抵销处理。

将【例33-8】和【例33-4】的抵销处理合在一起，就是第三种情况下的抵销处理。相应抵销处理如下。

借：营业收入　　　　　　　　　　　　　　　（35 000 000+10 000 000）45 000 000
　　贷：营业成本　　　　　　　　　　　　　　　　　　　　　　　　　　45 000 000
借：营业成本　　　　　　　　　　　　　　　　　　　　（0+2 000 000）2 000 000
　　贷：存货　　　　　　　　　　　　　　　　　　　　　　　　　　　　　2 000 000

（二）在对母公司与子公司、子公司相互之间销售商品形成的固定资产或无形资产所包含的未实现内部销售损益进行抵销的同时，也应当对固定资产的折旧额或无形资产的摊销额与未实现内部销售损益相关的部分进行抵销

（三）母公司与子公司、子公司相互之间持有对方债券所产生的投资收益、利息收入及其他综合收益等，应当与其相对应的发行方利息费用相互抵销

企业集团内部母公司与子公司、子公司相互之间可能发生相互持有对方债券的内部交易。在持有母公司或子公司发行的企业债券（或公司债券，下同）的情况下，发行债券的企业支付的利息费用作为财务费用处理，并在其个别利润表"财务费用"项目中列示；而持有债券的企业，将购买的债券在其个别资产负债表其他债权投资（本章为简化合并处理，假定购买债券的企业将该债券投资归类为其他债权投资）项目中列示，当期获得的利息收入则作为投资收益处理，并在其个别利润表"投资收益"项目中列示。在编制合并财务报表时，母公司应当在抵销内部发行的应付债券和其他债权投资等内部债权债务的同时，将内部应付债券和其他债权投资相关的利息费用与投资收益（利息收入）相互抵销，即将内部债券投资收益与内部发行债券的利息费用相互抵销。

【例33-9】假设S公司2×19年确认的应向P公司支付的债券利息费用总额为20万元（假定该债券的票面利率与实际利率相差较小，发生的债券利息费用不符合资本化条件）。母公司在编制合并利润表时，应将内部债券投资收益与应付债券利息费用相互抵销，其抵销分录如下。

借：投资收益　　　　　　　　　　　　　　　　　　　　　　　　　　　　200 000
　　贷：财务费用　　　　　　　　　　　　　　　　　　　　　　　　　　　200 000

（四）母公司对子公司、子公司相互之间持有对方长期股权投资的投资收益应当抵销

内部投资收益是指母公司对子公司或子公司对母公司、子公司相互之间的长期股权投资的收益,即母公司对子公司的长期股权投资在合并工作底稿中按权益法调整的投资收益,实际上就是子公司当期营业收入减去营业成本和期间费用、所得税费用等后的余额与其持股比例相乘的结果。

在子公司为全资子公司的情况下,母公司对某一子公司在合并工作底稿中按权益法调整的投资收益,实际上就是该子公司当期实现的净利润。母公司编制合并利润表时,需要将子公司的营业收入、营业成本和期间费用视为母公司本身的营业收入、营业成本和期间费用同等看待,与母公司相应的项目进行合并,是将子公司的净利润还原为营业收入、营业成本和期间费用,也就是将投资收益还原为合并利润表中的营业收入、营业成本和期间费用处理。因此,母公司编制合并利润表时,必须将对子公司的长期股权投资收益予以抵销。

由于合并所有者权益变动表中的本年利润分配项目是站在整个企业集团的角度,反映对母公司股东和子公司的少数股东的利润分配情况的,所以,子公司的个别所有者权益变动表中本年利润分配各项目的金额,包括提取盈余公积、对所有者或股东的分配和期末未分配利润的金额都必须予以抵销。在子公司为全资子公司的情况下,子公司本期净利润就是母公司本期对子公司长期股权投资按权益法调整的投资收益。假定子公司期初未分配利润为零,子公司本期净利润就是子公司本期可供分配的利润,是本期子公司利润分配的来源,而子公司本期利润分配(包括提取盈余公积、对所有者或股东的分配等)的金额与期末未分配利润的金额则是本期利润分配的结果。母公司对子公司的长期股权投资按权益法调整的投资收益正好与子公司的本年利润分配项目相抵销。在子公司为非全资子公司的情况下,母公司本期对子公司长期股权投资按权益法调整的投资收益与本期少数股东损益之和就是子公司本期净利润,同样假定子公司期初未分配利润为零,母公司本期对子公司长期股权投资按权益法调整的投资收益与本期少数股东损益之和,正好与子公司本期利润分配项目相抵销。

至于子公司个别所有者权益变动表中本年利润分配项目中的"未分配利润——年初"项目,作为子公司以前会计期间净利润的一部分,在全资子公司的情况下已全额包括在母公司以前会计期间按权益法调整的投资收益之中,从而包括在母公司按权益法调整的本期期初未分配利润之中。为此,也应将其予以抵销。从子公司个别所有者权益变动表来看,其期初未分配利润加上本期净利润就是其本期利润分配的来源;而本期利润分配和期末未分配利润则是利润分配的结果。母公司本期对子公司长期股权投资按权益法调整的投资收益和子公司期初未分配利润正好与子公司本年利润分配项目相抵销。在子公司为非全资子公司的情况下,母公司本期对子公司长期股权投资按权益法调整的投资收益、本期少数股东损益和期初未分配利润与子公司本年利润分配项目也正好相抵销。

【例33-10】S公司为P公司的非全资子公司,P公司拥有其80%的股份。在合并工作底稿中,P公司按权益法调整的S公司本期投资收益为627.2(784×80%)万元,S公司本期少数股东损益为156.8(784×0.2)万元。S公司年初未分配利润为0元,S公司本期计提的盈余公积100万元、分派现金股利600万元、未分配利润84(784-600-100)万元。为此,对S公司2013年利润分配进行抵销处理时,应编制如下抵销分录(单位:元)。

借:投资收益 6 272 000

少数股东损益	1 568 000
未分配利润——年初	0
贷：提取盈余公积	1 000 000
对所有者（或股东）的分配	6 000 000
未分配利润——年末	840 000

（五）母公司向子公司出售资产

母公司向子公司出售资产所发生的未实现内部交易损益，应当全额抵销"归属于母公司所有者的净利润"。子公司向母公司出售资产所发生的未实现内部交易损益，应当按照母公司对该子公司的分配比例在"归属于母公司所有者的净利润"和"少数股东损益"之间分配抵销。子公司之间出售资产所发生的未实现内部交易损益，应当按照母公司对出售方子公司的分配比例在"归属于母公司所有者的净利润"和"少数股东损益"之间分配抵销。

33.3.3 合并现金流量表

合并现金流量表是综合反映母公司及其所有子公司组成的企业集团在一定会计期间现金和现金等价物流入和流出的报表。现金流量表作为一张主要报表已经为世界上一些主要国家的会计事务所采用。合并现金流量表的编制也成为各国会计实务的重要内容。合并现金流量表应当以母公司和子公司的现金流量表为基础，在抵销母公司与子公司、子公司相互之间发生的内部交易对合并现金流量表的影响后，由母公司合并编制。

现金流量表要求按照收付实现制反映企业经济业务所引起的现金流入和流出，其有关经营活动产生的现金流量的编制方法有直接法和间接法两种。《企业会计准则第31号——现金流量表》明确规定我国企业应当采用直接法列示经营活动产生的现金流量。在采用直接法的情况下，以合并利润表有关项目的数据为基础，调整得出本期的现金流入和现金流出；分经营活动产生的现金流量、投资活动产生的现金流量、筹资活动产生的现金流量三大类，反映企业集团在一定会计期间的现金流量情况。

合并现金流量表补充资料，既可以以母公司和所有子公司的个别现金流量表为基础，在抵销母公司与子公司、子公司相互之间发生的内部交易对合并现金流量表的影响后进行编制，也可以直接根据合并资产负债表和合并利润表进行编制。

现金流量表作为以单个企业为会计主体进行会计核算的结果，分别从母公司本身和子公司本身反映其在一定会计期间的现金流入和现金流出。在以其个别现金流量表为基础计算的现金流入和现金流出项目的加总金额中，也必然包含有重复计算的因素，因此，编制合并现金流量表时，也需要将这些重复的因素予以剔除。

母公司编制合并现金流量表时，主要需对如下项目进行抵销处理。

（一）母公司与子公司、子公司相互之间当期以现金投资或收购股权增加的投资所产生的现金流量应当抵销

母公司直接以现金对子公司进行的长期股权投资或以现金从子公司的其他所有者（即企业集团内的其他子公司）处收购股权，表现为母公司现金流出，在母公司个别现金流量表中作为

投资活动现金流出列示。子公司接受这一投资（或处置投资）时，表现为现金流入，在其个别现金流量表中反映为筹资活动的现金流入（或投资活动的现金流入）。从企业集团整体来看，母公司以现金对子公司进行的长期股权投资实际上相当于母公司将资本拨付下属核算单位，并不引起整个企业集团现金流量的增减变动。因此，编制合并现金流量表时，应当在母公司与子公司现金流量表数据简单相加的基础上，将母公司当期以现金对子公司长期股权投资所产生的现金流量予以抵销。

【例33-11】 P公司在购买日（2×19年1月1日）支付银行存款3 000万元购得S公司80%的股份，从而取得对S公司的控制权，使S公司成为其子公司。在该日，S公司实际持有货币资金300万元，在编制合并现金流量表时，应在合并工作底稿中编制如下抵销分录（单位：元）。

借：取得子公司及其他营业单位支付的现金净额　　　　　　3 000 000
　　贷：期初现金及现金等价物余额　　　　　　　　　　　　　　3 000 000

（二）母公司与子公司、子公司相互之间当期取得投资收益、利息收入收到的现金，应当与分配股利、利润或偿付利息支付的现金相互抵销

母公司对子公司进行的长期股权投资和债权投资，在持有期间收到子公司分派的现金股利（利润）或债券利息，表现为现金流入，在母公司个别现金流量表中作为取得投资收益收到的现金列示。子公司向母公司分派现金股利（利润）或支付债券利息，表现为现金流出，在其个别现金流量表中反映为分配股利、利润或偿付利息支付的现金。从整个企业集团来看，这种投资收益的现金收支，并不引起整个企业集团现金流量的增减变动。因此，编制合并现金流量表时，应当在母公司与子公司现金流量表数据简单相加的基础上，将母公司当期取得投资收益收到的现金与子公司分配股利、利润或偿付利息支付的现金予以抵销。

【例33-12】 2×19年，P公司收到S公司向其支付的债券利息费用200 000元和S公司分派的2×19年现金股利4 800 000元。P公司应编制如下抵销分录（单位：元）。

借：分配股利、利润或偿付利息支付的现金　　　　　　　　5 000 000
　　贷：取得投资收益收到的现金　　　　　　　　　　　　　　　5 000 000

（三）母公司与子公司、子公司相互之间以现金结算债权与债务所产生的现金流量应当抵销

母公司与子公司、子公司相互之间当期以现金结算应收账款或应付账款等债权与债务，表现为现金流入或现金流出，在母公司个别现金流量表中作为收到其他与经营活动有关的现金或支付其他与经营活动有关的现金列示，在子公司个别现金流量表中作为支付其他与经营活动有关的现金或收到其他与经营活动有关的现金列示。从整个企业集团来看，这种现金结算债权与债务的方式，并不引起整个企业集团现金流量的增减变动。因此，编制合并现金流量表时，应当在母公司与子公司现金流量表数据简单相加的基础上，将母公司与子公司、子公司相互之间当期以现金结算债权与债务所产生的现金流量予以抵销。

(四)母公司与子公司、子公司相互之间当期销售商品所产生的现金流量应当抵销

母公司向子公司当期销售商品(或子公司向母公司销售商品或子公司相互之间销售商品,下同)所收到的现金,表现为现金流入,在母公司个别现金流量表中作为销售商品、提供劳务收到的现金列示。子公司向母公司支付购货款,表现为现金流出,在其个别现金流量表中反映为购买商品、接受劳务支付的现金。从整个企业集团来看,这种内部商品购销现金收支,并不会引起整个企业集团现金流量的增减变动。因此,编制合并现金流量表时,应当在母公司与子公司现金流量表数据简单相加的基础上,将母公司与子公司、子公司相互之间当期销售商品所产生的现金流量予以抵销。

【例33-13】假设P公司2×19年向S公司销售商品的价款3 500万元中实际收到S公司支付的银行存款2 600万元,同时S公司还向P公司开具了票面金额为400万元的商业承兑汇票。S公司2×13年向P公司销售商品1 000万元的价款全部收到。母公司应编制如下抵销分录。

借:购买商品、接受劳务支付的现金　　　　　　　　　　　　　36 000 000
　　贷:销售商品、提供劳务收到的现金　　　　　　　　　　　　　　36 000 000

【例33-14】假设S公司2×19年1月1日向P公司销售商品300万元的价款全部收到。母公司应编制如下抵销分录。

借:购建固定资产、无形资产和其他长期资产支付的现金　　　　3 000 000
　　贷:销售商品、提供劳务收到的现金　　　　　　　　　　　　　　3 000 000

(五)母公司与子公司、子公司相互之间处置固定资产、无形资产和其他长期资产收回的现金净额,应当与购建固定资产、无形资产和其他长期资产支付的现金相互抵销

母公司向子公司处置固定资产等非流动资产,表现为现金流入,在母公司个别现金流量表中作为处置固定资产、无形资产和其他长期资产收回的现金净额列示。子公司表现为现金流出,在其个别现金流量表中反映为购建固定资产、无形资产和其他长期资产支付的现金。从整个企业集团来看,这种固定资产处置与购置的现金收支,并不会引起整个企业集团现金流量的增减变动。因此,在编制合并现金流量表时,应当在母公司与子公司现金流量表数据简单相加的基础上,将母公司与子公司、子公司相互之间处置固定资产、无形资产和其他长期资产收回的现金净额与购建固定资产、无形资产和其他长期资产支付的现金相互抵销。

【例33-15】假设P公司向S公司出售固定资产的价款120万元全部收到。母公司应编制如下抵销分录。

借:购建固定资产、无形资产和其他长期资产支付的现金　　　　1 200 000
　　贷:处置固定资产、无形资产和其他长期资产收回的现金　　　　　1 200 000

另外,合并现金流量表的编制与个别现金流量表相比,一个特殊的问题就是在子公司为非全资子公司的情况下,涉及子公司与其少数股东之间的现金流入和现金流出的处理问题。

对于子公司与少数股东之间发生的现金流入和现金流出,从整个企业集团来看,也影响到其整体的现金流入和流出数量的增减变动,必须在合并现金流量表中予以反映。子公司与

少数股东之间发生的影响现金流入和现金流出的经济业务包括少数股东对子公司增加权益性投资、少数股东依法从子公司中抽回权益性投资、子公司向其少数股东支付现金股利或利润等。为了便于企业集团合并财务报表使用者了解掌握企业集团现金流量的情况，合并财务报表有必要将与子公司少数股东之间的现金流入和现金流出的情况单独予以反映。

对于子公司的少数股东增加在子公司中的权益性投资，在合并现金流量表中应当在"筹资活动产生的现金流量"之下的"吸收投资收到的现金"项目下"其中：子公司吸收少数股东投资收到的现金"项目反映。

对于子公司向少数股东支付现金股利或利润，在合并现金流量表中应当在"筹资活动产生的现金流量"之下的"分配股利、利润或偿付利息支付的现金"项目下"其中：子公司支付给少数股东的股利、利润"项目反映。

对于子公司的少数股东依法抽回在子公司中的权益性投资，在合并现金流量表应当在"筹资活动产生的现金流量"之下的"支付其他与筹资活动有关的现金"项目反映。

需要说明的是，在企业合并当期，母公司购买子公司及其他营业单位支付对价中以现金支付的部分与子公司及其他营业单位在购买日持有的现金和现金等价物应当相互抵销，应区别以下两种情况分别处理。

（1）子公司及其他营业单位在购买日持有的现金和现金等物价小于母公司支付对价中以现金支付的部分，按减去子公司及其他营业单位在购买日持有的现金和现金等价物后的净额在"取得子公司及其他营业单位支付的现金净额"项目反映，应编制的抵销分录为：借记"取得子公司及其他营业单位支付的现金净额"项目，贷记"期初现金及现金等物价余额"项目。

（2）子公司及其他营业单位在购买日持有的现金和现金等物价大于母公司支付对价中以现金支付的部分，按减去子公司及其他营业单位在购买日持有的现金和现金等价物后的净额在"收到其他与投资活动有关的现金"项目反映，应编制的抵销分录为：借记"取得子公司及其他营业单位支付的现金净额"项目和"收到其他与投资活动有关的现金"项目，贷记"期初现金及现金等物价余额"项目。

33.3.4 合并所有者权益变动表

合并所有者权益变动表是反映构成企业集团所有者权益的各组成部分当期的增减变动情况的财务报表。合并报表准则规定，合并所有者权益变动表应当以母公司和子公司的所有者权益变动表为基础，在抵销母公司与子公司、子公司相互之间发生的内部交易对合并所有者权益变动表的影响后，由母公司合并编制。合并所有者权益变动表也可以根据合并资产负债表和合并利润表进行编制。

所有者权益变动表作为以单个企业为会计主体进行会计核算的结果，分别从母公司本身和子公司本身反映其在一定会计期间所有者权益构成及其变动情况。在以母公司个别所有者权益变动表为基础计算的各所有者权益构成项目的加总金额中，也必然包含重复计算的因素，因此，编制合并所有者权益变动表时，也需要将这些重复的因素予以剔除。

编制合并所有者权益变动表时需要进行抵销处理的项目，主要有如下项目。

（1）母公司对子公司的长期股权投资应当与母公司在子公司所有者权益中所享有的份额

相互抵销。子公司持有母公司的长期股权投资以及子公司相互之间持有的长期股权投资，应当将长期股权投资与其对应的母公司或子公司所有者权益中所享有的份额相互抵销。

（2）母公司对子公司、子公司相互之间持有对方长期股权投资的投资收益应当抵销。

（3）母公司与子公司、子公司相互之间发生的其他内部交易对所有者权益变动的影响应当抵销。

合并所有者权益变动表也可以根据合并资产负债表和合并利润表进行编制。另外，有少数股东的，应当在合并所有者权益变动表中增加"少数股东权益"栏目，反映少数股东权益变动的情况。

需要说明的是，从合并财务报表前后一致的理念、原则出发，将母公司及其全部子公司构成的企业集团作为一个会计主体，反映企业集团外部交易的情况，企业集团内部母子公司之间的投资收益和利润分配与其他内部交易一样应当相互抵销。同时，应当关注合并所有者权益变动表"未分配利润"的年末余额，将其中子公司当年提取的盈余公积归属于母公司的金额进行单项附注披露。

还需要说明的是，子公司在"专项储备"项目中反映的按照国家相关规定提取的安全生产费等，与留存收益不同，在长期股权投资与子公司所有者权益相互抵销后，应当按归属于母公司所有者的份额予以恢复，借记"未分配利润"项目，贷记"专项储备"项目。子公司其他所有者权益变动的影响中可供出售金融资产公允价值变动净额归属于母公司的份额等，在编制合并所有者权益变动表时，也应在合并工作底稿中进行重分类，将其由"权益法下被投资单位其他所有者权益变动的影响"项目反映调整至"可供出售金融资产公允价值变动净额"等项目反映。

33.3.5 案例分析

【例33-16】 沿用【例33-1】，N公司2×19年12月31日资产负债表有关项目信息列示如下。

（1）股东权益总额为19 150万元，其中，股本为10 000万元，资本公积为4 000万元、其他综合收益为150万元（其他债权投资公允价值变动的利得），盈余公积为1 600万元，未分配利润为3 400万元。

（2）2×19年全年实现净利润5 250万元，当年提取盈余公积1 000万元，年末向股东宣告分配现金股利2 250万元，现金股利款项尚未支付。

（3）截至2×19年12月31日，应收账款按购买日评估确认的金额收回，评估确认的坏账已核销；购买日发生评估增值的存货当年已全部实现对外销售。

2×19年，M公司和N公司内部交易和往来事项列示如下。

（1）截至2×19年12月31日，M公司个别资产负债表应收账款中有480万元为应收N公司账款，该应收账款账面余额为500万元，M公司当年计提坏账准备20万元。N公司个别资产负债表中应付账款中列示有应付M公司账款500万元。

（2）2×19年5月1日，M公司向N公司销售商品1 000万元，商品销售成本为700万元，N公司以支票支付商品价款500万元，其余价款待商品售出后支付。N公司购进的该商品本期全部未实现对外销售而形成年末存货。2×19年年末，N公司对存货进行检查时，发现该商品已经部分陈旧，其可变现净值已降至980万元。为此，N公司2×19年年末对该存货计提存货跌价准备20万元，并在其个别财务报表中列示。

（3）2×19年6月1日，N公司向M公司销售商品1 200万元，商品销售成本为800万元，M公司以支票支付全款。M公司购进该商品本期40%未实现对外销售。年末，M公司对剩余存货进行检查，并未发生存货跌价损失。

（4）2×19年6月20日，M公司将其资产原值为1 000万元、账面价值为600万元的某厂房，以1 200万元的价格变卖给N公司作为厂房使用，N公司以支票支付全款。该厂房预计剩余使用年限为15年，M公司和N公司均采用直线法对其计提折旧。

2×19年12月31日，M公司、N公司资产负债表如表33-4所示；2×19年，M公司、N公司当年利润表、现金流量表和所有者权益变动表分别如表33-5、表33-6和表33-7所示。

本例会计分录金额单位均为"万元"。

表33-4　资产负债表（简表）

会企01表

编制单位：M公司/N公司　　　　　2×19年12月31日　　　　　单位：万元

资产	M公司	N公司	负债和所有者权益（或股东权益）	M公司	N公司
流动资产：			流动负债：		
货币资金	2 850	3 250	短期借款	5 000	2 400
交易性金融资产	1 500	2 500	交易性金融负债	2 000	1 200
应收票据	3 600	1 800	应付票据	6 500	1 800
应收账款	4 250	2 550	应付账款	9 000	2 600
预付账款	750	1 250	预收账款	2 000	1 950
其他应收款	2 650	650	应付职工薪酬	2 500	800
存货	18 500	9 000	应交税费	1 350	700
其他流动资产	900	500	其他应付款	2 650	2 450
流动资产合计	35 000	21 500	其他流动负债	1 000	450
非流动资产：			流动负债合计	32 000	14 350
其他债权投资	4 500	0	非流动负债：		
债权投资	7 000	2 000	长期借款	2 000	2 400
长期应收款	0	0	应付债券	10 000	3 500
长期股权投资	34 750	0	长期应付款	3 000	0
固定资产	14 000	13 000	递延所得税负债	0	100
在建工程	6 500	1 000	其他非流动负债	0	0
无形资产	3 000	2 000	非流动负债合计	15 000	6 000
商誉	0	0	负债合计	47 000	20 350

续表

资产	M公司	N公司	负债和所有者权益（或股东权益）	M公司	N公司
长期待摊费用	0	0	所有者权益（或股东权益）：		
递延所得税资产	0	0	实收资本（或股本）	25 000	10 000
其他非流动资产	0	0	资本公积	14 750	4 000
非流动资产合计	69 750	18 000	减：库存股	0	0
			其他综合收益	0	150
			盈余公积	9 000	1 600
			未分配利润	9 000	3 400
			所有者权益合计	57 750	19 150
资产合计	104 750	39 500	负债和所有者权益合计	104 750	39 500

表33-5 利润表（简表）

编制单位：M公司/N公司　　　　2×19年度　　　　会企02表
单位：万元

项目	M公司	N公司
一、营业收入	75 000	47 400
减：营业成本	48 000	41 200
税金及附加	900	500
销售费用	2 600	1 700
管理费用	3 000	1 950
研发费用		
财务费用	600	400
其中：利息费用		
利息收入		
加：其他收益		
投资收益（损失以"-"号填列）		
其中：对联营企业和合营企业的投资收益		
以摊余成本计量的金融资产终止确认收益（损失以"-"号填列）		
净敞口套期收益（损失以"-"号填列）		
公允价值变动收益（损失以"-"号填列）	4 900	100
信用减值损失（损失以"-"号填列）		
资产减值损失（损失以"-"号填列）	300	150
资产处置收益（损失以"-"号填列）		
二、营业利润（亏损以"-"号填列）	24 500	6 300
加：营业外收入	800	1 200
减：营业外支出	1 300	500

续表

项目	M公司	N公司
三、利润总额（亏损总额以"-"号填列）	24 000	7 000
减：所得税费用	6 000	1 750
四、净利润（净亏损以"-"号填列）	18 000	5 250
（一）持续经营净利润（净亏损以"-"号填列）		
（二）终止经营净利润（净亏损以"-"号填列）		
五、其他综合收益的税后净额		
（一）不能重分类进损益的其他综合收益		150
1. 重新计量设定受益计划变动额		
2. 权益法下不能转损益的其他综合收益		
3. 其他权益工具投资公允价值变动		
4. 企业自身信用风险公允价值变动		
……		
（二）将重分类进损益的其他综合收益		150
1. 权益法下可转损益的其他综合收益		
2. 其他债权投资公允价值变动		150
3. 金融资产重分类计入其他综合收益的金额		
4. 其他债权投资信用减值准备		
5. 现金流量套期		
6. 外币财务报表折算差额		
……		
六、综合收益总额	18 000	5 400
七、每股收益：		
（一）基本每股收益		
（二）稀释每股收益		

表33-6 现金流量表（简表）

会企03表

编制单位：M公司/N公司　　　　2×19年度　　　　单位：万元

项目	M公司	N公司
一、经营活动产生的现金流量：		
销售商品、提供劳务收到的现金	53 000	45 000
收到的税费返还		
收到其他与经营活动有关的现金		
经营活动现金流入小计	53 000	45 000
购买商品、接受劳务支付的现金	42 400	36 600

续表

项目	M公司	N公司
支付给职工以及为职工支付的现金	6 000	4 500
支付的各项税费	4 495	1 775
支付其他与经营活动有关的现金		
经营活动现金流出小计	52 895	42 875
经营活动产生的现金流量净额	105	2 125
二、投资活动产生的现金流量：		
收回投资收到的现金		
取得投资收益收到的现金	125	
处置固定资产、无形资产和其他长期资产收回的现金净额	100	
处置子公司及其他营业单位收到的现金净额		
收到其他与投资活动有关的现金		
投资活动现金流入小计	225	
购建固定资产、无形资产和其他长期资产支付的现金净额	1 030	225
投资支付的现金		
取得子公司及其他营业单位支付的现金净额		
支付其他与投资活动有关的现金		
投资活动现金流出小计	1 030	225
投资活动产生的现金流量净额	−805	−225
三、筹资活动产生的现金流量：		
吸收投资收到的现金		
取得借款收到的现金		
收到其他与筹资活动有关的现金		
筹资活动现金流入小计		
偿还债务支付的现金	950	750
分配股利、利润或偿付利息支付的现金		
支付其他与筹资活动有关的现金		
筹资活动现金流出小计	950	750
筹资活动产生的现金流量净额	−950	−750
四、汇率变动对现金及现金等价物的影响		
五、现金及现金等价物净增加额	−1 650	1 150
加：期初现金及现金等价物余额	4 500	2 100
六、期末现金及现金等价物余额	2 850	3 250

表 33-7 所有者权益变动表

2×19年度

编制单位：M公司/N公司

会企 04 表
单位：万元

本年金额

项目	M公司										N公司									
	实收资本（或股本）	其他权益工具			资本公积	减：库存股	其他综合收益	盈余公积	未分配利润	所有者权益合计	实收资本（或股本）	其他权益工具			资本公积	减：库存股	其他综合收益	盈余公积	未分配利润	所有者权益合计
		优先股	永续债	其他								优先股	永续债	其他						
一、上年末余额	20 000				5 000		0	5 500	4 500	35 000	4 000				5 000		0	600	1 400	16 000
加：会计政策变更																				
前期差错更正																				
其他																				
二、本年初余额	20 000				5 000		0	5 500	4 500	35 000	4 000				5 000		0	600	1 400	16 000
三、本年增减变动金额（减少以"-"号填列）									18 000	18 000							150		5 250	5 400
（一）综合收益总额									14 750	14 750										
（二）所有者投入和减少资本	5 000				9 750															
1. 所有者投入的普通股																				
2. 其他权益工具持有者投入资本																				
3. 股份支付计入所有者权益的金额																				
4. 其他																				
（三）利润分配								3 500	-3 500	0							1 000		-1 000	0
1. 提取盈余公积																			-2 250	-2 250
2. 对所有者（或股东）的分配									-10 000	-10 000										
3. 其他																				
（四）所有者权益内部结转																				
1. 资本公积转增资本（或股本）																				
2. 盈余公积转增资本（或股本）																				
3. 盈余公积弥补亏损																				
4. 设定受益计划变动额结转留存收益																				
5. 其他综合收益结转留存收益																				
6. 其他																				
四、本年末余额	25 000				14 750		0	9 000	9 000	57 750	10 000				4 000		150	1 600	3 400	19 150

1.对母子公司个别财务报表的调整处理

（1）调整子公司资产和负债的公允价值。根据M公司购买N公司设置的股权备查簿中登记的信息，将N公司资产和负债的评估增值或减值分别调增或调减相关资产和负债项目的金额。在合并工作底稿中的调整分录如下。

借：存货　　　　　　　　　　　　　　　　　　　　　　　　　　1 000（1）
　　固定资产　　　　　　　　　　　　　　　　　　　　　　　　　3 000
　　递延所得税资产　　　　　　　　　　　　　　　　　　　　　　100
　贷：应付账款　　　　　　　　　　　　　　　　　　　　　　　　400
　　　递延所得税负债　　　　　　　　　　　　　　　　　（250+750）1 000
　　　资本公积　　　　　　　　　　　　　　　　　　　　　　　　2 700

（2）根据子公司已实现的公允价值调整当期净利润。本例中，合并财务报表要求以子公司资产、负债的公允价值为基础进行确认，而子公司个别财务报表是按其资产、负债的原账面价值为基础编制的，其当期计算的净利润也是以其资产、负债的原账面价值为基础计算的结果。因此，上述公允价值与原账面价值存在差额的资产或负债项目，在经营过程中因资产的折旧、摊销和减值等对子公司当期净利润的影响，需要在净利润计算中予以反映。在合并财务报表工作底稿中的调整分录如下。

借：营业成本　　　　　　　　　　　　　　　　　　　　　　　　1 000（2）
　　管理费用　　　　　　　　　　　　　　　　　　　　　　　　　200
　　应收账款　　　　　　　　　　　　　　　　　　　　　　　　　400
　贷：存货　　　　　　　　　　　　　　　　　　　　　　　　　　1 000
　　　固定资产　　　　　　　　　　　　　　　　　　　　　　　　200
　　　信用减值损失　　　　　　　　　　　　　　　　　　　　　　400

因此，经已实现公允价值调整后的N公司2×19年度净利润=5 250+400（因购买日应收账款公允价值减值的实现而调减资产减值损失）-1 000（因购买日存货公允价值增值的实现而调增营业成本）-200（因固定资产公允价值增值计算的折旧而调增管理费用）=4 450（万元）。

（3）递延所得税资产或递延所得税负债的暂时性差异的转回。

N公司应收账款按购买日评估确认的金额已收回，评估确认的坏账已核销，因递延所得税资产的转回而增加当期所得税费用100（400×25%）万元；N公司购买日发生评估增值的存货当年已全部实现对外销售，因递延所得税负债的转回而减少当期所得税费用250（1 000×25%）万元；N公司购买日发生增值的办公楼2×19年年末应纳税暂时性差异为2 800（3 000-200）万元，应确认的递延所得税负债为700（2 800×25%）万元，因递延所得税负债的转回而减少当期所得税费用50（750-700）万元。在合并财务报表工作底稿中的调整分录如下。

借：递延所得税负债　　　　　　　　　　　　　　　　　　（250+50）300（3）
　贷：递延所得税资产　　　　　　　　　　　　　　　　　　　　　100
　　　所得税费用　　　　　　　　　　　　　　　　　　　　　　　200

因此，考虑递延所得税后N公司当年净利润为4 650（4 450+200）万元。

（4）按照权益法调整母公司财务报表项目。编制合并财务报表时，按照权益法对母公司个别财务报表进行调整。本例中，应当调整M公司2×19年投资N公司取得的投资收益3 255（4 650×70%）万元，已确认取得的N公司已宣告分派的现金股利1 575（2 250×70%）万元，以及N公司本期其他综合收益150万元中归属于M公司的份额105（150×70%）万元。在合并财务报表工作底稿中的调整分录如下。

借：长期股权投资　　　　　　　　　　　　　　　　　（3 255+105）3 360（4）
　　投资收益　　　　　　　　　　　　　　　　　　　　1 575
　　贷：投资收益　　　　　　　　　　　　　　　　　　3 255
　　　　长期股权投资　　　　　　　　　　　　　　　　1 575
　　　　其他综合收益　　　　　　　　　　　　　　　　105

2. 抵销合并财务报表相关项目

（1）抵销长期股权投资与所有者权益项目。将M公司对N公司的长期股权投资与其在N公司股东权益中拥有的份额予以抵销。N公司2×19年年末经调整后的未分配利润=1 400（年初）+4 650（经已实现公允价值和递延所得税调整后的本年净利润）-1 000（提取盈余公积）-2 250（分派股利）=2 800（万元）；公司本期由于其他权益投资工具公允价值变动增加其他综合收益150万元，其中归属于M公司的份额为105（150×70%）万元，归属于少数股东的份额为45（150-105）万元；M公司2×19年年末对N公司长期股权投资为16 535（14 750+3 255-2 250×70%+105）万元；少数股东权益为6 375 [5 610（2×19年1月1日少数股东投入资本）+1 395（4 650×30%，本年少数股东损益）+45（归属于少数股东的其他综合收益）-675（2 250×30%，本年对少数股东的利润分配）]万元。在合并财务报表工作底稿中的抵销分录如下。

借：股本　　　　　　　　　　　　　　　　　　　　　10 000（5）
　　资本公积　　　　　　　　　　　　　　　　　　　6 700
　　其他综合收益　　　　　　　　　　　　　　　　　150
　　盈余公积　　　　　　　　　　　　　　　　　　　1 600
　　未分配利润——年末　　　　　　　　　　　　　　2 800
　　商誉　　　　　　　　　　　　　　　　　　　　　1 660
　　贷：长期股权投资　　　　　　　　　　　　　　　16 535
　　　　少数股东权益　　　　　　　　　　　　　　　6 375

（2）抵销投资收益与子公司利润分配等项目。将M公司对N公司的投资收益与N公司本年利润分配有关项目的金额予以抵销。N公司年末向股东宣告分配现金股利2 250万元，其中，归属于少数股东的现金股利为675（2 250-1 575）万元。在合并财务报表工作底稿中的抵销分录如下。

借：投资收益　　　　　　　　　　　　　　　　　（4 650×70%）3 255（6）
　　少数股东损益　　　　　　　　　　　　　　　（4 650×30%）1 395
　　未分配利润——年初　　　　　　　　　　　　　1 400

　　　　贷：未分配利润——本年提取盈余公积　　　　　　　　　　1 000
　　　　　　　　　　——本年利润分配　　　　　　　　　　　　　2 250
　　　　　　　　　　——年末　　　　　　　　　　　　　　　　　2 800

（3）抵销应收账款与应付账款项目。在合并财务报表工作底稿中的抵销分录如下。

　　借：应付账款　　　　　　　　　　　　　　　　　　　　　　500（7）
　　　　贷：应收账款　　　　　　　　　　　　　　　　　　　　　　　500

（4）抵销坏账准备与信用减值损失项目。M公司将与N公司往来的内部应收账款与应付账款相互抵销的同时，还应将内部应收账款计提的坏账准备予以抵销。在合并财务报表工作底稿中的抵销分录如下。

　　借：应收账款　　　　　　　　　　　　　　　　　　　　　　20（8）
　　　　贷：资产减值损失　　　　　　　　　　　　　　　　　　　　　20

需要注意的是，在连续编制合并财务报表时，对于内部应收款项及其坏账准备，应当按照如下程序进行合并处理：首先，将内部应收款项与应付款项予以抵销，按照内部应付款项的数额，借记"应付账款""应付票据"等项目，贷记"应收账款""应收票据"等项目；其次，应将上期资产减值损失中抵销的各内部应收款项计提的相应坏账准备对本期期初未分配利润的影响予以抵销，按照上期资产减值损失项目中抵销的各内部应收款项计提的相应坏账准备的数额，借记"应收账款"等项目，贷记"未分配利润——期初"项目；最后，对于本期各内部应收款项在个别财务报表中补提或者冲销的相应坏账准备的数额也应予以抵销，按照本期期末内部应收款项在个别资产负债表中补提（或冲销）的坏账准备的数额，借记（或贷记）"应收账款"等项目，贷记（或借记）"资产减值损失"项目。

（5）抵销因抵销坏账准备与资产减值损失产生的所得税影响。在合并财务报表工作底稿中的抵销分录如下。

　　借：所得税费用　　　　　　　　　　　　　　　　　　（20×25%）5（9）
　　　　贷：递延所得税资产　　　　　　　　　　　　　　　　　　　　5

（6）抵销应收股利与应付股利项目。M公司根据N公司宣告分派现金股利的公告，按照其所享有的金额已确认应收股利，并在其资产负债表中计列应收股利1 575万元。在合并财务报表工作底稿中的抵销分录如下。

　　借：应付股利　　　　　　　　　　　　　　　　　　　　　1 575（10）
　　　　贷：应收股利　　　　　　　　　　　　　　　　　　　　　　1 575

3.抵销内部顺流交易的存货

（1）抵销内部销售收入、成本和内部销售形成的存货价值中包含的未实现内部销售损益。在合并财务报表工作底稿中的抵销分录如下。

　　借：营业收入　　　　　　　　　　　　　　　　　　　　　1 000（11）
　　　　贷：营业成本　　　　　　　　　　　　　　　　　　　　　　700
　　　　　　存货　　　　　　　　　　　　　　　　　　　　　　　　300

需要注意的是，在连续编制合并财务报表时，对于内部销售存货，应当按照如下程序进行合并处理：首先，将上期抵销的存货价值中包含的未实现内部损益对本期期初未分配利润的影响进行抵销,按照上期内部购入存货价值中包含的未实现内部销售损益的数额,借记"未分配利润——期初"项目,贷记"营业成本"项目;其次,对于本期发生的内部销售存货,将内部销售收入、内部销售成本及内部购入存货中未实现内部销售损益予以抵销,按照销售企业内部销售收入的数额,借记"营业收入"项目,贷记"营业成本"项目;最后,将期末内部购入存货价值中包含的未实现内部销售损益予以抵销,对于期末内部销售形成的存货(包括上期结转形成的本期存货),应当按照购买企业期末内部购入存货价值中包含的未实现内部销售损益的数额,借记"营业成本"项目,贷记"存货"项目。

(2)抵销N公司本期计提的存货跌价准备。在合并财务报表工作底稿中的抵销分录如下。

借:存货　　　　　　　　　　　　　　　　　　　　　20(12)
　　贷:资产减值损失　　　　　　　　　　　　　　　　　　　　　20

需要注意的是,在连续编制合并财务报表时,对于内部销售存货的存货跌价准备,应当按照如下程序进行合并处理:首先,将上期资产减值损失中抵销的存货跌价准备对本期期初未分配利润的影响予以抵销,按照上期资产减值损失项目中抵销的存货跌价准备的数额,借记"存货"项目,贷记"未分配利润——期初"项目;其次,对于本期对内部购入存货在个别财务报表中补提(或冲销)的存货跌价准备的数额也应予以抵销,按照本期对内部购入存货在个别财务报表中补提(或冲销)的存货跌价准备的数额,借记(或贷记)"存货"项目,贷记(或借记)"资产减值损失"项目。

对于抵销存货跌价准备的数额,应当分别按照下列不同情况进行处理:当本期内部购入存货的可变现净值低于持有该存货企业的取得成本但高于抵销未实现内部销售损益后的取得成本(即销售企业对该存货的取得成本)时,其抵销的存货跌价准备的金额为本期存货跌价准备的增加额;当本期内部购入存货的可变现净值低于抵销未实现内部销售损益后的取得成本(即销售企业对该存货的取得成本)时,其抵销的存货跌价准备的金额为相对于购买企业该存货的取得成本高于销售企业取得成本的差额部分计提的跌价准备的数额扣除期初内部购入存货计提的存货跌价准备的金额后的余额,即本期期末存货中包含的未实现内部销售损益的金额减去期初内部购入存货计提的存货跌价准备的金额后的余额。

(3)抵销内部顺流存货交易的所得税影响。在合并财务报表工作底稿中的抵销分录如下。

借:递延所得税资产　　　　　　　　　　　[(300-20)×25%]70(13)
　　贷:所得税费用　　　　　　　　　　　　　　　　　　　　　70

(4)抵销顺流存货交易中内部存货交易的现金流量。在合并财务报表工作底稿中的抵销分录如下。

借:购买商品、接受劳务支付的现金　　　　　　　　　　1 000(14)
　　贷:销售商品、提供劳务收到的现金　　　　　　　　　　1 000

4.抵销内部逆流交易的存货

(1)抵销内部销售收入、成本和内部销售形成的存货中包含的未实现内部销售损益。存货中包含的未实现内部销售损益为160[(1 200-800)×40%]万元。在合并财务报表工作底稿中的抵销分录如下。

借:营业收入　　　　　　　　　　　　　　　　　　　　1 200(15)

贷：营业成本　　　　　　　　　　　　　　　　　　　　　　　　1 040
　　　　　　存货　　　　　　　　　　　　　　　　　　　　　　　　　　　160

（2）将内部销售形成的存货中包含的未实现内部销售损益进行分摊。在存货中包含的未实现内部销售损益中，归属于少数股东的未实现内部销售损益分摊金额为48(160×30%)万元。在合并财务报表工作底稿中的抵销分录如下。

　　　借：少数股东权益　　　　　　　　　　　　　　　　　　　　　48（16）
　　　　　贷：少数股东损益　　　　　　　　　　　　　　　　　　　　　　　48

（3）抵销因逆流存货交易的所得税影响。在合并财务报表工作底稿中的抵销分录如下。

　　　借：递延所得税资产　　　　　　　　　　　　　　　（160×25%）40（17）
　　　　　贷：所得税费用　　　　　　　　　　　　　　　　　　　　　　　40

（4）抵销因抵销逆流存货交易发生的递延所得税对少数股东权益的份额。在合并财务报表工作底稿中的抵销分录如下。

　　　借：少数股东损益　　　　　　　　　　　　　　　　（40×30%）12（18）
　　　　　贷：少数股东权益　　　　　　　　　　　　　　　　　　　　　　12

（5）抵销逆流存货交易中内部存货交易的现金流量。在合并财务报表工作底稿中的抵销分录如下。

　　　借：购买商品、接受劳务支付的现金　　　　　　　　　　　1 200（19）
　　　　　贷：销售商品、提供劳务收到的现金　　　　　　　　　　　　1 200

5.抵销内部固定资产购销交易

（1）抵销内部固定资产购销交易。在合并财务报表工作底稿中的抵销分录如下。

　　　借：营业外收入　　　　　　　　　　　　　　　　（1 200-600）600（20）
　　　　　贷：固定资产——从M公司购入×厂房　　　　　　　　　　　600

（2）抵销内部固定资产交易计提折旧中包含的未实现内部销售损益。在合并财务报表工作底稿中的抵销分录如下。

　　　借：固定资产——从M公司购入×厂房　　　　　　（600÷15÷2）20（21）
　　　　　贷：管理费用　　　　　　　　　　　　　　　　　　　　　　　　20

需要注意的是，在连续编制合并财务报表时，对于内部销售固定资产，应当按照如下程序进行合并处理：首先，将内部交易固定资产中包含的未实现内部销售损益抵销，并调整期初未分配利润，按照内部交易固定资产中包含的未实现内部销售损益数额，借记"未分配利润——期初"项目，贷记"固定资产"项目；其次，将以前会计期间内部交易固定资产多计提的累计折旧抵销，并调整期初未分配利润，按照以前会计期间抵销该内部交易固定资产因包含未实现内部销售损益而多计提（或少计提）的累计折旧额，借记（或贷记）"固定资产"项目，贷记（或借记）"未分配利润——期初"项目；最后，将当期由于该内部交易固定资产因包含未实现内部销售损益而多计提的折旧费用予以抵销，并调整本期计提的累计折旧额，按照本期该内部交易的固定资产多计提的折旧额，借记"固定资产"项目，贷记"管理费用"等费用项目。

（3）抵销内部固定资产交易对所得税的影响。在合并财务报表工作底稿中的抵销分录如下。

借：递延所得税资产　　　　　　　　　　　　[（600-20）×25%]145（22）
　　贷：所得税费用　　　　　　　　　　　　　　　　　　　　　145

(4) 抵销内部固定资产交易的现金流量。在合并财务报表工作底稿中的抵销分录如下。

借：购建固定资产、无形资产和其他长期资产支付的现金　　　1 200（23）
　　贷：处置固定资产、无形资产和其他长期资产收回的现金净额　　1 200

根据上述资料及有关调整、抵销分录，编制合并工作底稿如表33-8所示。

根据合并财务报表工作底稿，编制该集团2×19年合并资产负债表、合并利润表、合并现金流量表及合并所有者权益变动表如表33-9至表33-12所示。

表33-8　合并财务报表工作底稿

编制单位：M公司　　　　　　2×19年12月31日　　　　　　　　　　单位：万元

项目	M公司	N公司	合计金额	调整、抵销分录 借方	调整、抵销分录 贷方	少数股东权益	合并金额
一、营业收入	75 000	47 400	122 400	(11) 1 000 (15) 1 200			120 200
减：营业成本	48 000	36 500	84 500	(2) 1 000	(11) 700 (15) 1 040		83 760
税金及附加	900	500	1 400				1 400
销售费用	2 600	1 700	4 300				4 300
管理费用	3 000	1 950	4 950	(2) 200	(21) 20		5 130
财务费用	600	400	1 000				1 000
资产减值损失	300	150	450		(2) 400 (8) 20 (12) 20		10
加：公允价值变动损益（损失以"-"号填列）							
投资收益（损失以"-"号填列）	4 900	100	5 000	(4) 1 575 (6) 3 255	(4) 3 255		3 425
二、营业利润（亏损以"-"号填列）	24 500	6 300	30 800	8 230	5 455		28 025
加：营业外收入	800	1 200	2 000	(20) 600			1 400
减：营业外支出	1 300	500	1 800				1 800
三、利润总额（亏损总额以"-"号填列）	24 000	7 000	31 000	8 830	5 455		27 625
减：所得税费用	6 000	1 750	7 750	(9) 5	(3) 200 (13) 70 (17) 40 (22) 145		7 300
四、净利润（净亏损以"-"号填列）	18 000	5 250	23 250	8 835	5 910		20 325
少数股东损益				(6) 1 395 (18) 12	(16) 48	1 359	1 359

617

续表

项目	M公司	N公司	合计金额	调整、抵销分录 借方	调整、抵销分录 贷方	少数股东权益	合并金额
归属于母公司股东的净利润	18 000	5 250	23 250	10 242	5 958		18 966
五、其他综合收益的税后净额		150	150	150	105	45	150
（一）以后不能重分类进损益的其他综合收益							
（二）以后将重分类进损益的其他综合收益		150	150	150	105		105
其中：权益法核算的在被投资单位以后将重分类进损益的其他综合收益中所享有的份额					（4）105		105
其他债权投资公允价值变动的利得或损失		150	150	（5）150		（5）45	45
六、综合收益总额	18 000	5 400	23 400	8 985	6 015	45	20 475
归属于母公司所有者的综合收益总额							19 071
归属于少数股东的综合收益总额						1 404	1 404
（所有者权益变动表项目）							
未分配利润——年初	4 500	1 400	5 900	（6）1 400			4 500
未分配利润——本期	4 500	2 000	6 500				5 471
其中：归属于母公司股东的净利润	18 000	5 250	23 250	10 242	5 985		18 993
提取盈余公积	-3 500	-2 250	-4 500		（6）1 000		-3 500
对所有者（或股东）的分配	-10 000	-2 250	-12 250		（6）2 250		-10 000
未分配利润——期末	9 000	3 400	12 400	（5）2 800 14 442	（6）2 800 12 008		9 966
（资产负债表项目）							
流动资产：							
货币资金	2 850	3 250	6 100				6 100
交易性金融资产	1 500	2 500	4 000				4 000
应收票据	3 600	1 800	5 400				5 400
应收账款	4 250	2 550	6 800	（2）400 （8）20	（1）400 （7）500		6 320
预付账款	750	1 250	2 000				2 000
其他应收款	2 650	650	3 300		（10）1 575		1 725
存货	18 500	9 000	27 500	（1）1 000 （12）20	（2）1 000 （11）300 （15）160		27 060

续表

项目	M公司	N公司	合计金额	调整、抵销分录 借方	调整、抵销分录 贷方	少数股东权益	合并金额
其他流动资产	900	500	1 400				1 400
流动资产合计	35 000	21 500	56 500	1 440	3 935		54 005
非流动资产:							
其他债权投资	4 500	900	5 400				5 400
债权投资	7 000	2 000	9 000				9 000
长期股权投资	34 750		34 750	(4) 3 360	(4) 1 575 (5) 16 535		20 000
固定资产	14 000	13 000	27 000	(1) 3 000 (21) 20	(2) 200 (20) 600		29 220
在建工程	6 500	1 200	7 700				7 700
无形资产	3 000	900	3 900				3 900
商誉				(5) 1 660			1 660
递延所得税资产				(1) 100 (13) 70 (17) 40 (22) 145	(3) 100 (9) 5		250
非流动资产合计	69 750	18 000	87 750	8 395	19 015		77 130
资产合计	104 750	39 500	144 250	9 835	22 950		131 135
流动负债:							
短期借款	5 000	2 400	7 400				7 400
交易性金融负债	2 000	1 200	3 200				3 200
应付票据	6 500	1 800	8 300				8 300
应付账款	9 000	2 600	11 600	(7) 500			11 100
预收账款	2 000	1 950	3 950				3 950
应付职工薪酬	2 500	800	3 300				3 300
其他应付款	4 000	3 150	7 150	(10) 1 575			5 575
其他流动负债	1 000	450	1 450				1 450
流动负债合计	32 000	14 350	46 350	2 075			44 275
非流动负债:							
长期借款	2 000	2 400	4 400				4 400
应付债券	10 000	3 500	13 500				13 500
长期应付款	3 000		3 000				3 000
递延所得税负债		100	100	(3) 300	(1) 1 000		800
其他非流动负债合计	15 000	6 000	21 000	300	1 000		21 700
负债合计	47 000	20 350	67 350	2 375	1 000		65 975

续表

项目	M公司	N公司	合计金额	调整、抵销分录 借方	调整、抵销分录 贷方	少数股东权益	合并金额
所有者权益（或股东权益）：							
实收资本（或股本）	25 000	10 000	35 000	（5）10 000			25 000
资本公积	14 750	4 000	18 750	（5）6 700	（1）2 700		14 750
其他综合收益		150	150			45	105
盈余公积	9 000	1 600	10 600	（5）1 600			9 000
未分配利润	9 000	3 400	12 400	14 442	12 008		9 966
归属于母公司所有者权益合计							58 821
少数股东权益				（16）48	（5）6 375 （18）12		6 339
所有者权益合计	57 750	19 150	76 900	32 940	21 200		65 160
负债和所有者权益合计	104 750	39 500	144 250	35 315	22 200		131 135
（现金流量表项目）							
一、经营活动产生的现金流量：							
销售商品、提供劳务收到的现金	53 000	45 000	98 000		（14）1 000 （19）1 200		95 800
经营活动现金流入小计	53 000	45 000	98 000		2 200		95 800
购买商品、接受劳务支付的现金	42 400	36 600	79 000	（14）1 000 （19）1 200			76 800
支付给职工以及为职工支付的现金	6 000	4 500	10 500				10 500
支付的各项税费	4 495	1 775	6 270				6 270
支付其他与经营活动有关的现金							
经营活动现金流出小计	52 895	42 875	95 770	2 200			93 570
经营活动产生的现金流量净额	105	2 125	2 230	2 200	2 200		2 230
二、投资活动产生的现金流量：							
取得投资收益收到的现金	125		125				125
处置固定资产、无形资产和其他长期资产收回的现金净额	100		100		（23）1 200		-1 100
投资活动现金流入小计	225		225		1 200		-975
购建固定资产、无形资产和其他长期资产支付的现金净额	1 030	225	1 255	（23）1 200			55
投资活动现金流出小计	1 030	225	1 255	1 200			55
投资活动产生的现金流量净额	-805	-225	-1 030	1 200	1 200		-1 030
三、筹资活动产生的现金流量：							
吸收投资收到的现金							

续表

项目	M公司	N公司	合计金额	调整、抵销分录 借方	调整、抵销分录 贷方	少数股东权益	合并金额
取得借款收到的现金							
筹资活动现金流入小计							
偿还债务支付的现金	950	750	2 650				2 650
筹资活动现金流出小计	950	750	2 650				2 650
筹资活动产生的现金流量净额	−950	−750	−2 650				−2 650
四、现金及现金等价物净增加额	−1 650	1 150	−1 450				−1 450
加：期初现金及现金等价物余额	4 500	2 100	11 100				11 100
五、期末现金及现金等价物余额	2 850	2 250	9 650				9 650

表33-9 合并资产负债表（简表）

会企01表

编制单位：M公司　　　　　2×19年12月31日　　　　　单位：万元

资产	期末余额	期初余额（略）	负债和所有者权益（或股东权益）	期末余额	期初余额（略）
流动资产：			流动负债：		
货币资金	6 100		短期借款	7 400	
交易性金融资产	4 000		交易性金融负债	3 200	
应收票据	5 400		应付票据	8 300	
应收账款	6 320		应付账款	11 100	
预付账款	2 000		预收账款	3 950	
其他应收款	1 725		应付职工薪酬	3 300	
存货	27 060		应交税费	2 050	
其他流动资产	1 400		其他应付款	3 525	
流动资产合计	54 005		其他流动负债	1 450	
非流动资产：			流动负债合计	44 275	
其他债权投资	5 400		非流动负债：		
债权投资	9 000		长期借款	4 400	
长期应收款	0		应付债券	13 500	
长期股权投资	20 000		长期应付款	3 000	
固定资产	29 220		递延所得税负债	800	
在建工程	7 700		其他非流动负债	0	
无形资产	3 900		非流动负债合计	21 700	

续表

资产	期末余额	期初余额（略）	负债和所有者权益（或股东权益）	期末余额	期初余额（略）
商誉	1 660		负债合计	65 975	
长期待摊费用	0		所有者权益（或股东权益）：		
递延所得税资产	250		实收资本（或股本）	25 000	
其他非流动资产			资本公积	14 750	
非流动资产合计	77 130		减：库存股		
			其他综合收益	105	
			盈余公积	9 000	
			未分配利润	9 966	
			归属于母公司所有者权益合计	58 821	
			少数股东权益	6 339	
			所有者权益合计	65 160	
资产合计	131 135		负债和所有者权益合计	131 135	

表 33-10　合并利润表（简表）

会企 02 表

编制单位：M 公司　　　2×19 年度　　　单位：万元

项目	本期金额	上期金额（略）
一、营业收入	120 200	
减：营业成本	83 760	
税金及附加	1 400	
销售费用	4 300	
管理费用	5 130	
研发费用		
财务费用	1 000	
其中：利息费用		
利息收入		
加：其他收益		
投资收益（损失以"-"号填列）	0	
其中：对联营企业和合营企业的投资收益		
以摊余成本计量的金融资产终止确认收益（损失以"-"号填列）		
净敞口套期收益（损失以"-"号填列）		
公允价值变动收益（损失以"-"号填列）	3 425	
信用减值损失（损失以"-"号填列）		
资产减值损失（损失以"-"号填列）	10	

续表

项 目	本期金额	上期金额（略）
资产处置收益（损失以"-"号填列）		
二、营业利润（亏损以"-"号填列）	28 025	
加：营业外收入	1 400	
减：营业外支出	1 800	
三、利润总额（亏损总额以"-"号填列）	27 625	
减：所得税费用	7 300	
四、净利润（净亏损以"-"号填列）	20 325	
（一）持续经营净利润（净亏损以"-"号填列）		
（二）终止经营净利润（净亏损以"-"号填列）		
五、其他综合收益的税后净额	150	
（一）不能重分类进损益的其他综合收益		
1. 重新计量设定受益计划变动额		
2. 权益法下不能转损益的其他综合收益		
3. 其他权益工具投资公允价值变动		
4. 企业自身信用风险公允价值变动		
……		
（二）将重分类进损益的其他综合收益	105	
1. 权益法下可转损益的其他综合收益		
2. 其他债权投资公允价值变动		
3. 金融资产重分类计入其他综合收益的金额		
4. 其他债权投资信用减值准备		
5. 现金流量套期		
6. 外币财务报表折算差额		
……		
六、综合收益总额	20 475	
七、每股收益：		
（一）基本每股收益		
（二）稀释每股收益		

表33-11　合并现金流量表（简表）

会企03表
单位：万元

编制单位：M公司　　　　　　　　2×19年度

项目	期末余额	期初余额（略）
一、经营活动产生的现金流量：		
销售商品、提供劳务收到的现金	95 800	
收到的税费返还		

续表

项目	期末余额	期初余额(略)
收到其他与经营活动有关的现金	0	
经营活动现金流入小计	95 800	
购买商品、接受劳务支付的现金	76 800	
支付给职工以及为职工支付的现金	10 500	
支付的各项税费	6 270	
支付其他与经营活动有关的现金	0	
经营活动现金流出小计	93 570	
经营活动产生的现金流量净额	2 230	
二、投资活动产生的现金流量:		
收回投资收到的现金	0	
取得投资收益收到的现金	125	
处置固定资产、无形资产和其他长期资产收回的现金净额	-1 100	
处置子公司及其他营业单位收到的现金净资额		
收到其他与投资活动有关的现金	0	
投资活动现金流入小计	-975	
购建固定资产、无形资产和其他长期资产支付的现金净额	55	
投资支付的现金	0	
取得子公司及其他营业单位支付的现金净额		
支付其他与投资活动有关的现金	0	
投资活动现金流出小计	55	
投资活动产生的现金流量净额	-1 030	
三、筹资活动产生的现金流量:		
吸收投资收到的现金	0	
取得借款收到的现金		
收到其他与筹资活动有关的现金	0	
筹资活动现金流入小计	0	
偿还债务支付的现金		
分配股利、利润或偿付利息支付的现金	2 650	
支付其他与筹资活动有关的现金	0	
筹资活动现金流出小计	2 650	
筹资活动产生的现金流量净额	-2 650	
四、汇率变动对现金及现金等价物的影响	0	
五、现金及现金等价物净增加额	-1 450	
加:期初现金及现金等价物余额	11 100	
六、期末现金及现金等价物余额	9 650	

表33-12 合并所有者权益变动表

2×19年度

编制单位：位M公司

会企04表
单位：万元

项目	本年金额 实收资本(或股本)	其他权益工具 优先股	其他权益工具 永续债	其他权益工具 其他	资本公积	减：库存股	其他综合收益	专项储备	盈余公积	未分配利润	所有者权益合计	上年金额（略）
一、上年末余额	20 000				5 000				5 500	4 500	35 000	
加：会计政策变更												
前期差错更正												
其他												
二、本年年初余额	20 000				5 000				5 500	4 500	35 000	
三、本年增减变动金额（减少以"—"号填列）												
（一）综合收益总额							105			18 966	20 475	
（二）所有者投入和减少资本											20 360	
1. 所有者投入的普通股	5 000				9 750							
2. 其他权益工具持有者投入资本												
3. 股份支付计入所有者权益的金额												
4. 其他												
（三）利润分配												
1. 提取盈余公积									3 500	—10 000	—10 675	
2. 对所有者（或股东）的分配												
3. 其他												
（四）所有者权益内部结转												
1. 资本公积转增资本（或股本）												
2. 盈余公积转增资本（或股本）												
3. 盈余公积弥补亏损												
4. 设定受益计划变动额结转留存收益												
5. 其他综合收益结转留存收益												
6. 其他												
四、本年末余额	25 000				14 750		105		9 000	9 966	65 160	

33.4 特殊交易的会计处理

33.4.1 追加投资的会计处理

追加投资既包括母公司购买少数股东拥有的子公司股权的情况，也包括企业因追加投资等原因能够对非同一控制下的被投资方实施控制的情况。追加投资的会计处理应分别进行个别财务报表和合并财务报表的相关会计处理，其中，个别财务报表的会计处理，参见《企业会计准则第 2 号——长期股权投资》（以下简称"长期股权投资准则"）的相关内容，合并财务报表中的会计处理应当分别依据以下情况进行。

（1）母公司购买子公司少数股东拥有的子公司股权的，因购买少数股权新取得的长期股权投资与按照新增持股比例计算应享有子公司自购买日（或合并日）开始持续计算的净资产份额之间的差额，应当调整资本公积（资本溢价或股本溢价），资本公积不足冲减的，调整留存收益。

（2）企业因追加投资等原因能够对非同一控制下的被投资方实施控制的，对于购买日之前持有的被购买方的股权，应当按照该股权在购买日的公允价值进行重新计量，公允价值与其账面价值之间的差额计入当期投资收益；购买日之前持有的被购买方的股权涉及权益法核算下的其他综合收益以及除净损益、其他综合收益和利润分配外的其他所有者权益变动（以下简称"其他所有者权益变动"）的，与其相关的其他综合收益、其他所有者权益变动应当转为购买日所属当期收益，由于被投资方重新计量设定受益计划净负债或净资产变动而产生的其他综合收益除外。

企业通过多次交易分步实现非同一控制下企业合并的，在合并财务报表上，首先，应结合分步交易的各个步骤的协议条款，以及各个步骤中所分别取得的股权比例、取得对象、取得方式、取得时点及取得对价等信息来判断分步交易是否属于"一揽子交易"。合并财务报表准则第五十一条规定，各项交易的条款、条件以及经济影响符合以下一种或多种情况的，通常应将多次交易事项作为"一揽子交易"进行会计处理。

① 这些交易是同时或者在考虑了彼此影响的情况下订立的。
② 这些交易整体才能达成一项完整的商业结果。
③ 一项交易的发生取决于其他至少一项交易的发生。
④ 一项交易单独看是不经济的，但是和其他交易一并考虑时是经济的。

如果分步取得对子公司股权投资直至取得控制权的各项交易属于"一揽子交易"，应当将各项交易作为一项取得子公司控制权的交易，并区分企业合并的类型分别进行会计处理。

如果不属于"一揽子交易"，在合并财务报表中，还应区分企业合并的类型分别进行会计处理。对于分步实现的非同一控制下企业合并，购买日之前持有的被购买方的股权，应当按照该股权在购买日的公允价值进行重新计量，公允价值与其账面价值的差额计入当期投资收益；购买日之前持有的被购买方的股权涉及权益法核算下的其他综合收益、其他所有者权益变动的，应当转为购买日所属当期收益，由于被投资方重新计量设定受益计划净负债或净资产变动而产生的其他综合收益除外。

（3）通过多次交易分步实现的同一控制下企业合并。对于分步实现的同一控制下企业合并，根据企业合并准则，同一控制下企业合并在编制合并财务报表时，应视同参与合并的各方在最终控制方开始控制时即以目前的状态存在进行调整，在编制比较报表时，以不早于合并方和被合并方同处于最终控制方的控制之下的时点为限，将被合并方的有关资产、负债并入合并方合并财务报表的比较报表中，并将合并而增加的净资产在比较报表中调整所有者权益项下的相关项目。

为避免对被合并方净资产的价值进行重复计算，合并方在取得被合并方控制权之前持有的股权投资，在取得原股权之日与合并方和被合并方同处于同一方最终控制之日孰晚日起至合并日之间已确认有关损益、其他综合收益以及其他净资产变动，应分别冲减比较报表期间的期初留存收益或当期损益。

33.4.2 处置对子公司投资的会计处理

处置对子公司的投资既包括母公司处置对子公司长期股权投资但不丧失控制权的情况，也包括处置对子公司长期股权投资而丧失控制权的情况。处置子公司的会计处理应分别进行个别财务报表和合并财务报表的相关会计处理，其中，个别财务报表的会计处理，参见长期股权投资准则的相关内容，合并财务报表中的会计处理应当分别依据以下情况进行。

（一）母公司在不丧失控制权的情况下部分处置对子公司的长期股权投资

这种情况下，处置价款与处置长期股权投资相对应享有子公司自购买日或合并日开始持续计算的净资产份额之间的差额，应当调整资本公积（资本溢价或股本溢价），资本公积不足冲减的，调整留存收益。

（二）母公司因处置对子公司长期股权投资而丧失控制权

1. 一次交易的处置

母公司因处置部分股权投资或其他原因丧失了对原有子公司控制的，在合并财务报表中，对于剩余股权，应当按照丧失控制权日的公允价值进行重新计量。处置股权取得的对价和剩余股权公允价值之和，减去按原持股比例计算应享有原子公司自购买日开始持续计算的净资产的份额与商誉之和的差额，计入丧失控制权当期的投资收益。

此外，与原有子公司的股权投资相关的其他综合收益、其他所有者权益变动，应当在丧失控制权时转入当期损益，由于被投资方重新计量设定受益计划净负债或净资产变动而产生的其他综合收益除外。

2. 多次交易分步处置子公司

（1）会计处理。

企业通过多次交易分步处置对子公司股权投资直至丧失控制权，在合并财务报表中，首先，应结合分步交易的各个步骤的交易协议条款、分别取得的处置对价、出售股权的对象、处置方式、处置时点等信息来判断分步交易是否属于"一揽子交易"。

如果分步交易不属于"一揽子交易"，则在丧失对子公司控制权以前的各项交易，应按照本章上述"母公司在不丧失控制权的情况下部分处置对子公司的长期股权投资"的有关规定进行会计处理。

如果分步交易属于"一揽子交易",则应将各项交易作为一项处置原有子公司并丧失控制权的交易进行会计处理,其中,对于丧失控制权之前的每一次交易,处置价款与处置投资对应的享有该子公司自购买日开始持续计算的净资产账面价值的份额之间的差额,在合并财务报表中应当计入其他综合收益,在丧失控制权时一并转入丧失控制权当期的损益。

(2)所得税影响。

根据《中华人民共和国企业所得税法》的相关规定,符合条件的居民企业之间的股息、红利等权益性投资收益为免税收入。因此,通常情况下,当居民企业持有另一居民企业的股权意图为长期持有,通过股息、红利或者其他协同效应获取回报时,其实质所得税率为零,不存在相关所得税费用。只有当居民企业通过转让股权获取资本利得收益时,该笔资产转让利得才产生相应的所得税费用。

实务中,股权投资的处置往往需要董事会和股东大会的审议,涉及重大交易的还需要相关监管部门的审批核准,公司还要办理股权交割和工商登记变更等手续,期间涉及流程和手续较多,公司有明确意图处置股权至实际转移之间往往存在跨期的情况。如果资产负债表日股权处置已由股东大会等权力机构审议通过,也经相关监管部门审批批准,即使尚未办理实际转移手续等,公司处置该项长期股权投资的意图已经十分清晰,将股权处置损益的所得税影响延迟到下一会计期间进行处理往往会导致低估递延所得税负债、高估利润的情况发生。因此,如果预期母公司处置股权至实际转移之间存在跨期的情况,母公司应在合并财务报表中考虑上述递延所得税的影响。

33.4.3 因子公司的少数股东增资而稀释母公司拥有的股权比例

有时,子公司的其他股东对子公司进行增资,由此稀释了母公司对子公司的股权比例,在这种情况下,应当按照增资前的母公司股权比例计算其在增资前子公司账面净资产中的份额。该份额与增资后按母公司持股比例计算的在增资后子公司账面净资产份额之间的差额计入资本公积,资本公积不足冲减的,调整留存收益。

【例33-17】A公司原持有B公司100%的股权并控制B公司。2×19年1月1日,第三方C公司向B公司增资100万元,增资前B公司净资产账面价值为900万元,增资后B公司净资产账面价值和公允价值均为1000万元。增资后C公司占B公司10%的股权,A公司仍控制B公司(不考虑所得税等影响)。

本例中,第三方C公司增资导致A公司持股比例下降。A公司按原持股比例享有的子公司净资产账面价值的份额900(900×100%)万元和按新持股比例享有的子公司净资产账面价值900(1000×90%)万元份额之间的差额为0,因此,对归属母公司股东的权益不产生影响。

【例33-18】2×19年,A公司和B公司分别出资750万元和250万元设立C公司,A公司、B公司的持股比例分别为75%和25%。C公司为A公司的子公司。

2×12年B公司对C公司增资500万元,增资后B公司占C公司股权比例为35%。交易完成后,A公司仍控制C公司。C公司自成立日至增资前实现净利润1000万元,除此以外,不存在其他影响C公司净资产变动的事项(不考虑所得税等影响)。

本例中，在 A 公司合并财务报表中，B 公司对 C 公司增资的会计处理如下：A 公司持股比例原为 75%，由于少数股东增资而变为 65%；增资前，A 公司按照 75% 的持股比例享有的 C 公司净资产账面价值为 1 500（2 000×75%）万元；增资后，A 公司按照 65% 持股比例享有的净资产账面价值为 1 625（2 500×65%）万元，两者之间的差额为 125 万元，在 A 公司合并资产负债表中应调增资本公积。

33.4.4 其他特殊交易

对于站在企业集团合并财务报表角度的确认和计量结果与其所属的母公司或子公司的个别财务报表层面的确认和计量结果不一致的，母公司在编制合并财务报表时，应站在企业集团角度对该特殊交易事项予以调整。随着我国市场经济的快速发展和各类型经济交易的日益复杂化、多元化，在母、子公司个别财务报表及在母公司合并财务报表中，部分特殊交易由于会计主体假设的不同而对同一事项的会计处理结果存在差异。在这种情况下，仅仅通过常规的抵销分录难以真实、全面地反映企业集团整体财务状况、经营成果和现金流量状况，需要站在企业集团合并财务报表的角度对这类交易予以调整。例如，母公司将借款作为实收资本投入子公司用于长期资产的建造，母公司应在合并财务报表层面反映借款利息的资本化金额。再如，子公司作为投资性房地产的大厦，出租给集团内其他企业使用，母公司应在合并财务报表层面作为固定资产反映。

第34章
每股收益

每股收益包括基本每股收益和稀释每股收益两类。基本每股收益仅考虑当期实际发行在外的普通股股份，而稀释每股收益的计算和列报主要是为了避免每股收益虚增可能带来的信息误导。《企业会计准则第34号——每股收益》（简称"每股收益准则"）的基本框架如图34-1所示。基本每股收益和稀释每股收益的会计处理流程分别如图34-2和图34-3所示。

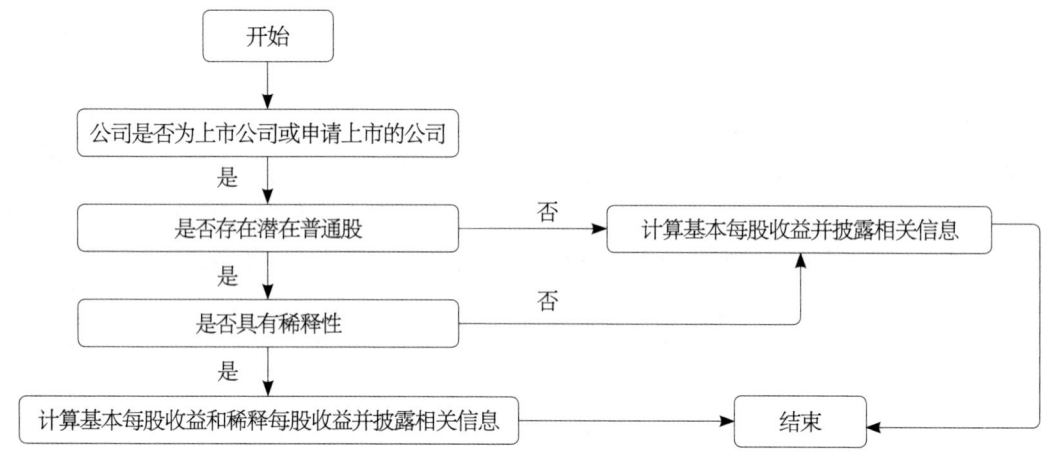

图 34-1 每股收益准则的基本框架

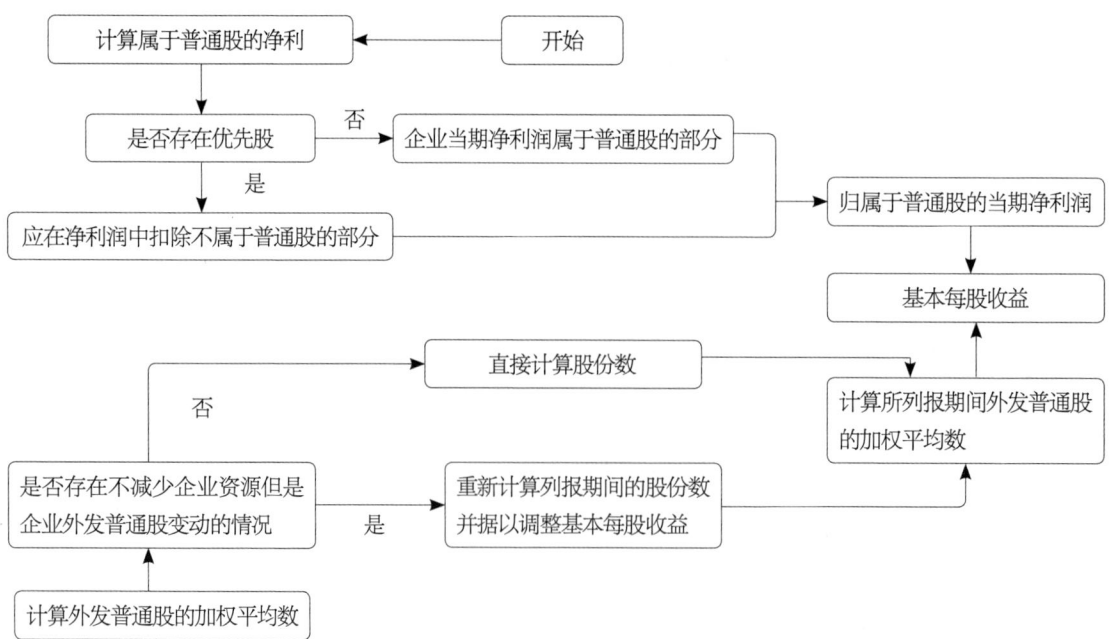

图 34-2 基本每股收益的会计处理流程

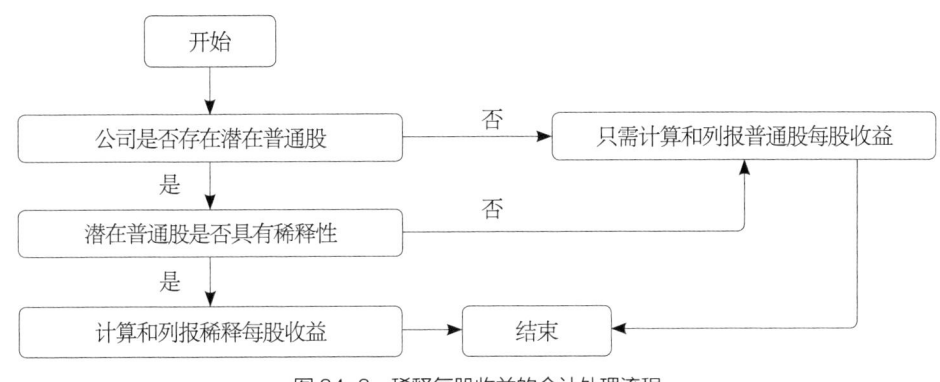

图 34-3 稀释每股收益的会计处理流程

34.1 基本每股收益

《企业会计准则第 34 号——每股收益》第二章规定，基本每股收益只考虑当期实际发行在外的普通股股份，按照归属于普通股股东的当期净利润除以当期实际发行在外普通股的加权平均数计算确定。

34.1.1 分子的确定

按照《企业会计准则讲解》，计算基本每股收益时，分子为归属于普通股股东的当期净利润，即企业当期实现的可供普通股股东分配的净利润或应由普通股股东分担的净亏损金额。发生亏损的企业，每股收益以负数列示。以合并财务报表为基础计算的每股收益，分子应当是归属于母公司普通股股东的当期合并净利润，即扣减少数股东损益后的余额。与合并财务报表一同提供的母公司财务报表中企业自行选择列报每股收益的，以母公司个别财务报表为基础计算的每股收益，分子应当是归属于母公司全部普通股股东的当期净利润。

34.1.2 分母的确定

计算基本每股收益时，分母为当期发行在外普通股的算术加权平均数，即期初发行在外普通股股数根据当期新发行或回购的普通股股数与相应时间权数的乘积进行调整后的股数。需要指出的是，公司库存股不属于发行在外的普通股，且无权参与利润分配，应当在计算分母时扣除。

发行在外普通股加权平均数 = 期初发行在外普通股股数 + 当期新发行普通股股数 × 已发行时间 ÷ 报告期时间 − 当期回购普通股股数 × 已回购时间 ÷ 报告期时间

其中，作为权数的已发行时间、报告期时间和已回购时间通常按天数计算；在不影响计算结果合理性的前提下，也可以采用简化的计算方法，如按月数计算。

【例 34-1】某公司 20×9 年期初发行在外的普通股为 40 000 万股；4 月 30 日新发行普通股 13 200 万股；12 月 1 日回购普通股 6 000 万股，以备将来奖励职工之用。该公司当年度实现净利润为 16 250 万元。假定该公司按月数计算每股收益的时间权重。20×9 年度基本每股收益计算如下。

发行在外普通股加权平均数 =40 000×12÷12+13 200×8÷12−6 000×1÷12=48 300（万股）

或者 40 000×4÷12+53 200×7÷12+47 200×1÷12=48 300（万股）

基本每股收益 = 16 250÷48 300=0.34（元/股）

新发行普通股股数应当根据发行合同的具体条款，从应收对价之日（一般为股票发行日）起计算确定。通常包括下列情况。

（1）为收取现金而发行的普通股股数，从应收现金之日起计算。

（2）因债务转资本而发行的普通股股数，从停计债务利息之日或结算日起计算。

（3）非同一控制下的企业合并，作为对价发行的普通股股数，从购买日起计算；同一控制下的企业合并，作为对价发行的普通股股数，应当计入各列报期间普通股的加权平均数。

（4）为收购非现金资产而发行的普通股股数，从确认收购之日起计算。

34.2 稀释每股收益

34.2.1 基本计算原则

稀释每股收益是以基本每股收益为基础，假设企业所有发行在外的稀释性潜在普通股均已转换为普通股，从而分别调整归属于普通股股东的当期净利润以及发行在外普通股的加权平均数计算而得的每股收益。

（一）稀释性潜在普通股

潜在普通股是指赋予其持有者在报告期或以后期间享有取得普通股权利的一种金融工具或其他合同。目前，我国企业发行的潜在普通股主要有可转换公司债券、认股权证、股份期权等。

稀释性潜在普通股是指假设当期转换为普通股会减少每股收益的潜在普通股。对于亏损企业而言，稀释性潜在普通股假设当期转换为普通股，将会增加每股亏损的金额。计算稀释每股收益时只考虑稀释性潜在普通股的影响，而不考虑不具有稀释性的潜在普通股。

需要特别说明的是，潜在普通股是否具有稀释性的判断标准是看其对持续经营每股收益的影响。也就是说，假定潜在普通股当期转换为普通股，如果会减少持续经营每股收益或增加持续经营每股亏损，表明其具有稀释性；否则，具有反稀释性。一般情况下，每股收益是按照企业当期归属于普通股股东的全部净利润计算而得；但如果企业存在终止经营的情况，应当按照扣除终止经营净利润以后的当期归属于普通股股东的持续经营净利润进行计算。

（二）分子的调整

企业计算稀释每股收益时，应当根据下列事项对归属于普通股股东的当期净利润进行调整。

（1）当期已确认为费用的稀释性潜在普通股的利息。

（2）稀释性潜在普通股转换时将产生的收益或费用。

上述调整应当考虑相关的所得税影响。对于包含负债和权益成分的金融工具，仅需调整属于金融负债部分的相关利息、利得或损失。

(三) 分母的调整

计算稀释每股收益时，当期发行在外普通股的加权平均数应当为计算基本每股收益时普通股的加权平均数与假定稀释性潜在普通股转换为已发行普通股而增加的普通股股数的加权平均数之和。

假定稀释性潜在普通股转换为已发行普通股而增加的普通股股数，应当根据潜在普通股的条件确定。当存在不止一种转换基础时，应当假定会采取从潜在普通股持有者角度看最有利的转换率或执行价格。

假定稀释性潜在普通股转换为已发行普通股而增加的普通股股数，应当按照其发行在外时间进行加权平均。以前期间发行的稀释性潜在普通股，应当假设在当期期初转换为普通股；当期发行的稀释性潜在普通股，应当假设在发行日转换为普通股；当期被注销或终止的稀释性潜在普通股，应当按照当期发行在外的时间加权平均计入稀释每股收益；当期被转换或行权的稀释性潜在普通股，应当从当期期初至转换日（或行权日）计入稀释每股收益中，从转换日（或行权日）起所转换的普通股则计入基本每股收益中。

34.2.2 可转换公司债券

可转换公司债券是指发行公司依法发行、在一定期间内依据约定的条件可以转换成股份的公司债券。对于可转换公司债券，可以采用假设转换法判断其稀释性，并计算稀释每股收益。首先，假设这部分可转换公司债券在当期期初（或发行日）即已转换成普通股，从而一方面增加了发行在外的普通股股数，另一方面节约了公司债券的利息费用，增加了归属于普通股股东的当期净利润。然后，用增加的净利润除以增加的普通股股数，得出增量股的每股收益，与原来的每股收益比较。如果增量股的每股收益小于原每股收益，则说明该可转换公司债券具有稀释作用，应当计入稀释每股收益的计算中。

计算稀释每股收益时，以基本每股收益为基础，分子的调整项目为当期已确认为费用的利息等的税后影响额；分母的调整项目为假定可转换公司债券当期期初（或发行日）转换为普通股的股数加权平均数。

【例 34-2】某上市公司 20×9 年归属于普通股股东的净利润为 36 000 万元，期初发行在外普通股股数为 25 000 万股，年内普通股股数未发生变化。20×9 年 1 月 1 日，该公司按面值发行 50 000 万元的三年期可转换公司债券，债券每张面值 100 元，票面固定年利率为 2%，利息自发行之日起每年支付一次，即每年 12 月 31 日为付息日。该批可转换公司债券自发行结束 12 个月以后即可转换为公司股票，即转股期为发行 12 个月后至债券到期日止的期间。转股价格为每股 10 元，即每 100 元债券可转换为 10 股面值为 1 元的普通股。债券利息不符合资本化条件，直接计入当期损益，所得税税率为 25%。

假设不具备转换选择权的类似债券的市场利率为 3%。该公司在对该批可转换公司债券初始确认时，根据《企业会计准则第 37 号——金融工具列报》的有关规定将负债和权益成分进行了分拆。该上市公司 20×9 年度的每股收益计算如下。

基本每股收益 = 36 000 ÷ 25 000 = 1.44（元/股）

每年支付利息 = 50 000×2%=1 000（万元）
负债成分公允价值 =1 000÷（1+3%）+1 000÷（1+3%）^{2} +51 000÷（1+3%）^{3}
=48 585.69（万元）
权益成分公允价值 = 50 000−48 585.69 =1 414.31（万元）
假设转换所增加的净利润 =48 585.69×3%×（1−25%）=1 093.18（万元）
假设转换所增加的普通股股数 =50 000÷10=5 000（万股）
增量股的每股收益 =1 093.18÷5 000=0.22（元/股）
增量股的每股收益小于基本每股收益，可转换公司债券具有稀释作用。
稀释每股收益 =（36 000+1 093.18）÷（25 000+5 000）=1.24（元/股）

34.2.3　认股权证、股份期权

认股权证是指公司发行的、约定持有人有权在履约期间内或特定到期日按约定价格向本公司购买新股的有价证券。股份期权是指公司授予持有人在未来一定期限内以预先确定的价格和条件购买本公司一定数量股份的权利。股份期权持有人对于其享有的股份期权，可以在规定的期间内以预先确定的价格和条件购买公司一定数量的股份，也可以放弃该种权利。

对于盈利企业，认股权证、股份期权等的行权价格低于当期普通股平均市场价格时，具有稀释性。对于亏损企业，认股权证、股份期权的假设行权一般不影响净亏损，但增加普通股股数，从而导致每股亏损金额的减少，实际上产生了反稀释的作用。因此，这种情况下，不应当计算稀释每股收益。

对于稀释性认股权证、股份期权，企业计算稀释每股收益时，一般无须调整分子净利润金额，只需要按照下列步骤对分母普通股加权平均数进行调整。

（1）假设这些认股权证、股份期权在当期期初（或发行日）已经行权，计算按约定行权价格发行普通股将取得的股款金额。

（2）假设按照当期普通股平均市场价格发行股票，计算需发行多少普通股能够带来上述相同的股款金额。

（3）比较行使股份期权、认股权证将发行的普通股股数与按照平均市场价格发行的普通股股数，差额部分相当于无对价发行的普通股，作为发行在外普通股股数的净增加。也就是说，认股权证、股份期权行权时发行的普通股可以视为两部分。一部分是按照平均市场价格发行的普通股。由于是按照市价发行的，这部分普通股导致企业经济资源流入与普通股股数同比例增加，既没有稀释作用，也没有反稀释作用，不影响每股收益金额。另一部分是无对价发行的普通股。这部分普通股由于是无对价发行，企业可利用的经济资源没有增加，但发行在外普通股股数增加，所以具有稀释性，应当计入稀释每股收益中。

增加的普通股股数 = 拟行权时转换的普通股股数 − 行权价格 × 拟行权时转换的普通股股数 ÷ 当期普通股平均市场价格

其中，普通股平均市场价格的计算，理论上应当包括该普通股每次交易的价格，但实务操作中通常对每周或每月具有代表性的股票交易价格进行简单算术平均即可。股票价格比较平稳的情况下，可以采用每周或每月股票的收盘价作为代表性价格；股票价格波动较大的情

况下,可以采用每周或每月股票最高价与最低价的平均值作为代表性价格。无论采用何种方法计算平均市场价格,计算方法一经确定,不得随意变更,除非有确凿证据表明原计算方法不再适用。当期发行认股权证或股份期权的,普通股平均市场价格应当自认股权证或股份期权的发行日起计算。

将净增加的普通股股数乘以其假设发行在外的时间权数,据此调整计算稀释每股收益的分母数。

【例34-3】某公司20×9年度归属于普通股股东的净利润为3 500万元,发行在外普通股加权平均数为7 000万股,该普通股平均每股市场价格为8元。20×8年1月1日,该公司对外发行1 200万份认股权证,行权日为20×9年3月1日,每份认股权证可以在行权日以7元的价格认购本公司1股新发的股份。该公司20×9年度的每股收益计算如下。

基本每股收益=3 500÷7 000=0.5(元/股)

调整增加的普通股股数=1 200-1 200×7÷8=150(万股)

稀释每股收益=3 500÷(7 000+150)=0.49(元/股)

34.2.4 企业承诺将回购其股份的合同

企业承诺将回购其股份的合同中规定的回购价格高于当期普通股平均市场价格时,应当考虑其稀释性。计算稀释每股收益时,与前面认股权证、股份期权的计算思路恰好相反,具体步骤如下。

(1)假设企业于期初按照当期普通股平均市场价格发行普通股,以募集足够的资金来履行回购合同;合同日晚于期初的,则假设企业于合同日按照自合同日至期末的普通股平均市场价格发行足量的普通股。该假设前提下,由于是按照市价发行普通股的,企业经济资源流入与普通股股数同比例增加,每股收益金额不变。

(2)假设回购合同已于当期期初(或合同日)履行,按照约定的行权价格回购本企业股票。

(3)比较假设发行的普通股股数与假设回购的普通股股数,差额部分作为净增加的发行在外普通股股数,再乘以相应的时间权重,据此调整计算稀释每股收益的分母数。

具体计算公式如下。

增加的普通股股数 = 回购价格 × 承诺回购的普通股股数 ÷ 当期普通股平均市场价格 – 承诺回购的普通股股数。

【例34-4】某公司20×9年度归属于普通股股东的净利润为600万元,发行在外普通股加权平均数为2 000万股。20×9年3月2日,该公司与股东签订一份远期回购合同,承诺一年后以每股4.5元的价格回购其发行在外的200万股普通股。假设,该普通股20×9年3月至12月平均市场价格为4元。该公司20×9年度的每股收益计算如下。

基本每股收益=600÷2 000=0.3(元/股)

调整增加的普通股股数 = 200×4.5÷4-200=25(万股)

稀释每股收益=600÷(2 000+25×10÷12)=0.30(元/股)

34.2.5 多项潜在普通股

企业对外发行不同潜在普通股的，单独考察其中某潜在普通股可能具有稀释作用，但如果和其他潜在普通股一并考察时可能恰恰变为反稀释作用。例如，某公司先后发行甲、乙两种可转换债券（票面利率和转换价格均不同），甲债券导致的增量股每股收益为 1.5 元，乙债券导致的增量股每股收益为 3.5 元，假设基本每股收益为 4 元。如果分别考察甲、乙两种可转换债券，增量股每股收益小于基本每股收益，两种债券都具有稀释作用。另外，由于增量股每股收益越小，其稀释作用越大，甲债券的稀释作用大于乙债券的稀释作用。然而，如果综合考察甲、乙两种可转换债券，先计入甲债券使得每股收益稀释为 3.1 元，若再计入乙债券则使得每股收益反弹为 3.4 元，因此，乙债券在这种情况下不再具有稀释作用，不应计入稀释每股收益中。

为了反映潜在普通股最大的稀释作用，应当按照各潜在普通股的稀释程度从大到小的顺序计入稀释每股收益，直至稀释每股收益达到最小值为止。稀释程度根据增量股的每股收益衡量，即假定稀释性潜在普通股转换为普通股的情况下，将增加的归属于普通股股东的当期净利润除以增加的普通股股数的金额。需要强调的是，企业每次发行的潜在普通股应当视作不同的潜在普通股，分别判断其稀释性，而不能将其作为一个总体考虑。通常情况下，股份期权和认股权证排在前面计算，因为其假设行权一般不影响净利润。

对外发行多项潜在普通股的企业应当按照下列步骤计算稀释每股收益。

（1）列出企业在外发行的各潜在普通股。

（2）假设各潜在普通股已于当期期初或发行日转换为普通股，确定其对归属于普通股股东当期净利润的影响金额。可转换公司债券的假设转换一般会增加当期净利润金额；股份期权和认股权证的假设行权一般不影响当期净利润。

（3）确定各潜在普通股假设转换后将增加的普通股股数。值得注意的是，稀释性股份期权和认股权证假设行权后，计算增加的普通股股数不是发行的全部普通股股数，而应当是其中无对价发行部分的普通股股数。

（4）计算各潜在普通股的增量股每股收益，判断其稀释性。增量股每股收益越小的潜在普通股的稀释程度越大。

（5）按照潜在普通股稀释程度从大到小的顺序，将各稀释性潜在普通股分别计入稀释每股收益中。分步计算过程中，如果下一步得出的每股收益小于上一步得出的每股收益，表明新计入的潜在普通股具有稀释作用，应当计入稀释每股收益中；反之，则表明具有反稀释作用，不计入稀释每股收益中。

（6）最后得出的最小每股收益金额即为稀释每股收益。

对外发行多项潜在普通股的企业计算稀释每股收益的流程如图 34-4 所示。

第34章 每股收益

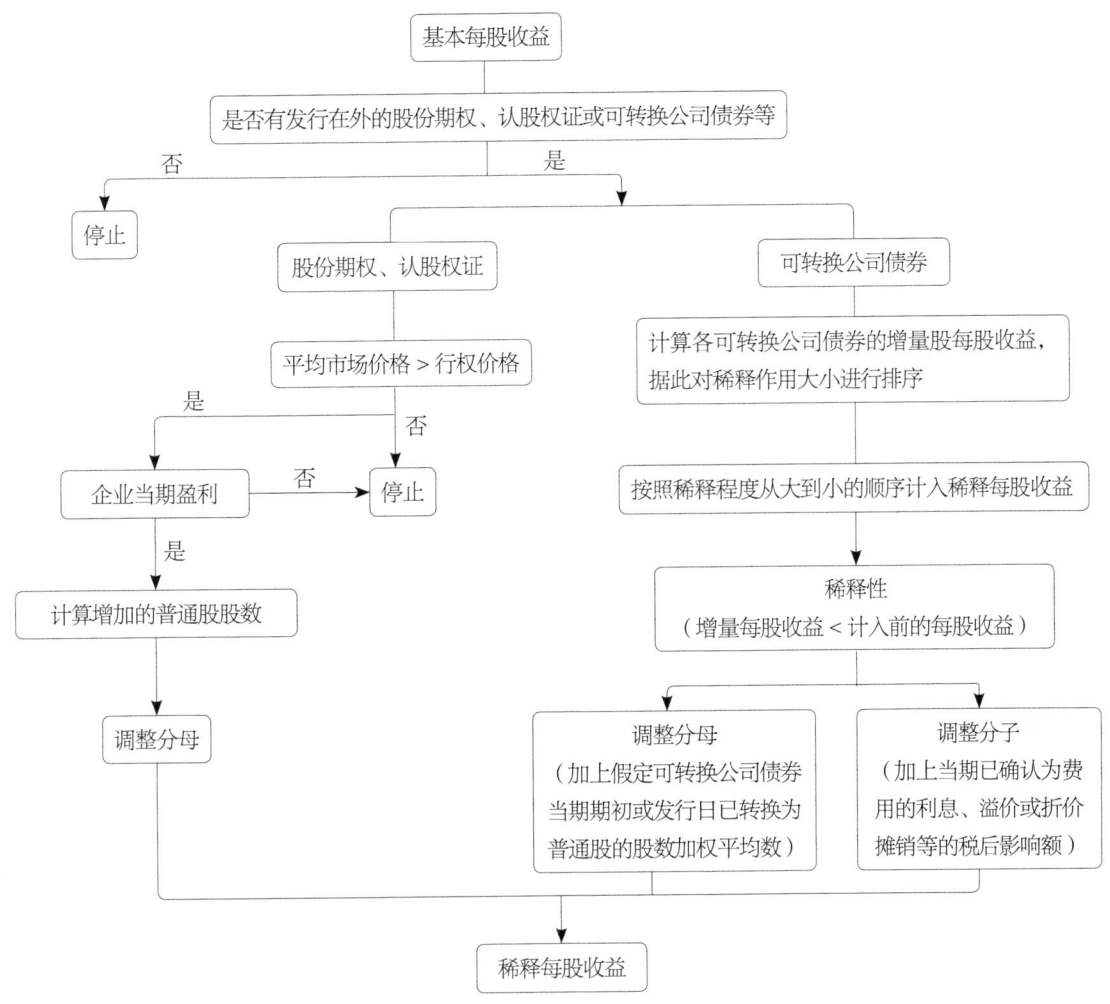

图 34-4 稀释每股收益的计算流程

【例 34-5】某公司 20×9 年度归属于普通股股东的净利润为 5 600 万元，发行在外普通股加权平均数为 19 000 万股。年初已发行在外的潜在普通股有：认股权证 7 700 万份，每份认股权证可以在行权日以 7 元的价格认购 1 股本公司新发股票；按面值发行的 5 年期可转换公司债券 72 000 万元，债券每张面值 100 元，票面年利率为 2.5%，转股价格为每股 12.5 元，即每 100 元债券可转换为 8 股面值为 1 元的普通股；按面值发行的三年期可转换公司债券 140 000 万元，债券每张面值 100 元，票面年利率为 1.4%，转股价格为每股 10 元，即每 100 元债券可转换为 10 股面值为 1 元的普通股。当期普通股平均市场价格为 11 元，年度内没有认股权证被行权，也没有可转换公司债券被转换或赎回，所得税税率为 25%。假设不考虑可转换公司债券在负债和权益成分的分拆，且债券票面利率等于实际利率。

该公司 20×9 年度每股收益计算如下。

基本每股收益 =5 600÷19 000=0.29（元/股）

1. 计算稀释每股收益

假设潜在普通股转换为普通股，计算增量股的每股收益并排序，如表 34-1 所示。

表 34-1　增量股的每股收益

	净利润增加（万元）	股数增加（万股）	增量股的每股收益（元/股）	顺序
认股权证	—	2 800①	—	1
2.5% 债券	1 350②	5 760③	0.23	3
1.4% 债券	1 470④	14 000⑤	0.11	2

① 7 700 − 7 700×7÷11=2 800（万股）

② 72 000×2.5%×(1−25%)=1 350（万元）

③ 72 000÷12.5=5 760（万股）

④ 140 000×1.4%×(1−25%)=1 470（万元）

⑤ 140 000÷10=14 000（万股）

由此可见，认股权证的稀释性最大，2.5%可转债的稀释性最小。

2. 分步计入稀释每股收益

分步计入稀释每股收益的结果如表 34-2 所示。

表 34-2　稀释每股收益

	净利润（万元）	股数（万股）	每股收益（元/股）	稀释性
基本每股收益	5 600	19 000	0.29	
认股权证	0	2 800		
	5 600	21 800	0.26	稀释
1.4% 债券	1 470	14 000		
	7 070	35 800	0.20	稀释
2.5% 债券	1 350	5 760		
	8 420	41 560	0.20	反稀释

因此，稀释每股收益为 0.20 元。

34.2.6　子公司、合营企业或联营企业发行的潜在普通股

子公司、合营企业、联营企业发行能够转换成其普通股的稀释性潜在普通股，不仅应当包括在其稀释每股收益计算中，而且还应当包括在合并稀释每股收益以及投资者稀释每股收益的计算中。

【例 34-6】甲公司 20×9 年度归属于普通股股东的净利润为 60 000 万元（不包括子公司乙公司利润或乙公司支付的股利），发行在外普通股加权平均数为 55 000 万股，持有乙公司 80% 的普通股股权。乙公司 20×9 年度归属于普通股股东的净利润为 36 000 万元，发行在外普通股加权平均数为 15 000 万股，该普通股当年平均市场价格为 8 元。20×9 年年初，乙公司对外发行 1 000 万份可用于购买其普通股的认股权证，行权价格为 5 元，甲公司持有 20 万份认股权证，当年无认股权证被行权。假设除股利外，母子公司之间没有其他需抵销的内部交易；甲公司取得对乙公司投资时，乙公司各项可辨认资产等的公允价值与其账面价值一致。20×9 年度每股收益计算如下。

1. 子公司每股收益

(1) 基本每股收益 = 36 000÷15 000=2.4（元／股）

(2) 调整增加的普通股股数 =1 000−1 000×4÷8 =500（万股）

稀释每股收益 =36 000÷（15 000+500）=2.32（元／股）

2. 合并每股收益

(1) 归属于母公司普通股股东的母公司净利润 =60 000（万元）

包括在合并基本每股收益计算中的子公司净利润部分 =2.4×15 000×80%=28 800（万元）

基本每股收益 =（60 000+28 800）÷55 000=1.61（元／股）

(2) 子公司净利润中归属于普通股且由母公司享有的部分 =2.32×15 000×80%=27 840（万元）

子公司净利润中归属于认股权证且由母公司享有的部分 =2.32×500×20÷1 000=23.2（万元）

稀释每股收益 =（60 000+27 840+23.2）÷55 000=1.60（元／股）

34.3　每股收益的列报

34.3.1　重新计算

（一）派发股票股利、公积金转增资本、拆股和并股

企业派发股票股利、公积金转增资本、拆股或并股等，会增加或减少其发行在外普通股或潜在普通股的数量，但并不影响所有者权益金额。这既不影响企业所拥有或控制的经济资源，也不改变企业的盈利能力，即意味着同样的损益现在要由扩大或缩小了的股份规模来享有或分担。因此，为了保持会计指标的前后期可比性，企业应当在相关报批手续全部完成后，按调整后的股数重新计算各列报期间的每股收益。上述变化发生于资产负债表日至财务报告批准报出日之间的，应当以调整后的股数重新计算各列报期间的每股收益。

【例34-7】某企业20×8年和20×9年归属于普通股股东的净利润分别为1 600万元和1 750万元；20×8年1月1日发行在外的普通股830万股，20×8年4月1日按市价新发行普通股200万股；20×9年7月1日分派股票股利，以20×8年12月31日总股本1 010万股为基数，每10股送3股。假设不存在其他股数变动因素。

20×9年度比较利润表中基本每股收益的计算如下。

20×9年发行在外的普通股加权平均数 =（830+200+303）×12÷12 =1 333（万股）

20×8年发行在外的普通股加权平均数 =830×1.3×12÷12+200×1.3×9÷12=1 274（万股）

20×9年度基本每股收益 =1 750÷1 333=1.31（元／股）

20×8年度基本每股收益 =1 600÷1 274=1.26（元／股）

（二）配股

配股在计算每股收益时比较特殊，因为它是向全部现有股东以低于当前股票市价的价格发行普通股的,实际上可以理解为按市价发行股票和无对价送股的混合体。也就是说,配股中包含的送股因素具有与股票股利相同的效果,导致发行在外普通股股数增加的同时,却没有相应的经济资源流入。因此,计算基本每股收益时,企业应当考虑配股中的送股因素,将这部分无对价的送股(注意不是全部配发的普通股)视同列报最早期间期初就已发行在外,并据以调整各列报期间发行在外普通股的加权平均数,计算各列报期间的每股收益。

为此,企业首先应当计算出一个调整系数,再用配股前发行在外普通股的股数乘以该调整系数,得出计算每股收益时应采用的普通股股数。相关计算公式如下。

每股理论除权价格 =(行权前发行在外普通股的公允价值总额 + 配股收到的款项)÷ 行权后发行在外的普通股股数

调整系数 = 行权前发行在外普通股的每股公允价值 ÷ 每股理论除权价格

因配股重新计算的上年度基本每股收益 = 上年度基本每股收益 ÷ 调整系数

本年度基本每股收益 = 归属于普通股股东的当期净利润 ÷(配股前发行在外普通股股数 × 调整系数 × 配股前普通股发行在外的时间权重 + 配股后发行在外普通股加权平均数)

【例34-8】某企业20×9年度归属于普通股股东的净利润为22 000万元;20×9年1月1日发行在外普通股股数为7 600万股;20×9年6月10日,该企业发布增资配股公告,向截止到20×9年6月30日(股权登记日)所有登记在册的老股东配股,配股比例为每4股配1股,配股价格为每股6元,除权交易基准日为20×9年7月1日。假设行权前一日的市价为每股11元,20×8年度基本每股收益为2.56元。

20×9年度比较利润表中基本每股收益的计算如下。

每股理论除权价格 =(11×7 600+6×1 900)÷(7 600+1 900)=10(元)

调整系数 = 11÷10 = 1.1

因配股重新计算的20×8年度基本每股收益 = 2.56÷1.1 = 2.33(元/股)

20×9年度基本每股收益 = 22 000÷(7 600×1.1×6÷12+9 500×6÷12)= 2.46(元/股)

需要特别说明的是,企业向特定对象以低于当前市价的价格发行股票的,不考虑送股因素。虽然它与配股具有相似的特征,即发行价格低于市价,但是,后者属于向非特定对象增发股票,而前者往往是企业出于某种战略考虑或其他动机向特定对象以较低的价格发行股票,或者特定对象除认购股份以外还需以其他形式予以补偿。因此,倘若综合这些因素,向特定对象发行股票的行为可以视为不存在送股因素,视同发行新股处理。

(三)以前年度损益的追溯调整或追溯重述

按照《企业会计准则第28号——会计政策、会计估计变更和差错更正》的规定,企业对以前年度损益进行追溯调整或追溯重述时,应当重新计算各列报期间的每股收益。

34.3.2 列报

对于普通股或潜在普通股已公开交易的企业以及正处于公开发行普通股或潜在普通股过程中的企业,如果其不存在稀释性潜在普通股,则应当在利润表中单独列示基本每股收益;如果存在稀释性潜在普通股,则应当在利润表中单独列示基本每股收益和稀释每股收益。企业编制比较财务报表时，若各列报期间中只要有一个期间列示了稀释每股收益，那么所有列报期间均应当列示稀释每股收益，即使其金额与基本每股收益相等。

企业对外提供合并财务报表的，仅要求其以合并财务报表为基础计算每股收益，并在合并财务报表中予以列报；与合并财务报表一同提供的母公司财务报表中不要求计算和列报每股收益，如果企业自行选择列报，应以母公司个别财务报表为基础计算每股收益，并在其个别财务报表中予以列报。

企业应当在附注中披露与每股收益有关的下列信息。

（1）基本每股收益和稀释每股收益分子、分母的计算过程。

（2）列报期间不具有稀释性但以后期间很可能具有稀释性的潜在普通股。

（3）在资产负债表日至财务报告批准报出日之间，企业发行在外普通股或潜在普通股发生重大变化的情况。

企业如有终止经营的情况，应当在附注中分别持续经营和终止经营披露基本每股收益和稀释每股收益。

第 35 章
分部报告

分部报告的会计处理流程如图 35-1 所示。

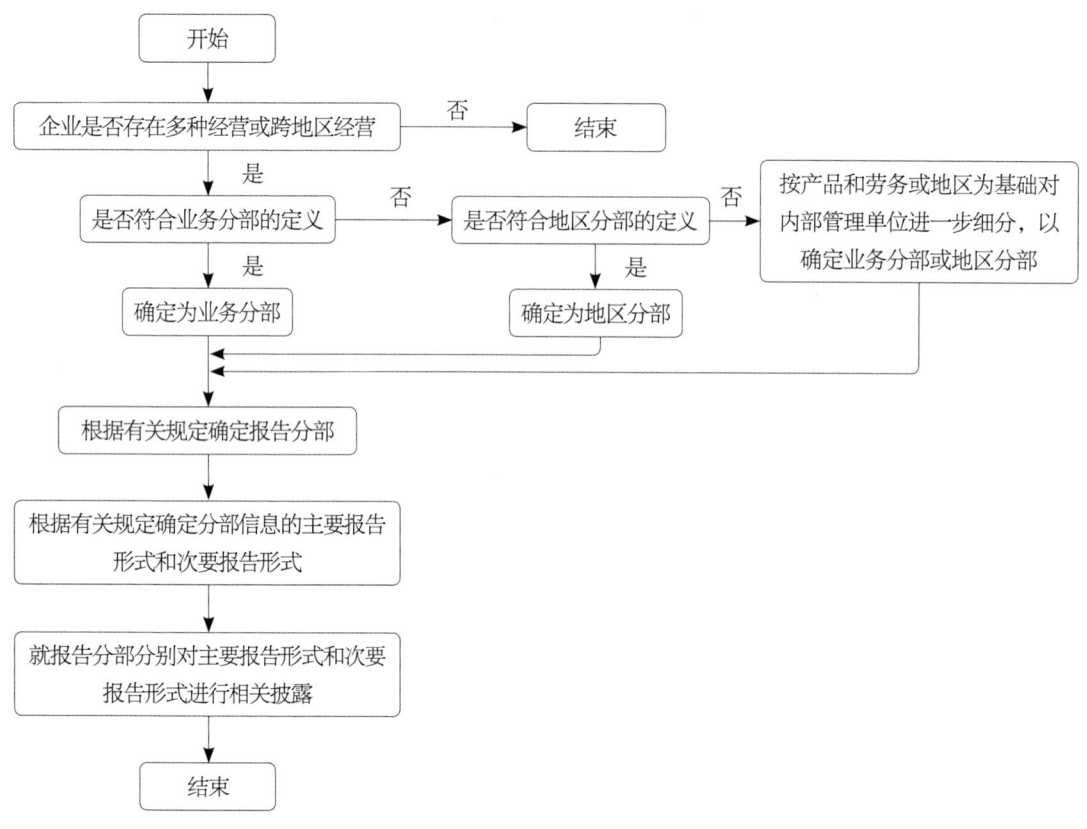

图 35-1 分部报告的会计处理流程

35.1 分部报告概述

35.1.1 分部报告的定义

《企业会计准则第 35 号——分部报告》（简称"分部报告准则"）规定，企业存在多种经营或跨地区经营的，应当按照本准则规定披露分部信息。但是，法律、行政法规另有规定的除外。企业应当以对外提供的财务报表为基础披露分部信息。对外提供合并财务报表的企业，应当以合并财务报表为基础披露分部信息。

35.1.2 编制分部报告的意义

《企业会计准则讲解》指出，企业提供分部信息是十分有必要的：企业提供分部信息，能够帮助会计信息使用者更好地理解企业以往的经营业绩，更好地评估企业的风险和报酬，以便更好地把握企业整体的经营情况，对未来的发展趋势做出合理的预期。随着企业跨行业和跨地区经营，许多企业开始生产和销售各种各样的产品和提供多种劳务。这些产品和劳务广泛分布于各个行业或不同地区。由于企业各种产品在其整体的经营活动中所占的比重各不相同，其营业收入、成本费用以及产生的利润（亏损）也不尽相同。同样地，每种产品（或提供的劳务）在不同地区的经营业绩也存在差异。只有分析每种产品（或所提供劳务）和不同经营地区的经营业绩，才能更好地把握企业整体的经营业绩。企业的整体风险是由企业经营的各个业务部门（或品种）或各个经营地区的风险和报酬构成的。一般来说，企业在不同业务部门和不同地区的经营，会具有不同的利润率、发展机会、未来前景和风险。要评估企业整体的风险和报酬，必须借助企业在不同业务和不同地区经营的信息（分部信息）。

35.2 报告分部的确定

35.2.1 业务分部

《企业会计准则第35号——分部报告》规定，业务分部是指企业内可区分的、能够提供单项或一组相关产品或劳务的组成部分。该组成部分承担了不同于其他组成部分的风险和报酬。

企业在确定业务分部时，应当结合企业内部管理要求，并考虑下列因素。

（1）各单项产品或劳务的性质，包括产品或劳务的规格、型号、最终用途等。

（2）生产过程的性质，包括采用劳动密集或资本密集方式组织生产、使用相同或者相似设备和原材料、采用委托生产或加工方式等。

（3）产品或劳务的客户类型，包括大宗客户、零散客户等。

（4）销售产品或提供劳务的方式，包括批发、零售、自产自销、委托销售、承包等。

（5）生产产品或提供劳务受法律、行政法规的影响，包括经营范围或交易定价限制等。

《企业会计准则讲解》对上述规定做了如下讲解：企业在确定业务分部时，主要是看作为某一分部的组成部分是否承担了不同于其他组成部分的风险和报酬。对于某些企业而言，某一业务部门可能是一个业务分部，也可能由若干个业务部门组成一个业务分部；企业可能将生产某一种产品或提供某种劳务的部门作为一个业务分部，也可能将生产若干种（一组）相关产品或提供一组劳务的部门作为一个业务分部。作为一般规则，单个业务分部中不包括风险和报酬具有显著差异的产品或劳务。

通常情况下，一家企业的内部组织和管理结构，以及向董事会或者类似机构的内部报告制度，是企业确定分部的基础。企业在确定业务分部时，应当结合企业内部管理要求，并考虑下列因素。

1. 各单项产品或劳务的性质

各单项产品或劳务的性质包括产品或劳务的规格、型号、最终用途等。一般情况下，生产的产品和提供的劳务的性质相同或相似的，其风险、报酬率及其成长率可能较为接近，因此，可以将其划分到同一业务分部之中。而对于性质完全不同的产品或劳务，则不能将其划分到同一业务分部之中。例如，某企业的生产经营范围包括机械制造、旅游及餐饮业、交通运输、合成纤维生产等，在确定业务分部时，必须分别将其作为不同的业务分部处理，而不能将机械制造与旅游及餐饮业作为一个业务分部处理。

2. 生产过程的性质

生产过程的性质包括采用劳动密集或资本密集方式组织生产、使用相同或者相似设备和原材料、采用委托生产或加工方式等。生产过程相同或相似的，可以将其划分为一个业务分部，如按资本密集型和劳动密集型划分业务部门。对于资本密集型的部门来说，其占用的设备较为先进，占用的固定资产较多，相应所负担的折旧费也较多，其经营成本受资产折旧费用影响较大，受技术进步因素的影响也较大；而对于劳动密集型部门来说，其使用的劳动力较多，相对而言劳动力的成本即人工费用的影响较大，其经营成果受人工成本的影响很大。

3. 产品或劳务的客户类型

产品或劳务的客户类型包括大宗客户、零散客户等。对于购买产品或接受劳务的同一类型的客户，如果其销售条件基本相同，如具有相同或相似的销售价格、销售折扣，相同或相似的售后服务，那么具有相同或相似的风险和报酬。而不同的客户，其销售条件不尽相同，由此可能导致其具有不同的风险和报酬。例如，某计算机生产企业，其生产的计算机可以分为商用计算机和个人用计算机，其中，商用计算机主要销售客户是企业，一般是大宗购买，对计算机专用性要求比较强，售后服务相对较为集中；而对于个人用计算机，客户对计算机的通用性要求较高，其售后服务相对较为分散。

4. 销售产品或提供劳务的方式

销售产品或提供劳务的方式包括批发、零售、自产自销、委托销售、承包等。企业销售产品或提供劳务的方式不同，其承受的风险和报酬也不相同。例如，在赊销方式下，可以扩大销售规模，但发生的收账费用较大，并且发生应收账款坏账的风险也很大；而在现销方式下，则不存在应收账款的坏账问题，不会发生收账费用，但销售规模的扩大有限。

5. 生产产品或提供劳务受法律、行政法规的影响

生产产品或提供劳务受法律、行政法规的影响，包括经营范围或交易定价限制等。企业生产产品或提供劳务总是处于一定的经济法律环境之下的，其所处的环境必然对其经营活动产生影响。对在不同法律环境下生产的产品或提供的劳务进行分类，进而向会计信息使用者提供不同法律环境下产品生产或劳务的信息，有利于会计信息使用者对企业未来的发展走向做出判断和预测。对相同或相似法律环境下的产品生产或劳务提供进行归类，以提供其经营活动所生成的信息，同样有利于明晰地反映该类产品生产和劳务提供的会计信息。例如，商业银行、保险公司等金融企业易受特别的、严格的监管政策，在考虑该类企业确定分部产品和劳务是否相关时，应当考虑所受监管政策的影响。

但是，企业在具体确定业务分部时，特定的分部不大可能同时符合上述列明的全部因素。通常情况下，业务分部应当在包含了上述所列明的大部分因素时予以确定。

35.2.2 地区分部

《企业会计准则第35号——分部报告》规定，地区分部是指企业内可区分的、能够在一个特定的经济环境内提供产品或劳务的组成部分。该组成部分承担了不同于在其他经济环境内提供产品或劳务的组成部分的风险和报酬。

企业在确定地区分部时，在结合企业内部管理要求的同时，需考虑下列因素。

（1）所处经济、政治环境的相似性，包括境外经营所在地区经济和政治的稳定程度等。

（2）在不同地区经营之间的关系，包括在某地区进行产品生产，而在其他地区进行销售等。

（3）经营的接近程度大小，包括在某地区生产的产品是否需在其他地区进一步加工生产等。

（4）与某一特定地区经营相关的特别风险，包括气候异常变化等。

（5）外汇管理规定，即境外经营所在地区是否实行外汇管制。

（6）外汇风险。

《企业会计准则讲解》对上述规定进行了如下补充。企业在确定地区分部时，主要是看作为某一分部的组成部分是否承担了不同于其他组成部分的风险和报酬，而不单纯是以某个行政区域作为划分依据。一般地，单个地区分部中不包括风险和报酬具有显著差异的经济环境。因此，作为某个地区分部的生产或经营区域，应当具有相同或相似的风险和报酬。这一区域可以是单一国家（或地区），也可以是两个或两个以上具有相同或相似经营风险和报酬的国家（或地区）的组合；可以是一个国家内的一个行政区域，也可以是一个国家两个或两个以上行政区域的组合。对于在具有不同重大风险和报酬环境中经营的区域，则不能将其作为同一个地区分部处理。

企业的风险和报酬，既可能受到其资产（经营）的地理位置的极大影响，也可能受到客户（市场）的地理位置的极大影响。前者是指产品的生产地或提供劳务的主要场所（即资产所在地），后者是指产品的销售地或者劳务的提供地（即客户所在地）。在实务中，风险和报酬可能来自前者，也可能来自后者。然而，企业的组织形式和内部报告结构通常会提供证据，用于判断企业的地区风险究竟是来自资产所在地还是来自客户所在地。企业在确定地区分部时，应当考虑分部经营活动的主要风险和报酬是与其生产产品或提供劳务的地区相关的，还是与其经营活动的市场及客户所在地区更相关的，从而选择以资产所在地或者客户所在地为基础确定地区分部。如果分部经营活动的主要风险和报酬与其生产产品或提供劳务的地区相关，则应当选择以资产所在地划分地区分部；如果分部经营活动的主要风险和报酬与其经营活动的市场及客户所在地区更相关，则应当选择以客户所在地划分地区分部。

企业在确定地区分部时，在结合企业内部管理要求的同时，需考虑下列因素。

1. 所处经济、政治环境的相似性

所处经济、政治环境的相似性包括境外经营所在地区经济和政治的稳定程度等。不同生产经营所在地经济、政治环境的差异，意味着其生产经营活动所面临的经济、政治风险的不同，因此，不能将其归并为一个地区分部。反之，对于经济、政治环境基本相似的国家或地区，在确定地区分部时应将其归并为一个地区分部。

2. 在不同地区经营之间的关系

在不同地区经营之间的关系包括在某地区进行产品生产，而在其他地区进行销售等。在不同地区的经营之间存在着紧密的联系,意味着这些不同地区的经营具有相同的风险和报酬,应当将这些地区的经营作为一个地区分部处理。反之,当两个地区的经营之间没有直接的联系时,则不应将其作为一个地区分部处理。

3. 经营的接近程度大小

经营的接近程度大小包括在某地区生产的产品是否需在其他地区进一步加工生产等。生产经营接近程度较高的地区,表明其在生产经营方面所面临的风险和报酬基本相同,在确定地区分部时,应当将生产经营接近程度较高的地区作为一个地区分部处理。反之,生产经营接近程度不高的地区,通常表明其在生产经营方面所面临的风险和报酬不同,因此,在确定地区分部时,不将其作为一个地区分部处理。

4. 与某一特定地区经营相关的特别风险

与某一特定地区经营相关的特别风险包括气候异常变化等。如果某一特定地区在生产经营上存在着特别风险,则不能将其与其他地区分部合并作为一个地区分部处理;反之,如果某一特定地区在生产经营上并不存在着特别的经营风险,则可能会将其与其他地区分部合并作为一个地区分部处理。

5. 外汇管理规定

外汇管理规定即境外经营所在地区是否实行外汇管制。外汇管制的规定直接影响着企业内部资金的调度和转移,从而有可能影响企业的经营风险。在实行外汇管制的国家或地区,转移资金相对较为困难,要承受较大的资金转移风险;而外汇可以自由流动的国家或地区,转移资金较为容易,其资金转移风险相对较小。因此,不能将实行外汇管制的国家和地区与外汇自由流动的国家和地区,作为一个地区分部处理;对于实行外汇管制的国家和地区,也不能一概而论地将其作为一个地区分部处理。

6. 外汇风险

外汇风险即外汇汇率变动的风险。通常情况下,在外汇汇率波动不大的国家或地区,其生产经营所面临的风险和报酬基本相同,可以作为一个地区分部处理;而在外汇汇率波动较大的国家或地区,其生产经营所面临的风险和报酬不同,不能作为一个地区分部处理。

但是,企业在具体确定地区分部时,特定的分部不大可能同时符合上述列明的全部因素。通常,当包含了上述所列明的大部分因素时,就可认定为某个地区分部。

35.2.3 分部合并的条件

《企业会计准则第 35 号——分部报告》规定,两个或两个以上的业务分部或地区分部同时满足下列条件的,可以予以合并。

(1)具有相近的长期财务业绩,包括具有相近的长期平均毛利率、资金回报率、未来现金流量等。

(2)确定业务分部或地区分部所考虑的因素类似。

《企业会计准则讲解》对上述规定做了如下解释:两个或两个以上的业务分部或地区分部具有相近的长期财务业绩,通常表明这两个或两个以上的业务分部或地区分部所面临的风险和报酬相近,长期平均毛利率、资金回报率、未来现金流量等相近。如果同时满足确定业务分部或地区分部时所考虑因素的相似性，在确定业务分部或地区分部时，可以将这些业务分部或地区分部予以合并。

【例35-1】XYZ公司是一家全球性公司，其总部在美国，主要生产A、B、C、D 4个品牌的皮箱、各种手提包、公文包、皮带等，以及相关产品的运输、销售，每种产品均由独立的业务部门完成。该公司生产的产品主要销往中国、日本、美国等地。该公司各项业务20×7年12月31日的相关收入、费用、利润等信息如表35-1所示。假定经预测，生产皮箱的4个部门今后5年内平均销售毛利率与本年度差异不大，并且各品种皮箱的生产过程、客户类型、销售方式等类似，该公司将业务分部作为主要报告形式提供分部信息。

表35-1　XYZ公司20×7年财务信息

单位：元

项目	品牌A	品牌B	品牌C	品牌D	手提包	公文包	皮带	销售公司	运输公司	合计
营业收入	106 000	130 000	100 000	95 000	260 000	230 000	69 000	270 000	50 000	1 310 000
其中：对外交易	100 000	120 000	80 000	90 000	180 000	150 000	50 000	270 000	50 000	1 090 000
分部间交易	6 000	10 000	20 000	5 000	80 000	80 000	19 000			220 000
营业费用	74 200	92 300	69 000	66 500	156 000	142 600	55 200	220 000	30 000	905 800
其中：对外交易	60 000	78 300	57 000	62 000	149 000	132 000	47 200	205 000	30 000	820 500
分部间交易	14 200	14 000	12 000	4 500	7 000	10 600	8 000	15 000		85 300
营业利润	31 800	37 700	31 000	28 500	104 000	87 400	13 800	50 000	20 000	404 200
销售毛利率	30%	29%	31%	30%	40%	38%	20%	18.5%	40%	
资产总额	350 000	400 000	300 000	250 000	650 000	590 000	250 000	700 000	300 000	3 790 000
负债总额	150 000	170 000	130 000	100 000	300 000	200 000	150 000	300 000	180 000	1 680 000

从上述资料可以看出，XYZ公司生产皮箱的部门有4个，分别是生产品牌A、品牌B、品牌C、品牌D皮箱的部门，其销售毛利率分别是30%、29%、31%、30%。由于4个部门近5年平均销售毛利率差异不大，所以可以认为这4个皮箱分部具有相近的长期财务业绩。同时，A、B、C、D这4个部门都生产皮箱，其生产过程、客户类型、销售方式等类似，符合确定业务分部所考虑因素的相似性。因此，XYZ公司在确定业务分部时，可以将生产4个品牌皮箱的分部予以合并，组成一个"皮箱"分部。合并后，皮箱分部的分部收入为431 000元，分部费用为302 000元，分部利润为129 000元。

35.2.4　报告分部的确定

（一）报告分部的确定条件

《企业会计准则第35号——业务分部》规定，企业应当以业务分部或地区分部为基础确定报告分部。

业务分部或地区分部的大部分收入是对外交易收入，且满足下列条件之一的，应当将其确定为报告分部。

（1）该分部的分部收入占所有分部收入合计的 10% 或者以上。

（2）该分部的分部利润（亏损）的绝对额，占所有盈利分部利润合计额或者所有亏损分部亏损合计额的绝对额两者中较大者的 10% 或者以上。

（3）该分部的分部资产占所有分部资产合计额的 10% 或者以上。

《企业会计准则讲解》对上述规定的解释如下。

（1）该分部的分部收入占所有分部收入合计的 10% 或者以上。分部收入是指可归属于分部的对外交易收入和对其他分部交易收入。从上述定义可以看出，分部收入包括两部分：一是对外交易收入；二是对其他分部交易收入。当某分部的分部收入大部分是对外交易收入，并且满足上述条件时，则可以将其确定为报告分部；反之，当某分部的分部收入大部分是通过与其他分部交易而取得，并且企业的内部管理不属于按垂直一体化经营的不同层次来划分的，即使满足上述 10% 的条件，也不能将其确定为报告分部。

【例 35-2】沿用【例 35-1】，皮箱分部合并后，其分部收入合计 431 000 元，其中对外交易收入合计 390 000 元。对外交易收入占该分部收入合计的比例约为 90.5%（390 000÷431 000×100%），大部分收入为对外交易取得。同时，皮箱分部收入占所有分部收入合计的比例为 32.9%（431 000÷1 310 000×100%），满足了不低于 10% 的条件。因此，XYZ 公司在确定报告分部时，应当将皮箱分部确定为报告分部。

（2）该分部的分部利润（亏损）的绝对额，占所有盈利分部利润合计额或者所有亏损分部亏损合计额的绝对额两者中较大者的 10% 或者以上。分部利润（亏损）是指分部收入减去分部费用后的余额。分部费用是指可归属于分部的对外交易费用和对其他分部交易费用。当企业的分部收入大部分是通过对外交易而取得的，并且该分部的分部利润或者分部亏损的绝对额，占所有盈利分部利润合计额或者所有亏损分部亏损合计额的绝对额两者较大者的 10% 或者以上，则可以将其确定为报告分部。

（3）该分部的分部资产占所有分部资产合计额的 10% 或者以上。分部资产是指分部经营活动使用的可以归属于该分部的资产。具体来说，分部资产符合下列两个条件：一是在分部的经营中使用、可直接归属于该分部；二是能够以合理的基础分配给该分部。根据上述定义，分部资产应当包括但不限于以下项目：分部在经营活动中所使用的流动资产、固定资产、融资租入的资产、可直接归属于或者以合理的基础分配于某分部的商誉、无形资产等。而递延所得税资产，以及服务于整个企业或者管理总部的资产，则不属于分部资产。

企业在计量分部资产时，应当按照分部资产的账面价值进行计量，即按扣除相关累计折旧或摊销额以及累计减值准备后的金额计量。

若某一分部的大部分收入是对外交易收入，并且分部资产占所有分部资产合计额的 10% 或者以上，则该部分可以将其确定为报告分部。

（二）低于 10% 重要性标准的选择

《企业会计准则第 35 号——业务分部》规定，业务分部或地区分部未满足上述条件的，可以按照下列规定处理。

（1）不考虑该分部的规模，直接将其指定为报告分部。

（2）不将该分部直接指定为报告分部的，可将该分部与一个或一个以上类似的、未满足准则上述规定条件的其他分部合并为一个报告分部。

《企业会计准则讲解》对上述规定的解释如下：对分部报告的10%的重要性测试可能会导致存在多种业务或多地区经营的企业拥有大量未满足10%数量临界线的小业务分部或地区分部，在这种情况下，如果企业没有直接将这些分部指定为报告分部，则可以将一个或一个以上类似的、未满足重要性标准的小分部合并成一个报告分部。

（3）不将该分部指定为报告分部且不与其他分部合并的，应当在披露分部信息时，将其作为其他项目单独披露。

（三）报告分部75%的标准

《企业会计准则第35号——分部报告》规定，报告分部的对外交易收入合计额占合并总收入或企业总收入的比重未达到75%的，应当将其他的分部确定为报告分部，直到该比重达到75%。

（四）垂直一体化经营下报告分部的确定

《企业会计准则第35号——分部报告》规定，企业的内部管理是按照垂直一体化经营的不同层次来划分的，即使其大部分收入不通过对外交易取得，仍可将垂直一体化经营的不同层次确定为独立的报告业务分部。

（五）为提供可比信息报告分部的确定

《企业会计准则第35号——分部报告》规定，对于上期确定为报告分部的，企业本期认为其依然重要，即使本期未满足上述规定条件，仍应将其确定为本期的报告分部。

《企业会计准则讲解》对上述规定解释如下：企业在确定报告分部时，除应当遵循相应的确定标准以外，还应当考虑不同会计期间分部信息的可比性和一贯性。对于某一分部，在上期可能满足报告分部的确定条件从而确定为报告分部，但本期可能并不满足报告分部的确定条件。此时，如果企业认为该分部仍然重要，单独披露该分部的信息能够更有助于报表使用者了解企业的整体情况，则不需考虑该分部的规模，仍应当将该分部确定为本期的报告分部。

35.3 分部信息的披露

35.3.1 分部信息披露的主要报告形式和次要报告形式

《企业会计准则第35号——分部报告》规定，企业应当区分主要报告形式和次要报告形式披露分部信息。具体如下。

（1）风险和报酬主要受企业的产品和劳务差异影响的，披露分部信息的主要形式应当是业务分部，次要形式是地区分部。

（2）风险和报酬主要受企业在不同的国家或地区经营活动影响的，披露分部信息的主要形式应当是地区分部，次要形式是业务分部。

（3）风险和报酬同时较大地受企业产品和劳务的差异以及经营活动所在国家或地区差异

影响的，披露分部信息的主要形式应当是业务分部，次要形式是地区分部。

《〈企业会计准则第 35 号——分部报告〉解释》对上述规定进行了补充。在确定报告分部的主要报告形式和次要报告形式时，应当考虑风险和报酬的主要来源和性质为依据，同时结合企业的内部组织结构、管理结构以及向董事会或类似机构的内部报告制度。

企业风险和报酬的主要来源和性质，通常与其提供的产品和劳务，或者经营所在国家或地区密切相关。企业在分析所承担的风险和报酬时，应当注意以下因素。

（1）所生产产品或劳务的性质、过程、客户类型、销售方式。

（2）所生产产品或提供劳务受法律、行政法规的影响等。

（3）所处经济、政治环境等。

企业内部组织结构和管理结构以及对董事会和总经理的内部财务报告制度的安排，通常会考虑企业的风险和报酬的来源和性质，因而是确定企业风险和报酬的主要来源和性质的基础。也就是说，企业内部组织结构、管理结构和内部财务报告制度与其产品和劳务或经营所在地区相关，应当以此确定报告分部的主要报告形式和次要报告形式。

35.3.2 主要报告形式下分部信息的披露

《企业会计准则第 35 号——分部报告》规定，对于主要报告形式，企业应当在附注中披露分部收入、分部费用、分部利润（亏损）、分部资产总额和分部负债总额等。

（一）分部收入

分部收入是指可归属于分部的对外交易收入和对其他分部交易收入。分部的对外交易收入和对其他分部交易收入，应当分别披露。

《〈企业会计准则第 35 号——分部报告〉应用指南》对上述规定解释如下：分部收入是指可归属于分部的对外交易收入和对其他分部交易收入。分部收入主要由可归属于分部的对外交易收入构成，通常为营业收入，下列项目不包括在内。

（1）利息收入和股利收入，如采用成本法核算的长期股权投资股利收入（投资收益）、债券投资的利息收入、对其他分部贷款的利息收入，但分部日常活动是金融性质的除外。

（2）采用权益法核算的长期股权投资在被投资单位实现的净收益中应享有的份额以及处置投资形成的净收益。但是，分部的日常活动是金融性质的除外。

（3）营业外收入，如处置固定资产、无形资产等产生的净收益。

（二）分部费用

分部费用是指可归属于分部的对外交易费用和对其他分部交易费用。分部的折旧费用、摊销费用以及其他重大的非现金费用，应当分别披露。

《〈企业会计准则第 35 号——分部报告〉应用指南》对上述规定解释如下。分部费用是指可归属于分部的对外交易费用和对其他分部交易费用。分部费用通常包括营业成本、销售费用等，下列项目不包括在内。

（1）利息费用，如发行债券、向其他分部借款的利息费用，但分部日常活动是金融性质的除外。

（2）采用权益法核算的长期股权投资在被投资单位发生的净损失中应承担的份额以及处

置投资形成的净损失。但是，分部的日常活动是金融性质的除外。

（3）与企业整体相关的管理费用和其他费用。但是，企业代所属分部支付的、与分部经营活动相关的、能直接归属于或按合理基础分配给该分部的费用，属于分部费用。

（4）营业外支出，如处置固定资产、无形资产等发生的净损失。

（5）所得税费用。

（三）分部利润（亏损）

分部利润（亏损）是指分部收入减去分部费用后的余额。在合并利润表中，分部利润（亏损）应当在调整少数股东损益前确定。

（四）分部资产

分部资产是指分部经营活动使用的可归属于该分部的资产，不包括递延所得税资产。

分部资产的披露金额应当按照扣除相关累计折旧或摊销额以及累计减值准备后的金额确定。

披露分部资产总额时，当期发生的在建工程成本总额、购置的固定资产和无形资产的成本总额，应当单独披露。

（五）分部负债

分部负债是指分部经营活动形成的可归属于该分部的负债，不包括递延所得税负债。

35.3.3　分部信息与企业合并财务报表或企业财务报表总额信息的衔接

《企业会计准则第 35 号——分部报告》规定，企业披露的分部信息，应当与合并财务报表或企业财务报表中的总额信息相衔接。

（一）分部收入应当与企业的对外交易收入（包括企业对外交易取得的、未包括在任何分部收入中的收入）相衔接

《企业会计准则讲解》对上述规定进行了说明：企业的对外交易收入包括企业对外交易取得的、未包括在任何分部收入中的收入；分部收入在与企业的对外交易收入相衔接时，需要将分部之间的内部交易进行抵销，各个报告分部的对外交易收入加上未包含在任何分部中的对外交易收入金额之和，应当与企业的对外交易收入总额一致。

（二）分部利润（亏损）应当与企业营业利润（亏损）和企业净利润（净亏损）相衔接

《企业会计准则讲解》对上述规定进行了说明：由于分部收入和分部费用与企业的对外交易收入和对外交易费用存在差异，导致企业分部利润（亏损）与企业营业利润（亏损）和企业净利润（净亏损）之间也存在一定差异。例如，非金融企业的长期股权投资实现的投资收益，构成了企业营业利润的一个组成，但却不属于分部利润；企业的净利润是通过利润总额扣除所得税费用以后计算得来的，但分部利润的计算并没有考虑所得税的扣除因素。因此，企业的分部利润（亏损）在进一步考虑不属于分部的收入或费用等调整因素之后，可以计算出企业的营业利润（亏损）和企业的净利润（净亏损）。

（三）分部资产总额应当与企业资产总额相衔接

《企业会计准则讲解》对上述规定进行了说明：企业资产总额由归属于分部的资产总额和未分配给各个分部的资产总额组成；分部资产总额加上未分配给各个分部的资产总额的合计额，与企业资产总额相一致。

（四）分部负债总额应当与企业负债总额相衔接

《企业会计准则讲解》对上述规定进行了说明：与分部资产的衔接相同，企业负债总额由归属于分部的负债总额和未分配给各个分部的负债总额组成；分部负债总额加上未分配给各个分部的负债总额的合计额，与企业负债总额相一致。

35.3.4　次要报告形式下分部信息的披露

（一）采用业务分部作为主要报告形式下次要信息的披露

分部信息的主要报告形式是业务分部的，应当就次要报告形式披露下列信息。

（1）对外交易收入占企业对外交易收入总额10%或者以上的地区分部，以外部客户所在地为基础披露对外交易收入。

（2）分部资产占所有地区分部资产总额10%或者以上的地区分部，以资产所在地为基础披露分部资产总额。

（二）采用地区分部作为主要报告形式下次要信息的披露

分部信息的主要报告形式是地区分部的，应当就次要报告形式披露下列信息。

（1）对外交易收入占企业对外交易收入总额10%或者以上的业务分部，应当披露对外交易收入。

（2）分部资产占所有业务分部资产总额10%或者以上的业务分部，应当披露分部资产总额。

35.3.5　其他披露要求

企业在编制分部报告时，除对上述信息进行披露以外，还应当对下列内容进行披露。

（一）分部间转移价格的确定及变更

《企业会计准则第35号——分部报告》规定，分部间转移交易应当以实际交易价格为基础计量。转移价格的确定基础及其变更情况，应当予以披露。

《企业会计准则讲解》对上述规定的解释如下。企业在计量分部之间发生的交易收入时，需要确定分部间转移交易价格。一般情况下，分部之间的交易定价不同于市场公允交易价格，为准确计量分部间转移交易，企业在确定分部间交易收入时，应当以实际交易价格为基础计量。转移价格的确定基础应当在附注中予以披露。同时，企业不同期间生产的产品的成本等的不同，可能会导致不同期间分部间转移价格的确定产生差异，因此，转移交易价格的变更情况，也应当在附注中进行披露。

（二）分部会计政策的披露

《企业会计准则第35号——分部报告》规定，企业应当披露分部会计政策，但分部会计政策与合并财务报表或企业财务报表一致的除外。

分部会计政策变更影响重大的，应当按照《企业会计准则第 28 号——会计政策、会计估计变更和差错更正》进行披露，并提供相关比较数据。提供比较数据不切实可行的，应当说明原因。企业改变分部的分类且提供比较数据不切实可行的，应当在改变分部分类的年度，分别披露改变前和改变后的报告分部信息。

分部会计政策是指编制合并财务报表或企业财务报表时采用的会计政策，以及与分部报告特别相关的会计政策。与分部报告特别相关的会计政策包括分部的确定、分部间转移价格的确定方法，以及将收入和费用分配给分部的基础等。

根据《企业会计准则讲解》，由于分部信息是企业整体财务信息的一个分解，所以企业提供分部信息所采用的会计政策，应当与编制企业集团合并财务报表或企业财务报表时所采用的会计政策一致。同时，由于分部信息不同于企业整体财务信息，而某些分部信息对于外部会计信息使用者来说是有用的和相关的，所以，企业提供分部信息时除采用与编制企业集团合并财务报表或企业财务报表时相一致的会计政策以外，还会采用一些与分部特别相关的会计政策，即使这些与分部特别相关的会计政策不同于企业编制集团合并财务报表或企业财务报表时所采用的会计政策。

按照相关规定，企业应当披露分部会计政策。但是，如果分部会计政策与合并财务报表或企业财务报表一致，并且已按《企业会计准则第 30 号——财务报表列报》和《企业会计准则第 33 号——合并财务报表》等规定在附注中进行了相关披露，则不需要在披露分部信息时重复披露。

有些会计政策变更只与分部报告相关，例如分配分部收入和费用的基础发生的变更等。这种变更不会影响到企业合并财务报表或企业财务报表的总额信息。当企业改变了其分部信息采用的会计政策，并且这种变更对分部信息产生了实质性的影响时，企业应当披露这一变更情况，具体按照《企业会计准则第 28 号——会计政策、会计估计变更和差错更正》的规定披露，并按规定提供相关比较数据。如果提供比较数据是不切实可行的，则企业应当说明原因。例如，企业因管理战略改变对经营业务范围做出变更或对经营地区做出调整，使企业原已确定的业务分部或地区分部中所面临的风险和报酬产生较大差异，从而使企业必须改变原对分部所做的分类。在这种情况下，企业就应当对此项分部会计政策变更予以披露。

（三）比较信息的披露

《企业会计准则第 35 号——分部报告》规定，企业在披露分部信息时，应当提供前期比较数据。但是，提供比较数据不切实可行的除外。

根据《企业会计准则讲解》，对于某一分部，如果本期满足报告分部的确定条件从而确定为报告分部，即使前期没有满足报告分部的确定条件从而未确定为报告分部，也应当提供前期的比较数据。但是，提供比较数据不切实可行的除外。

第36章
关联方披露

《企业会计准则第 36 号——关联方披露》（简称"关联方披露准则"）的基本框架如图 36-1 所示。

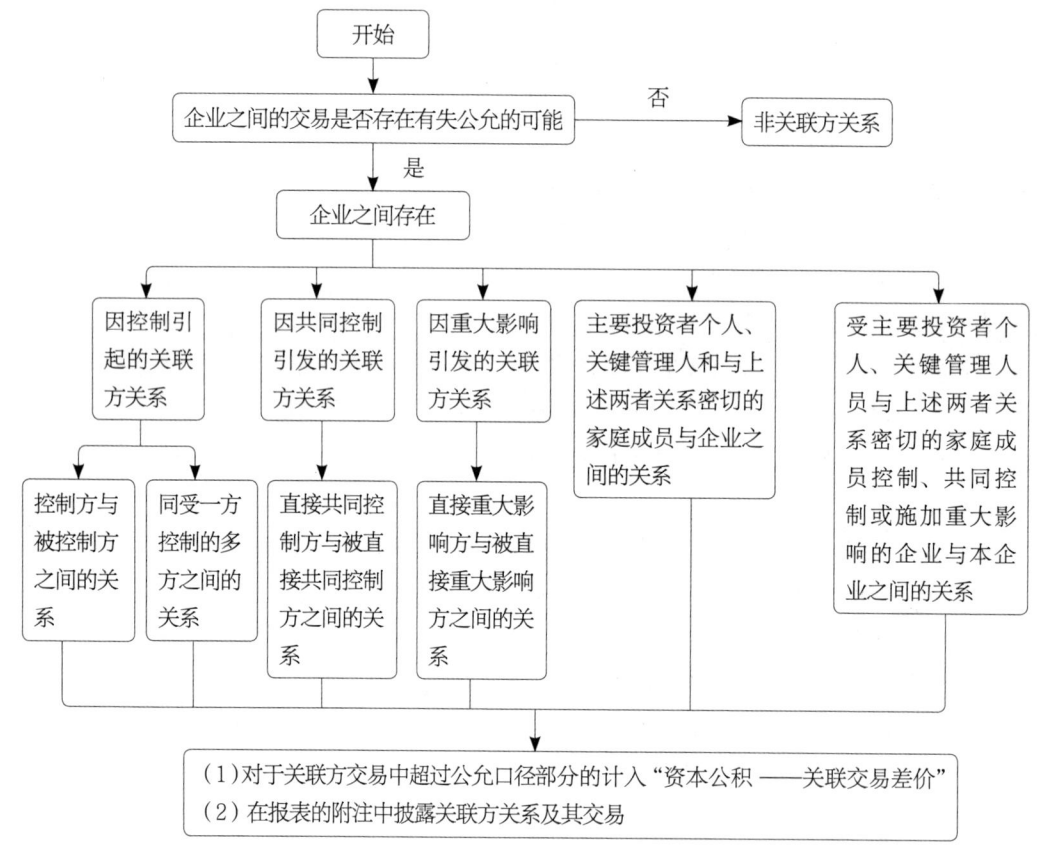

图 36-1 关联方披露准则的基本框架

36.1 关联方披露的基本规定

按照《企业会计准则第 36 号——关联方披露》的规定，企业财务报表中应当披露所有关联方关系及其交易的相关信息。对外提供合并财务报表的，对于已经包括在合并范围内各企业之间的交易不予披露，但应当披露与合并范围外各关联方的关系及其交易。

36.1.1 关联方的认定

《企业会计准则第 36 号——关联方披露》给出的定义是：一方控制、共同控制另一方或对另一方施加重大影响，以及两方或两方以上同受一方控制、共同控制或重大影响的，构成关联方。

按照《企业会计准则讲解》的解释，关联方一般是指有关联的各方，关联方关系是指有关联的各方之间存在的内在联系。根据关联方披露准则对关联方的定义，关联方关系往往存在于控制或被控制、共同控制或被共同控制、施加重大影响或被施加重大影响的各方之间。关联方具有以下特征。

（1）关联方涉及两方或多方。关联方关系是有关联的双方或多方之间的相互关系。关联方关系必须存在于两方或多方之间，任何单独的个体不能构成关联方关系。例如，一家企业不能构成关联方关系。

（2）关联方以各方之间的影响为前提。这种影响包括控制或被控制、共同控制或被共同控制、施加重大影响或被施加重大影响的各方之间。建立控制、共同控制和施加重大影响是关联方存在的主要特征。

36.1.2 相关概念

《企业会计准则第 36 号——关联方披露》和《企业会计准则第 33 号——合并财务报表》分别对会计的"控制""共同控制""重大影响"进行了如下解释。

（1）控制是指投资方拥有对被投资方的权力，通过参与被投资方的相关活动而享有可变回报，并且有能力运用对被投资方的权力影响其回报金额。

（2）共同控制是指按照合同约定对某项经济活动所共有的控制，仅在与该项经济活动相关的重要财务和经营决策需要分享控制权的投资方一致同意时存在。

（3）重大影响是指企业对另一家企业的财务和经营政策有参与决策的权力，但并不能够控制或者与其他方一起共同控制这些政策的制定。

36.2 关联方关系的认定

36.2.1 关联方关系认定的一般原则

根据《企业会计准则讲解》的解释，关联方关系的存在是以控制、共同控制或重大影响为前提条件的。在判断是否存在关联方关系时，尤其应当遵守实质重于形式的原则。

《企业会计准则第 36 号——关联方披露》对关联方的范围进行了具体阐释，规定以下各方与企业构成关联方关系。

（一）该企业的母公司

根据《企业会计准则讲解》的具体解释，该企业的母公司不仅包括直接或间接地控制该企业的其他企业，也包括能够对该企业实施直接或间接控制的单位等，具体如下。

（1）某一家企业直接控制一家或多家企业。例如，母公司控制一家或若干家子公司，则母公司与子公司之间即为关联方关系。

（2）某一家企业通过一家或若干家中间企业间接控制一家或多家企业。例如，母公司通过其子公司，间接控制子公司的子公司，表明母公司与其子公司的子公司存在关联方关系。

（3）一家企业直接地和通过一家或若干家中间企业间接地控制一家或多家企业。例如，母公司对某一企业的投资虽然没有达到控股的程度，但由于其子公司也拥有该企业的股份或权益，如果母公司与其子公司对该企业的投资之和达到拥有该企业一半以上表决权资本的控制权，则母公司直接和间接地控制该企业，表明母公司与该企业之间存在关联方关系。

（二）该企业的子公司

根据《企业会计准则讲解》，该企业的子公司包括直接或间接地被该企业控制的其他企业，也包括直接或间接地被该企业控制的企业、单位、基金等。

（三）与该企业受同一母公司控制的其他企业

《企业会计准则讲解》认为，两个或多个企业有相同的母公司，并且母公司对它们都具有控制能力，即两个或多个企业如果有相同的母公司，它们的财务和经营政策都由相同的母公司决定，各家被投资企业之间由于受相同母公司的控制，可能为自身利益而进行的交易受到某种限制。因此，关联方披露准则规定与企业受同一母公司控制的两家或多家企业之间构成关联方关系。

（四）对该企业实施共同控制的投资方

《企业会计准则讲解》进一步解释，这里的共同控制包括直接的共同控制和间接的共同控制。需要强调的是，对企业实施直接或间接共同控制的投资方与该企业之间是关联方关系，但这些投资方之间并不能仅仅因为共同控制了同一家企业而视为存在关联方关系。例如，A、B、C三家企业共同控制D企业，从而A和D、B和D以及C和D构成关联方关系。如果不存在其他关联方关系，A和B、A和C以及B和C之间不构成关联方关系，如图36-2所示。

（五）对该企业施加重大影响的投资方

《企业会计准则讲解》对此解释，这里的重大影响包括直接的重大影响和间接的重大影响。对企业实施重大影响的投资方与该企业之间是关联方关系，但这些投资方之间并不能仅仅因为对同一家企业具有重大影响而视为存在关联方关系。例如，A企业和B企业均能够对C企业施加重大影响，如果A和B不存在其他关联方关系，则A和B不构成关联方关系，如图36-3所示。

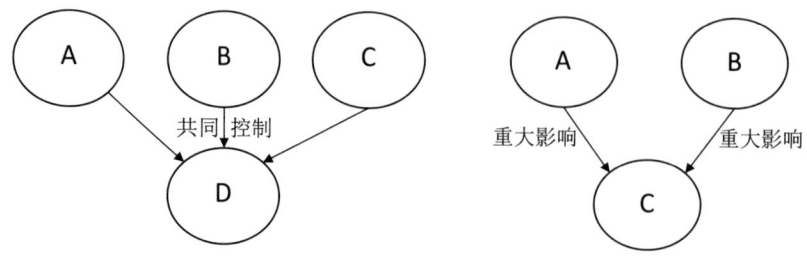

图36-2　关联方关系图（1）　　　　图36-3　关联方关系图（2）

（六）该企业的合营企业

根据《企业会计准则讲解》的解释，合营企业指按照合同规定经营活动由投资双方或若干方共同控制的企业。合营企业的主要特点在于投资各方均不能对被投资企业的财务和经营政策单独做出决策,必须由投资各方共同做出决策。因此,合营企业是以共同控制为前提的,两方或多方共同控制某一企业时,该企业则为投资者的合营企业。图 36-4 所示为 A、B、C、D 企业各占 F 企业表决权资本的 25%。按照合同规定,投资各方按照出资比例控制 F 企业,由于出资比例相同,F 企业由 A、B、C、D 企业共同控制。在这种情况下,A 和 F、B 和 F、C 和 F 以及 D 和 F 之间构成关联方关系。

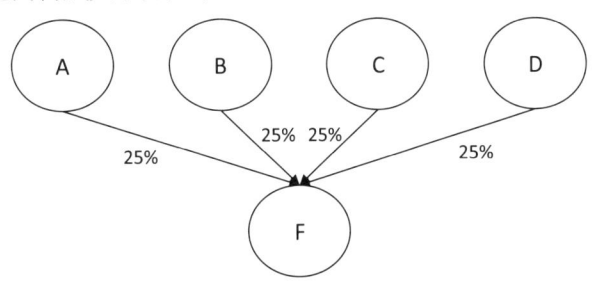

图 36-4　关联方关系图（3）

（七）该企业的联营企业

根据《企业会计准则讲解》的解释,联营企业指投资方对其具有重大影响,但不是投资者的子公司或合营企业的企业。联营企业和重大影响是相联系的,如果投资者能对被投资企业施加重大影响,则该被投资企业视为投资者的联营企业。

（八）该企业的主要投资者个人及与其关系密切的家庭成员

主要投资者个人是指能够控制、共同控制一家企业或者对一家企业施加重大影响的个人投资者。

这时,存在以下两类关联方关系。

（1）某一企业与其主要投资者个人之间的关系。例如,张三是 A 企业的主要投资者,则 A 企业与张三构成关联方关系。

（2）某一企业与其主要投资者个人关系密切的家庭成员之间的关系。例如,A 企业的主要投资者张三的儿子张小三与 A 企业构成关联方关系。

（九）该企业或其母公司的关键管理人员及与其关系密切的家庭成员

关键管理人员是指有权力并负责计划、指挥和控制企业活动的人员。与主要投资者个人或关键管理人员关系密切的家庭成员是指在处理与企业的交易时可能影响该个人或受该个人影响的家庭成员。

根据《企业会计准则讲解》,以下关系可确认为关联方关系。

（1）某一企业与其关键管理人员之间的关系。例如,A 企业的总经理与 A 企业构成关联方关系。

（2）某一企业与其关键管理人员关系密切的家庭成员之间的关系。例如,A 企业的总经理张三的儿子张小三与 A 企业构成关联方关系。

（十）该企业主要投资者个人、关键管理人员或与其关系密切的家庭成员控制、共同控制或施加重大影响的其他企业

根据《企业会计准则讲解》,与主要投资者个人或关键管理人员关系密切的家庭成员,是指在处理与企业的交易时可能影响该个人或受该个人影响的家庭成员,如父母、配偶、

兄弟、姐妹和子女等。判断与主要投资者个人或关键管理人员关系密切的家庭成员是否为一家企业的关联方，应当视他们在处理与企业交易时的互相影响程度而定。对于这类关联方，应当根据主要投资者个人、关键管理人员或与其关系密切的家庭成员对两家企业的实际影响力具体分析判断。

（1）某一企业与受该企业主要投资者个人控制、共同控制或施加重大影响的其他企业之间的关系。例如，A 企业的主要投资者 H 拥有 B 企业 60% 的表决权资本，则 A 和 B 存在关联方关系。

（2）某一企业与受该企业主要投资者个人关系密切的家庭成员控制、共同控制或施加重大影响的其他企业之间的关系。例如，A 企业的主要投资者 Y 的妻子拥有 B 企业 60% 的表决权资本，则 A 和 B 存在关联方关系。

（3）某一企业与受该企业关键管理人员控制、共同控制或施加重大影响的其他企业之间的关系。例如，A 企业的关键管理人员 H 控制了 B 企业，则 A 和 B 存在关联方关系。

（4）某一企业与受该企业关键管理人员关系密切的家庭成员控制、共同控制或施加重大影响的其他企业之间的关系。例如，A 企业的财务总监 Y 的妻子是 B 企业的董事长，则 A 和 B 存在关联方关系。

36.2.2　关联方关系界定的例外情况

《企业会计准则第 36 号——关联方披露》规定，以下情况不能认定为关联方关系。

（1）仅与企业存在下列关系的各方，不构成企业的关联方。

① 与该企业发生日常往来的资金提供者、公用事业部门、政府部门和机构。

② 与该企业发生大量交易而存在经济依存关系的单个客户、供应商、特许商、经销商或代理商。

针对以上两种特例，《企业会计准则讲解》的解释为：企业在日常经营活动中，往往和资金提供者，公用事业部门，与企业发生大量交易的供应商、代理商、购买者等往来比较密切，特别是国有企业与政府部门和机构也有较多的联系，如果他们之间不存在控制和被控制、共同控制和被共同控制、施加重大影响和被施加重大影响，则通常情况下不构成关联方关系。

③ 与该企业共同控制合营企业的合营者。

对此，《企业会计准则讲解》的解释为：如果两个企业按照合同分享一个合营企业的控制权，某个企业单方面无法做出合营企业的经营和财务的决策，而合营企业是一个独立的法人，合营方各自对合营企业有重大影响，但各合营者无法影响其他合营者。在没有其他关联方关系的情况下，仅因为某一合营企业的共同合营者，不能认定各合营者之间是关联方。

（2）仅仅同受国家控制而不存在其他关联方关系的企业，不构成关联方。根据《企业会计准则讲解》的解释，如果将同受国家控制的企业之间视为关联方，在不存在控制、共同控制和重大影响时，则所有的国有企业由于其拥有共同的所有者而都成为关联方。这就扩大了关联方的范围。

36.3 关联方交易

36.3.1 关联方交易的定义

根据《企业会计准则第 36 号——关联方披露》对关联方交易的定义，关联方交易是指关联方之间转移资源、劳务或义务的行为，而不论是否收取价款。

《企业会计准则讲解》对上述定义进行了分解，归纳出这一定义的要点，具体如下。

（1）按照关联方定义，构成关联方关系的企业之间、企业与个人之间的交易，即通常是在关联方关系已经存在的情况下，关联各方之间的交易。

（2）资源或义务的转移是关联方交易的主要特征，通常情况下，在资源或义务转移的同时，风险和报酬也相应地转移。

（3）关联方之间资源或义务的转移价格，是了解关联方交易的关键。

36.3.2 关联方交易的类型

《企业会计准则第 36 号——关联方披露》规定，关联方交易的类型通常包括下列各项。

（1）购买或销售商品。根据《企业会计准则讲解》，购买或销售商品是关联方交易较常见的交易事项，例如，企业集团成员之间互相购买或销售商品，从而形成了关联方交易等。

（2）购买或销售商品以外的其他资产。《企业会计准则讲解》对此举例，母公司出售给其子公司设备或建筑物等。

（3）提供或接受劳务。《企业会计准则讲解》举例说明，A 企业是 B 企业的联营企业，A 企业专门从事设备维修服务，B 企业的所有设备均由 A 企业负责维修，B 企业每年支付设备维修费用 300 万元。

（4）担保。根据《企业会计准则讲解》，担保包括在借贷、买卖、货物运输、加工承揽等经济活动中，为了保障其债权实现而实行的担保等。当存在关联方关系时，一方往往为另一方提供为取得借款、买卖等经济活动中所需要的担保。

（5）提供资金（贷款或股权投资）。《企业会计准则讲解》举例说明，企业从其关联方取得资金，或权益性资金在关联方之间的增减变动等。

（6）租赁。根据《企业会计准则讲解》，租赁通常包括经营租赁和融资租赁等，关联方之间的租赁合同也是主要的交易事项。

（7）代理。根据《企业会计准则讲解》，代理主要是依据合同条款，一方可为另一方代理某些事务的行为，如代理销售货物，或代理签订合同等。

（8）研究与开发项目的转移。根据《企业会计准则讲解》，在存在关联方关系时，有时某一企业所研究与开发的项目会由于一方的要求而放弃或转移给其他企业。例如，B 公司是 A 公司的子公司，A 公司要求 B 公司停止对某一新产品的研究和试制，并将 B 公司研究的现有成果转给 A 公司最近购买的、研究与开发能力超过 B 公司的 C 公司继续研制，从而形成关联方交易。

（9）许可协议。根据《企业会计准则讲解》，当存在关联方关系时，关联方之间可能达成某项协议，允许一方使用另一方商标等，从而形成了关联方之间的交易。

（10）代表企业或由企业代表另一方进行债务结算。

（11）关键管理人员薪酬。根据《企业会计准则讲解》，企业支付给关键管理人员的报酬，也是一项主要的关联方交易。

36.4　关联方及其交易的披露

《企业会计准则第 36 号——关联方披露》规定，涉及关联方及其交易的企业，在财务报表中必须披露下列信息。

（1）企业无论是否发生关联方交易，均应当在附注中披露与母公司和子公司有关的下列信息。

① 母公司和子公司的名称。母公司不是该企业最终控制方的，还应当披露最终控制方名称。母公司和最终控制方均不对外提供财务报表的，还应当披露母公司之上与其最相近的对外提供财务报表的母公司名称。

② 母公司和子公司的业务性质、注册地、注册资本（或实收资本、股本）及其变化。

③ 母公司对该企业或者该企业对子公司的持股比例和表决权比例。

（2）企业与关联方发生关联方交易的，应当在附注中披露该关联方关系的性质、交易类型及交易要素。交易要素至少应当包括以下几类。

① 交易的金额。

② 未结算项目的金额、条款和条件，以及有关提供或取得担保的信息。

③ 未结算应收项目的坏账准备金额。

④ 定价政策。

（3）关联方交易应当分别按关联方以及交易类型予以披露。

类型相似的关联方交易，在不影响财务报表阅读者正确理解关联方交易对财务报表影响的情况下，可以合并披露。

（4）企业只有在提供确凿证据的情况下，才能披露关联方交易是公平交易。

第37章
金融工具列报

无形资产的会计处理流程如图 37-1 所示。

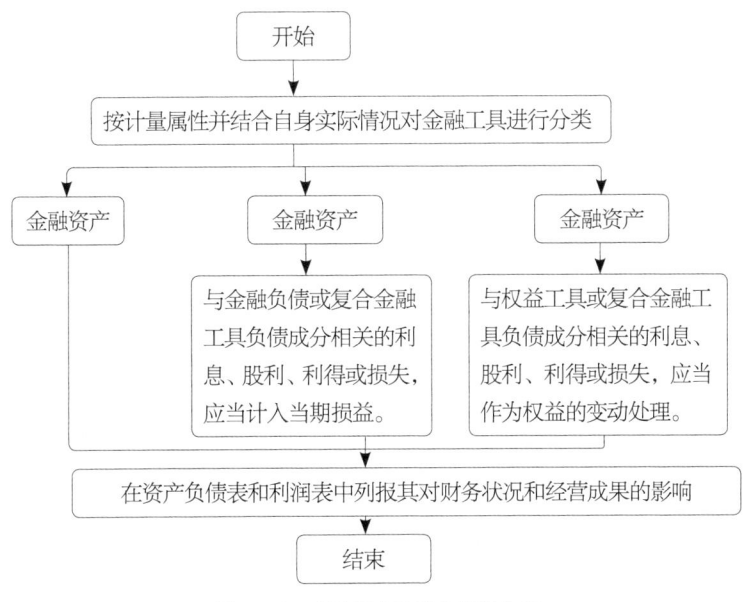

图 37-1 金融资产转移的处理流程

《企业会计准则第 37 号——金融工具列报》（简称"金融工具列报准则"）规范了金融负债和权益工具的区分，企业发行的金融工具相关利息、股利、利得和损失的会计处理，金融资产和金融负债的抵销，金融工具在财务报表中的列示和披露以及金融工具相关风险的披露。

金融工具相关披露的目标是，有助于财务报表使用者了解企业所发行金融工具的分类、计量和列示，以及企业所持有的金融资产和承担的金融负债的情况，并就金融工具对企业财务状况和经营成果影响的重要程度、金融工具使企业在报告期间和期末所面临风险的性质和程度，以及企业如何管理这些风险做出合理评价。

企业应当按照《企业会计准则第 30 号——财务报表列报》的规定列报财务报表信息。由于金融工具交易相对于企业的其他经济业务更具特殊性，具有与金融市场结合紧密、风险敏感性强、对企业财务状况和经营成果影响大等特点，对于与金融工具相关的信息，除按照财务报表列报准则的规定列报外，还应当按照《企业会计准则第 37 号——金融工具列报》的规定列报。

企业应当按照计量属性并结合自身实际情况对金融工具进行分类，在此基础上在资产负债表和利润表中列报其对财务状况和经营成果的影响，并披露金融资产和金融负债的公允价值信息。企业应当披露套期活动对企业风险敞口的影响,以及采用套期会计对财务报表的影响。

企业应当按照《企业会计准则第 37 号——金融工具列报》规定,根据合同条款所反映的经济实质,将所发行的金融工具或其组成部分划分为金融负债或权益工具,并以此确定相关利息、股利、利得或损失的会计处理。与金融负债或复合金融工具负债成分相关的利息、股利、利得或损失,应当计入当期损益;与权益工具或复合金融工具权益成分相关的利息、股利,应当作为权益的变动处理。发行方不应当确认权益工具的公允价值变动。

企业应当正确把握金融资产和金融负债的抵销原则。满足准则规定抵销条件的金融资产和金融负债应当以相互抵销后的净额在资产负债表内列示。企业应当充分考虑相关法律法规要求、合同或协议约定等各方面因素以及自身以总额还是净额结算的意图,对金融资产和金融负债是否符合抵销条件进行评估。

企业应当按风险类别(信用风险、市场风险和流动性风险)披露金融工具的定性和定量信息,包括风险敞口的来源、风险管理目标、政策和程序、风险敞口的汇总数据、风险集中度信息等,以便于财务报表使用者评估企业所面临风险的性质、程度以及企业风险管理活动的效果。

准则对于"金融资产转移"和"已转移金融资产的继续涉入"的定义不同于《企业会计准则第 23 号——金融资产转移》对于两者的定义。企业应当按照《企业会计准则第 37 号——金融工具列报》要求,对于已转移尚未终止确认的金融资产,以及已终止确认但继续涉入的金融资产披露相关信息。

37.1 金融工具列报概述

37.1.1 金融工具列报的含义

《企业会计准则第 37 号——金融工具列报》第一条指出,金融工具列报,包括金融工具列示和金融工具披露。金融工具列示,是指发行金融工具的企业应当将其正确地在资产负债表中列示为一项金融资产、金融负债或者权益工具,并在利润表的相关项目中列示与金融工具有关的收入、费用、利得或损失。金融工具披露,是指发行金融工具的企业应当在财务报表附注中披露与金融工具有关的性质、分类、风险及对企业财务报表产生的具体影响的行为。

37.1.2 金融工具列报的目的

金融工具列报的信息,应当有助于财务报表使用者了解企业所发行金融工具的分类、计量和列报的情况,以及企业所持有的金融资产和承担的金融负债的情况,并就金融工具对企业财务状况和经营成果影响的重要程度、金融工具使企业在报告期间和期末所面临风险的性质和程度,以及企业如何管理这些风险做出合理评价。

37.1.3 金融工具列报准则的适用范围

通常情况下,符合《企业会计准则第 22 号——金融工具确认和计量》中金融工具定义的项目,应当按照该准则核算,并按照《企业会计准则第 37 号——金融工具列报》列报。但一些符合金融工具定义的项目不按照金融工具确认计量准则核算，也不按照《企业会计准则第37号——金融工具列报》列报，或者不按照金融工具确认计量准则核算但应按照《企业会计准则第37号——金融工具列报》列报。同时，一些非金融项目合同有可能按照金融工具确认计量准则核算并按照《企业会计准则第37号——金融工具列报》列报。

具体而言，《企业会计准则第37号——金融工具列报》适用于所有企业发行或持有的各种类型的金融工具的列报，但以下情况例外。

（1）《企业会计准则第41号——在其他主体中权益的披露》（简称"其他主体中权益准则"）要求企业对子公司、合营安排和联营企业的投资按照该准则在财务报表附注中进行披露。但是，涉及与在子公司、合营安排或联营企业中的权益相联系的衍生工具的，该衍生工具的列报适用《企业会计准则第37号——金融工具列报》准则。

（2）《企业会计准则第33号——合并财务报表》规定，符合投资性主体定义的企业对为其投资活动提供相关服务的子公司以外的其他子公司不予合并，并且对这类其他子公司的投资按照公允价值计量且其变动计入当期损益。投资性主体对于为其活动提供相关服务的子公司以外的其他子公司的投资的核算，适用金融工具确认计量准则，相关的披露要求同时适用《企业会计准则第37号——金融工具列报》和其他主体中权益准则。

（3）根据《企业会计准则第2号——长期股权投资》的规定，风险投资机构、共同基金以及类似主体持有的对联营企业或合营企业的投资，可以在初始确认时按照金融工具确认计量准则规定以公允价值计量且其变动计入当期损益。如果企业选择按照金融工具确认计量准则核算该类投资，则相关的披露要求同时适用《企业会计准则第37号——金融工具列报》和其他主体中权益准则。

对于通过风险投资机构、共同基金、信托公司或包括投连险基金在内的类似主体间接持有的对联营企业或合营企业的投资，企业选择按照金融工具确认计量准则规定以公允价值计量且其变动计入当期损益的，其相关的披露要求同时适用《企业会计准则第37号——金融工具列报》和其他主体中权益准则。

（4）企业在结构化主体（包括纳入和未纳入合并财务报表范围的结构化主体）中权益的披露，适用其他主体中权益准则。但企业对结构化主体不实施控制或共同控制，且无重大影响的，企业在该结构化主体中权益的披露应当同时适用《企业会计准则第37号——金融工具列报》和其他主体中权益准则。

（5）以股份为基础的支付合同虽然符合金融工具的定义，但其核算和列报由《企业会计准则第11号——股份支付》规范。但是，按照《企业会计准则第37号——金融工具列报》第四条，股份支付合同可能适用《企业会计准则第37号——金融工具列报》。此外，股份支付中涉及企业发行、回购、出售或注销库存股适用《企业会计准则第37号——金融工具列报》。

（6）《企业会计准则第14号——收入》规范的属于金融工具的合同权利和义务，其披露适用该准则。但是，确认和计量相关减值损失和利得时应当适用金融工具确认计量准则的合同权利，应当遵循《企业会计准则第37号——金融工具列报》有关信用风险披露的要求。

（7）债务重组中涉及的相关权利、义务的核算和列报，适用《企业会计准则第12号——债务重组》。对于债务重组中涉及的金融资产转移（如以金融资产清偿债务），应当按《企业会计准则第 37 号——金融工具列报》要求进行披露。

（8）保险合同符合金融工具的定义，但因保险合同所涉及的保险负债的计量具有一定的特殊性，其核算和列报由保险合同相关会计准则进行规范，不适用《企业会计准则第 37 号——金融工具列报》。

具有相机分红特征而适用保险合同相关会计准则的金融工具，实质上具有与所有者权益类似的参与分享企业剩余收益的权利。该类金融工具不适用《企业会计准则第 37 号——金融工具列报》关于金融负债和权益工具区分的规定。

对于保险合同中嵌入的、按照金融工具确认计量准则规定予以分拆后单独核算的衍生工具，应按照金融工具确认计量准则进行核算，其列报适用《企业会计准则第 37 号——金融工具列报》。如果保险合同中嵌入的衍生工具本身就是一项保险合同，则该嵌入衍生工具的核算和列报适用保险合同相关会计准则。企业选择按照金融工具确认计量准则核算的财务担保合同，其列报适用《企业会计准则第 37 号——金融工具列报》；企业选择按照保险合同相关会计准则进行会计处理的财务担保合同，适用保险合同相关会计准则。

（9）因职工薪酬计划形成的企业的义务，符合金融工具的定义。但由于职工薪酬相关义务的计量具有一定的特殊性，其核算和列报由《企业会计准则第 9 号——职工薪酬》规范，不适用《企业会计准则第 37 号——金融工具列报》。

（10）买入或卖出非金融项目的合同，如果能够以现金或其他金融工具净额结算或通过交换金融工具结算，且不是为预定的购买、销售或使用要求而签订和持有（即交易目的本身不是购买、销售或使用非金融项目）的，适用《企业会计准则第 37 号——金融工具列报》。但是，即使上述合同是为预定的购买、销售或使用要求而签订和持有的，如果企业根据金融工具确认计量准则第八条的规定将该合同指定为以公允价值计量且其变动计入当期损益的金融资产或金融负债（例如，为消除与商品套期工具的计量错配），该合同仍适用《企业会计准则第 37 号——金融工具列报》。

（11）指定为以公允价值计量且其变动计入当期损益的金融负债的贷款承诺，能够以现金净额结算，或通过交换或发行其他金融工具结算的贷款承诺，以及低于市场利率贷款的贷款承诺，应当按照金融工具确认计量准则的规定进行核算。对于适用金融工具确认计量准则已确认的贷款承诺的列报，应当适用《企业会计准则第 37 号——金融工具列报》；对于金融工具确认计量准则未规范的贷款承诺，以及其他未确认的金融工具的披露，也适用《企业会计准则第 37 号——金融工具列报》。例如，银行向某公司做出一项不可撤销贷款承诺，相关合同规定，该公司以正在建设中的工程为抵押向银行贷款，银行将根据工程完工进度分期提供贷款，贷款利率按照市场利率确定。本例中，这是一项确定承诺，但不存在净额结算，贷款利率也不低于市场利率。如果银行没有将这项贷款承诺指定为以公允价值计量且其变动计入当期损益的金融负债，那么该项贷款承诺除减值外，在金融工具确认计量准则范围之外，但其披露适用《企业会计准则第 37 号——金融工具列报》。

（12）对于与金融工具相关的交易或事项涉及所得税的，应当按照《企业会计准则第 18 号——所得税》进行会计处理。

37.2 金融负债和权益工具

37.2.1 金融工具的分类

《企业会计准则第 37 号——金融工具列报》第七条规定：企业应当根据所发行金融工具的合同条款及其所反映的经济实质而非仅以法律形式，结合金融资产、金融负债和权益工具的定义，在初始确认时将该金融工具或其组成部分分类为金融资产、金融负债或权益工具。

37.2.2 金融负债和权益工具的区分

（一）区分金融负债和权益工具时的总体要求

1. 金融负债和权益工具的定义

金融负债，是指企业符合下列条件之一的负债。

（1）向其他方交付现金或其他金融资产的合同义务，如发行的承诺支付固定利息的公司债券等。

（2）在潜在不利条件下，与其他方交换金融资产或金融负债的合同义务，如签出的外汇期权等。

（3）将来须用或可用企业自身权益工具进行结算的非衍生工具合同，且企业根据该合同将交付可变数量的自身权益工具。例如，企业取得一项金融资产，并承诺两个月后向卖方交付本企业发行的普通股，交付的普通股数量根据交付时的股价确定，则该项承诺是一项金融负债。

（4）将来须用或可用企业自身权益工具进行结算的衍生工具合同（以固定数量的自身权益工具交换固定金额的现金或其他金融资产的衍生工具合同除外），如以普通股净额结算的股票期权等。企业对全部现有同类别非衍生自身权益工具的持有方（如普通股股东）同比例发行配股权、期权或认股权证，使之有权按比例以固定金额的任何货币换取固定数量的该企业自身权益工具的，该类配股权、期权或认股权证应当分类为权益工具。其中，企业自身权益工具不包括应按照《企业会计准则第 37 号——金融工具列报》第三章分类为权益工具的金融工具，也不包括本身就要求在未来收取或交付企业自身权益工具的合同。

权益工具，是指能证明拥有某个企业在扣除所有负债后的资产中的剩余权益的合同。在同时满足下列条件的情况下，企业应当将发行的金融工具分类为权益工具。

（1）该金融工具应当不包括交付现金或其他金融资产给其他方，或在潜在不利条件下与其他方交换金融资产或金融负债的合同义务。

（2）将来须用或可用企业自身权益工具结算该金融工具。如为非衍生工具，该金融工具应当不包括交付可变数量的自身权益工具进行结算的合同义务；如为衍生工具，企业只能通过以固定数量的自身权益工具交换固定金额的现金或其他金融资产结算该金融工具。企业自身权益工具不包括应按照《企业会计准则第 37 号——金融工具列报》第三章分类为权益工具的金融工具，也不包括本身就要求在未来收取或交付企业自身权益工具的合同。

2. 区分金融负债和权益工具时需考虑的因素

（1）合同所反映的经济实质。在判断一项金融工具是否应划分为金融负债或权益工具时，应当以相关合同条款及其所反映的经济实质而非仅以法律形式为依据，运用金融负债和权益工具区分的原则，正确地确定该金融工具或其组成部分的会计分类。对金融工具合同所反映经济实质的评估应基于合同的具体条款。企业不应仅依据监管规定或工具名称进行划分。

（2）工具的特征。有些金融工具（如企业发行的某些优先股等）可能既有权益工具的特征，又有金融负债的特征。因此，企业应当全面细致地分析此类金融工具各组成部分的合同条款，以确定其显示的是金融负债还是权益工具的特征，并进行整体评估，以判定整个工具应划分为金融负债或权益工具，还是既包括负债成分又包括权益工具成分的复合金融工具。

（二）区分金融负债和权益工具时应遵循的基本原则

1. 是否存在无条件地避免交付现金或其他金融资产的合同义务

（1）如果企业不能无条件地避免以交付现金或其他金融资产来履行一项合同义务，则该合同义务符合金融负债的定义。实务中，常见的该类合同义务情形包括以下两种。

① 不能无条件避免的赎回，即金融工具发行方不能无条件地避免赎回此金融工具。如果一项合同（根据《企业会计准则第37号——金融工具列报》第三章分类为权益工具的特殊金融工具除外）使发行方承担了以现金或其他金融资产回购自身权益工具的义务，即使发行方的回购义务取决于合同对手是否行使回售权，发行方应当在初始确认时将该义务确认为一项金融负债，其金额等于回购所需支付金额的现值（如远期回购价格的现值、期权行权价格的现值或其他回售金额的现值）。如果发行方最终无须以现金或其他金融资产回购自身权益工具，应当在合同对手回售权到期时将该项金融负债按照账面价值重分类为权益工具。

② 强制付息，即金融工具发行方被要求强制支付利息。例如，一项以面值人民币1亿元发行的优先股要求每年按6%的股息率支付优先股股息，则发行方承担了未来每年支付6%股息的合同义务，应当就该强制付息的合同义务确认金融负债。又如，企业发行的一项永续债，无固定还款期限且不可赎回，每年按8%的利率强制付息。尽管该项工具的期限永续且不可赎回，但由于企业承担了以利息形式永续支付现金的合同义务，因此符合金融负债的定义。

需要说明的是，对企业履行交付现金或其他金融资产的合同义务能力的限制（如无法获得外币、需要得到有关监管部门的批准才能支付或其他法律法规的限制等），并不能解除企业就该金融工具所承担的合同义务，也不能表明该企业无须承担该金融工具的合同义务。

（2）如果企业能够无条件地避免交付现金或其他金融资产，例如，能够根据相应的议事机制自主决定是否支付股息（即无支付股息的义务），同时所发行的金融工具没有到期日且合同对手没有回售权，或虽有固定期限但发行方有权无限期递延（即无支付本金的义务），则此类交付现金或其他金融资产的结算条款不构成金融负债。如果发放股利由发行方根据相应的议事机制自主决定，则股利是累积股利还是非累积股利本身不影响该金融工具被分类为权益工具。

实务中，优先股等金融工具发行时还可能会附有与普通股股利支付相连结的合同条款。这类工具常见的连结条款包括"股利制动机制""股利推动机制"等。"股利制动机制"的合同条款要求企业如果不宣派或支付（视具体合同条款而定，下同）优先股等金融工具的股利，则其也不能宣派或支付普通股股利。"股利推动机制"的合同条款要求企业如果宣派或支付普通股股利，则其也须宣派或支付优先股等金融工具的股利。如果优先股等金融工具所连结的是诸如普通股的股利，发行方根据相应的议事机制能够自主决定普通股股利的支付，则"股利制动机制"及"股利推动机制"本身均不会导致相关金融工具被分类为金融负债。对于本段所述判断依据，企业应谨慎地将其适用范围限制在普通股股利支付相连结的情形，不能推广适用到其他情形，如与交叉保护条款或其他投资者保护条款相连结等。

【例37-1】甲公司发行了一项年利率为8%、无固定还款期限、可自主决定是否支付利息的不可累积永续债，其他合同条款如下。

（1）该永续债嵌入了一项看涨期权，允许甲公司在发行第5年及之后以面值回购该永续债。

（2）如果甲公司在第5年年末没有回购该永续债，则之后的票息率增加至11%（通常称为"票息递增"特征）。

（3）该永续债票息在甲公司向其普通股股东支付股利时必须支付（即"股利推动机制"）。

甲公司根据相应的议事机制能够自主决定普通股股利的支付；该公司发行该永续债之前多年来均支付普通股股利。

【分析】

本例中，尽管甲公司多年来均支付普通股股利，但由于甲公司能够根据相应的议事机制自主决定普通股股利的支付，并进而影响永续债利息的支付，对甲公司而言，该永续债利息并未形成支付现金或其他金融资产的合同义务；尽管甲公司有可能在第5年年末行使回购权，但是甲公司并没有回购的合同义务。如果没有其他情形导致该工具被分类为金融负债，则该永续债应整体被分类为权益工具。同时，虽然合同中存在利率跳升安排，但该安排也不构成企业无法避免的支付义务。

【例37-2】甲公司发行了一项年利率为8%、无固定还款期限、可自主决定是否支付利息的不可累积永续债，合同条款中包含的投资者保护条款如下。

当发行人未能清偿到期应付的其他债务融资工具、企业债或任何金融机构贷款的本金或利息时，发行人立即启动投资者保护机制（实务中有时将此类保护条款称为"交叉保护"），即主承销商于20个工作日内召开永续债持有人会议。永续债持有人有权对如下处理方案进行表决。

（1）无条件豁免违反约定。

（2）有条件豁免违反约定，即如果发行人采取了补救方案（如增加担保），并在30日内完成相关法律手续的，则豁免违反约定。

如上述豁免的方案经表决生效，发行人应无条件接受持有人会议做出的上述决议，并于30个工作日内完成相关法律手续。如上述方案未获表决通过，则永续债本息应在持有人会议召开日的次日立即到期应付。

【分析】

本例中，首先，因为受市场对生产经营的影响等因素，能否有足够的资金支付到期的债务不在甲公司的控制范围内，即其无法控制是否会对债务产生违约；其次，当甲公司对债务产生违约时，其无法控制持有人大会是否会通过上述豁免的方案。而当持有人大会决定不豁免时，永续债本息就到期应付。因此，甲公司不能无条件地避免以交付现金或其他金融资产来履行一项合同义务，该永续债符合金融负债的定义，应当被分类为金融负债而非权益工具。

除上述示例中的相关条款外，企业还应当注意其他投资者保护条款。例如，一旦发行人破产或视同清算、发生超过净资产 10% 以上重大损失、财务指标承诺未达标、财务状况发生重大变化、控制权变更或信用评级被降级、发生其他投资者认定足以影响债权实现的事项等情形，那么该永续债一次到期应付，除非持有人大会通过豁免的决议。在这些合同中，破产往往是指无力偿债、拖欠到期应付款项、停止或暂停支付所有或大部分债务或终止经营其业务，或根据《破产法》规定进入破产程序，因此，由于发行人不能控制能否按时偿债、是否会发生超过净资产 10% 以上重大损失、财务指标承诺能否达标、财务状况是否发生重大变化、控制权是否会变更或信用等级是否会被降级、是否会发生其他投资者认定足以影响债权实现的事项等情形，进而无法无条件地避免以交付现金或其他金融资产来履行一项合同义务。因此，包含此类条款的永续债也应当被分类为金融负债。

企业应当基于真实、完整的合同进行相关分析和判断。在实务中，有时存在部分条款措辞不够严谨或不够明确的情况，企业应当进一步明确合同条款是否会导致发行人存在交付现金或其他金融资产的义务。企业应当确保合同措辞明确，能够以此为基础做出合理的会计判断。另外，某些永续债条款可能也会约定永续债债权人破产清算时的清偿顺序等同于其他债务。在此类情况下，企业应当考虑这些条款是否会导致该永续债分类为金融负债。

（3）判断一项金融工具是划分为权益工具还是金融负债，不受下列因素的影响。

① 以前实施分配的情况。

② 未来实施分配的意向。

③ 相关金融工具如果没有发放股利对发行方普通股的价格可能产生的负面影响。

④ 发行方的未分配利润等可供分配权益的金额。

⑤ 发行方对一段期间内损益的预期。

⑥ 发行方是否有能力影响其当期损益。

（4）有些金融工具虽然没有明确地包含交付现金或其他金融资产义务的条款和条件，但有可能通过其他条款和条件间接地形成合同义务。例如，企业可能在显著不利的条件下选择交付现金或其他金融资产，而不是选择履行非金融合同义务，或选择交付自身权益工具。在实务中，相关合同可能包含利率跳升等特征，往往可能构成发行方交付现金或其他金融资产的间接义务。企业须借助合同条款和相关信息，全面分析判断。例如，对于例 37-1 中存在的"票息递增"条款，考虑到其只有一次利率跳升机会，且跳升幅度为 3%（300 基点），尚不构成《企业会计准则第 37 号——金融工具列报》第十条所述的间接义务。

2. 是否通过交付固定数量的自身权益工具结算

根据《企业会计准则第 37 号——金融工具列报》，权益工具是证明拥有企业的资产扣除负债后的剩余权益的合同。因此，对于将来须交付企业自身权益工具的金融工具，如果未来结算时交付的权益工具数量是可变的，或者收到的对价的金额是可变的，则该金融工具的结算将对其他权益工具所代表的剩余权益带来不确定性（通过影响剩余权益总额或者稀释其他权益工具），也就不符合权益工具的定义。

实务中，一项须用或可用企业自身权益工具结算的金融工具是否对其他权益工具的价值带来不确定性，通常与该工具的交易目的相关。如果该自身权益工具是作为现金或其他金融资产的替代品（如作为商品交易中的支付手段等），则该自身权益工具的接收方一般而言需要该工具在交收时具有确定的公允价值，以便得到与接受现金或其他金融资产的同等收益，因此，企业所交付的自身权益工具数量是根据交付时的公允价值计算的，是可变的。反之，如果该自身权益工具是为了使持有方作为出资人享有企业（发行人）资产扣除负债的剩余权益，那么需要交付的自身权益工具数量通常在一开始就已商定，而不是在交付时计算确定。

将来须用或可用企业自身权益工具结算的金融工具应当区分为衍生工具和非衍生工具。例如，甲公司发行了一项无固定期限、能够自主决定支付本息的可转换优先股。按合同规定，甲公司将在第5年年末将发行的该工具强制转换为可变数量的普通股，则该可转换优先股是一项非衍生工具。又如，甲公司发行一项5年期分期付息到期还本，同时到期可转换为固定数量普通股的可转换债券，则该可转换债券中嵌入的转换权是一项衍生工具。

（1）基于自身权益工具的非衍生工具。

对于非衍生工具，如果发行方未来有义务交付可变数量的自身权益工具进行结算，则该非衍生工具是金融负债；否则，该非衍生工具是权益工具。

某项合同并不仅仅因为其可能导致企业交付自身权益工具而成为一项权益工具。企业可能承担交付一定数量的自身权益工具的合同义务，如果将交付的企业自身权益工具数量是变化的，使得将交付的企业自身权益工具的数量乘以其结算时的公允价值等于合同义务的金额，则无论该合同义务的金额是固定的，还是完全或部分地基于除企业自身权益工具的市场价格以外变量（例如利率、某种商品的价格或某项金融工具的价格）的变动而变化的，该合同应当分类为金融负债。

【例37-3】甲公司与乙公司签订的合同约定，甲公司以100万元等值的自身权益工具偿还所欠乙公司债务。

本例中，甲公司需偿还的负债金额100万元是固定的，但甲公司需交付的自身权益工具的数量随着其权益工具市场价格的变动而变动。在这种情况下，甲公司发行的该金融工具应当划分为金融负债。

【例37-4】甲公司与乙公司签订的合同约定，甲公司以100盎司黄金等值的自身权益工具偿还所欠乙公司债务。

本例中，甲公司需偿还的负债金额随黄金价格变动而变动，同时，甲公司需交付的自身权益工具的数量随着其权益工具市场价格的变动而变动。在这种情况下，该金融工具应当划分为金融负债。

【例37-5】甲公司发行了名义金额人民币100元的优先股，合同条款规定甲公司在3年后将优先股强制转换为普通股，转股价格为转股日前一工作日的该普通股市价。

本例中，转股价格是变动的，未来须交付的普通股数量是可变的，实质可视作甲公司将在3年后使用自身普通股并按其市价履行支付优先股每股人民币100元的义务。在这种情况下，该强制可转换优先股整体是一项金融负债。

在上述三个例子中，虽然企业通过交付自身权益工具来结算合同义务，该合同仍属于一项金融负债，而并非企业的权益工具。因为企业以可变数量的自身权益工具作为合同结算方式，该合同不能证明持有方享有发行方在扣除所有负债后的资产中的剩余权益。

（2）基于自身权益工具的衍生工具。

对于衍生工具，如果发行方只能通过以固定数量的自身权益工具交换固定金额的现金或其他金融资产进行结算（即"固定换固定"），则该衍生工具是权益工具；如果发行方以固定数量的自身权益工具交换可变金额现金或其他金融资产，或以可变数量的自身权益工具交换固定金额现金或其他金融资产，或在转换价格不固定的情况下以可变数量的自身权益工具交换可变金额现金或其他金融资产，则该衍生工具应当确认为衍生金融负债或衍生金融资产。例如，发行在外的股票期权赋予了工具持有方以固定价格购买固定数量的发行方股票的权利。该合同的公允价值可能会随着股票价格以及市场利率的波动而变动。但是，只要该合同的公允价值变动不影响结算时发行方可收取的现金或其他金融资产的金额，也不影响需交付的权益工具的数量，则发行方应将该股票期权作为一项权益工具处理。

运用上述"固定换固定"原则来判断会计分类的金融工具常见于可转换债券，具备转股条款的永续债、优先股等。如果发行的金融工具合同条款中包含在一定条件下转换成发行方普通股的约定且存在交付现金或其他金融资产的义务（如每年支付固定股息的可转换优先股中的转换条款），该转股权将涉及发行方是否需要交付可变数量自身权益工具或者是否"固定换固定"的判断。在实务中，转股条款呈现的形式可能纷繁复杂，发行方应审慎确定其合同条款及所反映的经济实质是否能够满足"固定换固定"原则。

需要说明的是，在实务中，对于附有可转换为普通股条款的可转换债券等金融工具，在其转换权存续期内，发行方可能发生新的融资或者与资本结构调整有关的经济活动，如股份拆分或合并、配股、转增股本、增发新股、发放现金股利等。通常情况下，即使转股价初始固定，但为了确保此类金融工具持有方在发行方权益中的潜在利益不会被稀释，合同条款会规定在此类事项发生时，转股价将相应进行调整。此类对转股价格以及相应转股数量的调整通常称为"反稀释"调整。原则上，如果按照转股价格调整公式进行调整，可使得稀释事件发生之前和之后，每一份此类金融工具所代表的发行方剩余利益与每一份现有普通股所代表的剩余利益的比例保持不变，即此类金融工具持有方相对于现有普通股股东所享有的在发行方权益中的潜在相对利益保持不变，则可认为这一调整并不违背"固定换固定"原则。如果不做任何调整，也可认为合同双方在此类工具发行时已在其估值中考虑了上述活动的预期影响。但如果做了调整且调整公式无法体现此类工具持有人与普通股股东在相关事件发生前后"同进同退"的原则，则不能认为这一调整符合"固定换固定"原则。

【例37-6】甲公司于2×17年2月1日向乙公司发行以自身普通股为标的的看涨期权。根据该期权合同，如果乙公司行权，乙公司有权以每股102元的价格从甲公司购入普通股

1 000股。有关资料如下：

（1）合同签订日为2×17年2月1日；
（2）行权日（欧式期权）为2×18年1月31日；
（3）2×18年1月31日应支付的固定行权价格为102元；
（4）期权合同中的普通股数量为1 000股；
（5）2×17年2月1日每股市价为100元；
（6）2×17年12月31日每股市价为104元；
（7）2×18年1月31日每股市价为104元；
（8）2×17年2月1日期权的公允价值为5 000元；
（9）2×17年12月31日期权的公允价值为3 000元；
（10）2×18年1月31日期权的公允价值为2 000元。

情形1：期权以现金净额结算。

【分析】

在现金净额结算约定下，甲公司不能完全避免向另一方支付现金的义务，因此，应当将该期权划分为金融负债。

甲公司的账务处理如下。

①2×17年2月1日，确认发行的看涨期权。

借：银行存款　　　　　　　　　　　　　　　　　　　　　5 000
　　贷：衍生工具——看涨期权　　　　　　　　　　　　　　5 000

②2×17年12月31日，确认期权公允价值减少。

借：衍生工具——看涨期权　　　　　　　　　　　　　　　2 000
　　贷：公允价值变动损益　　　　　　　　　　　　　　　　2 000

③2×18年1月31日，确认期权公允价值减少。

借：衍生工具——看涨期权　　　　　　　　　　　　　　　1 000
　　贷：公允价值变动损益　　　　　　　　　　　　　　　　1 000

在同一天，乙公司行使了该看涨期权，合同以现金净额方式进行结算。甲公司有义务向乙公司交付104 000（104×1 000）元，并从乙公司收取102 000（102×1 000）元，甲公司实际支付净额为2 000元。反映看涨期权结算的账务处理如下。

借：衍生工具——看涨期权　　　　　　　　　　　　　　　2 000
　　贷：银行存款　　　　　　　　　　　　　　　　　　　　2 000

情形2：期权以普通股净额结算。

【分析】

普通股净额结算是指甲公司以普通股代替现金进行净额结算，支付的普通股公允价值等于应当支付的现金金额。在普通股净额结算约定下，甲公司须交付的普通股数量[（行权日每股价格−102）×1 000÷行权日每股价格]不确定，因此，应当将该期权划分为金融负债。

除期权以普通股净额结算外，其他资料与情形1相同。甲公司实际向乙公司交付普通股数量约为19.23（2 000÷104）股，因交付的普通股数量须为整数，实际交付19股，余下的金额24（0.23×104）元将以现金方式支付。因此，甲公司除以下账务处理外，其他账务处理与情形1相同。

2×18年1月31日的账务处理如下。

借：衍生工具——看涨期权　　　　　　　　　　　　　　　　2 000
　　贷：股本　　　　　　　　　　　　　　　　　　　　　　　　19
　　　　资本公积——股本溢价　　　　　　　　　　　　　　　1 957
　　　　银行存款　　　　　　　　　　　　　　　　　　　　　　24

情形3：期权以普通股总额结算。

【分析】

在普通股总额结算约定下，甲公司需交付的普通股数量固定，将收到的金额也是固定的，因此，应当将该期权划分为权益。

除甲公司以约定的固定数量的自身普通股交换固定金额现金外，其他资料与情形1相同。因此，乙公司有权于2×18年1月31日以102 000（102×1 000）元购买甲公司1 000股普通股。

甲公司的账务处理如下。

①2×17年2月1日，确认发行的看涨期权。

借：银行存款　　　　　　　　　　　　　　　　　　　　　　5 000
　　贷：其他权益工具　　　　　　　　　　　　　　　　　　　5 000

由于甲公司将以固定数量的自身股票换取固定金额现金，应将该衍生工具确认为权益工具。

②2×17年12月31日，由于该期权合同确认为权益工具，甲公司无须就该期权的公允价值变动做出会计处理，因此无须在2×17年12月31日编制会计分录。

由于该看涨期权是价内期权（行权价格每股102元小于市场价格每股104元），乙公司在行权日行使了该期权，向甲公司支付了102 000元以获取1 000股甲公司股票。

③2×18年1月31日，乙公司行权。

借：库存现金　　　　　　　　　　　　　　　　　　　　　102 000
　　其他权益工具　　　　　　　　　　　　　　　　　　　　5 000
　　贷：股本　　　　　　　　　　　　　　　　　　　　　　1 000
　　　　资本公积——股本溢价　　　　　　　　　　　　　106 000

（三）以外币计价的配股权、期权或认股权证

一般来说，如果企业的某项合同是通过固定金额的外币（即企业记账本位币以外的其他货币）交换固定数量的自身权益工具进行结算的，固定金额的外币代表的是以企业记账本位币计价的可变金额，因此不符合"固定换固定"原则。但是，《企业会计准则第37号——金融工具列报》在"固定换固定"原则下对以外币计价的配股权、期权或认股权证规定了一类例外情况：企业对全部现有同类别非衍生自身权益工具的持有方同比例发行配股权、期权或认股权证，使之有权按比例以固定金额的任何货币交换固定数量的该企业自身权益工具的，

该类配股权、期权或认股权证应当分类为权益工具。这是一类范围很窄的例外情况，不能以类推方式适用于其他工具（如以外币计价的可转换债券）。

【例 37-7】一家在多地上市的企业，向其所有的现有普通股股东提供每持有 2 股普通股可购买其 1 股普通股的权利（配股比例为 2 股配 1 股），配股价格为配股公告当日股价的 70%。由于该企业在多地上市，受到各国家和地区当地的法规限制，配股权行权价的币种须与当地货币的一致。

本例中，由于企业是按比例向其所有同类普通股股东提供配股权，且以固定金额的任何货币交换固定数量的该企业普通股的，该配股权应当分类为权益工具。

（四）或有结算条款

附有或有结算条款的金融工具，是指是否通过交付现金或其他金融资产进行结算，或者是否以其他导致该金融工具成为金融负债的方式进行结算，需要由发行方和持有方均不能控制的未来不确定事项（如股价指数、消费价格指数变动，利率或税法变动，发行方未来收入、净收益或债务权益比率等）的发生或不发生（或发行方和持有方均不能控制的未来不确定事项的结果）来确定的金融工具。

对于附有或有结算条款的金融工具，发行方不能无条件地避免交付现金、其他金融资产或以其他导致该工具成为金融负债的方式进行结算的，应当分类为金融负债。但是，满足下列条件之一的，发行方应当将其分类为权益工具。

（1）要求以现金、其他金融资产或以其他导致该工具成为金融负债的方式进行结算的或有结算条款几乎不具有可能性，即相关情形极端罕见、显著异常且几乎不可能发生。

（2）只有在发行方清算时，才需要以现金、其他金融资产或以其他导致该工具成为金融负债的方式进行结算。

（3）按照《企业会计准则第 37 号——金融工具列报》第三章分类为权益工具的可回售工具。

实务中，出于对自身商业利益的保障和公平原则考虑，合同双方会对一些不能由各自控制的情况下是否要求支付现金（包括股票）做出约定，这些"或有结算条款"可以包括与外部市场有关的或者与发行方自身情况有关的事项。出于防止低估负债和防止通过或有条款的设置来避免对复合工具中负债成分进行确认的目的，准则规定，发行方需要针对这些条款确认金融负债，除非能够证明或有事件是极端罕见、显著异常且几乎不可能发生的情况或者仅限于清算事件。例如，甲公司发行了一项永续债，每年按照合同条款支付利息，但同时约定其利息只在发行方有可供分配利润时才需支付，如果发行方可供分配利润不足则可能无法履行该项支付义务。虽然利息的支付取决于是否有可供分配利润，使得利息支付义务成为或有情况下的义务，但是甲公司并不能无条件地避免支付现金的合同义务，因此，该公司应当将该永续债划分为一项金融负债。

如果合同的或有结算条款要求只有在发生了极端罕见、显著异常且几乎不可能发生的事件时才会以现金、其他金融资产或以其他导致该工具成为金融负债的方式进行结算，那么可将该或有结算条款视为一项不具有可能性的条款。如果一项合同只有在上述不具有可能性的事件发生时才须以现金、其他金融资产或以其他导致该工具成为金融负债的方式进行结算，在对该金融工具进行分类时，不需要考虑这些或有结算条款，应将该合同确认为一项权益工具。

【例 37-8】 甲公司拟发行优先股。按合同条款约定，甲公司可根据相应的议事机制自行决定是否派发股利，如果甲公司的控股股东发生变更（该事项不受甲公司控制），甲公司必须按面值赎回该优先股。

本例中，该或有事项（控股股东变更）不受甲公司控制，属于或有结算事项。同时，该事项的发生并非"极端罕见、显著异常且几乎不可能发生"。由于甲公司不能无条件地避免赎回股份的义务，该工具应当划分为一项金融负债。

（五）结算选择权

对于存在结算选择权的衍生工具（例如，合同规定发行方或持有方能选择以现金净额或以发行股份交换现金等方式进行结算的衍生工具），发行方应当将其确认为金融负债或金融资产；如果可供选择的结算方式均表明该衍生工具应当确认为权益工具，则应当确认为权益工具。

例如，为防止附有转股权的金融工具的持有方行使转股权而导致发行方的普通股股东的股权被稀释，发行方会在衍生工具合同中加入一项现金结算选择权：发行方有权以等值于所应交付的股票数量乘以股票市价的现金金额支付给工具持有方，而不再发行新股。按照《企业会计准则第 37 号——金融工具列报》规定，发行方应当将这样的转股权确认为衍生金融负债或衍生金融资产。

（六）复合金融工具

《企业会计准则第 37 号——金融工具列报》规定，企业应对发行的非衍生工具进行评估，以确定所发行的工具是否为复合金融工具。企业所发行的非衍生工具可能同时包含金融负债成分和权益工具成分。对于复合金融工具，发行方应于初始确认时将各组成部分分别分类为金融负债、金融资产或权益工具。企业发行的一项非衍生工具同时包含金融负债成分和权益工具成分的，应于初始计量时先确定金融负债成分的公允价值（包括其中可能包含的非权益性嵌入衍生工具的公允价值），再从复合金融工具公允价值中扣除负债成分的公允价值，作为权益工具成分的价值。

可转换债券等可转换工具可能被分类为复合金融工具。发行方对该类可转换工具进行会计处理时，应当注意以下方面。

（1）在可转换工具转换时，应终止确认负债成分，并将其确认为权益。原来的权益成分仍旧保留为权益（从权益的一个项目结转到另一个项目，如从"其他权益工具"转入"资本公积——资本溢价或股本溢价"）。可转换工具转换时不产生损益。

（2）企业通过在到期日前赎回或回购而终止一项仍具有转换权的可转换工具时，应在交易日将赎回或回购所支付的价款以及发生的交易费用分配至该工具的权益成分和负债成分。分配价款和交易费用的方法应与该工具发行时采用的分配方法一致。价款和交易费用分配后，所产生的利得或损失应分别根据权益成分和负债成分所适用的会计原则进行处理，分配至权益成分的款项计入权益，与债务成分相关的利得或损失计入当期损益。

【例37-9】甲公司2×17年1月1日按每份面值1 000元发行了2 000份可转换债券，取得总收入2 000 000元。该债券期限为3年，票面年利息为6%，利息按年支付；每份债券均可在债券发行1年后的任何时间转换为250股普通股。甲公司发行该债券时，二级市场上与之类似但没有转股权的债券的市场利率为9%。假定不考虑其他相关因素。甲公司以摊余成本计量分类为金融负债的应付债券。

【分析】

本例中，转股权的结算是以固定数量的债券换取固定数量的普通股，因此，该转股权应归类为权益工具。具体计算和账务处理如下。

（1）先对负债成分进行计量，债券发行收入与负债成分的公允价值之间的差额则分配到权益成分。负债成分的现值按9%的折现率计算，见表37-1。

表37-1 对负债成分进行计量的情况

单位：元

本金的现值：第3年年末应付本金2 000 000元（复利现值系数为0.772 183 5）	1 544 367
利息的现值：3年期内每年应付利息120 000元（年金现值系数为2.531 291 7）	303 755
负债成分总额	1 848 122
权益成分金额	151 878
债券发行总收入	2 000 000

（2）甲公司的账务处理如下。

①2×17年1月1日，发行可转换债券。

借：银行存款	2 000 000
应付债券——利息调整	151 878
贷：应付债券——面值	2 000 000
其他权益工具	151 878

②2×17年12月31日，计提和实际支付利息。

计提债券利息时。

借：财务费用	166 331
贷：应付利息	120 000
应付债券——利息调整	46 331

实际支付利息时。

借：应付利息	120 000
贷：银行存款	120 000

③2×18年12月31日，债券转换前，计提和实际支付利息。

计提债券利息时。

借：财务费用	170 501
贷：应付利息	120 000
应付债券——利息调整	50 501

实际支付利息时。

借：应付利息　　　　　　　　　　　　　　　　　　　　　　120 000
　　贷：银行存款　　　　　　　　　　　　　　　　　　　　　　　120 000

至此，转换前应付债券的摊余成本为 1 944 954（1 848 122+46 331+50 501）元。

假定至 2×18 年 12 月 31 日，甲公司股票上涨幅度较大，可转换债券持有方均于当日将持有的可转换债券转为甲公司股份。由于甲公司对应付债券采用摊余成本进行后续计量，在转换日，转换前应付债券的摊余成本应为 1 944 954 元，而权益成分的账面价值仍为 151 878 元。在转换日，甲公司发行股票数量为 500 000 股。对此，甲公司的账务处理如下。

借：应付债券——面值　　　　　　　　　　　　　　　　　2 000 000
　　贷：应付债券——利息调整　　　　　　　　　　　　　　　　55 046
　　　　股本　　　　　　　　　　　　　　　　　　　　　　　500 000
　　　　资本公积——股本溢价　　　　　　　　　　　　　　　1 444 954
借：其他权益工具　　　　　　　　　　　　　　　　　　　　151 878
　　贷：资本公积——股本溢价　　　　　　　　　　　　　　　　151 878

（3）企业可能修订可转换工具的条款以促成持有方提前转换。例如，提供更有利的转换比率或在特定日期前转换则支付额外的对价。在条款修订日，对于持有方根据修订后的条款进行转换所能获得的对价的公允价值与根据原有条款进行转换所能获得的对价的公允价值之间的差额，企业（发行方）应将其确认为一项损失。

（4）企业发行认股权和债权分离交易的可转换公司债券，所发行的认股权符合《企业会计准则第 37 号——金融工具列报》有关权益工具定义的，应当确认为一项权益工具（其他权益工具），并以发行价格减去不附认股权且其他条件相同的公司债券公允价值后的净额进行计量。认股权持有方到期没有行权的，企业应当在到期时将原计入其他权益工具的部分转入资本公积（股本溢价）。

（七）合并财务报表中金融负债和权益工具的区分

在合并财务报表中对金融工具（或其组成部分）进行分类时，企业应考虑集团成员和金融工具的持有方之间达成的所有条款和条件，以确定集团作为一个整体是否由于该工具而承担了交付现金或其他金融资产的义务，或者承担了以其他导致该工具分类为金融负债的方式进行结算的义务。例如，某集团一子公司发行一项权益工具，同时其母公司或集团其他成员与该工具的持有方达成了其他附加协议，母公司或集团其他成员可能对相关的支付金额（如股利）做出担保；或者集团另一成员可能承诺在该子公司不能支付预期款项时购买这些股份。在这种情形下，尽管集团子公司（发行方）在没有考虑这些附加协议的情况下，在其个别财务报表中将这项工具分类为权益工具，但是在合并财务报表中，集团与该工具的持有方之间的附加协议的影响意味着集团作为一个整体无法避免经济利益的转移，导致其分类为金融负债。因此，合并财务报表应当考虑这些附加协议或条款，以确保从集团整体的角度反映所签订的所有合同和相关交易。

【例 37-10】 甲公司为乙公司的母公司，其向乙公司的少数股东签出一份在未来 6 个月后以乙公司普通股为基础的看跌期权。如果6个月后乙公司股票价格下跌，乙公司少数股东有权要求甲公司无条件地以固定价格购入乙公司少数股东所持有的乙公司股份。

在本例甲公司的个别财务报表中，由于该看跌期权的价值随着乙公司股票价格的变动而变动，并将于未来约定日期进行结算，该看跌期权符合衍生工具的定义而确认为一项衍生金融负债。在乙公司财务报表中，少数股东所持有的乙公司股份则是其自身权益工具。而在集团合并报表层面，由于看跌期权使集团整体承担了不能无条件避免的支付现金的合同义务，该少数股东权益不再符合权益工具定义，而应确认为一项金融负债，其金额等于回购所需支付金额的现值。

37.2.3 金融工具的列示

《企业会计准则第37号——金融工具列报》第二十八条规定，金融资产和金融负债应当在资产负债表内分别列示，不得相互抵销，但在特殊情况下应当以相互抵销后的净额在资产负债表内列示。

（一）金融负债的列示

（1）金融工具或其组成部分属于金融负债的，其相关利息、股利（或股息）、利得或损失，以及赎回或再融资产生的利得或损失等，应当计入当期损益。

（2）企业发行的金融负债可以采用公允价值进行后续计量，且公允价值的变动应当计入当期损益。

（二）权益工具的列示

（1）金融工具或其组成部分属于权益工具的，其在发行期间应当确认的利息或股利不能确认为当期损益，而应当作为利润分配冲减留存收益。

（2）金融工具或其组成部分属于权益工具的，其发行（含再融资）、回购、出售或注销时产生的利得和损失，发行方应当作为权益的变动处理。发行方不应当确认权益工具的公允价值变动。

（3）发行方向权益工具持有方的分配应当作为其利润分配处理，发放的股票股利不影响发行方的所有者权益总额。

（三）交易费用的列示

（1）与权益性交易相关的交易费用应当从权益中扣减。企业发行或取得自身权益工具时发生的交易费用（如登记费，承销费，法律、会计、评估及其他专业服务费用，印刷成本和印花税等），可直接归属于权益性交易的，应当从权益中扣减。终止的未完成权益性交易所发生的交易费用应当计入当期损益。

（2）发行复合金融工具发生的交易费用，应当在金融负债成分和权益工具成分之间按照各自占总发行价款的比例进行分摊。与多项交易相关的共同交易费用，应当在合理的基础上，采用与其他类似交易一致的方法，在各项交易间进行分摊。

（3）发行方分类为金融负债的金融工具支付的股利，在利润表中应当确认为费用，与其他负债的利息费用合并列示，并在财务报表附注中单独披露。作为权益扣减项的交易费用，应当在财务报表附注中单独披露。

37.3 特殊金融工具

37.3.1 可回售工具

可回售工具，是指根据合同约定，持有方有权将该工具回售给发行方以获取现金或其他金融资产的权利，或者在未来某一不确定事项发生或者持有方死亡或退休时，自动回售给发行方的金融工具。例如，某些合作制法人的可随时回售的"权益"或者某些开放式基金的可随时赎回的基金份额。

根据《企业会计准则第37号——金融工具列报》，符合金融负债定义，但同时具有一定特征的可回售工具，应当分类为权益工具。

【例37-11】甲企业为合伙企业。相关合伙协议约定：新合伙人加入时按确定的金额和财产份额入伙，合伙人退休或退伙时以其财产份额的公允价值予以退还；合伙企业营运资金均来自合伙人，合伙人入伙期间可按财产份额分得合伙企业的利润（但利润分配由合伙企业自主决定）；当合伙企业清算时，合伙人可按财产份额获得合伙企业的净资产。

本例中，由于合伙企业在合伙人退休或退伙时有向合伙人交付金融资产的义务，因而该可回售工具（合伙协议）满足金融负债的定义。同时，其作为可回售工具具备了以下特征：（1）合伙企业清算时合伙人可按财产份额获得合伙企业的净资产；（2）该协议属于合伙企业中最次级类别的工具；（3）所有合伙人权益具有相同的特征；（4）合伙企业仅有以现金或其他金融资产回购该工具的合同义务；（5）合伙人入伙期间可获得的现金流量总额，实质上基于该工具存续期内企业的损益、已确认净资产的变动、已确认和未确认净资产的公允价值变动。因而，该金融工具应当确认为权益工具。

企业在认定可回售工具是否应分类为权益工具时，应当注意以下三点。

（1）在企业清算时具有优先要求权的工具不是有权按比例份额获得企业净资产的工具。例如，如果一项工具使持有方有权在企业清算时享有除企业净资产份额之外的固定股利，而类别次于该工具的其他工具在企业清算时仅仅享有企业净资产份额，则该工具所属类别中所有工具均不属于在企业清算时有权按比例份额获得企业净资产的工具。

（2）在确定一项工具是否属于最次级类别时，应当评估若企业在评估日发生清算时该工具对企业净资产的要求权。同时，应当在相关情况发生变化时重新评估对该工具的分类。例如，如果企业发行或赎回了另一项金融工具，可能会影响对该工具是否属于最次级类别的评估结果。如果企业只发行一类金融工具，则可视为该工具属于最次级类别。

（3）除了发行方应当以现金或金融资产回购或赎回该工具的合同义务外，该工具应当不包括其他符合金融负债定义的合同义务。准则对于符合条件的可回售工具的特殊规定，是仅针对回售权规定的一项债务与权益区分的例外。如果可回售工具中包含了回售权以外的其他构成发行方交付现金或其他金融资产的合同义务，则该回售工具不能适用这一例外。

例如，企业发行的工具是可回售的，除了这一回售特征外，还在合同中约定每年必须向工具持有方按照净利润的一定比例进行分配，这一约定构成了一项交付现金的义务，因此，企业发行的这项可回售工具不应分类为权益工具。

【例37-12】甲公司设立时发行了100单位A类股份，而后发行了10 000单位B类股份给其他投资人，B类股份为可回售股份。假定甲公司只发行了A、B两种金融工具，A类股份为甲公司最次级权益工具。

本例中，在甲公司的整个资本结构中，A类股份并不重大，且甲公司的主要资本来自B类股份，但由于B类股份并非甲公司发行的最次级的工具，因此不应当将B类股份归类为权益工具。

37.3.2　发行方仅在清算时才有义务向另一方按比例交付其净资产的金融工具

根据准则，符合金融负债定义，但同时具有一定特征的、发行方仅在清算时才有义务向另一方按比例交付其净资产的金融工具（如封闭式基金、理财产品的份额、信托计划等寿命固定的结构化主体的份额，实务中也称有限寿命工具），应当分类为权益工具。

针对仅在清算时才有义务向另一方按比例交付其净资产的金融工具的特征要求，与针对可回售工具的其中几条特征要求是类似的，但特征要求相对较少。原因在于清算是触发该合同支付义务的唯一条件，所以，可以不必考虑其他特征，包括：不要求考虑除清算以外的其他的合同支付义务（如股利分配）；不要求考虑存续期间预期现金流量的确定方法（如根据净利润或净资产）；不要求该类别工具的所有特征均相同，仅要求清算时按比例支付净资产份额的特征相同。

37.3.3　特殊金融工具分类为权益工具的其他条件

分类为权益工具的可回售工具，或发行方仅在清算时才有义务向另一方按比例交付其净资产的金融工具，除应当具有《企业会计准则第37号——金融工具列报》第十六条或第十七条所述特征外，其发行方应当没有同时具备下列特征的其他金融工具或合同：（1）现金流量总额实质上基于企业的损益、已确认净资产的变动、已确认和未确认净资产的公允价值变动（不包括该工具或合同的任何影响）；（2）实质上限制或固定了准则第十六条或第十七条所述工具持有方所获得的剩余回报。

在实务中的一些安排下，股东将实质上的企业控制权和利润转让给非股东方享有。例如，甲企业可能与乙企业签订包括资产运营控制协议（乙企业承包甲企业的运营管理）、知识产权的独家服务协议（甲企业经营所需知识产权由乙企业独家提供）、借款合同（甲企业向乙企业借款满足营运需要）等系列协议，将经营权和收益转移到乙企业；同时，甲企业股东还可能与乙企业签订股权质押协议和投票权委托协议等，将甲企业股东权利转移给乙企业。这种情况下，甲企业形式上的股份已经不具有权益工具的实质。因此，《企业会计准则第37号——金融工具列报》第十六条、第十七条规定的特殊权益工具，应当排除存在上述安排的情形。

当然，实务中的情况比较复杂。例如，合伙企业的合伙人除了作为企业所有者外，通常也作为企业雇员参与经营，并获取劳动报酬。这类劳动合同也可能形成对企业剩余回报的限制。为避免企业误判，准则又做出规定：在运用上述条件时，对于发行方与准则第十六条或第十七条所述工具持有方签订的非金融合同，如果其条款和条件与发行方和其他方之间可能订立的同等合同类似，不应考虑该非金融合同的影响。但如果不能做出此判断，则不得将该工具分类为权益工具。

下列按照涉及非关联方的正常商业条款订立的工具，不太可能导致满足准则特征要求的可回售工具或发行方仅在清算时才有义务向另一方按比例交付其净资产的金融工具无法被分类为权益工具：（1）现金流量总额实质上基于企业的特定资产；（2）现金流量总额基于企业收入的一定比例；（3）就职工为企业提供的服务给予报酬的合同；（4）要求企业为其所提供的产品或服务支付一定报酬（占利润的比例非常小）的合同。

37.3.4 特殊金融工具在母公司合并财务报表中的处理

由于将某些可回售工具以及仅在清算时才有义务向另一方按比例交付其净资产的金融工具分类为权益工具而不是金融负债是准则原则的一个例外，准则不允许将该例外扩大到发行方母公司合并财务报表中少数股东权益的分类。因此，子公司在个别财务报表中作为权益工具列报的特殊金融工具，在其母公司合并财务报表中对应的少数股东权益部分，应当分类为金融负债。

37.4 金融负债和权益工具之间的重分类

由于发行的金融工具原合同条款约定的条件或事项随着时间的推移或经济环境的改变而发生变化，这可能会导致已发行金融工具（含《企业会计准则第 37 号——金融工具列报》第三章规定的特殊金融工具）的重分类。例如，企业拥有可回售工具和其他工具，可回售工具并非最次级类别，并不符合分类为权益工具的条件。如果企业赎回其已发行的全部其他工具后，发行在外的可回售工具符合了分类为权益工具的全部特征和全部条件，那么企业应从其赎回全部其他工具之日起将可回售工具重分类为权益工具。反之，如果原来被分类为权益工具的可回售工具因为更次级的新工具的发行，而不再满足分类为权益工具的条件，则企业应在新权益工具的发行日将可回售工具重分类为金融负债。

发行方原分类为权益工具的金融工具，自不再被分类为权益工具之日起，发行方应当将其重分类为金融负债，以重分类日该工具的公允价值计量，重分类日权益工具的账面价值和金融负债的公允价值之间的差额确认为权益。发行方原分类为金融负债的金融工具，自不再被分类为金融负债之日起，发行方应当将其重分类为权益工具，以重分类日金融负债的账面价值计量。

37.5 收益和库存股

37.5.1 发行方对利息、股利、利得或损失的处理

将金融工具或其组成部分划分为金融负债还是权益工具,决定了发行方对相关利息、股利、利得或损失的会计处理方法。金融工具或其组成部分属于金融负债的,相关利息、股利、利得或损失,以及赎回或再融资产生的利得或损失等,应当计入当期损益。金融工具或其组成部分属于权益工具的,其发行(含再融资)、回购、出售或注销时,发行方应当作为权益的变动处理;发行方不应当确认权益工具的公允价值变动;发行方对权益工具持有方的分配应作利润分配处理,发放的股票股利不影响所有者权益总额。

与权益性交易相关的交易费用应当从权益中扣减。交易费用是指可直接归属于购买、发行或处置金融工具的增量费用。只有那些可直接归属于发行新的权益工具或者购买此前已经发行在外的权益工具的增量费用才是与权益交易相关的费用。例如,在企业首次公开募股的过程中,除了会新发行一部分可流通的股份之外,也往往会将已发行的股份进行上市流通,在这种情况下,企业需运用专业判断以确定哪些交易费用与权益交易(发行新股)相关,应计入权益核算;哪些交易费用与其他活动(将已发行的股份上市流通)相关,尽管也是在发行权益工具的同时发生的,但是应当计入损益。与多项交易相关的共同交易费用,应当在合理的基础上,采用与其他类似交易一致的方法,在各项交易间进行分摊。

利息、股利、利得或损失的会计处理原则同样也适用于复合金融工具。任何与负债成分相关的利息、股利、利得或损失应计入当期损益,任何与权益成分相关的利息、股利、利得或损失应计入权益。发行复合金融工具发生的交易费用,也应当在负债成分和权益成分之间按照各自占总发行价款的比例进行分摊。例如,企业发行一项 5 年后以现金强制赎回的非累积优先股。在优先股存续期间内,企业可以自行决定是否支付股利。这一非累积可赎回优先股是一项复合金融工具,其中的负债成分为赎回金额的折现值。负债成分采用实际利率法确认的利息支出应计入当期损益,而与权益成分相关的股利支付应确认为利润分配。如果该优先股的赎回不是强制性的,而是取决于持有方是否要求企业进行赎回的,或者该优先股需转换为可变数量的普通股,则仍然适用前述会计处理。但是,如果该优先股赎回时所支付的金额还包括未支付的股利,则整个工具是一项金融负债。在这种情况下,支付的所有股利都应计入当期损益。

37.5.2 库存股

回购自身权益工具(库存股)支付的对价和交易费用,应当减少所有者权益,不得确认金融资产。库存股可由企业自身购回和持有,也可由集团合并范围内的其他成员购回和持有。其他成员包括子公司,但是不包括集团的联营和合营企业。此外,如果企业是替他人持有自身权益工具的,例如,金融机构作为代理人代其客户持有该金融机构自身的股票等,那么所持有的这些股票不是金融机构自身的资产,也不属于库存股。

如果企业持有库存股之后又将其重新出售,其反映的是不同所有者之间的转让,而非企业本身的利得或损失。因此,无论这些库存股的公允价值如何波动,企业应直接将支付或收

取的所有对价在权益中确认，而不产生任何损益。

37.5.3 对每股收益计算的影响

企业应当按照《企业会计准则第 34 号——每股收益》的规定计算每股收益。企业存在发行在外的除普通股以外的金融工具的，在计算每股收益时，应当按照以下原则处理。

1. 基本每股收益的计算

在计算基本每股收益时，基本每股收益中的分子，即归属于普通股股东的净利润，不应包含其他权益工具的股利或利息。其中，对于发行的不可累积优先股等其他权益工具应扣除当期宣告发放的股利，对于发行的累积优先股等其他权益工具，无论当期是否宣告发放股利，均应予以扣除。

基本每股收益计算中的分母，为发行在外普通股的加权平均股数。

对于同普通股股东一起参加剩余利润分配的其他权益工具，在计算普通股每股收益时，归属于普通股股东的净利润不应包含根据可参加机制计算的应归属于其他权益工具持有者的净利润。

2. 稀释每股收益的计算

企业发行的金融工具中包含转股条款的，即存在潜在稀释性的，在计算稀释每股收益时考虑的因素与企业发行可转换公司债券、认股权证相同。

37.6 金融资产与金融负债的抵销列示

37.6.1 金融资产与金融负债抵销列示的条件

金融资产和金融负债应当在资产负债表内分别列示，不得相互抵销，但是同时满足下列条件的，应当以相互抵销后的净额在资产负债表内列示。

1. 企业具有抵销已确认金额的法定权利，且该种法定权利是当前可执行的

《企业会计准则第 37 号——金融工具列报》第二十九条至第三十一条对抵销权进行了解释。需要说明的是，抵销协议中将支付或将收取的金额的不确定性并不妨碍企业的抵销权成为当前可执行的法定权利。同样地，抵销时间的不确定性也不妨碍抵销权成为当前可执行的法定权利，因为时间的推移并不意味着该抵销权取决于未来事件。但是，在某些未来事件发生之后则消失或成为不可执行的抵销权不满足抵销条件。例如，如果交易双方约定，在任何一方出现信用评级下降后，抵销条款不再适用或变为不可执行，则该抵销权自始至终都不满足抵销条件。

2. 企业计划以净额结算，或同时变现该金融资产和清偿该金融负债

当企业分别通过收取和支付总额来结算两项金融工具时，即使该两项工具结算的间隔期很短，企业需承受的仍可能是重大的资产信用风险和负债流动性风险，在这种情况下以净额列报并不适合。但是，金融市场中的清算机构的运作机制可能有助于两项金融工具达到同时结算的目的。在这种情况下，若符合《企业会计准则第 37 号——金融工具列报》第三十二条相关条件,相关的现金流量实际上等于一项净额,企业所承受的信用风险或流动性风险并非针对总额的,因而满足净额结算的条件。

37.6.2 金融资产与金融负债不得抵销的情形

准则规定,在下列情况下,通常认为不满足抵销条件,不得抵销相关金融资产和金融负债。

(1) 使用多项不同金融工具来仿效单项金融工具的特征,即"合成工具"。例如,利用浮动利率长期债券与收取浮动利息且支付固定利息的利率互换,合成一项固定利率长期负债。

(2) 金融资产和金融负债虽然具有相同的主要风险敞口(如远期合同或其他衍生工具组合中的资产和负债等),但涉及不同的交易对手。

(3) 无追索权金融负债与作为其担保物的金融资产或其他资产。

(4) 债务人为解除某项负债而将一定的金融资产进行托管(如偿债基金或类似安排),但债权人尚未接受以这些资产清偿负债。

(5) 因某些导致损失的事项而产生的义务与预计通过保险合同向第三方索赔而得到的补偿。

37.6.3 总互抵协议

企业与同一交易对手进行多项金融工具交易时,可能与该交易对手签订涵盖其所有交易的"总互抵协议"。这些总互抵协议形成的法定抵销权利只有在出现特定的违约事项时,或出现在正常经营过程中不会发生的其他情况时,才会生效并影响单项金融资产的变现和单项金融负债的结算。这种协议常常被金融机构用于在交易对手破产或发生其他导致交易对手无法履行义务的情况时保护金融机构免受损失。一旦发生触发事件,这些协议通常规定对协议涵盖的所有金融工具按单一净额进行结算。例如,进行金融衍生品交易的金融机构间可能签订由国际掉期与衍生工具协会(International Swaps and Derivatives Association,ISDA)制定的衍生品交易主协议,国内金融机构间开展衍生品交易,也可能签订由中国银行间市场交易商协会(National Association of Financial Market Institutional Investors,NAFMII)制定的衍生品交易主协议,这些协议中可能含有上述互抵条款。

总互抵协议的存在本身并不一定构成协议所涵盖的资产和负债相互抵销的依据。如果总互抵协议仅形成抵销已确认金额的有条件权利,这不符合企业必须拥有当前可执行的抵销已确认金额的法定权利的要求;同时,企业可能没有以净额为基础进行结算或同时变现资产和清偿负债的意图。

37.7 金融工具对财务状况和经营成果影响的列报

37.7.1 一般性规定

(1) 企业在对金融工具各项目进行列报时,应当根据金融工具的特点及相关信息的性质对金融工具进行归类,充分披露与金融工具相关的信息,使得财务报表附注中的披露与财务报表列示的各项目相互对应。例如,对衍生工具进行披露时,将其分为外汇衍生工具、利率衍生工具、信用衍生工具等。

（2）企业应当按照准则规定，并根据自身实际情况，合理确定列报金融工具的详细程度，既不应列报大量过于详细的信息从而掩盖了真正重要的信息，也不得列报过于汇总的信息从而难以区分各项交易或相关风险之间的重要差异。

（3）在确定列报类型时，应当至少按计量属性将金融工具分为以摊余成本计量和以公允价值计量两种类型。企业应在此基础上做进一步分类。例如，以公允价值计量的金融工具可以进一步分为以公允价值计量且其变动计入当期损益的金融工具和以公允价值计量且其变动计入其他综合收益的金融工具。

（4）企业应当披露编制财务报表时对金融工具所采用的重要会计政策、计量基础和与理解财务报表相关的其他会计政策等信息，包括企业将金融资产和金融负债指定为以公允价值计量且其变动计入当期损益的相关信息。

准则第三十八条第（一）项以及第（二）项中的"企业如何满足运用指定的标准"，是指关于该项资产或者负债为什么满足金融工具确认计量准则中指定公允价值计量有关规定（如该准则第二十条或第二十二条）的说明。

准则第三十八条第（二）项中的"初始确认时对上述金融负债做出指定的标准"，是指企业是根据金融工具确认计量准则哪项规定（如该准则第二十二条第（一）项、第（二）项或第二十六条）做出该指定。

【例37-13】某保险公司2×18年年报对指定为以公允价值计量且其变动计入当期损益的金融资产或金融负债和指定为以公允价值计量且其变动计入其他综合收益的非交易性权益工具投资有关的会计政策做出如下披露。

符合以下一项或一项以上标准的金融工具（不包括为交易目的所持有的金融工具），在初始确认时，公司管理层将其指定为以公允价值计量且其变动计入当期损益的金融资产或金融负债。

（1）公司的该项指定可以消除或明显减少金融资产或金融负债的计量基础不同所导致的相关利得或损失在确认或计量方面不一致的情况。按照此标准，公司所指定的金融工具主要包括以下内容。

① 部分长期债券及次级债务。

若干已发行的固定利率长期债券及次级债务的应付利息，已与"收固定/付浮动"利率互换的利息相匹配，并在公司利率风险管理策略正式书面文件中说明。如果这些金融负债仍以摊余成本计量，则会因为相关的衍生工具以公允价值计量且其变动计入当期损益而产生会计错配。因此，公司将这些金融负债指定为以公允价值计量且其变动计入当期损益的金融负债。

② 投资连结合同项下的金融资产及金融负债。

在投资连结合同项下，公司对所购资产按照公允价值计量且其变动计入当期损益。为消除会计错配，公司按照与所购资产计量基础相一致的原则，将相关负债指定为以公允价值计量且其变动计入当期损益的金融负债。

（2）公司风险管理或投资策略的正式书面文件已载明，该金融负债组合以公允价值为基础进行管理、评价并向关键管理人员报告。

（3）公司发行的一些包含嵌入衍生工具的债务工具，其嵌入衍生工具对债务工具的现金流量产生重大改变。

对于某些非交易性权益工具投资，本公司将其指定为以公允价值计量且其变动计入其他综合收益的金融资产，公司拥有的这类金融工具包括股票、发行方分类为权益工具的永续债等。

公司对上述金融资产或金融负债的指定一经做出，将不会撤销。

37.7.2 资产负债表中的列示及相关披露

（一）部分金融资产的信用风险披露

按照金融工具确认计量准则，以摊余成本计量以及以公允价值计量且其变动计入其他综合收益的金融资产应当进行减值会计处理并按照《企业会计准则第37号——金融工具列报》第七章第二节披露信用风险相关信息。企业应当设置专门的备抵账户，按类别记录相关金融资产因信用损失发生的减值，并披露减值准备的期初余额，本期计提、转回、转销、核销及其他变动的金额和期末余额等信息。若企业将原本分类为以摊余成本计量以及以公允价值计量且其变动计入其他综合收益的金融资产（债务工具投资）指定为以公允价值计量且其变动计入当期损益，则不用对其进行减值会计处理，也不适用准则第七章第二节规定。但是，这些资产仍然面临信用风险问题，因此，企业须按照准则第四十条披露相关信息。

【例37-14】 某企业持有的本应以公允价值计量且其变动计入其他综合收益的一组金融资产符合金融工具确认计量准则中指定为以公允价值计量且其变动计入当期损益的条件。基于管理需要，某企业将该组金融资产指定为以公允价值计量且其变动计入当期损益的金融资产，且在管理中未使用信用衍生工具或类似工具。

对于指定为以公允价值计量且其变动计入当期损益的金融资产：

（1）截至2×18年12月31日使企业面临的最大信用风险敞口为3 696万元；

（2）信用风险变动引起的公允价值本期变动额为10.8万元，累计变动额为35.4万元。这些变动额，是该金融资产公允价值变动扣除市场风险因素的变化导致公允价值变动后的金额。市场风险因素的变化包括可观察的利率、商品价格、汇率以及价格指数、利率指数、汇率指数等指数的变动。

此外，该企业还按照准则第四十三条的规定，披露了该组金融资产因信用风险变动引起的公允价值本期变动额和累计变动额的确定方法。

（二）以公允价值计量的金融负债的披露

企业将某项金融负债指定为以公允价值计量且其变动计入当期损益的，应当按准则第四十一条或第四十二条的规定披露。第四十一条针对的是因自身信用风险变动引起的公允价值变动计入其他综合收益的金融负债；第四十二条针对的是根据金融工具确认计量准则第六十八条第二款将全部利得和损失（包括自身信用风险变动引起的部分）计入当期损益的金融负债。由于前者涉及其他综合收益在负债终止确认时转入留存收益的情形，其相比后者多一项披露要求。

【例37-15】沿用【例37-14】,指定为以公允价值计量且其变动计入当期损益的金融负债的相关信息披露如表37-2所示。

表37-2 指定为以公允价值计量且其变动计入当期损益的金融负债的相关信息披露

单位:元

项目	2×18年公允价值变动额	因相关信用风险变动引起的公允价值本期变动额	因相关信用风险变动引起的公允价值累计变动额
(1) 发行的普通债券	1 236 358	835 000	1 034 610
(2) 发行的次级债券	3 693 000	2 100 000	3 000 600
合计	4 929 358	2 935 000	4 035 210

2×18年12月31日,指定为以公允价值计量且其变动计入当期损益的金融负债的账面价值高于按合同约定到期应支付债权人金额58 300元。

(三)金融资产和金融负债互抵协议的影响

为使财务报表使用者了解企业所签订的总互抵协议对企业财务状况的影响,企业需要披露总互抵协议(或类似协议)下的金融资产和金融负债的总额、已抵销金额、列示净额、潜在可能抵销金额以及扣除已抵销和潜在可能抵销金额后的净额。上述5项金额分别对应准则第四十七条第一款第(一)至(五)项要求。

企业应注意以下几点。注意:(1)~(7)所称"准则"指"金融工具列报准则"。

(1)准则第四十七条所指的"类似协议",包括所有可能导致金融资产和金融负债相抵销的协议,如衍生工具清算协议、总回购协议、证券借贷总协议以及与财务担保物相关的协议等。总互抵协议或类似协议下的已确认金融工具,可能包括衍生工具、买入返售、卖出回购和证券借贷协议等。不属于第四十七条范围的金融工具包括同一机构内的贷款或客户存款(除非其在资产负债表中予以抵销)和仅作为抵押担保协议项下的金融工具等。

(2)准则第四十七条(二)要求披露按《企业会计准则第37号——金融工具列报》第二十八条规定抵销的金额。在同一安排下予以抵销的已确认金融资产和已确认金融负债的金额将同时在金融资产和金融负债抵销的披露中反映。但是,所披露的金额仅限于予以抵销的金额。例如,企业可能拥有满足第二十八条抵销条件的已确认衍生金融资产和已确认衍生金融负债,如果衍生金融资产的总额大于衍生金融负债的总额,则在金融资产的披露和金融负债的披露中的可予以抵销的金额都应当是衍生金融负债的总额。

(3)如果企业拥有属于准则第四十七条所要求披露的工具,但该工具不满足第二十八条规定的抵销条件,则该工具根据第四十七条(三)要求披露的金额等于(一)要求披露的金额。同时,(三)披露的金额与资产负债表中的单列项目金额应可以勾稽对应。如果企业确定将单列项目金额予以合并或分解可提供更相关的信息,则必须将披露的已合并或分解金额与资产负债表中的单列项目金额相勾稽。

(4)准则第四十七条(四)要求企业披露收到或抵押出的作为财务担保物的金融工具的公允价值,披露的金额应当为实际收到或抵押出的担保物公允价值,而不是因返还或收回担保物而确认的应付款项或应收款项的公允价值。

对于单项金融工具，其潜在可能抵销的金额不可能超过列示净额。因此，对于每一项金融工具，准则第四十七条（四）披露的总额不能超过（三）披露的金额。因此，如果一项金融工具既存在不满足抵销条件的情况（将来可能满足抵销条件，如因一方发生违约而触发），也存在担保的情况，且二者涉及的金额之和大于当前列示净额，则企业应当调低担保相关金额，使得该工具的潜在可能抵销金额不超过列示净额。

（5）企业应当披露与准则第四十七条（四）中所述的可执行的总互抵协议或类似协议下相关的抵销权利的信息，以及对权利性质的描述。例如，企业应当描述其附带条件的抵销权利。对于当前不符合准则抵销要求的金融工具，企业应当描述其不符合要求的原因。对于所有收到或抵押出的财务担保物，企业应当披露抵押担保协议的相关条款（如担保物受到限制的情形）。

（6）根据准则第四十七条（一）至（五）所进行的定量披露，可以分别按金融工具或交易的类型（例如，衍生工具、回购和逆回购协议或证券借贷安排）提供。企业也可以按金融工具或交易的类型提供（一）至（三）所要求的信息，按交易对手提供（三）至（五）所要求的信息。如果企业按交易对手提供要求披露的信息，无须列明交易对手的具体名称。为保持可比性，各年度内对交易对手的指定应当保持一致。企业还应当考虑提供有关交易对手的进一步定性信息。在按交易对手披露（三）至（五）所要求的有关金额时，相对于所有交易对手而言单项重要的金额应当单独披露，其余单项不重要的金额可以汇总为一个单列项目披露。

（7）为满足财务报表使用者评估净额结算安排对企业财务状况现实及潜在影响的需要，除按照准则第四十七条要求披露金融资产和金融负债抵销相关信息之外，企业还应根据总互抵协议或类似协议的条款提供其他补充信息，如抵销权的条款及其性质等信息。此外，根据准则第四十七条披露的金融工具可能遵循不同的计量要求（例如，与回购协议相关的应付款项以摊余成本计量，而衍生工具以公允价值计量），因此，企业应当披露计量差异的情况。

【例37-16】 金融资产和金融负债抵销的相关披露示例如下。

（1）抵销的金融资产以及可执行的总互抵协议或类似协议下的金融资产如表37-3所示。

表37-3 抵销的金融资产以及可执行的总互抵协议或类似协议下的金融资产

单位：百万元

类型	（一） 已确认金融资产的总额	（二） 在资产负债表中抵销的金额	（三）=（一）-（二） 在资产负债表中列示的净额	（四）		（五）=（三）-（四） 资产负债表中列示的净额扣除（四）中金额后的余额
				不满足抵销条件的工具	财务担保物	
衍生工具	200	(80)	120	(80)	(30)	10
逆回购、证券借贷协议或类似协议	90		90	(90)		
其他金融工具						
合计	290	(80)	210	(170)	(30)	10

（2）抵销的金融负债以及可执行的总互抵协议或类似协议下的金融负债如表37-4所示。

表 37-4 抵销的金融负债以及可执行的总互抵协议或类似协议下的金融负债

单位：百万元

类型	（一）已确认金融负债的总额	（二）在资产负债表中抵销的金额	（三）=（一）-（二）在资产负债表中列示的净额	（四）		（五）=（三）-（四）资产负债表中列示的净额扣除（四）中金额后的余额
				不满足抵销条件的工具	财务担保物	
衍生工具	160	（80）	80	（80）		
逆回购、证券借贷协议或类似协议	80		80	（80）		
其他金融工具						
合计	240	（80）	160	（160）		

37.7.3 利润表中的列示及相关披露

《企业会计准则第 37 号——金融工具列报》第五十五条对利润表中的列示及相关披露做出了规范，有关说明和举例如下。

（1）企业至少应当按金融工具的不同计量基础分别披露利得或损失。由于金融工具按不同计量基础分类计量，这一披露要求有助于财务报表使用者更好地理解企业金融工具的经营成果。

（2）企业应披露的利息收入或利息费用为：按实际利率法计算的金融资产或金融负债产生的利息收入或利息费用总额。

【例 37-17】某银行利润表利息收入和利息费用披露格式如表 37-5 所示。

表 37-5 某银行利润表利息收入和利息费用披露格式

单位：元

利息净收入	本期发生额	上期发生额
利息收入：		
存放中央银行款项		
发放贷款和垫款		
债券投资		
拆出资金		
买入返售金融资产		
存放同业		
其他		
利息收入合计		
利息支出：		
吸收存款		

续表

利息净收入	本期发生额	上期发生额
拆入资金		
卖出回购金融资产		
同业存放		
应付债券		
向中央银行借款		
其他		
利息支出合计		
利息净收入		

（3）企业应分别披露下列手续费收入或支出。

① 金融资产和金融负债（不含以公允价值计量且其变动计入当期损益的金融资产和金融负债）产生的直接计入当期损益（即在确定实际利率时未包括）的手续费收入或支出。

② 企业通过信托和其他托管活动代他人持有资产或进行投资而形成的，直接计入当期损益的手续费收入或支出。

对应上述 ① 所要求的披露范围取决于企业的业务性质。例如，对于银行发放信用卡的业务，手续费可能包括信用卡的年费收入、处理借贷交易的商户服务佣金、透支手续费等。

37.7.4 套期会计相关披露

套期活动属于企业风险管理活动，在符合套期会计应用条件的前提下，企业可以选择应用套期会计。企业应当按照《企业会计准则第 24 号——套期会计》的规定，对符合条件并选择应用套期会计的套期活动，分别按公允价值套期、现金流量套期及境外经营净投资套期三种类型进行会计处理，同时按照《企业会计准则第 37 号——金融工具列报》第五十七条至第七十条规定进行披露，以便财务报表使用者理解企业套期关系的性质和这些套期关系对企业当期及未来期间经营成果的影响。

【例 37-18】针对商品价格风险管理策略的披露示例如下。

本公司从事铜产品的生产加工业务，持有的铜产品面临铜的价格变动风险。因此，本公司采用期货交易所的铜期货合同管理持有的全部铜产品所面临的商品价格风险。本公司生产加工的铜产品中所含的标准阴极铜与铜期货合同中对应的标准阴极铜相同，套期工具（铜期货合同）与被套期项目（本公司所持有的铜产品中的标准阴极铜）的基础变量均为标准阴极铜价格。套期无效部分主要来自基差风险、现货或期货市场供求变动风险以及其他现货或期货市场的不确定性风险等。本年度和上年度确认的套期无效的金额并不重大。本公司针对此类套期采用公允价值套期。

企业应当按照风险类型披露相关定量信息，从而有助于财务报表使用者评价套期工具的条款和条件及这些条款和条件如何影响企业未来现金流量的金额、时间和不确定性。这些要求披露的明细信息应当包括以下两点。

（1）套期工具名义金额的时间分布。

（2）套期工具的平均价格或利率（如适用）。

【例 37-19】表 37-6 列示了以人民币为记账本位币、被指定为套期工具的期权合同的到期日和平均汇率概况。

表 37-6　以人民币为记账本位币、被指定为套期工具的期权合同的到期日和平均汇率概况

单位：万元

	0~6 个月	6~12 个月	12 个月以后
美元期权合同名义金额	125 000	105 000	150 000
人民币兑美元的平均汇率	6.85	6.91	6.87
欧元期权合同名义金额	(53 000)	(40 000)	(35 000)
人民币兑欧元的平均汇率	7.75	7.76	7.80
英镑期权合同名义金额	(82 000)	(64 000)	(90 000)
人民币兑英镑的平均汇率	8.68	8.77	8.78

对于公允价值套期，企业应当以表格形式、按风险类型分别披露与被套期项目相关的下列金额。

（1）资产负债表中已确认的被套期项目账面价值，资产项目和负债项目应分别列示。

（2）已确认的被套期项目账面价值中所包含的被套期项目累计公允价值套期调整，资产项目和负债项目应分别列示。

（3）被套期项目所属的资产负债表项目（即被套期项目在资产负债表中列示在哪个项目下，如"存货""应付债券""其他流动资产"）。

（4）本期用作确认套期无效部分基础的被套期项目价值变动。

（5）对于以摊余成本计量的金融工具作为被套期项目的情况，企业应当根据套期会计准则第二十三条要求对被套期项目价值调整进行摊销。若套期关系先于被套期项目终止（如由于企业风险管理政策变化），则未摊销的价值调整还将保留在资产负债表中直至摊销完。该情况下，企业应当披露保留在资产负债表中的公允价值套期累计调整额。

对于现金流量套期和境外经营净投资套期，企业应当以表格形式、按风险类型分别披露与被套期项目相关的下列金额。

（1）本期用作确认套期无效部分基础的被套期项目价值变动。

（2）根据套期会计准则第二十四条的规定继续按照套期会计处理的现金流量套期储备的余额。

（3）根据套期会计准则第二十七条的规定继续按照套期会计处理的境外经营净投资套期计入其他综合收益的余额。

（4）不再适用套期会计的套期关系所导致的现金流量套期储备和境外经营净投资套期中计入其他综合收益的利得和损失的余额。

企业可以按照表 37-7 披露此类信息。

表 37-7　企业公允价值套期批露表

2×18年12月31日　　　　　　　　　　　　　　　　　　　　　单位：万元

	被套期项目的账面价值		被套期项目公允价值套期调整的累计金额（计入被套期项目的账面价值）		包含被套期项目的资产负债表列示项目	20×8年用作确认套期无效部分基础的被套期项目公允价值变动	现金流量套期储备
	资产	负债	资产	负债			
现金流量套期							
商品价格风险							
——预期销售	不适用	不适用	不适用	不适用	不适用	××	××
——终止的套期（预期销售）	不适用	不适用	不适用	不适用	不适用	不适用	××
公允价值套期							
利率风险							
——应付债券		××		××	应付债券	××	不适用
——终止的套期（应付债券）		××		××	应付债券	不适用	不适用
外汇风险							
——确定承诺	××	××	××	××	其他流动资产	××	不适用

对于每类套期类型，企业应当按照《企业会计准则第37号——金融工具列报》第六十六条的规定以表格形式、按风险类型分别披露与套期工具相关金额。企业可以按照表37-8披露此类信息。

表 37-8　企业披露与套期工具相关金额表

2×18年12月31日　　　　　　　　　　　　　　　　　　　　　单位：万元

	套期工具的名义金额	套期工具的账面价值		包含套期工具的资产负债表列示项目	2×18年用作确认套期无效部分基础的套期工具公允价值变动
		资产	负债		
现金流量套期					
商品价格风险——远期销售合同	××	××	××	衍生金融资产/负债	××
公允价值套期					
利率风险 ——利率互换合同	××	××	××	衍生金融资产/负债	××
外汇风险 ——外币贷款	××	××	××	衍生金融资产/负债	××

对于每类套期类型，企业应当按照《企业会计准则第37号——金融工具列报》第六十七条、第六十八条的规定，以表格形式、按风险类型分别披露因采用套期会计所影响的利润表的相关金额。企业可以按照表37-9和表37-10披露此类信息。

表37-9 企业披露因采用套期会计所影响的利润表相关金额表

单位：万元

公允价值套期	计入当期损益的套期无效部分	计入其他综合收益的套期无效部分	计入当期损益的利润表列示项目（包括套期无效部分）
利率风险	××	不适用	公允价值变动收益
权益价格风险	××	××	公允价值变动收益

表37-10 企业披露因采用套期会计所影响的利润表相关金额表

单位：万元

现金流量套期	计入其他综合收益的套期工具的公允价值变动	计入当期损益的套期无效部分	包含已确认的套期无效部分的利润表列示项目	从现金流量套期储备重分类至当期损益的金额	包含重分类调整的利润表列示项目
商品价格风险 ——商品 ——终止的套期	×× 不适用	×× 不适用	公允价值变动收益 不适用	×× ××	营业成本 营业成本

企业因使用信用衍生工具管理金融工具的信用风险敞口而将金融工具（或其一定比例）指定为以公允价值计量且其变动计入当期损益的，应当按照《企业会计准则第37号——金融工具列报》第七十条的规定进行披露。对于用于管理根据套期会计准则第三十四条的规定被指定为以公允价值计量且其变动计入当期损益的金融工具信用风险敞口的信用衍生工具，企业应当披露每一项工具的名义金额以及当期期初和期末公允价值的调节表。企业可以按照表37-11披露此类信息。

表37-11 企业披露每一项工具的名义金额以及当期期初和期末公允价值调节表

单位：万元

信用衍生工具	名义金额	期初公允价值	本期公允价值变动	除公允价值变动外的影响		期末公允价值
				本期增加	本期减少	
信用衍生工具A						
信用衍生工具B						
……						

37.7.5 公允价值披露

（一）公允价值与账面价值的比较

除了《企业会计准则第37号——金融工具列报》第七十三条规定情况外，企业应当披露每一类金融资产和金融负债的公允价值，并与账面价值进行比较，无论其是否按公允价值计量。此处的披露类别应当与在资产负债表中列示的类别相一致。对于在资产负债表中相互抵销的金融资产和金融负债，其公允价值应当以抵销后的金额披露。

（二）金融资产或金融负债初始确认时交易价格与公允价值差异产生利得或损失的信息披露

根据金融工具确认计量准则第三十四条第（二）项，金融资产或金融负债初始确认的公允价值与交易价格存在差异时，如果其公允价值并非基于相同资产或负债在活跃市场中的报价，也非基于仅使用可观察市场数据的估值技术，企业在初始确认金融资产或金融负债时不应将该差异确认为利得或损失，而应当将其递延，在后续期间根据相关因素的变动确认利得或损失。

在此情况下，企业应当按金融资产或金融负债的类型披露相关信息，这些信息包括：初始确认后续期间在损益中确认交易价格与初始确认的公允价值之间差额时所采用的会计政策，以反映市场参与者对资产或负债进行定价时所考虑的因素（包括时间因素）的变动；该项差异期初和期末尚未在损益中确认的金额和本期变动额；认定交易价格并非公允价值的最佳证据，以及确定公允价值的证据。

（三）金融工具公允价值信息披露的豁免

《企业会计准则第37号——金融工具列报》第七十三条提供了对金融工具公允价值披露的有限豁免，包括：账面价值与公允价值差异很小的金融资产或金融负债（如短期应收、应付账款）；包含相机分红特征且其公允价值无法可靠计量的合同；租赁负债。针对包含相机分红特征且其公允价值无法可靠计量的合同，企业需要披露额外信息以帮助财务报表使用者判断其账面价值和公允价值之间的可能差异，具体如下。

（1）对金融工具的描述及其账面价值，以及因公允价值无法可靠计量而未披露其公允价值的事实和说明。

（2）金融工具的相关市场信息。

（3）企业是否有意图处置及如何处置这些金融工具。

（4）之前公允价值无法可靠计量的金融工具终止确认的，应当披露终止确认的事实，终止确认时该金融工具的账面价值和所确认的利得或损失金额。

37.8 与金融工具相关的风险披露

金融工具在给参与主体带来经营便利和收益的同时，也使得企业等参与者主体处于多种风险当中，加强对金融工具的相关风险的披露构成金融工具列报的一项重要内容，也是投资者十分关注的信息。与金融工具相关的风险主要包括信用风险、流动性风险、市场风险等类型，相关信息披露要求如下。

37.8.1 定性和定量信息

《企业会计准则第37号——金融工具列报》第七十五条规定：企业应当披露与各类金融工具风险相关的定性和定量信息，以便财务报表使用者评估报告期末金融工具产生的风险的性质和程度，更好地评价企业所面临的风险敞口。相关风险包括信用风险、流动性风险、市场风险等。

（一）定性信息

提供定性披露有助于财务报表使用者将相关披露联系起来，从而了解金融工具所产生风险的性质和程度的全貌。定性披露和定量披露的相互补充使企业披露的信息能够更好地帮助财务报表使用者评估企业所面临的风险敞口。

准则规定，对金融工具产生的各类风险，企业应当披露下列定性信息。

（1）风险敞口及其形成原因，以及在本期发生的变化。

（2）风险管理目标、政策和程序，以及计量风险的方法及其在本期发生的变化。

① 企业风险管理的目标和风险偏好设定。

② 企业风险管理的组织架构。

③ 风险识别、评价、规避和报告流程。

④ 企业的风险报告或计量系统的范围和性质。

⑤ 企业对风险进行套期或降低风险的政策，包括接受担保物的政策和程序。

⑥ 企业对这种套期或降低风险的方法的持续有效性进行监控的流程。

⑦ 企业避免风险过度集中的政策和程序。

（3）计量风险的方法。

企业应当披露定性信息与前期相比的所有变化。这些变化可能是企业面临的风险敞口改变或企业管理风险敞口的方式改变。披露这些信息有助于财务报表使用者了解这些变化对未来现金流量的性质、时间和不确定性的影响。

【例37-20】某集团有关金融工具风险管理定性披露的示例如下。

1. 风险管理

本集团在日常活动中面临各种金融工具的风险，主要包括信用风险、流动性风险、市场风险（包括汇率风险、利率风险和商品价格风险）。本集团的主要金融工具包括货币资金、股权投资、债权投资、借款、应收账款、应付账款及可转换债券等。与这些金融工具相关的风险，以及本集团为降低这些风险所采取的风险管理政策如下所述。

董事会负责规划并建立本集团的风险管理架构，制定本集团的风险管理政策和相关指引并监督风险管理措施的执行情况。本集团已制定风险管理政策以识别和分析本集团所面临的风险，这些风险管理政策对特定风险进行了明确规定，涵盖了市场风险、信用风险和流动性风险管理等诸多方面。本集团定期评估市场环境及本集团经营活动的变化以决定是否对风险管理政策及系统进行更新。本集团的风险管理由风险管理委员会按照董事会批准的政策开展。风险管理委员会通过与本集团其他业务部门的紧密合作来识别、评价和规避相关风险。本集团内部审计部门就风险管理控制及程序进行定期的审核，并将审核结果上报本集团的审计委员会。

本集团通过适当的多样化投资及业务组合来分散金融工具风险，并通过制定相应的风险管理政策减少集中于单一行业、特定地区或特定交易对手的风险。

2. 信用风险

信用风险是指交易对手未能履行合同义务而导致本集团产生财务损失的风险。本集团已采取政策只与信用良好的交易对手合作并在必要时获取足够的抵押品,以此缓解因交易对手未能履行合同义务而产生财务损失的风险。本集团只与被评定为等同于投资级别或以上的主体进行交易。评级信息由独立评级机构提供,如不能获得此类信息,本集团将利用其他可公开获得的财务信息及自身的交易记录对主要顾客进行评级。本集团持续监控所面临的风险敞口及众多交易对手的信用评级。信用风险敞口通过对交易对手设定额度加以控制,且每年经风险管理委员会复核和审批。

应收账款的债务人为大量分布于不同行业和地区的客户。本集团持续对应收账款债务人的财务状况实施信用评估,并在适当时购买信用担保保险。由于货币资金和衍生金融工具的交易对手是声誉良好并拥有较高信用评级的银行,这些金融工具信用风险较低。

3. 流动性风险

流动性风险是指本集团在履行以交付现金或其他金融资产结算的义务时遇到资金短缺的风险。本集团下属成员企业各自负责其现金流量预测。集团下属财务公司基于各成员企业的现金流量预测结果,在集团层面监控长短期资金需求。本集团通过在大型银行业金融机构设立的资金池计划统筹调度集团内的盈余资金,并确保各成员企业拥有充裕的现金储备以履行到期结算的付款义务。此外,本集团与主要业务往来银行订立融资额度授信协议,为本集团履行与商业票据相关的义务提供支持。

4. 汇率风险

本集团以人民币编制合并财务报表并以多种外币开展业务,因此面临汇率风险,该风险对本集团的交易及境外经营的业绩和净资产的折算均构成影响。若采用套期会计,本集团将记录相关套期活动并持续评估套期有效性。

· 对于境外经营净投资,本集团通过指定持有的外币净借款并使用外币互换及远期合同对境外经营因美元汇率波动而面临的大部分风险敞口进行套期。

· 对于本集团外汇交易形成的外汇风险净敞口,本集团的套期政策是寻求对预期交易的外汇风险进行80%~100%的套期(以24个月期限的远期合同为限)。

· 对于外币债务,本集团使用交叉货币利率互换对外币借款相关的汇率风险进行套期。

本集团预计,已进行的套期将持续有效,因此套期无效性不会对利润表构成重大影响。

5. 利率风险

本集团的利率风险敞口主要源自人民币、美元、欧元和英镑的利率波动。为了对利率风险进行管理,本集团于董事会批准限额范围内通过使用利率衍生工具管理付息负债的固定利率及浮动利率敞口的比例。这些风险管理的措施有助于减少本集团财务业绩的波动程度。为便于业务操作及运用套期会计,本集团的政策旨在将固定利率借款占预计净借款的比例维持在40%~60%。本集团大部分现有利率衍生工具均被指定为套期工具且预计该类套期是有效的。

6. 商品价格风险

本集团使用商品期货合约对特定商品的价格风险进行套期。所有商品期货合约均对预期在未来发生的原材料采购进行套期。本集团采用商品价格风险总敞口动态套期的策略,根据预期原材料采购的总敞口的变化动态调整期货合约持仓量,总敞口与期货持仓量所代表的商品数量基本保持一致(由于期货合约商品数量为整数,造成少量净敞口)。

(二)定量信息

对金融工具产生的各类风险,企业应当按类别披露期末风险敞口的汇总数据。该数据应当以向内部关键管理人员提供的相关信息为基础。企业运用多种方法管理风险的,披露的信息应当以最相关和可靠的方法为基础。根据《企业会计准则第36号——关联方披露》,关键管理人员是指有权力并负责计划、指挥和控制企业活动的人员。

【例37-21】某公司关于外汇风险敞口披露的示例如下。

本集团面临的外汇风险主要为美元汇率波动。除本集团的几个下属子公司以美元进行采购和销售外,本集团的其他主要业务活动以人民币计价结算。2×18年12月31日,除表37-12所述资产为美元计价外,本集团的资产及负债均为人民币计价。

表37-12 某公司关于外汇风险敞口披露示例

单位:百万元

	2×18年12月31日	2×17年12月31日
现金及现金等价物	×	×
应收账款	×	×
其他应收款	×	×
资产合计	×	×
应付账款	×	×
其他应付款	×	×
短期借款	×	×
负债合计	×	×

除上述基于向关键管理人员提供的信息披露的数据外,准则还要求企业按照《企业会计准则第37号——金融工具列报》的具体要求披露有关信用风险、流动性风险和市场风险的信息。

企业可以按总额和已扣除风险转移或其他分散风险交易后的净额进行披露。由于这些信息强调金融工具之间的联系,有助于财务报表使用者了解这些联系如何影响企业未来现金流量的性质、时间和不确定性。

企业还应当披露期末风险集中度信息。风险集中度来自具有相似特征并且受相似经济或其他条件变化影响的金融工具。识别风险集中度需要运用判断并应考虑企业的具体情况。风险集中度的披露可能包括以下内容。

(1)管理层确定风险集中度的说明。

(2)管理层确定风险集中度的参考因素(如交易对手的信用评级、地理区域、货币种类、市场类型和所处的行业等)。

(3)各风险集中度相关的风险敞口金额。

【例37-22】某公司有关金融工具风险集中度定量披露的示例如下。

不同行业及地区经济发展的不均衡以及经济周期的不同使得相关行业和地区的信用风险亦不相同。因某一行业或地区的授信客户具备某些共同经济特征，故授信在行业或地区维度上过于集中会增加信用风险。本公司主要通过客户授信环节的额度控制来统筹管理贷款和垫款的行业及地区信用风险集中度。

（1）发放贷款和垫款按行业类别分布情况如表37-13所示。

表37-13 发放贷款和垫款按行业类别分布情况

单位：百万元

行业类别	2×18年12月31日	2×17年12月31日
制造业	21 320	19 275
批发及零售业	15 943	16 237
房地产业	10 692	12 838
交通运输业	8 253	7 735
服务业	5 217	8 269
建筑业	4 927	3 184
金融业	4 356	5 769
公共事业	2 148	2 582
个人	8 629	8 237
合计	81 485	84 126

（2）发放贷款和垫款按地区分布情况如表37-14所示。

表37-14 发放贷款和垫款按地区分布情况

单位：百万元

地区分布	2×18年12月31日	2×17年12月31日
中国	65 743	67 298
北美	4 239	3 853
欧洲	3 267	2 941
其他国家和地区	2 563	3 789
合计	75 812	77 881

37.8.2 信用风险披露

信用风险，是指金融工具的一方不履行义务，造成另一方发生财务损失的风险。

准则对信用风险披露要求的结构如下。

信用风险披露的总体要求（第七十九条），包括以下方面。

1. 定性披露

1.1 信用风险管理实务（第八十一条），主要包括以下方面。

1.1.1 信用风险的评价方法

1.1.2 对违约的界定

1.1.3 对已发生减值的判定

1.2 预期信用损失相关会计政策、估计和判断（第八十二条），主要包括以下方面。

1.2.1 确定信用风险、预期信用损失、实际减值的方法、假设和参数

1.2.2 计算预期信用损失时对前瞻性信息（如经济预测信息）的使用

1.2.3 上述方法、假设的变动

2. 预期信用损失金额相关信息

2.1 预期信用损失金额本期变动（期初期末余额调节表）（第八十三条）

2.2 计提预期信用损失的金融工具的账面余额本期变动（第八十四条，作为对第八十三条披露内容的补充）

2.3 合同现金流量修改对预期信用损失的影响（第八十五条）

2.4 担保物和其他信用增级对预期信用损失的影响（第八十六条），主要包括以下方面。

2.4.1 企业总信用风险敞口（不考虑信用增级）

2.4.2 信用增级的情况

2.4.3 信用增级降低信用损失的量化信息

3. 信用风险敞口相关信息

3.1 不同信用等级资产的风险敞口、不同信用等级上的风险集中度（第八十七条）

3.2 不适用准则减值规定的金融工具信用风险敞口（第八十八条）

4. 其他有用信息通过信用增级所确认资产（如担保物）相关信息（第八十九条）

下面对部分披露要求进行说明。

1. 信用风险管理实务

企业应当披露与信用风险管理实务有关的下列信息。

（1）企业评估信用风险自初始确认后是否已显著增加的方法，以及下列信息：① 根据金融工具确认计量准则第五十五条的规定，在资产负债表日只具有较低的信用风险的金融工具及其确定依据（包括适用该情况的金融工具类别）；② 逾期超过 30 日，而信用风险自初始确认后未被认定为显著增加的金融资产及其确定依据。

（2）企业对违约的界定及其原因。企业披露内容可包括：① 在定义违约时所考虑的定性和定量因素；② 是否针对不同类型的金融工具应用不同的定义；③ 在金融资产发生违约后，关于"恢复率"（即恢复到正常状态的金融资产的数量）的假设。

（3）以组合为基础评估预期信用风险的金融工具的组合方法。

（4）确定金融资产已发生信用减值的依据。

（5）企业直接减记金融工具的政策，包括没有合理预期金融资产可以收回的迹象和已经直接减记但仍受执行活动影响的金融资产相关政策的信息。

（6）根据金融工具确认计量准则第五十六条的规定评估合同现金流量修改后金融资产的信用风险的，企业应当披露其信用风险的评估方法以及下列信息：① 对于损失准备为整个存续期预期信用损失的金融资产，在发生合同现金流修改时，评估信用风险是否已下降，从而

企业可以按照该金融资产未来 12 个月内预期信用损失金额确认计量其损失准备的情况；②对于上述金融资产，企业应当披露其如何监控后续该金融资产的信用风险是否显著增加，从而按照整个存续期预期信用损失的金额重新计量损失准备。

【例37-23】以一家银行为例，基于假设的信用风险管理实务，其相关信息披露示例如下。

1. 信用风险显著增加

当触发以下一个或多个定量、定性标准或上限指标时，本公司认为金融工具的信用风险已发生显著增加。

（1）定量标准。

在资产负债表日，剩余存续期违约概率较初始确认时对应相同期限的违约概率上升超过表 37-15~表 37-17 中的临界值。

零售按揭贷款如表 37-15 所示。

表 37-15　零售按揭贷款情况

初始确认时整个存续期 违约概率区间	违约概率增加临界值 （超过该值则认为整个存续期违约概率显著增加）
≤a%	X‰
>a% 且≤b%	Y‰
>b% 且≤c%	Z‰
……	

其他零售产品如表 37-16 所示。

表 37-16　其他零售产品情况

初始确认时整个存续期 违约概率区间	违约概率增加临界值 （超过该值则认为整个存续期违约概率显著增加）
≤a%	X‰
>a% 且≤b%	Y‰
>b% 且≤c%	Z‰
……	

公司贷款如表 37-17 所示。

表 37-17　公司贷款情况

初始确认时整个存续期 违约概率区间	违约概率增加临界值 （超过该值则认为整个存续期违约概率显著增加）
≤a%	X‰
>a% 且≤b%	Y‰
>b% 且≤c%	Z‰
……	

以一笔 25 年的零售按揭贷款为例。该贷款 5 年前初始确认，在初始确认时该贷款的预计

整个存续期违约概率为3%,并且当时预计5年后(即当前的资产负债表日)该贷款的剩余存续期违约概率为2.5%。如果现在预计该贷款的剩余存续期违约概率为2.8%,则其预期违约概率增加了0.3%。企业应对比该0.3%是否超过表15中2.5%所属概率区间所对应的临界值,若0.3%超过该临界值,则信用风险已显著增加。

(2)定性标准。

对于零售贷款组合,如果借款人满足以下一个或多个标准:
- 银行给予借款人较短的还款宽限期
- 直接取消债务
- 展期
- 最近3个月中发生过欠款(本公司根据自身信用风险管理政策确定该期间的长度)

对于公司贷款,如果借款人被列入预警清单并且满足以下一个或多个标准:
- 信用利差显著上升
- 借款人出现业务、财务和经济状况的重大不利变化
- 申请宽限期或债务重组
- 借款人经营情况的重大不利变化
- 担保物价值变低(仅针对抵质押贷款)
- 出现现金流或流动性问题的早期迹象,如应付账款或贷款还款的延期

(3)上限指标。

如果借款人在合同付款日后逾期超过30天仍未付款,则视为该金融工具信用风险显著增加。

对所有零售业务金融工具,本公司每季度在组合层面评估其信用风险是否发生显著增加,该评估包含对前瞻性信息的考虑。对公司贷款及资金业务相关的金融工具,本公司使用预警清单监控信用风险,并在交易对手层面进行定期评估。用于识别信用风险显著增加的标准由独立的信用风险小组定期监控并复核其适当性。

截至2×18年12月31日,本公司未将任何金融工具视为具有较低信用风险而不再比较资产负债表日的信用风险与初始确认时相比是否显著增加。

2. 违约及已发生信用减值资产的定义

当金融工具符合以下一项或多项条件时,本公司将该金融资产界定为已发生违约,其标准与已发生信用减值的定义一致。

(1)定量标准。

借款人在合同付款日后逾期超过90天仍未付款。

(2)定性标准。

借款人满足"难以还款"的标准,表明借款人发生重大财务困难,包括如下内容。
- 借款人长期处于宽限期
- 借款人死亡
- 借款人破产
- 借款人违反合同中对债务人约束的条款(一项或多项)
- 由于借款人财务困难导致相关金融资产的活跃市场消失

- 债权人由于借款人的财务困难做出让步
- 借款人很可能破产
- 购入资产时获得了较高折扣、购入时资产已经发生信用损失

上述标准适用于本公司所有的金融工具,且与内部信用风险管理所采用的违约定义一致。违约定义已被一致地应用于本公司在预期信用损失计算过程中建立违约概率（Probability of Default, PD）、违约风险敞口（Exposure at Default, EAD）及违约损失率（Loss Given Default, LGD）的模型。

当某项金融工具连续6个月都不满足任何违约标准时,本公司不再将其视为处于违约状态的资产（即回调）。本公司根据历史数据分析了金融工具由回调再次进入违约状况的可能性,确定了6个月的观察期长度。

3. 以组合方式计量损失准备

在按照组合方式计提预期信用损失准备时,本公司已将具有类似风险特征的敞口进行归类。

在进行分组时,本公司获取了充分的信息,确保其统计上的可靠性。当无法从内部获取足够信息时,本公司参照外部的补充数据用于建立模型。用于确定分组特征的信息以及补充数据列示如下。

零售贷款——组合计量
- 按照抵押率（贷款余额或抵押品价值）的区间
- 信用评级的区间
- 产品类型（例如,住宅或出租按揭贷款、透支、信用卡）
- 还款方式（例如,只付本金或利息）
- 额度使用率区间

公司贷款——组合计量
- 行业——外部数据（源自××研究所2×17年3月1日的研究）
- 担保物类型
- 信用评级区间
- 风险敞口的地理区域——外部数据（源自××研究所2×17年6月21日的研究）

对以下敞口单项进行减值评估。

零售贷款
- 当前敞口金额超过500万元的第三阶段贷款
- 处于抵押品变现流程中的资产

公司贷款
- 第三阶段贷款
- 敞口金额超过2亿元的第二阶段贷款

信用风险小组定期监控并复核分组的恰当性。

4. 直接减记金融工具的政策

当本公司执行了所有必要的程序后仍认为预期不能收回金融资产的整体或一部分时,则

将其进行直接减记。表明预期不能收回款项的迹象包括：（1）强制执行已终止；（2）本公司的收回方法是接管并处置担保物，但预期担保物的价值无法覆盖全部本息。

本公司有可能直接减记仍然处于强制执行中的金融资产。2×18年12月1日，本公司已直接减记的资产对应的未结清的合同金额为人民币2.35亿元。本公司仍然力图全额收回合法享有的债权，但由于无法合理预期全额收回，因此进行部分直接减记。

5. 评估合同现金流量修改后金融资产信用风险的相关披露

为了实现最大限度地收款，本公司有时会因商业谈判或借款人财务困难对贷款的合同条款进行修改。

这类合同修改包括贷款展期、免付款期，以及提供还款宽限期。基于管理层判断客户很可能继续还款的指标，本公司制定了贷款的具体重组政策和操作规程，且对该政策持续进行复核。对贷款进行重组的情况在中长期贷款的管理中最为常见。

当合同修改并未造成实质性变化且不会导致终止确认原有资产时，本公司在资产负债表日评估修改后资产的违约风险时，仍与原合同条款下初始确认时的违约风险进行对比。本公司对修改后资产的后续情况实施监控。本公司可能判断，经过合同修改信用风险已得到显著改善，因此相关资产从第三阶段或第二阶段转移至第一阶段，同时损失准备的计算基础由整个存续期预期信用损失转为12个月预期信用损失。资产应当经过至少连续6个月的观察达到特定标准后才能回调。2×18年12月31日，此类条款修改的金融资产的账面余额为人民币4.65亿元。

本公司使用特定模型持续监控合同条款修改的金融资产后续是否出现信用风险显著增加。

表37-18列示了以整个存续期预期信用损失计量损失准备的金融资产在本公司贷款重组活动中发生合同现金流修改的情况，以及这些修改对本公司业绩的影响。

表37-18 某公司以整个存续期预期信用损失计量损失准备的金融资产在本公司贷款重组活动中发生合同现金流修改的情况及对业绩影响

单位：亿元

项目	发放贷款和垫款
修改前的摊余成本	4.33
合同修改的净损失	0.56

在上述披露示例中，该集团对零售按揭贷款、其他零售产品和公司贷款确定信用风险是否显著增加采用了类似的判断标准。实务中，对于不同的产品或组合，信用风险显著增加的标准可能不同。在这种情况下，应根据实际情况进行披露。

另外，根据财务报表列报准则第三十九条规定，企业应当披露采用的重要会计政策和会计估计，并结合企业的具体实际披露其重要会计政策的确定依据和财务报表项目的计量基础，及其会计估计所采用的关键假设和不确定因素。考虑到金融工具从12个月预期信用损失转为整个存续期预期信用损失对于减值结果的潜在影响重大，如何定义信用风险显著增加在整个预期信用损失估计中是一个尤其重要的部分。因此，企业应按照财务报表列报准则的要求做出适当的披露。披露的性质取决于企业确定信用风险显著增加时采用的具体方法。对各种类型的组合产生的不同影响，需要不同程度的披露。

【例 37-24】 表 37-19 列示了改变判断信用风险显著增加时使用的违约概率临界值对 2×18 年 12 月 31 日预期信用损失准备的影响。预期信用损失增加（正数）表示本公司将确认更多的损失准备。

表 37-19 预期信用损失增加对本公司影响

初始确认时整个存续期违约概率区间	应用的实际临界值	临界值变动	对预期信用损失的影响	
			更低的临界值	更高的临界值
零售按揭贷款				
≤ a%	×‰	[-/+ ×]‰	×	(×)
> a% 且 ≤ b%	×‰	[-/+ ×]‰	×	(×)
> b% 且 ≤ c%	×‰	[-/+ ×]‰	×	(×)
其他零售产品				
≤ a%	×‰	[-/+ ×]‰	×	(×)
> a% 且 ≤ b%	×‰	[-/+ ×]‰	×	(×)
> b% 且 ≤ c%	×‰	[-/+ ×]‰	×	(×)
公司贷款				
≤ a%	×‰	[-/+ ×]‰	×	(×)
> a% 且 ≤ b%	×‰	[-/+ ×]‰	×	(×)
> b% 且 ≤ c%	×‰	[-/+ ×]‰	×	(×)

2. 输入值、假设和估值技术

企业应当披露金融工具确认计量准则第八章有关金融工具减值所采用的输入值、假设和估值技术等相关信息，具体包括以下内容。

（1）用于确定下列各事项或数据的输入值、假设和估计技术：① 金融工具的信用风险自初始确认后是否已显著增加；② 未来 12 个月内预期信用损失和整个存续期的预期信用损失的计量；③ 金融资产是否已发生信用减值。

（2）确定预期信用损失时如何考虑前瞻性信息，包括宏观经济信息的使用。

（3）报告期估计技术或重大假设的变更及其原因。

企业用于确定信用风险自初始确认后增加程度或衡量金融工具预期信用损失的假设和输入值，可能包括从企业内部历史信息或外部评级报告获得的信息以及关于金融工具的预期寿命和出售抵押品的时间的假设。

【例 37-25】 一家银行的相关信息披露示例如下。

1. 计量预期信用损失——对参数、假设及估计技术的说明

根据信用风险是否发生显著增加以及资产是否已发生信用减值，本公司对不同的资产分别以 12 个月或整个存续期的预期信用损失计量损失准备。预期信用损失是违约概率（PD）、

违约风险敞口（EAD）及违约损失率（LGD）三者的乘积折现后的结果。相关定义如下。

· 违约概率是指借款人在未来12个月或在整个剩余存续期，无法履行其偿付义务的可能性。

· 违约风险敞口，是指在未来12个月或在整个剩余存续期中，在违约发生时，本公司应被偿付的金额。例如，对于循环信贷协议，在违约发生时本公司已放款的贷款金额与合同限额内的预期提取金额之和视为违约风险敞口。

· 违约损失率是指本公司对违约敞口发生损失程度做出的预期。根据交易对手的类型、追索的方式和优先级，以及担保物或其他信用支持的可获得性的不同,违约损失率也有所不同。

本公司通过预计未来各月份中单个敞口或资产组合的违约概率、违约损失率和违约风险敞口，来确定预期信用损失。本公司将这三者相乘并根据其存续（即没有在更早期间发生提前还款或违约的情况）的可能性进行调整。这种做法可以计算出未来各月的预期信用损失。再将各月的计算结果折现至资产负债表日并加总。预期信用损失计算中使用的折现率为初始实际利率或其近似值。

整个存续期违约概率是运用到期模型、以12个月违约概率推导而来的。到期模型描述了资产组合整个存续期的违约情况演进规律。该模型基于历史观察数据开发，并适用于同一组合和信用等级下的所有资产。上述方法得到经验分析的支持。

本例所示的基于到期信息由12个月违约概率进行推演的方法，是确定整个存续期违约概率的方法之一。其中，以历史数据为基础的到期分析覆盖了贷款从初始确认到整个存续期结束的违约变化情况；到期组合的基础是可观察的历史数据，并假定同一组合和信用等级的资产的情况相同。企业可根据实际情况选择合理方法。

12个月及整个存续期的违约风险敞口根据预期还款安排确定，不同类型的产品将有所不同。

· 对于分期还款以及一次性偿还的贷款，本公司根据合同约定的还款计划确定12个月或整个存续期违约敞口，并针对预期借款人做出的超额还款和提前还款或再融资进行调整。

· 对于循环信贷产品，本公司使用已提取贷款余额加上"信用转换系数"估计剩余限额内的提款，来预测违约风险敞口。基于本公司的近期违约数据分析，这些假设因产品类型及限额利用率的差异而有所不同。

本公司根据对影响违约后回收的因素来确定12个月及整个存续期的违约损失率。不同产品类型的违约损失率有所不同。

· 对于担保贷款，本公司主要根据担保物类型及预期价值、强制出售时的折扣率、回收时间及预计的收回成本等确定违约损失率。

· 对于信用贷款，由于从不同借款人可回收金额差异有限，所以本公司通常在产品层面确定违约损失率。该违约损失率受到回收策略的影响,上述回收策略包括贷款转让计划及定价。

在确定12个月及整个存续期违约概率、违约敞口及违约损失率时应考虑前瞻性经济信息。考虑的前瞻性因素因产品类型的不同而有所不同。

本公司每季度监控并复核预期信用损失计算相关的假设，包括各期限下的违约概率及担保物价值的变动情况。

本报告期内，估计技术或关键假设未发生重大变化。

2. 预期信用损失模型中包括的前瞻性信息

信用风险显著增加的评估及预期信用损失的计算均涉及前瞻性信息。本公司通过历史数据分析，识别出影响各资产组合的信用风险及预期信用损失的关键经济指标，包括利率、失业率、房价指数等。

这些经济指标及其对违约概率、违约敞口和违约损失率的影响，对不同的金融工具有所不同。本公司在此过程中应用了专家判断。本公司的经济学家团队每季度对这些经济指标进行预测，并提供未来五年经济情况的最佳估计。对于五年后至金融工具剩余存续期结束时的经济指标，本公司采用均值回归法，即认为经济指标在超过五年的期间内，趋向于长期保持平均值（如失业率水平），或长期保持平均增长率（如GDP）。本公司通过进行回归分析确定这些经济指标历史上与违约概率、违约敞口和违约损失率之间的关系，并通过预测未来经济指标确定预期的违约概率、违约敞口和违约损失率。

除了提供基本经济情景外，本公司的经济学家团队也提供了其他可能的情景及情景权重。针对每一个主要产品类型分析、设定不同的情景，以确保考虑到指标非线性发展特征。本公司在每一个资产负债表日重新评估情景的数量及其特征。

本公司认为，在2×18年1月1日及2×18年12月31日，对于公司的所有贷款组合（甲组合和乙组合除外），应当考虑应用3种不同情景来恰当反映关键经济指标发展的非线性特征。对于甲组合和乙组合，本公司认为需要额外添加两个经济下行的情景。本公司结合统计分析及专家判断来确定情景权重，也同时考虑了各情景所代表的可能结果的范围。

本公司在判断信用风险是否发生显著增加时，使用了基准及其他情景下的整个存续期违约概率乘以情景权重，并考虑了定性和上限指标。本公司以加权的12个月预期信用损失（第一阶段）或加权的整个存续期预期信用损失（第二阶段及第三阶段）计量相关的损失准备。上述加权的信用损失是由各情景下预期信用损失乘以相应情景的权重计算得出。

与其他经济预测类似，对预计经济指标和发生可能性的估计具有高度的固有不确定性，因此，实际结果可能同预测存在重大差异。本公司认为这些预测体现了集团对可能结果的最佳估计。

3. 关于经济指标的假设

2×18年12月31日，用于估计预期信用损失的重要假设列示如表37-20所示。"基本"、"上升"及"下降1"这三种情景适用于所有组合。"下降2"和"下降3"这两种情景仅适用于甲组合和乙组合。

表37-20　2×18年12月31日，用于估计预期信用损失的重要假设列示

		2×19年	2×20年	2×21年	2×22年	2×23年
利率	基本	×%	×%	×%	×%	×%
	上升	×%	×%	×%	×%	×%
	下降1	×%	×%	×%	×%	×%
	下降2	×%	×%	×%	×%	×%
	下降3	×%	×%	×%	×%	×%

续表

		2×19年	2×20年	2×21年	2×22年	2×23年
失业率	基本	×%	×%	×%	×%	×%
	上升	×%	×%	×%	×%	×%
	下降1	×%	×%	×%	×%	×%
	下降2	×%	×%	×%	×%	×%
	下降3	×%	×%	×%	×%	×%
房价指数	基本	×	×	×	×	×
	上升	×	×	×	×	×
	下降1	×	×	×	×	×
	下降2	×	×	×	×	×
	下降3	×	×	×	×	×
国内生产总值	基本	×	×	×	×	×
	上升	×	×	×	×	×
	下降1	×	×	×	×	×
	下降2	×	×	×	×	×
	下降3	×	×	×	×	×

2×18年12月31日，分配至各项经济情景的权重列示如表37-21所示。

表37-21　2×18年12月31日，分配至各项经济情景的权重列示

	基本	上升	下降1	下降2	下降3
组合甲和乙	×%	×%	×%	×%	×%
所有其他组合	×%	×%	×%	无	无

2×18年1月1日，用于估计预期信用损失的重要假设列示如表37-22所示。"基本"、"上升"及"下降1"这三种情景适用于所有组合。"下降2"和"下降3"这两种情景仅适用于甲组合和乙组合。

表37-22　2×18年1月1日，用于估计预期信用损失的重要假设列示

		2×18年	2×19年	2×20年	2×21年	2×22年
利率	基本	×%	×%	×%	×%	×%
	上升	×%	×%	×%	×%	×%
	下降1	×%	×%	×%	×%	×%
	下降2	×%	×%	×%	×%	×%
	下降3	×%	×%	×%	×%	×%

续表

		2×18年	2×19年	2×20年	2×21年	2×22年
失业率	基本	×%	×%	×%	×%	×%
	上升	×%	×%	×%	×%	×%
	下降1	×%	×%	×%	×%	×%
	下降2	×%	×%	×%	×%	×%
	下降3	×%	×%	×%	×%	×%
房价指数	基本	×	×	×	×	×
	上升	×	×	×	×	×
	下降1	×	×	×	×	×
	下降2	×	×	×	×	×
	下降3	×	×	×	×	×
国内生产总值	基本	×	×	×	×	×
	上升	×	×	×	×	×
	下降1	×	×	×	×	×
	下降2	×	×	×	×	×
	下降3	×	×	×	×	×

2×18年1月1日，分配至各项经济情景的权重列示如表37-23所示。

表37-23　2×18年1月1日，分配至各项经济情景的权重列示

	基本	上升	下降	下降2	下降3
组合甲和乙	×%	×%	×%	×%	×%
所有其他组合	×%	×%	×%	无	无

其他未纳入上述情景的前瞻性因素，如监管变化、法律变化的影响，也已纳入考虑，但不视为具有重大影响，因此，并未据此调整预期信用损失。本公司按季度复核并监控上述假设的恰当性。

在参考上述披露示例时，企业应当考虑如何根据自身具体情况做出披露，例如，如何针对不同地区的情况做出不同假设。

上例出于示例的目的，假设了三种前瞻性宏观经济情景适用除两个组合以外的其他全部组合。实务中，企业须根据实际情况为每一个重大资产组合确定情景的数量和具体内容。

在上述披露示例中，管理层认为无须针对监管变化、法律变化额外调整损失准备（即"叠加"调整）。但如果在临近资产负债表日时发生了重大事件，且无法通过模型和参数适当地反映该事件的潜在影响，则可能需要做出重要的判断，并提供更多披露。

另外，根据财务报表列报准则第三十九条的规定，企业应当披露采用的重要会计政策和会计估计，并结合企业的具体实际披露其重要会计政策的确定依据和财务报表项目的计量基

础,及其会计估计所采用的关键假设和不确定因素。因此,企业应考虑披露影响预期信用损失准备的重要假设及其敏感性分析。

【例37-26】某银行对影响预期信用损失准备的重要假设及其敏感性分析的披露示例如下。

敏感性分析。

(1)零售贷款组合。

①房价指数:对按揭贷款中担保物的估值具有重大影响。

②失业率:无论贷款合同有担保或无担保,对借款人按合同约定还款的能力具有一定影响。

(2)公司贷款组合。

①国内生产总值:对公司业绩和担保物估值具有重大影响。

②利率:对公司发生违约的可能性具有一定影响。

2×18年12月31日,假设本银行使用的经济指标发生合理变动而导致的预期信用损失变动情况列示如表37-24和表37-25所示(如基本、上升、下降这几种情景中预计失业率增加×%而导致的预期信用损失变动)。

零售贷款组合如表37-24所示。

表37-24 零售贷款组合

单位:万元

房价指数	失业率		
	-×%	无变动	+×%
+×%	×	×	×
无变动	×		×
-×%	×	×	×

公司贷款组合如表37-25所示。

表37-25 公司贷款组合

单位:万元

国内生产总值	利率		
	-×%	无变动	+×%
+×	×	×	×
无变动	×		×
-×%	×	×	×

以上所披露的敏感性关键驱动因素仅为示例,企业应当分析自身实际情况,确定相关参数进行敏感性分析。尤其应当注意的是,虽然未在以上示例中列示,但企业可能需要分析预期信用损失对各项经济情景权重变动的敏感性。

此外，企业还应当考虑该披露的详细程度是否适宜，并可以根据不同组合的特点以及预期信用损失计算中各因素的影响程度来调整披露的详细程度。

3. 损失准备期初余额与期末余额的调节表

企业应当以表格形式按金融工具的类别编制损失准备期初余额与期末余额的调节表，分别说明下列项目的变动情况。

（1）按相当于未来 12 个月预期信用损失的金额计量的损失准备。

（2）按相当于整个存续期预期信用损失的金额计量的下列各项的损失准备：① 自初始确认后信用风险已显著增加但并未发生信用减值的金融工具；② 对于资产负债表日已发生信用减值但并非购买或源生的已发生信用减值的金融资产；③ 根据金融工具确认计量准则第六十三条的规定计量减值损失准备的应收账款、合同资产和租赁应收款。

（3）购买或源生的已发生信用减值的金融资产的变动。除调节表外，企业还应当披露本期初始确认的该类金融资产在初始确认时未折现的预期信用损失总额。

4. 金融工具账面余额变动情况

为帮助财务报表使用者了解企业按照《企业会计准则第 37 号——金融工具列报》第八十三条规定披露的损失准备变动信息，企业应当对本期发生损失准备变动的金融工具账面余额显著变动情况做出说明。这些说明信息应当包括定性和定量信息，并应当对按照准则第八十三条规定披露损失准备的各项目分别单独披露，具体可包括下列情况下发生损失准备变动的金融工具账面余额显著变动信息。

（1）本期因购买或源生的金融工具所导致的变动。

（2）未导致终止确认的金融资产的合同现金流量修改所导致的变动。

（3）本期终止确认的金融工具（包括直接减记的金融工具）所导致的变动。对于当期已直接减记但仍受执行活动影响的金融资产，还应当披露尚未结算的合同金额。

（4）因金融资产在"未来 12 个月预期信用损失"和"整个存续期内预期信用损失"两个类别之间转换而导致的在每个类别内的账面余额变动。

【例 37-27】某集团影响损失准备变动的抵押贷款账面余额重大变动包括以下内容。

——购入某主要贷款组合导致住宅抵押贷款账面余额增加 ×%，并相应导致 12 个月预期信用损失的增加。

——本地房产市场大跌后，直接减记某资产组合人民币 × 元，导致有客观证据表明减值的金融资产的损失准备减少人民币 × 元。

——某地区的预期失业率上升导致按整个存续期预期信用损失计提损失准备的金融资产净增加，导致整个存续期预期信用损失准备净增加人民币 × 元。

对抵押贷款账面余额重大变动的进一步解释如表37-26所示。

表37-26 对抵押贷款账面余额重大变动的进一步解释

单位：百万元

抵押贷款——账面余额	未来12个月预期信用损失	整个存续期预期信用损失（组合评估）	整个存续期预期信用损失（单项评估）	已发生信用减值金融资产（整个存续期预期信用损失）
2×18年1月1日的账面余额	×	×	×	×
转入整个存续期预期信用损失的单项金融资产	(×)		×	
转入已发生信用减值的金融资产的单项金融资产	(×)		(×)	×
从已发生信用减值的金融资产转回的单项金融资产	×		×	(×)
转入整个存续期预期信用损失的基于组合评估的金融资产	(×)	×		
购买或源生的新金融资产	×			
直接减记的金融资产			(×)	(×)
终止确认的金融资产	(×)	(×)	(×)	(×)
未导致终止确认的修改产生的变动	(×)		(×)	(×)
其他变动	×	×	×	×
2×18年12月31日的账面余额	×	×	×	×

5. 未导致终止确认的金融资产合同现金流量修改

为有助于财务报表使用者了解未导致终止确认的金融资产合同现金流量修改的性质和影响，及其对预期信用损失计量的影响，企业应当披露下列信息：（1）企业在本期修改了金融资产合同现金流量，且修改前损失准备是按整个存续期预期信用损失金额计量的，应当披露修改或重新议定合同前的摊余成本及修改合同现金流量的净利得或净损失；（2）对于之前按照整个存续期内预期信用损失的金额计量了损失准备的金融资产，而当期按照相当于未来12个月内预期信用损失的金额计量该金融资产的损失准备的，应当披露该金融资产在资产负债表日的账面余额。

6. 担保物或其他信用增级

为有助于财务报表使用者了解担保物或其他信用增级对预期信用损失金额的影响，对于适用金融工具确认计量准则减值规定的金融工具，企业应当按照金融工具的类别，遵循《企业会计准则第37号——金融工具列报》第八十六条的规定披露下列信息。

（1）在不考虑可利用的担保物或其他信用增级的情况下，企业在资产负债表日的最大信用风险敞口。

（2）作为抵押持有的担保物和其他信用增级的描述，包括如下内容。

① 所持有担保物的性质和质量的描述。

② 本期由于信用恶化或企业担保政策变更，导致担保物或信用增级的质量发生显著变化的说明。

③ 由于存在担保物而未确认损失准备的金融工具的信息。

（3）企业在资产负债表日持有的担保物和其他信用增级为已发生信用减值的金融资产作抵押的定量信息（例如对担保物和其他信用增级降低信用风险程度的量化信息）。

企业既无须披露关于担保物和其他信用增级公允价值的信息，也无须对预期信用损失计算中包含的担保物的价值准确地量化。

担保物和其他信用增级的描述可以包含以下信息。

① 担保物和其他信用增级的主要类型。

② 持有的担保物和其他信用增级的数量及其在损失准备方面的作用。

③ 评估和管理担保物和其他信用增级的政策和流程。

④ 担保物和其他信用增级交易对手的主要类型及其信用等级。

7. 最大信用风险敞口

对于每一类别的金融工具，企业应当披露在不考虑可利用的担保物或其他信用增级的情况下，企业在资产负债表日的最大信用风险敞口的金额。金融工具的账面价值能代表最大信用风险敞口的，无须提供此项披露。最大信用风险敞口的来源也包括企业未在资产负债表中确认的金融工具（如不可撤销的贷款承诺、财务担保等）的信用风险敞口。

产生信用风险的交易，以及相应的最大信用风险敞口的某些情况示例如下。

（1）向客户提供信用或在其他机构中存放款项，其最大信用风险敞口为相关金融资产的账面价值。

（2）签订衍生工具合同，如外汇远期、利率互换以及信用衍生工具。对于以公允价值计量的衍生工具，企业在资产负债表日面临的最大信用风险敞口等于其账面价值。

（3）提供财务担保。已提供财务担保的最大信用风险敞口等于须履行担保时企业必须支付的最大金额（无论履行担保的可能性如何）。该金额可能显著大于已作为负债确认的金额。

（4）对于在融资额度提供期内不可撤销的或只有当重大不利变化出现时才可撤销的贷款承诺，如果该贷款承诺不能以现金或其他金融资产进行净额结算（例如，银行必须提供贷款全额，而不是仅向企业支付承诺利率和市场利率的差异），则其最大信用风险敞口是承诺的全部金额。这是因为任何未支取的金额在未来是否支取具有不确定性。因此，贷款承诺的最大信用风险敞口金额可能显著大于已确认的负债金额。

【例37-28】某集团有关金融工具信用风险和最大信用风险敞口的披露示例如下。

1. 信用风险

信用风险是指因交易对手或债务人未能履行其全部或部分付款义务而造成本集团发生损失的风险。信用风险包括诸如整体宏观经济陷入衰退而导致损失的风险。本集团信贷业务主要向各类客户提供贷款、承兑、担保及其他信贷产品，并因此承担信用风险。信用风险是本集团业务经营所面临的重大风险之一。

董事会对本集团的信用风险管理承担最终责任。董事会负责审议及批准信用风险管理政策,授权风险管理委员会对信用风险管理实施的有效性进行日常监督;审议和批准风险管理委员会提交的信用风险评估报告并对集团信用风险状况做出评价。风险管理委员会定期召开会议以审阅分析本集团的信贷质量、风险集中度和压力测试等议题,并按季度向董事会报送信用风险评估报告。

2. 信用风险敞口

本集团的信用风险敞口包括涉及信用风险的资产负债表表内项目和表外项目。在资产负债表日,本集团金融资产的账面价值已代表其最大信用风险敞口。资产负债表表外的最大信用风险敞口情况如表37-27所示(不考虑可利用的担保物或其他信用增级)。

表37-27 资产负债表表外的最大信用风险敞口情况

单位:百万元

资产负债表表外项目	2×18年12月31日	2×17年12月31日
担保	5 347	6 053
不可撤销的贷款承诺	9 988	10 068
其他信用承诺	2 766	2 919
合计	18 101	19 040

【例37-29】某公司是一家拥有庞大客户群的上市零售企业。客户按照该公司的标准信用条款购买商品,该公司同时向某些主要客户购买其他商品。有关其应收款项最大信用风险敞口的披露如表37-28所示。

表37-28 有关其应收款项最大信用风险敞口的披露

单位:百万元

	2×17年12月31日	2×16年12月31日
应收款项账面余额	365 500	323 700
坏账准备	(14 620)	(12 948)
账面价值	350 880	310 752
应付客户的金额	(75 500)	(62 250)

本公司与客户订立协议,只有在客户发生拖欠的情况下,应付客户的金额才可以与应收客户的金额进行抵销。因此,本公司在每一资产负债表日面临的最大信用风险敞口为应向客户收取的总金额减去坏账准备后的金额。应付款项在资产负债表内不可抵销,因此,该最大信用风险敞口未扣减应付客户的金额。

8. 重大信贷风险集中度

金融工具列报准则第八十七条要求披露关于资产负债表日企业的信用风险敞口及重大信用风险集中度的信息。当一系列交易对手位于同一地理区域或从事类似活动且具有类似的经济特征,从而导致其履行合同义务的能力受到经济或其他状况变化的类似影响时,则存在信用风险集中。企业应当提供有关信息，以便财务报表使用者能够了解企业是否存在具有某种共同特征、对企业整体具有重大影响的金融工具组合（如同一地区、行业或发行人类型的金融资产）。

如果企业根据金融工具确认计量准则第四十八条，以组合为基础评估信用风险是否显著增加，则可能无法将确认整个存续期预期信用损失的单项金融资产的账面余额或者贷款承诺和财务担保合同的信用风险敞口分配至各个信用风险等级。在该情况下，企业应将准则第八十七条要求应用于能够直接分配至某一信用风险等级的金融工具，并将在组合基础上计量整个存续期预期信用损失的金融工具的账面余额单独披露（即不分配至某一等级）。

按照准则第八十七条所披露信息的风险等级，应与企业为达到内部信用风险管理目的而向关键管理人员内部报告时所使用的风险等级一致。但是，获取信用风险等级信息不可行或者成本过高，并且企业按照金融工具确认计量准则第五十三条规定采用逾期信息评估自初始确认后信用风险是否显著增加时，企业应提供对这些金融资产基于逾期情况的分析。

【例37-30】说明了按照准则第八十七条的规定，披露企业的信用风险敞口和重大信用风险集中度信息的一些方法（见表37-29至表37-31）。

表37-29 按内部评级进行信用风险分级的消费贷款信贷风险敞口

单位：百万元

按内部评级进行信用风险分级的消费贷款信贷风险敞口				
内部评级	消费者——信用卡		消费者——汽车贷款	
	账面余额		账面余额	
	按整个存续期预期信用损失计量损失准备	按未来12个月预期信用损失计量损失准备	按整个存续期预期信用损失计量损失准备	按未来12个月预期信用损失计量损失准备
1~2	×	×	×	×
3~4	×	×	×	×
5~6	×	×	×	×
7	×	×	×	×
合计	×	×	×	×

表37-30 按外部评级进行信用风险分级的企业贷款信贷风险敞口

单位：百万元

按外部评级进行信用风险分级的企业贷款信贷风险敞口				
外部评级	企业——设备		企业——建设	
	账面余额		账面余额	
	按整个存续期预期信用损失计量损失准备	按未来12个月预期信用损失计量损失准备	按整个存续期预期信用损失计量损失准备	按未来12个月预期信用损失计量损失准备
AAA–AA	×	×	×	×

续表

	按外部评级进行信用风险分级的企业贷款信贷风险敞口			
	企业——设备		企业——建设	
外部评级	账面余额		账面余额	
	按整个存续期预期信用损失计量损失准备	按未来12个月预期信用损失计量损失准备	按整个存续期预期信用损失计量损失准备	按未来12个月预期信用损失计量损失准备
A	×	×	×	×
BBB–BB	×	×	×	×
B	×	×	×	×
CCC-CC	×	×	×	×
C	×	×	×	×
D	×	×	×	×
合计	×	×	×	×

表37-31 按违约概率进行信用风险分级的公司贷款信贷风险敞口

单位：百万元

	按违约概率进行信用风险分级的公司贷款信贷风险敞口			
	公司——无担保		公司——有担保	
违约概率	账面余额		账面余额	
	按整个存续期预期信用损失计量损失准备	按未来12个月预期信用损失计量损失准备	按整个存续期预期信用损失计量损失准备	按未来12个月预期信用损失计量损失准备
0.00~0.10	×	×	×	×
0.11~0.40	×	×	×	×
0.41~1.00	×	×	×	×
1.01~3.00	×	×	×	×
3.01~6.00	×	×	×	×
6.01~11.00	×	×	×	×
11.01~17.00	×	×	×	×
17.01~25.00	×	×	×	×
25.01~50.00	×	×	×	×
50.01以上	×	×	×	×
合计	×	×	×	×

【例37-31】甲汽车制造企业为经销商和终端客户提供融资。甲企业将其经销商融资和消费者融资分别作为单独的金融工具类别予以披露，并对其应收账款应用简化方法，即

损失准备总是以整个存续期预期信用损失计量的。表37-32为根据简化方法进行风险披露的示例。

表37-32 根据简化方法进行风险披露的示例

单位：百万元

项目	应收账款逾期天数				
	未逾期或逾期30日以内（含30日）	31~60日（含60日）	61~90日（含90日）	90日以上	合计
经销商融资					
预期信用损失率	0.10%	2%	5%	13%	
估计发生违约的账面余额	20 777	1 416	673	235	23 101
整个存续期预期信用损失	21	28	34	31	114
消费者融资					
预期信用损失率	0.20%	3%	8%	15%	
估计发生违约的账面余额	19 222	2 010	301	154	21 687
整个存续期预期信用损失	38	60	24	23	145

9. 贷款承诺和财务担保合同

对于贷款承诺和财务担保合同，损失准备应确认为一项负债。企业应将关于金融资产损失准备变动的信息披露与关于贷款承诺和财务担保合同损失准备变动的信息披露区分开来。但是，如果一项金融工具同时包含贷款（即金融资产）和未使用的承诺（即贷款承诺）部分，则企业将无法把贷款承诺成分产生的预期信用损失与金融资产成分产生的预期信用损失单独区分开来。据此，贷款承诺的预期信用损失应与金融资产的损失准备一同确认。如果该两项预期信用损失的合计数超过金融资产的账面余额，则预期信用损失应当确认为一项准备（负债）。

37.8.3 流动性风险披露

流动性风险，是指企业在履行以交付现金或其他金融资产的方式结算的义务时发生资金短缺的风险。

（一）到期期限分析

1. 总体要求

准则规定，企业应当披露金融负债按剩余到期期限进行的到期期限分析，以及管理这些金融负债流动性风险的方法：① 对于非衍生金融负债（包括财务担保合同），到期期限分析应当基于合同剩余到期期限；② 对于衍生金融负债，如果合同到期期限是理解现金流量时间分布的关键因素（如剩余期限为5年的利率互换），到期期限分析应当基于合同剩余到期期限。

对于包含嵌入衍生工具的混合金融工具，尽管应当按照金融工具确认计量准则确定是否需要将嵌入衍生工具进行分拆，但在披露上述到期期限分析时，应当将包含嵌入衍生工具的混合金融工具整体视为非衍生金融负债进行披露。

如果有关衍生金融负债合同到期日的信息对了解现金流量的时间分布并非至关重要，则无须披露其合同到期期限分析。例如，企业经常买卖衍生工具（如金融机构交易账户内的衍生金融负债），反映合同的到期日可能对了解现金流量的时间分布并非至关重要，因为衍生金融负债可能被转让（如买入的期货合约在亏损状态下平仓），而不是在合同到期时通过支付或收取工具规定的合同现金流量结算。在这种情况下，企业仍需提供衍生金融负债的到期期限分析，但该分析可按另外的基础列报。例如，可以基于预计的交易日，或者基于企业预计将在资产负债表日后的短时间内进行处置时需要支付的账面价值（即公允价值），或者基于其在资产负债表日列报的公允价值。

2. 时间段的确定

企业在披露到期期限分析时，应当运用职业判断划分适当的时间段。企业可以但不限于按下列时间段进行到期期限分析：① 一个月以内（含一个月，下同）；② 一个月至三个月以内；③ 三个月至一年以内；④ 一年至五年以内；⑤ 五年以上。

由于定量披露应基于企业向关键管理人员提供的信息，所披露的时间段应与内部报告的时间段相一致。某些企业可能需要采用比其他企业更多的时间段。但无论如何划分时间段，企业均应通过考虑其流动性需求的相应时间，来评价其流动性披露是否提供了有关流动性需求的充分信息。例如，企业可能有在一个月之内到期的重大支付义务，在这种情况下，将第一年内所有支付义务归总至同一个时间段并不恰当。

债权人可以选择收回债权时间的，债务人应当将相应的金融负债列入债权人可以要求收回债权的最早时间段内。例如，对于银行来说，活期存款应包括在存款持有方可要求银行进行偿付的最早时间段内。对于期权来说，持有方可随时行使的美式签出期权应在持有方可行使该期权的最早时间段内披露，而持有方仅在到期日才可行使的欧式期权则应归入到期日所在的时间段内。当交易对手对何时支付具有选择权时，流动性披露应当基于对企业来说"最坏"的情况，即交易对手可要求企业进行偿付的最早日期。例如，未使用的贷款承诺应归入可被要求支取的最早日期的时间段内。同样，对于财务担保合同形成的金融负债，担保人应当将最大担保金额列入相关方可以要求支付的最早时间段内。金融工具如要求分期付款，债务人应当把每期将支付的款项列入相应的最早时间段内。

如果企业发行被分类为金融负债的永续债务，企业应当考虑如何将期限为永续的现金流量纳入到期期限分析。企业还应当通过额外披露说明在永续工具下负有永续支付利息现金流量的义务，并对该永续工具的关键条款（如利率和名义金额）进行描述，以便于财务报表使用者更好地了解企业的流动性风险敞口。

3. 披露金额的确定

企业在披露金融负债到期期限分析时，应将按照准则规定所披露的金额列入各时间段。列入各时间段内的金融负债金额，应当是未经折现的合同现金流量。例如，通过支付现金方式购买金融资产的远期协议中约定的价格、"付浮动——收固定"且以净现金结算的利率互换形成的净额、预付以总现金流量结算的衍生金融工具合同金额（如货币互换）、贷款承诺总额等。这些未折现的现金流量可能不同于资产负债表所列示的金额。

当应付金额不固定时，应当根据资产负债表日存在的情况确定披露的金额。如果应付金额随着指数的变化而变化,披露的金额可基于资产负债表日指数的水平来确定。

【例37-32】某公司有关金融负债和表外担保项目按资产负债表日的合同剩余期限列示的应付现金流量如表37-33所示。表中披露的金融负债金额为未经折现的现金流量,因而可能与资产负债表中的账面价值有所不同。

表37-33 某公司有关金融负债和表外担保项目按资产负债表日的合同剩余期限列示的应付现金流量

单位:百万元

	即时偿还	1个月以内	1~3个月	3个月~1年	1~5年	5年以上	总额
非衍生金融负债:							
应付票据	4 513	792	474	122	9		5 910
借款	5 055	2 352	3 961	1 982	2 111	279	15 740
应付债券			271	646	2 153	395	3 465
非衍生金融负债小计	9 568	3 144	4 706	2 750	4 273	674	25 115
衍生金融工具		164	276	481	586	216	1 723
担保		99	66	250	75	22	512
金融负债和或有负债总额	9 568	3 407	5 048	3 481	4 934	912	27 350

注1:本公司持有的衍生工具均按净额结算。
注2:本公司对外提供担保的最大担保金额按照相关方能够要求支付的最早时间段列示。

(二)流动性风险管理

准则并不要求企业在所有情况下披露金融资产的到期期限分析。有关到期期限分析披露的要求仅适用于金融负债。但是,当企业将所持有的金融资产作为流动性风险管理的一部分(例如,根据企业的流动性需求持有一部分金融资产,这部分金融资产易于出售变现,以满足企业偿付金融负债现金流出的需求),且披露金融资产的到期期限分析使财务报表使用者能够恰当地评估企业流动性风险的性质和范围时,企业应当披露金融资产的到期期限分析。

企业在披露如何管理流动性风险时,也应披露可能考虑的其他因素。这些因素包括但不限于以下方面:企业是否拥有已承诺的贷款额度或其他授信额度;是否在中央银行有存款以备流动性之需;是否有多样化的资金来源;是否有资产或筹资来源方面的重大流动性集中情况;是否就管理流动性风险建立了内部控制程序和应急方案;是否有包含加速偿还(如在企业信用评级下降时)条款的工具;是否有协议约定必要时追加担保物(如为衍生交易追加保证金);是否有协议约定允许企业选择以交付现金、其他金融资产或其自身权益工具来结算负债;是否约定交易结算遵循"总互抵协议"等。

37.8.4 市场风险披露

(一)市场风险的含义与类型

金融工具的市场风险,是指金融工具的公允价值或未来现金流量因市场价格变动而发生波动的风险,包括汇率风险、利率风险和其他价格风险。

汇率风险，是指金融工具的公允价值或未来现金流量因外汇汇率变动而发生波动的风险。汇率风险可源于以记账本位币之外的外币进行计价的金融工具。

利率风险，是指金融工具的公允价值或未来现金流量因市场利率变动而发生波动的风险。利率风险可源于已确认的计息金融工具和未确认的金融工具（如某些贷款承诺）。

其他价格风险，是指金融工具的公允价值或未来现金流量因汇率风险和利率风险以外的市场价格变动而发生波动的风险，无论这些变动是由与单项金融工具或其发行方有关的因素引起的，还是由与市场内交易的所有类似金融工具有关的因素引起的。其他价格风险可源于商品价格、股票市场指数、权益工具价格以及其他风险变量的变化。

（二）对于市场风险的敏感性分析的披露

编制市场风险敏感性分析的披露信息可以遵循下列步骤。

1. 识别风险来源

需要识别企业面临的所有市场风险，包括汇率风险、利率风险和其他价格风险。

2. 确定资产负债表日的风险敞口及其影响

准则要求识别在资产负债表日其公允价值或现金流量受风险因素变化影响的所有金融工具。对于在资产负债表日已确认的金融工具，如果其现金流量根据合同规定与某一变量相连结，或者其公允价值取决于某一变量，且该变量的变化会影响损益或所有者权益的，企业应将该已确认金融工具纳入敏感性分析。

某些金融工具既不影响损益也不影响所有者权益。例如，以企业记账本位币计价、以摊余成本计量的固定利率债务工具，该工具相关利率的变动不会影响损益或所有者权益。又如，根据准则的规定分类为权益工具的金融工具发行方不再重新计量，既不会影响损益也不会影响所有者权益。这些金融工具无须纳入敏感性分析。

3. 确定相关风险变量的合理可能变动

企业确定何为相关风险变量的合理可能变动，应考虑企业经营所处的经济环境以及进行评估的时间段。在某一环境下相关风险变量的合理可能变动可能不同于在另一环境下的变动。企业须判断变动的合理范围，且合理可能变动不应包括罕见的"最坏的情况"或"压力测试"。对于相关风险变量的合理可能变动，企业应以本次披露至下一次披露（通常是下一个年度资产负债表日）的期间为时间框架进行评估。

由于合理可能变动的范围较广，企业无须披露该范围内的每一变动，仅披露在合理可能变动范围上下限内的变动的影响即可。

4. 确定披露中的适当汇总水平

企业应汇总敏感性分析的结果以在更大程度上反映企业对市场风险的整体敏感性，但不应将来自重大不同经济环境的风险敞口的不同特征的信息汇总。例如，对面临恶性通货膨胀地区和低通货膨胀地区的市场风险敞口，企业应当分地区进行敏感性分析。对具有重大汇率风险敞口的每一种货币，应当分币种进行敏感性分析。

企业应当提供整个企业业务的敏感性分析，但是对不同类型的金融工具应当提供不同类型的敏感性分析。例如，以本币计价的金融工具和以外币计价的金融工具由于面对的风险敞口不同，应当分别进行敏感性分析。

企业可以根据内部管理风险的方式对业务的不同部分提供不同类型的敏感性分析。例如，一家金融机构可能包括零售银行分部和投资银行分部，并在投资银行分部使用风险价值分析（Value at Risk，VaR）进行内部风险管理。企业可以选择对零售银行分部提供传统敏感性分析，对投资银行分部提供风险价值分析。但是，在这种情况下，企业需要审慎考虑如何处理这两个分部之间的交易和风险敞口，以避免披露产生误导。

5. 计算和列报敏感性分析

企业应披露，假设相关风险变量的合理可能变动应用于资产负债表日的风险敞口时，这些变动对损益和所有者权益的影响。企业无须确定在相关风险变量的所有假设情况下对当期损益和所有者权益的影响金额。但是，企业应当就资产负债表日存在的风险敞口，披露如果相关风险变量在该日发生了合理可能变动而对损益和所有者权益的影响。例如，如果年末企业有一项浮动利率债务，企业应当假定利率在合理可能的范围内变动，并披露其对当期损益（即利息费用）的影响。

企业可以对损益以及所有者权益中的不同项目分别披露敏感性分析。企业也可针对对其具有重大利率风险敞口的每种货币分别披露利率风险的敏感性分析。损益的敏感性分析应与所有者权益的敏感性分析分开披露。

6. 提供额外披露

准则第九十七条规定，按照第九十五条或第九十六条对敏感性分析的披露不能反映金融工具市场风险的（例如，期末的风险敞口不能反映当期的风险状况），企业应当披露这一事实及其原因，具体如下。

（1）金融工具包含了其影响不能由敏感性分析明显反映出来的条款和条件（如金融工具的价值不仅由敏感性分析所选风险变量决定，还由其他变量决定）。在这种情况下，额外的披露可能包括金融工具的条款和条件、期权被行权后对损益的影响以及企业如何对风险进行管理。

（2）金融资产的流动性低，在交易量少或缺少交易对手的情况下，所计算的损益变动很难实现。在这种情况下，额外的披露可能包括金融资产缺乏流动性的原因以及企业如何对风险进行管理。

（3）企业对某项资产持有量大，可按照市场报价的折价或溢价进行出售。在这种情况下，额外的披露可能包括证券的性质、持有比例、对损益的影响以及企业如何对风险进行管理。

37.9 金融资产转移的披露

《企业会计准则第37号——金融工具列报》第九十八条规定，企业应当就资产负债表日存在的所有未终止确认的已转移金融资产，以及对已转移金融资产的继续涉入，按《企业会计准则第37号——金融工具列报》要求单独披露。

37.9.1　金融资产转移信息披露的一般要求

出于不同的目标,《企业会计准则第 37 号——金融工具列报》中有关金融资产转移的披露中涉及的"金融资产转移"和"继续涉入"的概念不同于金融资产转移准则中的概念。

（一）金融资产转移

《企业会计准则第 37 号——金融工具列报》所述的"金融资产转移"包含两种情形：（1）企业将收取金融资产现金流量的合同权利转移给另一方；（2）企业保留了收取金融资产现金流量的合同权利，并承担将收取的现金流量支付给一个或多个收款方的合同义务。这种情形通常被称为"过手协议"。

金融资产转移准则第六条中定义的"金融资产转移"也包含两种情形，第一种情形与准则中的要求一致，但是对于第二种情形，还要求该"过手协议"若作为金融资产转移处理，必须同时满足该条第（二）项规定的 3 个条件。

可以看出，金融工具列报准则对于"金融资产转移"的定义比金融资产转移准则更为宽泛。对于未满足 3 个条件的"过手协议"，尽管不是金融资产转移准则定义的"金融资产转移"，但属于准则定义的"金融资产转移"，需进行相应的披露。这是因为金融资产转移准则规范的是终止确认问题，要防止形式上被转移而实质上未转移的资产出表；而准则规范的是披露问题，要通过充分的披露让报表使用者了解转移（包括形式上的转移）的金融资产和确认的相关负债的关系。

（二）继续涉入

《企业会计准则第 37 号——金融工具列报》所述的"继续涉入"，是指企业保留了已转移金融资产中内在的合同权利或义务，或者取得了与已转移金融资产相关的新合同权利或义务。常规声明和保证、以公允价值回购已转移金融资产的合同，以及同时满足金融资产转移准则中三个条件的"过手协议"不构成继续涉入。常规声明和保证是指企业为避免转让无效而做出的陈述，包括转移的真实性以及合理、诚信和公平交易等原则方面的陈述。例如，企业在合同中承诺：其向资产接收方提供的资料、单据及信息是有效、真实、准确且完整的，没有遗漏任何重要信息。

而在金融资产转移准则中，对于既没有转移也没有保留金融资产所有权上几乎所有的风险和报酬，且保留了对该金融资产控制的情形，属于该准则所指的"继续涉入"。

《企业会计准则第 37 号——金融工具列报》定义的"继续涉入"情形（企业保留了已转移金融资产中内在的合同权利或义务，或者取得了与已转移金融资产相关的新合同权利或义务）在金融资产转移准则中可能被认定为转移了金融资产所有权上几乎所有风险和报酬、保留了几乎所有风险和报酬、既没有转移也没有保留几乎所有风险和报酬三种情况。而只有第三种情况才有可能符合该准则的"继续涉入"定义。因此，准则定义的"继续涉入"也比金融资产转移准则的定义更为宽泛。这是因为准则的目的是让报表使用者了解企业保留的风险敞口。企业只要保留了已转移金融资产中内在的合同权利或义务，或者取得了与已转移金融资产相关的新合同权利或义务，就可能有风险敞口。

《企业会计准则第 37 号——金融工具列报》所述的"继续涉入"是以企业自身财务报告

为基础进行考虑的。例如，子公司向非关联的第三方转让一项金融资产，而其母公司对该金融资产存在继续涉入，则子公司在自身财务报表中确定是否继续涉入已转移金融资产时，不应当考虑母公司的涉入；母公司在合并财务报表中确定是否继续涉入已转移金融资产时，应当考虑自身以及集团其他成员对子公司已转移金融资产的继续涉入情况。"继续涉入"可能是源自转出方与转入方签订的转让协议，也可能是源于与第三方单独签订的与转让相关的协议。但是，如果企业对已转移金融资产的未来业绩不享有任何利益，也不承担与已转移金融资产相关的任何未来支付义务，则不形成继续涉入。

企业，尤其是金融机构，在金融资产转移中，往往还会就被转移金融资产提供相应的服务，收取一定的服务费。在这种情况下，企业应当分析该服务合同是否构成准则定义的继续涉入。例如银行转让贷款后因提供后续贷款回收及转付服务而收取服务费的情形。如果该服务费的收取金额是以贷款实际回收和转付的金额为依据计算的，则该项新的合同权利与已转移贷款相关，构成继续涉入。如果服务费的收取与是否成功回收和转付贷款以及回收和转付的金额和时间无关，则该项新的合同权利与已转移贷款无关，不构成继续涉入。

从《企业会计准则第37号——金融工具列报》关于"金融资产转移"和"继续涉入"的定义，以及金融资产转移准则关于金融资产终止确认的条件可以看出，尚在资产负债表中的金融资产可能因为转移而引起负债，而已经终止确认的金融资产可能因为继续涉入而引起风险敞口。对这两种情形，企业都需要提供相关信息帮助报表使用者判定其影响。

37.9.2 已转移但未整体终止确认的金融资产的信息披露

《企业会计准则第37号——金融工具列报》第一百零一条对已转移但未整体终止确认的金融资产的披露要求进行了规范。

该条第（四）项所说的"交易对手仅对已转移资产有追索权"，是指交易对手仅能对该资产所产生的现金流向企业（转移方）进行追索，而不能对企业其他资产提出权利主张，即"有限追索权"的概念。有限追索权相关资产和负债的公允价值的差额（净头寸），代表着企业在该资产转移后仍保留的经济利益。

关于该条第（四）项和第（五）项的披露要求，企业可以参考表37-34进行披露。

表37-34　对已转移但未整体终止确认的金融资产披露示例

单位：万元

类型	以公允价值计量且其变动计入当期损益的金融资产		以摊余成本计量的金融资产		以公允价值计量且其变动计入其他综合收益的金融资产
	交易性金融资产	衍生工具	抵押贷款	消费贷款	债权投资
已转移金融资产的账面价值	×	×	×	×	×
相关负债的账面价值	（×）	（×）	（×）	（×）	（×）
仅对已转移资产有追索权的交易					
已转移金融资产的公允价值	×	×	×	×	×
相关负债的公允价值	（×）	（×）	（×）	（×）	（×）
净头寸	×	×	×	×	×

无论是金融资产整体转移，还是金融资产部分转移，只要不满足终止确认的条件，均应按照以上要求进行披露。金融资产部分转移是指金融资产转移准则中第四条所规范的情形。例如，企业只转移了一项金融资产所产生现金流量的 40% 部分，则企业应该针对该 40% 部分的金融资产按照金融资产转移准则判断是否满足终止确认的条件。假设该 40% 部分的金融资产不满足终止确认的条件，因而未全部终止确认该部分金融资产，那么在这种情况下，这 40% 部分的金融资产需要按照准则对于已转移但未整体终止确认的金融资产的披露要求进行相应的披露。如果该 40% 部分的金融资产满足终止确认的条件，可以被终止确认，则这 40% 部分的金融资产不需要按照准则对于已转移但未整体终止确认的金融资产的披露要求进行相应的披露，但是要考虑企业是否继续涉入该部分已转移金融资产，并按照准则对于已整体终止确认但转出方继续涉入已转移金融资产的披露要求进行披露。对于剩余的 60% 部分的金融资产，无论是在以上哪种假设情况下，都不涉及金融资产的转移，因而也无须按照准则进行披露。

37.9.3 已整体终止确认但转出方继续涉入已转移金融资产的信息披露

在很多情况下，如果企业对于已转移的金融资产仍然继续涉入，则可能意味着该金融资产转移不满足终止确认的条件。但有时也存在尽管企业继续涉入已转移的金融资产，但是该金融资产仍满足整体终止确认条件的情况。例如，附带转入方持有重大价外看跌期权（或转出方持有重大价外看涨期权）的金融资产出售，由于期权为重大价外期权，到期时或到期前行权的可能性极小，可以认定企业已经转移了该项金融资产所有权上几乎所有的风险和报酬，应当终止确认这一金融资产。但是由于期权的存在形成了企业对该金融资产的继续涉入。

针对这一情况，在每个资产负债表日，企业应按照类别披露相关信息。各披露类别应当按照企业继续涉入面临的风险敞口类型进行划分。例如，企业可以按照金融工具类别，如担保或看涨期权等进行分类；也可以按照转让类型，如应收账款保理、资产证券化、融券业务等进行分类。企业对某项终止确认的金融资产存在多种继续涉入方式的，可按其中一类进行汇总披露。

《企业会计准则第 37 号——金融工具列报》第一百零二条对整体终止确认但转出方继续涉入已转移金融资产的披露要求进行了规范。其第（一）项至第（三）项的披露要求，企业可以参考表 37-35 和表 37-36 进行披露。

表 37-35 对整体终止确认但转出方继续涉入已转移金融资产披露示例 -1

单位：万元

继续涉入的类型	因继续涉入确认的资产和负债的账面价值			因继续涉入确认的资产和负债的公允价值		损失的最大风险敞口	回购已转移（已终止确认）资产需要支付的未折现金流量
	以公允价值计量且其变动计入当期损益的金融资产	以公允价值计量且其变动计入其他综合收益的金融资产	以公允价值计量且其变动计入当期损益的金融负债	资产	负债		
签出的看跌期权			（×）		（×）	×	（×）

续表

继续涉入的类型	因继续涉入确认的资产和负债的账面价值			因继续涉入确认的资产和负债的公允价值		损失的最大风险敞口	回购已转移(已终止确认)资产需要支付的未折现现金流量
	以公允价值计量且其变动计入当期损益的金融资产	以公允值计量且其变动计入其他综合收益的金融资产	以公允价值计量且其变动计入当期损益的金融负债	资产	负债		
购入的看涨期权	×			×			(×)
融券业务			(×)	×	(×)	×	(×)
……							
合计	×		(×)	×	(×)	×	

表 37-36 对整体终止确认但转出方继续涉入已转移金融资产披露示例 -2

单位：万元

	回购已转移金融资产需要支付的未折现现金流量							
	继续涉入的到期期限							
继续涉入的类型	合计	1个月之内	1~3个月	3~6个月	6个月~1年	1~3年	3~5年	5年以上
签出的看跌期权	×		×	×	×	×		
购入的看涨期权	×			×	×	×		×
融券业务	×	×	×					

企业按照《企业会计准则第 37 号——金融工具列报》第一百零二条第（三）项披露到期期限时，应当合理确定适当数量的时间段。

企业按照《企业会计准则第 37 号——金融工具列报》第一百零二条第（五）项披露相关的终止确认利得或损失时，应当披露利得或损失是否是由于该资产各组成部分（如终止确认的部分和企业保留的部分）的公允价值和该资产整体的公允价值不同造成的。如果是，企业还应披露该资产的公允价值计量是否包含可观察市场数据以外的重大输入值。

第38章 首次执行企业会计准则

《企业会计准则第38号——首次执行企业会计准则》(简称"首次执行企业会计准则")的框架如图38-1所示。

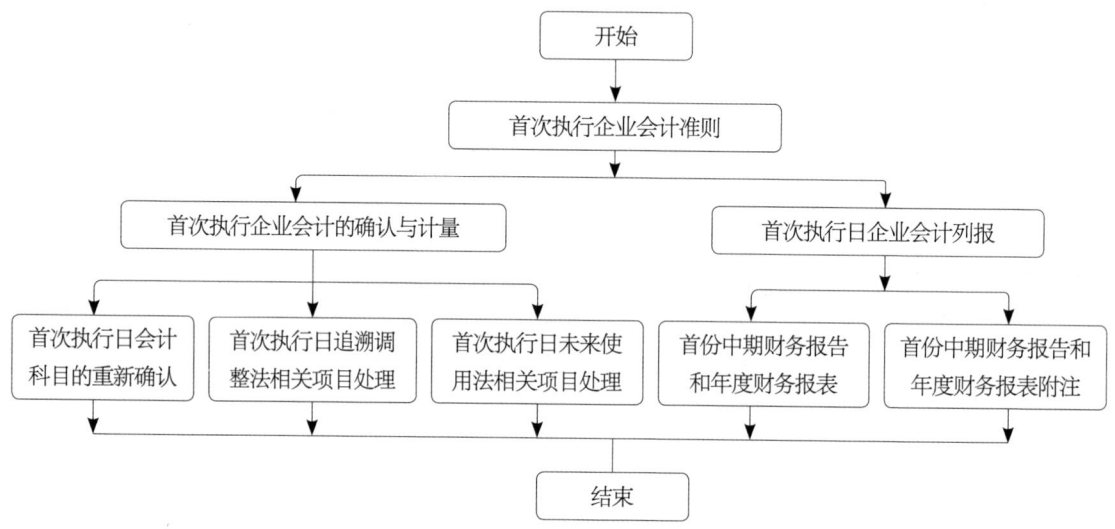

图38-1 首次执行日企业会计准则的框架

38.1 首次执行会计准则概述

《企业会计准则第38号——首次执行企业会计准则》规定,首次执行企业会计准则是指企业第一次执行企业会计准则体系,包括基本准则、具体准则和会计准则应用指南。首次执行企业会计准则后发生的会计政策变更,适用《企业会计准则第28号——会计政策、会计估计变更和差错更正》。

38.2 首次执行会计的确认与计量

38.2.1 首次执行日的新旧会计科目余额对照表和期初资产负债表

在首次执行日,企业应当根据《企业会计准则第38号——首次执行企业会计准则》第四条及其应用指南,结合本单位的实际情况,对首次执行日前的资产负债表及相关账目的各项余额进行分析,按照新准则规定重新分类、确认和计量,设置新旧会计科目余额对照表,结束旧账,建立新账,并编制期初资产负债表,作为执行企业会计准则体系的起点。

38.2.2 首次执行日采用追溯调整法处理有关项目

（一）首次执行日长期股权投资的处理

对于首次执行日的长期股权投资，应当分别下列情况处理。

（1）《企业会计准则第 20 号——企业合并》属于同一控制下企业合并产生的长期股权投资，尚未摊销完毕的股权投资差额应全额冲销，并调整留存收益，以冲销股权投资差额后的长期股权投资账面余额作为首次执行日的认定成本。

（2）除上述第（1）条以外的其他采用权益法核算的长期股权投资，存在股权投资贷方差额的，应冲销贷方差额，调整留存收益，并以冲销贷方差额后的长期股权投资账面余额作为首次执行日的认定成本；存在股权投资借方差额的，应当将长期股权投资的账面余额作为首次执行日的认定成本。

【例 38-1】甲公司于 20×7 年 1 月 1 日投资乙公司（不属于企业合并形成的投资），投资成本为 600 000 元，持有乙公司 30% 的股份，对乙公司能够实施控制，甲公司投资时采用权益法核算。假设乙公司 20×7 年 1 月 1 日所有者权益总额为 400 000 元。股权投资差额按 10 年摊销，已经摊销 6 年。20×7 年 1 月 1 日，甲公司执行新的会计准则，按照新准则的规定，甲公司应进行以下会计处理。

投资时股权投资差额 =600 000-400 000×30%=480 000（元）

未摊销股权投资差额 =480 000-（480 000÷10）×6=192 000（元）

甲公司 20×7 年 1 月 1 日长期股权投资账面余额 =600 000-192 000=408 000（元）

（二）首次执行日以公允价值模式计量的投资性房地产的处理

对于有确凿证据表明可以采用公允价值模式计量的投资性房地产，在首次执行日可以按照公允价值进行计量，并将账面价值与公允价值的差额调整留存收益。

（三）首次执行日预计资产弃置费用的处理

企业在预计首次执行日前尚未计入资产成本的弃置费用时，应当满足预计负债的确认条件，选择该项资产初始确认开始至首次执行日期间适用的折现率，以该项预计负债折现后的金额增加资产成本，据此计算确认应补提的资产折旧（或油气资产的折耗），同时调整期初留存收益。折现率的选择应当考虑货币的时间价值和相关期间通货膨胀等因素的影响。预计弃置费用的资产范围，遵循《企业会计准则第 4 号——固定资产》及其应用指南的相关规定。

【例 38-2】甲公司于 20×4 年 12 月开始建造一项大型资产项目，预计使用 20 年，预计弃置费用为 6 000 000 元。按照工业企业会计制度的规定，此项预计弃置费用不计入固定资产成本。甲公司于 20×7 年 1 月 1 日执行新的会计准则体系。按照新准则的规定，预计弃置费用已满足预计负债的确认条件，甲公司应确认相应的负债并应增加该项资产的成本，同时补提折旧调整留存收益。假定预计弃置费用现值为 4 600 000 元，该资产采用使用年限平均法提取折旧。甲公司应进行如下会计处理。

（1）20×7 年将预计弃置费用增加固定资产成本。

借：固定资产　　　　　　　　　　　　　　　　　　　　　　　　4 600 000

```
    贷：预计负债                                          4 600 000
```
（2）补提折旧调整留存收益。
```
    借：利润分配——未分配利润                             1 380 000
        贷：累计折旧                                     1 380 000
```

（四）首次执行日解除劳务关系计划的处理

对于首次执行日存在的解除与职工的劳动关系计划，满足《企业会计准则第9号——职工薪酬》预计负债确认条件的，企业应当确认因解除与职工的劳动关系给予补偿而产生的负债，并调整留存收益。

【例38-3】 20×7年1月首次执行企业会计准则时，A公司为鼓励职工自愿接受裁减而提出给予补偿的决议，其中补偿金为5 200 000元。根据首次执行企业会计准则的规定，在符合企业已制定正式的解除劳动关系计划和企业不能单方面撤回解除劳动关系计划这两个条件时，A公司应确认为负债并列入档期费用。此时，A公司应进行如下会计处理。

```
    借：留存收益                                          5 200 000
        贷：应付职工薪酬——预计负债                        5 200 000
```

（五）首次执行日企业年金基金投资的处理

对于企业年金基金在运营中所形成的投资，应当在首次执行日按照公允价值进行计量，并将账面价值与公允价值的差额调整留存收益。

（六）可行权日在首次执行日或之后的股份支付的公允价值

（1）对于可行权日在首次执行日或之后的股份支付，应当根据《企业会计准则第11号——股份支付》的规定，按照权益工具、其他方服务或承担的以权益工具为基础计算确定的负债的公允价值，将应计入首次执行日之前等待期的成本费用金额调整留存收益，相应增加所有者权益或负债。首次执行日之前可行权的股份支付，不应追溯调整。

（2）授予职工以权益结算的股份支付，应当按照权益工具在授予日的公允价值调整期初留存收益，相应增加资本公积；授予日的公允价值不能可靠计量的，应当按照权益工具在首次执行日的公允价值计量。

（3）授予职工以现金结算的股份支付，应当按照权益工具在等待期内首次执行日之前各资产负债表日的公允价值计量，减少期初留存收益，相应增加应付职工薪酬；上述各资产负债表日的公允价值不能可靠计量的，应当按照权益工具在首次执行日的公允价值计量。

（4）授予其他方的股份支付，在首次执行日，比照授予职工的股份支付处理。

（七）首次执行日重组义务的处理

在首次执行日，企业应当按照《企业会计准则第13号——或有事项》的规定，将满足预计负债确认条件的重组义务，确认为负债，并调整留存收益。

（八）首次执行日所得税的处理

（1）企业应当按照《企业会计准则第18号——所得税》的规定，在首次执行日对资产、负债的账面价值与计税基础不同形成的暂时性差异的所得税影响进行追溯调整，并将影响金额调整留存收益。

（2）在首次执行日，企业应当停止采用应付税款法或原纳税影响会计法，改按所得税准则规定的资产负债表债务法。

（3）采用应付税款法核算所得税费用的，应当按照企业会计准则相关规定调整后的资产、负债账面价值为基础，与其计税基础进行比较，确定应纳税暂时性差异和可抵扣暂时性差异，采用适用的税率计算递延所得税负债及递延所得税资产金额，相应调整期初留存收益。

（4）采用原纳税影响会计法核算所得税费用的，应根据《企业会计准则第18号——所得税》计算递延所得税负债和递延所得税资产的金额，同时冲销原来的递延所得税借项或贷项的金额，上述两项金额之间的差额调整为期初留存收益。

（九）首次执行日非同一控制下企业合并的处理

除下列项目外，对于首次执行日之前发生的企业合并不应追溯调整。

（1）按照《企业会计准则第20号——企业合并》，属于同一控制的企业合并，原已确认商誉的摊余价值应当全额冲销，并调整留存收益。按照该准则的规定属于非同一控制下企业合并的，应当将商誉在首次执行日的摊余价值作为认定成本，不再进行摊销。

（2）首次执行日之前发生的企业合并，合并合同或协议中约定根据未来事项的发生对合并成本进行调整的，如果首次执行日预计未来事项很可能发生并对合并成本的影响金额能够可靠计量，则应当按照该影响金额调整已确认商誉的账面价值。

（3）企业应当按照《企业会计准则第8号——资产减值》的规定，在首次执行日对商誉进行减值测试，发生减值的，应当以计提减值准备后的金额确认，并调整留存收益。

（4）《企业会计准则第38号——首次执行企业会计准则》第十三条第（二）、第（三）条规定是指首次执行日之前发生的、符合《企业会计准则第20号——企业合并》中的非同一控制下的企业合并，不涉及同一控制下的企业合并。

【例38-4】 A公司、B公司同为甲公司的子公司。20×4年1月，A公司收购B公司的全部资产。收购日，B公司的资产账面价值总额为460 000 000元，负债账面价值总额为240 000 000元；资产评估价值总额为350 000 000元，负债评估价值总额为150 000 000元。经过多次谈判，最终A公司以270 000 000元的价格购入B公司。20×7年1月1日，A公司执行新的企业会计准则，根据新企业合并准则的规定，对同一控制下企业合并，原已经确认商誉的摊余价值应进行追溯调整。

A公司的购入B公司商誉价值计算方法如下。

购入商誉 =270 000 000-（350 000 000-150 000 000）=70 000 000（元）

商誉摊余价值 =70 000 000-（70 000 000÷10）×3=49 000 000（元）

A公司的会计处理如下。

借：利润分配——未分配利润　　　　　　　　　　　　　　　　　49 000 000
　　　贷：无形资产——商誉　　　　　　　　　　　　　　　　　　49 000 000

如果按照新准则的规定，属于非同一控制下企业合并的，应当将商誉在首次执行日的摊余价值作为认定成本，不再进行摊销。

(十)首次执行日金融工具的处理

在首次执行日,企业应当将所持有的金融资产,划分为以公允价值计量且其变动计入当期损益的金融资产、持有至到期投资、贷款和应收款项、可供出售金融资产。

(1)划分为以公允价值计量且其变动计入当期损益的金融资产或可供出售金融资产的,应当在首次执行日按照公允价值计量,并将账面价值与公允价值的差额调整留存收益。

(2)划分为持有至到期投资、贷款和应收款项的,应当自首次执行日起改按实际利率法,在随后的会计期间采用摊余成本计量。

(十一)首次执行日以公允价值计量且其变动计入当期损益的金融负债

对于在首次执行日指定为以公允价值计量且其变动计入当期损益的金融负债,企业应当在首次执行日按照公允价值计量,并将账面价值与公允价值的差额调整留存收益。

(十二)首次执行日已确认或已按成本计量的衍生金融工具的处理

对于未在资产负债表内确认、或已按成本计量的衍生金融工具(不包括套期工具),企业应当在首次执行日按照公允价值计量,同时调整留存收益。

(十三)首次执行日金融工具分拆时的公允价值

(1)对于嵌入衍生金融工具,按照《企业会计准则第 22 号——金融工具确认和计量》规定应从混合工具中分拆的,企业应当在首次执行日将其从混合工具中分拆并单独处理;嵌入衍生金融工具的公允价值无法合理确定的,企业应当将该混合工具整体指定为以公允价值计量且其变动计入当期损益的金融资产或金融负债。

(2)企业发行的包含负债和权益成分的非衍生金融工具,在首次执行日按照《企业会计准则第 37 号——金融工具列报》进行分拆时,先确定负债成分发行时的公允价值并以此作为其初始确认金额,再按该金融工具的整体发行价格扣除负债成分公允价值后的金额,确定权益成分的初始确认金额。

(3)负债发行时的公允价值不能合理确定的,可以按该项负债在首次执行日的公允价值作为其初始确认金额。发行时和首次执行日负债的公允价值均不能合理确定的,不应对金融工具进行分拆。

(十四)首次执行日再保险分出业务的处理

发生再保险分出业务的企业,应当在首次执行日按照《企业会计准则第 26 号——再保险合同》的规定,将应向再保险接受人摊回的相应准备金确认为资产,并调整各项准备金的账面价值。

38.2.3 首次执行日采用未来适用法处理有关项目

除《企业会计准则第 38 号——首次执行企业会计准则》第五条至第十九条规定要求追溯调整的项目 [及 38.2.2 中所列举的(一)至(十四)项目] 外,其他项目不应追溯调整,应当采用未来适用法。

(一)正在开发和加工的无形资产或存货

(1)对于首次执行日企业正在开发过程中的内部开发项目,已经费用化的开发支出,不应追溯调整；根据《企业会计准则第 6 号——无形资产》及相关解释规定，首次执行日及以后发生的开发支出，符合无形资产确认条件的，应当予以资本化。

（2）对于处在开发阶段的内部开发项目、处于生产过程中的需要经过相当长时间才能达到预定可销售状态的存货（如飞机和船舶等），以及营造、繁殖需要经过相当长时间才能达到预定可使用或可销售状态的生物资产，首次执行日之前未予资本化的借款费用，不应追溯调整；上述尚未完成开发或尚未完工的各项资产，首次执行日及以后发生的借款费用，应当将符合《企业会计准则第 17 号——借款费用》资本化条件的部分予以资本化。

（二）超过正常信用条件延期付款（或收款）、实质上具有融资性质的购销业务

（1）对于首次执行日处于收款过程中的采用递延收款方式、实质上具有融资性质的销售商品或提供劳务收入，如分期收款发出商品销售，首次执行日前已确认的收入和结转的成本不再追溯调整。在首次执行日后的第一个会计期间，企业应当将销售合同或协议剩余价款作为长期应收款，尚未收取的合同或协议价款的公允价值即现值确认为主营业务收入，两者的差额作为未实现融资收益，在剩余收款期限内按照实际利率法进行摊销。

（2）首次执行日之前购买的固定资产、无形资产在超过正常信用条件的期限内延期付款，实质上具有融资性质的，首次执行日之前已计提的折旧和摊销额，不再追溯调整；在首次执行日，企业应当以尚未支付的款项折现后的现值与资产账面价值的差额，减少资产的账面价值，同时增加未确认融资费用。首次执行日后，企业应当以调整后的资产账面价值作为认定成本并以此为基础计提折旧，未确认融资费用按照实际利率法进行摊销。融资租赁下，出租人和承租人的租赁资产价值、未确认融资收益、未确认融资费用以及初始直接费用等，比照上述原则处理。

（三）会计估计

（1）企业在首次执行日按照企业会计准则所做的估计，应当与按照原会计制度或准则所做的估计一致，不应追溯调整，除非有客观证据表明原估计是错误的。首次执行日以后获得的、表明首次执行日后发生情况的新信息，视同《企业会计准则第 29 号——资产负债表日后事项》中的非调整事项处理。

（2）按照企业会计准则规定需要做出的会计估计事项，在原会计制度或准则不要求估计的，如某些资产、负债的公允价值等，在首次执行日，关于市场价格、利率或汇率的估计应当反映该日的市场状况。

38.3　首次执行日会计列报

在首次执行日后按照企业会计准则编制的首份年度财务报表（以下简称"首份年度财务报表"）期间，企业应当按照《企业会计准则第 30 号——财务报表列报》和《企业会计准则第 31 号——现金流量表》的规定，编报资产负债表、利润表、现金流量表和所有者权益变动表及附注。对外提供合并财务报表的，应当遵循《企业会计准则第 33 号——合并财务报表》的规定。在首份年度财务报表涵盖的期间内对外提供中期财务报告的，应当遵循《企业会计准则第 32 号——中期财务报告》的规定。

38.3.1 首份中期财务报告和首份年度财务报表

（1）首份中期财务报告至少应当包括资产负债表、利润表、现金流量表和附注。首份年度财务报表应当是一套完整的财务报表，至少包括资产负债表、利润表、现金流量表、所有者权益变动表和附注。

（2）首份中期财务报告至少应当包括按照新准则编制的上年度资产负债表、上年度可比中期的利润表、上年度至可比本中期末的现金流量表。首份年度财务报表至少应当包括按照新准则列报的上一年度全部比较信息。按新准则规定列报比较信息的，首次执行日是在首份年度财务报表中按照新准则列报全部比较信息最早期间的期初。

（3）如果母公司执行企业会计准则、但子公司按规定尚未执行企业会计准则的，母公司在编制合并财务报表时，应当按照企业会计准则的规定调整子公司的财务报表；如果子公司已执行企业会计准则，但母公司按规定尚未执行企业会计准则的，母公司在编制合并财务报表时，应当将子公司按照企业会计准则编制的财务报表直接合并，不需要调整。

38.3.2 首份中期财务报告和首份年度财务报表附注

企业应当按照各项会计准则关于附注的规定，在首份中期财务报告和首份年度财务报表附注中披露相关信息。企业应当以列表形式详细披露如下数据的调节过程，以反映首次执行企业会计准则对企业财务状况、经营业绩和现金流量的影响。

（1）首次执行日按原会计制度或准则列报的所有者权益，调整为按企业会计准则列报的所有者权益。

（2）按原会计制度或准则列报的最近年度年末所有者权益，调整为按照企业会计准则列报的所有者权益。

（3）按原会计制度或准则列报的最近年度损益，调整为按照企业会计准则列报的损益。

（4）比较中期期末按原会计制度或准则列报的所有者权益，调整为按企业会计准则列报的所有者权益。

（5）比较中期按原会计制度或准则列报的损益（可比中期和上年初至可比中期末累计数），调整为同一期间按企业会计准则列报的损益。

对于需要提供季报或半年报的企业，执行企业会计准则后首份年度财务报表期间内的第一季度季报（或第一份半年报），需要披露上述5项数据的调节过程，第二、第三季度季报只需要提供上述第（4）、第（5）两项数据的调节过程。

第39章
公允价值计量

公允价值计量涉及要点如图 39-1 所示。

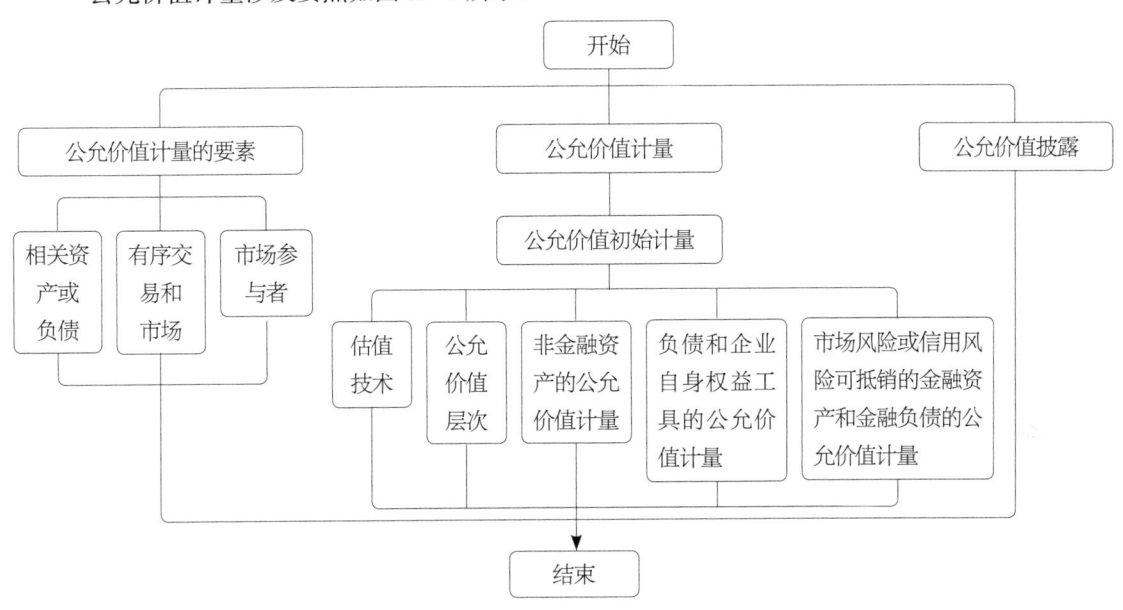

图 39-1 公允价值计量涉及要点

39.1 公允价值计量概述

《企业会计准则第 39 号——公允价值计量》（简称"公允价值计量准则"）规定，公允价值是指市场参与者在计量日发生的有序交易中，出售一项资产所能收到或者转移一项负债所需支付的价格。

39.2 资产或负债

39.2.1 资产或负债的特征

企业以公允价值计量相关资产或负债，应当考虑该资产或负债的特征。相关资产或负债的特征是指市场参与者在计量日对该资产或负债进行定价时考虑的特征，包括资产状况及所在位置、对资产出售或者使用的限制等。

39.2.2 资产或负债的计量单元

以公允价值计量的相关资产或负债可以是单项资产或负债（如一项金融工具、一项非金融资产等），也可以是资产组合、负债组合或者资产和负债的组合（如《企业会计准则第 8

号——资产减值》规范的资产组、《企业会计准则第 20 号——企业合并》规范的业务等）。企业是以单项还是以组合的方式对相关资产或负债进行公允价值计量，取决于该资产或负债的计量单元。计量单元是指相关资产或负债以单独或者组合方式进行计量的最小单位。相关资产或负债的计量单元应当由要求或者允许以公允价值计量的其他相关会计准则规定，但公允价值计量准则规定的市场风险或信用风险可抵销的金融资产和金融负债的公允价值计量除外。

【例 39-1】甲公司持有一项权益性工具。相关法律法规规定，该项权益性工具在特定期间内不得对外转让。在特定期间内不得对外转让是该项权益性工具的特征。因此，在计量该项工具的公允价值时，可以采用不受转让限制的、相同的权益性工具的公开市场的报价作为计量基础，并对不能转让的法律限制的影响做出一定的调整。该项调整的大小将取决于以下几个因素：该限制的性质和时间；该限制对购买者的影响大小；与该项权益性工具以及其发行者相关的其他因素。

39.3 有序交易和市场

39.3.1 有序交易

有序交易是指在计量日前一段时期内相关资产或负债具有惯常市场活动的交易。清算等被迫交易不属于有序交易。企业以公允价值计量相关资产或负债，应当假定市场参与者在计量日出售资产或者转移负债的交易，是在当前市场条件下的有序交易。

39.3.2 主要市场和最有利市场

主要市场是指相关资产或负债交易量最大和交易活跃程度最高的市场。企业在识别主要市场（或最有利市场）时，应当考虑所有可合理取得的信息，但没有必要考察所有市场。通常情况下，企业正常进行资产出售或者负债转移的市场可以视为主要市场（或最有利市场）。

最有利市场是指在考虑交易费用和运输费用后，能够以最高金额出售相关资产或者以最低金额转移相关负债的市场。交易费用是指在相关资产或负债的主要市场（或最有利市场）中，发生的可直接归属于资产出售或者负债转移的费用。交易费用是直接由交易引起的、交易所必需的而且不出售资产或者不转移负债就不会发生的费用。运输费用是指将资产从当前位置运抵主要市场（或最有利市场）发生的费用。

企业以公允价值计量相关资产或负债，应当假定出售资产或者转移负债的有序交易在相关资产或负债的主要市场进行。不存在主要市场的，企业应当假定该交易在相关资产或负债的最有利市场进行。

【例 39-2】假定 A 公司生产并销售一种产品，该产品存在甲、乙、丙三个市场。A 公司均能在这三种市场上销售该种产品。在计量日，A 公司在这三个市场上生产和销售了 100 个产品，具体数量如表 39-1 所示。

表 39-1　A 公司产品销售量

市场类别	销售价格（元）	A 公司分别在各个市场的销售比重	该种产品在各个市场的整体销售比重
甲	27 000	50%	12%
乙	24 000	30%	80%
丙	18 000	20%	8%

【分析】

根据上述信息，按照新企业会计准则的规定，乙市场是该种产品的主要市场，原因在于乙市场为市场交易量最大的市场。因此，A 公司在计量该种产品的公允价值时，应当以 24 000 元作为公允价值。

【例 39-3】假定甲公司制造并销售 A 类产品，此种产品存在两个市场。一是出口市场。A 类产品在出口市场上的售价较高，但出口数量受到政府出口管制的限制，国内每个制造生产商每年需要向政府申请出口配额。二是国内市场。A 类产品在国内市场的售价较低，但销售数量不受政府的管制。甲公司制定的销售策略为：尽可能地获取出口配额，扩大出口销售，剩下的（占大部分）销往国内市场。

【分析】

在该例中，出口市场显然是最有利的市场，原因在于出口市场对甲公司而言获取的毛利最高。但是，甲公司的 A 类产品主要销往国内市场，国内市场则是其主要市场。因此，甲公司应当以国内市场的价格来确定 A 类产品的公允价值。

39.4　市场参与者

39.4.1　公允价值计量条件

企业以公允价值计量相关资产或负债时，应当采用市场参与者在对该资产或负债定价时为实现其经济利益最大化所使用的假设。企业在确定市场参与者时，应当考虑所计量的相关资产或负债、该资产或负债的主要市场（或最有利市场）以及在该市场上与企业进行交易的市场参与者等因素，从总体上识别市场参与者。

39.4.2　市场参与者定义

市场参与者是指在相关资产或负债的主要市场（或最有利市场）中，同时具备下列特征的买方和卖方。

（1）市场参与者应当相互独立，不存在《企业会计准则第 36 号——关联方披露》所述的关联方关系。

（2）市场参与者应当熟悉情况，能够根据可取得的信息对相关资产或负债以及交易具备合理认知。

（3）市场参与者应当有能力并自愿进行相关资产或负债的交易。

【例39-4】假定A公司拥有一项资产，该资产存在甲和乙两个市场，两个市场的交易量基本相同，只是价格有所不同。A公司在计量日都能够进入这两个市场。该项资产没有主要市场。具体数据如表39-2所示。

表39-2　资产的相关数据

单位：元

项目	甲市场	乙市场
售价	28	26
运输费用	4	3
合计	24	23
交易费用	3	1
净额	21	22

【分析】

如果甲市场为该项资产的主要市场（即交易量最大和活跃程度最大的市场），则该项资产的公允价值为该市场的市场价格。如果考虑运输费用，则其公允价值为24元。

如果该资产的主要市场不存在，则要考虑其最有利的市场。如果考虑运输费用和交易费用，在乙市场出售该项资产所获得的净额最大，因此，乙市场为最有利市场。但是，计量公允价值时不能考虑交易费用，因而该项资产的公允价值应该为23元。

39.5　公允价值初始计量

39.5.1　初始计量

企业应当根据交易性质和相关资产或负债的特征等，判断初始确认时的公允价值是否与其交易价格相等。交易价格是取得该项资产所支付或者承担该项负债所收到的价格（即进入价格）。公允价值是出售该项资产所能收到或者转移该项负债所需支付的价格（即脱手价格）。

39.5.2　公允价值通常与其交易价格不相等的情况

相关资产或负债在初始确认时的公允价值通常与其交易价格相等，但在下列情况中两者可能不相等。

（1）交易发生在关联方之间。但企业有证据表明该关联方交易是在市场条件下进行的除外。

（2）交易是被迫的。

（3）交易价格所代表的计量单元与按照《企业会计准则第39号——公允价值计量》第七条确定的计量单元不同。

（4）交易市场不是相关资产或负债的主要市场（或最有利市场）。

39.5.3 相关资产或负债且交易价格与公允价值不相等时的利得损失处理

其他相关会计准则要求或者允许企业以公允价值对相关资产或负债进行初始计量,且其交易价格与公允价值不相等的,企业应当将相关利得或损失计入当期损益,但其他相关会计准则另有规定的除外。

39.6 估值技术

39.6.1 估值技术

企业以公允价值计量相关资产或负债,应当采用在当前情况下适用并且有足够可利用数据和其他信息支持的估值技术。企业使用估值技术的目的是估计在计量日当前市场条件下,市场参与者在有序交易中出售一项资产或者转移一项负债的价格。

39.6.2 估值技术方法

企业以公允价值计量相关资产或负债,使用的估值技术主要包括市场法、收益法和成本法。企业应当使用与其中一种或多种估值技术相一致的方法计量公允价值。企业使用多种估值技术计量公允价值的,应当考虑各估值结果的合理性,选取在当前情况下最能代表公允价值的金额作为公允价值。

市场法是利用相同或类似的资产、负债或资产和负债组合的价格以及其他相关市场交易信息进行估值的技术。

收益法是将未来金额转换成单一现值的估值技术。

成本法是反映当前要求重置相关资产服务能力所需金额(通常指现行重置成本)的估值技术。

【例 39-5】甲公司以企业合并的方式获取了一项资产组合。该资产组合包括一项由被并购企业内部研发的软件资产、相关性互补性资产(如相关性的数据库)和相关性负债。根据会计准则购买法,甲公司应当按照公允价值模式计量该项软件资产。甲公司认为,该项软件资产与互补性资产及相关性负债组合使用,能为市场参与者创造最大的价值。另外,没有证据表明,该项软件资产的现行使用不是它的最佳用途。因此,我们假定该项资产的最佳用途为现行用途。

目前,甲公司拥有足够的数据来运用收益法和成本法去计量该项软件资产的公允价值,但是现行条件无法运用市场法。收益法和成本法的具体运用如下。

(1)采用现值技术运用收益法。该方法所采用的现金流量为该项软件资产在其寿命期所能产生的净现金流量。据此方法计算得出的公允价值为 20 000 000 元。

(2)成本法是指通过估算开发类似用途的替代软件资产所需要的支出来计算。运用该种方法计算得出的公允价值为 18 000 000 元。

由于运用成本法时的替代软件资产具有一定的功能独特性,只有使用专有信息才能开发出来,而且不能容易地被复制,所以甲公司认为内部无法开发该项替代软件产品。因此,该项软件资产的公允价值应当采用收益法所计算得出的公允价值计量，即为 20 000 000 元。

39.6.3 变更估值技术的情况

公允价值计量使用的估值技术一经确定，不得随意变更，但变更估值技术或其应用能使计量结果在当前情况下同样或者更能代表公允价值的情况除外，包括但不限于下列情况。

（1）出现新的市场。
（2）可以取得新的信息。
（3）无法再取得以前使用的信息。
（4）改进了估值技术。
（5）市场状况发生变化。

39.7 公允价值层次

企业应当将公允价值计量所使用的输入值划分为三个层次，并首先使用第一层次输入值，其次使用第二层次输入值，最后使用第三层次输入值。

第一层次输入值是在计量日能够取得的相同资产或负债在活跃市场上未经调整的报价。活跃市场是指相关资产或负债的交易量和交易频率足以持续提供定价信息的市场。第一层次输入值为公允价值提供了最可靠的证据。在所有情况下，企业只要能够获得相同资产或负债在活跃市场上的报价，就应当将该报价不加调整地应用于该资产或负债的公允价值计量。

第二层次输入值是除第一层次输入值外相关资产或负债直接或间接可观察的输入值。企业在使用第二层次输入值对相关资产或负债进行公允价值计量时，应当根据该资产或负债的特征，对第二层次输入值进行调整。这些特征包括资产状况或所在位置、输入值与类似资产或负债的相关程度［包括本准则第三十四条（二）规定的因素］、可观察输入值所在市场的交易量和活跃程度等。

第三层次输入值是相关资产或负债的不可观察输入值。企业只有在相关资产或负债不存在市场活动或者市场活动很少导致相关可观察输入值无法取得或取得不切实可行的情况下，才能使用第三层次输入值，即不可观察输入值。

39.8 非金融资产的公允价值计量

39.8.1 非金融资产的计量

企业以公允价值计量非金融资产，应当考虑市场参与者将该资产用于最佳用途产生经济利益的能力，或者将该资产出售给能够用于最佳用途的其他市场参与者产生经济利益的能力。最佳用途是指市场参与者实现一项非金融资产或其所属的资产和负债组合的价值最大化时该非金融资产的用途。

39.8.2 非金融资产最佳用途的影响因素

企业确定非金融资产的最佳用途，应当考虑法律上是否允许、实物上是否可能以及财务上是否可行等因素。

（1）企业判断非金融资产的用途在法律上是否允许，应当考虑市场参与者在对该资产定价时考虑的资产使用在法律上的限制。

（2）企业判断非金融资产的用途在实物上是否可能，应当考虑市场参与者在对该资产定价时考虑的资产实物特征。

（3）企业判断非金融资产的用途在财务上是否可行，应当考虑在法律上允许且实物上可能的情况下，使用该资产能否产生足够的收益或现金流量，从而在补偿使资产用于该用途所发生的成本后，仍然能够满足市场参与者所要求的投资回报。

通常情况下，企业对非金融资产的现行用途可以视为最佳用途，除非市场因素或者其他因素表明市场参与者按照其他用途使用该资产可以实现价值最大化。

39.8.3 估值前提的确定

企业以公允价值计量非金融资产，应当基于最佳用途确定下列估值前提。

（1）市场参与者单独使用一项非金融资产产生最大价值的，该非金融资产的公允价值应当是将其出售给同样单独使用该资产的市场参与者的当前交易价格。

（2）市场参与者将一项非金融资产与其他资产（或者其他资产或负债的组合）组合使用产生最大价值的，该非金融资产的公允价值应当是将其出售给以同样组合方式使用该资产的市场参与者的当前交易价格，并且该市场参与者可以取得组合中的其他资产和负债。这里的负债包括企业为筹集营运资金产生的负债，但不包括企业为组合之外的资产筹集资金所产生的负债。最佳用途的假定应当一致地应用于组合中所有与最佳用途相关的资产。

企业应当从市场参与者的角度判断该资产的最佳用途是单独使用、与其他资产组合使用、还是与其他资产和负债组合使用，但在计量非金融资产的公允价值时，应当假定按照公允价值计量准则第七条确定的计量单元出售该资产。

【例39-6】甲公司拥有一项投资性房地产，具体为一块土地以及土地上所建造的旧冷库。该块土地可用来重新建造一个休闲场所，其市场价值远高于其作为一个冷库的价值。甲公司管理层不知道该如何确定该项投资性房地产的公允价值。

【分析】

依据新企业会计准则，企业以公允价值计量非金融资产时，应当假定非金融资产的最佳用途。在该例子中，重新建造一个休闲场所显然是该项投资性房地产的最佳用途。但是，需要注意的是，重新建造休闲场所需要拆除现有的冷库。因此，在最佳用途假设下，该冷库的市场价值为零。

39.9 负债和企业自身权益工具的公允价值计量

企业以公允价值计量负债，应当假定在计量日将该负债转移给其他市场参与者，而且该负债在转移后继续存在，并由作为受让方的市场参与者履行义务。企业以公允价值计量自身权益工具，应当假定在计量日将该自身权益工具转移给其他市场参与者，而且该自身权益工具在转移后继续存在,并由作为受让方的市场参与者取得与该工具相关的权利、承担相应的义务。

企业以公允价值计量负债或自身权益工具,应当遵循下列原则。

(1)存在相同或类似负债或企业自身权益工具可观察市场报价的,应当以该报价为基础确定该负债或企业自身权益工具的公允价值。

(2)不存在相同或类似负债或企业自身权益工具可观察市场报价,但其他方将其作为资产持有的,企业应当在计量日从持有该资产的市场参与者角度,以该资产的公允价值为基础确定该负债或自身权益工具的公允价值。

当该资产的某些特征不适用于所计量的负债或企业自身权益工具时,企业应当根据该资产的公允价值进行调整,以调整后的价值确定负债或企业自身权益工具的公允价值。这些特征包括资产出售受到限制、资产与所计量负债或企业自身权益工具类似但不相同、资产的计量单元与负债或企业自身权益工具的计量单元不完全相同等。

(3)不存在相同或类似负债或企业自身权益工具可观察市场报价,并且其他方未将其作为资产持有的,企业应当从承担负债或者发行权益工具的市场参与者角度,采用估值技术确定该负债或企业自身权益工具的公允价值。

39.10 市场风险或信用风险可抵销的金融资产和金融负债的公允价值计量

企业以市场风险和信用风险的净敞口为基础管理金融资产和金融负债的,可以以计量日市场参与者在当前市场条件下有序交易中出售净多头(即资产)或者转移净空头(即负债)的价格为基础,计量该金融资产和金融负债组合的公允价值。

企业按上述计量原则所计量金融资产和金融负债组合的公允价值的,应当同时满足下列条件。

(1)企业风险管理或投资策略的正式书面文件已载明,企业以特定市场风险或特定对手信用风险的净敞口为基础,管理金融资产和金融负债的组合。

(2)企业以特定市场风险或特定对手信用风险的净敞口为基础,向企业关键管理人员报告金融资产和金融负债组合的信息。

(3)企业在每个资产负债表日以公允价值计量组合中的金融资产和金融负债。

企业按上述规定计量金融资产和金融负债组合的公允价值的,该金融资产和金融负债面临的特定市场风险及其期限实质上应当相同。

39.11 公允价值披露

39.11.1 公允价值披露要求

企业应当根据相关资产或负债的性质、特征、风险以及公允价值计量的层次对该资产或负债进行恰当分组,并按照组别披露公允价值计量的相关信息。为确定资产和负债的组别,企业通常应当对资产负债表列报项目做进一步分解。企业应当披露各组别与报表列报项目之间的调节信息。

企业应当区分持续的公允价值计量和非持续的公允价值计量。持续的公允价值计量是指其他相关会计准则要求或者允许企业在每个资产负债表日持续以公允价值进行的计量。非持续的公允价值计量是指其他相关会计准则要求或者允许企业在特定情况下的资产负债表中以公允价值进行的计量。

39.11.2 持续以公允价值计量的每组资产和负债的附注披露要求

在相关资产或负债初始确认后的每个资产负债表日，企业至少应当在附注中披露持续以公允价值计量的每组资产和负债的下列信息。

（1）其他相关会计准则要求或者允许企业在资产负债表日持续以公允价值计量的项目和金额。

（2）公允价值计量的层次。

（3）在各层次之间转换的金额和原因，以及确定各层次之间转换时点的政策。每一层次的转入与转出应当分别披露。

（4）对于第二层次的公允价值计量，企业应当披露使用的估值技术和输入值的描述性信息。当变更估值技术时，企业还应当披露这一变更以及变更的原因。

（5）对于第三层次的公允价值计量，企业应当披露使用的估值技术、输入值和估值流程的描述性信息。当变更估值技术时，企业还应当披露这一变更以及变更的原因。企业应当披露公允价值计量中使用的重要的、可合理取得的不可观察输入值的量化信息。

（6）对于第三层次的公允价值计量，企业应当披露期初余额与期末余额之间的调节信息，包括计入当期损益的已实现利得或损失总额，以及确认这些利得或损失时的损益项目；计入当期损益的未实现利得或损失总额，以及确认这些未实现利得或损失时的损益项目（如相关资产或负债的公允价值变动损益等）；计入当期其他综合收益的利得或损失总额，以及确认这些利得或损失时的其他综合收益项目；分别披露相关资产或负债购买、出售、发行及结算情况。

（7）对于第三层次的公允价值计量，当改变不可观察输入值的金额可能导致公允价值显著变化时，企业应当披露有关敏感性分析的描述性信息。这些输入值和使用的其他不可观察输入值之间具有相关关系的，企业应当描述这种相关关系及其影响，其中不可观察输入值至少包括上述第（5）要求披露的不可观察输入值。对于金融资产和金融负债，如果为反映合理、可能的其他假设而变更一个或多个不可观察输入值将导致公允价值的重大改变，企业还应当披露这一事实、变更的影响金额及其计算方法。

（8）当非金融资产的最佳用途与其当前用途不同时，企业应当披露这一事实及其原因。

39.11.3 非持续以公允价值计量的每组资产和负债的附注披露要求

在相关资产或负债初始确认后的资产负债表中，企业至少应当在附注中披露非持续以公允价值计量的每组资产和负债的下列信息。

（1）相关会计准则要求或者允许企业在特定情况下非持续以公允价值计量的项目和金

额，以及以公允价值计量的原因。

（2）价值计量的层次。

（3）针对第二层次的公允价值计量，企业应当披露使用的估值技术和输入值的描述性信息。当变更估值技术时，企业还应当披露这一变更以及变更的原因。

（4）针对第三层次的公允价值计量，企业应当披露使用的估值技术、输入值和估值流程的描述性信息。当变更估值技术时，企业还应当披露这一变更以及变更的原因。企业应当披露公允价值计量中使用的重要不可观察输入值的量化信息。

（5）当非金融资产的最佳用途与其当前用途不同时，企业应当披露这一事实及其原因。

第 40 章 合营安排

合营安排涉及要点如图 40-1 所示。

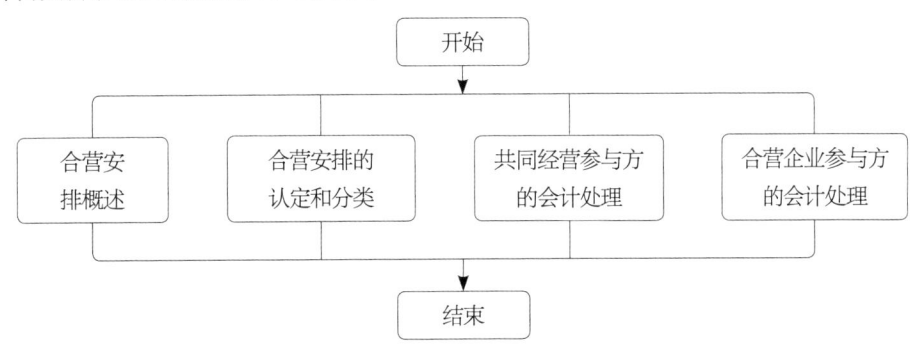

图 40-1 合营安排涉及要点

40.1 合营安排的概述

40.1.1 合营安排的定义

合营安排是指一项由两个或两个以上的参与方共同控制的安排。合营安排具有下列特征。

（1）各参与方均受到该安排的约束。

（2）两个或两个以上的参与方对该安排实施共同控制。任何一个参与方都不能够单独控制该安排，对该安排具有共同控制的任何一个参与方均能够阻止其他参与方或参与方组合单独控制该安排。

40.1.2 合营安排参与方

合营安排不要求所有参与方都对该安排实施共同控制。合营安排参与方既包括对合营安排享有共同控制的参与方（即合营方），也包括对合营安排不享有共同控制的参与方。

40.2 合营安排的认定和分类

40.2.1 合营安排的认定

根据合营安排的定义，合营安排的认定关键是判断各参与方间是否对某项安排有共同控制。

共同控制是指按照相关约定对某项安排所共有的控制，并且该安排的相关活动必须经过分享控制权的参与方一致同意后才能决策。相关活动是指对某项安排的回报产生重大影响的活动。某项安排的相关活动应当根据具体情况进行判断，通常包括商品或劳务的销售和购买、金融资产的管理、资产的购买和处置、研究与开发活动以及融资活动等。

如果所有参与方或一组参与方必须一致行动才能决定某项安排的相关活动，则称所有参与方或一组参与方集体控制该安排。在判断是否存在共同控制时，应当首先判断所有参与方或参与方组合是否集体控制该安排，其次判断该安排相关活动的决策是否必须经过这些集体控制该安排的参与方一致同意。

如果存在两个或两个以上的参与方组合能够集体控制某项安排的，不构成共同控制。仅享有保护性权利的参与方不享有共同控制。

【例40-1】A、B、C、D 4个公司持有甲公司股份，持股比例分别是30%、30%、5%、3%，持股合约显示A公司和B公司对甲公司进行合营安排，类别为共同经营。现在甲公司在决策是否进行新产品的研制和开发。A公司和B公司对甲公司共同享有安排相关资产并承担相关负债的合营安排，且任何一方不能独立进行安排，安排确定后其他参与方也需遵从此安排。

40.2.2 合营安排的分类

合营安排分为共同经营和合营企业。共同经营是指合营方享有该安排相关资产且承担该安排相关负债的合营安排。合营企业是指合营方仅对该安排的净资产享有权利的合营安排。合营方应当根据其在合营安排中享有的权利和承担的义务确定合营安排的分类。对权利和义务进行评价时应当考虑该安排的结构、法律形式以及合同条款等因素。

未通过单独主体达成的合营安排，应当划分为共同经营。单独主体是指具有单独可辨认的财务架构的主体，包括单独的法人主体和不具备法人主体资格但法律认可的主体。

通过单独主体达成的合营安排，通常应当划分为合营企业。但有确凿证据表明满足下列任一条件并且符合相关法律法规规定的合营安排应当划分为共同经营。

（1）合营安排的法律形式表明，合营方对该安排中的相关资产和负债分别享有权利和承担义务。

（2）合营安排的合同条款约定，合营方对该安排中的相关资产和负债分别享有权利和承担义务。

（3）其他相关事实和情况表明，合营方对该安排中的相关资产和负债分别享有权利和承担义务，如合营方享有与合营安排相关的几乎所有产出，并且该安排中负债的清偿持续依赖于合营方的支持。

【例40-2】A、B两个公司对甲公司享有合营安排权利。该合营安排已通过单独主体达成，合营安排合同的相关条款中规定A、B两个公司对安排中的相关资产和负债分别享有权利和承担义务，则A、B公司对甲公司的合营安排是哪一类？

【分析】

通常情况下，通过单独主体达成的合营安排应当划分为合营企业。而此案例中，合营安排合同的相关条款中规定A、B两个公司对安排中的相关资产和负债分别享有权利和承担义务，此种情况下，应当将这类合营安排划分为共同经营。

40.3 共同经营参与方的会计处理

40.3.1 共同经营合营方利益份额的确定

合营方应当确认与其共同经营中利益份额相关的下列项目，并按照相关企业会计准则的规定进行会计处理。

（1）确认单独所持有的资产，以及按其份额确认共同持有的资产。

（2）确认单独所承担的负债，以及按其份额确认共同承担的负债。

（3）确认出售其享有的共同经营产出份额所产生的收入。

（4）按其份额确认共同经营因出售产出所产生的收入。

（5）确认单独所发生的费用，以及按其份额确认共同经营发生的费用。

40.3.2 共同经营投出或出售资产损益的确认

合营方向共同经营投出或出售资产等（该资产构成业务的除外），在该资产等由共同经营出售给第三方之前，应当仅确认因该交易产生的损益中归属于共同经营其他参与方的部分。投出或出售的资产发生符合《企业会计准则第 8 号——资产减值》等规定的资产减值损失的，合营方应当全额确认该损失。

40.3.3 共同经营购买资产损益中归属于共同经营其他参与方的部分确认

合营方自共同经营购买资产等（该资产构成业务的除外），在将该资产等出售给第三方之前，应当仅确认因该交易产生的损益中归属于共同经营其他参与方的部分。购入的资产发生符合《企业会计准则第 8 号——资产减值》等规定的资产减值损失的，合营方应当按其承担的份额确认该部分损失。

40.3.4 对共同经营不享有共同控制的参与方损益的确认

对共同经营不享有共同控制的参与方，如果享有该共同经营相关资产且承担该共同经营相关负债的，应当按照《企业会计准则第 40 号——合营安排》第十五条至第十七条的规定进行会计处理；否则，应当按照相关企业会计准则的规定进行会计处理。

40.4 合营企业参与方的会计处理

合营方应当按照《企业会计准则第 2 号——长期股权投资》的规定对合营企业的投资进行会计处理。对合营企业不享有共同控制的参与方应当根据其对该合营企业的影响程度进行会计处理。

（1）对该合营企业具有重大影响的，应当按照《企业会计准则第 2 号——长期股权投资》的规定进行会计处理。

（2）对该合营企业不具有重大影响的，应当按照《企业会计准则第 22 号——金融工具确认和计量》的规定进行会计处理。

第41章
在其他主体中权益的披露

在其他主体中权益的披露涉及要点如图41-1所示。

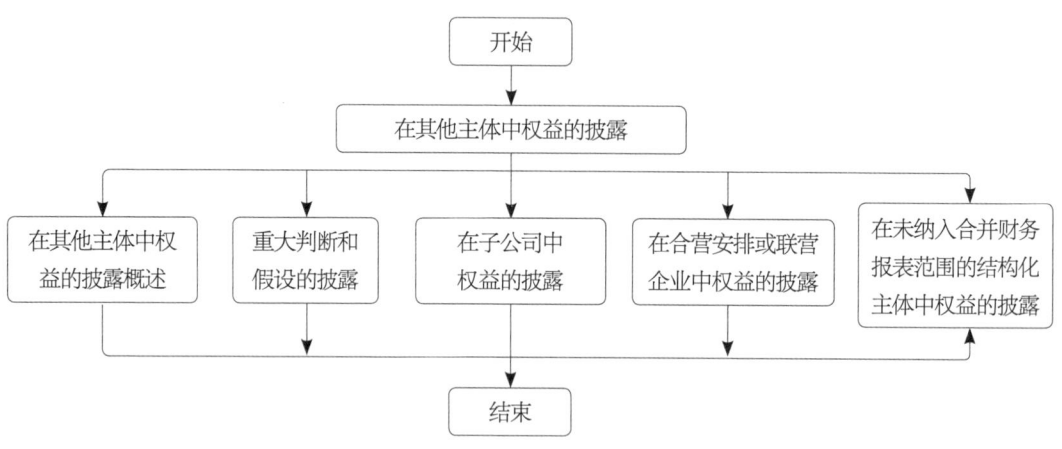

图41-1 在其他主体中权益的披露涉及要点

41.1 在其他主体中权益的披露概述

《企业会计准则第41号——在其他主体中权益的披露》中所指的在其他主体中的权益,是指通过合同或其他形式能够使企业参与其他主体的相关活动并因此享有可变回报的权益。参与方式包括持有其他主体的股权、债权,或向其他主体提供资金、流动性支持、信用增级和担保等。企业通过这些参与方式实现对其他主体的控制、共同控制或重大影响。其他主体包括企业的子公司、合营安排(包括共同经营和合营企业)、联营企业以及未纳入合并财务报表范围的结构化主体等。结构化主体是指在确定其控制方时没有将表决权或类似权利作为决定因素而设计的主体。

《企业会计准则第41号——在其他主体中权益的披露》适用于企业在子公司、合营安排、联营企业和未纳入合并财务报表范围的结构化主体中权益的披露;企业同时提供合并财务报表和母公司个别财务报表的,应当在合并财务报表附注中披露本准则要求的信息,不需要在母公司个别财务报表附注中重复披露相关信息。

41.2 重大判断和假设的披露

企业应当披露对其他主体实施控制、共同控制或重大影响的重大判断和假设,以及这些判断和假设变更的情况,包括但不限于下列各项。

(1)企业持有其他主体半数或以下的表决权但仍控制该主体的判断和假设,或者持有其他主体半数以上的表决权但并不控制该主体的判断和假设。

（2）企业持有其他主体 20% 以下的表决权但对该主体具有重大影响的判断和假设，或者持有其他主体 20% 或以上的表决权但对该主体不具有重大影响的判断和假设。

（3）企业通过单独主体达成合营安排的，确定该合营安排是共同经营还是合营企业的判断和假设。

（4）确定企业是代理人还是委托人的判断和假设。

企业应当披露按照《企业会计准则第 33 号——合并财务报表》被确定为投资性主体的重大判断和假设，以及虽然不符合《企业会计准则第 33 号——合并财务报表》有关投资性主体的一项或多项特征但仍被确定为投资性主体的原因。企业（母公司）由非投资性主体转变为投资性主体的，应当披露该变化及其原因，并披露该变化对财务报表的影响，包括对变化当日不再纳入合并财务报表范围子公司的投资的公允价值、按照公允价值重新计量产生的利得或损失以及相应的列报项目。企业（母公司）由投资性主体转变为非投资性主体的，应当披露该变化及其原因。

41.3　在子公司中权益的披露

41.3.1　在合并财务报表附注中的披露一般要求

企业应当在合并财务报表附注中披露企业集团的构成，包括子公司的名称、主要经营地及注册地、业务性质、企业的持股比例（或类似权益比例，下同）等。

子公司少数股东持有的权益对企业集团重要的，企业还应当在合并财务报表附注中披露下列信息。

（1）子公司少数股东的持股比例。子公司少数股东的持股比例不同于其持有的表决权比例的，企业还应当披露该表决权比例。

（2）当期归属于子公司少数股东的损益以及向少数股东支付的股利。

（3）子公司在当期期末累计的少数股东权益余额。

（4）子公司的主要财务信息。

41.3.2　使用企业集团资产和清偿企业集团债务存在重大限制的企业的附注披露要求

使用企业集团资产和清偿企业集团债务存在重大限制的，企业应当在合并财务报表附注中披露下列信息。

（1）该限制的内容，包括对母公司或其子公司与企业集团内其他主体相互转移现金或其他资产的限制，以及对企业集团内主体之间发放股利或进行利润分配、发放或收回贷款或垫款等的限制。

（2）子公司少数股东享有保护性权利、并且该保护性权利对企业使用企业集团资产或清偿企业集团负债的能力存在重大限制的，该限制的性质和程度。

（3）该限制涉及的资产和负债在合并财务报表中的金额。

41.3.3　存在纳入合并财务报表范围的结构化主体的企业的附注披露要求

企业存在纳入合并财务报表范围的结构化主体的,应当在合并财务报表附注中披露下列信息。

（1）合同约定企业或其子公司向该结构化主体提供财务支持的,应当披露提供财务支持的合同条款,包括可能导致企业承担损失的事项或情况。

（2）在没有合同约定的情况下,企业或其子公司当期向该结构化主体提供了财务支持或其他支持,应当披露所提供支持的类型、金额及原因,包括帮助该结构化主体获得财务支持的情况。企业或其子公司当期对以前未纳入合并财务报表范围的结构化主体提供了财务支持或其他支持并且该支持导致企业控制了该结构化主体的,还应当披露决定提供支持的相关因素。

（3）企业存在向该结构化主体提供财务支持或其他支持的意图的,应当披露该意图,包括帮助该结构化主体获得财务支持的意图。

41.3.4　对子公司所有者权益所拥有份额发生变化时企业的附注披露要求

企业在其子公司所有者权益份额发生变化且该变化未导致企业丧失对子公司控制权的,应当在合并财务报表附注中披露该变化对本企业所有者权益的影响。企业丧失对子公司控制权的,应当在合并财务报表附注中披露按照《企业会计准则第33号——合并财务报表》计算的下列信息。

（1）由于丧失控制权而产生的利得或损失以及相应的列报项目。

（2）剩余股权在丧失控制权日按照公允价值重新计量而产生的利得或损失。

41.3.5　作为投资性主体的企业对未纳入合并报表的投资企业的一般披露要求

企业是投资性主体且存在未纳入合并财务报表范围的子公司、并对该子公司权益按照公允价值计量且其变动计入当期损益的,应当在财务报表附注中对该情况予以说明。同时,对于未纳入合并财务报表范围的子公司,企业应当披露下列信息。

（1）子公司的名称、主要经营地及注册地。

（2）企业对子公司的持股比例。持股比例不同于企业持有的表决权比例的,企业还应当披露该表决权比例。企业的子公司也是投资性主体且该子公司存在未纳入合并财务报表范围的下属子公司的,企业应当按照上述要求披露该下属子公司的相关信息。

41.3.6　作为投资性主体的企业对未纳入合并报表的投资企业的风险披露要求

企业是投资性主体的,对其在未纳入合并财务报表范围的子公司中的权益,应当披露与该权益相关的风险信息,具体如下。

（1）该未纳入合并财务报表范围的子公司以发放现金股利、归还贷款或垫款等形式向企业转移资金的能力存在重大限制的,企业应当披露该限制的性质和程度。

（2）企业存在向未纳入合并财务报表范围的子公司提供财务支持或其他支持的承诺或意图的,企业应当披露该承诺或意图,包括帮助该子公司获得财务支持的承诺或意图。在没有合同约定的情况下,企业或其子公司当期向未纳入合并财务报表范围的子公司提供财务支持或其他支持的，企业应当披露提供支持的类型、金额及原因。

（3）合同约定企业或其未纳入合并财务报表范围的子公司向未纳入合并财务报表范围、但受企业控制的结构化主体提供财务支持的，企业应当披露相关合同条款，以及可能导致企业承担损失的事项或情况。在没有合同约定的情况下，企业或其未纳入合并财务报表范围的子公司当期向原先不受企业控制且未纳入合并财务报表范围的结构化主体提供财务支持或其他支持，并且所提供的支持导致企业控制该结构化主体的，企业应当披露决定提供上述支持的相关因素。

41.4　在合营安排或联营企业中权益的披露

41.4.1　存在重要的合营安排或联营企业的企业应当披露的信息

存在重要的合营安排或联营企业的，企业应当披露下列信息。

（1）合营安排或联营企业的名称、主要经营地及注册地。

（2）企业与合营安排或联营企业的关系的性质，包括合营安排或联营企业活动的性质，以及合营安排或联营企业对企业活动是否具有战略性等。

（3）企业的持股比例。持股比例不同于企业持有的表决权比例的，企业还应当披露该表决权比例。

41.4.2　重要的合营企业或联营企业补充信息披露

对于重要的合营企业或联营企业，企业除了应当按照《企业会计准则第41号——在其他主体中权益的披露》第十四条披露相关信息外，还应当披露对合营企业或联营企业投资的会计处理方法，从合营企业或联营企业收到的股利，以及合营企业或联营企业在其自身财务报表中的主要财务信息。

企业对上述合营企业或联营企业投资采用权益法进行会计处理的，上述主要财务信息应当是按照权益法对合营企业或联营企业相关财务信息调整后的金额；同时，企业应当披露将上述主要财务信息按照权益法调整至企业对合营企业或联营企业投资账面价值的调节过程。企业对上述合营企业或联营企业投资采用权益法进行会计处理但该投资存在公开报价的，还应当披露其公允价值。

41.4.3　企业在单个合营企业或联营企业中的权益不重要时的信息披露

企业在单个合营企业或联营企业中的权益不重要的，应当分别就合营企业和联营企业两类披露下列信息。

（1）按照权益法进行会计处理的对合营企业或联营企业投资的账面价值合计数。

（2）对合营企业或联营企业的净利润、终止经营的净利润、其他综合收益、综合收益等项目，企业按照其持股比例计算的金额的合计数。

41.4.4　限制性信息披露

合营企业或联营企业以发放现金股利、归还贷款或垫款等形式向企业转移资金的能力存在重大限制的，企业应当披露该限制的性质和程度。

41.4.5 超额亏损的份额确认

企业对合营企业或联营企业投资采用权益法进行会计处理，被投资方发生超额亏损且投资方不再确认其应分担合营企业或联营企业损失份额的，应当披露未确认的合营企业或联营企业损失份额，包括当期份额和累积份额。

41.4.6 未确认承诺及或有负债的披露

企业应当单独披露与其对合营企业投资相关的未确认承诺，以及与其对合营企业或联营企业投资相关的或有负债。

41.5 在未纳入合并财务报表范围的结构化主体中权益的披露

41.5.1 对于未纳入合并财务报表范围的结构化主体的信息的披露

对于未纳入合并财务报表范围的结构化主体，企业应当披露下列信息。

（1）未纳入合并财务报表范围的结构化主体的性质、目的、规模、活动及融资方式。

（2）在财务报表中确认的与企业在未纳入合并财务报表范围的结构化主体中权益相关的资产和负债的账面价值及其在资产负债表中的列报项目。

（3）在未纳入合并财务报表范围的结构化主体中权益的最大损失敞口及其确定方法。企业不能量化最大损失敞口的，应当披露这一事实及其原因。

（4）在财务报表中确认的与企业在未纳入合并财务报表范围的结构化主体中权益相关的资产和负债的账面价值与其最大损失敞口的比较。

企业发起设立未纳入合并财务报表范围的结构化主体，但资产负债表日在该结构化主体中没有权益的，企业不需要披露上述（2）至（4）项要求的信息，但应当披露企业作为该结构化主体发起人的认定依据，并分类披露企业当期从该结构化主体获得的收益、收益类型，以及转移至该结构化主体的所有资产在转移时的账面价值。

41.5.2 披露对未纳入合并财务报表范围的结构化主体提供财务支持或其他支持的意图

企业应当披露其向未纳入合并财务报表范围的结构化主体提供财务支持或其他支持的意图，包括帮助该结构化主体获得财务支持的意图。在没有合同约定的情况下，企业当期向结构化主体（包括企业前期或当期持有权益的结构化主体）提供财务支持或其他支持的，还应当披露提供支持的类型、金额及原因，包括帮助该结构化主体获得财务支持的情况。

41.5.3 企业是投资性主体的，对受其控制但未纳入合并财务报表范围的结构化主体的处理

企业是投资性主体的，对受其控制但未纳入合并财务报表范围的结构化主体，应当按照相应规定进行披露，不需要按照本章规定进行披露。

第 42 章
持有待售的非流动资产、处置组和终止经营

持有待售类的会计处理流程如图 42-1 所示。

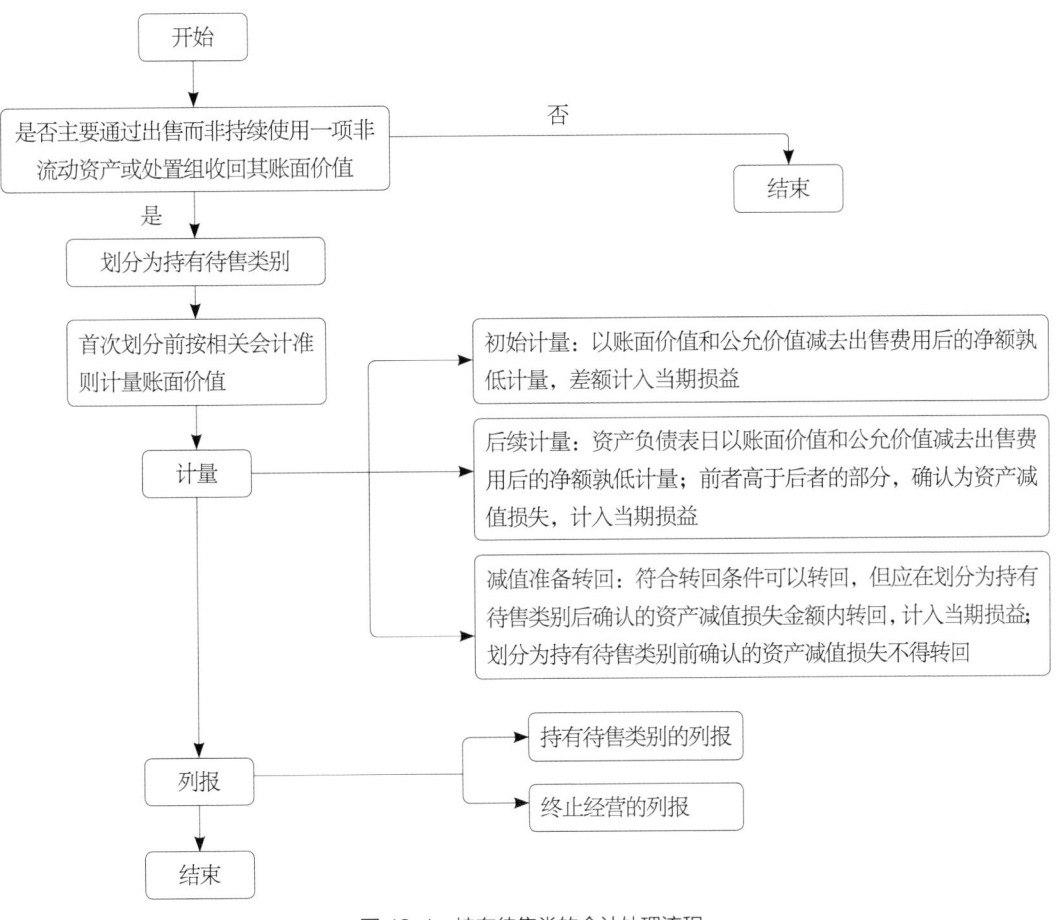

图 42-1 持有待售类的会计处理流程

42.1 概述

1. 持有待售准则的适用范围

《企业会计准则第 42 号——持有待售的非流动资产、处置组和终止经营》（简称"持有待售准则"或"本准则"）适用于所有非流动资产和处置组。持有待售准则的计量规定适用于所有非流动资产，但下列各项的计量适用其他相关会计准则，如表 42-1 所示。

表 42-1　不适用持有待售准则的非流动资产

非流动资产项目	适用准则
采用公允价值模式进行后续计量的投资性房地产	《企业会计准则第 3 号——投资性房地产》
采用公允价值减去出售费用后的净额计量的生物资产	《企业会计准则第 5 号——生物资产》
职工薪酬形成的资产	《企业会计准则第 9 号——职工薪酬》
递延所得税资产	《企业会计准则第 18 号——所得税》
由金融工具相关会计准则规范的金融资产	适用金融工具相关会计准则
由保险合同相关会计准则规范的保险合同所产生的权利	适用保险合同相关会计准则

如表 42-1 所示，采用公允价值模式进行后续计量的投资性房地产，适用《企业会计准则第 3 号——投资性房地产》；采用公允价值减去出售费用后的净额计量的生物资产，适用《企业会计准则第 5 号——生物资产》；职工薪酬形成的资产，适用《企业会计准则第 9 号——职工薪酬》；递延所得税资产，适用《企业会计准则第 18 号——所得税》；由金融工具相关会计准则规范的金融资产，适用金融工具相关会计准则；由保险合同相关会计准则规范的保险合同所产生的权利，适用保险合同相关会计准则。

处置组包含适用本准则（本准则在本章特指"持有待售准则"）计量规定的非流动资产的，本准则的计量规定适用于整个处置组。处置组中负债的计量适用相关会计准则。

2. 持有待售准则的基本内容与结构

《企业会计准则第 42 号——持有待售的非流动资产、处置组和终止经营》由总则、持有待售的非流动资产或处置组的分类、持有待售的非流动资产或处置组的计量、列报和附则五章，共三十三条内容组成。

第一章《总则》，第一条至第四条，说明了制定该准则的目的、准则的适用范围，处置组的定义及终止经营应满足的条件。

第二章《持有待售的非流动资产或处置组的分类》，第五条至第十一条，规范了持有待售的非流动资产和处置组的分类。

第三章《持有待售的非流动资产或处置组的计量》，第十二条至第二十二条，规范了持有待售的非流动资产和处置组的计量。

第四章《列报》，第二十三条至第三十二条，规范了持有待售的非流动资产和处置组的列报，以及终止经营的列报。

第五章《附则》，第三十三条，规定准则开始施行的时间。明确对于本准则施行日存在的持有待售的非流动资产、处置组和终止经营，应当采用未来适用法处理。

42.2　持有待售的非流动资产或处置组的定义与分类

42.2.1　持有待售类别的定义

首先，《企业会计准则第 42 号——持有待售的非流动资产、处置组和终止经营》的分类和列报规定适用于所有非流动资产和处置组。

非流动资产是流动资产以外的资产。按照《企业会计准则第 30 号——财务报表列报》的规定，流动资产是指满足下列条件之一的资产：（1）预计在一个正常营业周期中变现、出售或耗用；（2）主要为交易目的而持有；（3）预计在资产负债表日起一年内变现；（4）自资产负债表日起一年内，交换其他资产或清偿负债的能力不受限制的现金或现金等价物。

处置组，是指在一项交易中作为整体通过出售或其他方式一并处置的一组资产，以及在该交易中转让的与这些资产直接相关的负债。处置组中可能包含企业的任何资产和负债，如流动资产、流动负债、适用本准则计量规定的固定资产、无形资产等非流动资产、不适用本准则计量规定的采用公允价值模式进行后续计量的投资性房地产、采用公允价值减去出售费用后的净额计量的生物资产、金融工具等非流动资产，以及非流动负债。按照《企业会计准则第 8 号——资产减值》的规定，企业合并中取得的商誉应当按照合理的方法分摊至相关的资产组或资产组组合，如果处置组即为该资产组或者包括在该资产组或资产组组合中，处置组也应当包含分摊的商誉。

按照《企业会计准则第 8 号——资产减值》的规定，资产组是指企业可以认定的最小资产组合，其产生的现金流入应当基本上独立于其他资产或者资产组产生的现金流入。处置组可能是一组资产组组合、一个资产组或某个资产组的一部分。如果企业在决定对某处置组进行处置前，该处置组的相关资产或负债本属于某资产组的一部分，在作为处置组后，由于该处置组将主要通过出售而非持续使用产生现金流入，对原资产组内其他资产产生现金流入的依赖减小，此时该处置组重新成为可以认定的最小资产组合，应当作为单独的资产组看待。

企业主要通过出售而非持续使用一项非流动资产或处置组收回其账面价值的，应当将其划分为持有待售类别。根据这一原则判断，企业不应当因持有待售的非流动资产或处置组仍在产生零星收入而不将其划分为持有待售类别。因为在这种情况下，通过该资产或处置组的使用收回的价值相对于通过出售收回的价值是微不足道的，资产的账面价值仍然主要通过出售收回。

【提示】企业因技术进步、经济环境发生变化等原因而关停子公司，或者因已接近可使用寿命而报废某机器设备时，由于其账面价值并非主要通过出售而回收的，不应划分为持有待售类别。

42.2.2 持有待售类别的划分条件

本准则沿用了现行准则规定对持有待售类别的划分条件，非流动资产或处置组划分为持有待售类别，应当同时满足两个条件：一是在当前状况下，仅根据出售此类资产或处置组的惯常条款，即可立即出售；二是出售极可能发生，即企业已经就一项出售计划做出决议且获得确定的购买承诺，预计出售将在一年内完成。如果该出售计划需要得到股东或者监管部门批准，应当已经取得批准。相关判断条件如图 42-2 所示。

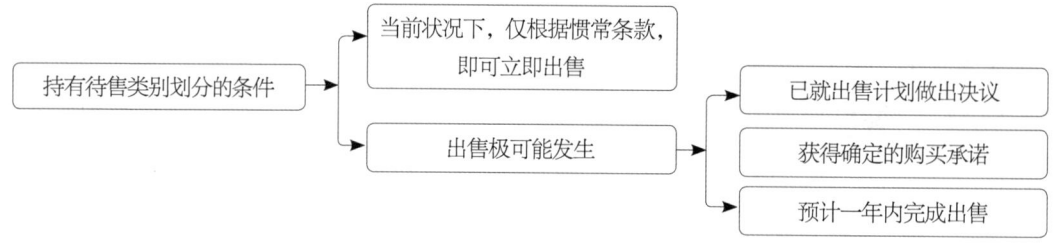

图 42-2 持有待售类别划分的条件

确定的购买承诺，是指企业与其他方签订的具有法律约束力的购买协议，该协议包含交易价格、时间和足够严厉的违约惩罚等重要条款，使协议出现重大调整或者撤销的可能性极小。

（一）可立即出售

根据类似交易中出售此类资产或处置组的惯例，在当前状况下即可立即出售。为满足该条件，企业应当具有在当前状态下出售该非流动资产或处置组的意图和能力。为了符合类似交易中出售此类资产或处置组的惯例，企业应当在出售前做好相关准备。例如，按照惯例允许买方在报价和签署合同前对资产进行尽职调查等。

需要特别指出的是，上文所述"出售"包括具有商业实质的非货币性资产交换。如果企业以非货币性资产交换形式换出非流动资产或处置组，且该交易具有商业实质，那么企业应当考虑相关非流动资产或处置组是否符合划分为持有待售类别的条件。同样地，如果企业以非流动资产或处置组作为换出资产进行债务重组，也可能符合划分为持有待售类别的条件。

【例42-1】 G企业在X市区繁华地段拥有一栋办公大楼，其主要业务部门均在该大楼内办公。由于发展战略发生改变，G企业计划整体搬迁至Y市。G企业与H企业签订了办公大楼转让合同，附带约定条款。

情形一：G企业将在腾空办公大楼后将该楼交付给H企业，且腾空办公大楼所需时间是正常且符合交易惯例的。

情形二：G企业将在Y市兴建的新办公大楼竣工并装修完成前继续使用现有办公大楼，竣工并装修完成后将X市大楼交付H企业。

【分析】

情形一，在出售建筑物前将其腾空属于出售此类资产的惯例，且腾空只占用常规所需时间。因此，即使G企业的办公大楼当前尚未腾空，并不影响其满足在当前状况下即可立即出售的条件。

情形二，"在Y市兴建的新办公大楼竣工并装修完成前继续使用现有办公大楼"的条件不属于类似交易中出售此类资产的惯例，使办公大楼在当前状况下不能立即出售，在新大楼竣工并装修完成前G企业虽然已取得确定的购买承诺，办公大楼仍然不符合持有待售类别的划分条件。

【例42-2】 由于F企业经营范围发生改变，F企业计划将生产D产品的全套生产线出售，F企业尚有一批积压的未完成客户订单。情形一：F企业决定在出售生产线的同时，将尚未完成的客户订单一并移交给买方。情形二：F企业决定在完成所积压的客户订单后再将生产线转让给买方。

【分析】

情形一，由于在出售日移交未完成客户订单不会影响对该生产线的转让时间，可以认为该生产线符合在当前状况下即可立即出售的条件。

情形二，由于生产线在完成积压订单后方可出售，在完成所有积压的客户订单前，该生产线在当前状态下不能立即出售，不符合划分为持有待售类别的条件。

（二）出售极可能发生

本准则规定，出售极可能发生，即企业已经就一项出售计划做出决议且获得确定的购买承诺，预计出售将在一年内完成。有关规定要求企业相关权力机构或者监管部门批准后方可出售的，应当已经获得批准。具体来说，"出售极可能发生"应当包含以下几层含义：一是企业出售非流动资产或处置组的决议一般需要由企业相应级别的管理层做出，如果有关规定要求企业相关权力机构或者监管部门批准后方可出售，应当已经获得批准；二是企业已经获得确定的购买承诺，确定的购买承诺是企业与其他方签订的具有法律约束力的购买协议，该协议包含交易价格、时间和足够严厉的违约惩罚等重要条款，使协议出现重大调整或者撤销的可能性极小；三是预计自划分为持有待售类别起一年内，出售交易能够完成。

非流动资产或处置组划分为持有待分配给所有者类别，应当同时满足下列条件：（1）在当前状况下即可立即分配；（2）分配很可能发生，即企业已经开展与分配相关的工作，分配出现重大调整或撤销的可能性极小，预计分配将在一年内完成。有关规定要求企业相关权力机构或者监管部门批准后方可分配的，应当已经获得批准。

【提示】需要注意的是，企业应与其他方签订具有法律约束力的购买协议，且协议出现重大调整或者撤销的可能性极小，才属于确定的购买承诺。除满足其他条件外，企业必须在获得确定的购买承诺后才能将相关的非流动资产或处置组划分为持有待售类别。这一要求与现行准则中持有待售的划分标准是一致的，但是比国际财务报告准则更为严格，便于实务中严格执行，并防范利润操纵的情况。

因企业无法控制的下列原因之一，导致非关联方之间的交易未能在一年内完成，且有充分证据表明企业仍然承诺出售非流动资产或处置组的，企业应当继续将非流动资产或处置组划分为持有待售类别。

（1）意外设定条件：买方或其他方意外设定导致出售延期的条件，企业针对这些条件已经及时采取行动，且预计能够自设定导致出售延期的条件起一年内顺利化解延期因素；即企业在初始对非流动资产或处置组进行分类时，能够满足划分为持有待售类别的所有条件，但此后买方或其他方提出一些意料之外的条件，且企业已经采取措施加以应对，预计能够自设定这些条件起一年内满足条件并完成出售，那么即使出售无法在最初一年内完成，企业仍然可以维持原持有待售类别的分类。

【例42-3】E企业计划将整套钢铁生产厂房和设备出售给F企业。E企业和F企业不存在关联方关系。双方已于2×17年9月16日签订了转让合同。因该厂区的污水排放系统存在缺陷，对周边环境造成污染。

情形一：E企业不知晓土地污染情况，2×17年11月6日，F企业在对生产厂房和设备进行检查过程中发现污染，并要求E企业进行补救。E企业立即着手采取措施，预计至2×18年10月底环境污染问题能够得到成功整治。

情形二：E企业知晓土地污染情况，在转让合同中附带条款，承诺将自2×17年10月1日起开展污染清除工作，清除工作预计将持续8个月。

情形三：E企业知晓土地污染情况，在协议中标明E企业不承担清除污染义务，并在确定转让价格时考虑了该污染因素，预计转让将于9个月内完成。

【分析】

情形一，在签订转让合同前，买卖双方并不知晓影响交易进度的环境污染问题，属于符合延长一年期限的例外事项，在2×17年11月6日发现延期事项后，E企业预计将在一年内消除延期因素，因此，仍然可以将处置组划分为持有待售类别。

情形二，虽然买卖双方已经签订协议，但在污染得到整治前，该处置组在当前状态下不可立即出售，不符合划分为持有待售类别的条件。

情形三，由于卖方不承担清除污染义务，转让价格已将污染因素考虑在内，该处置组于协议签署日即符合划分为持有待售类别的条件。

（2）发生罕见情况：因发生罕见情况，导致持有待售的非流动资产或处置组未能在一年内完成出售，企业在最初一年内已经针对这些新情况采取必要措施且重新满足了持有待售类别的划分条件。即非流动资产或处置组在初始分类时满足了持有待售类别的所有条件，但在最初一年内，出现罕见情况导致出售将被延迟至一年之后。如果企业针对这些新情况在最初一年内已经采取必要措施，而且该非流动资产或处置组重新满足了持有待售类别的划分条件，也就是在当前状况下可立即出售且出售极可能发生，那么即使原定的出售计划无法在最初一年内完成，企业仍然可以维持原持有待售类别的分类。这里的"罕见情况"主要指因不可抗力引发的情况、宏观经济形势发生急剧变化等不可控情况。

【例42-4】A企业拟将一栋原自用的写字楼转让，于2×07年12月6日与B企业签订了房产转让协议，预计将于10个月内完成转让。假定该写字楼于签订协议当日符合划分为持有待售类别的条件。2×08年发生全球金融危机，市场状况迅速恶化，房地产价格大跌，B企业认为原协议价格过高，决定放弃购买，并于2×08年9月21日按照协议约定缴纳了违约金。A企业决定在考虑市场状况变化的基础上降低写字楼售价，并积极开展市场营销，于2×08年12月1日与C企业重新签订了房产转让协议，预计将于9个月内完成转让，A企业和B企业不存在关联方关系。

【分析】

A企业与B企业之间的房产转让交易未能在一年内完成，原因是发生市场恶化、买方违约的罕见事件。在将写字楼划分为持有待售类别的最初一年内，A企业已经重新签署转让协议，并预计将在2×08年12月1日开始的一年内完成，使写字楼重新符合了持有待售类别的划分条件。因此，A企业仍然可以将该资产继续划分为持有待售类别。

上条允许在特殊情况下，放松"出售将在一年内完成"的要求，更符合实务中经济业务的实际情况。

某些特定持有待售类别分类的具体应用如下。

（1）专为转售而取得的非流动资产或处置组。

对于企业专为转售而新取得的非流动资产或处置组，如果在取得日满足"预计出售将在一年内完成"的规定条件，且短期（通常为三个月）内很可能满足划分为持有待售类别的其他条件，企业应当在取得日将其划分为持有待售类别。这些"其他条件"包括：根据类似交易中出售此类资产或处置组的惯例，在当前状况下即可立即出售；企业已经就一项出售计划做出决议且获得确定的购买承诺。有关规定要求企业相关权力机构或者监管部门批准后方可出售的，应当已经获得批准。

（2）持有待售的长期股权投资。

有些情况下，企业出售对子公司投资但并不丧失对其的控制权，企业不应当将拟出售的部分对子公司投资或对子公司投资整体划分为持有待售类别。

有些情况下，企业因出售对子公司的投资等原因导致其丧失对子公司的控制权，出售后企业可能保留对原子公司的部分权益性投资，也可能丧失全部权益。企业应当在拟出售的部分对子公司投资满足持有待售类别划分条件时，在母公司个别财务报表中将对子公司投资整体划分为持有待售类别，而不是仅将拟处置的部分投资划分为持有待售类别；在合并财务报表中将子公司所有资产和负债划分为持有待售类别，而不是仅将拟处置的部分投资对应的资产和负债划分为持有待售类别。但是，无论对子公司的投资是否划分为持有待售类别，企业始终应当按照《企业会计准则第33号——合并财务报表》的规定确定合并范围、编制合并财务报表。

企业出售对子公司投资后保留的部分权益性投资，应当区分以下情况处理：① 如果企业对被投资单位施加共同控制或重大影响，在编制母公司个别财务报表时，应当按照《企业会计准则第2号——长期股权投资》有关成本法转权益法的规定进行会计处理，在编制合并财务报表时，应当按照《企业会计准则第33号——合并财务报表》的有关规定进行会计处理；② 如果企业对被投资单位不具有控制、共同控制或重大影响，在编制母公司个别财务报表时，应当按照《企业会计准则第22号——金融工具确认和计量》进行会计处理，在编制合并财务报表时，应当按照《企业会计准则第33号——合并财务报表》的有关规定进行会计处理。

按照《企业会计准则第2号——长期股权投资》规定，对联营企业或合营企业的权益性投资全部或部分分类为持有待售资产的，应当停止权益法核算；对于未划分为持有待售类别的剩余权益性投资，应当在划分为持有待售的那部分权益性投资出售前继续采用权益法进行会计处理。原权益法核算的相关其他综合收益等应当在持有待售资产终止确认时，按照《企业会计准则第2号——长期股权投资》有关处置长期股权投资的规定进行会计处理。

【例42-5】 G企业集团拟出售持有的部分长期股权投资。

情形一：G企业集团拥有子公司100%的股权，拟出售全部股权。

情形二：G企业集团拥有子公司100%的股权，拟出售55%的股权，出售后将丧失对子公司的控制权,但对其具有重大影响。

情形三:G 企业集团拥有子公司 100%的股权,拟出售 25%的股权,出售后仍然拥有对子公司的控制权。

情形四:G 企业集团拥有子公司 55%的股权,拟出售 6%的股权,出售后将丧失对子公司的控制权,但对其具有重大影响。

情形五:G 企业集团拥有联营企业 35%的股权,拟出售 30%的股权,G 持有剩余的 5%股权,且对被投资方不具有重大影响。

情形六:G 企业集团拥有合营企业 50%的股权,拟出售 35%的股权,G 持有剩余的 15%股权,且对被投资方不具有共同控制或重大影响。

【分析】

情形一,G 企业集团应当在母公司个别财务报表中将拥有的子公司全部股权对应的长期股权投资划分为持有待售类别,在合并财务报表中将子公司所有资产和负债划分为持有待售类别。

情形二,G 企业集团应当在母公司个别财务报表中将拥有的子公司全部股权对应的长期股权投资划分为持有待售类别,在合并财务报表中将子公司所有资产和负债划分为持有待售类别。

情形三,G 企业集团仍然拥有对子公司的控制权,该长期股权投资并不是"主要通过出售而非持续使用收回其账面价值"的,因此,不应当将拟处置的部分股权划分为持有待售类别。

情形四与情形二类似,G 企业集团应当在母公司个别财务报表中将拥有的子公司 55%的股权划分为持有待售类别,在合并财务报表中将子公司所有资产和负债划分为持有待售类别。

情形五,G 企业集团应当将拟出售的 30%股权划分为持有待售类别,不再按权益法核算,而按照本准则规定进行后续计量,剩余 5%的股权在前述 30%的股权处置前,应当继续采用权益法进行会计处理,在前述 30%的股权处置后,应当按照《企业会计准则第 22 号——金融工具确认和计量》有关规定进行会计处理。

情形六与情形五类似,G 企业集团应当将拟出售的 35%股权划分为持有待售类别,不再按权益法核算,而按照本准则规定进行后续计量,剩余 15%的股权在前述 35%的股权处置前,应当继续采用权益法进行会计处理,在前述 35%的股权处置后,应当按照《企业会计准则第 22 号——金融工具确认和计量》有关规定进行会计处理。

42.3 持有待售的非流动资产或处置组的计量

本准则对于取得日划分为持有待售类别的非流动资产或处置组的计量、持有待售类别的初始计量和后续计量等进行了细化规范。

42.3.1 取得日的计量

对于取得日划分为持有待售类别的非流动资产或处置组,企业应当在初始计量时比较假定其不划分为持有待售类别情况下的初始计量金额和公允价值减去出售费用后的净额,以两者孰低计量。除企业合并中取得的非流动资产或处置组外,由非流动资产或处置组以公允价值减去出售费用后的净额作为初始计量金额而产生的差额,应当计入当期损益。

42.3.2 持有待售类别的初始计量和后续计量

企业将非流动资产或处置组首次划分为持有待售类别前,应当按照相关会计准则规定计量非流动资产或处置组中各项资产和负债的账面价值。例如,按照《企业会计准则第4号——固定资产》的规定,对固定资产计提折旧;按照《企业会计准则第6号——无形资产》的规定,对无形资产进行摊销。按照《企业会计准则第8号——资产减值》的规定,企业应当判断资产是否存在可能发生减值的迹象,如果资产已经或者将被闲置、终止使用或者计划提前处置,表明资产可能发生了减值。对于拟出售的非流动资产或处置组,企业应当在划分为持有待售类别前考虑进行减值测试。

【例42-6】A企业拥有一座仓库。该仓库的原价为120万元,年折旧额为12万元,截至2×16年12月31日已计提折旧60万元。2×17年1月31日,A企业与B企业签署不动产转让协议,拟在6个月内将该仓库转让,假定该不动产满足划分为持有待售类别的其他条件,且不动产价值未发生减值。

【分析】

2×17年1月31日,A企业应当将仓库资产划分为持有待售类别,并按照《企业会计准则第4号——固定资产》对该固定资产计提1月折旧1万元。2×17年1月31日,该仓库在划分为持有待售类别前的账面价值为59万元,此后不再计提折旧。

企业初始计量持有待售的非流动资产或处置组时,如果其账面价值低于其公允价值减去出售费用后的净额,企业不需要对账面价值进行调整;如果账面价值高于其公允价值减去出售费用后的净额,企业应当将账面价值减记至公允价值减去出售费用后的净额,减记的金额确认为资产减值损失,计入当期损益,同时计提持有待售资产减值准备,但不应当重复确认不适用本准则计量规定的资产和负债按照相关准则规定已经确认的损失。

企业应当按照《企业会计准则第39号——公允价值计量》的有关规定确定非流动资产或处置组的公允价值。具体来说,如果企业已经获得确定的购买承诺,应当参考交易价格确定持有待售的非流动资产或处置组的公允价值,交易价格应当考虑可变对价、非现金对价、应付客户对价等因素的影响。如果企业尚未获得确定的购买承诺,如对于专为转售而取得的非流动资产或处置组,企业应当对其公允价值做出估计,优先使用市场报价等可观察输入值。

出售费用是企业发生的可以直接归属于出售资产或处置组的增量费用,出售费用直接由出售引起,并且是企业进行出售所必需的,如果企业不出售资产或处置组,该费用将不会产生。出售费用包括为出售发生的特定法律服务、评估咨询等中介费用,也包括相关的消费税、城市维护建设税、土地增值税和印花税等,但不包括财务费用和所得税费用。有些情况下,公允价值减去出售费用后的净额可能为负值,持有待售的非流动资产或处置组中资产的账面价值应当以减记至零为限。是否需要确认相关预计负债,应当按照《企业会计准则第13号——

或有事项》的规定进行会计处理。

【例42-7】P企业拟将下属子公司Q公司出售给R企业，双方已签订了转让协议，预计将在5个月内完成转让，Q子公司满足划分为持有待售类别的条件。Q子公司与T银行之间存在未决诉讼，Q子公司可能败诉。由于不符合预计负债的确认条件，P企业仅在报表附注中披露了或有负债。转让协议约定，Q子公司的转让价格将根据最终判决结果做出调整。

【分析】

在合并报表中确定Q子公司的公允价值减去出售费用后的净额时，需要考虑尚未确认的或有负债的公允价值，Q子公司的账面价值未确认该项或有负债，因此，Q子公司的公允价值减去出售费用后的净额低于其账面价值，应当确认持有待售资产减值损失，计入当期损益。

对于取得日划分为持有待售类别的非流动资产或处置组，企业应当在初始计量时比较假定其不划分为持有待售类别情况下的初始计量金额和公允价值减去出售费用后的净额，以两者孰低计量。按照上述原则，在合并报表中，非同一控制下的企业合并中新取得的非流动资产或处置组划分为持有待售类别的，应当按照公允价值减去出售费用后的净额计量；同一控制下的企业合并中非流动资产或处置组划分为持有待售类别的，应当按照合并日在被合并方的账面价值与公允价值减去出售费用后的净额孰低计量。除企业合并中取得的非流动资产或处置组外，由以公允价值减去出售费用后的净额作为非流动资产或处置组初始计量金额而产生的差额，应当计入当期损益。

【例42-8】2×17年3月1日，L公司购入非关联的M公司的全部股权，支付价款1600万元。购入该股权之前，L公司的管理层已经做出决议，一旦购入M公司，将在一年内将其出售给N公司，M公司当前状况下即可立即出售。预计L公司还将为出售该子公司支付12万元的出售费用。L公司与N公司计划于2×17年3月31日签署股权转让合同。情形一：L公司与N公司初步议定股权转让价格为1620万元。情形二：L公司尚未与N公司议定转让价格，3月1日股权公允价值与支付价款1600万元一致。

情形一：M公司是专为转售而取得的子公司，其不划分为持有待售类别情况下的初始计量金额应当为1600万元，当日公允价值减去出售费用后的净额为1608万元，按照两者孰低计量。L公司2×17年3月1日的账务处理如下。

借：持有待售资产——长期股权投资　　　　　　　　　　　　16 000 000
　　贷：银行存款　　　　　　　　　　　　　　　　　　　　　　　16 000 000

情形二：M公司是专为转售而取得的子公司，其不划分为持有待售类别情况下的初始计量金额为1600万元，当日公允价值减去出售费用后的净额为1588万元，按照两者孰低计量。L公司2×17年3月1日的账务处理如下。

借：持有待售资产——长期股权投资　　　　　　　　　　　　15 880 000
　　资产减值损失　　　　　　　　　　　　　　　　　　　　　　　120 000
　　贷：银行存款　　　　　　　　　　　　　　　　　　　　　　　16 000 000

持有待分配给所有者的非流动资产或处置组发生的分配费用，是可以直接归属于分配资产或处置组的增量费用，但不包括财务费用和所得税费用。除此之外，持有待分配给所有者类别的计量要求与持有待售类别相类似。

后续计量的相关内容如下。

1. 持有待售的非流动资产的后续计量

企业在资产负债表日重新计量持有待售的非流动资产时，如果其账面价值高于公允价值减去出售费用后的净额，应当将账面价值减记至公允价值减去出售费用后的净额，减记的金额确认为资产减值损失，计入当期损益，同时计提持有待售资产减值准备。

如果后续资产负债表日持有待售的非流动资产公允价值减去出售费用后的净额增加，以前减记的金额应当予以恢复，并在划分为持有待售类别后非流动资产确认的资产减值损失金额内转回，转回金额计入当期损益，划分为持有待售类别前确认的资产减值损失不得转回。

持有待售的非流动资产不应计提折旧或摊销。

【例42-9】沿用【例42-8】，2×17年3月31日，L公司与N公司签订合同，转让所持有M公司的全部股权，转让价格为1607万元，L公司预计还将支付8万元的出售费用。

情形一：2×17年3月31日，L公司持有的M公司的股权公允价值减去出售费用后的净额为1599万元，账面价值为1600万元，以两者孰低计量。L公司2×17年3月31日的账务处理如下（单位：元）。

借：资产减值损失　　　　　　　　　　　　　　　　　　　10 000
　　贷：持有待售资产减值准备——长期股权投资　　　　　　　10 000

情形二：2×17年3月31日，L公司持有的M公司的股权公允价值减去出售费用后的净额为1599万元，账面价值为1588万元，以两者孰低计量。L公司不需要进行账务处理。

2. 持有待售的处置组的后续计量

企业在资产负债表日重新计量持有待售的处置组时，应当首先按照相关会计准则规定计量处置组中不适用本准则计量规定的资产和负债的账面价值，这些资产和负债可能包括采用公允价值模式进行后续计量的投资性房地产、采用公允价值减去出售费用后的净额计量的生物资产、金融工具等不适用本准则计量规定的非流动资产，也可能包括流动资产、流动负债和非流动负债。例如，处置组中的金融工具，应当按照《企业会计准则第22号——金融工具确认和计量》的规定计量。

在进行上述计量后，企业应当比较持有待售的处置组整体账面价值与公允价值减去出售费用后的净额，如果账面价值高于其公允价值减去出售费用后的净额，应当将账面价值减记至公允价值减去出售费用后的净额，减记的金额确认为资产减值损失，计入当期损益，同时计提持有待售资产减值准备，但不应当重复确认不适用本准则计量规定的资产和负债按照相关准则规定已经确认的损失。

对于持有待售的处置组确认的资产减值损失金额，如果该处置组包含商誉，应当先抵减商誉的账面价值，再根据处置组中适用本准则计量规定的各项非流动资产账面价值所占比重，按比例抵减其账面价值。确认的资产减值损失金额应当以适用本准则计量规定的各项资产的账面价值为限，不应分摊至处置组中不适用本准则计量规定的其他资产。

如果后续资产负债表日持有待售的处置组公允价值减去出售费用后的净额增加，以前减记的金额应当予以恢复,并在划分为持有待售类别后适用本准则计量规定的非流动资产确认的资产减值损失金额内转回,转回金额计入当期损益,且不应当重复确认不适用本准则计量规定的资产和负债按照相关准则规定已经确认的利得。已抵减的商誉账面价值,以及适用本准则计量规定的非流动资产在划分为持有待售类别前确认的资产减值损失不得转回。对于持有待售的处置组确认的资产减值损失后续转回金额,应当根据处置组中除商誉外适用本准则计量规定的各项非流动资产账面价值所占比重,按比例增加其账面价值。

【**例 42-10**】A 企业拥有一个销售门店。2×17 年 6 月 15 日,该门店的部分科目余额表如表 42-2 所示。

表 42-2　2×17 年 6 月 15 日门店调整前的部分科目余额表

单位:元

科目名称	借方余额	贷方余额
库存现金	310 000	
应收账款	270 000	
坏账准备		10 000
库存商品	300 000	
存货跌价准备		100 000
其他债权投资	380 000	
固定资产	1 100 000	
累计折旧		30 000
固定资产减值准备		15 000
无形资产	950 000	
累计摊销		14 000
无形资产减值准备		5 000
商誉	200 000	
应付账款		310 000
其他应付款		560 000
预计负债		250 000

当日,A 企业与 B 企业签订转让协议,将该门店资产和相关负债整体转让,但保留员工,假设该处置组不构成一项业务,转让初定价格为 1 900 000 元。转让协议同时约定,对于门店 2×17 年 6 月 10 日购买的一项分类为以公允价值计量且其变动计入其他综合收益的其他债权投资(其购入成本即为 380 000 元),转让价格以转让完成当日市场报价为准。假设该门店满足划分为持有待售类别的条件,但不符合终止经营的定义。

截至 2×17 年 6 月 15 日,固定资产还应当计提折旧 5 000 元,无形资产还应当计提摊销 1 000 元,固定资产和无形资产均用于管理用途。2×17 年 6 月 15 日,其他债权投资公允价值降至 360 000 元,固定资产可收回金额降至 1 020 000 元,其他资产、负债价值没有发生变化。

2×17年6月15日，该门店的公允价值为1 900 000元，A企业预计为转让门店还需支付律师和注册会计师专业咨询费共计70 000元。假设A企业不存在其他持有待售的非流动资产或处置组，不考虑税收影响。

2×17年6月30日，该门店尚未完成转让，A企业作为其他债权投资核算的债券投资市场报价上升至370 000元。假设其他资产、负债价值没有变化。B企业在对门店进行检查时发现一些资产轻微破损。A企业同意修理，预计修理费用为5 000元。A企业还将律师和注册会计师咨询费预计金额调整至40 000元。当日，门店处置组整体的公允价值为1 910 000元。

【分析】

（1）2×17年6月15日，A企业首次将该处置组划分为持有待售类别前，应当按照适用的会计准则计量各项资产和负债的账面价值，其账务处理如下。

借：管理费用　　　　　　　　　　　　　　　　　　　6 000
　　贷：累计折旧　　　　　　　　　　　　　　　　　　5 000
　　　　累计摊销　　　　　　　　　　　　　　　　　　1 000
借：其他综合收益　　　　　　　　　　　　　　　　　20 000
　　贷：其他债权投资　　　　　　　　　　　　　　　20 000
借：资产减值损失　　　　　　　　　　　　　　　　　30 000
　　贷：固定资产减值准备　　　　　　　　　　　　　30 000

经上述调整后，2×17年6月15日，该门店各资产和负债的账面价值见表42-3。

表42-3　2×17年6月15日门店资产和负债调整后的账面价值

单位：元

报表项目	账面价值
持有待售资产：	
库存现金	310 000
应收账款	260 000
库存商品	200 000
其他债权投资	360 000
固定资产	1 020 000
无形资产	930 000
商誉	200 000
持有待售资产小计	3 280 000
持有待售负债：	
应付账款	（310 000）
其他应付款	（560 000）
预计负债	（250 000）
持有待售负债小计	（1 120 000）
合计	2 160 000

（2）2×17年6月15日，A企业将该门店处置组划分为持有待售类别时，其账务处理如下。

借：持有待售资产——库存现金		310 000
——应收账款		270 000
——库存商品		300 000
——其他债权投资		360 000
——固定资产		1 020 000
——无形资产		930 000
——商誉		200 000
坏账准备		10 000
存货跌价准备		100 000
固定资产减值准备		45 000
累计折旧		35 000
累计摊销		15 000
无形资产减值准备		5 000
贷：持有待售资产减值准备——坏账准备		10 000
——存货跌价准备		100 000
库存现金		310 000
应收账款		270 000
库存商品		300 000
其他债权投资		360 000
固定资产		1 100 000
无形资产		950 000
商誉		200 000
借：应付账款		310 000
其他应付款		560 000
预计负债		250 000
贷：持有待售负债——应付账款		310 000
——其他应付款		560 000
——预计负债		250 000

（3）2×17年6月15日，由于该处置组的账面价值2 160 000元高于公允价值减去出售费用后的净额1 830 000（1 900 000-70 000）元，A企业应当以1 830 000元计量处置组，并计提持有待售资产减值准备330 000（2 160 000-1 830 000）元，计入当期损益。

持有待售资产的减值损失应当分配至适用本准则计量规定的非流动资产的账面价值。具体来说，应当先抵减处置组中商誉的账面价值200 000元，剩余金额130 000元再根据固定资产、无形资产账面价值所占比重，按比例抵减其账面价值。2×17年6月15日，各项资产和负债分摊持有待售资产减值损失及抵减减值损失后的账面价值见表42-4。

表42-4 2×17年6月15日门店资产和负债抵减减值损失后的账面价值

单位：元

报表项目	2×17年6月15日抵减减值损失前的账面价值	减值损失分摊	2×17年6月15日抵减减值损失后的账面价值
持有待售资产：			
库存现金	310 000		310 000
应收账款	260 000		260 000
库存商品	200 000		200 000
其他债权投资	360 000		360 000
固定资产	1 020 000	-68 000*	952 000
无形资产	930 000	-62 000**	868 000
商誉	200 000	-200 000	0
持有待售资产小计	3 280 000		2 950 000
持有待售负债：			
应付账款	(310 000)		(310 000)
其他应付款	(560 000)		(560 000)
预计负债	(250 000)		(250 000)
持有待售负债小计	(1 120 000)		(1 120 000)
合计	2 160 000	-330 000	1 830 000

注：*68 000=130 000÷（1 020 000+930 000）×1 020 000；

**62 000=130 000÷（1 020 000+930 000）×930 000。

A企业的账务处理如下。

借：资产减值损失　　　　　　　　　　　　　　　　　　　　　　　330 000
　　贷：持有待售资产减值准备——固定资产　　　　　　　　　　　　68 000
　　　　　　　　　　　　　　　——无形资产　　　　　　　　　　　62 000
　　　　　　　　　　　　　　　——商誉　　　　　　　　　　　　200 000

（4）2×17年6月30日，A企业按照适用的会计准则计量其他债权投资，账务处理如下。

借：持有待售资产——其他债权投资　　　　　　　　　　　　　　　10 000
　　贷：其他综合收益　　　　　　　　　　　　　　　　　　　　　10 000

当日，该处置组的账面价值为1 840 000元（包含其他债权投资已经确认的利得10 000元），预计出售费用为45 000（5 000+40 000）元，公允价值减去出售费用后的净额为1 865 000（1 910 000-45 000）元，高于账面价值。

处置组的公允价值减去出售费用后的净额后续增加的，应当在原已确认的持有待售资产减值损失范围内转回，但已抵减的商誉账面价值200 000元和划分为持有待售类别前适用本准则规定的非流动资产已计提的资产减值准备不得转回,因此,转回金额应当以130 000(68 000+62 000)元为限。根据上述分析,A 企业可转回已经确认的持有待售资产减值损失25 000(1 865 000-1 840 000)元,根据固定资产、无形资产账面价值所占比重,按比例转回其账面价值。资产减值损失转回金额的分摊见表42-5。

表42-5 2×17年6月30日门店资产和负债减值损失转回后的账面价值

单位:元

报表项目	2×17年6月15日抵减减值后的账面价值	2×17年6月30日按照其他适用准则重新计量	2×17年6月30日重新计量后的账面价值	减值损失转回的分摊	2×17年6月30日减值损失转回后的账面价值
持有待售资产:					
货币资金	310 000		310 000		310 000
应收账款	260 000		260 000		260 000
库存商品	200 000		200 000		200 000
其他债权投资	360 000	10 000	370 000		370 000
固定资产	952 000		952 000	13 077*	965 077
无形资产	868 000		868 000	11 923**	879 923
商誉	0		0		0
持有待售资产小计	2 950 000				2 985 000
持有待售负债:					
应付账款	(310 000)		(310 000)		(310 000)
其他应付款	(560 000)		(560 000)		(560 000)
预计负债	(250 000)		(250 000)		(250 000)
持有待售负债小计	(1 120 000)				(1 120 000)
合计	1 830 000	10 000	1 840 000	25 000	1 865 000

注:* 13 077=25 000÷(952 000+868 000)×952 000;

** 11 923=25 000÷(952 000+868 000)×868 000。

借:持有待售资产减值准备——固定资产　　　　　　　　　13 077
　　　　　　　　　　　　　　——无形资产　　　　　　　　　11 923
　　贷:资产减值损失　　　　　　　　　　　　　　　　　　　25 000

A 企业在2×17年6月30日的资产负债表中应当分别在"持有待售资产"和"持有待售负债"中列示2 985 000元和1 120 000元。由于处置组不符合终止经营定义,持有待售资产确认的资产减值损失应当在利润表中以持续经营损益列示。企业同时应当在附注中进一步披露该持有待售处置组的相关信息。

持有待售的处置组中的非流动资产不应计提折旧或摊销。持有待售的处置组中的负债和不适用本准则计量规定的金融资产、以公允价值计量的投资性房地产等的利息或租金收入、支出以及其他费用应当继续予以确认。

【例42-11】F企业拟将拥有的核电站转让给H企业，双方已签订了转让协议。由于核电站主体设备核反应堆将对当地生态环境产生一定影响，在核电站最初建造完成并交付使用时，F企业考虑到设备使用期满后将其拆除并整治污染的弃置费用，确认了38.55万元的预计负债，并按照每年10%的实际利率对该弃置费用逐期确认利息费用。

【分析】

F企业将核电站划分为持有待售类别后，该预计负债应当作为持有待售负债，且该资产弃置义务产生的利息费用应当继续确认。

【提示】先按原适用的会计准则规定进行计量，意味着应该计提折旧或摊销直至重分类之日。同时，提前处置可能意味着存在资产减值迹象，如果存在减值则应该计提减值准备。非流动资产（除商誉外）在划分为持有待售类别之后所计提的减值准备在后续价值回升时可以转回，而划分为持有待售类别之前的减值准备是不允许转回的，因此，有必要区分前后两类减值损失的金额。

【例42-12】2×17年4月30日A公司与B公司签订不可撤销合同，将某资产组出售。当日该资产组（包含三个单项固定资产、一项无形资产、商誉）的账面价值为300万元，以前未计提减值准备。2×17年6月30日办理完毕产权过户手续。

2×17年4月30日A公司的会计处理如下。

情况一：假定该资产组合同约定价格（公允价值）为350万元，估计处置费用为10万元。

按照账面价值300万元与公允价值减去处置费用后的净额340（350-10）万元孰低进行计量。不调整资产组的账面价值。

情况二：该资产组合同约定价格（公允价值）为280万元，处置费用为10万元。

按照账面价值300万元与公允价值减去处置费用后的净额270（280-10）万元孰低进行计量。调整资产组账面价值如下（单位：元）。

借：资产减值损失　　　　　　　　　　　　　　　　　　　300 000
　　贷：商誉、固定资产（无形资产）减值准备　　　　　　　　300 000

【例42-13】甲公司计划出售一项固定资产，该固定资产于2×17年6月30日被划分为持有待售固定资产，公允价值为320万元，预计处置费用为5万元。该固定资产购买于2×10年12月11日，原值为1 000万元，预计净残值为零，预计使用寿命为10年，采用年限平均法计提折旧，取得时已达到预定可使用状态。不考虑其他因素。

2×17年6月30日，甲公司该项固定资产的账面价值=1 000-1 000÷10×6.5=350（万元），该项固定资产公允价值减去处置费用后的净额=320-5=315（万元），应对该项资产计提减值准备=350-315=35（万元），故该持有待售资产在资产负债表中列示金额应为315万元。

【例42-14】2×16年10月2日，A公司与B公司签订不可撤销合同，将一项无形资产

（非土地使用权）出售，取得不含税价款300万元，应缴纳的增值税为18万元（适用增值税税率为6%，不考虑其他税费，300×6%=18万元），预计2×17年1月将办理完毕相关手续。该无形资产系2×14年7月2日购入的，实际支付全部价款为720万元，预计法律剩余有效年限为8年，A公司估计受益期限为5年，采用直线法摊销。2×17年1月2日，A公司办理完毕无形资产的相关手续。

A公司的相关会计处理如下。分录金额单位为"元"。

（1）2×16年10月末。

至2×16年10月2日无形资产的累计摊销额=720÷（5×12）×27=324（万元）

至2×16年10月2日该无形资产的账面价值=720-324=396（万元）

原账面价值高于调整后预计残值的差额，应作为资产减值损失计入当期损益。调整后预计净残值=300（公允价值）-0（处置费用）=300（万元）；原账面价值高于调整后预计残值的差额=396-300=96（万元）

借：资产减值损失　　　　　　　　　　　　　　　　960 000
　　贷：无形资产减值准备　　　　　　　　　　　　　　960 000

（2）2×16年12月31日资产负债表列示。

"划分为持有待售的资产"项目为300万元。

（3）2×17年1月2日。

借：银行存款　　　　　　　　　　　　　　　　　3 180 000
　　累计摊销　　　　　　　　　　　　　　　　　3 240 000
　　无形资产减值准备　　　　　　　　　　　　　　960 000
　　贷：无形资产　　　　　　　　　　　　　　　　7 200 000
　　　　应交税费——应交增值税（销项税额）　　　　180 000

42.3.3 减值准备的转回

本准则规定，后续资产负债表日持有待售的非流动资产公允价值减去出售费用后的净额增加的，以前减记的金额应当予以恢复，并在划分为持有待售类别后确认的资产减值损失金额内转回，转回金额计入当期损益。划分为持有待售类别前确认的资产减值损失不得转回。后续资产负债表日持有待售的处置组公允价值减去出售费用后的净额增加的，以前减记的金额应当予以恢复，并在划分为持有待售类别后适用本准则计量规定的非流动资产确认的资产减值损失金额内转回，转回金额计入当期损益。已抵减的商誉账面价值和划分为持有待售类别前确认的资产减值损失不得转回。持有待售类相关资产减值准备能否转回如表42-6所示。

表42-6　持有待售类资产减值准备的转回

资产减值准备类别	能否转回
划分为持有待售类别前确认的资产减值损失	不能转回
划分为持有待售类别后确认的资产减值损失	可以转回（在之前计提范围内）
已抵减的商誉账面价值	不能转回

这与《企业会计准则第 8 号——资产减值》的规定相一致，由于相关资产的性质在划分为持有待售类别后已经由非流动资产转化为流动资产，所以只允许将划分为持有待售类别后确认的持有待售资产减值损失转回，不允许将划分为持有待售类别前确认的长期资产减值损失转回。

持有待售的非流动资产或处置组中的非流动资产不应计提折旧或摊销，持有待售的处置组中负债的利息和其他费用应当继续予以确认。

42.3.4 不再满足划分条件时的处理

非流动资产或处置组因不再满足持有待售类别划分条件而不再继续划分为持有待售类别或非流动资产从持有待售的处置组中移除时，应当按照以下两者孰低计量。

（1）划分为持有待售类别前的账面价值，按照假定不划分为持有待售类别情况下本应确认的折旧、摊销或减值等进行调整后的金额。

（2）可收回金额。由此产生的差额计入当期损益，可以通过"资产减值损失"科目进行会计处理。这样处理的结果是，原来划分为持有待售的非流动资产或处置组重新分类后的账面价值，与其从未划分为持有待售类别情况下的账面价值相一致。

企业将非流动资产或处置组由持有待售类别重分类为持有待分配给所有者类别，或者由持有待分配给所有者类别重分类为持有待售类别，原处置计划没有发生本质改变，不应当按照上述不再继续划分为持有待售类别的计量要求处理，而应当按照重分类后所属类别的计量要求处理。分类为持有待售类别或持有待分配给所有者类别的日期不因重分类而发生改变，在适用延长一年期的例外条款时，应当以该最初分类日期为准。

42.4 终止经营

终止经营，是指企业满足下列条件之一的、能够单独区分的组成部分，且该组成部分已经处置或划分为持有待售类别。

（1）该组成部分代表一项独立的主要业务或一个单独的主要经营地区。

（2）该组成部分是拟对一项独立的主要业务或一个单独的主要经营地区进行处置的一项相关联计划的一部分。

（3）该组成部分是专为转售而取得的子公司。

终止经营的定义包含以下三个方面含义。

（1）终止经营应当是企业能够单独区分的组成部分。该组成部分的经营和现金流量在企业经营和编制财务报表时是能够与企业的其他部分清楚区分的。企业组成部分可能是一个资产组，也可能是一组资产组组合，通常是企业的一个子公司、一个事业部或事业群。

（2）终止经营应当具有一定的规模。终止经营应当代表一项独立的主要业务或一个单独的主要经营地区，或者是拟对一项独立的主要业务或一个单独的主要经营地区进行处置的一项相关联计划的一部分。并非所有处置组都符合终止经营定义中的规模条件，企业需要运用职业判断加以确定。当然，如果企业主要经营一项业务或主要在一个地理区域内开展经营，企业的一个主要产品或服务线就可能满足终止经营定义中的规模条件。对于专为转售而取得的子公司，本准则对其规模不做要求，只要是单独区分的组成部分且满足时点要求，即构成终止经营。有些专为转售而取得的重要的合营企业或联营企业，也可能因为符合终止经营定义中的规模等条件而构成终止经营。

【例42-15】某快餐A企业在全国拥有500家零售门店，A决定将其位于Z市的8家零售门店中的一家门店C出售，并于2×17年8月13日与B企业正式签订了转让协议，假设该门店C符合持有待售类别的划分条件。判断C是否构成A的终止经营。

【分析】

尽管门店C是一个处置组，也符合持有待售类别的划分条件，但它只是一个零售点，不能代表一项独立的主要业务或一个单独的主要经营地区，也不构成拟对一项独立的主要业务或一个单独的主要经营地区进行处置的一项相关联计划的一部分，因此，该处置组并不构成企业的终止经营。

（3）终止经营应当满足一定的时点要求。符合终止经营定义的组成部分应当属于以下两种情况之一。

① 该组成部分在资产负债表日之前已经处置，包括已经出售和结束使用（如关停或报废等）。多数情况下，如果组成部分的所有资产和负债均已处置，产生收入和发生成本的来源消失，这时确定组成部分"处置"的时点是较为容易的。但在有些情况下，组成部分的资产仍处于出售或报废过程中，仍可能发生清理费用，企业需要根据实际情况判断组成部分是否已经处置从而符合终止经营的定义。

【例42-16】C企业集团拥有一家经营药品批发业务的子公司H公司，药品批发构成C的一项独立的主要业务，且H在全国多个城市设立了营业网点。由于经营不善，C决定停止H的所有业务。截至2×17年10月13日，已处置了该子公司所有存货并辞退了所有员工，但仍有一些债权等待收回，部分营业网点门店的租约尚未到期，仍需支付租金费用。判断H是否构成C的终止经营。

【分析】

由于H子公司原药品批发业务已经停止，收回债权、处置租约等尚未结算的未来交易并不构成上述业务的延续，所以该子公司的经营已经终止，应当认为2×17年10月13日后该子公司符合终止经营的定义。

【例42-17】D企业集团正在关闭其主要从事放贷业务的L子公司，自2×17年2月1日起，L子公司不再贷出新的款项，但仍会继续收回未结贷款的本金和利息，直到原设定的贷款期结束。判断L是否构成D的终止经营。

【分析】

由于L子公司仍在从事收回贷款本金和利息的日常经营收入创造活动，直至最后一期本金和利息被收回之前，该子公司不能被认为已被处置，也不符合终止经营的定义。而前一例虽然也存在H子公司收回债权的活动，但该活动仅仅是收回现金的过程，并不继续创造日常经营活动收入，不构成 H 子公司重大的收入创造活动，因此，不影响将 H 子公司作为终止经营处理。

【例 42-18】M 企业决定关闭从事工程承包业务的分部 P，要求分部 P 在完成现有承包合同后不再承接新的承包合同。判断 P 是否构成 M 的终止经营。

【分析】

在完成现有合同的期间，分部 P 仍在继续开展收入创造活动，无论工程承包是否是 M 的独立的主要业务，在此期间 P 都不符合终止经营的定义。

② 该组成部分在资产负债表日之前已经划分为持有待售类别。有些情况下，企业对一项独立的主要业务或一个单独的主要经营地区进行处置的一项相关联计划持续数年，组成部分中的资产组或资产组组合无法同时满足持有待售类别的划分条件。随着处置计划的进行，组成部分中的一些资产组或资产组组合可能先满足持有待售类别划分条件且构成企业的终止经营，其他资产组或资产组组合可能在未来满足持有待售类别的划分条件，应当适时将其作为终止经营处理。

【例 42-19】F 企业集团决定出售其专门从事酒店管理的下属子公司 R 公司，酒店管理构成 F 的一项主要业务。R 子公司管理一个酒店集团和一个连锁健身中心。为获取最大收益，F 决定允许将酒店集团和连锁健身中心出售给不同买家，但酒店集团和健身中心的转让是相互关联的，即两者或者均出售，或者均不出售。F 于 2×17 年 12 月 6 日与 S 企业就转让连锁健身中心正式签订了协议，假设此时连锁健身中心符合持有待售类别的划分条件，但酒店集团尚不符合持有待售类别的划分条件。判断酒店集团和连锁健身中心是否构成 F 的终止经营。

【分析】

处置酒店集团和连锁健身中心构成一项相关联的计划，虽然酒店集团和连锁健身中心可能出售给不同买家，但分别属于对一项独立的主要业务进行处置的一项相关联计划的一部分，因此，连锁健身中心符合终止经营的定义，酒店集团在未来符合持有待售类别划分条件时也符合终止经营的定义。

不是所有划分为持有待售类别的处置组都符合终止经营的定义的，因为有些处置组可能不是"能够单独区分的组成部分"或不符合终止经营定义中的规模条件；也不是所有终止经营都应划分为持有待售类别，因为有些终止经营在资产负债表日前已经处置。

【提示】并非所有符合持有待售类别或已经处置的非流动资产、处置组均属于终止经营。例如，某企业有若干工厂均生产同类型产品，单家工厂的体量和规模也均不重大。企业仅仅处置其中一家工厂，但其他工厂仍继续生产、延续同类业务的经营时，被处置的单一工厂并不能代表一项独立的主要业务或一个单独的主要经营地区，也并非拟对一项独立的主要业务或一个单独的主要经营地区进行处置的一项相关联计划的一部分，因此，并不构成该企业的终止经营。

42.5 列报

42.5.1 资产负债表列报

持有待售资产和负债不应当相互抵销。"持有待售资产"和"持有待售负债"应当分别作为流动资产和流动负债列示。具体来说，企业应当在资产负债表资产项下"一年内到期的非流动资产"项目之上增设"持有待售资产"项目，反映资产负债表日划分为持有待售类别的非流动资产及划分为持有待售类别的处置组中的流动资产和非流动资产的期末账面价值。"持有待售资产"项目应当根据"持有待售资产"科目的期末余额，减去"持有待售资产减值准备"科目的期末余额后的金额填列。企业应当在资产负债表负债项下"一年内到期的非流动负债"项目之上增设"持有待售负债"项目，反映资产负债表日处置组中与划分为持有待售类别的资产直接相关的负债的期末账面价值。"持有待售负债"项目应当根据"持有待售负债"科目的期末余额填列。

资产负债表的部分格式见表42-7。

表42-7 资产负债表

编制单位：　　　　　　　　　　年 月 日　　　　　　　　　　会企01表
　　　　　　　　　　　　　　　　　　　　　　　　　　　　　　　单位：元

资产	期末余额	年初余额	负债和所有者权益（或股东权益）	期末余额	年初余额
流动资产：			流动负债：		
……			……		
持有待售资产			持有待售负债		
一年内到期的非流动资产			一年内到期的非流动负债		

对于当期首次满足持有待售类别划分条件的非流动资产或划分为持有待售类别的处置组中的资产和负债，不应当调整可比会计期间资产负债表，即不对其符合持有待售类别划分条件前各个会计期间的资产负债表进行项目的分类调整或重新列报。因此，在可比会计期间资产负债表中列报的持有待售资产和持有待售负债都是在可比会计期末即符合持有待售类别划分条件的非流动资产或处置组。

如果终止经营划分为持有待售类别，应当按照上述持有待售类别的列报要求处理。如果终止经营没有划分为持有待售类别，而是被处置，无论当期或是可比会计期间的资产负债表中都不应当列报与之相关的持有待售资产或负债。

【例42-20】甲公司为增值税一般纳税人，适用的增值税税率为13%。2×19年1月1日，甲公司与乙公司签订一项购货合同，甲公司从乙公司购入一台需要安装的大型机器设备。合同约定，甲公司采用分期付款方式支付价款。该设备价款共计6 000万元（不含增值税），分6期平均支付，首期款项1 000万元于2×19年1月1日支付，其余款项在5年期间平均支付，每年的付款日期为当年12月31日。支付款项时收到增值税专用发票。2×19年1月1日，设备如期运抵并开始安装，发生运杂费和相关税费260万元，已用银行存款付讫。2×19

年12月31日，设备达到预定可使用状态，发生安装费360万元，已用银行存款付讫。甲公司按照合同约定用银行存款如期支付了款项。假定折现率为10%。[（P/A，10%，5）=3.790 8]。甲公司会计处理如下（分录金额以"万元"为单位）。

（1）计算购买价款的现值。

1 000+1 000×（P/A，10%，5）=1 000+1 000×3.790 8=4 790.8（万元）

（2）2×19年1月1日。

借：在建工程	4 790.8
未确认融资费用	1 209.2
贷：长期应付款	（1 000×6）6 000
借：长期应付款	1 000
应交税费——应交增值税（进项税额）	130
贷：银行存款	1 130
借：在建工程	260
贷：银行存款	260

（3）2×19年1月1日至2×19年12月31日为设备的安装期间，未确认融资费用的分摊额符合资本化条件，计入固定资产成本。

2×19年12月31日的会计处理如下。

本期摊销金额=（长期应付款期初余额－未确认融资费用期初余额）×折现率

借：在建工程	[（5 000-1 209.2）×10%] 379.08
贷：未确认融资费用	379.08
借：长期应付款	1 000
应交税费——应交增值税（进项税额）	130
贷：银行存款	1 130
借：在建工程	360
贷：银行存款	360
借：固定资产	（4 790.8+260+379.08+360）5 789.88
贷：在建工程	5 789.88

（4）2×19年12月31日，设备已经达到预定可使用状态，2×20年至2×23年年未确认融资费用的分摊额不再符合资本化条件，应计入当期损益。

2×20年12月31日的会计处理如下。

未确认融资费用的分摊额=3 169.88×10%=316.99（万元）

借：财务费用	316.99
贷：未确认融资费用	316.99
借：长期应付款	1 000
应交税费——应交增值税（进项税额）	130
贷：银行存款	1 130

(5) 2×21年12月31日未确认融资费用的分摊额。

未确认融资费用的分摊额 =2 486.87×10%=248.69（万元）

【例42-21】沿用【例41-20】。假定2×21年12月31日甲公司与丙公司签订资产组（包括上述固定资产和长期应付款）转让协议，内容为将2×19年1月1日从乙公司取得的固定资产转让给丙公司，转让价款为5 000万元，同时甲公司、乙公司与丙公司签订协议，约定甲公司因取得该固定资产尚未支付乙公司的款项2 000万元由丙公司负责偿还。预计2×18年3月末甲公司与丙公司办理完成了固定资产的权利变更手续。2×18年3月末，甲公司开出增值税发票，价款为5 000万元，增值税税额为650万元，同日，收到丙公司支付的款项3 650万元，转让前，固定资产采用直线法计提折旧，预计使用年限10年。

甲公司2×21年12月31日的处理如下。

（1）计量。

该资产组符合持有待售的非流动资产，按照资产组账面价值（4 631.9万元）与公允价值减去处置费用后的净额[5 000-264.44=4 735.56（万元）]孰低进行计量，不调整资产组账面价值。

（2）列报。

持有待售的非流动资产既包括单项资产也包括处置组。因此，无论是被划分为持有待售的单项非流动资产还是处置组中的资产，都应当在资产负债表的流动资产部分单独列报，即"持有待售的资产"项目4 631.9万元；类似地，被划分为持有待售的处置组中的与转让资产相关的负债应当在资产负债表的流动负债部分单独列报，即"持有待售的负债"项目4 735.56万元。

42.5.2 利润表列报

根据准则规定，企业应当在利润表中"营业利润"项目之上单设"资产处置收益"项目，反映企业出售划分为持有待售的非流动资产（金融工具、长期股权投资和投资性房地产除外）或处置组（子公司和业务除外）时确认的处置利得或损失。"资产处置收益"项目应根据"资产处置损益"科目的发生额分析填列；如为处置损失，以"-"号填列。企业应当分别列示持续经营损益和终止经营损益，在利润表"净利润"项下增设"持续经营净利润"和"终止经营净利润"项目，以税后净额分别反映持续经营相关损益和终止经营相关损益。

终止经营的减值损失和转回金额等经营损益及处置损益应当作为终止经营损益列报。相关列报项目如表42-8所示。

表42-8 利润表列报项目与内容

项目	内容
持续经营损益	不符合终止经营定义的持有待售的非流动资产或处置组，其减值损失和转回金额及处置损益
终止经营损益	终止经营的减值损失和转回金额等经营损益及处置损益

合并利润表的部分格式见表42-9。

表 42-9 合并利润表

会企 02 表
单位：元

编制单位：　　　　　　　　　　年度

项目	本期金额	上期金额
一、营业收入		
……		
资产处置收益（损失以"-"号填列）		
二、营业利润（亏损以"-"号填列）		
……		
三、利润总额（亏损以"-"号填列）		
减：所得税费用		
四、净利润（净亏损以"-"号填列）		
（一）按经营持续性分类：		
1. 持续经营净利润（净亏损以"-"号填列）		
2. 终止经营净利润（净亏损以"-"号填列）		

不符合终止经营定义的持有待售的非流动资产或处置组所产生的下列相关损益，应当在利润表中作为持续经营损益列报：（1）企业初始计量或在资产负债表日重新计量持有待售的非流动资产或处置组时，因账面价值高于其公允价值减去出售费用后的净额而确认的资产减值损失；（2）后续资产负债表日持有待售的非流动资产或处置组公允价值减去出售费用后的净额增加，因恢复以前减记的金额而转回的资产减值损失；（3）持有待售的非流动资产或处置组的处置损益。

终止经营的相关损益应当作为终止经营损益列报，列报的终止经营损益应当包含整个报告期间，而不仅包含认定为终止经营后的报告期间。相关损益具体包括以下内容。（1）终止经营的经营活动损益，如销售商品、提供服务的收入、相关成本和费用等。（2）企业初始计量或在资产负债表日重新计量符合终止经营定义的持有待售的处置组时，因账面价值高于其公允价值减去出售费用后的净额而确认的资产减值损失。（3）后续资产负债表日符合终止经营定义的持有待售处置组的公允价值减去出售费用后的净额增加，因恢复以前减记的金额而转回的资产减值损失。（4）终止经营的处置损益。（5）终止经营处置损益的调整金额，可能引起调整的情形包括：最终确定处置条款，如与买方商定交易价格调整额和补偿金；消除与处置相关的不确定因素，如确定卖方保留的环保义务或产品质量保证义务；履行与处置相关的职工薪酬支付义务等。

企业在处置终止经营的过程中可能附带产生一些增量费用，如果不进行该项处置就不会产生这些费用，企业应当将这些增量费用作为终止经营损益列报。

【例 42-22】A 企业集团拥有子公司 B 公司，并为其专门租入一栋写字楼作为办公场所，现 A 企业决定将 B 子公司转让给 F 企业，转让完成后，B 将整体搬迁至 F 的写字楼。由于 B 目前办公所在地的租期未满，A 必须承担将办公楼低于原租金转租或者提前终止租赁合同的损失。假设 B 子公司符合持有待售类别的划分条件和终止经营的定义。

【分析】

尽管如果不出售 B 子公司，与租赁办公楼相关的损失就不会发生，但对于出售 B 子公司本身而言，该损失并不是必不可少的，不是与出售 B 子公司直接相关的增量成本。因此，在对 B 子公司以账面价值与公允价值减去出售费用后的净额孰低计量时，不应当将办公楼低于原租金转租或者提前终止租赁合同的损失作为出售费用处理，但应当在利润表中将其列示在"终止经营净利润"中，并在附注中作为终止经营费用的一部分披露。

拟结束使用而非出售的处置组满足终止经营定义中有关组成部分的条件的，应当自停止使用日起作为终止经营列报。列报的终止经营损益应当包含整个报告期间，而不仅包含认定为终止经营后的报告期间。如果因出售对子公司的投资等原因导致企业丧失对子公司的控制权，且该子公司符合终止经营定义的，应当在合并利润表中列报相关终止经营损益。

从财务报表可比性出发，对于当期列报的终止经营，企业应当在当期财务报表中，将原来作为持续经营损益列报的信息重新作为可比会计期间的终止经营损益列报。这意味着对于可比会计期间的利润表，作为终止经营列报的不仅包括在可比会计期间即符合终止经营定义的处置组，还包括在当期首次符合终止经营定义的处置组。由于后者的存在，处置组在可比会计期间销售商品、提供服务的收入和相关成本、费用，以及相关资产按照《企业会计准则第 8 号——资产减值》的规定确认的资产减值损失等也应当作为终止经营损益列报。

企业应当在利润表中将终止经营处置损益的调整金额作为终止经营损益列报，并在附注中披露调整的性质和金额。可能引起调整的情形包括以下几方面。

（1）最终确定处置条款，如与买方商定交易价格调整额和补偿金。

（2）消除与处置相关的不确定因素，如确定卖方保留的环保义务或产品质量保证义务。

（3）履行与处置相关的职工薪酬支付义务。

在利润表主表中列示有关终止经营损益的信息，有利于报表使用者了解哪些经营将无法为企业创造现金流量，使得财务报表更真实地反映企业经营成果，但也不能提供过多有关终止经营的信息。因此，准则要求在利润表中单独反映终止经营损益，其他细化信息在附注中披露即可。

42.5.3 报表附注中的披露

企业应当在附注中披露下列信息。

（1）持有待售的非流动资产或处置组的出售费用和主要类别，以及每个类别的账面价值和公允价值。

（2）持有待售的非流动资产或处置组的出售原因、方式和时间安排。

（3）列报持有待售的非流动资产或处置组的分部。

（4）持有待售的非流动资产或持有待售的处置组中的资产确认的减值损失及其转回金额。

（5）与持有待售的非流动资产或处置组有关的其他综合收益累计金额。

（6）终止经营的收入、费用、利润总额、所得税费用（收益）和净利润。

（7）终止经营的资产或处置组确认的减值损失及其转回金额。

（8）终止经营的处置损益总额、所得税费用（收益）和处置净损益。

（9）终止经营的经营活动、投资活动和筹资活动现金流量净额。

（10）归属于母公司所有者的持续经营损益和终止经营损益。

非流动资产或处置组在资产负债表日至财务报告批准报出日之间满足持有待售类别划分条件的，应当作为资产负债表日后非调整事项进行会计处理，并按照以上前三条的规定进行披露。企业专为转售而取得的持有待售的子公司，应当按照以上（2）至（5）条以及（10）的规定进行披露。

企业应当在附注中披露有关终止经营的下列信息：（1）终止经营的收入、费用、利润总额、所得税费用（收益）和净利润，即利润表中"终止经营净利润"项目信息的进一步分解；（2）终止经营的资产或处置组确认的减值损失及其转回金额；（3）终止经营的处置损益总额、所得税费用（收益）和处置净损益；（4）终止经营的经营活动、投资活动和筹资活动现金流量净额；（5）归属于母公司所有者的持续经营损益和终止经营损益；（6）终止经营处置损益调整的性质和金额。

如果企业因出售对子公司的投资等原因导致其丧失对子公司的控制权，且该子公司符合终止经营定义，应当在附注中披露上述信息。

对于当期首次列报的终止经营，企业应当在附注中披露可比会计期间与该终止经营有关的下列信息：（1）终止经营的收入、费用、利润总额、所得税费用（收益）和净利润；（2）终止经营的资产或处置组确认的减值损失及其转回金额；（3）终止经营的经营活动、投资活动和筹资活动现金流量净额；（4）归属于母公司所有者的持续经营损益和终止经营损益。